注释法典丛书

新五版·12

中华人民共和国

证券

注释法典

中国法制出版社
CHINA LEGAL PUBLISHING HOUSE

我国的立法体系①

全国人民代表大会	修改宪法，制定和修改刑事、民事、国家机构的和其他的基本法律
全国人民代表大会常务委员会	制定和修改除应当由全国人民代表大会制定的法律以外的其他法律；在全国人民代表大会闭会期间，对全国人民代表大会制定的法律进行部分补充和修改；根据全国人民代表大会授权制定相关法律；解释法律。
国务院	根据宪法、法律和全国人民代表大会及其常务委员会的授权，制定行政法规。
省、自治区、直辖市的人民代表大会及其常务委员会	根据本行政区域的具体情况和实际需要，在不同宪法、法律、行政法规相抵触的前提下，制定地方性法规。
设区的市、自治州的人民代表大会及其常务委员会	在不同上位法相抵触的前提下，可对城乡建设与管理、生态文明建设、历史文化保护、基层治理等事项制定地方性法规。
经济特区所在地的省、市的人民代表大会及其常务委员会	根据全国人民代表大会的授权决定，制定法规，在经济特区范围内实施。
上海市人民代表大会及其常务委员会	根据全国人民代表大会常务委员会的授权决定，制定浦东新区法规，在浦东新区实施。
海南省人民代表大会及其常务委员会	根据法律规定，制定海南自由贸易港法规，在海南自由贸易港范围内实施。
民族自治地方的人民代表大会	依照当地民族的政治、经济和文化的特点，制定自治条例和单行条例。对法律和行政法规的规定作出变通的规定，但不得违背法律或者行政法规的基本原则，不得对宪法和民族区域自治法的规定以及其他有关法律、行政法规专门就民族自治地方所作的规定作出变通规定。
国务院各部、委员会、中国人民银行、审计署和具有行政管理职能的直属机构以及法律规定的机构	根据法律和国务院的行政法规、决定、命令，在本部门的权限范围内，制定规章。
省、自治区、直辖市和设区的市、自治州的人民政府	根据法律、行政法规和本省、自治区、直辖市的地方性法规，制定规章。设区的市、自治州人民政府制定的地方政府规章限于城乡建设与管理、生态文明建设、历史文化保护、基层治理等方面的事项。
中央军事委员会	根据宪法和法律制定军事法规，在武装力量内部实施。
中国人民解放军各战区、军兵种和中国人民武装警察部队	根据法律和中央军事委员会的军事法规、决定、命令，在其权限范围内制定军事规章，在武装力量内部实施。
国家监察委员会	根据宪法和法律、全国人民代表大会常务委员会的有关决定，制定监察法规。
最高人民法院、最高人民检察院	作出属于审判、检察工作中具体应用法律的解释。

---

① 本图表为编者根据《立法法》相关规定编辑整理，供参考。

■ 因为专业　所以卓越

出版说明

“注释法典”丛书是我社集数年法规编撰经验，创新出版的大型实用法律工具书。本套工具书不仅全面反映我国立法成果与现状，全面收录相关领域重要法律文件，而且秉持权威、实用的理念，从条文【注释】、【实务问答】及【裁判规则】多角度阐释重要法律规定，相信能够成为广大读者理解、掌握、适用法律的首选工具书。

本套工具书以中国特色社会主义法律体系为主线，结合实践确定分册，独家打造七重法律价值：

一、内容全面

本分册涵盖证券领域重要的法律、法规、部门规章、司法解释等文件，收录的文件均为现行有效文本，方便读者全面、及时掌握相关规定。

二、注释精炼

在重要法律文件前设【理解与适用】，介绍该法历史沿革、主要内容、适用注意事项；以【注释】形式对重难点条文进行详细阐释。注释内容在吸取全国人大常委会法制工作委员会、最高人民法院等权威解读的基础上，结合最新公布的相关规定及司法实践全新撰写，保证注释内容的准确性与时效性。另外，在重要条文注释中，提炼简明小标题，并予以加粗，帮助读者快速把握条文注释主要内容。

三、实务问答

在相关法条下设【实务问答】，内容来源于最高人民法院司法观点、相关函复等，解答法律适用中的重点与难点。

四、案例指导

在相关法条下设【案例】，案件主要来源于最高人民法院、最高人民检察院指导性案例及公报案例，整理【裁判规则】，展示解决法律问题的权威实例。

五、关联法规链接

在相关法条下以【链接】的方式索引关联条文，提供相关且有效的条文援引，全面体现相关法律规定。

六、层级清晰　检索便捷

（1）目录按照法律文件的效力等级分为法律及文件、行政法规及文件、部门规章及文件、司法解释及文件四个层级。（2）每一层级下法律文件大多按照公布或者最后一次修改时间排列，以方便读者快速定位目标文件，但为了方便读者对某一类问题进行集中查找，本书将一些联系紧密的文件进行了集中排版。

七、超值增值服务

为了使读者能够全面了解解决法律问题的实例，准确适用法律，同时及时充分了解我国立法的动态信息，凡是购买本书的读者，均可获得以下超值增值服务：（1）扫码添加书后“法规编辑部”公众号→点击菜单栏→进入资料下载栏→选择注释法典资料项→点击网址或扫码下载，即可获取最高人民法院、最高人民检察院指导性案例电子版；（2）通过“法规编辑部”公众号，及时了解最新立法信息，并可线上留言，编辑团队会就图书相关疑问进行动态解答。

能够为大家学习法律、解决法律难题提供实实在在的帮助，是我们全心努力的方向，衷心欢迎广大读者朋友反馈意见、建议。

中国法制出版社
2023 年 9 月

目　　录*

一、综合

* 编者按：本目录中的时间为法律文件的公布时间或最后一次修正、修订公布时间。

二、证券

（四）上市公司

1. 信息披露和财务会计

2. 投资并购重组

3. 国有股转让

4. 公司治理

5. 关联交易、资金和担保

三、基金

● 法律

● 行政法规及文件

● 部门规章及文件

（一）基金公司

（二）基金从业人员

（三）基金运作及信息披露

（四）基金销售及托管

（五）企业年金基金

（六）合格境内外机构投资者

四、期货

五、法律责任

一、综合

中华人民共和国公司法

· 1993 年 12 月 29 日第八届全国人民代表大会常务委员会第五次会议通过
· 根据 1999 年 12 月 25 日第九届全国人民代表大会常务委员会第十三次会议《关于修改〈中华人民共和国公司法〉的决定》第一次修正
· 根据 2004 年 8 月 28 日第十届全国人民代表大会常务委员会第十一次会议《关于修改〈中华人民共和国公司法〉的决定》第二次修正
· 2005 年 10 月 27 日第十届全国人民代表大会常务委员会第十八次会议修订
· 根据 2013 年 12 月 28 日第十二届全国人民代表大会常务委员会第六次会议《关于修改〈中华人民共和国海洋环境保护法〉等七部法律的决定》第三次修正
· 根据 2018 年 10 月 26 日第十三届全国人民代表大会常务委员会第六次会议《关于修改〈中华人民共和国公司法〉的决定》第四次修正

理解与适用

《公司法》作为市场经济的基本大法，其主要内容有：

1. 公司的概念。公司是一种企业组织形态，是依照法定的条件与程序设立的、以营利为目的的商事组织。《公司法》所规定的公司是指依法在中国境内设立的有限责任公司和股份有限公司。

2. 股东的权利和义务。公司股东是公司的投资人，依法享有资产收益、参与重大决策和选择管理者等权利，并且在法定情形下有向人民法院提起诉讼的权利。股东的主要义务是出资义务以及权利不得滥用义务，如公司股东滥用公司法人独立地位和股东有限责任，逃避债务，严重损害公司债权人利益，应当对公司债务承担连带责任。

3. 公司章程。设立公司必须依法制定公司章程。公司章程对公司、股东、董事、监事、高级管理人员具有约束力。

4. 公司高管与职工。公司高管是指对公司决策、经营、管理负有领导职责的人员，如董事、监事、总经理、副总经理、公司财务负责人等高级管理人员。担任公司高管须符合法定条件，遵守法定义务。公司必须保护职工的合法权益，依法与职工签订劳动合同，参加社会保险，加强劳动保护，实现安全生产。

5. 一人有限责任公司。一人有限责任公司，是指只有一个自然人股东或者一个法人股东的有限责任公司。一个自然人只能投资设立一个一人有限责任公司。该一人有限责任公司不能投资设立新的一人有限责任公司。一人有限责任公司的股东不能证明公司财产独立于股东自己财产的，应当对公司债务承担连带责任。

2005 年，我国公司法修订并重新颁布后，最高人民法院出台了《关于适用〈中华人民共和国公司法〉若干问题的规定（一）》；2008 年和 2011 年，分别出台了《关于适用〈中华人民共和国公司法〉若干问题的规定（二）》和《关于适用〈中华人民共和国公司法〉若干问题的规定（三）》；2017 年，出台了《关于适用〈中华人民共和国公司法〉若干问题的规定（四）》；2019 年，出台了《关于适用〈中华人民共和国公司法〉若干问题的规定（五）》。2020 年 12 月，为贯彻实施民法典，最高人民法院根据民法典的相关精神对前述公司法司法解释（二）～（五）部分条文进行了相应的修改。

第一章 总 则

第一条 【立法宗旨】[①]为了规范公司的组织和行为，保护公司、股东和债权人的合法权益，维护社会经济秩序，促进社会主义市场经济的发展，制定本法。

第二条 【调整对象】本法所称公司是指依照本法在中国境内设立的有限责任公司和股份有限公司。

注释《公司法》适用的公司有两种：一是有限责任公司，二是股份有限公司。公司可以按照不同的分类标准作不同的划分，如以信用标准进行划分，可以分为人合公司、资合公司及人合兼资合公司；以规模标准进行划分，可以分为大型公司、中型公司、小型公司；以是否公开招股标准进行划分，可以分为公开型公司、封闭型公司；以公司支配关系标准进行划分，可以分为母公司、子公司；以登记标准进行划分，可以分为本国公司、外国公司；等等。

根据本条的规定，在我国只能设立两种公司，即有限责任公司和股份有限公司，而不允许设立无限公司和两合公司。

有限责任公司

所谓有限责任公司，是指由一定人数的股东组成、股东只以其出资额为限对公司承担责任、公司只以其全部资产对公司债务承担责任的公司。其主要特点是：所有的股东都是只以其对公司的出资额为限对公司承担责任；公司只是以其全部资产来承担公司的债务；股东对超出公司全部资产的债务不承担责任。

股份有限公司

所谓股份有限公司，是指由一定人数以上的股东组成、公司全部资本分为等额股份、股东以其所认购股份为限对公司承担责任、公司以其全部资产对公司债务承担责任的公司。其主要特点是：公司的全部资本分成等额股份；股东只以其所认购的股份为限对公司承担责任；公司只以其全部资产来承担公司的债务。

第三条 【公司界定及股东责任】公司是企业法人，有独立的法人财产，享有法人财产权。公司以其全部财产对公司的债务承担责任。

有限责任公司的股东以其认缴的出资额为限对公司承担责任；股份有限公司的股东以其认购的股份为限对公司承担责任。

第四条 【股东权利】公司股东依法享有资产收益、参与重大决策和选择管理者等权利。

第五条 【公司义务及权益保护】公司从事经营活动，必须遵守法律、行政法规，遵守社会公德、商业道德，诚实守信，接受政府和社会公众的监督，承担社会责任。

公司的合法权益受法律保护，不受侵犯。

第六条 【公司登记】设立公司，应当依法向公司登记机关申请设立登记。符合本法规定的设立条件的，由公司登记机关分别登记为有限责任公司或者股份有限公司；不符合本法规定的设立条件的，不得登记为有限责任公司或者股份有限公司。

法律、行政法规规定设立公司必须报经批准的，应当在公司登记前依法办理批准手续。

公众可以向公司登记机关申请查询公司登记事项，公司登记机关应当提供查询服务。

注释根据《市场主体登记管理条例》及实施细则的规定，公司的一般登记事项包括：(1)名称；(2)类型；(3)经营范围；(4)住所；(5)注册资本；(6)法定代表人姓名。此外，有限责任公司股东、股份有限公司发起人的姓名或者名称也应当登记。

公司的下列事项应当向登记机关办理备案：(1)章程；(2)经营期限；(3)有限责任公司股东或者股份有限公司发起人认缴的出资数额；(4)公司董事、监事、高级管理人员；(5)公司登记联络员、外商投资企业法律文件送达接受人；(6)公司等市场主体受益所有人相关信息；(7)分支机构登记联络员；(8)法律、行政法规规定的其他事项。

链接《市场主体登记管理条例》；《市场主体登记管理条例实施细则》

第七条 【营业执照】依法设立的公司，由公司登记机关发给公司营业执照。公司营业执照签发日期为公司成立日期。

公司营业执照应当载明公司的名称、住所、注册资本、经营范围、法定代表人姓名等事项。

公司营业执照记载的事项发生变更的，公司应当依法办理变更登记，由公司登记机关换发营

① 条文主旨为编者所加，下同。

业执照。

第八条 【公司名称】依照本法设立的有限责任公司，必须在公司名称中标明有限责任公司或者有限公司字样。

依照本法设立的股份有限公司，必须在公司名称中标明股份有限公司或者股份公司字样。

第九条 【公司形式变更】有限责任公司变更为股份有限公司，应当符合本法规定的股份有限公司的条件。股份有限公司变更为有限责任公司，应当符合本法规定的有限责任公司的条件。

有限责任公司变更为股份有限公司的，或者股份有限公司变更为有限责任公司的，公司变更前的债权、债务由变更后的公司承继。

注释 公司法赋予公司经营一定的灵活性，承认公司形式间可以依法转化。但是，注意必须符合变更后公司形式的法定条件。变更前后的公司仍是一个市场主体，只是换了一种公司经营方式，所以前后公司之间是承继者和被承继者的关系，变更前公司的债权债务并不因为变更而消灭，而是由变更后的公司承继。

第十条 【公司住所】公司以其主要办事机构所在地为住所。

注释 公司只能登记一个住所或者主要经营场所。公司变更住所或者主要经营场所跨登记机关辖区的，应当在迁入新的住所或者主要经营场所前，向迁入地登记机关申请变更登记。迁出地登记机关无正当理由不得拒绝移交市场主体档案等相关材料。根据《市场主体登记管理条例》的规定，市场主体歇业期间，可以以法律文书送达地址代替住所或者主要经营场所。

链接《市场主体登记管理条例》第11、27、30条

第十一条 【公司章程】设立公司必须依法制定公司章程。公司章程对公司、股东、董事、监事、高级管理人员具有约束力。

注释 所谓公司章程，是指公司依法制定的，规定公司名称、住所、经营范围、经营管理制度等重大事项的基本文件。公司章程是公司组织和活动的基本准则，常被称作"公司的宪法"。

第十二条 【经营范围】公司的经营范围由公司章程规定，并依法登记。公司可以修改公司章程，改变经营范围，但是应当办理变更登记。

公司的经营范围中属于法律、行政法规规定须经批准的项目，应当依法经过批准。

注释 公司超越经营范围订立合同，人民法院不因此就认定合同无效。但违反国家限制经营、特许经营以及法律、行政法规禁止经营规定的除外。

第十三条 【法定代表人】公司法定代表人依照公司章程的规定，由董事长、执行董事或者经理担任，并依法登记。公司法定代表人变更，应当办理变更登记。

第十四条 【分公司与子公司】公司可以设立分公司。设立分公司，应当向公司登记机关申请登记，领取营业执照。分公司不具有法人资格，其民事责任由公司承担。

公司可以设立子公司，子公司具有法人资格，依法独立承担民事责任。

注释 分公司是相对于总公司而言的，它是总公司的分支机构，也可以说是总公司的一个组成部分。分公司不论是在经济上还是在法律上，都不具有独立性。分公司的非独立性主要表现在以下方面：一是分公司不具有法人资格，不能独立享有权利、承担责任，其一切行为的后果及责任由总公司承担；二是分公司没有独立的公司名称及章程，其对外从事经营活动必须以总公司的名义，遵守总公司的章程；三是分公司在人事、经营上没有自主权，其主要业务活动及主要管理人员由总公司决定并委任，并根据总公司的委托或授权进行业务活动；四是分公司没有独立的财产，其所有资产属于总公司，并作为总公司的资产列入总公司的资产负债表中。

子公司是相对于母公司而言的，它是独立于向它投资的母公司而存在的独立主体。子公司具有如下特征：一是其一定比例以上的资本被另一公司持有或通过协议方式受到另一公司实际控制。对子公司有控制权的公司是母公司。子公司的重大事务都是由母公司实际决定的。二是子公司是独立的法人。子公司在经济上受母公司的支配与控制，但在法律上，它具有独立的法人资格。子公司的独立性主要表现为：拥有独立的公司名称和公司章程；具有独立的组织机构；拥有独立的财产，能够自负盈亏，独立核算；以自己的名义开展经营活动，从事各类民事活动；独立承担公司行为所带来的一切后果和责任。

链接《民法典》第74条；《市场主体登记管理条例》第23、32条

第十五条 【转投资】公司可以向其他企业投

资;但是,除法律另有规定外,不得成为对所投资企业的债务承担连带责任的出资人。

第十六条 【公司担保】公司向其他企业投资或者为他人提供担保,依照公司章程的规定,由董事会或者股东会、股东大会决议;公司章程对投资或者担保的总额及单项投资或者担保的数额有限额规定的,不得超过规定的限额。

公司为公司股东或者实际控制人提供担保的,必须经股东会或者股东大会决议。

前款规定的股东或者受前款规定的实际控制人支配的股东,不得参加前款规定事项的表决。该项表决由出席会议的其他股东所持表决权的过半数通过。

注释 实际控制人,是指虽不是公司的股东,但通过投资关系、协议或者其他安排,能够实际支配公司行为的人。

法律没有禁止公司为本公司股东或者实际控制人提供担保,但是公司为本公司股东或者实际控制人提供担保的,必须由股东会或者股东大会作出决议。没有股东会或者股东大会作出的关于为股东或实际控制人提供担保的决议,以公司资产为本公司股东或者实际控制人提供的担保无效。需要注意的是,公司为他人提供担保是依照公司章程的规定,由董事会或者股东会、股东大会决议;而公司为股东或实际控制人提供担保,是法律特别规定必须经股东会或者股东大会决议,公司章程不得对此作出相反的规定。

第十七条 【职工权益保护与职业教育】公司必须保护职工的合法权益,依法与职工签订劳动合同,参加社会保险,加强劳动保护,实现安全生产。

公司应当采用多种形式,加强公司职工的职业教育和岗位培训,提高职工素质。

第十八条 【工会】公司职工依照《中华人民共和国工会法》组织工会,开展工会活动,维护职工合法权益。公司应当为本公司工会提供必要的活动条件。公司工会代表职工就职工的劳动报酬、工作时间、福利、保险和劳动安全卫生等事项依法与公司签订集体合同。

公司依照宪法和有关法律的规定,通过职工代表大会或者其他形式,实行民主管理。

公司研究决定改制以及经营方面的重大问题、制定重要的规章制度时,应当听取公司工会的意见,并通过职工代表大会或者其他形式听取职工的意见和建议。

第十九条 【党组织】在公司中,根据中国共产党章程的规定,设立中国共产党的组织,开展党的活动。公司应当为党组织的活动提供必要条件。

第二十条 【股东禁止行为】公司股东应当遵守法律、行政法规和公司章程,依法行使股东权利,不得滥用股东权利损害公司或者其他股东的利益;不得滥用公司法人独立地位和股东有限责任损害公司债权人的利益。

公司股东滥用股东权利给公司或者其他股东造成损失的,应当依法承担赔偿责任。

公司股东滥用公司法人独立地位和股东有限责任,逃避债务,严重损害公司债权人利益的,应当对公司债务承担连带责任。

案例 上海存亮贸易有限公司诉蒋志东、王卫明等买卖合同纠纷案(最高人民法院指导案例第9号)

裁判规则:有限责任公司的股东、股份有限公司的董事和控股股东,应当依法在公司被吊销营业执照后履行清算义务,不能以其不是实际控制人或者未实际参加公司经营管理为由,免除清算义务。

第二十一条 【禁止关联交易】公司的控股股东、实际控制人、董事、监事、高级管理人员不得利用其关联关系损害公司利益。

违反前款规定,给公司造成损失的,应当承担赔偿责任。

注释 控股股东

控股股东,是指其出资额占有限责任公司资本总额百分之五十以上或者其持有的股份占股份有限公司股本总额百分之五十以上的股东;出资额或者持有股份的比例虽然不足百分之五十,但依其出资额或者持有的股份所享有的表决权已足以对股东会、股东大会的决议产生重大影响的股东。

关联关系

关联关系,是指公司控股股东、实际控制人、董事、监事、高级管理人员与其直接或者间接控制的企业之间的关系,以及可能导致公司利益转移的其他关系。但是,国家控股的企业之间不仅因为同受国家控股而具有关联关系。

第二十二条 【公司决议的无效或被撤销】公

司股东会或者股东大会、董事会的决议内容违反法律、行政法规的无效。

股东会或者股东大会、董事会的会议召集程序、表决方式违反法律、行政法规或者公司章程，或者决议内容违反公司章程的，股东可以自决议作出之日起六十日内，请求人民法院撤销。

股东依照前款规定提起诉讼的，人民法院可以应公司的请求，要求股东提供相应担保。

公司根据股东会或者股东大会、董事会决议已办理变更登记的，人民法院宣告该决议无效或者撤销该决议后，公司应当向公司登记机关申请撤销变更登记。

链接《最高人民法院关于适用〈中华人民共和国公司法〉若干问题的规定（一）》第 3 条；《最高人民法院关于适用〈中华人民共和国公司法〉若干问题的规定（四）》第 1—6 条

案例 李建军诉上海佳动力环保科技有限公司公司决议撤销纠纷案（最高人民法院指导案例第 10 号）

裁判规则：《公司法》第 22 条规定，公司股东会或者股东大会、董事会的决议内容违反法律、行政法规的无效。股东会或者股东大会、董事会的会议召集程序、表决方式违反法律、行政法规或者公司章程，或者决议内容违反公司章程的，股东可以自决议作出之日起六十日内，请求人民法院撤销。由此可知，公司股东申请法院撤销公司解聘其总经理职务的决议的，人民法院在审理中应当审查：会议召集程序、表决方式是否违反法律、行政法规或者公司章程，以及决议内容是否违反公司章程。至于解聘总经理职务的决议所依据的事实是否属实，理由是否成立，法院应当尊重公司自治，无需审查。

第二章　有限责任公司的设立和组织机构

第一节　设　立

第二十三条　【有限责任公司的设立条件】设立有限责任公司，应当具备下列条件：

（一）股东符合法定人数；

（二）有符合公司章程规定的全体股东认缴的出资额；

（三）股东共同制定公司章程；

（四）有公司名称，建立符合有限责任公司要求的组织机构；

（五）有公司住所。

第二十四条　【股东人数】有限责任公司由五十个以下股东出资设立。

第二十五条　【公司章程内容】有限责任公司章程应当载明下列事项：

（一）公司名称和住所；

（二）公司经营范围；

（三）公司注册资本；

（四）股东的姓名或者名称；

（五）股东的出资方式、出资额和出资时间；

（六）公司的机构及其产生办法、职权、议事规则；

（七）公司法定代表人；

（八）股东会会议认为需要规定的其他事项。

股东应当在公司章程上签名、盖章。

案例 上海大成资产评估有限公司诉楼建华等其他与公司有关的纠纷案（《中华人民共和国最高人民法院公报》2012 年第 5 期）

裁判规则：公司章程是公司组织及活动的基本准则。在作为特殊企业的资产评估公司章程规定股东退休时必须退股，退股时以退股月份上月为结算月份，退还其在公司享有的净资产份额时，股东与公司应该按章履行。

第二十六条　【注册资本】有限责任公司的注册资本为在公司登记机关登记的全体股东认缴的出资额。

法律、行政法规以及国务院决定对有限责任公司注册资本实缴、注册资本最低限额另有规定的，从其规定。

注释 公司解散时，股东尚未缴纳的出资均应作为清算财产。公司财产不足以清偿债务时，债权人主张未缴出资股东，以及公司设立时的其他股东或者发起人在未缴出资范围内对公司债务承担连带清偿责任的，人民法院应依法予以支持。

链接《最高人民法院关于适用〈中华人民共和国公司法〉若干问题的规定（二）》第 22 条

第二十七条　【出资方式】股东可以用货币出资，也可以用实物、知识产权、土地使用权等可以用货币估价并可以依法转让的非货币财产作价出资；但是，法律、行政法规规定不得作为出资的财产除外。

对作为出资的非货币财产应当评估作价，核

实财产，不得高估或者低估作价。法律、行政法规对评估作价有规定的，从其规定。

注释 出资人以其他公司股权出资，符合下列条件的，人民法院应当认定出资人已履行出资义务：(1)出资的股权由出资人合法持有并依法可以转让；(2)出资的股权无权利瑕疵或者权利负担；(3)出资人已履行关于股权转让的法定手续；(4)出资的股权已依法进行了价值评估。

链接《财政部关于〈公司法〉施行后有关企业财务处理问题的通知》第1条；《最高人民法院关于适用〈中华人民共和国公司法〉若干问题的规定(三)》第7—11条

第二十八条 【出资义务】股东应当按期足额缴纳公司章程中规定的各自所认缴的出资额。股东以货币出资的，应当将货币出资足额存入有限责任公司在银行开设的账户；以非货币财产出资的，应当依法办理其财产权的转移手续。

股东不按照前款规定缴纳出资的，除应当向公司足额缴纳外，还应当向已按期足额缴纳出资的股东承担违约责任。

注释 按期足额缴纳出资，是股东的一项重要法定义务，必须严格履行。股东没有按期足额缴纳公司章程中规定的自己所认缴出资额的，需依法承担相应的法律责任：

(1)承担继续履行出资义务的责任。股东不按期缴纳出资的，不能因此免除或者减轻其按照公司章程规定应当履行缴纳出资义务的责任，相反，股东必须继续履行足额缴纳公司章程中规定的自己所认缴出资额的义务。特别是在人民法院受理公司破产申请后，债务人的出资人尚未完全履行出资义务的，破产管理人仍应当要求该出资人缴纳所认缴的出资，而不受出资期限的限制。

(2)向其他股东承担违约责任。股东不按期缴纳出资的，还应当向已经足额缴纳出资的其他股东承担违约责任。股东在共同制定公司章程中，应当对股东不按期履行缴纳出资义务构成条件、承担违约责任的形式等，尽量作出具体、详细的规定，以便在出现该种情形时，能够比较明确地确定不按期缴纳出资股东的具体责任，避免产生不必要的纠纷。

链接《企业破产法》第35条；《市场主体登记管理条例实施细则》第13、26条

第二十九条 【设立登记】股东认足公司章程规定的出资后，由全体股东指定的代表或者共同委托的代理人向公司登记机关报送公司登记申请书、公司章程等文件，申请设立登记。

链接《市场主体登记管理条例实施细则》第4章

第三十条 【出资不足的补充】有限责任公司成立后，发现作为设立公司出资的非货币财产的实际价额显著低于公司章程所定价额的，应当由交付该出资的股东补足其差额；公司设立时的其他股东承担连带责任。

第三十一条 【出资证明书】有限责任公司成立后，应当向股东签发出资证明书。

出资证明书应当载明下列事项：

(一)公司名称；

(二)公司成立日期；

(三)公司注册资本；

(四)股东的姓名或者名称、缴纳的出资额和出资日期；

(五)出资证明书的编号和核发日期。

出资证明书由公司盖章。

第三十二条 【股东名册】有限责任公司应当置备股东名册，记载下列事项：

(一)股东的姓名或者名称及住所；

(二)股东的出资额；

(三)出资证明书编号。

记载于股东名册的股东，可以依股东名册主张行使股东权利。

公司应当将股东的姓名或者名称向公司登记机关登记；登记事项发生变更的，应当办理变更登记。未经登记或者变更登记的，不得对抗第三人。

第三十三条 【股东查阅、复制权】股东有权查阅、复制公司章程、股东会会议记录、董事会会议决议、监事会会议决议和财务会计报告。

股东可以要求查阅公司会计账簿。股东要求查阅公司会计账簿的，应当向公司提出书面请求，说明目的。公司有合理根据认为股东查阅会计账簿有不正当目的，可能损害公司合法利益的，可以拒绝提供查阅，并应当自股东提出书面请求之日起十五日内书面答复股东并说明理由。公司拒绝提供查阅的，股东可以请求人民法院要求公司提供查阅。

链接 本法第97条；《最高人民法院关于适用〈中华人民共和国公司法〉若干问题的规定(四)》第7—12条

第三十四条 【分红权与优先认购权】股东按照实缴的出资比例分取红利;公司新增资本时,股东有权优先按照实缴的出资比例认缴出资。但是,全体股东约定不按照出资比例分取红利或者不按照出资比例优先认缴出资的除外。

注释 所谓按照实缴的出资比例,是指按照股东实际已经缴纳的出资占公司注册资本总额的比例。一般情况下,实缴的出资比例相同的股东,获取红利的比例相同;实缴出资所占比例较大的股东,获取红利的比例也会较大。但是,全体股东约定不按照出资比例分取红利的,则可以不按照股东的出资比例分取红利。这表明,公司如何向股东分配利润,决定权在股东,由股东根据具体情况作出决定。

有限责任公司决定新增注册资本时,股东有权优先认缴公司新增资本。公司设立后,可能会因经营业务发展的需要而增加公司资本。由于有限责任公司更具有人合性质,其股东比较固定,股东之间具有相互信赖、比较紧密的关系。因此,在公司新增资本时,应当由本公司的股东首先认缴,以防止新增股东而打破公司原有股东之间的紧密关系,此即为股东的优先认缴出资权。只有在股东不认缴时,方允许其他投资者认缴,成为公司新的股东。然而,公司新增资本,股东之间也存在如何认缴的问题。根据本条的规定,原则上由股东按照实缴的出资比例认缴出资。但是,全体股东约定不按照出资比例优先认缴出资的,则可以不按照出资比例优先认缴出资。

需要进一步说明的是,无论是现有股东还是其他投资者认缴公司新增资本,都必须遵守法律规定,履行如实足额缴付出资的义务,公司应当向认缴新增资本的股东签发出资证明书,并在股东名册上予以记载。

案例 甘肃乾金达矿业开发集团有限公司与万城商务东升庙有限责任公司盈余分配纠纷案(《最高人民法院公报》2023年第1期)

裁判规则:股东要求公司分配利润的必要条件是提交载明具体分配方案的股东会决议。具体的利润分配方案应当包括待分配利润数额、分配政策、分配范围以及分配时间等具体分配事项内容。判断利润分配方案是否具体,关键在于综合现有信息能否确定主张分配的权利人根据方案能够得到的具体利润数额。如公司股东会决议确定了待分配利润总额、分配时间,结合公司章程中关于股东按照出资比例分取红利的分配政策之约定,能够确定股东根据方案应当得到的具体利润数额的,该股东会决议载明的利润分配方案应当认为是具体的。

载明具体分配方案的股东会决议一经作出,抽象性的利润分配请求权即转化为具体性的利润分配请求权,从股东的成员权转化为独立于股东权利的普通债权。股东转让股权时,抽象性的利润分配请求权随之转让,而具体的利润分配请求权除合同中有明确约定外并不随股权转让而转让。当分配利润时间届至而公司未分配时,权利人可以直接请求公司按照决议载明的具体分配方案给付利润。

链接《最高人民法院关于适用〈中华人民共和国公司法〉若干问题的规定(四)》第13—15条

第三十五条 【不得抽逃出资】公司成立后,股东不得抽逃出资。

注释 公司成立后,公司、股东或者公司债权人以相关股东的行为符合下列情形之一且损害公司权益为由,请求认定该股东抽逃出资的,人民法院应予支持:(1)制作虚假财务会计报表虚增利润进行分配;(2)通过虚构债权债务关系将其出资转出;(3)利用关联交易将出资转出;(4)其他未经法定程序将出资抽回的行为。

链接《最高人民法院关于适用〈中华人民共和国公司法〉若干问题的规定(三)》第12、14、16、17、19条

第二节 组织机构

第三十六条 【股东会的组成及地位】有限责任公司股东会由全体股东组成。股东会是公司的权力机构,依照本法行使职权。

注释 股东会,是指依照《公司法》和公司章程的规定设立的,由全体股东共同组成的,对公司经营管理和各种涉及公司及股东利益的事项拥有最高决策权的机构,是股东在公司内部行使股东权的法定组织。

第三十七条 【股东会职权】股东会行使下列职权:

(一)决定公司的经营方针和投资计划;

(二)选举和更换非由职工代表担任的董事、监事,决定有关董事、监事的报酬事项;

（三）审议批准董事会的报告；

（四）审议批准监事会或者监事的报告；

（五）审议批准公司的年度财务预算方案、决算方案；

（六）审议批准公司的利润分配方案和弥补亏损方案；

（七）对公司增加或者减少注册资本作出决议；

（八）对发行公司债券作出决议；

（九）对公司合并、分立、解散、清算或者变更公司形式作出决议；

（十）修改公司章程；

（十一）公司章程规定的其他职权。

对前款所列事项股东以书面形式一致表示同意的，可以不召开股东会会议，直接作出决定，并由全体股东在决定文件上签名、盖章。

第三十八条 【首次股东会会议】首次股东会会议由出资最多的股东召集和主持，依照本法规定行使职权。

第三十九条 【定期会议和临时会议】股东会会议分为定期会议和临时会议。

定期会议应当依照公司章程的规定按时召开。代表十分之一以上表决权的股东，三分之一以上的董事，监事会或者不设监事会的公司的监事提议召开临时会议的，应当召开临时会议。

第四十条 【股东会会议的召集与主持】有限责任公司设立董事会的，股东会会议由董事会召集，董事长主持；董事长不能履行职务或者不履行职务的，由副董事长主持；副董事长不能履行职务或者不履行职务的，由半数以上董事共同推举一名董事主持。

有限责任公司不设董事会的，股东会会议由执行董事召集和主持。

董事会或者执行董事不能履行或者不履行召集股东会会议职责的，由监事会或者不设监事会的公司的监事召集和主持；监事会或者监事不召集和主持的，代表十分之一以上表决权的股东可以自行召集和主持。

第四十一条 【股东会会议的通知与记录】召开股东会会议，应当于会议召开十五日前通知全体股东；但是，公司章程另有规定或者全体股东另有约定的除外。

股东会应当对所议事项的决定作成会议记录，出席会议的股东应当在会议记录上签名。

第四十二条 【股东的表决权】股东会会议由股东按照出资比例行使表决权；但是，公司章程另有规定的除外。

第四十三条 【股东会的议事方式和表决程序】股东会的议事方式和表决程序，除本法有规定的外，由公司章程规定。

股东会会议作出修改公司章程、增加或者减少注册资本的决议，以及公司合并、分立、解散或者变更公司形式的决议，必须经代表三分之二以上表决权的股东通过。

注释 议事方式

议事方式，是指公司股东会以什么方式就公司的重大问题进行讨论并作出决议。

表决程序

表决程序，是指公司股东会决定事项如何进行表决和表决时需要多少股东赞成，才能通过某一特定的决议。

本条第2款对特定事项的表决程序作了规定，这是法定事项表决的特别规定，必须经代表2/3以上表决权的股东通过。公司章程不得对此作出相反的规定。

第四十四条 【董事会的组成】有限责任公司设董事会，其成员为三人至十三人；但是，本法第五十条另有规定的除外。

两个以上的国有企业或者两个以上的其他国有投资主体投资设立的有限责任公司，其董事会成员中应当有公司职工代表；其他有限责任公司董事会成员中可以有公司职工代表。董事会中的职工代表由公司职工通过职工代表大会、职工大会或者其他形式民主选举产生。

董事会设董事长一人，可以设副董事长。董事长、副董事长的产生办法由公司章程规定。

注释 董事会是公司的经营决策机构，受公司股东会的委托或者委任从事经营管理活动。公司有大有小，但都需要具有经营管理的机构。因此，有限责任公司原则上应当设董事会，负责公司的经营管理活动。公司的股东人数较少或者规模较小，只设1名执行董事即可负责经营管理的，则可以不设董事会。

第四十五条 【董事任期】董事任期由公司章程规定，但每届任期不得超过三年。董事任期届满，连选可以连任。

董事任期届满未及时改选，或者董事在任期内辞职导致董事会成员低于法定人数的，在改选出的董事就任前，原董事仍应当依照法律、行政法规和公司章程的规定，履行董事职务。

第四十六条 【董事会职权】董事会对股东会负责，行使下列职权：

（一）召集股东会会议，并向股东会报告工作；

（二）执行股东会的决议；

（三）决定公司的经营计划和投资方案；

（四）制订公司的年度财务预算方案、决算方案；

（五）制订公司的利润分配方案和弥补亏损方案；

（六）制订公司增加或者减少注册资本以及发行公司债券的方案；

（七）制订公司合并、分立、解散或者变更公司形式的方案；

（八）决定公司内部管理机构的设置；

（九）决定聘任或者解聘公司经理及其报酬事项，并根据经理的提名决定聘任或者解聘公司副经理、财务负责人及其报酬事项；

（十）制定公司的基本管理制度；

（十一）公司章程规定的其他职权。

第四十七条 【董事会会议的召集与主持】董事会会议由董事长召集和主持；董事长不能履行职务或者不履行职务的，由副董事长召集和主持；副董事长不能履行职务或者不履行职务的，由半数以上董事共同推举一名董事召集和主持。

第四十八条 【董事会的议事方式和表决程序】董事会的议事方式和表决程序，除本法有规定的外，由公司章程规定。

董事会应当对所议事项的决定作成会议记录，出席会议的董事应当在会议记录上签名。

董事会决议的表决，实行一人一票。

注释 董事会决议实行一人一票制，即董事会全体成员，不论是董事长、副董事长，还是普通的董事，在董事会决议的表决上，都只享有一票的权利，相互之间不存在表决权大小的问题。这表明董事长、副董事长在董事会中，与其他董事的法律地位是平等的，在董事会决议的表决上，既无加重表决权，也无最后决定权。董事会决议实行一人一票制，明确了董事会是一个集体行使职权的公司内部机构，而不是一个由董事长或者副董事长个人负责的机构，每个董事可以各负其责，但由董事会整体对股东会负责。

第四十九条 【经理的设立与职权】有限责任公司可以设经理，由董事会决定聘任或者解聘。经理对董事会负责，行使下列职权：

（一）主持公司的生产经营管理工作，组织实施董事会决议；

（二）组织实施公司年度经营计划和投资方案；

（三）拟订公司内部管理机构设置方案；

（四）拟订公司的基本管理制度；

（五）制定公司的具体规章；

（六）提请聘任或者解聘公司副经理、财务负责人；

（七）决定聘任或者解聘除应由董事会决定聘任或者解聘以外的负责管理人员；

（八）董事会授予的其他职权。

公司章程对经理职权另有规定的，从其规定。

经理列席董事会会议。

第五十条 【执行董事】股东人数较少或者规模较小的有限责任公司，可以设一名执行董事，不设董事会。执行董事可以兼任公司经理。

执行董事的职权由公司章程规定。

第五十一条 【监事会的设立与组成】有限责任公司设监事会，其成员不得少于三人。股东人数较少或者规模较小的有限责任公司，可以设一至二名监事，不设监事会。

监事会应当包括股东代表和适当比例的公司职工代表，其中职工代表的比例不得低于三分之一，具体比例由公司章程规定。监事会中的职工代表由公司职工通过职工代表大会、职工大会或者其他形式民主选举产生。

监事会设主席一人，由全体监事过半数选举产生。监事会主席召集和主持监事会会议；监事会主席不能履行职务或者不履行职务的，由半数以上监事共同推举一名监事召集和主持监事会会议。

董事、高级管理人员不得兼任监事。

注释 监事会是公司的一个重要机构，是依照法律规定和公司章程规定，代表公司股东和职工对公司董事会、执行董事和经理依法履职情况进行监督的机关。有限责任公司设立监事会，并通过监事会的监督活动，维护公司股东的利益和保护职工的合法权益。监事会对股东会负责并报告工作。

第五十二条 【监事的任期】监事的任期每届为三年。监事任期届满，连选可以连任。

监事任期届满未及时改选，或者监事在任期内辞职导致监事会成员低于法定人数的，在改选出的监事就任前，原监事仍应当依照法律、行政法规和公司章程的规定，履行监事职务。

第五十三条 【监事会或监事的职权（一）】监事会、不设监事会的公司的监事行使下列职权：

（一）检查公司财务；

（二）对董事、高级管理人员执行公司职务的行为进行监督，对违反法律、行政法规、公司章程或者股东会决议的董事、高级管理人员提出罢免的建议；

（三）当董事、高级管理人员的行为损害公司的利益时，要求董事、高级管理人员予以纠正；

（四）提议召开临时股东会会议，在董事会不履行本法规定的召集和主持股东会会议职责时召集和主持股东会会议；

（五）向股东会会议提出提案；

（六）依照本法第一百五十一条的规定，对董事、高级管理人员提起诉讼；

（七）公司章程规定的其他职权。

第五十四条 【监事会或监事的职权（二）】监事可以列席董事会会议，并对董事会决议事项提出质询或者建议。

监事会、不设监事会的公司的监事发现公司经营情况异常，可以进行调查；必要时，可以聘请会计师事务所等协助其工作，费用由公司承担。

第五十五条 【监事会的会议制度】监事会每年度至少召开一次会议，监事可以提议召开临时监事会会议。

监事会的议事方式和表决程序，除本法有规定的外，由公司章程规定。

监事会决议应当经半数以上监事通过。

监事会应当对所议事项的决定作成会议记录，出席会议的监事应当在会议记录上签名。

第五十六条 【监事履行职责所需费用的承担】监事会、不设监事会的公司的监事行使职权所必需的费用，由公司承担。

第三节 一人有限责任公司的特别规定

第五十七条 【一人公司的概念】一人有限责任公司的设立和组织机构，适用本节规定；本节没有规定的，适用本章第一节、第二节的规定。

本法所称一人有限责任公司，是指只有一个自然人股东或者一个法人股东的有限责任公司。

注释 一人有限责任公司是有限责任公司的一种特殊表现形式，但其又不同于个人独资企业：

（1）法律性质不同。一人有限责任公司需要原则性满足《公司法》为股权多元化的公司设置的公司资本制度、公司财务会计审计制度以及公司治理制度，而个人独资企业只适用《个人独资企业法》，受该法的调整和约束。

（2）承担的民事责任能力不同。一人有限责任公司是独立的企业法人，具有完全的民事权利能力、民事行为能力和民事责任能力，是有限责任公司中的特殊类型；而后者则不是独立的企业法人，不能以其财产独立承担民事责任，而是投资者以个人财产对企业债务承担无限责任。

（3）承担的税收义务有所不同。一人有限责任公司及其股东须分别就其公司所得和股东股利分别缴纳法人所得税和个人所得税，而个人独资企业自身不缴纳法人所得税，只待投资者取得投资回报时缴纳个人所得税。

第五十八条 【一人公司的特殊要求】一个自然人只能投资设立一个一人有限责任公司。该一人有限责任公司不能投资设立新的一人有限责任公司。

第五十九条 【一人公司的登记注意事项】一人有限责任公司应当在公司登记中注明自然人独资或者法人独资，并在公司营业执照中载明。

第六十条 【一人公司的章程】一人有限责任公司章程由股东制定。

第六十一条 【一人公司的股东决议】一人有限责任公司不设股东会。股东作出本法第三十七条第一款所列决定时，应当采用书面形式，并由股东签名后置备于公司。

第六十二条 【一人公司的财会报告】一人有限责任公司应当在每一会计年度终了时编制财务会计报告，并经会计师事务所审计。

第六十三条 【一人公司的债务承担】一人有限责任公司的股东不能证明公司财产独立于股东自己的财产的，应当对公司债务承担连带责任。

注释 这里的“连带责任”，是按份责任的对称，它是指两个以上的债务人，共同负责履行清偿同一债务的行为。债是按照合同的约定或者依照法律的规定，在当事人之间产生的特定权利与义务关系。负有义务的人是债务人，享有权利的人是债权人。债权人有权要求负连带债务的人中的全体、部分或任何一个人清偿全部或部分债务。负有连带责任的每一个债务人，都负有清偿全部责任的义务。履行了义务的人，有权要求其他负有连带责任的人偿付其应承担的份额。债务人的连带责任，使债权人的权益得到保障，它是保证债务履行的一种手段。

第四节　国有独资公司的特别规定

第六十四条　【国有独资公司的概念】国有独资公司的设立和组织机构，适用本节规定；本节没有规定的，适用本章第一节、第二节的规定。

本法所称国有独资公司，是指国家单独出资、由国务院或者地方人民政府授权本级人民政府国有资产监督管理机构履行出资人职责的有限责任公司。

第六十五条　【国有独资公司的章程】国有独资公司章程由国有资产监督管理机构制定，或者由董事会制订报国有资产监督管理机构批准。

第六十六条　【国有独资公司股东权的行使】国有独资公司不设股东会，由国有资产监督管理机构行使股东会职权。国有资产监督管理机构可以授权公司董事会行使股东会的部分职权，决定公司的重大事项，但公司的合并、分立、解散、增加或者减少注册资本和发行公司债券，必须由国有资产监督管理机构决定；其中，重要的国有独资公司合并、分立、解散、申请破产的，应当由国有资产监督管理机构审核后，报本级人民政府批准。

前款所称重要的国有独资公司，按照国务院的规定确定。

第六十七条　【国有独资公司的董事会】国有独资公司设董事会，依照本法第四十六条、第六十六条的规定行使职权。董事每届任期不得超过三年。董事会成员中应当有公司职工代表。

董事会成员由国有资产监督管理机构委派；但是，董事会成员中的职工代表由公司职工代表大会选举产生。

董事会设董事长一人，可以设副董事长。董事长、副董事长由国有资产监督管理机构从董事会成员中指定。

第六十八条　【国有独资公司的经理】国有独资公司设经理，由董事会聘任或者解聘。经理依照本法第四十九条规定行使职权。

经国有资产监督管理机构同意，董事会成员可以兼任经理。

第六十九条　【国有独资公司高层人员的兼职禁止】国有独资公司的董事长、副董事长、董事、高级管理人员，未经国有资产监督管理机构同意，不得在其他有限责任公司、股份有限公司或者其他经济组织兼职。

第七十条　【国有独资公司的监事会】国有独资公司监事会成员不得少于五人，其中职工代表的比例不得低于三分之一，具体比例由公司章程规定。

监事会成员由国有资产监督管理机构委派；但是，监事会成员中的职工代表由公司职工代表大会选举产生。监事会主席由国有资产监督管理机构从监事会成员中指定。

监事会行使本法第五十三条第（一）项至第（三）项规定的职权和国务院规定的其他职权。

第三章　有限责任公司的股权转让

第七十一条　【股权转让】有限责任公司的股东之间可以相互转让其全部或者部分股权。

股东向股东以外的人转让股权，应当经其他股东过半数同意。股东应就其股权转让事项书面通知其他股东征求同意，其他股东自接到书面通知之日起满三十日未答复的，视为同意转让。其他股东半数以上不同意转让的，不同意的股东应当购买该转让的股权；不购买的，视为同意转让。

经股东同意转让的股权，在同等条件下，其他股东有优先购买权。两个以上股东主张行使优先购买权的，协商确定各自的购买比例；协商不成的，按照转让时各自的出资比例行使优先购买权。

公司章程对股权转让另有规定的，从其规定。

注释 有限责任公司的股东自愿向他人转让其股权，既可能是向该有限责任公司的其他股东转让股权，也可能是向该有限责任公司股东以外的人转让股权。

有限责任公司的股东向该公司的其他股东转让其全部股权，其后果是股东人数减少，并且股东间的出资比例发生变化；向公司的其他股东转让其部分股权，其后果是股东间的出资比例发生变化。因此,公司的股东之间无论是转让全部股权,还是转让部分股权,都不会有新股东的产生,其他股东已有的伙伴关系不会受到影响,也就没有必要对这种转让进行限制。为此,本条规定有限责任公司的股东之间可以相互转让其全部股权或者部分股权,并没有对股权的转让作出任何限制性的规定。

股东向股东以外的人转让股权,会发生新股东进入公司的情况,而新股东与其他股东之间并不一定存在相互信任的关系。为了维持有限责任公司的人合因素,本条规定除转让股东以外的其他股东中,有超过一半的股东同意,股东才能向股东以外的人转让股权。

链接《最高人民法院关于适用〈中华人民共和国公司法〉若干问题的规定(四)》第16—22条

第七十二条 【优先购买权】人民法院依照法律规定的强制执行程序转让股东的股权时,应当通知公司及全体股东,其他股东在同等条件下有优先购买权。其他股东自人民法院通知之日起满二十日不行使优先购买权的,视为放弃优先购买权。

第七十三条 【股权转让的变更记载】依照本法第七十一条、第七十二条转让股权后,公司应当注销原股东的出资证明书,向新股东签发出资证明书,并相应修改公司章程和股东名册中有关股东及其出资额的记载。对公司章程的该项修改不需再由股东会表决。

注释股权转让后尚未向公司登记机关办理变更登记,原股东将仍登记于其名下的股权转让、质押或者以其他方式处分,受让股东以其对于股权享有实际权利为由,请求认定处分股权行为无效的,人民法院可以参照《民法典》第311条的规定处理。

原股东处分股权造成受让股东损失,受让股东请求原股东承担赔偿责任、对于未及时办理变更登记有过错的董事、高级管理人员或者实际控制人承担相应责任的,人民法院应予支持;受让股东对于未及时办理变更登记也有过错的,可以适当减轻上述董事、高级管理人员或者实际控制人的责任。

《民法典》第311条规定,无处分权人将不动产或者动产转让给受让人的,所有权人有权追回;除法律另有规定外,符合下列情形的,受让人取得该不动产或者动产的所有权:(1)受让人受让该不动产或者动产时是善意;(2)以合理的价格转让;(3)转让的不动产或者动产依照法律规定应当登记的已经登记,不需要登记的已经交付给受让人。受让人依照前述规定取得不动产或者动产的所有权的,原所有权人有权向无处分权人请求损害赔偿。当事人善意取得其他物权的,参照前述规定。

链接《最高人民法院关于适用〈中华人民共和国公司法〉若干问题的规定(三)》第27条

第七十四条 【异议股东股权收购请求权】有下列情形之一的,对股东会该项决议投反对票的股东可以请求公司按照合理的价格收购其股权:

(一)公司连续五年不向股东分配利润,而公司该五年连续盈利,并且符合本法规定的分配利润条件的;

(二)公司合并、分立、转让主要财产的;

(三)公司章程规定的营业期限届满或者章程规定的其他解散事由出现,股东会会议通过决议修改章程使公司存续的。

自股东会会议决议通过之日起六十日内,股东与公司不能达成股权收购协议的,股东可以自股东会会议决议通过之日起九十日内向人民法院提起诉讼。

第七十五条 【股东资格的继承】自然人股东死亡后,其合法继承人可以继承股东资格;但是,公司章程另有规定的除外。

注释依照《民法典》继承编的规定,自然人股东死亡后,其遗留的个人合法财产依法由他人继承。股东的出资额是股东的个人合法财产,也将依照继承编的规定,由他人依法继承。但是,继承编规定的继承,仅限于财产权的范围,对于具有人身专属性的身份关系,继承编并没有作出规定。而有限责任公司具有人合性,要成为公司的股东,不仅需要有一定的出资额,而且需要与其他股东之间存在相互信任的关系。按照继承编继承了股东遗产的人,能否具有股东资格,成为公司的股东,还需要予以明确。为此,本条对股东资格的继承作出了专门的规定。

第四章 股份有限公司的设立和组织机构

第一节 设 立

第七十六条 【股份有限公司的设立条件】设立股份有限公司,应当具备下列条件:

(一)发起人符合法定人数;

（二）有符合公司章程规定的全体发起人认购的股本总额或者募集的实收股本总额；

（三）股份发行、筹办事项符合法律规定；

（四）发起人制订公司章程，采用募集方式设立的经创立大会通过；

（五）有公司名称，建立符合股份有限公司要求的组织机构；

（六）有公司住所。

第七十七条　【设立方式】股份有限公司的设立，可以采取发起设立或者募集设立的方式。

发起设立，是指由发起人认购公司应发行的全部股份而设立公司。

募集设立，是指由发起人认购公司应发行股份的一部分，其余股份向社会公开募集或者向特定对象募集而设立公司。

注释 发起人在设立股份有限公司时，可以根据发起人及公司的具体情况，决定在设立之时是否向社会公众发行股份。根据股份有限公司在设立时是否向社会公众发行股份，本条将股份有限公司的设立，分为发起设立和募集设立两种。

发起设立

以发起设立方式设立股份有限公司的，在设立时其股份全部由该公司的发起人认购，而不向发起人之外的任何社会公众发行股份。由于没有向社会公众公开募集股份，所以，以发起设立方式设立的股份有限公司，在其发行新股之前，其全部股份都由发起人持有，公司的全部股东都是设立公司的发起人。

募集设立

以募集设立方式设立股份有限公司的，在公司设立时，认购公司应发行股份的人不仅有发起人，而且还有发起人以外的人。以募集设立方式设立股份有限公司，发起人只需投入较少的资金，就能够从社会上聚集到较多的资金，从而使公司能够迅速聚集到较大的资本额。但是，由于募集设立涉及发起人以外的人，所以，法律对募集设立规定了较为严格的程序，以保护广大投资者的利益，保证正常的经济秩序。

第七十八条　【发起人的限制】设立股份有限公司，应当有二人以上二百人以下为发起人，其中须有半数以上的发起人在中国境内有住所。

第七十九条　【发起人的义务】股份有限公司发起人承担公司筹办事务。

发起人应当签订发起人协议，明确各自在公司设立过程中的权利和义务。

注释 本条是强制性规范。首先，明确规定了发起人承担公司筹办事务的义务。公司的筹办是公司设立完成的重要前提。公司的筹办事务包括材料的准备、申请文件的提交、召集主持召开创立大会等程序性事务。其次，发起人签订发起人协议的规定突出了发起人协议在公司设立过程中的重要地位，此协议的内容除符合本法的相关规定外，还同时受到《民法典》等相关法律的规范。

发起人以设立中公司名义对外签订合同，公司成立后合同相对人请求公司承担合同责任的，人民法院应予支持。公司成立后有证据证明发起人利用设立中公司的名义为自己的利益与相对人签订合同，公司以此为由主张不承担合同责任的，人民法院应予支持，但相对人为善意的除外。

链接《最高人民法院关于适用〈中华人民共和国公司法〉若干问题的规定（三）》第1—6条

第八十条　【注册资本】股份有限公司采取发起设立方式设立的，注册资本为在公司登记机关登记的全体发起人认购的股本总额。在发起人认购的股份缴足前，不得向他人募集股份。

股份有限公司采取募集方式设立的，注册资本为在公司登记机关登记的实收股本总额。

法律、行政法规以及国务院决定对股份有限公司注册资本实缴、注册资本最低限额另有规定的，从其规定。

第八十一条　【公司章程】股份有限公司章程应当载明下列事项：

（一）公司名称和住所；

（二）公司经营范围；

（三）公司设立方式；

（四）公司股份总数、每股金额和注册资本；

（五）发起人的姓名或者名称、认购的股份数、出资方式和出资时间；

（六）董事会的组成、职权和议事规则；

（七）公司法定代表人；

（八）监事会的组成、职权和议事规则；

（九）公司利润分配办法；

（十）公司的解散事由与清算办法；

（十一）公司的通知和公告办法；

（十二）股东大会会议认为需要规定的其他事项。

第八十二条 【出资方式】发起人的出资方式，适用本法第二十七条的规定。

第八十三条 【发起设立的程序】以发起设立方式设立股份有限公司的，发起人应当书面认足公司章程规定其认购的股份，并按照公司章程规定缴纳出资。以非货币财产出资的，应当依法办理其财产权的转移手续。

发起人不依照前款规定缴纳出资的，应当按照发起人协议承担违约责任。

发起人认足公司章程规定的出资后，应当选举董事会和监事会，由董事会向公司登记机关报送公司章程以及法律、行政法规规定的其他文件，申请设立登记。

第八十四条 【募集设立的发起人认购股份】以募集设立方式设立股份有限公司的，发起人认购的股份不得少于公司股份总数的百分之三十五；但是，法律、行政法规另有规定的，从其规定。

第八十五条 【募集股份的公告和认股书】发起人向社会公开募集股份，必须公告招股说明书，并制作认股书。认股书应当载明本法第八十六条所列事项，由认股人填写认购股数、金额、住所，并签名、盖章。认股人按照所认购股数缴纳股款。

第八十六条 【招股说明书】招股说明书应当附有发起人制订的公司章程，并载明下列事项：

（一）发起人认购的股份数；

（二）每股的票面金额和发行价格；

（三）无记名股票的发行总数；

（四）募集资金的用途；

（五）认股人的权利、义务；

（六）本次募股的起止期限及逾期未募足时认股人可以撤回所认股份的说明。

第八十七条 【股票承销】发起人向社会公开募集股份，应当由依法设立的证券公司承销，签订承销协议。

链接《证券法》第25、26条；《证券发行与承销管理办法》

第八十八条 【代收股款】发起人向社会公开募集股份，应当同银行签订代收股款协议。

代收股款的银行应当按照协议代收和保存股款，向缴纳股款的认股人出具收款单据，并负有向有关部门出具收款证明的义务。

第八十九条 【验资及创立大会的召开】发行股份的股款缴足后，必须经依法设立的验资机构验资并出具证明。发起人应当自股款缴足之日起三十日内主持召开公司创立大会。创立大会由发起人、认股人组成。

发行的股份超过招股说明书规定的截止期限尚未募足的，或者发行股份的股款缴足后，发起人在三十日内未召开创立大会的，认股人可以按照所缴股款并加算银行同期存款利息，要求发起人返还。

第九十条 【创立大会的职权】发起人应当在创立大会召开十五日前将会议日期通知各认股人或者予以公告。创立大会应有代表股份总数过半数的发起人、认股人出席，方可举行。

创立大会行使下列职权：

（一）审议发起人关于公司筹办情况的报告；

（二）通过公司章程；

（三）选举董事会成员；

（四）选举监事会成员；

（五）对公司的设立费用进行审核；

（六）对发起人用于抵作股款的财产的作价进行审核；

（七）发生不可抗力或者经营条件发生重大变化直接影响公司设立的，可以作出不设立公司的决议。

创立大会对前款所列事项作出决议，必须经出席会议的认股人所持表决权过半数通过。

第九十一条 【不得任意抽回股本】发起人、认股人缴纳股款或者交付抵作股款的出资后，除未按期募足股份、发起人未按期召开创立大会或者创立大会决议不设立公司的情形外，不得抽回其股本。

第九十二条 【申请设立登记】董事会应于创立大会结束后三十日内，向公司登记机关报送下列文件，申请设立登记：

（一）公司登记申请书；

（二）创立大会的会议记录；

（三）公司章程；

（四）验资证明；

（五）法定代表人、董事、监事的任职文件及其身份证明；

（六）发起人的法人资格证明或者自然人身份证明；

（七）公司住所证明。

以募集方式设立股份有限公司公开发行股票

的，还应当向公司登记机关报送国务院证券监督管理机构的核准文件。

第九十三条 【出资不足的补充】股份有限公司成立后，发起人未按照公司章程的规定缴足出资的，应当补缴；其他发起人承担连带责任。

股份有限公司成立后，发现作为设立公司出资的非货币财产的实际价额显著低于公司章程所定价额的，应当由交付该出资的发起人补足其差额；其他发起人承担连带责任。

注释 股份有限公司成立后，无论是发起人未按照公司章程的规定缴足出资，还是发现发起人交付作为设立公司出资的非货币财产的实际价额显著低于公司章程所定价额，其他发起人都承担连带责任。公司既可以要求出资不符合公司章程规定的发起人缴足或者补足差额，也可以要求其他任何一个或者几个发起人缴足或者补足差额，被要求的发起人不得拒绝。当然，被要求的发起人在缴足或者补足差额后，有权向出资不符合公司章程规定的发起人追偿。

第九十四条 【发起人的责任】股份有限公司的发起人应当承担下列责任：

（一）公司不能成立时，对设立行为所产生的债务和费用负连带责任；

（二）公司不能成立时，对认股人已缴纳的股款，负返还股款并加算银行同期存款利息的连带责任；

（三）在公司设立过程中，由于发起人的过失致使公司利益受到损害的，应当对公司承担赔偿责任。

注释 设立行为所产生的债务是指发起人为了设立公司、在筹办公司设立事务过程中对他人所负的债务。设立行为所产生的费用是指发起人为了设立公司、在筹办公司设立事务过程中支付的各种费用，如公司章程及招股说明书、认股书的制作费；有关的通知和公告的费用；雇用必要人员的工资、房屋的租赁费等。公司不能成立时，发起人对设立行为所产生的债务和费用负连带责任，债权人、收取费用的人可以要求发起人中的任何一个人或者几个人予以清偿、缴付、返还，被要求的发起人不得拒绝。

链接《最高人民法院关于适用〈中华人民共和国公司法〉若干问题的规定（三）》第4条

第九十五条 【公司形式的变更】有限责任公司变更为股份有限公司时，折合的实收股本总额不得高于公司净资产额。有限责任公司变更为股份有限公司，为增加资本公开发行股份时，应当依法办理。

第九十六条 【重要资料的置备】股份有限公司应当将公司章程、股东名册、公司债券存根、股东大会会议记录、董事会会议记录、监事会会议记录、财务会计报告置备于本公司。

第九十七条 【股东的查阅、建议和质询权】股东有权查阅公司章程、股东名册、公司债券存根、股东大会会议记录、董事会会议决议、监事会会议决议、财务会计报告，对公司的经营提出建议或者质询。

注释 股东名册，是指由公司置备的，记载股东个人信息和股权信息的法定簿册。公司向股东发放股息、派发新股或者通知召开股东大会，往往需要确定股东名册。

股东大会会议记录，是指股东大会对所议事项及结果所作的并由主持人和出席会议的股东签名的会议记录。股东大会成员的股东有权通过股东大会会议记录来了解股东大会举行会议时的各项情况，检查股东大会的决议是否侵犯了股东的合法利益，以及股东大会的决策是否有失误之处等，从而决定自己应当采取何种行为。

第二节 股东大会

第九十八条 【股东大会的组成与地位】股份有限公司股东大会由全体股东组成。股东大会是公司的权力机构，依照本法行使职权。

第九十九条 【股东会的职权】本法第三十七条第一款关于有限责任公司股东会职权的规定，适用于股份有限公司股东大会。

第一百条 【年会和临时会】股东大会应当每年召开一次年会。有下列情形之一的，应当在两个月内召开临时股东大会：

（一）董事人数不足本法规定人数或者公司章程所定人数的三分之二时；

（二）公司未弥补的亏损达实收股本总额三分之一时；

（三）单独或者合计持有公司百分之十以上股份的股东请求时；

（四）董事会认为必要时；

（五）监事会提议召开时；

(六)公司章程规定的其他情形。

第一百零一条 【股东大会会议的召集与主持】股东大会会议由董事会召集,董事长主持;董事长不能履行职务或者不履行职务的,由副董事长主持;副董事长不能履行职务或者不履行职务的,由半数以上董事共同推举一名董事主持。

董事会不能履行或者不履行召集股东大会会议职责的,监事会应当及时召集和主持;监事会不召集和主持的,连续九十日以上单独或者合计持有公司百分之十以上股份的股东可以自行召集和主持。

第一百零二条 【股东大会会议】召开股东大会会议,应当将会议召开的时间、地点和审议的事项于会议召开二十日前通知各股东;临时股东大会应当于会议召开十五日前通知各股东;发行无记名股票的,应当于会议召开三十日前公告会议召开的时间、地点和审议事项。

单独或者合计持有公司百分之三以上股份的股东,可以在股东大会召开十日前提出临时提案并书面提交董事会;董事会应当在收到提案后二日内通知其他股东,并将该临时提案提交股东大会审议。临时提案的内容应当属于股东大会职权范围,并有明确议题和具体决议事项。

股东大会不得对前两款通知中未列明的事项作出决议。

无记名股票持有人出席股东大会会议的,应当于会议召开五日前至股东大会闭会时将股票交存于公司。

第一百零三条 【股东表决权】股东出席股东大会会议,所持每一股份有一表决权。但是,公司持有的本公司股份没有表决权。

股东大会作出决议,必须经出席会议的股东所持表决权过半数通过。但是,股东大会作出修改公司章程、增加或者减少注册资本的决议,以及公司合并、分立、解散或者变更公司形式的决议,必须经出席会议的股东所持表决权的三分之二以上通过。

注释 表决权是股东基于其所拥有的股份而产生的权利,是股东固有的权利,公司章程和股东大会的决议都不能予以剥夺。股份有限公司的资本总额按照一定的标准划分为若干均等的份额,因此,每一股的资本额都是相等的,其权利也一律平等。

第一百零四条 【重要事项的股东大会决议权】本法和公司章程规定公司转让、受让重大资产或者对外提供担保等事项必须经股东大会作出决议的,董事会应当及时召集股东大会会议,由股东大会就上述事项进行表决。

第一百零五条 【董事、监事选举的累积投票制】股东大会选举董事、监事,可以依照公司章程的规定或者股东大会的决议,实行累积投票制。

本法所称累积投票制,是指股东大会选举董事或者监事时,每一股份拥有与应选董事或者监事人数相同的表决权,股东拥有的表决权可以集中使用。

注释 累积投票制,是一种与直接投票制相对应的公司董(监)事选举制度。在累积投票制下,每一有表决权的股份享有与拟选出的董(监)事人数相同的表决权,股东可以自由地在各候选人间分配其表决权,既可分散投于多人,也可集中投于一人,然后根据各候选人得票多少的顺序决定董(监)事人选。累积投票制在一定程度上为中小股东的代言人进入董(监)事会提供了保障。按通常投票法,股东必须在候选人中间平分选票。累积投票制则可以让股东将所有的选票投给一位候选人。假定某股东拥有一百股,每股一票,将选出六位董事,通常的办法是让该股东给每一位董事候选人投一百票,总共六百票。而累积投票制则可以将该六百票投给一位董事候选人,或根据自己的愿望分投。

股份有限公司累积投票制的适用范围为股份有限公司董(监)事的选举。股份有限公司股东大会在选举董(监)事时,可以根据公司章程的规定或者股东大会的决议,实行累积投票制。

第一百零六条 【出席股东大会的代理】股东可以委托代理人出席股东大会会议,代理人应当向公司提交股东授权委托书,并在授权范围内行使表决权。

第一百零七条 【股东大会会议记录】股东大会应当对所议事项的决定作成会议记录,主持人、出席会议的董事应当在会议记录上签名。会议记录应当与出席股东的签名册及代理出席的委托书一并保存。

第三节 董事会、经理

第一百零八条 【董事会组成、任期及职权】股份有限公司设董事会,其成员为五人至十九人。

董事会成员中可以有公司职工代表。董事会中的职工代表由公司职工通过职工代表大会、职工大会或者其他形式民主选举产生。

本法第四十五条关于有限责任公司董事任期的规定，适用于股份有限公司董事。

本法第四十六条关于有限责任公司董事会职权的规定，适用于股份有限公司董事会。

第一百零九条 【董事长的产生及职权】董事会设董事长一人，可以设副董事长。董事长和副董事长由董事会以全体董事的过半数选举产生。

董事长召集和主持董事会会议，检查董事会决议的实施情况。副董事长协助董事长工作，董事长不能履行职务或者不履行职务的，由副董事长履行职务；副董事长不能履行职务或者不履行职务的，由半数以上董事共同推举一名董事履行职务。

第一百一十条 【董事会会议的召集】董事会每年度至少召开两次会议，每次会议应当于会议召开十日前通知全体董事和监事。

代表十分之一以上表决权的股东、三分之一以上董事或者监事会，可以提议召开董事会临时会议。董事长应当自接到提议后十日内，召集和主持董事会会议。

董事会召开临时会议，可以另定召集董事会的通知方式和通知时限。

第一百一十一条 【董事会会议的议事规则】董事会会议应有过半数的董事出席方可举行。董事会作出决议，必须经全体董事的过半数通过。

董事会决议的表决，实行一人一票。

第一百一十二条 【董事会会议的出席及责任承担】董事会会议，应由董事本人出席；董事因故不能出席，可以书面委托其他董事代为出席，委托书中应载明授权范围。

董事会应当对会议所议事项的决定作成会议记录，出席会议的董事应当在会议记录上签名。

董事应当对董事会的决议承担责任。董事会的决议违反法律、行政法规或者公司章程、股东大会决议，致使公司遭受严重损失的，参与决议的董事对公司负赔偿责任。但经证明在表决时曾表明异议并记载于会议记录的，该董事可以免除责任。

第一百一十三条 【经理的设立与职权】股份有限公司设经理，由董事会决定聘任或者解聘。

本法第四十九条关于有限责任公司经理职权的规定，适用于股份有限公司经理。

第一百一十四条 【董事兼任经理】公司董事会可以决定由董事会成员兼任经理。

第一百一十五条 【公司向高管人员借款禁止】公司不得直接或者通过子公司向董事、监事、高级管理人员提供借款。

第一百一十六条 【高管人员的报酬披露】公司应当定期向股东披露董事、监事、高级管理人员从公司获得报酬的情况。

第四节 监事会

第一百一十七条 【监事会的组成及任期】股份有限公司设监事会，其成员不得少于三人。

监事会应当包括股东代表和适当比例的公司职工代表，其中职工代表的比例不得低于三分之一，具体比例由公司章程规定。监事会中的职工代表由公司职工通过职工代表大会、职工大会或者其他形式民主选举产生。

监事会设主席一人，可以设副主席。监事会主席和副主席由全体监事过半数选举产生。监事会主席召集和主持监事会会议；监事会主席不能履行职务或者不履行职务的，由监事会副主席召集和主持监事会会议；监事会副主席不能履行职务或者不履行职务的，由半数以上监事共同推举一名监事召集和主持监事会会议。

董事、高级管理人员不得兼任监事。

本法第五十二条关于有限责任公司监事任期的规定，适用于股份有限公司监事。

第一百一十八条 【监事会的职权及费用】本法第五十三条、第五十四条关于有限责任公司监事会职权的规定，适用于股份有限公司监事会。

监事会行使职权所必需的费用，由公司承担。

第一百一十九条 【监事会的会议制度】监事会每六个月至少召开一次会议。监事可以提议召开临时监事会会议。

监事会的议事方式和表决程序，除本法有规定的外，由公司章程规定。

监事会决议应当经半数以上监事通过。

监事会应当对所议事项的决定作成会议记录，出席会议的监事应当在会议记录上签名。

第五节 上市公司组织机构的特别规定

第一百二十条 【上市公司的定义】本法所称

上市公司，是指其股票在证券交易所上市交易的股份有限公司。

注释 上市公司具有以下两个特征：一是上市公司必须是已向社会发行股票的股份有限公司。即以募集设立方式成立的股份有限公司，可以依照法律规定的条件，申请其股票在证券交易所内进行交易，成为上市公司。以发起设立方式成立的股份有限公司，在公司成立后，经过批准向社会公开发行股份后，又达到《公司法》规定的上市条件的，也可以依法申请为上市公司。二是上市公司的股票必须在证券交易所开设的交易场所公开竞价交易。

证券交易所，是国家批准设立的专为证券交易提供公开竞价交易场所的事业法人。

第一百二十一条 【特别事项的通过】上市公司在一年内购买、出售重大资产或者担保金额超过公司资产总额百分之三十的，应当由股东大会作出决议，并经出席会议的股东所持表决权的三分之二以上通过。

第一百二十二条 【独立董事】上市公司设独立董事，具体办法由国务院规定。

注释 独立董事，是指不在公司担任董事外的其他职务，并与受聘的公司及其主要股东不存在妨碍其进行独立客观判断关系的董事。独立董事的职责是按照相关法律、行政法规、公司章程，认真履行职责，维护公司整体利益，尤其要关注中小股东的合法权益不受损害。

链接《上市公司独立董事规则》

第一百二十三条 【董事会秘书】上市公司设董事会秘书，负责公司股东大会和董事会会议的筹备、文件保管以及公司股东资料的管理，办理信息披露事务等事宜。

第一百二十四条 【会议决议的关联关系董事不得表决】上市公司董事与董事会会议决议事项所涉及的企业有关联关系的，不得对该项决议行使表决权，也不得代理其他董事行使表决权。该董事会会议由过半数的无关联关系董事出席即可举行，董事会会议所作决议须经无关联关系董事过半数通过。出席董事会的无关联关系董事人数不足三人的，应将该事项提交上市公司股东大会审议。

注释 本条所称的关联关系，是指上市公司的董事与董事会会议决议事项所涉及的企业之间存在直接或者间接的利益关系。

第五章 股份有限公司的股份发行和转让

第一节 股份发行

第一百二十五条 【股份及其形式】股份有限公司的资本划分为股份，每一股的金额相等。

公司的股份采取股票的形式。股票是公司签发的证明股东所持股份的凭证。

注释 股份

股份，是指由股份有限公司发行的股东所持有的通过股票形式来表现的可以转让的资本的一部分。股份有限公司的股份一般具有表明资本成分、说明股东地位、计算股东权责的含义。公司法规定了有限责任公司和股份有限公司两种公司形式，但只将股份有限公司股东所持有的出资称为股份，而未将有限责任公司股东所持有的出资称为股份。股份作为公司资本的一部分，是公司资本的最小构成单位，不能再分，所有股东所持有的股份加起来即为公司的资本总额。股份有限公司的股份具有平等性，公司每股金额相等，所表现的股东权利和义务是相等的，即只要所持有的股份相同，其股东可以享有的权益和应当履行的义务就相同。

股票

股票，是指由股份有限公司签发的证明股东按其所持股份享有权利和承担义务的凭证。股票具有以下性质：一是有价证券。股票是一种具有财产价值的证券。股票记载着股票种类、票面金额及代表的股份数，反映着股票持有人对公司的权利。二是证权证券。股票表现的是股东的权利。任何人只要合法占有股票，其就可以依法向公司行使权利，比如要求公司分配自己的股息，要求分配公司的剩余财产。而且公司股票发生转移时，公司股东的权益也就随之转移。三是要式证券。股票应当采用纸面形式或者国务院证券监督管理机构规定的其他形式，其记载的内容和事项应当符合法律的规定。四是流通证券。股票可以在证券交易市场进行交易。

第一百二十六条 【股份发行的原则】股份的发行，实行公平、公正的原则，同种类的每一股份应当具有同等权利。

同次发行的同种类股票，每股的发行条件和价格应当相同；任何单位或者个人所认购的股份，每股应当支付相同价额。

注释 设立股份有限公司公开发行股票，应当符合《公司法》规定的条件和经国务院批准的国务院证券监督管理机构规定的其他条件，向国务院证券监督管理机构报送募股申请和下列文件：(1)公司章程；(2)发起人协议；(3)发起人姓名或者名称，发起人认购的股份数、出资种类等；(4)招股说明书；(5)代收股款银行的名称及地址；(6)承销机构名称及有关的协议。依照《证券法》规定聘请保荐人的，还应当报送保荐人出具的发行保荐书。法律、行政法规规定设立公司必须报经批准的，还应当提交相应的批准文件。

链接《证券法》第二章

第一百二十七条 【股票发行价格】股票发行价格可以按票面金额，也可以超过票面金额，但不得低于票面金额。

注释 股票的发行价格是股票发行时所使用的价格，也是投资者认购股票时所支付的价格。股票发行价格一般由发行公司根据股票面额、股市行情和其他有关因素决定。股票的发行价格可以分为平价发行价格和溢价发行价格。平价发行是指股票的发行价格与股票的票面金额相同，也称为等价发行、券面发行。溢价发行是指股票的实际发行价格超过其票面金额。股票可以按照票面额发行，也可以按高于票面额的价格发行，但不能以低于票面金额的价格发行。

第一百二十八条 【股票的形式及载明的事项】股票采用纸面形式或者国务院证券监督管理机构规定的其他形式。

股票应当载明下列主要事项：

（一）公司名称；

（二）公司成立日期；

（三）股票种类、票面金额及代表的股份数；

（四）股票的编号。

股票由法定代表人签名，公司盖章。

发起人的股票，应当标明发起人股票字样。

第一百二十九条 【股票的种类】公司发行的股票，可以为记名股票，也可以为无记名股票。

公司向发起人、法人发行的股票，应当为记名股票，并应当记载该发起人、法人的名称或者姓名，不得另立户名或者以代表人姓名记名。

注释 记名股票，是指在股东名册上登记有持股人的姓名、名称和地址，并在股票上也注明持有人姓名、名称的股票。公司向发起人、法人发行的股票，应当为记名股票，并应当记载该发起人、法人的名称或者姓名，不得另立户名或者以代表人的姓名记名。

无记名股票，是指在股票上不记载承购人的姓名，可以任意转让的股票。公司对社会公众发行的股票，可以为记名股票，也可以为无记名股票。依法持有无记名股票的任何人都是公司的股东，都可以凭其所持的股票向公司主张权利。

第一百三十条 【股东信息的记载】公司发行记名股票的，应当置备股东名册，记载下列事项：

（一）股东的姓名或者名称及住所；

（二）各股东所持股份数；

（三）各股东所持股票的编号；

（四）各股东取得股份的日期。

发行无记名股票的，公司应当记载其股票数量、编号及发行日期。

第一百三十一条 【其他种类的股份】国务院可以对公司发行本法规定以外的其他种类的股份，另行作出规定。

第一百三十二条 【向股东交付股票】股份有限公司成立后，即向股东正式交付股票。公司成立前不得向股东交付股票。

第一百三十三条 【发行新股的决议】公司发行新股，股东大会应当对下列事项作出决议：

（一）新股种类及数额；

（二）新股发行价格；

（三）新股发行的起止日期；

（四）向原有股东发行新股的种类及数额。

注释 公司首次公开发行新股，应当符合下列条件：(1)具备健全且运行良好的组织机构；(2)具有持续经营能力；(3)最近三年财务会计报告被出具无保留意见审计报告；(4)发行人及其控股股东、实际控制人最近三年不存在贪污、贿赂、侵占财产、挪用财产或者破坏社会主义市场经济秩序的刑事犯罪；(5)经国务院批准的国务院证券监督管理机构规定的其他条件。上市公司发行新股，应当符合经国务院批准的国务院证券监督管理机构规定的条件，具体管理办法由国务院证券监督管理机构规定。

第一百三十四条 【发行新股的程序】公司经国务院证券监督管理机构核准公开发行新股时，必须公告新股招股说明书和财务会计报告，并制作认股书。

本法第八十七条、第八十八条的规定适用于公司公开发行新股。

第一百三十五条 【发行新股的作价方案】公司发行新股，可以根据公司经营情况和财务状况，确定其作价方案。

第一百三十六条 【发行新股的变更登记】公司发行新股募足股款后，必须向公司登记机关办理变更登记，并公告。

第二节 股份转让

第一百三十七条 【股份转让】股东持有的股份可以依法转让。

注释 依法发行的股票、公司债券及其他证券，法律对其转让期限有限制性规定的，在限定的期限内不得买卖。

发起人持有的本公司股份，自公司成立之日起一年内不得转让。公司公开发行股份前已发行的股份，自公司股票在证券交易所上市交易之日起一年内不得转让。

公司董事、监事、高级管理人员应当向公司申报所持有的本公司的股份及其变动情况，在任职期间每年转让的股份不得超过其所持有本公司股份总数的百分之二十五；所持本公司股份自公司股票上市交易之日起一年内不得转让。上述人员离职后半年内，不得转让其所持有的本公司股份。公司章程可以对公司董事、监事、高级管理人员转让其所持有的本公司股份作出其他限制性规定。

链接 参见本法第 141 条

第一百三十八条 【股份转让的场所】股东转让其股份，应当在依法设立的证券交易场所进行或者按照国务院规定的其他方式进行。

第一百三十九条 【记名股票的转让】记名股票，由股东以背书方式或者法律、行政法规规定的其他方式转让；转让后由公司将受让人的姓名或者名称及住所记载于股东名册。

股东大会召开前二十日内或者公司决定分配股利的基准日前五日内，不得进行前款规定的股东名册的变更登记。但是，法律对上市公司股东名册变更登记另有规定的，从其规定。

注释 背书方式，即出让人将转让股票的意思记载于股票的背面，并签名盖章和注明日期。

其他方式转让，这主要是针对无纸化记名股票转让形式而作出的规定。对无纸化记名股票的转让方式由法律、行政法规另行规定。

第一百四十条 【无记名股票的转让】无记名股票的转让，由股东将该股票交付给受让人后即发生转让的效力。

第一百四十一条 【特定持有人的股份转让】发起人持有的本公司股份，自公司成立之日起一年内不得转让。公司公开发行股份前已发行的股份，自公司股票在证券交易所上市交易之日起一年内不得转让。

公司董事、监事、高级管理人员应当向公司申报所持有的本公司的股份及其变动情况，在任职期间每年转让的股份不得超过其所持有本公司股份总数的百分之二十五；所持本公司股份自公司股票上市交易之日起一年内不得转让。上述人员离职后半年内，不得转让其所持有的本公司股份。公司章程可以对公司董事、监事、高级管理人员转让其所持有的本公司股份作出其他限制性规定。

第一百四十二条 【本公司股份的收购及质押】公司不得收购本公司股份。但是，有下列情形之一的除外：

（一）减少公司注册资本；

（二）与持有本公司股份的其他公司合并；

（三）将股份用于员工持股计划或者股权激励；

（四）股东因对股东大会作出的公司合并、分立决议持异议，要求公司收购其股份；

（五）将股份用于转换上市公司发行的可转换为股票的公司债券；

（六）上市公司为维护公司价值及股东权益所必需。

公司因前款第（一）项、第（二）项规定的情形收购本公司股份的，应当经股东大会决议；公司因前款第（三）项、第（五）项、第（六）项规定的情形收购本公司股份的，可以依照公司章程的规定或者股东大会的授权，经三分之二以上董事出席的董事会会议决议。

公司依照本条第一款规定收购本公司股份后，属于第（一）项情形的，应当自收购之日起十日内注销；属于第（二）项、第（四）项情形的，应当在六个月内转让或者注销；属于第（三）项、第（五）项、第（六）项情形的，公司合计持有的本公司股份数不得超过本公司已发行股份总额的百分之十，并应当在三年内转让或者注销。

上市公司收购本公司股份的，应当依照《中华人民共和国证券法》的规定履行信息披露义务。上市公司因本条第一款第（三）项、第（五）项、第（六）项规定的情形收购本公司股份的，应当通过公开的集中交易方式进行。

公司不得接受本公司的股票作为质押权的标的。

第一百四十三条 【记名股票丢失的救济】记名股票被盗、遗失或者灭失，股东可以依照《中华人民共和国民事诉讼法》规定的公示催告程序，请求人民法院宣告该股票失效。人民法院宣告该股票失效后，股东可以向公司申请补发股票。

第一百四十四条 【上市公司的股票交易】上市公司的股票，依照有关法律、行政法规及证券交易所交易规则上市交易。

第一百四十五条 【上市公司的信息公开】上市公司必须依照法律、行政法规的规定，公开其财务状况、经营情况及重大诉讼，在每会计年度内半年公布一次财务会计报告。

注释 2019年修改的《证券法》，将中期报告和年度报告统称“定期报告”，并删除了对中期报告和年度报告内容的法定要求，改为“应当按照国务院证券监督管理机构和证券交易场所规定的内容和格式编制定期报告”。

临时报告是指发生可能对上市公司股票、证券交易价格产生较大影响的重大事件，投资者尚未得知时，上市公司应当立即将有关该重大事件的情况向国务院证券监督管理机构和证券交易场所报送临时报告，并予公告，说明事件的起因、目前的状态和可能产生的法律后果。

链接《证券法》第79—81条；《上市公司信息披露管理办法》

第六章 公司董事、监事、高级管理人员的资格和义务

第一百四十六条 【高管人员的资格禁止】有下列情形之一的，不得担任公司的董事、监事、高级管理人员：

（一）无民事行为能力或者限制民事行为能力；

（二）因贪污、贿赂、侵占财产、挪用财产或者破坏社会主义市场经济秩序，被判处刑罚，执行期满未逾五年，或者因犯罪被剥夺政治权利，执行期满未逾五年；

（三）担任破产清算的公司、企业的董事或者厂长、经理，对该公司、企业的破产负有个人责任的，自该公司、企业破产清算完结之日起未逾三年；

（四）担任因违法被吊销营业执照、责令关闭的公司、企业的法定代表人，并负有个人责任的，自该公司、企业被吊销营业执照之日起未逾三年；

（五）个人所负数额较大的债务到期未清偿。

公司违反前款规定选举、委派董事、监事或者聘任高级管理人员的，该选举、委派或者聘任无效。

董事、监事、高级管理人员在任职期间出现本条第一款所列情形的，公司应当解除其职务。

链接《最高人民法院关于适用〈中华人民共和国公司法〉若干问题的规定（五）》第3条

第一百四十七条 【董事、监事、高管人员的义务和禁止行为】董事、监事、高级管理人员应当遵守法律、行政法规和公司章程，对公司负有忠实义务和勤勉义务。

董事、监事、高级管理人员不得利用职权收受贿赂或者其他非法收入，不得侵占公司的财产。

第一百四十八条 【董事、高管人员的禁止行为】董事、高级管理人员不得有下列行为：

（一）挪用公司资金；

（二）将公司资金以其个人名义或者以其他个人名义开立账户存储；

（三）违反公司章程的规定，未经股东会、股东大会或者董事会同意，将公司资金借贷给他人或者以公司财产为他人提供担保；

（四）违反公司章程的规定或者未经股东会、股东大会同意，与本公司订立合同或者进行交易；

（五）未经股东会或者股东大会同意，利用职务便利为自己或者他人谋取属于公司的商业机会，自营或者为他人经营与所任职公司同类的业务；

（六）接受他人与公司交易的佣金归为己有；

（七）擅自披露公司秘密；

（八）违反对公司忠实义务的其他行为。

董事、高级管理人员违反前款规定所得的收入应当归公司所有。

第一百四十九条 【董事、监事、高管人员的损害赔偿责任】董事、监事、高级管理人员执行公

司职务时违反法律、行政法规或者公司章程的规定，给公司造成损失的，应当承担赔偿责任。

第一百五十条 【董事、监事、高管人员对股东会、监事会的义务】股东会或者股东大会要求董事、监事、高级管理人员列席会议的，董事、监事、高级管理人员应当列席并接受股东的质询。

董事、高级管理人员应当如实向监事会或者不设监事会的有限责任公司的监事提供有关情况和资料，不得妨碍监事会或者监事行使职权。

第一百五十一条 【公司权益受损的股东救济】董事、高级管理人员有本法第一百四十九条规定的情形的，有限责任公司的股东、股份有限公司连续一百八十日以上单独或者合计持有公司百分之一以上股份的股东，可以书面请求监事会或者不设监事会的有限责任公司的监事向人民法院提起诉讼；监事有本法第一百四十九条规定的情形的，前述股东可以书面请求董事会或者不设董事会的有限责任公司的执行董事向人民法院提起诉讼。

监事会、不设监事会的有限责任公司的监事，或者董事会、执行董事收到前款规定的股东书面请求后拒绝提起诉讼，或者自收到请求之日起三十日内未提起诉讼，或者情况紧急、不立即提起诉讼将会使公司利益受到难以弥补的损害的，前款规定的股东有权为了公司的利益以自己的名义直接向人民法院提起诉讼。

他人侵犯公司合法权益，给公司造成损失的，本条第一款规定的股东可以依照前两款的规定向人民法院提起诉讼。

注释 股东对"董事、监事、高级管理人员执行公司职务"违反规定给公司造成损害和股东对他人给公司造成损害的维权途径：(1)通过监事会或监事提起诉讼维权；(2)通过董事会或董事提起诉讼维权；(3)股东直接维权。

本条规定的180日以上连续持股期间，应为股东向人民法院提起诉讼时已期满的持股时间；规定的合计持有公司百分之一以上股份，是指两个以上股东持股份额的合计。

链接《最高人民法院关于适用〈中华人民共和国公司法〉若干问题的规定(一)》第4条；《最高人民法院关于适用〈中华人民共和国公司法〉若干问题的规定(二)》第23条；《最高人民法院关于适用〈中华人民共和国公司法〉若干问题的规定(四)》第23—26条；《最高人民法院关于适用〈中华人民共和国公司法〉若干问题的规定(五)》第1、2条

第一百五十二条 【股东权益受损的诉讼】董事、高级管理人员违反法律、行政法规或者公司章程的规定，损害股东利益的，股东可以向人民法院提起诉讼。

第七章 公司债券

第一百五十三条 【公司债券的概念和发行条件】本法所称公司债券，是指公司依照法定程序发行、约定在一定期限还本付息的有价证券。

公司发行公司债券应当符合《中华人民共和国证券法》规定的发行条件。

注释 公开发行公司债券，应当符合下列条件：(1)具备健全且运行良好的组织机构；(2)最近三年平均可分配利润足以支付公司债券一年的利息；(3)国务院规定的其他条件。

链接《证券法》第15条

第一百五十四条 【公司债券募集办法】发行公司债券的申请经国务院授权的部门核准后，应当公告公司债券募集办法。

公司债券募集办法中应当载明下列主要事项：

(一)公司名称；

(二)债券募集资金的用途；

(三)债券总额和债券的票面金额；

(四)债券利率的确定方式；

(五)还本付息的期限和方式；

(六)债券担保情况；

(七)债券的发行价格、发行的起止日期；

(八)公司净资产额；

(九)已发行的尚未到期的公司债券总额；

(十)公司债券的承销机构。

第一百五十五条 【公司债券票面的记载事项】公司以实物券方式发行公司债券的，必须在债券上载明公司名称、债券票面金额、利率、偿还期限等事项，并由法定代表人签名，公司盖章。

第一百五十六条 【公司债券的分类】公司债券，可以为记名债券，也可以为无记名债券。

第一百五十七条 【公司债券存根簿】公司发行公司债券应当置备公司债券存根簿。

发行记名公司债券的，应当在公司债券存根簿上载明下列事项：

（一）债券持有人的姓名或者名称及住所；

（二）债券持有人取得债券的日期及债券的编号；

（三）债券总额，债券的票面金额、利率、还本付息的期限和方式；

（四）债券的发行日期。

发行无记名公司债券的，应当在公司债券存根簿上载明债券总额、利率、偿还期限和方式、发行日期及债券的编号。

第一百五十八条 【记名公司债券的登记结算】记名公司债券的登记结算机构应当建立债券登记、存管、付息、兑付等相关制度。

第一百五十九条 【公司债券转让】公司债券可以转让，转让价格由转让人与受让人约定。

公司债券在证券交易所上市交易的，按照证券交易所的交易规则转让。

链接《证券法》第47条

第一百六十条 【公司债券的转让方式】记名公司债券，由债券持有人以背书方式或者法律、行政法规规定的其他方式转让；转让后由公司将受让人的姓名或者名称及住所记载于公司债券存根簿。

无记名公司债券的转让，由债券持有人将该债券交付给受让人后即发生转让的效力。

第一百六十一条 【可转换公司债券的发行】上市公司经股东大会决议可以发行可转换为股票的公司债券，并在公司债券募集办法中规定具体的转换办法。上市公司发行可转换为股票的公司债券，应当报国务院证券监督管理机构核准。

发行可转换为股票的公司债券，应当在债券上标明可转换公司债券字样，并在公司债券存根簿上载明可转换公司债券的数额。

第一百六十二条 【可转换公司债券的转换】发行可转换为股票的公司债券的，公司应当按照其转换办法向债券持有人换发股票，但债券持有人对转换股票或者不转换股票有选择权。

第八章　公司财务、会计

第一百六十三条 【公司财务与会计制度】公司应当依照法律、行政法规和国务院财政部门的规定建立本公司的财务、会计制度。

链接《企业财务通则》；《企业财务会计报告条例》

第一百六十四条 【财务会计报告】公司应当在每一会计年度终了时编制财务会计报告，并依法经会计师事务所审计。

财务会计报告应当依照法律、行政法规和国务院财政部门的规定制作。

第一百六十五条 【财务会计报告的公示】有限责任公司应当依照公司章程规定的期限将财务会计报告送交各股东。

股份有限公司的财务会计报告应当在召开股东大会年会的二十日前置备于本公司，供股东查阅；公开发行股票的股份有限公司必须公告其财务会计报告。

第一百六十六条 【法定公积金与任意公积金】公司分配当年税后利润时，应当提取利润的百分之十列入公司法定公积金。公司法定公积金累计额为公司注册资本的百分之五十以上的，可以不再提取。

公司的法定公积金不足以弥补以前年度亏损的，在依照前款规定提取法定公积金之前，应当先用当年利润弥补亏损。

公司从税后利润中提取法定公积金后，经股东会或者股东大会决议，还可以从税后利润中提取任意公积金。

公司弥补亏损和提取公积金后所余税后利润，有限责任公司依照本法第三十四条的规定分配；股份有限公司按照股东持有的股份比例分配，但股份有限公司章程规定不按持股比例分配的除外。

股东会、股东大会或者董事会违反前款规定，在公司弥补亏损和提取法定公积金之前向股东分配利润的，股东必须将违反规定分配的利润退还公司。

公司持有的本公司股份不得分配利润。

链接《财政部关于〈公司法〉施行后有关企业财务处理问题的通知》第2条

第一百六十七条 【股份有限公司资本公积金】股份有限公司以超过股票票面金额的发行价格发行股份所得的溢价款以及国务院财政部门规定列入资本公积金的其他收入，应当列为公司资本公积金。

注释资本公积金，是指企业由投入资本本身所引起的各种增值，这种增值一般不是由于企业的生产经营活动产生的，与企业的生产经营活动没有直接关系。资本公积金的主要来源是资本溢价或股票溢价、法定财产评估增值和接受捐赠的资产价值等。

第一百六十八条 【公积金的用途】公司的公积金用于弥补公司的亏损、扩大公司生产经营或者转为增加公司资本。但是，资本公积金不得用于弥补公司的亏损。

法定公积金转为资本时，所留存的该项公积金不得少于转增前公司注册资本的百分之二十五。

第一百六十九条 【聘用、解聘会计师事务所】公司聘用、解聘承办公司审计业务的会计师事务所，依照公司章程的规定，由股东会、股东大会或者董事会决定。

公司股东会、股东大会或者董事会就解聘会计师事务所进行表决时，应当允许会计师事务所陈述意见。

第一百七十条 【真实提供会计资料】公司应当向聘用的会计师事务所提供真实、完整的会计凭证、会计账簿、财务会计报告及其他会计资料，不得拒绝、隐匿、谎报。

第一百七十一条 【会计账簿】公司除法定的会计账簿外，不得另立会计账簿。

对公司资产，不得以任何个人名义开立账户存储。

第九章 公司合并、分立、增资、减资

第一百七十二条 【公司的合并】公司合并可以采取吸收合并或者新设合并。

一个公司吸收其他公司为吸收合并，被吸收的公司解散。两个以上公司合并设立一个新的公司为新设合并，合并各方解散。

第一百七十三条 【公司合并的程序】公司合并，应当由合并各方签订合并协议，并编制资产负债表及财产清单。公司应当自作出合并决议之日起十日内通知债权人，并于三十日内在报纸上公告。债权人自接到通知书之日起三十日内，未接到通知书的自公告之日起四十五日内，可以要求公司清偿债务或者提供相应的担保。

第一百七十四条 【公司合并债权债务的承继】公司合并时，合并各方的债权、债务，应当由合并后存续的公司或者新设的公司承继。

第一百七十五条 【公司的分立】公司分立，其财产作相应的分割。

公司分立，应当编制资产负债表及财产清单。公司应当自作出分立决议之日起十日内通知债权人，并于三十日内在报纸上公告。

注释 公司分立，是指一个公司依照公司法有关规定，分成两个以上的公司。公司分立可以采取存续分立和解散分立两种形式。存续分立，是指一个公司分离成两个以上公司，本公司继续存在并设立一个以上新的公司。解散分立，是指一个公司分解为两个以上公司，本公司解散并设立两个以上新的公司。

第一百七十六条 【公司分立前的债务承担】公司分立前的债务由分立后的公司承担连带责任。但是，公司在分立前与债权人就债务清偿达成的书面协议另有约定的除外。

第一百七十七条 【公司减资】公司需要减少注册资本时，必须编制资产负债表及财产清单。

公司应当自作出减少注册资本决议之日起十日内通知债权人，并于三十日内在报纸上公告。债权人自接到通知书之日起三十日内，未接到通知书的自公告之日起四十五日内，有权要求公司清偿债务或者提供相应的担保。

第一百七十八条 【公司增资】有限责任公司增加注册资本时，股东认缴新增资本的出资，依照本法设立有限责任公司缴纳出资的有关规定执行。

股份有限公司为增加注册资本发行新股时，股东认购新股，依照本法设立股份有限公司缴纳股款的有关规定执行。

注释 公司增加注册资本是指公司经过公司的股东会或者公司的股东大会进行决议后使公司的注册资本在原来的基础上予以扩大的法律行为。公司增加注册资本主要有两种途径：一是吸收外来新资本，包括增加新股东或股东追加投资；二是用公积金增加资本或利润转增资本。

第一百七十九条 【公司变更的登记】公司合并或者分立，登记事项发生变更的，应当依法向公司登记机关办理变更登记；公司解散的，应当依法办理公司注销登记；设立新公司的，应当依法办理公司设立登记。

公司增加或者减少注册资本，应当依法向公司登记机关办理变更登记。

第十章 公司解散和清算

第一百八十条 【公司解散原因】公司因下列原因解散：

（一）公司章程规定的营业期限届满或者公司章程规定的其他解散事由出现；

（二）股东会或者股东大会决议解散；

（三）因公司合并或者分立需要解散；

（四）依法被吊销营业执照、责令关闭或者被撤销；

（五）人民法院依照本法第一百八十二条的规定予以解散。

第一百八十一条 【修改公司章程】公司有本法第一百八十条第（一）项情形的，可以通过修改公司章程而存续。

依照前款规定修改公司章程，有限责任公司须经持有三分之二以上表决权的股东通过，股份有限公司须经出席股东大会会议的股东所持表决权的三分之二以上通过。

第一百八十二条 【司法强制解散公司】公司经营管理发生严重困难，继续存续会使股东利益受到重大损失，通过其他途径不能解决的，持有公司全部股东表决权百分之十以上的股东，可以请求人民法院解散公司。

注释《最高人民法院关于适用〈中华人民共和国公司法〉若干问题的规定（二）》第1条

案例 1. 林方清诉常熟市凯莱实业有限公司、戴小明公司解散纠纷案（最高人民法院指导案例第8号）

裁判规则：《公司法》第182条规定："公司经营管理发生严重困难，继续存续会使股东利益受到重大损失，通过其他途径不能解决的，持有公司全部股东表决权百分之十以上的股东，可以请求人民法院解散公司。"而判断公司的经营管理是否出现严重困难，应当从公司的股东会、董事会或执行董事及监事会或监事的运行现状进行综合分析。同时，《最高人民法院关于适用〈中华人民共和国公司法〉若干问题的规定（二）》第1条又规定了单独或者合计持有公司全部股东表决权百分之十以上的股东提起解散公司诉讼的几项事由，并且在符合《公司法》第182条规定的情况下，人民法院应予受理。由此可知，股东在符合上述之条件情况下可依法提起解散公司之诉。

2. 陈龙与陕西博鑫体育文化传播有限公司等公司解散纠纷案（《最高人民法院公报》2023年第1期）

裁判规则：一、根据《最高人民法院关于适用〈中华人民共和国公司法〉若干问题的规定（三）》第16条的规定，股东因未履行或者未全面履行出资义务而受限的股东权利，并不包括其提起解散公司之诉的权利。

二、《公司法》第182条规定的"严重困难"包括对外的生产经营困难及对内的管理困难。

第一百八十三条 【清算组的成立与组成】公司因本法第一百八十条第（一）项、第（二）项、第（四）项、第（五）项规定而解散的，应当在解散事由出现之日起十五日内成立清算组，开始清算。有限责任公司的清算组由股东组成，股份有限公司的清算组由董事或者股东大会确定的人员组成。逾期不成立清算组进行清算的，债权人可以申请人民法院指定有关人员组成清算组进行清算。人民法院应当受理该申请，并及时组织清算组进行清算。

链接《最高人民法院关于适用〈中华人民共和国公司法〉若干问题的规定（二）》第2、7条

第一百八十四条 【清算组的职权】清算组在清算期间行使下列职权：

（一）清理公司财产，分别编制资产负债表和财产清单；

（二）通知、公告债权人；

（三）处理与清算有关的公司未了结的业务；

（四）清缴所欠税款以及清算过程中产生的税款；

（五）清理债权、债务；

（六）处理公司清偿债务后的剩余财产；

（七）代表公司参与民事诉讼活动。

第一百八十五条 【债权人申报债权】清算组应当自成立之日起十日内通知债权人，并于六十日内在报纸上公告。债权人应当自接到通知书之日起三十日内，未接到通知书的自公告之日起四十五日内，向清算组申报其债权。

债权人申报债权，应当说明债权的有关事项，并提供证明材料。清算组应当对债权进行登记。

在申报债权期间，清算组不得对债权人进行清偿。

链接《最高人民法院关于适用〈中华人民共和国公司法〉若干问题的规定（二）》第11条

第一百八十六条 【清算程序】清算组在清理公司财产、编制资产负债表和财产清单后，应当制定清算方案，并报股东会、股东大会或者人民法院

确认。

公司财产在分别支付清算费用、职工的工资、社会保险费用和法定补偿金，缴纳所欠税款，清偿公司债务后的剩余财产，有限责任公司按照股东的出资比例分配，股份有限公司按照股东持有的股份比例分配。

清算期间，公司存续，但不得开展与清算无关的经营活动。公司财产在未依照前款规定清偿前，不得分配给股东。

注释 清算组处分公司的财产应遵循一定的原则进行：

(1)顺序清偿的原则。公司财产的支付应按照支付清算费用、职工工资、社会保险费用和法定补偿金，缴纳所欠税款，清偿公司债务，分配剩余财产的顺序进行清偿。

(2)先债权后股权的原则。即清算组必须在清偿公司全部债务后再向股东分配公司的剩余财产。

(3)风险收益统一的原则。即清算组在处分公司剩余财产时必须按照股东的出资比例或者持股比例进行分配，不得违反风险与收益统一的原则处分公司的剩余财产。

第一百八十七条 【破产申请】清算组在清理公司财产、编制资产负债表和财产清单后，发现公司财产不足清偿债务的，应当依法向人民法院申请宣告破产。

公司经人民法院裁定宣告破产后，清算组应当将清算事务移交给人民法院。

第一百八十八条 【公司注销】公司清算结束后，清算组应当制作清算报告，报股东会、股东大会或者人民法院确认，并报送公司登记机关，申请注销公司登记，公告公司终止。

第一百八十九条 【清算组成员的义务与责任】清算组成员应当忠于职守，依法履行清算义务。

清算组成员不得利用职权收受贿赂或者其他非法收入，不得侵占公司财产。

清算组成员因故意或者重大过失给公司或者债权人造成损失的，应当承担赔偿责任。

第一百九十条 【公司破产】公司被依法宣告破产的，依照有关企业破产的法律实施破产清算。

注释 公司破产，是指公司不能清偿到期债务时，为保护债权人的利益，依法定程序，将公司的财产依法在全体债权人之间按比例公平分配的制度。是否宣告公司破产事关股东和债权人利益，因此，公司不能自行宣告破产，债权人也无权宣告公司破产。依据我国法律规定，有权宣告公司破产的机关为人民法院，债权人可以向人民法院申请宣告债务人破产还债，债务人也可以向人民法院申请宣告破产还债。公司破产案件由公司(债务人)所在地人民法院管辖。公司破产清算的具体规范不属于公司法调整的内容，人民法院处理公司破产案件可依照有关企业破产的法律(如《企业破产法》)实施破产清算。

第十一章 外国公司的分支机构

第一百九十一条 【外国公司的概念】本法所称外国公司是指依照外国法律在中国境外设立的公司。

第一百九十二条 【外国公司分支机构的设立程序】外国公司在中国境内设立分支机构，必须向中国主管机关提出申请，并提交其公司章程、所属国的公司登记证书等有关文件，经批准后，向公司登记机关依法办理登记，领取营业执照。

外国公司分支机构的审批办法由国务院另行规定。

第一百九十三条 【外国公司分支机构的设立条件】外国公司在中国境内设立分支机构，必须在中国境内指定负责该分支机构的代表人或者代理人，并向该分支机构拨付与其所从事的经营活动相适应的资金。

对外国公司分支机构的经营资金需要规定最低限额的，由国务院另行规定。

第一百九十四条 【外国公司分支机构的名称】外国公司的分支机构应当在其名称中标明该外国公司的国籍及责任形式。

外国公司的分支机构应当在本机构中置备该外国公司章程。

第一百九十五条 【外国公司分支机构的法律地位】外国公司在中国境内设立的分支机构不具有中国法人资格。

外国公司对其分支机构在中国境内进行经营活动承担民事责任。

第一百九十六条 【外国公司分支机构的活动原则】经批准设立的外国公司分支机构，在中国境内从事业务活动，必须遵守中国的法律，不得损害中国的社会公共利益，其合法权益受中国法律保护。

第一百九十七条 【外国公司分支机构的撤销与清算】外国公司撤销其在中国境内的分支机构时，必须依法清偿债务，依照本法有关公司清算程序的规定进行清算。未清偿债务之前，不得将其分支机构的财产移至中国境外。

第十二章 法律责任

第一百九十八条 【虚报注册资本的法律责任】违反本法规定，虚报注册资本、提交虚假材料或者采取其他欺诈手段隐瞒重要事实取得公司登记的，由公司登记机关责令改正，对虚报注册资本的公司，处以虚报注册资本金额百分之五以上百分之十五以下的罚款；对提交虚假材料或者采取其他欺诈手段隐瞒重要事实的公司，处以五万元以上五十万元以下的罚款；情节严重的，撤销公司登记或者吊销营业执照。

第一百九十九条 【虚假出资的法律责任】公司的发起人、股东虚假出资，未交付或者未按期交付作为出资的货币或者非货币财产的，由公司登记机关责令改正，处以虚假出资金额百分之五以上百分之十五以下的罚款。

第二百条 【抽逃出资的法律责任】公司的发起人、股东在公司成立后，抽逃其出资的，由公司登记机关责令改正，处以所抽逃出资金额百分之五以上百分之十五以下的罚款。

第二百零一条 【另立会计账簿的法律责任】公司违反本法规定，在法定的会计账簿以外另立会计账簿的，由县级以上人民政府财政部门责令改正，处以五万元以上五十万元以下的罚款。

第二百零二条 【提供虚假财会报告的法律责任】公司在依法向有关主管部门提供的财务会计报告等材料上作虚假记载或者隐瞒重要事实的，由有关主管部门对直接负责的主管人员和其他直接责任人员处以三万元以上三十万元以下的罚款。

第二百零三条 【违法提取法定公积金的法律责任】公司不依照本法规定提取法定公积金的，由县级以上人民政府财政部门责令如数补足应当提取的金额，可以对公司处以二十万元以下的罚款。

第二百零四条 【公司合并、分立、减资、清算中违法行为的法律责任】公司在合并、分立、减少注册资本或者进行清算时，不依照本法规定通知或者公告债权人的，由公司登记机关责令改正，对公司处以一万元以上十万元以下的罚款。

公司在进行清算时，隐匿财产，对资产负债表或者财产清单作虚假记载或者在未清偿债务前分配公司财产的，由公司登记机关责令改正，对公司处以隐匿财产或者未清偿债务前分配公司财产金额百分之五以上百分之十以下的罚款；对直接负责的主管人员和其他直接责任人员处以一万元以上十万元以下的罚款。

第二百零五条 【公司在清算期间违法经营活动的法律责任】公司在清算期间开展与清算无关的经营活动的，由公司登记机关予以警告，没收违法所得。

第二百零六条 【清算组违法活动的法律责任】清算组不依照本法规定向公司登记机关报送清算报告，或者报送清算报告隐瞒重要事实或者有重大遗漏的，由公司登记机关责令改正。

清算组成员利用职权徇私舞弊、谋取非法收入或者侵占公司财产的，由公司登记机关责令退还公司财产，没收违法所得，并可以处以违法所得一倍以上五倍以下的罚款。

第二百零七条 【资产评估、验资或者验证机构违法的法律责任】承担资产评估、验资或者验证的机构提供虚假材料的，由公司登记机关没收违法所得，处以违法所得一倍以上五倍以下的罚款，并可以由有关主管部门依法责令该机构停业、吊销直接责任人员的资格证书，吊销营业执照。

承担资产评估、验资或者验证的机构因过失提供有重大遗漏的报告的，由公司登记机关责令改正，情节较重的，处以所得收入一倍以上五倍以下的罚款，并可以由有关主管部门依法责令该机构停业、吊销直接责任人员的资格证书，吊销营业执照。

承担资产评估、验资或者验证的机构因其出具的评估结果、验资或者验证证明不实，给公司债权人造成损失的，除能够证明自己没有过错的外，在其评估或者证明不实的金额范围内承担赔偿责任。

第二百零八条 【公司登记机关违法的法律责任】公司登记机关对不符合本法规定条件的登记申请予以登记，或者对符合本法规定条件的登记申请不予登记的，对直接负责的主管人员和其他直接责任人员，依法给予行政处分。

第二百零九条 【公司登记机关的上级部门违法的法律责任】公司登记机关的上级部门强令公司登记机关对不符合本法规定条件的登记申请予以登记，或者对符合本法规定条件的登记申请不予登记的，或者对违法登记进行包庇的，对直接负责的主管人员和其他直接责任人员依法给予行政处分。

第二百一十条 【假冒公司名义的法律责任】未依法登记为有限责任公司或者股份有限公司，而冒用有限责任公司或者股份有限公司名义的，或者未依法登记为有限责任公司或者股份有限公司的分公司，而冒用有限责任公司或者股份有限公司的分公司名义的，由公司登记机关责令改正或者予以取缔，可以并处十万元以下的罚款。

第二百一十一条 【逾期开业、停业、不依法办理变更登记的法律责任】公司成立后无正当理由超过六个月未开业的，或者开业后自行停业连续六个月以上的，可以由公司登记机关吊销营业执照。

公司登记事项发生变更时，未依照本法规定办理有关变更登记的，由公司登记机关责令限期登记；逾期不登记的，处以一万元以上十万元以下的罚款。

第二百一十二条 【外国公司擅自设立分支机构的法律责任】外国公司违反本法规定，擅自在中国境内设立分支机构的，由公司登记机关责令改正或者关闭，可以并处五万元以上二十万元以下的罚款。

第二百一十三条 【吊销营业执照】利用公司名义从事危害国家安全、社会公共利益的严重违法行为的，吊销营业执照。

第二百一十四条 【民事赔偿优先】公司违反本法规定，应当承担民事赔偿责任和缴纳罚款、罚金的，其财产不足以支付时，先承担民事赔偿责任。

第二百一十五条 【刑事责任】违反本法规定，构成犯罪的，依法追究刑事责任。

链接《刑法》第二编第三章第三节

第十三章 附 则

第二百一十六条 【本法相关用语的含义】本法下列用语的含义：

（一）高级管理人员，是指公司的经理、副经理、财务负责人，上市公司董事会秘书和公司章程规定的其他人员。

（二）控股股东，是指其出资额占有限责任公司资本总额百分之五十以上或者其持有的股份占股份有限公司股本总额百分之五十以上的股东；出资额或者持有股份的比例虽然不足百分之五十，但依其出资额或者持有的股份所享有的表决权已足以对股东会、股东大会的决议产生重大影响的股东。

（三）实际控制人，是指虽不是公司的股东，但通过投资关系、协议或者其他安排，能够实际支配公司行为的人。

（四）关联关系，是指公司控股股东、实际控制人、董事、监事、高级管理人员与其直接或者间接控制的企业之间的关系，以及可能导致公司利益转移的其他关系。但是，国家控股的企业之间不仅因为同受国家控股而具有关联关系。

案例 **上海欧宝生物科技有限公司诉辽宁特莱维置业发展有限公司企业借贷纠纷案（最高人民法院指导案例第68号）**

裁判规则：公司法所称的关联公司，既包括公司股东的相互交叉，也包括公司共同由第三人直接或者间接控制，或者股东之间、公司的实际控制人之间存在直系血亲、姻亲、共同投资等可能导致利益转移的其他关系。

第二百一十七条 【外资公司的法律适用】外商投资的有限责任公司和股份有限公司适用本法；有关外商投资的法律另有规定的，适用其规定。

第二百一十八条 【施行日期】本法自2006年1月1日起施行。

注释 公司法实施后，人民法院尚未审结的和新受理的民事案件，其民事行为或事件发生在公司法实施以前的，适用当时的法律法规和司法解释。

因公司法实施前有关民事行为或者事件发生纠纷起诉到人民法院的，如当时的法律法规和司法解释没有明确规定时，可参照适用公司法的有关规定。

人民法院对公司法实施前已经终审的案件依法进行再审时，不适用公司法的规定。

中华人民共和国企业破产法

· 2006年8月27日第十届全国人民代表大会常务委员会第二十三次会议通过
· 2006年8月27日中华人民共和国主席令第54号公布
· 自2007年6月1日起施行

第一章 总 则

第一条 【立法宗旨】为规范企业破产程序，公平清理债权债务，保护债权人和债务人的合法权益，维护社会主义市场经济秩序，制定本法。

第二条 【清理债务与重整】企业法人不能清偿到期债务，并且资产不足以清偿全部债务或者明显缺乏清偿能力的，依照本法规定清理债务。

企业法人有前款规定情形，或者有明显丧失清偿能力可能的，可以依照本法规定进行重整。

注释 适用主体

本法适用范围为企业法人。为解决其他非法人企业和社会组织的破产无法可依的问题，本法第135条规定："其他法律规定企业法人以外的组织的清算，属于破产清算的，参照适用本法规定的程序。"《合伙企业法》第92条规定："合伙企业不能清偿到期债务的，债权人可以依法向人民法院提出破产清算申请，也可以要求普通合伙人清偿。合伙企业依法被宣告破产的，普通合伙人对合伙企业债务仍应承担无限连带责任。"据此，合伙企业的破产应当参照适用《企业破产法》规定的程序。但由于合伙企业的破产与法人企业的破产存在一些不同之处，如因普通合伙人对合伙企业债务承担无限连带责任，所以，破产原因不应采用资不抵债的概念。

破产界限

本法关于破产界限，规定了可供选择的两个原因：一是规定企业不能清偿到期债务，并且资不抵债，两个条件同时具备才构成破产原因；二是企业法人"明显缺乏清偿能力的"，其实质就是指企业不能清偿到期债务，即构成破产原因。

重整条件

达到破产界限的企业，并不一定马上被宣告破产，可以依照本法第八章规定的程序进行重整，以使企业起死回生。重整作为企业破产的一个程序，是指具有一定规模的企业出现破产原因，为防止企业破产，经企业债权人或者债务人向法院申请，对该企业实施强制治理，以使有复苏希望的企业，通过重整程序，避免破产清算的法律制度。

链接《商业银行法》第71条；《公司法》第190条；《最高人民法院关于适用〈中华人民共和国企业破产法〉若干问题的规定(一)》(以下简称《适用破产法规定(一)》)第1—5条；《保险法》第90条；《保险公司管理规定》第34条

第三条 【破产案件的管辖】破产案件由债务人住所地人民法院管辖。

注释 破产案件由债务人住所地人民法院管辖，这与《民事诉讼法》的管辖不完全相同。债务人住所地指债务人的主要办事机构所在地。债务人无办事机构的，由其注册地人民法院管辖。

另外，依据《民事诉讼法》第39条的规定，上级人民法院有权审理下级人民法院管辖的企业破产案件，也可以将本院管辖的企业破产案件移交下级人民法院审理；下级人民法院需要将自己管辖的企业破产案件交由上级人民法院审理的，可以报请上级人民法院审理。省、自治区、直辖市范围内因特殊情况需对个别企业破产案件的地域管辖作调整的，须经共同上级人民法院批准。

链接《民事诉讼法》第39条；《最高人民法院关于适用〈中华人民共和国民事诉讼法〉的解释》第41条；《适用破产法规定(一)》第9条

第四条 【程序的法律适用】破产案件审理程序，本法没有规定的，适用民事诉讼法的有关规定。

第五条 【破产程序的效力】依照本法开始的破产程序，对债务人在中华人民共和国领域外的财产发生效力。

对外国法院作出的发生法律效力的破产案件的判决、裁定，涉及债务人在中华人民共和国领域内的财产，申请或者请求人民法院承认和执行的，人民法院依照中华人民共和国缔结或者参加的国际条约，或者按照互惠原则进行审查，认为不违反中华人民共和国法律的基本原则，不损害国家主权、安全和社会公共利益，不损害中华人民共和国领域内债权人的合法权益的，裁定承认和执行。

第六条 【企业职工权益的保障与企业经营管理人员法律责任的追究】人民法院审理破产案

件，应当依法保障企业职工的合法权益，依法追究破产企业经营管理人员的法律责任。

第二章　申请和受理

第一节　申　请

第七条　【申请主体】债务人有本法第二条规定的情形，可以向人民法院提出重整、和解或者破产清算申请。

债务人不能清偿到期债务，债权人可以向人民法院提出对债务人进行重整或者破产清算的申请。

企业法人已解散但未清算或者未清算完毕，资产不足以清偿债务的，依法负有清算责任的人应当向人民法院申请破产清算。

注释 破产申请

破产申请，是指有权申请破产的人基于法定的事实和理由向有管辖权的法院请求对债务人进行重整、和解或者破产清算的意思表示。我国在破产程序的启动方面采取的是申请主义，破产申请是引起破产程序的绝对条件，没有相应主体的破产申请，法院不得自行依职权开始破产程序。

破产申请的主体

(1)债权人提出重整或者破产清算的申请。本条第2款规定，债务人不能清偿到期债务，债权人可以向人民法院提出对债务人进行重整或者破产清算的申请。债权人提出破产申请的条件比较简单，对债权人来说，可以不考虑债务人有何原因，只要债务人不能清偿到期债务，债权人就有权申请债务人破产，以此来督促债务人及时履行债务，保证交易活动正常进行。

(2)债务人提出重整、和解或者破产清算的申请。债务人申请破产的，通常应同时具备不能清偿到期债务和资产不足以清偿全部债务两个条件。一般情况下，债务人是不愿意破产的，如果仅仅是不能偿还到期债务，但资产大于负债，可以通过处理部分资产来还债，只有在全部资产不足以清偿债务时，才有可能申请破产。

(3)依法负有清算责任的人提出破产清算的申请。企业法人解散有多种情况，有的是依照章程规定的经营期限到期解散；有的是经出资人同意解散；有的是因企业合并或者分立而解散；有的是依法被撤销；有的是因企业法人违法被关闭而解散。不论企业法人因何种原因解散，都要有清算人员来清理债权债务。如果未清算或者未清算完毕，发现资产不足以清偿债务的，负有清算责任的人应当向法院申请破产清算。

链接《公司法》第187条

第八条　【破产申请书与证据】向人民法院提出破产申请，应当提交破产申请书和有关证据。

破产申请书应当载明下列事项：

(一)申请人、被申请人的基本情况；

(二)申请目的；

(三)申请的事实和理由；

(四)人民法院认为应当载明的其他事项。

债务人提出申请的，还应当向人民法院提交财产状况说明、债务清册、债权清册、有关财务会计报告、职工安置预案以及职工工资的支付和社会保险费用的缴纳情况。

链接《最高人民法院关于审理企业破产案件若干问题的规定》第6—7条；《适用破产法规定(一)》第6条

第九条　【破产申请的撤回】人民法院受理破产申请前，申请人可以请求撤回申请。

第二节　受　理

第十条　【破产申请的受理】债权人提出破产申请的，人民法院应当自收到申请之日起五日内通知债务人。债务人对申请有异议的，应当自收到人民法院的通知之日起七日内向人民法院提出。人民法院应当自异议期满之日起十日内裁定是否受理。

除前款规定的情形外，人民法院应当自收到破产申请之日起十五日内裁定是否受理。

有特殊情况需要延长前两款规定的裁定受理期限的，经上一级人民法院批准，可以延长十五日。

注释 债权人破产申请的受理

债权人提出的破产申请，人民法院应当自收到申请之日起5日内通知债务人。债务人对申请有异议的，应当自收到人民法院的通知之日起7日内向人民法院提出。人民法院应当自异议期满之日起10日内裁定是否受理。有特殊情况需要延长裁定受理期限的，经上一级人民法院批准，可以延长15日。人民法院决定受理的，应当自裁定作出之日起5日内送达债务人。债务人应当自裁定送达之日起15日内，向人民法院提交财产状况说明、债务清册、债权清册、有关财务会计报告以及职工安置预案、职工工资的支付和社会保险费用的缴纳情况。人民法院应当自裁定受理破产申请之日起25日内通知已知债权人，并予以公告。人民法院决定不予受理的，应当自裁定作出之日起5日内送达申请人并说明理由。申请人对裁定不服的，可以自裁定送达之日起10日内向上一级人民法院提起上诉。

债务人破产申请的受理

债务人提出的破产申请，人民法院应当自收到破产申请之日起15日内裁定是否受理。人民法院决定受理的，应当自裁定作出之日起5日内送达申请人。人民法院决定不予受理的，应当自裁定作出之日起5日内送达申请人并说明理由。申请人对裁定不服的，可以自裁定送达之日起10日内向上一级人民法院提起上诉。

实务问答 债权人对人员下落不明或者财产状况不清的债务人申请破产清算案件如何处理?

债权人对人员下落不明或者财产状况不清的债务人申请破产清算，符合企业破产法规定的，人民法院应依法予以受理。债务人能否依据《企业破产法》第11条第2款的规定向人民法院提交财产状况说明、债权债务清册等相关材料，并不影响对债权人申请的受理。人民法院受理上述破产案件后，应当依据企业破产法的有关规定指定管理人追收债务人财产；经依法清算，债务人确无财产可供分配的，应当宣告债务人破产并终结破产程序；破产程序终结后二年内发现有依法应当追回的财产或者有应当供分配的其他财产的，债权人可以请求人民法院追加分配。债务人的有关人员不履行法定义务，人民法院可依据有关法律规定追究其相应法律责任；其行为导致无法清算或者造成损失，有关权利人起诉请求其承担相应民事责任的，人民法院应依法予以支持。（《最高人民法院关于债权人对人员下落不明或者财产状况不清的债务人申请破产清算案件如何处理的批复》）

链接《适用破产法规定（一）》第7条

第十一条 【裁定受理与债务人提交材料】人民法院受理破产申请的，应当自裁定作出之日起五日内送达申请人。

债权人提出申请的，人民法院应当自裁定作出之日起五日内送达债务人。债务人应当自裁定送达之日起十五日内，向人民法院提交财产状况说明、债务清册、债权清册、有关财务会计报告以及职工工资的支付和社会保险费用的缴纳情况。

第十二条 【裁定不受理与驳回申请】人民法院裁定不受理破产申请的，应当自裁定作出之日起五日内送达申请人并说明理由。申请人对裁定不服的，可以自裁定送达之日起十日内向上一级人民法院提起上诉。

人民法院受理破产申请后至破产宣告前，经审查发现债务人不符合本法第二条规定情形的，可以裁定驳回申请。申请人对裁定不服的，可以自裁定送达之日起十日内向上一级人民法院提起上诉。

第十三条 【指定管理人】人民法院裁定受理破产申请的，应当同时指定管理人。

注释 管理人是在人民法院受理破产申请进入破产程序以后，根据法院的指定而负责债务人财产的管理、处分、业务经营以及破产方案的拟定和执行的专门人员。其主要职责包括：接管债务人的财产，负责登记债权，接受对债务人的债权的履行，回收债务人的财产，就有关财产纠纷代表债务人参加诉讼，对破产财产进行变价和分配等工作。在整个破产程序中，管理人始终处于中心地位，破产程序能否顺利进行，在很大程度上取决于管理人的设置是否合理，以及管理人是否认真履行了职责。

链接《最高人民法院关于审理企业破产案件指定管理人的规定》

第十四条 【通知债权人与公告】人民法院应当自裁定受理破产申请之日起二十五日内通知已知债权人，并予以公告。

通知和公告应当载明下列事项：

（一）申请人、被申请人的名称或者姓名；

（二）人民法院受理破产申请的时间；

（三）申报债权的期限、地点和注意事项；

（四）管理人的名称或者姓名及其处理事务的地址；

（五）债务人的债务人或者财产持有人应当向管理人清偿债务或者交付财产的要求；

（六）第一次债权人会议召开的时间和地点；

（七）人民法院认为应当通知和公告的其他事项。

第十五条 【债务人的有关人员的义务】自人

民法院受理破产申请的裁定送达债务人之日起至破产程序终结之日，债务人的有关人员承担下列义务：

（一）妥善保管其占有和管理的财产、印章和账簿、文书等资料；

（二）根据人民法院、管理人的要求进行工作，并如实回答询问；

（三）列席债权人会议并如实回答债权人的询问；

（四）未经人民法院许可，不得离开住所地；

（五）不得新任其他企业的董事、监事、高级管理人员。

前款所称有关人员，是指企业的法定代表人；经人民法院决定，可以包括企业的财务管理人员和其他经营管理人员。

注释 企业被申请破产，企业的法定代表人，在法院受理破产申请至破产宣告期间，负有法定义务；法院也可以根据企业的情况，决定企业的财务管理人员和主要业务人员也同法定代表人一样负有义务。这些义务主要有：

（1）债务人应当自收到受理破产裁定之日起15日内向法院提交企业财产状况说明、债权债务清册、财务会计报告等文件，并按公告通知的时间、地点列席第一次债权人会议。

（2）债务人应当妥善保管其占有和管理的所有财产、印章和账簿、文书等资料。虽然本法第13条规定，法院裁定受理破产申请的，应当同时指定管理人。但从法院指定管理人到管理人接管企业，其间有一段时间企业仍在债务人的掌管之中，本法第15条规定债务人负有妥善保管财产和账册等资料的义务，对于保证管理人接管企业，掌握企业的财产和财务账册，进而决定企业的命运是很重要的。

（3）根据法院、管理人的要求进行工作，如实回答询问；列席债权人会议并如实回答债权人的询问。破产申请受理后，法院启动破产程序，管理人开始掌管企业，为了进行生产经营，或者清理债权债务，法院或者管理人可能会了解有关情况，要求债务人进行某些工作或回答问题，债务人有义务服从。列席债权人会议时，应如实回答债权人的询问。

（4）未经法院许可，不得离开住所地。因为进入破产程序后，法院或者管理人会随时了解情况，需要债务人配合，故规定债务人未经法院许可，不得离开住所地。

（5）不得新任其他企业的董事、监事、高级管理人员。企业被申请破产，法定代表人或者财务管理人员等要承担何种责任，还没有查明，如果是正常的经营风险，法定代表人等尽了勤勉忠实义务，可以不被追究责任；如果不是正常的经营风险，则不仅不能新任其他企业的董事、监事、高级管理人员，而且要承担相应的法律责任。

第十六条　【债务人个别清偿的无效】人民法院受理破产申请后，债务人对个别债权人的债务清偿无效。

注释 人民法院受理破产申请后，债务人对个别债权人实施的债务清偿无效。法院受理破产后，并不等于企业已经被宣告破产，企业有可能取得担保，或者得到资助，具有偿还能力，从而避免被宣告破产；企业还可以经过重整，避免破产的命运。因此，法院受理破产申请后，在管理人接管企业之前，债务人应当维持企业的正常活动，继续进行生产经营，争取企业经营状况的好转。但是，债务人不能对个别债权人清偿债务。因为，对任何债权人的清偿，都将减少破产财产的总额，损害其他债权人的利益，其清偿行为是无效的。

第十七条　【债务人的债务人或者财产持有人的义务】人民法院受理破产申请后，债务人的债务人或者财产持有人应当向管理人清偿债务或者交付财产。

债务人的债务人或者财产持有人故意违反前款规定向债务人清偿债务或者交付财产，使债权人受到损失的，不免除其清偿债务或者交付财产的义务。

注释 人民法院受理破产申请后，管理人应当向债务人的债务人或者财产持有人发出清偿债务或者交付财产的通知，要求其在规定的期限内清偿债务或者交还财产；债务人的债务人或者财产持有人应当在上述期限内清偿债务或者交付财产，如其故意违反上述规定向债务人清偿债务或交付财产，使债权人受到损失的，不免除其继续清偿或者交付的义务。但是如果债务人的债务人或者财产持有人对于管理人要求清偿债务或者交付财产的通知有异议的，可以向法院提起诉讼；既不提出异议，又不清偿债务或者交付财产的，管理人可以申请法院裁定后强制执行。

第十八条 【破产申请受理前成立的合同的继续履行与解除】人民法院受理破产申请后，管理人对破产申请受理前成立而债务人和对方当事人均未履行完毕的合同有权决定解除或者继续履行，并通知对方当事人。管理人自破产申请受理之日起二个月内未通知对方当事人，或者自收到对方当事人催告之日起三十日内未答复的，视为解除合同。

管理人决定继续履行合同的，对方当事人应当履行；但是，对方当事人有权要求管理人提供担保。管理人不提供担保的，视为解除合同。

链接《最高人民法院关于〈中华人民共和国企业破产法〉施行时尚未审结的企业破产案件适用法律若干问题的规定》第2条

案例 通州建总集团有限公司诉安徽天宇化工有限公司别除权纠纷案（最高人民法院指导性案例第73号）

裁判规则：本案双方当事人签订的建设工程施工合同虽约定了工程竣工时间，但涉案工程因安徽天宇公司未能按合同约定支付工程款导致停工。现没有证据证明在工程停工后至法院受理破产申请前，双方签订的建设施工合同已经解除或终止履行，也没有证据证明在法院受理破产申请后，破产管理人决定继续履行合同。根据《企业破产法》第18条"人民法院受理破产申请后，管理人对破产申请受理前成立而债务人和对方当事人均未履行完毕的合同有权决定解除或继续履行，并通知对方当事人。管理人自破产申请受理之日起两个月未通知对方当事人，或者自收到对方当事人催告之日起三十日内未答复的，视为解除合同"之规定，涉案建设工程施工合同在法院受理破产申请后已实际解除，本案建设工程无法正常竣工。按照最高人民法院《全国民事审判工作会议纪要》精神，因发包人的原因，合同解除或终止履行时已经超出合同约定的竣工日期的，承包人行使优先受偿权的期限自合同解除之日起计算。

第十九条 【保全措施解除与执行程序中止】人民法院受理破产申请后，有关债务人财产的保全措施应当解除，执行程序应当中止。

第二十条 【民事诉讼或仲裁的中止与继续】人民法院受理破产申请后，已经开始而尚未终结的有关债务人的民事诉讼或者仲裁应当中止；在管理人接管债务人的财产后，该诉讼或者仲裁继续进行。

链接《最高人民法院关于执行〈最高人民法院关于〈中华人民共和国企业破产法〉施行时尚未审结的企业破产案件适用法律若干问题的规定〉的通知》

第二十一条 【债务人的民事诉讼的管辖】人民法院受理破产申请后，有关债务人的民事诉讼，只能向受理破产申请的人民法院提起。

第三章 管理人

第二十二条 【管理人的指定与更换】管理人由人民法院指定。

债权人会议认为管理人不能依法、公正执行职务或者有其他不能胜任职务情形的，可以申请人民法院予以更换。

指定管理人和确定管理人报酬的办法，由最高人民法院规定。

注释 本法对管理人采用的是法院指定的立法模式，但又不是完全由法院决定，而赋予债权人会议有一定的否决权。本条第1款规定，管理人由人民法院指定。第2款规定，债权人会议认为管理人不能依法、公正执行职务或者有其他不能胜任职务情形的，可以申请人民法院予以更换。因为在破产清算程序中，管理人不是所有人利益的代表，而主要是债权人利益的代表，他代表债权人的利益，负责管理、变卖和分配破产财产，从而实现通过破产还债的目的。

链接《最高人民法院关于审理企业破产案件指定管理人的规定》第15—40条

第二十三条 【管理人的义务】管理人依照本法规定执行职务，向人民法院报告工作，并接受债权人会议和债权人委员会的监督。

管理人应当列席债权人会议，向债权人会议报告职务执行情况，并回答询问。

第二十四条 【管理人的资格】管理人可以由有关部门、机构的人员组成的清算组或者依法设立的律师事务所、会计师事务所、破产清算事务所等社会中介机构担任。

人民法院根据债务人的实际情况，可以在征询有关社会中介机构的意见后，指定该机构具备相关专业知识并取得执业资格的人员担任管理人。

有下列情形之一的，不得担任管理人：

（一）因故意犯罪受过刑事处罚；

（二）曾被吊销相关专业执业证书；

（三）与本案有利害关系；

（四）人民法院认为不宜担任管理人的其他情形。

个人担任管理人的，应当参加执业责任保险。

链接《最高人民法院关于审理企业破产案件指定管理人的规定》第9、14、23—24条

第二十五条 【管理人的职责】管理人履行下列职责：

（一）接管债务人的财产、印章和账簿、文书等资料；

（二）调查债务人财产状况，制作财产状况报告；

（三）决定债务人的内部管理事务；

（四）决定债务人的日常开支和其他必要开支；

（五）在第一次债权人会议召开之前，决定继续或者停止债务人的营业；

（六）管理和处分债务人的财产；

（七）代表债务人参加诉讼、仲裁或者其他法律程序；

（八）提议召开债权人会议；

（九）人民法院认为管理人应当履行的其他职责。

本法对管理人的职责另有规定的，适用其规定。

链接《最高人民法院关于审理企业破产案件确定管理人报酬的规定》

第二十六条 【第一次债权人会议前管理人行为的许可】在第一次债权人会议召开之前，管理人决定继续或者停止债务人的营业或者有本法第六十九条规定行为之一的，应当经人民法院许可。

第二十七条 【管理人的忠实义务】管理人应当勤勉尽责，忠实执行职务。

链接《企业破产法》第24、130条

第二十八条 【管理人聘任工作人员与管理人的报酬】管理人经人民法院许可，可以聘用必要的工作人员。

管理人的报酬由人民法院确定。债权人会议对管理人的报酬有异议的，有权向人民法院提出。

链接《最高人民法院关于审理企业破产案件确定管理人报酬的规定》

第二十九条 【管理人的辞职】管理人没有正当理由不得辞去职务。管理人辞去职务应当经人民法院许可。

第四章 债务人财产

第三十条 【债务人财产】破产申请受理时属于债务人的全部财产，以及破产申请受理后至破产程序终结前债务人取得的财产，为债务人财产。

注释 债务人财产是破产程序进行的基础，也是债权人通过破产程序得到清偿的物质保证。债务人财产与破产财产有着直接关系，当债务人被宣告破产后，债务人财产即被称为破产财产。

（1）破产案件受理时属于债务人的全部财产。债务人的全部财产，从构成上来说，包括货币、生产资料、经营场所、企业的知识产权等。（2）破产案件受理后至破产程序终结前债务人取得的财产。这部分财产本来就是破产企业的财产，只是到破产程序终结前才实际取得。按照本法的有关规定，这部分财产包括：①破产企业的债务人主动偿还或者经管理人催讨而偿还的债务；②持有破产企业财产的人主动交还或者经管理人催讨而交还的财产；③因继续履行合同而获得的收益；④破产企业因投资或者知识产权而得到的收益；⑤破产企业得到的捐赠、赔偿等合法收益。

债务人已依法设定担保物权的特定财产，人民法院应当认定为债务人财产。对债务人的特定财产在担保物权消灭或者实现担保物权后的剩余部分，在破产程序中可用以清偿破产费用、共益债务和其他破产债权。下列财产不应认定为债务人财产：（1）债务人基于仓储、保管、承揽、代销、借用、寄存、租赁等合同或者其他法律关系占有、使用的他人财产；（2）债务人在所有权保留买卖中尚未取得所有权的财产；（3）所有权专属于国家且不得转让的财产；（4）其他依照法律、行政法规不属于债务人的财产。

链接《最高人民法院关于适用〈中华人民共和国企业破产法〉若干问题的规定（二）》（以下简称《适用破产法规定（二）》）第1—5条

第三十一条 【受理破产申请前一年内行为的撤销】人民法院受理破产申请前一年内，涉及债务人财产的下列行为，管理人有权请求人民法院予以撤销：

（一）无偿转让财产的；

（二）以明显不合理的价格进行交易的；

（三）对没有财产担保的债务提供财产担保的；

（四）对未到期的债务提前清偿的；

（五）放弃债权的。

链接《企业破产法》第21、32、34条

第三十二条 【受理破产申请前六个月内行为的撤销】人民法院受理破产申请前六个月内，债务人有本法第二条第一款规定的情形，仍对个别债权人进行清偿的，管理人有权请求人民法院予以撤销。但是，个别清偿使债务人财产受益的除外。

链接《适用破产法规定（二）》第9—16条

第三十三条 【无效行为】涉及债务人财产的下列行为无效：

（一）为逃避债务而隐匿、转移财产的；

（二）虚构债务或者承认不真实的债务的。

注释 根据本条的规定，破产无效行为有两种：（1）债务人为逃避债务而隐匿、转移财产的。隐匿财产，是指债务人将其财产予以隐瞒和藏匿的行为。转移财产是指债务人将自己的财产转移到他处以减少其所有财产的行为。此外，需要注意的是债务人隐匿和转移财产的行为必须是以逃避债务为目的。

（2）债务人虚构或者承认不真实的债务的。虚构债务，是指债务人主观上凭空捏造本不存在的债务，虚假增加债务人的人数，并使该"虚构的债务人"参加到债务人财产的分配中来，以减少真正债权人清偿份额的行为。承认不真实的债务，是指债务人在他人提出虚假债务请求时予以承认的行为。

第三十四条 【追回因被撤销或无效行为取得的债务人的财产】因本法第三十一条、第三十二条或者第三十三条规定的行为而取得的债务人的财产，管理人有权追回。

第三十五条 【债务人的出资人缴纳出资】人民法院受理破产申请后，债务人的出资人尚未完全履行出资义务的，管理人应当要求该出资人缴纳所认缴的出资，而不受出资期限的限制。

链接《刑法》第159条

第三十六条 【管理人员非正常收入和财产的追回】债务人的董事、监事和高级管理人员利用职权从企业获取的非正常收入和侵占的企业财产，管理人应当追回。

链接《公司法》第147条；《刑法》第271、382、383条

第三十七条 【管理人取回质物、留置物】人民法院受理破产申请后，管理人可以通过清偿债务或者提供为债权人接受的担保，取回质物、留置物。

前款规定的债务清偿或者替代担保，在质物或者留置物的价值低于被担保的债权额时，以该质物或者留置物当时的市场价值为限。

注释 根据本条的规定，在人民法院受理破产申请后，管理人对于债务人在人民法院受理破产申请前出质给债权人的质物或者被债权人留置的留置物可以取回，其方式为清偿债权人的债权或者提供为债权人接受的替代担保。例如，在破产申请受理前，债务人出质给债权人价值30万元的汽车以取得债权人20万元的借款，在债务人作为被申请人的破产申请受理后，管理人只能在清偿债权人的20万元的债权及其利息或者提供为债权人接受的替代担保的情况下，才能取回债务人的质物汽车。同时，根据本条第2款的规定，如果债务人的质物或者留置物的价值低于被担保的债权人的债权额的，管理人在清偿债务或者提供替代担保时，应当以债务人的质物或者留置物当时的市场价值为限。例如，前述案例中的债务人的出质物汽车，在成立质押法律关系时其价值为30万元，债务人取得了债权人20万元的借款，但是在人民法院受理债务人作为被申请人的破产申请后，该质物汽车的市场价值仅为15万元，此时，管理人取回债务人的质物汽车时，应当以15万元价值为限对债权人进行清偿或者提供替代担保，对于债权人未得以清偿的5万元债权，债权人可以将其作为无担保债权进行债权申报，而无权优先受偿。

第三十八条 【权利人财产的取回】人民法院受理破产申请后，债务人占有的不属于债务人的财产，该财产的权利人可以通过管理人取回。但是，本法另有规定的除外。

注释 破产取回权

破产取回权，是指财产的权利人可以不依破产程序，直接从管理人占有和管理的债务人财产中，取回原本不属于债务人财产的权利。破产取回权分为一般取回权和特殊取回权。本条规定的是一般取回权，第39条规定的是出卖人取回权，即特殊取回权。

根据《最高人民法院关于上诉人宁波金昌实业投资有限公司与被上诉人西北证券有限责任公司破产清算组取回权纠纷一案的请示的答复》(〔2009〕民二他字第24号),证券公司违规挪用客户资金和证券,关系清楚、财产并未混同,管理人追回后,可由相关权利人行使代偿性取回权。

一般破产取回权及其构成要件

一般破产取回权的行使,应当满足以下要件:

(1)一般破产取回权发生在人民法院受理破产申请后。(2)一般破产取回权的权利主体是财产的权利人。此处的"权利人",既包括对财产享有占有、使用、收益和处分权能的所有权人,也包括对财产享有占有权、用益物权和担保物权等他物权的权利人。(3)一般破产取回权的义务主体是管理人。人民法院受理破产申请后,管理人接管债务人占有的所有财产,并依照法律的规定对其进行管理和处分,而此时的债务人则不能再继续管理和处分其占有的财产。(4)财产的权利人取回的是债务人占有的不属于债务人的财产。

第三十九条 【在途运输标的物的取回与交付】人民法院受理破产申请时,出卖人已将买卖标的物向作为买受人的债务人发运,债务人尚未收到且未付清全部价款的,出卖人可以取回在运途中的标的物。但是,管理人可以支付全部价款,请求出卖人交付标的物。

注释 出卖人行使取回权的条件如下:

(1)出卖人取回权适用于通过运输方式的买卖中。在不需要运输的动产买卖中,出卖人交付标的物和买受人接受标的物的时间是一致的;而在需要运输的动产买卖中,出卖人交付标的物和买受人接受标的物的时间是不一致的,中间有一个运输的过程。因此,出卖人取回权应当适用于第二种买卖形式,即需要通过运输方式的买卖中。

(2)债务人尚未收到买卖标的物且未付清全部价款。在通过运输方式的买卖中,债务人在尚未收到买卖的标的物时,其并没有取得该买卖标的物的所有权,即此时买卖标的物的所有权仍然属于出卖人。同时,本条还规定债务人还需要没有付清全部价款,如果管理人支付全部价款的话,其可以请求出卖人交付标的物,从而排除出卖人取回权的适用。

(3)出卖人取回权发生在人民法院受理破产申请时。出卖人在将买卖标的物交由承运人运输后且买受人收到标的物和付清全部价款之前得知人民法院启动对债务人的破产程序的,出卖人才可以行使取回权。否则,如果人民法院并未受理有关债务人的破产申请,出卖人擅自取回其正在运输途中的买卖标的物的话,其可能构成违约。

第四十条 【抵销权】债权人在破产申请受理前对债务人负有债务的,可以向管理人主张抵销。但是,有下列情形之一的,不得抵销:

(一)债务人的债务人在破产申请受理后取得他人对债务人的债权的;

(二)债权人已知债务人有不能清偿到期债务或者破产申请的事实,对债务人负担债务的;但是,债权人因为法律规定或者有破产申请一年前所发生的原因而负担债务的除外;

(三)债务人的债务人已知债务人有不能清偿到期债务或者破产申请的事实,对债务人取得债权的;但是,债务人的债务人因为法律规定或者有破产申请一年前所发生的原因而取得债权的除外。

链接《最高人民法院关于〈中华人民共和国企业破产法〉施行时尚未审结的企业破产案件适用法律若干问题的规定》第4条;《适用破产法规定(二)》第41—46条

第五章 破产费用和共益债务

第四十一条 【破产费用】人民法院受理破产申请后发生的下列费用,为破产费用:

(一)破产案件的诉讼费用;

(二)管理、变价和分配债务人财产的费用;

(三)管理人执行职务的费用、报酬和聘用工作人员的费用。

链接《诉讼费用交纳办法》第13、14条;《最高人民法院关于〈中华人民共和国企业破产法〉施行时尚未审结的企业破产案件适用法律若干问题的规定》第5条;《最高人民法院关于适用〈中华人民共和国企业破产法〉若干问题的规定(三)》(以下简称《适用破产法规定(三)》)第1条

第四十二条 【共益债务】人民法院受理破产申请后发生的下列债务,为共益债务:

(一)因管理人或者债务人请求对方当事人履行双方均未履行完毕的合同所产生的债务;

(二)债务人财产受无因管理所产生的债务;

(三)因债务人不当得利所产生的债务;

（四）为债务人继续营业而应支付的劳动报酬和社会保险费用以及由此产生的其他债务；

（五）管理人或者相关人员执行职务致人损害所产生的债务；

（六）债务人财产致人损害所产生的债务。

注释 所谓共益债务，是指在破产申请受理后，为全体债权人的共同利益或者为进行破产程序所必需负担的债务。共益债务和破产费用既有联系又有区别。两者的相同之处在于都是为债权人的共同利益而发生，都应当在债务人财产中优先拨付；不同之处在于破产费用是为破产程序顺利进行，为管理、变价和分配债务人财产而必须支出的"成本性"费用，而共益债务则是管理人执行破产程序中因合同、侵权、无因管理和不当得利等民事行为而由债务人财产承担的债务。

链接《适用破产法规定（三）》第2条

第四十三条 【破产费用和共益债务的清偿】 破产费用和共益债务由债务人财产随时清偿。

债务人财产不足以清偿所有破产费用和共益债务的，先行清偿破产费用。

债务人财产不足以清偿所有破产费用或者共益债务的，按照比例清偿。

债务人财产不足以清偿破产费用的，管理人应当提请人民法院终结破产程序。人民法院应当自收到请求之日起十五日内裁定终结破产程序，并予以公告。

注释 破产财产在优先清偿破产费用和共益债务后，清偿各项破产债权。依此规定，在以破产财产向各破产债权人进行分配前，应先清偿所有的破产费用和共益债务，为该项清偿需提留必要的款项的，还应在破产分配时预先提留。破产财产在清偿破产费用和共益债务后的剩余部分，才能依照法定顺序清偿各项破产债权。

所谓"随时清偿"，即对破产费用和共益债务，应按其应予支付和清偿的期限，由债务人财产随时拨付，予以清偿。例如，对管理人的报酬，应按照人民法院确定的数额和支付期限，由债务人财产及时支付。在破产程序中，如果发现债务人财产已不足以清偿破产费用和共益债务的，表明各债权人已不能从破产财产中获得任何清偿，再进行破产程序已无实际意义。为此，本条规定，"债务人财产不足以清偿破产费用的，管理人应当提请人民法院终结破产程序"。

比例清偿，是共益债务之间的比例或者破产费用之间的比例。而不是破产费用和共益债务之间的比例。例如：破产费用50万元，共益债务400万元，其中欠A企业100万元，欠B企业300万元，假设债务人A的财产只有100万元，那么优先清偿破产费用50万元，剩余的50万元不足以清偿共益债务，按照规定，应该按照比例清偿，即：50万×100/400=12.5万，这是清偿A公司的部分。剩下的37.5万元是清偿B公司的部分。

链接《企业破产法》第113条；《适用破产法规定（一）》第8条；《适用破产法规定（三）》第2条

第六章 债权申报

第四十四条 【债权人依法定程序行使权利】 人民法院受理破产申请时对债务人享有债权的债权人，依照本法规定的程序行使权利。

第四十五条 【债权申报期限】 人民法院受理破产申请后，应当确定债权人申报债权的期限。债权申报期限自人民法院发布受理破产申请公告之日起计算，最短不得少于三十日，最长不得超过三个月。

第四十六条 【未到期的债权与附利息的债权的算定】 未到期的债权，在破产申请受理时视为到期。

附利息的债权自破产申请受理时起停止计息。

链接《最高人民法院关于〈中华人民共和国企业破产法〉施行时尚未审结的企业破产案件适用法律若干问题的规定》第6条

第四十七条 【附条件、附期限债权与未决债权的申报】 附条件、附期限的债权和诉讼、仲裁未决的债权，债权人可以申报。

第四十八条 【申报债权的公示与异议】 债权人应当在人民法院确定的债权申报期限内向管理人申报债权。

债务人所欠职工的工资和医疗、伤残补助、抚恤费用，所欠的应当划入职工个人账户的基本养老保险、基本医疗保险费用，以及法律、行政法规规定应当支付给职工的补偿金，不必申报，由管理人调查后列出清单并予以公示。职工对清单记载有异议的，可以要求管理人更正；管理人不予更正的，职工可以向人民法院提起诉讼。

注释 劳动债权，是指因破产宣告前的劳动关系而发生的债权，包括破产企业所欠职工工资和欠缴的基本社会保险费用，以及法律、行政法规规定应当支付给职工的补偿金等其他费用，但依政策性破产由破产企业土地使用权转让所得用于安置职工的职工安置费用除外。

链接《最高人民法院关于〈中华人民共和国企业破产法〉施行时尚未审结的企业破产案件适用法律若干问题的规定》第10条；《适用破产法规定(三)》第3条

第四十九条 【申报债权的书面说明】债权人申报债权时，应当书面说明债权的数额和有无财产担保，并提交有关证据。申报的债权是连带债权的，应当说明。

第五十条 【连带债权人申报债权】连带债权人可以由其中一人代表全体连带债权人申报债权，也可以共同申报债权。

第五十一条 【连带债务人申报债权】债务人的保证人或者其他连带债务人已经代替债务人清偿债务的，以其对债务人的求偿权申报债权。

债务人的保证人或者其他连带债务人尚未代替债务人清偿债务的，以其对债务人的将来求偿权申报债权。但是，债权人已经向管理人申报全部债权的除外。

注释 将来求偿权是指对债务人享有的非现实的、将来要求债务人清偿债务的权利。人民法院在受理破产案件后，债务人的保证人或者其他连带债务人，即使尚未代替债务人清偿债务，但由于债权人对于其未被偿付的部分，有权要求保证人或者其他连带债务人清偿。所以，债务人的保证人或者其他连带债务人，有可能在此后被要求代替债务人清偿债务，对于此要求，债务人的保证人或者其他连带债务人不得拒绝。债务人的保证人或者其他连带债务人代替债务人清偿债务后，就对债务人享有了债权。这种债权如果不进行申报，在破产程序进行过程中或者在破产程序终结后，债务人的保证人或者其他连带债务人的合法权益就可能受到损害，因此，债务人的保证人或者其他连带债务人尚未代替债务人清偿债务的，以其对债务人的将来求偿权申报债权。

如果债权人已经向管理人申报全部债权，那么保证人或者其他连带债务人就不再负有清偿全部债务的义务，其将来求偿权也就失去了存在的前提。因此，债务人的保证人或者其他连带债务人尚未代替债务人清偿债务，但债权人已经向管理人申报全部债权的，债务人的保证人或者其他连带债务人不得以其对债务人的将来求偿权申报债权。

当保证人代替债务人清偿债务的，保证人有权以其清偿额对债务人行使求偿权，即以清偿数额向管理人申报债权。保证人在法院受理破产案件前，未代替债务人清偿债务的，债权人可将其债权申报，参加破产财产分配；若债权人不参加破产程序的，保证人因负有代偿责任，故其可在申报债权的期限届满前以其保证债务的数额申报债权并参加分配。

链接《民法典》第687条；《最高人民法院关于适用〈中华人民共和国民法典〉有关担保制度的解释》第23条

第五十二条 【连带债务人的债权人申报债权】连带债务人数人被裁定适用本法规定的程序的，其债权人有权就全部债权分别在各破产案件中申报债权。

第五十三条 【解除合同后对方当事人申报债权】管理人或者债务人依照本法规定解除合同的，对方当事人以因合同解除所产生的损害赔偿请求权申报债权。

第五十四条 【受托人申报债权】债务人是委托合同的委托人，被裁定适用本法规定的程序，受托人不知该事实，继续处理委托事务的，受托人以由此产生的请求权申报债权。

第五十五条 【票据付款人申报债权】债务人是票据的出票人，被裁定适用本法规定的程序，该票据的付款人继续付款或者承兑的，付款人以由此产生的请求权申报债权。

第五十六条 【补充申报债权】在人民法院确定的债权申报期限内，债权人未申报债权的，可以在破产财产最后分配前补充申报；但是，此前已进行的分配，不再对其补充分配。为审查和确认补充申报债权的费用，由补充申报人承担。

债权人未依照本法规定申报债权的，不得依照本法规定的程序行使权利。

链接《最高人民法院关于〈中华人民共和国企业破产法〉施行时尚未审结的企业破产案件适用法律若干问题的规定》第8条

第五十七条 【债权表】管理人收到债权申报材料后，应当登记造册，对申报的债权进行审查，并编制债权表。

债权表和债权申报材料由管理人保存，供利害关系人查阅。

链接《适用破产法规定（三）》第6条

第五十八条　【债权表的核查、确认与异议】依照本法第五十七条规定编制的债权表，应当提交第一次债权人会议核查。

债务人、债权人对债权表记载的债权无异议的，由人民法院裁定确认。

债务人、债权人对债权表记载的债权有异议的，可以向受理破产申请的人民法院提起诉讼。

链接《适用破产法规定（三）》第7—9条

第七章　债权人会议

第一节　一般规定

第五十九条　【债权人会议的组成】依法申报债权的债权人为债权人会议的成员，有权参加债权人会议，享有表决权。

债权尚未确定的债权人，除人民法院能够为其行使表决权而临时确定债权额的外，不得行使表决权。

对债务人的特定财产享有担保权的债权人，未放弃优先受偿权利的，对于本法第六十一条第一款第七项、第十项规定的事项不享有表决权。

债权人可以委托代理人出席债权人会议，行使表决权。代理人出席债权人会议，应当向人民法院或者债权人会议主席提交债权人的授权委托书。

债权人会议应当有债务人的职工和工会的代表参加，对有关事项发表意见。

第六十条　【债权人会议主席】债权人会议设主席一人，由人民法院从有表决权的债权人中指定。

债权人会议主席主持债权人会议。

第六十一条　【债权人会议的职权】债权人会议行使下列职权：

（一）核查债权；

（二）申请人民法院更换管理人，审查管理人的费用和报酬；

（三）监督管理人；

（四）选任和更换债权人委员会成员；

（五）决定继续或者停止债务人的营业；

（六）通过重整计划；

（七）通过和解协议；

（八）通过债务人财产的管理方案；

（九）通过破产财产的变价方案；

（十）通过破产财产的分配方案；

（十一）人民法院认为应当由债权人会议行使的其他职权。

债权人会议应当对所议事项的决议作成会议记录。

第六十二条　【债权人会议的召开】第一次债权人会议由人民法院召集，自债权申报期限届满之日起十五日内召开。

以后的债权人会议，在人民法院认为必要时，或者管理人、债权人委员会、占债权总额四分之一以上的债权人向债权人会议主席提议时召开。

第六十三条　【通知债权人】召开债权人会议，管理人应当提前十五日通知已知的债权人。

第六十四条　【债权人会议的决议】债权人会议的决议，由出席会议的有表决权的债权人过半数通过，并且其所代表的债权额占无财产担保债权总额的二分之一以上。但是，本法另有规定的除外。

债权人认为债权人会议的决议违反法律规定，损害其利益的，可以自债权人会议作出决议之日起十五日内，请求人民法院裁定撤销该决议，责令债权人会议依法重新作出决议。

债权人会议的决议，对于全体债权人均有约束力。

链接《最高人民法院关于〈中华人民共和国企业破产法〉施行时尚未审结的企业破产案件适用法律若干问题的规定》第12条；《适用破产法规定（三）》第11—14条

第六十五条　【法院裁定事项】本法第六十一条第一款第八项、第九项所列事项，经债权人会议表决未通过的，由人民法院裁定。

本法第六十一条第一款第十项所列事项，经债权人会议二次表决仍未通过的，由人民法院裁定。

对前两款规定的裁定，人民法院可以在债权人会议上宣布或者另行通知债权人。

第六十六条　【债权人申请复议】债权人对人民法院依照本法第六十五条第一款作出的裁定不服的，债权额占无财产担保债权总额二分之一以上的债权人对人民法院依照本法第六十五条第二款作出的裁定不服的，可以自裁定宣布之日或者收到通知之日起十五日内向该人民法院申请复议。复议期间不停止裁定的执行。

链接《最高人民法院关于〈中华人民共和国企业破产法〉施行时尚未审结的企业破产案件适用法律若干问题的规定》第13条

第二节 债权人委员会

第六十七条 【债权人委员会的组成】债权人会议可以决定设立债权人委员会。债权人委员会由债权人会议选任的债权人代表和一名债务人的职工代表或者工会代表组成。债权人委员会成员不得超过九人。

债权人委员会成员应当经人民法院书面决定认可。

第六十八条 【债权人委员会的职权】债权人委员会行使下列职权：

（一）监督债务人财产的管理和处分；

（二）监督破产财产分配；

（三）提议召开债权人会议；

（四）债权人会议委托的其他职权。

债权人委员会执行职务时，有权要求管理人、债务人的有关人员对其职权范围内的事务作出说明或者提供有关文件。

管理人、债务人的有关人员违反本法规定拒绝接受监督的，债权人委员会有权就监督事项请求人民法院作出决定；人民法院应当在五日内作出决定。

第六十九条 【管理人行为的告知】管理人实施下列行为，应当及时报告债权人委员会：

（一）涉及土地、房屋等不动产权益的转让；

（二）探矿权、采矿权、知识产权等财产权的转让；

（三）全部库存或者营业的转让；

（四）借款；

（五）设定财产担保；

（六）债权和有价证券的转让；

（七）履行债务人和对方当事人均未履行完毕的合同；

（八）放弃权利；

（九）担保物的取回；

（十）对债权人利益有重大影响的其他财产处分行为。

未设立债权人委员会的，管理人实施前款规定的行为应当及时报告人民法院。

链接《企业破产法》第68条；《适用破产法规定（三）》第15条

第八章 重 整

第一节 重整申请和重整期间

第七十条 【重整申请】债务人或者债权人可以依照本法规定，直接向人民法院申请对债务人进行重整。

债权人申请对债务人进行破产清算的，在人民法院受理破产申请后、宣告债务人破产前，债务人或者出资额占债务人注册资本十分之一以上的出资人，可以向人民法院申请重整。

注释 破产重整制度是对可能或已经发生破产原因但又有希望再生的债务人，通过各方利害关系人的协商，并借助法律强制性地调整他们的利益，对债务人进行生产经营上的整顿和债权债务关系上的清理，以期摆脱财务困境，重获经营能力的特殊法律制度。通过破产重整，可以使债务人重获新生，避免因企业破产清算而带来的职工下岗等一系列社会问题，体现了现代破产法实施破产预防的目的。

按照本条的规定，可以申请对债务人进行破产重整的包括三类当事人：债权人、债务人以及出资额占债务人注册资本1/10以上的出资人。

链接《企业破产法》第2、7、134条

第七十一条 【裁定重整与公告】人民法院经审查认为重整申请符合本法规定的，应当裁定债务人重整，并予以公告。

第七十二条 【重整期间】自人民法院裁定债务人重整之日起至重整程序终止，为重整期间。

第七十三条 【债务人自行管理与营业】在重整期间，经债务人申请，人民法院批准，债务人可以在管理人的监督下自行管理财产和营业事务。

有前款规定情形的，依照本法规定已接管债务人财产和营业事务的管理人应当向债务人移交财产和营业事务，本法规定的管理人的职权由债务人行使。

注释 重整期间对债务人的行为限制

本法规定，自人民法院裁定债务人重整之日

起至重整程序终止，为重整期间。重整期间又被称为重整保护期，其间对各方当事人的行为要进行一定的限制：(1)经债务人申请，人民法院批准，债务人可以在管理人的监督下自行管理财产和营业事务。即在重整期间，可以恢复债务人对其财产的管理权。(2)对债务人的特定财产享有的担保权暂停行使。但是，担保物有损坏或者价值明显减少的可能，足以危害担保权人权利的，担保权人可以向人民法院请求恢复行使担保权。(3)债务人合法占有的他人财产，该财产的权利人请求取回的，应当符合事先约定的条件。(4)债务人的出资人不得请求投资收益分配。(5)债务人的董事、监事、高级管理人员除经人民法院同意，不得向第三人转让其持有的债务人的股权。

第七十四条 【管理人管理与营业】管理人负责管理财产和营业事务的，可以聘任债务人的经营管理人员负责营业事务。

第七十五条 【重整期间担保权的行使与借款】在重整期间，对债务人的特定财产享有的担保权暂停行使。但是，担保物有损坏或者价值明显减少的可能，足以危害担保权人权利的，担保权人可以向人民法院请求恢复行使担保权。

在重整期间，债务人或者管理人为继续营业而借款的，可以为该借款设定担保。

第七十六条 【重整期间的取回权】债务人合法占有的他人财产，该财产的权利人在重整期间要求取回的，应当符合事先约定的条件。

第七十七条 【重整期间对出资人收益分配与董事、监事、高级管理人员持股转让的限制】在重整期间，债务人的出资人不得请求投资收益分配。

在重整期间，债务人的董事、监事、高级管理人员不得向第三人转让其持有的债务人的股权。但是，经人民法院同意的除外。

第七十八条 【重整终止与破产宣告】在重整期间，有下列情形之一的，经管理人或者利害关系人请求，人民法院应当裁定终止重整程序，并宣告债务人破产：

（一）债务人的经营状况和财产状况继续恶化，缺乏挽救的可能性；

（二）债务人有欺诈、恶意减少债务人财产或者其他显著不利于债权人的行为；

（三）由于债务人的行为致使管理人无法执行职务。

第二节 重整计划的制定和批准

第七十九条 【重整计划草案的提交期限】债务人或者管理人应当自人民法院裁定债务人重整之日起六个月内，同时向人民法院和债权人会议提交重整计划草案。

前款规定的期限届满，经债务人或者管理人请求，有正当理由的，人民法院可以裁定延期三个月。

债务人或者管理人未按期提出重整计划草案的，人民法院应当裁定终止重整程序，并宣告债务人破产。

第八十条 【重整计划草案的制作主体】债务人自行管理财产和营业事务的，由债务人制作重整计划草案。

管理人负责管理财产和营业事务的，由管理人制作重整计划草案。

第八十一条 【重整计划草案的内容】重整计划草案应当包括下列内容：

（一）债务人的经营方案；

（二）债权分类；

（三）债权调整方案；

（四）债权受偿方案；

（五）重整计划的执行期限；

（六）重整计划执行的监督期限；

（七）有利于债务人重整的其他方案。

第八十二条 【债权分类与重整计划草案分组表决】下列各类债权的债权人参加讨论重整计划草案的债权人会议，依照下列债权分类，分组对重整计划草案进行表决：

（一）对债务人的特定财产享有担保权的债权；

（二）债务人所欠职工的工资和医疗、伤残补助、抚恤费用，所欠的应当划入职工个人账户的基本养老保险、基本医疗保险费用，以及法律、行政法规规定应当支付给职工的补偿金；

（三）债务人所欠税款；

（四）普通债权。

人民法院在必要时可以决定在普通债权组中设小额债权组对重整计划草案进行表决。

第八十三条 【不得减免的费用】重整计划不得规定减免债务人欠缴的本法第八十二条第一款第二项规定以外的社会保险费用；该项费用的债

权人不参加重整计划草案的表决。

第八十四条 【重整计划草案的表决】人民法院应当自收到重整计划草案之日起三十日内召开债权人会议，对重整计划草案进行表决。

出席会议的同一表决组的债权人过半数同意重整计划草案，并且其所代表的债权额占该组债权总额的三分之二以上的，即为该组通过重整计划草案。

债务人或者管理人应当向债权人会议就重整计划草案作出说明，并回答询问。

链接《企业破产法》第 64、97 条

第八十五条 【出资人代表列席会议与出资人组表决】债务人的出资人代表可以列席讨论重整计划草案的债权人会议。

重整计划草案涉及出资人权益调整事项的，应当设出资人组，对该事项进行表决。

第八十六条 【表决通过重整计划与重整程序终止】各表决组均通过重整计划草案时，重整计划即为通过。

自重整计划通过之日起十日内，债务人或者管理人应当向人民法院提出批准重整计划的申请。人民法院经审查认为符合本法规定的，应当自收到申请之日起三十日内裁定批准，终止重整程序，并予以公告。

第八十七条 【裁定批准重整计划与重整程序终止】部分表决组未通过重整计划草案的，债务人或者管理人可以同未通过重整计划草案的表决组协商。该表决组可以在协商后再表决一次。双方协商的结果不得损害其他表决组的利益。

未通过重整计划草案的表决组拒绝再次表决或者再次表决仍未通过重整计划草案，但重整计划草案符合下列条件的，债务人或者管理人可以申请人民法院批准重整计划草案：

（一）按照重整计划草案，本法第八十二条第一款第一项所列债权就该特定财产将获得全额清偿，其因延期清偿所受的损失将得到公平补偿，并且其担保权未受到实质性损害，或者该表决组已经通过重整计划草案；

（二）按照重整计划草案，本法第八十二条第一款第二项、第三项所列债权将获得全额清偿，或者相应表决组已经通过重整计划草案；

（三）按照重整计划草案，普通债权所获得的清偿比例，不低于其在重整计划草案被提请批准时依照破产清算程序所能获得的清偿比例，或者该表决组已经通过重整计划草案；

（四）重整计划草案对出资人权益的调整公平、公正，或者出资人组已经通过重整计划草案；

（五）重整计划草案公平对待同一表决组的成员，并且所规定的债权清偿顺序不违反本法第一百一十三条的规定；

（六）债务人的经营方案具有可行性。

人民法院经审查认为重整计划草案符合前款规定的，应当自收到申请之日起三十日内裁定批准，终止重整程序，并予以公告。

第八十八条 【重整程序的非正常终止】重整计划草案未获得通过且未依照本法第八十七条的规定获得批准，或者已通过的重整计划未获得批准的，人民法院应当裁定终止重整程序，并宣告债务人破产。

第三节 重整计划的执行

第八十九条 【重整计划的执行主体】重整计划由债务人负责执行。

人民法院裁定批准重整计划后，已接管财产和营业事务的管理人应当向债务人移交财产和营业事务。

第九十条 【重整计划执行的监督与报告】自人民法院裁定批准重整计划之日起，在重整计划规定的监督期内，由管理人监督重整计划的执行。

在监督期内，债务人应当向管理人报告重整计划执行情况和债务人财务状况。

第九十一条 【监督报告与监督期限的延长】监督期届满时，管理人应当向人民法院提交监督报告。自监督报告提交之日起，管理人的监督职责终止。

管理人向人民法院提交的监督报告，重整计划的利害关系人有权查阅。

经管理人申请，人民法院可以裁定延长重整计划执行的监督期限。

第九十二条 【重整计划的约束力】经人民法院裁定批准的重整计划，对债务人和全体债权人均有约束力。

债权人未依照本法规定申报债权的，在重整计划执行期间不得行使权利；在重整计划执行完毕后，可以按照重整计划规定的同类债权的清偿条件行使权利。

债权人对债务人的保证人和其他连带债务人所享有的权利，不受重整计划的影响。

第九十三条 【重整计划的终止】债务人不能执行或者不执行重整计划的，人民法院经管理人或者利害关系人请求，应当裁定终止重整计划的执行，并宣告债务人破产。

人民法院裁定终止重整计划执行的，债权人在重整计划中作出的债权调整的承诺失去效力。债权人因执行重整计划所受的清偿仍然有效，债权未受清偿的部分作为破产债权。

前款规定的债权人，只有在其他同顺位债权人同自己所受的清偿达到同一比例时，才能继续接受分配。

有本条第一款规定情形的，为重整计划的执行提供的担保继续有效。

第九十四条 【重整计划减免的债务不再清偿】按照重整计划减免的债务，自重整计划执行完毕时起，债务人不再承担清偿责任。

第九章 和 解

第九十五条 【和解申请】债务人可以依照本法规定，直接向人民法院申请和解；也可以在人民法院受理破产申请后、宣告债务人破产前，向人民法院申请和解。

债务人申请和解，应当提出和解协议草案。

注释 提出和解申请的主体

提出和解申请的主体是债务人，即不能清偿到期债务，并且资产不足以清偿全部债务或者明显缺乏清偿能力的企业法人。根据本法第 7 条第 1 款的规定，债务人享有和解申请权。同时，债务人在具有法定情形时，享有申请重整、和解或者破产清算的选择权。根据本法第 7 条第 2 款的规定，债权人只能提出对债务人进行重整或者破产清算的申请，而不能提出和解的申请，即不享有和解申请权。

提出和解申请的条件

债务人提出和解申请的条件是应当具有法定情形，即具有本法第 2 条第 1 款规定的“不能清偿到期债务，并且资产不足以清偿全部债务或者明显缺乏清偿能力”的情形。至于债务人应当在什么时候提出和解申请，根据本条第 1 款的规定，允许债务人既可以直接向人民法院提出和解申请，也可以在法院受理破产申请后、宣告破产前申请和解，赋予债务人和解申请权行使的更大空间。

链接《企业破产法》第 7 条；《最高人民法院关于〈中华人民共和国企业破产法〉施行时尚未审结的企业破产案件适用法律若干问题的规定》第 1 条

第九十六条 【裁定和解】人民法院经审查认为和解申请符合本法规定的，应当裁定和解，予以公告，并召集债权人会议讨论和解协议草案。

对债务人的特定财产享有担保权的权利人，自人民法院裁定和解之日起可以行使权利。

第九十七条 【通过和解协议】债权人会议通过和解协议的决议，由出席会议的有表决权的债权人过半数同意，并且其所代表的债权额占无财产担保债权总额的三分之二以上。

第九十八条 【裁定认可和解协议并终止和解程序】债权人会议通过和解协议的，由人民法院裁定认可，终止和解程序，并予以公告。管理人应当向债务人移交财产和营业事务，并向人民法院提交执行职务的报告。

第九十九条 【和解协议的否决与宣告破产】和解协议草案经债权人会议表决未获得通过，或者已经债权人会议通过的和解协议未获得人民法院认可的，人民法院应当裁定终止和解程序，并宣告债务人破产。

第一百条 【和解协议的约束力】经人民法院裁定认可的和解协议，对债务人和全体和解债权人均有约束力。

和解债权人是指人民法院受理破产申请时对债务人享有无财产担保债权的人。

和解债权人未依照本法规定申报债权的，在和解协议执行期间不得行使权利；在和解协议执行完毕后，可以按照和解协议规定的清偿条件行使权利。

第一百零一条 【和解协议的影响】和解债权人对债务人的保证人和其他连带债务人所享有的权利，不受和解协议的影响。

第一百零二条 【债务人履行和解协议的义务】债务人应当按照和解协议规定的条件清偿债务。

第一百零三条 【和解协议无效与宣告破产】因债务人的欺诈或者其他违法行为而成立的和解协议，人民法院应当裁定无效，并宣告债务人破产。

有前款规定情形的，和解债权人因执行和解协议所受的清偿，在其他债权人所受清偿同等比例的范围内,不予返还。

第一百零四条 【终止执行和解协议与宣告破产】债务人不能执行或者不执行和解协议的,人民法院经和解债权人请求,应当裁定终止和解协议的执行,并宣告债务人破产。

人民法院裁定终止和解协议执行的,和解债权人在和解协议中作出的债权调整的承诺失去效力。和解债权人因执行和解协议所受的清偿仍然有效,和解债权未受清偿的部分作为破产债权。

前款规定的债权人,只有在其他债权人同自己所受的清偿达到同一比例时,才能继续接受分配。

有本条第一款规定情形的,为和解协议的执行提供的担保继续有效。

第一百零五条 【自行和解与破产程序终结】人民法院受理破产申请后,债务人与全体债权人就债权债务的处理自行达成协议的,可以请求人民法院裁定认可,并终结破产程序。

第一百零六条 【和解协议减免债务不再清偿】按照和解协议减免的债务,自和解协议执行完毕时起,债务人不再承担清偿责任。

第十章 破产清算

第一节 破产宣告

第一百零七条 【破产宣告】人民法院依照本法规定宣告债务人破产的,应当自裁定作出之日起五日内送达债务人和管理人,自裁定作出之日起十日内通知已知债权人,并予以公告。

债务人被宣告破产后,债务人称为破产人,债务人财产称为破产财产,人民法院受理破产申请时对债务人享有的债权称为破产债权。

第一百零八条 【破产宣告前的破产程序终结】破产宣告前,有下列情形之一的,人民法院应当裁定终结破产程序,并予以公告:

(一)第三人为债务人提供足额担保或者为债务人清偿全部到期债务的;

(二)债务人已清偿全部到期债务的。

第一百零九条 【别除权】对破产人的特定财产享有担保权的权利人,对该特定财产享有优先受偿的权利。

注释 别除权,是指对于破产人的特定财产,不依破产程序优先就该担保标的受偿的权利。别除权就担保的标的物优先于普通债权而受偿,这与破产程序中的普通债权有本质的区别。别除权的标的物必须是破产人所有的财产,别除权的基础权利是担保物权。在破产宣告前成立的担保物权的标的物既可是破产人的财产,也可是第三人的财产。在担保标的物为第三人所有的财产时,在破产程序中,债权人所享有的担保物权,就只能是民法上的担保物权,而不是破产程序中的别除权;相反,在破产人以其所有的财产为其他的债权人提供担保时,虽然该债权人不是破产人的债权人,但在破产程序中,该债权人仍然享有别除权。

第一百一十条 【别除权的不完全实现与放弃】享有本法第一百零九条规定权利的债权人行使优先受偿权利未能完全受偿的,其未受偿的债权作为普通债权;放弃优先受偿权利的,其债权作为普通债权。

第二节 变价和分配

第一百一十一条 【破产财产变价方案】管理人应当及时拟订破产财产变价方案,提交债权人会议讨论。

管理人应当按照债权人会议通过的或者人民法院依照本法第六十五条第一款规定裁定的破产财产变价方案,适时变价出售破产财产。

第一百一十二条 【变价出售方式】变价出售破产财产应当通过拍卖进行。但是,债权人会议另有决议的除外。

破产企业可以全部或者部分变价出售。企业变价出售时,可以将其中的无形资产和其他财产单独变价出售。

按照国家规定不能拍卖或者限制转让的财产,应当按照国家规定的方式处理。

第一百一十三条 【破产财产的清偿顺序】破产财产在优先清偿破产费用和共益债务后,依照下列顺序清偿:

(一)破产人所欠职工的工资和医疗、伤残补助、抚恤费用,所欠的应当划入职工个人账户的基本养老保险、基本医疗保险费用,以及法律、行政法规规定应当支付给职工的补偿金;

(二)破产人欠缴的除前项规定以外的社会保险费用和破产人所欠税款;

(三)普通破产债权。

破产财产不足以清偿同一顺序的清偿要求

的，按照比例分配。

破产企业的董事、监事和高级管理人员的工资按照该企业职工的平均工资计算。

注释 破产财产分配的顺位就是破产清算程序中的债权清偿顺序。破产财产在优先清偿破产费用和共益债务后，依照下列顺序清偿：

（1）破产人所欠职工的工资和医疗、伤残补助、抚恤费用，所欠的应当划入职工个人账户的基本养老保险、基本医疗保险费用，以及法律、行政法规规定应当支付给职工的补偿金。

（2）破产人欠缴的除前项规定以外的社会保险费用和破产人所欠税款。破产企业所欠税款是指破产企业被宣告破产前拖欠的国家税款（包括国税、地税）。破产企业所欠税款应由税务部门提供具体数额和计算依据，法院审查确定。破产企业因拖欠税款所产生的滞纳金、罚款等，不属于破产债权。法院可以将该部分债权数额确认后，列在一般破产债权顺序之后，如有剩余财产再行清偿。破产清算中对于破产财产变现的税务问题，法院、管理人应与税务部门积极协调，争取实现税收减免。通过协调确实难以解决的，可以将有关税款列入第三清偿顺序，作为一般债权清偿。

（3）普通破产债权。破产财产不足清偿同一顺序的清偿要求的，按照比例分配。破产财产清偿破产债权后仍有剩余的，可以用于清偿行政规费、罚款等。

第一百一十四条 【破产财产的分配方式】破产财产的分配应当以货币分配方式进行。但是，债权人会议另有决议的除外。

第一百一十五条 【破产财产的分配方案】管理人应当及时拟订破产财产分配方案，提交债权人会议讨论。

破产财产分配方案应当载明下列事项：

（一）参加破产财产分配的债权人名称或者姓名、住所；

（二）参加破产财产分配的债权额；

（三）可供分配的破产财产数额；

（四）破产财产分配的顺序、比例及数额；

（五）实施破产财产分配的方法。

债权人会议通过破产财产分配方案后，由管理人将该方案提请人民法院裁定认可。

第一百一十六条 【破产财产分配方案的执行】破产财产分配方案经人民法院裁定认可后，由管理人执行。

管理人按照破产财产分配方案实施多次分配的，应当公告本次分配的财产额和债权额。管理人实施最后分配的，应当在公告中指明，并载明本法第一百一十七条第二款规定的事项。

第一百一十七条 【附条件债权的分配】对于附生效条件或者解除条件的债权，管理人应当将其分配额提存。

管理人依照前款规定提存的分配额，在最后分配公告日，生效条件未成就或者解除条件成就的，应当分配给其他债权人；在最后分配公告日，生效条件成就或者解除条件未成就的，应当交付给债权人。

第一百一十八条 【未受领的破产财产的分配】债权人未受领的破产财产分配额，管理人应当提存。债权人自最后分配公告之日起满二个月仍不领取的，视为放弃受领分配的权利，管理人或者人民法院应当将提存的分配额分配给其他债权人。

第一百一十九条 【诉讼或仲裁未决债权的分配】破产财产分配时，对于诉讼或者仲裁未决的债权，管理人应当将其分配额提存。自破产程序终结之日起满二年仍不能受领分配的，人民法院应当将提存的分配额分配给其他债权人。

第三节 破产程序的终结

第一百二十条 【破产程序的终结及公告】破产人无财产可供分配的，管理人应当请求人民法院裁定终结破产程序。

管理人在最后分配完结后，应当及时向人民法院提交破产财产分配报告，并提请人民法院裁定终结破产程序。

人民法院应当自收到管理人终结破产程序的请求之日起十五日内作出是否终结破产程序的裁定。裁定终结的，应当予以公告。

注释 破产程序终结的情形

在破产清算程序中，破产程序终结可分为两种情况：一是破产程序因破产财产分配完毕而终结；二是破产程序因无可供分配的财产而终结。

（1）破产程序因破产财产分配完毕而终结。债务人被依法宣告破产后，应由管理人依法对破产财产进行清理、变价，按照经债权人会议讨论通过并经法院裁定认可的破产财产分配方案向各破产债权人进行分配,以清偿债务。破产财产分配完毕后,即应终结破产程序。按照本条的规定,管理人在最后分配完结后,应当及时向人民法院提交破产财产分配报告,并提请人民法院裁定终结破产程序。人民法院自接到管理人提请终结破产程序的请求之日起15日内作出是否终结破产案件的裁定,裁定终结的,应予公告。

(2)因无可供分配的财产而终结。破产程序中,债务人的财产由管理人接管,如果管理人发现债务人的财产数量很少,尚不足以清偿破产费用和共益债务,已无财产可用来进行破产分配以清偿破产债权的,再进行破产程序已无实际意义,应当提请人民法院裁定终结破产程序;人民法院在接到管理人提出的请求后,应当在15日内作出终结破产程序的裁定并公告。

链接《企业破产法》第43、105、108条

第一百二十一条 【破产人的注销登记】管理人应当自破产程序终结之日起十日内,持人民法院终结破产程序的裁定,向破产人的原登记机关办理注销登记。

第一百二十二条 【管理人执行职务的终止】管理人于办理注销登记完毕的次日终止执行职务。但是,存在诉讼或者仲裁未决情况的除外。

链接《最高人民法院关于审理企业破产案件指定管理人的规定》第29条

第一百二十三条 【破产程序终结后的追加分配】自破产程序依照本法第四十三条第四款或者第一百二十条的规定终结之日起二年内,有下列情形之一的,债权人可以请求人民法院按照破产财产分配方案进行追加分配:

(一)发现有依照本法第三十一条、第三十二条、第三十三条、第三十六条规定应当追回的财产的;

(二)发现破产人有应当供分配的其他财产的。

有前款规定情形,但财产数量不足以支付分配费用的,不再进行追加分配,由人民法院将其上交国库。

第一百二十四条 【对未受偿债权的清偿责任】破产人的保证人和其他连带债务人,在破产程序终结后,对债权人依照破产清算程序未受清偿的债权,依法继续承担清偿责任。

第十一章 法律责任

第一百二十五条 【破产企业董事、监事和高级管理人员的法律责任】企业董事、监事或者高级管理人员违反忠实义务、勤勉义务,致使所在企业破产的,依法承担民事责任。

有前款规定情形的人员,自破产程序终结之日起三年内不得担任任何企业的董事、监事、高级管理人员。

第一百二十六条 【有义务列席债权人会议的债务人的有关人员的法律责任】有义务列席债权人会议的债务人的有关人员,经人民法院传唤,无正当理由拒不列席债权人会议的,人民法院可以拘传,并依法处以罚款。债务人的有关人员违反本法规定,拒不陈述、回答,或者作虚假陈述、回答的,人民法院可以依法处以罚款。

第一百二十七条 【不履行法定义务的直接责任人员的法律责任】债务人违反本法规定,拒不向人民法院提交或者提交不真实的财产状况说明、债务清册、债权清册、有关财务会计报告以及职工工资的支付情况和社会保险费用的缴纳情况的,人民法院可以对直接责任人员依法处以罚款。

债务人违反本法规定,拒不向管理人移交财产、印章和账簿、文书等资料的,或者伪造、销毁有关财产证据材料而使财产状况不明的,人民法院可以对直接责任人员依法处以罚款。

第一百二十八条 【债务人的法定代表人和其他直接责任人员的法律责任】债务人有本法第三十一条、第三十二条、第三十三条规定的行为,损害债权人利益的,债务人的法定代表人和其他直接责任人员依法承担赔偿责任。

第一百二十九条 【债务人的有关人员擅自离开住所地的法律责任】债务人的有关人员违反本法规定,擅自离开住所地的,人民法院可以予以训诫、拘留,可以依法并处罚款。

第一百三十条 【管理人的法律责任】管理人未依照本法规定勤勉尽责,忠实执行职务的,人民法院可以依法处以罚款;给债权人、债务人或者第三人造成损失的,依法承担赔偿责任。

链接《最高人民法院关于审理企业破产案件指定管理人的规定》第39条

第一百三十一条 【刑事责任】违反本法规定,构成犯罪的,依法追究刑事责任。

链接《刑法》第161、162、162条之二、168、169、271条

第十二章 附 则

第一百三十二条 【别除权适用的例外】本法施行后，破产人在本法公布之日前所欠职工的工资和医疗、伤残补助、抚恤费用，所欠的应当划入职工个人账户的基本养老保险、基本医疗保险费用，以及法律、行政法规规定应当支付给职工的补偿金，依照本法第一百一十三条的规定清偿后不足以清偿的部分，以本法第一百零九条规定的特定财产优先于对该特定财产享有担保权的权利人受偿。

链接《企业破产法》第109、113条

第一百三十三条 【本法施行前国务院规定范围内企业破产的特别规定】在本法施行前国务院规定的期限和范围内的国有企业实施破产的特殊事宜，按照国务院有关规定办理。

第一百三十四条 【金融机构破产的特别规定】商业银行、证券公司、保险公司等金融机构有本法第二条规定情形的，国务院金融监督管理机构可以向人民法院提出对该金融机构进行重整或者破产清算的申请。国务院金融监督管理机构依法对出现重大经营风险的金融机构采取接管、托管等措施的，可以向人民法院申请中止以该金融机构为被告或者被执行人的民事诉讼程序或者执行程序。

金融机构实施破产的，国务院可以依据本法和其他有关法律的规定制定实施办法。

第一百三十五条 【企业法人以外组织破产的准用规定】其他法律规定企业法人以外的组织的清算，属于破产清算的，参照适用本法规定的程序。

注释 个人独资企业的清算

《最高人民法院关于个人独资企业清算是否可以参照适用企业破产法规定的破产清算程序的批复》规定，根据《企业破产法》第135条的规定，在个人独资企业不能清偿到期债务，并且资产不足以清偿全部债务或者明显缺乏清偿能力的情况下，可以参照适用企业破产法规定的破产清算程序进行清算。

根据《个人独资企业法》第31条的规定，人民法院参照适用破产清算程序裁定终结个人独资企业的清算程序后，个人独资企业的债权人仍然可以就其未获清偿的部分向投资人主张权利。

因资不抵债无法继续办学被终止的民办学校的清算

《最高人民法院关于对因资不抵债无法继续办学被终止的民办学校如何组织清算问题的批复》规定，依照《民办教育促进法》第10条批准设立的民办学校因资不抵债无法继续办学被终止，当事人依照《民办教育促进法》第58条第2款规定向人民法院申请清算的，人民法院应当依法受理。人民法院组织民办学校破产清算，参照适用《企业破产法》规定的程序，并依照《民办教育促进法》第59条规定的顺序清偿。

第一百三十六条 【施行日期】本法自2007年6月1日起施行，《中华人民共和国企业破产法（试行）》同时废止。

中华人民共和国信托法

- 2001年4月28日第九届全国人民代表大会常务委员会第二十一次会议通过
- 2001年4月28日中华人民共和国主席令第50号公布
- 自2001年10月1日起施行

第一章 总 则

第一条 为了调整信托关系，规范信托行为，保护信托当事人的合法权益，促进信托事业的健康发展，制定本法。

第二条 本法所称信托，是指委托人基于对受托人的信任，将其财产权委托给受托人，由受托人按委托人的意愿以自己的名义，为受益人的利益或者特定目的，进行管理或者处分的行为。

第三条 委托人、受托人、受益人（以下统称信托当事人）在中华人民共和国境内进行民事、营业、公益信托活动，适用本法。

第四条 受托人采取信托机构形式从事信托活动，其组织和管理由国务院制定具体办法。

第五条 信托当事人进行信托活动，必须遵守法律、行政法规，遵循自愿、公平和诚实信用原则，不得损害国家利益和社会公共利益。

第二章 信托的设立

第六条 设立信托，必须有合法的信托目的。

第七条 设立信托，必须有确定的信托财产，并且该信托财产必须是委托人合法所有的财产。

本法所称财产包括合法的财产权利。

第八条 设立信托，应当采取书面形式。

书面形式包括信托合同、遗嘱或者法律、行政法规规定的其他书面文件等。

采取信托合同形式设立信托的，信托合同签订时，信托成立。采取其他书面形式设立信托的，受托人承诺信托时，信托成立。

第九条 设立信托，其书面文件应当载明下列事项：

（一）信托目的；

（二）委托人、受托人的姓名或者名称、住所；

（三）受益人或者受益人范围；

（四）信托财产的范围、种类及状况；

（五）受益人取得信托利益的形式、方法。

除前款所列事项外，可以载明信托期限、信托财产的管理方法、受托人的报酬、新受托人的选任方式、信托终止事由等事项。

第十条 设立信托，对于信托财产，有关法律、行政法规规定应当办理登记手续的，应当依法办理信托登记。

未依照前款规定办理信托登记的，应当补办登记手续；不补办的，该信托不产生效力。

第十一条 有下列情形之一的，信托无效：

（一）信托目的违反法律、行政法规或者损害社会公共利益；

（二）信托财产不能确定；

（三）委托人以非法财产或者本法规定不得设立信托的财产设立信托；

（四）专以诉讼或者讨债为目的设立信托；

（五）受益人或者受益人范围不能确定；

（六）法律、行政法规规定的其他情形。

第十二条 委托人设立信托损害其债权人利益的，债权人有权申请人民法院撤销该信托。

人民法院依照前款规定撤销信托的，不影响善意受益人已经取得的信托利益。

本条第一款规定的申请权，自债权人知道或者应当知道撤销原因之日起一年内不行使的，归于消灭。

第十三条 设立遗嘱信托，应当遵守继承法关于遗嘱的规定。

遗嘱指定的人拒绝或者无能力担任受托人的，由受益人另行选任受托人；受益人为无民事行为能力人或者限制民事行为能力人的，依法由其监护人代行选任。遗嘱对选任受托人另有规定的，从其规定。

第三章 信托财产

第十四条 受托人因承诺信托而取得的财产是信托财产。

受托人因信托财产的管理运用、处分或者其他情形而取得的财产，也归入信托财产。

法律、行政法规禁止流通的财产，不得作为信托财产。

法律、行政法规限制流通的财产，依法经有关主管部门批准后，可以作为信托财产。

第十五条 信托财产与委托人未设立信托的其他财产相区别。设立信托后，委托人死亡或者依法解散、被依法撤销、被宣告破产时，委托人是唯一受益人的，信托终止，信托财产作为其遗产或者清算财产；委托人不是唯一受益人的，信托存续，信托财产不作为其遗产或者清算财产；但作为共同受益人的委托人死亡或者依法解散、被依法撤销、被宣告破产时，其信托受益权作为其遗产或者清算财产。

第十六条 信托财产与属于受托人所有的财产（以下简称固有财产）相区别，不得归入受托人的固有财产或者成为固有财产的一部分。

受托人死亡或者依法解散、被依法撤销、被宣告破产而终止，信托财产不属于其遗产或者清算财产。

第十七条 除因下列情形之一外，对信托财产不得强制执行：

（一）设立信托前债权人已对该信托财产享有优先受偿的权利，并依法行使该权利的；

（二）受托人处理信托事务所产生债务，债权人要求清偿该债务的；

（三）信托财产本身应担负的税款；

（四）法律规定的其他情形。

对于违反前款规定而强制执行信托财产，委托人、受托人或者受益人有权向人民法院提出异议。

第十八条 受托人管理运用、处分信托财产所产生的债权，不得与其固有财产产生的债务相抵销。

受托人管理运用、处分不同委托人的信托财产所产生的债权债务，不得相互抵销。

第四章 信托当事人

第一节 委托人

第十九条 委托人应当是具有完全民事行为能力的自然人、法人或者依法成立的其他组织。

第二十条 委托人有权了解其信托财产的管理运用、处分及收支情况，并有权要求受托人作出说明。

委托人有权查阅、抄录或者复制与其信托财产有关的信托账目以及处理信托事务的其他文件。

第二十一条 因设立信托时未能预见的特别事由，致使信托财产的管理方法不利于实现信托目的或者不符合受益人的利益时，委托人有权要求受托人调整该信托财产的管理方法。

第二十二条 受托人违反信托目的处分信托财产或者因违背管理职责、处理信托事务不当致使信托财产受到损失的，委托人有权申请人民法院撤销该处分行为，并有权要求受托人恢复信托财产的原状或者予以赔偿；该信托财产的受让人明知是违反信托目的而接受该财产的，应当予以返还或者予以赔偿。

前款规定的申请权，自委托人知道或者应当知道撤销原因之日起一年内不行使的，归于消灭。

第二十三条 受托人违反信托目的处分信托财产或者管理运用、处分信托财产有重大过失的，委托人有权依照信托文件的规定解任受托人，或者申请人民法院解任受托人。

第二节 受托人

第二十四条 受托人应当是具有完全民事行为能力的自然人、法人。

法律、行政法规对受托人的条件另有规定的，从其规定。

第二十五条 受托人应当遵守信托文件的规定，为受益人的最大利益处理信托事务。

受托人管理信托财产，必须恪尽职守，履行诚实、信用、谨慎、有效管理的义务。

第二十六条 受托人除依照本法规定取得报酬外，不得利用信托财产为自己谋取利益。

受托人违反前款规定，利用信托财产为自己谋取利益的，所得利益归入信托财产。

第二十七条 受托人不得将信托财产转为其固有财产。受托人将信托财产转为其固有财产的，必须恢复该信托财产的原状；造成信托财产损失的，应当承担赔偿责任。

第二十八条 受托人不得将其固有财产与信托财产进行交易或者将不同委托人的信托财产进行相互交易，但信托文件另有规定或者经委托人或者受益人同意，并以公平的市场价格进行交易的除外。

受托人违反前款规定，造成信托财产损失的，应当承担赔偿责任。

第二十九条 受托人必须将信托财产与其固有财产分别管理、分别记账，并将不同委托人的信托财产分别管理、分别记账。

第三十条 受托人应当自己处理信托事务，但信托文件另有规定或者有不得已事由的，可以委托他人代为处理。

受托人依法将信托事务委托他人代理的，应当对他人处理信托事务的行为承担责任。

第三十一条 同一信托的受托人有两个以上的，为共同受托人。

共同受托人应当共同处理信托事务，但信托文件规定对某些具体事务由受托人分别处理的，从其规定。

共同受托人共同处理信托事务，意见不一致时，按信托文件规定处理；信托文件未规定的，由委托人、受益人或者其利害关系人决定。

第三十二条 共同受托人处理信托事务对第三人所负债务，应当承担连带清偿责任。第三人对共同受托人之一所作的意思表示，对其他受托人同样有效。

共同受托人之一违反信托目的处分信托财产或者因违背管理职责、处理信托事务不当致使信托财产受到损失的，其他受托人应当承担连带赔偿责任。

第三十三条 受托人必须保存处理信托事务的完整记录。

受托人应当每年定期将信托财产的管理运用、处分及收支情况，报告委托人和受益人。

受托人对委托人、受益人以及处理信托事务的情况和资料负有依法保密的义务。

第三十四条 受托人以信托财产为限向受益

人承担支付信托利益的义务。

第三十五条 受托人有权依照信托文件的约定取得报酬。信托文件未作事先约定的,经信托当事人协商同意,可以作出补充约定;未作事先约定和补充约定的,不得收取报酬。

约定的报酬经信托当事人协商同意,可以增减其数额。

第三十六条 受托人违反信托目的处分信托财产或者因违背管理职责、处理信托事务不当致使信托财产受到损失的,在未恢复信托财产的原状或者未予赔偿前,不得请求给付报酬。

第三十七条 受托人因处理信托事务所支出的费用、对第三人所负债务,以信托财产承担。受托人以其固有财产先行支付的,对信托财产享有优先受偿的权利。

受托人违背管理职责或者处理信托事务不当对第三人所负债务或者自己所受到的损失,以其固有财产承担。

第三十八条 设立信托后,经委托人和受益人同意,受托人可以辞任。本法对公益信托的受托人辞任另有规定的,从其规定。

受托人辞任的,在新受托人选出前仍应履行管理信托事务的职责。

第三十九条 受托人有下列情形之一的,其职责终止:

(一)死亡或者被依法宣告死亡;

(二)被依法宣告为无民事行为能力人或者限制民事行为能力人;

(三)被依法撤销或者被宣告破产;

(四)依法解散或者法定资格丧失;

(五)辞任或者被解任;

(六)法律、行政法规规定的其他情形。

受托人职责终止时,其继承人或者遗产管理人、监护人、清算人应当妥善保管信托财产,协助新受托人接管信托事务。

第四十条 受托人职责终止的,依照信托文件规定选任新受托人;信托文件未规定的,由委托人选任;委托人不指定或者无能力指定的,由受益人选任;受益人为无民事行为能力人或者限制民事行为能力人的,依法由其监护人代行选任。

原受托人处理信托事务的权利和义务,由新受托人承继。

第四十一条 受托人有本法第三十九条第一款第(三)项至第(六)项所列情形之一,职责终止的,应当作出处理信托事务的报告,并向新受托人办理信托财产和信托事务的移交手续。

前款报告经委托人或者受益人认可,原受托人就报告中所列事项解除责任。但原受托人有不正当行为的除外。

第四十二条 共同受托人之一职责终止的,信托财产由其他受托人管理和处分。

第三节 受益人

第四十三条 受益人是在信托中享有信托受益权的人。受益人可以是自然人、法人或者依法成立的其他组织。

委托人可以是受益人,也可以是同一信托的唯一受益人。

受托人可以是受益人,但不得是同一信托的唯一受益人。

第四十四条 受益人自信托生效之日起享有信托受益权。信托文件另有规定的,从其规定。

第四十五条 共同受益人按照信托文件的规定享受信托利益。信托文件对信托利益的分配比例或者分配方法未作规定的,各受益人按照均等的比例享受信托利益。

第四十六条 受益人可以放弃信托受益权。

全体受益人放弃信托受益权的,信托终止。

部分受益人放弃信托受益权的,被放弃的信托受益权按下列顺序确定归属:

(一)信托文件规定的人;

(二)其他受益人;

(三)委托人或者其继承人。

第四十七条 受益人不能清偿到期债务的,其信托受益权可以用于清偿债务,但法律、行政法规以及信托文件有限制性规定的除外。

第四十八条 受益人的信托受益权可以依法转让和继承,但信托文件有限制性规定的除外。

第四十九条 受益人可以行使本法第二十条至第二十三条规定的委托人享有的权利。受益人行使上述权利,与委托人意见不一致时,可以申请人民法院作出裁定。

受托人有本法第二十二条第一款所列行为,共同受益人之一申请人民法院撤销该处分行为的,人民法院所作出的撤销裁定,对全体共同受益人有效。

第五章 信托的变更与终止

第五十条 委托人是唯一受益人的，委托人或者其继承人可以解除信托。信托文件另有规定的，从其规定。

第五十一条 设立信托后，有下列情形之一的，委托人可以变更受益人或者处分受益人的信托受益权：

（一）受益人对委托人有重大侵权行为；

（二）受益人对其他共同受益人有重大侵权行为；

（三）经受益人同意；

（四）信托文件规定的其他情形。

有前款第（一）项、第（三）项、第（四）项所列情形之一的，委托人可以解除信托。

第五十二条 信托不因委托人或者受托人的死亡、丧失民事行为能力、依法解散、被依法撤销或者被宣告破产而终止，也不因受托人的辞任而终止。但本法或者信托文件另有规定的除外。

第五十三条 有下列情形之一的，信托终止：

（一）信托文件规定的终止事由发生；

（二）信托的存续违反信托目的；

（三）信托目的已经实现或者不能实现；

（四）信托当事人协商同意；

（五）信托被撤销；

（六）信托被解除。

第五十四条 信托终止的，信托财产归属于信托文件规定的人；信托文件未规定的，按下列顺序确定归属：

（一）受益人或者其继承人；

（二）委托人或者其继承人。

第五十五条 依照前条规定，信托财产的归属确定后，在该信托财产转移给权利归属人的过程中，信托视为存续，权利归属人视为受益人。

第五十六条 信托终止后，人民法院依据本法第十七条的规定对原信托财产进行强制执行的，以权利归属人为被执行人。

第五十七条 信托终止后，受托人依照本法规定行使请求给付报酬、从信托财产中获得补偿的权利时，可以留置信托财产或者对信托财产的权利归属人提出请求。

第五十八条 信托终止的，受托人应当作出处理信托事务的清算报告。受益人或者信托财产的权利归属人对清算报告无异议的，受托人就清算报告所列事项解除责任。但受托人有不正当行为的除外。

第六章 公益信托

第五十九条 公益信托适用本章规定。本章未规定的，适用本法及其他相关法律的规定。

第六十条 为了下列公共利益目的之一而设立的信托，属于公益信托：

（一）救济贫困；

（二）救助灾民；

（三）扶助残疾人；

（四）发展教育、科技、文化、艺术、体育事业；

（五）发展医疗卫生事业；

（六）发展环境保护事业，维护生态环境；

（七）发展其他社会公益事业。

第六十一条 国家鼓励发展公益信托。

第六十二条 公益信托的设立和确定其受托人，应当经有关公益事业的管理机构（以下简称公益事业管理机构）批准。

未经公益事业管理机构的批准，不得以公益信托的名义进行活动。

公益事业管理机构对于公益信托活动应当给予支持。

第六十三条 公益信托的信托财产及其收益，不得用于非公益目的。

第六十四条 公益信托应当设置信托监察人。

信托监察人由信托文件规定。信托文件未规定的，由公益事业管理机构指定。

第六十五条 信托监察人有权以自己的名义，为维护受益人的利益，提起诉讼或者实施其他法律行为。

第六十六条 公益信托的受托人未经公益事业管理机构批准，不得辞任。

第六十七条 公益事业管理机构应当检查受托人处理公益信托事务的情况及财产状况。

受托人应当至少每年一次作出信托事务处理情况及财产状况报告，经信托监察人认可后，报公益事业管理机构核准，并由受托人予以公告。

第六十八条 公益信托的受托人违反信托义务或者无能力履行其职责的，由公益事业管理机构变更受托人。

第六十九条 公益信托成立后，发生设立信托时不能预见的情形，公益事业管理机构可以根据信托目的，变更信托文件中的有关条款。

第七十条 公益信托终止的，受托人应当于终止事由发生之日起十五日内，将终止事由和终止日期报告公益事业管理机构。

第七十一条 公益信托终止的，受托人作出的处理信托事务的清算报告，应当经信托监察人认可后，报公益事业管理机构核准，并由受托人予以公告。

第七十二条 公益信托终止，没有信托财产权利归属人或者信托财产权利归属人是不特定的社会公众的，经公益事业管理机构批准，受托人应当将信托财产用于与原公益目的相近似的目的，或者将信托财产转移给具有近似目的的公益组织或者其他公益信托。

第七十三条 公益事业管理机构违反本法规定的，委托人、受托人或者受益人有权向人民法院起诉。

第七章 附 则

第七十四条 本法自 2001 年 10 月 1 日起施行。

证券、期货投资咨询管理暂行办法

· 1997 年 11 月 30 日国务院批准
· 1997 年 12 月 25 日国务院证券委员会发布
· 自 1998 年 4 月 1 日起施行

第一章 总 则

第一条 为了加强对证券、期货投资咨询活动的管理，保障投资者的合法权益和社会公共利益，制定本办法。

第二条 在中华人民共和国境内从事证券、期货投资咨询业务，必须遵守本办法。

本办法所称证券、期货投资咨询，是指从事证券、期货投资咨询业务的机构及其投资咨询人员以下列形式为证券、期货投资人或者客户提供证券、期货投资分析、预测或者建议等直接或者间接有偿咨询服务的活动：

（一）接受投资人或者客户委托，提供证券、期货投资咨询服务；

（二）举办有关证券、期货投资咨询的讲座、报告会、分析会等；

（三）在报刊上发表证券、期货投资咨询的文章、评论、报告，以及通过电台、电视台等公众传播媒体提供证券、期货投资咨询服务；

（四）通过电话、传真、电脑网络等电信设备系统，提供证券、期货投资咨询服务；

（五）中国证券监督管理委员会（以下简称中国证监会）认定的其他形式。

第三条 从事证券、期货投资咨询业务，必须依照本办法的规定，取得中国证监会的业务许可。未经中国证监会许可，任何机构和个人均不得从事本办法第二条所列各种形式证券、期货投资咨询业务。

证券经营机构、期货经纪机构及其工作人员从事超出本机构范围的证券、期货投资咨询业务，应当遵守本办法的规定。

第四条 从事证券、期货投资咨询业务，必须遵守有关法律、法规、规章和中国证监会的有关规定，遵循客观、公正和诚实信用的原则。

第五条 中国证监会及其授权的地方证券、期货监管部门（以下简称地方证管办（证监会））负责对证券、期货投资咨询业务的监督管理，并负责本办法的实施。

第二章 证券、期货投资咨询机构

第六条 申请证券、期货投资咨询从业资格的机构，应当具备下列条件：

（一）分别从事证券或者期货投资咨询业务的机构，有 5 名以上取得证券、期货投资咨询从业资格的专职人员；同时从事证券和期货投资咨询业务的机构，有 10 名以上取得证券、期货投资咨询从业资格的专职人员；其高级管理人员中，至少有 1 名取得证券或者期货投资咨询从业资格；

（二）有 100 万元人民币以上的注册资本；

（三）有固定的业务场所和与业务相适应的通讯及其他信息传递设施；

（四）有公司章程；

（五）有健全的内部管理制度；

（六）具备中国证监会要求的其他条件。

第七条 证券经营机构、期货经纪机构应当符合本办法第六条规定的条件，方可申请从事超出本机构范围的证券、期货投资咨询业务。

其他从事咨询业务的机构，符合本办法第六条规定的条件的，可以申请兼营证券、期货投资咨询业务。

第八条 申请证券、期货投资咨询从业资格的机构，按照下列程序审批：

（一）申请人向经中国证监会授权的所在地地方证管办（证监会）提出申请（所在地地方证管办（证监会）未经中国证监会授权的，申请人向中国证监会直接提出申请，下同），地方证管办（证监会）经审核同意后，提出初审意见；

（二）地方证管办（证监会）将审核同意的申请文件报送中国证监会，经中国证监会审批后，向申请人颁发业务许可证，并将批准文件抄送地方证管办（证监会）；

（三）中国证监会将以公告形式向社会公布获得业务许可的申请人的情况。

第九条 申请证券、期货投资咨询从业资格的机构，应当提交下列文件：

（一）中国证监会统一印制的申请表；

（二）公司章程；

（三）企业法人营业执照；

（四）机构高级管理人员和从事证券、期货投资咨询业务人员名单及其学历、工作经历和从业资格证书；

（五）开展投资咨询业务的方式和内部管理规章制度；

（六）业务场所使用证明文件、机构通讯地址、电话和传真机号码；

（七）由注册会计师提供的验资报告；

（八）中国证监会要求提供的其他文件。

第十条 证券、期货投资咨询机构的业务方式、业务场所、主要负责人以及具有证券、期货投资咨询从业资格的业务人员发生变化的，应当自发生变化之日起5个工作日内，向地方证管办（证监会）提出变更报告，办理变更手续。

第十一条 证券、期货投资咨询机构应当于每年1月1日至4月30日期间向地方证管办（证监会）申请办理年检。办理年检时，应当提交下列文件：

（一）年检申请报告；

（二）年度业务报告；

（三）经注册会计师审计的财务会计报表。

地方证管办（证监会）应当自收到前款所列文件之日起20个工作日内对年检申请提出审核意见；审核同意的，上报中国证监会审批。

证券、期货投资咨询机构逾期未提交年检报告或者经审核未通过年检的，不得继续从事证券、期货投资咨询业务。

第三章 证券、期货投资咨询人员

第十二条 从事证券、期货投资咨询业务的人员，必须取得证券、期货投资咨询从业资格并加入一家有从业资格的证券、期货投资咨询机构后，方可从事证券、期货投资咨询业务。

任何人未取得证券、期货投资咨询从业资格的，或者取得证券、期货投资咨询从业资格，但是未在证券、期货投资咨询机构工作的，不得从事证券、期货投资咨询业务。

第十三条 证券、期货投资咨询人员申请取得证券、期货投资咨询从业资格，必须具备下列条件：

（一）具有中华人民共和国国籍；

（二）具有完全民事行为能力；

（三）品行良好、正直诚实，具有良好的职业道德；

（四）未受过刑事处罚或者与证券、期货业务有关的严重行政处罚；

（五）具有大学本科以上学历；

（六）证券投资咨询人员具有从事证券业务两年以上的经历，期货投资咨询人员具有从事期货业务两年以上的经历；

（七）通过中国证监会统一组织的证券、期货从业人员资格考试；

（八）中国证监会规定的其他条件。

第十四条 证券、期货投资咨询人员申请取得证券、期货投资咨询从业资格，按照下列程序审批：

（一）申请人向经中国证监会授权的所在地地方证管办（证监会）提出申请（所在地地方证管办（证监会）未经中国证监会授权的，申请人向中国证监会直接提出申请，下同），地方证管办（证监会）经审核同意后，提出初审意见；

（二）地方证管办（证监会）将审核同意的申请文件报送中国证监会，经中国证监会审批后，向申请人颁发资格证书，并将批准文件抄送地方证管办（证监会）。

第十五条 证券、期货投资咨询人员申请取得证券、期货投资咨询从业资格，应当提交下列文件：

（一）中国证监会统一印制的申请表；

（二）身份证；

（三）学历证书；

（四）参加证券、期货从业人员资格考试的成绩单；

（五）所在单位或者户口所在地街道办事处开具的以往行为说明材料；

（六）中国证监会要求报送的其他材料。

第十六条 取得证券、期货投资咨询从业资格的人员申请执业的，由所参加的证券、期货投资咨询机构向所在地地方证管办（证监会）提出申请，地方证管办（证监会）审核同意后，报中国证监会审批；准予执业的，由中国证监会颁发执业证书。

第十七条 取得证券、期货投资咨询执业资格的人员，应当在所参加的证券、期货投资咨询机构年检时同时办理执业年检。取得证券、期货投资咨询从业资格，但是未在证券、期货投资咨询机构执业的，其从业资格自取得之日起满 18 个月后自动失效。

第十八条 证券、期货投资咨询人员不得同时在两个或者两个以上的证券、期货投资咨询机构执业。

第四章 证券、期货投资咨询业务管理

第十九条 证券、期货投资咨询机构及其投资咨询人员，应当以行业公认的谨慎、诚实和勤勉尽责的态度，为投资人或者客户提供证券、期货投资咨询服务。

第二十条 证券、期货投资咨询机构及其投资咨询人员，应当完整、客观、准确地运用有关信息、资料向投资人或者客户提供投资分析、预测和建议，不得断章取义地引用或者篡改有关信息、资料；引用有关信息、资料时，应当注明出处和著作权人。

第二十一条 证券、期货投资咨询机构及其投资咨询人员，不得以虚假信息、市场传言或者内幕信息为依据向投资人或者客户提供投资分析、预测或建议。

第二十二条 证券、期货投资咨询人员在报刊、电台、电视台或者其他传播媒体上发表投资咨询文章、报告或者意见时，必须注明所在证券、期货投资咨询机构的名称和个人真实姓名，并对投资风险作充分说明。证券、期货投资咨询机构向投资人或者客户提供的证券、期货投资咨询传真件必须注明机构名称、地址、联系电话和联系人姓名。

第二十三条 证券、期货投资咨询机构与报刊、电台、电视台合办或者协办证券、期货投资咨询版面、节目或者与电信服务部门进行业务合作时，应当向地方证管办（证监会）备案，备案材料包括：合作内容、起止时间、版面安排或者节目时间段、项目负责人等，并加盖双方单位的印鉴。

第二十四条 证券、期货投资咨询机构及其投资咨询人员，不得从事下列活动：

（一）代理投资人从事证券、期货买卖；

（二）向投资人承诺证券、期货投资收益；

（三）与投资人约定分享投资收益或者分担投资损失；

（四）为自己买卖股票及具有股票性质、功能的证券以及期货；

（五）利用咨询服务与他人合谋操纵市场或者进行内幕交易；

（六）法律、法规、规章所禁止的其他证券、期货欺诈行为。

第二十五条 证券、期货投资咨询机构就同一问题向不同客户提供的投资分析、预测或者建议应当一致。

具有自营业务的证券经营机构在从事超出本机构范围的证券投资咨询业务时，就同一问题向社会公众和其自营部门提供的咨询意见应当一致，不得为自营业务获利的需要误导社会公众。

第二十六条 证券经营机构、期货经纪机构编发的供本机构内部使用的证券、期货信息简报、快讯、动态以及信息系统等，只能限于本机构范围内使用，不得通过任何途径向社会公众提供。

经中国证监会批准的公开发行股票的公司的承销商或者上市推荐人及其所属证券投资咨询机构，不得在公众传播媒体上刊登其为客户撰写的投资价值分析报告。

第二十七条 中国证监会和地方证管办（证

监会）有权对证券、期货投资咨询机构和投资咨询人员的业务活动进行检查，被检查的证券、期货投资咨询机构及其投资咨询人员应当予以配合，不得干扰和阻碍。

中国证监会和地方证管办（证监会）及其工作人员在业务检查过程中，对所涉及的商业秘密应当注意保护。

第二十八条 证券、期货投资咨询机构应当将其向投资人或者社会公众提供的投资咨询资料，自提供之日起保存二年。

第二十九条 地方证管办（证监会）根据投资人或者社会公众的投诉或者举报，有权要求证券、期货投资咨询机构及其投资咨询人员说明情况并提供相关资料。

第三十条 任何单位和个人发现证券、期货投资咨询机构、投资咨询人员或其他机构和个人有违反本办法规定的行为时，可以向地方证管办（证监会）投诉和举报。

第三十一条 地方证管办（证监会）对违反本办法的行为，应当进行立案调查并将调查结果报中国证监会备案。

第五章 罚 则

第三十二条 未经中国证监会许可，擅自从事本办法第二条规定的证券、期货投资咨询业务的，由地方证管办（证监会）责令停止，并处没收违法所得和违法所得等值以下的罚款。

第三十三条 证券、期货投资咨询机构有下列行为之一的，由地方证管办（证监会）处1万元以上，5万元以下的罚款；情节严重的，地方证管办（证监会）应当向中国证监会报告，由中国证监会作出暂停或者撤销其业务资格的处罚：

（一）向证券监管部门报送的文件、资料有虚假陈述或者重大遗漏的；

（二）未按照本办法规定履行报告和年检义务的；

（三）未按照本办法规定履行对本机构有关情况发生变化的变更手续的；

（四）本机构证券、期货投资咨询人员违反本办法规定，受到证券监管部门行政处罚的；

（五）干扰、阻碍地方证管办（证监会）检查、调查，或者隐瞒、销毁证据的。

第三十四条 证券、期货投资咨询机构违反本办法第十八条、第十九条、第二十条、第二十一条、第二十二条、第二十三条、第二十四条、第二十五条、第二十八条规定的，由地方证管办（证监会）单处或者并处警告、没收违法所得、1万元以上10万元以下罚款；情节严重的，地方证管办（证监会）应当向中国证监会报告，由中国证监会作出暂停或者撤销业务资格的处罚；构成犯罪的，依法追究刑事责任。

第三十五条 证券经营机构、期货经纪机构违反本办法第二十六条规定的，由地方证管办（证监会）责令改正，并处以警告或者1万元以上5万元以下罚款。

第三十六条 证券、期货投资咨询人员违反本办法第十八条、第十九条、第二十条、第二十一条、第二十二条、第二十四条的规定或者未按本办法规定向证券主管部门履行报告、年检义务的，由地方证管办（证监会）单处或者并处警告、没收违法所得、1万元以上3万元以下罚款；情节严重的，地方证管办（证监会）应当向中国证监会报告，由中国证监会作出暂停或者撤销其业务资格的处罚；构成犯罪的，依法追究刑事责任。

第三十七条 中国证监会和地方证管办（证监会）的工作人员玩忽职守、滥用职权、徇私舞弊，构成犯罪的，依法追究刑事责任；尚不构成犯罪的，依法给予行政处分。

第六章 附 则

第三十八条 本办法自1998年4月1日起施行。

国务院办公厅关于严厉打击非法发行股票和非法经营证券业务有关问题的通知

· 2006年12月12日
· 国办发〔2006〕99号

各省、自治区、直辖市人民政府，国务院各部委、各直属机构：

近年来，非法发行股票和非法经营证券业务（以下简称非法证券活动）在我国部分地区时有发生，个别地区甚至出现蔓延势头，严重危害社会稳定和金融安全。为贯彻落实公司法和证券法有关规定，维护证券市场正常秩序和广大投资者的合法权益，经国务院同意，现就严厉打击非法证券活动有关问题通知如下：

一、提高认识，统一思想，坚决遏制非法证券活动蔓延势头

非法证券活动具有手段隐蔽、欺骗性强、蔓延速度快、易反复等特点，涉及人数众多，投资者多为退休人员、下岗职工等困难群众，容易引发群体事件。当前，非法证券活动的主要形式为：一是编造公司即将在境内外上市或股票发行获得政府部门批准等虚假信息，诱骗社会公众购买所谓“原始股”；二是非法中介机构以“投资咨询机构”、“产权经纪公司”、“外国资本公司或投资公司驻华代表处”的名义，未经法定机关批准，向社会公众非法买卖或代理买卖未上市公司股票；三是不法分子以证券投资为名，以高额回报为诱饵，诈骗群众钱财。

地方各级人民政府、国务院有关部门要进一步统一思想，高度重视，充分认识非法证券活动的危害性，增强政治责任感。要完善打击非法证券活动的政策法规和联合执法机制，查处一批大案要案，依法追究有关人员的责任，建立健全防范和打击非法证券活动的长效机制，从根本上遏制非法证券活动蔓延势头。

二、明确分工，加强配合，形成打击非法证券活动的执法合力

为加强组织领导，由证监会牵头，公安部、工商总局、银监会并邀请高法院、高检院等有关单位参加，成立打击非法证券活动协调小组，负责打击非法证券活动的组织协调、政策解释、性质认定等工作。协调小组办公室设在证监会。证监会要组织专门机构和得力人员，明确职责，加强沟通，与相关部门和省级人民政府建立反应灵敏、配合密切、应对有力的工作机制。

非法证券活动查处和善后处理工作按属地原则由各省、自治区、直辖市及计划单列市人民政府负责。非法证券活动经证监会及其派出机构认定后，省级人民政府要负责做好本地区案件查处和处置善后工作。涉及多个省（区、市）的，由公司注册地的省级人民政府牵头负责，相关省（区、市）要予以积极支持配合。发现涉嫌犯罪的，应及时移送公安机关立案查处，并依法追究刑事责任。未构成犯罪的，由证券监管部门、工商行政管理部门根据各自职责依法作出行政处罚。

地方各级人民政府要高度重视，统筹安排，周密部署，建立起群众举报、媒体监督、日常监管和及时查处相结合的非法证券活动防范和预警机制，制订风险处置预案。对近年来案件多发的地区，有关地方人民政府要迅速开展查处、取缔工作，果断处置，集中查处一批典型案件并公开报道，震慑犯罪分子，教育人民群众，维护社会稳定。

三、明确政策界限，依法进行监管

（一）严禁擅自公开发行股票。向不特定对象发行股票或向特定对象发行股票后股东累计超过200人的，为公开发行，应依法报经证监会核准。未经核准擅自发行的，属于非法发行股票。

（二）严禁变相公开发行股票。向特定对象发行股票后股东累计不超过200人的，为非公开发行。非公开发行股票及其股权转让，不得采用广告、公告、广播、电话、传真、信函、推介会、说明会、网络、短信、公开劝诱等公开方式或变相公开方式向社会公众发行。严禁任何公司股东自行或委托他人以公开方式向社会公众转让股票。向特定对象转让股票，未依法报经证监会核准的，转让后，公司股东累计不得超过200人。

（三）严禁非法经营证券业务。股票承销、经纪（代理买卖）、证券投资咨询等证券业务由证监会依法批准设立的证券机构经营，未经证监会批准，其他任何机构和个人不得经营证券业务。

违反上述三项规定的，应坚决予以取缔，并依法追究法律责任。

证监会要根据公司法和证券法有关规定，尽快研究制订有关公开发行股票但不在证券交易所上市的股份有限公司（以下简称非上市公众公司）管理规定，明确非上市公众公司设立和发行的条件、发行审核程序、登记托管及转让规则等，将非上市公众公司监管纳入法制轨道。

四、加强舆论引导和对投资者教育

证监会、公安部等有关部门要指导地方各级人民政府，广泛利用报纸、电视、广播、互联网等传媒手段，多方位、多角度地宣传非法证券活动的表现形式、特点、典型案例及其严重危害，提高广大投资者对非法证券活动的风险意识和辨别能力，预防非法证券活动的发生，防患于未然。

国务院办公厅转发证监会等部门关于依法打击和防控资本市场内幕交易意见的通知

· 2010 年 11 月 16 日
· 国办发〔2010〕55 号

各省、自治区、直辖市人民政府，国务院各部委、各直属机构：

证监会、公安部、监察部、国资委、预防腐败局《关于依法打击和防控资本市场内幕交易的意见》已经国务院同意，现转发给你们，请认真贯彻执行。

关于依法打击和防控资本市场内幕交易的意见

为维护市场秩序，保护投资者合法权益，促进我国资本市场稳定健康发展，现就依法打击和防控资本市场内幕交易提出以下意见：

一、统一思想，提高认识

内幕交易，是指上市公司高管人员、控股股东、实际控制人和行政审批部门等方面的知情人员，利用工作之便，在公司并购、业绩增长等重大信息公布之前，泄露信息或者利用内幕信息买卖证券谋取私利的行为。这种行为严重违反了法律法规，损害投资者和上市公司合法权益。证券法第五条规定，“禁止欺诈、内幕交易和操纵证券市场的行为”，第七十三条规定，“禁止证券交易内幕信息的知情人和非法获取内幕信息的人利用内幕信息从事证券交易活动”。刑法第一百八十条、第一百八十二条对内幕交易、利用信息优势操纵证券交易价格等行为的量刑和处罚作出了明确规定。

当前，打击和防控资本市场内幕交易面临的形势较为严峻。一些案件参与主体复杂，交易方式多样，操作手段隐蔽，查处工作难度很大。随着股指期货的推出，内幕交易更具隐蔽性、复杂性。各地区、各相关部门要充分认识内幕交易的危害性，统一思想，高度重视，根据刑法和证券法等法律法规规定，按照齐抓共管、打防结合、综合防治的原则，采取针对性措施，切实做好有关工作。

打击和防控资本市场内幕交易工作涉及面广，社会关注度高，需要动员各方面力量，促进全社会参与。要通过法制宣传、教育培训等多种形式，普及刑法、证券法等法律知识，帮助相关人员和社会公众提高对内幕交易危害性的认识，增强遵纪守法意识。要坚持正确的舆论导向，增强舆论引导的针对性和实效性，充分发挥社会舆论监督作用，形成依法打击和防控资本市场内幕交易的社会氛围。

二、完善制度，有效防控

内幕信息，是指上市公司经营、财务、分配、投融资、并购重组、重要人事变动等对证券价格有重大影响但尚未正式公开的信息。加强内幕信息管理是防控内幕交易的重要环节，对从源头上遏制内幕交易具有重要意义。各地区、各相关部门要建立完善内幕信息登记管理制度，提高防控工作的制度化、规范化水平。

一是抓紧制定涉及上市公司内幕信息的保密制度，包括国家工作人员接触内幕信息管理办法，明确内幕信息范围、流转程序、保密措施和责任追究要求，并指定负责内幕信息管理的机构和人员。二是尽快建立内幕信息知情人登记制度，要求内幕信息知情人按规定实施登记，落实相关人员的保密责任和义务。三是完善上市公司信息披露和停复牌等相关制度，督促上市公司等信息披露义务人严格依照法律法规，真实、准确、完整、及时地披露信息。四是健全考核评价制度，将内幕交易防控工作纳入企业业绩考核评价体系，明确考核的原则、内容、标准、程序和方式。五是细化、充实依法打击和防控内幕交易的规定，完善内幕交易行为认定和举证规则，积极探索内幕交易举报奖励制度。

所有涉及上市公司重大事项的决策程序，都要符合保密制度要求，简化决策流程，缩短决策时限，尽可能缩小内幕信息知情人范围。研究论证上市公司重大事项，原则上应在相关证券停牌后或非交易时间进行。

三、明确职责，重点打击

证券监督管理部门要切实负起监管责任，对涉嫌内幕交易的行为，要及时立案稽查，从快作出行政处罚；对涉嫌犯罪的，要移送司法机关依法追究刑事责任，做到有法必依，执法必严，违法必究；

对已立案稽查的上市公司，要暂停其再融资、并购重组等行政许可；对负有直接责任的中介机构及相关人员，要依法依规采取行政措施，暂停或取消其业务资格。公安机关在接到依法移送的案件后，要及时立案侦查。各级监察机关、各国有资产监督管理部门要依据职责分工，对泄露内幕信息或从事内幕交易的国家工作人员、国有（控股）企业工作人员进行严肃处理。

各地区要按照依法打击和防控资本市场内幕交易工作的部署和要求，加强组织领导，落实责任主体，进一步细化和落实各项制度，完善配套措施和办法，强化监督，严格问责，积极支持和配合有关方面做好相关工作。

各地区、各相关部门要认真按照法律法规规定，各司其职，协同配合，建立和完善案件移送、执法合作、信息管理、情况沟通等工作机制，形成上下联动、部门联动、地区联动的综合防治体系和强大打击合力。证监会要会同公安部、监察部、国资委、预防腐败局等部门抓紧开展一次依法打击和防控内幕交易专项检查，查办一批典型案件并公开曝光，震慑犯罪分子。

非上市公众公司收购管理办法

· 2014年6月23日中国证券监督管理委员会令第102号公布

· 根据2020年3月20日中国证券监督管理委员会《关于修改部分证券期货规章的决定》修订

第一章　总　则

第一条　为了规范非上市公众公司（以下简称公众公司）的收购及相关股份权益变动活动，保护公众公司和投资者的合法权益，维护证券市场秩序和社会公共利益，促进证券市场资源的优化配置，根据《证券法》、《公司法》、《国务院关于全国中小企业股份转让系统有关问题的决定》、《国务院关于进一步优化企业兼并重组市场环境的意见》及其他相关法律、行政法规，制定本办法。

第二条　股票在全国中小企业股份转让系统（以下简称全国股份转让系统）公开转让的公众公司，其收购及相关股份权益变动活动应当遵守本办法的规定。

第三条　公众公司的收购及相关股份权益变动活动，必须遵守法律、行政法规及中国证券监督管理委员会（以下简称中国证监会）的规定，遵循公开、公平、公正的原则。当事人应当诚实守信，遵守社会公德、商业道德，自觉维护证券市场秩序，接受政府、社会公众的监督。

第四条　公众公司的收购及相关股份权益变动活动涉及国家产业政策、行业准入、国有股份转让、外商投资等事项，需要取得国家相关部门批准的，应当在取得批准后进行。

第五条　收购人可以通过取得股份的方式成为公众公司的控股股东，可以通过投资关系、协议、其他安排的途径成为公众公司的实际控制人，也可以同时采取上述方式和途径取得公众公司控制权。

收购人包括投资者及其一致行动人。

第六条　进行公众公司收购，收购人及其实际控制人应当具有良好的诚信记录，收购人及其实际控制人为法人的，应当具有健全的公司治理机制。任何人不得利用公众公司收购损害被收购公司及其股东的合法权益。

有下列情形之一的，不得收购公众公司：

（一）收购人负有数额较大债务，到期未清偿，且处于持续状态；

（二）收购人最近2年有重大违法行为或者涉嫌有重大违法行为；

（三）收购人最近2年有严重的证券市场失信行为；

（四）收购人为自然人的，存在《公司法》第一百四十六条规定的情形；

（五）法律、行政法规规定以及中国证监会认定的不得收购公众公司的其他情形。

第七条　被收购公司的控股股东或者实际控制人不得滥用股东权利损害被收购公司或者其他股东的合法权益。

被收购公司的控股股东、实际控制人及其关联方有损害被收购公司及其他股东合法权益的，上述控股股东、实际控制人在转让被收购公司控制权之前，应当主动消除损害；未能消除损害的，应当就其出让相关股份所得收入用于消除全部损害做出安排，对不足以消除损害的部分应当提供充分有效的履约担保或安排，并提交被收购公司股东大会审议通过，被收购公司的控股股东、实际控制人及其关联方应当回避表决。

第八条 被收购公司的董事、监事、高级管理人员对公司负有忠实义务和勤勉义务,应当公平对待收购本公司的所有收购人。

被收购公司董事会针对收购所做出的决策及采取的措施,应当有利于维护公司及其股东的利益,不得滥用职权对收购设置不适当的障碍,不得利用公司资源向收购人提供任何形式的财务资助。

第九条 收购人按照本办法第三章、第四章的规定进行公众公司收购的,应当聘请具有财务顾问业务资格的专业机构担任财务顾问,但通过国有股行政划转或者变更、因继承取得股份、股份在同一实际控制人控制的不同主体之间进行转让、取得公众公司向其发行的新股、司法判决导致收购人成为或拟成为公众公司第一大股东或者实际控制人的情形除外。

收购人聘请的财务顾问应当勤勉尽责,遵守行业规范和职业道德,保持独立性,对收购人进行辅导,帮助收购人全面评估被收购公司的财务和经营状况;对收购人的相关情况进行尽职调查,对收购人披露的文件进行充分核查和验证;对收购事项客观、公正地发表专业意见,并保证其所制作、出具文件的真实性、准确性和完整性。在收购人公告被收购公司收购报告书至收购完成后12个月内,财务顾问应当持续督导收购人遵守法律、行政法规、中国证监会的规定、全国股份转让系统相关规则以及公司章程,依法行使股东权利,切实履行承诺或者相关约定。

财务顾问认为收购人利用收购损害被收购公司及其股东合法权益的,应当拒绝为收购人提供财务顾问服务。

第十条 公众公司的收购及相关股份权益变动活动中的信息披露义务人,应当依法严格履行信息披露和其他法定义务,并保证所披露的信息及时、真实、准确、完整,不得有虚假记载、误导性陈述或者重大遗漏。

信息披露义务人应当在证券交易场所的网站和符合中国证监会规定条件的媒体上依法披露信息;在其他媒体上进行披露的,披露内容应当一致,披露时间不得早于前述披露时间。在相关信息披露前,信息披露义务人及知悉相关信息的人员负有保密义务,禁止利用该信息进行内幕交易和从事证券市场操纵行为。

信息披露义务人依法披露前,相关信息已在媒体上传播或者公司股票转让出现异常的,公众公司应当立即向当事人进行查询,当事人应当及时予以书面答复,公众公司应当及时披露。

第十一条 中国证监会依法对公众公司的收购及相关股份权益变动活动进行监督管理。

全国股份转让系统应当制定业务规则,为公众公司的收购及相关股份权益变动活动提供服务,对相关证券转让活动进行实时监控,监督公众公司的收购及相关股份权益变动活动的信息披露义务人切实履行信息披露义务。

中国证券登记结算有限责任公司应当制定业务规则,为公众公司的收购及相关股份权益变动活动所涉及的证券登记、存管、结算等事宜提供服务。

第二章 权益披露

第十二条 投资者在公众公司中拥有的权益,包括登记在其名下的股份和虽未登记在其名下但该投资者可以实际支配表决权的股份。投资者及其一致行动人在公众公司中拥有的权益应当合并计算。

第十三条 有下列情形之一的,投资者及其一致行动人应当在该事实发生之日起2日内编制并披露权益变动报告书,报送全国股份转让系统,同时通知该公众公司;自该事实发生之日起至披露后2日内,不得再行买卖该公众公司的股票。

(一)通过全国股份转让系统的做市方式、竞价方式进行证券转让,投资者及其一致行动人拥有权益的股份达到公众公司已发行股份的10%;

(二)通过协议方式,投资者及其一致行动人在公众公司中拥有权益的股份拟达到或者超过公众公司已发行股份的10%。

投资者及其一致行动人拥有权益的股份达到公众公司已发行股份的10%后,其拥有权益的股份占该公众公司已发行股份的比例每增加或者减少5%(即其拥有权益的股份每达到5%的整数倍时),应当依照前款规定进行披露。自该事实发生之日起至披露后2日内,不得再行买卖该公众公司的股票。

第十四条 投资者及其一致行动人通过行政划转或者变更、执行法院裁定、继承、赠与等方式导致其直接拥有权益的股份变动达到前条规定比例的，应当按照前条规定履行披露义务。

投资者虽不是公众公司的股东，但通过投资关系、协议、其他安排等方式进行收购导致其间接拥有权益的股份变动达到前条规定比例的，应当按照前条规定履行披露义务。

第十五条 因公众公司向其他投资者发行股份、减少股本导致投资者及其一致行动人拥有权益的股份变动出现本章规定情形的，投资者及其一致行动人免于履行披露义务。公众公司应当自完成增加股本、减少股本的变更登记之日起2日内，就因此导致的公司股东拥有权益的股份变动情况进行披露。

第三章 控制权变动披露

第十六条 通过全国股份转让系统的证券转让，投资者及其一致行动人拥有权益的股份变动导致其成为公众公司第一大股东或者实际控制人，或者通过投资关系、协议转让、行政划转或者变更、执行法院裁定、继承、赠与、其他安排等方式拥有权益的股份变动导致其成为或拟成为公众公司第一大股东或者实际控制人且拥有权益的股份超过公众公司已发行股份10%的，应当在该事实发生之日起2日内编制收购报告书，连同财务顾问专业意见和律师出具的法律意见书一并披露，报送全国股份转让系统，同时通知该公众公司。

收购公众公司股份需要取得国家相关部门批准的，收购人应当在收购报告书中进行明确说明，并持续披露批准程序进展情况。

第十七条 以协议方式进行公众公司收购的，自签订收购协议起至相关股份完成过户的期间为公众公司收购过渡期（以下简称过渡期）。在过渡期内，收购人不得通过控股股东提议改选公众公司董事会，确有充分理由改选董事会的，来自收购人的董事不得超过董事会成员总数的1/3；被收购公司不得为收购人及其关联方提供担保；被收购公司不得发行股份募集资金。

在过渡期内，被收购公司除继续从事正常的经营活动或者执行股东大会已经作出的决议外，被收购公司董事会提出拟处置公司资产、调整公司主要业务、担保、贷款等议案，可能对公司的资产、负债、权益或者经营成果造成重大影响的，应当提交股东大会审议通过。

第十八条 按照本办法进行公众公司收购后，收购人成为公司第一大股东或者实际控制人的，收购人持有的被收购公司股份，在收购完成后12个月内不得转让。

收购人在被收购公司中拥有权益的股份在同一实际控制人控制的不同主体之间进行转让不受前述12个月的限制。

第十九条 在公众公司收购中，收购人做出公开承诺事项的，应同时提出所承诺事项未能履行时的约束措施，并公开披露。

全国股份转让系统应当对收购人履行公开承诺行为进行监督和约束，对未能履行承诺的收购人及时采取自律监管措施。

第二十条 公众公司控股股东、实际控制人向收购人协议转让其所持有的公众公司股份的，应当对收购人的主体资格、诚信情况及收购意图进行调查，并在其权益变动报告书中披露有关调查情况。

被收购公司控股股东、实际控制人及其关联方未清偿其对公司的负债，未解除公司为其负债提供的担保，或者存在损害公司利益的其他情形的，被收购公司董事会应当对前述情形及时披露，并采取有效措施维护公司利益。

第四章 要约收购

第二十一条 投资者自愿选择以要约方式收购公众公司股份的，可以向被收购公司所有股东发出收购其所持有的全部股份的要约（以下简称全面要约），也可以向被收购公司所有股东发出收购其所持有的部分股份的要约（以下简称部分要约）。

第二十二条 收购人自愿以要约方式收购公众公司股份的，其预定收购的股份比例不得低于该公众公司已发行股份的5%。

第二十三条 公众公司应当在公司章程中约定在公司被收购时收购人是否需要向公司全体股东发出全面要约收购，并明确全面要约收购的触发条件以及相应制度安排。

收购人根据被收购公司章程规定需要向公司全体股东发出全面要约收购的，对同一种类股票的要约价格，不得低于要约收购报告书披露日前6个月内取得该种股票所支付的最高价格。

第二十四条 以要约方式进行公众公司收购

的，收购人应当公平对待被收购公司的所有股东。

第二十五条 以要约方式收购公众公司股份的，收购人应当聘请财务顾问，并编制要约收购报告书，连同财务顾问专业意见和律师出具的法律意见书一并披露，报送全国股份转让系统，同时通知该公众公司。

要约收购需要取得国家相关部门批准的，收购人应当在要约收购报告书中进行明确说明，并持续披露批准程序进展情况。

第二十六条 收购人可以采用现金、证券、现金与证券相结合等合法方式支付收购公众公司的价款。收购人聘请的财务顾问应当说明收购人具备要约收购的能力。收购人应当在披露要约收购报告书的同时，提供以下至少一项安排保证其具备履约能力：

（一）将不少于收购价款总额的20%作为履约保证金存入中国证券登记结算有限责任公司指定的银行等金融机构；收购人以在中国证券登记结算有限责任公司登记的证券支付收购价款的，在披露要约收购报告书的同时，将用于支付的全部证券向中国证券登记结算有限责任公司申请办理权属变更或锁定；

（二）银行等金融机构对于要约收购所需价款出具的保函；

（三）财务顾问出具承担连带担保责任的书面承诺。如要约期满，收购人不支付收购价款，财务顾问应当承担连带责任，并进行支付。

收购人以证券支付收购价款的，应当披露该证券的发行人最近2年经审计的财务会计报表、证券估值报告，并配合被收购公司或其聘请的独立财务顾问的尽职调查工作。收购人以未在中国证券登记结算有限责任公司登记的证券支付收购价款的，必须同时提供现金方式供被收购公司的股东选择，并详细披露相关证券的保管、送达被收购公司股东的方式和程序安排。

第二十七条 被收购公司董事会应当对收购人的主体资格、资信情况及收购意图进行调查，对要约条件进行分析，对股东是否接受要约提出建议，并可以根据自身情况选择是否聘请独立财务顾问提供专业意见。

被收购公司决定聘请独立财务顾问的，可以聘请为其提供督导服务的主办券商为独立财务顾问，但存在影响独立性、财务顾问业务受到限制等不宜担任独立财务顾问情形的除外。被收购公司也可以同时聘请其他机构为其提供顾问服务。

第二十八条 收购要约约定的收购期限不得少于30日，并不得超过60日；但是出现竞争要约的除外。

收购期限自要约收购报告书披露之日起开始计算。要约收购需要取得国家相关部门批准的，收购人应将取得的本次收购的批准情况连同律师出具的专项核查意见一并在取得全部批准后2日内披露，收购期限自披露之日起开始计算。

在收购要约约定的承诺期限内，收购人不得撤销其收购要约。

第二十九条 采取要约收购方式的，收购人披露后至收购期限届满前，不得卖出被收购公司的股票，也不得采取要约规定以外的形式和超出要约的条件买入被收购公司的股票。

第三十条 收购人需要变更收购要约的，应当重新编制并披露要约收购报告书，报送全国股份转让系统，同时通知被收购公司。变更后的要约收购价格不得低于变更前的要约收购价格。

收购要约期限届满前15日内，收购人不得变更收购要约；但是出现竞争要约的除外。

出现竞争要约时，发出初始要约的收购人变更收购要约距初始要约收购期限届满不足15日的，应当延长收购期限，延长后的要约期应当不少于15日，不得超过最后一个竞争要约的期满日，并按规定比例追加履约保证能力。

发出竞争要约的收购人最迟不得晚于初始要约收购期限届满前15日披露要约收购报告书，并应当根据本办法的规定履行披露义务。

第三十一条 在要约收购期间，被收购公司董事不得辞职。

第三十二条 同意接受收购要约的股东（以下简称预受股东），应当委托证券公司办理预受要约的相关手续。

在要约收购期限届满前2日内，预受股东不得撤回其对要约的接受。在要约收购期限内，收购人应当每日披露已预受收购要约的股份数量。

在要约收购期限届满后2日内，收购人应当披露本次要约收购的结果。

第三十三条 收购期限届满，发出部分要约的收购人应当按照收购要约约定的条件购买被收购公司股东预受的股份，预受要约股份的数量超过预定收购数量时，收购人应当按照同等比例收购预受要约的股份；发出全面要约的收购人应当购买被收购公司股东预受的全部股份。

第五章 监管措施与法律责任

第三十四条 公众公司董事未履行忠实勤勉义务，利用收购谋取不当利益的，中国证监会采取监管谈话、出具警示函等监管措施，情节严重的，有权认定其为不适当人选。涉嫌犯罪的，依法移交司法机关追究其刑事责任。

第三十五条 收购人在收购要约期限届满时，不按照约定支付收购价款或者购买预受股份的，自该事实发生之日起 2 年内不得收购公众公司；涉嫌操纵证券市场的，中国证监会对收购人进行调查，依法追究其法律责任。

前款规定的收购人聘请的财务顾问没有充分证据表明其勤勉尽责的，中国证监会视情节轻重，自确认之日起采取 3 个月至 12 个月内不接受该机构出具的相关专项文件、12 个月至 36 个月内不接受相关签字人员出具的专项文件的监管措施，并依法追究其法律责任。

第三十六条 公众公司控股股东和实际控制人在转让其对公司的控制权时，未清偿其对公司的负债，未解除公司为其提供的担保，或者未对其损害公司利益的其他情形作出纠正的，且被收购公司董事会未对前述情形及时披露并采取有效措施维护公司利益的，中国证监会责令改正，在改正前收购人应当暂停收购活动。

被收购公司董事会未能依法采取有效措施促使公司控股股东、实际控制人予以纠正，或者在收购完成后未能促使收购人履行承诺、安排或者保证的，中国证监会有权认定相关董事为不适当人选。

第三十七条 公众公司的收购及相关股份权益变动活动中的信息披露义务人，未按照本办法的规定履行信息披露以及其他相关义务，或者信息披露文件中有虚假记载、误导性陈述或者重大遗漏的，中国证监会采取责令改正、监管谈话、出具警示函、责令暂停或者终止收购等监管措施；情节严重的，比照《证券法》第一百九十六条、依照《证券法》第一百九十七条进行行政处罚，并可以采取市场禁入的措施；涉嫌犯罪的，依法移送司法机关追究刑事责任。

第三十八条 投资者及其一致行动人规避法定程序和义务，变相进行公众公司收购，或者外国投资者规避管辖的，中国证监会采取责令改正、出具警示函、责令暂停或者停止收购等监管措施；情节严重的，进行行政处罚，并可以采取市场禁入的措施；涉嫌犯罪的，依法移交司法机关追究其刑事责任。

第三十九条 为公众公司收购出具审计报告、法律意见书和财务顾问报告的证券服务机构或者证券公司及其专业人员，未依法履行职责的，中国证监会采取责令改正、监管谈话、出具警示函等监管措施，并根据情况依照《证券法》第二百一十三条进行行政处罚；情节严重的，可以采取市场禁入的措施；涉嫌犯罪的，依法移送司法机关追究刑事责任。

第四十条 任何知悉收购信息的人员在相关信息依法披露前，泄露该信息、买卖或者建议他人买卖相关公司股票的，依照《证券法》第一百九十一条予以处罚；涉嫌犯罪的，依法移送司法机关追究刑事责任。

第四十一条 编造、传播虚假收购信息，操纵证券市场或者进行欺诈活动的，依照《证券法》第一百九十二条、第一百九十三条予以处罚；涉嫌犯罪的，依法移送司法机关追究刑事责任。

第四十二条 中国证监会将公众公司的收购及相关股份权益变动活动中的当事人的违法行为和整改情况记入诚信档案。

第六章 附 则

第四十三条 本办法所称一致行动人、公众公司控制权及持股比例计算等参照《上市公司收购管理办法》的相关规定。

第四十四条 为公众公司收购提供服务的财务顾问的业务许可、业务规则和法律责任等，按照《上市公司并购重组财务顾问业务管理办法》的相关规定执行。

第四十五条 做市商持有公众公司股份相关权益变动信息的披露，由中国证监会另行规定。

第四十六条 股票不在全国股份转让系统公开转让的公众公司收购及相关股份权益变动的信息披露内容比照本办法的相关规定执行。

第四十七条 本办法自 2014 年 7 月 23 日起施行。

非上市公众公司信息披露管理办法

· 2019 年 12 月 20 日中国证券监督管理委员会令第 162 号公布
· 根据 2021 年 6 月 11 日中国证券监督管理委员会《关于修改部分证券期货规章的决定》第一次修正
· 根据 2021 年 10 月 30 日中国证券监督管理委员会《关于修改〈非上市公众公司信息披露管理办法〉的决定》第二次修正

第一章 总 则

第一条 为了规范非上市公众公司有关信息披露行为，保护投资者合法权益，维护市场秩序和社会公众利益，根据《公司法》《证券法》《国务院关于全国中小企业股份转让系统有关问题的决定》《非上市公众公司监督管理办法》（证监会令第190号）等有关法律法规的规定，制定本办法。

第二条 本办法适用于股票在全国中小企业股份转让系统（以下简称全国股转系统）挂牌公开转让的非上市公众公司（以下简称挂牌公司）定期报告和临时报告信息披露有关行为。

第三条 挂牌公司披露的信息，应当真实、准确、完整，简明清晰，通俗易懂，不得有虚假记载、误导性陈述或重大遗漏。

在境外市场发行股票及其他证券品种并上市的挂牌公司在境外市场披露的信息，应当同时在全国股转系统披露。

第四条 根据挂牌公司发展阶段、公众化程度以及风险状况等因素，充分考虑投资者需求，以全国股转系统创新层、基础层分层为基础，实施挂牌公司差异化的信息披露制度。

第五条 挂牌公司的董事、监事、高级管理人员应当忠实、勤勉地履行职责，保证公司及时、公平地披露信息，所披露的信息真实、准确、完整。

第六条 在内幕信息依法披露前，任何知情人不得公开或者泄露该信息，不得利用该信息进行交易。

第七条 挂牌公司依法披露的信息，应当在符合《证券法》规定的信息披露平台发布。挂牌公司在公司网站或者其他公众媒体发布信息的时间不得先于上述信息披露平台。

挂牌公司应当将披露的信息同时置备于公司住所、全国股转系统，供社会公众查阅。

信息披露文件应当采用中文文本。同时采用外文文本的，挂牌公司应当保证两种文本的内容一致。两种文本发生歧义时，以中文文本为准。

第八条 中国证券监督管理委员会（以下简称中国证监会）根据《证券法》等法律法规以及本办法的规定，对挂牌公司信息披露有关各方的行为进行监督管理，并且可以结合市场分层对挂牌公司信息披露实施分类监管。

全国中小企业股份转让系统有限责任公司（以下简称全国股转公司）对挂牌公司信息披露有关行为实施自律管理，强化监管问询，督促挂牌公司及时、准确地披露信息。

第九条 除依法或者按照本办法及有关自律规则需要披露的信息外，挂牌公司可以自愿披露与投资者作出价值判断和投资决策有关的信息，但不得与依法或者按照本办法及有关自律规则披露的信息相冲突，不得误导投资者。

挂牌公司应当保持信息披露的持续性和一致性，避免选择性披露，不得利用自愿披露信息不当影响公司股票及其他证券品种交易价格。自愿披露具有一定预测性质信息的，应当明确预测的依据，并提示可能出现的不确定性和风险。

第十条 由于国家秘密、商业秘密等特殊原因导致本办法规定的某些信息确实不便披露的，挂牌公司可以不予披露，但应当在相关定期报告、临时报告中说明未按照规定进行披露的原因。中国证监会、全国股转公司认为需要披露的，挂牌公司应当披露。

第二章 定期报告

第十一条 挂牌公司定期报告包括年度报告、中期报告。凡是对投资者作出投资决策有重大影响的信息，均应当在定期报告中披露。

年度报告中的财务会计报告应当经符合《证券法》规定的会计师事务所审计。

第十二条 年度报告应当在每个会计年度结束之日起四个月内，中期报告应当在每个会计年度的上半年结束之日起两个月内编制完成并披露。

第十三条 挂牌公司年度报告应当记载以下

内容：

（一）公司基本情况；

（二）主要会计数据和财务指标；

（三）管理层讨论与分析；

（四）公司股票、债券发行及变动情况，报告期末股票、债券总额、股东总数，公司前十大股东持股情况；

（五）控股股东及实际控制人情况；

（六）董事、监事、高级管理人员、核心员工任职及持股情况；

（七）报告期内发生的重大事件及对公司的影响；

（八）公司募集资金使用情况（如有）；

（九）利润分配情况；

（十）公司治理及内部控制情况；

（十一）财务会计报告和审计报告全文；

（十二）中国证监会规定的其他事项。

第十四条 挂牌公司中期报告应当记载以下内容：

（一）公司基本情况；

（二）主要会计数据和财务指标；

（三）公司股票、债券发行及变动情况，报告期末股东总数，公司前十大股东持股情况；

（四）控股股东及实际控制人发生变化的情况；

（五）报告期内重大诉讼、仲裁等重大事件及对公司的影响；

（六）公司募集资金使用情况（如有）；

（七）财务会计报告；

（八）中国证监会规定的其他事项。

第十五条 挂牌公司存在特别表决权股份的，应当在年度报告中披露特别表决权股份的持有和变化情况，以及相关投资者合法权益保护措施的实施情况。

第十六条 挂牌公司股东大会实行累积投票制和网络投票安排的，应当在年度报告中披露累积投票制和网络投票安排的实施情况。

第十七条 挂牌公司董事、高级管理人员应当对定期报告签署书面确认意见。

监事会应当对董事会编制的定期报告进行审核并提出书面审核意见，说明董事会的编制和审核程序是否符合法律、行政法规和中国证监会、全国股转公司的规定，报告的内容是否真实、准确、完整地反映挂牌公司的实际情况。监事应当签署书面确认意见。

挂牌公司董事、监事和高级管理人员无法保证定期报告内容的真实性、准确性、完整性或者有异议的，应当在书面确认意见中发表意见并陈述理由，挂牌公司应当披露。挂牌公司不予披露的，董事、监事和高级管理人员可以直接申请披露。

第十八条 定期报告披露前出现业绩泄露，或者出现业绩传闻且公司股票及其他证券品种交易出现异常波动的，挂牌公司应当及时披露本报告期相关财务数据。

第十九条 定期报告中的财务会计报告被出具非标准审计意见的，挂牌公司董事会应当针对该审计意见涉及事项作出专项说明。

第二十条 挂牌公司未在规定期限内披露定期报告的，全国股转公司根据自律规则予以处理，情节严重的，应当提请中国证监会立案稽查。

第三章 临时报告

第二十一条 发生可能对挂牌公司股票及其他证券品种交易价格产生较大影响，或者对投资者作出投资决策有较大影响的重大事件，投资者尚未得知时，挂牌公司应当立即将有关该重大事件的情况向中国证监会和全国股转公司报送临时报告，并予公告，说明事件的起因、目前的状态和可能产生的影响。

前款所称重大事件包括：

（一）公司的经营方针和经营范围的重大变化；

（二）公司的重大投资行为，公司在一年内购买、出售重大资产超过公司资产总额百分之三十，或者公司营业用主要资产的抵押、质押、出售或者报废一次超过该资产的百分之三十；

（三）公司订立重要合同，提供重大担保或者从事关联交易，可能对公司的资产、负债、权益和经营成果产生重要影响；

（四）公司发生重大债务和未能清偿到期重大债务的违约情况；

（五）公司发生重大亏损或者重大损失；

（六）公司生产经营的外部条件发生的重大变化；

（七）公司的董事、三分之一以上监事或者经理发生变动，董事长或者经理无法履行职责；

（八）持有公司百分之五以上股份的股东或者实际控制人，其持有股份或者控制公司的情况发生较大变化，公司的实际控制人及其控制的其他企业从事与公司相同或者相似业务的情况发生较大变化；

（九）公司分配股利、增资的计划，公司股权结构的重要变化，公司减资、合并、分立、解散及申请破产的决定，或者依法进入破产程序、被责令关闭；

（十）涉及公司的重大诉讼、仲裁，股东大会、董事会决议被依法撤销或者宣告无效；

（十一）公司涉嫌违法违规被有权机关调查，或者受到刑事处罚、重大行政处罚；公司控股股东、实际控制人、董事、监事、高级管理人员涉嫌违法违纪被有权机关调查、采取留置措施或强制措施，或者受到刑事处罚、重大行政处罚；

（十二）获得大额政府补贴等可能对公司资产、负债、权益或者经营成果产生重大影响的额外收益；

（十三）公司董事会就拟在其他证券交易场所上市、股权激励方案、股份回购方案作出决议；

（十四）公司主要资产被查封、扣押、冻结；

（十五）公司丧失重要生产资质、许可、特许经营权，或者主要业务陷入停顿；

（十六）法院裁决禁止控股股东转让其所持股份；任一股东所持公司百分之五以上股份被质押、冻结、司法拍卖、托管、设定信托或者被依法限制表决权；

（十七）变更会计政策、会计估计（法律、行政法规或者国家统一会计制度要求的除外）；

（十八）因前期已披露的信息存在差错、未按规定披露或者虚假记载，被有关机关责令改正或者经董事会决定进行更正；

（十九）中国证监会规定的其他事项。

挂牌公司的控股股东或者实际控制人对重大事件的发生、进展产生较大影响的，应当及时将其知悉的有关情况书面告知挂牌公司，并配合挂牌公司履行信息披露义务。

第二十二条 挂牌公司应当在最先发生的以下任一时点，及时履行重大事件的信息披露义务：

（一）董事会或者监事会就该重大事件形成决议时；

（二）有关各方就该重大事件签署意向书或者协议时；

（三）董事、监事或者高级管理人员知悉或者应当知悉该重大事件发生时。

挂牌公司筹划的重大事项存在较大不确定性，立即披露可能会损害公司利益或者误导投资者，且有关内幕信息知情人已书面承诺保密的，公司可以暂不披露，但最迟应当在该重大事项形成最终决议、签署最终协议、交易确定能够达成时对外披露。

相关信息确实难以保密、已经泄露或者出现市场传闻，导致公司股票及其他证券品种交易价格发生大幅波动的，公司应当立即披露相关筹划和进展情况。

第二十三条 挂牌公司披露重大事件后，已披露的重大事件出现可能对投资者决策或者挂牌公司股票及其他证券品种交易价格产生较大影响的进展或者变化的，应当及时披露进展或者变化情况、可能产生的影响。

第二十四条 挂牌公司控股子公司发生本办法第二十一条规定的重大事件，可能对投资者决策或者公司股票及其他证券品种交易价格产生较大影响的，挂牌公司应当履行信息披露义务。

挂牌公司参股公司发生可能对投资者决策或者挂牌公司股票及其他证券品种交易价格产生较大影响的事件，挂牌公司应当履行信息披露义务。

第二十五条 挂牌公司股票及其他证券品种交易被中国证监会或者全国股转公司认定为异常波动的，挂牌公司应当及时了解造成交易异常波动的影响因素，并于次一交易日开盘前披露。

第二十六条 媒体传播的消息可能或者已经对投资者决策或者挂牌公司股票及其他证券品种交易价格产生较大影响的，挂牌公司应当及时了解情况，发布相应澄清公告。

第四章 信息披露事务管理

第二十七条 挂牌公司应当制定信息披露事务管理制度，经董事会审议通过并披露。信息披露事务管理制度应当包括：

（一）明确挂牌公司应当披露的信息，确定披露标准；

（二）未公开信息的传递、审核、披露流程；

（三）信息披露事务负责人在信息披露中的职责；

（四）董事和董事会、监事和监事会、高级管理人员等的报告、审议和披露的职责；

（五）董事、监事、高级管理人员履行职责的记录和保管制度；

（六）未公开信息的保密措施，内幕信息知情人登记管理要求，内幕信息知情人的范围和保密责任；

（七）财务管理和会计核算的内部控制及监督机制；

（八）对外发布信息的申请、审核、发布流程；与投资者、证券服务机构、媒体等的信息沟通与制度；

（九）信息披露相关文件、资料的档案管理；

（十）涉及子公司的信息披露事务管理和报告制度；

（十一）未按规定披露信息的责任追究机制，对违反规定人员的处理措施。

信息披露事务负责人是指挂牌公司董事会秘书或者挂牌公司指定负责信息披露事务的人员。

创新层挂牌公司应当按照全国股转公司的规定设立董事会秘书。基础层挂牌公司可以设立董事会秘书，不设立董事会秘书的，应当指定一名高级管理人员兼任信息披露事务负责人。董事会秘书为公司高级管理人员，其选任、履职应当符合中国证监会、全国股转公司的有关规定。

第二十八条 挂牌公司董事长、经理、信息披露事务负责人，应当对公司临时报告信息披露的真实性、准确性、完整性、及时性和公平性承担主要责任。

挂牌公司董事长、经理、财务负责人应对公司财务报告的真实性、准确性、完整性、及时性和公平性承担主要责任。

第二十九条 挂牌公司董事、监事、高级管理人员应当关注信息披露文件的编制情况，保证定期报告、临时报告在规定期限内披露，配合挂牌公司履行信息披露义务。

第三十条 挂牌公司应当制定定期报告的编制、审议、公告程序。经理、财务负责人、信息披露事务负责人及相关人员应当及时编制定期报告草案，提请董事会审议；信息披露事务负责人负责送达董事审阅；董事长负责召集和主持董事会会议审议定期报告；监事会负责审核董事会编制的定期报告；信息披露事务负责人负责组织定期报告的公告工作。

第三十一条 挂牌公司应当制定重大事件的报告、传递、审核、披露程序。董事、监事、高级管理人员知悉重大事件发生时，应当按照公司规定立即履行报告义务；董事长在接到报告后，应当立即向董事会报告，并敦促信息披露事务负责人组织临时报告的披露工作。

第三十二条 挂牌公司通过业绩说明会、分析师会议、路演、接受投资者调研等形式就公司的经营情况、财务情况及其他事件与任何机构和个人进行沟通的，不得提供内幕信息。

第三十三条 董事应当了解并持续关注公司生产经营情况、财务状况和公司已经发生或者可能发生的重大事件及其影响，主动调查、获取决策所需的资料。

第三十四条 监事应当对公司董事、高级管理人员履行信息披露职责的行为进行监督；关注公司信息披露情况，发现信息披露存在违法违规问题的，应当进行调查并提出处理建议。

第三十五条 高级管理人员应当及时向董事会报告有关公司经营或者财务方面出现的重大事件、已披露的事件的进展或者变化情况及其他相关信息。

第三十六条 信息披露事务负责人负责组织和协调挂牌公司信息披露事务，汇集挂牌公司应当披露的信息并报告董事会，持续关注媒体对公司的报道并主动求证报道的真实情况，办理公司信息对外公布等相关事宜。

信息披露事务负责人有权参加股东大会、董事会会议、监事会会议和高级管理人员相关会议，有权了解公司的财务和经营情况，查阅涉及信息披露事宜的所有文件。挂牌公司应当为信息披露事务负责人履行职责提供便利条件，财务负责人应当配合信息披露事务负责人在财务信息披露方面的相关工作。

第三十七条 挂牌公司的股东、实际控制人不得滥用其股东权利、支配地位指使挂牌公司不按规定履行信息披露义务或者披露有虚假记载、误导性陈述或者重大遗漏的信息，不得要求挂牌公司向其提供内幕信息。

挂牌公司的股东、实际控制人发生以下事件时，应当及时告知公司，并配合挂牌公司履行信息披露义务。

（一）持有公司百分之五以上股份的股东或者实际控制人，其持有股份或者控制公司的情况发生较大变化，公司的实际控制人及其控制的其他企业从事与公司相同或者相似业务的情况发生较大变化；

（二）法院裁决禁止控股股东转让其所持股份，任一股东所持公司百分之五以上股份被质押、冻结、司法拍卖、托管、设定信托或者被依法限制表决权；

（三）拟对挂牌公司进行重大资产或者业务重组；

（四）中国证监会规定的其他情形。

通过接受委托或者信托等方式持有挂牌公司百分之五以上股份的股东或者实际控制人，应当及时将委托人情况告知挂牌公司，配合挂牌公司履行信息披露义务。

应当披露的信息依法披露前，相关信息已在媒体上传播或者公司股票及其他证券品种出现交易异常情况的，股东或者实际控制人应当及时、准确地向挂牌公司作出书面报告，并配合挂牌公司及时、准确地披露。

第三十八条 挂牌公司董事、监事、高级管理人员、持股百分之五以上的股东及其一致行动人、实际控制人应当及时向挂牌公司董事会报送挂牌公司关联方名单、关联关系及变化情况的说明。挂牌公司应当履行关联交易的审议程序，并严格执行关联交易回避表决制度。交易各方不得通过隐瞒关联关系或者采取其他手段，规避挂牌公司信息披露义务和关联交易审议程序。

第三十九条 为挂牌公司提供持续督导服务的主办券商应持续关注挂牌公司业务经营、公司治理、财务等方面的重大变化，指导、督促挂牌公司规范履行信息披露义务。挂牌公司应当配合主办券商持续督导工作，提供必要材料，为主办券商开展持续督导工作提供便利条件。

持续督导期间内，发现挂牌公司拟披露的信息或已披露信息存在错误、遗漏或者误导的，或者发现存在应当披露而未披露事项的，主办券商应当要求挂牌公司进行更正或补充。挂牌公司拒不更正、补充的，主办券商应当及时发布风险揭示公告并报告全国股转公司，情节严重的，应同时报告挂牌公司注册地中国证监会派出机构。

主办券商持续督导业务有关具体规定由全国股转公司制定。

第四十条 为挂牌公司履行信息披露义务出具专项文件的证券服务机构，应当勤勉尽责、诚实守信，认真履行审慎核查义务，按照依法制定的业务规定、行业执业规范、监管规则和道德准则发表意见，保证所出具文件的真实性、准确性和完整性。

挂牌公司应当配合为其提供服务的证券服务机构的工作，按要求提供与其执业相关的材料，不得要求证券服务机构出具与客观事实不符的文件或阻碍其工作。

证券服务机构在为信息披露出具专项文件时，发现挂牌公司提供的材料有虚假记载、误导性陈述、重大遗漏的，应当要求其补充、纠正。挂牌公司拒不补充、纠正的，证券服务机构应报告全国股转公司，情节严重的，应同时报告挂牌公司注册地中国证监会派出机构。

第四十一条 挂牌公司解聘会计师事务所的，应当在董事会决议后及时通知会计师事务所，公司股东大会就解聘会计师事务所进行表决时，应当允许会计师事务所陈述意见。股东大会作出解聘、更换会计师事务所决议的，挂牌公司应当在披露时说明更换的具体原因和会计师事务所的陈述意见。

第四十二条 任何机构和个人不得非法获取、提供、传播挂牌公司的内幕信息，不得利用所获取的内幕信息买卖或者建议他人买卖公司股票或其他证券品种，不得在投资价值分析报告、研究报告等文件中使用内幕信息。

第四十三条 媒体应当客观、真实地报道涉及挂牌公司的情况，发挥舆论监督作用。

任何机构和个人不得提供、传播虚假或者误导投资者的挂牌公司信息。

违反前两款规定，给投资者造成损失的，依法承担赔偿责任。

第五章 监督管理

第四十四条 中国证监会依法对挂牌公司、主办券商和证券服务机构进行检查，挂牌公司、主办券商和证券服务机构应当予以配合。

中国证监会可以要求挂牌公司及其股东、实际控制人，或者其董事、监事、高级管理人员对有关信息披露问题作出解释、说明或者提供相关资料，或要求挂牌公司提供主办券商或者证券服务机构的专业意见。

中国证监会可以要求主办券商、证券服务机构对挂牌公司有关信息披露问题进行核查，并出具专项意见。中国证监会对主办券商和证券服务机构出具文件的真实性、准确性、完整性有疑义的，可以要求相关机构作出解释、补充，并调阅其工作底稿。

第四十五条 挂牌公司及其董事、监事、高级管理人员，挂牌公司的股东、实际控制人及其董事、监事、高级管理人员违反本办法的，中国证监会可以采取以下措施：

（一）责令改正；

（二）监管谈话；

（三）责令公开说明；

（四）出具警示函；

（五）依法可以采取的其他监管措施。

第四十六条 主办券商及其人员履行持续督导等义务，未勤勉尽责情节严重的，中国证监会可以采取责令改正、监管谈话、出具警示函及依法可以采取的其他监管措施。

第四十七条 为挂牌公司履行信息披露义务出具专项文件的证券服务机构及其人员，违反《证券法》、行政法规和中国证监会的规定，中国证监会可以采取责令改正、监管谈话、出具警示函及依法可以采取的其他监管措施。

第四十八条 全国股转公司可以依据自律规则及挂牌协议的规定对挂牌公司、主办券商、证券服务机构进行核查、检查，要求挂牌公司及其董事、监事、高级管理人员、股东、实际控制人，主办券商、证券服务机构对有关信息披露问题作出说明，发现问题应当按照有关规定处理，涉嫌违法的及时移送中国证监会。

第六章 法律责任

第四十九条 挂牌公司未按规定履行信息披露义务，或者所披露的信息有虚假记载、误导性陈述或者重大遗漏的，中国证监会依照《证券法》有关规定处罚。

挂牌公司的控股股东、实际控制人指使从事前款行为的，或知晓前款行为而未及时制止、纠正的，中国证监会可以依照前款规定处罚。

第五十条 挂牌公司及其董事、监事、高级管理人员、股东及其一致行动人、实际控制人，主办券商、证券服务机构未按照本办法规定履行报告义务，或者报送的报告有虚假记载、误导性陈述或者重大遗漏的，中国证监会依照《证券法》有关规定处罚。

第五十一条 挂牌公司通过隐瞒关联关系或者采取其他手段，规避信息披露、报告义务的，中国证监会依照《证券法》有关规定处罚。

第五十二条 为挂牌公司履行信息披露义务出具专项文件的证券服务机构及其人员，违反《证券法》、行政法规和中国证监会的规定，应当给予行政处罚的，中国证监会依照《证券法》有关规定处罚。

第五十三条 任何机构和个人泄露挂牌公司内幕信息，或者利用内幕信息买卖股票及其他证券品种，中国证监会依照《证券法》有关规定处罚。

第五十四条 任何机构和个人编制、传播虚假信息扰乱证券市场；媒体传播挂牌公司信息不真实、不客观的，中国证监会依照《证券法》有关规定处罚。

在股票及其他证券品种交易活动中作出虚假陈述或者信息误导的，中国证监会依照《证券法》有关规定处罚。

第五十五条 挂牌公司未按本办法规定制定挂牌公司信息披露事务管理制度的，中国证监会可以采取责令改正的监管措施。拒不改正的，可以给予警告或者三万元以下罚款。

第五十六条 挂牌公司股东、实际控制人未依法配合挂牌公司履行信息披露义务的，或者非法要求挂牌公司提供内幕信息的，中国证监会可以采取责令改正的监管措施。拒不改正的，可以给予警告或者三万元以下罚款。

第五十七条 相关责任主体违反本办法，存在主动消除或者减轻危害后果等情形的，依法从轻或者减轻处罚。

违法行为轻微并及时纠正，没有造成危害后果的，不予处罚。

第五十八条 相关责任主体违反本办法的规定，情节严重的，中国证监会可以采取证券市场禁入的措施。

第五十九条 违反本办法，涉嫌犯罪的，依法移送司法机关，追究刑事责任。

第七章 附 则

第六十条 本办法下列用语具有如下含义：

（一）主办券商，是指依据《全国中小企业股份转让系统有限责任公司管理暂行办法》规定在全国股转系统从事相关业务的证券公司。

（二）证券服务机构，是指为挂牌公司履行信息披露义务出具专项文件的会计师事务所、资产评估机构、律师事务所、财务顾问机构、资信评级机构等。

（三）及时，是指自起算日起或者触及披露时点的两个交易日内。

（四）挂牌公司的关联交易，是指挂牌公司或者其控股子公司与挂牌公司关联方之间发生的转移资源或者义务的事项。

关联方包括关联法人和关联自然人。

具有以下情形之一的法人或非法人组织，为挂牌公司的关联法人：

1. 直接或者间接地控制挂牌公司的法人或非法人组织；

2. 由前项所述法人直接或者间接控制的除挂牌公司及其控股子公司以外的法人或非法人组织；

3. 关联自然人直接或者间接控制的、或者担任董事、高级管理人员的，除挂牌公司及其控股子公司以外的法人或非法人组织；

4. 直接或间接持有挂牌公司百分之五以上股份的法人或非法人组织；

5. 在过去十二个月内或者根据相关协议安排在未来十二个月内，存在上述情形之一的；

6. 中国证监会、全国股转公司或者挂牌公司根据实质重于形式的原则认定的其他与挂牌公司有特殊关系，可能或者已经造成挂牌公司对其利益倾斜的法人或非法人组织。

具有以下情形之一的自然人，为挂牌公司的关联自然人：

1. 直接或间接持有挂牌公司百分之五以上股份的自然人；

2. 挂牌公司董事、监事及高级管理人员；

3. 直接或者间接地控制挂牌公司的法人的董事、监事及高级管理人员；

4. 上述第1、2项所述人士的关系密切的家庭成员，包括配偶、父母、年满十八周岁的子女及其配偶、兄弟姐妹及其配偶，配偶的父母、兄弟姐妹，子女配偶的父母；

5. 在过去十二个月内或者根据相关协议安排在未来十二个月内，存在上述情形之一的；

6. 中国证监会、全国股转公司或者挂牌公司根据实质重于形式的原则认定的其他与挂牌公司有特殊关系，可能或者已经造成挂牌公司对其利益倾斜的自然人。

第六十一条 股票不在全国股转系统公开转让的非上市公众公司有关信息披露行为按照《非上市公众公司监督管理办法》的相关规定执行。

第六十二条 中国证监会对特殊行业公司信息披露有特别规定的，适用其规定。

国家有关部门对公司信息披露有特别规定的，公司还应当遵守其规定并履行信息披露义务。

第六十三条 本办法自公布之日起施行。

非上市公众公司监督管理办法

· 2012 年 9 月 28 日中国证券监督管理委员会第 17 次主席办公会议审议通过

· 根据 2013 年 12 月 26 日、2019 年 12 月 20 日、2021 年 10 月 30 日中国证券监督管理委员会《关于修改〈非上市公众公司监督管理办法〉的决定》修正

· 2023 年 2 月 17 日中国证券监督管理委员会第 2 次委务会议修订

· 2023 年 2 月 17 日中国证券监督管理委员会令第 212 号公布

· 自公布之日起施行

第一章 总 则

第一条 为了规范非上市公众公司股票转让和发行行为，保护投资者合法权益，维护社会公共利益，根据《中华人民共和国证券法》（以下简称《证券法》）、《中华人民共和国公司法》（以下简称《公司法》）及相关法律法规的规定，制定本办法。

第二条 本办法所称非上市公众公司（以下简称公众公司）是指有下列情形之一且其股票未在证券交易所上市交易的股份有限公司：

（一）股票向特定对象发行或者转让导致股东累计超过二百人；

（二）股票公开转让。

第三条 公众公司应当按照法律、行政法规、本办法和公司章程的规定，做到股权明晰，合法规范经营，公司治理机制健全，履行信息披露义务。

第四条 公众公司公开转让股票应当在全国中小企业股份转让系统（以下简称全国股转系统）进行，公开转让的公众公司股票应当在中国证券登记结算公司集中登记存管。

第五条 公众公司可以依法进行股权融资、债权融资、资产重组等。

公众公司发行优先股、可转换公司债券等证券品种，应当遵守法律、行政法规和中国证券监督管理委员会（以下简称中国证监会）的相关规定。

第六条 为公司出具专项文件的证券公司、律师事务所、会计师事务所及其他证券服务机构，应当勤勉尽责、诚实守信，认真履行审慎核查义务，按照依法制定的业务规则、行业执业规范和职业道德准则发表专业意见，保证所出具文件的真实性、准确性和完整性，并接受中国证监会的监管。

第二章 公司治理

第七条 公众公司应当依法制定公司章程。

公司章程的制定和修改应当符合《公司法》和中国证监会的相关规定。

第八条 公众公司应当建立兼顾公司特点和公司治理机制基本要求的股东大会、董事会、监事会制度，明晰职责和议事规则。

第九条 公众公司的治理结构应当确保所有股东，特别是中小股东充分行使法律、行政法规和公司章程规定的合法权利。

股东对法律、行政法规和公司章程规定的公司重大事项，享有知情权和参与权。

公众公司应当建立健全投资者关系管理，保护投资者的合法权益。

第十条 公众公司股东大会、董事会、监事会的召集、提案审议、通知时间、召开程序、授权委托、表决和决议等应当符合法律、行政法规和公司章程的规定；会议记录应当完整并安全保存。

股东大会的提案审议应当符合规定程序，保障股东的知情权、参与权、质询权和表决权；董事会应当在职权范围和股东大会授权范围内对审议事项作出决议，不得代替股东大会对超出董事会职权范围和授权范围的事项进行决议。

第十一条 公众公司董事会应当对公司的治理机制是否给所有的股东提供合适的保护和平等权利等情况进行充分讨论、评估。

第十二条 公众公司应当强化内部管理，按照相关规定建立会计核算体系、财务管理和风险控制等制度，确保公司财务报告真实可靠及行为合法合规。

第十三条 公众公司进行关联交易应当遵循平等、自愿、等价、有偿的原则，保证交易公平、公允，维护公司的合法权益，根据法律、行政法规、中国证监会的规定和公司章程，履行相应的审议程序。

关联交易不得损害公众公司利益。

第十四条 公众公司应当采取有效措施防止股东及其关联方以各种形式占用或者转移公司的资金、资产及其他资源。

公众公司股东、实际控制人、董事、监事及高级管理人员不得实施侵占公司资产、利益输送等损害公众公司利益的行为。

未经董事会或股东大会批准或授权，公众公司不得对外提供担保。

第十五条 公众公司实施并购重组行为，应当按照法律、行政法规、中国证监会的规定和公司章程，履行相应的决策程序并聘请证券公司和相关证券服务机构出具专业意见。

任何单位和个人不得利用并购重组损害公众公司及其股东的合法权益。

第十六条 进行公众公司收购，收购人或者其实际控制人应当具有健全的公司治理机制和良好的诚信记录。收购人不得以任何形式从被收购公司获得财务资助，不得利用收购活动损害被收购公司及其股东的合法权益。

在公众公司收购中，收购人应该承诺所持有的被收购公司的股份，在收购完成后十二个月内不得转让。

第十七条 公众公司实施重大资产重组，重组的相关资产应当权属清晰、定价公允，重组后的公众公司治理机制健全，不得损害公众公司和股东的合法权益。

第十八条 公众公司应当按照法律的规定，同时结合公司的实际情况在公司章程中约定建立表决权回避制度。

第十九条 公众公司应当在公司章程中约定纠纷解决机制。股东有权按照法律、行政法规和公司章程的规定,通过仲裁、民事诉讼或者其他法律手段保护其合法权益。

第二十条 股票公开转让的科技创新公司存在特别表决权股份的,应当在公司章程中规定以下事项:

(一)特别表决权股份的持有人资格;

(二)特别表决权股份拥有的表决权数量与普通股份拥有的表决权数量的比例安排;

(三)持有人所持特别表决权股份能够参与表决的股东大会事项范围;

(四)特别表决权股份锁定安排及转让限制;

(五)特别表决权股份与普通股份的转换情形;

(六)其他事项。

全国股转系统应对存在特别表决权股份的公司表决权差异的设置、存续、调整、信息披露和投资者保护等事项制定具体规定。

第三章 信息披露

第二十一条 公司及其他信息披露义务人应当按照法律、行政法规和中国证监会的规定履行信息披露义务,所披露的信息应当真实、准确、完整,不得有虚假记载、误导性陈述或者重大遗漏。公司及其他信息披露义务人应当及时、公平地向所有投资者披露信息,但是法律、行政法规另有规定的除外。

公司的董事、监事、高级管理人员应当忠实、勤勉地履行职责,保证公司及时、公正地披露信息,保证公司披露信息的真实、准确、完整。

第二十二条 信息披露文件主要包括公开转让说明书、定向转让说明书、定向发行说明书、发行情况报告书、定期报告和临时报告等。具体的内容与格式、编制规则及披露要求,由中国证监会另行制定。

第二十三条 股票公开转让与定向发行的公众公司应当报送年度报告、中期报告,并予公告。年度报告中的财务会计报告应当经符合《证券法》规定的会计师事务所审计。

股票向特定对象转让导致股东累计超过二百人的公众公司,应当报送年度报告,并予公告。年度报告中的财务会计报告应当经会计师事务所审计。

第二十四条 公众公司董事、高级管理人员应当对定期报告签署书面确认意见。

公众公司监事会应当对董事会编制的定期报告进行审核并提出书面审核意见,说明董事会对定期报告的编制和审核程序是否符合法律、行政法规、中国证监会的规定和公司章程,报告的内容是否能够真实、准确、完整地反映公司实际情况。监事应当签署书面确认意见。

公众公司董事、监事、高级管理人员无法保证定期报告内容的真实性、准确性、完整性或者有异议的,应当在书面确认意见中发表意见并陈述理由,并与定期报告同时披露。公众公司不予披露的,董事、监事和高级管理人员可以直接申请披露。

公众公司不得以董事、高级管理人员对定期报告内容有异议为由不按时披露定期报告。

第二十五条 证券公司、律师事务所、会计师事务所及其他证券服务机构出具的文件和其他有关的重要文件应当作为备查文件,予以披露。

第二十六条 发生可能对股票价格产生较大影响的重大事件,投资者尚未得知时,公众公司应当立即将有关该重大事件的情况向中国证监会和全国股转系统报送临时报告,并予以公告,说明事件的起因、目前的状态和可能产生的后果。

第二十七条 中国证监会对公众公司实行差异化信息披露管理,具体规定由中国证监会另行制定。

第二十八条 公众公司实施并购重组的,相关信息披露义务人应当依法严格履行公告义务。

参与并购重组的相关单位和人员,应当及时、准确地向公众公司通报有关信息,配合公众公司真实、准确、完整地进行披露,在并购重组的信息依法披露前负有保密义务,禁止利用该信息进行内幕交易。

第二十九条 公众公司应当制定信息披露事务管理制度并指定具有相关专业知识的人员负责信息披露事务。

第三十条 除监事会公告外,公众公司披露的信息应当以董事会公告的形式发布。董事、监事、高级管理人员非经董事会书面授权,不得对外发布未披露的信息。

第三十一条 公司及其他信息披露义务人依法披露的信息,应当在符合《证券法》规定的信息披露平台公布。公司及其他信息披露义务人可在公司网站或者其他公众媒体上刊登依本办法必须披露的信息,但披露的内容应当完全一致,且不得早于在上述信息披露平台披露的时间。

股票向特定对象转让导致股东累计超过二百人的公众公司可以在公司章程中约定其他信息披露方式;在《证券法》规定的信息披露平台披露相关信息的,应当符合前款要求。

第三十二条 公司及其他信息披露义务人应当将信息披露公告文稿和相关备查文件置备于公司住所、全国股转系统(如适用)供社会公众查阅。

第三十三条 公司应当配合为其提供服务的证券公司及律师事务所、会计师事务所等证券服务机构的工作,按要求提供所需资料,不得要求证券公司、证券服务机构出具与客观事实不符的文件或者阻碍其工作。

第四章 股票转让

第三十四条 股票向特定对象转让导致股东累计超过二百人的股份有限公司,应当自上述行为发生之日起三个月内,按照中国证监会有关规定制作申请文件,申请文件应当包括但不限于:定向转让说明书、律师事务所出具的法律意见书、会计师事务所出具的审计报告。股份有限公司持申请文件向中国证监会申请注册。在提交申请文件前,股份有限公司应当将相关情况通知所有股东。

在三个月内股东人数降至二百人以内的,可以不提出申请。

股票向特定对象转让应当以非公开方式协议转让。申请股票挂牌公开转让的,按照本办法第三十五条、第三十六条的规定办理。

第三十五条 公司申请其股票挂牌公开转让的,董事会应当依法就股票挂牌公开转让的具体方案作出决议,并提请股东大会批准,股东大会决议必须经出席会议的股东所持表决权的三分之二以上通过。

董事会和股东大会决议中还应当包括以下内容:

(一)按照中国证监会的相关规定修改公司章程;

(二)按照法律、行政法规和公司章程的规定建立健全公司治理机制;

(三)履行信息披露义务,按照相关规定披露公开转让说明书、年度报告、中期报告及其他信息披露内容。

公司申请其股票挂牌公开转让时,可以按照本办法第五章规定申请发行股票。

第三十六条 股东人数超过二百人的公司申请其股票挂牌公开转让,应当按照中国证监会有关规定制作公开转让的申请文件,申请文件应当包括但不限于:公开转让说明书、符合《证券法》规定的律师事务所出具的法律意见书、符合《证券法》规定的会计师事务所出具的审计报告、证券公司出具的推荐文件。公司持申请文件向全国股转系统申报。

中国证监会在全国股转系统收到注册申请文件之日起,同步关注公司是否符合国家产业政策和全国股转系统定位。

全国股转系统认为公司符合挂牌公开转让条件和信息披露要求的,将审核意见、公司注册申请文件及相关审核资料报送中国证监会注册;认为公司不符合挂牌公开转让条件或者信息披露要求的,作出终止审核决定。

中国证监会收到全国股转系统报送的审核意见、公司注册申请文件及相关审核资料后,基于全国股转系统的审核意见,依法履行注册程序。中国证监会发现存在影响挂牌公开转让条件的新增事项的,可以要求全国股转系统进一步问询并就新增事项形成审核意见;认为全国股转系统对新增事项的审核意见依据明显不充分的,可以退回全国股转系统补充审核,本办法第三十九条规定的注册期限重新计算。

公开转让说明书应当在公开转让前披露。

第三十七条 股东人数未超过二百人的公司申请其股票挂牌公开转让,中国证监会豁免注册,由全国股转系统进行审核。

第三十八条 全国股转系统审核过程中,发现公司涉嫌违反国家产业政策或全国股转系统定位的,或者发现重大敏感事项、重大无先例情况、重大舆情、重大违法线索的,应当及时向中国证监会请示报告,中国证监会及时提出明确意见。

第三十九条 中国证监会在二十个工作日内对注册申请作出同意注册或不予注册的决定,通过要求全国股转系统进一步问询、要求证券公司或证券服务机构等对有关事项进行核查、对公司现场检查等方式要求公司补充、修改申请文件的时间不计算在内。

第四十条 公司及其董事、监事、高级管理人员，应当对公开转让说明书、定向转让说明书签署书面确认意见，保证所披露的信息真实、准确、完整。

第四十一条 申请股票挂牌公开转让的公司应当聘请证券公司推荐其股票挂牌公开转让。证券公司应当对所推荐的股票公开转让的公众公司进行持续督导，督促公司诚实守信、及时履行信息披露义务、完善公司治理、提高规范运作水平。

股票公开转让的公众公司应当配合证券公司持续督导工作，接受证券公司的指导和督促。

第四十二条 本办法施行前股东人数超过二百人的股份有限公司，符合条件的，可以申请在全国股转系统挂牌公开转让股票、公开发行并在证券交易所上市。

第五章 定向发行

第四十三条 本办法所称定向发行包括股份有限公司向特定对象发行股票导致股东累计超过二百人，以及公众公司向特定对象发行股票两种情形。

前款所称特定对象的范围包括下列机构或者自然人：

（一）公司股东；

（二）公司的董事、监事、高级管理人员、核心员工；

（三）符合投资者适当性管理规定的自然人投资者、法人投资者及其他非法人组织。

股票未公开转让的公司确定发行对象时，符合第二款第（三）项规定的投资者合计不得超过三十五名。

核心员工的认定，应当由公司董事会提名，并向全体员工公示和征求意见，由监事会发表明确意见后，经股东大会审议批准。

投资者适当性管理规定由中国证监会另行制定。

第四十四条 公司应当对发行对象的身份进行确认，有充分理由确信发行对象符合本办法和公司的相关规定。

公司应当与发行对象签订包含风险揭示条款的认购协议，发行过程中不得采取公开路演、询价等方式。

第四十五条 公司董事会应当依法就本次股票发行的具体方案作出决议，并提请股东大会批准，股东大会决议必须经出席会议的股东所持表决权的三分之二以上通过。

监事会应当对董事会编制的股票发行文件进行审核并提出书面审核意见。监事应当签署书面确认意见。

股东大会就股票发行作出的决议，至少应当包括下列事项：

（一）本次发行股票的种类和数量（数量上限）；

（二）发行对象或范围、现有股东优先认购安排；

（三）定价方式或发行价格（区间）；

（四）限售情况；

（五）募集资金用途；

（六）决议的有效期；

（七）对董事会办理本次发行具体事宜的授权；

（八）发行前滚存利润的分配方案；

（九）其他必须明确的事项。

申请向特定对象发行股票导致股东累计超过二百人的股份有限公司，董事会和股东大会决议中还应当包括以下内容：

（一）按照中国证监会的相关规定修改公司章程；

（二）按照法律、行政法规和公司章程的规定建立健全公司治理机制；

（三）履行信息披露义务，按照相关规定披露定向发行说明书、发行情况报告书、年度报告、中期报告及其他信息披露内容。

根据公司章程以及全国股转系统的规定，股票公开转让的公司年度股东大会可以授权董事会向特定对象发行股票，该项授权的有效期不得超过公司下一年度股东大会召开日。

第四十六条 董事会、股东大会决议确定具体发行对象的，董事、股东参与认购或者与认购对象存在关联关系的，应当回避表决。

出席董事会的无关联关系董事人数不足三人的，应当将该事项提交公司股东大会审议。

第四十七条 公司应当按照中国证监会有关规定制作定向发行的申请文件，申请文件应当包括但不限于：定向发行说明书、符合《证券法》规定的律师事务所出具的法律意见书、符合《证券法》规定的会计师事务所出具的审计报告、证券公司出具的推荐文件。

第四十八条 股票公开转让的公众公司向公司前十名股东、实际控制人、董事、监事、高级管理人员及核心员工定向发行股票，连续十二个月内发行的股份未超过公司总股本百分之十且融资总额不超过二千万元的，无需提供证券公司出具的推荐文件以及律师事务所出具的法律意见书。

按照前款规定发行股票的，董事会决议中应当明确发行对象、发行价格和发行数量，且公司不得存在以下情形：

（一）公司采用本办法第四十五条第五款规定方式发行的；

（二）认购人以非现金资产认购的；

（三）发行股票导致公司控制权发生变动的；

（四）本次发行中存在特殊投资条款安排的；

（五）公司或其控股股东、实际控制人、董事、监事、高级管理人员最近十二个月内被中国证监会给予行政处罚或采取监管措施、被全国股转系统采取纪律处分的。

第四十九条 股票公开转让的公众公司向特定对象发行股票后股东累计超过二百人的，应当持申请文件向全国股转系统申报，中国证监会基于全国股转系统的审核意见依法履行注册程序。

股票公开转让的公众公司向特定对象发行股票后股东累计不超过二百人的，中国证监会豁免注册，由全国股转系统自律管理。

中国证监会和全国股转系统按照本办法第三十六条、第三十八条规定的程序进行审核注册。

第五十条 股票未公开转让的公司向特定对象发行股票后股东累计超过二百人的，应当持申请文件向中国证监会申报；中国证监会认为公司符合发行条件和信息披露要求的，依法作出同意注册的决定。

第五十一条 中国证监会按照本办法第三十九条的规定作出同意注册或不予注册的决定。

第五十二条 股票公开转让的公众公司申请定向发行股票，可申请一次注册，分期发行。自中国证监会予以注册之日起，公司应当在三个月内首期发行，剩余数量应当在十二个月内发行完毕。超过注册文件限定的有效期未发行的，须重新经中国证监会注册后方可发行。首期发行数量应当不少于总发行数量的百分之五十，剩余各期发行的数量由公司自行确定，每期发行后五个工作日内将发行情况报送全国股转系统备案。

第五十三条 股票发行结束后，公众公司应当按照中国证监会的有关要求编制并披露发行情况报告书。申请分期发行的公众公司应在每期发行后按照中国证监会的有关要求进行披露，并在全部发行结束或者超过注册文件有效期后按照中国证监会的有关要求编制并披露发行情况报告书。

豁免向中国证监会申请注册定向发行的公众公司，应当在发行结束后按照中国证监会的有关要求编制并披露发行情况报告书。

第五十四条 公司及其董事、监事、高级管理人员，应当对定向发行说明书、发行情况报告书签署书面确认意见，保证所披露的信息真实、准确、完整。

第五十五条 公众公司定向发行股份购买资产的，按照本章有关规定办理。

第六章 监督管理

第五十六条 中国证监会会同国务院有关部门、地方人民政府，依照法律法规和国务院有关规定，各司其职，分工协作，对公众公司进行持续监管，防范风险，维护证券市场秩序。

第五十七条 中国证监会依法履行对公司股票转让、股票发行、信息披露的监管职责，有权对公司、证券公司、证券服务机构等采取《证券法》规定的有关措施。

第五十八条 中国证监会建立对审核注册全流程的权力运行监督制约机制，对审核注册程序相关内控制度运行情况进行督导督察，对廉政纪律执行情况和相关人员的履职尽责情况进行监督监察。

中国证监会建立对全国股转系统审核监管工作的监督机制，可以通过选取或抽取项目同步关注、调阅审核工作文件、提出问题、列席相关审核会议等方式对全国股转系统相关工作进行检查或抽查。对于中国证监会检查监督过程中发现的问题，全国股转系统应当整改。

第五十九条 全国股转系统应当发挥自律管理作用，对股票公开转让的公众公司及相关信息披露义务人披露信息进行监督，督促其依法及时、准确地披露信息。发现股票公开转让的公众公司及相关信息披露义务人有违反法律、行政法规和中国证监会相关规定的行为，应当向中国证监会报告，并采取自律管理措施。

全国股转系统可以依据相关规则对股票公开转让的公众公司进行现场检查或非现场检查。

第六十条 全国股转系统应当建立定期报告和重大审核事项请示报告制度，及时总结审核工作情况，并报告中国证监会。

第六十一条 中国证券业协会应当发挥自律管理作用，对从事公司股票转让和股票发行业务的证券公司进行监督，督促其勤勉尽责地履行尽职调查和督导职责。发现证券公司有违反法律、行政法规和中国证监会相关规定的行为，应当向中国证监会报告，并采取自律管理措施。

第六十二条 中国证监会可以要求公司及其他信息披露义务人或者其董事、监事、高级管理人员对有关信息披露问题作出解释、说明或者提供相关资料，并要求公司提供证券公司或者证券服务机构的专业意见。

中国证监会对证券公司和证券服务机构出具文件的真实性、准确性、完整性有疑义的，可以要求相关机构作出解释、补充，并调阅其工作底稿。

第六十三条 证券公司在从事股票转让、股票发行等业务活动中，应当按照中国证监会和全国股转系统的有关规定勤勉尽责地进行尽职调查，规范履行内核程序，认真编制相关文件，并持续督导所推荐公司及时履行信息披露义务、完善公司治理。

第六十四条 证券服务机构为公司的股票转让、股票发行等活动出具审计报告、资产评估报告或者法律意见书等文件的，应当严格履行法定职责，遵循勤勉尽责和诚实信用原则，对公司的主体资格、股本情况、规范运作、财务状况、公司治理、信息披露等内容的真实性、准确性、完整性进行充分的核查和验证，并保证其出具的文件不存在虚假记载、误导性陈述或者重大遗漏。

第六十五条 中国证监会依法对公司及其他信息披露义务人、证券公司、证券服务机构进行监督检查或者调查，被检查或者调查对象有义务提供相关文件资料。对于发现问题的单位和个人，中国证监会可以采取责令改正、监管谈话、责令公开说明、出具警示函等监管措施，并记入诚信档案；涉嫌违法、犯罪的，应当立案调查或者移送司法机关。

第七章 法律责任

第六十六条 全国股转系统审核工作存在下列情形之一的，由中国证监会责令改正；情节严重的，追究直接责任人员相关责任：

（一）未按审核标准开展审核工作；

（二）未按审核程序开展审核工作；

（三）发现涉嫌违反国家产业政策、全国股转系统定位或者发现重大敏感事项、重大无先例情况、重大舆情、重大违法线索，未请示报告或请示报告不及时；

（四）不配合中国证监会对审核工作的检查监督，或者不按中国证监会的要求进行整改。

第六十七条 公司在其公告的股票挂牌公开转让、股票发行文件中隐瞒重要事实或者编造重要虚假内容的，除依照《证券法》有关规定进行处罚外，中国证监会可视情节轻重，依法采取责令改正、监管谈话、出具警示函等监管措施；情节严重的，中国证监会可以对有关责任人员采取证券市场禁入的措施。

公司擅自改动已提交的股票转让、股票发行申请文件的，或发生重大事项未及时报告或者未及时披露的，中国证监会可视情节轻重，依法采取责令改正、监管谈话、出具警示函等监管措施。

第六十八条 公司向不符合本办法规定条件的投资者发行股票的，中国证监会可以责令改正。

第六十九条 公司未依照本办法第三十四条、第三十六条、第四十九条、第五十条规定，擅自转让或者发行股票的，依照《证券法》有关规定进行处罚。

第七十条 公众公司违反本办法第十三条、第十四条规定的，中国证监会可以责令改正，对相关责任主体给予警告，单处或者并处十万元以下的罚款，涉及金融安全且有危害后果的，单处或者并处二十万元以下的罚款。

第七十一条 公司及其他信息披露义务人未按照规定披露信息，或者所披露的信息有虚假记载、误导性陈述或者重大遗漏的，依照《证券法》有关规定进行处罚。

第七十二条 信息披露义务人及其董事、监事、高级管理人员，公司控股股东、实际控制人，为信息披露义务人出具专项文件的证券公司、证券服务机构及其工作人员，违反《证券法》、行政法规和中国证监会相关规定的，中国证监会可以依法采取责令改正、监管谈话、出具警示函等监管措施，并记入诚信档案；情节严重的，中国证监会可以对有关责任人员采取证券市场禁入的措施。

第七十三条 公众公司内幕信息知情人或非法获取内幕信息的人，在对公众公司股票价格有重大影响的信息公开前，泄露该信息、买卖或者建议他人买卖该股票的，依照《证券法》有关规定进行处罚。

第七十四条 股票公开转让的公众公司及其股东、实际控制人未按本办法规定配合证券公司、证券服务机构尽职调查、持续督导等工作的，中国证监会可以依法采取责令改正、监管谈话、出具警示函等监管措施，并记入诚信档案。

第七十五条 证券公司及其工作人员未按本办法规定履行持续督导责任，情节严重的，中国证监会可以依法采取责令改正、监管谈话、出具警示函等监管措施。

第七十六条 证券公司、证券服务机构出具的文件有虚假记载、误导性陈述或者重大遗漏的，除依照《证券法》及相关法律法规的规定处罚外，中国证监会可以依法采取责令改正、监管谈话、出具警示函等监管措施；情节严重的，中国证监会可以对有关责任人员采取证券市场禁入的措施。

第七十七条 证券公司、证券服务机构擅自改动已提交的股票转让、股票发行申请文件的，或发生重大事项未及时报告或者未及时披露的，中国证监会可视情节轻重，依法采取责令改正、监管谈话、出具警示函等监管措施。

第八章 附 则

第七十八条 公众公司申请在证券交易所上市的，应当遵守中国证监会和证券交易所的相关规定。

第七十九条 注册在境内的境外上市公司在境内定向发行股份、将境内股份在全国股转系统挂牌公开转让，按照本办法相关规定执行。

第八十条 本办法施行前股东人数超过二百人的股份有限公司，不在全国股转系统挂牌公开转让股票或证券交易所上市的，应当按相关要求规范后申请纳入非上市公众公司监管。

第八十一条 公司发行优先股、可转换公司债券的，应当符合中国证监会和全国股转系统的有关规定，普通股、优先股、可转换公司债券持有人数合并计算，并按照本办法第五章有关规定办理。

第八十二条 本办法所称股份有限公司是指首次申请股票转让或定向发行的股份有限公司；所称公司包括非上市公众公司和首次申请股票转让或定向发行的股份有限公司。

第八十三条 本办法自公布之日起施行。

非上市公众公司
重大资产重组管理办法

· 2014年5月5日中国证券监督管理委员会第41次主席办公会议审议通过
· 根据2020年3月20日中国证券监督管理委员会《关于修改部分证券期货规章的决定》修正
· 2023年2月17日中国证券监督管理委员会第2次委务会议修订
· 2023年2月17日中国证券监督管理委员会令第213号公布
· 自公布之日起施行

第一章 总 则

第一条 为了规范非上市公众公司（以下简称公众公司）重大资产重组行为，保护公众公司和投资者的合法权益，促进公众公司质量不断提高，维护证券市场秩序和社会公共利益，根据《中华人民共和国证券法》（以下简称《证券法》）、《中华人民共和国公司法》《国务院关于全国中小企业股份转让系统有关问题的决定》《国务院关于进一步优化企业兼并重组市场环境的意见》及其他相关法律、行政法规，制定本办法。

第二条 本办法适用于股票在全国中小企业股份转让系统（以下简称全国股转系统）公开转让的公众公司重大资产重组行为。

本办法所称的重大资产重组是指公众公司及其控股或者控制的公司在日常经营活动之外购买、出售资产或者通过其他方式进行资产交易，导致公众公司的业务、资产发生重大变化的资产交易行为。

公众公司及其控股或者控制的公司购买、出售资产，达到下列标准之一的，构成重大资产重组：

（一）购买、出售的资产总额占公众公司最近一个会计年度经审计的合并财务会计报表期末资产总额的比例达到百分之五十以上；

（二）购买、出售的资产净额占公众公司最近一个会计年度经审计的合并财务会计报表期末净资产额的比例达到百分之五十以上，且购买、出售的资产总额占公众公司最近一个会计年度经审计的合并财务会计报表期末资产总额的比例达到百分之三十以上。

购买、出售资产未达到前款规定标准，但中国证券监督管理委员会（以下简称中国证监会）发现涉嫌违反国家产业政策、违反法律和行政法规、违反中国证监会的规定、可能损害公众公司或者投资者合法权益等重大问题的，可以根据审慎监管原则，责令公众公司按照本办法的规定补充披露相关信息、暂停交易、聘请独立财务顾问或者其他证券服务机构补充核查并披露专业意见。

公众公司发行股份购买资产触及本条所列指标的，应当按照本办法的相关要求办理。

第三条 本办法第二条所称通过其他方式进行资产交易，包括：

（一）以认缴、实缴等方式与他人新设参股企业，或对已设立的企业增资或者减资；

（二）受托经营、租赁其他企业资产或将经营性资产委托他人经营、租赁；

（三）接受附义务的资产赠与或者对外捐赠资产；

（四）中国证监会根据审慎监管原则认定的其他情形。

上述资产交易实质上构成购买、出售资产的，且达到本办法第二条第三款规定的重大资产重组标准的，应当按照本办法的规定履行相关义务和程序。

第四条 公众公司实施重大资产重组，应当就本次交易符合下列要求作出充分说明，并予以披露：

（一）重大资产重组所涉及的资产定价公允，不存在损害公众公司和股东合法权益的情形；

（二）重大资产重组所涉及的资产权属清晰，资产过户或者转移不存在法律障碍，相关债权债务处理合法；所购买的资产，应当为权属清晰的经营性资产；

（三）实施重大资产重组后有利于提高公众公司资产质量和增强持续经营能力，不存在可能导致公众公司重组后主要资产为现金或者无具体经营业务的情形；

（四）实施重大资产重组后有利于公众公司形成或者保持健全有效的法人治理结构。

第五条 公众公司实施重大资产重组，有关各方应当及时、公平地披露或者提供信息，保证所披露或者提供信息的真实、准确、完整，不得有虚假记载、误导性陈述或者重大遗漏。

第六条 公众公司的董事、监事和高级管理人员在重大资产重组中，应当诚实守信、勤勉尽责，维护公众公司资产的安全，保护公众公司和全体股东的合法权益。

第七条 公众公司实施重大资产重组，应当聘请符合《证券法》规定的独立财务顾问、律师事务所以及会计师事务所等证券服务机构出具相关意见。公众公司也可以同时聘请其他机构为其重大资产重组提供顾问服务。

为公众公司重大资产重组提供服务的证券服务机构及人员，应当遵守法律、行政法规和中国证监会的有关规定，遵循本行业公认的业务标准和道德规范，严格履行职责，不得谋取不正当利益，并应当对其所制作、出具文件的真实性、准确性和完整性承担责任。

第八条 任何单位和个人对知悉的公众公司重大资产重组信息在依法披露前负有保密义务，不得利用公众公司重大资产重组信息从事内幕交易、操纵证券市场等违法活动。

第二章 重大资产重组的信息管理

第九条 公众公司与交易对方就重大资产重组进行初步磋商时，应当采取有效的保密措施，限定相关敏感信息的知悉范围，并与参与或知悉本次重大资产重组信息的相关主体签订保密协议。

第十条 公众公司及其控股股东、实际控制人等相关主体研究、筹划、决策重大资产重组事项，原则上应当在相关股票暂停转让后或者非转让时间进行，并尽量简化决策流程、提高决策效率、缩短决策时限，尽可能缩小内幕信息知情人范围。如需要向有关部门进行政策咨询、方案论证的，应当在相关股票暂停转让后进行。

第十一条 公众公司筹划重大资产重组事项，应当详细记载筹划过程中每一具体环节的进展情况，包括商议相关方案、形成相关意向、签署相关协议或者意向书的具体时间、地点、参与机构和人员、商议和决议内容等，制作书面的交易进程备忘录并予以妥当保存。参与每一具体环节的所有人员应当即时在备忘录上签名确认。

公众公司应当按照全国股转系统的规定及时做好内幕信息知情人登记工作。

第十二条 在筹划公众公司重大资产重组的阶段，交易各方初步达成实质性意向或者虽未达成实质性意向，但相关信息已在媒体上传播或者预计该信息难以保密或者公司股票转让出现异常波动的，公众公司应当及时向全国股转系统申请股票暂停转让。

第十三条 筹划、实施公众公司重大资产重组，相关信息披露义务人应当公平地向所有投资者披露可能对公众公司股票转让价格产生较大影响的相关信息，不得有选择性地向特定对象提前泄露。但是，法律、行政法规另有规定的除外。

公众公司的股东、实际控制人以及参与重大资产重组筹划、论证、决策等环节的其他相关机构和人员，应当及时、准确地向公众公司通报有关信息，并配合公众公司及时、准确、完整地进行披露。

第三章 重大资产重组的程序

第十四条 公众公司进行重大资产重组，应当由董事会依法作出决议，并提交股东大会审议。

第十五条 公众公司召开董事会决议重大资产重组事项，应当在披露决议的同时披露本次重大资产重组报告书、独立财务顾问报告、法律意见书以及重组涉及的审计报告、资产评估报告（或资产估值报告）。董事会还应当就召开股东大会事项作出安排并披露。

如公众公司就本次重大资产重组首次召开董事会前，相关资产尚未完成审计等工作的，在披露首次董事会决议的同时应当披露重大资产重组预案及独立财务顾问对预案的核查意见。公众公司应在披露重大资产重组预案后六个月内完成审计等工作，并再次召开董事会，在披露董事会决议时一并披露重大资产重组报告书、独立财务顾问报告、法律意见书以及本次重大资产重组涉及的审计报告、资产评估报告（或资产估值报告）等。董事会还应当就召开股东大会事项作出安排并披露。

第十六条 股东大会就重大资产重组事项作出的决议，必须经出席会议的股东所持表决权的三分之二以上通过。公众公司股东人数超过二百人的，应当对出席会议的持股比例在百分之十以下的股东表决情况实施单独计票。公众公司应当在决议后及时披露表决情况。

前款所称持股比例在百分之十以下的股东，不包括公众公司董事、监事、高级管理人员及其关联人以及持股比例在百分之十以上股东的关联人。

公众公司重大资产重组事项与本公司股东或者其关联人存在关联关系的，股东大会就重大资产重组事项进行表决时，关联股东应当回避表决。

第十七条 公众公司可视自身情况在公司章程中约定是否提供网络投票方式以便于股东参加股东大会；退市公司应当采用安全、便捷的网络投票方式为股东参加股东大会提供便利。

第十八条 公众公司重大资产重组可以使用现金、股份、可转换债券、优先股等支付手段购买资产。

使用股份、可转换债券、优先股等支付手段购买资产的，其支付手段的价格由交易双方自行协商确定，定价可以参考董事会召开前一定期间内公众公司股票的市场价格、同行业可比公司的市盈率或市净率等。董事会应当对定价方法和依据进行充分披露。

第十九条 公众公司向特定对象发行股份购买资产后股东累计超过二百人的重大资产重组，应当持申请文件向全国股转系统申报。

中国证监会在全国股转系统收到注册申请文件之日起，同步关注本次发行股份是否符合国家产业政策和全国股转系统定位。

全国股转系统认为公众公司符合重大资产重组实施要求和信息披露要求的，将审核意见、公众公司注册申请文件及相关审核资料报送中国证监会注册；认为公众公司不符合重大资产重组实施要求和信息披露要求的，作出终止审核决定。

中国证监会收到全国股转系统报送的审核意见、公司注册申请文件及相关审核资料后，基于全国股转系统的审核意见，依法履行注册程序。中国证监会发现存在影响重大资产重组实施要求的新增事项的，可以要求全国股转系统进一步问询并就新增事项形成审核意见；认为全国股转系统对新增事项的审核意见依据明显不充分的，可以退回全国股转系统补充审核，本办法第二十二条规定的注册期限重新计算。

第二十条 公众公司向特定对象发行股份购买资产后股东累计不超过二百人的重大资产重组，中国证监会豁免注册，由全国股转系统自律管理。

公众公司重大资产重组不涉及发行股份的，全国股转系统对重大资产重组报告书、独立财务顾问报告、法律意见书以及重组涉及的审计报告、资产评估报告（或资产估值报告）等信息披露文件的完备性进行审查。

第二十一条 全国股转系统审核过程中，发现本次发行股份涉嫌违反国家产业政策或全国股转系统定位的，或者发现重大敏感事项、重大无先例情况、重大舆情、重大违法线索的，应当及时向中国证监会请示报告，中国证监会及时提出明确意见。

第二十二条 中国证监会在二十个工作日内对注册申请作出同意注册或不予注册的决定，通过要求全国股转系统进一步问询、要求证券公司或证券服务机构等对有关事项进行核查、对公司现场检查等方式要求公司补充、修改申请文件的时间不计算在内。

第二十三条 股东大会作出重大资产重组的决议后，公众公司拟对交易对象、交易标的、交易价格等作出变更，构成对原重组方案重大调整的，应当按照本办法的规定重新履行程序。

股东大会作出重大资产重组的决议后，公众公司董事会决议终止本次交易或者撤回有关申请的，应当说明原因并披露，并提交股东大会审议。

第二十四条 中国证监会不予注册的，自中国证监会作出不予注册的决定之日起三个月内，全国股转系统不受理该公众公司发行股份购买资产的重大资产重组申请。

第二十五条 公众公司实施重大资产重组，相关当事人作出公开承诺事项的，应当同时提出未能履行承诺时的约束措施并披露。

全国股转系统应当加强对相关当事人履行公开承诺行为的监督和约束，对不履行承诺的行为及时实施自律管理。

第二十六条 公众公司重大资产重组完成相关批准程序后，应当及时实施重组方案，并在本次重大资产重组实施完毕之日起二个工作日内，编制并披露实施情况报告书及独立财务顾问、律师的专业意见。

退市公司重大资产重组涉及发行股份的，自中国证监会作出同意注册决定之日起六十日内，本次重大资产重组未实施完毕的，退市公司应当于期满后二个工作日内披露实施进展情况；此后每三十日应当披露一次，直至实施完毕。

第二十七条 独立财务顾问应当按照中国证监会的相关规定，对实施重大资产重组的公众公司履行持续督导职责。持续督导的期限自公众公司完成本次重大资产重组之日起，应当不少于一个完整会计年度。

第二十八条 独立财务顾问应当结合公众公司重大资产重组实施当年和实施完毕后的第一个完整会计年度的年报，自年报披露之日起十五日内，对重大资产重组实施的下列事项出具持续督导意见，报送全国股转系统，并披露：

（一）交易资产的交付或者过户情况；

（二）交易各方当事人承诺的履行情况及未能履行承诺时相关约束措施的执行情况；

（三）公司治理结构与运行情况；

（四）本次重大资产重组对公司运营、经营业绩影响的状况；

（五）盈利预测的实现情况（如有）；

（六）与已公布的重组方案存在差异的其他事项。

第二十九条 本次重大资产重组涉及发行股份的，特定对象以资产认购而取得的公众公司股份，应当承诺自股份发行结束之日起六个月内不得转让；属于下列情形之一的，应当承诺十二个月内不得转让：

（一）特定对象为公众公司控股股东、实际控制人或者其控制的关联人；

（二）特定对象通过认购本次发行的股份取得公众公司的实际控制权；

（三）特定对象取得本次发行的股份时，对其用于认购股份的资产持续拥有权益的时间不足十二个月。

第四章 监督管理与法律责任

第三十条 全国股转系统对公众公司重大资产重组实施自律管理。

全国股转系统应当对公众公司涉及重大资产重组的股票暂停与恢复转让、防范内幕交易等作出制度安排；加强对公众公司重大资产重组期间股票转让的实时监管，建立相应的市场核查机制，并在后续阶段对股票转让情况进行持续监管。

全国股转系统应当督促公众公司及其他信息披露义务人依法履行信息披露义务，发现公众公司重大资产重组信息披露文件中有违反法律、行政法规和中国证监会规定行为的，应当向中国证监会报告，并实施自律管理；情节严重的，应当要求其暂停重大资产重组。

全国股转系统应当督促为公众公司提供服务的独立财务顾问诚实守信、勤勉尽责，发现独立财务顾问有违反法律、行政法规和中国证监会规定行为的，应当向中国证监会报告，并实施自律管理。

全国股转系统可以依据相关规则对实施重大资产重组的公众公司进行现场检查或非现场检查。

第三十一条 全国股转系统应当建立定期报告和重大审核事项请示报告制度，及时总结审核工作情况，并报告中国证监会。

第三十二条 中国证监会依法对公众公司重大资产重组实施监督管理。

中国证监会发现公众公司进行重大资产重组未按照本办法的规定履行信息披露及相关义务、存在可能损害公众公司或者投资者合法权益情形的，有权要求其补充披露相关信息、暂停或者终止其重大资产重组；有权对公众公司、证券服务机构采取《证券法》第一百七十条规定的措施。

第三十三条 中国证监会建立对审核注册全流程的权力运行监督制约机制，对审核注册程序相关内控制度运行情况进行督导督察，对廉政纪律执行情况和相关人员的履职尽责情况进行监督监察。

中国证监会建立对全国股转系统审核监管工作的监督机制，可以通过选取或抽取项目同步关注、调阅审核工作文件、提出问题、列席相关审核会议等方式对全国股转系统相关工作进行检查或抽查。对于中国证监会检查监督过程中发现的问题，全国股转系统应当整改。

第三十四条 重大资产重组实施完毕后，凡不属于公众公司管理层事前无法获知且事后无法控制的原因，购买资产实现的利润未达到盈利预测报告或者资产评估报告预测金额的百分之八十，或者实际运营情况与重大资产重组报告书存在较大差距的，公众公司的董事长、总经理、财务负责人应当在公众公司披露年度报告的同时，作出解释，并向投资者公开道歉；实现利润未达到预测金额的百分之五十的，中国证监会可以对公众公司及相关责任人员采取监管谈话、出具警示函、责令定期报告等监管措施。

第三十五条 全国股转系统审核工作存在下列情形之一的，由中国证监会责令改正；情节严重的，追究直接责任人员相关责任：

（一）未按审核标准开展审核工作；

（二）未按审核程序开展审核工作；

（三）发现涉嫌违反国家产业政策、全国股转系统定位或者发现重大敏感事项、重大无先例情况、重大舆情、重大违法线索，未请示报告或请示报告不及时；

（四）不配合中国证监会对审核工作的检查监督，或者不按中国证监会的要求进行整改。

第三十六条 公众公司或其他信息披露义务人未按照本办法的规定披露或报送信息、报告，或者披露或报送的信息、报告有虚假记载、误导性陈述或者重大遗漏的，由中国证监会责令改正，依照《证券法》第一百九十七条予以处罚；情节严重的，可以责令暂停或者终止重大资产重组，并可以对有关责任人员采取证券市场禁入的措施。

公众公司的控股股东、实际控制人组织、指使从事前款违法违规行为，或者隐瞒相关事项导致发生前款情形的，依照《证券法》第一百九十七条予以处罚；情节严重的，可以责令暂停或者终止重组活动，并可以对有关责任人员采取证券市场禁入的措施；涉嫌犯罪的，依法移送司法机关追究刑事责任。

第三十七条 公众公司董事、监事和高级管理人员在重大资产重组中，未履行诚实守信、勤勉尽责义务，或者公众公司的股东、实际控制人及其有关负责人员未按照本办法的规定履行相关义务，导致重组方案损害公众公司利益的，由中国证监会采取责令改正，并可以采取监管谈话、出具警示函等监管措施；情节严重的，处以警告、罚款，并可以对有关责任人员采取证券市场禁入的措施；涉嫌犯罪的，依法移送司法机关追究刑事责任。

第三十八条 为重大资产重组出具财务顾问报告、审计报告、法律意见书、资产评估报告（或资产估值报告）及其他专业文件的证券服务机构及其从业人员未履行诚实守信、勤勉尽责义务，违反行业规范、业务规则的，采取责令改正、监管谈话、出具警示函等监管措施；情节严重的，依法追究法律责任，并可以对有关责任人员采取证券市场禁入的措施。

前款规定的证券服务机构及其从业人员所制作、出具的文件存在虚假记载、误导性陈述或者重大遗漏的，责令改正，依照《证券法》第二百一十三条予以处罚；情节严重的，可以对有关责任人员采取证券市场禁入的措施；涉嫌犯罪的，依法移送司法机关追究刑事责任。

第三十九条 违反本办法的规定构成证券违法行为的，依照《证券法》等法律法规的规定追究法律责任。

第五章 附 则

第四十条 计算本办法第二条规定的比例时，应当遵守下列规定：

（一）购买的资产为股权的，且购买股权导致公众公司取得被投资企业控股权的，其资产总额以被投资企业的资产总额和成交金额二者中的较高者为准，资产净额以被投资企业的净资产额和成交金额二者中的较高者为准；出售股权导致公众公司丧失被投资企业控股权的，其资产总额、资产净额分别以被投资企业的资产总额以及净资产额为准。

除前款规定的情形外，购买的资产为股权的，其资产总额、资产净额均以成交金额为准；出售的资产为股权的，其资产总额、资产净额均以该股权的账面价值为准；

（二）购买的资产为非股权资产的，其资产总额以该资产的账面值和成交金额二者中的较高者为准，资产净额以相关资产与负债账面值的差额和成交金额二者中的较高者为准；出售的资产为非股权资产的，其资产总额、资产净额分别以该资产的账面值、相关资产与负债账面值的差额为准；该非股权资产不涉及负债的，不适用本办法第二条第三款第（二）项规定的资产净额标准；

（三）公众公司同时购买、出售资产的，应当分别计算购买、出售资产的相关比例，并以二者中比例较高者为准；

（四）公众公司在十二个月内连续对同一或者相关资产进行购买、出售的，以其累计数分别计算相应数额。已按照本办法的规定履行相应程序的资产交易行为，无须纳入累计计算的范围。

交易标的资产属于同一交易方所有或者控制，或者属于相同或者相近的业务范围，或者中国证监会认定的其他情形下，可以认定为同一或者相关资产。

第四十一条 特定对象以现金认购公众公司定向发行的股份后，公众公司用同一次定向发行所募集的资金向该特定对象购买资产达到重大资产重组标准的适用本办法。

公众公司按照经中国证监会注册或经全国股转系统审核无异议的定向发行文件披露的募集资金用途，使用募集资金购买资产、对外投资的行为，不适用本办法。

第四十二条 公众公司重大资产重组涉及发行可转换债券、优先股等其他支付手段的，应当遵守《证券法》《国务院关于开展优先股试点的指导意见》和中国证监会的相关规定。

第四十三条 为公众公司重大资产重组提供服务的独立财务顾问业务许可、业务规则及法律责任等，按照中国证监会关于上市公司并购重组财务顾问的相关规定执行。

第四十四条 退市公司符合中国证监会和证券交易所规定的重新上市条件的，可依法向证券交易所提出申请。

第四十五条 股票不在全国股转系统公开转让的公众公司重大资产重组履行的决策程序和信息披露内容比照本办法的相关规定执行。

第四十六条 本办法自公布之日起施行。

证券期货业反洗钱工作实施办法

- 2010年9月1日证监会令第68号公布
- 根据2022年8月12日中国证券监督管理委员会《关于修改、废止部分证券期货规章的决定》修订

第一章 总 则

第一条 为进一步配合国务院反洗钱行政主

管部门加强证券期货业反洗钱工作,有效防范证券期货业洗钱和恐怖融资风险,规范行业反洗钱监管行为,推动证券期货经营机构认真落实反洗钱工作,维护证券期货市场秩序,根据《中华人民共和国反洗钱法》(以下简称《反洗钱法》)、《中华人民共和国证券法》《中华人民共和国证券投资基金法》《中华人民共和国期货和衍生品法》及《期货交易管理条例》等法律法规,制定本办法。

第二条 本办法适用于中华人民共和国境内的证券期货业反洗钱工作。

从事基金销售业务的机构在基金销售业务中履行反洗钱责任适用本办法。

第三条 中国证券监督管理委员会(以下简称证监会)依法配合国务院反洗钱行政主管部门履行证券期货业反洗钱监管职责,制定证券期货业反洗钱工作的规章制度,组织、协调、指导证券公司、期货公司和基金管理公司(以下简称证券期货经营机构)的反洗钱工作。

证监会派出机构按照本办法的规定,履行辖区内证券期货业反洗钱监管职责。

第四条 中国证券业协会和中国期货业协会依照本办法的规定,履行证券期货业反洗钱自律管理职责。

第五条 证券期货经营机构应当依法建立健全反洗钱工作制度,按照本办法规定向当地证监会派出机构报送相关信息。证券期货经营机构发现证券期货业内涉嫌洗钱活动线索,应当依法向反洗钱行政主管部门、侦查机关举报。

第二章 监管机构及行业协会职责

第六条 证监会负责组织、协调、指导证券期货业的反洗钱工作,履行以下反洗钱工作职责:

(一)配合国务院反洗钱行政主管部门研究制定证券期货业反洗钱工作的政策、规划,研究解决证券期货业反洗钱工作重大和疑难问题,及时向国务院反洗钱行政主管部门通报反洗钱工作信息;

(二)参与制定证券期货经营机构反洗钱有关规章,对证券期货经营机构提出建立健全反洗钱内控制度的要求,在证券期货经营机构市场准入和人员任职方面贯彻反洗钱要求;

(三)配合国务院反洗钱行政主管部门对证券期货经营机构实施反洗钱监管;

(四)会同国务院反洗钱行政主管部门指导中国证券业协会、中国期货业协会制定反洗钱工作指引,开展反洗钱宣传和培训;

(五)研究证券期货业反洗钱的重大问题并提出政策建议;

(六)及时向侦查机关报告涉嫌洗钱犯罪的交易活动,协助司法部门调查处理涉嫌洗钱犯罪案件;

(七)对派出机构落实反洗钱监管工作情况进行考评,对中国证券业协会、中国期货业协会落实反洗钱工作进行指导;

(八)法律、行政法规规定的其他职责。

第七条 证监会派出机构履行以下反洗钱工作职责:

(一)配合当地反洗钱行政主管部门对辖区证券期货经营机构实施反洗钱监管,并建立信息交流机制;

(二)定期向证监会报送辖区内半年度和年度反洗钱工作情况,及时报告辖区证券期货经营机构受反洗钱行政主管部门检查或处罚等信息及相关重大事件;

(三)组织、指导辖区证券期货业的反洗钱培训和宣传工作;

(四)研究辖区证券期货业反洗钱工作问题,并提出改进措施;

(五)法律、行政法规以及证监会规定的其他职责。

第八条 中国证券业协会、中国期货业协会履行以下反洗钱工作职责:

(一)在证监会的指导下,制定和修改行业反洗钱相关工作指引;

(二)组织会员单位开展反洗钱培训和宣传工作;

(三)定期向证监会报送协会年度反洗钱工作报告,及时报告相关重大事件;

(四)组织会员单位研究行业反洗钱工作的相关问题;

(五)法律、行政法规以及证监会规定的其他职责。

第三章 证券期货经营机构反洗钱义务

第九条 证券期货经营机构应当依法履行反洗钱义务,建立健全反洗钱内部控制制度。证券期货经营机构负责人应当对反洗钱内部控制制度的有效实施负责，总部应当对分支机构执行反洗钱内部控制制度进行监督管理，根据要求向当地证监会派出机构报告反洗钱工作开展情况。

第十条 证券期货经营机构应当向当地证监会派出机构报送其内部反洗钱工作部门设置、负责人及专门负责反洗钱工作的人员的联系方式等相关信息。如有变更，应当自变更之日起 10 个工作日内报送更新后的相关信息。

第十一条 证券期货经营机构应当在发现以下事项发生后的 5 个工作日内，以书面方式向当地证监会派出机构报告：

（一）证券期货经营机构受到反洗钱行政主管部门检查或处罚的；

（二）证券期货经营机构或其客户从事或涉嫌从事洗钱活动，被反洗钱行政主管部门、侦查机关或者司法机关处罚的；

（三）其他涉及反洗钱工作的重大事项。

第十二条 证券期货经营机构应当按照反洗钱法律法规的要求及时建立客户风险等级划分制度，并报当地证监会派出机构备案。在持续关注的基础上，应适时调整客户风险等级。

第十三条 证券期货经营机构在为客户办理业务过程中，发现客户所提供的个人身份证件或机构资料涉嫌虚假记载的，应当拒绝办理；发现存在可疑之处的，应当要求客户补充提供个人身份证件或机构原件等足以证实其身份的相关证明材料，无法证实的，应当拒绝办理。

第十四条 证券期货经营机构通过销售机构向客户销售基金等金融产品时，应当通过合同、协议或其他书面文件，明确双方在客户身份识别、客户身份资料和交易记录保存与信息交换、大额交易和可疑交易报告等方面的反洗钱职责和程序。

第十五条 证券期货经营机构应当建立反洗钱工作保密制度，并报当地证监会派出机构备案。

反洗钱工作保密事项包括以下内容：

（一）客户身份资料及客户风险等级划分资料；

（二）交易记录；

（三）大额交易报告；

（四）可疑交易报告；

（五）履行反洗钱义务所知悉的国家执法部门调查涉嫌洗钱活动的信息；

（六）其他涉及反洗钱工作的保密事项。

查阅、复制涉密档案应当实施书面登记制度。

第十六条 证券期货经营机构应当建立反洗钱培训、宣传制度，每年开展对单位员工的反洗钱培训工作和对客户的反洗钱宣传工作，持续完善反洗钱的预防和监控措施。每年年初，应当向当地证监会派出机构上报反洗钱培训和宣传的落实情况。

第十七条 证券期货经营机构不遵守本办法有关报告、备案或建立相关内控制度等规定的，证监会及其派出机构可采取责令改正、监管谈话或责令参加培训等监管措施。

第四章 附 则

第十八条 本办法自 2010 年 10 月 1 日起施行。

证券期货业网络和信息安全管理办法

· 2023 年 1 月 17 日中国证券监督管理委员会第 1 次委务会议审议通过
· 2023 年 2 月 27 日中国证券监督管理委员会令第 218 号公布
· 自 2023 年 5 月 1 日起施行

第一章 总 则

第一条 为了保障证券期货业网络和信息安全，保护投资者合法权益，促进证券期货业稳定健康发展，根据《中华人民共和国证券法》（以下简称《证券法》）、《中华人民共和国期货和衍生品法》（以下简称《期货和衍生品法》）、《中华人民共和国证券投资基金法》（以下简称《证券投资基金法》）、《中华人民共和国网络安全法》（以下简称《网络安全法》）、《中华人民共和国数据安全法》《中华人民共和国个人信息保护法》（以下简称《个人信息保护法》）、《关键信息基础设施安全保护条例》等法律法规，制定本办法。

第二条 核心机构和经营机构在中华人民共和国境内建设、运营、维护、使用网络及信息系统，信息技术系统服务机构为证券期货业务活动提供产品或者服务的网络和信息安全保障，以及证券期货业网络和信息安全的监督管理，适用本办法。

第三条 核心机构和经营机构应当遵循保障安全、促进发展的原则，建立健全网络和信息安全防护体系，提升安全保障水平，确保与信息化工作同步推进，促进本机构相关工作稳妥健康发展。

信息技术系统服务机构应当遵循技术安全、服务合规的原则，为证券期货业务活动提供产品或者服务，与核心机构、经营机构共同保障行业网络和信息安全，促进行业信息化发展。

第四条 核心机构和经营机构应当依法履行网络和信息安全保护义务，对本机构网络和信息安全负责，相关责任不因其他机构提供产品或者服务进行转移或者减轻。

信息技术系统服务机构应当勤勉尽责，对提供产品或者服务的安全性、合规性承担责任。

第五条 中国证监会依法履行以下监督管理职责：

（一）组织制定并推动落实证券期货业网络和信息安全发展规划、监管规则和行业标准；

（二）负责证券期货业网络和信息安全的监督管理，按规定做好证券期货业涉及的关键信息基础设施安全保护工作；

（三）负责证券期货业网络和信息安全重大技术路线、重大科技项目管理；

（四）组织开展证券期货业投资者个人信息保护工作；

（五）负责证券期货业网络安全应急演练、应急处置、事件报告与调查处理；

（六）指导证券期货业网络和信息安全促进与发展；

（七）支持、协助国家有关部门组织实施网络和信息安全相关法律、行政法规；

（八）法律法规规定的其他网络和信息安全监管职责。

第六条 中国证监会建立集中管理、分级负责的证券期货业网络和信息安全监督管理体制。中国证监会科技监管部门对证券期货业网络和信息安全实施监督管理。中国证监会履行监管职责的其他部门配合开展相关工作。

中国证监会派出机构对本辖区经营机构和信息技术系统服务机构网络和信息安全实施日常监管。

第七条 中国证券业协会、中国期货业协会、中国证券投资基金业协会等行业协会（以下统称行业协会）依法制定行业网络和信息安全自律规则，对经营机构网络和信息安全实施自律管理。

第八条 核心机构依法制定保障市场相关主体与本机构信息系统安全互联的技术规则，对与本机构信息系统和网络通信设施相关联主体加强指导，督促其强化网络和信息安全管理，保障相关信息系统和网络通信设施的安全平稳运行。

第二章 网络和信息安全运行

第九条 核心机构和经营机构应当具有完善的信息技术治理架构，健全网络和信息安全管理制度体系，建立内部决策、管理、执行和监督机制，确保网络和信息安全管理能力与业务活动规模、复杂程度相匹配。

信息技术系统服务机构应当建立网络和信息安全管理制度，配备相应的安全、合规管理人员，建立与提供产品或者服务相适应的网络和信息安全管理机制。

第十条 核心机构和经营机构应当明确主要负责人为本机构网络和信息安全工作的第一责任人，分管网络和信息安全工作的领导班子成员或者高级管理人员为直接责任人。

核心机构和经营机构应当建立网络和信息安全工作协调和决策机制，保障第一责任人和直接责任人履行职责。

第十一条 核心机构和经营机构应当指定或者设立网络和信息安全工作牵头部门或者机构，负责管理重要信息系统和相关基础设施、制定网络安全应急预案、组织应急演练等工作。

第十二条 核心机构和经营机构应当保障人员和资金投入与业务活动规模、复杂程度相适应，确保网络和信息安全人员具备与履行职责相匹配的专业知识和职业技能。

第十三条 核心机构和经营机构应当确保信息系统和相关基础设施具备合理的架构，足够的性能、容量、可靠性、扩展性和安全性，并保证相关安全技术措施与信息化工作同步规划、同步建设、同步使用。

第十四条 核心机构和经营机构应当落实网络安全等级保护制度，依法履行网络安全等级保护义务，按照国家和证券期货业网络安全等级保护相关要求，开展网络和信息系统定级备案、等级测评和安全建设等工作。

核心机构和经营机构应当按照相关要求，将网络安全等级保护工作开展情况报送中国证监会及其派出机构。

第十五条 核心机构和经营机构新建上线、运行变更、下线移除重要信息系统的，应当充分评估技术和业务风险，制定风险防控措施、应急处置和回退方案，并对相关结果进行复核验证；可能对证券期货市场安全平稳运行产生较大影响的，应当提前向中国证监会及其派出机构报告。

核心机构和经营机构不得在交易时段对重要信息系统进行变更，重要信息系统存在故障、缺陷，经评估须进行紧急修复的情形除外。

第十六条 核心机构和经营机构在重要信息系统上线、变更前应当制定全面的测试方案，持续完善测试用例和测试数据，并保障测试的有效执行。

除必须使用敏感数据的情形外，核心机构和经营机构应当对测试环境涉及的敏感数据进行脱敏，对未脱敏数据须采取与生产环境同等的安全控制措施。

核心机构交易、行情、开户、结算、通信等重要信息系统上线或者进行重大升级变更时，应当组织市场相关主体进行联网测试。

第十七条 核心机构和经营机构暂停或者终止借助网络向投资者提供服务前，应当履行告知义务，合理选取公告、定向通知等方式告知投资者相关业务影响情况、替代方式及应对措施。

第十八条 核心机构和经营机构应当建立健全网络和信息安全监测预警机制，设定监测指标，持续监测信息系统和相关基础设施的运行状况，及时处置异常情形，对监测机制执行效果进行定期评估并持续优化。

核心机构和经营机构应当全面、准确记录并妥善保存生产运营过程中的业务日志和系统日志，确保满足故障分析、内部控制、调查取证等工作的需要。重要信息系统业务日志应当保存五年以上，系统日志应当保存六个月以上。

第十九条 核心机构和经营机构应当构建网络和信息安全防护体系，综合采取网络隔离、用户认证、访问控制、策略管理、数据加密、网站防篡改、病毒木马防范、非法入侵检测和网络安全态势感知等安全保障措施，提升网络和信息安全防护能力，及时识别、阻断相关网络攻击，保护重要信息系统和相关基础设施，防范信息泄露与损毁。

第二十条 核心机构和经营机构应当建立本地、同城和异地数据备份设施，重要信息系统应当每天至少备份数据一次，每季度至少对数据备份进行一次有效性验证。

核心机构和经营机构应当建立重要信息系统的故障备份设施和灾难备份设施，根据信息系统的重要程度和业务影响情况，确定恢复目标，保证业务连续运行。灾难备份设施应当通过同城或者异地灾难备份中心的形式体现。

核心机构和经营机构采取双活或者多活架构部署重要信息系统的，在确保业务连续运行的前提下，任一数据中心可视为其他数据中心的灾难备份设施。

第二十一条 核心机构和经营机构应当每年至少开展一次重要信息系统压力测试；发现市场较大波动，重要信息系统的性能容量可能无法保障安全平稳运行的，应当及时对相关信息系统开展压力测试。

核心机构和经营机构应当依照有关行业标准，根据系统技术特点和承载业务类型，制定压力测试方案，设定测试场景，从系统性能、网络负载、灾备建设等方面设置测试指标，有序组织测试工作，测试完成后形成压力测试报告存档备查，并保存五年以上。

核心机构和经营机构重要信息系统的性能容量应当在历史峰值的两倍以上。核心机构交易时段相关网络近一年使用峰值应当在当前带宽的百分之五十以下，经营机构交易时段相关网络近一年使用峰值应当在当前带宽的百分之八十以下。

第二十二条 核心机构和经营机构应当建立健全供应商管理机制，明确信息技术产品和服务准入标准，审慎采购并持续评估相关产品和服务的质量，及时改进风险管理措施，健全应急处置机制，确保重要信息系统运行安全可控。

核心机构和经营机构应当与供应商签订合同及保密协议，明确约定各方保障网络和信息安全的权利和义务；在使用供应商提供产品或者服务时引发网络安全事件的，相关供应商有义务配合中国证监会及其派出机构查明网络安全事件原因，认定网络安全事件责任。

第二十三条 供应商为核心机构和经营机构提供重要信息系统相关产品或者服务的，应当依法作为信息技术系统服务机构向中国证监会备案。

核心机构和经营机构应当督促相关信息技术系统服务机构依法履行备案义务。

第二十四条 任何机构和个人不得违规开展证券期货业信息系统认证、检测、风险评估等活动，不得违规发布证券期货业信息安全漏洞、计算机病毒、网络攻击、网络侵入等信息。

第二十五条 核心机构和经营机构应当建立信息发布审核机制，加强对本机构和本机构运营平台发布信息的管理，发现违反法律法规和有关监管规定的，应当立即停止发布传输，采取必要的处置措施，防止信息扩散，积极消除负面影响，并及时向中国证监会及其派出机构报告。

第二十六条 核心机构应当对交易、行情、开户、结算、风控、通信等重要信息系统具有自主开发能力，掌握执行程序和源代码并安全可靠存放。

经营机构应当根据自身发展需要，加强自主研发能力建设，持续提升自主可控能力。

核心机构和经营机构应当按照国家及中国证监会有关要求，开展信息技术应用创新以及商用密码应用相关工作。

第二十七条 中国证监会可以委托相关机构建设证券期货业备份数据中心，开展行业数据的集中备份和管理工作，并采取有效安全防护手段，防范数据损毁泄露风险，持续提升证券期货业重大灾难应对能力。

鼓励证券期货业关键信息基础设施运营者及时向证券期货业备份数据中心备份数据。其他核心机构和经营机构可以结合经营需要，自主选择证券期货业备份数据中心，开展数据级灾难备份工作。

第二十八条 核心机构和经营机构应当按照知识产权相关法律法规，制定知识产权保护策略和制度，不侵犯他人的知识产权，并采取有效措施保护本机构自主知识产权。

第三章 投资者个人信息保护

第二十九条 核心机构和经营机构应当遵循合法、正当、必要和诚信原则，处理投资者个人信息，规范投资者个人信息处理行为，履行投资者个人信息保护义务，不得损害投资者合法权益。

第三十条 核心机构和经营机构处理投资者个人信息，应当建立健全投资者个人信息保护体系，明确相关岗位及职责要求，建立健全投资者个人信息处理、安全防护、应急处置、审计监督等管理机制，加强投资者个人信息保护。

第三十一条 核心机构和经营机构应当按照法律法规的规定及合同的约定处理投资者个人信息，明确告知投资者处理个人信息的目的、方式、范围和隐私保护政策，不得超范围收集和使用投资者个人信息，不得收集提供服务非必要的投资者个人信息。合同约定事项应当基于从事证券期货业务活动的必要限度。

核心机构和经营机构不得以投资者不同意处理其个人信息或者撤回同意为由，拒绝向投资者提供服务，为投资者提供服务所必需、履行法定职责或者法定义务等情形除外。

第三十二条 核心机构和经营机构处理投资者个人信息时，应当确保个人信息在收集、存储、使用、加工、传输、提供、公开、删除等处理过程中的合规、安全，防止个人信息的泄露、篡改、丢失。

第三十三条 核心机构和经营机构应当依法依规向第三方机构提供投资者个人信息，明确告知投资者个人信息处理目的、处理方式、个人信息种类、保存期限、保护措施以及相关方的权利和义务等，并取得投资者个人单独同意，履行法定职责或者法定义务的情形除外。

第三十四条 核心机构和经营机构在本机构网络安全防护边界以外处理投资者个人信息的，应当采取数据脱敏、数据加密等措施，防范化解投资者个人信息在处理过程中的泄露风险。

核心机构和经营机构通过短信、邮件等非自主运营渠道发送投资者敏感个人信息的，应当将投资者账号信息、身份证号码等敏感个人信息进行脱敏处理。

第三十五条 核心机构和经营机构利用生物特征进行客户身份认证的，应当对其必要性、安全性进行风险评估，不得将人脸、步态、指纹、虹膜、声纹等生物特征作为唯一的客户身份认证方式，强制客户同意收集其个人生物特征信息。

第四章 网络和信息安全应急处置

第三十六条 核心机构、经营机构和信息技术系统服务机构发现网络和信息安全产品或者服务存在安全缺陷、安全漏洞等风险隐患的，应当及时核实并加固整改；可能对证券期货业网络和信息安全平稳运行产生较大影响的，应当向中国证监会及其派出机构报告。

第三十七条 核心机构和经营机构应当根据业务影响分析情况，建立健全网络安全应急预案，明确应急目标、应急组织和处置流程，应急场景应当覆盖网络安全事件、自然灾害和公共卫生事件、本机构网络和信息安全相关重大人事变动、主要信息技术系统服务机构退出等情形。

第三十八条 核心机构应当组织与本机构信息系统和网络通信设施相关联主体开展网络安全应急演练，每年至少开展一次，并于演练后15个工作日内将相关情况报告中国证监会。

核心机构和经营机构应当定期开展网络安全应急演练，并形成应急演练报告存档备查。

第三十九条 核心机构和经营机构应当建立应急处置机制，及时处置网络安全事件，尽快恢复信息系统正常运行，保护事件现场和相关证据，向中国证监会及其派出机构进行应急报告，不得瞒报、谎报、迟报、漏报。

信息技术系统服务机构应当协助开展信息系统故障排查、修复等工作，并及时告知使用同类产品或者服务的核心机构和经营机构，配合开展风险排查和整改工作。

第四十条 核心机构和经营机构应当配合中国证监会及其派出机构对网络安全事件进行调查处理，及时组织内部调查，完成问题整改，认定追究事件责任，并按照有关规定报告中国证监会及其派出机构。

第四十一条 核心机构和经营机构发生网络安全事件，对投资者造成影响的，应当及时通过官方网站、客户交易终端、电话或者邮件等有效渠道通知相关方可以采取的替代方式或者应急措施，提示相关方防范和应对可能出现的风险。

第五章 关键信息基础设施安全保护

第四十二条 证券期货业关键信息基础设施运营者应当按照法律法规及中国证监会有关规定，强化安全管理措施、技术防护及其他必要手段，保障经费投入，确保关键信息基础设施安全稳定运行，维护数据的完整性、保密性和可用性。

第四十三条 证券期货业关键信息基础设施运营者应当将关键信息基础设施安全保护情况纳入网络和信息安全工作第一责任人、直接责任人和相关人员的责任考核机制。

第四十四条 证券期货业关键信息基础设施运营者应当指定专门机构或者部门负责关键信息基础设施安全保护管理工作，为每个关键信息基础设施指定网络和信息安全管理责任人，依法认定网络安全关键岗位，配备充足的网络和信息安全人员，并对专门安全管理机构负责人和关键岗位人员进行安全背景审查。

第四十五条 证券期货业关键信息基础设施运营者新建承载关键业务的重要网络设施、信息系统等，投入使用前应当按照关键信息基础设施安全保护相关要求开展安全检测和风险评估，检测评估通过后上线运行。

证券期货业关键信息基础设施运营者对关键信息基础设施实施运行变更或者下线移除，可能对证券期货市场安全平稳运行产生较大影响的，应当在遵守本办法第十五条的前提下，组织开展专家评审；未通过评审的，原则上不得实施运行变更、下线移除等操作。

证券期货业关键信息基础设施停止运营或者发生较大变化，可能影响认定结果的，相关运营者应当及时将相关情况报告中国证监会及其派出机构。

第四十六条 证券期货业关键信息基础设施运营者应当每年至少进行一次网络和信息安全检测和风险评估，对发现的安全问题及时整改，网络和信息安全检测和风险评估的内容包括但不限于：关键信息基础设施的运行情况、面临的主要威胁、风险管理情况、应急处置情况等。

第四十七条 证券期货业关键信息基础设施运营者采购网络产品或者服务的，应当按照国家网络安全审查制度要求开展风险预判工作；采购网络产品或者服务与关键信息基础设施密切相关，投入使用后可能影响国家安全的，应当及时申报网络安全审查。

第四十八条 证券期货业关键信息基础设施运营者应当对关键信息基础设施的安全运行进行持续监测，定期开展压力测试，发现系统性能和网络容量不足的，应当及时采取系统升级、扩容等处置措施，确保系统性能容量在历史峰值的三倍以上，交易时段相关网络带宽应当在近一年使用峰值的两倍以上。

第四十九条 证券期货业关键信息基础设施运营者应当在符合本办法第二十条规定的基础上，建设同城和异地灾难备份中心，实现数据同步保存。

第六章 网络和信息安全促进与发展

第五十条 鼓励核心机构、经营机构和信息技术系统服务机构在依法合规的前提下，积极开展网络和信息安全技术应用工作，运用新技术提升网络和信息安全保障水平。

第五十一条 核心机构和经营机构组织开展行业信息基础设施建设的，应当在保障本机构网络和信息安全的前提下，为行业统筹提供服务，提升信息技术资源利用和服务水平。

第五十二条 核心机构和经营机构参加资本市场金融科技创新机制的，应当遵守有关规定，在依法合规、风险可控的前提下，有序开展金融科技创新与应用，借助新型信息技术手段，提升本机构证券期货业务活动的运行质量和效能。

信息技术系统服务机构参加资本市场金融科技创新机制的，应当遵守有关规定，持续优化技术服务水平，增强安全合规管理能力。

第五十三条 核心机构可以申请开展证券期货业网络和信息安全相关认证、检测、测试和风险评估等监管支撑工作。相关核心机构应当保障充足的资源投入，完善内部管理制度和工作流程，保证工作专业性、独立性和公信力。

中国证监会定期对核心机构前款工作情况开展评估，评估通过的，可以将其作为证券期货业网络和信息安全监管支撑单位，相关工作情况可以作为中国证监会及其派出机构实施监督管理的参考依据。

第五十四条 核心机构和经营机构应当加强网络和信息安全人才队伍建设，建立与网络和信息安全工作特点相适应的人才培养机制，确保人才资质、经验、专业素质及职业道德符合岗位要求。

行业协会应当制定网络和信息安全培训计划，定期组织培训交流，提高证券期货从业人员网络和信息安全意识和专业素养。

第五十五条 核心机构和经营机构应当加强本机构网络和信息安全宣传与教育，每年至少开展一次全员网络和信息安全教育活动，提升员工网络和信息安全意识。

经营机构应当定期组织开展面向投资者的网络和信息安全宣传教育活动，结合网上证券期货业务活动的特点，揭示网络和信息安全风险，增强投资者风险防范能力。

第五十六条 行业协会应当鼓励、引导网络和信息安全技术创新与应用，增强自主可控能力，组织开展科技奖励，促进行业科技进步。

行业协会应当引导信息技术系统服务机构规范参与行业网络和信息安全和信息化工作，提升服务的安全合规水平，促进市场有序竞争。

第七章 监督管理与法律责任

第五十七条 核心机构、经营机构和信息技术系统服务机构应当向中国证监会及其派出机构报送或者提供证券期货业网络和信息安全管理相关信息和数据，确保有关信息和数据的真实、准确、完整。

第五十八条 中国证监会负责建立健全行业网络和信息安全态势感知工作机制，并就相关安全缺陷、安全漏洞等风险隐患开展行业通报预警。核心机构、经营机构和信息技术系统服务机构应当及时排查并采取风险防范措施。

第五十九条 核心机构和经营机构应当于每年4月30日前，完成对上一年网络和信息安全工作的专项评估，编制网络和信息安全管理年报，报送中国证监会及其派出机构，年报内容包括但不限于网络和信息安全治理情况、人员情况、投入情况、风险情况、处置情况和下一年度工作计划等。

核心机构和经营机构报送网络和信息安全管理年报时，可以与中国证监会要求的信息科技管理专项报告等其他年度信息科技类报告合并报送，关键信息基础设施安全保护年度计划除外。

证券期货业关键信息基础设施运营者应当将关键信息基础设施网络和信息安全检测和风险评估情况纳入网络和信息安全管理年报。

第六十条 中国证监会及其派出机构可以委托国家、行业有关专业机构采用漏洞扫描、风险评估等方式，协助对核心机构、经营机构和信息技术系统服务机构开展监督、检查。

第六十一条 中国证监会可以根据国家有关要求或者行业工作需要，组织开展证券期货业重要时期网络和信息安全保障。中国证监会派出机构负责督促本辖区经营机构和信息技术系统服务机构落实相关工作要求。

证券期货业重要时期网络和信息安全保障期间，核心机构和经营机构应当遵循安全优先的原则，加强安全生产值守，严格落实信息报送要求。

第六十二条 核心机构违反本办法规定的，中国证监会可以对其采取责令改正、监管谈话等监管措施；对有关高级管理人员给予警告、记过、记大过、降级、撤职、开除等行政处分，并责令核心机构对其他责任人给予纪律处分。

经营机构和信息技术系统服务机构违反本办法规定的，中国证监会及其派出机构可以对其采取责令改正、监管谈话、出具警示函、责令公开说明、责令定期报告、责令增加内部合规检查次数等监管措施；对直接责任人和其他责任人员采取责令改正、监管谈话、出具警示函等监管措施；情节严重的，对相关机构及责任人员单处或者并处警告、十万元以下罚款，涉及金融安全且有危害后果的，并处二十万元以下罚款。

第六十三条 经营机构违反本办法规定，反映机构治理混乱、内控失效或者不符合持续性经营规则的，中国证监会及其派出机构可以依照《证券法》《期货和衍生品法》《证券投资基金法》相关规定，采取责令暂停借助网络开展部分业务或者全部业务、责令更换董事、监事、高级管理人员或者限制其权利等监管措施。

信息技术系统服务机构违反本办法规定，未履行备案义务的，中国证监会及其派出机构可以依照《证券法》《期货和衍生品法》相关规定予以处罚。

第六十四条 核心机构、经营机构和信息技术系统服务机构违反本办法第九条、第十条、第十八条、第十九条、第二十条、第三十七条、第三十九条规定，未履行网络和信息安全保护义务，或者应急管理存在重大过失的，中国证监会及其派出机构可以依照《网络安全法》相关规定予以处罚。

证券期货业关键信息基础设施运营者未履行本办法第九条、第十条、第十八条、第十九条、第二十条、第二十二条、第三十七条、第三十八条、第四十二条、第四十四条、第四十六条、第四十九条、第五十五条规定的网络安全保护义务的，中国证监会及其派出机构可以依照《网络安全法》《关键信息基础设施安全保护条例》相关规定予以处罚。

第六十五条 核心机构和经营机构违反本办法第十七条、第三十六条规定，擅自暂停或者终止借助网络向投资者提供服务，对其产品、服务存在安全缺陷、漏洞等风险未立即采取补救措施，或者未按照规定及时报告的，中国证监会及其派出机构可以依照《网络安全法》相关规定予以处罚。

第六十六条 违反本办法第二十四条规定，开展证券期货业信息系统认证、检测、风险评估等活动，或者向社会发布证券期货业信息安全漏洞、计算机病毒、网络攻击、网络侵入等信息的，中国证监会及其派出机构可以依照《网络安全法》相关规定予以处罚。

第六十七条 核心机构和经营机构违反本办法第二十五条规定，对法律、行政法规禁止发布或者传输的信息未停止传输、采取消除等处置措施、保存有关记录的，中国证监会及其派出机构可以依照《网络安全法》相关规定予以处罚。

第六十八条 核心机构和经营机构违反本办法第三十一条第一款、第三十二条、第三十三条规定，违规处理个人信息，或者处理个人信息未履行个人信息保护义务的，中国证监会及其派出机构可以依照《网络安全法》《个人信息保护法》相关规定予以处罚。

第六十九条 核心机构、经营机构和信息技术系统服务机构拒绝、阻碍中国证监会及其派出机构行使监督检查、调查职权的，中国证监会及其派出机构可以依法予以处罚。

第七十条 核心机构和经营机构参加资本市场金融科技创新机制或者信息技术应用创新机制，相关项目发生网络安全事件，相关机构处置得当，积极消除不良影响的，中国证监会及其派出机构可以予以从轻或者减轻处罚，未对证券期货市场产生不良影响的，可以免于处罚。

第八章 附 则

第七十一条 本办法中下列用语的含义：

（一）核心机构，包括证券期货交易场所、证券登记结算机构等承担证券期货市场公共职能、承担证券期货业信息技术公共基础设施运营的证券期货市场核心机构及其承担上述相关职能的下属机构。

（二）经营机构，是指证券公司、期货公司和基金管理公司等证券期货经营机构。

（三）信息技术系统服务机构，是指为证券期货业务活动提供重要信息系统的开发、测试、集成、测评、运维及日常安全管理等产品或者服务的机构。

（四）双活或者多活架构，是指在同城或者异地的两个或者多个数据中心同时对外提供服务，当其中一个或者多个数据中心发生灾难性事故时，可以将原先由其承载的服务请求划拨至其他正常运作的数据中心，保障业务连续运行。

（五）重要信息系统，是指承载证券期货业关键业务活动，如出现系统服务异常、数据泄露等情形，将对证券期货市场和投资者产生重大影响的信息系统。

（六）可能对证券期货市场安全平稳运行产生较大影响，是指依据网络安全事件调查处理有关办法，可能引发较大或者以上级别网络安全事件的情形。

（七）“以上”含本数，“以下”不含本数。

第七十二条 本办法规定的核心机构、经营机构和信息技术系统服务机构相关报告事项，是指依照监管职责，核心机构应当向中国证监会报告；除中国证监会另有要求的，经营机构和信息技术系统服务机构原则上应当向属地中国证监会派出机构报告。

第七十三条 国家对存储、处理涉及国家秘密信息的网络和信息安全管理另有规定的，从其规定。

第七十四条 境内开展证券公司客户交易结算资金第三方存管业务、期货保证金存管业务的商业银行，证券投资咨询机构，基金托管机构和从事公开募集基金的销售、销售支付、份额登记、估值、投资顾问、评价等基金服务业务的机构，从事证券期货业务活动的经营机构子公司，借助自身运维管理的信息系统从事证券投资活动且存续产品涉及基金份额持有人账户合计一千人以上的私募证券投资基金管理人，应当根据相关信息系统网络和信息安全管理的特点，参照适用本办法。

核心机构和经营机构设立信息科技专业子公司，为母公司提供信息科技服务的，信息科技专业子公司应当按照本办法落实网络和信息安全相关要求。

第七十五条 本办法自2023年5月1日起施行。2012年11月1日公布的《证券期货业信息安全保障管理办法》（证监会令第82号）同时废止。

证券期货市场诚信监督管理办法

·2018年3月28日中国证券监督管理委员会令第139号公布

·根据2020年3月20日中国证券监督管理委员会《关于修改部分证券期货规章的决定》修订

第一章 总 则

第一条 为了加强证券期货市场诚信建设，保护投资者合法权益，维护证券期货市场秩序，促进证券期货市场健康稳定发展，根据《证券法》等法律、行政法规，制定本办法。

第二条 中国证券监督管理委员会（以下简称中国证监会）建立全国统一的证券期货市场诚信档案数据库（以下简称诚信档案），记录证券期货市场诚信信息。

第三条 记入诚信档案的诚信信息的界定、采集与管理，诚信信息的公开、查询，诚信约束、激励与引导等，适用本办法。

第四条 公民（自然人）、法人或者其他组织从事证券期货市场活动，应当诚实信用，遵守法律、行政法规、规章和依法制定的自律规则，禁止欺诈、内幕交易、操纵市场以及其他损害投资者合法权益的不诚实信用行为。

第五条 中国证监会鼓励、支持诚实信用的公民、法人或者其他组织从事证券期货市场活动，实施诚信约束、激励与引导。

第六条 中国证监会可以和国务院其他部门、地方人民政府、国家司法机关、行业组织、境外证券期货监管机构建立诚信监管合作机制，实施诚信信息共享，推动健全社会信用体系。

第二章 诚信信息的采集和管理

第七条 下列从事证券期货市场活动的公民、法人或者其他组织的诚信信息，记入诚信档案：

（一）证券业从业人员、期货从业人员和基金从业人员；

（二）证券期货市场投资者、交易者；

（三）证券发行人、上市公司、全国中小企业股份转让系统挂牌公司、区域性股权市场挂牌转让证券的企业及其董事、监事、高级管理人员、主要股东、实际控制人；

（四）区域性股权市场的运营机构及其董事、监事和高级管理人员，为区域性股权市场办理账户开立、资金存放、登记结算等业务的机构；

（五）证券公司、期货公司、基金管理人、债券受托管理人、债券发行担保人及其董事、监事、高级管理人员、主要股东和实际控制人或者执行事务合伙人，合格境外机构投资者、合格境内机构投资者及其主要投资管理人员，境外证券类机构驻华代表机构及其总代表、首席代表；

（六）会计师事务所、律师事务所、保荐机构、财务顾问机构、资产评估机构、投资咨询机构、信用评级机构、基金服务机构、期货合约交割仓库以及期货合约标的物质量检验检疫机构等证券期货服务机构及其相关从业人员；

（七）为证券期货业务提供存管、托管业务的商业银行或者其他金融机构，及其存管、托管部门的高级管理人员；

（八）为证券期货业提供信息技术服务或者软硬件产品的供应商；

（九）为发行人、上市公司、全国中小企业股份转让系统挂牌公司提供投资者关系管理及其他公关服务的服务机构及其人员；

（十）证券期货传播媒介机构、人员；

（十一）以不正当手段干扰中国证监会及其派出机构监管执法工作的人员；

（十二）其他有与证券期货市场活动相关的违法失信行为的公民、法人或者其他组织。

第八条 本办法所称诚信信息包括：

（一）公民的姓名、性别、国籍、身份证件号码，法人或者其他组织的名称、住所、统一社会信用代码等基本信息；

（二）中国证监会、国务院其他主管部门等其他省部级及以上单位和证券期货交易场所、证券期货市场行业协会、证券登记结算机构等全国性证券期货市场行业组织（以下简称证券期货市场行业组织）作出的表彰、奖励、评比，以及信用评级机构、诚信评估机构作出的信用评级、诚信评估；

（三）中国证监会及其派出机构作出的行政许可决定；

（四）发行人、上市公司、全国中小企业股份转让系统挂牌公司及其主要股东、实际控制人，董事、监事和高级管理人员，重大资产重组交易各方，及收购人所作的公开承诺的未履行或者未如期履行、正在履行、已如期履行等情况；

（五）中国证监会及其派出机构作出的行政处罚、市场禁入决定和采取的监督管理措施；

（六）证券期货市场行业组织实施的纪律处分措施和法律、行政法规、规章规定的管理措施；

（七）因涉嫌证券期货违法被中国证监会及其派出机构调查及采取强制措施；

（八）违反《证券法》第一百七十一条的规定，由于被调查当事人自身原因未履行承诺的情况；

（九）到期拒不执行中国证监会及其派出机构生效行政处罚决定及监督管理措施，因拒不配合中国证监会及其派出机构监督检查、调查被有关机关作出行政处罚或者处理决定，以及拒不履行已达成的证券期货纠纷调解协议；

（十）债券发行人未按期兑付本息等违约行为、担保人未按约定履行担保责任；

（十一）因涉嫌证券期货犯罪被中国证监会及其派出机构移送公安机关、人民检察院处理；

（十二）以不正当手段干扰中国证监会及其派出机构监管执法工作，被予以行政处罚、纪律处分，或者因情节较轻，未受到处罚处理，但被纪律检查或者行政监察机构认定的信息；

（十三）因证券期货犯罪或者其他犯罪被人民法院判处刑罚；

（十四）因证券期货侵权、违约行为被人民法院判决承担较大民事赔偿责任；

（十五）因违法开展经营活动被银行、保险、财政、税收、环保、工商、海关等相关主管部门予以行政处罚；

（十六）因非法开设证券期货交易场所或者组织证券期货交易被地方政府行政处罚或者采取清理整顿措施；

（十七）因违法失信行为被证券公司、期货公司、基金管理人、证券期货服务机构以及证券期货市场行业组织开除；

（十八）融资融券、转融通、证券质押式回购、约定式购回、期货交易等信用交易中的违约失信信息；

（十九）违背诚实信用原则的其他行为信息。

第九条 诚信档案不得采集公民的宗教信仰、基因、指纹、血型、疾病和病史信息以及法律、行政法规规定禁止采集的其他信息。

第十条 本办法第八条第(二)项所列公民、法人或者其他组织所受表彰、奖励、评比和信用评级、诚信评估信息,由其自行向中国证监会及其派出机构申报,记入诚信档案。

公民、法人或者其他组织按规定向中国证监会及其派出机构申报前款规定以外的其他诚信信息,记入诚信档案。

公民、法人或者其他组织申报的诚信信息应当真实、准确、完整。

第十一条 本办法第八条第(一)项、第(三)项至第(十二)项诚信信息,由中国证监会及其派出机构、证券期货市场行业组织依其职责采集并记入诚信档案;第(十七)项、第(十八)项诚信信息,由相关证券期货市场行业组织、证券期货经营机构采集并记入诚信档案;其他诚信信息由中国证监会及其派出机构通过政府信息公开、信用信息共享等途径采集并记入诚信档案。

第十二条 记入诚信档案的诚信信息所对应的决定或者行为经法定程序撤销、变更的,中国证监会及其派出机构相应删除、修改该诚信信息。

第十三条 本办法第八条规定的违法失信信息,在诚信档案中的效力期限为3年,但因证券期货违法行为被行政处罚、市场禁入、刑事处罚和判决承担较大侵权、违约民事赔偿责任的信息,其效力期限为5年。

法律、行政法规或者中国证监会规章对违法失信信息的效力期限另有规定的,国务院其他主管部门对其产生的违法失信信息的效力期限另有规定的,从其规定。

前款所规定的效力期限,自对违法失信行为的处理决定执行完毕之日起算。

超过效力期限的违法失信信息,不再进行诚信信息公开,并不再接受诚信信息申请查询,公民、法人或者其他组织根据本办法第十七条申请查询自己信息的除外。

第三章 诚信信息的公开与查询

第十四条 本办法第八条第(二)、(三)、(四)、(六)项信息和第(五)项的行政处罚、市场禁入信息依法向社会公开。

中国证监会在其网站建立证券期货市场违法失信信息公开查询平台,社会公众可通过该平台查询本办法第八条第(五)项行政处罚、市场禁入决定信息,第(六)项信息等违法失信信息。

第十五条 中国证监会对有下列严重违法失信情形的市场主体,在证券期货市场违法失信信息公开查询平台进行专项公示:

(一)因操纵市场、内幕交易、欺诈发行、虚假披露信息、非法从事证券期货业务、利用未公开信息交易以及编造、传播虚假信息被中国证监会及其派出机构作出行政处罚;

(二)被中国证监会及其派出机构采取市场禁入措施;

(三)因证券期货犯罪被人民法院判处刑罚;

(四)因拒不配合中国证监会及其派出机构监督检查、调查被有关机关作出行政处罚或者处理决定;

(五)到期拒不执行中国证监会及其派出机构生效行政处罚决定;

(六)经责令改正仍逾期不履行《证券法》第八十四条规定的公开承诺;

(七)严重侵害投资者合法权益、市场反应强烈的其他严重违法失信情形。

严重违法失信主体的专项公示期为一年,自公示之日起算。

中国证监会对有第(五)、(六)项情形的市场主体,统一归集至全国信用信息共享平台安排公示的,按照相关规定办理。

第十六条 除本办法第十四条、第十五条规定之外的诚信信息,公民、法人或者其他组织可以根据本办法规定向中国证监会及其派出机构申请查询。

第十七条 公民、法人或者其他组织提出诚信信息查询申请,符合以下条件之一的,中国证监会及其派出机构予以办理:

(一)公民、法人或者其他组织申请查询自己的诚信信息的;

(二)发行人、上市公司申请查询拟任董事、监事、高级管理人员的诚信信息的;

(三)发行人、上市公司申请查询拟参与本公司并购、重组的公民、法人或者其他组织的诚信信息的;

(四)发行人、上市公司申请查询拟委托的证券公司、证券服务机构及其相关从业人员的诚信信息的;

（五）证券公司、债券受托管理人、证券服务机构申请查询其所提供专业服务的发行人、上市公司及其董事、监事、高级管理人员、控股股东和实际控制人以及债券发行担保人的诚信信息的；

（六）证券公司、期货公司、基金管理人、证券期货服务机构申请查询已聘任或者拟聘任的董事、监事、高级管理人员或者其他从业人员的诚信信息的；

（七）中国证监会规定的其他条件。

第十八条 公民、法人或者其他组织提出诚信信息查询申请，应当如实提供如下材料：

（一）查询申请书；

（二）身份证明文件；

（三）办理本办法第十七条第（二）项至第（六）项查询申请的，查询申请书应经查询对象签字或者盖章同意，或者有查询对象的其他书面同意文件。

第十九条 公民、法人或者其他组织提出的查询申请，符合条件，材料齐备的，中国证监会及其派出机构自收到查询申请之日起5个工作日内反馈。

第二十条 公民、法人或者其他组织申请查询的诚信信息属于国家秘密，其他公民、法人或者其他组织的商业秘密及个人隐私的，中国证监会及其派出机构不予查询，但应当在答复中说明。

第二十一条 记入诚信档案的公民、法人或者其他组织，认为其诚信信息具有本办法第十二条规定的应予删除、修改情形的，或者具有其他重大、明显错误的，可以向中国证监会及其派出机构申请更正。

中国证监会及其派出机构收到公民、法人或者其他组织的信息更正申请后，应当在15个工作日内进行处理，并将处理结果告知申请人。确有本办法第十二条规定的应予删除、修改情形的，或者其他重大、明显错误情形的，应予更正。

第二十二条 公民、法人或者其他组织通过申请查询获取诚信信息的，不得泄露或者提供他人使用，不得进行以营利为目的的使用、加工或者处理，不得用于其他非法目的。

第四章 诚信约束、激励与引导

第二十三条 中国证监会建立发行人、上市公司、全国中小企业股份转让系统挂牌公司、证券公司、期货公司、基金管理人、证券期货服务机构、证券期货基金从业人员等主要市场主体的诚信积分制度，实行诚信分类监督管理。

诚信积分和诚信分类监督管理具体办法另行制定。

第二十四条 向中国证监会及其派出机构申请行政许可，申请人以及申请事项涉及的有关当事人应当书面承诺其所提交的申请材料真实、准确、完整，并诚信合法地参与证券期货市场活动。

第二十五条 中国证监会及其派出机构审查行政许可申请，应当查阅申请人以及申请事项所涉及的有关当事人的诚信档案，对其诚信状况进行审查。

证券期货市场行业组织在履行登记、备案、注册、会员批准等工作职责时，应当按照前款规定办理。

证券交易场所依法审核公开发行证券及上市交易或挂牌转让申请时，应当按照第一款规定办理。

第二十六条 中国证监会及其派出机构审查行政许可申请，发现申请人以及有关当事人有本办法第八条第（四）项中的未履行或者未如期履行承诺信息，或者第（五）项至第（十八）项规定的违法失信信息的，可以要求申请人或者受申请人委托为行政许可申请提供证券期货服务的有关机构提供书面反馈意见。

书面反馈意见应就如下事项进行说明：

（一）诚信信息所涉及相关事实的基本情况；

（二）有关部门所作决定、处理的执行及其他后续情况，并提供证明材料；

（三）有关证券期货服务机构关于诚信信息对行政许可事项是否构成影响的分析。

申请人或者有关证券期货服务机构应在规定期限内提交书面反馈意见。

第二十七条 申请人或者有关证券期货服务机构的书面反馈意见不明确，有关分析、说明不充分的，中国证监会及其派出机构可以直接或者委托有关机构对有关事项进行核查。

第二十八条 根据本办法第二十六条、第二十七条提供书面反馈意见或者进行核查的时间，不计入行政许可法定期限。

第二十九条 行政许可申请人以及申请事项所涉及的有关当事人有本办法第八条第（四）项中

的未履行或者未如期履行承诺信息，或者第（五）项至第（十八）项规定的违法失信信息之一，属于法定不予许可条件范围的，中国证监会及其派出机构应当依法作出不予许可的决定。

申请人以及申请事项所涉及的有关当事人的诚信信息虽不属于法定不予许可条件范围，但有关法律、行政法规和规章对行政许可法定条件提出诚实信用要求、作出原则性规定或者设定授权性条款的，中国证监会及其派出机构可以综合考虑诚信状况等相关因素，审慎审查申请人提出的行政许可申请事项。

第三十条 业务创新试点申请人有本办法第八条第（四）项中的未履行或者未如期履行承诺信息，或者第（五）项至第（十八）项规定的违法失信信息之一的，中国证监会及其派出机构、证券期货市场行业组织可以暂缓或者不予安排，但申请人能证明该违法失信信息与业务创新明显无关的除外。

第三十一条 中国证监会及其派出机构审查行政许可，对符合以下条件的，在受理后，即时进行审查：

（一）近三年没有违反证券期货法律、行政法规和中国证监会规定的失信记录；

（二）近三年没有因违法开展经营活动被银行、保险、税收、环保、海关等相关主管部门予以行政处罚；

（三）没有因证券期货犯罪或者其他犯罪被人民法院判处刑罚。

中国证监会及其派出机构审查行政许可，可以在同等条件下对诚信积分较高的申请人优先审查。

第三十二条 中国证监会及其派出机构、证券期货市场行业组织在业务创新试点安排中，可以在法律、行政法规规定的范围内，对于同等条件下诚信状况较好的申请人予以优先安排。

第三十三条 中国证监会及其派出机构在对公民、法人或者其他组织进行行政处罚、实施市场禁入和采取监督管理措施中，应当查阅当事人的诚信档案，在综合考虑当事人违法行为的性质、情节、损害投资者合法权益程度和当事人诚信状况等因素的基础上，依法作出处理。

第三十四条 中国证监会及其派出机构在开展监督检查等日常监管工作中，应当查阅被监管机构的诚信档案，根据被监管机构的诚信状况，有针对性地进行现场检查和非现场检查，或者适当调整、安排现场检查的对象、频率和内容。

第三十五条 证券登记结算机构、证券公司、期货公司等机构在为投资者、客户开立证券、期货相关账户时，应当查询投资者、客户的诚信档案，按照规定办理相关账户开立事宜。

第三十六条 证券公司在办理客户证券质押式回购、约定式购回以及融资融券业务申请时，可以查阅客户的诚信档案，根据申请人的诚信状况，决定是否予以办理，或者确定和调整授信额度。

证券金融公司在开展转融通业务时，可以查阅证券公司的诚信档案，根据证券公司的诚信状况，决定是否对其进行转融通，或者确定和调整授信额度。

第三十七条 发行人、上市公司、全国中小企业股份转让系统挂牌公司、证券公司、期货公司、基金管理人、证券期货服务机构拟聘任董事、监事、高级管理人员以及从业人员的，应当查询拟聘任人员的诚信档案，并将其诚信状况作为决定是否聘任的依据。

第三十八条 证券公司、证券服务机构受托为发行人、上市公司、全国中小企业股份转让系统挂牌公司等提供证券服务的，应当查询委托人的诚信档案，并将其诚信状况作为决定是否接受委托、确定收费标准的依据。

第三十九条 公民、法人或者其他组织公开发布证券期货市场评论信息，所述事实内容与实际情况不相符合的，或者存在其他显著误导公众情形的，中国证监会及其派出机构可以对其出具诚信关注函，记入诚信档案，并可将有关情况向其所在工作单位、所属主管部门或者行业自律组织通报。

证券期货投资咨询机构及其人员公开发布证券期货市场评论信息违反规定的，依照有关规定处理、处罚。

公民、法人或者其他组织利用公开发布证券期货市场评论信息进行操纵市场等违法行为的，依法予以处罚；构成犯罪的，由司法机关依法追究刑事责任。

第四十条 证券期货市场行业组织应当教育和鼓励其成员以及从业人员遵守法律，诚实信用。对遵守法律、诚实信用的成员以及从业人员，可以给予表彰、奖励。

中国证监会鼓励证券期货市场行业组织等建立证券期货市场诚信评估制度，组织开展对有关行业和市场主体的诚信状况评估，并将评估结果予以公示。

中国证券业协会、中国期货业协会、中国上市公司协会、中国证券投资基金业协会建立年度诚信会员制度。具体办法由相关协会制定，报中国证监会备案。

第四十一条 上市公司、全国中小企业股份转让系统挂牌公司、证券公司、期货公司、基金管理人和证券期货服务机构等应当不断完善内部诚信监督、约束制度机制，提高诚信水平。

中国证监会及其派出机构对前款规定机构的内部诚信监督、约束制度机制建设情况进行检查、指导，并可以将检查情况在行业和辖区内进行通报。

第四十二条 对有本办法第八条第（四）项中的未履行或者未如期履行承诺信息，或者第（五）项至第（十八）项规定的违法失信信息的公民，中国证监会及其派出机构、证券期货市场行业组织可以不聘任其担任下列职务：

（一）中国证监会股票发行审核委员会委员；

（二）中国证监会上市公司并购重组审核委员会委员；

（三）中国证监会及其派出机构、证券期货市场行业组织成立的负有审核、监督、核查、咨询职责的其他组织的成员。

第四十三条 中国证监会与国务院其他部门、地方人民政府、国家司法机关和有关组织建立对证券期货市场参与主体的失信联合惩戒和守信联合激励制度机制，提供证券期货市场主体的相关诚信信息，依法实施联合惩戒、激励。

第五章 监督与管理

第四十四条 中国证监会诚信监督管理机构履行下列职责：

（一）界定、组织采集证券期货市场诚信信息；

（二）建立、管理诚信档案，组织、督促诚信信息的记入；

（三）组织办理诚信信息的公开、查询和共享；

（四）建立、协调实施诚信监督、约束与激励机制；

（五）中国证监会规定的其他诚信监督管理与服务职责。

第四十五条 中国证监会各派出机构负责接收、办理公民、法人或者其他组织根据本办法规定提出的诚信信息记入申报、诚信信息查询申请、诚信信息更正申请等事项。

第四十六条 中国证监会及其派出机构、证券期货市场行业组织，未按照本办法规定及时、真实、准确、完整地记入诚信信息，造成不良后果的，按照有关规定对相关责任人员进行行政处分；情节严重的，依法追究法律责任。

第四十七条 违反本办法第十条、第十八条、第二十二条、第三十五条、第三十七条、第三十八条规定的，中国证监会及其派出机构可以采取责令改正、监管谈话、出具警示函、责令公开说明、在一定期限内不予接受其诚信信息申报和查询申请等监督管理措施；情节严重的，依法追究法律责任。

第六章 附 则

第四十八条 中国证监会及其派出机构办理诚信信息查询，除可以收取打印、复制、装订、邮寄成本费用外，不得收取其他费用。

第四十九条 证券期货市场行业组织在履行自律管理职责中，查询诚信档案，实施诚信约束、激励的，参照本办法有关规定执行。

第五十条 本办法自 2018 年 7 月 1 日起施行。《证券期货市场诚信监督管理暂行办法》（证监会令第 106 号）同时废止。

证券期货经营机构及其工作人员廉洁从业规定

· 2018 年 5 月 2 日中国证券监督管理委员会第 3 次主席办公会议审议通过

· 根据 2022 年 8 月 12 日中国证券监督管理委员会《关于修改、废止部分证券期货规章的决定》修正

第一条 为促进资本市场健康发展，净化资本市场生态环境，保护投资者合法权益，切实加强对证券期货经营机构及其工作人员廉洁从业的监

督管理,根据《中华人民共和国证券法》(以下简称《证券法》)、《中华人民共和国证券投资基金法》(以下简称《证券投资基金法》)、《中华人民共和国期货和衍生品法》(以下简称《期货和衍生品法》)、《证券公司监督管理条例》《期货交易管理条例》等法律法规,制定本规定。

第二条 本规定所称廉洁从业,是指证券期货经营机构及其工作人员在开展证券期货业务及相关活动中,严格遵守法律法规、中国证监会的规定和行业自律规则,遵守社会公德、商业道德、职业道德和行为规范,公平竞争,合规经营,忠实勤勉,诚实守信,不直接或者间接向他人输送不正当利益或者谋取不正当利益。

第三条 中国证监会应当加强对证券期货经营机构及其工作人员廉洁从业的监督管理。

中国证券业协会、中国期货业协会、中国证券投资基金业协会等自律组织依据章程、相关自律规则对证券期货经营机构及其工作人员进行廉洁从业的自律管理。

第四条 证券期货经营机构承担廉洁从业风险防控主体责任。

证券期货经营机构董事会决定廉洁从业管理目标,对廉洁从业管理的有效性承担责任。证券期货经营机构主要负责人是落实廉洁从业管理职责的第一责任人,各级负责人在职责范围内承担相应管理责任。

第五条 证券期货经营机构应当指定专门部门对本机构及其工作人员的廉洁从业情况进行监督、检查,充分发挥纪检监察、合规、审计等部门的合力,发现问题及时处理,重大情况及时报告。

第六条 证券期货经营机构应当建立健全廉洁从业内部控制制度,制定具体、有效的事前风险防范体系、事中管控措施和事后追责机制,对所从事的业务种类、环节及相关工作进行科学、系统的廉洁风险评估,识别廉洁从业风险点,强化岗位制衡与内部监督机制并确保运作有效。

前款规定的业务种类、环节包括业务承揽、承做、销售、交易、结算、交割、投资、采购、商业合作、人员招聘,以及申请行政许可、接受监管执法和自律管理等。

第七条 证券期货经营机构应当制定工作人员廉洁从业规范,明确廉洁从业要求,加强从业人员廉洁培训和教育,培育廉洁从业文化。

证券期货经营机构应当将工作人员廉洁从业纳入工作人员管理体系,在遇有人员聘用、晋级、提拔、离职以及考核、审计、稽核等情形时,对其廉洁从业情况予以考察评估。

第八条 证券期货经营机构应当强化财经纪律,杜绝账外账等不规范行为。对于业务活动中产生的费用支出制定明确的内部决策流程和具体标准,确保相关费用支出合法合规。

第九条 证券期货经营机构及其工作人员在开展证券期货业务及相关活动中,不得以下列方式向公职人员、客户、正在洽谈的潜在客户或者其他利益关系人输送不正当利益:

(一)提供礼金、礼品、房产、汽车、有价证券、股权、佣金返还等财物,或者为上述行为提供代持等便利;

(二)提供旅游、宴请、娱乐健身、工作安排等利益;

(三)安排显著偏离公允价格的结构化、高收益、保本理财产品等交易;

(四)直接或者间接向他人提供内幕信息、未公开信息、商业秘密和客户信息,明示或者暗示他人从事相关交易活动;

(五)其他输送不正当利益的情形。

证券期货经营机构及其工作人员按照证券期货经营机构依法制定的内部规定及限定标准,依法合理营销的,不适用前款规定。

第十条 证券期货经营机构工作人员不得以下列方式谋取不正当利益:

(一)直接或者间接以第九条所列形式收受、索取他人的财物或者利益;

(二)直接或者间接利用他人提供或主动获取的内幕信息、未公开信息、商业秘密和客户信息谋取利益;

(三)以诱导客户从事不必要交易、使用客户受托资产进行不必要交易等方式谋取利益;

(四)违规从事营利性经营活动,违规兼任可能影响其独立性的职务或者从事与所在机构或者投资者合法利益相冲突的活动;

(五)违规利用职权为近亲属或者其他利益关系人从事营利性经营活动提供便利条件;

(六)其他谋取不正当利益的情形。

第十一条 证券期货经营机构及其工作人员不得以下列方式干扰或者唆使、协助他人干扰证券期货监督管理或者自律管理工作：

（一）以不正当方式影响监督管理或者自律管理决定；

（二）以不正当方式影响监督管理或者自律管理人员工作安排；

（三）以不正当方式获取监督管理或者自律管理内部信息；

（四）协助利益关系人，拒绝、干扰、阻碍或者不配合监管人员行使监督、检查、调查职权；

（五）其他干扰证券期货监督管理或者自律管理工作的情形。

第十二条 证券期货经营机构及其工作人员在开展投资银行类业务过程中，不得以下列方式输送或者谋取不正当利益：

（一）以非公允价格或者不正当方式为自身或者利益关系人获取拟上市公司股权；

（二）以非公允价格或者不正当方式为自身或者利益关系人获取拟并购重组上市公司股权或者标的资产股权；

（三）以非公允价格为利益关系人配售债券或者约定回购债券；

（四）泄露证券发行询价和定价信息，操纵证券发行价格；

（五）直接或者间接通过聘请第三方机构或者个人的方式输送利益；

（六）以与监管人员或者其他相关人员熟悉，或者以承诺价格、利率、获得批复及获得批复时间等为手段招揽项目、商定服务费；

（七）其他输送或者谋取不正当利益的行为。

第十三条 证券期货经营机构应当对其股东、客户等相关方做好辅导和宣传工作，告知相关方应当遵守廉洁从业规定。

第十四条 证券期货经营机构应当定期或者不定期开展廉洁从业内部检查，对发现的问题及时整改，对责任人严肃处理。责任人为中共党员的，同时按照党的纪律要求进行处理。

第十五条 证券期货经营机构应当于每年 4 月 30 日前，向中国证监会有关派出机构报送上年度廉洁从业管理情况报告。

有下列情形之一的，证券期货经营机构应当在五个工作日内，向中国证监会有关派出机构报告：

（一）证券期货经营机构在内部检查中，发现存在违反本规定行为的；

（二）证券期货经营机构及其工作人员发现监管人员存在应当回避的情形而未进行回避、利用职务之便索取或者收受不正当利益等违反廉洁规定行为的；

（三）证券期货经营机构及其工作人员发现其股东、客户等相关方以不正当手段干扰监管工作的；

（四）证券期货经营机构或者其工作人员因违反廉洁从业规定被纪检监察部门、司法机关立案调查或者被采取纪律处分、行政处罚、刑事处罚等措施的。

出现前款第（一）项情形的，应当同时向主管纪检监察部门报告，出现第（一）（二）（三）项情形且涉嫌犯罪的，相关部门应当依法移送监察、司法机关。

第十六条 中国证监会在对证券期货经营机构及其工作人员的现场检查中，可以将廉洁从业管理情况纳入检查范围。证券期货经营机构及其工作人员应当予以配合。

第十七条 中国证券业协会、中国期货业协会、中国证券投资基金业协会等自律组织应当制定和实施行业廉洁从业自律规则，监督、检查会员及其从业人员的执业行为，对违反廉洁从业规定的采取自律惩戒措施，并按照规定记入证券期货市场诚信档案。

第十八条 证券期货经营机构及其工作人员违反本规定的，中国证监会可以采取出具警示函、责令参加培训、责令定期报告、责令改正、监管谈话、认定为不适当人选、暂不受理行政许可相关文件等行政监管措施。

第十九条 证券期货经营机构及其工作人员违反本规定，并违反《证券法》《证券投资基金法》《期货和衍生品法》《证券公司监督管理条例》《期货交易管理条例》规定的，中国证监会可以采取限制业务活动，限制向董事、监事、高级管理人员支付报酬、提供福利，责令更换董事、监事、高级管理人员等行政监管措施，并按照相关法律法规的规定进行处罚。

第二十条 证券期货经营机构及其工作人员违反本规定第九条、第十条、第十一条、第十二条、第十三条、第十四条、第十五条规定，按照相关法律法规的规定进行处罚，相关法律法规没有规定的，处以警告、3万元以下罚款。

第二十一条 证券期货经营机构及其工作人员违反本规定，公司董事、监事、高级管理人员和其他人员负有管理责任的，中国证监会可以对其采取第十八条和第二十条规定的行政监管措施或者行政处罚。

第二十二条 证券期货经营机构工作人员违反相关法律法规和本规定，情节严重的，中国证监会可以依法对其采取市场禁入的措施。

证券期货经营机构工作人员在开展证券期货业务及相关活动中向公职人员及其利益关系人输送不正当利益，或者唆使、协助他人向公职人员及其利益关系人输送不正当利益，情节特别严重的，中国证监会可以依法对其采取终身市场禁入的措施。

第二十三条 证券期货经营机构及其工作人员违反本规定，有下列情形之一的，中国证监会应当从重处理：

（一）直接、间接或者唆使、协助他人向监管人员输送利益；

（二）连续或者多次违反本规定；

（三）涉及金额较大或者涉及人员较多；

（四）产生恶劣社会影响；

（五）曾为公职人员特别是监管人员，以及曾任证券期货经营机构合规风控职务的人员违反本规定；

（六）中国证监会认定应当从重处理的其他情形。

第二十四条 证券期货经营机构通过有效的廉洁从业风险管理，主动发现违反本规定的行为，并积极有效整改，落实责任追究，完善内部控制制度和业务流程，及时向中国证监会报告的，依法免于追究责任或者从轻、减轻处理。

证券期货经营机构工作人员违反本规定，事后及时向中国证监会报告，或者积极配合调查的，依法免于追究责任或者从轻、减轻处理。

第二十五条 证券期货经营机构及其工作人员涉嫌违反党纪、政纪的，中国证监会将有关情况通报相关主管单位纪检监察部门；涉嫌犯罪的，依法移送监察、司法机关，追究其刑事责任。

第二十六条 本规定所称证券期货经营机构是指证券公司、期货公司、基金管理公司及其子公司。

本规定所称监管人员包括在中国证监会及其派出机构、行业协会、证券期货交易所、全国中小企业股份转让系统等单位从事监管工作的人员、发行审核委员会委员、并购重组委员会委员等。

第二十七条 私募基金管理人、其他公募基金管理人、证券投资咨询机构、期货交易咨询机构、证券资信评级机构、基金销售机构、基金托管人以及从事基金评价、基金估值、信息技术服务等证券期货服务类机构参照本规定执行。

第二十八条 中央纪委驻中国证监会纪检组及系统各级纪检监察机关对中国证监会、相关自律组织的上述工作开展监督、检查、问责。

第二十九条 本规定自公布之日起施行。

最高人民法院关于适用《中华人民共和国公司法》若干问题的规定（一）

- 2006年3月27日最高人民法院审判委员会第1382次会议通过
- 根据2014年2月17日最高人民法院审判委员会第1607次会议《关于修改关于适用〈中华人民共和国公司法〉若干问题的规定的决定》修正
- 2014年2月20日发布
- 法释〔2014〕2号

为正确适用2005年10月27日十届全国人大常委会第十八次会议修订的《中华人民共和国公司法》，对人民法院在审理相关的民事纠纷案件中，具体适用公司法的有关问题规定如下：

第一条 【公司法实施前发生的民事行为或事件的法律适用】公司法实施后，人民法院尚未审结的和新受理的民事案件，其民事行为或事件发生在公司法实施以前的，适用当时的法律法规和司法解释。

第二条 【公司法的参照适用】因公司法实施前有关民事行为或者事件发生纠纷起诉到人民法院的，如当时的法律法规和司法解释没有明确规定时，可参照适用公司法的有关规定。

第三条 【超过法定期限的诉讼不予受理】原告以公司法第二十二条第二款、第七十四条第二款规定事由，向人民法院提起诉讼时，超过公司法规定期限的,人民法院不予受理。

第四条 【股东代表诉讼中股东的持股期间和比例】公司法第一百五十一条规定的 180 日以上连续持股期间,应为股东向人民法院提起诉讼时,已期满的持股时间;规定的合计持有公司百分之一以上股份,是指两个以上股东持股份额的合计。

第五条 【再审案件的法律适用】人民法院对公司法实施前已经终审的案件依法进行再审时,不适用公司法的规定。

第六条 【实施日期】本规定自公布之日起实施。

最高人民法院关于适用《中华人民共和国公司法》若干问题的规定(二)

· 2008 年 5 月 5 日最高人民法院审判委员会第 1447 次会议通过
· 根据 2014 年 2 月 17 日最高人民法院审判委员会第 1607 次会议《关于修改关于适用〈中华人民共和国公司法〉若干问题的规定的决定》第一次修正
· 根据 2020 年 12 月 23 日最高人民法院审判委员会第 1823 次会议通过的《最高人民法院关于修改〈最高人民法院关于破产企业国有划拨土地使用权应否列入破产财产等问题的批复〉等二十九件商事类司法解释的决定》第二次修正
· 2020 年 12 月 29 日最高人民法院公告公布
· 自 2021 年 1 月 1 日起施行
· 法释〔2020〕18 号

为正确适用《中华人民共和国公司法》,结合审判实践,就人民法院审理公司解散和清算案件适用法律问题作出如下规定。

第一条 【股东提起解散公司诉讼案件的受理】单独或者合计持有公司全部股东表决权百分之十以上的股东,以下列事由之一提起解散公司诉讼,并符合公司法第一百八十二条规定的,人民法院应予受理:

(一)公司持续两年以上无法召开股东会或者股东大会,公司经营管理发生严重困难的;

(二)股东表决时无法达到法定或者公司章程规定的比例,持续两年以上不能做出有效的股东会或者股东大会决议,公司经营管理发生严重困难的;

(三)公司董事长期冲突,且无法通过股东会或者股东大会解决,公司经营管理发生严重困难的;

(四)经营管理发生其他严重困难,公司继续存续会使股东利益受到重大损失的情形。

股东以知情权、利润分配请求权等权益受到损害,或者公司亏损、财产不足以偿还全部债务,以及公司被吊销企业法人营业执照未进行清算等为由,提起解散公司诉讼的,人民法院不予受理。

注释 作为公司诉讼中特殊类型的案件,人民法院受理股东请求解散公司诉讼案件,除要审查是否符合《民事诉讼法》第 122 条的规定,还需从股东据以提起解散公司诉讼的事由、股东的资格,以及是否满足前置性程序三个方面进行考虑。

首先,股东据以起诉的理由必须是公司法规定的"公司经营管理发生严重困难,继续存续会使股东利益受到重大损失"事由。本条明确列举了 4 种情形。这 4 种情形主要体现的是股东僵局和董事僵局所造成的公司经营管理上的严重困难,即公司处于事实上的瘫痪状态,体现公司自治的公司治理结构完全失灵,不能正常进行经营活动,如果任其继续存续下去,将会造成公司实质利益者即股东利益的损失,在这种情形下,应当赋予股东提起解散公司诉讼、保护自身合法权益的救济渠道。如果股东在提起解散公司诉讼时,其起诉理由表述为公司经营严重亏损,或者其股东权益受到侵害,或者公司被吊销营业执照后未进行清算等,因不属于公司法所规定的解散公司诉讼案件提起的事由,因此在受理环节即应将之拒之门外。

应当明确,本条列举的 4 项事由,一方面是解散公司诉讼案件受理时形式审查的依据,另一方面也是判决是否解散公司时实体审查的标准。

其次,公司法明确规定,持有公司全部股东表决权百分之十以上的股东有权提起解散公司诉讼,如果提起解散公司诉讼的股东不具备上述持股条件,法院对其诉请不予受理。鉴于公司法作此规定系出于防止个别股东恶意诉讼的目的,以期通过对股东所持股份比例的限制,在起诉股东和其他股东之间寻求一种利益上的平衡,因此,本条规定单独持有或合计持有公司全部股东表决权百分之十以上的(多个)股东,均可提起解散公司诉讼。

最后,对于公司法所规定的“通过其他途径不能解决”这个前置性条件,人民法院在受理解散公司诉讼案件时,还是有必要审查这个条件是否成就。当然,对于何为“通过其他途径不能解决”,人民法院可能更多的是形式审查,对于起诉股东而言,其声明应归结为其已经采取了能够采取的其他方法而不能得到解决,“不得不”寻求司法救济的表述,该前置性程序的意义更多在于其导向性。

第二条 【股东提起解散公司诉讼和公司清算案件的分离】股东提起解散公司诉讼,同时又申请人民法院对公司进行清算的,人民法院对其提出的清算申请不予受理。人民法院可以告知原告,在人民法院判决解散公司后,依据民法典第七十条、公司法第一百八十三条和本规定第七条的规定,自行组织清算或者另行申请人民法院对公司进行清算。

注释 本条是关于股东提起解散公司诉讼和公司清算案件的分离的规定。之所以如此规定,原因在于:一是两个诉讼的种类截然不同,股东请求解散公司诉讼是变更之诉,公司清算案件是非讼案件,审判程序不同,无法合并审理。二是在股东提起解散公司诉讼时,公司解散的事实并未发生,公司是否解散尚需人民法院的生效判决予以确定;且即使人民法院判决解散后,按照《民法典》第70条、《公司法》第183条的规定,原则上仍应由公司在解散事由出现之日起15日内成立清算组自行清算,只有在公司逾期不成立清算组进行清算时,方可向人民法院申请强制清算。

第三条 【股东提起解散公司诉讼中的保全】股东提起解散公司诉讼时,向人民法院申请财产保全或者证据保全的,在股东提供担保且不影响公司正常经营的情形下,人民法院可予以保全。

注释 解散公司诉讼是变更之诉,其判决生效后仅仅是变更了原有的法律关系,而无财产给付的内容,不存在强制执行问题,因此从理论上讲,审理解散公司诉讼案件应无财产保全事项。但考虑到股东提起解散公司诉讼是基于股东之间或董事之间的僵局,虽然判决解散后,公司可以自行清算,但因股东之间矛盾尖锐,最终大多会启动强制清算程序。因此,为了将来公司强制清算的顺利进行和股东利益的保护,本条对变更之诉下的财产保全作出了例外规定。

另外,从兼顾公司和其他股东利益、防止个别股东滥诉给公司和其他股东造成不必要损失的角度考虑,本条规定,人民法院在此情形下进行财产保全应当要求股东提供相应的担保,且以不影响公司正常经营为前提。对于解散公司诉讼下证据保全的规定,更多地在于满足将来公司清算的需要,不同于一般案件证据保全的目的。

第四条 【股东提起解散公司诉讼的当事人】股东提起解散公司诉讼应当以公司为被告。

原告以其他股东为被告一并提起诉讼的,人民法院应当告知原告将其他股东变更为第三人;原告坚持不予变更的,人民法院应当驳回原告对其他股东的起诉。

原告提起解散公司诉讼应当告知其他股东,或者由人民法院通知其参加诉讼。其他股东或者有关利害关系人申请以共同原告或者第三人身份参加诉讼的,人民法院应予准许。

第五条 【股东提起解散公司诉讼审理中的调解】人民法院审理解散公司诉讼案件,应当注重调解。当事人协商同意由公司或者股东收购股份,或者以减资等方式使公司存续,且不违反法律、行政法规强制性规定的,人民法院应予支持。当事人不能协商一致使公司存续的,人民法院应当及时判决。

经人民法院调解公司收购原告股份的,公司应当自调解书生效之日起六个月内将股份转让或者注销。股份转让或者注销之前,原告不得以公司收购其股份为由对抗公司债权人。

第六条 【人民法院就是否解散公司作出的判决的约束力】人民法院关于解散公司诉讼作出的判决,对公司全体股东具有法律约束力。

人民法院判决驳回解散公司诉讼请求后,提起该诉讼的股东或者其他股东又以同一事实和理由提起解散公司诉讼的,人民法院不予受理。

注释 这里应当注意两个问题:(1)“同一事实和理由”系指同一个事实和理由,而非同类事实和理由。(2)之所以将“提起该诉讼的股东”和“其他股东”分别列举表述,意在强调因解散公司诉讼系针对公司组织方面的诉讼。因此,人民法院对解散公司诉讼作出的判决,对公司所有股东具有法律效力,尤其强调对“其他股东”(包括未参加诉讼的股东和作为第三人的股东)具有法律约束力。在人民法院判决驳回原告股东的诉讼请求后,不仅该原告股东不得再以同一事实和理由提起解散公司诉讼,而且其他公司股东亦不得再以同一事实和理由提起解散公司诉讼。

第七条 【解散公司的自行清算和指定清算】 公司应当依照民法典第七十条、公司法第一百八十三条的规定,在解散事由出现之日起十五日内成立清算组,开始自行清算。

有下列情形之一,债权人、公司股东、董事或其他利害关系人申请人民法院指定清算组进行清算的,人民法院应予受理:

(一)公司解散逾期不成立清算组进行清算的;

(二)虽然成立清算组但故意拖延清算的;

(三)违法清算可能严重损害债权人或者股东利益的。

第八条 【强制清算清算组成员的产生】 人民法院受理公司清算案件,应当及时指定有关人员组成清算组。

清算组成员可以从下列人员或者机构中产生:

(一)公司股东、董事、监事、高级管理人员;

(二)依法设立的律师事务所、会计师事务所、破产清算事务所等社会中介机构;

(三)依法设立的律师事务所、会计师事务所、破产清算事务所等社会中介机构中具备相关专业知识并取得执业资格的人员。

第九条 【强制清算清算组成员的更换】 人民法院指定的清算组成员有下列情形之一的,人民法院可以根据债权人、公司股东、董事或其他利害关系人的申请,或者依职权更换清算组成员:

(一)有违反法律或者行政法规的行为;

(二)丧失执业能力或者民事行为能力;

(三)有严重损害公司或者债权人利益的行为。

第十条 【公司清算结束前的应诉及代表人】 公司依法清算结束并办理注销登记前,有关公司的民事诉讼,应当以公司的名义进行。

公司成立清算组的,由清算组负责人代表公司参加诉讼;尚未成立清算组的,由原法定代表人代表公司参加诉讼。

第十一条 【清算组通知和公告解散清算事宜义务】 公司清算时,清算组应当按照公司法第一百八十五条的规定,将公司解散清算事宜书面通知全体已知债权人,并根据公司规模和营业地域范围在全国或者公司注册登记地省级有影响的报纸上进行公告。

清算组未按照前款规定履行通知和公告义务,导致债权人未及时申报债权而未获清偿,债权人主张清算组成员对因此造成的损失承担赔偿责任的,人民法院应依法予以支持。

第十二条 【核定债权的异议】 公司清算时,债权人对清算组核定的债权有异议的,可以要求清算组重新核定。清算组不予重新核定,或者债权人对重新核定的债权仍有异议,债权人以公司为被告向人民法院提起诉讼请求确认的,人民法院应予受理。

第十三条 【债权人补充申报债权的登记】 债权人在规定的期限内未申报债权,在公司清算程序终结前补充申报的,清算组应予登记。

公司清算程序终结,是指清算报告经股东会、股东大会或者人民法院确认完毕。

第十四条 【债权人补充申报债权的清偿】 债权人补充申报的债权,可以在公司尚未分配财产中依法清偿。公司尚未分配财产不能全额清偿,债权人主张股东以其在剩余财产分配中已经取得的财产予以清偿的,人民法院应予支持;但债权人因重大过错未在规定期限内申报债权的除外。

债权人或者清算组,以公司尚未分配财产和股东在剩余财产分配中已经取得的财产,不能全额清偿补充申报的债权为由,向人民法院提出破产清算申请的,人民法院不予受理。

第十五条 【清算方案的确认】 公司自行清算的,清算方案应当报股东会或者股东大会决议确认;人民法院组织清算的,清算方案应当报人民法院确认。未经确认的清算方案,清算组不得执行。

执行未经确认的清算方案给公司或者债权人造成损失,公司、股东、董事、公司其他利害关系人或者债权人主张清算组成员承担赔偿责任的,人民法院应依法予以支持。

第十六条 【强制清算期限及延长】 人民法院组织清算的,清算组应当自成立之日起六个月内清算完毕。

因特殊情况无法在六个月内完成清算的,清算组应当向人民法院申请延长。

第十七条 【债务清偿方案】人民法院指定的清算组在清理公司财产、编制资产负债表和财产清单时,发现公司财产不足清偿债务的,可以与债权人协商制作有关债务清偿方案。

债务清偿方案经全体债权人确认且不损害其他利害关系人利益的,人民法院可依清算组的申请裁定予以认可。清算组依据该清偿方案清偿债务后,应当向人民法院申请裁定终结清算程序。

债权人对债务清偿方案不予确认或者人民法院不予认可的,清算组应当依法向人民法院申请宣告破产。

第十八条 【清算义务人怠于履行义务的民事责任】有限责任公司的股东、股份有限公司的董事和控股股东未在法定期限内成立清算组开始清算,导致公司财产贬值、流失、毁损或者灭失,债权人主张其在造成损失范围内对公司债务承担赔偿责任的,人民法院应依法予以支持。

有限责任公司的股东、股份有限公司的董事和控股股东因怠于履行义务,导致公司主要财产、账册、重要文件等灭失,无法进行清算,债权人主张其对公司债务承担连带清偿责任的,人民法院应依法予以支持。

上述情形系实际控制人原因造成,债权人主张实际控制人对公司债务承担相应民事责任的,人民法院应依法予以支持。

第十九条 【清算义务人恶意处置公司财产或骗取注销登记的民事责任】有限责任公司的股东、股份有限公司的董事和控股股东,以及公司的实际控制人在公司解散后,恶意处置公司财产给债权人造成损失,或者未经依法清算,以虚假的清算报告骗取公司登记机关办理法人注销登记,债权人主张其对公司债务承担相应赔偿责任的,人民法院应依法予以支持。

第二十条 【未经清算即注销的责任承担】公司解散应当在依法清算完毕后,申请办理注销登记。公司未经清算即办理注销登记,导致公司无法进行清算,债权人主张有限责任公司的股东、股份有限公司的董事和控股股东,以及公司的实际控制人对公司债务承担清偿责任的,人民法院应依法予以支持。

公司未经依法清算即办理注销登记,股东或者第三人在公司登记机关办理注销登记时承诺对公司债务承担责任,债权人主张其对公司债务承担相应民事责任的,人民法院应依法予以支持。

第二十一条 【清算义务人内部责任分担】按照本规定第十八条和第二十条第一款的规定应当承担责任的有限责任公司的股东、股份有限公司的董事和控股股东,以及公司的实际控制人为二人以上的,其中一人或者数人依法承担民事责任后,主张其他人员按照过错大小分担责任的,人民法院应依法予以支持。

第二十二条 【未缴纳出资应作为清算财产】公司解散时,股东尚未缴纳的出资均应作为清算财产。股东尚未缴纳的出资,包括到期应缴未缴的出资,以及依照公司法第二十六条和第八十条的规定分期缴纳尚未届满缴纳期限的出资。

公司财产不足以清偿债务时,债权人主张未缴出资股东,以及公司设立时的其他股东或者发起人在未缴出资范围内对公司债务承担连带清偿责任的,人民法院应依法予以支持。

第二十三条 【清算组成员违法从事清算事务的民事责任】清算组成员从事清算事务时,违反法律、行政法规或者公司章程给公司或者债权人造成损失,公司或者债权人主张其承担赔偿责任的,人民法院应依法予以支持。

有限责任公司的股东、股份有限公司连续一百八十日以上单独或者合计持有公司百分之一以上股份的股东,依据公司法第一百五十一条第三款的规定,以清算组成员有前款所述行为为由向人民法院提起诉讼的,人民法院应予受理。

公司已经清算完毕注销,上述股东参照公司法第一百五十一条第三款的规定,直接以清算组成员为被告、其他股东为第三人向人民法院提起诉讼的,人民法院应予受理。

第二十四条 【解散公司诉讼案件和公司清算案件的管辖】解散公司诉讼案件和公司清算案件由公司住所地人民法院管辖。公司住所地是指公司主要办事机构所在地。公司办事机构所在地不明确的,由其注册地人民法院管辖。

基层人民法院管辖县、县级市或者区的公司登记机关核准登记公司的解散诉讼案件和公司清算案件;中级人民法院管辖地区、地级市以上的公司登记机关核准登记公司的解散诉讼案件和公司清算案件。

最高人民法院关于适用《中华人民共和国公司法》若干问题的规定(三)

·2010年12月6日最高人民法院审判委员会第1504次会议通过

·根据2014年2月17日最高人民法院审判委员会第1607次会议《关于修改关于适用〈中华人民共和国公司法〉若干问题的规定的决定》第一次修正

·根据2020年12月23日最高人民法院审判委员会第1823次会议通过的《最高人民法院关于修改〈最高人民法院关于破产企业国有划拨土地使用权应否列入破产财产等问题的批复〉等二十九件商事类司法解释的决定》第二次修正

·2020年12月29日最高人民法院公告公布

·自2021年1月1日起施行

·法释〔2020〕18号

为正确适用《中华人民共和国公司法》,结合审判实践,就人民法院审理公司设立、出资、股权确认等纠纷案件适用法律问题作出如下规定。

第一条 【公司发起人界定】为设立公司而签署公司章程、向公司认购出资或者股份并履行公司设立职责的人,应当认定为公司的发起人,包括有限责任公司设立时的股东。

第二条 【发起人为设立公司以自己名义对外签订合同的责任承担】发起人为设立公司以自己名义对外签订合同,合同相对人请求该发起人承担合同责任的,人民法院应予支持;公司成立后合同相对人请求公司承担合同责任的,人民法院应予支持。

第三条 【发起人为设立公司以设立中公司名义对外签订合同的责任承担】发起人以设立中公司名义对外签订合同,公司成立后合同相对人请求公司承担合同责任的,人民法院应予支持。

公司成立后有证据证明发起人利用设立中公司的名义为自己的利益与相对人签订合同,公司以此为由主张不承担合同责任的,人民法院应予支持,但相对人为善意的除外。

注释 设立中公司,是指自发起人签订发起人协议或者达成发起合意时起,至设立登记完成前,尚未取得法人资格的主体。设立中公司虽然不具有独立法人人格,但是已经具备民事主体的一些特征,如已具有事务执行机关、共同行为准则和一定的财产等,这使得设立中公司具备了一定的权利能力和行为能力,可以以自己的名义对外进行民事活动。发起人是设立中公司的机关,设立中的公司与正式成立后的公司系同一人格,故发起人以设立中公司名义签订的合同一般可以认为是为了公司的利益,按照合同相对性原则,权利义务应当归属于设立中公司,公司成立后应当承继合同的权利义务。但是,发起人为了谋取自己的利益而滥用设立中公司的名义签订合同,向公司转嫁债务的,公司当然不应承担合同责任。发起人与第三人恶意串通,损害公司利益的,则应由发起人与第三人承担连带赔偿责任。但是,公司成立后以此为由主张不承担合同责任的,应当承担举证责任。

实务问答 设立中的公司是否具备司法拍卖竞买人资格?

设立中公司应具有一定的法律人格,可将其视为准民商事法律主体,享有有限的法律人格,可以从事在法律上和经济上以公司设立和开业准备为目的所必需的行为。按照公司法司法解释的规定,发起人为设立公司而采取的行为,法律后果归属于设立中公司。公司成立时,此法律后果再由设立中公司转归成立后的公司;公司不能成立时,发起人对设立中公司的债务负连带责任,但在责任顺序上,设立中公司负第一顺序的责任。

我国已经将设立公司的注册资本制改为注册资本认缴制,这大大降低了设立公司的门槛,使设立公司本身成了一件很容易的事情,原来由于公司设立不成功而使之前发起人为设立公司而做出的各种行为产生法律纠纷的可能性也随之大大降低。在法规已经明确,成立后的公司要为公司设立过程中发起人的行为承担责任的情况下,就更加不宜以公司尚未成立而否定设立公司过程中行为的法律效力。(谷峻杰:《设立中的公司是否具备司法拍卖竞买人资格之探讨》,载江必新、刘贵祥主编,最高人民法院执行局编:《执行工作指导》总第52辑,人民法院出版社2015年版,第93~95页。)

第四条 【公司未成立时发起人对设立公司

行为产生的费用和债务承担】公司因故未成立，债权人请求全体或者部分发起人对设立公司行为所产生的费用和债务承担连带清偿责任的，人民法院应予支持。

部分发起人依照前款规定承担责任后，请求其他发起人分担的，人民法院应当判令其他发起人按照约定的责任承担比例分担责任；没有约定责任承担比例的，按照约定的出资比例分担责任；没有约定出资比例的，按照均等份额分担责任。

因部分发起人的过错导致公司未成立，其他发起人主张其承担设立行为所产生的费用和债务的，人民法院应当根据过错情况，确定过错一方的责任范围。

注释《公司法》第94条仅规定股份有限公司不能成立时发起人的责任，而有限责任公司设立过程中也有可能出现类似的情况，《公司法》却并没有作出规定。本条规定将《公司法》第94条规定的精神推广适用到有限责任公司的场合，对发起人的责任进行了统一规定。

本条第1款解决的是公司因故未成立时发起人对外责任的承担问题。不论公司未成立的原因是不是部分发起人的过错，其他发起人对债权人都应当承担连带责任，不得以部分发起人存在过错为由进行抗辩。需要注意的是，当债权人向人民法院起诉请求部分发起人承担连带责任时，由于公司未成立产生的连带责任之诉，并非民事诉讼法中规定的必要共同诉讼，因此，法院不负有通知未被起诉的其他发起人参与诉讼的义务。但是，由于全体发起人承担的是连带责任，法院判决的结果对全体发起人的利益均会产生直接或间接的影响，因此，未被起诉的发起人与案件的处理结果存在法律上的利害关系，应当有权向法院申请以第三人的身份参与诉讼。

第五条　【发起人因设立公司而发生的职务侵权行为责任承担】发起人因履行公司设立职责造成他人损害，公司成立后受害人请求公司承担侵权赔偿责任的，人民法院应予支持；公司未成立，受害人请求全体发起人承担连带赔偿责任的，人民法院应予支持。

公司或者无过错的发起人承担赔偿责任后，可以向有过错的发起人追偿。

第六条　【股份公司认股人股款缴纳义务及发起人另行募集权】股份有限公司的认股人未按期缴纳所认股份的股款，经公司发起人催缴后在合理期间内仍未缴纳，公司发起人对该股份另行募集的，人民法院应当认定该募集行为有效。认股人延期缴纳股款给公司造成损失，公司请求该认股人承担赔偿责任的，人民法院应予支持。

第七条　【出资人以无处分权的财产及犯罪所得货币出资的效力及处理】出资人以不享有处分权的财产出资，当事人之间对于出资行为效力产生争议的，人民法院可以参照民法典第三百一十一条的规定予以认定。

以贪污、受贿、侵占、挪用等违法犯罪所得的货币出资后取得股权的，对违法犯罪行为予以追究、处罚时，应当采取拍卖或者变卖的方式处置其股权。

注释《民法典》第311条是关于善意取得的规定。出资人以不享有处分权的他人财产出资，如符合下列要件，公司可依据该条规定取得该财产的所有权：(1)公司在受让该财产时是善意的，即公司不知道也不应当知道出资人对出资财产不享有处分权，在原始设立公司的情况下，善意与否的判断应以其他发起人是否知道出资人对其出资不享有处分权为标准。(2)该财产转让价格合理。判断转让价格是否合理，一般应进行评估。(3)出资的财产依法应当登记的已经登记至公司名下，不需要登记的已经交付给公司。出资人以他人财产出资，同时符合上述三个条件的，应当认定出资有效，公司取得出资财产所有权；不符合前述三个要件之一的，应当认定出资无效，由原财产所有权人取回出资财产。

第八条　【以划拨和设定权利负担的土地使用权出资的效力】出资人以划拨土地使用权出资，或者以设定权利负担的土地使用权出资，公司、其他股东或者公司债权人主张认定出资人未履行出资义务的，人民法院应当责令当事人在指定的合理期间内办理土地变更手续或者解除权利负担；逾期未办理或者未解除的，人民法院应当认定出资人未依法全面履行出资义务。

注释根据《城市房地产管理法》的规定，土地使用权划拨，是指县级以上人民政府依法批准，在土地使用者缴纳补偿、安置等费用后将该幅土地交付其使用，或者将土地使用权无偿交付给土地使用者使用的行为。通过此行为取得的土地即为划拨土地,由于按照此类方式获取的土地一般都为无偿取得,为了保护公共利益,法律对划拨土地的使用用途作了一定程度的限制。

根据《民法典》的规定,在土地使用权上设定权利负担主要包括租赁权、地役权与抵押权等。租赁权是承租人根据租赁合同约定取得的占有、使用、收益权,土地使用权转让时,不影响租赁合同的效力;地役权是设定于土地使用权之上的用益物权,需随土地使用权同时转让;抵押权是设定于土地使用权之上的担保物权,未经抵押权人同意,土地使用权一般不得转让。

原则上,前述两种情况下的土地使用权是不得用于出资的。但实践中,如果出资人以上述财产出资,市场监督管理部门也已经办理了公司登记,法院在审理相关诉讼中,在法院指定的合理期限内补正前述权利瑕疵的话,可以认定出资的效力。但是需注意的是,能否补正瑕疵的决定权在于土地管理部门和权利负担的权利人,而不是法院,法院的审理是以瑕疵补正的结果为判断前提的。

第九条 【非货币财产出资的评估及出资义务认定】出资人以非货币财产出资,未依法评估作价,公司、其他股东或者公司债权人请求认定出资人未履行出资义务的,人民法院应当委托具有合法资格的评估机构对该财产评估作价。评估确定的价额显著低于公司章程所定价额的,人民法院应当认定出资人未依法全面履行出资义务。

注释 对于出资人以非货币财产出资,未依法评估作价的,本条规定公司、其他股东或者公司债权人均有权提起诉讼,但前述三者在起诉条件方面有所不同。对公司和其他股东来说,其只要能够证明出资人以非货币财产出资未经依法评估作价即可。但对于公司债权人来说,其必须在公司财产经强制执行仍不能清偿全部债务时,方可起诉请求法院认定出资人未依法全面履行出资义务,进而请求出资人承担相应的赔偿责任。

第十条 【以需要办理权属变更登记的财产出资,有出资瑕疵时的处理】出资人以房屋、土地使用权或者需要办理权属登记的知识产权等财产出资,已经交付公司使用但未办理权属变更手续,公司、其他股东或者公司债权人主张认定出资人未履行出资义务的,人民法院应当责令当事人在指定的合理期间内办理权属变更手续;在前述期间内办理了权属变更手续的,人民法院应当认定其已经履行了出资义务;出资人主张自其实际交付财产给公司使用时享有相应股东权利的,人民法院应予支持。

出资人以前款规定的财产出资,已经办理权属变更手续但未交付给公司使用,公司或者其他股东主张其向公司交付、并在实际交付之前不享有相应股东权利的,人民法院应予支持。

第十一条 【出资人以其他公司股权出资效力的认定】出资人以其他公司股权出资,符合下列条件的,人民法院应当认定出资人已履行出资义务:

(一)出资的股权由出资人合法持有并依法可以转让;

(二)出资的股权无权利瑕疵或者权利负担;

(三)出资人已履行关于股权转让的法定手续;

(四)出资的股权已依法进行了价值评估。

股权出资不符合前款第(一)、(二)、(三)项的规定,公司、其他股东或者公司债权人请求认定出资人未履行出资义务的,人民法院应当责令该出资人在指定的合理期间内采取补正措施,以符合上述条件;逾期未补正的,人民法院应当认定其未依法全面履行出资义务。

股权出资不符合本条第一款第(四)项的规定,公司、其他股东或者公司债权人请求认定出资人未履行出资义务的,人民法院应当按照本规定第九条的规定处理。

第十二条 【股东抽逃出资认定】公司成立后,公司、股东或者公司债权人以相关股东的行为符合下列情形之一且损害公司权益为由,请求认定该股东抽逃出资的,人民法院应予支持:

(一)制作虚假财务会计报表虚增利润进行分配;

(二)通过虚构债权债务关系将其出资转出;

(三)利用关联交易将出资转出;

(四)其他未经法定程序将出资抽回的行为。

第十三条 【股东未履行或者未全面履行出资义务的责任】股东未履行或者未全面履行出资义务,公司或者其他股东请求其向公司依法全面履行出资义务的,人民法院应予支持。

公司债权人请求未履行或者未全面履行出资义务的股东在未出资本息范围内对公司债务不能

清偿的部分承担补充赔偿责任的，人民法院应予支持；未履行或者未全面履行出资义务的股东已经承担上述责任，其他债权人提出相同请求的，人民法院不予支持。

股东在公司设立时未履行或者未全面履行出资义务，依照本条第一款或者第二款提起诉讼的原告，请求公司的发起人与被告股东承担连带责任的，人民法院应予支持；公司的发起人承担责任后，可以向被告股东追偿。

股东在公司增资时未履行或者未全面履行出资义务，依照本条第一款或者第二款提起诉讼的原告，请求未尽公司法第一百四十七条第一款规定的义务而使出资未缴足的董事、高级管理人员承担相应责任的，人民法院应予支持；董事、高级管理人员承担责任后，可以向被告股东追偿。

第十四条 【股东抽逃出资的责任】股东抽逃出资，公司或者其他股东请求其向公司返还出资本息、协助抽逃出资的其他股东、董事、高级管理人员或者实际控制人对此承担连带责任的，人民法院应予支持。

公司债权人请求抽逃出资的股东在抽逃出资本息范围内对公司债务不能清偿的部分承担补充赔偿责任、协助抽逃出资的其他股东、董事、高级管理人员或者实际控制人对此承担连带责任的，人民法院应予支持；抽逃出资的股东已经承担上述责任，其他债权人提出相同请求的，人民法院不予支持。

第十五条 【已出资的非货币财产因客观因素贬值时出资人的责任】出资人以符合法定条件的非货币财产出资后，因市场变化或者其他客观因素导致出资财产贬值，公司、其他股东或者公司债权人请求该出资人承担补足出资责任的，人民法院不予支持。但是，当事人另有约定的除外。

第十六条 【未尽出资义务股东的股东权利的限制】股东未履行或者未全面履行出资义务或者抽逃出资，公司根据公司章程或者股东会决议对其利润分配请求权、新股优先认购权、剩余财产分配请求权等股东权利作出相应的合理限制，该股东请求认定该限制无效的，人民法院不予支持。

第十七条 【股东除名行为效力】有限责任公司的股东未履行出资义务或者抽逃全部出资，经公司催告缴纳或者返还，其在合理期间内仍未缴纳或者返还出资，公司以股东会决议解除该股东的股东资格，该股东请求确认该解除行为无效的，人民法院不予支持。

在前款规定的情形下，人民法院在判决时应当释明，公司应当及时办理法定减资程序或者由其他股东或者第三人缴纳相应的出资。在办理法定减资程序或者其他股东或者第三人缴纳相应的出资之前，公司债权人依照本规定第十三条或者第十四条请求相关当事人承担相应责任的，人民法院应予支持。

第十八条 【瑕疵出资股权转让后出资责任的承担】有限责任公司的股东未履行或者未全面履行出资义务即转让股权，受让人对此知道或者应当知道，公司请求该股东履行出资义务、受让人对此承担连带责任的，人民法院应予支持；公司债权人依照本规定第十三条第二款向该股东提起诉讼，同时请求前述受让人对此承担连带责任的，人民法院应予支持。

受让人根据前款规定承担责任后，向该未履行或者未全面履行出资义务的股东追偿的，人民法院应予支持。但是，当事人另有约定的除外。

第十九条 【股东出资责任之诉不适用诉讼时效】公司股东未履行或者未全面履行出资义务或者抽逃出资，公司或者其他股东请求其向公司全面履行出资义务或者返还出资，被告股东以诉讼时效为由进行抗辩的，人民法院不予支持。

公司债权人的债权未过诉讼时效期间，其依照本规定第十三条第二款、第十四条第二款的规定请求未履行或者未全面履行出资义务或者抽逃出资的股东承担赔偿责任，被告股东以出资义务或者返还出资义务超过诉讼时效期间为由进行抗辩的，人民法院不予支持。

第二十条 【出资义务举证责任分配】当事人之间对是否已履行出资义务发生争议，原告提供对股东履行出资义务产生合理怀疑证据的，被告股东应当就其已履行出资义务承担举证责任。

第二十一条 【股东资格确认之诉当事人的确定】当事人向人民法院起诉请求确认其股东资格的，应当以公司为被告，与案件争议股权有利害关系的人作为第三人参加诉讼。

第二十二条 【股权归属争议待证事实】当事人之间对股权归属发生争议，一方请求人民法院确认其享有股权的，应当证明以下事实之一：

（一）已经依法向公司出资或者认缴出资，且不违反法律法规强制性规定；

（二）已经受让或者以其他形式继受公司股权，且不违反法律法规强制性规定。

第二十三条 【公司违反股权登记义务时对股东的救济】当事人依法履行出资义务或者依法继受取得股权后，公司未根据公司法第三十一条、第三十二条的规定签发出资证明书、记载于股东名册并办理公司登记机关登记，当事人请求公司履行上述义务的，人民法院应予支持。

第二十四条 【实际出资人权益保障及限制】有限责任公司的实际出资人与名义出资人订立合同，约定由实际出资人出资并享有投资权益，以名义出资人为名义股东，实际出资人与名义股东对该合同效力发生争议的，如无法律规定的无效情形，人民法院应当认定该合同有效。

前款规定的实际出资人与名义股东因投资权益的归属发生争议，实际出资人以其实际履行了出资义务为由向名义股东主张权利的，人民法院应予支持。名义股东以公司股东名册记载、公司登记机关登记为由否认实际出资人权利的，人民法院不予支持。

实际出资人未经公司其他股东半数以上同意，请求公司变更股东、签发出资证明书、记载于股东名册、记载于公司章程并办理公司登记机关登记的，人民法院不予支持。

注释 本条第2款中的投资权益，并不等同于股东权益。在隐名投资中，股东权益只能由名义股东直接行使，实际出资人只能通过名义股东间接行使股东权益来实现其投资权益。当然实际出资人和名义股东之间可以就实际出资人行使的股权权能进行约定，此约定效力仅及于合同双方，并不能发生对外效力。名义股东乃公司文件登记之股东，有权直接行使股权，当其行使股权的行为违反内部约定时并不能否定其股权行使之效力。

当实际出资人请求公司办理变更股东、签发出资证明书、记载于股东名册、记载于公司章程并办理公司登记机关登记等事项时，这对于公司其他股东而言，类似于发生了股权的对外转让，为了保证有限责任公司的人合性，应当参照《公司法》第71条第2款的规定，需要获得公司其他股东半数以上同意，否则实际出资人不能成为公司股东。

第二十五条 【名义股东处分股权的处理】名义股东将登记于其名下的股权转让、质押或者以其他方式处分，实际出资人以其对于股权享有实际权利为由，请求认定处分股权行为无效的，人民法院可以参照民法典第三百一十一条的规定处理。

名义股东处分股权造成实际出资人损失，实际出资人请求名义股东承担赔偿责任的，人民法院应予支持。

第二十六条 【未履行出资义务时名义股东的责任承担】公司债权人以登记于公司登记机关的股东未履行出资义务为由，请求其对公司债务不能清偿的部分在未出资本息范围内承担补充赔偿责任，股东以其仅为名义股东而非实际出资人为由进行抗辩的，人民法院不予支持。

名义股东根据前款规定承担赔偿责任后，向实际出资人追偿的，人民法院应予支持。

第二十七条 【股权转让后原股东再次处分股权】股权转让后尚未向公司登记机关办理变更登记，原股东将仍登记于其名下的股权转让、质押或者以其他方式处分，受让股东以其对于股权享有实际权利为由，请求认定处分股权行为无效的，人民法院可以参照民法典第三百一十一条的规定处理。

原股东处分股权造成受让股东损失，受让股东请求原股东承担赔偿责任、对于未及时办理变更登记有过错的董事、高级管理人员或者实际控制人承担相应责任的，人民法院应予支持；受让股东对于未及时办理变更登记也有过错的，可以适当减轻上述董事、高级管理人员或者实际控制人的责任。

第二十八条 【冒名登记为股东的责任承担】冒用他人名义出资并将该他人作为股东在公司登记机关登记的，冒名登记行为人应当承担相应责任；公司、其他股东或者公司债权人以未履行出资义务为由，请求被冒名登记为股东的承担补足出资责任或者对公司债务不能清偿部分的赔偿责任的，人民法院不予支持。

最高人民法院关于适用《中华人民共和国公司法》若干问题的规定(四)

· 2016年12月5日最高人民法院审判委员会第1702次会议通过
· 根据2020年12月23日最高人民法院审判委员会第1823次会议通过的《最高人民法院关于修改〈最高人民法院关于破产企业国有划拨土地使用权应否列入破产财产等问题的批复〉等二十九件商事类司法解释的决定》修正
· 2020年12月29日最高人民法院公告公布
· 自2021年1月1日起施行
· 法释〔2020〕18号

为正确适用《中华人民共和国公司法》,结合人民法院审判实践,现就公司决议效力、股东知情权、利润分配权、优先购买权和股东代表诉讼等案件适用法律问题作出如下规定。

第一条 【决议不成立之诉】公司股东、董事、监事等请求确认股东会或者股东大会、董事会决议无效或者不成立的,人民法院应当依法予以受理。

第二条 【决议撤销之诉原告的资格】依据民法典第八十五条、公司法第二十二条第二款请求撤销股东会或者股东大会、董事会决议的原告,应当在起诉时具有公司股东资格。

第三条 【决议瑕疵之诉的当事人】原告请求确认股东会或者股东大会、董事会决议不成立、无效或者撤销决议的案件,应当列公司为被告。对决议涉及的其他利害关系人,可以依法列为第三人。

一审法庭辩论终结前,其他有原告资格的人以相同的诉讼请求申请参加前款规定诉讼的,可以列为共同原告。

第四条 【违法或违反章程的决议的撤销】股东请求撤销股东会或者股东大会、董事会决议,符合民法典第八十五条、公司法第二十二条第二款规定的,人民法院应当予以支持,但会议召集程序或者表决方式仅有轻微瑕疵,且对决议未产生实质影响的,人民法院不予支持。

第五条 【决议不成立的情形】股东会或者股东大会、董事会决议存在下列情形之一,当事人主张决议不成立的,人民法院应当予以支持:

(一)公司未召开会议的,但依据公司法第三十七条第二款或者公司章程规定可以不召开股东会或者股东大会而直接作出决定,并由全体股东在决定文件上签名、盖章的除外;

(二)会议未对决议事项进行表决的;

(三)出席会议的人数或者股东所持表决权不符合公司法或者公司章程规定的;

(四)会议的表决结果未达到公司法或者公司章程规定的通过比例的;

(五)导致决议不成立的其他情形。

第六条 【决议无效或被撤销不影响善意相对人】股东会或者股东大会、董事会决议被人民法院判决确认无效或者撤销的,公司依据该决议与善意相对人形成的民事法律关系不受影响。

第七条 【行使知情权的股东身份】股东依据公司法第三十三条、第九十七条或者公司章程的规定,起诉请求查阅或者复制公司特定文件材料的,人民法院应当依法予以受理。

公司有证据证明前款规定的原告在起诉时不具有公司股东资格的,人民法院应当驳回起诉,但原告有初步证据证明在持股期间其合法权益受到损害,请求依法查阅或者复制其持股期间的公司特定文件材料的除外。

第八条 【"不正当目的"的认定】有限责任公司有证据证明股东存在下列情形之一的,人民法院应当认定股东有公司法第三十三条第二款规定的"不正当目的":

(一)股东自营或者为他人经营与公司主营业务有实质性竞争关系业务的,但公司章程另有规定或者全体股东另有约定的除外;

(二)股东为了向他人通报有关信息查阅公司会计账簿,可能损害公司合法利益的;

(三)股东在向公司提出查阅请求之日前的三年内,曾通过查阅公司会计账簿,向他人通报有关信息损害公司合法利益的;

(四)股东有不正当目的的其他情形。

第九条 【公司不得以章程、股东间协议剥夺股东知情权】公司章程、股东之间的协议等实质性剥夺股东依据公司法第三十三条、第九十七条规定查阅或者复制公司文件材料的权利,公司以此为由拒绝股东查阅或者复制的,人民法院不予支持。

第十条 【判决支持查阅、复制材料的执行】人民法院审理股东请求查阅或者复制公司特定文件材料的案件,对原告诉讼请求予以支持的,应当在判决中明确查阅或者复制公司特定文件材料的时间、地点和特定文件材料的名录。

股东依据人民法院生效判决查阅公司文件材料的,在该股东在场的情况下,可以由会计师、律师等依法或者依据执业行为规范负有保密义务的中介机构执业人员辅助进行。

第十一条 【股东及辅助查询人员泄密的责任承担】股东行使知情权后泄露公司商业秘密导致公司合法利益受到损害,公司请求该股东赔偿相关损失的,人民法院应当予以支持。

根据本规定第十条辅助股东查阅公司文件材料的会计师、律师等泄露公司商业秘密导致公司合法利益受到损害,公司请求其赔偿相关损失的,人民法院应当予以支持。

第十二条 【未依法制作保存文件材料的责任承担】公司董事、高级管理人员等未依法履行职责,导致公司未依法制作或者保存公司法第三十三条、第九十七条规定的公司文件材料,给股东造成损失,股东依法请求负有相应责任的公司董事、高级管理人员承担民事赔偿责任的,人民法院应当予以支持。

第十三条 【分配利润案件的当事人】股东请求公司分配利润案件,应当列公司为被告。

一审法庭辩论终结前,其他股东基于同一分配方案请求分配利润并申请参加诉讼的,应当列为共同原告。

第十四条 【股东提交利润分配方案案件的处理】股东提交载明具体分配方案的股东会或者股东大会的有效决议,请求公司分配利润,公司拒绝分配利润且其关于无法执行决议的抗辩理由不成立的,人民法院应当判决公司按照决议载明的具体分配方案向股东分配利润。

注释 利润分配权,是指股东有权按照出资或股份比例请求分配公司利润的权利。是否分配和如何分配公司利润,原则上属于商业判断和公司自治的范畴,人民法院一般不应介入。因此,本解释第14、15条明确规定,股东请求公司分配利润的,应当提交载明具体分配方案的股东会或者股东大会决议;未提交的,人民法院原则上应当不予支持。

第十五条 【股东未提交利润分配方案案件的处理】股东未提交载明具体分配方案的股东会或者股东大会决议,请求公司分配利润的,人民法院应当驳回其诉讼请求,但违反法律规定滥用股东权利导致公司不分配利润,给其他股东造成损失的除外。

第十六条 【因继承发生股权变化时的优先购买权的行使】有限责任公司的自然人股东因继承发生变化时,其他股东主张依据公司法第七十一条第三款规定行使优先购买权的,人民法院不予支持,但公司章程另有规定或者全体股东另有约定的除外。

第十七条 【向股东以外的人转让股权的程序】有限责任公司的股东向股东以外的人转让股权,应就其股权转让事项以书面或者其他能够确认收悉的合理方式通知其他股东征求同意。其他股东半数以上不同意转让,不同意的股东不购买的,人民法院应当认定视为同意转让。

经股东同意转让的股权,其他股东主张转让股东应当向其以书面或者其他能够确认收悉的合理方式通知转让股权的同等条件的,人民法院应当予以支持。

经股东同意转让的股权,在同等条件下,转让股东以外的其他股东主张优先购买的,人民法院应当予以支持,但转让股东依据本规定第二十条放弃转让的除外。

第十八条 【"同等条件"的判定】人民法院在判断是否符合公司法第七十一条第三款及本规定所称的"同等条件"时,应当考虑转让股权的数量、价格、支付方式及期限等因素。

第十九条 【优先购买权的行使】有限责任公司的股东主张优先购买转让股权的,应当在收到通知后,在公司章程规定的行使期间内提出购买请求。公司章程没有规定行使期间或者规定不明确的,以通知确定的期间为准,通知确定的期间短于三十日或者未明确行使期间的,行使期间为三十日。

第二十条 【股东优先购买权的行使边界和损害救济】有限责任公司的转让股东,在其他股东主张优先购买后又不同意转让股权的,对其他股东优先购买的主张,人民法院不予支持,但公司章程另有规定或者全体股东另有约定的除外。其他股东主张转让股东赔偿其损失合理的,人民法院应当予以支持。

第二十一条 【损害股东优先购买权的股权转让合同效力】有限责任公司的股东向股东以外的人转让股权，未就其股权转让事项征求其他股东意见，或者以欺诈、恶意串通等手段，损害其他股东优先购买权，其他股东主张按照同等条件购买该转让股权的，人民法院应当予以支持，但其他股东自知道或者应当知道行使优先购买权的同等条件之日起三十日内没有主张，或者自股权变更登记之日起超过一年的除外。

前款规定的其他股东仅提出确认股权转让合同及股权变动效力等请求，未同时主张按照同等条件购买转让股权的，人民法院不予支持，但其他股东非因自身原因导致无法行使优先购买权，请求损害赔偿的除外。

股东以外的股权受让人，因股东行使优先购买权而不能实现合同目的的，可以依法请求转让股东承担相应民事责任。

第二十二条 【拍卖转让或在产交所转让股权时，相关法律用语的适用规则】通过拍卖向股东以外的人转让有限责任公司股权的，适用公司法第七十一条第二款、第三款或者第七十二条规定的"书面通知""通知""同等条件"时，根据相关法律、司法解释确定。

在依法设立的产权交易场所转让有限责任公司国有股权的，适用公司法第七十一条第二款、第三款或者第七十二条规定的"书面通知""通知""同等条件"时，可以参照产权交易场所的交易规则。

第二十三条 【监事或执行董事代表公司起诉时当事人的确定】监事会或者不设监事会的有限责任公司的监事依据公司法第一百五十一条第一款规定对董事、高级管理人员提起诉讼的，应当列公司为原告，依法由监事会主席或者不设监事会的有限责任公司的监事代表公司进行诉讼。

董事会或者不设董事会的有限责任公司的执行董事依据公司法第一百五十一条第一款规定对监事提起诉讼的，或者依据公司法第一百五十一条第三款规定对他人提起诉讼的，应当列公司为原告，依法由董事长或者执行董事代表公司进行诉讼。

第二十四条 【股东代表诉讼的当事人】符合公司法第一百五十一条第一款规定条件的股东，依据公司法第一百五十一条第二款、第三款规定，直接对董事、监事、高级管理人员或者他人提起诉讼的，应当列公司为第三人参加诉讼。

一审法庭辩论终结前，符合公司法第一百五十一条第一款规定条件的其他股东，以相同的诉讼请求申请参加诉讼的，应当列为共同原告。

第二十五条 【股东代表诉讼胜诉利益的归属】股东依据公司法第一百五十一条第二款、第三款规定直接提起诉讼的案件，胜诉利益归属于公司。股东请求被告直接向其承担民事责任的，人民法院不予支持。

第二十六条 【股东代表诉讼费用负担】股东依据公司法第一百五十一条第二款、第三款规定直接提起诉讼的案件，其诉讼请求部分或者全部得到人民法院支持的，公司应当承担股东因参加诉讼支付的合理费用。

第二十七条 【实施日期】本规定自2017年9月1日起施行。

本规定施行后尚未终审的案件，适用本规定；本规定施行前已经终审的案件，或者适用审判监督程序再审的案件，不适用本规定。

最高人民法院关于适用《中华人民共和国公司法》若干问题的规定(五)

- 2019年4月22日最高人民法院审判委员会第1766次会议审议通过
- 根据2020年12月23日最高人民法院审判委员会第1823次会议通过的《最高人民法院关于修改〈最高人民法院关于破产企业国有划拨土地使用权应否列入破产财产等问题的批复〉等二十九件商事类司法解释的决定》修正
- 2020年12月29日最高人民法院公告公布
- 自2021年1月1日起施行
- 法释〔2020〕18号

为正确适用《中华人民共和国公司法》，结合人民法院审判实践，就股东权益保护等纠纷案件适用法律问题作出如下规定。

第一条 【履行法定程序不能豁免关联交易赔偿责任】关联交易损害公司利益，原告公司依据民法典第八十四条、公司法第二十一条规定请求控股股东、实际控制人、董事、监事、高级管理人员赔偿所造成的损失，被告仅以该交易已经履行了信息披露、经股东会或者股东大会同意等法律、行政法规或者公司章程规定的程序为由抗辩的，人民法院不予支持。

公司没有提起诉讼的，符合公司法第一百五十一条第一款规定条件的股东，可以依据公司法第一百五十一条第二款、第三款规定向人民法院提起诉讼。

第二条 【关联交易损害公司利益时股东的救济措施】关联交易合同存在无效、可撤销或者对公司不发生效力的情形，公司没有起诉合同相对方的，符合公司法第一百五十一条第一款规定条件的股东，可以依据公司法第一百五十一条第二款、第三款规定向人民法院提起诉讼。

第三条 【董事职务的无因解除与相对应的离职补偿】董事任期届满前被股东会或者股东大会有效决议解除职务，其主张解除不发生法律效力的，人民法院不予支持。

董事职务被解除后，因补偿与公司发生纠纷提起诉讼的，人民法院应当依据法律、行政法规、公司章程的规定或者合同的约定，综合考虑解除的原因、剩余任期、董事薪酬等因素，确定是否补偿以及补偿的合理数额。

第四条 【公司作出分配利润的决议后完成利润分配的时限】分配利润的股东会或者股东大会决议作出后，公司应当在决议载明的时间内完成利润分配。决议没有载明时间的，以公司章程规定的为准。决议、章程中均未规定时间或者时间超过一年的，公司应当自决议作出之日起一年内完成利润分配。

决议中载明的利润分配完成时间超过公司章程规定时间的，股东可以依据民法典第八十五条、公司法第二十二条第二款规定请求人民法院撤销决议中关于该时间的规定。

第五条 【有限责任公司股东重大分歧解决机制】人民法院审理涉及有限责任公司股东重大分歧案件时，应当注重调解。当事人协商一致以下列方式解决分歧，且不违反法律、行政法规的强制性规定的，人民法院应予支持：

（一）公司回购部分股东股份；

（二）其他股东受让部分股东股份；

（三）他人受让部分股东股份；

（四）公司减资；

（五）公司分立；

（六）其他能够解决分歧，恢复公司正常经营，避免公司解散的方式。

第六条 【施行时间】本规定自2019年4月29日起施行。

本规定施行后尚未终审的案件，适用本规定；本规定施行前已经终审的案件，或者适用审判监督程序再审的案件，不适用本规定。

本院以前发布的司法解释与本规定不一致的，以本规定为准。

最高人民法院关于适用《中华人民共和国企业破产法》若干问题的规定（一）

· 2011年8月29日最高人民法院审判委员会第1527次会议通过

· 2011年9月9日最高人民法院公告公布

· 自2011年9月26日起施行

· 法释〔2011〕22号

为正确适用《中华人民共和国企业破产法》，结合审判实践，就人民法院依法受理企业破产案件适用法律问题作出如下规定。

第一条 债务人不能清偿到期债务并且具有下列情形之一的，人民法院应当认定其具备破产原因：

（一）资产不足以清偿全部债务；

（二）明显缺乏清偿能力。

相关当事人以对债务人的债务负有连带责任的人未丧失清偿能力为由，主张债务人不具备破产原因的，人民法院应不予支持。

第二条 下列情形同时存在的，人民法院应当认定债务人不能清偿到期债务：

（一）债权债务关系依法成立；

（二）债务履行期限已经届满；

（三）债务人未完全清偿债务。

第三条 债务人的资产负债表，或者审计报告、资产评估报告等显示其全部资产不足以偿付全部负债的，人民法院应当认定债务人资产不足以清偿全部债务，但有相反证据足以证明债务人资产能够偿付全部负债的除外。

第四条 债务人账面资产虽大于负债，但存在下列情形之一的，人民法院应当认定其明显缺乏清偿能力：

（一）因资金严重不足或者财产不能变现等原因，无法清偿债务；

（二）法定代表人下落不明且无其他人员负责管理财产，无法清偿债务；

（三）经人民法院强制执行，无法清偿债务；

（四）长期亏损且经营扭亏困难，无法清偿债务；

（五）导致债务人丧失清偿能力的其他情形。

第五条 企业法人已解散但未清算或者未在合理期限内清算完毕，债权人申请债务人破产清算的，除债务人在法定异议期限内举证证明其未出现破产原因外，人民法院应当受理。

第六条 债权人申请债务人破产的，应当提交债务人不能清偿到期债务的有关证据。债务人对债权人的申请未在法定期限内向人民法院提出异议，或者异议不成立的，人民法院应当依法裁定受理破产申请。

受理破产申请后，人民法院应当责令债务人依法提交其财产状况说明、债务清册、债权清册、财务会计报告等有关材料，债务人拒不提交的，人民法院可以对债务人的直接责任人员采取罚款等强制措施。

第七条 人民法院收到破产申请时，应当向申请人出具收到申请及所附证据的书面凭证。

人民法院收到破产申请后应当及时对申请人的主体资格、债务人的主体资格和破产原因，以及有关材料和证据等进行审查，并依据企业破产法第十条的规定作出是否受理的裁定。

人民法院认为申请人应当补充、补正相关材料的，应当自收到破产申请之日起五日内告知申请人。当事人补充、补正相关材料的期间不计入企业破产法第十条规定的期限。

第八条 破产案件的诉讼费用，应根据企业破产法第四十三条的规定，从债务人财产中拨付。相关当事人以申请人未预先交纳诉讼费用为由，对破产申请提出异议的，人民法院不予支持。

第九条 申请人向人民法院提出破产申请，人民法院未接收其申请，或者未按本规定第七条执行的，申请人可以向上一级人民法院提出破产申请。

上一级人民法院接到破产申请后，应当责令下级法院依法审查并及时作出是否受理的裁定；下级法院仍不作出是否受理裁定的，上一级人民法院可以径行作出裁定。

上一级人民法院裁定受理破产申请的，可以同时指令下级人民法院审理该案件。

最高人民法院关于适用《中华人民共和国企业破产法》若干问题的规定（二）

- 2013年7月29日最高人民法院审判委员会第1586次会议通过
- 根据2020年12月23日最高人民法院审判委员会第1823次会议通过的《最高人民法院关于修改〈最高人民法院关于破产企业国有划拨土地使用权应否列入破产财产等问题的批复〉等二十九件商事类司法解释的决定》修正
- 2020年12月29日最高人民法院公告公布
- 自2021年1月1日起施行
- 法释〔2020〕18号

根据《中华人民共和国民法典》《中华人民共和国企业破产法》等相关法律，结合审判实践，就人民法院审理企业破产案件中认定债务人财产相关的法律适用问题，制定本规定。

第一条 【**债务人财产**】除债务人所有的货币、实物外，债务人依法享有的可以用货币估价并可以依法转让的债权、股权、知识产权、用益物权等财产和财产权益，人民法院均应认定为债务人财产。

注释 根据我国企业破产法的规定，债务人财产包括破产申请受理时属于债务人的全部财产（包括将来行使的财产请求权），也包括破产申请受理后至破产程序终结前债务人新取得的财产，甚至包括破产程序终结后又发现的应当供分配的其他债务人财产。即债务人财产既包括债务人破产时占有的静态财产和债务人破产时没有占有但基于相关权利应当追回的属于债务人的动态财产，也包括债务人继续营业时新取得的财产。

第二条 【**不属于债务人的财产**】下列财产不

应认定为债务人财产：

（一）债务人基于仓储、保管、承揽、代销、借用、寄存、租赁等合同或者其他法律关系占有、使用的他人财产；

（二）债务人在所有权保留买卖中尚未取得所有权的财产；

（三）所有权专属于国家且不得转让的财产；

（四）其他依照法律、行政法规不属于债务人的财产。

第三条 【债务人特定财产】债务人已依法设定担保物权的特定财产，人民法院应当认定为债务人财产。

对债务人的特定财产在担保物权消灭或者实现担保物权后的剩余部分，在破产程序中可用以清偿破产费用、共益债务和其他破产债权。

注释 对于已设定担保物权的债务人的特定财产变价出售时，原则上应当通过拍卖方式进行。如拟以变卖或者折价清偿债务等其他方式变价的，因系对债权人利益有重大影响的财产处分行为，管理人应当及时报告债权人委员会。债权人委员会有异议的，应当由债权人会议决议确定变价方式。

第四条 【债务人共有财产】债务人对按份享有所有权的共有财产的相关份额，或者共同享有所有权的共有财产的相应财产权利，以及依法分割共有财产所得部分，人民法院均应认定为债务人财产。

人民法院宣告债务人破产清算，属于共有财产分割的法定事由。人民法院裁定债务人重整或者和解的，共有财产的分割应当依据民法典第三百零三条的规定进行；基于重整或者和解的需要必须分割共有财产，管理人请求分割的，人民法院应予准许。

因分割共有财产导致其他共有人损害产生的债务，其他共有人请求作为共益债务清偿的，人民法院应予支持。

第五条 【债务人执行回转的财产】破产申请受理后，有关债务人财产的执行程序未依照企业破产法第十九条的规定中止的，采取执行措施的相关单位应当依法予以纠正。依法执行回转的财产，人民法院应当认定为债务人财产。

第六条 【债务人财产保全】破产申请受理后，对于可能因有关利益相关人的行为或者其他原因，影响破产程序依法进行的，受理破产申请的人民法院可以根据管理人的申请或者依职权，对债务人的全部或者部分财产采取保全措施。

第七条 【财产保全措施解除】对债务人财产已采取保全措施的相关单位，在知悉人民法院已裁定受理有关债务人的破产申请后，应当依照企业破产法第十九条的规定及时解除对债务人财产的保全措施。

第八条 【财产保全措施恢复】人民法院受理破产申请后至破产宣告前裁定驳回破产申请，或者依据企业破产法第一百零八条的规定裁定终结破产程序的，应当及时通知原已采取保全措施并已依法解除保全措施的单位按照原保全顺位恢复相关保全措施。

在已依法解除保全的单位恢复保全措施或者表示不再恢复之前，受理破产申请的人民法院不得解除对债务人财产的保全措施。

第九条 【管理人撤销权】管理人依据企业破产法第三十一条和第三十二条的规定提起诉讼，请求撤销涉及债务人财产的相关行为并由相对人返还债务人财产的，人民法院应予支持。

管理人因过错未依法行使撤销权导致债务人财产不当减损，债权人提起诉讼主张管理人对其损失承担相应赔偿责任的，人民法院应予支持。

第十条 【可撤销行为起算点】债务人经过行政清理程序转入破产程序的，企业破产法第三十一条和第三十二条规定的可撤销行为的起算点，为行政监管机构作出撤销决定之日。

债务人经过强制清算程序转入破产程序的，企业破产法第三十一条和第三十二条规定的可撤销行为的起算点，为人民法院裁定受理强制清算申请之日。

第十一条 【交易撤销后的财产或者价款的返还】人民法院根据管理人的请求撤销涉及债务人财产的以明显不合理价格进行的交易的，买卖双方应当依法返还从对方获取的财产或者价款。

因撤销该交易，对于债务人应返还受让人已支付价款所产生的债务，受让人请求作为共益债务清偿的，人民法院应予支持。

第十二条 【债务人提前清偿行为的撤销】破产申请受理前一年内债务人提前清偿的未到期债务，在破产申请受理前已经到期，管理人请求撤销该清偿行为的，人民法院不予支持。但是，该清偿行为发生在破产申请受理前六个月内且债务人有企业破产法第二条第一款规定情形的除外。

第十三条 【债权人撤销权】破产申请受理后，管理人未依据企业破产法第三十一条的规定请求撤销债务人无偿转让财产、以明显不合理价格交易、放弃债权行为的，债权人依据民法典第五百三十八条、第五百三十九条等规定提起诉讼，请求撤销债务人上述行为并将因此追回的财产归入债务人财产的，人民法院应予受理。

相对人以债权人行使撤销权的范围超出债权人的债权抗辩的，人民法院不予支持。

第十四条 【管理人就设定担保的债权个别清偿行为的撤销】债务人对以自有财产设定担保物权的债权进行的个别清偿，管理人依据企业破产法第三十二条的规定请求撤销的，人民法院不予支持。但是，债务清偿时担保财产的价值低于债权额的除外。

第十五条 【经诉讼等程序进行的个人清偿行为的撤销】债务人经诉讼、仲裁、执行程序对债权人进行的个别清偿，管理人依据企业破产法第三十二条的规定请求撤销的，人民法院不予支持。但是，债务人与债权人恶意串通损害其他债权人利益的除外。

第十六条 【管理人不得请求撤销的个别清偿行为】债务人对债权人进行的以下个别清偿，管理人依据企业破产法第三十二条的规定请求撤销的，人民法院不予支持：

（一）债务人为维系基本生产需要而支付水费、电费等的；

（二）债务人支付劳动报酬、人身损害赔偿金的；

（三）使债务人财产受益的其他个别清偿。

第十七条 【管理人起诉涉及债务人财产的无效行为并可依法要求返还财产】管理人依据企业破产法第三十三条的规定提起诉讼，主张被隐匿、转移财产的实际占有人返还债务人财产，或者主张债务人虚构债务或者承认不真实债务的行为无效并返还债务人财产的，人民法院应予支持。

第十八条 【债务人的法定代表人和其他直接责任人员的法律责任】管理人代表债务人依据企业破产法第一百二十八条的规定，以债务人的法定代表人和其他直接责任人员对所涉债务人财产的相关行为存在故意或者重大过失，造成债务人财产损失为由提起诉讼，主张上述责任人员承担相应赔偿责任的，人民法院应予支持。

第十九条 【债务人对外享有债权诉讼时效的中断】债务人对外享有债权的诉讼时效，自人民法院受理破产申请之日起中断。

债务人无正当理由未对其到期债权及时行使权利，导致其对外债权在破产申请受理前一年内超过诉讼时效期间的，人民法院受理破产申请之日起重新计算上述债权的诉讼时效期间。

第二十条 【管理人起诉未依法出资或抽逃出资相关责任人】管理人代表债务人提起诉讼，主张出资人向债务人依法缴付未履行的出资或者返还抽逃的出资本息，出资人以认缴出资尚未届至公司章程规定的缴纳期限或者违反出资义务已经超过诉讼时效为由抗辩的，人民法院不予支持。

管理人依据公司法的相关规定代表债务人提起诉讼，主张公司的发起人和负有监督股东履行出资义务的董事、高级管理人员，或者协助抽逃出资的其他股东、董事、高级管理人员、实际控制人等，对股东违反出资义务或者抽逃出资承担相应责任，并将财产归入债务人财产的，人民法院应予支持。

第二十一条 【破产申请受理后个别清偿诉讼中止审理】破产申请受理前，债权人就债务人财产提起下列诉讼，破产申请受理时案件尚未审结的，人民法院应当中止审理：

（一）主张次债务人代替债务人直接向其偿还债务的；

（二）主张债务人的出资人、发起人和负有监督股东履行出资义务的董事、高级管理人员，或者协助抽逃出资的其他股东、董事、高级管理人员、实际控制人等直接向其承担出资不实或者抽逃出资责任的；

（三）以债务人的股东与债务人法人人格严重混同为由，主张债务人的股东直接向其偿还债务人对其所负债务的；

（四）其他就债务人财产提起的个别清偿诉讼。

债务人破产宣告后，人民法院应当依照企业破产法第四十四条的规定判决驳回债权人的诉讼请求。但是，债权人一审中变更其诉讼请求为追收的相关财产归入债务人财产的除外。

债务人破产宣告前，人民法院依据企业破产

法第十二条或者第一百零八条的规定裁定驳回破产申请或者终结破产程序的,上述中止审理的案件应当依法恢复审理。

第二十二条 【破产申请受理后个别清偿中止执行】破产申请受理前,债权人就债务人财产向人民法院提起本规定第二十一条第一款所列诉讼,人民法院已经作出生效民事判决书或者调解书但尚未执行完毕的,破产申请受理后,相关执行行为应当依据企业破产法第十九条的规定中止,债权人应当依法向管理人申报相关债权。

第二十三条 【破产申请受理后个别清偿不予受理】破产申请受理后,债权人就债务人财产向人民法院提起本规定第二十一条第一款所列诉讼的,人民法院不予受理。

债权人通过债权人会议或者债权人委员会,要求管理人依法向次债务人、债务人的出资人等追收债务人财产,管理人无正当理由拒绝追收,债权人会议依据企业破产法第二十二条的规定,申请人民法院更换管理人的,人民法院应予支持。

管理人不予追收,个别债权人代表全体债权人提起相关诉讼,主张次债务人或者债务人的出资人等向债务人清偿或者返还债务人财产,或者依法申请合并破产的,人民法院应予受理。

第二十四条 【管理人员非正常收入】债务人有企业破产法第二条第一款规定的情形时,债务人的董事、监事和高级管理人员利用职权获取的以下收入,人民法院应当认定为企业破产法第三十六条规定的非正常收入:

(一)绩效奖金;

(二)普遍拖欠职工工资情况下获取的工资性收入;

(三)其他非正常收入。

债务人的董事、监事和高级管理人员拒不向管理人返还上述债务人财产,管理人主张上述人员予以返还的,人民法院应予支持。

债务人的董事、监事和高级管理人员因返还第一款第(一)项、第(三)项非正常收入形成的债权,可以作为普通破产债权清偿。因返还第一款第(二)项非正常收入形成的债权,依据企业破产法第一百一十三条第三款的规定,按照该企业职工平均工资计算的部分作为拖欠职工工资清偿;高出该企业职工平均工资计算的部分,可以作为普通破产债权清偿。

第二十五条 【对债权人利益有重大影响的财产处分行为的报告】管理人拟通过清偿债务或者提供担保取回质物、留置物,或者与质权人、留置权人协议以质物、留置物折价清偿债务等方式,进行对债权人利益有重大影响的财产处分行为的,应当及时报告债权人委员会。未设立债权人委员会的,管理人应当及时报告人民法院。

第二十六条 【取回权行使期限】权利人依据企业破产法第三十八条的规定行使取回权,应当在破产财产变价方案或者和解协议、重整计划草案提交债权人会议表决前向管理人提出。权利人在上述期限后主张取回相关财产的,应当承担延迟行使取回权增加的相关费用。

第二十七条 【取回权行使】权利人依据企业破产法第三十八条的规定向管理人主张取回相关财产,管理人不予认可,权利人以债务人为被告向人民法院提起诉讼请求行使取回权的,人民法院应予受理。

权利人依据人民法院或者仲裁机关的相关生效法律文书向管理人主张取回所涉争议财产,管理人以生效法律文书错误为由拒绝其行使取回权的,人民法院不予支持。

第二十八条 【行使取回权应履行相关费用支付义务】权利人行使取回权时未依法向管理人支付相关的加工费、保管费、托运费、委托费、代销费等费用,管理人拒绝其取回相关财产的,人民法院应予支持。

第二十九条 【提存变价款的取回】对债务人占有的权属不清的鲜活易腐等不易保管的财产或者不及时变现价值将严重贬损的财产,管理人及时变价并提存变价款后,有关权利人就该变价款行使取回权的,人民法院应予支持。

第三十条 【第三人取得所有权的债务人违法转让的财产的取回】债务人占有的他人财产被违法转让给第三人,依据民法典第三百一十一条的规定第三人已善意取得财产所有权,原权利人无法取回该财产的,人民法院应当按照以下规定处理:

(一)转让行为发生在破产申请受理前的,原权利人因财产损失形成的债权,作为普通破产债权清偿;

(二)转让行为发生在破产申请受理后的,因管理人或者相关人员执行职务导致原权利人损害产生的债务，作为共益债务清偿。

第三十一条 【第三人未取得所有权的债务人违法转让的财产的取回】债务人占有的他人财产被违法转让给第三人，第三人已向债务人支付了转让价款，但依据民法典第三百一十一条的规定未取得财产所有权，原权利人依法追回转让财产的，对因第三人已支付对价而产生的债务，人民法院应当按照以下规定处理：

（一）转让行为发生在破产申请受理前的，作为普通破产债权清偿；

（二）转让行为发生在破产申请受理后的，作为共益债务清偿。

第三十二条 【代偿性取回权】债务人占有的他人财产毁损、灭失，因此获得的保险金、赔偿金、代偿物尚未交付给债务人，或者代偿物虽已交付给债务人但能与债务人财产予以区分的，权利人主张取回就此获得的保险金、赔偿金、代偿物的，人民法院应予支持。

保险金、赔偿金已经交付给债务人，或者代偿物已经交付给债务人且不能与债务人财产予以区分的，人民法院应当按照以下规定处理：

（一）财产毁损、灭失发生在破产申请受理前的，权利人因财产损失形成的债权，作为普通破产债权清偿；

（二）财产毁损、灭失发生在破产申请受理后的，因管理人或者相关人员执行职务导致权利人损害产生的债务，作为共益债务清偿。

债务人占有的他人财产毁损、灭失，没有获得相应的保险金、赔偿金、代偿物，或者保险金、赔偿物、代偿物不足以弥补其损失的部分，人民法院应当按照本条第二款的规定处理。

第三十三条 【管理人等执行职务时不当处置他人财产的处理】管理人或者相关人员在执行职务过程中，因故意或者重大过失不当转让他人财产或者造成他人财产毁损、灭失，导致他人损害产生的债务作为共益债务，由债务人财产随时清偿不足弥补损失，权利人向管理人或者相关人员主张承担补充赔偿责任的，人民法院应予支持。

上述债务作为共益债务由债务人财产随时清偿后，债权人以管理人或者相关人员执行职务不当导致债务人财产减少给其造成损失为由提起诉讼，主张管理人或者相关人员承担相应赔偿责任的，人民法院应予支持。

第三十四条 【管理人有权决定所有权保留合同解除或继续履行】买卖合同双方当事人在合同中约定标的物所有权保留，在标的物所有权未依法转移给买受人前，一方当事人破产的，该买卖合同属于双方均未履行完毕的合同，管理人有权依据企业破产法第十八条的规定决定解除或者继续履行合同。

第三十五条 【出卖人破产时所有权保留合同的继续履行】出卖人破产，其管理人决定继续履行所有权保留买卖合同的，买受人应当按照原买卖合同的约定支付价款或者履行其他义务。

买受人未依约支付价款或者履行完毕其他义务，或者将标的物出卖、出质或者作出其他不当处分，给出卖人造成损害，出卖人管理人依法主张取回标的物的，人民法院应予支持。但是，买受人已经支付标的物总价款百分之七十五以上或者第三人善意取得标的物所有权或者其他物权的除外。

因本条第二款规定未能取回标的物，出卖人管理人依法主张买受人继续支付价款、履行完毕其他义务，以及承担相应赔偿责任的，人民法院应予支持。

第三十六条 【出卖人破产时所有权保留合同的解除】出卖人破产，其管理人决定解除所有权保留买卖合同，并依据企业破产法第十七条的规定要求买受人向其交付买卖标的物的，人民法院应予支持。

买受人以其不存在未依约支付价款或者履行完毕其他义务，或者将标的物出卖、出质或者作出其他不当处分情形抗辩的，人民法院不予支持。

买受人依法履行合同义务并依据本条第一款将买卖标的物交付出卖人管理人后，买受人已支付价款损失形成的债权作为共益债务清偿。但是，买受人违反合同约定，出卖人管理人主张上述债权作为普通破产债权清偿的，人民法院应予支持。

第三十七条 【买受人破产时所有权保留合同的继续履行】买受人破产，其管理人决定继续履行所有权保留买卖合同的，原买卖合同中约定的买受人支付价款或者履行其他义务的期限在破产申请受理时视为到期，买受人管理人应当及时向出卖人支付价款或者履行其他义务。

买受人管理人无正当理由未及时支付价款或者履行完毕其他义务，或者将标的物出卖、出质或者作出其他不当处分，给出卖人造成损害，出卖人依据民法典第六百四十一条等规定主张取回标的物的，人民法院应予支持。但是，买受人已支付标的物总价款百分之七十五以上或者第三人善意取得标的物所有权或者其他物权的除外。

因本条第二款规定未能取回标的物，出卖人依法主张买受人继续支付价款、履行完毕其他义务，以及承担相应赔偿责任的，人民法院应予支持。对因买受人未支付价款或者未履行完毕其他义务，以及买受人管理人将标的物出卖、出质或者作出其他不当处分导致出卖人损害产生的债务，出卖人主张作为共益债务清偿的，人民法院应予支持。

第三十八条　【买受人破产时所有权保留合同的解除】买受人破产，其管理人决定解除所有权保留买卖合同，出卖人依据企业破产法第三十八条的规定主张取回买卖标的物的，人民法院应予支持。

出卖人取回买卖标的物，买受人管理人主张出卖人返还已支付价款的，人民法院应予支持。取回的标的物价值明显减少给出卖人造成损失的，出卖人可从买受人已支付价款中优先予以抵扣后，将剩余部分返还给买受人；对买受人已支付价款不足以弥补出卖人标的物价值减损损失形成的债权，出卖人主张作为共益债务清偿的，人民法院应予支持。

第三十九条　【在运途中标的物的取回】出卖人依据企业破产法第三十九条的规定，通过通知承运人或者实际占有人中止运输、返还货物、变更到达地，或者将货物交给其他收货人等方式，对在运途中标的物主张了取回权但未能实现，或者在货物未达管理人前已向管理人主张取回在运途中标的物，在买卖标的物到达管理人后，出卖人向管理人主张取回的，管理人应予准许。

出卖人对在运途中标的物未及时行使取回权，在买卖标的物到达管理人后向管理人行使在运途中标的物取回权的，管理人不应准许。

第四十条　【重整期间债务人占有财产的取回】债务人重整期间，权利人要求取回债务人合法占有的权利人的财产，不符合双方事先约定条件的，人民法院不予支持。但是，因管理人或者自行管理的债务人违反约定，可能导致取回物被转让、毁损、灭失或者价值明显减少的除外。

第四十一条　【抵销权的行使】债权人依据企业破产法第四十条的规定行使抵销权，应当向管理人提出抵销主张。

管理人不得主动抵销债务人与债权人的互负债务，但抵销使债务人财产受益的除外。

第四十二条　【抵销的生效】管理人收到债权人提出的主张债务抵销的通知后，经审查无异议的，抵销自管理人收到通知之日起生效。

管理人对抵销主张有异议的，应当在约定的异议期限内或者自收到主张债务抵销的通知之日起三个月内向人民法院提起诉讼。无正当理由逾期提起的，人民法院不予支持。

人民法院判决驳回管理人提起的抵销无效诉讼请求的，该抵销自管理人收到主张债务抵销的通知之日起生效。

第四十三条　【不受支持的针对抵销权的管理人异议】债权人主张抵销，管理人以下列理由提出异议的，人民法院不予支持：

(一)破产申请受理时，债务人对债权人负有的债务尚未到期；

(二)破产申请受理时，债权人对债务人负有的债务尚未到期；

(三)双方互负债务标的物种类、品质不同。

第四十四条　【抵销无效的情形】破产申请受理前六个月内，债务人有企业破产法第二条第一款规定的情形，债务人与个别债权人以抵销方式对个别债权人清偿，其抵销的债权债务属于企业破产法第四十条第(二)、(三)项规定的情形之一，管理人在破产申请受理之日起三个月内向人民法院提起诉讼，主张该抵销无效的，人民法院应予支持。

第四十五条　【债权人享有优先受偿权与债务人不享有优先受偿权的债权的抵销】企业破产法第四十条所列不得抵销情形的债权人，主张以其对债务人特定财产享有优先受偿权的债权，与债务人对其不享有优先受偿权的债权抵销，债务人管理人以抵销存在企业破产法第四十条规定的情形提出异议的，人民法院不予支持。但是，用以抵销的债权大于债权人享有优先受偿权财产价值的除外。

第四十六条　【债务人股东与债务人的债务抵销】债务人的股东主张以下列债务与债务人对其负有的债务抵销，债务人管理人提出异议的，人民法院应予支持：

（一）债务人股东因欠缴债务人的出资或者抽逃出资对债务人所负的债务；

（二）债务人股东滥用股东权利或者关联关系损害公司利益对债务人所负的债务。

第四十七条 【诉讼管辖】人民法院受理破产申请后，当事人提起的有关债务人的民事诉讼案件，应当依据企业破产法第二十一条的规定，由受理破产申请的人民法院管辖。

受理破产申请的人民法院管辖的有关债务人的第一审民事案件，可以依据民事诉讼法第三十八条的规定，由上级人民法院提审，或者报请上级人民法院批准后交下级人民法院审理。

受理破产申请的人民法院，如对有关债务人的海事纠纷、专利纠纷、证券市场因虚假陈述引发的民事赔偿纠纷等案件不能行使管辖权的，可以依据民事诉讼法第三十七条的规定，由上级人民法院指定管辖。

第四十八条 【本解释效力条款】本规定施行前本院发布的有关企业破产的司法解释，与本规定相抵触的，自本规定施行之日起不再适用。

最高人民法院关于适用《中华人民共和国企业破产法》若干问题的规定（三）

· 2019 年 2 月 25 日最高人民法院审判委员会第 1762 次会议通过
· 根据 2020 年 12 月 23 日最高人民法院审判委员会第 1823 次会议通过的《最高人民法院关于修改〈最高人民法院关于破产企业国有划拨土地使用权应否列入破产财产等问题的批复〉等二十九件商事类司法解释的决定》修正
· 2020 年 12 月 29 日最高人民法院公告公布
· 自 2021 年 1 月 1 日起施行
· 法释〔2020〕18 号

为正确适用《中华人民共和国企业破产法》，结合审判实践，就人民法院审理企业破产案件中有关债权人权利行使等相关法律适用问题，制定本规定。

第一条 人民法院裁定受理破产申请的，此前债务人尚未支付的公司强制清算费用、未终结的执行程序中产生的评估费、公告费、保管费等执行费用，可以参照企业破产法关于破产费用的规定，由债务人财产随时清偿。

此前债务人尚未支付的案件受理费、执行申请费，可以作为破产债权清偿。

第二条 破产申请受理后，经债权人会议决议通过，或者第一次债权人会议召开前经人民法院许可，管理人或者自行管理的债务人可以为债务人继续营业而借款。提供借款的债权人主张参照企业破产法第四十二条第四项的规定优先于普通破产债权清偿的，人民法院应予支持，但其主张优先于此前已就债务人特定财产享有担保的债权清偿的，人民法院不予支持。

管理人或者自行管理的债务人可以为前述借款设定抵押担保，抵押物在破产申请受理前已为其他债权人设定抵押的，债权人主张按照民法典第四百一十四条规定的顺序清偿，人民法院应予支持。

第三条 破产申请受理后，债务人欠缴款项产生的滞纳金，包括债务人未履行生效法律文书应当加倍支付的迟延利息和劳动保险金的滞纳金，债权人作为破产债权申报的，人民法院不予确认。

第四条 保证人被裁定进入破产程序的，债权人有权申报其对保证人的保证债权。

主债务未到期的，保证债权在保证人破产申请受理时视为到期。一般保证的保证人主张行使先诉抗辩权的，人民法院不予支持，但债权人在一般保证人破产程序中的分配额应予提存，待一般保证人应承担的保证责任确定后再按照破产清偿比例予以分配。

保证人被确定应当承担保证责任的，保证人的管理人可以就保证人实际承担的清偿额向主债务人或其他债务人行使求偿权。

第五条 债务人、保证人均被裁定进入破产程序的，债权人有权向债务人、保证人分别申报债权。

债权人向债务人、保证人均申报全部债权的，从一方破产程序中获得清偿后，其对另一方的债权额不作调整，但债权人的受偿额不得超出其债权总额。保证人履行保证责任后不再享有求偿权。

第六条 管理人应当依照企业破产法第五十

七条的规定对所申报的债权进行登记造册，详尽记载申报人的姓名、单位、代理人、申报债权额、担保情况、证据、联系方式等事项，形成债权申报登记册。

管理人应当依照企业破产法第五十七条的规定对债权的性质、数额、担保财产、是否超过诉讼时效期间、是否超过强制执行期间等情况进行审查、编制债权表并提交债权人会议核查。

债权表、债权申报登记册及债权申报材料在破产期间由管理人保管，债权人、债务人、债务人职工及其他利害关系人有权查阅。

第七条 已经生效法律文书确定的债权，管理人应当予以确认。

管理人认为债权人据以申报债权的生效法律文书确定的债权错误，或者有证据证明债权人与债务人恶意通过诉讼、仲裁或者公证机关赋予强制执行力公证文书的形式虚构债权债务的，应当依法通过审判监督程序向作出该判决、裁定、调解书的人民法院或者上一级人民法院申请撤销生效法律文书，或者向受理破产申请的人民法院申请撤销或者不予执行仲裁裁决、不予执行公证债权文书后，重新确定债权。

第八条 债务人、债权人对债权表记载的债权有异议的，应当说明理由和法律依据。经管理人解释或调整后，异议人仍然不服的，或者管理人不予解释或调整的，异议人应当在债权人会议核查结束后十五日内向人民法院提起债权确认的诉讼。当事人之间在破产申请受理前订立有仲裁条款或仲裁协议的，应当向选定的仲裁机构申请确认债权债务关系。

案例 **沙启英与塔尼尔生物科技(商丘)有限公司等破产债权确认纠纷案(《最高人民法院公报》2022年第12期)**

裁判规则：《最高人民法院关于适用〈中华人民共和国企业破产法〉若干问题的规定(三)》第8条规定的15日期间系附不利后果的引导性规定，目的是督促异议人及时主张权利、提高破产程序的效率，并非起诉期限、诉讼时效或除斥期间。该十五日期间届满后，破产程序按债权人会议核查并经人民法院裁定确认的结果继续进行，由此给异议人行使表决权和财产分配等带来的不利后果，由其自行承担，但并不导致异议人实体权利或诉权消灭的法律后果。

第九条 债务人对债权表记载的债权有异议向人民法院提起诉讼的，应将被异议债权人列为被告。债权人对债权表记载的他人债权有异议的，应将被异议债权人列为被告；债权人对债权表记载的本人债权有异议的，应将债务人列为被告。

对同一笔债权存在多个异议人，其他异议人申请参加诉讼的，应当列为共同原告。

第十条 单个债权人有权查阅债务人财产状况报告、债权人会议决议、债权人委员会决议、管理人监督报告等参与破产程序所必需的债务人财务和经营信息资料。管理人无正当理由不予提供的，债权人可以请求人民法院作出决定；人民法院应当在五日内作出决定。

上述信息资料涉及商业秘密的，债权人应当依法承担保密义务或者签署保密协议；涉及国家秘密的应当依照相关法律规定处理。

第十一条 债权人会议的决议除现场表决外，可以由管理人事先将相关决议事项告知债权人，采取通信、网络投票等非现场方式进行表决。采取非现场方式进行表决的，管理人应当在债权人会议召开后的三日内，以信函、电子邮件、公告等方式将表决结果告知参与表决的债权人。

根据企业破产法第八十二条规定，对重整计划草案进行分组表决时，权益因重整计划草案受到调整或者影响的债权人或者股东，有权参加表决；权益未受到调整或者影响的债权人或者股东，参照企业破产法第八十三条的规定，不参加重整计划草案的表决。

第十二条 债权人会议的决议具有以下情形之一，损害债权人利益，债权人申请撤销的，人民法院应予支持：

(一)债权人会议的召开违反法定程序；

(二)债权人会议的表决违反法定程序；

(三)债权人会议的决议内容违法；

(四)债权人会议的决议超出债权人会议的职权范围。

人民法院可以裁定撤销全部或者部分事项决议，责令债权人会议依法重新作出决议。

债权人申请撤销债权人会议决议的，应当提出书面申请。债权人会议采取通信、网络投票等非现场方式进行表决的，债权人申请撤销的期限自债权人收到通知之日起算。

第十三条 债权人会议可以依照企业破产法

第六十八条第一款第四项的规定，委托债权人委员会行使企业破产法第六十一条第一款第二、三、五项规定的债权人会议职权。债权人会议不得作出概括性授权，委托其行使债权人会议所有职权。

第十四条 债权人委员会决定所议事项应获得全体成员过半数通过，并作成议事记录。债权人委员会成员对所议事项的决议有不同意见的，应当在记录中载明。

债权人委员会行使职权应当接受债权人会议的监督，以适当的方式向债权人会议及时汇报工作，并接受人民法院的指导。

第十五条 管理人处分企业破产法第六十九条规定的债务人重大财产的，应当事先制作财产管理或者变价方案并提交债权人会议进行表决，债权人会议表决未通过的，管理人不得处分。

管理人实施处分前，应当根据企业破产法第六十九条的规定，提前十日书面报告债权人委员会或者人民法院。债权人委员会可以依照企业破产法第六十八条第二款的规定，要求管理人对处分行为作出相应说明或者提供有关文件依据。

债权人委员会认为管理人实施的处分行为不符合债权人会议通过的财产管理或变价方案的，有权要求管理人纠正。管理人拒绝纠正的，债权人委员会可以请求人民法院作出决定。

人民法院认为管理人实施的处分行为不符合债权人会议通过的财产管理或变价方案的，应当责令管理人停止处分行为。管理人应当予以纠正，或者提交债权人会议重新表决通过后实施。

第十六条 本规定自 2019 年 3 月 28 日起实施。

实施前本院发布的有关企业破产的司法解释，与本规定相抵触的，自本规定实施之日起不再适用。

二、证券

中华人民共和国证券法

· 1998年12月29日第九届全国人民代表大会常务委员会第六次会议通过
· 根据2004年8月28日第十届全国人民代表大会常务委员会第十一次会议《关于修改〈中华人民共和国证券法〉的决定》第一次修正
· 2005年10月27日第十届全国人民代表大会常务委员会第十八次会议第一次修订
· 根据2013年6月29日第十二届全国人民代表大会常务委员会第三次会议《关于修改〈中华人民共和国文物保护法〉等十二部法律的决定》第二次修正
· 根据2014年8月31日第十二届全国人民代表大会常务委员会第十次会议《关于修改〈中华人民共和国保险法〉等五部法律的决定》第三次修正
· 2019年12月28日第十三届全国人民代表大会常务委员会第十五次会议第二次修订
· 2019年12月28日中华人民共和国主席令第37号公布
· 自2020年3月1日起施行

理解与适用

证券法是加强监管、规范证券发行和证券交易、切实保护投资者合法权益的一部重要法律。它的实施，是我国证券市场法制建设中的重要里程碑，有利于深化金融改革、整顿金融秩序、防范和化解金融风险，保证证券市场安全、高效、健康运行，确保国家的经济安全。证券法的实施，为人民法院公正审判证券纠纷案件，发挥审判职能作用，推动经济改革和发展，提供了更加明确统一的法律根据。

2019年修订证券法，根据资本市场改革发展新形势新情况，加强资本市场制度建设和治理体系建设，重点在改革证券发行制度、规范证券交易行为、强化信息披露要求、加大投资者保护力度、健全多层次资本市场体系、提高证券违法成本等方面，进行了修改完善。

第一章　总　则

第一条　【立法目的】为了规范证券发行和交易行为，保护投资者的合法权益，维护社会经济秩序和社会公共利益，促进社会主义市场经济的发展，制定本法。

第二条　【适用范围】在中华人民共和国境内，股票、公司债券、存托凭证和国务院依法认定的其他证券的发行和交易，适用本法；本法未规定的，适用《中华人民共和国公司法》和其他法律、行政法规的规定。

政府债券、证券投资基金份额的上市交易，适用本法；其他法律、行政法规另有规定的，适用其规定。

资产支持证券、资产管理产品发行、交易的管理办法，由国务院依照本法的原则规定。

在中华人民共和国境外的证券发行和交易活动，扰乱中华人民共和国境内市场秩序，损害境内投资者合法权益的，依照本法有关规定处理并追究法律责任。

注释 适用本法的证券，包括在中国境内发行和交易的股票、公司债券、存托凭证，以及国务院依法认定的其他证券。(1)股票。按照公司法的规定，股份有限公司的资本划分为股份，每一股的金额相等；公司的股份采取股票的形式，股票就是股份有限公司签发的证明股东所持股份的凭证。(2)公司债券。是指有限责任公司和股份有限公司依照法定程序发行、约定在一定期限还本付息的有价证券。(3)存托凭证。(4)国务院依法认定的其他证券。

政府债券、证券投资基金份额的上市交易,适用本法。政府债券,是指政府为筹集资金向投资者发行并承诺在一定时期支付利息和偿还本金的债务凭证,包括中央政府债券(国债)、地方政府债券。证券投资基金份额,是指证券投资基金发起人向投资者发行的、代表持有人按其所持份额享有基金财产收益、参与分配清算后的剩余基金财产和其他相关权利并承担相应义务的凭证。

资产支持证券,即资产证券化产品,通常是指将流动性差但具有相对稳定的可预期现金收入的资产,通过一定的资产结构安排,对资产中的风险与收益要素进行分离与重组,转化为可以在金融市场上流通转让的金融产品。

证券衍生品种是由股票、债券等基本证券派生出来的各种新型证券。证券衍生品种可分为证券型和契约型。其中,证券型品种,如权证,可作为国务院依法认定的其他证券,直接适用本法。契约型品种,如股指期货,可适用期货交易管理条例。

链接《公司法》;《证券投资基金法》;《预算法》

第三条 【基本原则(公开公平公正)】证券的发行、交易活动,必须遵循公开、公平、公正的原则。

注释 证券发行是指发行主体为筹集建设资金或经营资本,向投资者签发代表一定权利的有价证券,将投资者手中的资金转化为建设资金或经营资本的行为。证券交易是指对已依法发行的证券的转让或买卖。证券的发行、交易活动,涉及主体众多,既包括直接开展交易的发行人、广大投资者,也包括提供相关服务的证券公司以及会计师事务所、律师事务所等证券服务机构,还包括提供设施和保障的证券交易场所、证券登记结算机构,以及负责证券市场监管的监管机构等。

第四条 【基本原则(平等自愿有偿诚信)】证券发行、交易活动的当事人具有平等的法律地位,应当遵守自愿、有偿、诚实信用的原则。

第五条 【活动准则】证券的发行、交易活动,必须遵守法律、行政法规;禁止欺诈、内幕交易和操纵证券市场的行为。

注释 证券欺诈,是指利用进行证券交易的机会,或者利用其受托人、代理人或管理人的身份,使用明知是错误的、虚假的或者隐瞒了重要事实的信息诱骗他人买卖证券的行为。

内幕交易,是指内幕信息的知情人和非法获取内幕信息的人,如发行人及其董事、监事、高级管理人员及其他因其特定身份可以获取的内幕信息的人员,利用内幕信息进行证券买卖的行为。

操纵证券市场,是指行为人背离市场竞争原则,通过不正当手段影响或者意图影响证券交易价格或者证券交易量,引诱他人进行证券买卖,从中谋取不正当利益的行为。

第六条 【分业经营】证券业和银行业、信托业、保险业实行分业经营、分业管理,证券公司与银行、信托、保险业务机构分别设立。国家另有规定的除外。

第七条 【监管体制】国务院证券监督管理机构依法对全国证券市场实行集中统一监督管理。

国务院证券监督管理机构根据需要可以设立派出机构,按照授权履行监督管理职责。

第八条 【审计监督】国家审计机关依法对证券交易场所、证券公司、证券登记结算机构、证券监督管理机构进行审计监督。

第二章 证券发行

第九条 【发行注册】公开发行证券,必须符合法律、行政法规规定的条件,并依法报经国务院证券监督管理机构或者国务院授权的部门注册。未经依法注册,任何单位和个人不得公开发行证券。证券发行注册制的具体范围、实施步骤,由国务院规定。

有下列情形之一的,为公开发行:

(一)向不特定对象发行证券;

(二)向特定对象发行证券累计超过二百人,但依法实施员工持股计划的员工人数不计算在内;

(三)法律、行政法规规定的其他发行行为。

非公开发行证券,不得采用广告、公开劝诱和变相公开方式。

注释 发行证券,分为公开发行和非公开发行两种方式。公开发行主要是面向社会公众发行,涉及公众利益,因此对公开发行行为通常进行较为严格的监管。非公开发行主要是面向一定数量的特定对象发行,这种发行方式涉及人数较少,特定投资者往往对发行人的情况比较了解,或者具备一定的风险识别和承受能力。非公开发行对社会的影响较小，相对于公开发行监管较为宽松。

本条第2款对公开发行进行了界定，包括三种情形：一是向不特定对象发行证券。发行对象的不特定性，是公开发行的特征之一。二是向累计超过200人的特定对象发行证券。向“特定对象”发行证券，通常包括向发行人的内部人员，如股东、董事、监事、高级管理人员等公司员工，以及投资基金、保险公司等机构投资者发行证券。三是法律、行政法规规定的其他发行行为。这是一项兜底性规定，为法律、行政法规规定其他形式的公开发行行为留出空间。

链接《证券法》第二章

第十条 【发行保荐】发行人申请公开发行股票、可转换为股票的公司债券，依法采取承销方式的，或者公开发行法律、行政法规规定实行保荐制度的其他证券的，应当聘请证券公司担任保荐人。

保荐人应当遵守业务规则和行业规范，诚实守信，勤勉尽责，对发行人的申请文件和信息披露资料进行审慎核查，督导发行人规范运作。

保荐人的管理办法由国务院证券监督管理机构规定。

注释 公开发行下列两种证券应当实行保荐制度：

(1)公开发行股票、可转换为股票的公司债券，依法采取承销方式的。这里需要说明两点：

一是申请发行一般的公司债券不需要聘请保荐人。二是公开发行股票、可转换为股票的公司债券，依法不采取承销方式的，不需要聘任保荐人。根据《公司法》第87条的规定，向社会公开募集股份，应当由依法设立的证券公司承销。结合本法对公开发行证券情形的规定，向不特定对象发行证券，属于公司法规定的“向社会公开”募集股份，因而需要采取承销方式，需要聘请保荐人。而对于向特定对象发行证券累计超过二百人的情形，虽然属于公开发行，但不属于向“社会”公开，由于其涉及的人数比较少，不涉及公众利益，因而不需要采取承销方式，也没有必要实行保荐制度。

(2)公开发行法律、行政法规规定实行保荐制度的其他证券。本法只对申请公开发行股票、可转换为股票的公司债券规定了保荐制度，如果其他法律、行政法规有对公开发行的证券实施保荐制度的规定，还要遵守该规定。

链接《证券法》第120条

第十一条 【公司设立发行】设立股份有限公司公开发行股票，应当符合《中华人民共和国公司法》规定的条件和经国务院批准的国务院证券监督管理机构规定的其他条件，向国务院证券监督管理机构报送募股申请和下列文件：

(一)公司章程；

(二)发起人协议；

(三)发起人姓名或者名称，发起人认购的股份数、出资种类及验资证明；

(四)招股说明书；

(五)代收股款银行的名称及地址；

(六)承销机构名称及有关的协议。

依照本法规定聘请保荐人的，还应当报送保荐人出具的发行保荐书。

法律、行政法规规定设立公司必须报经批准的，还应当提交相应的批准文件。

链接《公司法》第76—88条

第十二条 【公司发行新股】公司首次公开发行新股，应当符合下列条件：

(一)具备健全且运行良好的组织机构；

(二)具有持续经营能力；

(三)最近三年财务会计报告被出具无保留意见审计报告；

(四)发行人及其控股股东、实际控制人最近三年不存在贪污、贿赂、侵占财产、挪用财产或者破坏社会主义市场经济秩序的刑事犯罪；

(五)经国务院批准的国务院证券监督管理机构规定的其他条件。

上市公司发行新股，应当符合经国务院批准的国务院证券监督管理机构规定的条件，具体管理办法由国务院证券监督管理机构规定。

公开发行存托凭证的，应当符合首次公开发行新股的条件以及国务院证券监督管理机构规定的其他条件。

注释 具备健全且运行良好的组织机构，是指发行人符合公司法关于公司组织机构的规定，且各机构运行状况良好。根据公司法的规定，股份有限公司应当设立股东大会、董事会、经理、监事会；上市公司还应当设立董事会秘书，设立独立董事。申请首次公开发行新股的公司应当设有这些机构，且运行良好，能够依照公司法及公司章程的规定有效履行职责。

第十三条 【新股发行文件】公司公开发行新

股,应当报送募股申请和下列文件:

(一)公司营业执照;

(二)公司章程;

(三)股东大会决议;

(四)招股说明书或者其他公开发行募集文件;

(五)财务会计报告;

(六)代收股款银行的名称及地址。

依照本法规定聘请保荐人的,还应当报送保荐人出具的发行保荐书。依照本法规定实行承销的,还应当报送承销机构名称及有关的协议。

第十四条 【募股资金用途】公司对公开发行股票所募集资金,必须按照招股说明书或者其他公开发行募集文件所列资金用途使用;改变资金用途,必须经股东大会作出决议。擅自改变用途,未作纠正的,或者未经股东大会认可的,不得公开发行新股。

第十五条 【发行债券】公开发行公司债券,应当符合下列条件:

(一)具备健全且运行良好的组织机构;

(二)最近三年平均可分配利润足以支付公司债券一年的利息;

(三)国务院规定的其他条件。

公开发行公司债券筹集的资金,必须按照公司债券募集办法所列资金用途使用;改变资金用途,必须经债券持有人会议作出决议。公开发行公司债券筹集的资金,不得用于弥补亏损和非生产性支出。

上市公司发行可转换为股票的公司债券,除应当符合第一款规定的条件外,还应当遵守本法第十二条第二款的规定。但是,按照公司债券募集办法,上市公司通过收购本公司股份的方式进行公司债券转换的除外。

链接《证券法》第 92 条;《公司法》第 142 条

第十六条 【债券发行文件】申请公开发行公司债券,应当向国务院授权的部门或者国务院证券监督管理机构报送下列文件:

(一)公司营业执照;

(二)公司章程;

(三)公司债券募集办法;

(四)国务院授权的部门或者国务院证券监督管理机构规定的其他文件。

依照本法规定聘请保荐人的,还应当报送保荐人出具的发行保荐书。

第十七条 【债券发行限制】有下列情形之一的,不得再次公开发行公司债券:

(一)对已公开发行的公司债券或者其他债务有违约或者延迟支付本息的事实,仍处于继续状态;

(二)违反本法规定,改变公开发行公司债券所募资金的用途。

注释 为保护公司债券持有人的利益,对于公司债券发行后存在违法或者违约行为的,应当限制其再次公开发行公司债券。具体的限制情形包括:

1. 对已发行的公司债券或者其他债务有违约或者延迟支付本息的事实,仍处于继续状态。当公司对已发行的到期公司债券不按约定偿还本息或者拖延支付本息,或者公司对外的其他债务到期仍未偿还,造成违约事实存续的情况下,公司不得发行新的公司债券。

2. 违反本法规定,改变公开发行公司债券所募资金的用途。根据本法第 15 条第 2 款的规定,公开发行公司债券筹集的资金,必须按照公司债券募集办法所列资金用途使用;改变资金用途,必须经债券持有人会议作出决议。公开发行公司债券筹集的资金,不得用于弥补亏损和非生产性支出。公司违反上述规定,擅自改变债券募集资金用途,可能使公司的偿债能力受到影响,损害债券持有人利益。这种情况下不得再次公开发行公司债券。同时,如果公司债券募集办法对所募资金用途作出灵活安排,或者依法经债券持有人会议作出决议改变债券募集办法所列资金用途,不属于违反本法规定的情况,不影响公司再次公开发行公司债券。

链接《证券法》第 15 条

第十八条 【发行文件报送】发行人依法申请公开发行证券所报送的申请文件的格式、报送方式,由依法负责注册的机构或者部门规定。

第十九条 【发行文件要求】发行人报送的证券发行申请文件,应当充分披露投资者作出价值判断和投资决策所必需的信息,内容应当真实、准确、完整。

为证券发行出具有关文件的证券服务机构和人员,必须严格履行法定职责,保证所出具文件的真实性、准确性和完整性。

第二十条 【预先披露】发行人申请首次公开

发行股票的，在提交申请文件后，应当按照国务院证券监督管理机构的规定预先披露有关申请文件。

注释 预披露，是指申请首次公开发行股票的发行人，在按照本法规定向国务院证券监督管理机构报送有关申请文件后，将有关申请文件向社会公众披露，不必等到国务院证券监督管理机构作出予以注册的决定后再进行披露。

第二十一条 【注册程序】国务院证券监督管理机构或者国务院授权的部门依照法定条件负责证券发行申请的注册。证券公开发行注册的具体办法由国务院规定。

按照国务院的规定，证券交易所等可以审核公开发行证券申请，判断发行人是否符合发行条件、信息披露要求，督促发行人完善信息披露内容。

依照前两款规定参与证券发行申请注册的人员，不得与发行申请人有利害关系，不得直接或者间接接受发行申请人的馈赠，不得持有所注册的发行申请的证券，不得私下与发行申请人进行接触。

第二十二条 【注册期限】国务院证券监督管理机构或者国务院授权的部门应当自受理证券发行申请文件之日起三个月内，依照法定条件和法定程序作出予以注册或者不予注册的决定，发行人根据要求补充、修改发行申请文件的时间不计算在内。不予注册的，应当说明理由。

第二十三条 【发行公告】证券发行申请经注册后，发行人应当依照法律、行政法规的规定，在证券公开发行前公告公开发行募集文件，并将该文件置备于指定场所供公众查阅。

发行证券的信息依法公开前，任何知情人不得公开或者泄露该信息。

发行人不得在公告公开发行募集文件前发行证券。

第二十四条 【欺诈发行】国务院证券监督管理机构或者国务院授权的部门对已作出的证券发行注册的决定，发现不符合法定条件或者法定程序，尚未发行证券的，应当予以撤销，停止发行。已经发行尚未上市的，撤销发行注册决定，发行人应当按照发行价并加算银行同期存款利息返还证券持有人；发行人的控股股东、实际控制人以及保荐人，应当与发行人承担连带责任，但是能够证明自己没有过错的除外。

股票的发行人在招股说明书等证券发行文件中隐瞒重要事实或者编造重大虚假内容，已经发行并上市的，国务院证券监督管理机构可以责令发行人回购证券，或者责令负有责任的控股股东、实际控制人买回证券。

链接《证券法》第22、181条

第二十五条 【风险负担】股票依法发行后，发行人经营与收益的变化，由发行人自行负责；由此变化引致的投资风险，由投资者自行负责。

第二十六条 【证券承销】发行人向不特定对象发行的证券，法律、行政法规规定应当由证券公司承销的，发行人应当同证券公司签订承销协议。证券承销业务采取代销或者包销方式。

证券代销是指证券公司代发行人发售证券，在承销期结束时，将未售出的证券全部退还给发行人的承销方式。

证券包销是指证券公司将发行人的证券按照协议全部购入或者在承销期结束时将售后剩余证券全部自行购入的承销方式。

第二十七条 【承销公司选择】公开发行证券的发行人有权依法自主选择承销的证券公司。

第二十八条 【承销协议】证券公司承销证券，应当同发行人签订代销或者包销协议，载明下列事项：

（一）当事人的名称、住所及法定代表人姓名；

（二）代销、包销证券的种类、数量、金额及发行价格；

（三）代销、包销的期限及起止日期；

（四）代销、包销的付款方式及日期；

（五）代销、包销的费用和结算办法；

（六）违约责任；

（七）国务院证券监督管理机构规定的其他事项。

实务问答 证券承销合同的主承销商先向发行人垫付认购股款，是否构成变相的企业借贷？

依附于确定主承销商协议的《预付股款协议》与企业之间单纯的资金拆借行为比较，虽约定内容都有协议一方将资金交与另一方有偿使用，但该两种民事关系本质上存在着差异：(1)行为目的不同。资金拆借的拆借方纯粹是为了有偿使用出借方闲散资金，而出借方也纯粹是为了获取高于银行利率的回报；而本案预付股款主要是为双方为证券发行和上市更为顺利，发行人在设想发行获得通过前提下而向主承销商提前支取投资人认购证券的股款。(2)行为方式不同。拆借是出借方以自己拥有的资金出借给拆借方；预付股款是协商由主承销商先垫付给发行人，证券发行成功后再从本应是发行人的股款中扣收，行为本质是在预期发行成功的情况下，发行人提前使用自己的募集资金。(3)民事关系发生的条件不同。单纯企业间资金拆借是一个独立存在的民事关系，并不以其他民事关系发生为前提；而本案《预付股款协议》是依附于发行人与承销商之间证券承销协议确立的民事关系而产生，换言之，如果当事人之间没有证券承销协议，则不可能发生预付股款行为。(4)规范行为的法律不同。纯粹企业间资金拆借，尽管是当事人真实意思表示，但目前仍为法律所禁止，应当认定行为无效；而预付股款行为，建立在双方证券承销关系基础之上，证券承销关系为法律所允许和鼓励，故预付股款行为则不应当为法律所禁止，且没有明文规定禁止该行为。综上，《预付股款行为》不同于资金拆借，不为法律所禁止，且是双方真实的意思表示，故应认定为合法有效行为。（贾纬：《证券承销商预先支付认股款的性质以及国有股份转让认定标准——国信证券有限责任公司与西仪股份有限公司、西仪集团有限责任公司证券承销协议纠纷上诉案》，载最高人民法院民事审判第二庭编：《民商事审判指导》总第5辑，人民法院出版社2004年版，第113~127页。）

第二十九条 【承销活动准则】证券公司承销证券，应当对公开发行募集文件的真实性、准确性、完整性进行核查。发现有虚假记载、误导性陈述或者重大遗漏的，不得进行销售活动；已经销售的，必须立即停止销售活动，并采取纠正措施。

证券公司承销证券，不得有下列行为：

（一）进行虚假的或者误导投资者的广告宣传或者其他宣传推介活动；

（二）以不正当竞争手段招揽承销业务；

（三）其他违反证券承销业务规定的行为。

证券公司有前款所列行为，给其他证券承销机构或者投资者造成损失的，应当依法承担赔偿责任。

第三十条 【承销团】向不特定对象发行证券聘请承销团承销的，承销团应当由主承销和参与承销的证券公司组成。

注释 承销团是多家证券公司组成的承销证券的集团。承销团承销是证券发行中一种常见的方式。对于面向不特定对象、一次发行量特别大的证券，由承销团承销，可以分散发行风险，同时也可以集合各个证券公司的销售网点共同向市场推销，有利于保证迅速完成证券发行。

第三十一条 【承销期限】证券的代销、包销期限最长不得超过九十日。

证券公司在代销、包销期内，对所代销、包销的证券应当保证先行出售给认购人，证券公司不得为本公司预留所代销的证券和预先购入并留存所包销的证券。

第三十二条 【发行价格】股票发行采取溢价发行的，其发行价格由发行人与承销的证券公司协商确定。

注释 根据发行价格与股票面额的关系，股票发行可以分为平价发行、折价发行和溢价发行三种。平价发行，是指发行人以票面金额作为发行价格。折价发行，是指以低于股票面额的价格发行股票。按照我国公司法的规定，不允许折价发行。溢价发行，是指发行人按照高于股票面额的价格发行股票。

链接《公司法》第127条

第三十三条 【发行失败】股票发行采用代销方式，代销期限届满，向投资者出售的股票数量未达到拟公开发行股票数量百分之七十的，为发行失败。发行人应当按照发行价并加算银行同期存款利息返还股票认购人。

注释 股票发行采用代销方式，是指证券公司代发行人发行股票，在代销期限届满时，将未售出的股票全部退还给发行人的承销方式。在股票代销方式中，证券公司与股票发行人之间是委托代理关系，证券公司的责任是在承销期内尽力销售股票，期限届满时能销出去多少算多少，尚未售出的股票全部退还给发行人，证券公司所收取的费用也较少。对发行人来说，自己要承担全部的发行风险，但发行成本较低。

第三十四条 【发行备案】公开发行股票，代销、包销期限届满，发行人应当在规定的期限内将股票发行情况报国务院证券监督管理机构备案。

第三章 证券交易

第一节 一般规定

第三十五条 【证券买卖】证券交易当事人依

法买卖的证券,必须是依法发行并交付的证券。

非依法发行的证券,不得买卖。

注释 证券交易是指证券所有人转移证券的所有权于买受人、买受人支付价款的法律行为。证券交易当事人买卖证券,必须依法进行。

证券交易的标的物必须是依法发行的证券

依法发行的证券是指依照本法及其他有关法律、行政法规和规范性文件,公开发行或者非公开发行的证券。证券交易的前提条件是该证券已经发行,而只有依法发行的证券,才能作为证券交易的标的物。

依照本法第9条的规定,公开发行证券,必须符合法律、行政法规规定的条件,并依法报经国务院证券监督管理机构或者国务院授权的部门注册;未经依法注册,任何单位和个人不得公开发行证券。本法第二章还对证券发行作了专门的规定。因此,公开发行证券,必须依法报经注册,并按照法定的程序发行。非公开发行证券,也必须遵守本法的有关规定,不得采用广告、公开劝诱或者变相公开方式等。证券交易当事人依法买卖的证券,必须是依法发行的证券。凡未依法经过注册,未按照法定程序,擅自公开发行的证券,以及未按照规定向特定对象非公开发行的证券,不得进行买卖。

证券交易的标的物必须是已交付的证券

已交付的证券是指已经实际由发行人转移至购买人的证券。如果是纸面形式的证券,已交付的证券是指已由发行人交给购买人实际持有的证券;如果是电子形式的无纸化的证券,已交付的证券是指证券登记结算机构等有关电子系统已记录为购买人所有的证券。证券发行以后,并不一定立即交付给购买证券的人。例如,公司法规定,公司登记成立前不得向股东交付股票。即使是依法发行的证券,也必须在交付后才能转让。未交付的证券,不得进行买卖。

第三十六条 【证券限售】依法发行的证券,《中华人民共和国公司法》和其他法律对其转让期限有限制性规定的,在限定的期限内不得转让。

上市公司持有百分之五以上股份的股东、实际控制人、董事、监事、高级管理人员,以及其他持有发行人首次公开发行前发行的股份或者上市公司向特定对象发行的股份的股东,转让其持有的本公司股份的,不得违反法律、行政法规和国务院证券监督管理机构关于持有期限、卖出时间、卖出数量、卖出方式、信息披露等规定,并应当遵守证券交易所的业务规则。

链接《公司法》第141条

第三十七条 【交易场所】公开发行的证券,应当在依法设立的证券交易所上市交易或者在国务院批准的其他全国性证券交易场所交易。

非公开发行的证券,可以在证券交易所、国务院批准的其他全国性证券交易场所、按照国务院规定设立的区域性股权市场转让。

注释 证券交易所是为证券集中交易提供场所和设施,组织和监督证券交易,实行自律管理的法人。证券交易所的设立、变更和解散,由国务院决定。上市交易是指已经依法公开发行的证券经证券交易所审核同意在证券交易所公开挂牌交易的行为。

链接《证券法》第96、98条

第三十八条 【交易方式】证券在证券交易所上市交易,应当采用公开的集中交易方式或者国务院证券监督管理机构批准的其他方式。

注释 公开的集中交易方式

集中交易方式是指在集中交易市场以竞价交易的方式进行交易。集中交易方式分为集中竞价交易和大宗交易。

1. 集中竞价。集中竞价又称集合竞价,是指在证券交易所市场内,所有参与证券买卖的各方当事人公开报价,按照价格优先、时间优先的原则撮合成交的证券交易方式。即所有买入的有效委托按照报价由高到低顺序排列,报价相同的,按照委托的先后时间顺序排列;所有卖出的有效委托,其报价按照由低到高的顺序排列,报价相同的,按照委托的先后时间顺序排列。按照各自的排列顺序,将排在前面的买入委托与卖出委托配对成交。在报价不同时,由排在前面的买方最高报价与卖方最低报价优先配对,即为价格优先的原则;在同等出价条件下,由排在前面的较早的委托优先配对,即为时间优先的原则。如果所有买入委托的报价均低于卖出委托的报价,则上述委托继续排队,等待新的委托报价,以此形成连续性的竞价撮合成交的交易活动。

2. 大宗交易。大宗交易是指单笔交易规模远大于市场平均单笔交易规模的交易。大宗交易的成交价格,由买卖双方在当日已成交的最高和最低成交价格之间确定。该证券当日无成交的,以前日收盘价为成交价。大宗交易由买卖双方达成一致，并由交易所确认后方可成交。

国务院证券监督管理机构批准的其他方式

国外成熟证券市场上证券交易所的交易方式，除集中交易方式外，还有其他一些交易方式。例如，非竞价的做市商方式，即在证券市场上，作为做市商的证券公司，在开市期间，就其负责做市的证券一直保持双向买卖报价，向投资者报告其愿意买进和卖出的证券数量和买卖价位，并且证券市场的电子报价系统随时将每只证券的最优买卖报价通过其显示系统报告给投资者。如果投资者愿意以做市商报出的价格买卖证券，做市商必须按其报价以自有资金和证券与投资者进行交易。同时在投资者买入证券时，如果做市商报出的价格低于投资者委托买入的价格，双方即以做市商报出的价格成交；在投资者卖出证券时，如果做市商报出的价格高于投资者委托卖出的价格，双方即以做市商报出的价格成交。

为适应社会经济的不断发展，需要逐步丰富交易方式。但为了防止金融风险，保护投资者的合法权益，维护社会经济秩序和社会公共利益，证券交易所采取公开的集中交易方式以外的其他方式进行证券交易，必须经国务院证券监督管理机构批准。

第三十九条　【证券形式】证券交易当事人买卖的证券可以采用纸面形式或者国务院证券监督管理机构规定的其他形式。

第四十条　【证券从业人员买卖股票限制】证券交易场所、证券公司和证券登记结算机构的从业人员，证券监督管理机构的工作人员以及法律、行政法规规定禁止参与股票交易的其他人员，在任期或者法定限期内，不得直接或者以化名、借他人名义持有、买卖股票或者其他具有股权性质的证券，也不得收受他人赠送的股票或者其他具有股权性质的证券。

任何人在成为前款所列人员时，其原已持有的股票或者其他具有股权性质的证券，必须依法转让。

实施股权激励计划或者员工持股计划的证券公司的从业人员，可以按照国务院证券监督管理机构的规定持有、卖出本公司股票或者其他具有股权性质的证券。

第四十一条　【保密义务】证券交易场所、证券公司、证券登记结算机构、证券服务机构及其工作人员应当依法为投资者的信息保密，不得非法买卖、提供或者公开投资者的信息。

证券交易场所、证券公司、证券登记结算机构、证券服务机构及其工作人员不得泄露所知悉的商业秘密。

第四十二条　【证券服务机构买卖证券限制】为证券发行出具审计报告或者法律意见书等文件的证券服务机构和人员，在该证券承销期内和期满后六个月内，不得买卖该证券。

除前款规定外，为发行人及其控股股东、实际控制人，或者收购人、重大资产交易方出具审计报告或者法律意见书等文件的证券服务机构和人员，自接受委托之日起至上述文件公开后五日内，不得买卖该证券。实际开展上述有关工作之日早于接受委托之日的，自实际开展上述有关工作之日起至上述文件公开后五日内，不得买卖该证券。

第四十三条　【证券交易收费】证券交易的收费必须合理，并公开收费项目、收费标准和管理办法。

第四十四条　【短线交易】上市公司、股票在国务院批准的其他全国性证券交易场所交易的公司持有百分之五以上股份的股东、董事、监事、高级管理人员，将其持有的该公司的股票或者其他具有股权性质的证券在买入后六个月内卖出，或者在卖出后六个月内又买入，由此所得收益归该公司所有，公司董事会应当收回其所得收益。但是，证券公司因购入包销售后剩余股票而持有百分之五以上股份，以及有国务院证券监督管理机构规定的其他情形的除外。

前款所称董事、监事、高级管理人员、自然人股东持有的股票或者其他具有股权性质的证券，包括其配偶、父母、子女持有的及利用他人账户持有的股票或者其他具有股权性质的证券。

公司董事会不按照第一款规定执行的，股东有权要求董事会在三十日内执行。公司董事会未在上述期限内执行的，股东有权为了公司的利益以自己的名义直接向人民法院提起诉讼。

公司董事会不按照第一款的规定执行的，负有责任的董事依法承担连带责任。

注释 短线交易是指在较短的时间内，将本公司股票或者其他具有股权性质的证券买入后又卖出或者卖出后又买入的行为。公司的董事、监事、高级管理人员，由其地位和职务所决定，不仅了解公司的各种信息，而且直接掌握公司的经营运作。

公司有关人员短线交易的收益归公司所有。“其他具有股权性质的证券”，包括可转换为股票的公司债券、存托凭证等具有股权性质的证券。

股东对公司有关人员短线交易的收益有权要求董事会收回并可以依法行使请求权。对于公司有关人员短线交易所得的收益，公司应当收回，而具体实施收回行为的应当是公司的董事会。如果公司董事会不收回公司有关人员短线交易所得的收益，公司的任何股东，无论其持股多少，都有权要求董事会在三十日内执行，以促使董事会尽快收回应归公司所有的收益。经股东请求，公司董事会超过三十日仍未执行的，股东就有权为了公司的利益，以自己的名义直接向人民法院提起诉讼，由人民法院依法作出裁判。

负有责任的董事对公司董事会不作为的行为承担连带责任。对于应属于公司的收益，董事会应当及时收归公司所有，以维护公司的利益。如果公司董事会不依法将公司有关人员短线交易的收益收归公司所有，负有责任的董事就应当对公司损失依法承担连带责任。

链接《证券法》第 189 条

第四十五条　【程序化交易】通过计算机程序自动生成或者下达交易指令进行程序化交易的，应当符合国务院证券监督管理机构的规定，并向证券交易所报告，不得影响证券交易所系统安全或者正常交易秩序。

注释 程序化交易又称算法交易，是指通过计算机程序自动确定订单的执行价格、执行数量、执行时机等参数，自动生成、执行交易指令的交易行为。

目前实践中的程序化交易主要是高频交易。与一般的程序化交易相比，高频交易的算法更为复杂，交易更为迅捷，通常以毫秒(千分之一秒)计时。高频交易的策略主要有做市策略、套利策略等：做市策略，即通过向市场双向报价赚取差额利益的交易策略。与其他的做市商相比，高频交易参与者可在极短的时间内频繁更新其报价，使其报价更加准确，从而取得交易机会。套利策略，即利用市场价格形成过程中出现的短暂不平衡赚取差额利益的交易策略。例如，高频交易参与者同时交易股指期货和跟踪该股指期货的 ETF 基金(交易型开放式指数基金)，当股指期货价格发生变化时，其可利用速度优势抢在 ETF 基金价格同步变化之前进行相应操作，获取差额利益。

链接《证券法》第 190 条

第二节　证券上市

第四十六条　【上市程序】申请证券上市交易，应当向证券交易所提出申请，由证券交易所依法审核同意，并由双方签订上市协议。

证券交易所根据国务院授权的部门的决定安排政府债券上市交易。

第四十七条　【上市条件】申请证券上市交易，应当符合证券交易所上市规则规定的上市条件。

证券交易所上市规则规定的上市条件，应当对发行人的经营年限、财务状况、最低公开发行比例和公司治理、诚信记录等提出要求。

注释 本条第 1 款规定，申请证券上市交易，应当符合证券交易所上市规则规定的上市条件。按照本法第 115 条的规定，证券交易所依照法律、行政法规和国务院证券监督管理机构的规定，制定上市规则、交易规则、会员管理规则和其他有关业务规则，并报国务院证券监督管理机构批准。发行人申请证券上市交易的，应当符合证券交易所依法制定的上市规则规定的上市条件；不符合上市条件的，证券交易所有权拒绝该证券在本交易所上市交易。

同时，为加强对证券交易所制定上市规则、明确上市条件的规范，本条第 2 款对上市条件应当包含的基本事项作出规定，即证券交易所在上市规则关于上市条件的规定中，应当对发行人的经营年限、财务状况、最低公开发行比例和公司治理、诚信记录等提出要求。以上海证券交易所科创板试点注册制的相关安排为例，其上市规则从公开发行后股本总额、股权分布、市值、财务指标等方面，明确了多套科创板的上市条件，通过市值与收入、现金流、净利润和研发投入等财务指标进行组合，设置了五套差异化的上市指标。

第四十八条　【终止上市】上市交易的证券，有证券交易所规定的终止上市情形的，由证券交易所按照业务规则终止其上市交易。

证券交易所决定终止证券上市交易的，应当及时公告，并报国务院证券监督管理机构备案。

第四十九条　【上市复核】对证券交易所作出

的不予上市交易、终止上市交易决定不服的，可以向证券交易所设立的复核机构申请复核。

第三节　禁止的交易行为

第五十条　【禁止内幕交易】禁止证券交易内幕信息的知情人和非法获取内幕信息的人利用内幕信息从事证券交易活动。

注释 本条禁止进行内幕交易的主体包括两类：一类是"内幕信息的知情人"，即通过合法途径获取内幕信息的人，本法第51条对此作了详细列举。例如，发行人的董事、监事、高级管理人员、持股百分之五以上的股东、实际控制人，因工作性质、所任职务、业务往来、监管职责等能够获取内幕信息的人等。内幕信息的知情人获取内幕信息本身是合法的，但其从事内幕交易的行为却是本条所禁止的。另一类是"非法获取内幕信息的人"，即本身无权获取内幕信息，而通过非法途径获得的人，如利用窃取、骗取、套取、窃听、利诱、刺探或者私下交易等手段获取内幕信息的人等。非法获取内幕信息的人自然也不得利用内幕信息从事证券交易活动。

所谓"内幕信息"，本法第52条作了明确界定，是指证券交易活动中，涉及发行人的经营、财务或者对该发行人证券的市场价格有重大影响的尚未公开的信息。本法第80条第2款、第81条第2款还对属于内幕信息的典型情形作了列举。

所谓利用内幕信息"从事证券交易活动"，根据本法第53条的规定，是指在内幕信息公开前，买卖该公司的证券，或者泄露该信息，或者建议他人买卖该证券。

链接《证券法》第51—53、80、81、191条；《刑法》第180条

第五十一条　【内幕信息知情人】证券交易内幕信息的知情人包括：

（一）发行人及其董事、监事、高级管理人员；

（二）持有公司百分之五以上股份的股东及其董事、监事、高级管理人员，公司的实际控制人及其董事、监事、高级管理人员；

（三）发行人控股或者实际控制的公司及其董事、监事、高级管理人员；

（四）由于所任公司职务或者因与公司业务往来可以获取公司有关内幕信息的人员；

（五）上市公司收购人或者重大资产交易方及其控股股东、实际控制人、董事、监事和高级管理人员；

（六）因职务、工作可以获取内幕信息的证券交易场所、证券公司、证券登记结算机构、证券服务机构的有关人员；

（七）因职责、工作可以获取内幕信息的证券监督管理机构工作人员；

（八）因法定职责对证券的发行、交易或者对上市公司及其收购、重大资产交易进行管理可以获取内幕信息的有关主管部门、监管机构的工作人员；

（九）国务院证券监督管理机构规定的可以获取内幕信息的其他人员。

注释 证券交易内幕信息的知情人，也称为内幕人，是内幕交易行为最重要的主体，在法律中明确规定其范围，可以使禁止内幕交易的具体适用对象更加明确，有助于证券监督管理机构以及司法机关等在实际执行中认定内幕信息知情人，对内幕交易行为进行查处。确定内幕信息知情人，一般以是否知悉内幕信息（证券交易活动中，涉及发行人的经营、财务或者对该发行人证券的市场价格有重大影响的尚未公开的信息）为标准，不限于公司内部人，还包括公司外部的由于工作性质、所任职务、业务往来、监管职责等而知悉内幕信息的人。

链接《证券法》第50、52、53、80、81、191条；《刑法》第180条

第五十二条　【内幕信息】证券交易活动中，涉及发行人的经营、财务或者对该发行人证券的市场价格有重大影响的尚未公开的信息，为内幕信息。

本法第八十条第二款、第八十一条第二款所列重大事件属于内幕信息。

注释 内幕信息具有两个基本条件：

1. 内幕信息是涉及发行人的经营、财务或者对该发行人证券的市场价格有重大影响的信息，即具有价格敏感性（也称重大性）。内幕信息既可以是利好信息，也可以是利空信息，但一定是价格敏感信息，即可能会导致证券价格的波动。这类信息可以分为两大类：一类是涉及发行人的经营、财务状况的信息，这类信息是投资者判断发行人发展前景、确定发行人所发行的证券的投资价值、作出投资决策的必要依据，是内幕信息的最典型情形。另一类是对发行人证券的市场价格有重大

影响的信息，这类信息有的来源于发行人内部，也有的来源于发行人外部，这些信息虽然不涉及发行人的经营、财务状况，但是传播开来，会对证券的市场价格产生重大影响。

2. 内幕信息是按照信息披露要求应当公开披露而尚未披露的信息，即具有非公开性。一方面，该信息属于依法应当披露的信息，即发行人应当在证券交易场所的网站和符合国务院证券监督管理机构规定条件的媒体发布该信息，同时将其置备于公司住所、证券交易场所，供社会公众查阅。另一方面，该信息尚未履行披露程序，社会公众仍未知悉。

链接《证券法》第 50、51、53、80、81、191 条；《刑法》第 180 条

第五十三条 【内幕交易行为及其赔偿责任】证券交易内幕信息的知情人和非法获取内幕信息的人，在内幕信息公开前，不得买卖该公司的证券，或者泄露该信息，或者建议他人买卖该证券。

持有或者通过协议、其他安排与他人共同持有公司百分之五以上股份的自然人、法人、非法人组织收购上市公司的股份，本法另有规定的，适用其规定。

内幕交易行为给投资者造成损失的，应当依法承担赔偿责任。

第五十四条 【禁止利用未公开信息进行证券交易】禁止证券交易场所、证券公司、证券登记结算机构、证券服务机构和其他金融机构的从业人员、有关监管部门或者行业协会的工作人员，利用因职务便利获取的内幕信息以外的其他未公开的信息，违反规定，从事与该信息相关的证券交易活动，或者明示、暗示他人从事相关交易活动。

利用未公开信息进行交易给投资者造成损失的，应当依法承担赔偿责任。

链接《证券法》第 191 条；《刑法》第 180 条

第五十五条 【禁止操纵证券市场】禁止任何人以下列手段操纵证券市场，影响或者意图影响证券交易价格或者证券交易量：

（一）单独或者通过合谋，集中资金优势、持股优势或者利用信息优势联合或者连续买卖；

（二）与他人串通，以事先约定的时间、价格和方式相互进行证券交易；

（三）在自己实际控制的账户之间进行证券交易；

（四）不以成交为目的，频繁或者大量申报并撤销申报；

（五）利用虚假或者不确定的重大信息，诱导投资者进行证券交易；

（六）对证券、发行人公开作出评价、预测或者投资建议，并进行反向证券交易；

（七）利用在其他相关市场的活动操纵证券市场；

（八）操纵证券市场的其他手段。

操纵证券市场行为给投资者造成损失的，应当依法承担赔偿责任。

注释 操纵证券市场，是指行为人以不正当手段，影响或者意图影响证券交易价格或者证券交易量，扰乱证券市场秩序的行为。其实质是制造虚假的证券交易量和证券交易价格，欺诈不特定的投资者的行为。认定"操纵证券市场"，要结合行为表现和行为性质两方面考虑。

（一）行为表现上，行为人采取了操纵证券市场的手段。随着证券市场的发展，操纵证券市场的手段越来越多，比较典型的有：

1. 单独或者通过合谋，集中资金优势、持股优势或者利用信息优势联合或者连续买卖，即"联合/连续交易操纵"。行为人通过连续、大量高价买入或者低价卖出某种证券，从而抬高、压低或者维持该证券的交易价格。连续交易操纵可以一个主体单独进行，也可以是两个以上主体合谋进行。认定连续交易操纵，要把握两点：(1) 行为人具备资金优势、持股优势或利用信息优势。所谓"资金优势"，是指行为人为买卖证券所集中的资金相对于市场上一般投资者所能集中的资金具有数量上的优势；需要综合考虑行为人在行为期间动用的资金量及其所占相关证券的成交量的比例、同期市场交易活跃程度以及投资者参与交易状况等因素分析判断。所谓"持股优势"，是指行为人持有的证券相对于市场上一般投资者具有数量上的优势；需要综合考虑行为人在行为期间持有实际流通股份的总量及其所占相关证券的实际流通股份总量的比例、同期相关证券的投资者持股状况等因素判断。所谓"信息优势"，是指行为人相对于市场上一般投资者对标的证券及其相关事项的重大信息（如本法第 80 条、第 81 条规定的重大事件）具有获取或者了解更早、更容易、更准确、更完整的优势。(2) 行为人进行了联合或者连续买卖

证券。所谓“联合买卖”,是指二个以上行为人,约定在某一时段内一起买入或卖出某种证券。所谓“连续买卖”,是指行为人在某一时段内连续多次买卖某种证券。

2. 与他人串通,以事先约定的时间、价格和方式相互进行证券交易,即“约定交易操纵”,又称为“对倒”,是较为古老的操纵形式之一。其特点是:第一,“与他人串通”,即两个以上行为人为了操纵证券市场,达成共同的意思联络。串通好的操纵者分别担任买方和卖方两个角色,证券交易在两方操纵者之间进行。第二,“以事先约定的时间、价格和方式相互进行证券交易”,即由一方作出交易委托,而另一方依据事先的约定作出时间相近、价格相近、数量相近、买卖方向相反的委托,双方相互之间进行证券交易。对倒的目的是抬高证券交易价格,制造市场虚假繁荣景象,诱导投资者跟进。

3. 在自己实际控制的账户之间进行证券交易,即“洗售操纵”。行为人用自己实际控制的一个证券账户买进,用自己实际控制的另一个证券账户卖出,实质上是自买自卖,证券所有权并没有发生转移。所谓“自己实际控制的账户”,是指行为人具有管理、使用或处分权益的账户,主要包括行为人以自己名义开设的实名账户,行为人以他人名义开设的账户,以及行为人虽然不是账户的名义持有人,但通过投资关系、协议或者其他安排,能够实际管理、使用或处分的他人账户。

4. 不以成交为目的,频繁或者大量申报并撤销申报,即“虚假申报操纵”。在证券交易中,投资者的报价即使未成交,也会反映在报价系统交易行情中;如果行为人不以成交为目的,频繁或者大量申报并撤销申报,可能会影响其他投资者对市场状况的判断并影响其投资决策,进而影响证券交易价格和交易量。近年来,随着计算机系统的进步、程序化交易的发展,频繁或者大量申报并撤销申报在技术上日益简单,其合法性界限问题日益引发关注,需要进一步加以规范。认定“频繁”申报和撤销申报,要考虑行为人在同一交易日内,在同一证券的有效竞价范围内,按照同一买卖方向进行申报和撤销申报达到的次数。认定“大量”申报并撤销申报量,则要综合考虑行为人的申报量占总申报量、成交量的比例等因素判断。

5. 利用虚假或者不确定的重大信息,诱导投资者进行证券交易,即“蛊惑交易操纵”。行为人利用虚假或者不确定的重大信息,诱导投资者在不了解事实真相的情况下作出投资决定,影响证券交易价格或交易量;行为人则在编造、传播虚假或者不确定的重大信息之前买入或卖出相关证券,而在该信息使股价发行预期的波动之后卖出或买入相关证券。

6. 对证券、发行人公开作出评价、预测或者投资建议,并进行反向证券交易,即“抢帽子交易操纵”。能够从事抢帽子交易操纵的主要是对部分投资者有一定影响力的主体,如证券公司、证券咨询机构、专业中介机构及其工作人员,电视广播中的“金融专家”“股市名嘴”,投资者圈子中的“明星导师”等。这些人通过公开作出评价、预测或者投资建议,引导投资者买入或者卖出证券,然后由自己或者相关人进行相反的证券交易,以获取利益。实践中,证券监督管理机构认为,行为人在报刊、电台、电视台等传统媒体上发布,或者在网站、社交通讯工具等电子网络媒体上发布,或者形式上通过传真、短信、电子信箱、电话、软件等工具点对点发送但实质上向大量投资者发送,对相关证券或其发行人作出评价、预测或者投资建议的,都属于“对证券、发行人公开作出评价、预测或者投资建议”。

7. 利用在其他相关市场的活动操纵证券市场,即“跨市场操纵”。随着我国证券市场的发展,尤其是股指期货、股票期货等衍生品种的发展,证券市场和证券衍生品等市场的联系越来越紧密,相互影响力越来越大。行为人通过在证券衍生品等市场采取拉抬、打压或者锁定价格等手段,都可能对证券市场的交易价格或者交易量产生较大影响,因此,应当予以禁止。

8. 操纵证券市场的其他手段。

(二)行为性质上,行为人通过上述手段“影响或者意图影响证券交易价格或者证券交易量”:

1.“影响”证券交易价格或者证券交易量,即该行为产生了实质性的效果,致使证券交易价格异常或形成虚拟的价格水平,或者行为人的行为致使证券交易量异常或形成虚拟的交易量水平。

2.“意图影响”证券交易价格或者证券交易量,则是指该行为可能产生上述影响,即使由于各种原因损害后果未实际发生,也不影响其构成“操纵证券市场”。

链接《证券法》第192条;《刑法》第182条

第五十六条　【禁止编造、传播虚假信息或者误导性信息】禁止任何单位和个人编造、传播虚假信息或者误导性信息,扰乱证券市场。

禁止证券交易场所、证券公司、证券登记结算机构、证券服务机构及其从业人员,证券业协会、证券监督管理机构及其工作人员,在证券交易活动中作出虚假陈述或者信息误导。

各种传播媒介传播证券市场信息必须真实、客观,禁止误导。传播媒介及其从事证券市场信息报道的工作人员不得从事与其工作职责发生利益冲突的证券买卖。

编造、传播虚假信息或者误导性信息,扰乱证券市场,给投资者造成损失的,应当依法承担赔偿责任。

第五十七条　【禁止损害客户利益】禁止证券公司及其从业人员从事下列损害客户利益的行为:

(一)违背客户的委托为其买卖证券;

(二)不在规定时间内向客户提供交易的确认文件;

(三)未经客户的委托,擅自为客户买卖证券,或者假借客户的名义买卖证券;

(四)为牟取佣金收入,诱使客户进行不必要的证券买卖;

(五)其他违背客户真实意思表示,损害客户利益的行为。

违反前款规定给客户造成损失的,应当依法承担赔偿责任。

第五十八条　【禁止出借、借用证券账户】任何单位和个人不得违反规定,出借自己的证券账户或者借用他人的证券账户从事证券交易。

第五十九条　【禁止违规资金入市】依法拓宽资金入市渠道,禁止资金违规流入股市。

禁止投资者违规利用财政资金、银行信贷资金买卖证券。

第六十条　【国有企业买卖股票】国有独资企业、国有独资公司、国有资本控股公司买卖上市交易的股票,必须遵守国家有关规定。

第六十一条　【发现禁止的交易行为的报告义务】证券交易场所、证券公司、证券登记结算机构、证券服务机构及其从业人员对证券交易中发现的禁止的交易行为,应当及时向证券监督管理机构报告。

第四章　上市公司的收购

第六十二条　【上市公司收购方式】投资者可以采取要约收购、协议收购及其他合法方式收购上市公司。

注释上市公司收购有下列特征:(1)上市公司的收购是指对经证券交易所审核同意,股票在证券交易所上市交易的股份有限公司的收购。(2)上市公司的收购是指对上市公司股份的收购,不是指对上市公司资产的收购。(3)上市公司收购的收购主体是投资者,既可以是自然人,也可以是法人、非法人组织;投资者通过协议、其他安排与其他人共同收购上市公司,与投资者有协议或者其他安排的其他人也是上市公司收购的收购主体。(4)上市公司收购是一种投资者与投资者之间的股份转让行为,而不是投资者与上市公司之间的股份转让行为。(5)上市公司收购的目的是获得或者巩固对上市公司的控制权。在没有控制上市公司时,投资者收购上市公司是为了获得对上市公司的控制权;在上市公司控制者的控制地位受到挑战时,投资者收购上市公司是为了巩固其控制地位。投资者控制上市公司一般有两种方式:一是投资者单独持有上市公司的股份;二是投资者通过协议、其他安排与其他人共同持有上市公司的股份。

收购上市公司的方式包括以下三种:

1. 要约收购。是指投资者向目标公司的所有股东发出要约,表明愿意以要约中的价格、时间、条件购买目标公司的股票,以期获得或者巩固对目标公司的控制权。

2. 协议收购。是指投资者在证券交易所外与目标公司的部分特定股东就股票的价格、数量等方面进行私下协商,购买目标公司的股票,以期获得和巩固对目标公司的控制权。

3. 其他合法方式。

实务问答**如何认定当事人在订立收购上市公司股份合同过程中是否存在违背诚实信用原则行为?**

行为受制于主观目的,任何市场收购行为背后必然存在收购人的目的。如果收购人出于善意和正常目的,并且与公司原有控制股东协商达成一致意见,那么收购人主观方面没有损害公司和广大投资人利益的过错。如果收购人出于其他目的,利用上市公司收购,损害被收购公司及其股东

二、证券

的合法权益，那么收购目的属于恶意。（宋晓明、贾纬、张雪楳：《证券纠纷案件审理中的疑难问题》，载最高人民法院民事审判第二庭编：《民商事审判指导》总第11辑，人民法院出版社2007年版，第162~163页。）

链接《证券法》第四章

第六十三条 【大额持股信息披露】通过证券交易所的证券交易，投资者持有或者通过协议、其他安排与他人共同持有一个上市公司已发行的有表决权股份达到百分之五时，应当在该事实发生之日起三日内，向国务院证券监督管理机构、证券交易所作出书面报告，通知该上市公司，并予公告，在上述期限内不得再行买卖该上市公司的股票，但国务院证券监督管理机构规定的情形除外。

投资者持有或者通过协议、其他安排与他人共同持有一个上市公司已发行的有表决权股份达到百分之五后，其所持该上市公司已发行的有表决权股份比例每增加或者减少百分之五，应当依照前款规定进行报告和公告，在该事实发生之日起至公告后三日内，不得再行买卖该上市公司的股票，但国务院证券监督管理机构规定的情形除外。

投资者持有或者通过协议、其他安排与他人共同持有一个上市公司已发行的有表决权股份达到百分之五后，其所持该上市公司已发行的有表决权股份比例每增加或者减少百分之一，应当在该事实发生的次日通知该上市公司，并予公告。

违反第一款、第二款规定买入上市公司有表决权的股份的，在买入后的三十六个月内，对该超过规定比例部分的股份不得行使表决权。

链接《证券法》第64条

第六十四条 【大额持股信息披露的内容】依照前条规定所作的公告，应当包括下列内容：

（一）持股人的名称、住所；

（二）持有的股票的名称、数额；

（三）持股达到法定比例或者持股增减变化达到法定比例的日期、增持股份的资金来源；

（四）在上市公司中拥有有表决权的股份变动的时间及方式。

第六十五条 【强制要约收购】通过证券交易所的证券交易，投资者持有或者通过协议、其他安排与他人共同持有一个上市公司已发行的有表决权股份达到百分之三十时，继续进行收购的，应当依法向该上市公司所有股东发出收购上市公司全部或者部分股份的要约。

收购上市公司部分股份的要约应当约定，被收购公司股东承诺出售的股份数额超过预定收购的股份数额的，收购人按比例进行收购。

第六十六条 【上市公司收购报告书的内容】依照前条规定发出收购要约，收购人必须公告上市公司收购报告书，并载明下列事项：

（一）收购人的名称、住所；

（二）收购人关于收购的决定；

（三）被收购的上市公司名称；

（四）收购目的；

（五）收购股份的详细名称和预定收购的股份数额；

（六）收购期限、收购价格；

（七）收购所需资金额及资金保证；

（八）公告上市公司收购报告书时持有被收购公司股份数占该公司已发行的股份总数的比例。

第六十七条 【要约收购期限】收购要约约定的收购期限不得少于三十日，并不得超过六十日。

第六十八条 【收购要约的撤销和变更】在收购要约确定的承诺期限内，收购人不得撤销其收购要约。收购人需要变更收购要约的，应当及时公告，载明具体变更事项，且不得存在下列情形：

（一）降低收购价格；

（二）减少预定收购股份数额；

（三）缩短收购期限；

（四）国务院证券监督管理机构规定的其他情形。

第六十九条 【被收购上市公司股东地位平等】收购要约提出的各项收购条件，适用于被收购公司的所有股东。

上市公司发行不同种类股份的，收购人可以针对不同种类股份提出不同的收购条件。

第七十条 【收购人买卖股票限制】采取要约收购方式的，收购人在收购期限内，不得卖出被收购公司的股票，也不得采取要约规定以外的形式和超出要约的条件买入被收购公司的股票。

第七十一条 【协议收购】采取协议收购方式的，收购人可以依照法律、行政法规的规定同被收购公司的股东以协议方式进行股份转让。

以协议方式收购上市公司时，达成协议后，收购人必须在三日内将该收购协议向国务院证券监督管理机构及证券交易所作出书面报告，并予公告。

在公告前不得履行收购协议。

注释 与要约收购相比，协议收购具有以下特点：第一，协议收购的主体具有特定性。协议收购的出让方是目标公司的特定股东，基本交易结构是“一对一”；而要约收购的出让方是不特定的，基本交易结构是“一对多”。第二，协议收购以协议为基础，强调意思自治、契约自由，法律规制较少，收购人可以以较低成本、在较短时间内取得对目标公司的控制权；而要约收购涉及广大投资者，重视投资者保护，收购行为受到法律法规的约束较多，收购成本较高、时间较长。第三，协议收购时收购人与目标公司大股东基于友好协商达成收购协议，一般不会受到目标公司管理层的抵制，不会遭遇反收购措施；要约收购中则有一部分属于敌意收购，可能受到目标公司管理层的抵制，遭遇反收购措施。

链接《证券法》第72—77、196条

第七十二条 【收购协议履行的保全性措施】采取协议收购方式的，协议双方可以临时委托证券登记结算机构保管协议转让的股票，并将资金存放于指定的银行。

第七十三条 【协议收购转强制要约收购】采取协议收购方式的，收购人收购或者通过协议、其他安排与他人共同收购一个上市公司已发行的有表决权股份达到百分之三十时，继续进行收购的，应当依法向该上市公司所有股东发出收购上市公司全部或者部分股份的要约。但是，按照国务院证券监督管理机构的规定免除发出要约的除外。

收购人依照前款规定以要约方式收购上市公司股份，应当遵守本法第六十五条第二款、第六十六条至第七十条的规定。

第七十四条 【因上市公司收购导致上市公司终止上市】收购期限届满，被收购公司股权分布不符合证券交易所规定的上市交易要求的，该上市公司的股票应当由证券交易所依法终止上市交易；其余仍持有被收购公司股票的股东，有权向收购人以收购要约的同等条件出售其股票，收购人应当收购。

收购行为完成后，被收购公司不再具备股份有限公司条件的，应当依法变更企业形式。

第七十五条 【收购人限制转让期】在上市公司收购中，收购人持有的被收购的上市公司的股票，在收购行为完成后的十八个月内不得转让。

第七十六条 【收购行为完成后收购人更换股票、报告和公告义务】收购行为完成后，收购人与被收购公司合并，并将该公司解散的，被解散公司的原有股票由收购人依法更换。

收购行为完成后，收购人应当在十五日内将收购情况报告国务院证券监督管理机构和证券交易所，并予公告。

注释 收购行为完成后，需要更换被收购的上市公司的股票的情形是，收购人购入被收购的上市公司的具有控制权的股份，通过股东大会决议，将被收购的上市公司与收购人合并，解散被收购的上市公司。

收购人与被收购的上市公司合并，被收购的上市公司解散，成为收购人的一部分，其股东成为收购人的出资人，收购人应当给这部分出资人签发证明其对本企业出资的证明文件。收购人签发的出资证明依据收购人采用的企业形式的不同，适用不同的程序。但是不管是什么样的程序，都必须注销被收购的上市公司的股东所持有的被收购的上市公司的股票。

链接《证券法》第196条

第七十七条 【上市公司收购具体办法及其分立合并】国务院证券监督管理机构依照本法制定上市公司收购的具体办法。

上市公司分立或者被其他公司合并，应当向国务院证券监督管理机构报告，并予公告。

第五章 信息披露

第七十八条 【信息披露原则】发行人及法律、行政法规和国务院证券监督管理机构规定的其他信息披露义务人，应当及时依法履行信息披露义务。

信息披露义务人披露的信息，应当真实、准确、完整，简明清晰，通俗易懂，不得有虚假记载、误导性陈述或者重大遗漏。

证券同时在境内境外公开发行、交易的，其信息披露义务人在境外披露的信息，应当在境内同时披露。

注释 理解信息披露制度，需要重点把握以下几点：

1. 信息披露的主体，即信息披露义务人，包括发行人及法律、行政法规和国务院证券监督管理机构规定的其他信息披露义务人。信息披露义务人中最典型的是“发行人”，包括发行证券时的发行人和发行证券后的发行人（上市公司）。此外，法律、行政法规和国务院证券监督管理机构还对其他信息义务人作了规定。例如，按照本法第63条的规定，投资者及其一致行动人持有一个上市公司已发行的有表决权股份达到5%时，以及此后其所持该上市公司已发行的有表决权股份比例每增加或者减少5%、1%时，都应当履行信息披露义务，这时投资者及其一致行动人就是信息披露义务人。

2. 信息披露义务按时间划分，包括证券发行时的信息披露和证券发行后的持续信息披露；持续信息披露又包括定期信息披露（年度报告、中期报告）和公司遇到重大事件时的临时信息披露。

3. 应当进行信息披露的内容，是投资者作出价值判断和投资决策所必需的有关信息。

第七十九条 【定期报告】上市公司、公司债券上市交易的公司、股票在国务院批准的其他全国性证券交易场所交易的公司，应当按照国务院证券监督管理机构和证券交易场所规定的内容和格式编制定期报告，并按照以下规定报送和公告：

（一）在每一会计年度结束之日起四个月内，报送并公告年度报告，其中的年度财务会计报告应当经符合本法规定的会计师事务所审计；

（二）在每一会计年度的上半年结束之日起二个月内，报送并公告中期报告。

第八十条 【上市公司、“新三板”挂牌公司临时报告义务】发生可能对上市公司、股票在国务院批准的其他全国性证券交易场所交易的公司的股票交易价格产生较大影响的重大事件，投资者尚未得知时，公司应当立即将有关该重大事件的情况向国务院证券监督管理机构和证券交易场所报送临时报告，并予公告，说明事件的起因、目前的状态和可能产生的法律后果。

前款所称重大事件包括：

（一）公司的经营方针和经营范围的重大变化；

（二）公司的重大投资行为，公司在一年内购买、出售重大资产超过公司资产总额百分之三十，或者公司营业用主要资产的抵押、质押、出售或者报废一次超过该资产的百分之三十；

（三）公司订立重要合同、提供重大担保或者从事关联交易，可能对公司的资产、负债、权益和经营成果产生重要影响；

（四）公司发生重大债务和未能清偿到期重大债务的违约情况；

（五）公司发生重大亏损或者重大损失；

（六）公司生产经营的外部条件发生的重大变化；

（七）公司的董事、三分之一以上监事或者经理发生变动，董事长或者经理无法履行职责；

（八）持有公司百分之五以上股份的股东或者实际控制人持有股份或者控制公司的情况发生较大变化，公司的实际控制人及其控制的其他企业从事与公司相同或者相似业务的情况发生较大变化；

（九）公司分配股利、增资的计划，公司股权结构的重要变化，公司减资、合并、分立、解散及申请破产的决定，或者依法进入破产程序、被责令关闭；

（十）涉及公司的重大诉讼、仲裁，股东大会、董事会决议被依法撤销或者宣告无效；

（十一）公司涉嫌犯罪被依法立案调查，公司的控股股东、实际控制人、董事、监事、高级管理人员涉嫌犯罪被依法采取强制措施；

（十二）国务院证券监督管理机构规定的其他事项。

公司的控股股东或者实际控制人对重大事件的发生、进展产生较大影响的，应当及时将其知悉的有关情况书面告知公司，并配合公司履行信息披露义务。

第八十一条 【公司债券上市交易的公司的临时报告义务】发生可能对上市交易公司债券的交易价格产生较大影响的重大事件，投资者尚未得知时，公司应当立即将有关该重大事件的情况向国务院证券监督管理机构和证券交易场所报送临时报告，并予公告，说明事件的起因、目前的状态和可能产生的法律后果。

前款所称重大事件包括：

（一）公司股权结构或者生产经营状况发生重大变化；

（二）公司债券信用评级发生变化；

（三）公司重大资产抵押、质押、出售、转让、报废；

（四）公司发生未能清偿到期债务的情况；

（五）公司新增借款或者对外提供担保超过上年末净资产的百分之二十；

（六）公司放弃债权或者财产超过上年末净资产的百分之十；

（七）公司发生超过上年末净资产百分之十的重大损失；

（八）公司分配股利，作出减资、合并、分立、解散及申请破产的决定，或者依法进入破产程序、被责令关闭；

（九）涉及公司的重大诉讼、仲裁；

（十）公司涉嫌犯罪被依法立案调查，公司的控股股东、实际控制人、董事、监事、高级管理人员涉嫌犯罪被依法采取强制措施；

（十一）国务院证券监督管理机构规定的其他事项。

第八十二条　【董监高对信息披露所负义务】发行人的董事、高级管理人员应当对证券发行文件和定期报告签署书面确认意见。

发行人的监事会应当对董事会编制的证券发行文件和定期报告进行审核并提出书面审核意见。监事应当签署书面确认意见。

发行人的董事、监事和高级管理人员应当保证发行人及时、公平地披露信息，所披露的信息真实、准确、完整。

董事、监事和高级管理人员无法保证证券发行文件和定期报告内容的真实性、准确性、完整性或者有异议的，应当在书面确认意见中发表意见并陈述理由，发行人应当披露。发行人不予披露的，董事、监事和高级管理人员可以直接申请披露。

第八十三条　【公平披露原则】信息披露义务人披露的信息应当同时向所有投资者披露，不得提前向任何单位和个人泄露。但是，法律、行政法规另有规定的除外。

任何单位和个人不得非法要求信息披露义务人提供依法需要披露但尚未披露的信息。任何单位和个人提前获知的前述信息，在依法披露前应当保密。

第八十四条　【自愿披露和公开承诺】除依法需要披露的信息之外，信息披露义务人可以自愿披露与投资者作出价值判断和投资决策有关的信息，但不得与依法披露的信息相冲突，不得误导投资者。

发行人及其控股股东、实际控制人、董事、监事、高级管理人员等作出公开承诺的，应当披露。不履行承诺给投资者造成损失的，应当依法承担赔偿责任。

第八十五条　【违反信息披露义务的民事赔偿责任】信息披露义务人未按照规定披露信息，或者公告的证券发行文件、定期报告、临时报告及其他信息披露资料存在虚假记载、误导性陈述或者重大遗漏，致使投资者在证券交易中遭受损失的，信息披露义务人应当承担赔偿责任；发行人的控股股东、实际控制人、董事、监事、高级管理人员和其他直接责任人员以及保荐人、承销的证券公司及其直接责任人员，应当与发行人承担连带赔偿责任，但是能够证明自己没有过错的除外。

第八十六条　【信息披露方式】依法披露的信息，应当在证券交易场所的网站和符合国务院证券监督管理机构规定条件的媒体发布，同时将其置备于公司住所、证券交易场所，供社会公众查阅。

第八十七条　【信息披露的监督】国务院证券监督管理机构对信息披露义务人的信息披露行为进行监督管理。

证券交易场所应当对其组织交易的证券的信息披露义务人的信息披露行为进行监督，督促其依法及时、准确地披露信息。

第六章　投资者保护

第八十八条　【投资者适当性管理】证券公司向投资者销售证券、提供服务时，应当按照规定充分了解投资者的基本情况、财产状况、金融资产状况、投资知识和经验、专业能力等相关信息；如实说明证券、服务的重要内容，充分揭示投资风险；销售、提供与投资者上述状况相匹配的证券、服务。

投资者在购买证券或者接受服务时，应当按照证券公司明示的要求提供前款所列真实信息。拒绝提供或者未按照要求提供信息的，证券公司应当告知其后果，并按照规定拒绝向其销售证券、提供服务。

证券公司违反第一款规定导致投资者损失的，应当承担相应的赔偿责任。

第八十九条　【投资者分类和对普通投资者

的特别保护】根据财产状况、金融资产状况、投资知识和经验、专业能力等因素,投资者可以分为普通投资者和专业投资者。专业投资者的标准由国务院证券监督管理机构规定。

普通投资者与证券公司发生纠纷的,证券公司应当证明其行为符合法律、行政法规以及国务院证券监督管理机构的规定,不存在误导、欺诈等情形。证券公司不能证明的,应当承担相应的赔偿责任。

第九十条 【征集股东权利】上市公司董事会、独立董事、持有百分之一以上有表决权股份的股东或者依照法律、行政法规或者国务院证券监督管理机构的规定设立的投资者保护机构(以下简称投资者保护机构),可以作为征集人,自行或者委托证券公司、证券服务机构,公开请求上市公司股东委托其代为出席股东大会,并代为行使提案权、表决权等股东权利。

依照前款规定征集股东权利的,征集人应当披露征集文件,上市公司应当予以配合。

禁止以有偿或者变相有偿的方式公开征集股东权利。

公开征集股东权利违反法律、行政法规或者国务院证券监督管理机构有关规定,导致上市公司或者其股东遭受损失的,应当依法承担赔偿责任。

第九十一条 【现金分红】上市公司应当在章程中明确分配现金股利的具体安排和决策程序,依法保障股东的资产收益权。

上市公司当年税后利润,在弥补亏损及提取法定公积金后有盈余的,应当按照公司章程的规定分配现金股利。

第九十二条 【债券持有人会议和债券受托管理人】公开发行公司债券的,应当设立债券持有人会议,并应当在募集说明书中说明债券持有人会议的召集程序、会议规则和其他重要事项。

公开发行公司债券的,发行人应当为债券持有人聘请债券受托管理人,并订立债券受托管理协议。受托管理人应当由本次发行的承销机构或者其他经国务院证券监督管理机构认可的机构担任,债券持有人会议可以决议变更债券受托管理人。债券受托管理人应当勤勉尽责,公正履行受托管理职责,不得损害债券持有人利益。

债券发行人未能按期兑付债券本息的,债券受托管理人可以接受全部或者部分债券持有人的委托,以自己名义代表债券持有人提起、参加民事诉讼或者清算程序。

第九十三条 【先行赔付】发行人因欺诈发行、虚假陈述或者其他重大违法行为给投资者造成损失的,发行人的控股股东、实际控制人、相关的证券公司可以委托投资者保护机构,就赔偿事宜与受到损失的投资者达成协议,予以先行赔付。先行赔付后,可以依法向发行人以及其他连带责任人追偿。

第九十四条 【投资者保护机构调解、支持诉讼和股东代表诉讼】投资者与发行人、证券公司等发生纠纷的,双方可以向投资者保护机构申请调解。普通投资者与证券公司发生证券业务纠纷,普通投资者提出调解请求的,证券公司不得拒绝。

投资者保护机构对损害投资者利益的行为,可以依法支持投资者向人民法院提起诉讼。

发行人的董事、监事、高级管理人员执行公司职务时违反法律、行政法规或者公司章程的规定给公司造成损失,发行人的控股股东、实际控制人等侵犯公司合法权益给公司造成损失,投资者保护机构持有该公司股份的,可以为公司的利益以自己的名义向人民法院提起诉讼,持股比例和持股期限不受《中华人民共和国公司法》规定的限制。

第九十五条 【证券代表人诉讼】投资者提起虚假陈述等证券民事赔偿诉讼时,诉讼标的是同一种类,且当事人一方人数众多的,可以依法推选代表人进行诉讼。

对按照前款规定提起的诉讼,可能存在有相同诉讼请求的其他众多投资者的,人民法院可以发出公告,说明该诉讼请求的案件情况,通知投资者在一定期间向人民法院登记。人民法院作出的判决、裁定,对参加登记的投资者发生效力。

投资者保护机构受五十名以上投资者委托,可以作为代表人参加诉讼,并为经证券登记结算机构确认的权利人依照前款规定向人民法院登记,但投资者明确表示不愿意参加该诉讼的除外。

第七章 证券交易场所

第九十六条 【证券交易场所的法律地位和适用规则】证券交易所、国务院批准的其他全国性证券交易场所为证券集中交易提供场所和设施,组织和监督证券交易，实行自律管理，依法登记，取得法人资格。

证券交易所、国务院批准的其他全国性证券交易场所的设立、变更和解散由国务院决定。

国务院批准的其他全国性证券交易场所的组织机构、管理办法等，由国务院规定。

第九十七条 【证券交易场所设立不同市场层次】证券交易所、国务院批准的其他全国性证券交易场所可以根据证券品种、行业特点、公司规模等因素设立不同的市场层次。

第九十八条 【区域性股权市场】按照国务院规定设立的区域性股权市场为非公开发行证券的发行、转让提供场所和设施，具体管理办法由国务院规定。

第九十九条 【证券交易所自律管理】证券交易所履行自律管理职能，应当遵守社会公共利益优先原则，维护市场的公平、有序、透明。

设立证券交易所必须制定章程。证券交易所章程的制定和修改，必须经国务院证券监督管理机构批准。

第一百条 【证券交易所的名称】证券交易所必须在其名称中标明证券交易所字样。其他任何单位或者个人不得使用证券交易所或者近似的名称。

第一百零一条 【证券交易所收入支配规则】证券交易所可以自行支配的各项费用收入，应当首先用于保证其证券交易场所和设施的正常运行并逐步改善。

实行会员制的证券交易所的财产积累归会员所有，其权益由会员共同享有，在其存续期间，不得将其财产积累分配给会员。

第一百零二条 【证券交易所设理事会、监事会、总经理】实行会员制的证券交易所设理事会、监事会。

证券交易所设总经理一人，由国务院证券监督管理机构任免。

第一百零三条 【证券交易所负责人任职资格限制】有《中华人民共和国公司法》第一百四十六条规定的情形或者下列情形之一的，不得担任证券交易所的负责人：

（一）因违法行为或者违纪行为被解除职务的证券交易场所、证券登记结算机构的负责人或者证券公司的董事、监事、高级管理人员，自被解除职务之日起未逾五年；

（二）因违法行为或者违纪行为被吊销执业证书或者被取消资格的律师、注册会计师或者其他证券服务机构的专业人员，自被吊销执业证书或者被取消资格之日起未逾五年。

第一百零四条 【招聘证券交易所从业人员的限制条件】因违法行为或者违纪行为被开除的证券交易场所、证券公司、证券登记结算机构、证券服务机构的从业人员和被开除的国家机关工作人员，不得招聘为证券交易所的从业人员。

第一百零五条 【参与会员制证券交易所集中交易的主体】进入实行会员制的证券交易所参与集中交易的，必须是证券交易所的会员。证券交易所不得允许非会员直接参与股票的集中交易。

第一百零六条 【投资者买卖证券程序】投资者应当与证券公司签订证券交易委托协议，并在证券公司实名开立账户，以书面、电话、自助终端、网络等方式，委托该证券公司代其买卖证券。

第一百零七条 【证券账户实名制管理】证券公司为投资者开立账户，应当按照规定对投资者提供的身份信息进行核对。

证券公司不得将投资者的账户提供给他人使用。

投资者应当使用实名开立的账户进行交易。

第一百零八条 【证券公司接受委托买卖证券程序】证券公司根据投资者的委托，按照证券交易规则提出交易申报，参与证券交易所场内的集中交易，并根据成交结果承担相应的清算交收责任。证券登记结算机构根据成交结果，按照清算交收规则，与证券公司进行证券和资金的清算交收，并为证券公司客户办理证券的登记过户手续。

第一百零九条 【证券交易保障和证券交易行情】证券交易所应当为组织公平的集中交易提供保障，实时公布证券交易即时行情，并按交易日制作证券市场行情表，予以公布。

证券交易即时行情的权益由证券交易所依法享有。未经证券交易所许可，任何单位和个人不得发布证券交易即时行情。

第一百一十条 【上市交易股票的停复牌】上市公司可以向证券交易所申请其上市交易股票的停牌或者复牌，但不得滥用停牌或者复牌损害投资者的合法权益。

证券交易所可以按照业务规则的规定，决定上市交易股票的停牌或者复牌。

第一百一十一条 【突发性事件的处置措施】因不可抗力、意外事件、重大技术故障、重大人为差错等突发性事件而影响证券交易正常进行时，为维护证券交易正常秩序和市场公平，证券交易所可以按照业务规则采取技术性停牌、临时停市等处置措施，并应当及时向国务院证券监督管理机构报告。

因前款规定的突发性事件导致证券交易结果出现重大异常，按交易结果进行交收将对证券交易正常秩序和市场公平造成重大影响的，证券交易所按照业务规则可以采取取消交易、通知证券登记结算机构暂缓交收等措施，并应当及时向国务院证券监督管理机构报告并公告。

证券交易所对其依照本条规定采取措施造成的损失，不承担民事赔偿责任，但存在重大过错的除外。

第一百一十二条 【证券交易所对证券交易的监控】证券交易所对证券交易实行实时监控，并按照国务院证券监督管理机构的要求，对异常的交易情况提出报告。

证券交易所根据需要，可以按照业务规则对出现重大异常交易情况的证券账户的投资者限制交易，并及时报告国务院证券监督管理机构。

第一百一十三条 【证券交易所的处置措施】证券交易所应当加强对证券交易的风险监测，出现重大异常波动的，证券交易所可以按照业务规则采取限制交易、强制停牌等处置措施，并向国务院证券监督管理机构报告；严重影响证券市场稳定的，证券交易所可以按照业务规则采取临时停市等处置措施并公告。

证券交易所对其依照本条规定采取措施造成的损失，不承担民事赔偿责任，但存在重大过错的除外。

案例 郭某诉光大证券股份有限公司、上海证券交易所、中国金融期货交易所期货内幕交易责任纠纷案（《最高人民法院公报》2018年第12期）

裁判规则：证券交易所、期货交易所的法律性质为证券自律管理组织，在行使法定自律监管职权时，若其行为的程序正当、目的合法，且不具有主观故意，则交易所不应对投资者损失承担民事侵权责任。

被告光大证券公司实施内幕交易行为时，被告上交所、中金所尚无从知晓其行为原因及性质，上交所、中金所亦无权对证券市场主体的该类行为是否违规作出认定，而发布信息义务，需以义务主体知晓相关信息为前提，故上交所、中金所在当日并无发布相关信息的事实基础。无论交易所在行使其监管职权过程中作为或不作为，只要其行为的程序正当、目的合法，且不具有主观恶意，则交易所不应因其自主决定的监管行为而承担民事法律责任，否则其监管职能的行使将无从谈起。

第一百一十四条 【证券交易所风险基金】证券交易所应当从其收取的交易费用和会员费、席位费中提取一定比例的金额设立风险基金。风险基金由证券交易所理事会管理。

风险基金提取的具体比例和使用办法，由国务院证券监督管理机构会同国务院财政部门规定。

证券交易所应当将收存的风险基金存入开户银行专门账户，不得擅自使用。

第一百一十五条 【证券交易所业务规则】证券交易所依照法律、行政法规和国务院证券监督管理机构的规定，制定上市规则、交易规则、会员管理规则和其他有关业务规则，并报国务院证券监督管理机构批准。

在证券交易所从事证券交易，应当遵守证券交易所依法制定的业务规则。违反业务规则的，由证券交易所给予纪律处分或者采取其他自律管理措施。

第一百一十六条 【证券交易所从业人员的职务回避】证券交易所的负责人和其他从业人员执行与证券交易有关的职务时，与其本人或者其亲属有利害关系的，应当回避。

第一百一十七条 【交易结果不得改变及其例外】按照依法制定的交易规则进行的交易，不得改变其交易结果，但本法第一百一十一条第二款规定的除外。对交易中违规交易者应负的民事责任不得免除；在违规交易中所获利益，依照有关规定处理。

第八章 证券公司

第一百一十八条 【证券公司的设立条件】设立证券公司，应当具备下列条件，并经国务院证券监督管理机构批准：

（一）有符合法律、行政法规规定的公司章程；

（二）主要股东及公司的实际控制人具有良好的财务状况和诚信记录，最近三年无重大违法违规记录；

（三）有符合本法规定的公司注册资本；

（四）董事、监事、高级管理人员、从业人员符合本法规定的条件；

（五）有完善的风险管理与内部控制制度；

（六）有合格的经营场所、业务设施和信息技术系统；

（七）法律、行政法规和经国务院批准的国务院证券监督管理机构规定的其他条件。

未经国务院证券监督管理机构批准，任何单位和个人不得以证券公司名义开展证券业务活动。

链接《公司法》第 2、7、25、81、216 条；《证券法》第 121、124、125 条

第一百一十九条 【证券公司的设立审批、登记和申领经营证券业务许可证】国务院证券监督管理机构应当自受理证券公司设立申请之日起六个月内，依照法定条件和法定程序并根据审慎监管原则进行审查，作出批准或者不予批准的决定，并通知申请人；不予批准的，应当说明理由。

证券公司设立申请获得批准的，申请人应当在规定的期限内向公司登记机关申请设立登记，领取营业执照。

证券公司应当自领取营业执照之日起十五日内，向国务院证券监督管理机构申请经营证券业务许可证。未取得经营证券业务许可证，证券公司不得经营证券业务。

第一百二十条 【证券业务】经国务院证券监督管理机构核准，取得经营证券业务许可证，证券公司可以经营下列部分或者全部证券业务：

（一）证券经纪；

（二）证券投资咨询；

（三）与证券交易、证券投资活动有关的财务顾问；

（四）证券承销与保荐；

（五）证券融资融券；

（六）证券做市交易；

（七）证券自营；

（八）其他证券业务。

国务院证券监督管理机构应当自受理前款规定事项申请之日起三个月内，依照法定条件和程序进行审查，作出核准或者不予核准的决定，并通知申请人；不予核准的，应当说明理由。

证券公司经营证券资产管理业务的，应当符合《中华人民共和国证券投资基金法》等法律、行政法规的规定。

除证券公司外，任何单位和个人不得从事证券承销、证券保荐、证券经纪和证券融资融券业务。

证券公司从事证券融资融券业务，应当采取措施，严格防范和控制风险，不得违反规定向客户出借资金或者证券。

第一百二十一条 【证券公司注册资本的最低限额】证券公司经营本法第一百二十条第一款第（一）项至第（三）项业务的，注册资本最低限额为人民币五千万元；经营第（四）项至第（八）项业务之一的，注册资本最低限额为人民币一亿元；经营第（四）项至第（八）项业务中两项以上的，注册资本最低限额为人民币五亿元。证券公司的注册资本应当是实缴资本。

国务院证券监督管理机构根据审慎监管原则和各项业务的风险程度，可以调整注册资本最低限额，但不得少于前款规定的限额。

第一百二十二条 【证券公司重要事项变更】证券公司变更证券业务范围，变更主要股东或者公司的实际控制人，合并、分立、停业、解散、破产，应当经国务院证券监督管理机构核准。

第一百二十三条 【证券公司的风险控制】国务院证券监督管理机构应当对证券公司净资本和其他风险控制指标作出规定。

证券公司除依照规定为其客户提供融资融券外，不得为其股东或者股东的关联人提供融资或者担保。

第一百二十四条 【证券公司董事、监事、高级管理人员的任职条件】证券公司的董事、监事、高级管理人员，应当正直诚实、品行良好，熟悉证券法律、行政法规，具有履行职责所需的经营管理能力。证券公司任免董事、监事、高级管理人员，应当报国务院证券监督管理机构备案。

有《中华人民共和国公司法》第一百四十六条规定的情形或者下列情形之一的，不得担任证券公司的董事、监事、高级管理人员：

（一）因违法行为或者违纪行为被解除职务的

证券交易场所、证券登记结算机构的负责人或者证券公司的董事、监事、高级管理人员，自被解除职务之日起未逾五年；

（二）因违法行为或者违纪行为被吊销执业证书或者被取消资格的律师、注册会计师或者其他证券服务机构的专业人员，自被吊销执业证书或者被取消资格之日起未逾五年。

第一百二十五条 【证券公司从业人员的任职条件】证券公司从事证券业务的人员应当品行良好，具备从事证券业务所需的专业能力。

因违法行为或者违纪行为被开除的证券交易场所、证券公司、证券登记结算机构、证券服务机构的从业人员和被开除的国家机关工作人员，不得招聘为证券公司的从业人员。

国家机关工作人员和法律、行政法规规定的禁止在公司中兼职的其他人员，不得在证券公司中兼任职务。

第一百二十六条 【证券投资者保护基金】国家设立证券投资者保护基金。证券投资者保护基金由证券公司缴纳的资金及其他依法筹集的资金组成，其规模以及筹集、管理和使用的具体办法由国务院规定。

第一百二十七条 【交易风险准备金】证券公司从每年的业务收入中提取交易风险准备金，用于弥补证券经营的损失，其提取的具体比例由国务院证券监督管理机构会同国务院财政部门规定。

第一百二十八条 【内部控制制度】证券公司应当建立健全内部控制制度，采取有效隔离措施，防范公司与客户之间、不同客户之间的利益冲突。

证券公司必须将其证券经纪业务、证券承销业务、证券自营业务、证券做市业务和证券资产管理业务分开办理，不得混合操作。

第一百二十九条 【自营业务】证券公司的自营业务必须以自己的名义进行，不得假借他人名义或者以个人名义进行。

证券公司的自营业务必须使用自有资金和依法筹集的资金。

证券公司不得将其自营账户借给他人使用。

第一百三十条 【证券公司经营的基本原则】证券公司应当依法审慎经营，勤勉尽责，诚实守信。

证券公司的业务活动，应当与其治理结构、内部控制、合规管理、风险管理以及风险控制指标、从业人员构成等情况相适应，符合审慎监管和保护投资者合法权益的要求。

证券公司依法享有自主经营的权利，其合法经营不受干涉。

第一百三十一条 【客户资产管理】证券公司客户的交易结算资金应当存放在商业银行，以每个客户的名义单独立户管理。

证券公司不得将客户的交易结算资金和证券归入其自有财产。禁止任何单位或者个人以任何形式挪用客户的交易结算资金和证券。证券公司破产或者清算时，客户的交易结算资金和证券不属于其破产财产或者清算财产。非因客户本身的债务或者法律规定的其他情形，不得查封、冻结、扣划或者强制执行客户的交易结算资金和证券。

第一百三十二条 【经纪业务】证券公司办理经纪业务，应当置备统一制定的证券买卖委托书，供委托人使用。采取其他委托方式的，必须作出委托记录。

客户的证券买卖委托，不论是否成交，其委托记录应当按照规定的期限，保存于证券公司。

第一百三十三条 【证券买卖委托执行】证券公司接受证券买卖的委托，应当根据委托书载明的证券名称、买卖数量、出价方式、价格幅度等，按照交易规则代理买卖证券，如实进行交易记录；买卖成交后，应当按照规定制作买卖成交报告单交付客户。

证券交易中确认交易行为及其交易结果的对账单必须真实，保证账面证券余额与实际持有的证券相一致。

第一百三十四条 【禁止全权委托和出租席位】证券公司办理经纪业务，不得接受客户的全权委托而决定证券买卖、选择证券种类、决定买卖数量或者买卖价格。

证券公司不得允许他人以证券公司的名义直接参与证券的集中交易。

第一百三十五条 【禁止承诺交易结果】证券公司不得对客户证券买卖的收益或者赔偿证券买卖的损失作出承诺。

第一百三十六条 【从业人员职务行为的责任归属、禁止私下接受委托】证券公司的从业人员在证券交易活动中，执行所属的证券公司的指令或者利用职务违反交易规则的，由所属的证券公司承担全部责任。

证券公司的从业人员不得私下接受客户委托买卖证券。

第一百三十七条 【客户信息查询和保存】证券公司应当建立客户信息查询制度，确保客户能够查询其账户信息、委托记录、交易记录以及其他与接受服务或者购买产品有关的重要信息。

证券公司应当妥善保存客户开户资料、委托记录、交易记录和与内部管理、业务经营有关的各项信息，任何人不得隐匿、伪造、篡改或者毁损。上述信息的保存期限不得少于二十年。

第一百三十八条 【信息报送】证券公司应当按照规定向国务院证券监督管理机构报送业务、财务等经营管理信息和资料。国务院证券监督管理机构有权要求证券公司及其主要股东、实际控制人在指定的期限内提供有关信息、资料。

证券公司及其主要股东、实际控制人向国务院证券监督管理机构报送或者提供的信息、资料，必须真实、准确、完整。

第一百三十九条 【审计或者评估】国务院证券监督管理机构认为有必要时，可以委托会计师事务所、资产评估机构对证券公司的财务状况、内部控制状况、资产价值进行审计或者评估。具体办法由国务院证券监督管理机构会同有关主管部门制定。

第一百四十条 【监管措施】证券公司的治理结构、合规管理、风险控制指标不符合规定的，国务院证券监督管理机构应当责令其限期改正；逾期未改正，或者其行为严重危及该证券公司的稳健运行、损害客户合法权益的，国务院证券监督管理机构可以区别情形，对其采取下列措施：

（一）限制业务活动，责令暂停部分业务，停止核准新业务；

（二）限制分配红利，限制向董事、监事、高级管理人员支付报酬、提供福利；

（三）限制转让财产或者在财产上设定其他权利；

（四）责令更换董事、监事、高级管理人员或者限制其权利；

（五）撤销有关业务许可；

（六）认定负有责任的董事、监事、高级管理人员为不适当人选；

（七）责令负有责任的股东转让股权，限制负有责任的股东行使股东权利。

证券公司整改后，应当向国务院证券监督管理机构提交报告。国务院证券监督管理机构经验收，治理结构、合规管理、风险控制指标符合规定的，应当自验收完毕之日起三日内解除对其采取的前款规定的有关限制措施。

第一百四十一条 【虚假出资、抽逃出资】证券公司的股东有虚假出资、抽逃出资行为的，国务院证券监督管理机构应当责令其限期改正，并可责令其转让所持证券公司的股权。

在前款规定的股东按照要求改正违法行为、转让所持证券公司的股权前，国务院证券监督管理机构可以限制其股东权利。

第一百四十二条 【证券公司董事、监事、高级管理人员未勤勉尽责】证券公司的董事、监事、高级管理人员未能勤勉尽责，致使证券公司存在重大违法违规行为或者重大风险的，国务院证券监督管理机构可以责令证券公司予以更换。

第一百四十三条 【停业整顿、托管、接管、撤销】证券公司违法经营或者出现重大风险，严重危害证券市场秩序、损害投资者利益的，国务院证券监督管理机构可以对该证券公司采取责令停业整顿、指定其他机构托管、接管或者撤销等监管措施。

第一百四十四条 【限制出境和处分财产】在证券公司被责令停业整顿、被依法指定托管、接管或者清算期间，或者出现重大风险时，经国务院证券监督管理机构批准，可以对该证券公司直接负责的董事、监事、高级管理人员和其他直接责任人员采取以下措施：

（一）通知出境入境管理机关依法阻止其出境；

（二）申请司法机关禁止其转移、转让或者以其他方式处分财产，或者在财产上设定其他权利。

第九章 证券登记结算机构

第一百四十五条 【证券登记结算机构的性质、法律地位和设立审批】证券登记结算机构为证券交易提供集中登记、存管与结算服务，不以营利为目的，依法登记，取得法人资格。

设立证券登记结算机构必须经国务院证券监督管理机构批准。

第一百四十六条 【证券登记结算机构的设

立条件和名称标识】设立证券登记结算机构，应当具备下列条件：

（一）自有资金不少于人民币二亿元；

（二）具有证券登记、存管和结算服务所必须的场所和设施；

（三）国务院证券监督管理机构规定的其他条件。

证券登记结算机构的名称中应当标明证券登记结算字样。

第一百四十七条　【证券登记结算机构的职能】证券登记结算机构履行下列职能：

（一）证券账户、结算账户的设立；

（二）证券的存管和过户；

（三）证券持有人名册登记；

（四）证券交易的清算和交收；

（五）受发行人的委托派发证券权益；

（六）办理与上述业务有关的查询、信息服务；

（七）国务院证券监督管理机构批准的其他业务。

第一百四十八条　【证券登记结算机构的运营方式】在证券交易所和国务院批准的其他全国性证券交易场所交易的证券的登记结算，应当采取全国集中统一的运营方式。

前款规定以外的证券，其登记、结算可以委托证券登记结算机构或者其他依法从事证券登记、结算业务的机构办理。

第一百四十九条　【证券登记结算机构的章程和业务规则】证券登记结算机构应当依法制定章程和业务规则，并经国务院证券监督管理机构批准。证券登记结算业务参与人应当遵守证券登记结算机构制定的业务规则。

第一百五十条　【证券存管】在证券交易所或者国务院批准的其他全国性证券交易场所交易的证券，应当全部存管在证券登记结算机构。

证券登记结算机构不得挪用客户的证券。

第一百五十一条　【证券持有人名册】证券登记结算机构应当向证券发行人提供证券持有人名册及有关资料。

证券登记结算机构应当根据证券登记结算的结果，确认证券持有人持有证券的事实，提供证券持有人登记资料。

证券登记结算机构应当保证证券持有人名册和登记过户记录真实、准确、完整，不得隐匿、伪造、篡改或者毁损。

第一百五十二条　【业务安全保障】证券登记结算机构应当采取下列措施保证业务的正常进行：

（一）具有必备的服务设备和完善的数据安全保护措施；

（二）建立完善的业务、财务和安全防范等管理制度；

（三）建立完善的风险管理系统。

第一百五十三条　【资料保存】证券登记结算机构应当妥善保存登记、存管和结算的原始凭证及有关文件和资料。其保存期限不得少于二十年。

第一百五十四条　【证券结算风险基金】证券登记结算机构应当设立证券结算风险基金，用于垫付或者弥补因违约交收、技术故障、操作失误、不可抗力造成的证券登记结算机构的损失。

证券结算风险基金从证券登记结算机构的业务收入和收益中提取，并可以由结算参与人按照证券交易业务量的一定比例缴纳。

证券结算风险基金的筹集、管理办法，由国务院证券监督管理机构会同国务院财政部门规定。

第一百五十五条　【证券结算风险基金专项管理和追偿】证券结算风险基金应当存入指定银行的专门账户，实行专项管理。

证券登记结算机构以证券结算风险基金赔偿后，应当向有关责任人追偿。

第一百五十六条　【证券登记结算机构的解散】证券登记结算机构申请解散，应当经国务院证券监督管理机构批准。

第一百五十七条　【投资者开立证券账户】投资者委托证券公司进行证券交易，应当通过证券公司申请在证券登记结算机构开立证券账户。证券登记结算机构应当按照规定为投资者开立证券账户。

投资者申请开立账户，应当持有证明中华人民共和国公民、法人、合伙企业身份的合法证件。国家另有规定的除外。

第一百五十八条　【中央对手方、货银对付、结算履约优先和违约交收】证券登记结算机构作为中央对手方提供证券结算服务的，是结算参与人共同的清算交收对手，进行净额结算，为证券交易提供集中履约保障。

证券登记结算机构为证券交易提供净额结算服务时，应当要求结算参与人按照货银对付的原则，足额交付证券和资金，并提供交收担保。

在交收完成之前，任何人不得动用用于交收的证券、资金和担保物。

结算参与人未按时履行交收义务的，证券登记结算机构有权按照业务规则处理前款所述财产。

第一百五十九条 【清算交收履约财产】证券登记结算机构按照业务规则收取的各类结算资金和证券，必须存放于专门的清算交收账户，只能按业务规则用于已成交的证券交易的清算交收，不得被强制执行。

第十章 证券服务机构

第一百六十条 【证券服务机构的业务原则及业务核准】会计师事务所、律师事务所以及从事证券投资咨询、资产评估、资信评级、财务顾问、信息技术系统服务的证券服务机构，应当勤勉尽责、恪尽职守，按照相关业务规则为证券的交易及相关活动提供服务。

从事证券投资咨询服务业务，应当经国务院证券监督管理机构核准；未经核准，不得为证券的交易及相关活动提供服务。从事其他证券服务业务，应当报国务院证券监督管理机构和国务院有关主管部门备案。

第一百六十一条 【证券投资咨询机构及其从业人员从业禁止行为】证券投资咨询机构及其从业人员从事证券服务业务不得有下列行为：

（一）代理委托人从事证券投资；

（二）与委托人约定分享证券投资收益或者分担证券投资损失；

（三）买卖本证券投资咨询机构提供服务的证券；

（四）法律、行政法规禁止的其他行为。

有前款所列行为之一，给投资者造成损失的，应当依法承担赔偿责任。

第一百六十二条 【证券服务机构及其从业人员的保管义务】证券服务机构应当妥善保存客户委托文件、核查和验证资料、工作底稿以及与质量控制、内部管理、业务经营有关的信息和资料，任何人不得泄露、隐匿、伪造、篡改或者毁损。上述信息和资料的保存期限不得少于十年，自业务委托结束之日起算。

第一百六十三条 【证券服务机构的义务和责任】证券服务机构为证券的发行、上市、交易等证券业务活动制作、出具审计报告及其他鉴证报告、资产评估报告、财务顾问报告、资信评级报告或者法律意见书等文件，应当勤勉尽责，对所依据的文件资料内容的真实性、准确性、完整性进行核查和验证。其制作、出具的文件有虚假记载、误导性陈述或者重大遗漏，给他人造成损失的，应当与委托人承担连带赔偿责任，但是能够证明自己没有过错的除外。

第十一章 证券业协会

第一百六十四条 【证券业协会的特点和权力机构】证券业协会是证券业的自律性组织，是社会团体法人。

证券公司应当加入证券业协会。

证券业协会的权力机构为全体会员组成的会员大会。

第一百六十五条 【证券业协会章程】证券业协会章程由会员大会制定，并报国务院证券监督管理机构备案。

第一百六十六条 【证券业协会职责】证券业协会履行下列职责：

（一）教育和组织会员及其从业人员遵守证券法律、行政法规，组织开展证券行业诚信建设，督促证券行业履行社会责任；

（二）依法维护会员的合法权益，向证券监督管理机构反映会员的建议和要求；

（三）督促会员开展投资者教育和保护活动，维护投资者合法权益；

（四）制定和实施证券行业自律规则，监督、检查会员及其从业人员行为，对违反法律、行政法规、自律规则或者协会章程的，按照规定给予纪律处分或者实施其他自律管理措施；

（五）制定证券行业业务规范，组织从业人员的业务培训；

（六）组织会员就证券行业的发展、运作及有关内容进行研究，收集整理、发布证券相关信息，提供会员服务，组织行业交流，引导行业创新发展；

（七）对会员之间、会员与客户之间发生的证券业务纠纷进行调解；

（八）证券业协会章程规定的其他职责。

第一百六十七条 【证券业协会理事会】证券业协会设理事会。理事会成员依章程的规定由选举产生。

第十二章 证券监督管理机构

第一百六十八条 【证监会的基本职能和主要任务】国务院证券监督管理机构依法对证券市场实行监督管理，维护证券市场公开、公平、公正，防范系统性风险，维护投资者合法权益，促进证券市场健康发展。

第一百六十九条 【证监会的职责】国务院证券监督管理机构在对证券市场实施监督管理中履行下列职责：

（一）依法制定有关证券市场监督管理的规章、规则，并依法进行审批、核准、注册，办理备案；

（二）依法对证券的发行、上市、交易、登记、存管、结算等行为，进行监督管理；

（三）依法对证券发行人、证券公司、证券服务机构、证券交易场所、证券登记结算机构的证券业务活动，进行监督管理；

（四）依法制定从事证券业务人员的行为准则，并监督实施；

（五）依法监督检查证券发行、上市、交易的信息披露；

（六）依法对证券业协会的自律管理活动进行指导和监督；

（七）依法监测并防范、处置证券市场风险；

（八）依法开展投资者教育；

（九）依法对证券违法行为进行查处；

（十）法律、行政法规规定的其他职责。

第一百七十条 【证监会有权采取的措施】国务院证券监督管理机构依法履行职责，有权采取下列措施：

（一）对证券发行人、证券公司、证券服务机构、证券交易场所、证券登记结算机构进行现场检查；

（二）进入涉嫌违法行为发生场所调查取证；

（三）询问当事人和与被调查事件有关的单位和个人，要求其对与被调查事件有关的事项作出说明；或者要求其按照指定的方式报送与被调查事件有关的文件和资料；

（四）查阅、复制与被调查事件有关的财产权登记、通讯记录等文件和资料；

（五）查阅、复制当事人和与被调查事件有关的单位和个人的证券交易记录、登记过户记录、财务会计资料及其他相关文件和资料；对可能被转移、隐匿或者毁损的文件和资料，可以予以封存、扣押；

（六）查询当事人和与被调查事件有关的单位和个人的资金账户、证券账户、银行账户以及其他具有支付、托管、结算等功能的账户信息，可以对有关文件和资料进行复制；对有证据证明已经或者可能转移或者隐匿违法资金、证券等涉案财产或者隐匿、伪造、毁损重要证据的，经国务院证券监督管理机构主要负责人或者其授权的其他负责人批准，可以冻结或者查封，期限为六个月；因特殊原因需要延长的，每次延长期限不得超过三个月，冻结、查封期限最长不得超过二年；

（七）在调查操纵证券市场、内幕交易等重大证券违法行为时，经国务院证券监督管理机构主要负责人或者其授权的其他负责人批准，可以限制被调查的当事人的证券买卖，但限制的期限不得超过三个月；案情复杂的，可以延长三个月；

（八）通知出境入境管理机关依法阻止涉嫌违法人员、涉嫌违法单位的主管人员和其他直接责任人员出境。

为防范证券市场风险，维护市场秩序，国务院证券监督管理机构可以采取责令改正、监管谈话、出具警示函等措施。

第一百七十一条 【涉嫌证券违法行为人承诺制度】国务院证券监督管理机构对涉嫌证券违法的单位或者个人进行调查期间，被调查的当事人书面申请，承诺在国务院证券监督管理机构认可的期限内纠正涉嫌违法行为，赔偿有关投资者损失，消除损害或者不良影响的，国务院证券监督管理机构可以决定中止调查。被调查的当事人履行承诺的，国务院证券监督管理机构可以决定终止调查；被调查的当事人未履行承诺或者有国务院规定的其他情形的，应当恢复调查。具体办法由国务院规定。

国务院证券监督管理机构决定中止或者终止调查的，应当按照规定公开相关信息。

第一百七十二条 【监督检查、调查的程序】国务院证券监督管理机构依法履行职责，进行监督检查或者调查，其监督检查、调查的人员不得少于二人，并应当出示合法证件和监督检查、调查通知书或者其他执法文书。监督检查、调查的人员少于二人或者未出示合法证件和监督检查、调查通知书或者其他执法文书的，被检查、调查的单位和个人有权拒绝。

第一百七十三条　【被检查、调查的单位和个人的配合义务】国务院证券监督管理机构依法履行职责，被检查、调查的单位和个人应当配合，如实提供有关文件和资料，不得拒绝、阻碍和隐瞒。

第一百七十四条　【行政信息公开】国务院证券监督管理机构制定的规章、规则和监督管理工作制度应当依法公开。

国务院证券监督管理机构依据调查结果，对证券违法行为作出的处罚决定，应当公开。

第一百七十五条　【部门协作和配合】国务院证券监督管理机构应当与国务院其他金融监督管理机构建立监督管理信息共享机制。

国务院证券监督管理机构依法履行职责，进行监督检查或者调查时，有关部门应当予以配合。

第一百七十六条　【涉嫌证券违法违规行为的举报】对涉嫌证券违法、违规行为，任何单位和个人有权向国务院证券监督管理机构举报。

对涉嫌重大违法、违规行为的实名举报线索经查证属实的，国务院证券监督管理机构按照规定给予举报人奖励。

国务院证券监督管理机构应当对举报人的身份信息保密。

第一百七十七条　【证券监督管理跨境合作】国务院证券监督管理机构可以和其他国家或者地区的证券监督管理机构建立监督管理合作机制，实施跨境监督管理。

境外证券监督管理机构不得在中华人民共和国境内直接进行调查取证等活动。未经国务院证券监督管理机构和国务院有关主管部门同意，任何单位和个人不得擅自向境外提供与证券业务活动有关的文件和资料。

第一百七十八条　【涉嫌犯罪的案件移送及公职人员的移送】国务院证券监督管理机构依法履行职责，发现证券违法行为涉嫌犯罪的，应当依法将案件移送司法机关处理；发现公职人员涉嫌职务违法或者职务犯罪的，应当依法移送监察机关处理。

第一百七十九条　【证监会工作人员的义务和任职限制】国务院证券监督管理机构工作人员必须忠于职守、依法办事、公正廉洁，不得利用职务便利牟取不正当利益，不得泄露所知悉的有关单位和个人的商业秘密。

国务院证券监督管理机构工作人员在任职期间，或者离职后在《中华人民共和国公务员法》规定的期限内，不得到与原工作业务直接相关的企业或者其他营利性组织任职，不得从事与原工作业务直接相关的营利性活动。

第十三章　法律责任

第一百八十条　【违法公开发行证券的法律责任】违反本法第九条的规定，擅自公开或者变相公开发行证券的，责令停止发行，退还所募资金并加算银行同期存款利息，处以非法所募资金金额百分之五以上百分之五十以下的罚款；对擅自公开或者变相公开发行证券设立的公司，由依法履行监督管理职责的机构或者部门会同县级以上地方人民政府予以取缔。对直接负责的主管人员和其他直接责任人员给予警告，并处以五十万元以上五百万元以下的罚款。

第一百八十一条　【欺诈发行法律责任】发行人在其公告的证券发行文件中隐瞒重要事实或者编造重大虚假内容，尚未发行证券的，处以二百万元以上二千万元以下的罚款；已经发行证券的，处以非法所募资金金额百分之十以上一倍以下的罚款。对直接负责的主管人员和其他直接责任人员，处以一百万元以上一千万元以下的罚款。

发行人的控股股东、实际控制人组织、指使从事前款违法行为的，没收违法所得，并处以违法所得百分之十以上一倍以下的罚款；没有违法所得或者违法所得不足二千万元的，处以二百万元以上二千万元以下的罚款。对直接负责的主管人员和其他直接责任人员，处以一百万元以上一千万元以下的罚款。

第一百八十二条　【保荐人不履行保荐义务的法律责任】保荐人出具有虚假记载、误导性陈述或者重大遗漏的保荐书，或者不履行其他法定职责的，责令改正，给予警告，没收业务收入，并处以业务收入一倍以上十倍以下的罚款；没有业务收入或者业务收入不足一百万元的，处以一百万元以上一千万元以下的罚款；情节严重的，并处暂停或者撤销保荐业务许可。对直接负责的主管人员和其他直接责任人员给予警告，并处以五十万元以上五百万元以下的罚款。

第一百八十三条 【违法承销或销售擅自公开发行证券的法律责任】证券公司承销或者销售擅自公开发行或者变相公开发行的证券的，责令停止承销或者销售，没收违法所得，并处以违法所得一倍以上十倍以下的罚款；没有违法所得或者违法所得不足一百万元的，处以一百万元以上一千万元以下的罚款；情节严重的，并处暂停或者撤销相关业务许可。给投资者造成损失的，应当与发行人承担连带赔偿责任。对直接负责的主管人员和其他直接责任人员给予警告，并处以五十万元以上五百万元以下的罚款。

第一百八十四条 【违法承销的法律责任】证券公司承销证券违反本法第二十九条规定的，责令改正，给予警告，没收违法所得，可以并处五十万元以上五百万元以下的罚款；情节严重的，暂停或者撤销相关业务许可。对直接负责的主管人员和其他直接责任人员给予警告，可以并处二十万元以上二百万元以下的罚款；情节严重的，并处以五十万元以上五百万元以下的罚款。

第一百八十五条 【擅自改变募集资金用途的法律责任】发行人违反本法第十四条、第十五条的规定擅自改变公开发行证券所募集资金的用途的，责令改正，处以五十万元以上五百万元以下的罚款；对直接负责的主管人员和其他直接责任人员给予警告，并处以十万元以上一百万元以下的罚款。

发行人的控股股东、实际控制人从事或者组织、指使从事前款违法行为的，给予警告，并处以五十万元以上五百万元以下的罚款；对直接负责的主管人员和其他直接责任人员，处以十万元以上一百万元以下的罚款。

第一百八十六条 【在转让限制期限内买卖证券的法律责任】违反本法第三十六条的规定，在限制转让期内转让证券，或者转让股票不符合法律、行政法规和国务院证券监督管理机构规定的，责令改正，给予警告，没收违法所得，并处以买卖证券等值以下的罚款。

第一百八十七条 【禁止参与股票交易的人员买卖股票的法律责任】法律、行政法规规定禁止参与股票交易的人员，违反本法第四十条的规定，直接或者以化名、借他人名义持有、买卖股票或者其他具有股权性质的证券的，责令依法处理非法持有的股票、其他具有股权性质的证券，没收违法所得，并处以买卖证券等值以下的罚款；属于国家工作人员的，还应当依法给予处分。

第一百八十八条 【证券服务机构和人员违法买卖股票的法律责任】证券服务机构及其从业人员，违反本法第四十二条的规定买卖证券的，责令依法处理非法持有的证券，没收违法所得，并处以买卖证券等值以下的罚款。

第一百八十九条 【短线交易的法律责任】上市公司、股票在国务院批准的其他全国性证券交易场所交易的公司的董事、监事、高级管理人员、持有该公司百分之五以上股份的股东，违反本法第四十四条的规定，买卖该公司股票或者其他具有股权性质的证券的，给予警告，并处以十万元以上一百万元以下的罚款。

第一百九十条 【违法程序化交易的法律责任】违反本法第四十五条的规定，采取程序化交易影响证券交易所系统安全或者正常交易秩序的，责令改正，并处以五十万元以上五百万元以下的罚款。对直接负责的主管人员和其他直接责任人员给予警告，并处以十万元以上一百万元以下的罚款。

第一百九十一条 【内幕交易的法律责任】证券交易内幕信息的知情人或者非法获取内幕信息的人违反本法第五十三条的规定从事内幕交易的，责令依法处理非法持有的证券，没收违法所得，并处以违法所得一倍以上十倍以下的罚款；没有违法所得或者违法所得不足五十万元的，处以五十万元以上五百万元以下的罚款。单位从事内幕交易的，还应当对直接负责的主管人员和其他直接责任人员给予警告，并处以二十万元以上二百万元以下的罚款。国务院证券监督管理机构工作人员从事内幕交易的，从重处罚。

违反本法第五十四条的规定，利用未公开信息进行交易的，依照前款的规定处罚。

第一百九十二条 【操纵证券市场的法律责任】违反本法第五十五条的规定，操纵证券市场的，责令依法处理其非法持有的证券，没收违法所得，并处以违法所得一倍以上十倍以下的罚款；没有违法所得或者违法所得不足一百万元的，处以一百万元以上一千万元以下的罚款。单位操纵证券市场的，还应当对直接负责的主管人员和其他直接责任人员给予警告，并处以五十万元以上五百万元以下的罚款。

第一百九十三条 【编造、传播虚假信息或者误导性信息的法律责任】违反本法第五十六条第一款、第三款的规定，编造、传播虚假信息或者误导性信息，扰乱证券市场的，没收违法所得，并处以违法所得一倍以上十倍以下的罚款；没有违法所得或者违法所得不足二十万元的，处以二十万元以上二百万元以下的罚款。

违反本法第五十六条第二款的规定，在证券交易活动中作出虚假陈述或者信息误导的，责令改正，处以二十万元以上二百万元以下的罚款；属于国家工作人员的，还应当依法给予处分。

传播媒介及其从事证券市场信息报道的工作人员违反本法第五十六条第三款的规定，从事与其工作职责发生利益冲突的证券买卖的，没收违法所得，并处以买卖证券等值以下的罚款。

第一百九十四条 【证券公司及其从业人员背信行为的法律责任】证券公司及其从业人员违反本法第五十七条的规定，有损害客户利益的行为的，给予警告，没收违法所得，并处以违法所得一倍以上十倍以下的罚款；没有违法所得或者违法所得不足十万元的，处以十万元以上一百万元以下的罚款；情节严重的，暂停或者撤销相关业务许可。

第一百九十五条 【违法使用证券账户买卖证券的法律责任】违反本法第五十八条的规定，出借自己的证券账户或者借用他人的证券账户从事证券交易的，责令改正，给予警告，可以处五十万元以下的罚款。

第一百九十六条 【违法收购的法律责任】收购人未按照本法规定履行上市公司收购的公告、发出收购要约义务的，责令改正，给予警告，并处以五十万元以上五百万元以下的罚款。对直接负责的主管人员和其他直接责任人员给予警告，并处以二十万元以上二百万元以下的罚款。

收购人及其控股股东、实际控制人利用上市公司收购，给被收购公司及其股东造成损失的，应当依法承担赔偿责任。

第一百九十七条 【信息披露义务人的法律责任】信息披露义务人未按照本法规定报送有关报告或者履行信息披露义务的，责令改正，给予警告，并处以五十万元以上五百万元以下的罚款；对直接负责的主管人员和其他直接责任人员给予警告，并处以二十万元以上二百万元以下的罚款。发行人的控股股东、实际控制人组织、指使从事上述违法行为，或者隐瞒相关事项导致发生上述情形的，处以五十万元以上五百万元以下的罚款；对直接负责的主管人员和其他直接责任人员，处以二十万元以上二百万元以下的罚款。

信息披露义务人报送的报告或者披露的信息有虚假记载、误导性陈述或者重大遗漏的，责令改正，给予警告，并处以一百万元以上一千万元以下的罚款；对直接负责的主管人员和其他直接责任人员给予警告，并处以五十万元以上五百万元以下的罚款。发行人的控股股东、实际控制人组织、指使从事上述违法行为，或者隐瞒相关事项导致发生上述情形的，处以一百万元以上一千万元以下的罚款；对直接负责的主管人员和其他直接责任人员，处以五十万元以上五百万元以下的罚款。

第一百九十八条 【证券公司违反适当性管理义务的法律责任】证券公司违反本法第八十八条的规定未履行或者未按照规定履行投资者适当性管理义务的，责令改正，给予警告，并处以十万元以上一百万元以下的罚款。对直接负责的主管人员和其他直接责任人员给予警告，并处以二十万元以下的罚款。

第一百九十九条 【违法征集股东权利的法律责任】违反本法第九十条的规定征集股东权利的，责令改正，给予警告，可以处五十万元以下的罚款。

第二百条 【非法开设证券交易场所及允许非会员直接参与股票集中交易的法律责任】非法开设证券交易场所的，由县级以上人民政府予以取缔，没收违法所得，并处以违法所得一倍以上十倍以下的罚款；没有违法所得或者违法所得不足一百万元的，处以一百万元以上一千万元以下的罚款。对直接负责的主管人员和其他直接责任人员给予警告，并处以二十万元以上二百万元以下的罚款。

证券交易所违反本法第一百零五条的规定，允许非会员直接参与股票的集中交易的，责令改正，可以并处五十万元以下的罚款。

第二百零一条 【证券公司未核对投资者信息及违规提供投资者账户的法律责任】证券公司违反本法第一百零七条第一款的规定，未对投资者开立账户提供的身份信息进行核对的，责令改正，给予警告，并处以五万元以上五十万元以下的罚款。对直接负责的主管人员和其他直接责任人员给予警告，并处以十万元以下的罚款。

证券公司违反本法第一百零七条第二款的规定，将投资者的账户提供给他人使用的，责令改正，给予警告，并处以十万元以上一百万元以下的罚款。对直接负责的主管人员和其他直接责任人员给予警告，并处以二十万元以下的罚款。

第二百零二条 【非法经营证券业务以及违法融资融券的法律责任】违反本法第一百一十八条、第一百二十条第一款、第四款的规定，擅自设立证券公司、非法经营证券业务或者未经批准以证券公司名义开展证券业务活动的，责令改正，没收违法所得，并处以违法所得一倍以上十倍以下的罚款；没有违法所得或者违法所得不足一百万元的，处以一百万元以上一千万元以下的罚款。对直接负责的主管人员和其他直接责任人员给予警告，并处以二十万元以上二百万元以下的罚款。对擅自设立的证券公司，由国务院证券监督管理机构予以取缔。

证券公司违反本法第一百二十条第五款规定提供证券融资融券服务的，没收违法所得，并处以融资融券等值以下的罚款；情节严重的，禁止其在一定期限内从事证券融资融券业务。对直接负责的主管人员和其他直接责任人员给予警告，并处以二十万元以上二百万元以下的罚款。

第二百零三条 【骗取证券业务许可的法律责任】提交虚假证明文件或者采取其他欺诈手段骗取证券公司设立许可、业务许可或者重大事项变更核准的，撤销相关许可，并处以一百万元以上一千万元以下的罚款。对直接负责的主管人员和其他直接责任人员给予警告，并处以二十万元以上二百万元以下的罚款。

第二百零四条 【证券公司重大事项违法的法律责任】证券公司违反本法第一百二十二条的规定，未经核准变更证券业务范围，变更主要股东或者公司的实际控制人，合并、分立、停业、解散、破产的，责令改正，给予警告，没收违法所得，并处以违法所得一倍以上十倍以下的罚款；没有违法所得或者违法所得不足五十万元的，处以五十万元以上五百万元以下的罚款；情节严重的，并处撤销相关业务许可。对直接负责的主管人员和其他直接责任人员给予警告，并处以二十万元以上二百万元以下的罚款。

第二百零五条 【证券公司违法进行融资或者担保的法律责任】证券公司违反本法第一百二十三条第二款的规定，为其股东或者股东的关联人提供融资或者担保的，责令改正，给予警告，并处以五十万元以上五百万元以下的罚款。对直接负责的主管人员和其他直接责任人员给予警告，并处以十万元以上一百万元以下的罚款。股东有过错的，在按照要求改正前，国务院证券监督管理机构可以限制其股东权利；拒不改正的，可以责令其转让所持证券公司股权。

第二百零六条 【混合操作证券业务的法律责任】证券公司违反本法第一百二十八条的规定，未采取有效隔离措施防范利益冲突，或者未分开办理相关业务、混合操作的，责令改正，给予警告，没收违法所得，并处以违法所得一倍以上十倍以下的罚款；没有违法所得或者违法所得不足五十万元的，处以五十万元以上五百万元以下的罚款；情节严重的，并处撤销相关业务许可。对直接负责的主管人员和其他直接责任人员给予警告，并处以二十万元以上二百万元以下的罚款。

第二百零七条 【违法从事证券自营业务的法律责任】证券公司违反本法第一百二十九条的规定从事证券自营业务的，责令改正，给予警告，没收违法所得，并处以违法所得一倍以上十倍以下的罚款；没有违法所得或者违法所得不足五十万元的，处以五十万元以上五百万元以下的罚款；情节严重的，并处撤销相关业务许可或者责令关闭。对直接负责的主管人员和其他直接责任人员给予警告，并处以二十万元以上二百万元以下的罚款。

第二百零八条 【违法将客户的资金和证券归入自有财产或者挪用客户的资金和证券的法律责任】违反本法第一百三十一条的规定，将客户的资金和证券归入自有财产，或者挪用客户的资金和证券的，责令改正，给予警告，没收违法所得，并处以违法所得一倍以上十倍以下的罚款；没有违法所得或者违法所得不足一百万元的，处以一百万元以上一千万元以下的罚款；情节严重的，并处撤销相关业务许可或者责令关闭。对直接负责的主管人员和其他直接责任人员给予警告，并处以五十万元以上五百万元以下的罚款。

第二百零九条 【证券公司违法接受委托、进行承诺及允许他人使用证券公司名义直接参与集中交易的法律责任】证券公司违反本法第一百三十四条第一款的规定接受客户的全权委托买卖证券的，或者违反本法第一百三十五条的规定对客户的收益或者赔偿客户的损失作出承诺的，责令改正，给予警告，没收违法所得，并处以违法所得一倍以上十倍以下的罚款；没有违法所得或者违法所得不足五十万元的，处以五十万元以上五百万元以下的罚款；情节严重的，并处撤销相关业务许可。对直接负责的主管人员和其他直接责任人员给予警告，并处以二十万元以上二百万元以下的罚款。

证券公司违反本法第一百三十四条第二款的规定，允许他人以证券公司的名义直接参与证券的集中交易的，责令改正，可以并处五十万元以下的罚款。

第二百一十条 【私下接受客户委托买卖证券的法律责任】证券公司的从业人员违反本法第一百三十六条的规定，私下接受客户委托买卖证券的，责令改正，给予警告，没收违法所得，并处以违法所得一倍以上十倍以下的罚款；没有违法所得的，处以五十万元以下的罚款。

第二百一十一条 【报送信息违法的法律责任】证券公司及其主要股东、实际控制人违反本法第一百三十八条的规定，未报送、提供信息和资料，或者报送、提供的信息和资料有虚假记载、误导性陈述或者重大遗漏的，责令改正，给予警告，并处以一百万元以下的罚款；情节严重的，并处撤销相关业务许可。对直接负责的主管人员和其他直接责任人员，给予警告，并处以五十万元以下的罚款。

第二百一十二条 【擅自设立证券登记结算机构的法律责任】违反本法第一百四十五条的规定，擅自设立证券登记结算机构的，由国务院证券监督管理机构予以取缔，没收违法所得，并处以违法所得一倍以上十倍以下的罚款；没有违法所得或者违法所得不足五十万元的，处以五十万元以上五百万元以下的罚款。对直接负责的主管人员和其他直接责任人员给予警告，并处以二十万元以上二百万元以下的罚款。

第二百一十三条 【证券服务机构违法行为的法律责任】证券投资咨询机构违反本法第一百六十条第二款的规定擅自从事证券服务业务，或者从事证券服务业务有本法第一百六十一条规定行为的，责令改正，没收违法所得，并处以违法所得一倍以上十倍以下的罚款；没有违法所得或者违法所得不足五十万元的，处以五十万元以上五百万元以下的罚款。对直接负责的主管人员和其他直接责任人员，给予警告，并处以二十万元以上二百万元以下的罚款。

会计师事务所、律师事务所以及从事资产评估、资信评级、财务顾问、信息技术系统服务的机构违反本法第一百六十条第二款的规定，从事证券服务业务未报备案的，责令改正，可以处二十万元以下的罚款。

证券服务机构违反本法第一百六十三条的规定，未勤勉尽责，所制作、出具的文件有虚假记载、误导性陈述或者重大遗漏的，责令改正，没收业务收入，并处以业务收入一倍以上十倍以下的罚款，没有业务收入或者业务收入不足五十万元的，处以五十万元以上五百万元以下的罚款；情节严重的，并处暂停或者禁止从事证券服务业务。对直接负责的主管人员和其他直接责任人员给予警告，并处以二十万元以上二百万元以下的罚款。

第二百一十四条 【资料保存违法的法律责任】发行人、证券登记结算机构、证券公司、证券服务机构未按照规定保存有关文件和资料的，责令改正，给予警告，并处以十万元以上一百万元以下的罚款；泄露、隐匿、伪造、篡改或者毁损有关文件和资料的，给予警告，并处以二十万元以上二百万元以下的罚款；情节严重的，处以五十万元以上五百万元以下的罚款，并处暂停、撤销相关业务许可或者禁止从事相关业务。对直接负责的主管人员和其他直接责任人员给予警告，并处以十万元以上一百万元以下的罚款。

第二百一十五条 【证券市场诚信档案】国务院证券监督管理机构依法将有关市场主体遵守本法的情况纳入证券市场诚信档案。

第二百一十六条 【不依法履行监管职责的法律责任】国务院证券监督管理机构或者国务院授权的部门有下列情形之一的，对直接负责的主管人员和其他直接责任人员，依法给予处分：

（一）对不符合本法规定的发行证券、设立证券公司等申请予以核准、注册、批准的；

（二）违反本法规定采取现场检查、调查取证、查询、冻结或者查封等措施的；

（三）违反本法规定对有关机构和人员采取监督管理措施的；

（四）违反本法规定对有关机构和人员实施行政处罚的；

（五）其他不依法履行职责的行为。

第二百一十七条 【渎职的法律责任】国务院证券监督管理机构或者国务院授权的部门的工作人员，不履行本法规定的职责，滥用职权、玩忽职守，利用职务便利牟取不正当利益，或者泄露所知悉的有关单位和个人的商业秘密的，依法追究法律责任。

第二百一十八条 【拒绝、阻碍证券执法的法律责任】拒绝、阻碍证券监督管理机构及其工作人员依法行使监督检查、调查职权，由证券监督管理机构责令改正，处以十万元以上一百万元以下的罚款，并由公安机关依法给予治安管理处罚。

第二百一十九条 【刑事责任】违反本法规定，构成犯罪的，依法追究刑事责任。

第二百二十条 【民事赔偿优先】违反本法规定，应当承担民事赔偿责任和缴纳罚款、罚金、违法所得，违法行为人的财产不足以支付的，优先用于承担民事赔偿责任。

第二百二十一条 【证券市场禁入】违反法律、行政法规或者国务院证券监督管理机构的有关规定，情节严重的，国务院证券监督管理机构可以对有关责任人员采取证券市场禁入的措施。

前款所称证券市场禁入，是指在一定期限内直至终身不得从事证券业务、证券服务业务，不得担任证券发行人的董事、监事、高级管理人员，或者一定期限内不得在证券交易所、国务院批准的其他全国性证券交易场所交易证券的制度。

第二百二十二条 【罚没所得入国库】依照本法收缴的罚款和没收的违法所得，全部上缴国库。

第二百二十三条 【行政复议与诉讼】当事人对证券监督管理机构或者国务院授权的部门的处罚决定不服的，可以依法申请行政复议，或者依法直接向人民法院提起诉讼。

第十四章 附 则

第二百二十四条 【境内企业境外发行上市证券的管理】境内企业直接或者间接到境外发行证券或者将其证券在境外上市交易，应当符合国务院的有关规定。

第二百二十五条 【授权国务院规定B种股票】境内公司股票以外币认购和交易的，具体办法由国务院另行规定。

第二百二十六条 【时间效力】本法自2020年3月1日起施行。

股票发行与交易管理暂行条例

·1993年4月22日中华人民共和国国务院令第112号发布

·自发布之日起施行

第一章 总 则

第一条 为了适应发展社会主义市场经济的需要，建立和发展全国统一、高效的股票市场，保护投资者的合法权益和社会公共利益，促进国民经济的发展，制定本条例。

第二条 在中华人民共和国境内从事股票发行、交易及其相关活动，必须遵守本条例。

本条例关于股票的规定适用于具有股票性质、功能的证券。

第三条 股票的发行与交易，应当遵循公开、公平和诚实信用的原则。

第四条 股票的发行与交易，应当维护社会主义公有制的主体地位，保障国有资产不受侵害。

第五条 国务院证券委员会（以下简称“证券委”）是全国证券市场的主管机构，依照法律、法规的规定对全国证券市场进行统一管理。中国证券监督管理委员会（以下简称“证监会”）是证券委的监督管理执行机构，依照法律、法规的规定对证券发行与交易的具体活动进行管理和监督。

第六条 人民币特种股票发行与交易的具体办法另行制定。

境内企业直接或者间接到境外发行股票、将其股票在境外交易，必须经证券委审批，具体办法另行制定。

第二章 股票的发行

第七条 股票发行人必须是具有股票发行资格的股份有限公司。

前款所称股份有限公司，包括已经成立的股

份有限公司和经批准拟成立的股份有限公司。

第八条 设立股份有限公司申请公开发行股票，应当符合下列条件：

（一）其生产经营符合国家产业政策；

（二）其发行的普通股限于一种，同股同权；

（三）发起人认购的股本数额不少于公司拟发行的股本总额的百分之三十五；

（四）在公司拟发行的股本总额中，发起人认购的部分不少于人民币 3000 万元，但是国家另有规定的除外；

（五）向社会公众发行的部分不少于公司拟发行的股本总额的百分之二十五，其中公司职工认购的股本数额不得超过拟向社会公众发行的股本总额的百分之十；公司拟发行的股本总额超过人民币 4 亿元的，证监会按照规定可以酌情降低向社会公众发行的部分的比例，但是最低不少于公司拟发行的股本总额的百分之十；

（六）发起人在近 3 年内没有重大违法行为；

（七）证券委规定的其他条件。

第九条 原有企业改组设立股份有限公司申请公开发行股票，除应当符合本条例第八条所列条件外，还应当符合下列条件：

（一）发行前一年末，净资产在总资产中所占比例不低于百分之三十，无形资产在净资产中所占比例不高于百分之二十，但是证券委另有规定的除外；

（二）近 3 年连续盈利。

国有企业改组设立股份有限公司公开发行股票的，国家拥有的股份在公司拟发行的股本总额中所占的比例由国务院或者国务院授权的部门规定。

第十条 股份有限公司增资申请公开发行股票，除应当符合本条例第八条和第九条所列条件外，还应当符合下列条件：

（一）前一次公开发行股票所得资金的使用与其招股说明书所述的用途相符，并且资金使用效益良好；

（二）距前一次公开发行股票的时间不少于 12 个月；

（三）从前一次公开发行股票到本次申请期间没有重大违法行为；

（四）证券委规定的其他条件。

第十一条 定向募集公司申请公开发行股票，除应当符合本条例第八条和第九条所列条件外，还应当符合下列条件：

（一）定向募集所得资金的使用与其招股说明书所述的用途相符，并且资金使用效益良好；

（二）距最近一次定向募集股份的时间不少于 12 个月；

（三）从最近一次定向募集到本次公开发行期间没有重大违法行为；

（四）内部职工股权证按照规定范围发放，并且已交国家指定的证券机构集中托管；

（五）证券委规定的其他条件。

第十二条 申请公开发行股票，按照下列程序办理：

（一）申请人聘请会计师事务所、资产评估机构、律师事务所等专业性机构，对其资信、资产、财务状况进行审定、评估和就有关事项出具法律意见书后，按照隶属关系，分别向省、自治区、直辖市、计划单列市人民政府（以下简称“地方政府”）或者中央企业主管部门提出公开发行股票的申请；

（二）在国家下达的发行规模内，地方政府对地方企业的发行申请进行审批，中央企业主管部门在与申请人所在地地方政府协商后对中央企业的发行申请进行审批；地方政府、中央企业主管部门应当自收到发行申请之日起 30 个工作日内作出审批决定，并抄报证券委；

（三）被批准的发行申请，送证监会复审；证监会应当自收到复审申请之日起 20 个工作日内出具复审意见书，并将复审意见书抄报证券委；经证监会复审同意的，申请人应当向证券交易所上市委员会提出申请，经上市委员会同意接受上市，方可发行股票。

第十三条 申请公开发行股票，应当向地方政府或者中央企业主管部门报送下列文件：

（一）申请报告；

（二）发起人会议或者股东大会同意公开发行股票的决议；

（三）批准设立股份有限公司的文件；

（四）工商行政管理部门颁发的股份有限公司营业执照或者股份有限公司筹建登记证明；

（五）公司章程或者公司章程草案；

（六）招股说明书；

（七）资金运用的可行性报告；需要国家提供

资金或者其他条件的固定资产投资项目，还应当提供国家有关部门同意固定资产投资立项的批准文件；

（八）经会计师事务所审计的公司近3年或者成立以来的财务报告和由2名以上注册会计师及其所在事务所签字、盖章的审计报告；

（九）经2名以上律师及其所在事务所就有关事项签字、盖章的法律意见书；

（十）经2名以上专业评估人员及其所在机构签字、盖章的资产评估报告，经2名以上注册会计师及其所在事务所签字、盖章的验资报告；涉及国有资产的，还应当提供国有资产管理部门出具的确认文件；

（十一）股票发行承销方案和承销协议；

（十二）地方政府或者中央企业主管部门要求报送的其他文件。

第十四条 被批准的发行申请送证监会复审时，除应当报送本条例第十三条所列文件外，还应当报送下列文件：

（一）地方政府或者中央企业主管部门批准发行申请的文件；

（二）证监会要求报送的其他文件。

第十五条 本条例第十三条所称招股说明书应当按照证监会规定的格式制作，并载明下列事项：

（一）公司的名称、住所；

（二）发起人、发行人简况；

（三）筹资的目的；

（四）公司现有股本总额，本次发行的股票种类、总额，每股的面值、售价，发行前的每股净资产值和发行结束后每股预期净资产值，发行费用和佣金；

（五）初次发行的发起人认购股本的情况、股权结构及验资证明；

（六）承销机构的名称、承销方式与承销数量；

（七）发行的对象、时间、地点及股票认购和股款缴纳的方式；

（八）所筹资金的运用计划及收益、风险预测；

（九）公司近期发展规划和经注册会计师审核并出具审核意见的公司下一年的盈利预测文件；

（十）重要的合同；

（十一）涉及公司的重大诉讼事项；

（十二）公司董事、监事名单及其简历；

（十三）近3年或者成立以来的生产经营状况和有关业务发展的基本情况；

（十四）经会计师事务所审计的公司近3年或者成立以来的财务报告和由2名以上注册会计师及其所在事务所签字、盖章的审计报告。

（十五）增资发行的公司前次公开发行股票所筹资金的运用情况；

（十六）证监会要求载明的其他事项。

第十六条 招股说明书的封面应当载明："发行人保证招股说明书的内容真实、准确、完整。政府及国家证券管理部门对本次发行所作出的任何决定，均不表明其对发行人所发行的股票的价值或者投资人的收益作出实质性判断或者保证。"

第十七条 全体发起人或者董事以及主承销商应当在招股说明书上签字，保证招股说明书没有虚假、严重误导性陈述或者重大遗漏，并保证对其承担连带责任。

第十八条 为发行人出具文件的注册会计师及其所在事务所、专业评估人员及其所在机构、律师及其所在事务所，在履行职责时，应当按照本行业公认的业务标准和道德规范，对其出具文件内容的真实性、准确性、完整性进行核查和验证。

第十九条 在获准公开发行股票前，任何人不得以任何形式泄露招股说明书的内容。在获准公开发行股票后，发行人应当在承销期开始前2个至5个工作日期间公布招股说明书。

发行人应当向认购人提供招股说明书。证券承销机构应当将招股说明书备置于营业场所，并有义务提醒认购人阅读招股说明书。

招股说明书的有效期为6个月，自招股说明书签署完毕之日起计算。招股说明书失效后，股票发行必须立即停止。

第二十条 公开发行的股票应当由证券经营机构承销。承销包括包销和代销两种方式。

发行人应当与证券经营机构签署承销协议。承销协议应当载明下列事项：

（一）当事人的名称、住所及法定代表人的姓名；

（二）承销方式；

（三）承销股票的种类、数量、金额及发行价格；

（四）承销期及起止日期；

（五）承销付款的日期及方式；

（六）承销费用的计算、支付方式和日期；

（七）违约责任；

（八）其他需要约定的事项。

证券经营机构收取承销费用的原则，由证监会确定。

第二十一条 证券经营机构承销股票，应当对招股说明书和其他有关宣传材料的真实性、准确性、完整性进行核查；发现含有虚假、严重误导性陈述或者重大遗漏的，不得发出要约邀请或者要约；已经发出的，应当立即停止销售活动，并采取相应的补救措施。

第二十二条 拟公开发行股票的面值总额超过人民币3000万元或者预期销售总金额超过人民币5000万元的，应当由承销团承销。

承销团由2个以上承销机构组成。主承销商由发行人按照公平竞争的原则，通过竞标或者协商的方式确定。主承销商应当与其他承销商签署承销团协议。

第二十三条 拟公开发行股票的面值总额超过人民币1亿元或者预期销售总金额超过人民币1亿5000万元的，承销团中的外地承销机构的数目以及总承销量中在外地销售的数量，应当占合理的比例。

前款所称外地是指发行人所在的省、自治区、直辖市以外的地区。

第二十四条 承销期不得少于10日，不得超过90日。

在承销期内，承销机构应当尽力向认购人出售其所承销的股票，不得为本机构保留所承销的股票。

承销期满后，尚未售出的股票按照承销协议约定的包销或者代销方式分别处理。

第二十五条 承销机构或者其委托机构向社会发放股票认购申请表，不得收取高于认购申请表印制和发放成本的费用，并不得限制认购申请表发放数量。

认购数量超过拟公开发行的总量时，承销机构应当按照公平原则，采用按比例配售、按比例累退配售或者抽签等方式销售股票。采用抽签方式时，承销机构应当在规定的日期，在公证机关监督下，按照规定的程序，对所有股票认购申请表进行公开抽签，并对中签者销售股票。

除承销机构或者其委托机构外，任何单位和个人不得发放、转售股票认购申请表。

第二十六条 承销机构应当在承销期满后的15个工作日内向证监会提交承销情况的书面报告。

第二十七条 证券经营机构在承销期结束后，将其持有的发行人的股票向发行人以外的社会公众作出要约邀请、要约或者销售，应当经证监会批准，按照规定的程序办理。

第二十八条 发行人用新股票换回其已经发行在外的股票，并且这种交换无直接或者间接的费用发生的，不适用本章规定。

第三章 股票的交易

第二十九条 股票交易必须在经证券委批准可以进行股票交易的证券交易场所进行。

第三十条 股份有限公司申请其股票在证券交易所交易，应当符合下列条件：

（一）其股票已经公开发行；

（二）发行后的股本总额不少于人民币5000万元；

（三）持有面值人民币1000元以上的个人股东人数不少于1000人，个人持有的股票面值总额不少于人民币1000万元；

（四）公司有最近3年连续盈利的记录；原有企业改组设立股份有限公司的，原企业有最近3年连续盈利的记录，但是新设立的股份有限公司除外；

（五）证券委规定的其他条件。

第三十一条 公开发行股票符合前条规定条件的股份有限公司，申请其股票在证券交易所交易，应当向证券交易所的上市委员会提出申请；上市委员会应当自收到申请之日起20个工作日内作出审批，确定具体上市时间。审批文件报证监会备案，并抄报证券委。

第三十二条 股份有限公司申请其股票在证券交易所交易，应当向证券交易所的上市委员会送交下列文件：

（一）申请书；

（二）公司登记注册文件；

（三）股票公开发行的批准文件；

（四）经会计师事务所审计的公司近3年或者成立以来的财务报告和由2名以上的注册会计师及其所在事务所签字、盖章的审计报告；

（五）证券交易所会员的推荐书；

（六）最近一次的招股说明书；

（七）证券交易所要求的其他文件。

第三十三条 股票获准在证券交易所交易后，上市公司应当公布上市公告并将本条例第三十二条所列文件予以公开。

第三十四条 上市公告的内容，除应当包括本条例第十五条规定的招股说明书的主要内容外，还应当包括下列事项：

（一）股票获准在证券交易所交易的日期和批准文号；

（二）股票发行情况、股权结构和最大的10名股东的名单及持股数额；

（三）公司创立大会或者股东大会同意公司股票在证券交易所交易的决议；

（四）董事、监事和高级管理人员简历及其持有本公司证券的情况；

（五）公司近3年或者成立以来的经营业绩和财务状况以及下一年的盈利预测文件；

（六）证券交易所要求载明的其他事项。

第三十五条 为上市公司出具文件的注册会计师及其所在事务所、专业评估人员及其所在机构、律师及其所在事务所，在履行职责时，应当按照本行业公认的业务标准和道德规范，对其出具文件内容的真实性、准确性、完整性进行核查和验证。

第三十六条 国家拥有的股份的转让必须经国家有关部门批准，具体办法另行规定。

国家拥有的股份的转让，不得损害国家拥有的股份的权益。

第三十七条 证券交易场所，证券保管、清算、过户、登记机构和证券经营机构，应当保证外地委托人与本地委托人享有同等待遇，不得歧视或者限制外地委托人。

第三十八条 股份有限公司的董事、监事、高级管理人员和持有公司百分之五以上有表决权股份的法人股东，将其所持有的公司股票在买入后6个月内卖出或者在卖出后6个月内买入，由此获得的利润归公司所有。

前款规定适用于持有公司百分之五以上有表决权股份的法人股东的董事、监事和高级管理人员。

第三十九条 证券业从业人员、证券业管理人员和国家规定禁止买卖股票的其他人员，不得直接或者间接持有、买卖股票，但是买卖经批准发行的投资基金证券除外。

第四十条 为股票发行出具审计报告、资产评估报告、法律意见书等文件的有关专业人员，在该股票承销期内和期满后6个月内，不得购买或者持有该股票。

为上市公司出具审计报告、资产评估报告、法律意见书等文件的有关专业人员，在其审计报告、资产评估报告、法律意见书等文件成为公开信息前，不得购买或者持有该公司的股票；成为公开信息后的5个工作日内，也不得购买该公司的股票。

第四十一条 未依照国家有关规定经过批准，股份有限公司不得购回其发行在外的股票。

第四十二条 未经证券委批准，任何人不得对股票及其指数的期权、期货进行交易。

第四十三条 任何金融机构不得为股票交易提供贷款。

第四十四条 证券经营机构不得将客户的股票借与他人或者作为担保物。

第四十五条 经批准从事证券自营、代理和投资基金管理业务中二项以上业务的证券经营机构，应当将不同业务的经营人员、资金、账目分开。

第四章 上市公司的收购

第四十六条 任何个人不得持有一个上市公司千分之五以上的发行在外的普通股；超过的部分，由公司在征得证监会同意后，按照原买入价格和市场价格中较低的一种价格收购。但是，因公司发行在外的普通股总量减少，致使个人持有该公司千分之五以上发行在外的普通股的，超过的部分在合理期限内不予收购。

外国和香港、澳门、台湾地区的个人持有的公司发行的人民币特种股票和在境外发行的股票，不受前款规定的千分之五的限制。

第四十七条 任何法人直接或者间接持有一个上市公司发行在外的普通股达到百分之五时，应当自该事实发生之日起3个工作日内，向该公司、证券交易场所和证监会作出书面报告并公告。但是，因公司发行在外的普通股总量减少，致使法人持有该公司百分之五以上发行在外的普通股的，在合理期限内不受上述限制。

任何法人持有一个上市公司百分之五以上的

发行在外的普通股后，其持有该种股票的增减变化每达到该种股票发行在外总额的百分之二时，应当自该事实发生之日起3个工作日内，向该公司、证券交易场所和证监会作出书面报告并公告。

法人在依照前两款规定作出报告并公告之日起2个工作日内和作出报告前，不得再行直接或者间接买入或者卖出该种股票。

第四十八条 发起人以外的任何法人直接或者间接持有一个上市公司发行在外的普通股达到百分之三十时，应当自该事实发生之日起45个工作日内，向该公司所有股票持有人发出收购要约，按照下列价格中较高的一种价格，以货币付款方式购买股票：

（一）在收购要约发出前12个月内收购要约人购买该种股票所支付的最高价格；

（二）在收购要约发出前30个工作日内该种股票的平均市场价格。

前款持有人发出收购要约前，不得再行购买该种股票。

第四十九条 收购要约人在发出收购要约前应当向证监会作出有关收购的书面报告；在发出收购要约的同时应当向受要约人、证券交易场所提供本身情况的说明和与该要约有关的全部信息，并保证材料真实、准确、完整，不产生误导。

收购要约的有效期不得少于30个工作日，自收购要约发出之日起计算。自收购要约发出之日起30个工作日内，收购要约人不得撤回其收购要约。

第五十条 收购要约的全部条件适用于同种股票的所有持有人。

第五十一条 收购要约期满，收购要约人持有的普通股未达到该公司发行在外的普通股总数的百分之五十的，为收购失败；收购要约人除发出新的收购要约外，其以后每年购买的该公司发行在外的普通股，不得超过该公司发行在外的普通股总数的百分之五。

收购要约期满，收购要约人持有的普通股达到该公司发行在外的普通股总数的百分之七十五以上的，该公司应当在证券交易所终止交易。

收购要约人要约购买股票的总数低于预受要约的总数时，收购要约人应当按照比例从所有预受收购要约的受要约人中购买该股票。

收购要约期满，收购要约人持有的股票达到该公司股票总数的百分之九十时，其余股东有权以同等条件向收购要约人强制出售其股票。

第五十二条 收购要约发出后，主要要约条件改变的，收购要约人应当立即通知所有受要约人。通知可以采用新闻发布会、登报或者其他传播形式。

收购要约人在要约期内及要约期满后30个工作日内，不得以要约规定以外的任何条件购买该种股票。

预受收购要约的受要约人有权在收购要约失效前撤回对该要约的预受。

第五章 保管、清算和过户

第五十三条 股票发行采取记名式。发行人可以发行簿记券式股票，也可以发行实物券式股票。簿记券式股票名册应当由证监会指定的机构保管。实物券式股票集中保管的，也应当由证监会指定的机构保管。

第五十四条 未经股票持有人的书面同意，股票保管机构不得将该持有人的股票借与他人或者作为担保物。

第五十五条 证券清算机构应当根据方便、安全、公平的原则，制定股票清算、交割的业务规则和内部管理规则。

证券清算机构应当按照公平的原则接纳会员。

第五十六条 证券保管、清算、过户、登记机构应当接受证监会监管。

第六章 上市公司的信息披露

第五十七条 上市公司应当向证监会、证券交易场所提供下列文件：

（一）在每个会计年度的前6个月结束后60日内提交中期报告；

（二）在每个会计年度结束后120日内提交经注册会计师审计的年度报告。

中期报告和年度报告应当符合国家的会计制度和证监会的有关规定，由上市公司授权的董事或者经理签字，并由上市公司盖章。

第五十八条 本条例第五十七条所列中期报告应当包括下列内容：

（一）公司财务报告；

（二）公司管理部门对公司财务状况和经营成

果的分析；

（三）涉及公司的重大诉讼事项；

（四）公司发行在外股票的变动情况；

（五）公司提交给有表决权的股东审议的重要事项；

（六）证监会要求载明的其他内容。

第五十九条 本条例第五十七条所列年度报告应当包括下列内容：

（一）公司简况；

（二）公司的主要产品或者主要服务项目简况；

（三）公司所在行业简况；

（四）公司所拥有的重要的工厂、矿山、房地产等财产简况；

（五）公司发行在外股票的情况，包括持有公司百分之五以上发行在外普通股的股东的名单及前10名最大的股东的名单；

（六）公司股东数量；

（七）公司董事、监事和高级管理人员简况、持股情况和报酬；

（八）公司及其关联人一览表和简况；

（九）公司近3年或者成立以来的财务信息摘要；

（十）公司管理部门对公司财务状况和经营成果的分析；

（十一）公司发行在外债券的变动情况；

（十二）涉及公司的重大诉讼事项；

（十三）经注册会计师审计的公司最近2个年度的比较财务报告及其附表、注释；该上市公司为控股公司的，还应当包括最近2个年度的比较合并财务报告；

（十四）证监会要求载明的其他内容。

第六十条 发生可能对上市公司股票的市场价格产生较大影响、而投资人尚未得知的重大事件时，上市公司应当立即将有关该重大事件的报告提交证券交易场所和证监会，并向社会公布，说明事件的实质。但是，上市公司有充分理由认为向社会公布该重大事件会损害上市公司的利益，且不公布也不会导致股票市场价格重大变动的，经证券交易场所同意，可以不予公布。

前款所称重大事件包括下列情况：

（一）公司订立重要合同，该合同可能对公司的资产、负债、权益和经营成果中的一项或者多项产生显著影响；

（二）公司的经营政策或者经营项目发生重大变化；

（三）公司发生重大的投资行为或者购置金额较大的长期资产的行为；

（四）公司发生重大债务；

（五）公司未能归还到期重大债务的违约情况；

（六）公司发生重大经营性或者非经营性亏损；

（七）公司资产遭受重大损失；

（八）公司生产经营环境发生重要变化；

（九）新颁布的法律、法规、政策、规章等，可能对公司的经营有显著影响；

（十）董事长、百分之三十以上的董事或者总经理发生变动；

（十一）持有公司百分之五以上的发行在外的普通股的股东，其持有该种股票的增减变化每达到该种股票发行在外总额的百分之二以上的事实；

（十二）涉及公司的重大诉讼事项；

（十三）公司进入清算、破产状态。

第六十一条 在任何公共传播媒介中出现的消息可能对上市公司股票的市场价格产生误导性影响时，该公司知悉后应当立即对该消息作出公开澄清。

第六十二条 上市公司的董事、监事和高级管理人员持有该公司普通股的，应当向证监会、证券交易场所和该公司报告其持股情况；持股情况发生变化的，应当自该变化发生之日起10个工作日内向证监会、证券交易场所和该公司作出报告。

前款所列人员在辞职或者离职后6个月内负有依照本条规定作出报告的义务。

第六十三条 上市公司应当将要求公布的信息刊登在证监会指定的全国性报刊上。

上市公司在依照前款规定公布信息的同时，可以在证券交易场所指定的地方报刊上公布有关信息。

第六十四条 证监会应当将上市公司及其董事、监事、高级管理人员和持有公司百分之五以上的发行在外的普通股的股东所提交的报告、公告及其他文件及时向社会公开，供投资人查阅。

证监会要求披露的全部信息均为公开信息，

但是下列信息除外：

（一）法律、法规予以保护并允许不予披露的商业秘密；

（二）证监会在调查违法行为过程中获得的非公开信息和文件；

（三）根据有关法律、法规规定可以不予披露的其他信息和文件。

第六十五条 股票持有人可以授权他人代理行使其同意权或者投票权。但是，任何人在征集25人以上的同意权或者投票权时，应当遵守证监会有关信息披露和作出报告的规定。

第六十六条 上市公司除应当向证监会、证券交易场所提交本章规定的报告、公告、信息及文件外，还应当按照证券交易场所的规定提交有关报告、公告、信息及文件，并向所有股东公开。

第六十七条 本条例第五十七条至第六十五条的规定，适用于已经公开发行股票，其股票并未在证券交易场所交易的股份有限公司。

第七章 调查和处罚

第六十八条 对违反本条例规定的单位和个人，证监会有权进行调查或者会同国家有关部门进行调查；重大的案件，由证券委组织调查。

第六十九条 证监会可以对证券经营机构的业务活动进行检查。

第七十条 股份有限公司违反本条例规定，有下列行为之一的，根据不同情况，单处或者并处警告、责令退还非法所筹股款、没收非法所得、罚款；情节严重的，停止其发行股票资格：

（一）未经批准发行或者变相发行股票的；

（二）以欺骗或者其他不正当手段获准发行股票或者获准其股票在证券交易场所交易的；

（三）未按照规定方式、范围发行股票，或者在招股说明书失效后销售股票的；

（四）未经批准购回其发行在外的股票的。

对前款所列行为负有直接责任的股份有限公司的董事、监事和高级管理人员，给予警告或者处以3万元以上30万元以下的罚款。

第七十一条 证券经营机构违反本条例规定，有下列行为之一的，根据不同情况，单处或者并处警告、没收非法获取的股票和其他非法所得、罚款；情节严重的，限制、暂停其证券经营业务或者撤销其证券经营业务许可：

（一）未按照规定的时间、程序、方式承销股票的；

（二）未按照规定发放股票认购申请表的；

（三）将客户的股票借与他人或者作为担保物的；

（四）收取不合理的佣金和其他费用的；

（五）以客户的名义为本机构买卖股票的；

（六）挪用客户保证金的；

（七）在代理客户买卖股票活动中，与客户分享股票交易的利润或者分担股票交易的损失，或者向客户提供避免损失的保证的；

（八）为股票交易提供融资的。

对前款所列行为负有责任的证券经营机构的主管人员和直接责任人员，给予警告或者处以3万元以上30万元以下的罚款。

第七十二条 内幕人员和以不正当手段获取内幕信息的其他人员违反本条例规定，泄露内幕信息、根据内幕信息买卖股票或者向他人提出买卖股票的建议的，根据不同情况，没收非法获取的股票和其他非法所得，并处以5万元以上50万元以下的罚款。

证券业从业人员、证券业管理人员和国家规定禁止买卖股票的其他人员违反本条例规定，直接或者间接持有、买卖股票的，除责令限期出售其持有的股票外，根据不同情况，单处或者并处警告、没收非法所得、5000元以上5万元以下的罚款。

第七十三条 会计师事务所、资产评估机构和律师事务所违反本条例规定，出具的文件有虚假、严重误导性内容或者有重大遗漏的，根据不同情况，单处或者并处警告、没收非法所得、罚款；情节严重的，暂停其从事证券业务或者撤销其从事证券业务许可。

对前款所列行为负有直接责任的注册会计师、专业评估人员和律师，给予警告或者处以3万元以上30万元以下的罚款；情节严重的，撤销其从事证券业务的资格。

第七十四条 任何单位和个人违反本条例规定，有下列行为之一的，根据不同情况，单处或者并处警告、没收非法获取的股票和其他非法所得、罚款：

（一）在证券委批准可以进行股票交易的证券交易场所之外进行股票交易的；

（二）在股票发行、交易过程中，作出虚假、严重误导性陈述或者遗漏重大信息的；

（三）通过合谋或者集中资金操纵股票市场价格，或者以散布谣言等手段影响股票发行、交易的；

（四）为制造股票的虚假价格与他人串通，不转移股票的所有权或者实际控制，虚买虚卖的；

（五）出售或者要约出售其并不持有的股票，扰乱股票市场秩序的；

（六）利用职权或者其他不正当手段，索取或者强行买卖股票，或者协助他人买卖股票的；

（七）未经批准对股票及其指数的期权、期货进行交易的；

（八）未按照规定履行有关文件和信息的报告、公开、公布义务的；

（九）伪造、篡改或者销毁与股票发行、交易有关的业务记录、财务账簿等文件的；

（十）其他非法从事股票发行、交易及其相关活动的。

股份有限公司有前款所列行为，情节严重的，可以停止其发行股票的资格；证券经营机构有前款所列行为，情节严重的，可以限制、暂停其证券经营业务或者撤销其证券经营业务许可。

第七十五条 本条例第七十条、第七十一条、第七十二条、第七十四条规定的处罚，由证券委指定的机构决定；重大的案件的处罚，报证券委决定。本条例第七十三条规定的处罚，由有关部门在各自的职权范围内决定。

第七十六条 上市公司和证券交易所或者其他证券业自律性管理组织的会员及其工作人员违反本条例规定，除依照本条例规定给予行政处罚外，由证券交易所或者其他证券业自律性管理组织根据章程或者自律准则给予制裁。

第七十七条 违反本条例规定，给他人造成损失的，应当依法承担民事赔偿责任。

第七十八条 违反本条例规定，构成犯罪的，依法追究刑事责任。

第八章　争议的仲裁

第七十九条 与股票的发行或者交易有关的争议，当事人可以按照协议的约定向仲裁机构申请调解、仲裁。

第八十条 证券经营机构之间以及证券经营机构与证券交易场所之间因股票的发行或者交易引起的争议，应当由证券委批准设立或者指定的仲裁机构调解、仲裁。

第九章　附　则

第八十一条 本条例下列用语的含义：

（一）“股票”是指股份有限公司发行的、表示其股东按其持有的股份享受权益和承担义务的可转让的书面凭证。

“簿记券式股票”是指发行人按照证监会规定的统一格式制作的、记载股东权益的书面名册。

“实物券式股票”是指发行人在证监会指定的印制机构统一印制的书面股票。

（二）“发行在外的普通股”是指公司库存以外的普通股。

（三）“公开发行”是指发行人通过证券经营机构向发行人以外的社会公众就发行人的股票作出的要约邀请、要约或者销售行为。

（四）“承销”是指证券经营机构依照协议包销或者代销发行人所发行股票的行为。

（五）“承销机构”是指以包销或者代销方式为发行人销售股票的证券经营机构。

（六）“包销”是指承销机构在发行期结束后将未售出的股票全部买下的承销方式。

（七）“代销”是指承销机构代理发售股票，在发行期结束后，将未售出的股票全部退还给发行人或者包销人的承销方式。

（八）“公布”是指将本条例规定应当予以披露的文件刊载在证监会指定的报刊上的行为。

（九）“公开”是指将本条例规定应当予以披露的文件备置于发行人及其证券承销机构的营业地和证监会，供投资人查阅的行为。

（十）“要约”是指向特定人或者非特定人发出购买或者销售某种股票的口头的或者书面的意思表示。

（十一）“要约邀请”是指建议他人向自己发出要约的意思表示。

（十二）“预受”是指受要约人同意接受要约的初步意思表示，在要约期满前不构成承诺。

（十三）“上市公司”是指其股票获准在证券交易场所交易的股份有限公司。

（十四）“内幕人员”是指任何由于持有发行人的股票，或者在发行人或者与发行人有密切联系的企业中担任董事、监事、高级管理人员，或者由于其会员地位、管理地位、监督地位和职业地位，或者作为雇员、专业顾问履行职务，能够接触或者获取内幕信息的人员。

（十五）“内幕信息”是指有关发行人、证券经营机构、有收购意图的法人、证券监督管理机构、证券业自律性管理组织以及与其有密切联系的人员所知悉的尚未公开的可能影响股票市场价格的重大信息。

（十六）“证券交易场所”是指经批准设立的、进行证券交易的证券交易所和证券交易报价系统。

（十七）“证券业管理人员”是指证券管理部门和证券业自律性管理组织的工作人员。

（十八）“证券业从业人员”是指从事证券发行、交易及其他相关业务的机构的工作人员。

第八十二条 证券经营机构和证券交易所的管理规定，另行制定。

公司内部职工持股不适用本条例。

第八十三条 本条例由证券委负责解释。

第八十四条 本条例自发布之日起施行。

企业债券管理条例

· 1993年8月2日中华人民共和国国务院令第121号发布

· 根据2011年1月8日《国务院关于废止和修改部分行政法规的决定》修订

第一章 总 则

第一条 为了加强对企业债券的管理，引导资金的合理流向，有效利用社会闲散资金，保护投资者的合法权益，制定本条例。

第二条 本条例适用于中华人民共和国境内具有法人资格的企业（以下简称企业）在境内发行的债券。但是，金融债券和外币债券除外。

除前款规定的企业外，任何单位和个人不得发行企业债券。

第三条 企业进行有偿筹集资金活动，必须通过公开发行企业债券的形式进行。但是，法律和国务院另有规定的除外。

第四条 发行和购买企业债券应当遵循自愿、互利、有偿的原则。

第二章 企业债券

第五条 本条例所称企业债券，是指企业依照法定程序发行、约定在一定期限内还本付息的有价证券。

第六条 企业债券的票面应当载明下列内容：

（一）企业的名称、住所；

（二）企业债券的面额；

（三）企业债券的利率；

（四）还本期限和方式；

（五）利息的支付方式；

（六）企业债券发行日期和编号；

（七）企业的印记和企业法定代表人的签章；

（八）审批机关批准发行的文号、日期。

第七条 企业债券持有人有权按照约定期限取得利息、收回本金，但是无权参与企业的经营管理。

第八条 企业债券持有人对企业的经营状况不承担责任。

第九条 企业债券可以转让、抵押和继承。

第三章 企业债券的管理

第十条 国家计划委员会会同中国人民银行、财政部、国务院证券委员会拟订全国企业债券发行的年度规模和规模内的各项指标，报国务院批准后，下达各省、自治区、直辖市、计划单列市人民政府和国务院有关部门执行。

未经国务院同意，任何地方、部门不得擅自突破企业债券发行的年度规模，并不得擅自调整年度规模内的各项指标。

第十一条 企业发行企业债券必须按照本条例的规定进行审批；未经批准的，不得擅自发行和变相发行企业债券。

中央企业发行企业债券，由中国人民银行会同国家计划委员会审批；地方企业发行企业债券，由中国人民银行省、自治区、直辖市、计划单列市分行会同同级计划主管部门审批。

第十二条 企业发行企业债券必须符合下列条件：

（一）企业规模达到国家规定的要求；

（二）企业财务会计制度符合国家规定；

（三）具有偿债能力；

（四）企业经济效益良好，发行企业债券前连续3年盈利；

（五）所筹资金用途符合国家产业政策。

第十三条 企业发行企业债券应当制订发行章程。

发行章程应当包括下列内容：

（一）企业的名称、住所、经营范围、法定代表人；

（二）企业近3年的生产经营状况和有关业务发展的基本情况；

（三）财务报告；

（四）企业自有资产净值；

（五）筹集资金的用途；

（六）效益预测；

（七）发行对象、时间、期限、方式；

（八）债券的种类及期限；

（九）债券的利率；

（十）债券总面额；

（十一）还本付息方式；

（十二）审批机关要求载明的其他事项。

第十四条 企业申请发行企业债券，应当向审批机关报送下列文件：

（一）发行企业债券的申请书；

（二）营业执照；

（三）发行章程；

（四）经会计师事务所审计的企业近3年的财务报告；

（五）审批机关要求提供的其他材料。

企业发行企业债券用于固定资产投资，按照国家有关规定需要经有关部门审批的，还应当报送有关部门的审批文件。

第十五条 企业发行企业债券应当公布经审批机关批准的发行章程。

企业发行企业债券，可以向经认可的债券评信机构申请信用评级。

第十六条 企业发行企业债券的总面额不得大于该企业的自有资产净值。

第十七条 企业发行企业债券用于固定资产投资的，依照国家有关固定资产投资的规定办理。

第十八条 企业债券的利率不得高于银行相同期限居民储蓄定期存款利率的40%。

第十九条 任何单位不得以下列资金购买企业债券：

（一）财政预算拨款；

（二）银行贷款；

（三）国家规定不得用于购买企业债券的其他资金。

办理储蓄业务的机构不得将所吸收的储蓄存款用于购买企业债券。

第二十条 企业发行企业债券所筹资金应当按照审批机关批准的用途，用于本企业的生产经营。

企业发行企业债券所筹资金不得用于房地产买卖、股票买卖和期货交易等与本企业生产经营无关的风险性投资。

第二十一条 企业发行企业债券，应当由证券经营机构承销。

证券经营机构承销企业债券，应当对发行债券的企业的发行章程和其他有关文件的真实性、准确性、完整性进行核查。

第二十二条 企业债券的转让，应当在经批准的可以进行债券交易的场所进行。

第二十三条 非证券经营机构和个人不得经营企业债券的承销和转让业务。

第二十四条 单位和个人所得的企业债券利息收入，按照国家规定纳税。

第二十五条 中国人民银行及其分支机构和国家证券监督管理机构，依照规定的职责，负责对企业债券的发行和交易活动，进行监督检查。

第四章 法律责任

第二十六条 未经批准发行或者变相发行企业债券的，以及未通过证券经营机构发行企业债券的，责令停止发行活动，退还非法所筹资金，处以相当于非法所筹资金金额5%以下的罚款。

第二十七条 超过批准数额发行企业债券的，责令退还超额发行部分或者核减相当于超额发行金额的贷款额度，处以相当于超额发行部分5%以下的罚款。

第二十八条 超过本条例第十八条规定的最高利率发行企业债券的，责令改正，处以相当于所筹资金金额5%以下的罚款。

第二十九条 用财政预算拨款、银行贷款或者国家规定不得用于购买企业债券的其他资金购买企业债券的，以及办理储蓄业务的机构用所吸收的储蓄存款购买企业债券的，责令收回该资金，处以相当于所购买企业债券金额5%以下的罚款。

第三十条 未按批准用途使用发行企业债券所筹资金的，责令改正，没收其违反批准用途使用资金所获收益，并处以相当于违法使用资金金额5%以下的罚款。

第三十一条 非证券经营机构和个人经营企业债券的承销或者转让业务的，责令停止非法经营，没收非法所得，并处以承销或者转让企业债券金额5%以下的罚款。

第三十二条 本条例第二十六条、第二十七条、第二十八条、第二十九条、第三十条、第三十一条规定的处罚，由中国人民银行及其分支机构决定。

第三十三条 对有本条例第二十六条、第二十七条、第二十八条、第二十九条、第三十条、第三十一条所列违法行为的单位的法定代表人和直接责任人员，由中国人民银行及其分支机构给予警告或者处以1万元以上10万元以下的罚款；构成犯罪的，依法追究刑事责任。

第三十四条 地方审批机关违反本条例规定，批准发行企业债券的，责令改正，给予通报批评，根据情况相应核减该地方企业债券的发行规模。

第三十五条 企业债券监督管理机关的工作人员玩忽职守、徇私舞弊的，给予行政处分；构成犯罪的，依法追究刑事责任。

第三十六条 发行企业债券的企业违反本条例规定，给他人造成损失的，应当依法承担民事赔偿责任。

第五章 附 则

第三十七条 企业发行短期融资券，按照中国人民银行有关规定执行。

第三十八条 本条例由中国人民银行会同国家计划委员会解释。

第三十九条 本条例自发布之日起施行。1987年3月27日国务院发布的《企业债券管理暂行条例》同时废止。

证券公司监督管理条例

·2008年4月23日中华人民共和国国务院令第522号公布

·根据2014年7月29日《国务院关于修改部分行政法规的决定》修订

第一章 总 则

第一条 为了加强对证券公司的监督管理，规范证券公司的行为，防范证券公司的风险，保护客户的合法权益和社会公共利益，促进证券业健康发展，根据《中华人民共和国公司法》（以下简称《公司法》）、《中华人民共和国证券法》（以下简称《证券法》），制定本条例。

第二条 证券公司应当遵守法律、行政法规和国务院证券监督管理机构的规定，审慎经营，履行对客户的诚信义务。

第三条 证券公司的股东和实际控制人不得滥用权利，占用证券公司或者客户的资产，损害证券公司或者客户的合法权益。

第四条 国家鼓励证券公司在有效控制风险的前提下，依法开展经营方式创新、业务或者产品创新、组织创新和激励约束机制创新。

国务院证券监督管理机构、国务院有关部门应当采取有效措施，促进证券公司的创新活动规范、有序进行。

第五条 证券公司按照国家规定，可以发行、交易、销售证券类金融产品。

第六条 国务院证券监督管理机构依法履行对证券公司的监督管理职责。国务院证券监督管理机构的派出机构在国务院证券监督管理机构的授权范围内，履行对证券公司的监督管理职责。

第七条 国务院证券监督管理机构、中国人民银行、国务院其他金融监督管理机构应当建立证券公司监督管理的信息共享机制。

国务院证券监督管理机构和地方人民政府应当建立证券公司的有关情况通报机制。

第二章 设立与变更

第八条 设立证券公司，应当具备《公司法》、《证券法》和本条例规定的条件，并经国务院证券监督管理机构批准。

第九条 证券公司的股东应当用货币或者证券公司经营必需的非货币财产出资。证券公司股东的非货币财产出资总额不得超过证券公司注册资本的30%。

证券公司股东的出资,应当经具有证券、期货相关业务资格的会计师事务所验资并出具证明;出资中的非货币财产,应当经具有证券相关业务资格的资产评估机构评估。

在证券公司经营过程中,证券公司的债权人将其债权转为证券公司股权的,不受本条第一款规定的限制。

第十条 有下列情形之一的单位或者个人,不得成为持有证券公司5%以上股权的股东、实际控制人:

(一)因故意犯罪被判处刑罚,刑罚执行完毕未逾3年;

(二)净资产低于实收资本的50%,或者或有负债达到净资产的50%;

(三)不能清偿到期债务;

(四)国务院证券监督管理机构认定的其他情形。

证券公司的其他股东应当符合国务院证券监督管理机构的相关要求。

第十一条 证券公司应当有3名以上在证券业担任高级管理人员满2年的高级管理人员。

第十二条 证券公司设立时,其业务范围应当与其财务状况、内部控制制度、合规制度和人力资源状况相适应;证券公司在经营过程中,经其申请,国务院证券监督管理机构可以根据其财务状况、内部控制水平、合规程度、高级管理人员业务管理能力、专业人员数量,对其业务范围进行调整。

第十三条 证券公司增加注册资本且股权结构发生重大调整,减少注册资本,变更业务范围或者公司章程中的重要条款,合并、分立,设立、收购或者撤销境内分支机构,在境外设立、收购、参股证券经营机构,应当经国务院证券监督管理机构批准。

前款所称公司章程中的重要条款,是指规定下列事项的条款:

(一)证券公司的名称、住所;

(二)证券公司的组织机构及其产生办法、职权、议事规则;

(三)证券公司对外投资、对外提供担保的类型、金额和内部审批程序;

(四)证券公司的解散事由与清算办法;

(五)国务院证券监督管理机构要求证券公司章程规定的其他事项。

本条第一款所称证券公司分支机构,是指从事业务经营活动的分公司、证券营业部等证券公司下属的非法人单位。

第十四条 任何单位或者个人有下列情形之一的,应当事先告知证券公司,由证券公司报国务院证券监督管理机构批准:

(一)认购或者受让证券公司的股权后,其持股比例达到证券公司注册资本的5%;

(二)以持有证券公司股东的股权或者其他方式,实际控制证券公司5%以上的股权。

未经国务院证券监督管理机构批准,任何单位或者个人不得委托他人或者接受他人委托持有或者管理证券公司的股权。证券公司的股东不得违反国家规定,约定不按照出资比例行使表决权。

第十五条 证券公司合并、分立的,涉及客户权益的重大资产转让应当经具有证券相关业务资格的资产评估机构评估。

证券公司停业、解散或者破产的,应当经国务院证券监督管理机构批准,并按照有关规定安置客户、处理未了结的业务。

第十六条 国务院证券监督管理机构应当对下列申请进行审查,并在下列期限内,作出批准或者不予批准的书面决定:

(一)对在境内设立证券公司或者在境外设立、收购或者参股证券经营机构的申请,自受理之日起6个月;

(二)对增加注册资本且股权结构发生重大调整,减少注册资本,合并、分立或者要求审查股东、实际控制人资格的申请,自受理之日起3个月;

(三)对变更业务范围、公司章程中的重要条款或者要求审查高级管理人员任职资格的申请,自受理之日起45个工作日;

(四)对设立、收购、撤销境内分支机构,或者停业、解散、破产的申请,自受理之日起30个工作日;

(五)对要求审查董事、监事任职资格的申请,自受理之日起20个工作日。

国务院证券监督管理机构审批证券公司及其分支机构的设立申请，应当考虑证券市场发展和公平竞争的需要。

第十七条 公司登记机关应当依照法律、行政法规的规定，凭国务院证券监督管理机构的批准文件，办理证券公司及其境内分支机构的设立、变更、注销登记。

证券公司在取得公司登记机关颁发或者换发的证券公司或者境内分支机构的营业执照后，应当向国务院证券监督管理机构申请颁发或者换发经营证券业务许可证。经营证券业务许可证应当载明证券公司或者境内分支机构的证券业务范围。

未取得经营证券业务许可证，证券公司及其境内分支机构不得经营证券业务。

证券公司停止全部证券业务、解散、破产或者撤销境内分支机构的，应当在国务院证券监督管理机构指定的报刊上公告，并按照规定将经营证券业务许可证交国务院证券监督管理机构注销。

第三章 组织机构

第十八条 证券公司应当依照《公司法》、《证券法》和本条例的规定，建立健全组织机构，明确决策、执行、监督机构的职权。

第十九条 证券公司可以设独立董事。证券公司的独立董事，不得在本证券公司担任董事会外的职务，不得与本证券公司存在可能妨碍其做出独立、客观判断的关系。

第二十条 证券公司经营证券经纪业务、证券资产管理业务、融资融券业务和证券承销与保荐业务中两种以上业务的，其董事会应当设薪酬与提名委员会、审计委员会和风险控制委员会，行使公司章程规定的职权。

证券公司董事会设薪酬与提名委员会、审计委员会的，委员会负责人由独立董事担任。

第二十一条 证券公司设董事会秘书，负责股东会和董事会会议的筹备、文件的保管以及股东资料的管理，按照规定或者根据国务院证券监督管理机构、股东等有关单位或者个人的要求，依法提供有关资料，办理信息报送或者信息披露事项。董事会秘书为证券公司高级管理人员。

第二十二条 证券公司设立行使证券公司经营管理职权的机构，应当在公司章程中明确其名称、组成、职责和议事规则，该机构的成员为证券公司高级管理人员。

第二十三条 证券公司设合规负责人，对证券公司经营管理行为的合法合规性进行审查、监督或者检查。合规负责人为证券公司高级管理人员，由董事会决定聘任，并应当经国务院证券监督管理机构认可。合规负责人不得在证券公司兼任负责经营管理的职务。

合规负责人发现违法违规行为，应当向公司章程规定的机构报告，同时按照规定向国务院证券监督管理机构或者有关自律组织报告。

证券公司解聘合规负责人，应当有正当理由，并自解聘之日起3个工作日内将解聘的事实和理由书面报告国务院证券监督管理机构。

第二十四条 证券公司的董事、监事、高级管理人员应当在任职前取得经国务院证券监督管理机构核准的任职资格。

证券公司不得聘任、选任未取得任职资格的人员担任前款规定的职务；已经聘任、选任的，有关聘任、选任的决议、决定无效。

第二十五条 证券公司的法定代表人或者高级管理人员离任的，证券公司应当对其进行审计，并自其离任之日起2个月内将审计报告报送国务院证券监督管理机构；证券公司的法定代表人或者经营管理的主要负责人离任的，应当聘请具有证券、期货相关业务资格的会计师事务所对其进行审计。

前款规定的审计报告未报送国务院证券监督管理机构的，离任人员不得在其他证券公司任职。

第四章 业务规则与风险控制

第一节 一般规定

第二十六条 证券公司及其境内分支机构从事《证券法》第一百二十五条规定的证券业务，应当遵守《证券法》和本条例的规定。

证券公司及其境内分支机构经营的业务应当经国务院证券监督管理机构批准，不得经营未经批准的业务。

2个以上的证券公司受同一单位、个人控制或者相互之间存在控制关系的，不得经营相同的证券业务，但国务院证券监督管理机构另有规定的除外。

第二十七条 证券公司应当按照审慎经营的

原则,建立健全风险管理与内部控制制度,防范和控制风险。

证券公司应当对分支机构实行集中统一管理,不得与他人合资、合作经营管理分支机构,也不得将分支机构承包、租赁或者委托给他人经营管理。

第二十八条 证券公司受证券登记结算机构委托,为客户开立证券账户,应当按照证券账户管理规则,对客户申报的姓名或者名称、身份的真实性进行审查。同一客户开立的资金账户和证券账户的姓名或者名称应当一致。

证券公司为证券资产管理客户开立的证券账户,应当自开户之日起3个交易日内报证券交易所备案。

证券公司不得将客户的资金账户、证券账户提供给他人使用。

第二十九条 证券公司从事证券资产管理业务、融资融券业务,销售证券类金融产品,应当按照规定程序,了解客户的身份、财产与收入状况、证券投资经验和风险偏好,并以书面和电子方式予以记载、保存。证券公司应当根据所了解的客户情况推荐适当的产品或者服务。具体规则由中国证券业协会制定。

第三十条 证券公司与客户签订证券交易委托、证券资产管理、融资融券等业务合同,应当事先指定专人向客户讲解有关业务规则和合同内容,并将风险揭示书交由客户签字确认。业务合同的必备条款和风险揭示书的标准格式,由中国证券业协会制定,并报国务院证券监督管理机构备案。

第三十一条 证券公司从事证券资产管理业务、融资融券业务,应当按照规定编制对账单,按月寄送客户。证券公司与客户对对账单送交时间或者方式另有约定的,从其约定。

第三十二条 证券公司应当建立信息查询制度,保证客户在证券公司营业时间内能够随时查询其委托记录、交易记录、证券和资金余额,以及证券公司业务经办人员和证券经纪人的姓名、执业证书、证券经纪人证书编号等信息。

客户认为有关信息记录与实际情况不符的,可以向证券公司或者国务院证券监督管理机构投诉。证券公司应当指定专门部门负责处理客户投诉。国务院证券监督管理机构应当根据客户的投诉,采取相应措施。

第三十三条 证券公司不得违反规定委托其他单位或者个人进行客户招揽、客户服务、产品销售活动。

第三十四条 证券公司向客户提供投资建议,不得对证券价格的涨跌或者市场走势做出确定性的判断。

证券公司及其从业人员不得利用向客户提供投资建议而谋取不正当利益。

第三十五条 证券公司应当建立并实施有效的管理制度,防范其从业人员直接或者以化名、他人名义持有、买卖股票,收受他人赠送的股票。

第三十六条 证券公司应当按照规定提取一般风险准备金,用于弥补经营亏损。

第二节 证券经纪业务

第三十七条 证券公司从事证券经纪业务,应当对客户账户内的资金、证券是否充足进行审查。客户资金账户内的资金不足的,不得接受其买入委托;客户证券账户内的证券不足的,不得接受其卖出委托。

第三十八条 证券公司从事证券经纪业务,可以委托证券公司以外的人员作为证券经纪人,代理其进行客户招揽、客户服务等活动。证券经纪人应当具有证券从业资格。

证券公司应当与接受委托的证券经纪人签订委托合同,颁发证券经纪人证书,明确对证券经纪人的授权范围,并对证券经纪人的执业行为进行监督。

证券经纪人应当在证券公司的授权范围内从事业务,并应当向客户出示证券经纪人证书。

第三十九条 证券经纪人应当遵守证券公司从业人员的管理规定,其在证券公司授权范围内的行为,由证券公司依法承担相应的法律责任;超出授权范围的行为,证券经纪人应当依法承担相应的法律责任。

证券经纪人只能接受一家证券公司的委托,进行客户招揽、客户服务等活动。

证券经纪人不得为客户办理证券认购、交易等事项。

第四十条 证券公司向客户收取证券交易费用,应当符合国家有关规定,并将收费项目、收费标准在营业场所的显著位置予以公示。

第三节　证券自营业务

第四十一条　证券公司从事证券自营业务，限于买卖依法公开发行的股票、债券、权证、证券投资基金或者国务院证券监督管理机构认可的其他证券。

第四十二条　证券公司从事证券自营业务，应当使用实名证券自营账户。

证券公司的证券自营账户，应当自开户之日起3个交易日内报证券交易所备案。

第四十三条　证券公司从事证券自营业务，不得有下列行为：

（一）违反规定购买本证券公司控股股东或者与本证券公司有其他重大利害关系的发行人发行的证券；

（二）违反规定委托他人代为买卖证券；

（三）利用内幕信息买卖证券或者操纵证券市场；

（四）法律、行政法规或者国务院证券监督管理机构禁止的其他行为。

第四十四条　证券公司从事证券自营业务，自营证券总值与公司净资本的比例、持有一种证券的价值与公司净资本的比例、持有一种证券的数量与该证券发行总量的比例等风险控制指标，应当符合国务院证券监督管理机构的规定。

第四节　证券资产管理业务

第四十五条　证券公司可以依照《证券法》和本条例的规定，从事接受客户的委托、使用客户资产进行投资的证券资产管理业务。投资所产生的收益由客户享有，损失由客户承担，证券公司可以按照约定收取管理费用。

证券公司从事证券资产管理业务，应当与客户签订证券资产管理合同，约定投资范围、投资比例、管理期限及管理费用等事项。

第四十六条　证券公司从事证券资产管理业务，不得有下列行为：

（一）向客户做出保证其资产本金不受损失或者保证其取得最低收益的承诺；

（二）接受一个客户的单笔委托资产价值，低于国务院证券监督管理机构规定的最低限额；

（三）使用客户资产进行不必要的证券交易；

（四）在证券自营账户与证券资产管理账户之间或者不同的证券资产管理账户之间进行交易，且无充分证据证明已依法实现有效隔离；

（五）法律、行政法规或者国务院证券监督管理机构禁止的其他行为。

第四十七条　证券公司使用多个客户的资产进行集合投资，应当符合法律、行政法规和国务院证券监督管理机构的有关规定。

第五节　融资融券业务

第四十八条　本条例所称融资融券业务，是指在证券交易所或者国务院批准的其他证券交易场所进行的证券交易中，证券公司向客户出借资金供其买入证券或者出借证券供其卖出，并由客户交存相应担保物的经营活动。

第四十九条　证券公司经营融资融券业务，应当具备下列条件：

（一）证券公司治理结构健全，内部控制有效；

（二）风险控制指标符合规定，财务状况、合规状况良好；

（三）有经营融资融券业务所需的专业人员、技术条件、资金和证券；

（四）有完善的融资融券业务管理制度和实施方案；

（五）国务院证券监督管理机构规定的其他条件。

第五十条　证券公司从事融资融券业务，应当与客户签订融资融券合同，并按照国务院证券监督管理机构的规定，以证券公司的名义在证券登记结算机构开立客户证券担保账户，在指定商业银行开立客户资金担保账户。客户资金担保账户内的资金应当参照本条例第五十七条的规定进行管理。

在以证券公司名义开立的客户证券担保账户和客户资金担保账户内，应当为每一客户单独开立授信账户。

第五十一条　证券公司向客户融资，应当使用自有资金或者依法筹集的资金；向客户融券，应当使用自有证券或者依法取得处分权的证券。

第五十二条　证券公司向客户融资融券时，客户应当交存一定比例的保证金。保证金可以用证券充抵。

客户交存的保证金以及通过融资融券交易买入的全部证券和卖出证券所得的全部资金，均为对证券公司的担保物，应当存入证券公司客户证券担保账户或者客户资金担保账户并记入该客户授信账户。

第五十三条 客户证券担保账户内的证券和客户资金担保账户内的资金为信托财产。证券公司不得违背受托义务侵占客户担保账户内的证券或者资金。除本条例第五十四条规定的情形或者证券公司和客户依法另有约定的情形外，证券公司不得动用客户担保账户内的证券或者资金。

第五十四条 证券公司应当逐日计算客户担保物价值与其债务的比例。当该比例低于规定的最低维持担保比例时，证券公司应当通知客户在一定的期限内补交差额。客户未能按期交足差额，或者到期未偿还融资融券债务的，证券公司应当立即按照约定处分其担保物。

第五十五条 客户依照本条例第五十二条第一款规定交存保证金的比例，由国务院证券监督管理机构授权的单位规定。

证券公司可以向客户融出的证券和融出资金可以买入证券的种类，可充抵保证金的有价证券的种类和折算率，融资融券的期限，最低维持担保比例和补交差额的期限，由证券交易所规定。

本条第一款、第二款规定由被授权单位或者证券交易所做出的相关规定，应当向国务院证券监督管理机构备案，且不得违反国家货币政策。

第五十六条 证券公司从事融资融券业务，自有资金或者证券不足的，可以向证券金融公司借入。证券金融公司的设立和解散由国务院决定。

第五章 客户资产的保护

第五十七条 证券公司从事证券经纪业务，其客户的交易结算资金应当存放在指定商业银行，以每个客户的名义单独立户管理。

指定商业银行应当与证券公司及其客户签订客户的交易结算资金存管合同，约定客户的交易结算资金存取、划转、查询等事项，并按照证券交易净额结算、货银对付的要求，为证券公司开立客户的交易结算资金汇总账户。

客户的交易结算资金的存取，应当通过指定商业银行办理。指定商业银行应当保证客户能够随时查询客户的交易结算资金的余额及变动情况。

指定商业银行的名单，由国务院证券监督管理机构会同国务院银行业监督管理机构确定并公告。

第五十八条 证券公司从事证券资产管理业务，应当将客户的委托资产交由本条例第五十七条第四款规定的指定商业银行或者国务院证券监督管理机构认可的其他资产托管机构托管。

资产托管机构应当按照国务院证券监督管理机构的规定和证券资产管理合同的约定，履行安全保管客户的委托资产、办理资金收付事项、监督证券公司投资行为等职责。

第五十九条 客户的交易结算资金、证券资产管理客户的委托资产属于客户，应当与证券公司、指定商业银行、资产托管机构的自有资产相互独立、分别管理。非因客户本身的债务或者法律规定的其他情形，任何单位或者个人不得对客户的交易结算资金、委托资产申请查封、冻结或者强制执行。

第六十条 除下列情形外，不得动用客户的交易结算资金或者委托资金：

（一）客户进行证券的申购、证券交易的结算或者客户提款；

（二）客户支付与证券交易有关的佣金、费用或者税款；

（三）法律规定的其他情形。

第六十一条 证券公司不得以证券经纪客户或者证券资产管理客户的资产向他人提供融资或者担保。任何单位或者个人不得强令、指使、协助、接受证券公司以其证券经纪客户或者证券资产管理客户的资产提供融资或者担保。

第六十二条 指定商业银行、资产托管机构和证券登记结算机构应当对存放在本机构的客户的交易结算资金、委托资金和客户担保账户内的资金、证券的动用情况进行监督，并按照规定定期向国务院证券监督管理机构报送客户的交易结算资金、委托资金和客户担保账户内的资金、证券的存管或者动用情况的有关数据。

指定商业银行、资产托管机构和证券登记结算机构对超出本条例第五十三条、第五十四条、第六十条规定的范围，动用客户的交易结算资金、委托资金和客户担保账户内的资金、证券的申请、指令，应当拒绝；发现客户的交易结算资金、委托资金和客户担保账户内的资金、证券被违法动用或者有其他异常情况的，应当立即向国务院证券监督管理机构报告，并抄报有关监督管理机构。

第六章 监督管理措施

第六十三条 证券公司应当自每一会计年度结束之日起4个月内，向国务院证券监督管理机构报送年度报告；自每月结束之日起7个工作日内，报送月度报告。

发生影响或者可能影响证券公司经营管理、财务状况、风险控制指标或者客户资产安全的重大事件的，证券公司应当立即向国务院证券监督管理机构报送临时报告，说明事件的起因、目前的状态、可能产生的后果和拟采取的相应措施。

第六十四条 证券公司年度报告中的财务会计报告、风险控制指标报告以及国务院证券监督管理机构规定的其他专项报告，应当经具有证券、期货相关业务资格的会计师事务所审计。证券公司年度报告应当附有该会计师事务所出具的内部控制评审报告。

证券公司的董事、高级管理人员应当对证券公司年度报告签署确认意见；经营管理的主要负责人和财务负责人应当对月度报告签署确认意见。在证券公司年度报告、月度报告上签字的人员，应当保证报告的内容真实、准确、完整；对报告内容持有异议的，应当注明自己的意见和理由。

第六十五条 对证券公司报送的年度报告、月度报告，国务院证券监督管理机构应当指定专人进行审核，并制作审核报告。审核人员应当在审核报告上签字。审核中发现问题的，国务院证券监督管理机构应当及时采取相应措施。

国务院证券监督管理机构应当对有关机构报送的客户的交易结算资金、委托资金和客户担保账户内的资金、证券的有关数据进行比对、核查，及时发现资金或者证券被违法动用的情况。

第六十六条 证券公司应当依法向社会公开披露其基本情况、参股及控股情况、负债及或有负债情况、经营管理状况、财务收支状况、高级管理人员薪酬和其他有关信息。具体办法由国务院证券监督管理机构制定。

第六十七条 国务院证券监督管理机构可以要求下列单位或者个人，在指定的期限内提供与证券公司经营管理和财务状况有关的资料、信息：

（一）证券公司及其董事、监事、工作人员；

（二）证券公司的股东、实际控制人；

（三）证券公司控股或者实际控制的企业；

（四）证券公司的开户银行、指定商业银行、资产托管机构、证券交易所、证券登记结算机构；

（五）为证券公司提供服务的证券服务机构。

第六十八条 国务院证券监督管理机构有权采取下列措施，对证券公司的业务活动、财务状况、经营管理情况进行检查：

（一）询问证券公司的董事、监事、工作人员，要求其对有关检查事项做出说明；

（二）进入证券公司的办公场所或者营业场所进行检查；

（三）查阅、复制与检查事项有关的文件、资料，对可能被转移、隐匿或者毁损的文件、资料、电子设备予以封存；

（四）检查证券公司的计算机信息管理系统，复制有关数据资料。

国务院证券监督管理机构为查清证券公司的业务情况、财务状况，经国务院证券监督管理机构负责人批准，可以查询证券公司及与证券公司有控股或者实际控制关系企业的银行账户。

第六十九条 证券公司以及有关单位和个人披露、报送或者提供的资料、信息应当真实、准确、完整，不得有虚假记载、误导性陈述或者重大遗漏。

第七十条 国务院证券监督管理机构对治理结构不健全、内部控制不完善、经营管理混乱、设立账外账或者进行账外经营、拒不执行监督管理决定、违法违规的证券公司，应当责令其限期改正，并可以采取下列措施：

（一）责令增加内部合规检查的次数并提交合规检查报告；

（二）对证券公司及其有关董事、监事、高级管理人员、境内分支机构负责人给予谴责；

（三）责令处分有关责任人员，并报告结果；

（四）责令更换董事、监事、高级管理人员或者限制其权利；

（五）对证券公司进行临时接管，并进行全面核查；

（六）责令暂停证券公司或者其境内分支机构的部分或者全部业务、限期撤销境内分支机构。

证券公司被暂停业务、限期撤销境内分支机构的，应当按照有关规定安置客户、处理未了结的业务。

对证券公司的违法违规行为，合规负责人已经依法履行制止和报告职责的，免除责任。

第七十一条 任何单位或者个人未经批准，持有或者实际控制证券公司5%以上股权的，国务院证券监督管理机构应当责令其限期改正；改正前，相应股权不具有表决权。

第七十二条 任何人未取得任职资格，实际行使证券公司董事、监事、高级管理人员或者境内分支机构负责人职权的，国务院证券监督管理机构应当责令其停止行使职权，予以公告，并可以按照规定对其采取证券市场禁入的措施。

第七十三条 证券公司董事、监事、高级管理人员或者境内分支机构负责人不再具备任职资格条件的，证券公司应当解除其职务并向国务院证券监督管理机构报告；证券公司未解除其职务的，国务院证券监督管理机构应当责令其解除。

第七十四条 证券公司聘请或者解聘会计师事务所的，应当自做出决定之日起3个工作日内报国务院证券监督管理机构备案；解聘会计师事务所的，应当说明理由。

第七十五条 会计师事务所对证券公司或者其有关人员进行审计，可以查阅、复制与审计事项有关的客户信息或者证券公司的其他有关文件、资料，并可以调取证券公司计算机信息管理系统内的有关数据资料。

会计师事务所应当对所知悉的信息保密。法律、行政法规另有规定的除外。

第七十六条 证券交易所应当对证券公司证券自营账户和证券资产管理账户的交易行为进行实时监控；发现异常情况的，应当及时按照交易规则和会员管理规则处理，并向国务院证券监督管理机构报告。

第七章　法律责任

第七十七条 证券公司有下列情形之一的，依照《证券法》第一百九十八条的规定处罚：

（一）聘任不具有任职资格的人员担任境内分支机构的负责人；

（二）未按照国务院证券监督管理机构依法做出的决定，解除不再具备任职资格条件的董事、监事、高级管理人员、境内分支机构负责人的职务。

第七十八条 证券公司从事证券经纪业务，客户资金不足而接受其买入委托，或者客户证券不足而接受其卖出委托的，依照《证券法》第二百零五条的规定处罚。

第七十九条 证券公司将客户的资金账户、证券账户提供给他人使用的，依照《证券法》第二百零八条的规定处罚。

第八十条 证券公司诱使客户进行不必要的证券交易，或者从事证券资产管理业务时，使用客户资产进行不必要的证券交易的，依照《证券法》第二百一十条的规定处罚。

第八十一条 证券公司或者其境内分支机构超出国务院证券监督管理机构批准的范围经营业务的，依照《证券法》第二百一十九条的规定处罚。

第八十二条 证券公司在证券自营账户与证券资产管理账户之间或者不同的证券资产管理账户之间进行交易，且无充分证据证明已依法实现有效隔离的，依照《证券法》第二百二十条的规定处罚。

第八十三条 证券公司违反本条例的规定，有下列情形之一的，责令改正，给予警告，没收违法所得，并处以违法所得1倍以上5倍以下的罚款；没有违法所得或者违法所得不足10万元的，处以10万元以上30万元以下的罚款；情节严重的，暂停或者撤销其相关证券业务许可。对直接负责的主管人员和其他直接责任人员，给予警告，并处以3万元以上10万元以下的罚款；情节严重的，撤销任职资格或者证券从业资格：

（一）违反规定委托其他单位或者个人进行客户招揽、客户服务或者产品销售活动；

（二）向客户提供投资建议，对证券价格的涨跌或者市场走势做出确定性的判断；

（三）违反规定委托他人代为买卖证券；

（四）从事证券自营业务、证券资产管理业务，投资范围或者投资比例违反规定；

（五）从事证券资产管理业务，接受一个客户的单笔委托资产价值低于规定的最低限额。

第八十四条 证券公司违反本条例的规定，有下列情形之一的，责令改正，给予警告，没收违法所得，并处以违法所得1倍以上5倍以下的罚款；没有违法所得或者违法所得不足3万元的，处以3万元以上30万元以下的罚款。对直接负责的主管人员和其他直接责任人员单处或者并处警告、3万元以上10万元以下的罚款；情节严重的，撤销任职资格或者证券从业资格：

（一）未按照规定对离任的法定代表人或者高级管理人员进行审计，并报送审计报告；

（二）与他人合资、合作经营管理分支机构，或者将分支机构承包、租赁或者委托给他人经营管理；

（三）未按照规定将证券自营账户或者证券资产管理客户的证券账户报证券交易所备案；

（四）未按照规定程序了解客户的身份、财产与收入状况、证券投资经验和风险偏好；

（五）推荐的产品或者服务与所了解的客户情况不相适应；

（六）未按照规定指定专人向客户讲解有关业务规则和合同内容，并以书面方式向其揭示投资风险；

（七）未按照规定与客户签订业务合同，或者未在与客户签订的业务合同中载入规定的必备条款；

（八）未按照规定编制并向客户送交对账单，或者未按照规定建立并有效执行信息查询制度；

（九）未按照规定指定专门部门处理客户投诉；

（十）未按照规定提取一般风险准备金；

（十一）未按照规定存放、管理客户的交易结算资金、委托资金和客户担保账户内的资金、证券；

（十二）聘请、解聘会计师事务所，未按照规定向国务院证券监督管理机构备案，解聘会计师事务所未说明理由。

第八十五条 证券公司未按照规定为客户开立账户的，责令改正；情节严重的，处以20万元以上50万元以下的罚款，并对直接负责的董事、高级管理人员和其他直接责任人员，处以1万元以上5万元以下的罚款。

第八十六条 违反本条例的规定，有下列情形之一的，责令改正，给予警告，没收违法所得，并处以违法所得1倍以上5倍以下的罚款；没有违法所得或者违法所得不足10万元的，处以10万元以上60万元以下的罚款；情节严重的，撤销相关业务许可。对直接负责的主管人员和其他直接责任人员给予警告，撤销任职资格或者证券从业资格，并处以3万元以上30万元以下的罚款：

（一）未经批准，委托他人或者接受他人委托持有或者管理证券公司的股权，或者认购、受让或者实际控制证券公司的股权；

（二）证券公司股东、实际控制人强令、指使、协助、接受证券公司以证券经纪客户或者证券资产管理客户的资产提供融资或者担保；

（三）证券公司、资产托管机构、证券登记结算机构违反规定动用客户的交易结算资金、委托资金和客户担保账户内的资金、证券；

（四）资产托管机构、证券登记结算机构对违反规定动用委托资金和客户担保账户内的资金、证券的申请、指令予以同意、执行；

（五）资产托管机构、证券登记结算机构发现委托资金和客户担保账户内的资金、证券被违法动用而未向国务院证券监督管理机构报告。

第八十七条 指定商业银行有下列情形之一的，由国务院证券监督管理机构责令改正，给予警告，没收违法所得，并处以违法所得1倍以上5倍以下的罚款；没有违法所得或者违法所得不足10万元的，处以10万元以上60万元以下的罚款。对直接负责的主管人员和其他直接责任人员给予警告，并处以3万元以上30万元以下的罚款：

（一）违反规定动用客户的交易结算资金；

（二）对违反规定动用客户的交易结算资金的申请、指令予以同意或者执行；

（三）发现客户的交易结算资金被违法动用而未向国务院证券监督管理机构报告。

指定商业银行有前款规定的行为，情节严重的，由国务院证券监督管理机构会同国务院银行业监督管理机构责令其暂停或者终止客户的交易结算资金存管业务；对直接负责的主管人员和其他直接责任人员，国务院证券监督管理机构可以建议国务院银行业监督管理机构依法处罚。

第八十八条 违反本条例的规定，有下列情形之一的，责令改正，给予警告，并处以3万元以上20万元以下的罚款；对直接负责的主管人员和其他直接责任人员，给予警告，可以处以3万元以下的罚款：

（一）证券公司未按照本条例第六十六条的规定公开披露信息，或者公开披露的信息中有虚假记载、误导性陈述或者重大遗漏；

（二）证券公司控股或者实际控制的企业、资产托管机构、证券服务机构未按照规定向国务院证券监督管理机构报送、提供有关信息、资料，或者报送、提供的信息、资料中有虚假记载、误导性陈述或者重大遗漏。

第八十九条 违反本条例的规定，有下列情形之一的，责令改正，给予警告，没收违法所得，并处以违法所得等值罚款；没有违法所得或者违法所得不足3万元的，处以3万元以下的罚款；情节严重的，撤销任职资格或者证券从业资格：

（一）合规负责人未按照规定向国务院证券监督管理机构或者有关自律组织报告违法违规行为；

（二）证券经纪人从事业务未向客户出示证券经纪人证书；

（三）证券经纪人同时接受多家证券公司的委托，进行客户招揽、客户服务等活动；

（四）证券经纪人接受客户的委托，为客户办理证券认购、交易等事项。

第九十条 证券公司违反规定收取费用的，由有关主管部门依法给予处罚。

第八章 附 则

第九十一条 证券公司经营证券业务不符合本条例第二十六条第三款规定的，应当在国务院证券监督管理机构规定的期限内达到规定要求。

第九十二条 证券公司客户的交易结算资金存管方式不符合本条例第五十七条规定的，国务院证券监督管理机构应当责令其限期调整。

证券公司客户的交易结算资金存管方式，应当自本条例实施之日起1年内达到规定要求。

第九十三条 证券公司可以向股东或者其他单位借入偿还顺序在普通债务之后的债，具体管理办法由国务院证券监督管理机构制定。

第九十四条 外商投资证券公司的业务范围、境外股东的资格条件和出资比例，由国务院证券监督管理机构规定，报国务院批准。

第九十五条 境外证券经营机构在境内经营证券业务或者设立代表机构，应当经国务院证券监督管理机构批准。具体办法由国务院证券监督管理机构制定，报国务院批准。

第九十六条 本条例所称证券登记结算机构，是指《证券法》第一百五十五条规定的证券登记结算机构。

第九十七条 本条例自2008年6月1日起施行。

证券公司风险处置条例

- 2008年4月23日中华人民共和国国务院令第523号公布
- 根据2016年2月6日《国务院关于修改部分行政法规的决定》第一次修订
- 根据2023年7月20日《国务院关于修改和废止部分行政法规的决定》第二次修订

第一章 总 则

第一条 为了控制和化解证券公司风险，保护投资者合法权益和社会公共利益，保障证券业健康发展，根据《中华人民共和国证券法》（以下简称《证券法》）、《中华人民共和国企业破产法》（以下简称《企业破产法》），制定本条例。

第二条 国务院证券监督管理机构依法对处置证券公司风险工作进行组织、协调和监督。

第三条 国务院证券监督管理机构应当会同中国人民银行、国务院财政部门、国务院公安部门、国务院其他金融监督管理机构以及省级人民政府建立处置证券公司风险的协调配合与快速反应机制。

第四条 处置证券公司风险过程中，有关地方人民政府应当采取有效措施维护社会稳定。

第五条 处置证券公司风险过程中，应当保障证券经纪业务正常进行。

第二章 停业整顿、托管、接管、行政重组

第六条 国务院证券监督管理机构发现证券公司存在重大风险隐患，可以派出风险监控现场工作组对证券公司进行专项检查，对证券公司划拨资金、处置资产、调配人员、使用印章、订立以及履行合同等经营、管理活动进行监控，并及时向有关地方人民政府通报情况。

第七条 证券公司风险控制指标不符合有关规定，在规定期限内未能完成整改的，国务院证券监督管理机构可以责令证券公司停止部分或者全部业务进行整顿。停业整顿的期限不超过3个月。

证券经纪业务被责令停业整顿的，证券公司

在规定的期限内可以将其证券经纪业务委托给国务院证券监督管理机构认可的证券公司管理，或者将客户转移到其他证券公司。证券公司逾期未按照要求委托证券经纪业务或者未转移客户的，国务院证券监督管理机构应当将客户转移到其他证券公司。

第八条 证券公司有下列情形之一的，国务院证券监督管理机构可以对其证券经纪等涉及客户的业务进行托管；情节严重的，可以对该证券公司进行接管：

（一）治理混乱，管理失控；

（二）挪用客户资产并且不能自行弥补；

（三）在证券交易结算中多次发生交收违约或者交收违约数额较大；

（四）风险控制指标不符合规定，发生重大财务危机；

（五）其他可能影响证券公司持续经营的情形。

第九条 国务院证券监督管理机构决定对证券公司证券经纪等涉及客户的业务进行托管的，应当按照规定程序选择证券公司等专业机构成立托管组，行使被托管证券公司的证券经纪等涉及客户的业务的经营管理权。

托管组自托管之日起履行下列职责：

（一）保障证券公司证券经纪业务正常合规运行，必要时依照规定垫付营运资金和客户的交易结算资金；

（二）采取有效措施维护托管期间客户资产的安全；

（三）核查证券公司存在的风险，及时向国务院证券监督管理机构报告业务运行中出现的紧急情况，并提出解决方案；

（四）国务院证券监督管理机构要求履行的其他职责。

托管期限一般不超过12个月。满12个月，确需继续托管的，国务院证券监督管理机构可以决定延长托管期限，但延长托管期限最长不得超过12个月。

第十条 被托管证券公司应当承担托管费用和托管期间的营运费用。国务院证券监督管理机构应当对托管费用和托管期间的营运费用进行审核。

托管组不承担被托管证券公司的亏损。

第十一条 国务院证券监督管理机构决定对证券公司进行接管的，应当按照规定程序组织专业人员成立接管组，行使被接管证券公司的经营管理权，接管组负责人行使被接管证券公司法定代表人职权，被接管证券公司的股东会或者股东大会、董事会、监事会以及经理、副经理停止履行职责。

接管组自接管之日起履行下列职责：

（一）接管证券公司的财产、印章和账簿、文书等资料；

（二）决定证券公司的管理事务；

（三）保障证券公司证券经纪业务正常合规运行，完善内控制度；

（四）清查证券公司财产，依法保全、追收资产；

（五）控制证券公司风险，提出风险化解方案；

（六）核查证券公司有关人员的违法行为；

（七）国务院证券监督管理机构要求履行的其他职责。

接管期限一般不超过12个月。满12个月，确需继续接管的，国务院证券监督管理机构可以决定延长接管期限，但延长接管期限最长不得超过12个月。

第十二条 证券公司出现重大风险，但具备下列条件的，可以由国务院证券监督管理机构对其进行行政重组：

（一）财务信息真实、完整；

（二）省级人民政府或者有关方面予以支持；

（三）整改措施具体，有可行的重组计划。

被停业整顿、托管、接管的证券公司，具备前款规定条件的，也可以由国务院证券监督管理机构对其进行行政重组。

第十三条 证券公司进行行政重组，可以采取注资、股权重组、债务重组、资产重组、合并或者其他方式。

行政重组期限一般不超过12个月。满12个月，行政重组未完成的，国务院证券监督管理机构可以决定延长行政重组期限，但延长行政重组期限最长不得超过6个月。

国务院证券监督管理机构对证券公司的行政重组进行协调和指导。

第十四条 国务院证券监督管理机构对证券公司做出责令停业整顿、托管、接管、行政重组的处置决定,应当予以公告,并将公告张贴于被处置证券公司的营业场所。

处置决定包括被处置证券公司的名称、处置措施、事由以及范围等有关事项。

处置决定的公告日期为处置日,处置决定自公告之时生效。

第十五条 证券公司被责令停业整顿、托管、接管、行政重组的,其债权债务关系不因处置决定而变化。

第十六条 证券公司经停业整顿、托管、接管或者行政重组在规定期限内达到正常经营条件的,经国务院证券监督管理机构批准,可以恢复正常经营。

第十七条 证券公司经停业整顿、托管、接管或者行政重组在规定期限内仍达不到正常经营条件,但能够清偿到期债务的,国务院证券监督管理机构依法撤销其证券业务许可。

第十八条 被撤销证券业务许可的证券公司应当停止经营证券业务,按照客户自愿的原则将客户安置到其他证券公司,安置过程中相关各方应当采取必要措施保证客户证券交易的正常进行。

被撤销证券业务许可的证券公司有未安置客户等情形的,国务院证券监督管理机构可以比照本条例第三章的规定,成立行政清理组,清理账户、安置客户、转让证券类资产。

第三章 撤 销

第十九条 证券公司同时有下列情形的,国务院证券监督管理机构可以直接撤销该证券公司:

(一)违法经营情节特别严重、存在巨大经营风险;

(二)不能清偿到期债务,并且资产不足以清偿全部债务或者明显缺乏清偿能力;

(三)需要动用证券投资者保护基金。

第二十条 证券公司经停业整顿、托管、接管或者行政重组在规定期限内仍达不到正常经营条件,并且有本条例第十九条第(二)项或者第(三)项规定情形的,国务院证券监督管理机构应当撤销该证券公司。

第二十一条 国务院证券监督管理机构撤销证券公司,应当做出撤销决定,并按照规定程序选择律师事务所、会计师事务所等专业机构成立行政清理组,对该证券公司进行行政清理。

撤销决定应当予以公告,撤销决定的公告日期为处置日,撤销决定自公告之时生效。

本条例施行前,国务院证券监督管理机构已经对证券公司进行行政清理的,行政清理的公告日期为处置日。

第二十二条 行政清理期间,行政清理组负责人行使被撤销证券公司法定代表人职权。

行政清理组履行下列职责:

(一)管理证券公司的财产、印章和账簿、文书等资料;

(二)清理账户,核实资产负债有关情况,对符合国家规定的债权进行登记;

(三)协助甄别确认、收购符合国家规定的债权;

(四)协助证券投资者保护基金管理机构弥补客户的交易结算资金;

(五)按照客户自愿的原则安置客户;

(六)转让证券类资产;

(七)国务院证券监督管理机构要求履行的其他职责。

前款所称证券类资产,是指证券公司为维持证券经纪业务正常进行所必需的计算机信息管理系统、交易系统、通信网络系统、交易席位等资产。

第二十三条 被撤销证券公司的股东会或者股东大会、董事会、监事会以及经理、副经理停止履行职责。

行政清理期间,被撤销证券公司的股东不得自行组织清算,不得参与行政清理工作。

第二十四条 行政清理期间,被撤销证券公司的证券经纪等涉及客户的业务,由国务院证券监督管理机构按照规定程序选择证券公司等专业机构进行托管。

第二十五条 证券公司设立或者实际控制的关联公司,其资产、人员、财务或者业务与被撤销证券公司混合的,经国务院证券监督管理机构审查批准,纳入行政清理范围。

第二十六条 证券公司的债权债务关系不因其被撤销而变化。

自证券公司被撤销之日起,证券公司的债务停止计算利息。

第二十七条 行政清理组清理被撤销证券公

司账户的结果，应当经具有证券、期货相关业务资格的会计师事务所审计，并报国务院证券监督管理机构认定。

行政清理组根据经国务院证券监督管理机构认定的账户清理结果，向证券投资者保护基金管理机构申请弥补客户的交易结算资金的资金。

第二十八条 行政清理组应当自成立之日起10日内，将债权人需要登记的相关事项予以公告。

符合国家有关规定的债权人应当自公告之日起90日内，持相关证明材料向行政清理组申报债权，行政清理组按照规定登记。无正当理由逾期申报的，不予登记。

已登记债权经甄别确认符合国家收购规定的，行政清理组应当及时按照国家有关规定申请收购资金并协助收购；经甄别确认不符合国家收购规定的，行政清理组应当告知申报的债权人。

第二十九条 行政清理组应当在具备证券业务经营资格的机构中，采用招标、公开询价等公开方式转让证券类资产。证券类资产转让方案应当报国务院证券监督管理机构批准。

第三十条 行政清理组不得转让证券类资产以外的资产，但经国务院证券监督管理机构批准，易贬损并可能遭受损失的资产或者确为保护客户和债权人利益的其他情形除外。

第三十一条 行政清理组不得对债务进行个别清偿，但为保护客户和债权人利益的下列情形除外：

（一）因行政清理组请求对方当事人履行双方均未履行完毕的合同所产生的债务；

（二）为维持业务正常进行而应当支付的职工劳动报酬和社会保险费用等正常支出；

（三）行政清理组履行职责所产生的其他费用。

第三十二条 为保护债权人利益，经国务院证券监督管理机构批准，行政清理组可以向人民法院申请对处置前被采取查封、扣押、冻结等强制措施的证券类资产以及其他资产进行变现处置，变现后的资金应当予以冻结。

第三十三条 行政清理费用经国务院证券监督管理机构审核后，从被处置证券公司财产中随时清偿。

前款所称行政清理费用，是指行政清理组管理、转让证券公司财产所需的费用，行政清理组履行职务和聘用专业机构的费用等。

第三十四条 行政清理期限一般不超过12个月。满12个月，行政清理未完成的，国务院证券监督管理机构可以决定延长行政清理期限，但延长行政清理期限最长不得超过12个月。

第三十五条 行政清理期间，被处置证券公司免缴行政性收费和增值税、营业税等行政法规规定的税收。

第三十六条 证券公司被国务院证券监督管理机构依法责令关闭，需要进行行政清理的，比照本章的有关规定执行。

第四章 破产清算和重整

第三十七条 证券公司被依法撤销、关闭时，有《企业破产法》第二条规定情形的，行政清理工作完成后，国务院证券监督管理机构或者其委托的行政清理组依照《企业破产法》的有关规定，可以向人民法院申请对被撤销、关闭证券公司进行破产清算。

第三十八条 证券公司有《企业破产法》第二条规定情形的，国务院证券监督管理机构可以直接向人民法院申请对该证券公司进行重整。

证券公司或者其债权人依照《企业破产法》的有关规定，可以向人民法院提出对证券公司进行破产清算或者重整的申请，但应当依照《证券法》第一百二十二条的规定报经国务院证券监督管理机构批准。

第三十九条 对不需要动用证券投资者保护基金的证券公司，国务院证券监督管理机构应当在批准破产清算前撤销其证券业务许可。证券公司应当依照本条例第十八条的规定停止经营证券业务，安置客户。

对需要动用证券投资者保护基金的证券公司，国务院证券监督管理机构对该证券公司或者其债权人的破产清算申请不予批准，并依照本条例第三章的规定撤销该证券公司，进行行政清理。

第四十条 人民法院裁定受理证券公司重整或者破产清算申请的，国务院证券监督管理机构可以向人民法院推荐管理人人选。

第四十一条 证券公司进行破产清算的，行政清理时已登记的不符合国家收购规定的债权，管理人可以直接予以登记。

第四十二条 人民法院裁定证券公司重整

的，证券公司或者管理人应当同时向债权人会议、国务院证券监督管理机构和人民法院提交重整计划草案。

第四十三条 自债权人会议各表决组通过重整计划草案之日起10日内，证券公司或者管理人应当向人民法院提出批准重整计划的申请。重整计划涉及《证券法》第一百二十二条规定相关事项的，证券公司或者管理人应当同时向国务院证券监督管理机构提出批准相关事项的申请，国务院证券监督管理机构应当自收到申请之日起15日内做出批准或者不予批准的决定。

第四十四条 债权人会议部分表决组未通过重整计划草案，但重整计划草案符合《企业破产法》第八十七条第二款规定条件的，证券公司或者管理人可以申请人民法院批准重整计划草案。重整计划草案涉及《证券法》第一百二十二条规定相关事项的，证券公司或者管理人应当同时向国务院证券监督管理机构提出批准相关事项的申请，国务院证券监督管理机构应当自收到申请之日起15日内做出批准或者不予批准的决定。

第四十五条 经批准的重整计划由证券公司执行，管理人负责监督。监督期届满，管理人应当向人民法院和国务院证券监督管理机构提交监督报告。

第四十六条 重整计划的相关事项未获国务院证券监督管理机构批准，或者重整计划未获人民法院批准的，人民法院裁定终止重整程序，并宣告证券公司破产。

第四十七条 重整程序终止，人民法院宣告证券公司破产的，国务院证券监督管理机构应当对证券公司做出撤销决定，人民法院依照《企业破产法》的规定组织破产清算。涉及税收事项，依照《企业破产法》和《中华人民共和国税收征收管理法》的规定执行。

人民法院认为应当对证券公司进行行政清理的，国务院证券监督管理机构比照本条例第三章的规定成立行政清理组，负责清理账户，协助甄别确认、收购符合国家规定的债权，协助证券投资者保护基金管理机构弥补客户的交易结算资金，转让证券类资产等。

第五章 监督协调

第四十八条 国务院证券监督管理机构在处置证券公司风险工作中，履行下列职责：

（一）制订证券公司风险处置方案并组织实施；

（二）派驻风险处置现场工作组，对被处置证券公司、托管组、接管组、行政清理组、管理人以及参与风险处置的其他机构和人员进行监督和指导；

（三）协调证券交易所、证券登记结算机构、证券投资者保护基金管理机构，保障被处置证券公司证券经纪业务正常进行；

（四）对证券公司的违法行为立案稽查并予以处罚；

（五）及时向公安机关等通报涉嫌刑事犯罪的情况，按照有关规定移送涉嫌犯罪的案件；

（六）向有关地方人民政府通报证券公司风险状况以及影响社会稳定的情况；

（七）法律、行政法规要求履行的其他职责。

第四十九条 处置证券公司风险过程中，发现涉嫌犯罪的案件，属公安机关管辖的，应当由国务院公安部门统一组织依法查处。有关地方人民政府应当予以支持和配合。

风险处置现场工作组、行政清理组和管理人需要从公安机关扣押资料中查询、复制与其工作有关资料的，公安机关应当支持和配合。证券公司进入破产程序的，公安机关应当依法将冻结的涉案资产移送给受理破产案件的人民法院，并留存必需的相关证据材料。

第五十条 国务院证券监督管理机构依照本条例第二章、第三章对证券公司进行处置的，可以向人民法院提出申请中止以该证券公司以及其分支机构为被告、第三人或者被执行人的民事诉讼程序或者执行程序。

证券公司设立或者实际控制的关联公司，其资产、人员、财务或者业务与被处置证券公司混合的，国务院证券监督管理机构可以向人民法院提出申请中止以该关联公司为被告、第三人或者被执行人的民事诉讼程序或者执行程序。

采取前两款规定措施期间，除本条例第三十一条规定的情形外，不得对被处置证券公司债务进行个别清偿。

第五十一条 被处置证券公司或者其关联客户可能转移、隐匿违法资金、证券，或者证券公司违反本条例规定可能对债务进行个别清偿的，国务院证券监督管理机构可以禁止相关资金账户、证券账户的资金和证券转出。

第五十二条 被处置证券公司以及其分支机构所在地人民政府，应当按照国家有关规定配合证券公司风险处置工作，制订维护社会稳定的预案，排查、预防和化解不稳定因素，维护被处置证券公司正常的营业秩序。

被处置证券公司以及其分支机构所在地人民政府，应当组织相关单位的人员成立个人债权甄别确认小组，按照国家规定对已登记的个人债权进行甄别确认。

第五十三条 证券投资者保护基金管理机构应当按照国家规定，收购债权、弥补客户的交易结算资金。

证券投资者保护基金管理机构可以对证券投资者保护基金的使用情况进行检查。

第五十四条 被处置证券公司的股东、实际控制人、债权人以及与被处置证券公司有关的机构和人员，应当配合证券公司风险处置工作。

第五十五条 被处置证券公司的董事、监事、高级管理人员以及其他有关人员应当妥善保管其使用和管理的证券公司财产、印章和账簿、文书等资料以及其他物品，按照要求向托管组、接管组、行政清理组或者管理人移交，并配合风险处置现场工作组、托管组、接管组、行政清理组的调查工作。

第五十六条 托管组、接管组、行政清理组以及被责令停业整顿、托管和行政重组的证券公司，应当按照规定向国务院证券监督管理机构报告工作情况。

第五十七条 托管组、接管组、行政清理组以及其工作人员应当勤勉尽责，忠实履行职责。

被处置证券公司的股东以及债权人有证据证明托管组、接管组、行政清理组以及其工作人员未依法履行职责的，可以向国务院证券监督管理机构投诉。经调查核实，由国务院证券监督管理机构责令托管组、接管组、行政清理组以及其工作人员改正或者对其予以更换。

第五十八条 有下列情形之一的机构或者人员，禁止参与处置证券公司风险工作：

（一）曾受过刑事处罚或者涉嫌犯罪正在被立案侦查、起诉；

（二）涉嫌严重违法正在被行政管理部门立案稽查或者曾因严重违法行为受到行政处罚未逾3年；

（三）仍处于证券市场禁入期；

（四）内部控制薄弱、存在重大风险隐患；

（五）与被处置证券公司处置事项有利害关系；

（六）国务院证券监督管理机构认定不宜参与处置证券公司风险工作的其他情形。

第六章　法律责任

第五十九条 证券公司的董事、监事、高级管理人员等对该证券公司被处置负有主要责任，情节严重的，可以按照规定对其采取证券市场禁入的措施。

第六十条 被处置证券公司的董事、监事、高级管理人员等有关人员有下列情形之一的，处以其年收入1倍以上2倍以下的罚款；情节严重的，处以其年收入2倍以上5倍以下的罚款，并可以按照规定对其采取证券市场禁入的措施：

（一）拒绝配合现场工作组、托管组、接管组、行政清理组依法履行职责；

（二）拒绝向托管组、接管组、行政清理组移交财产、印章或者账簿、文书等资料；

（三）隐匿、销毁、伪造有关资料，或者故意提供虚假情况；

（四）隐匿财产，擅自转移、转让财产；

（五）妨碍证券公司正常经营管理秩序和业务运行，诱发不稳定因素；

（六）妨碍处置证券公司风险工作正常进行的其他情形。

证券公司控股股东或者实际控制人指使董事、监事、高级管理人员有前款规定的违法行为的，对控股股东、实际控制人依照前款规定从重处罚。

第七章　附　则

第六十一条 证券公司因分立、合并或者出现公司章程规定的解散事由需要解散的，应当向国务院证券监督管理机构提出解散申请，并附解散理由和转让证券类资产、了结证券业务、安置客户等方案，经国务院证券监督管理机构批准后依法解散并清算，清算过程接受国务院证券监督管理机构的监督。

第六十二条 期货公司风险处置参照本条例的规定执行。

第六十三条 本条例自公布之日起施行。

证券交易所风险基金管理暂行办法

·2000年1月31日国务院批准

·2000年4月4日中国证券监督管理委员会、财政部公布

·根据2011年1月8日《国务院关于废止和修改部分行政法规的决定》第一次修订

·根据2016年2月6日《国务院关于修改部分行政法规的决定》第二次修订

第一条 为保障证券交易系统的安全运转，妥善管理和使用证券交易所风险基金，根据《中华人民共和国证券法》的有关规定，制定本办法。

第二条 本办法所称证券交易所风险基金（以下简称“本基金”）是指用于弥补证券交易所重大经济损失，防范与证券交易所业务活动有关的重大风险事故，以保证证券交易活动正常进行而设立的专项基金。

第三条 本基金来源：

（一）按证券交易所收取交易经手费的20%提取，作为风险基金单独列账；

（二）按证券交易所收取席位年费的10%提取，作为风险基金单独列账；

（三）按证券交易所收取会员费10%的比例一次性提取，作为风险基金单独列账；

（四）按本办法施行之日新股申购冻结资金利差账面余额的15%，一次性提取；

（五）对违规会员的罚款、罚息收入。

第四条 每一个财政年度终了，本基金净资产达到或超过10亿元后，下一年度不再根据本办法第三条第（一）、（二）项提取资金。

第五条 每一个财政年度终了，本基金净资产不足10亿元，下一年度应按本办法第三条第（一）、（二）项规定继续提取资金。

第六条 中国证券监督管理委员会（以下简称“证监会”）会同财政部可以根据市场风险情况，适当调整本基金规模、资金提取和交纳方式、比例。

第七条 本基金由证券交易所理事会管理。理事会应当指定机构，负责本基金的日常管理和使用。

第八条 本基金应当以专户方式全部存入国有商业银行，存款利息全部转入基金专户。

第九条 本基金资产与证券交易所资产分开列账。本基金应当下设分类账，分别记录按本办法第三条各项所形成的本基金资产、利息收入及对应的资产本息使用情况。

第十条 本基金最低支付限额2000万元。

第十一条 按本办法第三条第（四）项所提取的资金，应当在该条其他项资金支付完毕后才能动用。

第十二条 证券交易所应当按照有关法律、法规的规定，建立和完善业务规则、内部管理制度及会员监管制度，最大限度地避免风险事故发生。

第十三条 动用本基金后，证券交易所应当向有关责任方追偿，追偿款转入本基金；同时，应及时修订和完善业务规则、内部管理制度及会员监管制度。

第十四条 经证监会批准，本基金作相应变更、清算时，由证监会会同财政部另行决定本基金剩余资产中应当上交财政和退还有关出资人的比例和数额。

第十五条 本基金的财务核算与管理办法由财政部制定。

第十六条 本办法由证监会负责解释。

第十七条 本办法自颁布之日起施行。

融资担保公司监督管理条例

·2017年8月2日中华人民共和国国务院令第683号公布

·自2017年10月1日起施行

第一章　总　则

第一条 为了支持普惠金融发展，促进资金融通，规范融资担保公司的行为，防范风险，制定本条例。

第二条 本条例所称融资担保，是指担保人为被担保人借款、发行债券等债务融资提供担保的行为；所称融资担保公司，是指依法设立、经营

融资担保业务的有限责任公司或者股份有限公司。

第三条 融资担保公司开展业务，应当遵守法律法规，审慎经营，诚实守信，不得损害国家利益、社会公共利益和他人合法权益。

第四条 省、自治区、直辖市人民政府确定的部门(以下称监督管理部门)负责对本地区融资担保公司的监督管理。

省、自治区、直辖市人民政府负责制定促进本地区融资担保行业发展的政策措施、处置融资担保公司风险，督促监督管理部门严格履行职责。

国务院建立融资性担保业务监管部际联席会议，负责拟订融资担保公司监督管理制度，协调解决融资担保公司监督管理中的重大问题，督促指导地方人民政府对融资担保公司进行监督管理和风险处置。融资性担保业务监管部际联席会议由国务院银行业监督管理机构牵头，国务院有关部门参加。

第五条 国家推动建立政府性融资担保体系，发展政府支持的融资担保公司，建立政府、银行业金融机构、融资担保公司合作机制，扩大为小微企业和农业、农村、农民提供融资担保业务的规模并保持较低的费率水平。

各级人民政府财政部门通过资本金投入、建立风险分担机制等方式，对主要为小微企业和农业、农村、农民服务的融资担保公司提供财政支持，具体办法由国务院财政部门制定。

第二章 设立、变更和终止

第六条 设立融资担保公司，应当经监督管理部门批准。

融资担保公司的名称中应当标明融资担保字样。

未经监督管理部门批准，任何单位和个人不得经营融资担保业务，任何单位不得在名称中使用融资担保字样。国家另有规定的除外。

第七条 设立融资担保公司，应当符合《中华人民共和国公司法》的规定，并具备下列条件：

(一)股东信誉良好，最近3年无重大违法违规记录；

(二)注册资本不低于人民币2000万元，且为实缴货币资本；

(三)拟任董事、监事、高级管理人员熟悉与融资担保业务相关的法律法规，具有履行职责所需的从业经验和管理能力；

(四)有健全的业务规范和风险控制等内部管理制度。

省、自治区、直辖市根据本地区经济发展水平和融资担保行业发展的实际情况，可以提高前款规定的注册资本最低限额。

第八条 申请设立融资担保公司，应当向监督管理部门提交申请书和证明其符合本条例第七条规定条件的材料。

监督管理部门应当自受理申请之日起30日内作出批准或者不予批准的决定。决定批准的，颁发融资担保业务经营许可证；不予批准的，书面通知申请人并说明理由。

经批准设立的融资担保公司由监督管理部门予以公告。

第九条 融资担保公司合并、分立或者减少注册资本，应当经监督管理部门批准。

融资担保公司在住所地所在省、自治区、直辖市范围内设立分支机构，变更名称，变更持有5%以上股权的股东或者变更董事、监事、高级管理人员，应当自分支机构设立之日起或者变更相关事项之日起30日内向监督管理部门备案；变更后的相关事项应当符合本条例第六条第二款、第七条的规定。

第十条 融资担保公司跨省、自治区、直辖市设立分支机构，应当具备下列条件，并经拟设分支机构所在地监督管理部门批准：

(一)注册资本不低于人民币10亿元；

(二)经营融资担保业务3年以上，且最近2个会计年度连续盈利；

(三)最近2年无重大违法违规记录。

拟设分支机构所在地监督管理部门审批的程序和期限，适用本条例第八条的规定。

融资担保公司应当自分支机构设立之日起30日内，将有关情况报告公司住所地监督管理部门。

融资担保公司跨省、自治区、直辖市设立的分支机构的日常监督管理，由分支机构所在地监督管理部门负责，融资担保公司住所地监督管理部门应当予以配合。

第十一条 融资担保公司解散的，应当依法成立清算组进行清算，并对未到期融资担保责任的承接作出明确安排。清算过程应当接受监督管理部门的监督。

融资担保公司解散或者被依法宣告破产的，应当将融资担保业务经营许可证交监督管理部门注销，并由监督管理部门予以公告。

第三章　经营规则

第十二条　除经营借款担保、发行债券担保等融资担保业务外，经营稳健、财务状况良好的融资担保公司还可以经营投标担保、工程履约担保、诉讼保全担保等非融资担保业务以及与担保业务有关的咨询等服务业务。

第十三条　融资担保公司应当按照审慎经营原则，建立健全融资担保项目评审、担保后管理、代偿责任追偿等方面的业务规范以及风险管理等内部控制制度。

政府支持的融资担保公司应当增强运用大数据等现代信息技术手段的能力，为小微企业和农业、农村、农民的融资需求服务。

第十四条　融资担保公司应当按照国家规定的风险权重，计量担保责任余额。

第十五条　融资担保公司的担保责任余额不得超过其净资产的10倍。

对主要为小微企业和农业、农村、农民服务的融资担保公司，前款规定的倍数上限可以提高至15倍。

第十六条　融资担保公司对同一被担保人的担保责任余额与融资担保公司净资产的比例不得超过10%，对同一被担保人及其关联方的担保责任余额与融资担保公司净资产的比例不得超过15%。

第十七条　融资担保公司不得为其控股股东、实际控制人提供融资担保，为其他关联方提供融资担保的条件不得优于为非关联方提供同类担保的条件。

融资担保公司为关联方提供融资担保的，应当自提供担保之日起30日内向监督管理部门报告，并在会计报表附注中予以披露。

第十八条　融资担保公司应当按照国家有关规定提取相应的准备金。

第十九条　融资担保费率由融资担保公司与被担保人协商确定。

纳入政府推动建立的融资担保风险分担机制的融资担保公司，应当按照国家有关规定降低对小微企业和农业、农村、农民的融资担保费率。

第二十条　被担保人或者第三人以抵押、质押方式向融资担保公司提供反担保，依法需要办理登记的，有关登记机关应当依法予以办理。

第二十一条　融资担保公司有权要求被担保人提供与融资担保有关的业务活动和财务状况等信息。

融资担保公司应当向被担保人的债权人提供与融资担保有关的业务活动和财务状况等信息。

第二十二条　融资担保公司自有资金的运用，应当符合国家有关融资担保公司资产安全性、流动性的规定。

第二十三条　融资担保公司不得从事下列活动：

（一）吸收存款或者变相吸收存款；

（二）自营贷款或者受托贷款；

（三）受托投资。

第四章　监督管理

第二十四条　监督管理部门应当建立健全监督管理工作制度，运用大数据等现代信息技术手段实时监测风险，加强对融资担保公司的非现场监管和现场检查，并与有关部门建立监督管理协调机制和信息共享机制。

第二十五条　监督管理部门应当根据融资担保公司的经营规模、主要服务对象、内部管理水平、风险状况等，对融资担保公司实施分类监督管理。

第二十六条　监督管理部门应当按照国家有关融资担保统计制度的要求，向本级人民政府和国务院银行业监督管理机构报送本地区融资担保公司统计数据。

第二十七条　监督管理部门应当分析评估本地区融资担保行业发展和监督管理情况，按年度向本级人民政府和国务院银行业监督管理机构报告，并向社会公布。

第二十八条　监督管理部门进行现场检查，可以采取下列措施：

（一）进入融资担保公司进行检查；

（二）询问融资担保公司的工作人员，要求其对有关检查事项作出说明；

（三）检查融资担保公司的计算机信息管理系统；

（四）查阅、复制与检查事项有关的文件、资料，对可能被转移、隐匿或者毁损的文件、资料、电子设备予以封存。

进行现场检查，应当经监督管理部门负责人批准。检查人员不得少于2人，并应当出示合法证件和检查通知书。

第二十九条 监督管理部门根据履行职责的需要，可以与融资担保公司的董事、监事、高级管理人员进行监督管理谈话，要求其就融资担保公司业务活动和风险管理的重大事项作出说明。

监督管理部门可以向被担保人的债权人通报融资担保公司的违法违规行为或者风险情况。

第三十条 监督管理部门发现融资担保公司的经营活动可能形成重大风险的，经监督管理部门主要负责人批准，可以区别情形，采取下列措施：

（一）责令其暂停部分业务；

（二）限制其自有资金运用的规模和方式；

（三）责令其停止增设分支机构。

融资担保公司应当及时采取措施，消除重大风险隐患，并向监督管理部门报告有关情况。经监督管理部门验收，确认重大风险隐患已经消除的，监督管理部门应当自验收完毕之日起3日内解除前款规定的措施。

第三十一条 融资担保公司应当按照要求向监督管理部门报送经营报告、财务报告以及注册会计师出具的年度审计报告等文件和资料。

融资担保公司跨省、自治区、直辖市开展业务的，应当按季度向住所地监督管理部门和业务发生地监督管理部门报告业务开展情况。

第三十二条 融资担保公司对监督管理部门依法实施的监督检查应当予以配合，不得拒绝、阻碍。

第三十三条 监督管理部门应当建立健全融资担保公司信用记录制度。融资担保公司信用记录纳入全国信用信息共享平台。

第三十四条 监督管理部门应当会同有关部门建立融资担保公司重大风险事件的预警、防范和处置机制，制定融资担保公司重大风险事件应急预案。

融资担保公司发生重大风险事件的，应当立即采取应急措施，并及时向监督管理部门报告。监督管理部门应当及时处置，并向本级人民政府、国务院银行业监督管理机构和中国人民银行报告。

第三十五条 监督管理部门及其工作人员对监督管理工作中知悉的商业秘密，应当予以保密。

第五章 法律责任

第三十六条 违反本条例规定，未经批准擅自设立融资担保公司或者经营融资担保业务的，由监督管理部门予以取缔或者责令停止经营，处50万元以上100万元以下的罚款，有违法所得的，没收违法所得；构成犯罪的，依法追究刑事责任。

违反本条例规定，未经批准在名称中使用融资担保字样的，由监督管理部门责令限期改正；逾期不改正的，处5万元以上10万元以下的罚款，有违法所得的，没收违法所得。

第三十七条 融资担保公司有下列情形之一的，由监督管理部门责令限期改正，处10万元以上50万元以下的罚款，有违法所得的，没收违法所得；逾期不改正的，责令停业整顿，情节严重的，吊销其融资担保业务经营许可证：

（一）未经批准合并或者分立；

（二）未经批准减少注册资本；

（三）未经批准跨省、自治区、直辖市设立分支机构。

第三十八条 融资担保公司变更相关事项，未按照本条例规定备案，或者变更后的相关事项不符合本条例规定的，由监督管理部门责令限期改正；逾期不改正的，处5万元以上10万元以下的罚款，情节严重的，责令停业整顿。

第三十九条 融资担保公司受托投资的，由监督管理部门责令限期改正，处50万元以上100万元以下的罚款，有违法所得的，没收违法所得；逾期不改正的，责令停业整顿，情节严重的，吊销其融资担保业务经营许可证。

融资担保公司吸收公众存款或者变相吸收公众存款、从事自营贷款或者受托贷款的，依照有关法律、行政法规予以处罚。

第四十条 融资担保公司有下列情形之一的，由监督管理部门责令限期改正；逾期不改正的，处10万元以上50万元以下的罚款，有违法所得的，没收违法所得，并可以责令停业整顿，情节严重的，吊销其融资担保业务经营许可证：

（一）担保责任余额与其净资产的比例不符合

规定；

（二）为控股股东、实际控制人提供融资担保，或者为其他关联方提供融资担保的条件优于为非关联方提供同类担保的条件；

（三）未按照规定提取相应的准备金；

（四）自有资金的运用不符合国家有关融资担保公司资产安全性、流动性的规定。

第四十一条 融资担保公司未按照要求向监督管理部门报送经营报告、财务报告、年度审计报告等文件、资料或者业务开展情况，或者未报告其发生的重大风险事件的，由监督管理部门责令限期改正，处5万元以上20万元以下的罚款；逾期不改正的，责令停业整顿，情节严重的，吊销其融资担保业务经营许可证。

第四十二条 融资担保公司有下列情形之一的，由监督管理部门责令限期改正，处20万元以上50万元以下的罚款；逾期不改正的，责令停业整顿，情节严重的，吊销其融资担保业务经营许可证；构成违反治安管理行为的，依照《中华人民共和国治安管理处罚法》予以处罚；构成犯罪的，依法追究刑事责任：

（一）拒绝、阻碍监督管理部门依法实施监督检查；

（二）向监督管理部门提供虚假的经营报告、财务报告、年度审计报告等文件、资料；

（三）拒绝执行监督管理部门依照本条例第三十条第一款规定采取的措施。

第四十三条 依照本条例规定对融资担保公司处以罚款的，根据具体情形，可以同时对负有直接责任的董事、监事、高级管理人员处5万元以下的罚款。

融资担保公司违反本条例规定，情节严重的，监督管理部门对负有直接责任的董事、监事、高级管理人员，可以禁止其在一定期限内担任或者终身禁止其担任融资担保公司的董事、监事、高级管理人员。

第四十四条 监督管理部门的工作人员在融资担保公司监督管理工作中滥用职权、玩忽职守、徇私舞弊的，依法给予处分；构成犯罪的，依法追究刑事责任。

第六章　附　则

第四十五条 融资担保行业组织依照法律法规和章程的规定，发挥服务、协调和行业自律作用，引导融资担保公司依法经营，公平竞争。

第四十六条 政府性基金或者政府部门为促进就业创业等直接设立运营机构开展融资担保业务，按照国家有关规定执行。

农村互助式融资担保组织开展担保业务、林业经营主体间开展林权收储担保业务，不适用本条例。

第四十七条 融资再担保公司的管理办法，由国务院银行业监督管理机构会同国务院有关部门另行制定，报国务院批准。

第四十八条 本条例施行前设立的融资担保公司，不符合本条例规定条件的，应当在监督管理部门规定的期限内达到本条例规定的条件；逾期仍不符合规定条件的，不得开展新的融资担保业务。

第四十九条 本条例自2017年10月1日起施行。

国务院关于股份有限公司境内上市外资股的规定

· 1995年12月25日中华人民共和国国务院令第189号发布

· 自发布之日起施行

第一条 为了规范股份有限公司境内上市外资股的发行及交易，保护投资人的合法权益，根据《中华人民共和国公司法》（以下简称《公司法》）的有关规定，制定本规定。

第二条 经国务院证券委员会批准，股份有限公司（以下简称公司）可以发行境内上市外资股；但是，拟发行境内上市外资股的面值总额超过3000万美元的，国务院证券委员会应当报国务院批准。

前款所称公司发行境内上市外资股，包括以募集方式设立公司发行境内上市外资股和公司增加资本发行境内上市外资股。

国务院证券委员会批准发行境内上市外资股的总额应当控制在国家确定的总规模之内。

第三条 公司发行的境内上市外资股，采取记名股票形式，以人民币标明面值，以外币认购、买卖，在境内证券交易所上市交易。

发行境内上市外资股的公司向境内投资人发行的股份(以下简称内资股)，采取记名股票形式。

第四条 境内上市外资股投资人限于：

(一)外国的自然人、法人和其他组织；

(二)中国香港、澳门、台湾地区的自然人、法人和其他组织；

(三)定居在国外的中国公民；

(四)国务院证券委员会规定的境内上市外资股其他投资人。

境内上市外资股投资人认购、买卖境内上市外资股，应当提供证明其投资人身份和资格的有效文件。

第五条 持有同一种类股份的境内上市外资股股东与内资股股东，依照《公司法》享有同等权利和履行同等义务。

公司可以在其公司章程中对股东行使权利和履行义务的特殊事宜，作出具体规定。

第六条 公司章程对公司及其股东、董事、监事、经理和其他高级管理人员具有约束力。

公司的董事、监事、经理和其他高级管理人员对公司负有诚信和勤勉的义务。

本条第一款、第二款所称其他高级管理人员包括公司财务负责人、董事会秘书和公司章程规定的其他人员。

第七条 国务院证券委员会及其监督管理执行机构中国证券监督管理委员会(以下简称中国证监会)，依照法律、行政法规的规定，对境内上市外资股的发行、交易及相关活动实施管理和监督。

第八条 以募集方式设立公司，申请发行境内上市外资股的，应当符合下列条件：

(一)所筹资金用途符合国家产业政策；

(二)符合国家有关固定资产投资立项的规定；

(三)符合国家有关利用外资的规定；

(四)发起人认购的股本总额不少于公司拟发行股本总额的35%；

(五)发起人出资总额不少于1.5亿元人民币；

(六)拟向社会发行的股份达公司股份总数的25%以上；拟发行的股本总额超过4亿元人民币的，其拟向社会发行股份的比例达15%以上；

(七)改组设立公司的原有企业或者作为公司主要发起人的国有企业，在最近3年内没有重大违法行为；

(八)改组设立公司的原有企业或者作为公司主要发起人的国有企业，最近3年连续盈利；

(九)国务院证券委员会规定的其他条件。

第九条 公司增加资本，申请发行境内上市外资股的，除应当符合本规定第八条第(一)、(二)、(三)项的规定外，还应当符合下列条件：

(一)公司前一次发行的股份已经募足，所得资金的用途与募股时确定的用途相符，并且资金使用效益良好；

(二)公司净资产总值不低于1.5亿元人民币；

(三)公司从前一次发行股票到本次申请期间没有重大违法行为；

(四)公司最近3年连续盈利；原有企业改组或者国有企业作为主要发起人设立的公司，可以连续计算；

(五)国务院证券委员会规定的其他条件。

以发起方式设立的公司首次增加资本，申请发行境内上市外资股的，还应当符合本规定第八条第(六)项的规定。

第十条 申请发行境内上市外资股，按照下列程序办理：

(一)发起人或者公司向省、自治区、直辖市人民政府或者国务院有关企业主管部门提出申请，由省、自治区、直辖市人民政府或者国务院有关企业主管部门向国务院证券委员会推荐；

(二)国务院证券委员会会商国务院有关部门选定可以发行境内上市外资股的公司；

(三)被选定的公司将本规定第十一条、第十二条所列文件提交中国证监会审核；

(四)经中国证监会审核符合条件的，报经国务院证券委员会批准或者依照本规定第二条第一款的规定经国务院批准后，公司方可发行境内上市外资股。

第十一条 以募集方式设立公司，申请发行境内上市外资股的，应当向中国证监会报送下列文件：

(一)申请报告；

(二)发起人姓名或者名称，发起人认购的股份数、出资种类及验资证明；

(三)发起人会议同意公开发行境内上市外资

股的决议；

（四）国务院授权的部门或者省、自治区、直辖市人民政府批准设立公司的文件；

（五）省、自治区、直辖市人民政府或者国务院有关企业主管部门的推荐文件；

（六）公司登记机关颁发的《企业名称预先核准通知书》；

（七）公司章程草案；

（八）招股说明书；

（九）资金运用的可行性报告；所筹资金用于固定资产投资项目需要立项审批的，还应当提供有关部门同意固定资产投资立项的批准文件；

（十）经注册会计师及其所在事务所审计的原有企业或者作为公司主要发起人的国有企业最近3年的财务报告和有2名以上注册会计师及其所在事务所签字、盖章的审计报告；

（十一）经2名以上专业评估人员及其所在机构签字、盖章的资产评估报告；涉及国有资产的，还应当提供国有资产管理部门出具的确认文件及国有股权的批准文件；

（十二）经2名以上律师及其所在事务所就有关事项签字、盖章的法律意见书；

（十三）股票发行承销方案和承销协议；

（十四）中国证监会要求提供的其他文件。

第十二条 公司增加资本，申请发行境内上市外资股的，应当向中国证监会报送下列文件：

（一）申请报告；

（二）股东大会同意公开发行境内上市外资股的决议；

（三）国务院授权的部门或者省、自治区、直辖市人民政府同意增资发行新股的文件；

（四）省、自治区、直辖市人民政府或者国务院有关企业主管部门的推荐文件；

（五）公司登记机关颁发的公司营业执照；

（六）公司章程；

（七）招股说明书；

（八）资金运用的可行性报告；所筹资金用于固定资产投资项目需要立项审批的，还应当提供有关部门同意固定资产投资立项的批准文件；

（九）经注册会计师及其所在事务所审计的公司最近3年的财务报告和有2名以上注册会计师及其所在事务所签字、盖章的审计报告；

（十）经2名以上律师及其所在事务所就有关事项签字、盖章的法律意见书；

（十一）股票发行承销方案和承销协议；

（十二）中国证监会要求提供的其他文件。

第十三条 公司发行境内上市外资股与发行内资股的间隔时间可以少于12个月。

第十四条 公司应当聘用符合国家规定的注册会计师及其所在事务所，对其财务报告进行审计或者复核。

第十五条 公司应当按照国家有关规定进行会计核算和编制财务报告。

公司向境内上市外资股投资人披露的财务报告，按照其他国家或者地区的会计准则进行相应调整的，应当对有关差异作出说明。

第十六条 发行境内上市外资股的公司应当依法向社会公众披露信息，并在其公司章程中对信息披露的地点、方式等事宜作出具体规定。

第十七条 发行境内上市外资股的公司的信息披露文件，以中文制作；需要提供外文译本的，应当提供一种通用的外国语言文本。中文文本、外文文本发生歧义时，以中文文本为准。

第十八条 公司发行境内上市外资股，应当委托中国人民银行依法批准设立并经中国证监会认可的境内证券经营机构作为主承销商或者主承销商之一。

第十九条 发行境内上市外资股的公司，应当在具有经营外汇业务资格的境内银行开立外汇账户。公司开立外汇账户应当按照国家有关外汇管理的规定办理。

承销境内上市外资股的主承销商应当在承销协议约定的期限内，将所筹款项划入发行境内上市外资股的公司的外汇账户。

第二十条 境内上市外资股股票的代理买卖业务，应当由中国人民银行依法批准设立并经中国证监会认可的证券经营机构办理。

第二十一条 境内上市外资股股东可以委托代理人代为行使其股东权利；代理人代行股东权利时，应当提供证明其代理资格的有效文件。

第二十二条 境内上市外资股的权益拥有人，可以将其股份登记在名义持有人名下。

境内上市外资股的权益拥有人应当依法披露其持股变动信息。

第二十三条 境内上市外资股的交易、保管、清算交割、过户和登记，应当遵守法律、行政法规以及国务院证券委员会的有关规定。

第二十四条 经国务院证券委员会批准，境内上市外资股或者其派生形式可以在境外流通转让。

前款所称派生形式，是指股票的认股权凭证和境外存股凭证。

第二十五条 公司向境内上市外资股股东支付股利及其他款项，以人民币计价和宣布，以外币支付。公司所筹集的外币资本金的管理和公司支付股利及其他款项所需的外币，按照国家有关外汇管理的规定办理。

公司章程规定由其他机构代为兑换外币并付给股东的，可以按照公司章程的规定办理。

第二十六条 境内上市外资股的股利和其他收益依法纳税后，可以汇出境外。

第二十七条 国务院证券委员会可以根据本规定制定实施细则。

第二十八条 本规定自发布之日起施行。中国人民银行、上海市人民政府1991年11月22日发布的《上海市人民币特种股票管理办法》，中国人民银行、深圳市人民政府1991年12月5日发布的《深圳市人民币特种股票管理暂行办法》同时废止。

国务院关于开展优先股试点的指导意见

· 2013年11月30日

· 国发〔2013〕46号

各省、自治区、直辖市人民政府，国务院各部委、各直属机构：

为贯彻落实党的十八大、十八届三中全会精神，深化金融体制改革，支持实体经济发展，依照公司法、证券法相关规定，国务院决定开展优先股试点。开展优先股试点，有利于进一步深化企业股份制改革，为发行人提供灵活的直接融资工具，优化企业财务结构，推动企业兼并重组；有利于丰富证券品种，为投资者提供多元化的投资渠道，提高直接融资比重，促进资本市场稳定发展。为稳妥有序开展优先股试点，现提出如下指导意见。

一、优先股股东的权利与义务

（一）*优先股的含义*。优先股是指依照公司法，在一般规定的普通种类股份之外，另行规定的其他种类股份，其股份持有人优先于普通股股东分配公司利润和剩余财产，但参与公司决策管理等权利受到限制。

除本指导意见另有规定以外，优先股股东的权利、义务以及优先股股份的管理应当符合公司法的规定。试点期间不允许发行在股息分配和剩余财产分配上具有不同优先顺序的优先股，但允许发行在其他条款上具有不同设置的优先股。

（二）*优先分配利润*。优先股股东按照约定的票面股息率，优先于普通股股东分配公司利润。公司应当以现金的形式向优先股股东支付股息，在完全支付约定的股息之前，不得向普通股股东分配利润。

公司应当在公司章程中明确以下事项：(1)优先股股息率是采用固定股息率还是浮动股息率，并相应明确固定股息率水平或浮动股息率计算方法。(2)公司在有可分配税后利润的情况下是否必须分配利润。(3)如果公司因本会计年度可分配利润不足而未向优先股股东足额派发股息，差额部分是否累积到下一会计年度。(4)优先股股东按照约定的股息率分配股息后，是否有权同普通股股东一起参加剩余利润分配。(5)优先股利润分配涉及的其他事项。

（三）*优先分配剩余财产*。公司因解散、破产等原因进行清算时，公司财产在按照公司法和破产法有关规定进行清偿后的剩余财产，应当优先向优先股股东支付未派发的股息和公司章程约定的清算金额，不足以支付的按照优先股股东持股比例分配。

（四）*优先股转换和回购*。公司可以在公司章程中规定优先股转换为普通股、发行人回购优先股的条件、价格和比例。转换选择权或回购选择权可规定由发行人或优先股股东行使。发行人要求回购优先股的，必须完全支付所欠股息，但商业银行发行优先股补充资本的除外。优先股回购后相应减记发行在外的优先股股份总数。

（五）*表决权限制*。除以下情况外，优先股股东不出席股东大会会议，所持股份没有表决权：(1)修改公司章程中与优先股相关的内容；(2)一次或累计减少公司注册资本超过百分之十；(3)公司合并、分立、解散或变更公司形式；(4)发行优先股；(5)公司章程规定的其他情形。上述事项的决议，除须经出席会议的普通股股东（含表决权恢复的优先股股东）所持表决权的三分之二以上通过之外，还须经出席会议的优先股股东（不含表决权恢复的优先股股东）所持表决权的三分之二以上通过。

（六）表决权恢复。公司累计3个会计年度或连续2个会计年度未按约定支付优先股股息的，优先股股东有权出席股东大会，每股优先股股份享有公司章程规定的表决权。对于股息可累积到下一会计年度的优先股，表决权恢复直至公司全额支付所欠股息。对于股息不可累积的优先股，表决权恢复直至公司全额支付当年股息。公司章程可规定优先股表决权恢复的其他情形。

（七）与股份种类相关的计算。以下事项计算持股比例时，仅计算普通股和表决权恢复的优先股：（1）根据公司法第一百零一条，请求召开临时股东大会；（2）根据公司法第一百零二条，召集和主持股东大会；（3）根据公司法第一百零三条，提交股东大会临时提案；（4）根据公司法第二百一十七条，认定控股股东。

二、优先股发行与交易

（八）发行人范围。公开发行优先股的发行人限于证监会规定的上市公司，非公开发行优先股的发行人限于上市公司（含注册地在境内的境外上市公司）和非上市公众公司。

（九）发行条件。公司已发行的优先股不得超过公司普通股股份总数的百分之五十，且筹资金额不得超过发行前净资产的百分之五十，已回购、转换的优先股不纳入计算。公司公开发行优先股以及上市公司非公开发行优先股的其他条件适用证券法的规定。非上市公众公司非公开发行优先股的条件由证监会另行规定。

（十）公开发行。公司公开发行优先股的，应当在公司章程中规定以下事项：（1）采取固定股息率；（2）在有可分配税后利润的情况下必须向优先股股东分配股息；（3）未向优先股股东足额派发股息的差额部分应当累积到下一会计年度；（4）优先股股东按照约定的股息率分配股息后，不再同普通股股东一起参加剩余利润分配。商业银行发行优先股补充资本的，可就第（2）项和第（3）项事项另行规定。

（十一）交易转让及登记存管。优先股应当在证券交易所、全国中小企业股份转让系统或者在国务院批准的其他证券交易场所交易或转让。优先股应当在中国证券登记结算公司集中登记存管。优先股交易或转让环节的投资者适当性标准应当与发行环节一致。

（十二）信息披露。公司应当在发行文件中详尽说明优先股股东的权利义务，充分揭示风险。同时，应按规定真实、准确、完整、及时、公平地披露或者提供信息，不得有虚假记载、误导性陈述或重大遗漏。

（十三）公司收购。优先股可以作为并购重组支付手段。上市公司收购要约适用于被收购公司的所有股东，但可以针对优先股股东和普通股股东提出不同的收购条件。根据证券法第八十六条计算收购人持有上市公司已发行股份比例，以及根据证券法第八十八条和第九十六条计算触发要约收购义务时，表决权未恢复的优先股不计入持股数额和股本总额。

（十四）与持股数额相关的计算。以下事项计算持股数额时，仅计算普通股和表决权恢复的优先股：（1）根据证券法第五十四条和第六十六条，认定持有公司股份最多的前十名股东的名单和持股数额；（2）根据证券法第四十七条、第六十七条和第七十四条，认定持有公司百分之五以上股份的股东。

三、组织管理和配套政策

（十五）加强组织管理。证监会应加强与有关部门的协调配合，积极稳妥地组织开展优先股试点工作。证监会应当根据公司法、证券法和本指导意见，制定并发布优先股试点的具体规定，指导证券自律组织完善相关业务规则。

证监会应当加强市场监管，督促公司认真履行信息披露义务，督促中介机构诚实守信、勤勉尽责，依法查处违法违规行为，切实保护投资者合法权益。

（十六）完善配套政策。优先股相关会计处理和财务报告，应当遵循财政部发布的企业会计准则及其他相关会计标准。企业投资优先股获得的股息、红利等投资收益，符合税法规定条件的，可以作为企业所得税免税收入。全国社会保障基金、企业年金投资优先股的比例不受现行证券品种投资比例的限制，具体政策由国务院主管部门制定。外资行业准入管理中外资持股比例优先股与普通股合并计算。试点中需要配套制定的其他政策事项,由证监会根据试点进展情况提出,商有关部门办理,重大事项报告国务院。

国务院办公厅关于规范发展区域性股权市场的通知

·2017年1月20日

·国办发〔2017〕11号

规范发展区域性股权市场是完善多层次资本市场体系的重要举措,在推进供给侧结构性改革、促进大众创业万众创新、服务创新驱动发展战略、降低企业杠杆率等方面具有重要意义。为贯彻落实党中央、国务院决策部署,推动多层次资本市场长期稳定健康发展,防范和化解金融风险,支持实体经济特别是中小微企业发展,保护投资者合法权益,经国务院同意,现就规范发展区域性股权市场有关事项通知如下:

一、区域性股权市场是主要服务于所在省级行政区域内中小微企业的私募股权市场,是多层次资本市场体系的重要组成部分,是地方人民政府扶持中小微企业政策措施的综合运用平台。要处理好监管与发展的关系,按照既有利于规范、又有利于发展的要求,积极稳妥推进区域性股权市场规范发展,防范和化解金融风险,有序扩大和更加便利中小微企业融资。

二、区域性股权市场由所在地省级人民政府按规定实施监管,并承担相应风险处置责任。证监会要依法依规履职尽责,加强对省级人民政府开展区域性股权市场监管工作的指导、协调和监督。省级人民政府要根据相关金融政策法规,在职责范围内制定具体实施细则和操作办法,建立健全监管机制,指定具体部门承担日常监管职责,不断提升监管能力,依法查处违法违规行为。证监会负责制定统一的区域性股权市场业务及监管规则,对市场规范运作情况进行监督检查,对可能出现的金融风险进行预警提示和处置督导。证监会要对省级人民政府的监管能力和条件进行审慎评估,加强监管培训,采取有效措施,促使地方监管能力与市场发展状况相适应。证监会等国务院有关部门和省级人民政府要加强监管协同,防止监管空白和监管套利,严厉打击各类违法违规行为,维护市场秩序,切实保护投资者合法权益,防范和化解金融风险,促进区域性股权市场健康稳定发展。

三、区域性股权市场运营机构(以下简称运营机构)负责组织区域性股权市场的活动,对市场参与者进行自律管理,保障市场规范稳定运行。运营机构名单由省级人民政府实施管理并予以公告,同时向证监会备案。本通知印发前,省、自治区、直辖市、计划单列市行政区域内已设立运营机构的,不再设立;尚未设立运营机构的,可设立一家;已设立两家及以上运营机构的,省级人民政府要积极稳妥推动整合为一家,证监会要予以指导督促。

四、区域性股权市场的各项活动应遵守法律法规和证监会制定的业务及监管规则。在区域性股权市场发行或转让证券的,限于股票、可转换为股票的公司债券以及国务院有关部门按程序认可的其他证券,不得违规发行或转让私募债券;不得采用广告、公开劝诱等公开或变相公开方式发行证券,不得以任何形式非法集资;不得采取集中竞价、做市商等集中交易方式进行证券转让,投资者买入后卖出或卖出后买入同一证券的时间间隔不得少于五个交易日;除法律、行政法规另有规定外,单只证券持有人累计不得超过法律、行政法规规定的私募证券持有人数量上限;证券持有人名册和登记过户记录必须真实、准确、完整,不得隐匿、伪造、篡改或毁损。在区域性股权市场进行有限责任公司股权融资或转让的,不得违反本通知相关规定。

五、区域性股权市场实行合格投资者制度。合格投资者应是依法设立且具备一定条件的法人机构、合伙企业,金融机构依法管理的投资性计划,以及具备较强风险承受能力且金融资产不低于五十万元人民币的自然人。不得通过拆分、代持等方式变相突破合格投资者标准或单只私募证券持有人数量上限。鼓励支持区域性股权市场采取措施,吸引所在省级行政区域内的合格投资者参与。

六、区域性股权市场的信息系统应符合有关法律法规和证监会制定的信息技术管理规范。运营机构及开立投资者账户、办理登记结算业务的有关机构应按照规定向所在地省级人民政府和证监会报送信息,并将有关信息系统与证监会指定的监管信息系统进行对接。

七、区域性股权市场不得为所在省级行政区域外的企业私募证券或股权的融资、转让提供服务。对不符合本条规定的区域性股权市场，省级人民政府要按规定限期清理，妥善解决跨区域经营问题。运营机构所在地和企业所在地省级人民政府要签订协议，明确清理过程中的监管责任，防范和化解可能产生的风险。

八、国务院有关部门和地方人民政府要在职责范围内采取必要措施，为区域性股权市场规范健康发展创造良好环境，逐步建成融资功能完备、服务方式灵活、运行安全规范、投资者合法权益得到充分保护的区域性股权市场。国务院有关部门出台相关政策措施，可选择运行安全规范、具有较强风险管理能力的区域性股权市场先行先试。

（一）发行上市

1. 境内发行

首次公开发行股票注册管理办法

· 2023年2月17日中国证券监督管理委员会令第205号公布

· 自公布之日起施行

第一章　总　则

第一条　为规范首次公开发行股票并上市相关活动，保护投资者合法权益和社会公共利益，根据《中华人民共和国证券法》《中华人民共和国公司法》《国务院办公厅关于贯彻实施修订后的证券法有关工作的通知》《国务院办公厅转发证监会关于开展创新企业境内发行股票或存托凭证试点若干意见的通知》及相关法律法规，制定本办法。

第二条　在中华人民共和国境内首次公开发行并在上海证券交易所、深圳证券交易所（以下统称交易所）上市的股票的发行注册，适用本办法。

第三条　发行人申请首次公开发行股票并上市，应当符合相关板块定位。

主板突出“大盘蓝筹”特色，重点支持业务模式成熟、经营业绩稳定、规模较大、具有行业代表性的优质企业。

科创板面向世界科技前沿、面向经济主战场、面向国家重大需求。优先支持符合国家战略，拥有关键核心技术，科技创新能力突出，主要依靠核心技术开展生产经营，具有稳定的商业模式，市场认可度高，社会形象良好，具有较强成长性的企业。

创业板深入贯彻创新驱动发展战略，适应发展更多依靠创新、创造、创意的大趋势，主要服务成长型创新创业企业，支持传统产业与新技术、新产业、新业态、新模式深度融合。

第四条　中国证券监督管理委员会（以下简称中国证监会）加强对发行上市审核注册工作的统筹指导监督管理，统一审核理念，统一审核标准并公开，定期检查交易所审核标准、制度的执行情况。

第五条　首次公开发行股票并上市，应当符合发行条件、上市条件以及相关信息披露要求，依法经交易所发行上市审核，并报中国证监会注册。

第六条　发行人应当诚实守信，依法充分披露投资者作出价值判断和投资决策所必需的信息，充分揭示当前及未来可预见的、对发行人构成重大不利影响的直接和间接风险，所披露信息必须真实、准确、完整，简明清晰、通俗易懂，不得有虚假记载、误导性陈述或者重大遗漏。

发行人应当按保荐人、证券服务机构要求，依法向其提供真实、准确、完整的财务会计资料和其他资料，配合相关机构开展尽职调查和其他相关工作。

发行人的控股股东、实际控制人、董事、监事、高级管理人员、有关股东应当配合相关机构开展尽职调查和其他相关工作，不得要求或者协助发行人隐瞒应当提供的资料或者应当披露的信息。

第七条　保荐人应当诚实守信，勤勉尽责，按照依法制定的业务规则和行业自律规范的要求，充分了解发行人经营情况、风险和发展前景，以提高上市公司质量为导向，根据相关板块定位保荐项目，对注册申请文件和信息披露资料进行审慎核查，对发行人是否符合发行条件、上市条件独立作出专业判断，审慎作出推荐决定，并对招股说明书及其所出具的相关文件的真实性、准确性、完整性负责。

第八条 证券服务机构应当严格遵守法律法规、中国证监会制定的监管规则、业务规则和本行业公认的业务标准和道德规范，建立并保持有效的质量控制体系，保护投资者合法权益，审慎履行职责，作出专业判断与认定，保证所出具文件的真实性、准确性和完整性。

证券服务机构及其相关执业人员应当对与本专业相关的业务事项履行特别注意义务，对其他业务事项履行普通注意义务，并承担相应法律责任。

证券服务机构及其执业人员从事证券服务应当配合中国证监会的监督管理，在规定的期限内提供、报送或披露相关资料、信息，并保证其提供、报送或披露的资料、信息真实、准确、完整，不得有虚假记载、误导性陈述或者重大遗漏。

证券服务机构应当妥善保存客户委托文件、核查和验证资料、工作底稿以及与质量控制、内部管理、业务经营有关的信息和资料。

第九条 对发行人首次公开发行股票申请予以注册，不表明中国证监会和交易所对该股票的投资价值或者投资者的收益作出实质性判断或者保证，也不表明中国证监会和交易所对注册申请文件的真实性、准确性、完整性作出保证。

第二章　发行条件

第十条 发行人是依法设立且持续经营三年以上的股份有限公司，具备健全且运行良好的组织机构，相关机构和人员能够依法履行职责。

有限责任公司按原账面净资产值折股整体变更为股份有限公司的，持续经营时间可以从有限责任公司成立之日起计算。

第十一条 发行人会计基础工作规范，财务报表的编制和披露符合企业会计准则和相关信息披露规则的规定，在所有重大方面公允地反映了发行人的财务状况、经营成果和现金流量，最近三年财务会计报告由注册会计师出具无保留意见的审计报告。

发行人内部控制制度健全且被有效执行，能够合理保证公司运行效率、合法合规和财务报告的可靠性，并由注册会计师出具无保留结论的内部控制鉴证报告。

第十二条 发行人业务完整，具有直接面向市场独立持续经营的能力：

（一）资产完整，业务及人员、财务、机构独立，与控股股东、实际控制人及其控制的其他企业间不存在对发行人构成重大不利影响的同业竞争，不存在严重影响独立性或者显失公平的关联交易；

（二）主营业务、控制权和管理团队稳定，首次公开发行股票并在主板上市的，最近三年内主营业务和董事、高级管理人员均没有发生重大不利变化；首次公开发行股票并在科创板、创业板上市的，最近二年内主营业务和董事、高级管理人员均没有发生重大不利变化；首次公开发行股票并在科创板上市的，核心技术人员应当稳定且最近二年内没有发生重大不利变化；

发行人的股份权属清晰，不存在导致控制权可能变更的重大权属纠纷，首次公开发行股票并在主板上市的，最近三年实际控制人没有发生变更；首次公开发行股票并在科创板、创业板上市的，最近二年实际控制人没有发生变更；

（三）不存在涉及主要资产、核心技术、商标等的重大权属纠纷，重大偿债风险，重大担保、诉讼、仲裁等或有事项，经营环境已经或者将要发生重大变化等对持续经营有重大不利影响的事项。

第十三条 发行人生产经营符合法律、行政法规的规定，符合国家产业政策。

最近三年内，发行人及其控股股东、实际控制人不存在贪污、贿赂、侵占财产、挪用财产或者破坏社会主义市场经济秩序的刑事犯罪，不存在欺诈发行、重大信息披露违法或者其他涉及国家安全、公共安全、生态安全、生产安全、公众健康安全等领域的重大违法行为。

董事、监事和高级管理人员不存在最近三年内受到中国证监会行政处罚，或者因涉嫌犯罪正在被司法机关立案侦查或者涉嫌违法违规正在被中国证监会立案调查且尚未有明确结论意见等情形。

第三章　注册程序

第十四条 发行人董事会应当依法就本次发行股票的具体方案、本次募集资金使用的可行性及其他必须明确的事项作出决议，并提请股东大会批准。

第十五条 发行人股东大会应当就本次发行股票作出决议，决议至少应当包括下列事项：

（一）本次公开发行股票的种类和数量；

（二）发行对象；

（三）定价方式；

（四）募集资金用途；

（五）发行前滚存利润的分配方案；

（六）决议的有效期；

（七）对董事会办理本次发行具体事宜的授权；

（八）其他必须明确的事项。

第十六条 发行人申请首次公开发行股票并上市，应当按照中国证监会有关规定制作注册申请文件，依法由保荐人保荐并向交易所申报。

交易所收到注册申请文件，五个工作日内作出是否受理的决定。

第十七条 自注册申请文件申报之日起，发行人及其控股股东、实际控制人、董事、监事、高级管理人员，以及与本次股票公开发行并上市相关的保荐人、证券服务机构及相关责任人员，即承担相应法律责任，并承诺不得影响或干扰发行上市审核注册工作。

第十八条 注册申请文件受理后，未经中国证监会或者交易所同意，不得改动。

发生重大事项的，发行人、保荐人、证券服务机构应当及时向交易所报告，并按要求更新注册申请文件和信息披露资料。

第十九条 交易所设立独立的审核部门，负责审核发行人公开发行并上市申请；设立科技创新咨询委员会或行业咨询专家库，负责为板块建设和发行上市审核提供专业咨询和政策建议；设立上市委员会，负责对审核部门出具的审核报告和发行人的申请文件提出审议意见。

交易所主要通过向发行人提出审核问询、发行人回答问题方式开展审核工作，判断发行人是否符合发行条件、上市条件和信息披露要求，督促发行人完善信息披露内容。

第二十条 交易所按照规定的条件和程序，形成发行人是否符合发行条件和信息披露要求的审核意见。认为发行人符合发行条件和信息披露要求的，将审核意见、发行人注册申请文件及相关审核资料报中国证监会注册；认为发行人不符合发行条件或者信息披露要求的，作出终止发行上市审核决定。

交易所审核过程中，发现重大敏感事项、重大无先例情况、重大舆情、重大违法线索的，应当及时向中国证监会请示报告，中国证监会及时明确意见。

第二十一条 交易所应当自受理注册申请文件之日起在规定的时限内形成审核意见。发行人根据要求补充、修改注册申请文件，或者交易所按照规定对发行人实施现场检查，要求保荐人、证券服务机构对有关事项进行专项核查，并要求发行人补充、修改申请文件的时间不计算在内。

第二十二条 交易所应当提高审核工作透明度，接受社会监督，公开下列事项：

（一）发行上市审核标准和程序等发行上市审核业务规则和相关业务细则；

（二）在审企业名单、企业基本情况及审核工作进度；

（三）发行上市审核问询及回复情况，但涉及国家秘密或者发行人商业秘密的除外；

（四）上市委员会会议的时间、参会委员名单、审议的发行人名单、审议结果及现场问询问题；

（五）对股票公开发行并上市相关主体采取的自律监管措施或者纪律处分；

（六）交易所规定的其他事项。

第二十三条 中国证监会在交易所收到注册申请文件之日起，同步关注发行人是否符合国家产业政策和板块定位。

第二十四条 中国证监会收到交易所审核意见及相关资料后，基于交易所审核意见，依法履行发行注册程序。在二十个工作日内对发行人的注册申请作出予以注册或者不予注册的决定。

前款规定的注册期限内，中国证监会发现存在影响发行条件的新增事项的，可以要求交易所进一步问询并就新增事项形成审核意见。发行人根据要求补充、修改注册申请文件，或者中国证监会要求交易所进一步问询，要求保荐人、证券服务机构等对有关事项进行核查，对发行人现场检查，并要求发行人补充、修改申请文件的时间不计算在内。

中国证监会认为交易所对新增事项的审核意见依据明显不充分，可以退回交易所补充审核。交易所补充审核后，认为发行人符合发行条件和信息披露要求的，重新向中国证监会报送审核意见及相关资料，前款规定的注册期限重新计算。

第二十五条 中国证监会的予以注册决定，自作出之日起一年内有效，发行人应当在注册决定有效期内发行股票，发行时点由发行人自主选择。

第二十六条 中国证监会作出予以注册决定后、发行人股票上市交易前，发行人应当及时更新信息披露文件内容，财务报表已过有效期的，发行人应当补充财务会计报告等文件；保荐人以及证券服务机构应当持续履行尽职调查职责；发生重大事项的，发行人、保荐人应当及时向交易所报告。

交易所应当对上述事项及时处理，发现发行人存在重大事项影响发行条件、上市条件的，应当出具明确意见并及时向中国证监会报告。

第二十七条 中国证监会作出予以注册决定后、发行人股票上市交易前，发行人应当持续符合发行条件，发现可能影响本次发行的重大事项的，中国证监会可以要求发行人暂缓发行、上市；相关重大事项导致发行人不符合发行条件的，应当撤销注册。中国证监会撤销注册后，股票尚未发行的，发行人应当停止发行；股票已经发行尚未上市的，发行人应当按照发行价并加算银行同期存款利息返还股票持有人。

第二十八条 交易所认为发行人不符合发行条件或者信息披露要求，作出终止发行上市审核决定，或者中国证监会作出不予注册决定的，自决定作出之日起六个月后，发行人可以再次提出公开发行股票并上市申请。

第二十九条 中国证监会应当按规定公开股票发行注册行政许可事项相关的监管信息。

第三十条 存在下列情形之一的，发行人、保荐人应当及时书面报告交易所或者中国证监会，交易所或者中国证监会应当中止相应发行上市审核程序或者发行注册程序：

（一）相关主体涉嫌违反本办法第十三条第二款规定，被立案调查或者被司法机关侦查，尚未结案；

（二）发行人的保荐人以及律师事务所、会计师事务所等证券服务机构被中国证监会依法采取限制业务活动、责令停业整顿、指定其他机构托管、接管等措施，或者被证券交易所、国务院批准的其他全国性证券交易场所实施一定期限内不接受其出具的相关文件的纪律处分，尚未解除；

（三）发行人的签字保荐代表人、签字律师、签字会计师等中介机构签字人员被中国证监会依法采取认定为不适当人选等监管措施或者证券市场禁入的措施，被证券交易所、国务院批准的其他全国性证券交易场所实施一定期限内不接受其出具的相关文件的纪律处分，或者被证券业协会采取认定不适合从事相关业务的纪律处分，尚未解除；

（四）发行人及保荐人主动要求中止发行上市审核程序或者发行注册程序，理由正当且经交易所或者中国证监会同意；

（五）发行人注册申请文件中记载的财务资料已过有效期，需要补充提交；

（六）中国证监会规定的其他情形。

前款所列情形消失后，发行人可以提交恢复申请。交易所或者中国证监会按照规定恢复发行上市审核程序或者发行注册程序。

第三十一条 存在下列情形之一的，交易所或者中国证监会应当终止相应发行上市审核程序或者发行注册程序，并向发行人说明理由：

（一）发行人撤回注册申请或者保荐人撤销保荐；

（二）发行人未在要求的期限内对注册申请文件作出解释说明或者补充、修改；

（三）注册申请文件存在虚假记载、误导性陈述或者重大遗漏；

（四）发行人阻碍或者拒绝中国证监会、交易所依法对发行人实施检查、核查；

（五）发行人及其关联方以不正当手段严重干扰发行上市审核或者发行注册工作；

（六）发行人法人资格终止；

（七）注册申请文件内容存在重大缺陷，严重影响投资者理解和发行上市审核或者发行注册工作；

（八）发行人注册申请文件中记载的财务资料已过有效期且逾期三个月未更新；

（九）发行人发行上市审核程序中止超过交易所规定的时限或者发行注册程序中止超过三个月仍未恢复；

（十）交易所认为发行人不符合发行条件或者信息披露要求；

（十一）中国证监会规定的其他情形。

第三十二条 中国证监会和交易所可以对发行人进行现场检查，可以要求保荐人、证券服务机构对有关事项进行专项核查并出具意见。

中国证监会和交易所应当建立健全信息披露质量现场检查以及对保荐业务、发行承销业务的常态化检查制度。

第三十三条 中国证监会与交易所建立全流程电子化审核注册系统,实现电子化受理、审核,发行注册各环节实时信息共享,并依法向社会公开相关信息。

第四章 信息披露

第三十四条 发行人申请首次公开发行股票并上市,应当按照中国证监会制定的信息披露规则,编制并披露招股说明书,保证相关信息真实、准确、完整。信息披露内容应当简明清晰,通俗易懂,不得有虚假记载、误导性陈述或者重大遗漏。

中国证监会制定的信息披露规则是信息披露的最低要求。不论上述规则是否有明确规定,凡是投资者作出价值判断和投资决策所必需的信息,发行人均应当充分披露,内容应当真实、准确、完整。

第三十五条 中国证监会依法制定招股说明书内容与格式准则、编报规则等信息披露规则,对相关信息披露文件的内容、格式、编制要求、披露形式等作出规定。

交易所可以依据中国证监会部门规章和规范性文件,制定信息披露细则或指引,在中国证监会确定的信息披露内容范围内,对信息披露提出细化和补充要求,报中国证监会批准后实施。

第三十六条 发行人及其董事、监事、高级管理人员应当在招股说明书上签字、盖章,保证招股说明书的内容真实、准确、完整,不存在虚假记载、误导性陈述或者重大遗漏,按照诚信原则履行承诺,并声明承担相应法律责任。

发行人控股股东、实际控制人应当在招股说明书上签字、盖章,确认招股说明书的内容真实、准确、完整,不存在虚假记载、误导性陈述或者重大遗漏,按照诚信原则履行承诺,并声明承担相应法律责任。

第三十七条 保荐人及其保荐代表人应当在招股说明书上签字、盖章,确认招股说明书的内容真实、准确、完整,不存在虚假记载、误导性陈述或者重大遗漏,并声明承担相应的法律责任。

第三十八条 为证券发行出具专项文件的律师、注册会计师、资产评估人员、资信评级人员以及其所在机构,应当在招股说明书上签字、盖章,确认对发行人信息披露文件引用其出具的专业意见无异议,信息披露文件不因引用其出具的专业意见而出现虚假记载、误导性陈述或者重大遗漏,并声明承担相应的法律责任。

第三十九条 发行人应当以投资者需求为导向,基于板块定位,结合所属行业及发展趋势,充分披露业务模式、公司治理、发展战略、经营政策、会计政策、财务状况分析等相关信息。

首次公开发行股票并在主板上市的,还应充分披露业务发展过程和模式成熟度,披露经营稳定性和行业地位;首次公开发行股票并在科创板上市的,还应充分披露科研水平、科研人员、科研资金投入等相关信息;首次公开发行股票并在创业板上市的,还应充分披露自身的创新、创造、创意特征,针对性披露科技创新、模式创新或者业态创新情况。

第四十条 发行人应当以投资者需求为导向,精准清晰充分地披露可能对公司经营业绩、核心竞争力、业务稳定性以及未来发展产生重大不利影响的各种风险因素。

第四十一条 发行人尚未盈利的,应当充分披露尚未盈利的成因,以及对公司现金流、业务拓展、人才吸引、团队稳定性、研发投入、战略性投入、生产经营可持续性等方面的影响。

第四十二条 发行人应当披露募集资金的投向和使用管理制度,披露募集资金对发行人主营业务发展的贡献、未来经营战略的影响。

首次公开发行股票并在科创板上市的,还应当披露募集资金重点投向科技创新领域的具体安排。

首次公开发行股票并在创业板上市的,还应当披露募集资金对发行人业务创新、创造、创意性的支持作用。

第四十三条 符合相关规定、存在特别表决权股份的企业申请首次公开发行股票并上市的,发行人应当在招股说明书等公开发行文件中,披露并特别提示差异化表决安排的主要内容、相关风险和对公司治理的影响,以及依法落实保护投资者合法权益的各项措施。

保荐人和发行人律师应当就公司章程规定的特别表决权股份的持有人资格、特别表决权股份拥有的表决权数量与普通股份拥有的表决权数量的比例安排、持有人所持特别表决权股份能够参与表决的股东大会事项范围、特别表决权股份锁定安排以及转让限制等事项是否符合有关规定发表专业意见。

第四十四条 发行人存在申报前制定、上市后实施的期权激励计划的，应当符合中国证监会和交易所的规定，并充分披露有关信息。

第四十五条 发行人应当在招股说明书中披露公开发行股份前已发行股份的锁定期安排，特别是尚未盈利情况下发行人控股股东、实际控制人、董事、监事、高级管理人员股份的锁定期安排。

发行人控股股东和实际控制人及其亲属应当披露所持股份自发行人股票上市之日起三十六个月不得转让的锁定安排。

首次公开发行股票并在科创板上市的，还应当披露核心技术人员股份的锁定期安排。

保荐人和发行人律师应当就本条事项是否符合有关规定发表专业意见。

第四十六条 招股说明书的有效期为六个月，自公开发行前最后一次签署之日起算。

招股说明书引用经审计的财务报表在其最近一期截止日后六个月内有效，特殊情况下可以适当延长，但至多不超过三个月。财务报表应当以年度末、半年度末或者季度末为截止日。

第四十七条 交易所受理注册申请文件后，发行人应当按规定，将招股说明书、发行保荐书、上市保荐书、审计报告和法律意见书等文件在交易所网站预先披露。

第四十八条 预先披露的招股说明书及其他注册申请文件不能含有价格信息，发行人不得据此发行股票。

发行人应当在预先披露的招股说明书显要位置作如下声明："本公司的发行申请尚需经交易所和中国证监会履行相应程序。本招股说明书不具有据以发行股票的法律效力，仅供预先披露之用。投资者应当以正式公告的招股说明书作为投资决定的依据。"

第四十九条 交易所认为发行人符合发行条件和信息披露要求，将发行人注册申请文件报送中国证监会时，招股说明书、发行保荐书、上市保荐书、审计报告和法律意见书等文件应当同步在交易所网站和中国证监会网站公开。

第五十条 发行人在发行股票前应当在交易所网站和符合中国证监会规定条件的报刊依法开办的网站全文刊登招股说明书，同时在符合中国证监会规定条件的报刊刊登提示性公告，告知投资者网上刊登的地址及获取文件的途径。

发行人可以将招股说明书以及有关附件刊登于其他网站，但披露内容应当完全一致，且不得早于在交易所网站、符合中国证监会规定条件的网站的披露时间。

保荐人出具的发行保荐书、证券服务机构出具的文件以及其他与发行有关的重要文件应当作为招股说明书的附件。

第五章 监督管理和法律责任

第五十一条 中国证监会负责建立健全以信息披露为核心的注册制规则体系，制定股票发行注册并上市的规章规则，依法批准交易所制定的有关业务规则，并监督相关业务规则执行情况。

第五十二条 中国证监会建立对交易所发行上市审核工作的监督机制，持续关注交易所审核情况，监督交易所审核责任的履行情况。

第五十三条 中国证监会对交易所发行上市审核等相关工作进行年度例行检查，在检查过程中，可以调阅审核工作文件、提出问题、列席相关审核会议。

中国证监会选取交易所发行上市审核过程中的重大项目，定期或不定期按一定比例随机抽取交易所发行上市审核过程中的项目，同步关注交易所审核理念、标准的执行情况。中国证监会可以调阅审核工作文件、提出问题、列席相关审核会议。

对于中国证监会在检查监督过程中发现的问题，交易所应当整改。

第五十四条 中国证监会建立对发行上市监管全流程的权力运行监督制约机制，对发行上市审核程序和发行注册程序相关内控制度运行情况进行督导督察，对廉政纪律执行情况和相关人员的履职尽责情况进行监督监察。

第五十五条 交易所应当建立内部防火墙制度，发行上市审核部门、发行承销监管部门与其他部门隔离运行。参与发行上市审核的人员，不得与发行人及其控股股东、实际控制人、相关保荐人、证券服务机构有利害关系，不得直接或者间接与发行人、保荐人、证券服务机构有利益往来，不得持有发行人股票，不得私下与发行人接触。

第五十六条 交易所应当建立定期报告和重大发行上市事项请示报告制度，及时总结发行上市审核和发行承销监管的工作情况，并报告中国证监会。

第五十七条 交易所发行上市审核工作违反本办法规定，有下列情形之一的，由中国证监会责令改正；情节严重的，追究直接责任人员相关责任：

（一）未按审核标准开展发行上市审核工作；

（二）未按审核程序开展发行上市审核工作；

（三）发现重大敏感事项、重大无先例情况、重大舆情、重大违法线索未请示报告或请示报告不及时；

（四）不配合中国证监会对发行上市审核工作的检查监督，或者不按中国证监会的整改要求进行整改。

第五十八条 发行人在证券发行文件中隐瞒重要事实或者编造重大虚假内容的，中国证监会可以对有关责任人员采取证券市场禁入的措施。

第五十九条 发行人存在本办法第三十一条第（三）项、第（四）项、第（五）项规定的情形，重大事项未报告、未披露，或者发行人及其董事、监事、高级管理人员、控股股东、实际控制人的签字、盖章系伪造或者变造的，中国证监会可以对有关责任人员采取证券市场禁入的措施。

第六十条 发行人的控股股东、实际控制人违反本办法规定，致使发行人所报送的注册申请文件和披露的信息存在虚假记载、误导性陈述或者重大遗漏，或者组织、指使发行人进行财务造假、利润操纵或者在证券发行文件中隐瞒重要事实或编造重大虚假内容的，中国证监会可以对有关责任人员采取证券市场禁入的措施。

发行人的董事、监事和高级管理人员及其他信息披露义务人违反本办法规定，致使发行人所报送的注册申请文件和披露的信息存在虚假记载、误导性陈述或者重大遗漏的，中国证监会视情节轻重，可以对有关责任人员采取责令改正、监管谈话、出具警示函等监管措施；情节严重的，可以采取证券市场禁入的措施。

第六十一条 保荐人及其保荐代表人等相关人员违反本办法规定，未勤勉尽责的，中国证监会视情节轻重，按照《证券发行上市保荐业务管理办法》规定采取措施。

第六十二条 证券服务机构未勤勉尽责，致使发行人信息披露资料中与其职责有关的内容及其所出具的文件存在虚假记载、误导性陈述或者重大遗漏的，中国证监会可以采取责令改正、监管谈话、出具警示函等监管措施；情节严重的，可以对有关责任人员采取证券市场禁入的措施。

第六十三条 证券服务机构及其相关人员存在下列情形之一的，中国证监会可以对有关责任人员采取证券市场禁入的措施：

（一）伪造或者变造签字、盖章；

（二）重大事项未报告、未披露；

（三）以不正当手段干扰审核注册工作；

（四）不履行其他法定职责。

第六十四条 证券服务机构存在以下情形之一的，中国证监会视情节轻重，可以采取责令改正、监管谈话、出具警示函等监管措施；情节严重的，可以对有关责任人员采取证券市场禁入的措施：

（一）制作或者出具的文件不齐备或者不符合要求；

（二）擅自改动注册申请文件、信息披露资料或者其他已提交文件；

（三）注册申请文件或者信息披露资料存在相互矛盾或者同一事实表述不一致且有实质性差异；

（四）文件披露的内容表述不清，逻辑混乱，严重影响投资者理解；

（五）未及时报告或者未及时披露重大事项。

发行人存在前款规定情形的，中国证监会视情节轻重，可以采取责令改正、监管谈话、出具警示函等监管措施；情节严重的，可以对有关责任人员采取证券市场禁入的措施。

第六十五条 发行人披露盈利预测，利润实现数如未达到盈利预测的百分之八十的，除因不可抗力外，其法定代表人、财务负责人应当在股东大会以及交易所网站、符合中国证监会规定条件的媒体上公开作出解释并道歉；中国证监会可以对法定代表人处以警告。

利润实现数未达到盈利预测的百分之五十的，除因不可抗力外，中国证监会可以采取责令改正、监管谈话、出具警示函等监管措施。

注册会计师为上述盈利预测出具审核报告的过程中未勤勉尽责的，中国证监会视情节轻重，对相关机构和责任人员采取监管谈话等监管措施；情节严重的，给予警告等行政处罚。

第六十六条 发行人及其控股股东和实际控制人、董事、监事、高级管理人员，保荐人、承销商、证券服务机构及其相关执业人员，在股票公开发行并上市相关的活动中存在其他违反本办法规定行为的，中国证监会视情节轻重，可以采取责令改正、监管谈话、出具警示函、责令公开说明、责令定期报告等监管措施；情节严重的，可以对有关责任人员采取证券市场禁入的措施。

第六十七条 发行人及其控股股东、实际控制人、保荐人、证券服务机构及其相关人员违反《中华人民共和国证券法》依法应予以行政处罚的，中国证监会将依法予以处罚；涉嫌犯罪的，依法移送司法机关，追究其刑事责任。

第六十八条 交易所负责对发行人及其控股股东、实际控制人、保荐人、承销商、证券服务机构等进行自律监管。

交易所发现发行上市过程中存在违反自律监管规则的行为，可以对有关单位和责任人员采取一定期限内不接受与证券发行相关的文件、认定为不适当人选等自律监管措施或者纪律处分。

第六十九条 中国证监会将遵守本办法的情况记入证券市场诚信档案，会同有关部门加强信息共享，依法实施守信激励与失信惩戒。

第六章 附 则

第七十条 本办法规定的“最近一年”“最近二年”“最近三年”以自然月计，另有规定的除外。

第七十一条 本办法自公布之日起施行。《首次公开发行股票并上市管理办法》（证监会令第196号）、《科创板首次公开发行股票注册管理办法（试行）》（证监会令第174号）、《创业板首次公开发行股票注册管理办法（试行）》（证监会令第167号）同时废止。

上市公司证券发行注册管理办法

· 2023年2月17日中国证券监督管理委员会令第206号公布

· 自公布之日起施行

第一章 总 则

第一条 为了规范上海证券交易所、深圳证券交易所上市公司（以下简称上市公司）证券发行行为，保护投资者合法权益和社会公共利益，根据《中华人民共和国证券法》（以下简称《证券法》）、《中华人民共和国公司法》《国务院办公厅关于贯彻实施修订后的证券法有关工作的通知》《国务院办公厅转发证监会关于开展创新企业境内发行股票或存托凭证试点若干意见的通知》（以下简称《若干意见》）及相关法律法规，制定本办法。

第二条 上市公司申请在境内发行下列证券，适用本办法：

（一）股票；

（二）可转换公司债券（以下简称可转债）；

（三）存托凭证；

（四）国务院认定的其他品种。

前款所称可转债，是指上市公司依法发行、在一定期间内依据约定的条件可以转换成股份的公司债券。

第三条 上市公司发行证券，可以向不特定对象发行，也可以向特定对象发行。

向不特定对象发行证券包括上市公司向原股东配售股份（以下简称配股）、向不特定对象募集股份（以下简称增发）和向不特定对象发行可转债。

向特定对象发行证券包括上市公司向特定对象发行股票、向特定对象发行可转债。

第四条 上市公司发行证券的，应当符合《证券法》和本办法规定的发行条件和相关信息披露要求，依法经上海证券交易所或深圳证券交易所（以下简称交易所）发行上市审核并报中国证券监督管理委员会（以下简称中国证监会）注册，但因依法实行股权激励、公积金转为增加公司资本、分配股票股利的除外。

第五条 上市公司应当诚实守信，依法充分披露投资者作出价值判断和投资决策所必需的信息，充分揭示当前及未来可预见对上市公司构成重大不利影响的直接和间接风险，所披露信息必须真实、准确、完整，简明清晰、通俗易懂，不得有虚假记载、误导性陈述或者重大遗漏。

上市公司应当按照保荐人、证券服务机构要求，依法向其提供真实、准确、完整的财务会计资料和其他资料，配合相关机构开展尽职调查和其他相关工作。

上市公司控股股东、实际控制人、董事、监事、高级管理人员应当配合相关机构开展尽职调查和其他相关工作，不得要求或者协助上市公司隐瞒应当提供的资料或者应当披露的信息。

第六条 保荐人应当诚实守信，勤勉尽责，按照依法制定的业务规则和行业自律规范的要求，充分了解上市公司经营情况、风险和发展前景，以提高上市公司质量为导向保荐项目，对注册申请文件和信息披露资料进行审慎核查，对上市公司是否符合发行条件独立作出专业判断，审慎作出推荐决定，并对募集说明书或者其他信息披露文件及其所出具的相关文件的真实性、准确性、完整性负责。

第七条 证券服务机构应当严格遵守法律法规、中国证监会制定的监管规则、业务规则和本行业公认的业务标准和道德规范，建立并保持有效的质量控制体系，保护投资者合法权益，审慎履行职责，作出专业判断与认定，保证所出具文件的真实性、准确性和完整性。

证券服务机构及其相关执业人员应当对与本专业相关的业务事项履行特别注意义务，对其他业务事项履行普通注意义务，并承担相应法律责任。

证券服务机构及其执业人员从事证券服务业务应当配合中国证监会的监督管理，在规定的期限内提供、报送或披露相关资料、信息，并保证其提供、报送或披露的资料、信息真实、准确、完整，不得有虚假记载、误导性陈述或者重大遗漏。

证券服务机构应当妥善保存客户委托文件、核查和验证资料、工作底稿以及与质量控制、内部管理、业务经营有关的信息和资料。

第八条 对上市公司发行证券申请予以注册，不表明中国证监会和交易所对该证券的投资价值或者投资者的收益作出实质性判断或者保证，也不表明中国证监会和交易所对申请文件的真实性、准确性、完整性作出保证。

第二章 发行条件

第一节 发行股票

第九条 上市公司向不特定对象发行股票，应当符合下列规定：

（一）具备健全且运行良好的组织机构；

（二）现任董事、监事和高级管理人员符合法律、行政法规规定的任职要求；

（三）具有完整的业务体系和直接面向市场独立经营的能力，不存在对持续经营有重大不利影响的情形；

（四）会计基础工作规范，内部控制制度健全且有效执行，财务报表的编制和披露符合企业会计准则和相关信息披露规则的规定，在所有重大方面公允反映了上市公司的财务状况、经营成果和现金流量，最近三年财务会计报告被出具无保留意见审计报告；

（五）除金融类企业外，最近一期末不存在金额较大的财务性投资；

（六）交易所主板上市公司配股、增发的，应当最近三个会计年度盈利；增发还应当满足最近三个会计年度加权平均净资产收益率平均不低于百分之六；净利润以扣除非经常性损益前后孰低者为计算依据。

第十条 上市公司存在下列情形之一的，不得向不特定对象发行股票：

（一）擅自改变前次募集资金用途未作纠正，或者未经股东大会认可；

（二）上市公司或者其现任董事、监事和高级管理人员最近三年受到中国证监会行政处罚，或者最近一年受到证券交易所公开谴责，或者因涉嫌犯罪正在被司法机关立案侦查或者涉嫌违法违规正在被中国证监会立案调查；

（三）上市公司或者其控股股东、实际控制人最近一年存在未履行向投资者作出的公开承诺的情形；

（四）上市公司或者其控股股东、实际控制人最近三年存在贪污、贿赂、侵占财产、挪用财产或者破坏社会主义市场经济秩序的刑事犯罪，或者存在严重损害上市公司利益、投资者合法权益、社会公共利益的重大违法行为。

第十一条 上市公司存在下列情形之一的，不得向特定对象发行股票：

（一）擅自改变前次募集资金用途未作纠正，或者未经股东大会认可；

（二）最近一年财务报表的编制和披露在重大方面不符合企业会计准则或者相关信息披露规则的规定；最近一年财务会计报告被出具否定意见或者无法表示意见的审计报告；最近一年财务会计报告被出具保留意见的审计报告，且保留意见

所涉及事项对上市公司的重大不利影响尚未消除。本次发行涉及重大资产重组的除外;

(三)现任董事、监事和高级管理人员最近三年受到中国证监会行政处罚,或者最近一年受到证券交易所公开谴责;

(四)上市公司或者其现任董事、监事和高级管理人员因涉嫌犯罪正在被司法机关立案侦查或者涉嫌违法违规正在被中国证监会立案调查;

(五)控股股东、实际控制人最近三年存在严重损害上市公司利益或者投资者合法权益的重大违法行为;

(六)最近三年存在严重损害投资者合法权益或者社会公共利益的重大违法行为。

第十二条 上市公司发行股票,募集资金使用应当符合下列规定:

(一)符合国家产业政策和有关环境保护、土地管理等法律、行政法规规定;

(二)除金融类企业外,本次募集资金使用不得为持有财务性投资,不得直接或者间接投资于以买卖有价证券为主要业务的公司;

(三)募集资金项目实施后,不会与控股股东、实际控制人及其控制的其他企业新增构成重大不利影响的同业竞争、显失公平的关联交易,或者严重影响公司生产经营的独立性;

(四)科创板上市公司发行股票募集的资金应当投资于科技创新领域的业务。

第二节 发行可转债

第十三条 上市公司发行可转债,应当符合下列规定:

(一)具备健全且运行良好的组织机构;

(二)最近三年平均可分配利润足以支付公司债券一年的利息;

(三)具有合理的资产负债结构和正常的现金流量;

(四)交易所主板上市公司向不特定对象发行可转债的,应当最近三个会计年度盈利,且最近三个会计年度加权平均净资产收益率平均不低于百分之六;净利润以扣除非经常性损益前后孰低者为计算依据。

除前款规定条件外,上市公司向不特定对象发行可转债,还应当遵守本办法第九条第(二)项至第(五)项、第十条的规定;向特定对象发行可转债,还应当遵守本办法第十一条的规定。但是,按照公司债券募集办法,上市公司通过收购本公司股份的方式进行公司债券转换的除外。

第十四条 上市公司存在下列情形之一的,不得发行可转债:

(一)对已公开发行的公司债券或者其他债务有违约或者延迟支付本息的事实,仍处于继续状态;

(二)违反《证券法》规定,改变公开发行公司债券所募资金用途。

第十五条 上市公司发行可转债,募集资金使用应当符合本办法第十二条的规定,且不得用于弥补亏损和非生产性支出。

第三章 发行程序

第十六条 上市公司申请发行证券,董事会应当依法就下列事项作出决议,并提请股东大会批准:

(一)本次证券发行的方案;

(二)本次发行方案的论证分析报告;

(三)本次募集资金使用的可行性报告;

(四)其他必须明确的事项。

上市公司董事会拟引入战略投资者的,应当将引入战略投资者的事项作为单独议案,就每名战略投资者单独审议,并提交股东大会批准。

董事会依照前二款作出决议,董事会决议日与首次公开发行股票上市日的时间间隔不得少于六个月。

第十七条 董事会在编制本次发行方案的论证分析报告时,应当结合上市公司所处行业和发展阶段、融资规划、财务状况、资金需求等情况进行论证分析,独立董事应当发表专项意见。论证分析报告应当包括下列内容:

(一)本次发行证券及其品种选择的必要性;

(二)本次发行对象的选择范围、数量和标准的适当性;

(三)本次发行定价的原则、依据、方法和程序的合理性;

(四)本次发行方式的可行性;

(五)本次发行方案的公平性、合理性;

(六)本次发行对原股东权益或者即期回报摊薄的影响以及填补的具体措施。

第十八条 股东大会就发行证券作出的决

定,应当包括下列事项:

(一)本次发行证券的种类和数量;

(二)发行方式、发行对象及向原股东配售的安排;

(三)定价方式或者价格区间;

(四)募集资金用途;

(五)决议的有效期;

(六)对董事会办理本次发行具体事宜的授权;

(七)其他必须明确的事项。

第十九条 股东大会就发行可转债作出的决定,应当包括下列事项:

(一)本办法第十八条规定的事项;

(二)债券利率;

(三)债券期限;

(四)赎回条款;

(五)回售条款;

(六)还本付息的期限和方式;

(七)转股期;

(八)转股价格的确定和修正。

第二十条 股东大会就发行证券事项作出决议,必须经出席会议的股东所持表决权的三分之二以上通过,中小投资者表决情况应当单独计票。向本公司特定的股东及其关联人发行证券的,股东大会就发行方案进行表决时,关联股东应当回避。股东大会对引入战略投资者议案作出决议的,应当就每名战略投资者单独表决。

上市公司就发行证券事项召开股东大会,应当提供网络投票方式,公司还可以通过其他方式为股东参加股东大会提供便利。

第二十一条 上市公司年度股东大会可以根据公司章程的规定,授权董事会决定向特定对象发行融资总额不超过人民币三亿元且不超过最近一年末净资产百分之二十的股票,该项授权在下一年度股东大会召开日失效。

上市公司年度股东大会给予董事会前款授权的,应当就本办法第十八条规定的事项通过相关决定。

第二十二条 上市公司申请发行证券,应当按照中国证监会有关规定制作注册申请文件,依法由保荐人保荐并向交易所申报。

交易所收到注册申请文件后,五个工作日内作出是否受理的决定。

第二十三条 申请文件受理后,未经中国证监会或者交易所同意,不得改动。发生重大事项的,上市公司、保荐人、证券服务机构应当及时向交易所报告,并按要求更新申请文件和信息披露资料。

自注册申请文件申报之日起,上市公司及其控股股东、实际控制人、董事、监事、高级管理人员,以及与证券发行相关的保荐人、证券服务机构及相关责任人员,即承担相应法律责任,并承诺不得影响或干扰发行上市审核注册工作。

第二十四条 交易所审核部门负责审核上市公司证券发行上市申请;交易所上市委员会负责对上市公司向不特定对象发行证券的申请文件和审核部门出具的审核报告提出审议意见。

交易所主要通过向上市公司提出审核问询、上市公司回答问题方式开展审核工作,判断上市公司发行申请是否符合发行条件和信息披露要求。

第二十五条 上市公司应当向交易所报送审核问询回复的相关文件,并以临时公告的形式披露交易所审核问询回复意见。

第二十六条 交易所按照规定的条件和程序,形成上市公司是否符合发行条件和信息披露要求的审核意见,认为上市公司符合发行条件和信息披露要求的,将审核意见、上市公司注册申请文件及相关审核资料报中国证监会注册;认为上市公司不符合发行条件或者信息披露要求的,作出终止发行上市审核决定。

交易所应当建立重大发行上市事项请示报告制度。交易所审核过程中,发现重大敏感事项、重大无先例情况、重大舆情、重大违法线索的,应当及时向中国证监会请示报告。

第二十七条 交易所应当自受理注册申请文件之日起二个月内形成审核意见,但本办法另有规定的除外。

上市公司根据要求补充、修改申请文件,或者交易所按照规定对上市公司实施现场检查,要求保荐人、证券服务机构对有关事项进行专项核查,并要求上市公司补充、修改申请文件的时间不计算在内。

第二十八条 符合相关规定的上市公司按照本办法第二十一条规定申请向特定对象发行股票的,适用简易程序。

第二十九条 交易所采用简易程序的，应当在收到注册申请文件后，二个工作日内作出是否受理的决定，自受理之日起三个工作日内完成审核并形成上市公司是否符合发行条件和信息披露要求的审核意见。

交易所应当制定简易程序的业务规则，并报中国证监会批准。

第三十条 中国证监会在交易所收到上市公司注册申请文件之日起，同步关注其是否符合国家产业政策和板块定位。

第三十一条 中国证监会收到交易所审核意见及相关资料后，基于交易所审核意见，依法履行发行注册程序。在十五个工作日内对上市公司的注册申请作出予以注册或者不予注册的决定。

前款规定的注册期限内，中国证监会发现存在影响发行条件的新增事项的，可以要求交易所进一步问询并就新增事项形成审核意见。上市公司根据要求补充、修改注册申请文件，或者保荐人、证券服务机构等对有关事项进行核查，对上市公司现场检查，并要求上市公司补充、修改申请文件的时间不计算在内。

中国证监会认为交易所对新增事项的审核意见依据明显不充分，可以退回交易所补充审核。交易所补充审核后，认为上市公司符合发行条件和信息披露要求的，重新向中国证监会报送审核意见及相关资料，前款规定的注册期限重新计算。

中国证监会收到交易所依照本办法第二十九条规定报送的审核意见、上市公司注册申请文件及相关审核资料后，三个工作日内作出予以注册或者不予注册的决定。

第三十二条 中国证监会的予以注册决定，自作出之日起一年内有效，上市公司应当在注册决定有效期内发行证券，发行时点由上市公司自主选择。

适用简易程序的，应当在中国证监会作出予以注册决定后十个工作日内完成发行缴款，未完成的，本次发行批文失效。

第三十三条 中国证监会作出予以注册决定后、上市公司证券上市交易前，上市公司应当及时更新信息披露文件；保荐人以及证券服务机构应当持续履行尽职调查职责；发生重大事项的，上市公司、保荐人应当及时向交易所报告。

交易所应当对上述事项及时处理，发现上市公司存在重大事项影响发行条件的，应当出具明确意见并及时向中国证监会报告。

第三十四条 中国证监会作出予以注册决定后、上市公司证券上市交易前，上市公司应当持续符合发行条件，发现可能影响本次发行的重大事项的，中国证监会可以要求上市公司暂缓发行、上市；相关重大事项导致上市公司不符合发行条件的，应当撤销注册。

中国证监会撤销注册后，证券尚未发行的，上市公司应当停止发行；证券已经发行尚未上市的，上市公司应当按照发行价并加算银行同期存款利息返还证券持有人。

第三十五条 交易所认为上市公司不符合发行条件或者信息披露要求，作出终止发行上市审核决定，或者中国证监会作出不予注册决定的，自决定作出之日起六个月后，上市公司可以再次提出证券发行申请。

第三十六条 上市公司证券发行上市审核或者注册程序的中止、终止等情形参照适用《首次公开发行股票注册管理办法》的相关规定。

上市公司证券发行上市审核或者注册程序过程中，存在重大资产重组、实际控制人变更等事项，应当及时申请中止相应发行上市审核程序或者发行注册程序，相关股份登记或资产权属登记完成后，上市公司可以提交恢复申请，因本次发行导致实际控制人变更的情形除外。

第三十七条 中国证监会和交易所可以对上市公司进行现场检查，或者要求保荐人、证券服务机构对有关事项进行专项核查并出具意见。

第四章 信息披露

第三十八条 上市公司发行证券，应当以投资者决策需求为导向，按照中国证监会制定的信息披露规则，编制募集说明书或者其他信息披露文件，依法履行信息披露义务，保证相关信息真实、准确、完整。信息披露内容应当简明清晰，通俗易懂，不得有虚假记载、误导性陈述或者重大遗漏。

中国证监会制定的信息披露规则是信息披露的最低要求。不论上述规则是否有明确规定，凡是投资者作出价值判断和投资决策所必需的信息，上市公司均应当充分披露，内容应当真实、准确、完整。

第三十九条 中国证监会依法制定募集说明书或者其他证券发行信息披露文件内容与格式准则、编报规则等信息披露规则，对申请文件和信息披露资料的内容、格式、编制要求、披露形式等作出规定。

交易所可以依据中国证监会部门规章和规范性文件，制定信息披露细则或者指引，在中国证监会确定的信息披露内容范围内，对信息披露提出细化和补充要求，报中国证监会批准后实施。

第四十条 上市公司应当在募集说明书或者其他证券发行信息披露文件中，以投资者需求为导向，有针对性地披露业务模式、公司治理、发展战略、经营政策、会计政策等信息，并充分揭示可能对公司核心竞争力、经营稳定性以及未来发展产生重大不利影响的风险因素。上市公司应当理性融资，合理确定融资规模，本次募集资金主要投向主业。

科创板上市公司还应当充分披露科研水平、科研人员、科研资金投入等相关信息。

第四十一条 证券发行议案经董事会表决通过后，应当在二个工作日内披露，并及时公告召开股东大会的通知。

使用募集资金收购资产或者股权的，应当在公告召开股东大会通知的同时，披露该资产或者股权的基本情况、交易价格、定价依据以及是否与公司股东或者其他关联人存在利害关系。

第四十二条 股东大会通过本次发行议案之日起二个工作日内，上市公司应当披露股东大会决议公告。

第四十三条 上市公司提出发行申请后，出现下列情形之一的，应当在次一个工作日予以公告：

（一）收到交易所不予受理或者终止发行上市审核决定；

（二）收到中国证监会终止发行注册决定；

（三）收到中国证监会予以注册或者不予注册的决定；

（四）上市公司撤回证券发行申请。

第四十四条 上市公司及其董事、监事、高级管理人员应当在募集说明书或者其他证券发行信息披露文件上签字、盖章，保证信息披露内容真实、准确、完整，不存在虚假记载、误导性陈述或者重大遗漏，按照诚信原则履行承诺，并声明承担相应的法律责任。

上市公司控股股东、实际控制人应当在募集说明书或者其他证券发行信息披露文件上签字、盖章，确认信息披露内容真实、准确、完整，不存在虚假记载、误导性陈述或者重大遗漏，按照诚信原则履行承诺，并声明承担相应法律责任。

第四十五条 保荐人及其保荐代表人应当在募集说明书或者其他证券发行信息披露文件上签字、盖章，确认信息披露内容真实、准确、完整，不存在虚假记载、误导性陈述或者重大遗漏，并声明承担相应的法律责任。

第四十六条 为证券发行出具专项文件的律师、注册会计师、资产评估人员、资信评级人员及其所在机构，应当在募集说明书或者其他证券发行信息披露文件上签字、盖章，确认对上市公司信息披露文件引用其出具的专业意见无异议，信息披露文件不因引用其出具的专业意见而出现虚假记载、误导性陈述或者重大遗漏，并声明承担相应的法律责任。

第四十七条 募集说明书等证券发行信息披露文件所引用的审计报告、盈利预测审核报告、资产评估报告、资信评级报告，应当由符合规定的证券服务机构出具，并由至少二名有执业资格的人员签署。

募集说明书或者其他证券发行信息披露文件所引用的法律意见书，应当由律师事务所出具，并由至少二名经办律师签署。

第四十八条 募集说明书自最后签署之日起六个月内有效。

募集说明书或者其他证券发行信息披露文件不得使用超过有效期的资产评估报告或者资信评级报告。

第四十九条 向不特定对象发行证券申请经注册后，上市公司应当在证券发行前二至五个工作日内将公司募集说明书刊登在交易所网站和符合中国证监会规定条件的报刊依法开办的网站，供公众查阅。

第五十条 向特定对象发行证券申请经注册后，上市公司应当在证券发行前将公司募集文件刊登在交易所网站和符合中国证监会规定条件的报刊依法开办的网站，供公众查阅。

向特定对象发行证券的，上市公司应当在证券发行后的二个工作日内，将发行情况报告书刊登在交易所网站和符合中国证监会规定条件的报刊依法开办的网站，供公众查阅。

第五十一条 上市公司可以将募集说明书或者其他证券发行信息披露文件、发行情况报告书刊登于其他网站，但不得早于按照本办法第四十九条、第五十条规定披露信息的时间。

第五章 发行与承销

第五十二条 上市公司证券发行与承销行为，适用《证券发行与承销管理办法》（以下简称《承销办法》），但本办法另有规定的除外。

交易所可以根据《承销办法》和本办法制定上市公司证券发行承销业务规则，并报中国证监会批准。

第五十三条 上市公司配股的，拟配售股份数量不超过本次配售前股本总额的百分之五十，并应当采用代销方式发行。

控股股东应当在股东大会召开前公开承诺认配股份的数量。控股股东不履行认配股份的承诺，或者代销期限届满，原股东认购股票的数量未达到拟配售数量百分之七十的，上市公司应当按照发行价并加算银行同期存款利息返还已经认购的股东。

第五十四条 上市公司增发的，发行价格应当不低于公告招股意向书前二十个交易日或者前一个交易日公司股票均价。

第五十五条 上市公司向特定对象发行证券，发行对象应当符合股东大会决议规定的条件，且每次发行对象不超过三十五名。

发行对象为境外战略投资者的，应当遵守国家的相关规定。

第五十六条 上市公司向特定对象发行股票，发行价格应当不低于定价基准日前二十个交易日公司股票均价的百分之八十。

前款所称"定价基准日"，是指计算发行底价的基准日。

第五十七条 向特定对象发行股票的定价基准日为发行期首日。上市公司应当以不低于发行底价的价格发行股票。

上市公司董事会决议提前确定全部发行对象，且发行对象属于下列情形之一的，定价基准日可以为关于本次发行股票的董事会决议公告日、股东大会决议公告日或者发行期首日：

（一）上市公司的控股股东、实际控制人或者其控制的关联人；

（二）通过认购本次发行的股票取得上市公司实际控制权的投资者；

（三）董事会拟引入的境内外战略投资者。

第五十八条 向特定对象发行股票发行对象属于本办法第五十七条第二款规定以外的情形的，上市公司应当以竞价方式确定发行价格和发行对象。

董事会决议确定部分发行对象的，确定的发行对象不得参与竞价，且应当接受竞价结果，并明确在通过竞价方式未能产生发行价格的情况下，是否继续参与认购、价格确定原则及认购数量。

第五十九条 向特定对象发行的股票，自发行结束之日起六个月内不得转让。发行对象属于本办法第五十七条第二款规定情形的，其认购的股票自发行结束之日起十八个月内不得转让。

第六十条 向特定对象发行股票的定价基准日为本次发行股票的董事会决议公告日或者股东大会决议公告日的，向特定对象发行股票的董事会决议公告后，出现下列情况需要重新召开董事会的，应当由董事会重新确定本次发行的定价基准日：

（一）本次发行股票股东大会决议的有效期已过；

（二）本次发行方案发生重大变化；

（三）其他对本次发行定价具有重大影响的事项。

第六十一条 可转债应当具有期限、面值、利率、评级、债券持有人权利、转股价格及调整原则、赎回及回售、转股价格向下修正等要素。

向不特定对象发行的可转债利率由上市公司与主承销商依法协商确定。

向特定对象发行的可转债应当采用竞价方式确定利率和发行对象。

第六十二条 可转债自发行结束之日起六个月后方可转换为公司股票，转股期限由公司根据可转债的存续期限及公司财务状况确定。

债券持有人对转股或者不转股有选择权，并于转股的次日成为上市公司股东。

第六十三条 向特定对象发行的可转债不得采用公开的集中交易方式转让。

向特定对象发行的可转债转股的，所转股票

自可转债发行结束之日起十八个月内不得转让。

第六十四条 向不特定对象发行可转债的转股价格应当不低于募集说明书公告日前二十个交易日上市公司股票交易均价和前一个交易日均价。

向特定对象发行可转债的转股价格应当不低于认购邀请书发出前二十个交易日上市公司股票交易均价和前一个交易日的均价，且不得向下修正。

第六十五条 上市公司发行证券，应当由证券公司承销。上市公司董事会决议提前确定全部发行对象的，可以由上市公司自行销售。

第六十六条 向特定对象发行证券，上市公司及其控股股东、实际控制人、主要股东不得向发行对象做出保底保收益或者变相保底保收益承诺，也不得直接或者通过利益相关方向发行对象提供财务资助或者其他补偿。

第六章 监督管理和法律责任

第六十七条 中国证监会依法批准交易所制定的上市公司证券发行上市的审核标准、审核程序、信息披露、发行承销等方面的制度规则，指导交易所制定与发行上市审核相关的其他业务规则。

第六十八条 中国证监会建立对交易所发行上市审核工作和发行承销过程监管的监督机制，持续关注交易所审核情况和发行承销过程监管情况，监督交易所责任履行情况。

第六十九条 中国证监会对交易所发行上市审核和发行承销过程监管等相关工作进行年度例行检查。在检查过程中，可以调阅审核工作文件，提出问题、列席相关审核会议。

中国证监会选取交易所发行上市审核过程中的重大项目，定期或不定期按一定比例随机抽取交易所发行上市审核过程中的项目，同步关注交易所审核理念、标准的执行情况。中国证监会可以调阅审核工作文件、提出问题、列席相关审核会议。

对于中国证监会在检查监督过程中发现的问题，交易所应当整改。

第七十条 交易所发行上市审核工作违反本办法规定，有下列情形之一的，由中国证监会责令改正；情节严重的，追究直接责任人员相关责任：

（一）未按审核标准开展发行上市审核工作；

（二）未按审核程序开展发行上市审核工作；

（三）发现重大敏感事项、重大无先例情况、重大舆情、重大违法线索未请示报告或请示报告不及时；

（四）不配合中国证监会对发行上市审核工作和发行承销监管工作的检查监督，或者不按中国证监会的整改要求进行整改。

第七十一条 上市公司在证券发行文件中隐瞒重要事实或者编造重大虚假内容的，中国证监会可以对有关责任人员采取证券市场禁入的措施。

第七十二条 存在下列情形之一的，中国证监会可以对上市公司有关责任人员采取证券市场禁入的措施：

（一）申请文件存在虚假记载、误导性陈述或者重大遗漏；

（二）上市公司阻碍或者拒绝中国证监会、交易所依法对其实施检查、核查；

（三）上市公司及其关联方以不正当手段严重干扰发行上市审核或者发行注册工作；

（四）重大事项未报告、未披露；

（五）上市公司及其董事、监事、高级管理人员、控股股东、实际控制人的签名、盖章系伪造或者变造。

第七十三条 上市公司控股股东、实际控制人违反本办法的规定，致使上市公司所报送的申请文件和披露的信息存在虚假记载、误导性陈述或者重大遗漏，或者组织、指使上市公司进行财务造假、利润操纵或者在证券发行文件中隐瞒重要事实或者编造重大虚假内容的，中国证监会视情节轻重，可以对有关责任人员采取证券市场禁入的措施。

上市公司董事、监事和高级管理人员违反本办法规定，致使上市公司所报送的申请文件和披露的信息存在虚假记载、误导性陈述或者重大遗漏的，中国证监会视情节轻重，可以对有关责任人员采取责令改正、监管谈话、出具警示函等监管措施；情节严重的，可以采取证券市场禁入的措施。

第七十四条 保荐人及其保荐代表人等相关人员违反本办法规定，未勤勉尽责的，中国证监会视情节轻重，按照《证券发行上市保荐业务管理办法》规定采取措施。

第七十五条 证券服务机构未勤勉尽责，致使上市公司信息披露资料中与其职责有关的内容及其所出具的文件存在虚假记载、误导性陈述或者重大遗漏的，中国证监会视情节轻重，可以采取责令改正、监管谈话、出具警示函等监管措施；情节严重的，可以对有关责任人员采取证券市场禁入的措施。

第七十六条 证券服务机构及其相关人员存在下列情形之一的，中国证监会可以对有关责任人员采取证券市场禁入的措施：

（一）伪造或者变造签字、盖章；

（二）重大事项未报告或者未披露；

（三）以不正当手段干扰审核注册工作；

（四）不履行其他法定职责。

第七十七条 证券服务机构及其责任人员存在下列情形之一的，中国证监会视情节轻重，可以采取责令改正、监管谈话、出具警示函等监管措施；情节严重的，可以对有关责任人员采取证券市场禁入的措施：

（一）制作或者出具的文件不齐备或者不符合要求；

（二）擅自改动申请文件、信息披露资料或者其他已提交文件；

（三）申请文件或者信息披露资料存在相互矛盾或者同一事实表述不一致且有实质性差异；

（四）文件披露的内容表述不清，逻辑混乱，严重影响阅读理解；

（五）对重大事项未及时报告或者未及时披露。

上市公司存在前款规定情形的，中国证监会视情节轻重，可以采取责令改正、监管谈话、出具警示函等监管措施；情节严重的，可以对有关责任人员采取证券市场禁入的措施。

第七十八条 按照本办法第二十八条申请注册的，交易所和中国证监会发现上市公司或者相关中介机构及其责任人员存在相关违法违规行为的，中国证监会按照本章规定从重处罚，并可以对有关责任人员采取证券市场禁入的措施。

第七十九条 上市公司披露盈利预测，利润实现数如未达到盈利预测的百分之八十的，除因不可抗力外，其法定代表人、财务负责人应当在股东大会以及交易所网站、符合中国证监会规定条件的媒体上公开作出解释并道歉；中国证监会可以对法定代表人处以警告。

利润实现数未达到盈利预测百分之五十的，除因不可抗力外，中国证监会可以采取责令改正、监管谈话、出具警示函等监管措施。

注册会计师为上述盈利预测出具审核报告的过程中未勤勉尽责的，中国证监会视情节轻重，对相关机构和责任人员采取监管谈话等监管措施；情节严重的，给予警告等行政处罚。

第八十条 参与认购的投资者擅自转让限售期限未满的证券的，中国证监会可以责令改正，依法予以行政处罚。

第八十一条 相关主体违反本办法第六十六条规定的，中国证监会视情节轻重，可以采取责令改正、监管谈话、出具警示函等监管措施，以及证券市场禁入的措施；保荐人、证券服务机构未勤勉尽责的，中国证监会还可以对有关责任人员采取证券市场禁入的措施。

第八十二条 上市公司及其控股股东和实际控制人、董事、监事、高级管理人员，保荐人、承销商、证券服务机构及其相关执业人员、参与认购的投资者，在证券发行并上市相关的活动中存在其他违反本办法规定行为的，中国证监会视情节轻重，可以采取责令改正、监管谈话、出具警示函、责令公开说明、责令定期报告等监管措施；情节严重的，可以对有关责任人员采取证券市场禁入的措施。

第八十三条 上市公司及其控股股东、实际控制人、保荐人、证券服务机构及其相关人员违反《证券法》依法应予以行政处罚的，中国证监会依法予以处罚；涉嫌犯罪的，依法移送司法机关，追究其刑事责任。

第八十四条 交易所负责对上市公司及其控股股东、实际控制人、保荐人、承销商、证券服务机构等进行自律监管。

中国证券业协会负责制定保荐业务、发行承销自律监管规则，对保荐人、承销商、保荐代表人等进行自律监管。

交易所和中国证券业协会发现发行上市过程中存在违反自律监管规则的行为，可以对有关单位和责任人员采取一定期限不接受与证券发行相关的文件、认定为不适当人选、认定不适合从事相关业务等自律监管措施或者纪律处分。

第七章 附 则

第八十五条 符合《若干意见》等规定的红筹企业，首次公开发行股票并在交易所上市后，发行股票还应当符合本办法的规定。

符合《若干意见》等规定的红筹企业，首次公开发行存托凭证并在交易所上市后，发行以红筹企业新增证券为基础证券的存托凭证，适用《证券法》《若干意见》以及本办法关于上市公司发行股票的规定，本办法没有规定的，适用中国证监会关于存托凭证的有关规定。

发行存托凭证的红筹企业境外基础股票配股时，相关方案安排应当确保存托凭证持有人实际享有权益与境外基础股票持有人权益相当。

第八十六条 上市公司发行优先股、向员工发行证券用于激励的办法，由中国证监会另行规定。

第八十七条 上市公司向特定对象发行股票将导致上市公司控制权发生变化的，还应当符合中国证监会的其他规定。

第八十八条 依据本办法通过向特定对象发行股票取得的上市公司股份，其减持不适用《上市公司股东、董监高减持股份的若干规定》的有关规定。

第八十九条 本办法自公布之日起施行。《上市公司证券发行管理办法》（证监会令第163号）、《创业板上市公司证券发行注册管理办法（试行）》（证监会令第168号）、《科创板上市公司证券发行注册管理办法（试行）》（证监会令第171号）、《上市公司非公开发行股票实施细则》（证监会公告〔2020〕11号）同时废止。

上市公司股东发行可交换公司债券试行规定

· 2008年10月17日

· 中国证券监督管理委员会公告〔2008〕41号

为规范上市公司股东发行可交换公司债券的行为，根据《公司债券发行试点办法》，就有关事项规定如下：

一、持有上市公司股份的股东，可以经保荐人保荐，向中国证监会申请发行可交换公司债券。

可交换公司债券是指上市公司的股东依法发行、在一定期限内依据约定的条件可以交换成该股东所持有的上市公司股份的公司债券。

二、申请发行可交换公司债券，应当符合下列规定：

（一）申请人应当是符合《公司法》、《证券法》规定的有限责任公司或者股份有限公司；

（二）公司组织机构健全，运行良好，内部控制制度不存在重大缺陷；

（三）公司最近一期末的净资产额不少于人民币3亿元；

（四）公司最近3个会计年度实现的年均可分配利润不少于公司债券一年的利息；

（五）本次发行后累计公司债券余额不超过最近一期末净资产额的40%；

（六）本次发行债券的金额不超过预备用于交换的股票按募集说明书公告日前20个交易日均价计算的市值的70%，且应当将预备用于交换的股票设定为本次发行的公司债券的担保物；

（七）经资信评级机构评级，债券信用级别良好；

（八）不存在《公司债券发行试点办法》第八条规定的不得发行公司债券的情形。

三、预备用于交换的上市公司股票应当符合下列规定：

（一）该上市公司最近一期末的净资产不低于人民币15亿元，或者最近3个会计年度加权平均净资产收益率平均不低于6%。扣除非经常性损益后的净利润与扣除前的净利润相比，以低者作为加权平均净资产收益率的计算依据；

（二）用于交换的股票在提出发行申请时应当为无限售条件股份，且股东在约定的换股期间转让该部分股票不违反其对上市公司或者其他股东的承诺；

（三）用于交换的股票在本次可交换公司债券发行前，不存在被查封、扣押、冻结等财产权利被限制的情形，也不存在权属争议或者依法不得转让或设定担保的其他情形。

四、可交换公司债券的期限最短为一年，最长为6年，面值每张人民币100元，发行价格由上市公司股东和保荐人通过市场询价确定。

募集说明书可以约定赎回条款，规定上市公

司股东可以按事先约定的条件和价格赎回尚未换股的可交换公司债券。

募集说明书可以约定回售条款，规定债券持有人可以按事先约定的条件和价格将所持债券回售给上市公司股东。

五、可交换公司债券自发行结束之日起12个月后方可交换为预备交换的股票，债券持有人对交换股票或者不交换股票有选择权。

公司债券交换为每股股份的价格应当不低于公告募集说明书日前20个交易日公司股票均价和前一个交易日的均价。募集说明书应当事先约定交换价格及其调整、修正原则。若调整或修正交换价格，将造成预备用于交换的股票数量少于未偿还可交换公司债券全部换股所需股票的，公司必须事先补充提供预备用于交换的股票，并就该等股票设定担保，办理相关登记手续。

六、可交换公司债券的发行程序，按照《公司债券发行试点办法》第三章的规定办理。

债券受托管理和债券持有人权益保护事项，按照《公司债券发行试点办法》第四章的规定办理。

可交换公司债券的信用评级事项，按照《公司债券发行试点办法》第二章第十条的规定办理。

除用预备交换的股票设定担保外，发行人为本次发行的公司债券另行提供担保的，按照《公司债券发行试点办法》第二章第十一条的规定办理。

七、预备用于交换的股票及其孳息（包括资本公积转增股本、送股、分红、派息等），是本次发行可交换公司债券的担保物，用于对债券持有人交换股份和本期债券本息偿付提供担保。

在可交换公司债券发行前，公司债券受托管理人应当与上市公司股东就预备用于交换的股票签订担保合同，按照证券登记结算机构的业务规则设定担保，办理相关登记手续，将其专户存放，并取得担保权利证明文件。

当债券持有人按照约定条件交换股份时，从作为担保物的股票中提取相应数额用于支付；债券持有人部分或者全部未选择换股且上市公司股东到期未能清偿债务时，作为担保物的股票及其孳息处分所得的价款优先用于清偿对债券持有人的负债。

八、可交换公司债券持有人申请换股的，应当通过其托管证券公司向证券交易所发出换股指令，指令视同为债券受托管理人与发行人认可的解除担保指令。

九、申请发行可交换公司债券，应当按照本规定的要求编制申请文件，按照《证券法》的规定持续公开信息。编制募集说明书除应参照《公开发行证券的公司信息披露内容与格式准则第23号——公开发行公司债券募集说明书》（证监发行字〔2007〕224号）外，还应参照上市公司发行可转换公司债券募集说明书摘要的有关要求披露上市公司的重要信息。

十、拥有上市公司控制权的股东发行可交换公司债券的，应当合理确定发行方案，不得通过本次发行直接将控制权转让给他人。持有可交换公司债券的投资者因行使换股权利增持上市公司股份的，或者因持有可交换公司债券的投资者行使换股权利导致拥有上市公司控制权的股东发生变化的，相关当事人应当履行《上市公司收购管理办法》（证监会令第35号）规定的义务。

十一、可交换公司债券的上市交易、换股、回售、赎回、登记结算等事项，按照证券交易所和证券登记结算机构的有关规定办理。

十二、本规定未尽事项，按照中国证监会的其他有关规定办理。

十三、本规定自公布之日起施行。

附录：发行可交换公司债券申请文件目录（略）

证券发行与承销管理办法

· 2023年2月17日中国证券监督管理委员会令第208号公布

· 自公布之日起施行

第一章 总 则

第一条 为规范证券发行与承销行为，保护投资者合法权益，根据《中华人民共和国证券法》（以下简称《证券法》）和《中华人民共和国公司法》，制定本办法。

第二条 发行人在境内发行股票、存托凭证或者可转换公司债券（以下统称证券），证券公司在境内承销证券以及投资者认购境内发行的证券，首次公开发行证券时公司股东向投资者公开发售其所持股份(以下简称老股转让),适用本办法。中国证券监督管理委员会(以下简称中国证监会)另有规定的,从其规定。

存托凭证境外基础证券发行人应当履行本办法中发行人的义务,承担相应的法律责任。

第三条 中国证监会依法对证券发行与承销行为进行监督管理。证券交易所、证券登记结算机构和中国证券业协会应当制定相关业务规则,规范证券发行与承销行为。

中国证监会依法批准证券交易所制定的发行承销制度规则,建立对证券交易所发行承销过程监管的监督机制,持续关注证券交易所发行承销过程监管情况。

证券交易所对证券发行承销过程实施监管,对发行人及其控股股东、实际控制人、董事、监事、高级管理人员,承销商、证券服务机构、投资者等进行自律管理。

中国证券业协会负责对承销商、网下投资者进行自律管理。

第四条 证券公司承销证券,应当依据本办法以及中国证监会有关风险控制和内部控制等相关规定,制定严格的风险管理制度和内部控制制度,加强定价和配售过程管理,落实承销责任。

为证券发行出具相关文件的证券服务机构和人员,应当按照本行业公认的业务标准和道德规范,严格履行法定职责,对其所出具文件的真实性、准确性和完整性承担责任。

第二章 定价与配售

第五条 首次公开发行证券,可以通过询价的方式确定证券发行价格,也可以通过发行人与主承销商自主协商直接定价等其他合法可行的方式确定发行价格。发行人和主承销商应当在招股意向书(或招股说明书,下同)和发行公告中披露本次发行证券的定价方式。

首次公开发行证券通过询价方式确定发行价格的,可以初步询价后确定发行价格,也可以在初步询价确定发行价格区间后,通过累计投标询价确定发行价格。

第六条 首次公开发行证券发行数量二千万股(份)以下且无老股转让计划的,发行人和主承销商可以通过直接定价的方式确定发行价格。发行人尚未盈利的,应当通过向网下投资者询价方式确定发行价格,不得直接定价。

通过直接定价方式确定的发行价格对应市盈率不得超过同行业上市公司二级市场平均市盈率;已经或者同时境外发行的,通过直接定价方式确定的发行价格还不得超过发行人境外市场价格。

首次公开发行证券采用直接定价方式的,除本办法第二十三条第三款规定的情形外全部向网上投资者发行,不进行网下询价和配售。

第七条 首次公开发行证券采用询价方式的,应当向证券公司、基金管理公司、期货公司、信托公司、保险公司、财务公司、合格境外投资者和私募基金管理人等专业机构投资者,以及经中国证监会批准的证券交易所规则规定的其他投资者询价。上述询价对象统称网下投资者。

网下投资者应当具备丰富的投资经验、良好的定价能力和风险承受能力,向中国证券业协会注册,接受中国证券业协会的自律管理,遵守中国证券业协会的自律规则。

发行人和主承销商可以在符合中国证监会相关规定和证券交易所、中国证券业协会自律规则前提下,协商设置网下投资者的具体条件,并在发行公告中预先披露。主承销商应当对网下投资者是否符合预先披露的条件进行核查,对不符合条件的投资者,应当拒绝或剔除其报价。

第八条 首次公开发行证券采用询价方式的,主承销商应当遵守中国证券业协会关于投资价值研究报告的规定,向网下投资者提供投资价值研究报告。

第九条 首次公开发行证券采用询价方式的,符合条件的网下投资者可以自主决定是否报价。符合条件的网下投资者报价的,主承销商无正当理由不得拒绝。网下投资者应当遵循独立、客观、诚信的原则合理报价,不得协商报价或者故意压低、抬高价格。

网下投资者参与报价时,应当按照中国证券业协会的规定持有一定金额的非限售股份或存托凭证。

参与询价的网下投资者可以为其管理的不同配售对象分别报价,具体适用证券交易所规定。首次公开发行证券发行价格或价格区间确定后,提供有效报价的投资者方可参与申购。

第十条 首次公开发行证券采用询价方式

的，网下投资者报价后，发行人和主承销商应当剔除拟申购总量中报价最高的部分，然后根据剩余报价及拟申购数量协商确定发行价格。剔除部分的配售对象不得参与网下申购。最高报价剔除的具体要求适用证券交易所相关规定。

公开发行证券数量在四亿股（份）以下的，有效报价投资者的数量不少于十家；公开发行证券数量超过四亿股（份）的，有效报价投资者的数量不少于二十家。剔除最高报价部分后有效报价投资者数量不足的，应当中止发行。

第十一条 首次公开发行证券时，发行人和主承销商可以自主协商确定有效报价条件、配售原则和配售方式，并按照事先确定的配售原则在有效申购的网下投资者中选择配售证券的对象。

第十二条 首次公开发行证券采用询价方式在主板上市的，公开发行后总股本在四亿股（份）以下的，网下初始发行比例不低于本次公开发行证券数量的百分之六十；公开发行后总股本超过四亿股（份）或者发行人尚未盈利的，网下初始发行比例不低于本次公开发行证券数量的百分之七十。首次公开发行证券采用询价方式在科创板、创业板上市的，公开发行后总股本在四亿股（份）以下的，网下初始发行比例不低于本次公开发行证券数量的百分之七十；公开发行后总股本超过四亿股（份）或者发行人尚未盈利的，网下初始发行比例不低于本次公开发行证券数量的百分之八十。

发行人和主承销商应当安排不低于本次网下发行证券数量的一定比例的证券优先向公募基金、社保基金、养老金、年金基金、保险资金和合格境外投资者资金等配售，网下优先配售比例下限遵守证券交易所相关规定。公募基金、社保基金、养老金、年金基金、保险资金和合格境外投资者资金有效申购不足安排数量的，发行人和主承销商可以向其他符合条件的网下投资者配售剩余部分。

对网下投资者进行分类配售的，同类投资者获得配售的比例应当相同。公募基金、社保基金、养老金、年金基金、保险资金和合格境外投资者资金的配售比例应当不低于其他投资者。

安排战略配售的，应当扣除战略配售部分后确定网下网上发行比例。

第十三条 首次公开发行证券，网下投资者应当结合行业监管要求、资产规模等合理确定申购金额，不得超资产规模申购，承销商应当认定超资产规模的申购为无效申购。

第十四条 首次公开发行证券采用询价方式的，发行人和主承销商可以安排一定比例的网下发行证券设置一定期限的限售期，具体安排适用证券交易所规定。

第十五条 首次公开发行证券采用询价方式的，网上投资者有效申购数量超过网上初始发行数量一定倍数的，应当从网下向网上回拨一定数量的证券。有效申购倍数、回拨比例及回拨后无限售期网下发行证券占本次公开发行证券数量比例由证券交易所规定。

网上投资者申购数量不足网上初始发行数量的，发行人和主承销商可以将网上发行部分向网下回拨。

网下投资者申购数量不足网下初始发行数量的，发行人和主承销商不得将网下发行部分向网上回拨，应当中止发行。

第十六条 首次公开发行证券，网上投资者应当持有一定数量非限售股份或存托凭证，并自主表达申购意向，不得概括委托证券公司进行证券申购。采用其他方式进行网上申购和配售的，应当符合中国证监会的有关规定。

第十七条 首次公开发行证券的网下发行应当和网上发行同时进行，网下和网上投资者在申购时无需缴付申购资金。

网上申购时仅公告发行价格区间、未确定发行价格的，主承销商应当安排投资者按价格区间上限申购。

投资者应当自行选择参与网下或网上发行，不得同时参与。

第十八条 首次公开发行证券，市场发生重大变化的，发行人和主承销商可以要求网下投资者缴纳保证金，保证金占拟申购金额比例上限由证券交易所规定。

第十九条 网下和网上投资者申购证券获得配售后，应当按时足额缴付认购资金。网上投资者在一定期限内多次未足额缴款的，由中国证券业协会会同证券交易所进行自律管理。

除本办法规定的中止发行情形外，发行人和主承销商还可以在符合中国证监会和证券交易所相关规定前提下约定中止发行的其他具体情形并预先披露。中止发行后，在注册文件有效期内，经向证券交易所报备，可以重新启动发行。

第二十条 首次公开发行证券，市场发生重大变化，投资者弃购数量占本次公开发行证券数量的比例较大的，发行人和主承销商可以就投资者弃购部分向网下投资者进行二次配售，具体要求适用证券交易所规定。

第二十一条 首次公开发行证券，可以实施战略配售。

参与战略配售的投资者不得参与本次公开发行证券网上发行与网下发行，但证券投资基金管理人管理的未参与战略配售的公募基金、社保基金、养老金、年金基金除外。参与战略配售的投资者应当按照最终确定的发行价格认购其承诺认购数量的证券，并承诺获得本次配售的证券持有期限不少于十二个月，持有期限自本次公开发行的证券上市之日起计算。

参与战略配售的投资者在承诺的持有期限内，可以按规定向证券金融公司借出获得配售的证券。借出期限届满后，证券金融公司应当将借入的证券返还给参与战略配售的投资者。

参与战略配售的投资者应当使用自有资金认购，不得接受他人委托或者委托他人参与配售，但依法设立并符合特定投资目的的证券投资基金等除外。

第二十二条 首次公开发行证券实施战略配售的，参与战略配售的投资者的数量应当不超过三十五名，战略配售证券数量占本次公开发行证券数量的比例应当不超过百分之五十。

发行人和主承销商应当根据本次公开发行证券数量、证券限售安排等情况，合理确定参与战略配售的投资者数量和配售比例，保障证券上市后必要的流动性。

发行人应当与参与战略配售的投资者事先签署配售协议。主承销商应当对参与战略配售的投资者的选取标准、配售资格等进行核查，要求发行人、参与战略配售的投资者就核查事项出具承诺函，并聘请律师事务所出具法律意见书。

发行人和主承销商应当在发行公告中披露参与战略配售的投资者的选择标准、向参与战略配售的投资者配售的证券数量、占本次公开发行证券数量的比例以及持有期限等。

第二十三条 发行人的高级管理人员与核心员工可以通过设立资产管理计划参与战略配售。前述资产管理计划获配的证券数量不得超过本次公开发行证券数量的百分之十。

发行人的高级管理人员与核心员工按照前款规定参与战略配售的，应当经发行人董事会审议通过，并在招股说明书中披露参与人员的姓名、担任职务、参与比例等事项。

保荐人的相关子公司或者保荐人所属证券公司的相关子公司参与发行人证券配售的具体规则由证券交易所另行规定。

第二十四条 首次公开发行证券，发行人和主承销商可以在发行方案中采用超额配售选择权。采用超额配售选择权发行证券的数量不得超过首次公开发行证券数量的百分之十五。超额配售选择权的实施应当遵守证券交易所、证券登记结算机构和中国证券业协会的规定。

第二十五条 首次公开发行证券时公司股东公开发售股份的，公司股东应当遵循平等自愿的原则协商确定首次公开发行时公司股东之间各自公开发售股份的数量。公司股东公开发售股份的发行价格应当与公司发行股份的价格相同。

首次公开发行证券时公司股东公开发售的股份，公司股东已持有时间应当在三十六个月以上。

公司股东公开发售股份的，股份发售后，公司的股权结构不得发生重大变化，实际控制人不得发生变更。

公司股东公开发售股份的具体办法由证券交易所规定。

第二十六条 首次公开发行证券网下配售时，发行人和主承销商不得向下列对象配售证券：

（一）发行人及其股东、实际控制人、董事、监事、高级管理人员和其他员工；发行人及其股东、实际控制人、董事、监事、高级管理人员能够直接或间接实施控制、共同控制或施加重大影响的公司，以及该公司控股股东、控股子公司和控股股东控制的其他子公司；

（二）主承销商及其持股比例百分之五以上的股东，主承销商的董事、监事、高级管理人员和其他员工；主承销商及其持股比例百分之五以上的股东、董事、监事、高级管理人员能够直接或间接实施控制、共同控制或施加重大影响的公司，以及该公司控股股东、控股子公司和控股股东控制的其他子公司；

(三)承销商及其控股股东、董事、监事、高级管理人员和其他员工;

(四)本条第(一)、(二)、(三)项所述人士的关系密切的家庭成员,包括配偶、子女及其配偶、父母及配偶的父母、兄弟姐妹及其配偶、配偶的兄弟姐妹、子女配偶的父母;

(五)过去六个月内与主承销商存在保荐、承销业务关系的公司及其持股百分之五以上的股东、实际控制人、董事、监事、高级管理人员,或已与主承销商签署保荐、承销业务合同或达成相关意向的公司及其持股百分之五以上的股东、实际控制人、董事、监事、高级管理人员;

(六)通过配售可能导致不当行为或不正当利益的其他自然人、法人和组织。

本条第(二)、(三)项规定的禁止配售对象管理的公募基金、社保基金、养老金、年金基金不受前款规定的限制,但应当符合中国证监会和国务院其他主管部门的有关规定。

第二十七条 发行人和承销商及相关人员不得有下列行为:

(一)泄露询价和定价信息;

(二)劝诱网下投资者抬高报价,干扰网下投资者正常报价和申购;

(三)以提供透支、回扣或者中国证监会认定的其他不正当手段诱使他人申购证券;

(四)以代持、信托持股等方式谋取不正当利益或向其他相关利益主体输送利益;

(五)直接或通过其利益相关方向参与认购的投资者提供财务资助或者补偿;

(六)以自有资金或者变相通过自有资金参与网下配售;

(七)与网下投资者互相串通,协商报价和配售;

(八)收取网下投资者回扣或其他相关利益;

(九)以任何方式操纵发行定价。

第三章 证券承销

第二十八条 证券公司承销证券,应当依照《证券法》第二十六条的规定采用包销或者代销方式。

发行人和主承销商应当签订承销协议,在承销协议中界定双方的权利义务关系,约定明确的承销基数。采用包销方式的,应当明确包销责任;采用代销方式的,应当约定发行失败后的处理措施。

证券发行由承销团承销的,组成承销团的承销商应当签订承销团协议,由主承销商负责组织承销工作。证券发行由两家以上证券公司联合主承销的,所有担任主承销商的证券公司应当共同承担主承销责任,履行相关义务。承销团由三家以上承销商组成的,可以设副主承销商,协助主承销商组织承销活动。

证券公司不得以不正当竞争手段招揽承销业务。承销团成员应当按照承销团协议及承销协议的规定进行承销活动,不得进行虚假承销。

第二十九条 证券发行采用代销方式的,应当在发行公告或者认购邀请书中披露发行失败后的处理措施。证券发行失败后,主承销商应当协助发行人按照发行价并加算银行同期存款利息返还证券认购人。

第三十条 证券公司实施承销前,应当向证券交易所报送发行与承销方案。

第三十一条 投资者申购缴款结束后,发行人和主承销商应当聘请符合《证券法》规定的会计师事务所对申购和募集资金进行验证,并出具验资报告;应当聘请符合《证券法》规定的律师事务所对网下发行过程、配售行为、参与定价和配售的投资者资质条件及其与发行人和承销商的关联关系、资金划拨等事项进行见证,并出具专项法律意见书。

首次公开发行证券和上市公司向不特定对象发行证券在证券上市之日起十个工作日内,上市公司向特定对象发行证券在验资完成之日起十个工作日内,主承销商应当将验资报告、专项法律意见书、承销总结报告等文件一并通过证券交易所向中国证监会备案。

第四章 上市公司证券发行与承销的特别规定

第三十二条 上市公司向特定对象发行证券未采用自行销售方式或者上市公司向原股东配售股份(以下简称配股)的,应当采用代销方式。

上市公司向特定对象发行证券采用自行销售方式的,应当遵守中国证监会和证券交易所的相关规定。

第三十三条 上市公司发行证券,存在利润分配方案、公积金转增股本方案尚未提交股东大会表决或者虽经股东大会表决通过但未实施的，应当在方案实施后发行。相关方案实施前，主承销商不得承销上市公司发行的证券。

利润分配方案实施完毕时间为股息、红利发放日，公积金转增股本方案实施完毕时间为除权日。

第三十四条 上市公司配股的，应当向股权登记日登记在册的股东配售，且配售比例应当相同。

上市公司向不特定对象募集股份（以下简称增发）或者向不特定对象发行可转换公司债券的，可以全部或者部分向原股东优先配售，优先配售比例应当在发行公告中披露。

网上投资者在申购可转换公司债券时无需缴付申购资金。

第三十五条 上市公司增发或者向不特定对象发行可转换公司债券的，经审慎评估，主承销商可以对参与网下配售的机构投资者进行分类，对不同类别的机构投资者设定不同的配售比例，对同一类别的机构投资者应当按相同的比例进行配售。主承销商应当在发行公告中明确机构投资者的分类标准。

主承销商未对机构投资者进行分类的，应当在网下配售和网上发行之间建立回拨机制，回拨后两者的获配比例应当一致。

第三十六条 上市公司和主承销商可以在增发发行方案中采用超额配售选择权，具体比照本办法第二十四条执行。

第三十七条 上市公司向不特定对象发行证券的，应当比照本办法第十三条关于首次公开发行证券网下投资者不得超资产规模申购、第二十条关于首次公开发行证券二次配售的规定执行。

第三十八条 上市公司向特定对象发行证券的，上市公司及其控股股东、实际控制人、主要股东不得向发行对象做出保底保收益或者变相保底保收益承诺，也不得直接或者通过利益相关方向发行对象提供财务资助或者其他补偿。

第三十九条 上市公司向特定对象发行证券采用竞价方式的，认购邀请书内容、认购邀请书发送对象范围、发行价格及发行对象的确定原则等应当符合中国证监会及证券交易所相关规定，上市公司和主承销商的控股股东、实际控制人、董事、监事、高级管理人员及其控制或者施加重大影响的关联方不得参与竞价。

第四十条 上市公司发行证券期间相关证券的停复牌安排，应当遵守证券交易所的相关业务规则。

第五章 信息披露

第四十一条 发行人和主承销商在发行过程中，应当按照中国证监会规定的要求编制信息披露文件，履行信息披露义务。发行人和承销商在发行过程中披露的信息，应当真实、准确、完整、及时，不得有虚假记载、误导性陈述或者重大遗漏。

第四十二条 首次公开发行证券申请文件受理后至发行人发行申请经中国证监会注册、依法刊登招股意向书前，发行人及与本次发行有关的当事人不得采取任何公开方式或变相公开方式进行与证券发行相关的推介活动，也不得通过其他利益关联方或委托他人等方式进行相关活动。

第四十三条 首次公开发行证券招股意向书刊登后，发行人和主承销商可以向网下投资者进行推介和询价，并通过互联网等方式向公众投资者进行推介。

发行人和主承销商向公众投资者进行推介时，向公众投资者提供的发行人信息的内容及完整性应当与向网下投资者提供的信息保持一致。

第四十四条 发行人和主承销商在推介过程中不得夸大宣传，或者以虚假广告等不正当手段诱导、误导投资者，不得披露除招股意向书等公开信息以外的发行人其他信息。

承销商应当保留推介、定价、配售等承销过程中的相关资料至少三年并存档备查，包括推介宣传材料、路演现场录音等，如实、全面反映询价、定价和配售过程。

第四十五条 发行人和主承销商在发行过程中公告的信息，应当在证券交易所网站和符合中国证监会规定条件的媒体发布，同时将其置备于公司住所、证券交易所，供社会公众查阅。

第四十六条 发行人披露的招股意向书除不含发行价格、筹资金额以外，其内容与格式应当与招股说明书一致，并与招股说明书具有同等法律效力。

第四十七条 首次公开发行证券的发行人和主承销商应当在发行和承销过程中公开披露以下

信息,并遵守证券交易所的相关规定:

(一)招股意向书刊登首日,应当在发行公告中披露发行定价方式、定价程序、参与网下询价投资者条件、证券配售原则、配售方式、有效报价的确定方式、中止发行安排、发行时间安排和路演推介相关安排等信息;发行人股东进行老股转让的,还应当披露预计老股转让的数量上限,老股转让股东名称及各自转让老股数量,并明确新股发行与老股转让数量的调整机制;

(二)网上申购前,应当披露每位网下投资者的详细报价情况,包括投资者名称、申购价格及对应的拟申购数量;剔除最高报价有关情况;剔除最高报价后网下投资者报价的中位数和加权平均数以及公募基金、社保基金、养老金、年金基金、保险资金和合格境外投资者资金报价的中位数和加权平均数;有效报价和发行价格或者价格区间的确定过程;发行价格或者价格区间及对应的市盈率;按照发行价格计算的募集资金情况,所筹资金不能满足使用需求的,还应当披露相关投资风险;网下网上的发行方式和发行数量;回拨机制;中止发行安排;申购缴款要求等。已公告老股转让方案的,还应当披露老股转让和新股发行的确定数量,老股转让股东名称及各自转让老股数量,并提示投资者关注,发行人将不会获得老股转让部分所得资金;

(三)采用询价方式且存在以下情形之一的,应当在网上申购前发布投资风险特别公告,详细说明定价合理性,提示投资者注意投资风险:发行价格对应市盈率超过同行业上市公司二级市场平均市盈率的;发行价格超过剔除最高报价后网下投资者报价的中位数和加权平均数,以及剔除最高报价后公募基金、社保基金、养老金、年金基金、保险资金和合格境外投资者资金报价中位数和加权平均数的孰低值的;发行价格超过境外市场价格的;发行人尚未盈利的;

(四)在发行结果公告中披露获配投资者名称以及每个获配投资者的报价、申购数量和获配数量等,并明确说明自主配售的结果是否符合事先公布的配售原则;对于提供有效报价但未参与申购,或实际申购数量明显少于报价时拟申购量的投资者应当列表公示并着重说明;披露网上、网下投资者获配未缴款金额以及主承销商的包销比例,列表公示获得配售但未足额缴款的网下投资者;披露保荐费用、承销费用、其他中介费用等发行费用信息;

(五)实施战略配售的,应当在网下配售结果公告中披露参与战略配售的投资者的名称、认购数量及持有期限等情况。

第四十八条 发行人和主承销商在披露发行市盈率时,应当同时披露发行市盈率的计算方式。在进行市盈率比较分析时,应当合理确定发行人行业归属,并分析说明行业归属的依据。存在多个市盈率口径时,应当充分列示可供选择的比较基准,并按照审慎、充分提示风险的原则选取和披露行业平均市盈率。发行人还可以同时披露市净率等反映发行人所在行业特点的估值指标。

发行人尚未盈利的,可以不披露发行市盈率及与同行业市盈率比较的相关信息,但应当披露市销率、市净率等反映发行人所在行业特点的估值指标。

第六章 监督管理和法律责任

第四十九条 证券交易所应当建立内部防火墙制度,发行承销监管部门与其他部门隔离运行。

证券交易所应当建立定期报告制度,及时总结发行承销监管的工作情况,并向中国证监会报告。

发行承销涉嫌违法违规或者存在异常情形的,证券交易所应当及时调查处理。发现违法违规情形的,可以按照自律监管规则对有关单位和责任人员采取一定期限内不接受与证券承销业务相关的文件、认定为不适当人选等自律监管措施或纪律处分。

证券交易所在发行承销监管过程中,发现重大敏感事项、重大无先例情况、重大舆情、重大违法线索的,应当及时向中国证监会请示报告。

第五十条 中国证券业协会应当建立对承销商询价、定价、配售行为和网下投资者报价、申购行为的日常监管制度,加强相关行为的监督检查,发现违法违规情形的,可以按照自律监管规则对有关单位和责任人员采取认定不适合从事相关业务等自律监管措施或者纪律处分。

中国证券业协会应当建立对网下投资者和承销商的跟踪分析和评价体系,并根据评价结果采取奖惩措施。

第五十一条 证券公司承销擅自公开发行或

者变相公开发行的证券的，中国证监会可以采取本办法第五十五条规定的措施。依法应予行政处罚的，依照《证券法》第一百八十三条的规定处罚。

第五十二条 证券公司及其直接负责的主管人员和其他直接责任人员在承销证券过程中，有下列行为之一的，中国证监会可以采取本办法第五十五条规定的监管措施；依法应予行政处罚的，依照《证券法》第一百八十四条的规定予以处罚：

（一）进行虚假的或者误导投资者的广告宣传或者其他宣传推介活动；

（二）以不正当竞争手段招揽承销业务；

（三）从事本办法第二十七条规定禁止的行为；

（四）向不符合本办法第七条规定的网下投资者配售证券，或向本办法第二十六条规定禁止配售的对象配售证券；

（五）未按本办法要求披露有关文件；

（六）未按照事先披露的原则和方式配售证券，或其他未依照披露文件实施的行为；

（七）向投资者提供除招股意向书等公开信息以外的发行人其他信息；

（八）未按照本办法要求保留推介、定价、配售等承销过程中相关资料；

（九）其他违反证券承销业务规定的行为。

第五十三条 发行人及其直接负责的主管人员和其他直接责任人员有下列行为之一的，中国证监会可以采取本办法第五十五条规定的监管措施；违反《证券法》相关规定的，依法进行行政处罚：

（一）从事本办法第二十七条规定禁止的行为；

（二）夸大宣传，或者以虚假广告等不正当手段诱导、误导投资者；

（三）向投资者提供除招股意向书等公开信息以外的发行人信息。

第五十四条 公司股东公开发售股份违反本办法第二十五条规定的，中国证监会可以采取本办法第五十五条规定的监管措施；违反法律、行政法规、中国证监会其他规定和证券交易所规则规定的，依法进行查处；涉嫌犯罪的，依法移送司法机关，追究刑事责任。

第五十五条 发行人及其控股股东和实际控制人、证券公司、证券服务机构、投资者及其直接负责的主管人员和其他直接责任人员有失诚信，存在其他违反法律、行政法规或者本办法规定的行为的，中国证监会可以视情节轻重采取责令改正、监管谈话、出具警示函、责令公开说明等监管措施；情节严重的，可以对有关责任人员采取证券市场禁入措施；依法应予行政处罚的，依照有关规定进行处罚；涉嫌犯罪的，依法移送司法机关，追究其刑事责任。

第五十六条 中国证监会发现发行承销涉嫌违法违规或者存在异常情形的，可以要求证券交易所对相关事项进行调查处理，或者直接责令发行人和承销商暂停或者中止发行。

第五十七条 中国证监会发现证券交易所自律监管措施或者纪律处分失当的，可以责令证券交易所改正。

中国证监会对证券交易所发行承销过程监管工作进行年度例行检查，定期或者不定期按一定比例对证券交易所发行承销过程监管等相关工作进行抽查。

对于中国证监会在检查和抽查过程中发现的问题，证券交易所应当整改。

证券交易所发现重大敏感事项、重大无先例情况、重大舆情、重大违法线索未向中国证监会请示报告或者请示报告不及时，不配合中国证监会对发行承销监管工作的检查、抽查或者不按中国证监会的整改要求进行整改的，由中国证监会责令改正；情节严重的，追究直接责任人员相关责任。

第五十八条 中国证监会将遵守本办法的情况记入证券市场诚信档案，会同有关部门加强信息共享，依法实施守信激励与失信惩戒。

第七章 附 则

第五十九条 北京证券交易所的证券发行与承销适用中国证监会其他相关规定。

上市公司向不特定对象发行优先股的发行程序参照本办法关于上市公司增发的相关规定执行，向特定对象发行优先股的发行程序参照本办法关于上市公司向特定对象发行证券的相关规定执行，《优先股试点管理办法》或者中国证监会另有规定的，从其规定。

第六十条 本办法所称“公募基金”是指通过公开募集方式设立的证券投资基金；“社保基金”

是指全国社会保障基金；“养老金”是指基本养老保险基金；“年金基金”是指企业年金基金和职业年金基金；“保险资金”是指符合《保险资金运用管理办法》等规定的保险资金。

本办法所称“同行业上市公司二级市场平均市盈率”按以下原则确定：

（一）中证指数有限公司发布的同行业最近一个月静态平均市盈率；

（二）中证指数有限公司未发布本款第（一）项市盈率的，可以由主承销商计算不少于三家同行业可比上市公司的二级市场最近一个月静态平均市盈率得出。

本办法所称“以上”“以下”“不少于”“不超过”“低于”均含本数，所称“超过”“不足”均不含本数。

第六十一条 本办法自公布之日起施行。

公司债券发行与交易管理办法

· 2021年2月26日中国证券监督管理委员会令第180号公布

· 自公布之日起施行

第一章 总 则

第一条 为了规范公司债券的发行、交易或转让行为，保护投资者的合法权益和社会公共利益，根据《证券法》《公司法》和其他相关法律法规，制定本办法。

第二条 在中华人民共和国境内，公开发行公司债券并在证券交易所、全国中小企业股份转让系统交易，非公开发行公司债券并在证券交易所、全国中小企业股份转让系统、证券公司柜台转让的，适用本办法。法律法规和中国证券监督管理委员会（以下简称中国证监会）另有规定的，从其规定。本办法所称公司债券，是指公司依照法定程序发行、约定在一定期限还本付息的有价证券。

第三条 公司债券可以公开发行，也可以非公开发行。

第四条 发行人及其他信息披露义务人应当及时、公平地履行披露义务，所披露或者报送的信息必须真实、准确、完整，简明清晰，通俗易懂，不得有虚假记载、误导性陈述或者重大遗漏。

第五条 发行人及其控股股东、实际控制人应当诚实守信，发行人的董事、监事、高级管理人员应当勤勉尽责，维护债券持有人享有的法定权利和债券募集说明书约定的权利。

发行人及其控股股东、实际控制人、董事、监事、高级管理人员不得怠于履行偿债义务或者通过财产转移、关联交易等方式逃废债务，蓄意损害债券持有人权益。

第六条 为公司债券发行提供服务的承销机构、受托管理人，以及资信评级机构、会计师事务所、资产评估机构、律师事务所等专业机构和人员应当勤勉尽责，严格遵守执业规范和监管规则，按规定和约定履行义务。

发行人及其控股股东、实际控制人应当全面配合承销机构、受托管理人、证券服务机构的相关工作。

第七条 发行人、承销机构及其相关工作人员在发行定价和配售过程中，不得有违反公平竞争、进行利益输送、直接或间接谋取不正当利益以及其他破坏市场秩序的行为。

第八条 中国证监会对公司债券发行的注册，证券交易所对公司债券发行出具的审核意见，或者中国证券业协会按照本办法对公司债券发行的报备，不表明其对发行人的经营风险、偿债风险、诉讼风险以及公司债券的投资风险或收益等作出判断或者保证。公司债券的投资风险，由投资者自行承担。

第九条 中国证监会依法对公司债券的发行及其交易或转让活动进行监督管理。证券自律组织依照相关规定对公司债券的发行、上市交易或挂牌转让、登记结算、承销、尽职调查、信用评级、受托管理及增信等进行自律管理。

证券自律组织应当制定相关业务规则，明确公司债券发行、承销、报备、上市交易或挂牌转让、信息披露、登记结算、投资者适当性管理、持有人会议及受托管理等具体规定，报中国证监会批准或备案。

第二章 发行和交易转让的一般规定

第十条 发行公司债券，发行人应当依照《公司法》或者公司章程相关规定对以下事项作出决议：

（一）发行债券的金额；

（二）发行方式；

（三）债券期限；

（四）募集资金的用途；

（五）其他按照法律法规及公司章程规定需要明确的事项。

发行公司债券，如果对增信机制、偿债保障措施作出安排的，也应当在决议事项中载明。

第十一条 发行公司债券，可以附认股权、可转换成相关股票等条款。上市公司、股票公开转让的非上市公众公司股东可以发行附可交换成上市公司或非上市公众公司股票条款的公司债券。商业银行等金融机构可以按照有关规定发行公司债券补充资本。上市公司发行附认股权、可转换成股票条款的公司债券，应当符合上市公司证券发行管理的相关规定。股票公开转让的非上市公众公司发行附认股权、可转换成股票条款的公司债券，由中国证监会另行规定。

第十二条 根据财产状况、金融资产状况、投资知识和经验、专业能力等因素，公司债券投资者可以分为普通投资者和专业投资者。专业投资者的标准按照中国证监会的相关规定执行。

证券自律组织可以在中国证监会相关规定的基础上，设定更为严格的投资者适当性要求。

发行人的董事、监事、高级管理人员及持股比例超过百分之五的股东，可视同专业投资者参与发行人相关公司债券的认购或交易、转让。

第十三条 公开发行公司债券筹集的资金，必须按照公司债券募集说明书所列资金用途使用；改变资金用途，必须经债券持有人会议作出决议。非公开发行公司债券，募集资金应当用于约定的用途；改变资金用途，应当履行募集说明书约定的程序。

公开发行公司债券筹集的资金，不得用于弥补亏损和非生产性支出。发行人应当指定专项账户，用于公司债券募集资金的接收、存储、划转。

第三章 公开发行及交易

第一节 注册规定

第十四条 公开发行公司债券，应当符合下列条件：

（一）具备健全且运行良好的组织机构；

（二）最近三年平均可分配利润足以支付公司债券一年的利息；

（三）具有合理的资产负债结构和正常的现金流量；

（四）国务院规定的其他条件。

公开发行公司债券，由证券交易所负责受理、审核，并报中国证监会注册。

第十五条 存在下列情形之一的，不得再次公开发行公司债券：

（一）对已公开发行的公司债券或者其他债务有违约或者延迟支付本息的事实，仍处于继续状态；

（二）违反《证券法》规定，改变公开发行公司债券所募资金用途。

第十六条 资信状况符合以下标准的公开发行公司债券，专业投资者和普通投资者可以参与认购：

（一）发行人最近三年无债务违约或者延迟支付本息的事实；

（二）发行人最近三年平均可分配利润不少于债券一年利息的 1.5 倍；

（三）发行人最近一期末净资产规模不少于 250 亿元；

（四）发行人最近 36 个月内累计公开发行债券不少于 3 期，发行规模不少于 100 亿元；

（五）中国证监会根据投资者保护的需要规定的其他条件。

未达到前款规定标准的公开发行公司债券，仅限于专业投资者参与认购。

第二节 注册程序

第十七条 发行人公开发行公司债券，应当按照中国证监会有关规定制作注册申请文件，由发行人向证券交易所申报。

证券交易所收到注册申请文件后，在五个工作日内作出是否受理的决定。

第十八条 自注册申请文件受理之日起，发行人及其控股股东、实际控制人、董事、监事、高级管理人员，以及与本次债券公开发行并上市相关的主承销商、证券服务机构及相关责任人员，即承担相应法律责任。

第十九条 注册申请文件受理后，未经中国证监会或者证券交易所同意，不得改动。

发生重大事项的，发行人、主承销商、证券服务机构应当及时向证券交易所报告，并按要求更新注册申请文件和信息披露资料。

第二十条 证券交易所负责审核发行人公开发行公司债券并上市申请。

证券交易所主要通过向发行人提出审核问询、发行人回答问题方式开展审核工作，判断发行人是否符合发行条件、上市条件和信息披露要求。

第二十一条 证券交易所按照规定的条件和程序，提出审核意见。认为发行人符合发行条件和信息披露要求的，将审核意见、注册申请文件及相关审核资料报送中国证监会履行发行注册程序。认为发行人不符合发行条件或信息披露要求的，作出终止发行上市审核决定。

第二十二条 证券交易所应当建立健全审核机制，提高审核工作透明度，公开审核工作相关事项，接受社会监督。

第二十三条 中国证监会收到证券交易所报送的审核意见、发行人注册申请文件及相关审核资料后，履行发行注册程序。中国证监会认为存在需要进一步说明或者落实事项的，可以问询或要求证券交易所进一步问询。

中国证监会认为证券交易所的审核意见依据不充分的，可以退回证券交易所补充审核。

第二十四条 证券交易所应当自受理注册申请文件之日起二个月内出具审核意见，中国证监会应当自证券交易所受理注册申请文件之日起三个月内作出同意注册或者不予注册的决定。发行人根据中国证监会、证券交易所要求补充、修改注册申请文件的时间不计算在内。

第二十五条 公开发行公司债券，可以申请一次注册，分期发行。中国证监会同意注册的决定自作出之日起两年内有效，发行人应当在注册决定有效期内发行公司债券，并自主选择发行时点。

公开发行公司债券的募集说明书自最后签署之日起六个月内有效。发行人应当及时更新债券募集说明书等公司债券发行文件，并在每期发行前报证券交易所备案。

第二十六条 中国证监会作出注册决定后，主承销商及证券服务机构应当持续履行尽职调查职责；发生重大事项的，发行人、主承销商、证券服务机构应当及时向证券交易所报告。

证券交易所应当对上述事项及时处理，发现发行人存在重大事项影响发行条件、上市条件的，应当出具明确意见并及时向中国证监会报告。

第二十七条 中国证监会作出注册决定后、发行人公司债券上市前，发现可能影响本次发行的重大事项的，中国证监会可以要求发行人暂缓或者暂停发行、上市；相关重大事项导致发行人不符合发行条件的，可以撤销注册。

中国证监会撤销注册后，公司债券尚未发行的，发行人应当停止发行；公司债券已经发行尚未上市的，发行人应当按照发行价并加算银行同期存款利息返还债券持有人。

第二十八条 中国证监会应当按规定公开公司债券发行注册行政许可事项相关的监管信息。

第二十九条 存在下列情形之一的，发行人、主承销商、证券服务机构应当及时书面报告证券交易所或者中国证监会，证券交易所或者中国证监会应当中止相应发行上市审核程序或者发行注册程序：

（一）发行人因涉嫌违法违规被行政机关调查，或者被司法机关侦查，尚未结案，对其公开发行公司债券行政许可影响重大；

（二）发行人的主承销商，以及律师事务所、会计师事务所、资信评级机构等证券服务机构因涉嫌公司债券发行业务违法违规，或者其他业务涉嫌违法违规且对市场有重大影响被中国证监会及其派出机构立案调查，或者被司法机关侦查，尚未结案；

（三）发行人的主承销商，以及律师事务所、会计师事务所、资信评级机构等证券服务机构的签字人员因涉嫌公司债券发行业务违法违规，或者其他业务涉嫌违法违规且对市场有重大影响被中国证监会及其派出机构立案调查，或者被司法机关侦查，尚未结案；

（四）发行人的主承销商，以及律师事务所、会计师事务所、资信评级机构等证券服务机构被中国证监会依法采取限制业务活动、责令停业整顿、指定其他机构托管、接管等监管措施，或者被证券交易所实施一定期限内不接受其出具的相关文件的纪律处分，尚未解除；

（五）发行人的主承销商、以及律师事务所、会计师事务所、资信评级机构等证券服务机构签字人员被中国证监会依法采取限制从事证券服务业

务等监管措施或者证券市场禁入的措施,或者被证券交易所实施一定期限内不接受其出具的相关文件的纪律处分,尚未解除;

(六)发行人或主承销商主动要求中止发行上市审核程序或者发行注册程序,理由正当且经证券交易所或者中国证监会批准;

(七)中国证监会或证券交易所规定的其他情形。

中国证监会、证券交易所根据发行人、主承销商申请,决定中止审核的,待相关情形消失后,发行人、主承销商可以向中国证监会、证券交易所申请恢复审核。中国证监会、证券交易所依据相关规定中止审核的,待相关情形消失后,或者主承销商、证券服务机构就前款第(二)(三)项情形按照有关规定履行复核程序后,中国证监会、证券交易所按规定恢复审核。

第三十条 存在下列情形之一的,证券交易所或者中国证监会应当终止相应发行上市审核程序或者发行注册程序,并向发行人说明理由:

(一)发行人主动要求撤回申请或主承销商申请撤回所出具的核查意见;

(二)发行人未在要求的期限内对注册申请文件作出解释说明或者补充、修改;

(三)注册申请文件存在虚假记载、误导性陈述或重大遗漏;

(四)发行人阻碍或者拒绝中国证监会、证券交易所依法对发行人实施检查、核查;

(五)发行人及其关联方以不正当手段严重干扰发行上市审核或者发行注册工作;

(六)发行人法人资格终止;

(七)发行人注册申请文件内容存在重大缺陷,严重影响投资者理解和发行上市审核或者发行注册工作;

(八)发行人中止发行上市审核程序超过证券交易所规定的时限或者中止发行注册程序超过六个月仍未恢复;

(九)证券交易所认为发行人不符合发行条件或信息披露要求;

(十)中国证监会或证券交易所规定的其他情形。

第三节 交 易

第三十一条 公开发行的公司债券,应当在证券交易场所交易。

公开发行公司债券并在证券交易场所交易的,应当符合证券交易场所规定的上市、挂牌条件。

第三十二条 证券交易场所应当对公开发行公司债券的上市交易实施分类管理,实行差异化的交易机制,建立相应的投资者适当性管理制度,健全风险控制机制。证券交易场所应当根据债券资信状况的变化及时调整交易机制和投资者适当性安排。

第三十三条 公开发行公司债券申请上市交易的,应当在发行前根据证券交易场所的相关规则,明确交易机制和交易环节投资者适当性安排。发行环节和交易环节的投资者适当性要求应当保持一致。

第四章 非公开发行及转让

第三十四条 非公开发行的公司债券应当向专业投资者发行,不得采用广告、公开劝诱和变相公开方式,每次发行对象不得超过二百人。

第三十五条 承销机构应当按照中国证监会、证券自律组织规定的投资者适当性制度,了解和评估投资者对非公开发行公司债券的风险识别和承担能力,确认参与非公开发行公司债券认购的投资者为专业投资者,并充分揭示风险。

第三十六条 非公开发行公司债券,承销机构或依照本办法第三十九条规定自行销售的发行人应当在每次发行完成后五个工作日内向中国证券业协会报备。

中国证券业协会在材料齐备时应当及时予以报备。报备不代表中国证券业协会实行合规性审查,不构成市场准入,也不豁免相关主体的违规责任。

第三十七条 非公开发行公司债券,可以申请在证券交易场所、证券公司柜台转让。

非公开发行公司债券并在证券交易场所转让的,应当遵守证券交易场所制定的业务规则,并经证券交易场所同意。

非公开发行公司债券并在证券公司柜台转让的,应当符合中国证监会的相关规定。

第三十八条 非公开发行的公司债券仅限于专业投资者范围内转让。转让后,持有同次发行债券的投资者合计不得超过二百人。

第五章　发行与承销管理

第三十九条　发行公司债券应当由具有证券承销业务资格的证券公司承销。

取得证券承销业务资格的证券公司、中国证券金融股份有限公司非公开发行公司债券可以自行销售。

第四十条　承销机构承销公司债券，应当依据本办法以及中国证监会、中国证券业协会有关风险管理和内部控制等相关规定，制定严格的风险管理和内部控制制度，明确操作规程，保证人员配备，加强定价和配售等过程管理，有效控制业务风险。

承销机构应当建立健全内部问责机制，相关业务人员因违反公司债券相关规定被采取自律监管措施、自律处分、行政监管措施、市场禁入措施、行政处罚、刑事处罚等的，承销机构应当进行内部问责。

承销机构应当制定合理的薪酬考核体系，不得以业务包干等承包方式开展公司债券承销业务，或者以其他形式实施过度激励。

承销机构应当综合评估项目执行成本与风险责任，合理确定报价，不得以明显低于行业定价水平等不正当竞争方式招揽业务。

第四十一条　主承销商应当遵守业务规则和行业规范，诚实守信、勤勉尽责、保持合理怀疑，按照合理性、必要性和重要性原则，对公司债券发行文件的真实性、准确性和完整性进行审慎核查，并有合理谨慎的理由确信发行文件披露的信息不存在虚假记载、误导性陈述或者重大遗漏。

主承销商对公司债券发行文件中证券服务机构出具专业意见的重要内容存在合理怀疑的，应当履行审慎核查和必要的调查、复核工作，排除合理怀疑。证券服务机构应当配合主承销商的相关核查工作。

第四十二条　承销机构承销公司债券，应当依照《证券法》相关规定采用包销或者代销方式。

第四十三条　发行人和主承销商应当签订承销协议，在承销协议中界定双方的权利义务关系，约定明确的承销基数。采用包销方式的，应当明确包销责任。组成承销团的承销机构应当签订承销团协议，由主承销商负责组织承销工作。公司债券发行由两家以上承销机构联合主承销的，所有担任主承销商的承销机构应当共同承担主承销责任，履行相关义务。承销团由三家以上承销机构组成的，可以设副主承销商，协助主承销商组织承销活动。承销团成员应当按照承销团协议及承销协议的约定进行承销活动，不得进行虚假承销。

第四十四条　公司债券公开发行的价格或利率以询价或公开招标等市场化方式确定。发行人和主承销商应当协商确定公开发行的定价与配售方案并予公告，明确价格或利率确定原则、发行定价流程和配售规则等内容。

第四十五条　发行人和承销机构不得操纵发行定价、暗箱操作；不得以代持、信托等方式谋取不正当利益或向其他相关利益主体输送利益；不得直接或通过其利益相关方向参与认购的投资者提供财务资助；不得有其他违反公平竞争、破坏市场秩序等行为。

发行人不得在发行环节直接或间接认购其发行的公司债券。发行人的董事、监事、高级管理人员、持股比例超过百分之五的股东及其他关联方认购或交易、转让其发行的公司债券的，应当披露相关情况。

第四十六条　公开发行公司债券的，发行人和主承销商应当聘请律师事务所对发行过程、配售行为、参与认购的投资者资质条件、资金划拨等事项进行见证，并出具专项法律意见书。公开发行的公司债券上市后十个工作日内，主承销商应当将专项法律意见、承销总结报告等文件一并报证券交易场所。

第四十七条　发行人和承销机构在推介过程中不得夸大宣传，或以虚假广告等不正当手段诱导、误导投资者，不得披露除债券募集说明书等信息以外的发行人其他信息。承销机构应当保留推介、定价、配售等承销过程中的相关资料，并按相关法律法规规定存档备查，包括推介宣传材料、路演现场录音等，如实、全面反映询价、定价和配售过程。相关推介、定价、配售等的备查资料应当按中国证券业协会的规定制作并妥善保管。

第四十八条　中国证券业协会应当制定非公开发行公司债券承销业务的风险控制管理规定，根据市场风险状况对承销业务范围进行限制并动态调整。

第四十九条　债券募集说明书及其他信息披露文件所引用的审计报告、法律意见书、评级报告及资产评估报告等，应当由符合《证券法》规定的证券服务机构出具。

证券服务机构应当严格遵守法律法规、中国证监会制定的监管规则、执业准则、职业道德守则、证券交易场所制定的业务规则及其他相关规定，建立并保持有效的质量控制体系、独立性管理和投资者保护机制，审慎履行职责，作出专业判断与认定，并对募集说明书或者其他信息披露文件中与其专业职责有关的内容及其出具的文件的真实性、准确性、完整性负责。

证券服务机构及其相关执业人员应当对与本专业相关的业务事项履行特别注意义务，对其他业务事项履行普通注意义务，并承担相应法律责任。

证券服务机构及其执业人员从事证券服务业务应当配合中国证监会的监督管理，在规定的期限内提供、报送或披露相关资料、信息，并保证其提供、报送或披露的资料、信息真实、准确、完整，不得有虚假记载、误导性陈述或者重大遗漏。

证券服务机构应当妥善保存客户委托文件、核查和验证资料、工作底稿以及与质量控制、内部管理、业务经营有关的信息和资料。

第六章 信息披露

第五十条 发行人及其他信息披露义务人应当按照中国证监会及证券自律组织的相关规定履行信息披露义务。

第五十一条 公司债券上市交易的发行人应当按照中国证监会、证券交易所的规定及时披露债券募集说明书，并在债券存续期内披露中期报告和经符合《证券法》规定的会计师事务所审计的年度报告。非公开发行公司债券的发行人信息披露的时点、内容，应当按照募集说明书的约定及证券交易场所的规定履行。

发行人及其控股股东、实际控制人、董事、监事、高级管理人员等作出公开承诺的，应当在募集说明书等文件中披露。

第五十二条 公司债券募集资金的用途应当在债券募集说明书中披露。发行人应当在定期报告中披露公开发行公司债券募集资金的使用情况。非公开发行公司债券的，应当在债券募集说明书中约定募集资金使用情况的披露事宜。

第五十三条 发行人的董事、高级管理人员应当对公司债券发行文件和定期报告签署书面确认意见。

发行人的监事会应当对董事会编制的公司债券发行文件和定期报告进行审核并提出书面审核意见。监事应当签署书面确认意见。

发行人的董事、监事和高级管理人员应当保证发行人及时、公平地披露信息，所披露的信息真实、准确、完整。

董事、监事和高级管理人员无法保证公司债券发行文件和定期报告内容的真实性、准确性、完整性或者有异议的，应当在书面确认意见中发表意见并陈述理由，发行人应当披露。发行人不予披露的，董事、监事和高级管理人员可以直接申请披露。

第五十四条 发生可能对上市交易公司债券的交易价格产生较大影响的重大事件，投资者尚未得知时，发行人应当立即将有关该重大事件的情况向中国证监会、证券交易场所报送临时报告，并予公告，说明事件的起因、目前的状态和可能产生的法律后果。

前款所称重大事件包括：

（一）公司股权结构或者生产经营状况发生重大变化；

（二）公司债券信用评级发生变化；

（三）公司重大资产抵押、质押、出售、转让、报废；

（四）公司发生未能清偿到期债务的情况；

（五）公司新增借款或者对外提供担保超过上年末净资产的百分之二十；

（六）公司放弃债权或者财产超过上年末净资产的百分之十；

（七）公司发生超过上年末净资产百分之十的重大损失；

（八）公司分配股利，作出减资、合并、分立、解散及申请破产的决定，或者依法进入破产程序、被责令关闭；

（九）涉及公司的重大诉讼、仲裁；

（十）公司涉嫌犯罪被依法立案调查，公司的控股股东、实际控制人、董事、监事、高级管理人员涉嫌犯罪被依法采取强制措施；

（十一）中国证监会规定的其他事项。

发行人的控股股东或者实际控制人对重大事件的发生、进展产生较大影响的，应当及时将其知悉的有关情况书面告知发行人，并配合发行人履行信息披露义务。

第五十五条 资信评级机构为公开发行公司债券进行信用评级的，应当符合以下规定或约定：

（一）将评级信息告知发行人，并及时向市场公布首次评级报告、定期和不定期跟踪评级报告；

（二）公司债券的期限为一年以上的，在债券有效存续期间，应当每年至少向市场公布一次定期跟踪评级报告；

（三）应充分关注可能影响评级对象信用等级的所有重大因素，及时向市场公布信用等级调整及其他与评级相关的信息变动情况，并向证券交易场所报告。

第五十六条 公开发行公司债券的发行人及其他信息披露义务人应当将披露的信息刊登在其债券交易场所的互联网网站和符合中国证监会规定条件的媒体，同时将其置备于公司住所、证券交易场所，供社会公众查阅。

第七章 债券持有人权益保护

第五十七条 公开发行公司债券的，发行人应当为债券持有人聘请债券受托管理人，并订立债券受托管理协议；非公开发行公司债券的，发行人应当在募集说明书中约定债券受托管理事项。在债券存续期限内，由债券受托管理人按照规定或协议的约定维护债券持有人的利益。

发行人应当在债券募集说明书中约定，投资者认购或持有本期公司债券视作同意债券受托管理协议、债券持有人会议规则及债券募集说明书中其他有关发行人、债券持有人权利义务的相关约定。

第五十八条 债券受托管理人由本次发行的承销机构或其他经中国证监会认可的机构担任。债券受托管理人应当为中国证券业协会会员。为本次发行提供担保的机构不得担任本次债券发行的受托管理人。债券受托管理人应当勤勉尽责，公正履行受托管理职责，不得损害债券持有人利益。对于债券受托管理人在履行受托管理职责时可能存在的利益冲突情形及相关风险防范、解决机制，发行人应当在债券募集说明书及债券存续期间的信息披露文件中予以充分披露，并同时在债券受托管理协议中载明。

第五十九条 公开发行公司债券的受托管理人应当按规定或约定履行下列职责：

（一）持续关注发行人和保证人的资信状况、担保物状况、增信措施及偿债保障措施的实施情况，出现可能影响债券持有人重大权益的事项时，召集债券持有人会议；

（二）在债券存续期内监督发行人募集资金的使用情况；

（三）对发行人的偿债能力和增信措施的有效性进行全面调查和持续关注，并至少每年向市场公告一次受托管理事务报告；

（四）在债券存续期内持续督导发行人履行信息披露义务；

（五）预计发行人不能偿还债务时，要求发行人追加担保，并可以依法申请法定机关采取财产保全措施；

（六）在债券存续期内勤勉处理债券持有人与发行人之间的谈判或者诉讼事务；

（七）发行人为债券设定担保的，债券受托管理人应在债券发行前或债券募集说明书约定的时间内取得担保的权利证明或其他有关文件，并在增信措施有效期内妥善保管；

（八）发行人不能按期兑付债券本息或出现募集说明书约定的其他违约事件的，可以接受全部或部分债券持有人的委托，以自己名义代表债券持有人提起、参加民事诉讼或者破产等法律程序，或者代表债券持有人申请处置抵质押物。

第六十条 非公开发行公司债券的，债券受托管理人应当按照债券受托管理协议的约定履行职责。

第六十一条 受托管理人为履行受托管理职责，有权代表债券持有人查询债券持有人名册及相关登记信息、专项账户中募集资金的存储与划转情况。证券登记结算机构应当予以配合。

第六十二条 发行公司债券，应当在债券募集说明书中约定债券持有人会议规则。

债券持有人会议规则应当公平、合理。债券持有人会议规则应当明确债券持有人通过债券持有人会议行使权利的范围，债券持有人会议的召集、通知、决策生效条件与决策程序、决策效力范围和其他重要事项。债券持有人会议按照本办法的规定及会议规则的程序要求所形成的决议对全体债券持有人有约束力，债券持有人会议规则另有约定的除外。

第六十三条 存在下列情形的，债券受托管理人应当按规定或约定召集债券持有人会议：

（一）拟变更债券募集说明书的约定；

（二）拟修改债券持有人会议规则；

（三）拟变更债券受托管理人或受托管理协议的主要内容；

（四）发行人不能按期支付本息；

（五）发行人减资、合并等可能导致偿债能力发生重大不利变化，需要决定或者授权采取相应措施；

（六）发行人分立、被托管、解散、申请破产或者依法进入破产程序；

（七）保证人、担保物或者其他偿债保障措施发生重大变化；

（八）发行人、单独或合计持有本期债券总额百分之十以上的债券持有人书面提议召开；

（九）发行人管理层不能正常履行职责，导致发行人债务清偿能力面临严重不确定性；

（十）发行人提出债务重组方案的；

（十一）发生其他对债券持有人权益有重大影响的事项。

在债券受托管理人应当召集而未召集债券持有人会议时，单独或合计持有本期债券总额百分之十以上的债券持有人有权自行召集债券持有人会议。

第六十四条 发行人可采取内外部增信机制、偿债保障措施，提高偿债能力，控制公司债券风险。内外部增信机制、偿债保障措施包括但不限于下列方式：

（一）第三方担保；

（二）商业保险；

（三）资产抵押、质押担保；

（四）限制发行人债务及对外担保规模；

（五）限制发行人对外投资规模；

（六）限制发行人向第三方出售或抵押主要资产；

（七）设置债券回售条款。

公司债券增信机构可以成为中国证券业协会会员。

第六十五条 发行人应当在债券募集说明书中约定构成债券违约的情形、违约责任及其承担方式以及公司债券发生违约后的诉讼、仲裁或其他争议解决机制。

第八章 监督管理和法律责任

第六十六条 中国证监会建立对证券交易场所公司债券业务监管工作的监督机制，持续关注证券交易场所发行审核、发行承销过程及其他公司债券业务监管情况，并开展定期或不定期检查。中国证监会在检查和抽查过程中发现问题的，证券交易场所应当整改。

证券交易场所应当建立定期报告制度，及时总结公司债券发行审核、发行承销过程及其他公司债券业务监管工作情况，并报告中国证监会。

第六十七条 证券交易场所公司债券发行上市审核工作违反本办法规定，有下列情形之一的，由中国证监会责令改正；情节严重的，追究直接责任人员相关责任：

（一）未按审核标准开展公司债券发行上市审核工作；

（二）未按程序开展公司债券发行上市审核工作；

（三）不配合中国证监会对发行上市审核工作、发行承销过程及其他公司债券业务监管工作的检查、抽查，或者不按中国证监会的整改要求进行整改。

第六十八条 违反法律法规及本办法等规定的，中国证监会可以对相关机构和人员采取责令改正、监管谈话、出具警示函、责令公开说明、责令定期报告等相关监管措施；依法应予行政处罚的，依照《证券法》《行政处罚法》等法律法规和中国证监会的有关规定进行处罚；涉嫌犯罪的，依法移送司法机关，追究其刑事责任。

第六十九条 非公开发行公司债券，发行人及其他信息披露义务人披露的信息存在虚假记载、误导性陈述或者重大遗漏的，中国证监会可以对发行人、其他信息披露义务人及其直接负责的主管人员和其他直接责任人员采取本办法第六十八条规定的相关监管措施；情节严重的，依照《证券法》第一百九十七条予以处罚。

第七十条 非公开发行公司债券，发行人违反本办法第十三条规定的，中国证监会可以对发行人及其直接负责的主管人员和其他直接责任人员采取本办法第六十八条规定的相关监管措施；情节严重的，处以警告、罚款。

第七十一条 除中国证监会另有规定外，承销或自行销售非公开发行公司债券未按规定进行报备的，中国证监会可以对承销机构及其直接负责的主管人员和其他直接责任人员采取本办法第六十八条规定的相关监管措施；情节严重的，处以警告、罚款。

第七十二条 承销机构在承销公司债券过程中，有下列行为之一的，中国证监会可以对承销机构及其直接负责的主管人员和其他直接责任人员采取本办法第六十八条规定的相关监管措施；情节严重的，依照《证券法》第一百八十四条予以处罚。

（一）未勤勉尽责，违反本办法第四十一条规定的行为；

（二）以不正当竞争手段招揽承销业务；

（三）从事本办法第四十五条规定禁止的行为；

（四）从事本办法第四十七条规定禁止的行为；

（五）未按本办法及相关规定要求披露有关文件；

（六）未按照事先披露的原则和方式配售公司债券，或其他未依照披露文件实施的行为；

（七）未按照本办法及相关规定要求保留推介、定价、配售等承销过程中相关资料；

（八）其他违反承销业务规定的行为。

第七十三条 发行人及其控股股东、实际控制人、债券受托管理人等违反本办法规定，损害债券持有人权益的，中国证监会可以对发行人、发行人的控股股东和实际控制人、受托管理人及其直接负责的主管人员和其他直接责任人员采取本办法第六十八条规定的相关监管措施；情节严重的，处以警告、罚款。

第七十四条 发行人及其控股股东、实际控制人、董事、监事、高级管理人员违反本办法第五条第二款的规定，严重损害债券持有人权益的，中国证监会可以依法限制其市场融资等活动，并将其有关信息纳入证券期货市场诚信档案数据库。

第七十五条 发行人的控股股东滥用公司法人独立地位和股东有限责任，损害债券持有人利益的，应当依法对公司债务承担连带责任。

第九章 附 则

第七十六条 发行公司债券并在证券交易场所交易或转让的，应当由中国证券登记结算有限责任公司依法集中统一办理登记结算业务。非公开发行公司债券并在证券公司柜台转让的，可以由中国证券登记结算有限责任公司或者其他依法从事证券登记、结算业务的机构办理。

第七十七条 发行公司债券，应当符合地方政府性债务管理的相关规定，不得新增政府债务。

第七十八条 证券公司和其他金融机构次级债券的发行、交易或转让，适用本办法。境外注册公司在中国证监会监管的债券交易场所的债券发行、交易或转让，参照适用本办法。

第七十九条 本办法所称证券自律组织包括证券交易所、全国中小企业股份转让系统、中国证券登记结算有限责任公司、中国证券业协会以及中国证监会认定的其他自律组织。

本办法所称证券交易场所包括证券交易所、全国中小企业股份转让系统。

第八十条 本办法自公布之日起施行。2015年1月15日发布的《公司债券发行与交易管理办法》（证监会令第113号）同时废止。

优先股试点管理办法

- 2014年3月21日中国证券监督管理委员会令第97号公布
- 根据2021年6月11日中国证券监督管理委员会《关于修改部分证券期货规章的决定》修正
- 2023年中国证券监督管理委员会第2次委务会议修订
- 2023年2月17日中国证券监督管理委员会令第209号公布
- 自公布之日起施行

第一章 总 则

第一条 为规范优先股发行和交易行为，保护投资者合法权益，根据《中华人民共和国公司法》（以下简称《公司法》）、《中华人民共和国证券法》（以下简称《证券法》）、《国务院关于开展优先股试点的指导意见》及相关法律法规，制定本办法。

第二条 本办法所称优先股是指依照《公司法》，在一般规定的普通种类股份之外，另行规定的其他种类股份，其股份持有人优先于普通股股东分配公司利润和剩余财产，但参与公司决策管理等权利受到限制。

第三条 上市公司可以发行优先股,非上市公众公司可以向特定对象发行优先股。

第四条 优先股试点应当符合《公司法》《证券法》《国务院关于开展优先股试点的指导意见》和本办法的相关规定,并遵循公开、公平、公正的原则,禁止欺诈、内幕交易和操纵市场的行为。

第五条 证券公司及其他证券服务机构参与优先股试点,应当遵守法律法规及中国证券监督管理委员会(以下简称中国证监会)相关规定,遵循行业公认的业务标准和行为规范,诚实守信、勤勉尽责。

第六条 试点期间不允许发行在股息分配和剩余财产分配上具有不同优先顺序的优先股,但允许发行在其他条款上具有不同设置的优先股。

同一公司既发行强制分红优先股,又发行不含强制分红条款优先股的,不属于发行在股息分配上具有不同优先顺序的优先股。

第七条 相同条款的优先股应当具有同等权利。同次发行的相同条款优先股,每股发行的条件、价格和票面股息率应当相同;任何单位或者个人认购的股份,每股应当支付相同价额。

第二章 优先股股东权利的行使

第八条 发行优先股的公司除按《国务院关于开展优先股试点的指导意见》制定章程有关条款外,还应当按本办法在章程中明确优先股股东的有关权利和义务。

第九条 优先股股东按照约定的股息率分配股息后,有权同普通股股东一起参加剩余利润分配的,公司章程应明确优先股股东参与剩余利润分配的比例、条件等事项。

第十条 出现以下情况之一的,公司召开股东大会会议应通知优先股股东,并遵循《公司法》及公司章程通知普通股股东的规定程序。优先股股东有权出席股东大会会议,就以下事项与普通股股东分类表决,其所持每一优先股有一表决权,但公司持有的本公司优先股没有表决权:

(一)修改公司章程中与优先股相关的内容;

(二)一次或累计减少公司注册资本超过百分之十;

(三)公司合并、分立、解散或变更公司形式;

(四)发行优先股;

(五)公司章程规定的其他情形。

上述事项的决议,除须经出席会议的普通股股东(含表决权恢复的优先股股东)所持表决权的三分之二以上通过之外,还须经出席会议的优先股股东(不含表决权恢复的优先股股东)所持表决权的三分之二以上通过。

第十一条 公司股东大会可授权公司董事会按公司章程的约定向优先股支付股息。公司累计三个会计年度或连续两个会计年度未按约定支付优先股股息的,股东大会批准当年不按约定分配利润的方案次日起,优先股股东有权出席股东大会与普通股股东共同表决,每股优先股股份享有公司章程规定的一定比例表决权。

对于股息可累积到下一会计年度的优先股,表决权恢复直至公司全额支付所欠股息。对于股息不可累积的优先股,表决权恢复直至公司全额支付当年股息。公司章程可规定优先股表决权恢复的其他情形。

第十二条 优先股股东有权查阅公司章程、股东名册、公司债券存根、股东大会会议记录、董事会会议决议、监事会会议决议、财务会计报告。

第十三条 发行人回购优先股包括发行人要求赎回优先股和投资者要求回售优先股两种情况,并应在公司章程和招股文件中规定其具体条件。发行人要求赎回优先股的,必须完全支付所欠股息,但商业银行发行优先股补充资本的除外。优先股回购后相应减记发行在外的优先股股份总数。

第十四条 公司董事、监事、高级管理人员应当向公司申报所持有的本公司优先股及其变动情况,在任职期间每年转让的股份不得超过其所持本公司优先股股份总数的百分之二十五。公司章程可以对公司董事、监事、高级管理人员转让其所持有的本公司优先股股份作出其他限制性规定。

第十五条 除《国务院关于开展优先股试点的指导意见》规定的事项外,计算股东人数和持股比例时应分别计算普通股和优先股。

第十六条 公司章程中规定优先股采用固定股息率的,可以在优先股存续期内采取相同的固定股息率,或明确每年的固定股息率,各年度的股息率可以不同;公司章程中规定优先股采用浮动股息率的,应当明确优先股存续期内票面股息率的计算方法。

第三章 上市公司发行优先股

第一节 一般规定

第十七条 上市公司应当与控股股东或实际控制人的人员、资产、财务分开,机构、业务独立。

第十八条 上市公司内部控制制度健全,能够有效保证公司运行效率、合法合规和财务报告的可靠性,内部控制的有效性应当不存在重大缺陷。

第十九条 上市公司发行优先股,最近三个会计年度实现的年均可分配利润应当不少于优先股一年的股息。

第二十条 上市公司最近三年现金分红情况应当符合公司章程及中国证监会的有关监管规定。

第二十一条 上市公司报告期不存在重大会计违规事项。向不特定对象发行优先股,最近三年财务报表被注册会计师出具的审计报告应当为标准审计报告或带强调事项段的无保留意见的审计报告;向特定对象发行优先股,最近一年财务报表被注册会计师出具的审计报告为非标准审计报告的,所涉及事项对公司无重大不利影响或者在发行前重大不利影响已经消除。

第二十二条 上市公司发行优先股募集资金应有明确用途,与公司业务范围、经营规模相匹配,募集资金用途符合国家产业政策和有关环境保护、土地管理等法律和行政法规的规定。

除金融类企业外,本次募集资金使用项目不得为持有交易性金融资产和可供出售的金融资产、借予他人等财务性投资,不得直接或间接投资于以买卖有价证券为主要业务的公司。

第二十三条 上市公司已发行的优先股不得超过公司普通股股份总数的百分之五十,且筹资金额不得超过发行前净资产的百分之五十,已回购、转换的优先股不纳入计算。

第二十四条 上市公司同一次发行的优先股,条款应当相同。每次优先股发行完毕前,不得再次发行优先股。

第二十五条 上市公司存在下列情形之一的,不得发行优先股:

(一)本次发行申请文件有虚假记载、误导性陈述或重大遗漏;

(二)最近十二个月内受到过中国证监会的行政处罚;

(三)因涉嫌犯罪正被司法机关立案侦查或涉嫌违法违规正被中国证监会立案调查;

(四)上市公司的权益被控股股东或实际控制人严重损害且尚未消除;

(五)上市公司及其附属公司违规对外提供担保且尚未解除;

(六)存在可能严重影响公司持续经营的担保、诉讼、仲裁、市场重大质疑或其他重大事项;

(七)其董事和高级管理人员不符合法律、行政法规和规章规定的任职资格;

(八)严重损害投资者合法权益和社会公共利益的其他情形。

第二节 向不特定对象发行的特别规定

第二十六条 上市公司向不特定对象发行优先股,应当符合以下情形之一:

(一)其普通股为上证50指数成份股;

(二)以向不特定对象发行优先股作为支付手段收购或吸收合并其他上市公司;

(三)以减少注册资本为目的回购普通股的,可以向不特定对象发行优先股作为支付手段,或者在回购方案实施完毕后,可向不特定对象发行不超过回购减资总额的优先股。

中国证监会同意向不特定对象发行优先股注册后不再符合本条第(一)项情形的,上市公司仍可实施本次发行。

第二十七条 上市公司最近三个会计年度应当连续盈利。扣除非经常性损益后的净利润与扣除前的净利润相比,以孰低者作为计算依据。

第二十八条 上市公司向不特定对象发行优先股应当在公司章程中规定以下事项:

(一)采取固定股息率;

(二)在有可分配税后利润的情况下必须向优先股股东分配股息;

(三)未向优先股股东足额派发股息的差额部分应当累积到下一会计年度;

(四)优先股股东按照约定的股息率分配股息后,不再同普通股股东一起参加剩余利润分配。

商业银行发行优先股补充资本的,可就第(二)项和第(三)项事项另行约定。

第二十九条 上市公司向不特定对象发行优先股的,可以向原股东优先配售。

第三十条 除本办法第二十五条的规定外，上市公司最近三十六个月内因违反工商、税收、土地、环保、海关法律、行政法规或规章，受到行政处罚且情节严重的，不得向不特定对象发行优先股。

第三十一条 上市公司向不特定对象发行优先股，公司及其控股股东或实际控制人最近十二个月内应当不存在违反向投资者作出的公开承诺的行为。

第三节 其他规定

第三十二条 优先股每股票面金额为一百元。

优先股发行价格和票面股息率应当公允、合理，不得损害股东或其他利益相关方的合法利益，发行价格不得低于优先股票面金额。

向不特定对象发行优先股的价格或票面股息率以市场询价或中国证监会认可的其他公开方式确定。向特定对象发行优先股的票面股息率不得高于最近两个会计年度的年均加权平均净资产收益率。

第三十三条 上市公司不得发行可转换为普通股的优先股。但商业银行可根据商业银行资本监管规定，向特定对象发行触发事件发生时强制转换为普通股的优先股，并遵守有关规定。

第三十四条 上市公司向特定对象发行优先股仅向本办法规定的合格投资者发行，每次发行对象不得超过二百人，且相同条款优先股的发行对象累计不得超过二百人。

发行对象为境外战略投资者的，还应当符合国务院相关部门的规定。

第四节 发行程序

第三十五条 上市公司申请发行优先股，董事会应当按照中国证监会有关信息披露规定，公开披露本次优先股发行预案，并依法就以下事项作出决议，提请股东大会批准。

（一）本次优先股的发行方案；

（二）向特定对象发行优先股且发行对象确定的，上市公司与相应发行对象签订的附条件生效的优先股认购合同。认购合同应当载明发行对象拟认购优先股的数量、认购价格或定价原则、票面股息率或其确定原则，以及其他必要条款。认购合同应当约定发行对象不得以竞价方式参与认购，且本次发行一经上市公司董事会、股东大会批准并经中国证监会注册，该合同即应生效；

（三）向特定对象发行优先股且发行对象尚未确定的，决议应包括发行对象的范围和资格、定价原则、发行数量或数量区间。

上市公司的控股股东、实际控制人或其控制的关联人参与认购本次向特定对象发行优先股的，按照前款第（二）项执行。

第三十六条 上市公司独立董事应当就上市公司本次发行对公司各类股东权益的影响发表专项意见，并与董事会决议一同披露。

第三十七条 上市公司股东大会就发行优先股进行审议，应当就下列事项逐项进行表决：

（一）本次发行优先股的种类和数量；

（二）发行方式、发行对象及向原股东配售的安排；

（三）票面金额、发行价格或其确定原则；

（四）优先股股东参与分配利润的方式，包括：票面股息率或其确定原则、股息发放的条件、股息支付方式、股息是否累积、是否可以参与剩余利润分配等；

（五）回购条款，包括回购的条件、期间、价格及其确定原则、回购选择权的行使主体等（如有）；

（六）募集资金用途；

（七）公司与发行对象签订的附条件生效的优先股认购合同（如有）；

（八）决议的有效期；

（九）公司章程关于优先股股东和普通股股东利润分配、剩余财产分配、优先股表决权恢复等相关政策条款的修订方案；

（十）对董事会办理本次发行具体事宜的授权；

（十一）其他事项。

上述决议，须经出席会议的普通股股东（含表决权恢复的优先股股东）所持表决权的三分之二以上通过。已发行优先股的，还须经出席会议的优先股股东（不含表决权恢复的优先股股东）所持表决权的三分之二以上通过。上市公司向公司特定股东及其关联人发行优先股的，股东大会就发行方案进行表决时，关联股东应当回避。

第三十八条 上市公司就发行优先股事项召开股东大会，应当提供网络投票，还可以通过中国证监会认可的其他方式为股东参加股东大会提供便利。

第三十九条 上市公司申请发行优先股应当由保荐人保荐并向证券交易所申报，其申请、审核、注册、发行等相关程序参照《上市公司证券发行注册管理办法》和《证券发行与承销管理办法》或《北京证券交易所上市公司证券发行注册管理办法》的规定。

第四十条 上市公司发行优先股，可以申请一次注册，分次发行，不同次发行的优先股除票面股息率外，其他条款应当相同。自中国证监会同意注册之日起，公司应在六个月内实施首次发行，剩余数量应当在二十四个月内发行完毕。超过注册文件时限的，须申请中国证监会重新注册。首次发行数量应当不少于总发行数量的百分之五十，剩余各次发行的数量由公司自行确定，每次发行完毕后五个工作日内报中国证监会备案。

第四章 非上市公众公司向特定对象发行优先股

第四十一条 非上市公众公司向特定对象发行优先股应符合下列条件：

（一）合法规范经营；

（二）公司治理机制健全；

（三）依法履行信息披露义务。

第四十二条 非上市公众公司向特定对象发行优先股应当遵守本办法第二十三条、第二十四条、第二十五条、第三十二条、第三十三条的规定。

第四十三条 非上市公众公司向特定对象发行优先股仅向本办法规定的合格投资者发行，每次发行对象不得超过二百人，且相同条款优先股的发行对象累计不得超过二百人。

第四十四条 非上市公众公司拟发行优先股的，董事会应依法就具体方案、本次发行对公司各类股东权益的影响、发行优先股的目的、募集资金的用途及其他必须明确的事项作出决议，并提请股东大会批准。

董事会决议确定具体发行对象的，董事会决议应当确定具体的发行对象名称及其认购价格或定价原则、认购数量或数量区间等；同时应在召开董事会前与相应发行对象签订附条件生效的股份认购合同。董事会决议未确定具体发行对象的，董事会决议应当明确发行对象的范围和资格、定价原则等。

第四十五条 非上市公众公司股东大会就发行优先股进行审议，表决事项参照本办法第三十七条执行。发行优先股决议，须经出席会议的普通股股东（含表决权恢复的优先股股东）所持表决权的三分之二以上通过。已发行优先股的，还须经出席会议的优先股股东（不含表决权恢复的优先股股东）所持表决权的三分之二以上通过。非上市公众公司向公司特定股东及其关联人发行优先股的，股东大会就发行方案进行表决时，关联股东应当回避，公司普通股股东（不含表决权恢复的优先股股东）人数少于二百人的除外。

第四十六条 非上市公众公司发行优先股的申请、审核、注册（豁免）、发行等相关程序应按照《非上市公众公司监督管理办法》等相关规定办理。

第五章 交易转让和登记结算

第四十七条 优先股发行后可以申请上市交易或转让，不设限售期。

向不特定对象发行的优先股可以在证券交易所上市交易。上市公司向特定对象发行的优先股可以在证券交易所转让，非上市公众公司向特定对象发行的优先股可以在全国中小企业股份转让系统转让，转让范围仅限合格投资者。交易或转让的具体办法由证券交易所或全国中小企业股份转让系统另行制定。

第四十八条 优先股交易或转让环节的投资者适当性标准应当与发行环节保持一致；向特定对象发行的相同条款优先股经交易或转让后，投资者不得超过二百人。

第四十九条 中国证券登记结算公司为优先股提供登记、存管、清算、交收等服务。

第六章 信息披露

第五十条 公司应当按照中国证监会有关信息披露规则编制募集优先股说明书或其他信息披露文件，依法履行信息披露义务。上市公司相关信息披露程序和要求参照《上市公司证券发行注册管理办法》《北京证券交易所上市公司证券发行注册管理办法》及有关监管指引的规定。非上市公众公司向特定对象发行优先股的信息披露程序和要求参照《非上市公众公司监督管理办法》及有关监管指引的规定。

第五十一条 发行优先股的公司披露定期报告时，应当以专门章节披露已发行优先股情况、持有公司优先股股份最多的前十名股东的名单和持股数额、优先股股东的利润分配情况、优先股的回购情况、优先股股东表决权恢复及行使情况、优先股会计处理情况及其他与优先股有关的情况，具体内容与格式由中国证监会规定。

第五十二条 发行优先股的上市公司，发生表决权恢复、回购普通股等事项，以及其他可能对其普通股或优先股交易或转让价格产生较大影响事项的，上市公司应当按照《证券法》第八十条以及中国证监会的相关规定，履行临时报告、公告等信息披露义务。

第五十三条 发行优先股的非上市公众公司按照《非上市公众公司监督管理办法》《非上市公众公司信息披露管理办法》及有关监管指引的规定履行日常信息披露义务。

第七章 回购与并购重组

第五十四条 上市公司可以向特定对象发行优先股作为支付手段，向公司特定股东回购普通股。上市公司回购普通股的价格应当公允、合理，不得损害股东或其他利益相关方的合法利益。

第五十五条 上市公司以减少注册资本为目的回购普通股向不特定对象发行优先股的，以及以向特定对象发行优先股为支付手段向公司特定股东回购普通股的，除应当符合优先股发行条件和程序，还应符合以下规定：

（一）上市公司回购普通股应当由董事会依法作出决议并提交股东大会批准；

（二）上市公司股东大会就回购普通股作出的决议，应当包括下列事项：回购普通股的价格区间，回购普通股的数量和比例，回购普通股的期限，决议的有效期，对董事会办理本次回购股份事宜的具体授权，其他相关事项。以发行优先股作为支付手段的，应当包括拟用于支付的优先股总金额以及支付比例；回购方案实施完毕之日起一年内向不特定对象发行优先股的，应当包括回购的资金总额以及资金来源；

（三）上市公司股东大会就回购普通股作出决议，必须经出席会议的普通股股东（含表决权恢复的优先股股东）所持表决权的三分之二以上通过；

（四）上市公司应当在股东大会作出回购普通股决议后的次日公告该决议；

（五）依法通知债权人。

本办法未做规定的应当符合中国证监会有关上市公司回购的其他规定。

第五十六条 上市公司收购要约适用于被收购公司的所有股东，但可以针对优先股股东和普通股股东提出不同的收购条件。

第五十七条 上市公司可以按照《上市公司重大资产重组管理办法》规定的条件发行优先股购买资产，同时应当遵守本办法第三十三条，以及第三十五条至第三十八条的规定，依法披露有关信息、履行相应程序。

第五十八条 上市公司发行优先股作为支付手段购买资产的，可以同时募集配套资金。

第五十九条 非上市公众公司发行优先股的方案涉及重大资产重组的，应当符合中国证监会有关重大资产重组的规定。

第八章 监管措施和法律责任

第六十条 公司及其控股股东或实际控制人，公司董事、监事、高级管理人员以及其他直接责任人员，相关市场中介机构及责任人员，以及优先股试点的其他市场参与者违反本办法规定的，依照《公司法》《证券法》和中国证监会的有关规定处理；涉嫌犯罪的，依法移送司法机关，追究其刑事责任。

第六十一条 上市公司、非上市公众公司违反本办法规定，存在未按规定制定有关章程条款、不按照约定召集股东大会恢复优先股股东表决权等损害优先股股东和中小股东权益等行为的，中国证监会应当责令改正，对上市公司、非上市公众公司和其直接负责的主管人员和其他直接责任人员，可以采取相应的行政监管措施以及警告、三万元以下罚款等行政处罚。

第六十二条 上市公司违反本办法第二十二条第二款规定的，中国证监会可以责令改正，并可以对有关责任人员采取证券市场禁入的措施。

第六十三条 上市公司、非上市公众公司向特定对象发行优先股，相关投资者为本办法规定的合格投资者以外的投资者的，中国证监会应当责令改正，并可以自确认之日起对有关责任人员采取证券市场禁入的措施。

第六十四条 承销机构在承销向特定对象发行的优先股时，将优先股配售给不符合本办法合格投资者规定的对象的，中国证监会可以责令改正，并可以对有关责任人员采取证券市场禁入的措施。

第六十五条 证券交易所负责对发行人及其控股股东、实际控制人、保荐人、承销商、证券服务机构等进行自律监管。

证券交易所发现发行上市过程中存在违反自律监管规则的行为,可以对有关单位和责任人员采取一定期限内不接受与证券发行相关的文件、认定为不适当人选等自律监管措施或者纪律处分。

第九章 附 则

第六十六条 本办法所称合格投资者包括:

(一)经有关金融监管部门批准设立的金融机构,包括商业银行、证券公司、基金管理公司、信托公司和保险公司等;

(二)上述金融机构面向投资者发行的理财产品,包括但不限于银行理财产品、信托产品、投连险产品、基金产品、证券公司资产管理产品等;

(三)实收资本或实收股本总额不低于人民币五百万元的企业法人;

(四)实缴出资总额不低于人民币五百万元的合伙企业;

(五)合格境外机构投资者(QFII)、人民币合格境外机构投资者(RQFII)、符合国务院相关部门规定的境外战略投资者;

(六)除发行人董事、高级管理人员及其配偶以外的,名下各类证券账户、资金账户、资产管理账户的资产总额不低于人民币五百万元的个人投资者;

(七)经中国证监会认可的其他合格投资者。

第六十七条 非上市公众公司首次公开发行普通股并同时向特定对象发行优先股的,其优先股的发行与信息披露应符合本办法中关于上市公司向特定对象发行优先股的有关规定。

第六十八条 注册在境内的境外上市公司在境外发行优先股,应当符合境外募集股份及上市的有关规定。

注册在境内的境外上市公司在境内发行优先股,参照执行本办法关于非上市公众公司发行优先股的规定,以及《非上市公众公司监督管理办法》等相关规定,其优先股可以在全国中小企业股份转让系统进行转让。

第六十九条 本办法下列用语含义如下:

(一)强制分红:公司在有可分配税后利润的情况下必须向优先股股东分配股息;

(二)可分配税后利润:发行人股东依法享有的未分配利润;

(三)加权平均净资产收益率:按照《公开发行证券的公司信息披露编报规则第9号——净资产收益率和每股收益的计算及披露》计算的加权平均净资产收益率;

(四)上证50指数:中证指数有限公司发布的上证50指数。

第七十条 本办法中计算合格投资者人数时,同一资产管理机构以其管理的两只以上产品认购或受让优先股的,视为一人。

第七十一条 本办法自公布之日起施行。

欺诈发行上市股票责令回购实施办法(试行)

· 2023年2月17日中国证券监督管理委员会令第216号公布
· 自公布之日起施行

第一条 为了规范股票发行相关活动,保护投资者合法权益和社会公共利益,根据《中华人民共和国证券法》及相关法律法规,制定本办法。

第二条 股票的发行人在招股说明书等证券发行文件中隐瞒重要事实或者编造重大虚假内容,已经发行并上市的,中国证券监督管理委员会(以下简称中国证监会)可以依法责令发行人回购欺诈发行的股票,或者责令负有责任的控股股东、实际控制人买回股票(以下统称回购),但发行人和负有责任的控股股东、实际控制人明显不具备回购能力,或者存在其他不适合采取责令回购措施情形的除外。

第三条 发行人或者负有责任的控股股东、实际控制人按照中国证监会的决定回购欺诈发行的股票的,应当向自本次发行至欺诈发行揭露日或者更正日期间买入欺诈发行的股票,且在回购时仍然持有股票的投资者发出要约。

下列股票不得纳入回购范围:

(一)对欺诈发行负有责任的发行人的董事、监事、高级管理人员、控股股东、实际控制人持有的股票;

（二）对欺诈发行负有责任的证券公司因包销买入的股票；

（三）投资者知悉或者应当知悉发行人在证券发行文件中隐瞒重要事实或者编造重大虚假内容后买入的股票。

第四条 发行人或者负有责任的控股股东、实际控制人回购股票的，应当以基准价格回购。投资者买入股票价格高于基准价格的，以买入股票价格作为回购价格。

发行人或者负有责任的控股股东、实际控制人在证券发行文件中承诺的回购价格高于前款规定的价格的，应当以承诺的价格回购。

本办法所称的揭露日、更正日与基准价格，参照《最高人民法院关于审理证券市场虚假陈述侵权民事赔偿案件的若干规定》确定。投资者买入价格，按照该投资者买入股票的平均价格确定。

第五条 中国证监会认定发行人构成欺诈发行并作出责令回购决定的，应当查明事实情况，听取发行人或者其控股股东、实际控制人等相关当事人的陈述、申辩，并经中国证监会主要负责人批准，制作责令回购决定书。

责令回购决定书应当包括回购方案的制定期限、回购对象范围、回购股份数量、发行人和负有责任的控股股东、实际控制人各自需要承担的回购股份比例、回购价格或者价格确定方式等内容。

第六条 中国证监会作出责令回购决定的，证券交易所可以按照业务规则对发行人股票实施停牌。

对有证据证明已经或者可能转移或者隐匿违法资金等涉案财产的，中国证监会可以依法予以冻结、查封。

第七条 发行人或者负有责任的控股股东、实际控制人被采取责令回购措施的，应当在收到责令回购决定书后二个交易日内披露有关信息，并在责令回购决定书要求的期限内，根据本办法规定及责令回购决定书的要求制定股票回购方案。

发行人或者负有责任的控股股东、实际控制人可以委托依照法律、行政法规或者中国证监会规定设立的投资者保护机构（以下简称投资者保护机构），协助制定、实施股票回购方案。

第八条 股票回购方案应当包含以下内容：

（一）拟回购股票的对象范围；

（二）可能回购的最大股票数量和占公司总股本的比例；

（三）回购价格和可能涉及的最高资金总额；

（四）回购股票的资金来源、资金到位期限；

（五）根据责令回购决定书确定的回购比例，发行人和负有责任的控股股东、实际控制人各自需要承担的回购资金数额；

（六）投资者开始申报时间和结束申报的时间，且申报期不得少于十五日；

（七）回购股票的实施程序；

（八）中国证监会要求的其他内容。

第九条 发行人或者负有责任的控股股东、实际控制人应当在制定股票回购方案后二个交易日内公告，向中国证监会和证券交易所报送股票回购方案，并按照方案发出回购要约。股票回购方案不符合本办法规定或者责令回购决定书要求的，中国证监会可以要求发行人或者负有责任的控股股东、实际控制人重新制定。

第十条 证券交易所、证券登记结算机构、投资者保护机构应当为发行人或者负有责任的控股股东、实际控制人制定、实施回购方案提供数据查询、交易过户、清算交收和其他必要的协助，并配合相关机构执行责令回购决定。

第十一条 发行人或者负有责任的控股股东、实际控制人应当在股票回购方案实施完毕后二个交易日内，公告回购方案的实施情况，并向中国证监会报告。

发行人实施回购的，应当自股票回购方案实施完毕之日起十日内注销其回购的股票。

第十二条 中国证监会依法对股票回购方案的制定和实施进行监督指导。

第十三条 发行人或者负有责任的控股股东、实际控制人不服责令回购决定的，可以在法定期限内申请行政复议或者提起行政诉讼，但复议或者诉讼期间责令回购决定不停止执行。

发行人或者负有责任的控股股东、实际控制人履行责令回购决定，主动消除或者减轻欺诈发行行为危害后果的，中国证监会依法对其从轻或者减轻行政处罚。

第十四条 发行人或者负有责任的控股股东、实际控制人拒不按照责令回购决定制定股票回购方案的，投资者可以依据责令回购决定确定的回购对象范围、回购价格等向人民法院提起民事诉讼，要求履行回购义务。

投资者对发行人或者负有责任的控股股东、实际控制人制定的股票回购方案有争议，或者要求发行人及负有责任的控股股东、实际控制人按照股票回购方案履行回购义务的，可以依法向人民法院提起民事诉讼，并可以在取得生效判决、裁定后申请强制执行。

第十五条 发行人或者负有责任的控股股东、实际控制人按照本办法规定回购股票的，不适用《中华人民共和国证券法》第四十四条的规定和《上市公司收购管理办法》《上市公司股份回购规则》的规定。

第十六条 本办法自公布之日起施行。

2. 境内上市外资股

中国证券监督管理委员会、国家外汇管理局关于境内居民个人投资境内上市外资股若干问题的通知

·2001年2月22日
·证监发〔2001〕22号

各证券监管办公室、办事处、特派员办事处；国家外汇管理局各分局，北京、重庆外汇管理部；上海、深圳证券交易所；各有关商业银行、证券公司、信托投资公司：

为了促进境内上市外资股（以下简称"B"股）市场的健康发展，维护B股市场和外汇市场的正常秩序，保护投资人的合法权益，规范市场参与者的行为，现就有关问题通知如下：

一、根据1995年《国务院关于股份有限公司境内上市外资股的规定》（国务院第189号令）第四条的规定和中国证券监督管理委员会（以下简称"中国证监会"）2001年2月19日发布的境内居民可投资B股市场的决定，境内居民个人可以按照本通知从事B股投资。

二、境内居民个人从事B股交易，在2001年6月1日前，只允许使用在2001年2月19日（含2月19日，下同）前已经存入境内商业银行的现汇存款和外币现钞存款，不得使用外币现钞和其他外汇资金；境内居民个人2001年2月19日前已经存入境内商业银行，2001年2月19日后到期并转存的，可以作为从事B股交易的资金。2001年6月1日后，允许境内居民个人使用2001年2月19日后存入境内商业银行的现汇存款和外币现钞存款以及从境外汇入的外汇资金从事B股交易，但仍不允许使用外币现钞。

三、经中国证监会批准经营B股业务和经国家外汇管理局批准经营外汇业务的证券公司和信托投资公司可以凭中国证监会核发的从事B股业务资格证书和国家外汇管理局核发的经营外汇业务许可证到所在地同一城市所有经批准经营外汇存款、汇款业务的境内商业银行或其分支机构开立B股保证金账户；上述公司的分支机构可以凭加盖分支机构印章的总公司资格证书复印件和许可证复印件办理开户手续。证券公司和信托投资公司或其分支机构（以下简称"证券经营机构"）在一个境内商业银行只能开立一个B股保证金账户，不得在同一境内商业银行开立一个以上的B股保证金账户。证券经营机构应当在开户后三个工作日内将开户银行名称报所在地国家外汇管理局或其分支局（以下简称"外汇局"）备案，并通过所在地新闻媒体对外公布其开户情况。

四、境内居民个人开立B股资金账户和股票账户，应当按照下列程序办理：

（一）凭本人有效的身份证明文件到其原外汇存款银行将其现汇存款和外币现钞存款划入证券经营机构在同城、同行的B股保证金账户，暂时不允许跨行或异地划转外汇资金。境内商业银行应当向境内居民个人出具进账凭证，并向证券经营机构出具对账单。

（二）凭本人有效身份证明和本人进账凭证到证券经营机构开立B股资金账户，开立B股资金账户的最低金额为等值1000美元。

（三）凭B股资金账户开户证明到该证券经营机构开立B股股票账户。

五、境内商业银行在为境内居民个人办理外汇划转手续时，必须严格按照本通知的规定审核存款日期和划转资金；2001年6月1日前，从境内居民个人定期存款账户划转资金时，账户存款日期不得晚于2001年2月19日；从境内居民个人活期存款账户划转资金时，划转资金金额不得超过

2001年2月19日前的账户存款余额；在办理外汇划转时，应当将划出资金币种转为与证券经营机构B股保证金账户相同的币种。

六、境内居民个人的B股资金账户的收入范围为从现汇存款账户或外币现钞存款账户划入的外汇以及从事B股交易所获得的外汇，支出范围为从事B股交易需支付的外汇以及划回境内商业银行存储，不得用于向境外支付。境内居民个人从B股资金账户划回境内商业银行存储的从事B股交易的所有外汇，按照《境内居民个人外汇管理暂行办法》中有关现钞管理的规定以及其他现钞管理规定进行管理。境内居民个人不得从B股资金账户提取外币现钞。

七、非居民的B股资金账户的收入范围为从境外汇入的外汇资金、境内商业银行的合法现汇存款以及从事B股交易所获得的外汇，支出范围为汇出境外、存入其在境内开立的合法外汇账户以及从事B股交易需支付的外汇。非居民不得从B股资金账户提取外币现钞。

八、境内居民个人与非居民之间不得进行B股协议转让。境内居民个人所购B股不得向境外转托管。

九、所有为证券经营机构开立B股保证金账户的境内商业银行，均可以办理B股交易项下证券经营机构与证券登记结算公司之间以及证券经营机构总分支机构之间外汇资金的收付业务。

十、证券经营机构、境内商业银行、境内居民个人、非居民应当严格按照本通知规定以及中国证监会和外汇局的其他相关规定办理B股交易项下的相关业务，防止逃汇、非法套汇等违法行为的发生，对违反规定的，由中国证监会或外汇局根据有关规定进行处罚。

十一、本通知自发布之日起开始施行。自本通知施行之日起，证券经营机构可以向境内商业银行申请办理开立B股保证金账户事宜，但境内居民个人办理资金划转和开立B股资金账户事宜应于2001年2月26日起开始。中国证监会《关于严格管理B股开户问题的通知》（证监发字〔1996〕75号）和《关于清理B股账户的通知》（证监交字〔1996〕1号）同时废止。

国家外汇管理局关于境内居民投资境内上市外资股有关问题的补充通知

· 2001年2月23日
· 汇发〔2001〕31号

各中资外汇指定银行总行：

为了贯彻《关于境内居民个人投资境内上市外资股若干问题的通知》（以下简称《通知》），做好对境内居民投资B股的外汇管理工作，现将有关问题补充如下：

一、B股投资资金来源问题

（一）境内居民个人划入B股资金账户进行B股交易的资金，只能是本人存放于境内商业银行的外汇存款（包括外汇钞户和外汇汇户）。

（二）非居民划入B股资金账户进行B股交易的资金，只能是其直接从境外汇入或其本人在境内的现汇账户的资金。

（三）境内居民个人和非居民均不得使用外币现钞从事B股交易。

（四）2001年2月19日（不含2月19日）到2001年6月1日存入的资金不允许从事B股交易。

（五）2001年2月19日前已存入银行的资金在2001年2月19日后办理转存后（包括定期转活期、活期转定期），允许划转投资B股交易。

（六）境内居民个人从证券经营机构（包括符合条件的证券公司、信托投资公司及其分支机构，下同）B股保证金账户划入本人外币现钞账户的资金，在2001年6月1日前暂不允许划转投资B股交易。

各银行应严格审核居民个人划转资金的存入时间和性质，严格禁止倒签开户和存款日期。

二、关于居民划转资金的手续问题

（一）境内居民个人到证券经营机构开立B股资金账户前，应将不少于等值1000美元的外汇资金从本人外汇存款账户划入证券经营机构在同城、同行开立的B股保证金账户。

（二）境内居民个人在同一银行同一城市的不同网点、不同币种的外汇资金均可划入证券经营机构的B股保证金账户。

（三）境内居民个人在从其外汇存款账户向B股保证金账户划转外汇资金时，不允许跨行和异地划转。境内居民个人用于B股交易资金外的其他外汇资金划拨仍按现行外汇管理规定执行，各银行应严格按规定办理，只能在同名户之间划转。

（四）划出资金的外汇存款账户户名应为B股交易者本人，划入资金的B股保证金账户户名应为B股交易者开立B股资金账户的证券经营机构。

（五）境内居民个人办理外汇划转手续必须由本人持居民身份证办理，不得委托他人代办。

三、关于身份确认问题

（一）境内居民个人所持的有效的身份证明文件是指中国的居民身份证。

（二）非居民所持的有效身份证明文件是指有效的外国护照。凡持其他身份证明文件的，视同居民管理。

四、关于证券经营机构开户问题

（一）同一家证券经营机构可在同一商业银行同城分支机构分别开立美元和港币B股保证金账户各一个。美元和港币最多只能分别开立一个账户，不可开立其他币种账户。

（二）外汇存款币种与B股保证金账户币种不匹配需要进行币种转换，银行应该按照划转汇出当日的外汇牌价折算。

（三）证券经营机构在银行开立的B股保证金账户为现汇账户。因此，银行在将境内居民个人外币现钞存款划转到B股保证金账户时，应同时办理钞转汇手续。

（四）证券经营机构如需在境内外资金融机构开立B股保证金账户，应按现行有关规定向外汇局报批，未经批准不得开立。

（五）各地证券经营机构合法开立B股保证金账户后，自行在当地新闻媒体公布开户情况，并在开户后三日内到当地外汇局进行备案。备案时，要求证券经营机构提供新开外汇账户的开户机构名称、开户行名称和开户账号清单及相应的加盖营业部公章的银行开户凭证的复印件。

五、关于B股股民交易资金撤出问题

（一）境内居民个人将其B股交易资金（包括股利和红利等收益）撤出B股市场时，无论原先投入B股市场的资金是从现钞存款账户划出还是从现汇存款账户划出的，均只能转入其境内的现钞存款账户或新开的现钞账户，并且应由居民个人持居民身份证办理。

（二）非居民撤出其B股交易资金（包括股利和红利等收益）时，可以直接汇往境外或存入其在境内的现汇账户或现钞账户，如汇出金额超过5万美元，银行应将收款银行和收款人名称在3个营业日内向所在地外汇局报备。

（三）无论境内居民个人还是非居民，均不能从其B股资金账户直接提取外币现钞。

六、关于证券经营机构经营资格问题

（一）持有效《经营外汇业务许可证》和《经营外资股资格证书》的证券经营机构可以继续从事B股经纪业务，其在各地所有的证券营业部也可以从事B股经纪业务，按照《通知》规定自行开立B股保证金账户（在境内外资银行开立B股保证金账户按本通知第四条（四）执行）。

（二）没有《经营外汇业务许可证》和《经营外资股资格证书》的证券经营机构，其下属的营业部，如果持有有效的《经营外汇业务许可证》和《经营外资股资格证书》，且已经开办B股经纪业务的，该营业部可以继续经营B股经纪业务，按照《通知》规定自行开立B股保证金账户（在境内外资银行开立B股保证金账户按本通知第四条（四）执行）。

（三）2001年2月23日前已取得上海、深圳证券交易所B股交易席位的证券经营机构及其分支机构，《经营外汇业务许可证》和《经营外资股资格证书》尚未办理展期的，持上述证书和上海、深圳证券交易所出具的B股交易席位证明，按《通知》规定开立B股保证金账户。

（四）重组或更名的证券经营机构，且已经开办B股经纪业务的，凭重组或更名前的《经营外汇业务许可证》、《经营外资股资格证书》和有关部门关于公司重组或更名的批准文件，按《通知》规定开立B股保证金账户。

（五）持有人民银行核发的《金融机构法人许可证》的信托投资公司，其证券营业部在境内商业银行开立B股保证金账户时，可以用《金融机构法人许可证》代替《经营外汇业务许可证》，同时提供总公司的《金融机构法人许可证》和《经营外资股资格证书》的复印件。

以上证券经营机构及其证券营业部办理B股

保证金账户，无需国家外汇管理局事先审批。其他没有《经营外汇业务许可证》的证券经营机构及其分支机构，均不得从事包括B股经纪业务在内的各项外汇业务。

七、关于银行及其分支机构经营B股业务的资格问题

可以为证券经营机构开立B股保证金账户的银行应具备下列条件：

（一）经中国人民银行批准可经营外汇存款和外汇汇款业务。

（二）能满足B股交易清算时限的要求。现阶段B股交易的清算时限为T+3。

八、外汇账户统计问题

（一）从报送2月份报表开始，银行在现行向外汇局报送的《外汇账户统计报表》中“资本项目账户合计”项下增加“307B股保证金账户”，用于统计证券经营机构B股保证金账户余额及变动情况。

（二）在2001年2月26日至2001年6月1日期间，各中资外汇指定银行总行应按周将本行系统境内居民个人外汇存款账户的期初、期末余额传真报送国家外汇管理局国际收支司，电话：010-68402301，传真电话：010-68402303。

九、银行应加强对个人外汇资金划转的审核，禁止外汇“公款私存”，将机构资金利用个人名义进入B股市场炒作；禁止利用外币信用卡或银行票据等各种支付凭证进行外汇资金转移，从事洗钱和逃套汇活动；对于从事非法买卖外汇交易，或利用不正当渠道和资金从事B股交易或逃套汇的，应及时向外汇管理部门报告。

十、为了协助各银行顺利开展该项业务，保证境内居民个人投资B股事宜的平稳运行，国家外汇管理局将从2001年2月24日开始在总局设立热线咨询电话，解答各商业银行总行、证券经营机构总部和各外汇局分支局所提问题。电话号码为：010-68402181。咨询时间为每天8：00-19：00。同时，外汇局各分支局也将开办同样的咨询服务。各商业银行的分支机构、各证券公司的分支机构及居民个人，如有问题和建议，可与当地外汇局联系。

请各总行将上述通知精神传达本行系统，严格遵照执行。

中国证券监督管理委员会、国家外汇管理局关于证券经营机构从事B股业务若干问题的补充通知

·2001年2月23日

·证监发〔2001〕26号

为贯彻执行《关于境内居民个人投资境内上市外资股若干问题的通知》（证监发〔2001〕22号，以下简称《通知》）精神，现就有关问题补充通知如下：

一、经营B股业务的证券公司和信托投资公司及其证券营业部办理B股保证金账户，应当遵守以下规定：

（一）持有效《经营外汇业务许可证》和《经营外资股资格证书》的证券经营机构可以继续从事B股经纪业务（即代理买卖），其在各地所有的证券营业部也可以从事B股经纪业务，按照《通知》规定开立B股保证金账户。

（二）没有《经营外汇业务许可证》和《经营外资股资格证书》的证券经营机构，其下属的证券营业部，如果持有有效的《经营外汇业务许可证》和《经营外资股资格证书》，且已经开办B股经纪业务，该营业部可以继续经营B股经纪业务，按照《通知》规定开立B股保证金账户。

（三）已经取得上海、深圳证券交易所B股交易席位的证券经营机构及其证券营业部，《经营外汇业务许可证》和《经营外资股资格证书》尚未办理展期的，持上述证书和上海、深圳证券交易所出具的《B股经纪业务证书》，按《通知》规定开立B股保证金账户。

（四）重组或更名的证券经营机构，其已开办B股经纪业务的，凭重组或更名前的《经营外汇业务许可证》、《经营外资股资格证书》和有关部门关于公司重组或更名的批准文件，按《通知》规定开立B股保证金账户。

（五）持有人民银行核发的《金融机构法人许可证》的信托投资公司，其证券营业部按《通知》规定开立B股保证金账户时，可以用《金融机构法人许可证》代替《经营外汇业务许可证》，同时提供总

公司的《金融机构法人许可证》和《经营外资股资格证书》。

以上证券经营机构及其证券营业部办理B股保证金账户，无需国家外汇管理局事先审批。其他没有经营外汇业务许可证的证券经营机构，均不得从事包括B股经纪业务在内的各项外汇业务。

二、证券经营机构在境内外资银行或境外银行开立B股保证金账户，应当由证券经营机构向其所在地国家外汇管理局的分局申请，由所在地分局初审后报国家外汇管理局批准。

三、《通知》第三条"证券经营机构在一个商业银行只能开立一个B股资金账户，不得在同一商业银行开立一个以上的B股资金账户"，是指同一家证券经营机构在同一商业银行的同城分支机构只能开立美元和港币B股保证金账户各一个。

四、证券经营机构在境内商业银行开立的B股保证金账户只能用于与B股交易有关的资金、股利红利收支和证券交易税费的支付。经批准有经营外汇业务资格的证券公司或信托投资公司，不得从事B股自营买卖，其B股保证金账户，不得与其经营性外汇账户串用，不得用于其他外汇业务。

五、证券经营机构应根据B股投资者的有效身份凭证，对居民B股资金账户和非居民B股资金账户分账设立，并作显著标识，同时保留B股投资者的开户资料备查。

境内居民个人所持的有效身份凭证是指中国的居民身份证，非居民所持的有效身份证明文件是指有效的外国护照。

六、经批准有经营外汇业务资格的证券经营机构，其证券营业部只能从事B股经纪业务以及与B股相关的咨询、见证等业务，不得从事总公司其他外汇业务；上述证券营业部在境内商业银行开立外汇账户只能用于与B股交易有关的资金、股利红利收支和证券交易税费的支付。

七、各证券经营机构在合法开立B股保证金账户后，自行在当地新闻媒体公布开户情况（包括开户行名称、地址、账号等），并在开户后三日内到所在地国家外汇管理局分局备案。备案时，证券经营机构应当提供B股保证金账户的开户名称、开户行名称、开户账号清单及相应的加盖证券营业部公章的银行开户凭证复印件。

3. 上市保荐

证券发行上市保荐业务管理办法

· 2023年2月17日中国证券监督管理委员会令第207号公布

· 自公布之日起施行

第一章　总　则

第一条　为了规范证券发行上市保荐业务，提高上市公司质量和证券公司执业水平，保护投资者的合法权益，促进证券市场健康发展，根据《中华人民共和国证券法》（以下简称《证券法》）、《证券公司监督管理条例》等有关法律、行政法规，制定本办法。

第二条　发行人申请从事下列发行事项，依法采取承销方式的，应当聘请具有保荐业务资格的证券公司履行保荐职责：

（一）首次公开发行股票；

（二）向不特定合格投资者公开发行股票并在北京证券交易所（以下简称北交所）上市；

（三）上市公司发行新股、可转换公司债券；

（四）公开发行存托凭证；

（五）中国证券监督管理委员会（以下简称中国证监会）认定的其他情形。

发行人申请公开发行法律、行政法规规定实行保荐制度的其他证券的，依照前款规定办理。

上述已发行证券的上市保荐事项由证券交易所规定。

第三条　证券公司从事证券发行上市保荐业务，应当依照本办法规定向中国证监会申请保荐业务资格。

未经中国证监会核准，任何机构不得从事保荐业务。

第四条　保荐机构履行保荐职责，应当指定品行良好、具备组织实施保荐项目专业能力的保荐代表人具体负责保荐工作。保荐代表人应当熟练掌握保荐业务相关的法律、会计、财务管理、税务、审计等专业知识，最近五年内具备三十六个月以上保荐相关业务经历、最近十二个月持续从事保荐相关业务，最近十二个月内未受到证券交易所等自律组织的重大纪律处分或者中国证监会的重大监管措施，最近三十六个月内未受到中国证监会的行政处罚。

中国证券业协会制定保荐代表人自律管理规范，组织非准入型的水平评价测试，保障和提高保荐代表人的专业能力水平。

第五条 保荐机构及其保荐代表人、其他从事保荐业务的人员应当遵守法律、行政法规和中国证监会、证券交易所、中国证券业协会的相关规定，恪守业务规则和行业规范，诚实守信，勤勉尽责，廉洁从业，尽职推荐发行人证券发行上市，持续督导发行人履行规范运作、信守承诺、信息披露等义务。

保荐机构及其保荐代表人、其他从事保荐业务的人员不得通过从事保荐业务谋取任何不正当利益。

第六条 保荐代表人应当遵守职业道德准则，珍视和维护保荐代表人职业声誉，保持应有的职业谨慎，保持和提高专业胜任能力。

保荐代表人应当维护发行人的合法利益，对从事保荐业务过程中获知的发行人信息保密。保荐代表人应当恪守独立履行职责的原则，不因迎合发行人或者满足发行人的不当要求而丧失客观、公正的立场，不得唆使、协助或者参与发行人及证券服务机构等实施非法的或者具有欺诈性的行为。

保荐代表人及其配偶不得以任何名义或者方式持有发行人的股份。

保荐代表人、保荐业务负责人、内核负责人、保荐业务部门负责人及其他保荐业务人员应当保持独立、客观、审慎，与接受其服务的发行人及其关联方不存在利害关系，不存在妨碍其进行独立专业判断的情形。

第七条 同次发行的证券，其发行保荐和上市保荐应当由同一保荐机构承担。保荐机构依法对发行人申请文件、证券发行募集文件进行核查，向中国证监会、证券交易所出具保荐意见。保荐机构应当保证所出具的文件真实、准确、完整。

证券发行规模达到一定数量的，可以采用联合保荐，但参与联合保荐的保荐机构不得超过二家。

证券发行的主承销商可以由该保荐机构担任，也可以由其他具有保荐业务资格的证券公司与该保荐机构共同担任。

第八条 发行人及其控股股东、实际控制人、董事、监事、高级管理人员，为证券发行上市制作、出具有关文件的会计师事务所、律师事务所、资产评估机构等证券服务机构及其签字人员，应当依照法律、行政法规和中国证监会、证券交易所的规定，配合保荐机构及其保荐代表人履行保荐职责，并承担相应的责任。

保荐机构及其保荐代表人履行保荐职责，不能减轻或者免除发行人及其控股股东、实际控制人、董事、监事、高级管理人员、证券服务机构及其签字人员的责任。

第九条 中国证监会依法对保荐机构及其保荐代表人、其他从事保荐业务的人员进行监督管理。

证券交易所、中国证券业协会对保荐机构及其保荐代表人、其他从事保荐业务的人员进行自律管理。对违反相关自律管理规则的保荐机构和责任人员，证券交易所、中国证券业协会可以采取一定期限内不接受与证券发行相关的文件、认定不适合从事相关业务等自律管理措施或者纪律处分。

第二章 保荐业务的资格管理

第十条 证券公司申请保荐业务资格，应当具备下列条件：

（一）注册资本、净资本符合规定；

（二）具有完善的公司治理和内部控制制度，风险控制指标符合相关规定；

（三）保荐业务部门具有健全的业务规程、内部风险评估和控制系统，内部机构设置合理，具备相应的研究能力、销售能力等后台支持；

（四）具有良好的保荐业务团队且专业结构合理，从业人员不少于三十五人，其中最近三年从事保荐相关业务的人员不少于二十人；

（五）保荐代表人不少于四人；

（六）最近二年未因重大违法违规行为而受到处罚，最近一年未被采取重大监管措施，无因涉嫌重大违法违规正受到有关机关或者行业自律组织调查的情形；

（七）中国证监会规定的其他条件。

第十一条 证券公司应当保证申请文件真

实、准确、完整。申请期间，申请文件内容发生重大变化的，应当自变化之日起二个工作日内向中国证监会提交更新资料。

第十二条 中国证监会依法受理、审查申请文件。对保荐业务资格的申请，自受理之日起三个月内做出核准或者不予核准的书面决定。

第十三条 证券公司取得保荐业务资格后，应当持续符合本办法第十条规定的条件。保荐机构因重大违法违规行为受到行政处罚的，中国证监会撤销其保荐业务资格；不再具备第十条规定其他条件的，中国证监会可以责令其限期整改，逾期仍然不符合要求的，中国证监会撤销其保荐业务资格。

第十四条 保荐机构出现下列情况的，应当在五个工作日内向其住所地的中国证监会派出机构报告：

（一）保荐业务负责人、内核负责人、保荐业务部门负责人发生变化；

（二）保荐业务部门机构设置发生重大变化；

（三）保荐业务执业情况发生重大不利变化；

（四）中国证监会要求的其他事项。

第十五条 保荐机构应当在证券公司年度报告中报送年度执业情况。年度执业情况应当包括以下内容：

（一）保荐机构、保荐代表人年度执业情况的说明；

（二）保荐机构对保荐代表人尽职调查工作日志检查情况的说明；

（三）保荐机构对保荐代表人的年度考核、评定情况；

（四）保荐机构、保荐代表人其他重大事项的说明；

（五）保荐机构对年度执业情况真实性、准确性、完整性承担责任的承诺函，并应由其法定代表人签字；

（六）中国证监会要求的其他事项。

第三章 保荐职责

第十六条 保荐机构应当尽职推荐发行人证券发行上市。

发行人证券上市后，保荐机构应当持续督导发行人履行规范运作、信守承诺、信息披露等义务。

第十七条 保荐机构推荐发行人证券发行上市，应当遵循诚实守信、勤勉尽责的原则，按照中国证监会对保荐机构尽职调查工作的要求，对发行人进行全面调查，充分了解发行人的经营状况及其面临的风险和问题。

第十八条 保荐机构在推荐发行人首次公开发行股票并上市和推荐发行人向不特定合格投资者公开发行股票并在北交所上市前，应当对发行人进行辅导。辅导内容包括，对发行人的董事、监事和高级管理人员、持有百分之五以上股份的股东和实际控制人（或者其法定代表人）进行系统的法规知识、证券市场知识培训，使其全面掌握发行上市、规范运作等方面的有关法律法规和规则，知悉信息披露和履行承诺等方面的责任和义务，树立进入证券市场的诚信意识、自律意识和法制意识，以及中国证监会规定的其他事项。

第十九条 保荐机构辅导工作完成后，应当由发行人所在地的中国证监会派出机构进行辅导验收。发行人所在地在境外的，应当由发行人境内主营业地或境内证券事务机构所在地的中国证监会派出机构进行辅导验收。

第二十条 保荐机构应当与发行人签订保荐协议，明确双方的权利和义务，按照行业规范协商确定履行保荐职责的相关费用。

保荐协议签订后，保荐机构应当在五个工作日内向承担辅导验收职责的中国证监会派出机构报告。

第二十一条 保荐机构应当确信发行人符合法律、行政法规和中国证监会、证券交易所的有关规定，方可推荐其证券发行上市。

保荐机构决定推荐发行人证券发行上市的，可以根据发行人的委托，组织编制申请文件并出具推荐文件。

第二十二条 对发行人申请文件、证券发行募集文件中有证券服务机构及其签字人员出具专业意见的内容，保荐机构可以合理信赖，对相关内容应当保持职业怀疑、运用职业判断进行分析，存在重大异常、前后重大矛盾，或者与保荐机构获得的信息存在重大差异的，保荐机构应当对有关事项进行调查、复核，并可聘请其他证券服务机构提供专业服务。

第二十三条 对发行人申请文件、证券发行募集文件中无证券服务机构及其签字人员专业意见支持的内容，保荐机构应当获得充分的尽职调查证据，在对各种证据进行综合分析的基础上对发行人提供的资料和披露的内容进行独立判断，并有充分理由确信所作的判断与发行人申请文件、证券发行募集文件的内容不存在实质性差异。

第二十四条 保荐机构推荐发行人发行证券，应当向证券交易所提交发行保荐书、保荐代表人专项授权书以及中国证监会要求的其他与保荐业务有关的文件。发行保荐书应当包括下列内容：

（一）逐项说明本次发行是否符合《中华人民共和国公司法》《证券法》规定的发行条件和程序；

（二）逐项说明本次发行是否符合中国证监会的有关规定，并载明得出每项结论的查证过程及事实依据；

（三）发行人存在的主要风险；

（四）对发行人发展前景的评价；

（五）保荐机构内部审核程序简介及内核意见；

（六）保荐机构及其关联方与发行人及其关联方之间的利害关系及主要业务往来情况；

（七）相关承诺事项；

（八）中国证监会要求的其他事项。

第二十五条 在发行保荐书中，保荐机构应当就下列事项做出承诺：

（一）有充分理由确信发行人符合法律法规及中国证监会有关证券发行上市的相关规定；

（二）有充分理由确信发行人申请文件和信息披露资料不存在虚假记载、误导性陈述或者重大遗漏；

（三）有充分理由确信发行人及其董事在申请文件和信息披露资料中表达意见的依据充分合理；

（四）有充分理由确信申请文件和信息披露资料与证券服务机构发表的意见不存在实质性差异；

（五）保证所指定的保荐代表人及本保荐机构的相关人员已勤勉尽责，对发行人申请文件和信息披露资料进行了尽职调查、审慎核查；

（六）保证保荐书、与履行保荐职责有关的其他文件不存在虚假记载、误导性陈述或者重大遗漏；

（七）保证对发行人提供的专业服务和出具的专业意见符合法律、行政法规、中国证监会的规定和行业规范；

（八）自愿接受中国证监会依照本办法采取的监管措施；

（九）中国证监会规定的其他事项。

第二十六条 保荐机构推荐发行人证券上市，应当按照证券交易所的规定提交上市保荐书及其他与保荐业务有关的文件。

第二十七条 保荐机构提交发行保荐书、上市保荐书后，应当配合证券交易所、中国证监会的发行上市审核和注册工作，并承担下列工作：

（一）组织发行人及证券服务机构对证券交易所、中国证监会的意见进行答复；

（二）按照证券交易所、中国证监会的要求对涉及本次证券发行上市的特定事项进行尽职调查或者核查；

（三）指定保荐代表人与证券交易所、中国证监会职能部门进行专业沟通，接受上市委员会问询；

（四）证券交易所、中国证监会规定的其他工作。

第二十八条 保荐机构应当针对发行人的具体情况，确定证券发行上市后持续督导的内容，督导发行人履行有关上市公司规范运作、信守承诺和信息披露等义务，审阅信息披露文件及向中国证监会、证券交易所提交的其他文件，并承担下列工作：

（一）督导发行人有效执行并完善防止控股股东、实际控制人、其他关联方违规占用发行人资源的制度；

（二）督导发行人有效执行并完善防止其董事、监事、高级管理人员利用职务之便损害发行人利益的内控制度；

（三）督导发行人有效执行并完善保障关联交易公允性和合规性的制度，并对关联交易发表意见；

（四）持续关注发行人募集资金的专户存储、投资项目的实施等承诺事项；

（五）持续关注发行人为他人提供担保等事项，并发表意见；

（六）中国证监会、证券交易所规定及保荐协议约定的其他工作。

第二十九条 持续督导的期间由证券交易所规定。

持续督导期届满,如有尚未完结的保荐工作,保荐机构应当继续完成。

保荐机构在履行保荐职责期间未勤勉尽责的,其责任不因持续督导期届满而免除或者终止。

第四章 保荐业务规程

第三十条 保荐机构应当建立分工合理、权责明确、相互制衡、有效监督的内部控制组织体系,发挥项目承做、质量控制、内核合规风控等的全流程内部控制作用,形成科学、合理、有效的保荐业务决策、执行和监督等机制,确保保荐业务纳入公司整体合规管理和风险控制范围。

第三十一条 保荐机构应当建立健全并执行覆盖全部保荐业务流程和全体保荐业务人员的内部控制制度,包括但不限于立项制度、质量控制制度、问核制度、内核制度、反馈意见报告制度、风险事件报告制度、合规检查制度、应急处理制度等,定期对保荐业务内部控制的有效性进行全面评估,保证保荐业务负责人、内核负责人、保荐业务部门负责人、保荐代表人、项目协办人及其他保荐业务相关人员勤勉尽责,严格控制风险,提高保荐业务整体质量。

第三十二条 保荐机构应当建立健全内部问责机制,明确保荐业务人员履职规范和问责措施。

保荐业务人员被采取自律管理措施、纪律处分、监管措施、证券市场禁入措施、行政处罚、刑事处罚等的,保荐机构应当进行内部问责。

保荐机构应当在劳动合同、内部制度中明确,保荐业务人员出现前款情形的,应当退还相关违规行为发生当年除基本工资外的其他部分或全部薪酬。

第三十三条 保荐机构对外提交和报送的发行上市申请文件、反馈意见、披露文件等重要材料和文件应当履行内核程序,由内核机构审议决策。未通过内核程序的保荐业务项目不得以公司名义对外提交或者报送相关文件。

第三十四条 保荐机构应当根据保荐业务特点制定科学、合理的薪酬考核体系,综合考量业务人员的专业胜任能力、执业质量、合规情况、业务收入等各项因素,不得以业务包干等承包方式开展保荐业务,或者以其他形式实施过度激励。

第三十五条 保荐机构从事保荐业务应当综合评估项目执行成本与风险责任,合理确定报价,不得以明显低于行业定价水平等不正当竞争方式招揽业务。

第三十六条 保荐机构应当建立健全保荐业务制度体系,细化尽职调查、辅导、文件申报、持续督导等各个环节的执业标准和操作流程,提高制度的针对性和可执行性。

保荐机构应当根据监管要求、制度执行等情况,及时更新和完善保荐业务制度体系。

第三十七条 保荐机构应当建立健全廉洁从业管理内控体系,加强对工作人员的管理,不得在开展保荐业务的过程中谋取或输送不正当利益。

第三十八条 保荐机构应当根据保荐业务类型和业务环节的不同,细化反洗钱要求,加强对客户身份的识别、可疑报告、客户资料及交易记录保存、反洗钱培训与宣传等工作。

第三十九条 保荐机构应当建立健全对保荐代表人及其他保荐业务相关人员的持续培训制度。

第四十条 保荐机构应当建立健全工作底稿制度,按规定建设应用工作底稿电子化管理系统。

保荐机构应当为每一项目建立独立的保荐工作底稿。保荐代表人必须为其具体负责的每一项目建立尽职调查工作日志,作为保荐工作底稿的一部分存档备查;保荐机构应当定期对尽职调查工作日志进行检查。

保荐工作底稿应当真实、准确、完整地反映保荐工作的全过程,保存期不少于二十年。

第四十一条 保荐机构及其控股股东、实际控制人、重要关联方持有发行人股份的,或者发行人持有、控制保荐机构股份的,保荐机构在推荐发行人证券发行上市时,应当进行利益冲突审查,出具合规审核意见,并按规定充分披露。通过披露仍不能消除影响的,保荐机构应联合一家无关联保荐机构共同履行保荐职责,且该无关联保荐机构为第一保荐机构。

第四十二条 刊登证券发行募集文件前终止保荐协议的,保荐机构和发行人应当自终止之日起五个工作日内分别向中国证监会、证券交易所报告,并说明原因。

第四十三条 刊登证券发行募集文件以后直至持续督导工作结束,保荐机构和发行人不得终止保荐协议,但存在合理理由的情形除外。发行人因再次申请发行证券另行聘请保荐机构、保荐机构被中国证监会撤销保荐业务资格的,应当终止保荐协议。

终止保荐协议的,保荐机构和发行人应当自终止之日起五个工作日内向中国证监会、证券交易所报告,说明原因。

第四十四条 持续督导期间,保荐机构被撤销保荐业务资格的,发行人应当在一个月内另行聘请保荐机构,未在规定期限内另行聘请的,中国证监会可以为其指定保荐机构。

第四十五条 另行聘请的保荐机构应当完成原保荐机构未完成的持续督导工作。

因原保荐机构被撤销保荐业务资格而另行聘请保荐机构的,另行聘请的保荐机构持续督导的时间不得少于一个完整的会计年度。

另行聘请的保荐机构应当自保荐协议签订之日起开展保荐工作并承担相应的责任。原保荐机构在履行保荐职责期间未勤勉尽责的,其责任不因保荐机构的更换而免除或者终止。

第四十六条 保荐机构应当指定二名保荐代表人具体负责一家发行人的保荐工作,出具由法定代表人签字的专项授权书,并确保保荐机构有关部门和人员有效分工协作。保荐机构可以指定一名项目协办人。

第四十七条 证券发行后,保荐机构不得更换保荐代表人,但因保荐代表人离职或者不符合保荐代表人要求的,应当更换保荐代表人。

保荐机构更换保荐代表人的,应当通知发行人,并在五个工作日内向中国证监会、证券交易所报告,说明原因。原保荐代表人在具体负责保荐工作期间未勤勉尽责的,其责任不因保荐代表人的更换而免除或者终止。

第四十八条 保荐机构法定代表人、保荐业务负责人、内核负责人、保荐业务部门负责人、保荐代表人和项目协办人应当在发行保荐书上签字,保荐机构法定代表人、保荐代表人应当同时在证券发行募集文件上签字。

第四十九条 保荐机构应当将履行保荐职责时发表的意见及时告知发行人,同时在保荐工作底稿中保存,并可以依照本办法规定公开发表声明、向中国证监会或者证券交易所报告。

第五十条 持续督导工作结束后,保荐机构应当在发行人公告年度报告之日起的十个工作日内向中国证监会、证券交易所报送保荐总结报告书。保荐机构法定代表人和保荐代表人应当在保荐总结报告书上签字。保荐总结报告书应当包括下列内容:

(一)发行人的基本情况;

(二)保荐工作概述;

(三)履行保荐职责期间发生的重大事项及处理情况;

(四)对发行人配合保荐工作情况的说明及评价;

(五)对证券服务机构参与证券发行上市相关工作情况的说明及评价;

(六)中国证监会、证券交易所要求的其他事项。

第五十一条 保荐代表人及其他保荐业务相关人员属于内幕信息的知情人员,应当遵守法律、行政法规和中国证监会的规定,不得利用内幕信息直接或者间接为保荐机构、本人或者他人谋取不正当利益。

第五章 保荐业务协调

第五十二条 发行人应当为保荐机构及时提供真实、准确、完整的财务会计资料和其他资料,全面配合保荐机构开展尽职调查和其他相关工作。

发行人的控股股东、实际控制人、董事、监事、高级管理人员应当全面配合保荐机构开展尽职调查和其他相关工作,不得要求或者协助发行人隐瞒应当披露的信息。

第五十三条 保荐机构及其保荐代表人履行保荐职责,可以对发行人行使下列权利:

(一)要求发行人按照本办法规定和保荐协议约定的方式,及时通报信息;

(二)定期或者不定期对发行人进行回访,查阅保荐工作需要的发行人材料;

(三)列席发行人的股东大会、董事会和监事会;

(四)对发行人的信息披露文件及向中国证监会、证券交易所提交的其他文件进行事前审阅;

(五)对有关部门关注的发行人相关事项进行核查,必要时可聘请相关证券服务机构配合;

(六)按照中国证监会、证券交易所信息披露规定,对发行人违法违规的事项发表公开声明;

（七）中国证监会、证券交易所规定或者保荐协议约定的其他权利。

第五十四条 发行人有下列情形之一的，应当及时通知或者咨询保荐机构，并将相关文件送交保荐机构：

（一）变更募集资金及投资项目等承诺事项；

（二）发生关联交易、为他人提供担保等事项；

（三）涉及重大诉讼、资产发生重大损失；

（四）公司财务状况及生产经营的外部条件发生重大变化；

（五）重大投资行为和重大购置资产的决定；

（六）股东及董事、监事、高级管理人员的变动；

（七）召开董事会、监事会、股东大会；

（八）履行信息披露义务或者向中国证监会、证券交易所报告有关事项；

（九）发生违法违规行为或者其他重大事项；

（十）中国证监会、证券交易所规定或者保荐协议约定的其他事项。

第五十五条 证券发行前，发行人及其控股股东、实际控制人、董事、监事、高级管理人员不配合保荐机构履行保荐职责的，保荐机构应当发表保留意见，并在发行保荐书中予以说明；情节严重的，应当不予保荐，已保荐的应当撤销保荐。

第五十六条 证券发行后，保荐机构有充分理由确信发行人可能存在违法违规行为以及其他不当行为的，应当督促发行人作出说明并限期纠正；情节严重的，应当向中国证监会、证券交易所报告。

第五十七条 保荐机构应当组织协调证券服务机构及其签字人员参与证券发行上市的相关工作。

发行人为证券发行上市聘用的会计师事务所、律师事务所、资产评估机构以及其他证券服务机构，保荐机构有充分理由认为其专业能力存在明显缺陷的，可以向发行人建议更换。

第五十八条 保荐机构对证券服务机构及其签字人员出具的专业意见存有疑义的，应当主动与证券服务机构进行协商，并可要求其作出解释或者出具依据。

第五十九条 保荐机构有充分理由确信证券服务机构及其签字人员出具的专业意见可能存在虚假记载、误导性陈述或重大遗漏等违法违规情形或者其他不当情形的，应当及时发表意见；情节严重的，应当向中国证监会、证券交易所报告。

第六十条 证券服务机构及其签字人员应当严格按照依法制定的业务规则和行业自律规范，审慎履行职责，作出专业判断与认定，对保荐机构提出的疑义或者意见，应当保持专业独立性，进行审慎的复核判断，并向保荐机构、发行人及时发表意见。

证券服务机构应当建立并保持有效的质量控制体系，保护投资者合法权益。证券服务机构应当妥善保存客户委托文件、核查和验证资料、工作底稿以及与质量控制、内部管理、业务经营有关的信息和资料。

第六章 监管措施和法律责任

第六十一条 中国证监会可以对保荐机构及其与发行上市保荐工作相关的人员，证券服务机构、发行人及其与证券发行上市工作相关的人员等进行定期或者不定期现场检查，相关主体应当积极配合检查，如实提供有关资料，不得拒绝、阻挠、逃避检查，不得谎报、隐匿、销毁相关证据材料。

第六十二条 中国证监会对保荐机构及其相关人员进行持续动态的跟踪管理，记录其业务资格、执业情况、违法违规行为、其他不良行为以及对其采取的监管措施等，对保荐机构业务质量进行评价。

保荐信用记录和质量评价结果向社会公开。

第六十三条 证券公司提交的保荐业务资格申请文件存在虚假记载、误导性陈述或者重大遗漏的，中国证监会不予受理或者不予核准，并给予警告；已核准的，撤销其保荐业务资格。

第六十四条 保荐机构、保荐代表人、保荐业务负责人、内核负责人、保荐业务部门负责人及其他保荐业务相关人员违反本办法，未诚实守信、勤勉尽责地履行相关义务的，中国证监会可以对其采取重点关注、责令进行业务学习、出具警示函、责令公开说明、责令改正、责令增加内部合规检查的次数并提交合规检查报告、监管谈话、责令处分有关责任人员并报告结果、依法认定为不适当人选等监管措施；依法应给予行政处罚的，依照有关规定进行处罚；情节严重涉嫌犯罪的，依法移送司法机关，追究其刑事责任。

第六十五条 出现下列情形之一的，中国证监会可以视情节轻重，对保荐机构、保荐代表人采取出具警示函、责令改正、监管谈话等监管措施；情节严重的，中国证监会可以采取暂停保荐机构的保荐业务、依法认定保荐代表人为不适当人选三个月到十二个月的监管措施：

（一）制作或者出具的文件不齐备或者不符合要求；

（二）擅自改动申请文件、信息披露资料或者其他已提交文件；

（三）申请文件或者信息披露资料存在相互矛盾或者同一事实表述不一致且有实质性差异；

（四）文件披露的内容表述不清，逻辑混乱，严重影响投资者理解；

（五）未及时报告或者未及时披露重大事项；

（六）指定不符合本办法第四条规定要求的人员具体负责保荐工作；

（七）未通过内核程序，以公司名义对外提交或披露保荐业务项目文件；

（八）采取业务包干等承包方式或其他形式进行过度激励；

（九）以显著低于行业定价水平等不正当竞争方式招揽业务，违反公平竞争、破坏市场秩序。

第六十六条 保荐机构出现下列情形之一的，中国证监会可以视情节轻重，暂停保荐业务三个月到三十六个月，并可以责令保荐机构更换董事、监事、高级管理人员或者限制其权利；情节特别严重的，撤销其保荐业务资格：

（一）向中国证监会、证券交易所提交的与保荐工作相关的文件存在虚假记载、误导性陈述或者重大遗漏；

（二）重大事项未报告、未披露；

（三）内部控制制度存在重大缺陷或者未有效执行；

（四）尽职调查制度、内部核查制度、持续督导制度、保荐工作底稿制度等保荐业务制度存在重大缺陷或者未有效执行；

（五）廉洁从业管理内控体系、反洗钱制度存在重大缺陷或者未有效执行；

（六）保荐工作底稿存在虚假记载、误导性陈述或者重大遗漏；

（七）唆使、协助或者参与发行人及证券服务机构提供存在虚假记载、误导性陈述或者重大遗漏的文件；

（八）唆使、协助或者参与发行人干扰中国证监会、证券交易所及其上市委员会的审核、注册工作；

（九）通过从事保荐业务谋取不正当利益；

（十）伪造或者变造签字、盖章；

（十一）严重违反诚实守信、勤勉尽责、廉洁从业义务的其他情形。

第六十七条 保荐代表人出现下列情形之一的，中国证监会可以根据情节轻重，依法采取认定为不适当人选三个月到三十六个月的监管措施：

（一）尽职调查工作日志缺失或者遗漏、隐瞒重要问题；

（二）未完成或者未参加辅导工作；

（三）重大事项未报告、未披露；

（四）未参加持续督导工作，或者持续督导工作严重未勤勉尽责；

（五）因保荐业务或其具体负责保荐工作的发行人在保荐期间内受到证券交易所、中国证券业协会公开谴责；

（六）唆使、协助或者参与发行人干扰中国证监会、证券交易所及其上市委员会的审核、注册工作；

（七）伪造或者变造签字、盖章；

（八）严重违反诚实守信、勤勉尽责、廉洁从业义务的其他情形。

第六十八条 保荐代表人出现下列情形之一的，中国证监会可以依法采取认定为不适当人选的监管措施；情节严重的，对其采取证券市场禁入的措施：

（一）在与保荐工作相关文件上签字推荐发行人证券发行上市，但未参加尽职调查工作，或者尽职调查工作不彻底、不充分，明显不符合业务规则和行业规范；

（二）通过从事保荐业务谋取不正当利益；

（三）本人及其配偶以任何名义或者方式持有发行人的股份；

（四）唆使、协助或者参与发行人及证券服务机构提供存在虚假记载、误导性陈述或者重大遗漏的文件；

（五）参与组织编制的与保荐工作相关文件存在虚假记载、误导性陈述或者重大遗漏。

第六十九条 发行人出现下列情形之一的，

中国证监会可以暂停保荐机构的保荐业务十二个月到三十六个月，责令保荐机构更换相关负责人，对保荐代表人依法采取认定为不适当人选的监管措施；情节严重的，撤销保荐业务资格，对相关责任人采取证券市场禁入的措施：

（一）证券发行募集文件等申请文件存在虚假记载、误导性陈述或者重大遗漏；

（二）持续督导期间信息披露文件存在虚假记载、误导性陈述或者重大遗漏。

第七十条 发行人在持续督导期间出现下列情形之一的，中国证监会可以根据情节轻重，对保荐机构及其相关责任人员采取出具警示函、责令改正、监管谈话、对保荐代表人依法认定为不适当人选、暂停保荐机构的保荐业务等监管措施：

（一）首次公开发行股票并在主板上市和主板上市公司向不特定对象公开发行证券并上市当年营业利润比上年下滑百分之五十以上；

（二）首次公开发行股票并上市、股票向不特定合格投资者公开发行并在北交所上市和上市公司向不特定对象公开发行证券并上市当年即亏损且选取的上市标准含净利润标准；

（三）首次公开发行股票并上市和股票向不特定合格投资者公开发行并在北交所上市之日起十二个月内控股股东或者实际控制人发生变更；

（四）证券上市当年累计百分之五十以上募集资金的用途与承诺不符；

（五）首次公开发行股票并上市和股票向不特定合格投资者公开发行并在北交所上市之日起十二个月内累计百分之五十以上资产或者主营业务发生重组；

（六）上市公司向不特定对象公开发行证券并上市之日起十二个月内累计百分之五十以上资产或者主营业务发生重组，且未在证券发行募集文件中披露；

（七）实际盈利低于盈利预测达百分之二十以上；

（八）关联交易显失公允或者程序违规，涉及金额较大；

（九）控股股东、实际控制人或其他关联方违规占用发行人资源，涉及金额较大；

（十）违规为他人提供担保，涉及金额较大；

（十一）违规购买或出售资产、借款、委托资产管理等，涉及金额较大；

（十二）董事、监事、高级管理人员侵占发行人利益受到行政处罚或者被追究刑事责任；

（十三）违反上市公司规范运作和信息披露等有关法律法规，情节严重的；

（十四）中国证监会规定的其他情形。

前款涉及的净利润以扣除非经常性损益前后孰低者为计算依据。

第七十一条 保荐代表人被依法采取认定为不适当人选的监管措施的，对已受理的该保荐代表人具体负责推荐的项目，保荐机构应当更换保荐代表人，并指派与本项目无关的人员进行复核；对负有责任的保荐业务负责人、内核负责人、保荐业务部门负责人等人员，保荐机构应当根据内部管理规定进行问责惩戒，情节严重的，应当予以更换。

第七十二条 保荐机构、保荐业务负责人、内核负责人或者保荐业务部门负责人在一个自然年度内被采取本办法第六十四条规定的监管措施累计五次以上，中国证监会可以暂停保荐机构的保荐业务三个月，依法责令保荐机构更换保荐业务负责人、内核负责人或者保荐业务部门负责人。

保荐代表人在二个自然年度内被采取本办法第六十四条规定的监管措施累计二次以上，中国证监会可以依法对相关保荐代表人采取认定为不适当人选六个月的监管措施。

第七十三条 对中国证监会拟采取的监管措施，保荐机构及其保荐代表人提出申辩的，如有充分证据证明下列事实且理由成立，中国证监会予以采纳：

（一）发行人或者其董事、监事、高级管理人员故意隐瞒重大事实，保荐机构和保荐代表人已履行勤勉尽责义务；

（二）发行人已在证券发行募集文件中做出特别提示，保荐机构和保荐代表人已履行勤勉尽责义务；

（三）发行人因不可抗力致使业绩、募集资金运用等出现异常或者未能履行承诺；

（四）发行人及其董事、监事、高级管理人员在持续督导期间故意违法违规，保荐机构和保荐代表人主动予以揭示，已履行勤勉尽责义务；

（五）保荐机构、保荐代表人已履行勤勉尽责义务的其他情形。

第七十四条 发行人违反本办法规定，持续督导期间违法违规且拒不纠正，发生重大事项未及时通知保荐机构，出现应当变更保荐机构情形未及时予以变更，或者发生其他严重不配合保荐工作情形的，中国证监会可以责令改正，予以公布并可以根据情节轻重采取下列措施：

（一）要求发行人每月向中国证监会报告接受保荐机构督导的情况；

（二）要求发行人披露月度财务报告、相关资料；

（三）指定证券服务机构进行核查；

（四）要求证券交易所对发行人证券的交易实行特别提示；

（五）对有关责任人员采取证券市场禁入措施。

第七十五条 发行人及其控股股东、实际控制人、董事、监事、高级管理人员未有效配合保荐机构及其保荐代表人开展尽职调查和其他相关工作的，中国证监会可以对相关单位和责任人员采取重点关注、出具警示函、责令公开说明、责令改正、监管谈话等监管措施。情节严重的，对有关责任人采取证券市场禁入的措施。

第七十六条 证券服务机构及其签字人员违反本办法规定的，中国证监会可以对相关机构和责任人员采取重点关注、出具警示函、责令公开说明、责令改正、监管谈话等监管措施，情节严重的可以对有关责任人员采取证券市场禁入的措施。

第七十七条 证券服务机构及其签字人员出具的专业意见存在虚假记载、误导性陈述或重大遗漏，或者因不配合保荐工作而导致严重后果的，中国证监会可以对有关责任人员采取证券市场禁入的措施，并将处理结果予以公布。

第七十八条 发行人及其控股股东、实际控制人、董事、监事、高级管理人员、证券服务机构及其签字人员违反法律、行政法规，依法应予行政处罚的，依照有关规定进行处罚；涉嫌犯罪的，依法移送司法机关，追究其刑事责任。

第七章 附 则

第七十九条 本办法所称“保荐机构”，是指《证券法》第十条所指“保荐人”。

第八十条 本办法自公布之日起施行。

4. 境外上市

境内企业境外发行证券和上市管理试行办法

· 2023年2月17日中国证券监督管理委员会公告〔2023〕43号公布
· 自2023年3月31日起施行

第一章 总 则

第一条 为规范中华人民共和国境内企业直接或者间接到境外发行证券或者将其证券在境外上市交易（以下简称境外发行上市）相关活动，促进境内企业依法合规利用境外资本市场实现规范健康发展，根据《中华人民共和国证券法》等法律，制定本办法。

第二条 境内企业直接境外发行上市，是指在境内登记设立的股份有限公司境外发行上市。

境内企业间接境外发行上市，是指主要经营活动在境内的企业，以在境外注册的企业的名义，基于境内企业的股权、资产、收益或其他类似权益境外发行上市。

本办法所称证券，是指境内企业直接或者间接在境外发行上市的股票、存托凭证、可转换为股票的公司债券或者其他具有股权性质的证券。

第三条 境内企业境外发行上市活动，应当遵守外商投资、国有资产管理、行业监管、境外投资等法律、行政法规和国家有关规定，不得扰乱境内市场秩序，不得损害国家利益、社会公共利益和境内投资者合法权益。

第四条 境内企业境外发行上市活动的监督管理，应当贯彻党和国家路线方针政策、决策部署，统筹发展和安全。

中国证券监督管理委员会（以下简称中国证监会）依法对境内企业境外发行上市活动实施监督管理。中国证监会、国务院有关主管部门依法在各自职责范围内，对境外发行上市的境内企业以及在境内为其提供相应服务的证券公司、证券服务机构实施监督管理。

中国证监会会同国务院有关主管部门建立境

内企业境外发行上市监督管理协调机制，加强政策规则衔接、监督管理协调和信息共享。

第五条 中国证监会、国务院有关主管部门按照对等互惠原则，加强与境外证券监督管理机构、有关主管部门的监督管理合作，实施跨境监督管理。

第二章 境外发行上市

第六条 境外发行上市的境内企业应当依照《中华人民共和国公司法》《中华人民共和国会计法》等法律、行政法规和国家有关规定制定章程，完善内部控制制度，规范公司治理和财务、会计行为。

第七条 境外发行上市的境内企业应当遵守国家保密法律制度，采取必要措施落实保密责任，不得泄露国家秘密和国家机关工作秘密。

境内企业境外发行上市涉及向境外提供个人信息和重要数据等的，应当符合法律、行政法规和国家有关规定。

第八条 存在下列情形之一的，不得境外发行上市：

（一）法律、行政法规或者国家有关规定明确禁止上市融资的；

（二）经国务院有关主管部门依法审查认定，境外发行上市可能危害国家安全的；

（三）境内企业或者其控股股东、实际控制人最近3年内存在贪污、贿赂、侵占财产、挪用财产或者破坏社会主义市场经济秩序的刑事犯罪的；

（四）境内企业因涉嫌犯罪或者重大违法违规行为正在被依法立案调查，尚未有明确结论意见的；

（五）控股股东或者受控股股东、实际控制人支配的股东持有的股权存在重大权属纠纷的。

第九条 境内企业境外发行上市活动，应当严格遵守外商投资、网络安全、数据安全等国家安全法律、行政法规和有关规定，切实履行维护国家安全的义务。涉及安全审查的，应当在向境外证券监督管理机构、交易场所等提交发行上市申请前依法履行相关安全审查程序。

境外发行上市的境内企业应当根据国务院有关主管部门要求，采取及时整改、作出承诺、剥离业务资产等措施，消除或者避免境外发行上市对国家安全的影响。

第十条 境内企业境外发行上市的发行对象应当为境外投资者，但符合本条第二款规定或者国家另有规定的除外。

直接境外发行上市的境内企业实施股权激励或者发行证券购买资产的，可以向符合中国证监会规定的境内特定对象发行证券。

境内国有企业依照前款规定向境内特定对象发行证券的，应当同时符合国有资产管理的相关规定。

第十一条 境内企业境外发行上市的，可以以外币或者人民币募集资金、进行分红派息。

境内企业境外发行证券所募资金的用途和投向，应当符合法律、行政法规和国家有关规定。

境内企业境外发行上市相关资金的汇兑及跨境流动，应当符合国家跨境投融资、外汇管理和跨境人民币管理等规定。

第十二条 从事境内企业境外发行上市业务的证券公司、证券服务机构和人员，应当遵守法律、行政法规和国家有关规定，遵循行业公认的业务标准和道德规范，严格履行法定职责，保证所制作、出具文件的真实性、准确性和完整性，不得以对国家法律政策、营商环境、司法状况等进行歪曲、贬损的方式在所制作、出具的文件中发表意见。

第三章 备案要求

第十三条 境外发行上市的境内企业，应当依照本办法向中国证监会备案，报送备案报告、法律意见书等有关材料，真实、准确、完整地说明股东信息等情况。

第十四条 境内企业直接境外发行上市的，由发行人向中国证监会备案。

境内企业间接境外发行上市的，发行人应当指定一家主要境内运营实体为境内责任人，向中国证监会备案。

第十五条 发行人同时符合下列情形的，认定为境内企业间接境外发行上市：

（一）境内企业最近一个会计年度的营业收入、利润总额、总资产或者净资产，任一指标占发行人同期经审计合并财务报表相关数据的比例超过50%；

（二）经营活动的主要环节在境内开展或者主要场所位于境内，或者负责经营管理的高级管理人员多数为中国公民或者经常居住地位于境内。

境内企业间接境外发行上市的认定，遵循实质重于形式的原则。

第十六条 发行人境外首次公开发行或者上市的，应当在境外提交发行上市申请文件后3个工作日内向中国证监会备案。

发行人境外发行上市后，在同一境外市场发行证券的，应当在发行完成后3个工作日内向中国证监会备案。

发行人境外发行上市后，在其他境外市场发行上市的，应当按照本条第一款规定备案。

第十七条 通过一次或者多次收购、换股、划转以及其他交易安排实现境内企业资产直接或者间接境外上市，境内企业应当按照第十六条第一款规定备案，不涉及在境外提交申请文件的，应当在上市公司首次公告交易具体安排之日起3个工作日内备案。

第十八条 境内企业直接境外发行上市的，持有其境内未上市股份的股东申请将其持有的境内未上市股份转换为境外上市股份并到境外交易场所上市流通，应当符合中国证监会有关规定，并委托境内企业向中国证监会备案。

前款所称境内未上市股份，是指境内企业已发行但未在境内交易场所上市或者挂牌交易的股份。境内未上市股份应当在境内证券登记结算机构集中登记存管。境外上市股份的登记结算安排等适用境外上市地的规定。

第十九条 备案材料完备、符合规定的，中国证监会自收到备案材料之日起20个工作日内办结备案，并通过网站公示备案信息。

备案材料不完备或者不符合规定的，中国证监会在收到备案材料后5个工作日内告知发行人需要补充的材料。发行人应当在30个工作日内补充材料。在备案过程中，发行人可能存在本办法第八条规定情形的，中国证监会可以征求国务院有关主管部门意见。补充材料和征求意见的时间均不计算在备案时限内。

中国证监会依据本办法制定备案指引，明确备案操作要求、备案材料内容、格式和应当附具的文件等。

第二十条 境内企业境外发行上市的备案材料应当真实、准确、完整，不得有虚假记载、误导性陈述或者重大遗漏。境内企业及其控股股东、实际控制人、董事、监事、高级管理人员应当依法履行信息披露义务，诚实守信、勤勉尽责，保证备案材料真实、准确、完整。

证券公司、律师事务所应当对备案材料进行充分核查验证，不得存在下列情形：

（一）备案材料内容存在相互矛盾或者同一事实表述不一致且有实质性差异；

（二）备案材料内容表述不清、逻辑混乱，严重影响理解；

（三）未对企业是否符合本办法第十五条认定标准进行充分论证；

（四）未及时报告或者说明重大事项。

第二十一条 境外证券公司担任境内企业境外发行上市业务保荐人或者主承销商的，应当自首次签订业务协议之日起10个工作日内向中国证监会备案，并应当于每年1月31日前向中国证监会报送上年度从事境内企业境外发行上市业务情况的报告。

境外证券公司在本办法施行前已经签订业务协议，正在担任境内企业境外发行上市业务保荐人或者主承销商的，应当自本办法施行之日起30个工作日内进行备案。

第四章 监督管理

第二十二条 发行人境外发行上市后发生下列重大事项，应当自相关事项发生并公告之日起3个工作日内向中国证监会报告具体情况：

（一）控制权变更；

（二）被境外证券监督管理机构或者有关主管部门采取调查、处罚等措施；

（三）转换上市地位或者上市板块；

（四）主动终止上市或者强制终止上市。

发行人境外发行上市后主要业务经营活动发生重大变化，不再属于备案范围的，应当自相关变化发生之日起3个工作日内，向中国证监会提交专项报告及境内律师事务所出具的法律意见书，说明有关情况。

第二十三条 中国证监会、国务院有关主管部门按照职责分工，依法对境外发行上市的境内企业，以及证券公司、证券服务机构在境内开展的境内企业境外发行上市业务进行监督检查或者调查。

第二十四条 为维护市场秩序，中国证监会、国务院有关主管部门可以按照职责分工，视情节轻重，对违反本办法的境外发行上市的境内企业以及在境内为其提供相应服务的证券公司、证券服务机构及其相关执业人员采取责令改正、监管谈话、出具警示函等措施。

第二十五条 境内企业境外发行上市前存在本办法第八条所列情形的，应当暂缓或者终止境外发行上市，并及时向中国证监会、国务院有关主管部门报告。

第二十六条 境内企业境外发行上市违反本办法，或者境外证券公司违反本办法第二十一条规定的，中国证监会可以通过跨境监督管理合作机制通报境外证券监督管理机构。

境外证券监督管理机构对境内企业境外发行上市及相关活动进行调查取证，根据跨境监督管理合作机制向中国证监会提出协查请求的，中国证监会可以依法提供必要协助。境内单位和个人按照境外证券监督管理机构调查取证要求提供相关文件和资料的，应当经中国证监会和国务院有关主管部门同意。

第五章 法律责任

第二十七条 境内企业违反本办法第十三条规定未履行备案程序，或者违反本办法第八条、第二十五条规定境外发行上市的，由中国证监会责令改正，给予警告，并处以 100 万元以上 1000 万元以下的罚款。对直接负责的主管人员和其他直接责任人员给予警告，并处以 50 万元以上 500 万元以下的罚款。

境内企业的控股股东、实际控制人组织、指使从事前款违法行为的，处以 100 万元以上 1000 万元以下的罚款。对直接负责的主管人员和其他直接责任人员，处以 50 万元以上 500 万元以下的罚款。

证券公司、证券服务机构未按照职责督促企业遵守本办法第八条、第十三条、第二十五条规定的，给予警告，并处以 50 万元以上 500 万元以下的罚款。对直接负责的主管人员和其他直接责任人员给予警告，并处以 20 万元以上 200 万元以下的罚款。

第二十八条 境内企业的备案材料存在虚假记载、误导性陈述或者重大遗漏的，由中国证监会责令改正，给予警告，并处以 100 万元以上 1000 万元以下的罚款。对直接负责的主管人员和其他直接责任人员给予警告，并处以 50 万元以上 500 万元以下的罚款。

境内企业的控股股东、实际控制人组织、指使从事前款违法行为，或者隐瞒相关事项导致发生前款情形的，处以 100 万元以上 1000 万元以下的罚款。对直接负责的主管人员和其他直接责任人员，处以 50 万元以上 500 万元以下的罚款。

第二十九条 证券公司、证券服务机构未勤勉尽责，依据境内法律、行政法规和国家有关规定制作、出具的文件存在虚假记载、误导性陈述或者重大遗漏，或者依据境外上市地规则制作、出具的文件存在虚假记载、误导性陈述或者重大遗漏扰乱境内市场秩序，损害境内投资者合法权益的，由中国证监会、国务院有关主管部门责令改正，给予警告，并处以业务收入 1 倍以上 10 倍以下的罚款；没有业务收入或者业务收入不足 50 万元的，处以 50 万元以上 500 万元以下的罚款。对直接负责的主管人员和其他直接责任人员给予警告，并处以 20 万元以上 200 万元以下的罚款。

第三十条 违反本办法的其他有关规定，有关法律、行政法规有处罚规定的，依照其规定给予处罚。

第三十一条 违反本办法或者其他法律、行政法规，情节严重的，中国证监会可以对有关责任人员采取证券市场禁入的措施。构成犯罪的，依法追究刑事责任。

第三十二条 中国证监会依法将有关市场主体遵守本办法的情况纳入证券市场诚信档案并共享至全国信用信息共享平台，会同有关部门加强信息共享，依法依规实施惩戒。

第六章 附 则

第三十三条 境内上市公司控股或者实际控制的境内企业境外发行上市，以及境内上市公司以境内证券为基础在境外发行可转换为境内证券的存托凭证等证券品种，应当同时符合中国证监会的其他相关规定，并按照本办法备案。

第三十四条 本办法所称境内企业，是指在中华人民共和国境内登记设立的企业，包括直接境外发行上市的境内股份有限公司和间接境外发行上市主体的境内运营实体。

本办法所称证券公司、证券服务机构，是指从事境内企业境外发行上市业务的境内外证券公司、证券服务机构。

第三十五条 本办法自 2023 年 3 月 31 日起施行。《关于执行〈到境外上市公司章程必备条款〉的通知》同时废止。

国家外汇管理局关于境外上市外汇管理有关问题的通知

·2014 年 12 月 26 日
·汇发〔2014〕54 号

国家外汇管理局各省、自治区、直辖市分局、外汇管理部，深圳、大连、青岛、厦门、宁波市分局，各中资外汇指定银行总行：

为规范和完善境外上市外汇管理，根据《中华人民共和国外汇管理条例》等相关法规，现就有关事项通知如下：

一、本通知所称的境外上市，是指在境内注册的股份有限公司（以下简称境内公司）经中国证券监督管理委员会（以下简称中国证监会）许可，在境外发行股票（含优先股及股票派生形式证券）、可转换为股票的公司债券等法律、法规允许的证券（以下简称境外股份），并在境外证券交易所公开上市流通的行为。

二、国家外汇管理局及其分支局、外汇管理部（以下简称外汇局）对境内公司境外上市涉及的业务登记、账户开立与使用、跨境收支、资金汇兑等行为实施监督、管理与检查。

三、境内公司应在境外上市发行结束之日起 15 个工作日内，持下列材料到其注册所在地外汇局（以下简称所在地外汇局）办理境外上市登记：

（一）书面申请，并附《境外上市登记表》（见附件 1）；

（二）中国证监会许可境内公司境外上市的证明文件；

（三）境外发行结束的公告文件；

（四）前述材料内容不一致或不能说明交易真实性时，要求提供的补充材料。

所在地外汇局审核上述材料无误后，在资本项目信息系统（以下简称系统）为境内公司办理登记，并通过系统打印业务登记凭证，加盖业务印章后交境内公司。境内公司凭此登记凭证办理境外上市开户及相关业务。

四、境内公司境外上市后，其境内股东根据有关规定拟增持或减持境外上市公司股份的，应在拟增持或减持前 20 个工作日内，持下列材料到境内股东所在地外汇局办理境外持股登记：

（一）书面申请，并附《境外持股登记表》（见附件 2）；

（二）关于增持或减持事项的董事会或股东大会决议（如有）；

（三）需经财政部门、国有资产管理部门等相关部门批准的，应提供相关部门的批准文件；

（四）前述材料内容不一致或不能说明交易真实性时，要求提供的补充材料。

所在地外汇局审核上述材料无误后，在系统为境内股东办理登记，并通过系统打印业务登记凭证，加盖业务印章后交境内股东。境内股东凭此登记凭证到银行办理增持或减持境外上市公司股份开户及相关业务。

五、境内公司（银行类金融机构除外）应当凭境外上市业务登记凭证，针对其首发（或增发）、回购业务，在境内银行开立“境内公司境外上市专用外汇账户”（以下简称“境内公司境外上市专户”），办理相关业务的资金汇兑与划转（账户类型、收支范围及注意事项见附件 3）。

六、境内公司（银行类金融机构除外）应在其境外上市专户开户银行开立一一对应的结汇待支付账户（人民币账户，以下简称待支付账户），用于存放境外上市专户资金结汇所得的人民币资金、以人民币形式调回的境外上市募集资金，以及以人民币形式汇出的用于回购境外股份的资金和调回回购剩余资金（账户收支范围见附件 3）。

七、境外上市公司的境内股东应当凭境外持股业务登记凭证，针对其增持、减持或转让境外上市公司股份等业务，在境内银行开立“境内股东境外持股专用账户”（以下简称“境内股东境外持股专户”），办理相关业务的资金汇兑与划转（账户类型、收支范围及注意事项见附件 3）。

八、境内公司及其境内股东因办理境外上市相关业务需要，可在境外开立相应的专用账户（以下简称“境外专户”）。境外专户的收支范围应当符合附件 3 的相关要求。

九、境内公司境外上市募集资金可调回境内或存放境外，资金用途应与招股说明文件或公司债券募集说明文件、股东通函、董事会或股东大会决议等公开披露的文件（以下简称公开披露文件）所列相关内容一致。

境内公司发行可转换为股票的公司债券所募集资金拟调回境内的，应汇入其境内外债专户并按外债管理有关规定办理相关手续；发行其他形式证券所募集资金拟调回境内的，应汇入其境外上市专户（外汇）或待支付账户（人民币）。

十、境内公司回购其境外股份，可以使用符合有关规定的境外资金和境内资金。境内公司需使用并汇出境内资金的，应凭在所在地外汇局登记回购相关信息（含变更）后取得的境外上市业务登记凭证（回购相关信息未登记的，需在拟回购前20个工作日内办理登记，取得相应业务登记凭证）及回购相关情况说明或证明性材料，到开户银行通过境外上市专户（外汇）或待支付账户（人民币）办理相关资金汇划手续。

回购结束后，由境内汇出境外用于回购的资金如有剩余，应汇回境内公司境外上市专户（外汇）或待支付账户（人民币）。

十一、境内公司根据需要，可持境外上市业务登记凭证向开户银行申请将境外上市专户资金境内划转或支付，或结汇划往待支付账户。

十二、境内公司申请将待支付账户资金境内划转或支付的，应向开户银行提供境外上市公开披露文件中有关资金用途与调回及结汇资金用途是否一致的证明材料，资金用途与公开披露文件中有关资金用途不一致或公开披露文件未予明确的，应提供关于变更或明确对应资金用途的董事会或股东大会决议。其中，境内公司回购境外股份调回的剩余资金可在境内直接划转或支付。

开户银行应在对境内公司境外上市专户或待支付账户资金用途进行严格审核后，为境内公司办理有关账户资金划转及支付手续。

十三、境内股东依据有关规定增持境内公司境外股份，可以使用符合有关规定的境外资金和境内资金。境内股东需使用并汇出境内资金的，应凭境外持股业务登记凭证及增持相关情况说明或证明性材料，到开户银行通过境内股东境外持股专户办理资金汇兑手续。

增持结束后，由境内汇出境外用于增持的资金如有剩余，应汇回境内股东境外持股专户。境内股东可凭境外持股业务登记凭证到银行办理相关资金境内划转或结汇手续。

十四、境内股东因减持、转让境内公司境外股份或境内公司从境外证券市场退市等原因所得的资本项下收入，可留存境外或调回汇入境内股东境外持股专户。调回境内的，境内股东可凭境外持股业务登记凭证到银行办理相关资金境内划转或结汇手续。

十五、境内公司若发生如下变更情形，应在变更之日起15个工作日内持书面申请、最新填写的《境外上市登记表》及相关交易真实性证明材料，到所在地外汇局办理境外上市登记变更。需经主管部门审批或备案的变更事项，另需提供主管部门关于变更事项的批复或备案文件。

（一）境外上市公司名称、注册地址、主要股东信息等发生变更；

（二）增发（含超额配售）股份或资本公积、盈余公积、未分配利润转增股本等资本变动；

（三）回购境外股份；

（四）将可转换债券转为股票（需提供外债登记变更或注销凭证）；

（五）境内股东增持、减持、转让、受让境外股份计划实施完毕使得境外上市公司股权结构发生变化；

（六）原登记的境外募集资金使用计划和用途发生变更；

（七）其他登记有关内容的变更。

十六、境内公司的国有股东按照《减持国有股筹集社会保障资金管理暂行办法》（国发〔2001〕22号）有关规定需将减持收入上缴全国社会保障基金（以下简称社保基金）的，应当由该境内公司代为办理，并通过该境内公司境外上市专户及待支付账户办理相应的资金汇兑与划转。

境内公司应持国有股东需上缴社保基金的减持收入情况说明（包括减持应得资金测算说明和应缴、拟缴资金数额等）、境外上市业务登记凭证等材料，向其境外上市专户及待支付账户开户银行申请将国有股东减持收入直接划转（或结汇至待支付账户后划转）至财政部在境内银行开立的对应账户。

十七、境内公司向境外的监管部门、交易所、承销机构、律师、会计师等境外机构支付与其境外上市相关的合理费用，原则上应从境外上市募集资金中扣减，确需从境内汇出（含购汇汇出）的，应持下列材料向银行申请办理：

（一）境外上市业务登记凭证；

（二）能够说明汇出（含购汇汇出）境外金额及对应事项的境外上市费用支付清单及相关证明材料；

（三）有关境外机构应向境内税务部门完税的，另需提供代扣境外企业或个人税款等相关税务证明。

十八、境内公司从境外证券市场退市的，应在退市之日起15个工作日内持主管部门相关批复复印件、退市公告等真实性证明材料及境外上市业务登记凭证、相关账户和资金处理情况说明到所在地外汇局办理境外上市登记注销。所在地外汇局同时收回该境内公司境外上市业务登记凭证。

十九、境内公司及境内股东的开户银行，应在境内公司及境内股东相关境内账户开立、变更或关闭后，按《国家外汇管理局关于发布〈金融机构外汇业务数据采集规范（1.0版）〉的通知》（汇发〔2014〕18号）要求报送账户信息。

二十、境内公司、境内股东及相关境内银行应当按照有关规定及时办理国际收支统计申报。

二十一、境内公司、境内股东及相关境内银行等违反本通知的，外汇局可依法采取相应的监管措施，并依据《中华人民共和国外汇管理条例》相应条款进行行政处罚。

二十二、境内金融机构境外上市外汇管理相关事宜应按照本通知办理，对银行类和保险类金融机构境外上市募集资金调回结汇等另有规定的除外。

二十三、本通知发布前已办理境外上市登记的境内公司，按以下原则办理：

（一）已开立相关账户，资金尚未全部调回及结汇，或发生配股、增发等涉及资金跨境及结购汇行为的，应凭业务登记凭证在开户银行开立相应的待支付账户，按本通知办理后续业务。

（二）未开立相关账户的，按本通知办理。

二十四、本通知要求报送的相关申请及登记备案材料均需提供具有法律效力的中文文本。具有中文及其他文字等多种文本的，以具有法律效力的中文文本为准。

二十五、本通知由国家外汇管理局负责解释。

二十六、本通知自发布之日起实施。《国家外汇管理局关于境外上市外汇管理有关问题的通知》（汇发〔2013〕5号）同时废止。其他相关外汇管理规定与本通知不一致的，以本通知为准。

各分局收到本通知后，应尽快转发辖内中心支局、支局、城市商业银行及外资银行。各中资外汇指定银行收到本通知后，应尽快转发所辖分支行。执行中如遇问题，请及时向国家外汇管理局资本项目管理司反馈。

附件：1. 境外上市登记表（略）

2. 境外持股登记表（略）

3. 境外上市相关账户管理一览表（略）

（二）证券交易

证券交易所管理办法

· 2021年10月30日中国证券监督管理委员会令第192号公布

· 自公布之日起施行

第一章　总　则

第一条　为加强对证券交易所的管理，促进证券交易所依法全面履行一线监管职能和服务职能，维护证券市场的正常秩序，保护投资者的合法权益，促进证券市场的健康稳定发展，根据《中华人民共和国证券法》（以下简称《证券法》）、《中华人民共和国公司法》（以下简称《公司法》），制定本办法。

第二条　本办法所称的证券交易所是指经国务院决定设立的证券交易所。

第三条　证券交易所根据《中国共产党章程》设立党组织，发挥领导作用，把方向、管大局、保落实，依照规定讨论和决定交易所重大事项，保证监督党和国家的方针、政策在交易所得到全面贯彻落实。

第四条　证券交易所由中国证券监督管理委员会（以下简称中国证监会）监督管理。

第五条　证券交易所的名称，应当标明证券交易所字样。其他任何单位和个人不得使用证券交易所或者近似名称。

第二章　证券交易所的职能

第六条　证券交易所组织和监督证券交易，

实施自律管理，应当遵循社会公共利益优先原则，维护市场的公平、有序、透明。

第七条 证券交易所的职能包括：

（一）提供证券交易的场所、设施和服务；

（二）制定和修改证券交易所的业务规则；

（三）依法审核公开发行证券申请；

（四）审核、安排证券上市交易，决定证券终止上市和重新上市；

（五）提供非公开发行证券转让服务；

（六）组织和监督证券交易；

（七）对会员进行监管；

（八）对证券上市交易公司及相关信息披露义务人进行监管；

（九）对证券服务机构为证券上市、交易等提供服务的行为进行监管；

（十）管理和公布市场信息；

（十一）开展投资者教育和保护；

（十二）法律、行政法规规定的以及中国证监会许可、授权或者委托的其他职能。

第八条 证券交易所不得直接或者间接从事：

（一）新闻出版业；

（二）发布对证券价格进行预测的文字和资料；

（三）为他人提供担保；

（四）未经中国证监会批准的其他业务。

第九条 证券交易所可以根据证券市场发展的需要，创新交易品种和交易方式，设立不同的市场层次。

第十条 证券交易所制定或者修改业务规则，应当符合法律、行政法规、部门规章对其自律管理职责的要求。

证券交易所制定或者修改下列业务规则时，应当由证券交易所理事会或者董事会通过，并报中国证监会批准：

（一）证券交易、上市、会员管理和其他有关业务规则；

（二）涉及上市新的证券交易品种或者对现有上市证券交易品种作出较大调整；

（三）以联网等方式为非本所上市的品种提供交易服务；

（四）涉及证券交易方式的重大创新或者对现有证券交易方式作出较大调整；

（五）涉及港澳台及境外机构的重大事项；

（六）中国证监会认为需要批准的其他业务规则。

对于非会员理事的反对或者弃权表决意见，证券交易所应当在向中国证监会报送的请示或者报告中作出说明。

第十一条 证券交易所制定的业务规则对证券交易业务活动的各参与主体具有约束力。对违反业务规则的行为，证券交易所给予纪律处分或者采取其他自律管理措施。

第十二条 证券交易所应当按照章程、协议以及业务规则的规定，对违法违规行为采取自律监管措施或者纪律处分，履行自律管理职责。

第十三条 证券交易所应当在业务规则中明确自律监管措施或者纪律处分的具体类型、适用情形和适用程序。

证券交易所采取纪律处分的，应当依据纪律处分委员会的审核意见作出。纪律处分决定作出前，当事人按照业务规则的规定申请听证的，证券交易所应当组织听证。

第十四条 市场参与主体对证券交易所作出的相关自律监管措施或者纪律处分不服的，可以按照证券交易所业务规则的规定申请复核。

证券交易所应当设立复核委员会，依据其审核意见作出复核决定。

第十五条 证券交易所应当建立风险管理和风险监测机制，依法监测、监控、预警并防范市场风险，维护证券市场安全稳定运行。

证券交易所应当以风险基金、一般风险准备等形式储备充足的风险准备资源，用于垫付或者弥补因技术故障、操作失误、不可抗力及其他风险事件造成的损失。

第十六条 证券交易所应当同其他交易场所、登记结算机构、行业协会等证券期货业组织建立资源共享、相互配合的长效合作机制，联合依法监察证券市场违法违规行为。

第三章 证券交易所的组织

第十七条 实行会员制的证券交易所设会员大会、理事会、总经理和监事会。

实行有限责任公司制的证券交易所设股东会、董事会、总经理和监事会。证券交易所为一人有限责任公司的，不设股东会，由股东行使股东会的职权。

第十八条 会员大会为会员制证券交易所的最高权力机构。会员大会行使下列职权：

（一）制定和修改证券交易所章程；

（二）选举和罢免会员理事、会员监事；

（三）审议和通过理事会、监事会和总经理的工作报告；

（四）审议和通过证券交易所的财务预算、决算报告；

（五）法律、行政法规、部门规章和证券交易所章程规定的其他重大事项。

股东会为公司制证券交易所的最高权力机构。股东会行使下列职权：

（一）修改证券交易所章程；

（二）选举和更换非由职工代表担任的董事、监事；

（三）审议和通过董事会、监事会的工作报告；

（四）审议和通过证券交易所的财务预算、决算报告；

（五）法律、行政法规、部门规章和证券交易所章程规定的其他职权。

第十九条 会员制证券交易所章程应当包括下列事项：

（一）设立目的；

（二）名称；

（三）主要办公及交易场所和设施所在地；

（四）职能范围；

（五）会员的资格和加入、退出程序；

（六）会员的权利和义务；

（七）对会员的纪律处分；

（八）组织机构及其职权；

（九）理事、监事、高级管理人员的产生、任免及其职责；

（十）资本和财务事项；

（十一）解散的条件和程序；

（十二）其他需要在章程中规定的事项。

公司制证券交易所章程应当包括下列事项：

（一）前款第（一）项至第（四）项、第（八）项、第（十）项和第（十一）项规定的事项；

（二）董事、监事、高级管理人员的产生、任免及其职责；

（三）其他需要在章程中规定的事项。

会员制证券交易所章程的制定和修改经会员大会通过后，报中国证监会批准。公司制证券交易所的章程由股东共同制定，并报中国证监会批准；章程的修改由股东会通过后，报中国证监会批准。

第二十条 会员大会每年召开一次，由理事会召集，理事长主持。理事长因故不能履行职责时，由理事长指定的副理事长或者其他理事主持。有下列情形之一的，应当召开临时会员大会：

（一）理事人数不足本办法规定的最低人数；

（二）三分之一以上会员提议；

（三）理事会或者监事会认为必要。

股东会会议由董事会召集。股东会会议的召开应当符合证券交易所章程的规定。

第二十一条 会员大会应当有三分之二以上的会员出席，其决议须经出席会议的会员过半数表决通过。

股东会会议的议事规则应当符合证券交易所章程的规定。

会员大会或者股东会会议结束后十个工作日内，证券交易所应当将大会全部文件及有关情况向中国证监会报告。

第二十二条 理事会是会员制证券交易所的决策机构，行使下列职权：

（一）召集会员大会，并向会员大会报告工作；

（二）执行会员大会的决议；

（三）审定总经理提出的工作计划；

（四）审定总经理提出的年度财务预算、决算方案；

（五）审定对会员的接纳和退出；

（六）审定取消会员资格的纪律处分；

（七）审定证券交易所业务规则；

（八）审定证券交易所上市新的证券交易品种或者对现有上市证券交易品种作出较大调整；

（九）审定证券交易所收费项目、收费标准及收费管理办法；

（十）审定证券交易所重大财务管理事项；

（十一）审定证券交易所重大风险管理和处置事项，管理证券交易所风险基金；

（十二）审定重大投资者教育和保护工作事项；

（十三）决定高级管理人员的聘任、解聘及薪酬事项，但中国证监会任免的除外；

（十四）会员大会授予和证券交易所章程规定

的其他职权。

董事会是公司制证券交易所的决策机构,行使下列职权:

(一)召集股东会会议,并向股东会报告工作;

(二)执行股东会的决议;

(三)制订年度财务预算、决算方案;

(四)前款第(三)项、第(五)项至第(十三)项规定的职权;

(五)股东会授予和证券交易所章程规定的其他职权。

第二十三条 证券交易所理事会由七至十三人组成,其中非会员理事人数不少于理事会成员总数的三分之一,不超过理事会成员总数的二分之一。

理事每届任期三年。会员理事由会员大会选举产生,非会员理事由中国证监会委派。

董事会由三至十三人组成。董事每届任期不得超过三年。

第二十四条 理事会会议至少每季度召开一次。会议须有三分之二以上理事出席,其决议应当经出席会议的三分之二以上理事表决同意方为有效。理事会决议应当在会议结束后两个工作日内向中国证监会报告。

董事会会议的召开和议事规则应当符合证券交易所章程的规定。董事会决议应当在会议结束后两个工作日内向中国证监会报告。

第二十五条 理事会设理事长一人,可以设副理事长一至二人。总经理应当是理事会成员。

董事会设董事长一人,可以设副董事长一至二人。总经理应当是董事会成员。董事长、副董事长的任免,由中国证监会提名,董事会通过。

理事长、董事长是证券交易所的法定代表人。

第二十六条 理事长负责召集和主持理事会会议。理事长因故临时不能履行职责时,由副理事长或者其他理事代其履行职责。

董事长负责召集和主持董事会会议。董事长因故临时不能履行职责时,由副董事长代为履行职责;副董事长不能履行职责时,由半数以上董事共同推举一名董事召集和主持。

理事长、董事长不得兼任证券交易所总经理。

第二十七条 证券交易所的总经理、副总经理、首席专业技术管理人员每届任期三年。总经理由中国证监会任免。副总经理按照中国证监会相关规定任免或者聘任。

总经理因故临时不能履行职责时,由总经理指定的副总经理代其履行职责。

第二十八条 会员制证券交易所的总经理行使下列职权:

(一)执行会员大会和理事会决议,并向其报告工作;

(二)主持证券交易所的日常工作;

(三)拟订并组织实施证券交易所工作计划;

(四)拟订证券交易所年度财务预算、决算方案;

(五)审定业务细则及其他制度性规定;

(六)审定除取消会员资格以外的其他纪律处分;

(七)审定除应当由理事会审定外的其他财务管理事项;

(八)理事会授予和证券交易所章程规定的其他职权。

公司制证券交易所的总经理行使下列职权:

(一)执行董事会决议,并向其报告工作;

(二)前款第(二)项至第(六)项规定的职权;

(三)审定除应当由董事会审定外的其他财务管理事项;

(四)董事会授予和证券交易所章程规定的其他职权。

第二十九条 监事会是证券交易所的监督机构,行使下列职权:

(一)检查证券交易所财务;

(二)检查证券交易所风险基金的使用和管理;

(三)监督证券交易所理事或者董事、高级管理人员执行职务行为;

(四)监督证券交易所遵守法律、行政法规、部门规章和证券交易所章程、协议、业务规则以及风险预防与控制的情况;

(五)当理事或者董事、高级管理人员的行为损害证券交易所利益时,要求理事或者董事、高级管理人员予以纠正;

(六)提议召开临时会员大会或者股东会会议;

(七)提议会员制证券交易所召开临时理事会;

(八)向会员大会或者股东会会议提出提案;

（九）会员大会或者股东会授予和证券交易所章程规定的其他职权。

第三十条 证券交易所监事会人员不得少于五人，其中职工监事不得少于两名，专职监事不得少于一名。

监事每届任期三年。职工监事由职工大会、职工代表大会或者其他形式民主选举产生，专职监事由中国证监会委派。证券交易所理事或者董事、高级管理人员不得兼任监事。

会员制证券交易所的监事会，会员监事不得少于两名，由会员大会选举产生。

第三十一条 监事会设监事长一人，由中国证监会提名，监事会通过。

监事长负责召集和主持监事会会议。会员制证券交易所监事长因故不能履行职责时，由其指定的专职监事或者其他监事代为履行职务。公司制证券交易所监事长因故不能履行职责时，由半数以上监事共同推举一名监事代为履行职务。

第三十二条 会员制证券交易所的监事会至少每六个月召开一次会议。监事长、三分之一以上监事可以提议召开临时监事会会议。监事会决议应当经半数以上监事通过。

公司制证券交易所监事会会议的召开和议事规则应当符合《公司法》及证券交易所章程的规定。

监事会决议应当在会议结束后两个工作日内向中国证监会报告。

第三十三条 理事会、董事会、监事会根据需要设立专门委员会。各专门委员会的职责、任期和人员组成等事项，由证券交易所章程具体规定。

各专门委员会的经费应当纳入证券交易所的预算。

第三十四条 证券交易所的从业人员应当正直诚实、品行良好、具备履行职责所必需的专业知识与能力。因违法行为或者违纪行为被开除的证券交易场所、证券公司、证券登记结算机构、证券服务机构的从业人员和被开除的国家机关工作人员，不得招聘为证券交易所的从业人员。

有《公司法》第一百四十六条规定的情形或者下列情形之一的，不得担任证券交易所理事、董事、监事、高级管理人员：

（一）犯有贪污、贿赂、侵占财产、挪用财产罪或者破坏社会经济秩序罪，或者因犯罪被剥夺政治权利；

（二）因违法行为或者违纪行为被解除职务的证券交易场所、证券登记结算机构的负责人，自被解除职务之日起未逾五年；

（三）因违法行为或者违纪行为被解除职务的证券公司董事、监事、高级管理人员，自被解除职务之日起未逾五年；

（四）因违法行为或者违纪行为被吊销执业证书或者被取消资格的律师、注册会计师或者其他证券服务机构的专业人员，自被吊销执业证书或者被取消资格之日起未逾五年；

（五）担任因违法行为被吊销营业执照的公司、企业的法定代表人并对该公司、企业被吊销营业执照负有个人责任的，自被吊销营业执照之日起未逾五年；

（六）担任因经营管理不善而破产的公司、企业的董事、厂长或者经理并对该公司、企业的破产负有个人责任的，自破产之日起未逾五年；

（七）法律、行政法规、部门规章规定的其他情形。

第三十五条 证券交易所理事、董事、监事、高级管理人员的产生、聘任有不正当情况，或者前述人员在任期内有违反法律、行政法规、部门规章和证券交易所章程、业务规则的行为，或者由于其他原因，不适宜继续担任其所担任的职务时，中国证监会有权解除或者提议证券交易所解除有关人员的职务，并按照规定任命新的人选。

第四章 证券交易所对证券交易活动的监管

第三十六条 证券交易所应当制定具体的交易规则。其内容包括：

（一）证券交易的基本原则；

（二）证券交易的场所、品种和时间；

（三）证券交易方式、交易流程、风险控制和规范事项；

（四）证券交易监督；

（五）清算交收事项；

（六）交易纠纷的解决；

（七）暂停、恢复与取消交易；

（八）交易异常情况的认定和处理；

（九）投资者准入和适当性管理的基本要求；

（十）对违反交易规则行为的处理规定；

（十一）证券交易信息的提供和管理；

（十二）指数的编制方法和公布方式；

（十三）其他需要在交易规则中规定的事项。

第三十七条 参与证券交易所集中交易的，必须是证券交易所的会员，非会员不得直接参与股票的集中交易。会员应当依据证券交易所相关业务规则，对客户证券交易行为进行管理。

第三十八条 证券交易所应当实时公布即时行情，并按日制作证券市场行情表，记载并公布下列事项：

（一）上市证券的名称；

（二）开盘价、最高价、最低价、收盘价；

（三）与前一交易日收盘价比较后的涨跌情况；

（四）成交量、成交金额的分计及合计；

（五）证券交易所市场基准指数及其涨跌情况；

（六）中国证监会要求公布或者证券交易所认为需要公布的其他事项。

证券交易所即时行情的权益由证券交易所依法享有。证券交易所对市场交易形成的基础信息和加工产生的信息产品享有专属权利。未经证券交易所同意，任何单位和个人不得发布证券交易即时行情，不得以商业目的使用。经许可使用交易信息的机构和个人，未经证券交易所同意，不得将该信息提供给其他机构和个人使用。

第三十九条 证券交易所应当就其市场内的成交情况编制日报表、周报表、月报表和年报表，并及时向市场公布。

证券交易所可以根据监管需要，对其市场内特定证券的成交情况进行分类统计，并向市场公布。

第四十条 证券交易所应当保证投资者有平等机会获取证券市场的交易行情和其他公开披露的信息，并有平等的交易机会。

第四十一条 因不可抗力、意外事件、重大技术故障、重大人为差错等突发性事件而影响证券交易正常进行时，为维护证券交易正常秩序和市场公平，证券交易所可以按照业务规则采取技术性停牌、临时停市等处置措施，并应当及时向中国证监会报告。

因前款规定的突发性事件导致证券交易结果出现重大异常，按交易结果进行交收将对证券交易正常秩序和市场公平造成重大影响的，证券交易所按照业务规则可以采取取消交易、通知证券登记结算机构暂缓交收等措施，并应当及时向中国证监会报告并公告。

第四十二条 证券交易所对证券交易进行实时监控，及时发现和处理违反业务规则的异常交易行为。

证券交易所应当对可能误导投资者投资决策、可能对证券交易价格或证券交易量产生不当影响等异常交易行为进行重点监控。

第四十三条 证券交易所应当按照维护市场交易秩序，保障市场稳定运行，保证投资者公平交易机会，防范和化解市场风险的原则，制定异常交易行为认定和处理的业务规则，并报中国证监会批准。

第四十四条 对于严重影响证券交易秩序或者交易公平的异常交易行为，证券交易所可以按照业务规则实施限制投资者交易等措施，并向中国证监会报告。

证券交易所发现异常交易行为涉嫌违反法律、行政法规、部门规章的，应当及时向中国证监会报告。

第四十五条 证券交易所应当加强对证券交易的风险监测。出现重大异常波动的，证券交易所可以按照业务规则采取限制交易、强制停牌等处置措施，并向中国证监会报告；严重影响证券市场稳定的，证券交易所可以按照业务规则采取临时停市等处置措施并公告。

第四十六条 证券交易所应当妥善保存证券交易中产生的交易记录，并制定相应的保密管理措施。交易记录等重要文件的保存期不少于二十年。

证券交易所应当要求并督促会员妥善保存与证券交易有关的委托资料、交易记录、清算文件等，并建立相应的查询和保密制度。

第四十七条 证券交易所应当建立符合证券市场监管和实时监控要求的技术系统，并设立负责证券市场监管工作的专门机构。

证券交易所应当保障交易系统、通信系统及相关信息技术系统的安全、稳定和持续运行。

第四十八条 通过计算机程序自动生成或者下达交易指令进行程序化交易的，应当符合中国证监会的规定，并向证券交易所报告，不得影响证券交易所系统安全或者正常交易秩序。证券交易所应当制定业务规则，对程序化交易进行监管。

第五章 证券交易所对会员的监管

第四十九条 证券交易所应当制定会员管理规则。其内容包括：

（一）会员资格的取得和管理；

（二）席位（如有）与交易单元管理；

（三）与证券交易业务有关的会员合规管理及风险控制要求；

（四）会员客户交易行为管理、适当性管理及投资者教育要求；

（五）会员业务报告制度；

（六）对会员的日常管理和监督检查；

（七）对会员采取的收取惩罚性违约金、取消会员资格等自律监管措施和纪律处分；

（八）其他需要在会员管理规则中规定的事项。

第五十条 证券交易所接纳的会员应当是经批准设立并具有法人地位的境内证券经营机构。

境外证券经营机构设立的驻华代表处，经申请可以成为证券交易所的特别会员。

证券交易所的会员种类，会员资格及权利、义务由证券交易所章程和业务规则规定。

第五十一条 证券交易所决定接纳或者开除会员应当在决定后的五个工作日内向中国证监会报告。

第五十二条 证券交易所应当限定席位（如有）的数量。

会员可以通过购买或者受让的方式取得席位。经证券交易所同意，席位可以转让，但不得用于出租和质押。

第五十三条 证券交易所应当对交易单元实施严格管理，设定、调整和限制会员参与证券交易的品种及方式。

会员参与证券交易的，应当向证券交易所申请设立交易单元。经证券交易所同意，会员将交易单元提供给他人使用的，会员应当对其进行管理。会员不得允许他人以其名义直接参与证券的集中交易。具体管理办法由证券交易所规定。

第五十四条 证券交易所应当制定技术管理规范，明确会员交易系统接入证券交易所和运行管理等技术要求，督促会员按照技术要求规范运作，保障交易及相关系统的安全稳定。

证券交易所为了防范系统性风险，可以要求会员建立和实施相应的风险控制系统和监测模型。

第五十五条 证券交易所应当按照章程、业务规则的规定，对会员遵守证券交易所章程和业务规则的情况进行检查，并将检查结果报告中国证监会。

证券交易所可以根据章程、业务规则要求会员提供与证券交易活动有关的业务报表、账册、交易记录和其他文件资料。

第五十六条 证券交易所应当建立会员客户交易行为管理制度，要求会员了解客户并在协议中约定对委托交易指令的核查和对异常交易指令的拒绝等内容，指导和督促会员完善客户交易行为监控系统，并定期进行考核评价。

会员管理的客户出现严重异常交易行为或者在一定时期内多次出现异常交易行为的，证券交易所应当对会员客户交易行为管理情况进行现场或者非现场检查，并将检查结果报告中国证监会。

会员未按规定履行客户管理职责的，证券交易所可以采取自律监管措施或者纪律处分。

第五十七条 证券交易所应当按照章程、业务规则对会员通过证券自营及资产管理等业务进行的证券交易实施监管。

证券交易所应当按照章程、业务规则要求会员报备其通过自营及资产管理账户开展产品业务创新的具体情况以及账户实际控制人的有关文件资料。

第五十八条 证券交易所应当督促会员建立并执行客户适当性管理制度，要求会员向客户推荐产品或者服务时充分揭示风险，并不得向客户推荐与其风险承受能力不适应的产品或者服务。

第五十九条 会员出现违法违规行为的，证券交易所可以按照章程、业务规则的规定采取暂停受理或者办理相关业务、限制交易权限、收取惩罚性违约金、取消会员资格等自律监管措施或者纪律处分。

第六十条 证券交易所会员应当接受证券交易所的监管，并主动报告有关问题。

第六章 证券交易所对证券上市交易公司的监管

第六十一条 证券交易所应当制定证券上市规则。其内容包括：

（一）证券上市的条件、程序和披露要求；

（二）信息披露的主体、内容及具体要求；

（三）证券停牌、复牌的标准和程序；

（四）终止上市、重新上市的条件和程序；

（五）对违反上市规则行为的处理规定；

（六）其他需要在上市规则中规定的事项。

第六十二条 证券交易所应当与申请证券上市交易的公司订立上市协议，确定相互间的权利义务关系。上市协议的内容与格式应当符合法律、行政法规、部门规章的规定。

上市协议应当包括下列内容：

（一）上市证券的品种、名称、代码、数量和上市时间；

（二）上市费用的收取；

（三）证券交易所对证券上市交易公司及相关主体进行自律管理的主要手段和方式，包括现场和非现场检查等内容；

（四）违反上市协议的处理，包括惩罚性违约金等内容；

（五）上市协议的终止情形；

（六）争议解决方式；

（七）证券交易所认为需要在上市协议中明确的其他内容。

第六十三条 证券交易所应当依法建立上市保荐制度。

证券交易所应当监督保荐人及相关人员的业务行为，督促其切实履行法律、行政法规、部门规章以及业务规则中规定的相关职责。

第六十四条 证券交易所按照章程、协议以及上市规则决定证券终止上市和重新上市。

证券交易所按照业务规则对出现终止上市情形的证券实施退市，督促证券上市交易公司充分揭示终止上市风险，并应当及时公告，报中国证监会备案。

第六十五条 证券交易所应当按照章程、协议以及业务规则，督促证券上市交易公司及相关信息披露义务人依法披露上市公告书、定期报告、临时报告等信息披露文件。

证券交易所对信息披露文件进行审核，可以要求证券上市交易公司及相关信息披露义务人、上市保荐人、证券服务机构等作出补充说明并予以公布，发现问题应当按照有关规定及时处理，情节严重的，报告中国证监会。

第六十六条 证券交易所应当依据业务规则和证券上市交易公司的申请，决定上市交易证券的停牌或者复牌。证券上市交易的公司不得滥用停牌或复牌损害投资者合法权益。

证券交易所为维护市场秩序可以根据业务规则拒绝证券上市交易公司的停复牌申请，或者决定证券强制停复牌。

中国证监会为维护市场秩序可以要求证券交易所对证券实施停复牌。

第六十七条 证券交易所应当按照章程、协议以及业务规则，对上市公司控股股东、持股百分之五以上股东、其他相关股东以及董事、监事、高级管理人员等持有本公司股票的变动及信息披露情况进行监管。

第六十八条 发行人、证券上市交易公司及相关信息披露义务人等出现违法违规行为的，证券交易所可以按照章程、协议以及业务规则的规定，采取通报批评、公开谴责、收取惩罚性违约金、向相关主管部门出具监管建议函等自律监管措施或者纪律处分。

第六十九条 证券交易所应当比照本章的有关规定，对证券在本证券交易所发行或者交易的其他主体进行监管。

第七章 管理与监督

第七十条 证券交易所不得以任何方式转让其依照本办法取得的设立及业务许可。

第七十一条 证券交易所的理事、董事、监事、高级管理人员对其任职机构负有诚实信用的义务。

证券交易所的总经理离任时，应当按照有关规定接受离任审计。

第七十二条 证券交易所的总经理、副总经理未经批准，不得在任何营利性组织、团体和机构以及公益性社会团体、基金会、高等院校和科研院所中兼职。会员制证券交易所的非会员理事和非会员监事、公司制证券交易所的董事和监事以及其他工作人员不得以任何形式在证券交易所会员公司兼职。

第七十三条 证券交易所的理事、董事、监事、高级管理人员及其他工作人员不得以任何方式泄露或者利用内幕信息，不得以任何方式违规从证券交易所的会员、证券上市交易公司获取利益。

第七十四条 证券交易所的理事、董事、监事、高级管理人员及其他工作人员在履行职责时，遇到与本人或者其亲属等有利害关系情形的，应当回避。具体回避事项由其章程、业务规则规定。

第七十五条 证券交易所应当建立健全财务管理制度，收取的各种资金和费用应当严格按照规定用途使用，不得挪作他用。

证券交易所的各项收益安排应当以保证交易场所和设施安全运行为前提，合理设置利润留成项目，做好长期资金安排。

会员制证券交易所的收支结余不得分配给会员。

第七十六条 证券交易所应当履行下列报告义务：

（一）证券交易所经符合《证券法》规定的会计师事务所审计的年度财务报告，该报告应于每一财政年度终了后三个月内向中国证监会提交；

（二）关于业务情况的季度和年度工作报告，应当分别于每一季度结束后十五日内和每一年度结束后三十日内向中国证监会报告；

（三）法律、行政法规、部门规章及本办法其他条款中规定的报告事项；

（四）中国证监会要求报告的其他事项。

第七十七条 遇有重大事项，证券交易所应当随时向中国证监会报告。

前款所称重大事项包括：

（一）发现证券交易所会员、证券上市交易公司、投资者和证券交易所工作人员存在或者可能存在严重违反法律、行政法规、部门规章的行为；

（二）发现证券市场中存在产生严重违反法律、行政法规、部门规章行为的潜在风险；

（三）证券市场中出现法律、行政法规、部门规章未作明确规定，但会对证券市场产生重大影响的事项；

（四）执行法律、行政法规、部门规章过程中，需由证券交易所作出重大决策的事项；

（五）证券交易所认为需要报告的其他事项；

（六）中国证监会规定的其他事项。

第七十八条 遇有以下事项之一的，证券交易所应当及时向中国证监会报告，同时抄报交易所所在地人民政府，并采取适当方式告知交易所会员和投资者：

（一）发生影响证券交易所安全运转的情况；

（二）因不可抗力、意外事件、重大技术故障、重大人为差错等突发性事件而影响证券交易正常进行时，证券交易所为维护证券交易正常秩序和市场公平采取技术性停牌、临时停市、取消交易或者通知证券登记结算机构暂缓交收等处理措施；

（三）因重大异常波动，证券交易所为维护市场稳定，采取限制交易、强制停牌、临时停市等处置措施。

第七十九条 中国证监会有权要求证券交易所提供证券市场信息、业务文件以及其他有关的数据、资料。

第八十条 中国证监会有权要求证券交易所对其章程和业务规则进行修改。

第八十一条 中国证监会有权对证券交易所业务规则制定与执行情况、自律管理职责的履行情况、信息技术系统建设维护情况以及财务和风险管理等制度的建立及执行情况进行评估和检查。

中国证监会开展前款所述评估和检查，可以采取要求证券交易所进行自查、要求证券交易所聘请中国证监会认可的专业机构进行核查、中国证监会组织现场核查等方式进行。

第八十二条 中国证监会依法查处证券市场的违法违规行为时，证券交易所应当予以配合。

第八十三条 证券交易所涉及诉讼或者证券交易所理事、董事、监事、高级管理人员因履行职责涉及诉讼或者依照法律、行政法规、部门规章应当受到解除职务的处分时，证券交易所应当及时向中国证监会报告。

第八章 法律责任

第八十四条 证券交易所违反本办法第八条的规定，从事未经中国证监会批准的其他业务的，由中国证监会责令限期改正；构成犯罪的，由司法机关依法追究刑事责任。

第八十五条 证券交易所违反本办法第十条的规定，上市新的证券交易品种或者对现有上市证券交易品种作出较大调整未制定修改业务规则或者未履行相关程序的，由中国证监会责令停止该交易品种的交易，并对有关负责人采取处理措施。

第八十六条 证券交易所违反本办法第十条的规定，制定或者修改业务规则应当报中国证监会批准而未履行相关程序的，中国证监会有权要求证券交易所进行修改、暂停适用或者予以废止，并对有关负责人采取处理措施。

第八十七条 证券交易所违反规定，允许非会员直接参与股票集中交易的，中国证监会依据《证券法》作出行政处罚。

第八十八条 证券交易所违反本办法规定，在监管工作中不履行职责，或者不履行本办法规定的有关报告义务，中国证监会可以采取监管谈话、出具警示函、通报批评、责令限期改正等监管措施。

第八十九条 证券交易所存在下列情况时，由中国证监会对有关高级管理人员视情节轻重分别给予警告、记过、记大过、撤职等行政处分，并责令证券交易所对有关的业务部门负责人给予纪律处分；造成严重后果的，由中国证监会按本办法第三十五条的规定处理；构成犯罪的，由司法机关依法追究有关责任人员的刑事责任：

（一）对国家有关法律、法规、规章、政策和中国证监会颁布的制度、办法、规定不传达、不执行；

（二）对工作不负责任，管理混乱，致使有关业务制度和操作规程不健全、不落实；

（三）对中国证监会的监督检查工作不接受、不配合，对工作中发现的重大隐患、漏洞不重视、不报告、不及时解决；

（四）对在证券交易所内发生的违规行为未能及时采取有效措施予以制止或者查处不力。

第九十条 证券交易所的任何工作人员有责任拒绝执行任何人员向其下达的违反法律、行政法规、部门规章和证券交易所有关规定的工作任务，并有责任向其更高一级领导和中国证监会报告具体情况。没有拒绝执行上述工作任务，或者虽拒绝执行但没有报告的，应当承担相应责任。

第九十一条 证券交易所会员、证券上市交易公司违反法律、行政法规、部门规章和证券交易所章程、业务规则的规定，并且证券交易所没有履行规定的监管责任的，中国证监会有权按照本办法的有关规定，追究证券交易所和证券交易所有关理事、董事、监事、高级管理人员和直接责任人的责任。

第九十二条 证券交易所应当在其职责范围内，及时向中国证监会报告其会员、证券上市交易公司及其他人员违反法律、行政法规、部门规章的情况；按照证券交易所章程、业务规则等证券交易所可以采取自律监管措施和纪律处分的，证券交易所有权按照有关规定予以处理，并报中国证监会备案；法律、行政法规、部门规章规定由中国证监会处罚的，证券交易所可以向中国证监会提出处罚建议。

中国证监会可以要求证券交易所按照业务规则对其会员、证券上市交易公司等采取自律监管措施或者纪律处分。

第九十三条 证券交易所、证券交易所会员、证券上市交易公司违反本办法规定，直接责任人以及与直接责任人有直接利益关系者因此而形成非法获利或者避损的，由中国证监会依法予以行政处罚。

第九章 附 则

第九十四条 本办法由中国证监会负责解释。

第九十五条 本办法自公布之日起施行。2017年11月17日中国证监会公布的《证券交易所管理办法》同时废止。

证券登记结算管理办法

- 2006年4月7日中国证券监督管理委员会令第29号公布
- 根据2009年11月20日中国证券监督管理委员会《关于修改〈证券登记结算管理办法〉的决定》第一次修正
- 根据2017年12月7日中国证券监督管理委员会《关于修改〈证券登记结算管理办法〉等七部规章的决定》第二次修正
- 根据2018年8月15日中国证券监督管理委员会《关于修改〈证券登记结算管理办法〉的决定》第三次修正
- 2022年5月6日中国证券监督管理委员会第4次委务会议第一次修订
- 2022年5月20日中国证券监督管理委员会令第197号公布
- 自2022年6月20日起施行

第一章 总 则

第一条 为了规范证券登记结算行为，保护投资者的合法权益，维护证券登记结算秩序，防范证券登记结算风险，保障证券市场安全高效运行，根据《证券法》、《公司法》等法律、行政法规的规定，制定本办法。

第二条 在证券交易所和国务院批准的其他全国性证券交易场所（以下统称证券交易场所）交易的股票、债券、存托凭证、证券投资基金份额、资产支持证券等证券及证券衍生品种（以下统称证券）的登记结算，适用本办法。证券可以采用纸面形式、电子簿记形式或者中国证券监督管理委员会（以下简称中国证监会）规定的其他形式。

未在证券交易场所交易的证券，委托证券登记结算机构办理证券登记结算业务的，证券登记结算机构参照本办法执行。

境内上市外资股、存托凭证、内地与香港股票市场交易互联互通等的登记结算业务，法律、行政法规、中国证监会另有规定的，从其规定。

第三条 证券登记结算活动必须遵循公开、公平、公正、安全、高效的原则。

第四条 证券登记结算机构为证券交易提供集中登记、存管与结算服务，不以营利为目的，依法登记，取得法人资格。

证券登记结算业务采取全国集中统一的运营方式，由证券登记结算机构依法集中统一办理。

证券登记结算机构实行行业自律管理，依据业务规则对证券登记结算业务参与人采取自律管理措施。

第五条 证券登记结算业务参与人及其相关业务活动必须遵守法律、行政法规、中国证监会的规定以及证券登记结算机构依法制定的业务规则。

第六条 证券登记结算机构根据《中国共产党章程》设立党组织，发挥领导作用，把方向、管大局、保落实，依照规定讨论和决定证券登记结算机构重大事项，保证监督党和国家的方针、政策在证券登记结算机构得到全面贯彻落实。

第七条 中国证监会依法对证券登记结算机构及证券登记结算活动进行监督管理，负责对证券登记结算机构评估与检查。

第二章 证券登记结算机构

第八条 证券登记结算机构的设立和解散，必须经中国证监会批准。

第九条 证券登记结算机构履行下列职能：

（一）证券账户、结算账户的设立和管理；

（二）证券的存管和过户；

（三）证券持有人名册登记及权益登记；

（四）证券和资金的清算交收及相关管理；

（五）受证券发行人的委托办理派发证券权益等业务；

（六）依法提供与证券登记结算业务有关的查询、信息、咨询和培训服务；

（七）依法担任存托凭证存托人；

（八）中国证监会批准的其他业务。

第十条 证券登记结算机构不得从事下列活动：

（一）与证券登记结算业务无关的投资；

（二）购置非自用不动产；

（三）在本办法第七十条、第七十一条规定之外买卖证券；

（四）法律、行政法规和中国证监会禁止的其他行为。

第十一条 证券登记结算机构的下列事项，应当报中国证监会批准：

（一）章程、业务规则的制定和修改；

（二）董事长、副董事长、监事长、总经理和副总经理的任免；

（三）依法应当报中国证监会批准的其他事项。

前款第（一）项中所称的业务规则，是指证券登记结算机构的证券账户管理、证券登记、证券托管与存管、证券结算、结算参与人管理、自律管理等与证券登记结算业务有关的业务规则。

第十二条 证券登记结算机构的下列事项和文件，应当向中国证监会报告：

（一）业务实施细则；

（二）制定或修改业务管理制度、业务复原计划、紧急应对程序；

（三）办理新的证券品种的登记结算业务，变更登记结算业务模式；

（四）结算参与人和结算银行资格的取得和丧失等变动情况；

（五）发现重大业务风险和技术风险，发现重大违法违规行为，或涉及重大诉讼；

（六）有关经营情况和国家有关规定执行情况的年度工作报告；

（七）经会计师事务所审计的年度财务报告，

财务预决算方案和重大开支项目，聘请或更换会计师事务所；

（八）与证券交易场所签订的主要业务合作协议，与证券发行人、结算参与人和结算银行签订的主要业务协议的样本格式；

（九）重大国际合作与交流活动、涉港澳台重大事务；

（十）与证券登记结算有关的主要收费项目和标准的制定或调整；

（十一）中国证监会要求报告的其他事项和文件。

第十三条 证券登记结算机构应当妥善保存登记、存管和结算的原始凭证及有关文件和资料。其保存期限不得少于20年。

第十四条 证券登记结算机构对其所编制的与证券登记结算业务有关的数据和资料进行专属管理；未经证券登记结算机构同意，任何组织和个人不得将其专属管理的数据和资料用于商业目的。

第十五条 证券登记结算机构及其工作人员依法对投资者的信息以及与证券登记结算业务有关的数据和资料负有保密义务。

对投资者的信息以及与证券登记结算业务有关的数据和资料，证券登记结算机构应当拒绝查询，但有下列情形之一的，证券登记结算机构应当依法办理：

（一）证券持有人查询其本人的有关证券资料；

（二）证券质权人查询与其本人有关质押证券；

（三）证券发行人查询其证券持有人名册及有关资料；

（四）证券交易场所、中国金融期货交易所、依照法律、行政法规或者中国证监会规定设立的投资者保护机构依法履行职责要求证券登记结算机构提供相关数据和资料；

（五）监察委员会、人民法院、人民检察院、公安机关和中国证监会依照法定的条件和程序进行查询和取证。

证券登记结算机构应当采取有效措施，方便证券持有人查询其本人证券的持有记录。

第十六条 证券登记结算机构应当公开业务规则、与证券登记结算业务有关的主要收费项目和标准。

证券登记结算机构制定或者变更业务规则、调整证券登记结算主要收费项目和标准等，应当征求相关市场参与人的意见。

第十七条 证券登记结算机构工作人员必须忠于职守、依法办事、不得利用职务便利谋取不正当利益，不得泄露所知悉的有关单位和个人的商业秘密。

证券登记结算机构违反《证券法》及本办法规定的，中国证监会依法予以行政处罚；对直接负责的主管人员和其他直接责任人员，依法给予行政处分。

第三章 证券账户的管理

第十八条 投资者通过证券账户持有证券，证券账户用于记录投资者持有证券的余额及其变动情况。

第十九条 证券应当记录在证券持有人本人的证券账户内，但依据法律、行政法规和中国证监会的规定，证券记录在名义持有人证券账户内的，从其规定。

证券登记结算机构为依法履行职责，可以要求名义持有人提供其名下证券权益拥有人的相关资料，名义持有人应当保证其所提供的资料真实、准确、完整。

第二十条 投资者应当在证券登记结算机构实名开立证券账户。

前款所称投资者包括中国公民、中国法人、中国合伙企业、符合规定的外国人及法律、行政法规、中国证监会规章规定的其他投资者。

外国人申请开立证券账户的具体办法，由证券登记结算机构制定，报中国证监会批准。

投资者申请开立证券账户应当保证其提交的开户资料真实、准确、完整。

第二十一条 证券登记结算机构可以直接为投资者开立证券账户，也可以委托证券公司等代为办理。

证券登记结算机构为投资者开立证券账户，应当遵循方便投资者和优化配置账户资源的原则。

第二十二条 证券公司等代理开立证券账户，应当向证券登记结算机构申请取得开户代理资格。

证券公司等代理开立证券账户，应当根据证券登记结算机构的业务规则，对投资者提供的有效身份证明文件原件及其他开户资料的真实性、准确性、完整性进行审核，并应当妥善保管相关开户资料，保管期限不得少于20年。

第二十三条 投资者应当使用实名开立的账户进行交易。

任何单位和个人不得违反规定，出借自己的证券账户或者借用他人的证券账户从事证券交易。

第二十四条 证券登记结算机构应当根据业务规则，对开户代理机构开立证券账户的活动进行监督。开户代理机构违反业务规则的，证券登记结算机构可以根据业务规则暂停、取消其开户代理资格，并提请中国证监会按照相关规定采取暂停或撤销其相关证券业务许可；对直接负责的主管人员和其他直接责任人员，单处或并处警告、罚款等处罚措施。

第二十五条 证券公司应当勤勉尽责，掌握其客户的资料及资信状况，并对其客户证券账户的使用情况进行监督。证券公司不得将投资者的证券账户提供给他人使用。

证券公司发现其客户在证券账户使用过程中存在违规行为的，应当按照证券登记结算机构的业务规则处理，并及时向证券登记结算机构和证券交易场所报告。涉及违法行为的，还应当向中国证监会报告，由中国证监会依法予以处罚。

第二十六条 投资者在证券账户开立和使用过程中存在违规行为的，证券登记结算机构应当依法对违规证券账户采取限制使用、注销等处置措施。

第四章 证券的登记

第二十七条 上市或挂牌证券的发行人应当委托证券登记结算机构办理其所发行证券的登记业务。

证券登记结算机构应当与委托其办理证券登记业务的证券发行人签订证券登记及服务协议，明确双方的权利义务。

证券登记结算机构应当制定并公布证券登记及服务协议的范本。

证券登记结算机构可以根据政府债券主管部门的要求办理上市政府债券的登记业务。

第二十八条 证券登记结算机构根据证券账户的记录，确认证券持有人持有证券的事实，办理证券持有人名册的登记。

证券登记结算机构出具的证券登记记录是证券持有人持有证券的合法证明。

证券记录在名义持有人证券账户内的，证券权益拥有人的证券持有记录由名义持有人出具。

第二十九条 证券上市或挂牌前，证券发行人应当向证券登记结算机构提交已发行证券的证券持有人名册及其他相关资料。证券登记结算机构据此办理证券持有人名册的初始登记。

第三十条 按照证券交易场所业务规则成交的证券买卖、出借、质押式回购等交易，证券登记结算机构应当依据证券交易场所的成交结果等办理相应清算交收和登记过户。

第三十一条 证券在证券交易场所交易的，证券登记结算机构应当根据证券交易的交收结果办理证券持有人名册的变更登记。

证券以协议转让、继承、捐赠、依法进行的财产分割、强制执行、行政划拨等方式转让，或因证券增发、配股、缩股等情形导致证券数量发生变化的，证券登记结算机构根据业务规则变更相关证券账户的余额，并相应办理证券持有人名册的变更登记。

证券因质押、锁定、冻结等原因导致其持有人权利受到限制的，证券登记结算机构应当在证券持有人名册或投资者证券持有记录上加以标记。

第三十二条 证券登记结算机构应当保证证券持有人名册和登记过户记录真实、准确、完整，不得隐匿、伪造、篡改或者毁损。

证券登记申请人应当保证其所提交资料的合法、真实、准确、完整。证券登记结算机构不承担由于证券登记申请人原因导致证券持有人名册及其他相关资料有误而产生的损失和法律后果。

前款所称证券登记申请人包括证券发行人、证券持有人及证券登记结算机构认可的其他申请办理证券登记的主体。

第三十三条 证券登记结算机构应当按照业务规则和协议向证券发行人发送其证券持有人名册及有关资料。

证券发行人应当依法妥善管理、保存和使用证券持有人名册。因不当使用证券持有人名册导致的法律责任由证券发行人承担。

第三十四条 证券发行人申请办理权益分派等代理服务的，应当按照业务规则和协议向证券登记结算机构提交有关资料并支付款项。

证券发行人未及时履行上述义务的，证券登记结算机构有权推迟或不予办理，证券发行人应当及时发布公告说明有关情况。

第三十五条 证券终止上市或终止挂牌且不再由证券登记结算机构登记的，证券发行人或者其清算组等应当按照证券登记结算机构的规定办理退出登记手续。证券登记结算机构应当将持有人名册移出证券登记簿记系统并依法向其交付证券持有人名册及其他登记资料。

第五章 证券的托管和存管

第三十六条 投资者应当委托证券公司托管其持有的证券，证券公司应当将其自有证券和所托管的客户证券交由证券登记结算机构存管，但法律、行政法规和中国证监会另有规定的除外。

第三十七条 证券登记结算机构为证券公司设立客户证券总账和自有证券总账，用以统计证券公司交存的客户证券和自有证券。

证券公司应当委托证券登记结算机构维护其客户及自有证券账户，但法律、行政法规和中国证监会另有规定的除外。

第三十八条 投资者买卖证券，应当与证券公司签订证券交易、托管与结算协议。

证券登记结算机构应当制定和公布证券交易、托管与结算协议中与证券登记结算业务有关的必备条款。必备条款应当包括但不限于以下内容：

（一）证券公司根据客户的委托，按照证券交易规则提出交易申报，根据成交结果完成其与客户的证券和资金的交收，并承担相应的交收责任；客户应当同意集中交易结束后，由证券公司委托证券登记结算机构办理其证券账户与证券公司证券交收账户之间的证券划付。

（二）证券登记结算机构提供集中履约保障的质押式回购交易，投资者和证券公司应当按照业务规则的规定向证券登记结算机构提交用于回购的质押券。投资者和证券公司之间债权债务关系不影响证券登记结算机构按照业务规则对证券公司提交的质押券行使质押权。

（三）客户出现资金交收违约时，证券公司可以委托证券登记结算机构将客户净买入证券或质押品保管库中的回购质押券划付到其证券处置账户内，并要求客户在约定期限内补足资金。客户出现证券交收违约时，证券公司可以将相当于证券交收违约金额的资金暂不划付给该客户。

第三十九条 证券公司应当将其与客户之间建立、变更和终止证券托管关系的事项报送证券登记结算机构。

证券登记结算机构应当对上述事项加以记录。

第四十条 客户要求证券公司将其持有证券转由其他证券公司托管的，相关证券公司应当依据证券交易场所及证券登记结算机构有关业务规则予以办理，不得拒绝，但有关法律、行政法规和中国证监会另有规定的除外。

第四十一条 证券公司应当采取有效措施，保证其托管的证券的安全，禁止挪用、盗卖。

证券登记结算机构应当采取有效措施，保证其存管的证券的安全，禁止挪用、盗卖。

第四十二条 证券的质押、锁定、冻结或扣划，由托管证券的证券公司和证券登记结算机构按照证券登记结算机构的相关规定办理。

第六章 证券和资金的清算交收

第四十三条 证券公司、商业银行等参与证券和资金的集中清算交收，应当向证券登记结算机构申请取得结算参与人资格，与证券登记结算机构签订结算协议，明确双方的权利义务。

没有取得结算参与人资格的，应当与结算参与人签订委托结算协议，委托结算参与人代其进行证券和资金的集中清算交收。

证券登记结算机构应当制定并公布结算协议和委托结算协议范本。

第四十四条 证券登记结算机构应当根据业务需要选择符合条件的商业银行作为结算银行，办理结算资金存放、划付等证券资金结算业务。

结算银行的条件，由证券登记结算机构制定。

第四十五条 证券和资金结算实行分级结算原则。证券登记结算机构负责办理证券登记结算机构与结算参与人之间的集中清算交收；结算参与人负责办理结算参与人与客户之间的清算交收。

第四十六条 证券登记结算机构应当设立证券集中交收账户和资金集中交收账户，用以办理与结算参与人的证券和资金的集中清算交收。

结算参与人应当根据证券登记结算机构的规

定，申请开立证券交收账户和资金交收账户用以办理证券和资金的交收。同时经营证券自营业务和经纪业务等业务的结算参与人，应当按照规定分别申请开立证券、资金交收账户用以办理自营业务、经纪业务等业务的证券、资金交收。

第四十七条 证券登记结算机构可以根据业务需要，为证券市场提供多边净额、逐笔全额、双边净额以及资金代收代付等结算业务。

前述结算业务中本办法未规定的，按照证券登记结算机构业务规则办理。

第四十八条 证券登记结算机构作为中央对手方提供证券结算服务的，是结算参与人共同的清算交收对手，按照货银对付的原则，以结算参与人为结算单位进行净额结算，并为证券交易提供集中履约保障。

结算参与人应当对证券登记结算机构承担交收责任。

第四十九条 证券登记结算机构与参与多边净额结算的结算参与人签订的结算协议应当包括下列内容：

（一）对于结算参与人负责结算的证券交易合同，该合同双方结算参与人向对手方结算参与人收取证券或资金的权利，以及向对手方结算参与人支付资金或证券的义务一并转让给证券登记结算机构；

（二）受让前项权利和义务后，证券登记结算机构享有原合同双方结算参与人对其对手方结算参与人的权利，并应履行原合同双方结算参与人对其对手方结算参与人的义务。

第五十条 证券登记结算机构进行多边净额清算时，应当计算结算参与人的应收应付证券数额和应收应付资金净额，并在清算结束后将清算结果及时通知结算参与人。

证券登记结算机构采取其他结算方式的，应当按照相关业务规则进行清算。

第五十一条 集中交收前，结算参与人应当向客户收取其应付的证券和资金，并在结算参与人证券交收账户、结算参与人资金交收账户留存足额证券和资金。

结算参与人与客户之间的证券划付，应当委托证券登记结算机构代为办理。

第五十二条 集中交收过程中，证券登记结算机构应当在最终交收时点，向结算参与人足额收取其应付的资金和证券，并交付其应收的证券和资金。

证券登记结算机构可在最终交收时点前设置多个交收批次，交收完成后不可撤销。

对于同时经营自营业务以及经纪业务或资产托管业务的结算参与人，如果其客户资金交收账户资金不足的，证券登记结算机构可以动用该结算参与人自营资金交收账户内的资金完成交收。

第五十三条 证券集中交收过程中，结算参与人足额交付资金前，应当按照证券登记结算机构业务规则申报标识证券及相应证券账户，证券登记结算机构按照业务规则对相应证券进行标识。被标识证券属于交收过程中的证券，不得被强制执行。

结算参与人足额履行资金交收义务的，证券登记结算机构按照业务规则取消相应证券的标识。

第五十四条 集中交收后，结算参与人应当向客户交付其应收的证券和资金。

结算参与人与客户之间的证券划付，应当委托证券登记结算机构代为办理。

第五十五条 证券登记结算机构应当在结算业务规则中对结算参与人与证券登记结算机构之间的交收时点做出规定。

结算参与人完成证券和资金的交收应当不晚于规定的最终交收时点。

采取多边净额结算方式的，结算参与人未能在最终交收时点足额履行应付证券或资金交收义务的，证券登记结算机构可以按照业务规则处理交收对价物。

第五十六条 因证券登记结算机构的原因导致清算结果有误的，结算参与人在履行交收责任后可以要求证券登记结算机构予以纠正，并承担结算参与人遭受的直接损失。

第七章 风险防范和交收违约处理

第一节 风险防范和控制措施

第五十七条 证券登记结算机构应当采取下列措施，加强证券登记结算业务的风险防范和控制：

（一）制定完善的风险防范制度和内部控制制度；

（二）建立完善的技术系统，制定由结算参与人共同遵守的技术标准和规范；

（三）建立完善的结算参与人和结算银行准入标准和风险评估体系；

（四）对结算数据和技术系统进行备份，制定业务紧急应变程序和操作流程。

第五十八条 证券登记结算机构应当与证券交易所相互配合，建立证券市场系统性风险的防范制度。

证券登记结算机构应当与证券交易所签订业务合作协议，明确双方的权利义务，并约定有关临时停市、暂缓交收等业务安排。证券登记结算机构可以根据证券交易所通知采取暂缓交收措施。

第五十九条 证券登记结算机构应当按照结算风险共担的原则，组织结算参与人建立证券结算保证金，用于保障交收的连续进行。

证券结算保证金的筹集、使用、管理和补缴办法，由证券登记结算机构在业务规则中规定。

第六十条 证券登记结算机构可以视结算参与人的风险状况，采取要求结算参与人提供交收担保等风险控制措施。

结算参与人提供交收担保的具体标准，由证券登记结算机构根据结算参与人的风险程度确定和调整。

证券登记结算机构应当将结算参与人提交的交收担保物与其自有资产隔离，严格按结算参与人分户管理，不得挪用。

结算参与人根据证券登记结算机构业务规则，向证券登记结算机构提供交收担保物。结算参与人提供交收担保物的，不得损害已履行清算交收责任客户的合法权益。

第六十一条 结算参与人可以在其资金交收账户内，存放证券结算备付金用于完成交收。

证券登记结算机构应当将结算参与人存放的结算备付金与其自有资金隔离，严格按结算参与人分户管理，不得挪用。

结算备付金的收取、使用和管理，由证券登记结算机构在业务规则中规定。

第六十二条 证券登记结算机构应当对提供集中履约保障的质押式回购实行质押品保管库制度，将结算参与人提交的用于融资回购担保的质押券转移到质押品保管库。

第六十三条 证券登记结算机构收取的下列资金和证券，只能按业务规则用于已成交的证券交易的清算交收，不得被强制执行：

（一）证券登记结算机构收取的证券结算风险基金、证券结算保证金，以及交收担保物、回购质押券等用于担保交收的资金和证券；

（二）证券登记结算机构根据本办法设立的证券集中交收账户、资金集中交收账户、专用清偿账户内的证券和资金以及根据业务规则设立的其他专用交收账户内的证券和资金；

（三）结算参与人证券交收账户、结算参与人证券处置账户等结算账户内的证券以及结算参与人资金交收账户内根据成交结果确定的应付资金；

（四）根据成交结果确定的投资者进入交收程序的证券和资金；

（五）证券登记结算机构在银行开设的结算备付金等专用存款账户、新股发行验资专户内的资金，以及证券发行人拟向投资者派发的债息、股息和红利等。

第六十四条 证券登记结算机构可以根据组织管理证券登记结算业务的需要，按照有关规定申请授信额度，或将专用清偿账户中的证券用于申请质押贷款，以保障证券登记结算活动的持续正常进行。

第二节 集中交收的违约处理

第六十五条 结算参与人未能在最终交收时点向证券登记结算机构足额交付证券或资金的，构成对证券登记结算机构证券或资金交收违约。

第六十六条 证券登记结算机构应当设立专用清偿账户，用于在结算参与人发生违约时存放暂不交付或扣划的证券和资金。

第六十七条 结算参与人发生资金交收违约时，应当按照以下程序办理：

（一）违约结算参与人应当根据证券登记结算机构业务规则规定，向证券登记结算机构发送暂不交付交收对价物或扣划已交付交收对价物以及申报其他证券用以处分的指令。

（二）证券登记结算机构应根据业务规则将上述交收对价物及其他用以处分的证券转入专用清偿账户，并通知该结算参与人在规定的期限内补足资金或提交交收担保。

证券登记结算机构在规定时间内未收到上述指令的，属于结算参与人重大交收违约情形。结算参与人发生重大交收违约或相关交收对价物不足以弥补违约金额的,证券登记结算机构有权根据业务规则对该结算参与人违约资金交收账户对应的交收对价物实施暂不交付或扣划,并可对该结算参与人的自营证券实施扣划,转入专用清偿账户,通知该结算参与人在规定的期限内补足资金或提交交收担保。

第六十八条 结算参与人发生资金交收违约的,证券登记结算机构应当按照下列顺序动用担保物和证券结算保证金,完成与对手方结算参与人的资金交收:

(一)违约结算参与人的担保物中的现金部分;

(二)证券结算保证金中违约结算参与人交纳的部分;

(三)证券结算保证金中其他结算参与人交纳的及证券登记结算机构划拨的部分。

按前款处理仍不能弥补结算参与人资金交收违约的,证券登记结算机构还可以动用下列资金:

(一)证券结算风险基金;

(二)商业银行等机构的授信支持;

(三)其他资金。

第六十九条 结算参与人发生证券交收违约时,证券登记结算机构有权暂不交付相当于违约金额的应收资金。

证券登记结算机构应当将暂不划付的资金划入专用清偿账户,并通知该结算参与人。结算参与人应当在规定的期限内补足证券,或者提供证券登记结算机构认可的担保。

第七十条 结算参与人发生证券交收违约的,证券登记结算机构可以动用下列证券,完成与对手方结算参与人的证券交收:

(一)违约结算参与人提交的用以冲抵的相同证券;

(二)以专用清偿账户中的资金买入的相同证券;

(三)其他来源的相同证券。

第七十一条 违约结算参与人未在规定的期间内补足资金、证券的,证券登记结算机构可以按照业务规则处分违约结算参与人所提供的担保物、质押品保管库中的回购质押券,卖出专用清偿账户内的证券、以专用清偿账户内的资金买入证券。

前款处置所得,用于补足违约结算参与人欠付的资金、证券和支付相关费用;有剩余的,应当归还该相关违约结算参与人;不足偿付的,证券登记结算机构应当向相关违约结算参与人追偿。

在规定期限内无法追偿的证券或资金,证券登记结算机构可以依法动用证券结算保证金和证券结算风险基金予以弥补。依法动用证券结算保证金和证券结算风险基金弥补损失后,证券登记结算机构应当继续向违约结算参与人追偿。

第七十二条 结算参与人发生资金交收违约或证券交收违约的,证券登记结算机构可以按照有关规定收取违约金。证券登记结算机构收取的违约金应当计入证券结算保证金。

第七十三条 结算参与人发生重大交收违约情形的,证券登记结算机构可以按照以下程序办理:

(一)暂停、终止办理其部分、全部结算业务,以及中止、撤销结算参与人资格,并提请证券交易场所采取停止交易措施。

(二)提请中国证监会按照相关规定采取暂停或撤销其相关证券业务许可;对直接负责的主管人员和其他直接责任人员,单处或并处警告、罚款的处罚措施。

证券登记结算机构提请证券交易场所采取停止交易措施的具体办法由证券登记结算机构商证券交易场所制订,报中国证监会批准。

第七十四条 证券登记结算机构依法动用证券结算保证金和证券结算风险基金,以及对违约结算参与人采取前条规定的处置措施的,应当在证券登记结算机构年度报告中列示。

第三节 结算参与人与客户交收的违约处理

第七十五条 结算参与人可以根据证券登记结算机构的规定,向证券登记结算机构申请开立证券处置账户,用以存放待处置的客户证券。

第七十六条 结算参与人可以视客户的风险状况,采取包括要求客户提供交收担保在内的风险控制措施。

客户提供交收担保的具体标准,由结算参与人与客户在证券交易、托管与结算协议中明确。

第七十七条 客户出现资金交收违约时,结算参与人在向证券登记结算机构履行资金交收义务后,可以发出指令,委托证券登记结算机构将客户净买入证券或质押品保管库中的回购质押券划付到其证券处置账户内，并要求客户在约定期限内补足资金。

证券登记结算机构可以根据结算参与人委托，协助结算参与人划转违约客户证券，具体事宜按照证券登记结算机构业务规则办理。

第七十八条 客户出现证券交收违约时，结算参与人可以将相当于证券交收违约金额的资金暂不划付给该客户。

第七十九条 客户未能按时履行其对结算参与人交付证券或资金的义务的，结算参与人可以根据其与客户的协议向违约客户进行追偿。

违约客户未在规定的期间内补足资金、证券的，结算参与人可以将证券处置账户内的相应证券卖出，或用暂不交付的资金补购相应证券。

前款处置所得，用于补足违约客户欠付的资金、证券和支付相关费用；有剩余的，应当归还该客户；尚有不足的，结算参与人有权继续向客户追偿。

第八十条 结算参与人未及时将客户应收资金支付给客户或未及时委托证券登记结算机构将客户应收证券从其证券交收账户划付到客户证券账户的，结算参与人应当对客户承担违约责任，给客户造成损失的，结算参与人应当依法承担对客户的赔偿责任。

第八十一条 客户对结算参与人交收违约的，结算参与人不能因此拒绝履行对证券登记结算机构的交收义务，也不得影响已经完成和正在进行的证券和资金的集中交收及证券登记结算机构代为办理的证券划付。

第八十二条 没有取得结算参与人资格的证券公司与其客户之间的结算权利义务关系，参照本办法执行。

第八章 附 则

第八十三条 本办法下列用语的含义是：

登记，是指证券登记结算机构接受证券登记申请人的委托，通过设立和维护证券持有人名册确认证券持有人持有证券事实的行为。

托管，是指证券公司接受客户委托，代其保管证券并提供代收红利等权益维护服务的行为。

存管，是指证券登记结算机构接受证券公司委托，集中保管证券公司的客户证券和自有证券，维护证券余额和持有状态的变动，并提供代收红利等权益维护服务的行为。

结算，是指清算和交收。

清算，是指按照确定的规则计算证券和资金的应收应付数额的行为。

交收，是指根据确定的清算结果，通过证券和资金的最终交付履行相关债权债务的行为。

交收对价物，是指结算参与人在清算交收过程中与其应付证券互为对价的资金，或与其应付资金互为对价的证券。

证券登记结算业务参与人，是指证券发行人、结算参与人、投资者等参与证券登记结算业务的主体。

名义持有人，是指受他人指定并代表他人持有证券的机构。

结算参与人，是指经证券登记结算机构核准，有资格参与集中清算交收的证券公司或其他机构。

中央对手方，是指在结算过程中，同时作为所有买方和卖方的交收对手，提供履约保障以保证交收顺利完成的主体。

货银对付，是指证券登记结算机构与结算参与人在交收过程中，证券和资金的交收互为条件，当且仅当结算参与人履行资金交收义务的，相应证券完成交收；结算参与人履行证券交收义务的，相应资金完成交收。

净额结算，是指对买入和卖出交易的证券或资金进行轧差，以计算出的净额进行交收。

多边净额结算，是指证券登记结算机构将每个结算参与人达成的所有交易进行轧差清算，计算出相对每个结算参与人的应收应付证券数额和应收应付资金净额，再按照清算结果与每个结算参与人进行交收。

逐笔全额结算，是指证券登记结算机构对每笔证券交易进行独立清算，对同一结算参与人应收和应付证券、应收和应付资金不进行轧差处理，按照清算结果为结算参与人办理交收。

双边净额结算，是指证券登记结算机构对买卖双方之间的证券交易进行轧差清算，分别形成结算参与人的应收应付证券数额、应收应付资金净额，按照清算结果为结算参与人办理交收。

资金代收代付结算，是指证券登记结算机构根据业务规则、结算参与人等主体的双方协议约定、指令等内容，代为进行资金收付划转处理。

证券集中交收账户，是指证券登记结算机构为办理多边交收业务，以自身名义开立的结算账户，用于办理结算参与人与证券登记结算机构之间的证券集中交收。

资金集中交收账户，是指证券登记结算机构为办理多边交收业务，以自身名义开立的结算账户，用于办理结算参与人与证券登记结算机构之间的资金集中交收。

结算参与人证券交收账户，是指结算参与人向证券登记结算机构申请开立的用于证券交收的结算账户。

结算参与人资金交收账户，是指结算参与人向证券登记结算机构申请开立的用于资金交收的结算账户。

专用清偿账户，是指证券登记结算机构开立的结算账户，用于存放结算参与人交收违约时证券登记结算机构暂未交付、扣划的证券和资金。

证券处置账户，是指结算参与人向证券登记结算机构申请开立的结算账户，用于存放客户交收违约时待处置的客户证券。

质押品保管库，是指证券登记结算机构开立的质押品保管专用账户，用于存放结算参与人提交的用于回购的质押券等质押品。

最终交收时点，是指证券登记结算机构确定的证券和资金交收的最晚时点。

证券结算备付金，是指结算参与人在其资金交收账户内存放的用于完成资金交收的资金。

证券结算保证金，是指全体结算参与人向证券登记结算机构缴纳的以及证券登记结算机构根据业务规则划拨的，用以提供流动性保障、弥补交收违约损失的资金。

第八十四条 证券公司以外的机构经中国证监会批准，可以接受证券登记结算机构委托为投资者开立证券账户、可以接受投资者委托托管其证券，或者申请成为结算参与人为客户办理证券和资金的清算交收，有关证券登记结算业务处理参照本办法执行。

第八十五条 本办法由中国证监会负责解释、修订。

第八十六条 本办法自2022年6月20日起施行。

全国中小企业股份转让系统有限责任公司管理暂行办法

· 2013年1月31日中国证券监督管理委员会令第89号公布

· 根据2017年12月7日中国证券监督管理委员会《关于修改〈证券登记结算管理办法〉等七部规章的决定》修改

第一章 总 则

第一条 为加强对全国中小企业股份转让系统有限责任公司（以下简称全国股份转让系统公司）的管理，明确其职权与责任，维护股票挂牌转让及相关活动的正常秩序，根据《公司法》、《证券法》等法律、行政法规，制定本办法。

第二条 全国中小企业股份转让系统（以下简称全国股份转让系统）是经国务院批准设立的全国性证券交易场所。

第三条 股票在全国股份转让系统挂牌的公司（以下简称挂牌公司）为非上市公众公司，股东人数可以超过200人，接受中国证券监督管理委员会（以下简称中国证监会）的统一监督管理。

第四条 全国股份转让系统公司负责组织和监督挂牌公司的股票转让及相关活动，实行自律管理。

第五条 全国股份转让系统公司应当坚持公益优先的原则，维护公开、公平、公正的市场环境，保证全国股份转让系统的正常运行，为全国股份转让系统各参与人提供优质、高效、低成本的金融服务。

第六条 全国股份转让系统的股票挂牌转让及相关活动，必须遵守法律、行政法规和各项规章规定，禁止欺诈、内幕交易、操纵市场等违法违规行为。

第七条 中国证监会依法对全国股份转让系统公司、全国股份转让系统的各项业务活动及各参与人实行统一监督管理，维护全国股份转让系统运行秩序，依法查处违法违规行为。

第二章 全国股份转让系统公司的职能

第八条 全国股份转让系统公司的职能包括：

（一）建立、维护和完善股票转让相关技术系统和设施；

（二）制定和修改全国股份转让系统业务规则；

（三）接受并审查股票挂牌及其他相关业务申请，安排符合条件的公司股票挂牌；

（四）组织、监督股票转让及相关活动；

（五）对主办券商等全国股份转让系统参与人进行监管；

（六）对挂牌公司及其他信息披露义务人进行监管；

（七）管理和公布全国股份转让系统相关信息；

（八）中国证监会批准的其他职能。

第九条 全国股份转让系统公司应当就股票挂牌、股票转让、主办券商管理、挂牌公司管理、投资者适当性管理等依法制定基本业务规则。

全国股份转让系统公司制定与修改基本业务规则，应当经中国证监会批准。制定与修改其他业务规则，应当报中国证监会备案。

第十条 全国股份转让系统挂牌新的证券品种应当向中国证监会报告，采用新的转让方式应当报中国证监会批准。

第十一条 全国股份转让系统公司应当为组织公平的股票转让提供保障，公布股票转让即时行情。未经全国股份转让系统公司许可，任何单位和个人不得发布、使用或传播股票转让即时行情。

第十二条 全国股份转让系统公司收取的资金和费用应当符合有关主管部门的规定，并优先用于维护和完善相关技术系统和设施。

全国股份转让系统公司应当制定专项财务管理规则，并报中国证监会备案。

第十三条 全国股份转让系统公司应当从其收取的费用中提取一定比例的金额设立风险基金。风险基金提取和使用的具体办法，由中国证监会另行制定。

第十四条 全国股份转让系统的登记结算业务由中国证券登记结算有限责任公司负责。全国股份转让系统公司应当与其签订业务协议，并报中国证监会备案。

第三章 全国股份转让系统公司的组织结构

第十五条 全国股份转让系统公司应当按照《公司法》等法律、行政法规和中国证监会的规定，制定公司章程，明确股东会、董事会、监事会和经理层之间的职责划分，建立健全内部组织机构，完善公司治理。

全国股份转让系统公司章程的制定和修改，应当经中国证监会批准。

第十六条 全国股份转让系统公司的股东应当具备法律、行政法规和中国证监会规定的资格条件，股东持股比例应当符合中国证监会的有关规定。

全国股份转让系统公司新增股东或原股东转让所持股份的，应当向中国证监会报告。

第十七条 全国股份转让系统公司董事会、监事会的组成及议事规则应当符合有关法律、行政法规和中国证监会的规定，并报中国证监会备案。

第十八条 全国股份转让系统公司董事长、副董事长、监事会主席及高级管理人员由中国证监会提名，任免程序和任期遵守《公司法》和全国股份转让系统公司章程的有关规定。

前款所述高级管理人员的范围，由全国股份转让系统公司章程规定。

第十九条 全国股份转让系统公司应当根据需要设立专门委员会。各专门委员会的组成及议事规则报中国证监会备案。

第四章 全国股份转让系统公司的自律监管

第二十条 全国股份转让系统实行主办券商制度。在全国股份转让系统从事主办券商业务的证券公司称为主办券商。

主办券商业务包括推荐股份公司股票挂牌，对挂牌公司进行持续督导，代理投资者买卖挂牌公司股票，为股票转让提供做市服务及其他全国股份转让系统公司规定的业务。

第二十一条 全国股份转让系统公司依法对股份公司股票挂牌、定向发行等申请及主办券商推荐文件进行审查，出具审查意见。

全国股份转让系统公司应当与符合条件的股份公司签署挂牌协议，确定双方的权利义务关系。

第二十二条 全国股份转让系统公司应当督促申请股票挂牌的股份公司、挂牌公司及其他信息披露义务人，依法履行信息披露义务，真实、准确、完整、及时地披露信息，不得有虚假记载、误导性陈述或者重大遗漏。

第二十三条 挂牌公司应当符合全国股份转让系统持续挂牌条件，不符合持续挂牌条件的，全国股份转让系统公司应当及时作出股票暂停或终止挂牌的决定，及时公告，并报中国证监会备案。

第二十四条 挂牌股票转让可以采取做市方式、协议方式、竞价方式或证监会批准的其他转让方式。

第二十五条 全国股份转让系统实行投资者适当性管理制度。参与股票转让的投资者应当具备一定的证券投资经验和相应的风险识别和承担能力，了解熟悉相关业务规则。

第二十六条 因突发性事件而影响股票转让的正常进行时，全国股份转让系统公司可以采取技术性停牌措施；因不可抗力的突发性事件或者为维护股票转让的正常秩序，可以决定临时停市。

全国股份转让系统公司采取技术性停牌或者决定临时停市，应当及时报告中国证监会。

第二十七条 全国股份转让系统公司应当建立市场监控制度及相应技术系统，配备专门市场监察人员，依法对股票转让实行监控，及时发现、及时制止内幕交易、市场操纵等异常转让行为。

对违反法律法规及业务规则的，全国股份转让系统公司应当及时采取自律监管措施，并视情节轻重或根据监管要求，及时向中国证监会报告。

第二十八条 全国股份转让系统公司应当督促主办券商、律师事务所、会计师事务所等为挂牌转让等相关业务提供服务的证券服务机构和人员，诚实守信、勤勉尽责，严格履行法定职责，遵守法律法规和行业规范，并对出具文件的真实性、准确性、完整性负责。

第二十九条 全国股份转让系统公司发现相关当事人违反法律法规及业务规则的，可以依法采取自律监管措施，并报中国证监会备案。依法应当由中国证监会进行查处的，全国股份转让系统公司应当向中国证监会提出查处建议。

第五章 监督管理

第三十条 全国股份转让系统公司应当向中国证监会报告股东会、董事会、监事会、总经理办公会议和其他重要会议的会议纪要，全国股份转让系统运行情况，全国股份转让系统公司自律监管职责履行情况、日常工作动态以及中国证监会要求报告的其他信息。

全国股份转让系统公司的其他报告义务，比照执行证券交易所管理有关规定。

第三十一条 中国证监会有权要求全国股份转让系统公司对其章程和业务规则进行修改。

第三十二条 中国证监会依法对全国股份转让系统公司进行监管，开展定期、不定期的现场检查，并对其履职和运营情况进行评估和考核。

全国股份转让系统公司及相关人员违反本办法规定，在监管工作中不履行职责，或者不履行本办法规定的有关义务，中国证监会比照证券交易所管理有关规定进行查处。

第六章 附 则

第三十三条 全国股份转让系统公司为其他证券品种提供挂牌转让服务的，比照本办法执行。

第三十四条 在证券公司代办股份转让系统的原 STAQ、NET 系统挂牌公司和退市公司及其股份转让相关活动，由全国股份转让系统公司负责监督管理。

第三十五条 本办法公布之日起施行。

证券市场禁入规定

·2021 年 6 月 15 日中国证券监督管理委员会令第 185 号公布

·自 2021 年 7 月 19 日起施行

第一条 为了维护证券市场秩序，保护投资者合法权益和社会公众利益，促进证券市场健康稳定发展，根据《中华人民共和国证券法》《中华人民共和国证券投资基金法》《中华人民共和国行政处罚法》等法律、行政法规，制定本规定。

第二条 中国证券监督管理委员会（以下简称中国证监会）及其派出机构（以下统称执法单位）对违反法律、行政法规或者中国证监会有关规定的有关责任人员采取证券市场禁入措施，以事实为依据，遵循公开、公平、公正的原则。

第三条 下列人员违反法律、行政法规或者中国证监会有关规定，情节严重的，执法单位可以根据情节严重的程度，采取证券市场禁入措施：

（一）证券发行人的董事、监事、高级管理人员，其他信息披露义务人或者其他信息披露义务人的董事、监事、高级管理人员，证券发行人、其他信息披露义务人持股百分之五以上的股东、实际控制人，证券发行人、其他信息披露义务人持股百分之五以上的股东、实际控制人的董事、监事、高级管理人员，或者执法单位认定的其他对欺诈发行或信息披露违法行为直接负责的主管人员或其他直接责任人员；

（二）证券公司及其依法设立的子公司的董事、监事、高级管理人员及工作人员，证券公司的股东、实际控制人或者股东、实际控制人的董事、监事、高级管理人员；

（三）证券服务机构、债券受托管理人的董事、监事、高级管理人员、合伙人、负责人及工作人员，证券服务机构、债券受托管理人的股东、实际控制人或者股东、实际控制人的董事、监事、高级管理人员；

（四）公开募集证券投资基金（以下简称基金）管理公司及其依法设立的子公司、其他公募基金管理人、基金托管人及其设立的基金托管部门、基金服务机构的董事、监事、高级管理人员及工作人员，基金管理公司、其他公募基金管理人和基金服务机构的股东、实际控制人或者股东、实际控制人的董事、监事、高级管理人员；

（五）私募投资基金管理人、私募投资基金托管人、私募投资基金销售机构及其他私募服务机构的董事、监事、高级管理人员、工作人员，私募投资基金管理人的股东、实际控制人、合伙人、负责人；

（六）直接或者间接在证券交易所、国务院批准的其他全国性证券交易场所（以下统称证券交易场所）进行投资的自然人或者机构投资者的交易决策人；

（七）编造、传播虚假信息或者误导性信息的有关责任人员；

（八）执法单位及相关自律组织的工作人员；

（九）执法单位认定的其他违反法律、行政法规或者中国证监会有关规定的有关责任人员。

第四条 执法单位可以采取的市场禁入种类包括：

（一）不得从事证券业务、证券服务业务，不得担任证券发行人的董事、监事、高级管理人员；

（二）不得在证券交易场所交易证券。

执法单位可以根据有关责任人员的身份职责、违法行为类型、违法行为的社会危害性和违法情节严重的程度，单独或者合并适用前款规定的不同种类市场禁入措施。

第五条 被采取本规定第四条第一款第一项证券市场禁入措施的人员，在禁入期间内，除不得继续在原机构从事证券业务、证券服务业务或者担任原证券发行人的董事、监事、高级管理人员职务外，也不得在其他任何机构中从事证券业务、证券服务业务或者担任其他证券发行人的董事、监事、高级管理人员职务。

被采取本规定第四条第一款第一项证券市场禁入措施的人员，应当在收到证券市场禁入决定后立即停止从事证券业务、证券服务业务或者停止履行证券发行人董事、监事、高级管理人员职务，并由其所在机构按规定的程序解除其被禁止担任的职务。

第六条 被采取本规定第四条第一款第二项证券市场禁入措施的人员，在禁入期间内，不得直接或者以化名、借他人名义在证券交易场所交易上市或者挂牌的所有证券。但在禁入期间存在以下情形的除外：

（一）有关责任人员被依据《中华人民共和国证券法》和中国证监会有关规定责令回购或者买回证券；

（二）有关责任人员被责令依法处理非法持有的证券；

（三）有关责任人员持有的证券被依法强制扣划、卖出或转让；

（四）根据相关法律、行政法规、中国证监会规定或者依法制定的证券交易场所相关业务规则，为防范和化解信用类业务风险需要继续交易证券；

（五）为履行在被禁入前已经报送或者已经公开披露的材料中约定的义务需要继续交易证券；

（六）卖出被禁入前已经持有的证券；

（七）法律、行政法规、中国证监会或者依法制定的证券交易场所业务规则规定，或者中国证监会认定的其他情形。

被采取本规定第四条第一款第二项证券市场禁入措施的人员，应当在收到证券市场禁入决定后立即停止证券交易活动。

证券交易场所应当做好相配套的限制证券账户交易权限工作，证券登记结算机构和证券公司应当予以配合。

第七条 违反法律、行政法规或者中国证监会有关规定，情节严重的，可以对有关责任人员采取3年以上5年以下本规定第四条第一款第一项规定的证券市场禁入措施；行为恶劣、严重扰乱证券市场秩序、严重损害投资者利益或者在重大违法活动中起主要作用等情节较为严重的，可以对有关责任人员采取6年以上10年以下本规定第四条第一款第一项规定的证券市场禁入措施；有下列情形之一的，可以对有关责任人员终身采取本规定第四条第一款第一项规定的证券市场禁入措施：

（一）严重违反法律、行政法规或者中国证监会有关规定，被人民法院生效司法裁判认定构成犯罪的；

（二）从业人员等负有法定职责的人员，故意不履行法律、行政法规或者中国证监会规定的义务，并造成特别恶劣社会影响，或者致使投资者利益受到特别严重损害，或者导致其他特别严重后果的；

（三）在报送或者公开披露的材料中，隐瞒、编造或者篡改重要事实、重要财务数据或者其他重要信息，或者组织、指使从事前述行为或者隐瞒相关事项导致发生上述情形，严重扰乱证券市场秩序，或者造成特别恶劣社会影响，或者致使投资者利益受到特别严重损害的；

（四）违反法律、行政法规或者中国证监会有关规定，从事欺诈发行、内幕交易、操纵证券市场等违法行为，严重扰乱证券市场秩序并造成特别恶劣社会影响，或者获取违法所得等不当利益数额特别巨大，或者致使投资者利益受到特别严重损害的；

（五）违反法律、行政法规或者中国证监会有关规定，情节严重，应当采取证券市场禁入措施，且存在故意出具虚假重要证据，隐瞒、毁损重要证据等阻碍、抗拒执法单位及其工作人员依法行使监督检查、调查职权行为的；

（六）因违反法律、行政法规或者中国证监会有关规定，5年内曾经被执法单位给予行政处罚2次以上，或者5年内曾经被采取本规定第四条第一款第一项规定的证券市场禁入措施的；

（七）组织、策划、领导或者实施重大违反法律、行政法规或者中国证监会有关规定的活动的；

（八）其他违反法律、行政法规或者中国证监会有关规定，情节特别严重的。

违反法律、行政法规或者中国证监会有关规定，影响证券交易秩序或者交易公平，情节严重的，可以对有关责任人员采取本规定第四条第一款第二项规定的证券市场禁入措施，禁止交易的持续时间不超过5年。

第八条 违反法律、行政法规或者中国证监会有关规定，情节严重的，可以单独对有关责任人员采取证券市场禁入措施，或者一并依法进行行政处罚；涉嫌犯罪的，依法移送有关部门，并可同时采取证券市场禁入措施。

第九条 有下列情形之一的，应当对有关责任人员从轻、减轻采取证券市场禁入措施：

（一）主动消除或者减轻违法行为危害后果的；

（二）配合查处违法行为有立功表现的；

（三）受他人胁迫或者诱骗实施违法行为的；

（四）在执法单位依法作出行政处罚决定或者证券市场禁入决定前主动交代违法行为的；

（五）其他依法应当从轻、减轻采取证券市场禁入措施的。

违法情节轻微并及时纠正，没有造成危害后果的，免予采取证券市场禁入措施。初次违法并且危害后果轻微并及时纠正的，可以免予采取证券市场禁入措施。

第十条 共同违反法律、行政法规或者中国证监会有关规定，需要采取证券市场禁入措施的，对负次要责任的人员，可以比照应负主要责任的人员，适当从轻、减轻或者免予采取证券市场禁入措施。

第十一条 执法单位采取证券市场禁入措施前，应当告知当事人采取证券市场禁入措施的事实、理由及依据，并告知当事人有陈述、申辩和要求举行听证的权利。具体程序按照《中国证券监督管理委员会行政处罚听证规则》等规定执行。

第十二条 被采取证券市场禁入措施的人员因同一违法行为同时被人民法院生效司法裁判认定构成犯罪或者进行行政处罚的，如果对其所作人民法院生效刑事司法裁判或行政处罚决定被依法撤销或者变更，并因此影响证券市场禁入措施的事实基础或者合法性、适当性的，依法撤销或者变更证券市场禁入措施。

第十三条 被执法单位采取证券市场禁入措

施的人员，执法单位将通过中国证监会或者相关派出机构网站，或者指定媒体向社会公布，并记入证券市场诚信档案。

第十四条 有关责任人员违反执法单位依法作出的证券市场禁入决定或者所在机构及相关工作人员不配合履行证券市场禁入决定的，执法单位可依据相关法律法规进行处罚，相关法律法规没有规定的，给予警告并处国务院规定限额以下的罚款；涉嫌犯罪的，依法移送有关部门追究刑事责任。

第十五条 执法单位依法宣布个人或者单位的直接责任人员为期货市场禁止进入者的，可以参照本规定执行。

第十六条 本规定下列用语具有如下含义：

（一）证券发行人：包括上市公司、非上市公众公司、公司债券发行人和法律、行政法规以及中国证监会规定的其他证券发行人；

（二）信用类业务：包括融资融券、股票质押、债券质押式回购以及其他由法律、行政法规、中国证监会或者证券交易场所业务规则规定的，由投资者提供担保品进行资金或证券融通的交易活动；

（三）从业人员：包括本规定第三条第二项、第三项、第四项、第五项和第八项规定的人员，或者执法单位认定的其他人员；

（四）立即：本规定第五条第二款所称“立即”是指证券市场禁入决定送达之日的次一工作日，本规定第六条第二款所称“立即”是指证券市场禁入决定送达之日的次一交易日，法律、行政法规或者中国证监会另有规定的除外；

（五）本规定所称以上、以下、不超过，均包括本数。

第十七条 本规定自2021年7月19日起施行。2006年7月10日中国证监会发布施行的《证券市场禁入规定》（2006年3月7日中国证券监督管理委员会第173次主席办公会议审议通过，根据2015年5月18日中国证券监督管理委员会《关于修改〈证券市场禁入规定〉的决定》修订，以下简称原规定）同时废止。

对于本规定实施前发生的应予证券市场禁入的违法行为，依照原规定办理，但适用本规定对有关责任人员有利的，适用本规定。

对发生于本规定实施以前，继续或者连续到本规定实施以后的行为，依照本规定办理。

中国证券监督管理委员会限制证券买卖实施办法

- 2007年5月18日中国证券监督管理委员会令第45号公布
- 根据2020年10月30日中国证券监督管理委员会《关于修改、废止部分证券期货规章的决定》修正

第一条 为维护证券市场正常秩序，保护投资者合法权益，有效打击证券违法行为，依据《中华人民共和国证券法》第一百七十条第（七）项，制订本办法。

第二条 限制证券买卖是指中国证券监督管理委员会（以下简称中国证监会）在调查操纵证券市场、内幕交易等重大证券违法行为时，对被调查事件当事人受限账户的证券买卖行为采取的限制措施。

限制证券买卖措施由中国证监会调查部门（以下简称调查部门）具体实施。

第三条 受限账户包括被调查事件当事人及其实际控制的资金账户、证券账户和与当事人有关的其他账户。

与当事人有关的其他账户包括：

（一）有资金往来的；

（二）资金存取人为相同人员或机构的；

（三）交易代理人为相同人员或机构的；

（四）有转托管或交叉指定关系的；

（五）有抵押关系的；

（六）受同一监管协议控制的；

（七）下挂同一个或多个股东账户的；

（八）属同一控制人控制的；

（九）调查部门通过调查认定的其他情况。

第四条 限制证券买卖措施包括：

（一）不得买入指定交易品种，但允许卖出；

（二）不得卖出指定交易品种，但允许买入；

（三）不得买入和卖出指定交易品种；

（四）不得办理转托管或撤销指定交易；

（五）调查部门认为应采取的其他限制措施。

第五条 调查部门限制证券买卖的时间不得超过三个月。案情复杂的，经批准可延长三个月。

第六条 调查部门实施本措施，应当制作《限制/解除限制证券买卖申请书》，经法律部门审核，报中国证监会主要负责人或者其授权的其他负责人批准。

第七条 《限制/解除限制证券买卖申请书》应当载明以下事项：

（一）案由；

（二）受限账户的基本情况；

（三）采取限制/解除限制措施的原因；

（四）采取限制/解除限制措施的法律依据；

（五）限制措施的主要内容，包括受限账户名称、代码、限制品种、限制方式和限制期限。

同时，应当附带下列材料：

（一）证明调查部门正在对被调查事件当事人的证券违法行为进行调查的材料；

（二）证明受限账户基本情况的材料；

（三）证明受限账户符合本办法第三条规定的材料；

（四）调查部门认为受限账户符合采取限制/解除限制措施的原因的证据。

《限制/解除限制证券买卖申请书》应当经调查部门主要负责人签字批准、加盖公章。

第八条 实施限制证券买卖措施，调查部门应当向证券交易所、证券登记结算公司、证券经营机构等协助实施限制证券买卖的机构发出《限制/解除限制证券买卖通知书》。

第九条 《限制/解除限制证券买卖通知书》应当载明以下事项：

（一）实施依据；

（二）受限账户；

（三）限制方式；

（四）限制品种；

（五）限制期限；

（六）协助执行单位。

第十条 协助实施限制证券买卖的机构应当按要求及时、有效地执行限制措施。限制期满，应及时解除。

第十一条 调查部门应将实施限制证券买卖措施的情况通知当事人或托管受限账户的证券经营机构。

当事人有权申请复议。复议期间，限制证券买卖措施不停止执行。

第十二条 限制期限届满前，需解除限制证券买卖措施的，经中国证监会主要负责人或者其授权的其他负责人批准，可予以解除。

第十三条 根据需要，有关部门可对限制证券买卖情况予以公告。

第十四条 协助实施限制证券买卖的机构未按要求及时、有效地执行限制措施，依有关法规追究责任。

第十五条 调查部门未按规定程序实施限制证券买卖措施的，将依法追究责任。

第十六条 本办法自公布之日起施行。

中国证券监督管理委员会冻结、查封实施办法

· 2005年12月30日中国证券监督管理委员会令第28号公布

· 根据2011年5月23日《中国证券监督管理委员会关于修改〈中国证券监督管理委员会冻结、查封实施办法〉的决定》第一次修订

· 根据2020年3月20日《中国证券监督管理委员会关于修改部分证券期货规章的决定》第二次修订

第一条 为了保护投资者和当事人的合法权益，及时有效查处证券违法行为，规范冻结、查封工作，维护市场秩序，根据《中华人民共和国证券法》及相关法律法规，制定本办法。

第二条 中国证券监督管理委员会及其派出机构依法履行职责，有权冻结、查封涉案当事人的违法资金、证券等涉案财产或者重要证据。

第三条 冻结、查封违法资金、证券等涉案财产或者重要证据，必须依照本办法规定的程序提交申请，经法律部门审查，报中国证券监督管理委员会主要负责人或者其授权的其他负责人批准，制作决定书、通知书，由执法人员实施。

第四条 中国证券监督管理委员会案件调查部门、案件审理部门及派出机构在对证券违法案件进行调查、审理或者执行时，发现存在下列情形之一的，可以申请冻结、查封：

（一）已经转移、隐匿违法资金、证券等涉案财产的；

（二）可能转移、隐匿违法资金、证券等涉案财

产的；

（三）已经隐匿、伪造、毁损重要证据的；

（四）可能隐匿、伪造、毁损重要证据的；

（五）其他需要及时冻结、查封的情形。

第五条 有下列情形之一的，视为可能转移或者隐匿违法资金、证券等涉案财产：

（一）涉案当事人本人开立的资金账户、证券账户和银行账户或由其实际控制的资金账户、证券账户和银行账户，以及与其有关联的资金账户、证券账户和银行账户中存放的违法资金、证券，部分已经被转移或者隐匿的；

（二）被举报的违法资金、证券等涉案财产已经或者将要被转移、隐匿并提供具体的转移或者隐匿线索的；

（三）通过与他人签订合同等形式，拟将违法资金、证券等涉案财产作为合同标的物或者以偿还贷款、支付合同价款等名义转移占有的；

（四）当事人因涉嫌严重违法而被立案调查，且其涉案场所、账户或者人员已经被执法部门调查的；

（五）其他有证据证明有转移或者隐匿违法资金、证券等涉案财产迹象的。

第六条 有下列特征之一的，视为重要证据：

（一）对案件调查有重大影响的；

（二）对案件定性有关键作用的；

（三）不可替代或者具有唯一性的；

（四）其他重要证据。

第七条 中国证券监督管理委员会案件调查部门、案件审理部门及派出机构需要实施冻结、查封时，应当提交申请，经部门或者派出机构主要负责人批准，交法律部门审查。业务监管部门在履行监管职责中发现需要采取冻结、查封措施的，应当及时通报案件调查部门实施冻结、查封。

第八条 冻结、查封申请书应当载明下列事项：

（一）被冻结、查封当事人姓名或者名称、地址等基本情况；

（二）申请冻结、查封的具体事项，包括涉案财产或者重要证据的名称、代码、数量、金额、地址等；

（三）主要违法事实与申请冻结、查封的理由；

（四）其他需要说明的事项。

第九条 负责审查的法律部门应当及时处理冻结、查封申请，出具审核意见，并制作冻结、查封决定书，报中国证券监督管理委员会主要负责人或者其授权的其他负责人批准。

第十条 冻结、查封决定书应当载明下列事项：

（一）被冻结、查封当事人姓名或者名称、地址等基本情况；

（二）冻结、查封的理由和依据；

（三）冻结、查封财产或者证据的名称、数量和期限；

（四）申请行政复议的途径；

（五）中国证券监督管理委员会公章和日期。

第十一条 申请书、决定书经批准后，由申请部门负责实施。实施冻结、查封的部门应当制作冻结通知书或者查封通知书，通知书应当载明下列事项：

（一）协助冻结、查封的单位名称；

（二）冻结、查封的法律依据；

（三）冻结、查封的财产或者证据所在机构的名称或者地址；

（四）冻结、查封的财产或者证据的名称、数额等；

（五）冻结、查封的起止时间；

（六）其他需要说明的事项；

（七）中国证券监督管理委员会公章和日期。

第十二条 实施冻结，应当依照有关规定，向协助执行部门出示冻结决定书，送达冻结通知书，并在实施冻结后及时向当事人送达冻结决定书。当事人应当将被冻结情况告知其控制的涉案财产的名义持有人。

第十三条 实施查封，应当依照有关规定向当事人送达查封决定书。需要有关部门协助的，还应当向协助执行部门送达查封通知书。

实施查封后，应当制作现场笔录和查封清单。查封清单一式两份，由当事人和实施部门分别保存。

第十四条 冻结或者查封应当由两名以上执法人员实施。

执法人员在实施冻结或者查封时应当出示有效证件。

第十五条 现场笔录应当载明下列事项：

（一）冻结、查封的时间、地点；

（二）实施冻结、查封的单位和个人；

（三）被冻结、查封的单位和个人；

（四）协助冻结、查封的单位和个人；

（五）冻结、查封的具体事项，包括涉案财产或者重要证据的名称、代码、数量、金额、地址等；

（六）当事人的陈述和申辩；

（七）其他应当载明的事项。

现场笔录和清单由当事人、见证人和执法人员签名或者盖章，当事人不在现场或者当事人、见证人拒绝签名或者盖章的，应当在笔录中予以注明。

第十六条 查封可以采取下列方式：

（一）查封动产的，应当在该动产上加贴封条或者采取其他足以公示查封的适当方式；

（二）查封已登记的不动产、特定动产及其他财产权的，应当张贴封条或者公告，并通知有关登记机关办理查封登记手续；

（三）查封未登记的不动产、特定动产及其他财产权的，应当张贴封条或者公告，并告知法定权属登记机关；

（四）查封重要证据的，应当加贴封条或者采取其他足以公示查封的适当方式；

（五）其他合法的方式。

第十七条 冻结、查封的期限为六个月。因特殊原因需要延长的，应当在冻结、查封期满前十日内办理继续冻结、查封手续。每次延长期限不得超过三个月，冻结、查封期限最长不超过二年。

逾期未办理继续冻结、查封手续的，视为自动解除冻结、查封。

第十八条 冻结证券，其金额应当以冻结实施日前一交易日收市后的市值计算。

冻结证券时，中国证券监督管理委员会及其派出机构可以明确被冻结的证券是否限制卖出。

限制证券卖出的，由证券公司或者证券登记结算机构协助执行冻结。冻结期间，证券持有人可以提出出售部分或者全部被冻结证券的请求，经申请部门审查认为确有必要的，可以解除卖出限制，并监督证券持有人依法出售，同时将所得资金转入相关资金账户予以冻结。

不限制证券卖出的，由证券公司等控制资金账户的单位协助执行冻结。冻结期间，证券持有人可以依法出售部分或者全部被冻结的证券，同时将所得资金转入相关资金账户予以冻结。

证券公司协助执行冻结的，应当于当日将冻结信息发送证券登记结算机构。

证券被冻结后，不得进行转托管或转指定，不得设定抵押、质押等权利，不得进行非交易过户，不得进行重复冻结。

第十九条 有下列情形之一的，经中国证券监督管理委员会主要负责人或者其授权的其他负责人批准，应当及时解除冻结、查封措施：

（一）已经完成调查、处罚的；

（二）经查证，确实与案件无关的；

（三）当事人提供相应担保的；

（四）其他应当及时解除冻结、查封的情形。

第二十条 冻结、查封财产的数额应当与违法行为的情节或者行政处罚决定的金额相适应。

第二十一条 案件调查结束后，当事人的违法行为涉嫌犯罪需要移送公安机关的，应当将冻结、查封的证据、材料一并移送。

第二十二条 当事人逾期不履行处罚决定的，中国证券监督管理委员会可以依法申请人民法院强制执行冻结、查封的涉案财产。

第二十三条 解除冻结、查封参照实施冻结、查封程序办理。

第二十四条 当事人对冻结、查封决定不服的，可以依法向中国证券监督管理委员会申请行政复议。

行政复议期间，冻结、查封措施不停止执行，但是有下列情形之一的，可以停止执行：

（一）实施部门认为需要停止执行并批准的；

（二）当事人申请停止执行并批准的；

（三）法律、法规规定应当停止执行的。

第二十五条 未按规定程序实施冻结、查封，给当事人的合法财产造成重大损失的，依法给予赔偿；对直接负责的主管人员和直接责任人员给予行政处分；构成犯罪的，依法追究刑事责任。

第二十六条 当事人和协助执行单位拒绝、阻碍中国证券监督管理委员会及其执法人员实施冻结、查封措施，由中国证券监督管理委员会责令改正，处以十万元以上一百万元以下的罚款，并由公安机关依法给予治安管理处罚；构成犯罪的，依法追究刑事责任。

第二十七条 本办法由中国证券监督管理委员会负责解释。

第二十八条 本办法自2006年1月1日起施行。

股票期权交易试点管理办法

·2015年1月9日中国证券监督管理委员会令第112号公布
·自公布之日起施行

第一条 为了规范股票期权交易试点,维护股票期权市场秩序,防范市场风险,保护股票期权交易各方的合法权益,促进资本市场健康发展,根据《证券法》、《期货交易管理条例》、《证券公司监督管理条例》等有关法律法规,制定本办法。

第二条 任何单位和个人从事股票期权交易及其相关活动,应当遵守本办法。

本办法所称股票期权交易,是指采用公开的集中交易方式或者中国证券监督管理委员会(以下简称中国证监会)批准的其他方式进行的以股票期权合约为交易标的的交易活动。

本办法所称股票期权合约,是指由证券交易所统一制定的、规定买方有权在将来特定时间按照特定价格买入或者卖出约定股票、跟踪股票指数的交易型开放式指数基金等标的证券的标准化合约。

第三条 从事股票期权交易活动,应当遵循公开、公平、公正和诚实信用的原则。禁止欺诈、内幕交易、操纵股票期权市场以及利用股票期权交易从事跨市场操纵、内幕交易等违法行为。

第四条 中国证监会对股票期权市场实行集中统一的监督管理。

证券交易所、证券登记结算机构、相关行业协会按照章程及业务规则,分别对股票期权交易活动及经营机构实行自律管理。

第五条 证券交易所经中国证监会批准可以开展股票期权交易。

股票期权交易品种的上市、中止、取消或者恢复应当经中国证监会批准。

股票期权交易品种应当具有充分的现货交易基础,市场竞争充分,可供交割量充足等,适于进行股票期权交易。

第六条 证券登记结算机构经中国证监会批准可以履行在证券交易所开展的股票期权交易的结算职能,并承担相应法律责任。

证券登记结算机构作为股票期权结算参与人(以下简称结算参与人)的共同对手方,为股票期权业务提供多边净额结算服务,并按照货银对付原则实施期权行权结算。

第七条 证券公司可以从事股票期权经纪业务、自营业务、做市业务,期货公司可以从事股票期权经纪业务、与股票期权备兑开仓以及行权相关的证券现货经纪业务。

证券公司、期货公司等股票期权经营机构(以下简称经营机构)依法从事前款规定的股票期权相关业务,应当遵守法律、行政法规以及中国证监会的相关规定,具体办法由中国证监会另行制定。

第八条 股票期权交易可以实行做市商制度。

股票期权做市商(以下简称做市商)应当依据证券交易所的相关业务规则,承担为股票期权合约提供双边报价等义务,并享有相应的权利。

做市商从事做市业务,应当严格遵守法律法规、行政规章和证券交易所有关规定;建立健全信息隔离制度,防范做市业务与其他业务之间的利益冲突;不得利用从事做市业务的机会,进行内幕交易、市场操纵等违法违规行为,或者谋取其他不正当利益。

第九条 中国证券投资者保护基金公司、中国期货保证金监控中心公司作为保证金安全存管监控机构,依照有关规定分别负责对证券公司、期货公司开展股票期权业务涉及的投资者资金安全存管实施监控。

第十条 证券交易所、证券登记结算机构应当根据各自职责,分别制定股票期权交易、结算规则及相应实施细则。交易规则和结算规则的制定或者修改应当报中国证监会批准。实施细则的制定或者修改应当征求中国证监会意见,并在正式发布实施前,报告中国证监会。

经营机构、结算参与人、投资者以及其他股票期权交易参与主体应当遵守证券交易所、证券登记结算机构及保证金安全存管监控机构的业务规则。

第十一条 股票期权交易实行投资者适当性制度。

证券交易所应当制定股票期权投资者的具体标准和实施指引。

投资者参与股票期权交易,应当对股票期权产品及市场环境的变化自主承担风险。

第十二条 经营机构应当按照证券交易所投资者适当性管理要求对投资者的身份和风险承受能力进行审慎评估，根据投资者的风险承受和风险识别能力决定是否推荐其参与股票期权交易，并应当事先对产品、服务以及可能影响投资者权利义务的信息进行恰当说明，充分揭示风险，经投资者签署风险揭示书后，与投资者签订经纪合同，不得误导、欺诈投资者。

经纪合同中应当包括经营机构对投资者采取的风险管理措施、投资者出现交收违约或者保证金不足情形的处理方式以及强行平仓和行权操作等事项。

经营机构应当对投资者与其发生纠纷时的处理规则和程序、投资者投诉的方式和渠道以及投资者权益保障等事项进行说明和公示。

第十三条 经营机构从事股票期权经纪业务，接受投资者委托，以自己的名义为投资者进行股票期权交易，交易结果由投资者承担。

第十四条 证券登记结算机构负责投资者衍生品合约账户的统一管理。经营机构应当根据投资者的申请，按照证券登记结算机构业务规则为投资者开立衍生品合约账户。

证券登记结算机构负责统一为经营机构分配、发放投资者衍生品合约账户号码。

经营机构应当明确提示投资者如实提供开户信息。投资者应当如实申报开户材料，不得采用虚假申报等手段规避投资者适当性制度要求。投资者衍生品合约账户应当与其人民币普通股票账户的相关注册信息一致。

第十五条 股票期权买方应当支付权利金。股票期权卖方收取权利金，并应当根据证券交易所、证券登记结算机构的规定交纳保证金。

保证金以现金、证券交易所及证券登记结算机构认可的证券方式交纳。

经营机构向投资者收取的保证金以及投资者存放于经营机构的权利金、行权资金，属于投资者所有，除按照相关规定可划转的情形外，严禁挪作他用。

第十六条 证券公司应当在存管银行开设投资者股票期权保证金账户，用于存放投资者股票期权交易的权利金、行权资金、以现金形式提交的保证金。

期货公司应当将投资者股票期权交易的权利金、行权资金、以现金形式提交的保证金存放于期货保证金账户。期货公司开展与股票期权备兑开仓以及行权相关的证券现货经纪业务的，还应当在存管银行单独开立相关现货资金账户。

经营机构应当对向投资者收取的资金实行分账管理，妥善记载单个投资者的资金明细数据，并且与经营机构自有资金、证券现货交易结算资金实行分户管理，相关资金的划转应当符合中国证监会相关规定。

第十七条 结算参与人应当根据相关业务规则的规定，在证券登记结算机构开立股票期权资金保证金账户，用于存放结算参与人股票期权交易的权利金、行权资金、以现金形式提交的保证金。证券登记结算机构应当对结算参与人存放的投资者股票期权交易的权利金、行权资金、以现金形式提交的保证金与结算参与人存放的自有资金实行分户管理。

结算参与人可以根据相关业务规则的规定，在证券登记结算机构开立股票期权证券保证金账户，用于存放以证券形式提交的保证金，具体事宜由证券交易所、证券登记结算机构另行规定。

第十八条 股票期权买方有权决定在合约规定期间内是否行权。股票期权买方提出行权时，股票期权卖方应当按照有关规定履行相应义务。

投资者可以根据证券交易所业务规则的规定，采用自有资金、证券或依法借入的资金、证券进行行权结算。

经营机构可以在经纪合同中与投资者约定为其提供协议行权服务。提供协议行权服务的，经营机构应当在经纪合同中对触发条件、行权数量、操作流程以及该项服务可能产生的风险等内容进行详细约定并向投资者作充分说明，经营机构还应当对该项服务的实际操作流程进行记录，相关记录保存期限不得少于20年。

股票期权合约到期前，经营机构应当采取网络、电话、短信、电子邮件或者其他适当方式中的至少一种提醒投资者妥善处理股票期权交易持仓，并对提醒情况进行记录，相关记录保存期限不得少于20年。

第十九条 股票期权交易实行当日无负债结算制度。

证券登记结算机构应当在当日及时将结算结果通知结算参与人，结算参与人据此对投资者进行结算，并应当将结算结果按照与投资者约定的方式及时通知投资者。

投资者应当及时查询并妥善处理自己的交易持仓。

第二十条 结算参与人出现保证金不足、交收违约情形的，证券登记结算机构有权按照业务规则的规定，对其采取直接扣款，处置结算参与人期权保证金，暂不交付并处置其应收证券、资金或者担保证券，扣划其自营证券，收取违约金等措施。

投资者出现保证金不足、交收违约情形的，经营机构可以根据相关业务规则及经纪合同的规定，对其采取处置投资者期权保证金，暂不交付并处置其应收证券、资金或者担保证券，收取违约金等措施。

结算参与人可以委托证券登记结算机构将暂不交付给投资者的证券划付至结算参与人的证券处置账户内进行处置。

第二十一条 证券交易所开展股票期权交易活动，应当建立保证金、涨跌停板、持仓限额、大户持仓报告、风险准备金、风险警示制度以及中国证监会规定的其他风险管理制度，并在业务规则中明确上市公司董事、监事、高级管理人员以及持股达到一定比例的股东等相关主体从事股票期权交易的规范要求。

证券登记结算机构开展股票期权交易活动，应当建立保证金、当日无负债结算、强行平仓、结算担保金、风险准备金以及中国证监会规定的其他风险管理制度。

证券交易所、证券登记结算机构建立相同的风险管理制度的，应当在业务规则中明确各自的职责分工。

经营机构应当遵守中国证监会、证券交易所、证券登记结算机构以及行业自律组织规定的风险管理制度，建立健全并严格执行股票期权业务合规管理及风险管理制度，保障投资者保证金的存管安全，按照规定提取、管理和使用风险准备金，按照证券交易所的规定，向其报告大户名单、交易情况。

第二十二条 结算参与人的保证金不足且未在证券登记结算机构规定时间内追加保证金或者自行平仓的，证券登记结算机构应当按照《期货交易管理条例》以及业务规则的规定将该结算参与人负责结算的合约强行平仓。

投资者保证金不足且未在经营机构规定时间内追加保证金或者自行平仓的，经营机构应当按照《期货交易管理条例》、相关业务规则以及经纪合同的规定将该投资者的合约强行平仓。

因强行平仓发生的有关费用和损失由相关主体根据相关业务规则、经纪合同的规定承担。

第二十三条 当出现不可抗力、市场操纵、技术系统故障等异常情况，影响股票期权交易正常秩序时，证券交易所可以按照业务规则规定的权限和程序，决定采取下列紧急措施：

（一）调整保证金；

（二）调整涨跌停板幅度；

（三）调整经营机构或者投资者的持仓限额；

（四）限制经营机构或投资者开仓，或要求其限期平仓；

（五）暂时停止股票期权合约的交易；

（六）其他紧急措施。

出现前款所述情形，导致或者可能导致股票期权重大结算风险时，证券登记结算机构可以按照业务规则规定的权限和程序，决定采取限制出金或入金、强行平仓或其他紧急措施。

证券交易所、证券登记结算机构根据本条规定采取上述措施，应当立即报告中国证监会、向市场公告，并积极协助、配合对方履行相应职责。因采取上述措施发生的有关费用、损失，由相关主体根据相关业务规则、经纪合同的规定承担。

第二十四条 证券交易所、证券登记结算机构、保证金安全存管监控机构应当根据各自职责，建立股票期权市场与其他证券、期货等相关市场以及监管机构之间的信息共享、市场监测、风险控制、打击违法违规等协作机制。

证券交易所、证券登记结算机构、保证金安全存管监控机构发现股票期权交易活动中存在违法违规行为的，应当及时向中国证监会报告，并按照有关规定通报中国证监会派出机构。

第二十五条 任何单位或者个人不得编造、传播有关股票期权交易的虚假信息扰乱市场秩序，不得通过《期货交易管理条例》第七十一条规定的手段以及操纵相关标的证券市场等手段操纵股票期权市场，不得利用《期货交易管理条例》第八十二条第（十一）项规定的内幕信息、相关标的证券市场的内幕信息以及其他未公开信息从事股票期权交易，或者向他人泄露上述信息、使他人利用上述信息从事股票期权交易。

任何单位或者个人不得通过操纵股票期权市场等手段操纵相关标的证券市场，不得利用股票期权市场的内幕信息从事相关标的证券交易，或者向他人泄露上述信息、使他人利用上述信息从事相关标的证券交易。

第二十六条 证券交易所、证券登记结算机构开展股票期权交易与结算业务时，相关业务活动依照《期货交易管理条例》关于期货交易所开展期货交易的有关监管要求和法律责任执行。

除法律法规及中国证监会另有规定外，证券公司从事股票期权经纪业务时，相关业务活动参照适用期货公司从事期货经纪业务的有关监管要求和法律责任；期货公司从事与股票期权备兑开仓以及行权相关的证券现货经纪业务时，相关业务活动参照适用证券公司从事证券经纪业务的有关监管要求和法律责任。

第二十七条 任何单位或者个人违反期货法律、法规、规章以及本办法，中国证监会及其派出机构按照《期货交易管理条例》以及中国证监会的相关规定对其采取责令改正、监管谈话、出具警示函等监管措施；应当给予处罚的，按照《期货交易管理条例》以及中国证监会的相关规定进行处罚；涉嫌犯罪的，依法移送司法机关追究刑事责任。

任何单位或者个人违反本办法第二十五条第二款的规定，操纵相关标的证券市场或者进行相关标的证券内幕交易的，中国证监会及其派出机构按照《证券法》以及中国证监会的相关规定对其采取责令改正、监管谈话、出具警示函等监管措施；应当给予处罚的，按照《证券法》以及中国证监会的相关规定进行处罚；涉嫌犯罪的，依法移送司法机关追究刑事责任。

任何单位或者个人违反本办法以及《期货交易管理条例》的规定，在股票期权交易中从事违法违规行为，给投资者造成损失的，应当依法承担赔偿责任。

第二十八条 本办法下列用语具有如下含义：

（一）保证金安全存管监控机构，是指中国证券投资者保护基金公司、中国期货保证金监控中心公司或者中国证监会批准的其他保证金安全存管监控机构。

（二）股票期权经营机构，是指经中国证监会批准经营股票期权业务的证券公司、期货公司等金融机构。

（三）股票期权结算参与人，是指具有证券登记结算机构股票期权结算业务结算参与人资格的机构。

（四）做市商，是指经证券交易所认可、为其上市交易的股票期权合约提供双边持续报价或者双边回应报价等服务的机构。

（五）权利金，是指股票期权买方向卖方支付的用于购买股票期权合约的资金。

（六）保证金，是指用于结算和保证股票期权合约履行的现金或者证券。

（七）衍生品合约账户，是指经营机构按照证券登记结算机构业务规则，为投资者开立的用于股票期权合约交易、行权申报及记录投资者持有的股票期权合约及其变动情况的账户。

（八）股票期权买方，是指持有股票期权合约权利仓的投资者。权利仓指股票期权合约买入开仓形成的持仓头寸。

（九）股票期权卖方，是指持有股票期权合约义务仓的投资者。义务仓指股票期权合约卖出开仓形成的持仓头寸。

（十）行权，是指股票期权合约买方按照规定行使权利，以行权价格买入或者卖出约定标的证券，或者按照规定结算价格进行现金差价结算。

（十一）协议行权，是指经营机构根据合同约定为投资者提供的行权申报及相关服务，具体服务内容和各自权利义务由经营机构与投资者在经纪合同中进行约定。

（十二）行权价格，是指股票期权合约中约定的在行权时买入、卖出约定标的证券或者用于计算行权价差的价格。

（十三）结算，包括对股票期权交易双方的日常交易结算和行权结算。日常交易结算是指股票期权日常交易的资金清算与交收，行权结算是指股票期权行权的资金清算与交收以及标的证券的清算与交割。股票期权日常交易结算与行权结算中的资金交收与标的证券交割统称为交收。

（十四）备兑开仓，是指投资者事先交存足额合约标的作为将来行权结算所应交付的证券，并据此卖出相应数量的认购期权。

（十五）认购期权，是指买方有权在将来特定时间以特定价格买入约定数量合约标的的期权合约。

(十六)认沽期权,是指买方有权在将来特定时间以特定价格卖出约定数量合约标的的期权合约。

(十七)其他未公开信息:是指除标的证券市场内幕信息以外、对标的证券的市场价格有重大影响且尚未公开的下列信息:

1. 证券交易场所、存管银行、证券资产托管机构、证券登记结算机构、依法设立的证券市场监测监控机构在经营、监控过程中形成或获取的证券交易、证券持有状况、资金数量等相关信息;

2. 证券期货经营机构、公募基金管理人、商业银行、保险公司、信托公司、社保基金、私募证券投资基金等金融机构的证券投资相关信息;

3. 政府主管部门、监管机构或者有关单位,制定或作出的可能对证券交易价格发生重大影响的政策或者决定;

4. 中国证监会认定的其他信息。

第二十九条 其他交易场所经中国证监会批准可以开展股票期权交易,具体业务规范参照本办法的有关规定执行。

第三十条 本办法自公布之日起施行。

存托凭证发行与交易管理办法(试行)

· 2018 年 6 月 6 日中国证券监督管理委员会令第 143 号公布

· 2023 年 2 月 17 日中国证券监督管理委员会令第 215 号修订公布

· 自公布之日起施行

第一章 总 则

第一条 为了规范存托凭证发行和交易行为,保护投资者合法权益,维护证券市场秩序,根据《中华人民共和国证券法》(以下简称《证券法》)、《中华人民共和国证券投资基金法》《关于开展创新企业境内发行股票或存托凭证试点的若干意见》(以下简称《若干意见》)以及相关法律、行政法规,制定本办法。

第二条 本办法所称存托凭证是指由存托人签发、以境外证券为基础在中国境内发行、代表境外基础证券权益的证券。

存托凭证的发行和交易,适用《证券法》《若干意见》、本办法以及中国证券监督管理委员会(以下简称中国证监会)的其他规定。存托凭证的境外基础证券发行人应当参与存托凭证发行,依法履行公开发行证券的公司、上市公司的义务,承担相应的法律责任。

第三条 境外基础证券发行人的股权结构、公司治理、运行规范等事项适用境外注册地公司法等法律法规规定的,应当保障对中国境内投资者权益的保护总体上不低于中国法律、行政法规以及中国证监会规定的要求,并保障存托凭证持有人实际享有的权益与境外基础证券持有人的权益相当,不得存在跨境歧视。

第四条 中国证监会依照上市公司监管的相关规定,对发行存托凭证的境外基础证券发行人进行持续监督管理。法律、行政法规或者中国证监会另有规定的除外。

证券交易所依据章程、协议和业务规则,对存托凭证上市、交易活动和境外基础证券发行人及其他信息披露义务人的信息披露行为等进行自律监管。

第二章 存托凭证的发行

第五条 公开发行以股票为基础证券的存托凭证的,境外基础证券发行人应当符合下列条件:

(一)《证券法》第十二条第一款第(一)项至第(四)项关于股票公开发行的基本条件;

(二)为依法设立且持续经营三年以上的公司,公司的主要资产不存在重大权属纠纷;

(三)最近三年内实际控制人未发生变更,且控股股东和受控股股东、实际控制人支配的股东持有的境外基础证券发行人股份不存在重大权属纠纷;

(四)境外基础证券发行人及其控股股东、实际控制人最近三年内不存在损害投资者合法权益和社会公共利益的重大违法行为;

(五)会计基础工作规范、内部控制制度健全;

(六)董事、监事和高级管理人员应当信誉良好,符合公司注册地法律规定的任职要求,近期无重大违法失信记录;

(七)中国证监会规定的其他条件。

第六条 公开发行以股票为基础证券的存托

凭证的，境外基础证券发行人应当按照中国证监会规定的格式和内容，向证券交易所报送发行申请文件。

第七条 申请公开发行存托凭证的，境外基础证券发行人应当依照《证券法》《若干意见》以及中国证监会规定，依法经证券交易所审核，并报中国证监会注册，具体审核、注册程序应当符合中国证监会、证券交易所的有关规定。

第八条 申请存托凭证公开发行并上市的，境外基础证券发行人应当依照《证券法》第十条的规定，聘请具有保荐业务资格的证券公司担任保荐人。保荐人应当依照法律、行政法规以及中国证监会规定尽职履行存托凭证发行上市推荐和持续督导职责。

公开发行存托凭证的，应当依照《证券法》第二十六条至第三十四条的规定，由证券公司承销，但投资者购买以非新增证券为基础证券的存托凭证以及中国证监会规定无需由证券公司承销的其他情形除外。

第九条 存托凭证在中国境内首次公开发行并上市后，拟发行以境外基础证券发行人新增证券为基础证券的存托凭证的，适用《证券法》《若干意见》以及中国证监会关于上市公司证券发行的规定。

第三章 存托凭证的上市和交易

第十条 依法公开发行的存托凭证应当在中国境内证券交易所上市交易。境外基础证券发行人申请存托凭证上市的，应当符合证券交易所业务规则规定的上市条件，并按照证券交易所的规定提出上市申请，证券交易所审核同意后，双方签订上市协议。

证券交易所应当依据《证券法》《若干意见》以及中国证监会规定制定存托凭证上市的相关业务规则。

第十一条 存托凭证的交易应当遵守法律、行政法规、中国证监会规定以及证券交易所业务规则的规定。

存托凭证的交易可以按照有关规定采取做市商交易方式。

证券交易所应当按照《证券法》第一百一十二条规定，对存托凭证交易实行实时监控，并可以根据需要，按照业务规则对出现重大异常交易情况的证券账户的投资者限制交易，并及时报告中国证监会。

第十二条 境外基础证券发行人的股东、实际控制人、董事、监事、高级管理人员和存托凭证的其他投资者在中国境内减持其持有的存托凭证的，应当遵守法律、行政法规、中国证监会规定以及证券交易所业务规则的规定。

第十三条 境外基础证券发行人的收购及相关股份权益变动活动应当遵守法律、行政法规以及中国证监会规定。

第十四条 境外基础证券发行人实施重大资产重组、发行存托凭证购买资产的，应当符合法律、行政法规以及中国证监会规定。境外基础证券发行人不得通过发行存托凭证在中国境内重组上市。

第十五条 存托凭证应当在中国证券登记结算有限责任公司集中登记、存管和结算。

中国证券登记结算有限责任公司应当依据《证券法》《若干意见》以及中国证监会规定制定存托凭证登记结算业务规则。

第四章 存托凭证的信息披露

第十六条 境外基础证券发行人及其控股股东、实际控制人等信息披露义务人应当依照《证券法》《若干意见》、中国证监会规定以及证券交易所业务规则，及时、公平地履行信息披露义务，所披露的信息必须真实、准确、完整，简明清晰，通俗易懂，不得有虚假记载、误导性陈述或者重大遗漏。

境外基础证券发行人的董事、监事、高级管理人员应当依照《证券法》《若干意见》、中国证监会规定以及证券交易所业务规则，忠实、勤勉地履行职责，保证境外基础证券发行人及时、公平地披露信息，所披露的信息真实、准确、完整。

证券交易所对境外基础证券发行人及其他信息披露义务人披露信息进行监督，督促其依法及时、准确地披露信息。

第十七条 境外基础证券发行人应当按照中国证监会、证券交易所的规定编制并披露招股说明书、上市公告书，披露存托协议、托管协议等文件。

境外基础证券发行人应当在招股说明书中，充分披露境外注册地公司法律制度及其公司章程或者章程性文件的主要规定与《中华人民共和国公司法》等法律制度的主要差异，以及该差异对存托凭证在中国境内发行、上市和对投资者保护的影响。

境外基础证券发行人具有股东投票权差异、企业协议控制架构或者类似特殊安排的,应当在招股说明书等公开发行文件显要位置充分、详细披露相关情况特别是风险、公司治理等信息,并以专章说明依法落实保护投资者合法权益规定的各项措施。

境外基础证券发行人的董事、高级管理人员应当对招股说明书签署书面确认意见。境外基础证券发行人的监事会或者履行类似职务的机构应当对董事会编制的招股说明书进行审核并提出书面审核意见。监事应当签署书面确认意见。

第十八条 境外基础证券发行人应当按照《证券法》《若干意见》、中国证监会规定以及证券交易所业务规则,按时披露定期报告,并及时就可能对基础证券、存托凭证及其衍生品种交易价格产生较大影响的重大事件披露临时报告。

第十九条 境外基础证券发行人应当按照中国证监会和证券交易所规定的内容和格式要求,编制并披露定期报告。

境外基础证券发行人具有股东投票权差异、企业协议控制架构或者类似特殊安排的,应当在定期报告中披露相关情形及其对中国境内投资者带来的重大影响和风险。

境外基础证券发行人的董事、高级管理人员应当对定期报告签署书面确认意见。境外基础证券发行人的监事会或者履行类似职务的机构应当对董事会编制的定期报告进行审核并提出书面审核意见。监事应当签署书面确认意见。

第二十条 发生《证券法》第八十条以及《上市公司信息披露管理办法》第二十二条规定的重大事件,投资者尚未得知时,境外基础证券发行人应当立即将有关该重大事件的情况向中国证监会和证券交易所报送临时报告,并予公告,说明事件的起因、目前的状态和可能产生的法律后果。

持有或者通过持有境内外存托凭证而间接持有境外基础证券发行人发行的股份合计达到百分之五以上的投资者,属于《证券法》第八十条第二款第(八)项规定的持有公司百分之五以上股份的股东。

《上市公司信息披露管理办法》第二十二条第二款第(八)项规定的任一股东所持公司百分之五以上股份,包括持有或者通过持有境内外存托凭证而间接持有境外基础证券发行人发行的股份合计达到百分之五。

《上市公司信息披露管理办法》第二十二条第二款第(九)项规定的主要资产包括境外基础证券发行人境内实体运营企业的主要资产。

第二十一条 发生以下情形之一的,境外基础证券发行人应当及时进行披露:

(一)存托人、托管人发生变化;

(二)存托的基础财产被质押、挪用、司法冻结或者发生其他权属变化;

(三)对存托协议作出重大修改;

(四)对托管协议作出重大修改;

(五)对股东投票权差异、企业协议控制架构或者类似特殊安排作出重大调整;

(六)中国证监会规定的其他情形。

第二十二条 境外基础证券发行人及其控股股东、实际控制人等信息披露义务人应当保证其在境外市场披露的信息同时在境内市场披露。

第二十三条 中国证监会、证券交易所对证券已在境外上市的基础证券发行人及其控股股东、实际控制人等信息披露义务人,可以根据境外上市地的监管水平以及境外基础证券发行人公司治理、信息披露等合规运作情况,对其信息披露事项作出具体规定。

除前款规定外,境外基础证券发行人及其控股股东、实际控制人等信息披露义务人有其他需要免予披露或者暂缓披露相关信息特殊情况的,可以根据中国证监会规定以及证券交易所业务规则免予披露或者暂缓披露相关信息,但应当说明原因,并聘请律师事务所就上述事项出具法律意见。

免予披露或者暂缓披露相关信息的原因和律师事务所出具的法律意见应当按规定及时披露。

第二十四条 境外基础证券发行人或者其他信息披露义务人向中国证监会、证券交易所提供的文件或者信息披露文件应当使用中文,文件内容应当与其在境外市场提供的文件或者所披露的文件的内容一致。上述文件内容不一致时,以中文文件为准。

第二十五条 境外基础证券发行人应当在中国境内设立证券事务机构,聘任熟悉境内信息披露规定和要求的信息披露境内代表,负责存托凭证上市期间的信息披露与监管联络事宜。

第五章 存托凭证的存托和托管

第二十六条 下列机构可以依法担任存托人：

（一）中国证券登记结算有限责任公司及其子公司；

（二）经国务院银行业监督管理机构批准的商业银行；

（三）证券公司。

担任存托人的机构应当符合下列条件：

（一）组织机构健全，内部控制规范，风险管理有效；

（二）财务状况良好，净资产或者资本净额符合规定；

（三）信誉良好，最近三年内无重大违法行为；

（四）拥有与开展存托业务相适应的从业人员、机构配置和业务设施；

（五）法律、行政法规和规章规定的其他条件。

第二十七条 存托人应当承担以下职责：

（一）与境外基础证券发行人签署存托协议，并根据存托协议约定协助完成存托凭证的发行上市；

（二）安排存放存托凭证基础财产，可以委托具有相应业务资质、能力和良好信誉的托管人管理存托凭证基础财产，并与其签订托管协议，督促其履行基础财产的托管职责。存托凭证基础财产因托管人过错受到损害的，存托人承担连带赔偿责任；

（三）建立并维护存托凭证持有人名册；

（四）办理存托凭证的签发与注销；

（五）按照中国证监会规定和存托协议约定，向存托凭证持有人发送通知等文件；

（六）按照存托协议约定，向存托凭证持有人派发红利、股息等权益，根据存托凭证持有人意愿行使表决权等权利；

（七）境外基础证券发行人股东大会审议有关存托凭证持有人权利义务的议案时，存托人应当参加股东大会并为存托凭证持有人权益行使表决权；

（八）中国证监会规定和存托协议约定的其他职责。

第二十八条 境外基础证券发行人、存托人和存托凭证持有人通过存托协议明确存托凭证所代表权益和各方权利义务。投资者持有存托凭证即成为存托协议当事人，视为其同意并遵守存托协议约定。

存托协议应当符合法律、行政法规以及中国证监会规定，并包括以下条款：

（一）境外基础证券发行人、存托人的名称、注册地、成立依据的法律和主要经营场所；

（二）基础证券的种类；

（三）发行存托凭证的数量安排；

（四）存托凭证的签发、注销等安排；

（五）基础财产的存放和托管安排；

（六）境外基础证券发行人的权利和义务；

（七）存托人的权利和义务；

（八）存托凭证持有人的权利和义务；

（九）基础证券涉及的分红权、表决权等相应权利的具体行使方式和程序；

（十）存托凭证持有人的保护机制；

（十一）存托凭证涉及收费标准、收费对象和税费处理；

（十二）约定事项的变更方式；

（十三）存托凭证终止上市的安排；

（十四）违约责任；

（十五）解决争议的方法；

（十六）存托协议适用中国法律；

（十七）诉讼管辖法院为中国境内有管辖权的人民法院；

（十八）其他重要事项。

境外基础证券发行人、存托人修改存托协议的，应当由境外基础证券发行人提前以公告形式通知存托凭证持有人。

境外基础证券发行人应当向证券交易所提交存托协议，作为其发行、上市申请文件。存托协议修改的，应当及时向中国证监会和证券交易所报告。

第二十九条 存托人可以委托境外金融机构担任托管人。存托人委托托管人的，应当在存托协议中明确基础财产由托管人托管。托管人应当承担下列职责：

（一）托管基础财产；

（二）按照托管协议约定，协助办理分红派息、投票等相关事项；

（三）向存托人提供基础证券的市场信息；

（四）中国证监会规定和托管协议约定的其他

职责。

第三十条 存托人与托管人签订的托管协议,应当包括下列条款:

(一)协议当事人的名称、注册地和主要经营场所;

(二)基础证券种类和数量;

(三)存托人指令的发送、确认和执行的程序;

(四)基础财产不得作为托管人破产财产或者清算财产,及相关资产隔离措施;

(五)托管人的报酬计算方法与支付方式;

(六)基础财产托管及解除托管的程序;

(七)约定事项的变更方式;

(八)违约责任;

(九)解决争议的方法;

(十)其他重要事项。

境外基础证券发行人应当向证券交易所提交存托人与托管人签署的托管协议,作为其发行申请文件。托管协议修改的,存托人应当及时告知境外基础证券发行人,并由境外基础证券发行人向中国证监会和证券交易所报告。

第三十一条 存托人、托管人应当忠实、勤勉地履行各项职责和义务,不得损害存托凭证持有人的合法权益。

存托人行使境外基础证券相应权利,应当按照存托协议约定的方式事先征求存托凭证持有人的意愿并按其意愿办理,不得擅自行使相应权利或者处分相应存托凭证基础财产。

第三十二条 存托人应当为存托凭证基础财产单独立户,将存托凭证基础财产与其自有财产有效隔离、分别管理、分别记账,不得将存托凭证基础财产归入其自有财产,不得侵占、挪用存托凭证基础财产。

第三十三条 存托人不得买卖其签发的存托凭证,不得兼任其履行存托职责的存托凭证的保荐人。

第六章 投资者保护

第三十四条 向投资者销售存托凭证或者提供相关服务的机构,应当遵守中国证监会关于投资者适当性管理的规定。

证券交易所应当在业务规则中明确存托凭证投资者适当性管理的相关事项。

第三十五条 境外基础证券发行人应当确保存托凭证持有人实际享有的资产收益、参与重大决策、剩余财产分配等权益与境外基础证券持有人权益相当。境外基础证券发行人不得作出任何损害存托凭证持有人合法权益的行为。

法律、行政法规以及中国证监会规定对投资者保护有强制性规定的,应当适用其规定。

第三十六条 境外基础证券发行人、存托人应当按照存托协议约定,采用安全、经济、便捷的网络或者其他方式为存托凭证持有人行使权利提供便利。

第三十七条 中证中小投资者服务中心有限责任公司可以购买最小交易份额的存托凭证,依法行使存托凭证持有人的各项权利。

中证中小投资者服务中心有限责任公司可以接受存托凭证持有人的委托,代为行使存托凭证持有人的各项权利。

中证中小投资者服务中心有限责任公司可以支持受损害的存托凭证持有人依法向人民法院提起民事诉讼。

第三十八条 境外基础证券发行人因欺诈发行、虚假陈述或者其他重大违法行为给投资者造成损失的,境外基础证券发行人的控股股东、实际控制人、相关的证券公司可以先行赔付。

第三十九条 境外基础证券发行人与其境内实体运营企业之间的关系安排,不得损害存托凭证持有人等投资者的合法权益。

第四十条 境外基础证券发行人具有股东投票权差异等特殊架构的,其持有特别投票权的股东应当按照所适用的法律以及公司章程行使权利,不得滥用特别投票权,不得损害存托凭证持有人等投资者的合法权益。

出现前款情形,损害存托凭证持有人等投资者合法权益的,境外基础证券发行人及特别投票权股东应当改正,并依法承担对投资者的损害赔偿责任。

第四十一条 存托凭证终止上市的情形和程序,由证券交易所业务规则规定。

存托凭证出现终止上市情形的,存托人应当根据存托协议的约定,为存托凭证持有人的权利行使提供必要保障。

存托凭证终止上市的,存托人应当根据存托协议的约定卖出基础证券,并将卖出所得扣除税费后及时分配给存托凭证持有人。基础证券无法卖出的,境外基础证券发行人应当在存托协议中作出合理安排,保障存托凭证持有人的合法权益。

第四十二条 存托凭证持有人与境外基础证券发行人、存托人、证券服务机构等主体发生纠纷的,可以向中证中小投资者服务中心有限责任公司及其他依法设立的调解组织申请调解。

第四十三条 投资者通过证券投资基金投资存托凭证的,基金管理人应当制定严格的投资决策流程和风险管理制度,做好制度、业务流程、技术系统等方面准备工作。

基金管理人应当根据审慎原则合理控制基金投资存托凭证的比例,在基金合同、招募说明书中明确投资存托凭证的比例、策略等,并充分揭示风险。

基金托管人应当加强对基金投资存托凭证的监督,切实保护基金份额持有人的合法权益。

第四十四条 已经获得中国证监会核准或者准予注册的公开募集证券投资基金投资存托凭证,应当遵守以下规定:

(一)基金合同已明确约定基金可投资境内上市交易的股票的,基金管理人可以投资存托凭证;

(二)基金合同没有明确约定基金可投资境内上市交易的股票的,如果投资存托凭证,基金管理人应当召开基金份额持有人大会进行表决。

公开募集证券投资基金投资存托凭证的比例限制、估值核算、信息披露等依照境内上市交易的股票执行。

第四十五条 合格境外机构投资者和人民币合格境外机构投资者投资存托凭证的比例限制按照有关管理规定执行,计算基础为境内上市的存托凭证。

第七章 监督管理和法律责任

第四十六条 中国证监会依法履行职责,对境外基础证券发行人及其控股股东、实际控制人、境内实体运营企业、存托人、托管人、保荐人、承销机构、证券服务机构及其他主体采取进行现场检查、进入涉嫌违法行为发生场所调查取证等措施的,适用《证券法》第一百七十条规定。

第四十七条 存托凭证的发行、交易等活动违反本办法规定的,中国证监会可以依法采取以下监管措施:

(一)责令改正;

(二)监管谈话;

(三)出具警示函;

(四)认定为不适当人选;

(五)依法可以采取的其他监管措施。

第四十八条 有下列行为的,中国证监会依据《证券法》相关规定进行行政处罚;构成犯罪的,依法追究刑事责任:

(一)未经中国证监会注册,擅自公开或者变相公开发行存托凭证;

(二)境外基础证券发行人在其公告的证券发行文件中隐瞒重要事实或者编造重大虚假内容;

(三)保荐人在存托凭证发行、上市中出具有虚假记载、误导性陈述或者重大遗漏的保荐书,或者不履行其他法定职责;

(四)境外基础证券发行人或者其他信息披露义务人未按照规定披露信息、报送有关报告,或者所披露的信息、报送的报告有虚假记载、误导性陈述或者重大遗漏;

(五)内幕信息知情人和非法获取内幕信息的人利用内幕信息买卖存托凭证、泄露内幕信息、建议他人买卖存托凭证;

(六)违反《证券法》的规定操纵存托凭证市场;

(七)证券服务机构在为存托凭证的发行、交易等证券业务活动提供服务中,未勤勉尽责,所制作、出具的文件有虚假记载、误导性陈述或者重大遗漏;

(八)法律、行政法规禁止参与股票交易的人员,直接或者以化名、借他人名义持有、买卖、接受他人赠送存托凭证;

(九)为存托凭证的发行出具审计报告、资产评估报告或者法律意见书等文件的证券服务机构及其从业人员,在该存托凭证承销期内和期满后六个月内,买卖该存托凭证;

(十)为境外基础证券发行人及其控股股东、实际控制人,或者收购人、重大资产交易方出具审计报告、资产评估报告或者法律意见书等文件的证券服务机构及其从业人员,自接受境外基础证券发行人委托之日起至上述文件公开后五日内,买卖该存托凭证;

(十一)境外基础证券发行人的董事、监事、高级管理人员、通过存托凭证或者其他方式持有境外基础证券发行人发行的百分之五以上股份的投

资者,将其持有的存托凭证在买入后六个月内卖出,或者在卖出后六个月内又买入;

(十二)《证券法》规定的其他违法行为。

第四十九条 境外基础证券发行人的股东、实际控制人、董事、监事、高级管理人员和存托凭证的其他投资者违反本办法第十二条的规定,在中国境内减持其持有的存托凭证的,依照《证券法》第一百八十六条的规定处罚。

第五十条 收购人违反本办法第十三条规定的,依照《证券法》第一百九十六条的规定处罚。

收购人及其控股股东、实际控制人,利用对境外基础证券发行人的收购,损害被收购境外基础证券发行人及其投资者的合法权益的,依照《证券法》第一百九十六条的规定承担相应责任。

第五十一条 存托人、托管人违反本办法规定的,责令改正,给予警告,并处十万元以下的罚款,涉及金融安全且有危害后果的,并处二十万元以下的罚款。对直接负责的主管人员和其他直接责任人员给予警告,并处十万元以下的罚款,涉及金融安全且有危害后果的,并处二十万元以下的罚款。

经中国证监会责令改正后拒不改正或者违法违规情节严重的,中国证监会可以采取责令境外基础证券发行人更换存托人、责令存托人更换托管人、取消存托人资质等监管措施。

存托人中参与存托业务的人员,在任期内,直接或者以化名、借他人名义持有、买卖、接受他人赠送存托凭证的,责令改正,给予警告,并处十万元以下的罚款,涉及金融安全且有危害后果的,并处二十万元以下的罚款。

第五十二条 违反本办法情节严重的,中国证监会可以对有关责任人员采取证券市场禁入的措施。

第五十三条 境外基础证券发行人及其控股股东、实际控制人、存托人、托管人、保荐人、承销机构、证券服务机构等违反本办法规定,导致存托凭证持有人等投资者合法权益受到损害的,应当依法承担赔偿责任。

第五十四条 证券交易所发现存托凭证的发行、交易等活动中存在违反业务规则的行为,可以对有关单位和责任人员采取一定期限内不接受与证券发行相关的文件、认定为不适当人选等自律监管措施或者纪律处分。

第八章 附 则

第五十五条 境内企业在境外发行存托凭证适用《证券法》等法律、行政法规以及中国证监会关于境内企业到境外发行证券或者将其证券在境外上市交易的规定。境内上市公司以新增证券为基础在境外发行存托凭证的,还应当同时符合有关上市公司证券发行的规定。

第五十六条 存托凭证与基础证券之间的转换应当符合国家有关规定。

境内证券交易所与境外证券交易所之间互联互通业务中涉及的存托凭证发行、交易、信息披露和投资者保护等事宜,中国证监会或者证券交易所另有规定的,从其规定。

第五十七条 中国证监会与有关国家或者地区的证券监督管理机构加强跨境监管执法合作,依法查处存托凭证业务相关跨境违法违规行为。

第五十八条 本办法下列用语具有如下含义:

(一)基础证券,是指存托凭证代表的由境外基础证券发行人在境外发行的证券;

(二)基础财产,是指基础证券及其衍生权益;

(三)存托人,是指按照存托协议的约定持有境外基础证券,并相应签发代表境外基础证券权益的存托凭证的中国境内法人;

(四)托管人,是指受存托人委托,按照托管协议托管存托凭证所代表的基础证券的金融机构;

(五)控股股东,是指通过存托凭证或者其他方式持有境外基础证券发行人发行的股份合计达到百分之五十以上的股东;持有股份的比例虽然不足百分之五十,但依其持有的股份所享有的表决权已足以对股东大会或者董事会的决议产生重大影响的股东;

(六)实际控制人,是指虽不是境外基础证券发行人的股东,但通过投资关系、协议或者其他安排,能够实际支配境外基础证券发行人的人;

(七)董事、监事、高级管理人员,是指境外基础证券发行人的董事、监事、高级管理人员或者履行类似职务的人员。没有监事、监事会或者履行类似职务的人员或者机构安排的,不适用《证券法》和本办法有关监事、监事会的规定;

(八)境内实体运营企业,是指由注册地在境外、主要经营活动在境内的红筹企业通过协议方式实际控制的境内企业；

（九）内幕信息，是指《证券法》第五十二条和本办法第二十条、第二十一条规定的信息；

（十）内幕信息知情人，是指《证券法》第五十一条规定的人员及存托人、托管人的相关人员。其中，持有或者通过持有境内外存托凭证而间接持有境外基础证券发行人发行的股份合计达到百分之五以上的投资者，属于《证券法》第五十一条第（二）项规定的持有公司百分之五以上股份的股东。

第五十九条 本办法自公布之日起施行。

（三）证券公司

1. 公司管理

外商投资证券公司管理办法

· 2018年4月28日中国证券监督管理委员会令第140号公布

· 根据2020年3月20日中国证券监督管理委员会《关于修改部分证券期货规章的决定》修订

第一条 为了适应证券市场对外开放的需要，加强和完善对外商投资证券公司的监督管理，明确外商投资证券公司的设立条件和程序，根据《中华人民共和国公司法》（以下简称公司法）和《中华人民共和国证券法》（以下简称证券法）有关规定，制定本办法。

第二条 本办法所称外商投资证券公司是指：

（一）境外股东与境内股东依法共同出资设立的证券公司；

（二）境外投资者依法受让、认购内资证券公司股权，内资证券公司依法变更的证券公司；

（三）内资证券公司股东的实际控制人变更为境外投资者，内资证券公司依法变更的证券公司。

第三条 中国证券监督管理委员会（以下简称中国证监会）负责对外商投资证券公司的审批和监督管理。

第四条 外商投资证券公司的名称、组织形式、注册资本、业务范围、组织机构的设立及职责以及股东、董事、监事、高级管理人员等，应当符合公司法、证券法等法律、法规和中国证监会的有关规定。

第五条 设立外商投资证券公司除应当符合公司法、证券法、《证券公司监督管理条例》和经国务院批准的中国证监会规定的证券公司设立条件外，还应当符合下列条件：

（一）境外股东具备本办法规定的资格条件，其出资比例、出资方式符合本办法的规定；

（二）初始业务范围与控股股东或者第一大股东的经营证券业务经验相匹配；

（三）中国证监会规定的其他审慎性条件。

第六条 外商投资证券公司的境外股东，应当具备下列条件：

（一）所在国家或者地区具有完善的证券法律和监管制度，相关金融监管机构已与中国证监会或者中国证监会认可的机构签定证券监管合作谅解备忘录，并保持着有效的监管合作关系；

（二）为在所在国家或者地区合法成立的金融机构，近3年各项财务指标符合所在国家或者地区法律的规定和监管机构的要求；

（三）持续经营证券业务5年以上，近3年未受到所在国家或者地区监管机构或者行政、司法机关的重大处罚，无因涉嫌重大违法违规正受到有关机关调查的情形；

（四）具有完善的内部控制制度；

（五）具有良好的国际声誉和经营业绩，近3年业务规模、收入、利润居于国际前列，近3年长期信用均保持在高水平；

（六）中国证监会规定的其他审慎性条件。

第七条 境外股东应当以自由兑换货币出资。

境外股东累计持有的（包括直接持有和间接控制）外商投资证券公司股权比例，应当符合国家关于证券业对外开放的安排。

第八条 申请设立外商投资证券公司，应当由全体股东共同指定的代表或者委托的代理人向中国证监会提交下列文件：

（一）境内外股东的法定代表人或者授权代表共同签署的申请表；

（二）关于设立外商投资证券公司的合同及章程草案；

（三）外商投资证券公司拟任董事长、总经理、合规负责人简历；

（四）股东的营业执照或者注册证书、证券业务资格证书复印件；

（五）申请前3年境内外股东经审计的财务报表；

（六）境外股东所在国家或者地区相关监管机构或者中国证监会认可的境外机构出具的关于该境外股东是否具备本办法第六条第（二）项、第（三）项规定的条件的说明函；

（七）境外股东具有良好的国际声誉和经营业绩，近3年业务规模、收入、利润居于国际前列以及近3年长期信用情况的证明文件；

（八）由中国境内律师事务所出具的法律意见书；

（九）中国证监会要求的其他文件。

第九条 中国证监会依照有关法律、行政法规和本办法对第八条规定的申请文件进行审查，并在规定期限内作出是否批准的决定，书面通知申请人。不予批准的，书面说明理由。

第十条 股东应当自中国证监会的批准文件签发之日起6个月内足额缴付出资或者提供约定的合作条件，选举董事、监事，聘任高级管理人员，并向公司登记机关申请设立登记，领取营业执照。

第十一条 外商投资证券公司应当自营业执照签发之日起15个工作日内，向中国证监会提交下列文件，申请经营证券业务许可证：

（一）营业执照副本复印件；

（二）公司章程；

（三）由中国境内符合证券法规定的会计师事务所出具的验资报告；

（四）董事、监事、高级管理人员和主要业务人员的名单以及符合规定的说明；

（五）内部控制制度文本；

（六）营业场所和业务设施情况说明书；

（七）中国证监会要求的其他文件。

第十二条 中国证监会依照有关法律、行政法规和本办法对第十一条规定的申请文件进行审查，并自接到符合要求的申请文件之日起15个工作日内作出决定。对符合规定条件的，颁发经营证券业务许可证；对不符合规定条件的，不予颁发，并书面说明理由。

第十三条 未取得中国证监会颁发的经营证券业务许可证，外商投资证券公司不得开业，不得经营证券业务。

第十四条 内资证券公司申请变更为外商投资证券公司的，应当具备本办法第五条规定的条件。

收购或者参股内资证券公司的境外股东应当具备本办法第六条规定的条件，其收购的股权比例或者出资比例应当符合本办法第七条的规定。

内资证券公司股东的实际控制人变更为境外投资者，应当具备本办法第六条规定的条件，其间接控制的证券公司股权比例应当符合本办法第七条的规定。不具备条件或者间接控制证券公司股权比例不符合规定的，应当在3个月内完成规范整改。

第十五条 内资证券公司申请变更为外商投资证券公司，应当向中国证监会提交下列文件：

（一）法定代表人签署的申请表；

（二）股东（大）会关于变更为外商投资证券公司的决议；

（三）公司章程修改草案；

（四）股权转让协议或者出资协议（股份认购协议）；

（五）拟在该证券公司任职的境外投资者委派人员的名单、简历以及符合规定的说明；

（六）境外股东的营业执照或者注册证书、相关业务资格证书复印件；

（七）申请前3年境外股东经审计的财务报表；

（八）境外股东所在国家或者地区相关监管机构或者中国证监会认可的境外机构出具的关于该境外股东是否具备本办法第六条第（二）项、第（三）项规定条件的说明函；

（九）境外股东具有良好的国际声誉和经营业绩，近3年业务规模、收入、利润居于国际前列以及近3年长期信用情况的证明文件；

（十）由中国境内律师事务所出具的法律意见书；

（十一）中国证监会要求的其他文件。

第十六条 中国证监会依照有关法律、行政法规和本办法对第十五条规定的申请文件进行审查，并在规定期限内作出是否批准的决定，书面通知申请人。不予批准的，书面说明理由。

第十七条 获准变更的证券公司，应当自中国证监会的批准文件签发之日起6个月内，办理股权转让或者增资事宜，向公司登记机关申请变更登记,换领营业执照。

第十八条 获准变更的证券公司应当自变更登记之日起15个工作日内,向中国证监会提交下列文件,申请换发经营证券业务许可证:

(一)营业执照副本复印件;

(二)外商投资证券公司章程;

(三)公司原有经营证券业务许可证及其副本;

(四)由中国境内符合证券法规定的会计师事务所出具的验资报告;

(五)中国证监会要求的其他文件。

第十九条 中国证监会依照有关法律、行政法规和本办法对第十八条规定的申请文件进行审查,并自接到符合要求的申请文件之日起15个工作日内作出决定。对符合规定条件的,换发经营证券业务许可证;对不符合规定条件的,不予换发,并书面说明理由。

第二十条 外商投资证券公司合并或者外商投资证券公司与内资证券公司合并后新设或者存续的证券公司,应当具备本办法规定的外商投资证券公司的设立条件;其境外股东持股比例应当符合本办法的规定。

外商投资证券公司分立后设立的证券公司,股东中有境外股东的,其境外股东持股比例应当符合本办法的规定。

第二十一条 境外投资者可以依法通过证券交易所的证券交易持有上市内资证券公司股份,或者与上市内资证券公司建立战略合作关系并经中国证监会批准持有上市内资证券公司股份。

境外投资者依法通过证券交易所的证券交易持有或者通过协议、其他安排与他人共同持有上市内资证券公司5%以上股份的,应当符合本办法第六条规定的条件,并遵守证券法和中国证监会关于上市公司收购和证券公司变更审批的有关规定。

第二十二条 按照本办法规定提交中国证监会的申请文件及报送中国证监会的资料,必须使用中文。境外股东及其所在国家或者地区相关监管机构或者中国证监会认可的境外机构出具的文件、资料使用外文的,应当附有与原文内容一致的中文译本。

申请人提交的文件及报送的材料,不能充分说明申请人的状况的,中国证监会可以要求申请人作出补充说明。

第二十三条 外商投资证券公司涉及国家安全审查的,按照国家有关规定办理。

第二十四条 香港特别行政区、澳门特别行政区和台湾地区的投资者投资证券公司的,参照适用本办法。国家另有规定的,从其规定。

第二十五条 外商投资证券公司的设立、变更、终止、业务活动及监督管理事项,本办法未作规定的,适用中国证监会的其他有关规定。

第二十六条 本办法自公布之日起施行。《外资参股证券公司设立规则》同时废止。

证券公司设立子公司试行规定

· 2007年12月28日中国证券监督管理委员会公布

· 根据2012年10月11日中国证券监督管理委员会《关于修改〈证券公司设立子公司试行规定〉的决定》修订

第一条 为了适应证券公司集团化和专业化经营管理的需要,规范证券公司设立子公司的行为及其与子公司的关系,促进证券公司的创新发展和证券行业的对外开放,根据《公司法》、《证券法》和其他有关法律、行政法规,制定本规定。

第二条 本规定所称子公司是指依照《公司法》和《证券法》设立,由一家证券公司控股,经营经中国证券监督管理委员会(以下简称中国证监会)批准的单项或者多项证券业务的证券公司。

第三条 证券公司与其子公司、受同一证券公司控制的子公司之间不得经营存在利益冲突或者竞争关系的同类业务。

第四条 经中国证监会批准,证券公司可以设立全资子公司,也可以与符合《证券法》规定的证券公司股东条件的其他投资者共同出资设立子公司。

前款规定的其他投资者应当有益于子公司健全治理结构,提高竞争力,促进子公司持续规范发展。属于金融机构的,应当在技术合作、人员培训、管理服务或者营销渠道等方面具备一定优势。

第五条 证券公司设立子公司,应当符合下列审慎性要求:

（一）最近12个月各项风险控制指标持续符合规定标准，最近一年净资本不低于12亿元人民币；

（二）具备较强的经营管理能力，设立子公司经营证券经纪、证券承销与保荐或者证券资产管理业务的，最近1年公司经营该业务的市场占有率不低于行业中等水平；

（三）具备健全的公司治理结构、完善的风险管理制度和内部控制机制，能够有效防范证券公司与其子公司之间出现风险传递和利益冲突；

（四）中国证监会的其他要求。

第六条 证券公司申请设立子公司，应当向中国证监会提交下列文件：

（一）子公司出资人的法定代表人或者授权代表签署的申请表；

（二）出资人关于设立子公司的合同或者单独出资设立子公司的股东会或者股东大会的决议；

（三）子公司章程草案；

（四）可行性研究报告，内容至少包括：出资人基本情况；申请人的公司治理结构、风险管理、内部控制和合规管理制度的说明，以及防范证券公司与其子公司之间出现风险传递和利益冲突的安排；子公司的组织管理架构、业务范围的说明和业务发展规划等；

（五）出资人名册及其出资额、出资方式和出资比例说明、作为出资的非货币财产的资产评估报告、出资人之间的关联关系说明、持有5%以上股权的出资人近3年的审计报告和子公司的股权结构图；

（六）子公司拟任董事长、监事会主席和高级管理人员的任职资格证明文件；

（七）申请人具有子公司拟经营相关证券业务资格和最近1年相应证券业务市场占有率的说明；

（八）申请人出具的不经营与其子公司存在利益冲突或者竞争关系的同类业务的承诺，以及其他出资人对子公司的持续规范发展提供支持的安排；

（九）申请人最近1年的净资本、最近12个月的风险控制指标符合规定要求的说明，以及设立子公司对风险控制指标影响情况的说明；

（十）由中国境内律师事务所出具的法律意见书；

（十一）中国证监会要求的其他文件。

第七条 经中国证监会批准，符合下列审慎性要求的子公司，可以申请扩大业务范围：

（一）持续经营2年以上，信誉良好，最近2年无重大违法违规记录；

（二）最近12个月各项风险控制指标持续符合规定标准；

（三）具有持续盈利能力和较强的经营管理能力，最近1年主要业务的市场占有率不低于行业中等水平；

（四）具备健全的公司治理结构、完善的风险管理制度和内部控制机制；

（五）中国证监会的其他要求。

子公司符合本条规定要求的，也可以由其股东申请另设子公司经营增加的证券业务。

第八条 子公司申请扩大业务范围，应当向中国证监会提交下列文件：

（一）法定代表人或者授权代表签署的申请表；

（二）股东会或者股东大会关于扩大业务范围的决议；

（三）可行性研究报告，内容至少包括：子公司基本情况、新业务的组织管理架构和发展规划等；

（四）负责新业务的高级管理人员的任职资格证明文件；

（五）子公司的证券业务持续经营情况和最近1年市场占有率及盈利情况的说明；

（六）子公司最近12个月的风险控制指标符合规定要求的说明；

（七）子公司的公司治理结构、风险管理、内部控制和合规管理制度的情况说明，以及业务范围扩大后防范证券公司与其子公司之间、受同一证券公司控制的子公司之间出现风险传递和利益冲突的安排；

（八）控股股东出具的不与其子公司经营存在利益冲突或者竞争关系的同类业务的承诺，以及其他股东对子公司新业务的发展提供支持的安排；

（九）中国证监会要求的其他文件。

第九条 除全资子公司外，子公司的股东会或者股东大会应当由各股东按照出资比例或者持有股份的比例行使表决权，各股东推荐并经选任的董事占董事会成员的比例应当与其出资比例或者持有股份的比例相对应。

子公司及其股东不得通过协议或者其他安排约定与前款规定相冲突的事项。

第十条 子公司不得直接或者间接持有其控股股东、受同一证券公司控股的其他子公司的股权或股份，或者以其他方式向其控股股东、受同一证券公司控股的其他子公司投资。

第十一条 证券公司可以依照有关规定或者合同的约定，为子公司的合规管理、风险控制、稽核审计、人力资源管理、信息技术和运营服务等方面提供支持和服务。

第十二条 证券公司不得利用其控股地位损害子公司、子公司其他股东和子公司客户的合法权益。

第十三条 子公司应当具备健全的公司治理结构，完善的风险管理制度、合规管理制度和内部控制机制。

证券公司与其子公司、受同一证券公司控制的子公司之间应当建立合理必要的隔离墙制度，防止可能出现的风险传递和利益冲突。

第十四条 证券公司及其子公司应当单独向中国证监会报送年度报告、监管报表和有关资料，证券公司还应当在合并计算其子公司的财务及业务数据的基础上向中国证监会报送前述资料。

证券公司及其子公司单独计算、以合并数据为基础计算的净资本和风险控制指标应当符合中国证监会的要求。

第十五条 子公司的设立、变更、终止、业务活动及监督管理等事项，应当遵守法律、行政法规和中国证监会的规定。

第十六条 证券公司通过受让、认购股权等方式控股其他证券公司的，适用本规定。

证券公司控股证券投资基金管理公司、期货公司、证券投资咨询机构、财务顾问机构、直接投资机构等公司的，法律、行政法规和规章有规定的，适用其规定，没有规定的参照本规定执行。

证券公司通过设立、受让、认购股权等方式控股其他证券公司的，应当自控股之日起 5 年内达到第三条、第四条和第九条规定的要求。

第十七条 本规定所称市场占有率，依据中国证券业协会和证券交易所公布的数据计算。

本规定所称行业中等水平，是指从事某项证券业务的证券公司依据该项业务指标的排名居于中位数。

第十八条 本规定自 2008 年 1 月 1 日起施行。

证券公司分支机构监管规定

· 2013 年 3 月 15 日中国证券监督管理委员会公告〔2013〕17 号发布

· 根据 2020 年 10 月 30 日中国证券监督管理委员会《关于修改、废止部分证券期货制度文件的决定》修正

第一条 为了加强对证券公司分支机构的监督管理，规范证券公司分支机构的设立和运营，根据《公司法》、《证券法》和《证券公司监督管理条例》，制定本规定。

第二条 本规定所称分支机构，是指证券公司在境内设立的从事业务经营活动的分公司和证券营业部。

分支机构不具有法人资格，其法律责任由证券公司承担。

第三条 证券公司设立、收购或者撤销分支机构，应当向分支机构所在地证监局备案。

第四条 分支机构经营的业务，不得超出证券公司的业务范围。

第五条 证券公司设立、收购分支机构，应当符合下列要求：

（一）治理结构健全，内部管理有效，能有效控制现有和拟设分支机构的风险；

（二）最近 1 年各项风险控制指标持续符合规定，增加分支机构后，风险控制指标仍然符合规定；

（三）最近 2 年未因重大违法违规行为受到行政或刑事处罚，最近 1 年未被采取重大监管措施，无因与分支机构相关的活动涉嫌重大违法违规正在被立案调查的情形；

（四）信息技术系统安全稳定运行，最近 1 年未发生重大信息技术事故；

（五）中国证监会规定的其他要求。

第六条 证券公司设立、收购境内分支机构的，应当自完成工商设立（或变更）登记之日起 5 个工作日内向分支机构所在地证监局提交下列材料，并抄报公司住所地证监局：

（一）备案情况说明，包括营业场所基本情况、岗位设置、人员配备（含从业经历）、制度及信息系

统建设情况;

（二）分支机构营业执照副本复印件;

（三）公司内部决策文件及授权分支机构经营范围文件;

（四）分支机构负责人符合任职条件的证明;

（五）营业场所所有权或者使用权证明;

（六）合规总监出具的公司符合相关要求的意见。

证券公司收购分支机构的,还应当提交收购分支机构的许可证正副本原件、收购协议、最近3年合规运行情况及经营管理情况说明,收购分支机构客户处理、员工安置、系统衔接等方面的说明,在符合中国证监会规定条件的媒体上的公告证明。

第七条 证券公司撤销境内分支机构,应当妥善处理分支机构客户资产,结清分支机构业务并终止经营活动,并自完成上述工作之日起5个工作日内向分支机构所在地证监局提交下列材料,并抄报公司住所地证监局:

（一）备案情况说明;

（二）公司内部决策文件;

（三）关于处理分支机构客户资产、结清证券业务并终止经营活动情况的说明;

（四）在符合中国证监会规定条件的媒体上的公告证明;

（五）合规总监出具的公司符合相关要求的意见。

第八条 分支机构所在地证监局应当依法审慎履职,根据证券公司设立、收购、撤销分支机构以及授权分支机构经营范围等材料,结合经证监会核准的证券公司经营证券业务范围以及经营相关证券业务条件等,为相关分支机构颁（换）发或注销经营证券业务许可证;发现不符合规定的,应当要求整改。

第九条 分支机构变更营业场所的,新营业场所应当与原营业场所位于同一城市。新营业场所开业前,证券公司应当向分支机构所在地证监局申请换发经营证券业务许可证,并于新营业场所开业后,关闭原营业场所。

第十条 分支机构被责令限期撤销的,按照法律、行政法规和中国证监会的相关规定办理。

第十一条 证券公司应当在取得、换发或者缴回分支机构经营证券业务许可证后5个工作日内,在证券公司网站和中国证券业协会网站上进行披露,并相应更新分支机构名称、地址、业务范围、负责人、投诉电话等信息。

分支机构应当具有固定的营业场所,在营业场所显著位置悬挂其经营证券业务许可证和营业执照。

第十二条 证券公司应当对分支机构实行集中统一管理,建立对分支机构具体、明确、合理的授权、检查、问责制度,加强对分支机构的合规管理、风险控制和稽核审计,保障分支机构规范、安全运营。

分支机构经营证券自营业务、证券承销与保荐业务及证券资产管理等业务的,应当符合相关业务集中运营、集中操作的规定。

第十三条 证券公司应当健全内部控制制度,在分支机构相互存在利益冲突的业务之间,建立有效的信息隔离墙制度,防范因敏感信息的不当流动和使用而引发的利益冲突和内幕交易。

第十四条 证券公司应当建立分支机构负责人年度考核与强制离岗制度,确保分支机构负责人至少每3年强制离岗一次,每次离岗时间不少于10个工作日。证券公司应当在分支机构负责人强制离岗期间,对分支机构进行现场稽核。

分支机构负责人强制离岗或因故缺位5个工作日以上的,证券公司应当指定专人代为履行职务,并在指定之日起3个工作日内向分支机构所在地证监局报告。代为履行职务的时间不得超过3个月。

代为履行职务的人员应当熟悉相关监管规定,具备履行职责的能力,且近3年内无不良行为记录。

证券公司对分支机构负责人的年度考核情况和离岗稽核报告应当以书面方式记载、保存。年度考核和离岗稽核的内容应当包括分支机构的合规经营、客户投诉及纠纷处理情况。

第十五条 发生影响或者可能影响分支机构经营管理和客户权益的重大事件的,分支机构应当及时向所在地证监局报送报告,说明事件的起因、目前的状态、可能产生的后果、已采取和拟采取的措施。

第十六条 分支机构所在地证监局依法对分支机构实施日常监管。证券公司住所地证监局应当将证券公司对其分支机构的合规管理、风险控制和稽核审计等内部管理活动纳入监管范围。

第十七条 证券公司及其分支机构违反本规定的，由中国证监会及相关证监局依法采取监管措施或者实施行政处罚。

第十八条 证券公司设立代表处、办事处等从事联络、市场调查或者信息技术维护等非经营性活动的机构，应当报证券公司住所地和该机构所在地证监局备案。

第十九条 本规定自公布之日起施行。《关于证券经营机构同城迁址审批工作的通知》（证监机构字〔1999〕92 号）、《证券公司分公司监管规定（试行）》（证监会公告〔2008〕20 号）、《关于进一步规范证券营业网点的规定》（证监会公告〔2009〕27 号）同时废止。

证券公司和证券投资基金管理公司合规管理办法

· 2017 年 6 月 6 日中国证券监督管理委员会令第 133 号公布

· 根据 2020 年 3 月 20 日中国证券监督管理委员会《关于修改部分证券期货规章的决定》修订

第一章 总 则

第一条 为了促进证券公司和证券投资基金管理公司加强内部合规管理，实现持续规范发展，根据《中华人民共和国公司法》《中华人民共和国证券法》《中华人民共和国证券投资基金法》和《证券公司监督管理条例》，制定本办法。

第二条 在中华人民共和国境内设立的证券公司和证券投资基金管理公司（以下统称证券基金经营机构）应当按照本办法实施合规管理。

本办法所称合规，是指证券基金经营机构及其工作人员的经营管理和执业行为符合法律、法规、规章及规范性文件、行业规范和自律规则、公司内部规章制度，以及行业普遍遵守的职业道德和行为准则（以下统称法律法规和准则）。

本办法所称合规管理，是指证券基金经营机构制定和执行合规管理制度，建立合规管理机制，防范合规风险的行为。

本办法所称合规风险，是指因证券基金经营机构或其工作人员的经营管理或执业行为违反法律法规和准则而使证券基金经营机构被依法追究法律责任、采取监管措施、给予纪律处分、出现财产损失或商业信誉损失的风险。

第三条 证券基金经营机构的合规管理应当覆盖所有业务，各部门、各分支机构、各层级子公司和全体工作人员，贯穿决策、执行、监督、反馈等各个环节。

第四条 证券基金经营机构应当树立全员合规、合规从管理层做起、合规创造价值、合规是公司生存基础的理念，倡导和推进合规文化建设，培育全体工作人员合规意识，提升合规管理人员职业荣誉感和专业化、职业化水平。

第五条 中国证券监督管理委员会（以下简称中国证监会）依法对证券基金经营机构合规管理工作实施监督管理。中国证监会派出机构按照授权履行监督管理职责。

中国证券业协会、中国证券投资基金业协会等自律组织（以下简称协会）依照本办法制定实施细则，对证券基金经营机构合规管理工作实施自律管理。

第二章 合规管理职责

第六条 证券基金经营机构开展各项业务，应当合规经营、勤勉尽责，坚持客户利益至上原则，并遵守下列基本要求：

（一）充分了解客户的基本信息、财务状况、投资经验、投资目标、风险偏好、诚信记录等信息并及时更新。

（二）合理划分客户类别和产品、服务风险等级，确保将适当的产品、服务提供给适合的客户，不得欺诈客户。

（三）持续督促客户规范证券发行行为，动态监控客户交易活动，及时报告、依法处置重大异常行为，不得为客户违规从事证券发行、交易活动提供便利。

（四）严格规范工作人员执业行为，督促工作人员勤勉尽责，防范其利用职务便利从事违法违规、超越权限或者其他损害客户合法权益的行为。

（五）有效管理内幕信息和未公开信息，防范公司及其工作人员利用该信息买卖证券、建议他人买卖证券，或者泄露该信息。

（六）及时识别、妥善处理公司与客户之间、不同客户之间、公司不同业务之间的利益冲突，切实维护客户利益，公平对待客户。

（七）依法履行关联交易审议程序和信息披露义务，保证关联交易的公允性，防止不正当关联交易和利益输送。

（八）审慎评估公司经营管理行为对证券市场的影响，采取有效措施，防止扰乱市场秩序。

第七条 证券基金经营机构董事会决定本公司的合规管理目标，对合规管理的有效性承担责任，履行下列合规管理职责：

（一）审议批准合规管理的基本制度；

（二）审议批准年度合规报告；

（三）决定解聘对发生重大合规风险负有主要责任或者领导责任的高级管理人员；

（四）决定聘任、解聘、考核合规负责人，决定其薪酬待遇；

（五）建立与合规负责人的直接沟通机制；

（六）评估合规管理有效性，督促解决合规管理中存在的问题；

（七）公司章程规定的其他合规管理职责。

第八条 证券基金经营机构的监事会或者监事履行下列合规管理职责：

（一）对董事、高级管理人员履行合规管理职责的情况进行监督；

（二）对发生重大合规风险负有主要责任或者领导责任的董事、高级管理人员提出罢免的建议；

（三）公司章程规定的其他合规管理职责。

第九条 证券基金经营机构的高级管理人员负责落实合规管理目标，对合规运营承担责任，履行下列合规管理职责：

（一）建立健全合规管理组织架构，遵守合规管理程序，配备充足、适当的合规管理人员，并为其履行职责提供充分的人力、物力、财力、技术支持和保障；

（二）发现违法违规行为及时报告、整改，落实责任追究；

（三）公司章程规定或者董事会确定的其他合规管理职责。

第十条 证券基金经营机构各部门、各分支机构和各层级子公司（以下统称下属各单位）负责人负责落实本单位的合规管理目标，对本单位合规运营承担责任。

证券基金经营机构全体工作人员应当遵守与其执业行为有关的法律、法规和准则，主动识别、控制其执业行为的合规风险，并对其执业行为的合规性承担责任。

下属各单位及工作人员发现违法违规行为或者合规风险隐患时，应当主动及时向合规负责人报告。

第十一条 证券基金经营机构设合规负责人。合规负责人是高级管理人员，直接向董事会负责，对本公司及其工作人员的经营管理和执业行为的合规性进行审查、监督和检查。

合规负责人不得兼任与合规管理职责相冲突的职务，不得负责管理与合规管理职责相冲突的部门。

证券基金经营机构的章程应当对合规负责人的职责、任免条件和程序等作出规定。

第十二条 证券基金经营机构合规负责人应当组织拟定合规管理的基本制度和其他合规管理制度，督导下属各单位实施。

合规管理的基本制度应当明确合规管理的目标、基本原则、机构设置及其职责，违法违规行为及合规风险隐患的报告、处理和责任追究等内容。

法律法规和准则发生变动的，合规负责人应当及时建议董事会或高级管理人员并督导有关部门，评估其对合规管理的影响，修改、完善有关制度和业务流程。

第十三条 合规负责人应当对证券基金经营机构内部规章制度、重大决策、新产品和新业务方案等进行合规审查，并出具书面合规审查意见。

中国证监会及其派出机构、自律组织要求对证券基金经营机构报送的申请材料或报告进行合规审查的，合规负责人应当审查，并在该申请材料或报告上签署合规审查意见。其他相关高级管理人员等人员应当对申请材料或报告中基本事实和业务数据的真实性、准确性及完整性负责。

证券基金经营机构不采纳合规负责人的合规审查意见的，应当将有关事项提交董事会决定。

第十四条 合规负责人应当按照中国证监会及其派出机构的要求和公司规定，对证券基金经营机构及其工作人员经营管理和执业行为的合规性进行监督检查。

合规负责人应当协助董事会和高级管理人员建立和执行信息隔离墙、利益冲突管理和反洗钱制度，按照公司规定为高级管理人员、下属各单位提供合规咨询、组织合规培训，指导和督促公司有关部门处理涉及公司和工作人员违法违规行为的投诉和举报。

第十五条 合规负责人应当按照公司规定，向董事会、经营管理主要负责人报告证券基金经营机构经营管理合法合规情况和合规管理工作开展情况。

合规负责人发现证券基金经营机构存在违法违规行为或合规风险隐患的，应当依照公司章程规定及时向董事会、经营管理主要负责人报告，提出处理意见，并督促整改。合规负责人应当同时督促公司及时向中国证监会相关派出机构报告；公司未及时报告的，应当直接向中国证监会相关派出机构报告；有关行为违反行业规范和自律规则的，还应当向有关自律组织报告。

第十六条 合规负责人应当及时处理中国证监会及其派出机构和自律组织要求调查的事项，配合中国证监会及其派出机构和自律组织对证券基金经营机构的检查和调查，跟踪和评估监管意见和监管要求的落实情况。

第十七条 合规负责人应当将出具的合规审查意见、提供的合规咨询意见、签署的公司文件、合规检查工作底稿等与履行职责有关的文件、资料存档备查，并对履行职责的情况作出记录。

第三章 合规管理保障

第十八条 合规负责人应当通晓相关法律法规和准则，诚实守信，熟悉证券、基金业务，具有胜任合规管理工作需要的专业知识和技能，并具备下列任职条件：

（一）从事证券、基金工作10年以上，并且通过中国证券业协会或中国证券投资基金业协会组织的合规管理人员胜任能力考试；或者从事证券、基金工作5年以上，并且通过法律职业资格考试；或者在证券监管机构、证券基金业自律组织任职5年以上；

（二）最近3年未被金融监管机构实施行政处罚或采取重大行政监管措施；

（三）中国证监会规定的其他条件。

第十九条 证券基金经营机构聘任合规负责人，应当向中国证监会相关派出机构报送人员简历及有关证明材料。证券公司合规负责人应当经中国证监会相关派出机构认可后方可任职。

合规负责人任期届满前，证券基金经营机构解聘的，应当有正当理由，并在有关董事会会议召开10个工作日前将解聘理由书面报告中国证监会相关派出机构。

前款所称正当理由，包括合规负责人本人申请，或被中国证监会及其派出机构责令更换，或确有证据证明其无法正常履职、未能勤勉尽责等情形。

第二十条 合规负责人不能履行职务或缺位时，应当由证券基金经营机构董事长或经营管理主要负责人代行其职务，并自决定之日起3个工作日内向中国证监会相关派出机构书面报告，代行职务的时间不得超过6个月。

合规负责人提出辞职的，应当提前1个月向公司董事会提出申请，并向中国证监会相关派出机构报告。在辞职申请获得批准之前，合规负责人不得自行停止履行职责。

合规负责人缺位的，公司应当在6个月内聘请符合本办法第十八条规定的人员担任合规负责人。

第二十一条 证券基金经营机构应当设立合规部门。合规部门对合规负责人负责，按照公司规定和合规负责人的安排履行合规管理职责。合规部门不得承担与合规管理相冲突的其他职责。

证券基金经营机构应当明确合规部门与其他内部控制部门之间的职责分工，建立内部控制部门协调互动的工作机制。

第二十二条 证券基金经营机构应当为合规部门配备足够的、具备与履行合规管理职责相适应的专业知识和技能的合规管理人员。合规部门中具备3年以上证券、金融、法律、会计、信息技术等有关领域工作经历的合规管理人员数量不得低于公司总部人数的一定比例，具体比例由协会规定。

第二十三条 证券基金经营机构各业务部门、各分支机构应当配备符合本办法第二十二条规定的合规管理人员。

合规管理人员可以兼任与合规管理职责不相冲突的职务。合规风险管控难度较大的部门和分支机构应当配备专职合规管理人员。

第二十四条 证券基金经营机构应当将各层级子公司的合规管理纳入统一体系，明确子公司向母公司报告的合规管理事项，对子公司的合规管理制度进行审查，对子公司经营管理行为的合规性进行监督和检查，确保子公司合规管理工作符合母公司的要求。

从事另类投资、私募基金管理、基金销售等活动的子公司，应当由证券基金经营机构选派人员作为子公司高级管理人员负责合规管理工作，并由合规负责人考核和管理。

第二十五条 证券基金经营机构应当保障合规负责人和合规管理人员充分履行职责所需的知情权和调查权。

证券基金经营机构召开董事会会议、经营决策会议等重要会议以及合规负责人要求参加或者列席的会议的，应当提前通知合规负责人。合规负责人有权根据履职需要参加或列席有关会议，查阅、复制有关文件、资料。

合规负责人根据履行职责需要，有权要求证券基金经营机构有关人员对相关事项作出说明，向为公司提供审计、法律等中介服务的机构了解情况。

合规负责人认为必要时，可以证券基金经营机构名义直接聘请外部专业机构或人员协助其工作，费用由公司承担。

第二十六条 证券基金经营机构应当保障合规负责人和合规管理人员的独立性。

证券基金经营机构的股东、董事和高级管理人员不得违反规定的职责和程序，直接向合规负责人下达指令或者干涉其工作。

证券基金经营机构的董事、监事、高级管理人员和下属各单位应当支持和配合合规负责人、合规部门及本单位合规管理人员的工作，不得以任何理由限制、阻挠合规负责人、合规部门和合规管理人员履行职责。

第二十七条 合规部门及专职合规管理人员由合规负责人考核。对兼职合规管理人员进行考核时，合规负责人所占权重应当超过50%。证券基金经营机构应当制定合规负责人、合规部门及专职合规管理人员的考核管理制度，不得采取其他部门评价、以业务部门的经营业绩为依据等不利于合规独立性的考核方式。

证券基金经营机构董事会对合规负责人进行年度考核时，应当就其履行职责情况及考核意见书面征求中国证监会相关派出机构的意见，中国证监会相关派出机构可以根据掌握的情况建议董事会调整考核结果。

证券基金经营机构对高级管理人员和下属各单位的考核应当包括合规负责人对其合规管理有效性、经营管理和执业行为合规性的专项考核内容。合规性专项考核占总考核结果的比例不得低于协会的规定。

第二十八条 证券基金经营机构应当制定合规负责人与合规管理人员的薪酬管理制度。合规负责人工作称职的，其年度薪酬收入总额在公司高级管理人员年度薪酬收入总额中的排名不得低于中位数；合规管理人员工作称职的，其年度薪酬收入总额不得低于公司同级别人员的平均水平。

第二十九条 中国证监会及其派出机构和自律组织支持证券基金经营机构合规负责人依法开展工作，组织行业合规培训和交流，并督促证券基金经营机构为合规负责人提供充足的履职保障。

第四章 监督管理与法律责任

第三十条 证券基金经营机构应当在报送年度报告的同时向中国证监会相关派出机构报送年度合规报告。年度合规报告包括下列内容：

（一）证券基金经营机构和各层级子公司合规管理的基本情况；

（二）合规负责人履行职责情况；

（三）违法违规行为、合规风险隐患的发现及整改情况；

（四）合规管理有效性的评估及整改情况；

（五）中国证监会及其派出机构要求或证券基金经营机构认为需要报告的其他内容。

证券基金经营机构的董事、高级管理人员应当对年度合规报告签署确认意见，保证报告的内容真实、准确、完整；对报告内容有异议的，应当注明意见和理由。

第三十一条 证券基金经营机构应当组织内部有关机构和部门或者委托具有专业资质的外部专业机构对公司合规管理的有效性进行评估，及时解决合规管理中存在的问题。对合规管理有效性的全面评估，每年不得少于1次。委托具有专业资质的外部专业机构进行的全面评估，每3年至少进行1次。

中国证监会及其派出机构发现证券基金经营机构存在违法违规行为或重大合规风险隐患的，可以要求证券基金经营机构委托指定的具有专业资质的外部专业机构对公司合规管理的有效性进行评估，并督促其整改。

第三十二条 证券基金经营机构违反本办法规定的，中国证监会可以采取出具警示函、责令定期报告、责令改正、监管谈话等行政监管措施；对直接负责的董事、监事、高级管理人员和其他责任人员，可以采取出具警示函、责令参加培训、责令改正、监管谈话、认定为不适当人选等行政监管措施。

证券基金经营机构违反本办法规定导致公司出现治理结构不健全、内部控制不完善等情形的，对证券基金经营机构及其直接负责的董事、监事、高级管理人员和其他直接责任人员，依照《中华人民共和国证券投资基金法》第二十四条、《证券公司监督管理条例》第七十条采取行政监管措施。

第三十三条 合规负责人违反本办法规定的，中国证监会可以采取出具警示函、责令参加培训、责令改正、监管谈话、认定为不适当人选等行政监管措施。

第三十四条 证券基金经营机构的董事、监事、高级管理人员未能勤勉尽责，致使公司存在重大违法违规行为或者重大合规风险的，依照《中华人民共和国证券法》第一百四十条、第一百四十二条、《中华人民共和国证券投资基金法》第二十五条采取行政监管措施。

第三十五条 证券基金经营机构违反本办法第十八条、第十九条、第二十条、第二十一条、第二十二条、第二十三条、第二十四条、第二十五条、第二十六条、第二十七条、第二十八条规定，情节严重的，对证券基金经营机构及其直接负责的董事、监事、高级管理人员和其他直接责任人员，处以警告、3万元以下罚款。

合规负责人未按照本办法第十五条第二款的规定及时向中国证监会相关派出机构报告重大违法违规行为的，处以警告、3万元以下罚款。

第三十六条 证券基金经营机构通过有效的合规管理，主动发现违法违规行为或合规风险隐患，积极妥善处理，落实责任追究，完善内部控制制度和业务流程并及时向中国证监会或其派出机构报告的，依法从轻、减轻处理；情节轻微并及时纠正违法违规行为或避免合规风险，没有造成危害后果的，不予追究责任。

对于证券基金经营机构的违法违规行为，合规负责人已经按照本办法的规定尽职履行审查、监督、检查和报告职责的，不予追究责任。

第五章 附 则

第三十七条 本办法下列用语的含义：

（一）合规负责人，包括证券公司的合规总监和证券投资基金管理公司的督察长。

（二）中国证监会相关派出机构，包括证券公司住所地的中国证监会派出机构，和证券投资基金管理公司住所地或者经营所在地的中国证监会派出机构。

第三十八条 中国证监会根据审慎监管的原则，可以提高对行业重要性证券基金经营机构的合规管理要求，并可以采取增加现场检查频率、强化合规负责人任职监管、委托外部专业机构协助开展工作等方式加强合规监管。

前款所称行业重要性证券基金经营机构，是指中国证监会认定的，公司内部经营活动可能导致证券基金行业、证券市场产生重大风险的证券基金经营机构。

第三十九条 开展公开募集证券投资基金管理业务的保险资产管理机构、私募资产管理机构等，参照本办法执行。

第四十条 本办法自2017年10月1日起施行。《证券投资基金管理公司督察长管理规定》（证监基金字〔2006〕85号）、《证券公司合规管理试行规定》（证监会公告〔2008〕30号）同时废止。

证券公司分类监管规定

· 2020年7月10日中国证券监督管理委员会〔2020〕42号公告公布

· 自公布之日起施行

第一章 总 则

第一条 为有效实施证券公司审慎监管，合理配置监管资源，提高监管效率，促进证券公司的业务活动与其治理结构、内部控制、合规管理、风险管理以及风险控制指标等情况相适应，实现持续规范发展，根据《证券法》第一百三十条、《证券公司监督管理条例》第十二条等有关法律、行政法规的规定，制定本规定。

第二条 证券公司分类是指以证券公司风险管理能力、持续合规状况为基础,结合公司业务发展状况,按照本规定评价和确定证券公司的类别。

中国证监会根据市场发展情况和审慎监管原则,在征求行业意见的基础上,制定并适时调整证券公司分类的评价指标与标准。

第三条 中国证监会及其派出机构根据证券公司分类结果对不同类别的证券公司实施区别对待的监管政策。

第四条 证券公司的分类由中国证监会及其派出机构组织实施。

中国证监会在分类复核中建立专家评审机制,组成专家评审委员会,研究处理证券公司分类工作中遇到的重大问题。专家评审委员会的成员由中国证监会及其派出机构、证券行业自律组织、证券公司有关人员组成。

证券公司分类工作必须坚持依法合规、客观公正的原则。参与证券公司分类工作的人员应当具备相应的专业素质、业务能力和监管经验,在工作中坚持原则、廉洁奉公、勤勉尽责。

第二章 评价指标

第五条 证券公司风险管理能力主要根据资本充足、公司治理与合规管理、全面风险管理、信息技术管理、客户权益保护、信息披露等6类评价指标,按照《证券公司风险管理能力评价指标与标准》(见附件)进行评价,体现证券公司对流动性风险、合规风险、市场风险、信用风险、技术风险及操作风险等管理能力。

(一)资本充足。主要反映证券公司净资本以及以净资本和流动性为核心的风险控制指标情况,体现其资本实力及流动性状况。

(二)公司治理与合规管理。主要反映证券公司治理和规范运作情况,体现其合规风险管理能力。

(三)全面风险管理。主要反映证券公司识别、计量、监测、预警、报告、防范及处理各类风险的情况,体现其流动性风险、市场风险、信用风险、声誉风险管理能力。

(四)信息技术管理。主要反映证券公司信息技术治理、信息技术安全、数据治理情况,体现其技术风险管理能力。

(五)客户权益保护。主要反映证券公司客户资产安全性、客户服务及客户管理水平,体现其操作风险管理能力。

(六)信息披露。主要反映证券公司报送信息的真实性、准确性、完整性和及时性,体现其会计风险及诚信风险管理能力。

第六条 证券公司持续合规状况主要根据司法机关采取的刑事处罚措施,中国证监会及其派出机构采取的行政处罚措施、行政监管措施及证券期货行业自律组织纪律处分、自律管理措施的情况进行评价。

第七条 证券公司业务发展状况主要根据证券公司经纪业务、投资银行业务、资产管理业务、综合实力、创新能力等方面的情况进行评价。

第三章 评价方法

第八条 设定正常经营的证券公司基准分为100分。在基准分的基础上,根据证券公司风险管理能力评价指标与标准、持续合规状况、业务发展状况等方面情况,进行相应加分或扣分以确定证券公司的评价计分。

第九条 评价期内证券公司因违法违规行为被中国证监会及其派出机构实施行政处罚、监管措施或者被司法机关刑事处罚的,按以下原则给予相应扣分:

(一)公司或者其董事、监事、高级管理人员因对公司违法违规行为负有责任被采取出具警示函,责令公开说明,责令定期报告的,每次扣0.5分;

(二)公司被采取责令改正,责令增加内部合规检查次数的,每次扣1分;

(三)公司被采取责令处分有关人员,或者董事、监事、高级管理人员因对公司违法违规行为负有责任被监管谈话的,每次扣1.5分;

(四)公司被采取责令更换董事、监事、高级管理人员或限制其权利,限制股东权利或责令转让股权的,每次扣2分;

(五)公司被采取公开谴责,限制业务活动6个月以下,暂不受理与行政许可有关文件6个月以下,或者董事、监事、高级管理人员因对公司违法违规行为负有责任被认定为不适当人选1年以下或者公开谴责的,每次扣2.5分;

(六)公司被限制业务活动超过6个月,暂不受理与行政许可有关文件超过6个月,或者董事、监事、高级管理人员因对公司违法违规行为负有责任被认定为不适当人选超过1年的，每次扣3分；

（七）公司被实施警告行政处罚，或者董事、监事、高级管理人员因对公司违法违规行为负有责任被采取警告行政处罚措施的，每次扣4分；

（八）公司被实施罚款行政处罚，或者董事、监事、高级管理人员因对公司违法违规行为负有责任被采取罚款行政处罚措施的，每次扣5分；

（九）公司被实施没收违法所得行政处罚，或者董事、监事、高级管理人员因对公司违法违规行为负有责任被实施没收违法所得行政处罚的，每次扣6分；

（十）董事、监事、高级管理人员因对公司违法违规行为负有责任被采取一定期限内市场禁入的，每次扣7分；

（十一）公司被实施暂停业务许可行政处罚，或者董事、监事、高级管理人员因对公司违法违规行为负有责任被采取终身市场禁入的，每次扣8分；

（十二）公司被实施撤销部分业务许可行政处罚或被刑事处罚的，每次扣10分。

证券公司控股子公司纳入母公司合并评价，子公司被采取上述措施的，按以上原则予以扣分；证券公司分公司、营业部等分支机构被直接采取上述措施的，按以上原则减半扣分，累计最高扣5分；证券公司的管理人员、主要业务人员以及纳入合并评价的控股子公司的董事、监事、高级管理人员，因对公司、子公司及分支机构违法违规行为负有责任被直接采取上述措施的，按以上原则减半扣分，累计最高扣5分。

证券公司在评价期外被中国证监会及其派出机构作出行政处罚或者采取限制业务活动等重大行政监管措施，按以上原则全额扣分。

第十条 证券公司被证券期货行业自律组织采取书面自律管理措施的，每次扣0.25分；被采取纪律处分的，每次扣0.5分；证券公司被中国证监会授权履行相关职责的单位采取措施的，比照执行。证券公司的董事、监事、高级管理人员因对公司违反自律监管规则的行为负有责任，被直接采取书面自律管理措施或者纪律处分的，按上述原则予以扣分。证券公司的管理人员、主要业务人员以及纳入合并评价的控股子公司的董事、监事、高级管理人员，因对公司或者子公司违反自律监管规则的行为负有责任，被直接采取书面自律管理措施或者纪律处分的，按以上原则减半扣分。

第十一条 就同一事项对证券公司及其负有责任的人员实施多项行政处罚、监管措施、纪律处分、自律管理措施的，按最高分值扣分，不重复扣分，但因限期整改不到位再次被实施行政处罚、监管措施、纪律处分、自律管理措施的除外；就不同事项实施同一行政处罚、监管措施、纪律处分、自律管理措施的，应当分别计算、合计扣分。

证券公司及其负有责任的人员因同一事项在不同评价期被分别实施行政处罚、监管措施、纪律处分、自律管理措施的，按最高分值扣分；同一事项在以前评价期已被扣分但未达到最高分值扣分的，按最高分值与已扣分值的差额扣分。

第十二条 证券公司资本充足、公司治理与合规管理、全面风险管理、信息技术管理、客户权益保护和信息披露等6类评价指标存在一定问题，按具体评价标准每项扣0.5分。如已按本规定第九条予以扣分的，不重复扣分。

证券公司在评价期内被中国证监会及其派出机构实施行政处罚事先告知或者因涉嫌证券违法违规行为被立案调查且事实情节清晰，在评价期外被中国证监会及其派出机构实施行政处罚或者限制业务活动事先告知，反映出公司在上述评价指标方面存在问题的，按照本条前款规定对相应的具体评价标准进行扣分，合计不低于2分。

证券公司被其他监管部门或者行政机关实施行政处罚，且相关事项涉及证券业务，反映出公司在上述评价指标方面存在问题的，按照本条第一款规定对相应的具体评价指标进行扣分，具体扣分标准由中国证监会视情节确定。

第十三条 证券公司业务发展状况符合以下条件的，按以下原则给予相应加分：

（一）证券公司上一年度营业收入位于行业前5名、前10名、前20名的，分别加2分、1分、0.5分；

（二）证券公司上一年度代理买卖证券业务收入位于行业前5名、前10名、前20名的，分别加2分、1分、0.5分，或者上一年度营业部平均代理买卖证券业务收入位于行业前5名、前10名、前20名的，分别加2分、1分、0.5分，前述两项按孰高分值加分；

（三）证券公司上一年度承销与保荐业务收入位于行业前5名、前10名、前20名的，分别加2分、1分、0.5分；

（四）证券公司上一年度财务顾问业务收入位于行业前10名、前20名的，分别加1分、0.5分；

（五）证券公司上一年度资产管理业务收入位于行业前5名、前10名、前20名的，分别加2分、1分、0.5分；

（六）证券公司上一年度代理机构客户买卖证券交易额位于行业中位数以上，且代理机构客户买卖证券交易额占代理全部客户买卖证券交易额的比例位于行业前10名、前20名的，分别加1分、0.5分，或者基于柜台与机构客户对手方交易业务收入位于行业前5名、前10名的，分别加1分、0.5分，前述两项按孰高分值加分；

（七）证券公司上一年度投资咨询业务收入位于行业前10名、前20名的，分别加1分、0.5分，或者代销金融产品业务收入位于行业前10名、前20名的，分别加1分、0.5分，前述两项按孰高分值加分；

（八）证券公司上一年度境外子公司证券业务收入占营业收入的比例达到30%、20%、10%，且营业收入位于行业中位数以上的，分别加2分、1分、0.5分；

（九）证券公司上一年度净利润位于行业中位数以上，且净资产收益率位于行业前10名、前20名的，分别加1分、0.5分；

（十）证券公司信息技术投入金额位于行业平均数以上，且投入金额占营业收入的比例位于行业前5名、前10名、前20名的，分别加2分、1分、0.5分。具体指标及计算口径由证券业协会根据行业发展情况确定。

证券公司在评价期内因违法违规行为被采取本规定第九条第一款第（五）项至第（十二）项所列措施，根据本规定第九条第三款、第十二条第二款被扣分，或者境外子公司发生重大经营风险或违法违规的，不适用本条对应业务项的加分，但同一事项在以前评价期已被取消加分的除外。

第十四条 证券公司符合以下条件的，按以下原则给予相应加分：

（一）证券公司最近3个、4个评价期内主要风险控制指标持续达标的，分别加2分、3分；新设证券公司经营不满3年但主要风险控制指标持续达标的，参照最近3个评价期内持续达标予以加分；

（二）证券公司评价期内风险覆盖率达到130%且净资本150亿元以上、风险覆盖率达到130%的，分别加2分、1分；

（三）证券公司实现风险控制指标并表管理、风险管理全面覆盖境内外子公司、同一业务和同一客户信用风险归口管理、各项业务数据逐日系统化采集、各类风险控制指标T+1日计量与报告的，加1分；最近2个评价期并表管理持续符合监管要求，风险控制流程与业务流程并行运作，及时应对处理异常情形，实现风险控制指标对业务运行有效预警和制约的，加2分。

第十五条 中国证监会及其派出机构可以根据证券公司在评价期内落实专项监管工作情况，对证券公司的评价计分进行调整，每项最高可加或扣3分。

第十六条 证券公司可以申请中国证监会认可的机构（以下简称专业评价机构）组织专家对其专业管理能力、信息技术系统的稳定与安全、客户服务与管理水平、投资者教育等方面进行专业评价；专业评价机构可针对证券行业内发生的重大事故、技术故障、业务纠纷与客户投诉等情况，对涉及的证券公司进行专业评价。证券公司专业评价的标准和办法另行制定。

中国证监会可以组织中国证券业协会等单位对证券公司的全面风险管理能力、企业文化建设情况、社会责任履行情况、服务资本市场重大改革情况等进行专项评价。

中国证监会及其派出机构可以根据证券公司专业评价及专项评价结果，对证券公司评价计分进行调整，每项评价最高可加3分。

经专业评价机构评定，证券公司发生的重大事故、技术故障、业务纠纷、客户投诉是由于证券公司管理不善引起的，中国证监会及其派出机构应采取相应的监管措施，进行扣分。

第四章 类别划分

第十七条 中国证监会根据证券公司评价计分的高低，将证券公司分为A（AAA、AA、A）、B（BBB、BB、B）、C（CCC、CC、C）、D、E等5大类11个级别。

被依法采取责令停业整顿、指定其他机构托管、接管、行政重组等风险处置措施的证券公司，评价计分为0分,定为E类公司。评价计分低于60分的证券公司,定为D类公司。

中国证监会每年根据行业发展情况,结合以前年度分类结果,事先确定A、B、C三大类别公司的相对比例,并根据评价计分的分布情况,具体确定各类别、各级别公司的数量。

(一)A类公司风险管理能力在行业内最高,能较好地控制新业务、新产品方面的风险;

(二)B类公司风险管理能力在行业内较高,在市场变化中能较好地控制业务扩张的风险;

(三)C类公司风险管理能力与其现有业务相匹配;

(四)D类公司风险管理能力低,潜在风险可能超过公司可承受范围;

(五)E类公司潜在风险已经变为现实风险,已被采取风险处置措施。

第十八条 证券公司在评价期内发生重大风险事件或者公司治理与内部控制严重失效,或者没有按规定真实、准确、完整地报告公司控股股东和实际控制人信息及变动情况的,可视情节下调公司分类结果级别。证券公司在评价期内存在挪用客户资产、违规委托理财、财务信息虚假、恶意规避监管或股东虚假出资、抽逃出资等违法违规行为的,将公司分类结果下调3个级别;情节严重的,将公司分类结果直接认定为D类。

第十九条 证券公司在自评时,若不如实标注存在问题,存在遗漏、隐瞒等情况,将在应扣分事项上加倍扣分;自评时存在隐瞒重大事项或者报送、提供的信息和资料有虚假记载、误导性陈述或重大遗漏的,将视情节轻重将公司分类结果下调1至3个级别。

证券公司未在规定日期之前上报自评结果的,将公司分类结果下调1个级别;未在确定分类结果期限之前上报自评结果的,将公司分类结果直接认定为D类。

第五章 组织实施

第二十条 证券公司分类每年进行一次,评价期为上一年度5月1日至本年度4月30日,涉及的财务数据、业务数据原则上以上一年度经审计报表及中国证券业协会公布的信息为准。

第二十一条 证券公司分类按照证券公司自评、派出机构初审、中国证监会复核的程序进行。

第二十二条 证券公司应当按照本规定的要求进行自评。证券公司应结合自身情况,对照评价指标与标准,如实反映存在的问题及被采取的监管措施,经公司主要负责人和合规负责人签署确认后,将自评结果上报公司住所地中国证监会派出机构。

第二十三条 中国证监会派出机构在证券公司自评的基础上,根据日常监管掌握的情况,对证券公司自评结果进行初审和评价计分,将初审结果上报中国证监会。

在初审过程中,中国证监会派出机构可以就有关问题进行核查,并与证券公司核对情况,确认事实。

第二十四条 中国证监会在派出机构初审的基础上进行复核并确定证券公司的类别,原则上于每年7月15日之前将分类结果书面告知证券公司。

证券公司对其分类结果有异议的,在收到分类结果书面通知之日起1个月内可向中国证监会提出书面申述。中国证监会在收到申述后1个月内予以答复。

第二十五条 对于在自评时隐瞒事项或者报送、提供的信息和资料有虚假记载、误导性陈述或重大遗漏的证券公司,中国证监会派出机构应当对公司主要负责人视情节轻重采取监管谈话等措施,并记入诚信档案。

第二十六条 中国证监会派出机构在日常监管工作中,对证券公司发生的违规行为和异常情况应及时调查、迅速采取适当的监管措施并记入监管档案,在此基础上对证券公司进行客观、公正的初审和评价计分。中国证监会派出机构对证券公司的违法违规行为是否及时、充分采取相应监管措施,以及证券公司分类初审的质量,是落实辖区监管责任制,考评中国证监会派出机构证券公司监管工作绩效的重要依据。

第二十七条 证券公司状况发生重大变化或者出现异常且足以导致公司分类类别调整的,中国证监会及其派出机构应当根据有关情况及时对相关证券公司的分类进行动态调整;证券公司也可以向派出机构提出调整分类的申请,经派出机构初审后报中国证监会复核确定。

上述分类调整属于调高证券公司类别的,证券公司评价指标应当持续6个月以上满足与调高类别相应的标准。

第六章　分类结果使用

第二十八条　中国证监会按照分类监管原则，对不同类别证券公司规定不同的风险控制指标标准和风险资本准备计算比例，并在监管资源分配、现场检查和非现场检查频率等方面区别对待。

第二十九条　证券公司分类结果将作为证券公司申请增加业务种类、发行上市等事项的审慎性条件。

第三十条　证券公司分类结果将作为确定新业务、新产品试点范围和推广顺序的依据。

第三十一条　中国证券投资者保护基金公司根据证券公司分类结果，确定不同级别的证券公司缴纳证券投资者保护基金的具体比例。

第三十二条　证券公司分类结果主要供中国证监会及其派出机构使用，证券公司不得将分类结果用于广告、宣传、营销等商业目的。

第七章　附　则

第三十三条　证券公司控股的证券子公司，以及依法设立的从事证券资产管理、证券投资咨询、私募资产管理、另类投资等业务的子公司，可以合并纳入母公司分类评价，母子公司合并评价的，母公司的分类结果适用于子公司。

第三十四条　本规定下列用语的含义：

（一）主要风险控制指标，是指净资本、风险覆盖率、资本杠杆率、流动性覆盖率、净稳定资金率等指标；

（二）本规定第十三条各项业务收入口径由中国证券业协会根据行业发展情况确定并公布；

（三）本规定第十条中国证监会授权履行相关职责的单位包括中国证券登记结算有限责任公司、中国证券投资者保护基金有限责任公司、中国证券金融股份有限公司、全国中小企业股份转让系统有限责任公司等；

（四）本规定所称证券公司的管理人员是指公司一级部门负责人、分支机构负责人等，主要业务人员是指公司及其纳入合并评价的控股子公司的保荐代表人、财务顾问主办人、证券投资顾问、证券分析师以及从事证券自营和资产管理业务的投资经理等。

第三十五条　本规定自公布之日起施行。

附件：证券公司风险管理能力评价指标与标准（略）

关于加强上市证券公司监管的规定

· 2009年4月3日中国证券监督管理委员会公告〔2009〕6号公布
· 根据2010年6月30日中国证券监督管理委员会《关于修改〈关于加强上市证券公司监管的规定〉的决定》第一次修正
· 根据2020年9月17日中国证券监督管理委员会《关于修改〈关于加强上市证券公司监管的规定〉的决定》第二次修正

上市证券公司具有证券公司与上市公司的双重属性，作为证券公司，要适用证券公司监管相关法规；作为上市公司，要适用上市、发行监管相关法规。为做好相关法律法规的协调和衔接，加强对上市证券公司的监管，现规定如下：

一、证券公司首次公开发行并上市（以下简称IPO）和上市后发行新股、可转换公司债券等再融资行为，应当同时符合《证券法》、《证券公司监督管理条例》、《首次公开发行股票并上市管理办法》、《上市公司证券发行管理办法》等法律法规关于发行等行政许可规定的条件，向监管部门申请出具监管意见书，提供包括监管意见书在内的相关申请审核材料。IPO和再融资行为涉及证券公司变更主要股东或者公司的实际控制人的，还应当按照《证券公司股权管理规定》相关规定，报送相关资质审核材料。

二、上市证券公司进行重大资产重组，同时涉及变更主要股东或者公司的实际控制人的，应当按照《证券公司股权管理规定》相关规定，报送相关资质审核材料。

三、上市证券公司应当根据《证券公司监督管理条例》有关规定在章程中载明，任何单位或者个人未经国务院证券监督管理机构批准，成为证券公司主要股东或者公司的实际控制人的，应当限期改正；改正前，相应股权不具有表决权。

四、上市证券公司应当根据我会《公开发行证券的公司信息披露内容与格式准则第2号——年度报告的内容与格式》等规定编制上市公司年度报告,同时上市证券公司还应根据《证券公司年度报告内容与格式准则》等规定编制证券公司监管年度报告,在规定期限之内先按上市公司要求披露上市公司年度报告,然后再向监管机构报送证券公司监管年度报告,并按要求将其中的审计报告、经审计的会计报表及附注在中国证券业协会网站和公司网站进行信息公示。如果向社会公开披露的年度报告和向监管部门报送的年度报告存在重大数据差异,上市证券公司应当及时以临时报告方式披露并充分说明产生差异的原因。

五、根据《公开发行证券的公司信息披露内容与格式准则第 2 号——年度报告的内容与格式》规定,上市公司应当披露主要控股参股公司及控制的结构化主体情况。如果涉及上市证券公司商业秘密等特殊原因确实不便披露的,公司可按照规定不予以披露,但应当在相关章节说明原因。

六、根据上海、深圳证券交易所上市规则中关于应当披露交易的规定,对于上市证券公司重大对外投资包括证券自营超过一定额度可能需要及时披露和提交股东大会决议的情况,上市证券公司可以每年由股东大会审议并披露自营投资的总金额;实施自营投资过程中如果发生情况变化,可以在符合章程规定的情况下由股东大会授权董事会表决并予公告。

七、根据《证券公司治理准则》、《证券公司风险控制指标管理办法》等规定,证券公司发生公司或者其董事、监事、高级管理人员涉嫌重大违法违规行为,财务状况恶化,拟更换法定代表人、董事长、监事会主席或者经营管理的主要负责人,风险控制指标出现特定变化等情况时,需要以适当方式告知全体股东。上市证券公司应当将上述情况在证券交易所的网站和符合规定条件的媒体及时公告,以履行告知全体股东的义务。

八、根据《证券公司治理准则》第 10 条规定,证券公司股东在出现特定情况时,应当及时通知证券公司。上述规定适用于持有上市证券公司5%以上股份的股东、实际控制人。

九、根据《证券公司监督管理条例》第 26 条规定和《证券公司业务范围审批暂行规定》第 5 条规定,证券公司开展新业务和经营创新业务,应当经我会批准。上市证券公司在公告董事会、股东大会对拟开展新业务或者经营创新业务的决议时,应当同时向投资者进行风险提示,说明上市证券公司要实际开展相关业务尚需监管机构核准,且存在达不到法律法规和监管要求而导致监管机构不予核准的情形。

十、上市证券公司应当根据《上市公司信息披露管理办法》的规定,及时披露重大行政许可事项的相关情况,即公司应当在作出行政许可申请的决议或决定、监管部门作出行政许可决定后,及时在证券交易所的网站和符合规定条件的媒体公开披露相关情况。对于一般行政许可事项,上市证券公司应当在定期报告(中期报告和年度报告)中公开披露监管部门的行政许可决定。

十一、上市证券公司应当在年度报告中披露近三年监管部门对公司的分类结果。

十二、上市证券公司应当根据《上市公司信息披露管理办法》等规定披露其风险控制指标变化、被采取的监管措施等重大事项。其中:

1. 上市证券公司应当在中期报告和年度报告中披露所有风险控制指标情况;日常经营中,当风险控制指标不符合《证券公司风险控制指标管理办法》规定标准的,应当及时以临时公告方式披露,说明原因、目前的状态和可能产生的影响。

2. 上市证券公司被采取重大监管措施或者风险处置措施,影响到其经营行为从而可能对市场价格产生较大影响的,应当确认发生重大事件,及时披露临时公告,并在中期报告、年度报告中披露。这些措施包括但不限于公司被限制业务活动,责令暂停部分业务,停止批准新业务,限制分配红利,限制向董事、监事、高级管理人员支付报酬、提供福利,限制转让财产或者在财产上设定其他权利,责令更换董事、监事、高级管理人员或者限制其权利,撤销有关业务许可,认定负有责任的董事、监事、高级管理人员为不适当人选,责令负有责任的股东转让股权,限制负有责任的股东行使股东权利,对公司进行临时接管等重大监管措施或者风险处置措施。

十三、上市证券公司应当结合证券行业特点和自身情况,按照上市公司信息披露管理的监管要求,建立健全信息管理制度,包括但不限于以下方面:

1. 建立健全内幕信息知情人登记制度,按规定严格界定内幕信息及内幕信息知情人的范围,做好内幕信息知情人的登记和管理等工作。

2. 建立健全信息保密制度,明确责任及责任追究措施，要求公司所有内幕信息知情人和保密责任人签署保密承诺书，严格加强内幕信息价格敏感期的信息管理，防止泄露内幕信息。

3. 建立健全信息隔离墙制度，防止利益冲突和内幕交易行为的发生。

4. 建立健全信息管理应急机制，制定切实可行应急预案，明确相关部门和人员责任，适时采取有效的应急措施，及时应对市场有关传闻，积极防范和有效处置公关危机。

5. 建立健全涉及控股子公司的信息披露管理制度。

6. 建立有效的内部控制制度，对于执业过程中知悉的其他上市公司内幕信息，应配合做好内幕信息相关管理工作。

十四、上市证券公司确有必要需与监管部门沟通有关事项的，应当在交易日收市之后进行，涉及可能影响公司股价的重大事项，应当按规定及时停牌或公告。沟通事项涉及内幕信息的，上市证券公司应当将监管部门有关知情人员纳入内幕信息知情人范围进行登记。

十五、上市证券公司应当按照从严的原则，严格执行《证券公司治理准则》、《证券公司股权管理规定》、《上市公司治理准则》等证券公司监管法规和上市公司监管法规，不断完善法人治理结构，提高公司治理水平。

十六、本规定自公布之日起施行。

证券经纪业务管理办法

· 2023 年 1 月 13 日中国证券监督管理委员会令第 204 号公布

· 自 2023 年 2 月 28 日起施行

第一章 总 则

第一条 为了规范证券经纪业务，保护投资者合法权益，维护证券市场秩序，根据《中华人民共和国证券法》、《证券公司监督管理条例》等法律、行政法规，制定本办法。

第二条 经中国证券监督管理委员会（以下简称中国证监会）核准，证券公司可以经营证券经纪业务。除证券公司外，任何单位和个人不得从事证券经纪业务。

本办法所称证券经纪业务，是指开展证券交易营销，接受投资者委托开立账户、处理交易指令、办理清算交收等经营性活动。

本办法所称证券交易，包括在上海证券交易所、深圳证券交易所、北京证券交易所和全国中小企业股份转让系统进行的证券交易。

本办法所称投资者，是指开展证券交易的自然人、法人、非法人组织，以及依法设立的金融产品。

第三条 证券公司从事证券经纪业务，应当依法履行以下职责：

（一）规范开展营销活动；

（二）充分了解投资者，履行适当性管理义务；

（三）落实账户实名制要求；

（四）履行反洗钱义务；

（五）对投资者账户开立与使用、资金划转与证券交易等行为进行管理和监控；

（六）保障投资者交易的安全、连续；

（七）开展投资者教育；

（八）防范违法违规证券交易活动；

（九）维护正常市场秩序；

（十）中国证监会、证券交易场所、中国证券登记结算有限责任公司（以下简称中国结算）等规定的其他职责。

第四条 投资者开展证券交易，应当依法与证券公司签订证券交易委托代理协议，委托证券公司为其买卖证券并承担相应的清算交收责任。

证券公司从事证券经纪业务，应当诚实守信，切实维护投资者财产安全，保障投资者信息知情权、公平交易权等合法权益。

证券公司从事证券经纪业务，应当遵守投资者利益优先和公平对待投资者的原则，防范公司与投资者之间、不同投资者之间的利益冲突。

第五条 证券公司从事证券经纪业务，应当对证券经纪业务涉及的账户、资产、系统、人员、场所等实施统一管理，并采取措施识别、监控、处置各类风险。

第六条 中国证监会及其派出机构依照法律法规、本办法的相关规定，对证券经纪业务活动实施监督管理。

上海证券交易所、深圳证券交易所、北京证券交易所、全国中小企业股份转让系统有限责任公司、中国结算、中国证券业协会、中国证券投资者保护基金有限责任公司(以下简称投保基金公司)等根据法律法规和本办法的规定,对相关证券经纪业务活动制定实施细则,履行相应管理职责。

第二章 业务规则

第七条 证券公司申请开展证券经纪业务,应当符合以下条件:

(一)净资本等财务和风险控制指标符合法律、行政法规和中国证监会的规定;

(二)法人治理结构良好,内部控制、合规管理、风险管理制度健全;

(三)高级管理人员符合规定条件,从业人员数量满足开展业务需要;

(四)具有符合要求的营业场所、安全防范设施、信息技术系统;

(五)最近两年未因重大违法违规行为被行政处罚或者刑事处罚,最近一年未被采取重大行政监管措施,无因涉嫌重大违法违规正受到监管机构或有权机关立案调查的情形;

(六)法律、行政法规和中国证监会规定的其他条件。

第八条 证券公司及其从业人员从事证券经纪业务营销活动,应当向投资者介绍证券交易基本知识,充分揭示投资风险,不得有下列行为:

(一)诱导无投资意愿或者不具备相应风险承受能力的投资者开立账户、参与证券交易活动;

(二)提供、传播虚假或者误导投资者的信息;

(三)直接或者变相向投资者返还佣金、赠送礼品礼券或者提供其他非证券业务性质的服务;

(四)采用诋毁其他证券公司等不正当竞争方式招揽投资者;

(五)对投资者证券买卖的收益或者赔偿证券买卖的损失作出承诺;

(六)与投资者约定分享投资收益或者分担投资损失;

(七)违规委托证券经纪人以外的个人或者机构进行投资者招揽、服务活动;

(八)损害投资者合法权益或者扰乱市场秩序的其他行为。

第九条 证券公司从事证券经纪业务,可以选择新闻媒体、互联网信息平台等第三方载体投放广告。投资者招揽、接收交易指令等证券业务的任一环节,应当由证券公司独立完成,第三方载体不得介入。

第十条 证券公司从事证券经纪业务,应当对营销活动加强统一管理,防范从业人员违规展业。

证券公司应当区分信息系统的内部管理功能与对外展业功能,内部管理功能不得用于对外展业或者变相展业。证券公司应当通过公司网站、营业场所、客户端公示对外展业的信息系统相关信息。

第十一条 证券公司应当了解投资者的基本信息、财产状况、金融资产状况、投资知识和经验、专业能力、交易需求、风险偏好、以往交易合规等情况。证券公司为法人、非法人组织开户的,还应当按照规定了解其业务性质、股权及控制权结构,了解受益所有人信息。投资者为金融产品的,证券公司还应当按照规定了解产品结构、产品期限、收益特征,以及委托人、投资顾问、受益所有人等信息。

投资者应当如实向证券公司提供上述信息,金融产品管理人还应当提供相关金融产品的审批或者备案信息。投资者、金融产品管理人未如实提供上述信息的,应承担相应的法律责任。

第十二条 投资者根据本办法第十一条规定提供的相关信息发生变更的,应及时告知证券公司。

证券公司应持续关注投资者基本信息、身份证明文件有效期等情况,发现需要变更的,应要求投资者及时办理变更手续。

投资者未按要求在合理期限内变更且没有提出合理理由的,证券公司应当根据相关规定及证券交易委托代理协议的约定采取限制、暂停、终止提供证券交易服务等措施。

第十三条 证券公司与投资者签订证券交易委托代理协议,应当提醒投资者阅知有关业务规则和协议内容,向其揭示业务风险,并将风险揭示书交由投资者确认。

证券交易委托代理协议应当明确约定服务内容、服务期限、服务价格、代收税费标准、信息系统故障、异常交易行为管理、服务暂停与终止、纠纷解决与违约责任等事项。服务内容包括委托发送、撤销与接收、有效委托与无效委托、委托传递与成交回报等。

第十四条 证券公司从事证券经纪业务,应当按照账户实名制要求，依法为投资者开立资金账户、证券账户。

资金账户、证券账户管理的具体规则由中国证券业协会和中国结算制定。

第十五条 证券公司应当采取必要措施，对机构投资者、金融资产超过一定金额的个人投资者强化身份识别。上述金额标准由中国证券业协会确定。

证券公司发现投资者信息存疑的，应当要求投资者补充提供其他证明材料；无法核实投资者真实身份或者其他可能影响开户、交易合规性的重要信息，或者核实后发现不符合中国证券业协会、中国结算、证券交易场所有关规定的，应当拒绝为投资者开立账户、开通交易权限或者提供交易服务。

证券公司使用其他金融机构采集的投资者身份信息的，投资者身份识别义务及相应的责任不因信赖其他金融机构提供的信息而免除。

第十六条 证券公司应当根据《证券期货投资者适当性管理办法》的规定，将投资者区分为普通投资者和专业投资者。根据投资年限、投资经验等因素进一步细化普通投资者分类，提供针对性的交易服务。证券公司向普通投资者提供的交易服务的风险等级应当与投资者分类结果相匹配。

证券公司认为投资者参与相关交易不适当，或者无法判断是否适当的，应当拒绝提供相关服务。投资者不符合中国证监会、自律组织针对特定市场、产品、交易规定的投资者准入要求的，证券公司不得为其提供相关服务。

第十七条 证券公司应当对投资者资金账户、证券账户使用情况进行监测，发现不符合账户管理要求的，应当按照中国证券业协会、中国结算的规定采取相应措施。

第十八条 投资者进行证券交易，应当直接向证券公司发送委托指令。证券公司应当明确委托指令接收、排序、处理的相关要求，公平对待投资者，同时采取有效措施，保管委托指令与成交记录，防止其他单位和个人违规接收、保存或者截留投资者的委托指令、成交记录等信息。

第十九条 证券公司应当建立健全委托指令审核机制，核查投资者委托指令要素齐备性。证券公司委托指令审核规则应当符合法律法规、中国证监会、证券交易场所的规定。

证券公司应当采取信息技术等手段，按规定对投资者账户内的资金、证券是否充足进行审查。投资者资金账户内的资金不足的，不得接受其买入委托；投资者证券账户内的证券不足的，不得接受其卖出委托。

第二十条 证券公司应当按照投资者委托指令载明的证券名称、买卖数量、买卖价格和接收投资者委托指令的时间顺序向证券交易场所申报。证券公司及其从业人员不得有下列行为：

（一）违背投资者的委托为其买卖证券；

（二）私下接受投资者委托买卖证券；

（三）接受投资者的全权委托；

（四）未经投资者的委托，擅自为投资者买卖证券，或者假借投资者的名义买卖证券；

（五）诱导投资者进行不必要的证券买卖；

（六）隐匿、伪造、篡改或者毁损交易记录；

（七）明知投资者实施操纵市场、内幕交易等违法违规行为，仍为其提供服务；

（八）违背投资者意愿或者损害投资者合法权益的其他行为。

第二十一条 证券公司从事证券经纪业务，按照规定成为证券交易场所交易参与人，持有和使用交易单元。证券公司不得允许他人以证券公司的名义直接参与证券的集中交易，不得将持有的交易单元违规提供给他人使用。

证券公司按照规定将交易单元提供给他人使用的，应当报告证券交易场所，纳入证券公司统一管理。

第二十二条 投资者账户出现大额资金划转，并存在下列情形之一的，证券公司应当重新识别投资者身份：

（一）与投资者资产收入情况明显不一致；

（二）与已经掌握的相关信息相矛盾；

（三）法律法规规定的其他情形。

证券公司认为投资者行为与洗钱、恐怖融资等犯罪活动相关的，应当按照规定及时报告反洗钱主管部门。

第二十三条 投资者开展证券交易，应当遵守法律法规、中国证监会、证券交易场所的规定，不得进行违规交易，并主动避免异常交易。

证券公司应当建立健全投资者管理制度，建立技术系统监控投资者的交易行为、交易终端信息等情况。证券公司应当按照证券交易场所的规定加强异常交易监测，做好投资者交易行为管理。

第二十四条 证券公司发现异常交易线索的，应当核实并留存证据，按照规定及时向证券交易场所报告。证券交易场所要求协助开展异常交易管理工作的，证券公司应当积极配合。

第二十五条 证券公司应当持续跟踪了解投资者相关账户的使用情况，履行账户使用实名制、适当性管理、资金监控、异常交易管理等职责，建立监测、核查机制，核实投资者账户使用是否实名、适当性是否匹配、资金划转与交易行为是否正常。

证券公司发现投资者存在非实名使用账户、不适合继续参与相关交易、资金使用与交易行为异常等情况的，或者拒绝配合证券公司工作的，应当及时采取相应的管理措施，必要时根据相关规定及证券交易委托代理协议的约定限制、暂停、终止提供证券交易服务，并按照规定履行报告义务。

第二十六条 证券公司应当根据投资者委托管理投资者证券和资金，按照有关规定托管投资者证券，选择符合要求的商业银行存管投资者资金。

证券公司应当将投资者的证券和资金与自有财产分别管理，并采取措施保障投资者证券和资金的安全、完整。证券公司及其从业人员不得有下列行为：

（一）将投资者的证券和资金归入自有财产、擅自划出投资者账户；

（二）违规将投资者的证券和资金冻结、提供给他人使用或者为他人提供担保；

（三）违规为投资者与投资者之间、投资者与他人之间的融资提供中介、担保或者其他便利和服务；

（四）其他损害投资者证券和资金安全的行为。

中国结算、投保基金公司根据中国证监会的规定监控投资者证券和资金安全保管情况。

第二十七条 证券公司接受投资者委托，根据与中国结算的清算交收结果等信息，办理与投资者之间资金、证券的交收。

第二十八条 证券公司应当将交易佣金与印花税等其他相关税费分开列示，并告知投资者。证券公司应当在公司网站、营业场所、客户端同时公示证券交易佣金收取标准，并按公示标准收取佣金。

证券公司向投资者收取证券交易佣金，不得有下列行为：

（一）收取的佣金明显低于证券经纪业务服务成本；

（二）使用“零佣”、“免费”等用语进行宣传；

（三）反不正当竞争法和反垄断法规定的其他禁止行为。

第二十九条 投资者向证券公司提出转户、销户的，证券公司应当在投资者提出申请并完成其账户交易结算后的两个交易日内办理完毕。证券公司应当为投资者转户、销户提供便利，不得违反规定限制投资者转户、销户。

第三十条 证券公司应当妥善保管投资者身份资料、证券交易、财产状况等信息，采取有效措施保证投资者信息安全。证券公司及其从业人员不得有以下行为：

（一）违规查询、复制、保存投资者信息；

（二）超出正常业务范围使用投资者信息；

（三）利用投资者信息牟取不正当利益；

（四）违规泄露投资者信息；

（五）以出售或者其他方式将投资者信息非法提供给他人；

（六）其他有损投资者信息安全的行为。

证券公司应当按照协议约定向投资者提供对账单，保证投资者在证券公司营业时间和约定的其他时间内能够查询其委托记录、交易记录、资金和证券余额等信息。

第三十一条 证券公司应当建立健全投资者回访制度，持续了解投资者状况，及时发现并纠正不规范行为。证券公司应当为回访提供充分的人力与物质保障，保证必要的回访比例。证券公司可以委托第三方专业机构实施回访，但法律责任仍由证券公司承担。证券公司回访应当符合以下要求：

（一）对新开户的投资者，在开通相应交易权限前完成回访，对新增相关交易权限的投资者，在开通相应交易权限后三十日内完成回访；

（二）对账户使用、资金划转、证券交易等存在异常情形的投资者，在两个交易日内进行回访；

（三）对其他投资者，每年回访比例不得低于上年末客户总数（不含休眠账户及中止交易账户客户）的一定比例，具体比例由中国证券业协会规定。

回访内容包括但不限于投资者身份识别、账户变动确认、证券公司从业人员是否违规操作投资者账户、是否向投资者充分揭示风险、是否存在全权委托等情况。

第三十二条 证券公司应当建立健全投诉处理制度，妥善处理投资者投诉和纠纷，并及时进行反馈。证券公司应当在公司网站、营业场所、客户端的显著位置公示投诉电话、传真和电子信箱等联系方式。

第三章 内部控制

第三十三条 证券公司应当按照健全、合理、制衡、独立的原则，持续提升证券经纪业务内部控制水平，加强重点领域、关键环节的集中统一管理，并对外公示营业场所、业务范围、人员资质、产品服务以及投资者资金收付渠道等信息。

证券公司应当建立健全隔离墙制度，确保证券经纪业务与证券承销与保荐、非上市公众公司推荐挂牌、证券自营和证券资产管理等业务分开操作、分开办理。

第三十四条 证券公司应当建立层级清晰、管控有效的组织体系，对开展证券经纪业务的分公司、营业部（以下统称“分支机构”）实施集中统一管理，加强分支机构风险管控。

证券公司设立分支机构的数量、管理层级应当与公司内部控制水平相匹配。账户交易权限管理、资产转移等涉及投资者重要权益的事项应当由公司实施授权管理，分支机构根据公司授权具体办理。

第三十五条 证券公司从事证券经纪业务的人员，应当遵纪守法、诚实守信、勤勉尽责，保守业务活动中知悉的商业秘密与个人隐私，自觉维护投资者合法权益、公司正当利益与市场正常秩序。

第三十六条 证券公司应当完善选聘管理机制，加强背景调查工作，聘用符合条件的人员开展业务或者担任分支机构负责人。

证券公司更换分支机构负责人，应当进行审计，并在审计结束后 3 个月内，将审计情况报送分支机构所在地中国证监会派出机构。

证券公司应当采取合规培训、年度考核、强制离岗、离任审计等措施，强化对分支机构负责人的管理。

第三十七条 证券公司应当建立健全证券经纪业务从业人员管理制度，明确相关岗位的专业技能要求和合规管理要求。

证券公司应当通过增加合规培训、明确执业权限、加强监测监控、强化检查问责等方式，防范证券经纪业务从业人员违规买卖股票、超越授权执业等违规行为。

证券经纪业务从业人员涉嫌违法违规的，证券公司应当及时向中国证监会派出机构、中国证券业协会报告。

第三十八条 证券公司应当建立健全科学合理的证券经纪业务从业人员绩效考核制度和薪酬分配机制。证券公司对证券经纪业务从业人员的绩效考核和薪酬分配，应当重点考量从业人员的执业行为合规性、服务适当性、投资者管理履职情况和投资者投诉情况等，不得简单与新开户数量、客户交易量直接挂钩。禁止证券公司以人员挂靠、业务包干等方式实施过度激励。

第三十九条 证券公司应当加强对证券经纪业务的合规管理和稽核审计，全面覆盖公司相关部门与分支机构，建立检查与问责机制，保障证券经纪业务规范、安全运营。

证券公司证券经纪业务部门、合规风险管控难度较大的分支机构应当配备专职合规管理人员；其他开展证券经纪业务的分支机构应当配备兼职合规管理人员。

证券公司应当定期开展证券经纪业务常规稽核审计，对证券经纪业务部门、分支机构分别规定常规稽核审计的频次，具体频次由中国证券业协会规定。

第四十条 证券公司应当按照独立、制衡的原则，明确证券经纪业务岗位设置和业务流程，确保营销、技术、合规风控、账户业务办理等岗位相分离，重要业务岗位应当实行双人负责制。

第四十一条 证券公司应当根据中国证监会相关规定，加强证券经纪业务信息系统管理，保障投资者信息安全和交易连续性，避免对证券交易场所、中国结算等单位的相关信息系统造成不当影响。

证券公司应当按规定并结合自身状况与业务发展需要，决定分支机构是否提供现场交易服务、是否部署与现场交易服务相关的信息系统。证券公司分支机构信息技术的具体要求由中国证券业协会制定。

第四十二条 证券公司应当在分支机构营业场所显著位置悬挂《经营证券期货业务许可证》,做到标识清晰,能够与其他机构、个人所属场所明显区别。

证券公司及其分支机构应当加强场所管理,防范他人利用所属场所及邻近场所,仿冒、假冒本公司或者分支机构名义从事违法违规行为。

第四章 监督管理

第四十三条 证券公司违反本办法的规定,依法采取出具警示函、责令改正、责令增加内部合规检查次数、责令定期报告、责令处分有关人员等行政监管措施;情节严重的,依照《证券法》第一百四十条的规定采取行政监管措施;对直接负责的高级管理人员和其他责任人员,依法采取出具警示函、责令改正、监管谈话等行政监管措施。

第四十四条 证券从业人员违反本办法规定的,依法采取出具警示函、责令改正、监管谈话等行政监管措施。

第四十五条 证券公司及其从业人员违反本办法规定,依法应予处罚的,按照相关法律法规的规定进行处罚。相关法律法规没有规定且存在以下情形之一的,给予警告,可以并处国务院规定的一定数额的罚款:

(一)业务管控存在重大缺陷;

(二)严重损害投资者合法权益;

(三)严重危及市场正常秩序;

(四)严重损害证券行业形象;

(五)造成恶劣社会影响。

第四十六条 境外证券经营机构违反《证券公司监督管理条例》第九十五条,直接或者通过其关联机构、合作机构,在境内开展境外证券交易服务的营销、开户等活动的,按照《证券法》第二百零二条的规定予以处罚。

第四十七条 证券公司及其从业人员违反本办法规定,涉嫌犯罪的,依法移送司法机关,追究刑事责任。

第五章 附 则

第四十八条 证券经纪人属于证券从业人员。证券经纪人应当遵守本办法关于证券从业人员的相关规定以及中国证监会关于证券经纪人管理的专门规定。

第四十九条 证券公司开展跨境证券经纪业务,中国证监会另有规定的从其规定。

第五十条 证券公司可以接受其他证券公司的委托代为执行投资者指令、办理相应的清算交收。具体办法由中国证监会另行制定。

第五十一条 在国务院批准的其他证券交易场所开展的证券经纪业务活动,参照适用本办法。

证券公司接受投资者委托,为其进行证券以外其他金融产品交易的,参照适用本办法。

第五十二条 中国证监会可以对商业银行存管证券公司投资者资金的规模、范围、业务模式等提出差异化监管要求。具体办法由中国证监会另行制定。

第五十三条 本办法自2023年2月28日起施行。《关于加强证券经纪业务管理的规定》(证监会公告〔2010〕11号)同时废止。

证券公司次级债管理规定

- 2012年12月27日中国证券监督管理委员会公告〔2012〕51号公布
- 根据2017年12月7日《中国证监会关于修改、废止〈证券公司次级债管理规定〉等十三部规范性文件的决定》第一次修正
- 根据2020年5月26日《中国证监会关于修改〈证券公司次级债管理规定〉的决定》第二次修正

第一条 根据《证券法》、《证券公司监督管理条例》、《国务院办公厅关于贯彻实施修订后的证券法有关工作的通知》、《公司债券发行与交易管理办法》等法律、行政法规、规章的规定,为规范证券公司次级债管理,维护投资者合法权益,制定本规定。

第二条 本规定所称证券公司次级债,是指证券公司向股东或机构投资者定向借入的清偿顺序在普通债之后的次级债务(以下简称次级债务),以及证券公司向机构投资者发行的、清偿顺序在普通债之后的有价证券(以下简称次级债券)。次级债务、次级债券为证券公司同一清偿顺序的债务。

本规定所称机构投资者,是指符合《证券期货投资者适当性管理办法》第八条第一款第(一)项

至第(四)项条件之一的投资者。

第三条 次级债分为长期次级债和短期次级债。

证券公司借入或发行期限在1年以上(不含1年)的次级债为长期次级债。

证券公司为满足正常流动性资金需要,借入或发行期限在3个月以上(含3个月)、1年以下(含1年)的次级债为短期次级债。

第四条 长期次级债可按一定比例计入净资本,到期期限在3、2、1年以上的,原则上分别按100%、70%、50%的比例计入净资本。

短期次级债不计入净资本。证券公司为满足承销股票、债券业务的流动性资金需要而借入或发行的短期次级债,可按照以下标准扣减风险资本准备:

(一)在承销期内,按债务资金与承销业务风险资本准备的孰低值扣减风险资本准备;

(二)承销结束,发生包销情形的,按照债务资金与因包销形成的自营业务风险资本准备的孰低值扣减风险资本准备。

承销结束,未发生包销情况的,借入或发行的短期次级债不得扣减风险资本准备。

第五条 证券公司借入或发行次级债应根据公司章程的规定对以下事项作出决议:

(一)次级债的规模、期限、利率以及展期和利率调整;

(二)借入或募集资金的用途;

(三)与借入或发行次级债相关的其他重要事项;

(四)决议有效期。

第六条 证券公司发行次级债券应提供募集说明书,借入次级债务应与债权人签订次级债务合同。募集说明书和次级债务合同应约定以下事项:

(一)清偿顺序在普通债之后;

(二)次级债的金额、期限、利率;

(三)次级债本息的偿付安排;

(四)借入或募集资金用途;

(五)证券公司应向债权人披露的信息内容和披露时间、方式;

(六)次级债的借入或发行、偿还或兑付应符合本规定;

(七)违约责任。

募集说明书还应载明公司基本情况、财务状况、债券发行、转让范围及约束条件。

第七条 证券公司借入或发行次级债应符合以下条件:

(一)借入或募集资金有合理用途。

(二)次级债应以现金或中国证监会认可的其他形式借入或融入。

(三)借入或发行次级债数额应符合以下规定:

1. 长期次级债计入净资本的数额不得超过净资本(不含长期次级债累计计入净资本的数额)的50%;

2. 净资本与负债的比例、净资产与负债的比例等各项风险控制指标不触及预警标准。

(四)募集说明书内容或次级债务合同条款符合证券公司监管规定。

第八条 证券公司次级债券可在证券交易所或中国证监会认可的交易场所(以下统称交易场所)依法向机构投资者发行、转让。

次级债券发行或转让后,证券公司应在中国证券登记结算有限责任公司或中国证监会认可的其他登记结算机构(以下统称登记结算机构)办理登记。

证券公司在银行间市场发行次级债券,应事先经中国证监会认可,并遵守银行间市场的相关规定。

第九条 证券公司借入或发行次级债,应当自完成之日起(分期发行的,于每期发行完成之日起)5个工作日内,向公司住所地中国证监会派出机构提交以下备案文件:

(一)备案报告。应当至少包括以下内容:证券公司借入或发行次级债的概况,证券公司符合借入或发行次级债条件的说明。

(二)募集说明书或次级债务合同。

(三)债权人清单。应当包括债权人名称、债权金额、与证券公司等债务当事人关联关系情况。

(四)债务资金银行进账单。

(五)中国证监会要求提交的其他文件。

第十条 证券公司次级债券的发行、转让、兑付、登记、托管、结算、投资者适当性、信息披露和投资者权益保护等应符合法律法规以及交易场所和登记结算机构的相关规定。

具备证券承销业务资格的证券公司非公开发

行次级债券可以自行销售。

第十一条 证券公司变更次级债务合同(含展期),应当自完成之日起5个工作日内,向公司住所地中国证监会派出机构提交以下备案文件:

(一)备案报告。应当至少包括以下内容:合同变更概况、原因。

(二)变更后的次级债务合同。

(三)中国证监会要求提交的其他文件。

第十二条 证券公司偿还次级债务,应当自完成之日起5个工作日内,向公司住所地中国证监会派出机构提交备案报告等相关文件。

证券公司提前偿还次级债务的,应当在备案报告中说明提前偿还次级债务的原因以及是否符合提前偿还条件,还应当提交关于提前偿还次级债务的决议。

第十三条 在证券公司借入次级债备案文件齐备的前提下,中国证监会派出机构应当自接收备案文件之日起5个工作日内向备案申请人出具备案回执。相关证券公司在收到备案回执后,可以将已借入的次级债按规定的金额计入净资本。

第十四条 证券公司提前偿还长期次级债务后1年之内再次借入新的长期次级债务的,新借入的次级债务应先按照提前偿还的长期次级债务剩余到期期限对应的比例计入净资本;在提前偿还的次级债务合同期限届满后,再按规定比例计入净资本。

新借入的长期次级债务数额超出提前偿还的长期次级债务数额的,超出部分的次级债务可按规定比例计入净资本。

第十五条 证券公司向其他证券公司借入长期次级债务或发行长期次级债券的,作为债权人的证券公司在计算自身净资本时应将借出或融出资金全额扣除。

证券公司不得向其实际控制的子公司借入或发行次级债。

第十六条 证券公司风险控制指标不符合规定标准或偿还次级债务后将导致风险控制指标不符合规定标准的,不得偿还到期次级债务本息。次级债务合同应明确约定前述事项。

证券公司到期偿还次级债务不受前款约束。

第十七条 除以下情形外,证券公司不得提前偿还或兑付次级债:

(一)证券公司偿还或兑付全部或部分次级债后,各项风险控制指标符合规定标准且未触及预警指标,净资本数额不低于借入或发行长期次级债时的净资本数额(包括长期次级债计入净资本的数额);

(二)债权人将次级债权转为股权,且次级债权转为股权符合相关法律法规规定并经批准;

(三)中国证监会认可的其他情形。

第十八条 证券公司应在借入或发行次级债之日前至少3个工作日在公司网站公开披露拟借入或发行次级债情况,并及时披露次级债券的后续发行情况。

证券公司偿还或兑付次级债,应在到期日前至少3个工作日在公司网站公开披露,并在实际偿还或兑付次级债后3个工作日内公开披露偿还或兑付情况。证券公司在交易场所发行次级债券,还应遵守其信息披露的要求。

上市证券公司借入或发行、偿还或兑付次级债的,除应遵守本规定要求外,还应按照上市公司信息披露管理的规定,履行信息披露义务。

第十九条 中国证监会及其派出机构应加强对证券公司次级债存续期间的日常监管,对违反本规定及相关监管要求的,责令其及时改正,并依法采取监管措施。

第二十条 从事证券相关业务的证券类机构借入或发行、偿还或兑付次级债等事项,经中国证监会同意,可参照本规定执行。

前款所称的证券类机构,包括但不限于证券金融公司。

第二十一条 证券公司发行减记债、应急可转债及其他创新类债券品种,参照适用本规定,其他监管规则另有规定的,从其规定。

第二十二条 本规定自公布之日起施行。《证券公司借入次级债务规定》(证监会公告〔2010〕23号)同时废止。

证券公司定向发行债券信息披露准则

· 2003年8月29日

· 证监发行字〔2003〕106号

第一章 总 则

第一条 为规范定向发行债券的证券公司

（以下简称“发行人”）及有关当事人履行信息披露义务的行为，根据有关法律、法规和《证券公司债券管理暂行办法》的规定，制定本准则。

第二条 证券公司定向发行债券的信息披露（以下简称“信息披露”），适用本准则。

第三条 信息披露应遵循诚实信用的原则，不得有虚假记载、误导性陈述或者重大遗漏。

第四条 发行人董事会及全体董事应对信息披露的真实性、准确性和完整性负责，并承诺其中不存在虚假记载、误导性陈述或者重大遗漏，并就其保证承担个别和连带的法律责任。

第五条 主承销商、律师事务所、会计师事务所、资信评级机构等应对所出具的专业报告和意见负责，并应对提供服务所涉及的信息披露文件进行认真审阅，确认不存在虚假记载、误导性陈述或重大遗漏，并承担相应的责任。

第六条 参与认购或者转让债券的合格投资者应对信息披露的真实、准确和完整进行独立分析，并据以独立判断债券的投资价值，自行承担债券的任何投资风险。

第七条 发行人应采取有效措施，确保参与认购、转让债券的合格投资者能够同等获得债券相关的信息。

第二章 定向发行债券的募集说明书

第八条 发行人应向参与认购债券的合格投资者提供募集说明书。

第九条 募集说明书应参照公开发行募集说明书的内容编制，保证真实、准确、完整、公平、及时地提供一切对合格投资者作出投资决策有重大影响的信息。

第十条 发行人向合格投资者补充与定向发行债券相关的信息，应确保所有参与认购的合格投资者有同等机会获取。

第十一条 募集说明书引用的经审计的最近一期财务会计资料在财务报告截止日后6个月内有效。特别情况下可由发行人申请适当延长。

第十二条 募集说明书的有效期为6个月，自中国证监会下发批准通知前募集说明书最后一次签署之日起计算。发行人在募集说明书有效期内未能发行债券的，应重新修订募集说明书。在符合本准则第十一条要求的前提下，发行人可在特别情况下申请适当延长募集说明书的有效期限。

第十三条 发行人报送申请文件后，在募集说明书披露前发生与申报稿不一致或对投资本期债券有重大影响的事项，发行人应视情况及时修改募集说明书并提供补充说明材料。

发行人定向发行债券的申请经中国证监会批准后，如发行人认为还有必要对募集说明书进行修改的，应书面说明情况，并经中国证监会同意后相应修改募集说明书及其摘要。必要时，发行人定向发行债券的申请应重新经过中国证监会批准。

第十四条 发行人应在募集说明书的显要位置提示投资者：

“发行人董事会已批准本募集说明书，全体董事承诺其中不存在虚假记载、误导性陈述或重大遗漏，并对其真实性、准确性、完整性承担个别和连带的法律责任。”

“公司负责人和主管会计工作的负责人、会计机构负责人保证本募集说明书中财务报告真实、完整。”

“债券持有人根据法律法规的规定和本募集说明书的约定行使有关权利，监督发行人和债权代理人的有关行为。”

“投资者购买本期债券，应当认真阅读本募集说明书及有关的信息披露文件，进行独立的投资判断。中国证监会对本期债券发行的批准，并不表明其对本期债券的投资价值作出了任何评价，也不表明对本期债券的投资风险作出了任何判断。任何与之相反的声明均属虚假不实陈述。”

“凡通过认购、受让等合法手段取得并持有本期债券的，均视同自愿接受本募集说明书对本期债券各项权利义务的约定。”

“投资者认购本期债券视作同意债权代理协议”。

“债券依法发行后，发行人经营与收益的变化引致的投资风险，由投资者自行负责。”

“投资者若对本募集说明书存在任何疑问，应咨询自己的证券经纪人、律师、专业会计师或其他专业顾问。”

第十五条 发行人应在募集说明书中明示，认购或转让定向发行债券的合格投资者应填写《合格投资者认购债券表》（见附表一）或《合格投资者转让债券表》（见附表二），承诺自行承担投资债券的所有风险，并不向非合格投资者转让所持债券。

填妥的《合格投资者认购债券表》或《合格投资者转让债券表》应由主承销商或提供转让服务的证券公司负责保存至债券依法清偿完毕。

第十六条 发行人向合格投资者提供募集说明书及其他债券发行的相关信息，应以非公开的方式披露，不得在媒体上公开刊登或变相公开刊登。发行人及有关当事人不得以任何方式误导投资者购买债券。

第三章 持续信息披露

第十七条 在债券存续期内，发行人应向持有债券的合格投资者及时披露对其作出投资决策有重大影响的信息。持续信息披露的内容与方式应在募集说明书中明确约定。

第十八条 发行人在约定持续信息披露的内容时，应参照公开发行债券持续信息披露的有关规定。

第十九条 发行人持续披露的信息至少应包括年度报告和重大事项报告。

第二十条 在债券存续期间，发行人应在每个会计年度结束之日后4个月内向持有债券的合格投资者披露年度报告，并报中国证监会备案。

披露半年度报告的，发行人应在每个会计年度的上半年结束之日后2个月内向持有债券的合格投资者披露，并报中国证监会备案。

第二十一条 定期报告应当详细披露报告期内与债券持有人利益相关的重要情况，至少应包括下列内容：

（一）债券本息的支付情况；

（二）专项偿债账户的有关情况；

（三）担保人及担保物发生重大变化的情况；

（四）发行人的负债变化情况；

（五）现金流量状况综述；

（六）跟踪评级情况；

（七）债权代理人代理事务报告的主要内容；

（八）重大事项公告的主要情况；

（九）债券持有人会议的召开情况；

（十）其他对债券持有人有重大影响的信息。

第二十二条 发行人出现下列情况时，应当及时告知持有债券的合格投资者：

（一）预计到期难以偿付利息或本金；

（二）专项偿债账户出现异常；

（三）订立可能对还本付息产生重大影响的担保合同及其他重要合同；

（四）发生重大亏损或者遭受超过净资产10%以上的重大损失；

（五）发生重大仲裁、诉讼；

（六）减资、合并、分立、解散及申请破产；

（七）拟进行重大债务重组；

（八）未能履行募集说明书的约定；

（九）担保人、担保物发生重大变化；

（十）中国证监会规定的其他情形。

第二十三条 定向发行的债券在经中国证监会批准的转让场所进行转让的，其持续信息披露还应遵从中国证监会及转让场所的规定。发行人应将信息披露文件置备于转让场所。

第二十四条 发行人未按照中国证监会或转让场所的要求履行持续信息披露义务的，中国证监会或转让场所可暂停或终止该债券在转让市场的转让。

第四章 附 则

第二十五条 本准则自2003年10月8日起施行。

附表一 合格投资者认购债券表（略）

附表二 合格投资者转让债券表（略）

证券期货经营机构私募资产管理业务管理办法

· 2023年1月12日中国证券监督管理委员会令第203号公布

· 自2023年3月1日起施行

第一章 总 则

第一条 为规范证券期货经营机构私募资产管理业务，保护投资者及相关当事人的合法权益，维护证券期货市场秩序，根据《中华人民共和国证券法》（以下简称《证券法》）、《中华人民共和国证券投资基金法》（以下简称《证券投资基金法》）、《中华人民共和国期货和衍生品法》（以下简称《期货和衍生品法》）、《证券公司监督管理条例》、《期货交易管理条例》、《关于规范金融机构资产管理业务的指导意见》（银发〔2018〕106号，以下简称

《指导意见》)及相关法律法规,制定本办法。

第二条 在中华人民共和国境内,证券期货经营机构非公开募集资金或者接受财产出资,设立私募资产管理计划(以下简称资产管理计划)并担任管理人,由托管机构担任托管人,依照法律法规和资产管理合同的约定,为投资者的利益进行投资活动,适用本办法。

本办法所称证券期货经营机构,是指证券公司、基金管理公司、期货公司及前述机构依法设立的从事私募资产管理业务的子公司。

证券期货经营机构非公开募集资金开展资产证券化业务,由中国证券监督管理委员会(以下简称中国证监会)另行规定。

第三条 证券期货经营机构从事私募资产管理业务,应当遵循自愿、公平、诚实信用和客户利益至上原则,恪尽职守,谨慎勤勉,维护投资者合法权益,服务实体经济,不得损害国家利益、社会公共利益和他人合法权益。

证券期货经营机构应当遵守审慎经营规则,制定科学合理的投资策略和风险管理制度,有效防范和控制风险,确保业务开展与资本实力、管理能力及风险控制水平相适应。

有序推动资本充足、公司治理健全、合规运营稳健、专业能力适配的证券公司规范发展私募资产管理业务;符合前述要求的期货公司、基金管理公司应当基于专业优势和服务能力,规范审慎发展私募资产管理业务。

第四条 证券期货经营机构不得在表内从事私募资产管理业务,不得以任何方式向投资者承诺本金不受损失或者承诺最低收益。

投资者参与资产管理计划,应当根据自身能力审慎决策,独立承担投资风险。

第五条 证券期货经营机构从事私募资产管理业务,应当实行集中运营管理,建立健全内部控制和合规管理制度,采取有效措施,将私募资产管理业务与公司其他业务分开管理,控制敏感信息的不当流动和使用,防范内幕交易、利用未公开信息交易、利益冲突和利益输送。

第六条 资产管理计划财产为信托财产,其债务由资产管理计划财产本身承担,投资者以其出资为限对资产管理计划财产的债务承担责任。但资产管理合同依照《证券投资基金法》另有约定的,从其约定。

资产管理计划财产独立于证券期货经营机构和托管人的固有财产,并独立于证券期货经营机构管理的和托管人托管的其他财产。证券期货经营机构、托管人不得将资产管理计划财产归入其固有财产。

证券期货经营机构、托管人因资产管理计划财产的管理、运用或者其他情形而取得的财产和收益,归入资产管理计划财产。

证券期货经营机构、托管人因依法解散、被依法撤销或者被依法宣告破产等原因进行清算的,资产管理计划财产不属于其清算财产。

非因资产管理计划本身的债务或者法律规定的其他情形,不得查封、冻结、扣划或者强制执行资产管理计划财产。

第七条 中国证监会及其派出机构依据法律、行政法规和本办法的规定,对证券期货经营机构私募资产管理业务实施监督管理。

中国证监会基于审慎监管原则,可以根据证券期货经营机构公司治理、内控合规及风险状况,对其私募资产管理业务规模、结构、子公司设立等实施差异化监管。

第八条 证券交易场所、期货交易所、证券登记结算机构、中国证券业协会(以下简称证券业协会)、中国期货业协会(以下简称期货业协会)、中国证券投资基金业协会(以下简称证券投资基金业协会)依照法律、行政法规和中国证监会的规定,对证券期货经营机构私募资产管理业务实施自律管理。

第二章 业务主体

第九条 证券期货经营机构从事私募资产管理业务,应当依法经中国证监会批准。法律、行政法规和中国证监会另有规定的除外。

第十条 支持符合条件的证券公司设立子公司从事私募资产管理业务,加强风险隔离。专门从事资产管理业务的证券公司除外。

遵守审慎经营原则,并符合中国证监会规定条件的证券公司、基金管理公司,可以设立私募投资基金管理子公司等从事投资于未上市企业股权的私募资产管理业务。

第十一条 证券期货经营机构从事私募资产管理业务,应当符合以下条件:

(一)净资产、净资本等财务和风险控制指标符合法律、行政法规和中国证监会的规定；

（二）法人治理结构良好，内部控制、合规管理、风险管理制度完备；

（三）具备符合条件的高级管理人员和三名以上投资经理；

（四）具有投资研究部门，且专职从事投资研究的人员不少于三人；

（五）具有符合要求的营业场所、安全防范设施、信息技术系统；

（六）最近两年未因重大违法违规行为被行政处罚或者刑事处罚，最近一年未因重大违法违规行为被监管机构采取行政监管措施，无因涉嫌重大违法违规正受到监管机构或有权机关立案调查的情形；

（七）中国证监会根据审慎监管原则规定的其他条件。

证券公司、基金管理公司、期货公司设立子公司从事私募资产管理业务，并由其投资研究部门为子公司提供投资研究服务的，视为符合前款第（四）项规定的条件。

第十二条 证券期货经营机构从事私募资产管理业务，应当履行以下管理人职责：

（一）依法办理资产管理计划的销售、登记、备案事宜；

（二）对所管理的不同资产管理计划的受托财产分别管理、分别记账，进行投资；

（三）按照资产管理合同的约定确定收益分配方案，及时向投资者分配收益；

（四）进行资产管理计划会计核算并编制资产管理计划财务会计报告；

（五）依法计算并披露资产管理计划净值，确定参与、退出价格；

（六）办理与受托财产管理业务活动有关的信息披露事项；

（七）保存受托财产管理业务活动的记录、账册、报表和其他相关资料；

（八）以管理人名义，代表投资者利益行使诉讼权利或者实施其他法律行为；

（九）保证向投资者支付的受托资金及收益返回其参与资产管理计划时使用的结算账户或其同名账户；

（十）法律、行政法规和中国证监会规定的其他职责。

第十三条 投资经理应当依法取得基金从业资格，具有三年以上投资管理、投资研究、投资咨询等相关业务经验，具备良好的诚信记录和职业操守，且最近三年未被监管机构采取重大行政监管措施、行政处罚。

投资经理应当在证券期货经营机构授权范围内独立、客观地履行职责，重要投资应当有详细的研究报告和风险分析支持。

第十四条 证券期货经营机构应当将受托财产交由依法取得基金托管资格的托管机构实施独立托管。法律、行政法规和中国证监会另有规定的除外。

托管人应当履行下列职责：

（一）安全保管资产管理计划财产；

（二）按照规定开设资产管理计划的托管账户，不同托管账户中的财产应当相互独立；

（三）按照资产管理合同约定，根据管理人的投资指令，及时办理清算、交割事宜；

（四）建立与管理人的对账机制，复核、审查管理人计算的资产管理计划资产净值和资产管理计划参与、退出价格；

（五）监督管理人的投资运作，发现管理人的投资或清算指令违反法律、行政法规、中国证监会的规定或者资产管理合同约定的，应当拒绝执行，并向中国证监会相关派出机构报告；

（六）办理与资产管理计划托管业务活动有关的信息披露事项；

（七）对资产管理计划财务会计报告、年度报告出具意见；

（八）保存资产管理计划托管业务活动的记录、账册、报表和其他相关资料；

（九）对资产管理计划投资信息和相关资料承担保密责任，除法律、行政法规、规章规定或者审计要求、合同约定外，不得向任何机构或者个人提供相关信息和资料；

（十）法律、行政法规和中国证监会规定的其他职责。

第十五条 证券期货经营机构可以自行销售资产管理计划，也可以委托具有公开募集证券投资基金（以下简称公募基金）销售资格的机构（以下简称销售机构）销售或者推介资产管理计划。

销售机构应当依法、合规销售或者推介资产管理计划。

第十六条 证券期货经营机构可以自行办理资产管理计划份额的登记、估值、核算，也可以委托中国证监会认可的其他机构代为办理。

第十七条 证券期货经营机构应当立足其专业服务能力开展私募资产管理业务；为更好满足资产管理计划投资配置需求，可以聘请符合中国证监会规定条件并接受国务院金融监督管理机构监管的机构为其提供投资顾问服务。证券期货经营机构依法应当承担的责任不因聘请投资顾问而免除。

证券期货经营机构应当向投资者详细披露所聘请的投资顾问的资质、收费等情况，以及更换、解聘投资顾问的条件和程序，充分揭示聘请投资顾问可能产生的特定风险。

证券期货经营机构不得聘请个人或者不符合条件的机构提供投资顾问服务。

第十八条 证券期货经营机构、托管人、投资顾问及相关从业人员不得有下列行为：

（一）利用资产管理计划从事内幕交易、操纵市场或者其他不当、违法的证券期货业务活动；

（二）泄露因职务便利获取的未公开信息、利用该信息从事或者明示、暗示他人从事相关交易活动；

（三）为违法或者规避监管的证券期货业务活动提供交易便利；

（四）利用资产管理计划，通过直接投资、投资其他资产管理产品或者与他人进行交叉融资安排等方式，违规为本机构及其控股股东、实际控制人或者其他关联方提供融资；

（五）为本人或他人违规持有金融机构股权提供便利；

（六）从事非公平交易、利益输送等损害投资者合法权益的行为；

（七）利用资产管理计划进行商业贿赂；

（八）侵占、挪用资产管理计划财产；

（九）利用资产管理计划或者职务便利为投资者以外的第三方谋取不正当利益；

（十）直接或者间接向投资者返还管理费；

（十一）以获取佣金或者其他不当利益为目的，使用资产管理计划财产进行不必要的交易；

（十二）法律、行政法规和中国证监会规定禁止的其他行为。

第三章 业务形式

第十九条 证券期货经营机构可以为单一投资者设立单一资产管理计划，也可以为多个投资者设立集合资产管理计划。

集合资产管理计划的投资者人数不少于二人，不得超过二百人。符合条件的员工持股计划不穿透计算员工人数。

第二十条 单一资产管理计划可以接受货币资金出资，或者接受投资者合法持有的股票、债券或中国证监会认可的其他金融资产出资。集合资产管理计划原则上应当接受货币资金出资，中国证监会认可的情形除外。

证券登记结算机构应当按照规定为接受股票、债券等证券出资的单一资产管理计划办理证券非交易过户等手续。

第二十一条 资产管理计划应当具有明确、合法的投资方向，具备清晰的风险收益特征，并区分最终投向资产类别，按照下列规定确定资产管理计划所属类别：

（一）投资于存款、债券等债权类资产的比例不低于资产管理计划总资产80%的，为固定收益类；

（二）投资于股票、未上市企业股权等股权类资产的比例不低于资产管理计划总资产80%的，为权益类；

（三）投资于期货和衍生品的持仓合约价值的比例不低于资产管理计划总资产80%，且期货和衍生品账户权益超过资产管理计划总资产20%的，为期货和衍生品类；

（四）投资于债权类、股权类、期货和衍生品类资产的比例未达到前三类产品标准的，为混合类。

第二十二条 根据资产管理计划的类别、投向资产的流动性及期限特点、投资者需求等因素，证券期货经营机构可以设立存续期间办理参与、退出的开放式资产管理计划，或者存续期间不办理参与和退出的封闭式资产管理计划。

开放式资产管理计划应当明确投资者参与、退出的时间、次数、程序及限制事项。开放式集合资产管理计划每三个月至多开放一次计划份额的参与、退出，中国证监会另有规定的除外。

第二十三条 单一资产管理计划可以不设份额，集合资产管理计划应当设定为均等份额。

开放式集合资产管理计划不得进行份额分级。封闭式集合资产管理计划可以根据风险收益特征对份额进行分级。同级份额享有同等权益、承担同等风险。分级资产管理计划优先级与劣后级的比例应当符合法律、行政法规和中国证监会的规定。

分级资产管理计划的名称应当包含“分级”或“结构化”字样，证券期货经营机构应当向投资者充分披露资产管理计划的分级设计及相应风险、收益分配、风险控制等信息。

第二十四条 证券期货经营机构可以设立基金中基金资产管理计划，将80%以上的资产管理计划资产投资于接受国务院金融监督管理机构监管的机构发行的资产管理产品，但不得违反本办法第四十五条、第四十六条以及中国证监会的其他规定。

证券期货经营机构应当向投资者充分披露基金中基金资产管理计划所投资资产管理产品的选择标准、资产管理计划发生的费用、投资管理人及管理人关联方所设立的资产管理产品的情况。

第二十五条 证券期货经营机构可以设立管理人中管理人资产管理计划，具体规则由中国证监会另行制定。

第四章 非公开募集

第二十六条 资产管理计划应当以非公开方式向合格投资者募集。

证券期货经营机构、销售机构不得公开或变相公开募集资产管理计划，不得通过报刊、电台、电视、互联网等传播媒体或者讲座、报告会、传单、布告、自媒体等方式向不特定对象宣传具体资产管理计划。

证券期货经营机构不得设立多个资产管理计划，同时投资于同一非标准化资产，以变相突破投资者人数限制或者其他监管要求。单一主体及其关联方的非标准化资产，视为同一非标准化资产。

任何单位和个人不得以拆分份额或者转让份额收(受)益权等方式，变相突破合格投资者标准或人数限制。

第二十七条 证券期货经营机构募集资产管理计划，应当与投资者、托管人签订资产管理合同。资产管理合同应当包括《证券投资基金法》第九十二条、第九十三条规定的内容。

资产管理合同应当对巨额退出、延期支付、延期清算、管理人变更或者托管人变更等或有事项，作出明确约定。

第二十八条 证券期货经营机构和销售机构在募集资产管理计划过程中，应当按照中国证监会的规定，严格履行适当性管理义务，充分了解投资者，对投资者进行分类，对资产管理计划进行风险评级，遵循风险匹配原则，向投资者推荐适当的产品，禁止误导投资者购买与其风险承受能力不相符合的产品，禁止向风险识别能力和风险承受能力低于产品风险等级的投资者销售资产管理计划。

投资者应当以真实身份和自有资金参与资产管理计划，并承诺参与资金的来源符合法律、行政法规的规定。投资者未作承诺，或者证券期货经营机构、销售机构知道或者应当知道投资者身份不真实、参与资金来源不合法的，证券期货经营机构、销售机构不得接受其参与资产管理计划。

第二十九条 销售机构应当在募集结束后十个工作日内，将销售过程中产生和保存的投资者信息及资料全面、准确、及时提供给证券期货经营机构。

资产管理计划存续期间持续销售的，销售机构应当在销售行为完成后五个工作日内，将销售过程中产生和保存的投资者信息及资料全面、准确、及时提供给证券期货经营机构。

第三十条 集合资产管理计划募集期间，证券期货经营机构、销售机构应当在规定期限内，将投资者参与资金存入集合资产管理计划份额登记机构指定的专门账户。集合资产管理计划成立前，任何机构和个人不得动用投资者参与资金。

按照前款规定存入专门账户的投资者参与资金，独立于证券期货经营机构、销售机构的固有财产。非因投资者本身的债务或者法律规定的其他情形，不得查封、冻结、扣划或者强制执行存入专门账户的投资者参与资金。

第三十一条 集合资产管理计划成立应当具备下列条件：

(一)募集过程符合法律、行政法规和中国证监会的规定；

(二)募集金额达到资产管理合同约定的成立规模，且不违反中国证监会规定的最低成立规模；

(三)投资者人数不少于二人；

（四）符合中国证监会规定以及资产管理合同约定的其他条件。

第三十二条 集合资产管理计划在募集金额缴足之日起十个工作日内，由证券期货经营机构公告资产管理计划成立；单一资产管理计划在受托资产入账后，由证券期货经营机构书面通知投资者资产管理计划成立。

第三十三条 证券期货经营机构应当在资产管理计划成立之日起五个工作日内，将资产管理合同、投资者名单与认购金额、资产缴付证明等材料报证券投资基金业协会备案。

证券投资基金业协会应当制定资产管理计划备案规则，明确工作程序和期限，并向社会公开。

第三十四条 证券期货经营机构应当在资产管理合同约定的募集期内，完成集合资产管理计划的募集。募集期届满，集合资产管理计划未达到本办法第三十一条规定的成立条件的，证券期货经营机构应当承担下列责任：

（一）以其固有财产承担因募集行为而产生的债务和费用；

（二）在募集期届满后三十日内返还投资者已缴纳的款项，并加计银行同期活期存款利息。

第三十五条 证券期货经营机构以自有资金参与集合资产管理计划，应当符合法律、行政法规和中国证监会的规定，并按照《中华人民共和国公司法》和公司章程的规定，获得公司股东会、董事会或者其他授权程序的批准。

证券期货经营机构自有资金所持的集合资产管理计划份额，应当与投资者所持的同类份额享有同等权益、承担同等风险。

第三十六条 投资者可以通过证券交易所以及中国证监会认可的其他方式，向合格投资者转让其持有的集合资产管理计划份额，并按规定办理份额变更登记手续。转让后，持有资产管理计划份额的合格投资者合计不得超过二百人。

证券期货经营机构应当在集合资产管理计划份额转让前，对受让人的合格投资者身份和资产管理计划的投资者人数进行合规性审查。受让方首次参与集合资产管理计划的，应当先与证券期货经营机构、托管人签订资产管理合同。

证券期货经营机构、交易场所不得通过办理集合资产管理计划的份额转让，公开或变相公开募集资产管理计划。

第五章 投资运作

第三十七条 证券期货经营机构设立集合资产管理计划进行投资，除中国证监会另有规定外，应当采用资产组合的方式。

资产组合的具体方式和比例，依照法律、行政法规和中国证监会的规定在资产管理合同中约定。

第三十八条 资产管理计划可以投资于以下资产：

（一）银行存款、同业存单，以及符合《指导意见》规定的标准化债权类资产，包括但不限于在证券交易所、银行间市场等国务院同意设立的交易场所交易的可以划分为均等份额、具有合理公允价值和完善流动性机制的债券、中央银行票据、资产支持证券、非金融企业债务融资工具等；

（二）上市公司股票、存托凭证，以及中国证监会认可的其他标准化股权类资产；

（三）在证券期货交易所等依法设立的交易场所集中交易清算的期货及期权合约等标准化期货和衍生品类资产；

（四）公募基金，以及中国证监会认可的比照公募基金管理的资产管理产品；

（五）第（一）至（三）项规定以外的非标准化债权类资产、股权类资产、期货和衍生品类资产；

（六）第（四）项规定以外的其他受国务院金融监督管理机构监管的机构发行的资产管理产品；

（七）中国证监会认可的其他资产。

前款第（一）项至第（四）项为标准化资产，第（五）项至第（六）项为非标准化资产。

中国证监会对证券期货经营机构从事私募资产管理业务投资于本条第一款第（五）项规定资产另有规定的，适用其规定。

第三十九条 资产管理计划可以依法参与证券回购、融资融券、转融通以及中国证监会认可的其他业务。法律、行政法规和中国证监会另有规定的除外。

证券期货经营机构可以依法设立资产管理计划在境内募集资金，投资于中国证监会认可的境外金融产品。

第四十条 资产管理计划不得直接投资商业银行信贷资产；不得违规为地方政府及其部门提供融资，不得要求或者接受地方政府及其部门违规提供担保；不得直接或者间接投资法律、行政法规和国家政策禁止投资的行业或领域。

第四十一条 资产管理计划存续期间，证券期货经营机构应当严格按照法律、行政法规、中国证监会规定以及合同约定的投向和比例进行资产管理计划的投资运作。

资产管理计划改变投向和比例的，应当事先取得投资者同意，并按规定履行合同变更程序。

因证券期货市场波动、证券发行人合并、资产管理计划规模变动等证券期货经营机构之外的因素导致资产管理计划投资不符合法律、行政法规和中国证监会规定的投资比例或者合同约定的投资比例的，证券期货经营机构应当在流动性受限资产可出售、可转让或者恢复交易的二十个交易日内调整至符合相关要求。确有特殊事由未能在规定时间内完成调整的，证券期货经营机构应当及时向中国证监会相关派出机构报告。

第四十二条 证券期货经营机构应当确保资产管理计划所投资的资产组合的流动性与资产管理合同约定的参与、退出安排相匹配，确保在开放期保持适当比例的现金或者其他高流动性金融资产，且限制流动性受限资产投资比例。

第四十三条 资产管理计划应当设定合理的负债比例上限，确保其投资杠杆水平与投资者风险承受能力相匹配，并保持充足的现金或者其他高流动性金融资产偿还到期债务。

资产管理计划的总资产不得超过该计划净资产的200%，分级资产管理计划的总资产不得超过该计划净资产的140%。

第四十四条 证券期货经营机构应当对资产管理计划实行净值化管理，确定合理的估值方法和科学的估值程序，真实公允地计算资产管理计划净值。

第四十五条 资产管理计划接受其他资产管理产品参与的，证券期货经营机构应当切实履行主动管理职责，不得进行转委托，不得再投资除公募基金以外的其他资产管理产品。

第四十六条 资产管理计划投资于其他资产管理产品的，应当明确约定所投资的资产管理产品不再投资除公募基金以外的其他资产管理产品。

中国证监会对创业投资基金、政府出资产业投资基金等另有规定的，不受本条第一款及本办法第四十五条关于再投资其他资产管理产品的限制。

证券期货经营机构不得将其管理的资产管理计划资产投资于该机构管理的其他资产管理计划，依法设立的基金中基金资产管理计划以及中国证监会另有规定的除外。

资产管理计划不得通过投资其他资产管理产品变相扩大投资范围或者规避监管要求。

第四十七条 证券期货经营机构应当切实履行主动管理职责，不得有下列行为：

（一）为其他机构、个人或者资产管理产品提供规避投资范围、杠杆约束等监管要求的通道服务；

（二）由委托人或其指定第三方自行负责尽职调查或者投资运作；

（三）由委托人或其指定第三方下达投资指令或者提供具体投资标的等实质性投资建议；

（四）根据委托人或其指定第三方的意见行使资产管理计划所持证券的权利；

（五）法律、行政法规和中国证监会禁止的其他行为。

第六章 信息披露

第四十八条 证券期货经营机构、托管人、销售机构和其他信息披露义务人应当依法披露资产管理计划信息，保证所披露信息的真实性、准确性、完整性、及时性，确保投资者能够按照资产管理合同约定的时间和方式查阅或者复制所披露的信息资料。

第四十九条 资产管理计划应向投资者提供下列信息披露文件：

（一）资产管理合同、计划说明书和风险揭示书；

（二）资产管理计划净值，资产管理计划参与、退出价格；

（三）资产管理计划定期报告，至少包括季度报告和年度报告；

（四）重大事项的临时报告；

（五）资产管理计划清算报告；

（六）中国证监会规定的其他事项。

前款第（四）项、第（六）项信息披露文件，应当及时报送中国证监会相关派出机构。

信息披露文件的内容与格式指引由中国证监会或者授权证券投资基金业协会另行制定。

第五十条 证券期货经营机构募集资产管理计划，除向投资者提供资产管理合同外，还应当制作计划说明书和风险揭示书，详细说明资产管理计划管理和运作情况，充分揭示资产管理计划的各类风险。

计划说明书披露的信息应当与资产管理合同内容一致。销售机构应当使用证券期货经营机构制作的计划说明书和其他销售材料，不得擅自修改或者增减材料。

风险揭示书应当作为资产管理合同的附件交由投资者签字确认。

第五十一条 资产管理计划运作期间，证券期货经营机构应当按照以下要求向投资者提供相关信息：

（一）投资标准化资产的资产管理计划至少每周披露一次净值，投资非标准化资产的资产管理计划至少每季度披露一次净值；

（二）开放式资产管理计划净值的披露频率不得低于资产管理计划的开放频率，分级资产管理计划应当披露各类别份额净值；

（三）每季度结束之日起一个月内披露季度报告，每年度结束之日起四个月内披露年度报告；

（四）发生资产管理合同约定的或者可能影响投资者利益的重大事项时，在事项发生之日起五日内向投资者披露；

（五）中国证监会规定的其他要求。

资产管理计划成立不足三个月或者存续期间不足三个月的，证券期货经营机构可以不编制资产管理计划当期的季度报告和年度报告。

第五十二条 披露资产管理计划信息，不得有下列行为：

（一）虚假记载、误导性陈述或者重大遗漏；

（二）对投资业绩进行预测，或者宣传预期收益率；

（三）承诺收益，承诺本金不受损失或者限定损失金额或比例；

（四）夸大或者片面宣传管理人、投资经理及其管理的资产管理计划的过往业绩；

（五）恶意诋毁、贬低其他资产管理人、托管人、销售机构或者其他资产管理产品；

（六）中国证监会禁止的其他情形。

第五十三条 集合资产管理计划年度财务会计报告应当经符合《证券法》规定的会计师事务所审计，审计机构应当对资产管理计划会计核算及净值计算等出具意见。

第七章 变更、终止与清算

第五十四条 资产管理合同需要变更的，证券期货经营机构应当按照资产管理合同约定的方式取得投资者和托管人的同意，保障投资者选择退出资产管理计划的权利，对相关后续事项作出公平、合理安排。

证券期货经营机构应当自资产管理合同变更之日起五个工作日内报证券投资基金业协会备案。

第五十五条 资产管理计划展期应当符合下列条件：

（一）资产管理计划运作规范，证券期货经营机构、托管人未违反法律、行政法规、中国证监会规定和资产管理合同的约定；

（二）资产管理计划展期没有损害投资者利益的情形；

（三）中国证监会规定的其他条件。

集合资产管理计划展期的，还应当符合集合资产管理计划的成立条件。

第五十六条 有下列情形之一的，资产管理计划终止：

（一）资产管理计划存续期届满且不展期；

（二）证券期货经营机构被依法撤销资产管理业务资格或者依法解散、被撤销、被宣告破产，且在六个月内没有新的管理人承接；

（三）托管人被依法撤销基金托管资格或者依法解散、被撤销、被宣告破产，且在六个月内没有新的托管人承接；

（四）经全体投资者、证券期货经营机构和托管人协商一致决定终止的；

（五）发生资产管理合同约定的应当终止的情形；

（六）集合资产管理计划存续期间，持续五个工作日投资者少于二人；

（七）法律、行政法规及中国证监会规定的其他情形。

证券期货经营机构应当自资产管理计划终止之日起五个工作日内报告证券投资基金业协会。

第五十七条 资产管理计划终止的，证券期货经营机构应当在发生终止情形之日起五个工作日内开始组织清算资产管理计划财产。

清算后的剩余财产，集合资产管理计划应当

按照投资者持有份额占总份额的比例，原则上以货币资金形式分配给投资者；资产管理合同另有约定的，从其约定；但不得违反中国证监会规定。单一资产管理计划应当按照合同约定的形式将全部财产交还投资者自行管理。

证券期货经营机构应当在资产管理计划清算结束后五个工作日内将清算报告报证券投资基金业协会。

资产管理计划因受托财产流动性受限等原因延期清算的，证券期货经营机构应当及时向中国证监会相关派出机构报告。

第五十八条 证券期货经营机构、托管人、销售机构等机构应当按照法律、行政法规和中国证监会的规定保存资产管理计划的会计账册，妥善保存有关的合同、协议、交易记录等文件、资料和数据，任何人不得隐匿、伪造、篡改或者销毁。保存期限自资产管理计划终止之日起不少于二十年。

第八章 风险管理与内部控制

第五十九条 证券期货经营机构董事会和高级管理层应当充分了解私募资产管理业务及其面临的各类风险，根据本机构的经营目标、投资管理能力、风险管理水平等因素，合理确定开展私募资产管理业务的总体战略，并指定高级管理人员负责实施。

证券期货经营机构应当建立健全与私募资产管理业务相关的投资者适当性、投资决策、公平交易、会计核算、风险控制、合规管理、投诉处理等管理制度，覆盖私募资产管理业务的各个环节，明确岗位职责和责任追究机制，确保各项制度流程得到有效执行。

第六十条 证券期货经营机构应当采取有效措施，确保私募资产管理业务按规定与其他业务在场地、人员、账户、资金、信息等方面相分离；确保不同投资经理管理的资产管理计划的持仓和交易等重大非公开投资信息相隔离，控制敏感信息的不当流动和使用，切实防范内幕交易、利用未公开信息交易、利益冲突和利益输送。

第六十一条 证券期货经营机构应当建立健全信用风险管理制度，对信用风险进行准确识别、审慎评估、动态监控、及时应对和全程管理。

证券期货经营机构应当对投资对象、交易对手开展必要的尽职调查，实施严格的准入管理和交易额度管理，评估并持续关注证券发行人、融资主体和交易对手的资信状况，以及担保物状况、增信措施和其他保障措施的有效性。出现可能影响投资者权益的事项，证券期货经营机构应当及时采取申请追加担保、依法申请财产保全等风险控制措施。

第六十二条 资产管理计划投资于本办法第三十八条第（五）项规定资产的，证券期货经营机构应当建立专门的质量控制制度，进行充分尽职调查并制作书面报告，设置专岗负责投后管理、信息披露等事宜，动态监测风险。

第六十三条 证券期货经营机构应当建立健全流动性风险监测、预警与应急处置制度，将私募资产管理业务纳入常态化压力测试机制，压力测试应当至少每季度进行一次。

证券期货经营机构应当结合市场状况和自身管理能力制定并持续更新流动性风险应急预案。

第六十四条 证券期货经营机构应当建立公平交易制度及异常交易监控机制，公平对待所管理的不同资产，对投资交易行为进行监控、分析、评估、核查，监督投资交易的过程和结果，保证公平交易原则的实现，不得开展可能导致不公平交易和利益输送的交易行为。

证券期货经营机构应当对不同资产管理计划之间发生的同向交易和反向交易进行监控，并明确异常情况类型及处置安排。同一资产管理计划不得在同一交易日内进行反向交易。确因投资策略或流动性等需要发生同日反向交易的，应要求投资经理提供决策依据，并留存书面记录备查。

资产管理计划依法投资于本办法第三十八条第（三）项规定资产的，在同一交易日内进行反向交易的，不受前款规定限制。

第六十五条 证券期货经营机构的自营账户、资产管理计划账户、作为投资顾问管理的产品账户之间，以及不同资产管理计划账户之间，不得发生交易，有充分证据证明进行有效隔离并且价格公允的除外。

子公司从事私募资产管理业务的，证券期货经营机构的自营账户、资产管理计划账户以及作为投资顾问管理的产品账户与子公司的资产管理计划账户之间的交易，适用本条规定。

第六十六条 证券期货经营机构应当建立健

全关联交易管理制度，对关联交易认定标准、交易定价方法、交易审批程序进行规范，不得以资产管理计划的资产与关联方进行不正当交易、利益输送、内幕交易和操纵市场。

证券期货经营机构以资产管理计划资产从事关联交易的，应当遵守法律、行政法规、中国证监会的规定和合同约定，事先取得投资者的同意，事后及时告知投资者和托管人，并向中国证监会相关派出机构报告。

第六十七条 证券期货经营机构应当建立健全信息披露管理制度，设置专门部门或者专岗负责信息披露工作，并建立复核机制，通过规范渠道向投资者披露有关信息，还应当定期对信息披露工作的真实性、准确性、完整性、及时性等进行评估。

第六十八条 证券期货经营机构和托管人应当加强对私募资产管理业务从业人员的管理，加强关键岗位的监督与制衡，投资经理、交易执行、风险控制等岗位不得相互兼任，并建立从业人员投资申报、登记、审查、处置等管理制度，防范与投资者发生利益冲突。

证券期货经营机构应当完善长效激励约束机制，不得以人员挂靠、业务包干等方式从事私募资产管理业务。

证券期货经营机构分管私募资产管理业务的高级管理人员、私募资产管理业务部门负责人以及投资经理离任的，证券期货经营机构应当立即对其进行离任审查，并自离任之日起三十个工作日内将审查报告报送中国证监会相关派出机构。

第六十九条 证券期货经营机构应当建立资产管理计划的销售机构和投资顾问的授权管理体系，明确销售机构和投资顾问的准入标准和程序，对相关机构资质条件、专业服务能力和风险管理制度等进行尽职调查，确保其符合法规规定。证券期货经营机构应当以书面方式明确界定双方的权利与义务，明确相关风险的责任承担方式。

证券期货经营机构应当建立对销售机构和投资顾问履职情况的监督评估机制，发现违法违规行为的，应当及时更换并报告中国证监会相关派出机构。

第七十条 证券期货经营机构应当每月从资产管理计划管理费中计提风险准备金，或者按照法律、行政法规以及中国证监会的规定计算风险资本准备。

风险准备金主要用于弥补因证券期货经营机构违法违规、违反资产管理合同约定、操作错误或者技术故障等给资产管理计划资产或者投资者造成的损失。风险准备金计提比例不得低于管理费收入的10%，风险准备金余额达到上季末资产管理计划资产净值的1%时可以不再提取。

计提风险准备金的证券期货经营机构，应当选定具有基金托管资格的商业银行开立专门的私募资产管理业务风险准备金账户，该账户不得与公募基金风险准备金账户及其他类型账户混用，不得存放其他性质资金。风险准备金的投资管理和使用，应当参照公募基金风险准备金监督管理有关规定执行。证券期货经营机构应当在私募资产管理业务管理年度报告中，对风险准备金的提取、投资管理、使用、年末结余等情况作专项说明。

第七十一条 证券期货经营机构合规管理和风险管理部门应当定期对私募资产管理业务制度及执行情况进行检查，发现违反法律、行政法规、中国证监会规定或者合同约定的，应当及时纠正处理，并向中国证监会相关派出机构报告。

第七十二条 证券期货经营机构应当建立健全应急处理机制，对发生延期兑付、投资标的重大违约等风险事件的处理原则、方案等作出明确规定。出现重大风险事件的，应当及时向中国证监会相关派出机构报告。

第九章　监督管理与法律责任

第七十三条 证券期货经营机构应当于每月十日前向证券投资基金业协会报送资产管理计划的持续募集情况、投资运作情况、资产最终投向等信息。

证券期货经营机构应当在每季度结束之日起一个月内，编制私募资产管理业务管理季度报告，并报送中国证监会相关派出机构。证券期货经营机构、托管人应当在每年度结束之日起四个月内，分别编制私募资产管理业务管理年度报告和托管年度报告，并报送中国证监会相关派出机构。

证券期货经营机构应当在私募资产管理业务管理季度报告和管理年度报告中，就本办法所规定的风险管理与内部控制制度在报告期内的执行情况等进行分析，并由合规负责人、风控负责人、总经理分别签署。

第七十四条 证券期货经营机构进行年度审计,应当同时对私募资产管理业务的内部控制情况进行审计。

第七十五条 证券交易场所、期货交易所、中国期货市场监控中心(以下简称期货市场监控中心)应当对证券期货经营机构资产管理计划交易行为进行监控。发现存在重大风险、重大异常交易或者涉嫌违法违规事项的,应当及时报告中国证监会及相关派出机构。

证券投资基金业协会应当按照法律、行政法规和中国证监会规定对证券期货经营机构资产管理计划实施备案管理和监测监控。发现提交备案的资产管理计划不符合法律、行政法规和中国证监会规定的,应当要求证券期货经营机构及时整改规范,并报告中国证监会及相关派出机构;发现已备案的资产管理计划存在重大风险或者违规事项的,应当及时报告中国证监会及相关派出机构。

第七十六条 中国证监会及其派出机构对证券期货经营机构、托管人、销售机构和投资顾问等服务机构从事私募资产管理及相关业务的情况,进行定期或者不定期的现场和非现场检查,相关机构应当予以配合。

中国证监会相关派出机构应当定期对辖区证券期货经营机构私募资产管理业务开展情况进行总结分析,纳入监管季度报告和年度报告,发现存在重大风险或者违规事项的,应当及时报告中国证监会。

第七十七条 中国证监会与中国人民银行、中国银行保险监督管理委员会建立监管信息共享机制。

证券交易场所、期货交易所、证券登记结算机构、期货市场监控中心、证券业协会、期货业协会、证券投资基金业协会应当按照中国证监会的要求,定期或者不定期提供证券期货经营机构私募资产管理业务专项统计、分析等数据信息。中国证监会及其派出机构与前述单位之间加强信息共享。

中国证监会相关派出机构应当每月对证券期货经营机构资产管理计划备案信息和业务数据进行分析汇总,并按照本办法第七十六条的规定报告。

第七十八条 证券期货经营机构、托管人、销售机构和投资顾问等服务机构违反法律、行政法规、本办法及中国证监会其他规定的,中国证监会及相关派出机构可以依法对其采取责令改正、监管谈话、出具警示函、责令定期报告等措施;依法对直接负责的主管人员和其他直接责任人员采取监管谈话、出具警示函、认定为不适当人选等措施。

第七十九条 证券公司及其子公司、基金管理公司及其子公司违反本办法规定构成公司治理结构不健全、内部控制不完善等情形的,对证券公司、基金管理公司及其直接负责的董事、监事、高级管理人员和其他直接责任人员,依照《证券投资基金法》第二十四条、《证券公司监督管理条例》第七十条采取措施。

期货公司及其子公司违反本办法规定被责令改正且逾期未改正,其行为严重危及期货公司的稳健运行,损害客户合法权益,或者涉嫌严重违法违规正在被中国证监会及其派出机构调查的,依照《期货和衍生品法》第七十三条、《期货交易管理条例》第五十五条采取措施。

证券期货经营机构未尽合规审查义务,提交备案的资产管理计划明显或者多次不符合法律、行政法规和中国证监会规定的,依照本条第一款、第二款规定,依法采取责令暂停私募资产管理业务三个月的措施;情节严重的,依法采取责令暂停私募资产管理业务六个月以上的措施。

第八十条 证券期货经营机构、托管人、销售机构和投资顾问等服务机构有下列情形之一且情节严重的,除法律、行政法规另有规定外,给予警告,并处十万元以下的罚款,涉及金融安全且有危害后果的,并处二十万元以下的罚款;对直接负责的主管人员和其他直接责任人员,给予警告,并处十万元以下的罚款,涉及金融安全且有危害后果的,并处二十万元以下的罚款:

(一)违反本办法第三条至第六条规定的;

(二)违反本办法第十二条、第十四条的规定,未按规定履行管理人和托管人职责,或者从事第十八条所列举的禁止行为;

(三)违反本办法第十五条、第十七条的规定,聘请不符合条件的销售机构、投资顾问;

(四)违反本办法第二十三条关于产品分级的规定;

(五)违反本办法第二十六条、第二十七条、第二十八条、第二十九条、第三十条、第三十一条、第三十二条、第三十三条、第三十五条、第三十六条关于非公开募集的规定；

（六）违反本办法第五章关于投资运作的规定；

（七）违反本办法第四十八条、第四十九条、第五十一条、第五十二条，未按照规定向投资者披露资产管理计划信息；

（八）未按照本办法第八章的规定建立健全和有效执行资产管理业务相关制度，内部控制或者风险管理不完善，引发较大风险事件或者存在重大风险隐患；

（九）违反本法第四十九条、第七十三条，未按照规定履行备案或者报告义务，导致风险扩散。

第八十一条 证券期货经营机构、托管人、销售机构和投资顾问等服务机构的相关从业人员违反法律、行政法规和本办法规定，情节严重的，中国证监会可以依法采取市场禁入措施。

第十章 附 则

第八十二条 本办法施行之日前存续的不符合本办法规定的资产管理计划，合同到期前不得新增净参与规模，合同到期后不得续期。证券期货经营机构应当按照中国证监会的要求制定整改计划，明确时间进度安排，有序压缩不符合本办法规定的资产管理计划规模，确保按期全面规范其管理的全部资产管理计划。

第八十三条 证券期货经营机构设立特定目的公司或者合伙企业从事私募资产管理业务的，参照适用本办法。

第八十四条 本办法自2023年3月1日起施行。《证券期货经营机构私募资产管理业务管理办法》（证监会令第151号）同时废止。

证券公司治理准则

· 2012年12月11日中国证券监督管理委员会公告〔2012〕41号发布

· 根据2020年3月20日中国证券监督管理委员会《关于修改部分证券期货规范性文件的决定》修正

第一章 总 则

第一条 为推动证券公司完善公司治理，促进证券公司规范运作，保护证券公司股东、客户及其他利益相关者的合法权益，根据《公司法》、《证券法》、《证券公司监督管理条例》及其他法律法规，制定本准则。

第二条 证券公司对客户负有诚信义务，不得侵犯客户的财产权、选择权、公平交易权、知情权及其他合法权益。证券公司的股东和实际控制人不得占用客户资产，损害客户合法权益。

第三条 证券公司应当按照《公司法》等法律、行政法规的规定，明确股东会、董事会、监事会、经理层之间的职责划分。

第四条 证券公司及其股东、实际控制人、董事、监事、高级管理人员应当遵守法律、行政法规和中国证券监督管理委员会（以下简称中国证监会）的规定。

第五条 证券公司应当按照法律、行政法规和中国证监会的规定建立完备的合规管理、风险管理和内部控制体系。

证券公司董事会对合规管理、风险管理和内部控制体系的有效性承担最终责任。

第六条 本准则适用于中国境内设立的证券公司。

上市证券公司应当同时执行法律、行政法规、本准则和中国证监会有关上市公司的规定。本准则与中国证监会有关上市公司的规定不一致的，以两者中更加严格的规定为准。

第二章 股东和股东会

第一节 股 东

第七条 证券公司股东及其实际控制人应当符合法律、行政法规和中国证监会规定的资格条件。

证券公司股东转让所持有的证券公司股权的，应当确认受让方及其实际控制人符合法律、行政法规和中国证监会规定的资格条件。

第八条 证券公司应当以中国证监会或者其派出机构的核准文件、备案文件为依据对股东进行登记、修改公司章程，并依法办理工商登记手续。

证券公司应当确保公司章程、股东名册及工商登记文件所记载的内容与股东的实际情况一致。

第九条 证券公司股东应当严格按照法律、行政法规和中国证监会的规定履行出资义务。

证券公司股东存在虚假出资、出资不实、抽逃出资或者变相抽逃出资等违法违规行为的，证券公司应当在10个工作日内向公司住所地中国证监会派出机构报告，并要求有关股东在1个月内纠正。

第十条 证券公司的股东、实际控制人出现下列情形时，应当在5个工作日内通知证券公司：

（一）所持有或者控制的证券公司股权被采取财产保全或者强制执行措施；

（二）质押所持有的证券公司股权；

（三）持有证券公司5%以上股权的股东变更实际控制人；

（四）变更名称；

（五）发生合并、分立；

（六）被采取责令停业整顿、指定托管、接管或者撤销等监管措施，或者进入解散、破产、清算程序；

（七）因重大违法违规行为被行政处罚或者追究刑事责任；

（八）其他可能导致所持有或者控制的证券公司股权发生转移或者可能影响证券公司运作的。

证券公司应当自知悉前款规定情形之日起5个工作日内向公司住所地中国证监会派出机构报告。

上市证券公司持有5%以下股权的股东不适用本条规定。

第十一条 证券公司应当建立和股东沟通的有效机制，依法保障股东的知情权。

证券公司有下列情形之一的，应当以书面方式或者公司章程规定的其他方式及时通知全体股东，并向公司住所地中国证监会派出机构报告：

（一）公司或者其董事、监事、高级管理人员涉嫌重大违法违规行为；

（二）公司财务状况持续恶化，导致风险控制指标不符合中国证监会规定的标准；

（三）公司发生重大亏损；

（四）拟更换法定代表人、董事长、监事会主席或者经营管理的主要负责人；

（五）发生突发事件，对公司和客户利益产生或者可能产生重大不利影响；

（六）其他可能影响公司持续经营的事项。

第二节 股东会

第十二条 证券公司章程应当明确规定股东会的职权范围。

证券公司股东会授权董事会行使股东会部分职权的，应当在公司章程中规定或者经股东会作出决议，且授权内容应当明确具体，但《公司法》明确规定由股东会行使的职权不得授权董事会行使。

第十三条 证券公司应当自每个会计年度结束之日起6个月内召开股东会年会。因特殊情况需要延期召开的，应当及时向公司住所地中国证监会派出机构报告，并说明延期召开的理由。

第十四条 证券公司章程应当规定股东会会议的议事方式和表决程序。

第十五条 董事会、监事会、单独或者合并持有证券公司3%以上股权的股东，可以向股东会提出议案。

单独或者合并持有证券公司3%以上股权的股东，可以向股东会提名董事、监事候选人。

第十六条 证券公司任一股东推选的董事占董事会成员1/2以上时，其推选的监事不得超过监事会成员的1/3，但证券公司为一人公司的除外。

第十七条 证券公司在董事、监事的选举中可以采用累积投票制度。

证券公司股东单独或者与关联方合并持有公司50%以上股权的，董事、监事的选举应当采用累积投票制度，但证券公司为一人公司的除外。

采用累积投票制度的证券公司应当在公司章程中规定该制度的实施规则。

第十八条 证券公司股东会应当制作会议记录。会议记录应当真实、准确、完整，并依法保存。

第十九条 证券公司股东会在董事、监事任期届满前免除其职务的，应当说明理由；被免职的董事、监事有权向股东会、中国证监会或者其派出机构陈述意见。

第三节 证券公司与股东之间关系的特别规定

第二十条 证券公司的控股股东、实际控制人不得利用其控制地位或者滥用权利损害证券公司、公司其他股东和公司客户的合法权益。

第二十一条 证券公司的控股股东不得超越股东会、董事会任免证券公司的董事、监事和高级管理人员。

证券公司的股东、实际控制人不得违反法律、行政法规和公司章程的规定干预证券公司的经营管理活动。

第二十二条 证券公司与其股东、实际控制人或者其他关联方应当在业务、机构、资产、财务、办公场所等方面严格分开，各自独立经营、独立核算、独立承担责任和风险。

证券公司股东的人员在证券公司兼职的，应当遵守法律、行政法规和中国证监会的规定。

第二十三条 证券公司的控股股东、实际控制人及其关联方应当采取有效措施，防止与其所控制的证券公司发生业务竞争。

证券公司控股其他证券公司的，不得损害所控股的证券公司的利益。

第二十四条 证券公司的股东、实际控制人及其关联方与证券公司的关联交易不得损害证券公司及其客户的合法权益。

证券公司章程应当对重大关联交易及其披露和表决程序作出规定。

第二十五条 证券公司与其股东（或者股东的关联方）之间不得有下列行为：

（一）持有股东的股权，但法律、行政法规或者中国证监会另有规定的除外；

（二）通过购买股东持有的证券等方式向股东输送不当利益；

（三）股东违规占用公司资产；

（四）法律、行政法规或者中国证监会禁止的其他行为。

证券公司章程应当规定对外投资、对外担保的类型、金额和内部审批程序。

第三章 董事和董事会

第一节 董 事

第二十六条 证券公司董事应当符合法律、行政法规和中国证监会规定的任职条件。

第二十七条 证券公司章程应当明确规定董事的任职条件、任免程序、任期、权利义务等事项。

第二十八条 证券公司应当采取措施保障董事的知情权，为董事履行职责提供必要条件。

董事应当保证足够的时间和精力履行职责。

第二十九条 经营证券经纪业务、证券资产管理业务、融资融券业务和证券承销与保荐业务中两种以上业务的证券公司，应当建立独立董事制度。

证券公司聘任的独立董事应当符合法律、行政法规和中国证监会规定的任职条件。独立董事在任职期间出现中国证监会规定的不得担任独立董事的情形的，证券公司应当及时解聘。

第三十条 根据本准则第二十九条规定建立独立董事制度的证券公司有下列情形之一的，独立董事人数不得少于董事人数的1/4：

（一）董事长、经营管理的主要负责人由同一人担任；

（二）内部董事人数占董事人数1/5以上；

（三）中国证监会认定的其他情形。

第三十一条 独立董事与公司其他董事任期相同，连任时间不得超过6年。

第三十二条 独立董事在任期内辞职或者被免职的，独立董事本人和证券公司应当分别向公司住所地中国证监会派出机构和股东会提交书面说明。

第三十三条 独立董事应当根据法律、行政法规和中国证监会的规定独立履行董事职责，并在股东会年会上提交工作报告。

独立董事未履行应尽职责的，应当承担相应的责任。

证券公司应当保障独立董事享有与其他董事同等的知情权。

第二节 董事会

第三十四条 证券公司章程应当明确董事人数。证券公司设董事会的，内部董事人数不得超过董事人数的1/2。

证券公司可以聘请外部专业人士担任董事。

第三十五条 证券公司章程应当就董事长不能履行职责或者缺位时，董事长职责的行使作出明确规定。

第三十六条 证券公司章程应当明确规定董事会的职责、议事方式和表决程序。

证券公司章程应当明确规定董事会会议采取通讯表决方式的条件和程序。除由于紧急情况、不可抗力等特殊原因无法举行现场、视频或者电话会议外，董事会会议应当采取现场、视频或者电话会议方式。

董事会应当在股东会年会上报告并在年度报告中披露董事的履职情况,包括报告期内董事参加董事会会议的次数、投票表决等情况。

第三十七条 证券公司董事会每年至少召开两次会议。董事会会议应当制作会议记录,并可以录音。会议记录应当真实、准确、完整地记录会议过程、决议内容、董事发言和表决情况,并依法保存。出席会议的董事和记录人应当在会议记录上签字。

第三十八条 证券公司董事会、董事长应当在法律、行政法规、中国证监会和公司章程规定的范围内行使职权,不得越权干预经理层的经营管理活动。

董事会表决有关关联交易的议案时,与交易对方有关联关系的董事应当回避。该次董事会会议由过半数的无关联关系董事出席即可举行,董事会会议所作决议须经无关联关系董事过半数通过。出席董事会的无关联关系董事人数不足 3 人的,应当将该事项提交股东会审议。

第三十九条 证券公司董事会决议内容违反法律、行政法规或者中国证监会的规定的,监事会应当要求董事会纠正,经理层应当拒绝执行。

第四十条 证券公司应当设董事会秘书,负责股东会和董事会会议的筹备、文件的保管以及股东资料的管理,按照规定或者根据中国证监会及其派出机构、股东等有关单位或者个人的要求,依法提供有关资料,办理信息报送或者信息披露事项。

第三节 董事会专门委员会

第四十一条 证券公司经营证券经纪业务、证券资产管理业务、融资融券业务和证券承销与保荐业务中两种以上业务的,其董事会应当设立薪酬与提名委员会、审计委员会和风险控制委员会,并应当在公司章程中规定各委员会的组成、职责及其行使方式。

专门委员会可以聘请外部专业人士提供服务,由此发生的合理费用由证券公司承担。

专门委员会应当向董事会负责,按照公司章程的规定向董事会提交工作报告。

董事会在对与专门委员会职责相关的事项作出决议前,应当听取专门委员会的意见。

第四十二条 证券公司董事会各专门委员会应当由董事组成。专门委员会成员应当具有与专门委员会职责相适应的专业知识和工作经验。

审计委员会中独立董事的人数不得少于 1/2,并且至少有 1 名独立董事从事会计工作 5 年以上。

薪酬与提名委员会、审计委员会的负责人应当由独立董事担任。

第四十三条 薪酬与提名委员会的主要职责是:

(一)对董事、高级管理人员的选任标准和程序进行审议并提出意见,搜寻合格的董事和高级管理人员人选,对董事和高级管理人员人选的资格条件进行审查并提出建议;

(二)对董事和高级管理人员的考核与薪酬管理制度进行审议并提出意见;

(三)对董事、高级管理人员进行考核并提出建议;

(四)公司章程规定的其他职责。

第四十四条 审计委员会的主要职责是:

(一)监督年度审计工作,就审计后的财务报告信息的真实性、准确性和完整性作出判断,提交董事会审议;

(二)提议聘请或者更换外部审计机构,并监督外部审计机构的执业行为;

(三)负责内部审计与外部审计之间的沟通;

(四)公司章程规定的其他职责。

第四十五条 风险控制委员会的主要职责是:

(一)对合规管理和风险管理的总体目标、基本政策进行审议并提出意见;

(二)对合规管理和风险管理的机构设置及其职责进行审议并提出意见;

(三)对需董事会审议的重大决策的风险和重大风险的解决方案进行评估并提出意见;

(四)对需董事会审议的合规报告和风险评估报告进行审议并提出意见;

(五)公司章程规定的其他职责。

证券公司董事会设合规委员会的,前款规定中有关合规管理的职责可以由合规委员会行使。

第四章 监事和监事会

第四十六条 证券公司监事应当符合法律、行政法规和中国证监会规定的任职条件。

证券公司可以聘请外部专业人士担任监事。

第四十七条 证券公司应当采取措施保障监事的知情权,为监事履行职责提供必要的条件。

第四十八条 证券公司章程应当规定监事会的职责、议事方式和表决程序。

证券公司章程应当明确规定监事会会议采取通讯表决方式的条件和程序。除由于紧急情况、不可抗力等特殊原因无法举行现场、视频或者电话会议外,监事会会议应当采取现场、视频或者电话会议方式。

监事会应当在股东会年会上报告并在年度报告中披露监事的履职情况,包括报告期内监事参加监事会会议的次数、投票表决等情况。

第四十九条 证券公司设监事会的,监事会应当设主席,可以设副主席。监事会主席是监事会的召集人。

监事会可以下设专门机构,负责监事会会议的筹备、会议记录和会议文件的保管,并为监事履行职责提供服务。

第五十条 证券公司监事会会议应当制作会议记录,并可以录音。会议记录应当真实、准确、完整地记录会议过程、决议内容、监事发言和表决情况,并依法保存。出席会议的监事和记录人应当在会议记录上签字。

第五十一条 证券公司监事有权了解公司经营情况,并承担相应的保密义务。

证券公司应当将其内部稽核报告、合规报告、月度或者季度财务会计报告、年度财务会计报告及其他重大事项及时报告监事会。

监事会应当就公司的财务情况、合规情况向股东会年会作出专项说明。

第五十二条 证券公司监事会可要求公司董事、高级管理人员及其他相关人员出席监事会会议,回答问题。

监事会可根据需要对公司财务情况、合规情况进行专项检查,必要时可聘请外部专业人士协助,其合理费用由证券公司承担。

监事会对公司董事、高级管理人员履行职责的行为进行检查时,可以向董事、高级管理人员及公司其他人员了解情况,董事、高级管理人员及公司其他人员应当配合。

第五十三条 对董事、高级管理人员违反法律、行政法规或者公司章程,损害公司、股东或者客户利益的行为,证券公司监事会应当要求董事、高级管理人员限期改正;损害严重或者董事、高级管理人员未在限期内改正的,监事会应当提议召开股东会,并向股东会提出专项议案。

对董事会、高级管理人员的重大违法违规行为,监事会应当直接向中国证监会或者其派出机构报告。

监事知道或者应当知道董事、高级管理人员有违反法律、行政法规或者公司章程的规定、损害公司利益的行为,未履行应尽职责的,应当承担相应的责任。

第五章 高级管理人员

第五十四条 本准则所称高级管理人员,是指证券公司的总经理、副总经理、财务负责人、合规负责人、董事会秘书以及实际履行上述职务的人员。

高级管理人员应当具备法律法规和证监会规定的条件。证券公司不得授权不符合条件的人员行使高级管理人员的职权。

第五十五条 证券公司章程应当明确高级管理人员的构成、职责范围。

第五十六条 证券公司应当采取公开、透明的方式,聘任专业人士为高级管理人员。

第五十七条 证券公司高级管理人员不得在其他营利性机构兼职,但法律、行政法规或者中国证监会另有规定的除外。

第五十八条 证券公司设总经理的,总经理依据《公司法》、公司章程的规定行使职权,并向董事会负责。

证券公司设立管理委员会、执行委员会等机构行使总经理职权的,应当在公司章程中明确其名称、组成、职责和议事规则,其组成人员应当向住所地中国证监会派出机构备案。

第五十九条 证券公司经营管理的主要负责人应当根据董事会或者监事会的要求,向董事会或者监事会报告公司重大合同的签订、执行情况,资金运用情况和盈亏情况。经营管理的主要负责人必须保证报告的真实、准确、完整。

未担任董事职务的经营管理的主要负责人可以列席董事会会议。

第六十条 证券公司经理层应当建立责任明确、程序清晰的组织结构,组织实施各类风险的识别与评估工作,并建立健全有效的内部控制制度和机制,及时处理或者改正内部控制中存在的缺陷或者问题。

证券公司高级管理人员应当对内部控制不力、不及时处理或者改正内部控制中存在的缺陷或者问题承担相应的责任。

第六十一条 证券公司分管合规管理、风险管理、稽核审计部门的高级管理人员,不得兼任或者分管与合规管理、风险管理、稽核审计职责相冲突的职务或者部门。

证券公司高级管理人员应当支持合规管理、风险管理、稽核审计部门的工作。

第六章 激励与约束机制

第六十二条 证券公司应当建立合理有效的董事、监事、高级管理人员绩效考核与薪酬管理制度。绩效考核与薪酬管理制度应当充分反映合规管理和风险管理的要求。

第六十三条 证券公司董事、监事薪酬的数额和发放方式分别由董事会、监事会提出方案,报股东会决定。

第六十四条 证券公司应当与高级管理人员就任期、绩效考核、薪酬待遇、解聘事由、双方的权利义务及违约责任等事项进行约定。

第六十五条 证券公司高级管理人员的绩效年薪由董事会根据高级管理人员的年度绩效考核结果决定,40%以上应当采取延期支付的方式,且延期支付期限不少于3年。延期支付薪酬的发放应当遵循等分原则。

高级管理人员未能勤勉尽责,致使证券公司存在重大违法违规行为或者重大风险的,证券公司应当停止支付全部或者部分未支付的绩效年薪。

第六十六条 证券公司董事会、监事会应当分别向股东会就董事、监事的绩效考核情况、薪酬情况作出专项说明。

董事会应当向股东会就高级管理人员履行职责的情况、绩效考核情况、薪酬情况作出专项说明。

第六十七条 证券公司高级管理人员违反法律、行政法规或者公司章程规定,损害公司或者客户合法权益的,公司董事会、监事会应当对其进行内部责任追究。

证券公司不得代董事、监事或者高级管理人员支付应当由个人承担的罚款或者赔偿金。

第六十八条 证券公司董事、监事、高级管理人员或者员工根据中长期激励计划持有或者控制本公司股权,应当经公司股东会决议批准,并依法经中国证监会或者其派出机构批准或者备案。

第七章 证券公司与客户关系基本原则

第六十九条 证券公司不得挪用客户交易结算资金,不得挪用客户委托管理的资产,不得挪用客户托管在公司的证券。

第七十条 证券公司对客户资料负有保密义务。

证券公司有权拒绝其他任何单位或者个人对客户资料的查询,但法律、行政法规或者中国证监会另有规定的除外。

第七十一条 证券公司在经营活动中应当履行法定的信息披露义务,保障客户在充分知情的基础上作出决定。

证券公司向客户提供产品或者服务应当遵守法律、行政法规和中国证监会的规定,并对有关产品或者服务的内容及风险予以充分披露,不得有虚假陈述、误导及其他欺诈客户的行为。

第七十二条 证券公司应当设专职部门或者岗位负责与客户进行沟通,处理客户的投诉等事宜。

第七十三条 证券公司应当按照规定向社会公众披露本公司经审计的年度财务报告及其他信息,并保证披露信息的真实、准确、完整。

证券公司应当披露董事、监事、高级管理人员薪酬管理信息,至少包括:

(一)薪酬管理的基本制度及决策程序;

(二)年度薪酬总额和在董事、监事、高级管理人员之间的分布情况;

(三)薪酬延期支付和非现金薪酬情况。

第八章 附 则

第七十四条 证券公司应当按照《公司法》、《证券法》、《证券公司监督管理条例》及其他法律、行政法规和本准则的要求,修改、完善公司章程及相关制度。

第七十五条 中国证监会以证券公司的治理状况作为其市场准入的基本条件和日常监管的评价依据。

第七十六条 中国证监会可以委托证券业自律组织或者中介机构对证券公司治理状况进行评价,并以适当方式公布评价结果。

第七十七条 释义:

(一)股权,是指有限责任公司股东的出资和股份有限公司的股份。

(二)股东会,是指有限责任公司的股东会和股份有限公司的股东大会。

(三)关联方、关联交易,是指财政部《企业会计准则第36号——关联方披露》中所界定的关联方和关联方交易。

(四)经营管理的主要负责人,是指公司总经理,或者行使总经理职权的管理委员会、执行委员会等机构的负责人。

(五)内部董事,是指在证券公司同时担任其他职务的董事;外部董事,是指不在证券公司同时担任其他职务的董事;独立董事,是指与证券公司及其股东不存在可能妨碍其进行独立客观判断关系的外部董事。

第七十八条 本准则由中国证监会负责解释。

第七十九条 本准则自2013年1月1日起施行。2003年12月15日中国证监会公布的《证券公司治理准则(试行)》(证监机构字〔2003〕259号)同时废止。

证券公司股权管理规定

· 2018年8月15日中国证券监督管理委员会令第156号公布

· 根据2021年3月18日《中国证券监督管理委员会关于修改〈证券公司股权管理规定〉的决定》修订

第一章 总 则

第一条 为加强证券公司股权管理,保护证券公司股东、客户及其他利益相关者的合法权益,促进证券公司持续健康发展,根据《中华人民共和国公司法》《中华人民共和国证券法》(以下简称《证券法》)《证券公司监督管理条例》等法律、行政法规,制定本规定。

第二条 本规定适用于中华人民共和国境内依法设立的证券公司。

第三条 证券公司股权管理应当遵循分类管理、资质优良、权责明确、结构清晰、变更有序、公开透明的原则。

第四条 证券公司股东应当遵守法律法规、中国证券监督管理委员会(以下简称中国证监会)规定和公司章程,秉承长期投资理念,依法行使股东权利,履行股东义务。

证券公司应当加强对股权事务的管理,完善公司治理结构,健全风险管理与内部控制制度。

中国证监会及其派出机构遵循审慎监管原则,依法对证券公司股权实施穿透式监管和分类监管。

第五条 根据持股比例和对证券公司经营管理的影响,证券公司股东包括以下三类:

(一)控股股东,指持有证券公司50%以上股权的股东或者虽然持股比例不足50%,但其所享有的表决权足以对证券公司股东(大)会的决议产生重大影响的股东;

(二)主要股东,指持有证券公司5%以上股权的股东;

(三)持有证券公司5%以下股权的股东。

第六条 证券公司设立时,中国证监会依照规定核准其注册资本及股权结构。

证券公司变更主要股东或者公司的实际控制人,应当依法报中国证监会核准。

证券公司的控股股东、实际控制人实际控制证券公司的股权比例增至100%的,证券公司应当在公司登记机关办理变更登记之日起(依法不需办理公司变更登记的,自相关确权登记之日起)5个工作日内,向中国证监会备案。

证券公司变更注册资本、股权或者5%以上股权的实际控制人,不涉及本条第二、三款所列情形的,应当在公司登记机关办理变更登记之日起(依法不需办理公司变更登记的,自相关确权登记之日起)5个工作日内,向公司住所地中国证监会派出机构备案。证券公司公开发行股份或者在证券交易所、全国中小企业股份转让系统(以下简称股份转让系统)发生的股权变更,不适用本款规定。

第二章 资质条件

第七条 持有证券公司5%以下股权的股东,应当符合下列要求:

（一）自身及所控制的机构信誉良好，最近 3 年无重大违法违规记录或重大不良诚信记录；不存在因故意犯罪被判处刑罚、刑罚执行完毕未逾 3 年的情形；没有因涉嫌重大违法违规正在被调查或处于整改期间；

（二）不存在长期未实际开展业务、停业、破产清算、治理结构缺失、内部控制失效等影响履行股东权利和义务的情形；不存在可能严重影响持续经营的担保、诉讼、仲裁或者其他重大事项；

（三）不存在股权结构不清晰，无法逐层穿透至最终权益持有人的情形；股权结构中原则不允许存在理财产品，中国证监会认可的情形除外；

（四）自身及所控制的机构不存在因不诚信或者不合规行为引发社会重大质疑或产生严重社会负面影响且影响尚未消除的情形；不存在对所投资企业经营失败负有重大责任且经营失败未逾 3 年的情形；

（五）中国证监会基于审慎监管原则规定的其他要求。

通过证券交易所、股份转让系统交易或者认购证券公司公开发行股份取得证券公司 5%以下股份的股东，不适用本条规定。

第八条 证券公司的主要股东，应当符合下列条件：

（一）本规定第七条规定的要求；

（二）财务状况良好，资产负债和杠杆水平适度，净资产不低于 5000 万元人民币，具备与证券公司经营业务相匹配的持续资本补充能力；

（三）公司治理规范，管理能力达标，风险管控良好；

（四）不存在净资产低于实收资本 50%、或有负债达到净资产 50%或者不能清偿到期债务的情形；

（五）能够为提升证券公司的综合竞争力提供支持。

第九条 证券公司的第一大股东、控股股东，应当符合下列条件：

（一）本规定第八条规定的条件；

（二）开展金融相关业务经验与证券公司业务范围相匹配；

（三）入股证券公司与其长期战略协调一致，有利于服务其主营业务发展；

（四）对完善证券公司治理结构、推动证券公司长期发展有切实可行的计划安排；

（五）对保持证券公司经营管理的独立性和防范风险传递、不当利益输送，有明确的自我约束机制；

（六）对证券公司可能发生风险导致无法正常经营的情况，制定合理有效的风险处置预案。

第十条 证券公司从事的业务具有显著杠杆性质，且多项业务之间存在交叉风险的，其第一大股东、控股股东还应当符合下列条件：

（一）最近 3 年持续盈利，不存在未弥补亏损；

（二）最近 3 年长期信用均保持在高水平，最近 3 年规模、收入、利润、市场占有率等指标居于行业前列。

控股股东还应当符合下列条件：

（一）总资产不低于 500 亿元人民币，净资产不低于 200 亿元人民币；

（二）核心主业突出，主营业务最近 5 年持续盈利。

证券公司合并或者因重大风险被接管托管等中国证监会认可的特殊情形不适用本条规定。

第十一条 具有关联关系或者一致行动人关系的股东持有证券公司的股权比例应当合并计算；其中持股比例最高的股东或者在关联关系、一致行动人关系中居于控制、主导地位的股东应当符合合计持股比例对应类别的股东条件。

股东入股证券公司后，因证券公司股权结构调整导致股东类别变化的，应当符合变更后对应类别的股东条件。

第十二条 证券公司 5%以上股权的实际控制人，应当符合本规定第七条、第八条第（四）项规定的要求。证券公司的实际控制人及第一大股东的控股股东、实际控制人，还应当符合本规定第九条第（四）至（六）项规定的要求。

第十三条 有限合伙企业入股证券公司的，还应当符合下列要求：

（一）单个有限合伙企业控制证券公司的股权比例不得达到 5%，中国证监会认可的情形除外。两个以上有限合伙企业的执行事务合伙人或者第一大有限合伙人相同或者存在其他关联关系、一致行动人关系的，持股比例合并计算。

（二）负责执行有限合伙企业事务的普通合伙人以及第一大有限合伙人应当符合本规定第七条的要求，有限合伙企业通过证券交易所、股份转让系统交易或者认购证券公司公开发行股份入股证券公司的情形除外。

第十四条 公司制基金入股证券公司且委托基金管理人管理证券公司股权的，该基金应当属于政府实际控制的产业投资基金且已经国家有关部门备案登记，并参照适用本规定第十三条的规定。

第十五条 非金融企业入股证券公司的，还应当符合下列要求：

（一）符合国家关于加强非金融企业投资金融机构监管的有关指导意见；

（二）单个非金融企业实际控制证券公司股权的比例原则上不得超过 50%，为处置证券公司风险等中国证监会认可的情形除外。

第三章 股权管理要求

第十六条 证券公司董事会办公室是证券公司股权管理事务的办事机构，组织实施股权管理事务相关工作。

证券公司董事长是证券公司股权管理事务的第一责任人。证券公司董事会秘书协助董事长工作，是证券公司股权管理事务的直接责任人。

第十七条 证券公司变更注册资本或者股权，应当制定工作方案和股东筛选标准等。证券公司、股权转让方应当事先向意向参与方告知证券公司股东条件、须履行的程序并向符合股东筛选标准的意向参与方告知证券公司的经营情况和潜在风险等信息。

证券公司、股权转让方应当对意向参与方做好尽职调查，约定意向参与方不符合条件的后续处理措施。发现不符合条件的，不得与其签订协议。相关事项须经中国证监会核准的，应当约定核准后协议方可生效。

第十八条 证券公司变更注册资本或者股权过程中，对于可能出现的违反规定或者承诺的行为，证券公司应当与相关主体事先约定处理措施，明确对责任人的责任追究机制，并配合监管机构调查处理。

第十九条 证券公司应当对变更注册资本或者股权期间的风险防范作出安排，保证公司正常经营以及客户利益不受损害。

依法须经中国证监会核准的，在核准前，证券公司股东应当按照所持股权比例继续独立行使表决权，股权转让方不得推荐股权受让方相关人员担任证券公司董事、监事、高级管理人员，不得以任何形式变相让渡表决权。

第二十条 证券公司股东应当充分了解证券公司股东条件以及股东权利和义务，充分知悉证券公司经营管理状况和潜在风险等信息，投资预期合理，出资意愿真实，并且履行必要的内部决策程序。

不得签订在未来证券公司不符合特定条件时，由证券公司或者其他指定主体向特定股东赎回、受让股权等具有“对赌”性质的协议或者形成相关安排。

第二十一条 证券公司股东应当严格按照法律法规和中国证监会规定履行出资义务。

证券公司股东应当使用自有资金入股证券公司，资金来源合法，不得以委托资金等非自有资金入股，法律法规和中国证监会认可的情形除外。

第二十二条 证券公司股东应当真实、准确、完整地说明股权结构直至实际控制人、最终权益持有人，以及与其他股东的关联关系或者一致行动人关系，不得通过隐瞒、欺骗等方式规避证券公司股东资格审批或者监管。

第二十三条 证券公司股东以及股东的控股股东、实际控制人参股证券公司的数量不得超过 2 家，其中控制证券公司的数量不得超过 1 家。下列情形不计入参股、控制证券公司的数量范围：

（一）直接持有及间接控制证券公司股权比例低于 5%；

（二）通过所控制的证券公司入股其他证券公司；

（三）证券公司控股其他证券公司；

（四）为实施证券公司并购重组所做的过渡期安排；

（五）国务院授权持有证券公司股权；

（六）中国证监会认定的其他情形。

第二十四条 证券公司应当保持股权结构稳定。证券公司股东的持股期限应当符合法律、行政法规和中国证监会的有关规定，证券公司股东通过换股等方式取得其他证券公司股权的，持股时间可连续计算。

证券公司股东的主要资产为证券公司股权的，该股东的控股股东、实际控制人对所控制的证券公司股权应当遵守与证券公司股东相同的锁定期，中国证监会依法认可的情形除外。

第二十五条 证券公司股东在股权锁定期内不得质押所持证券公司股权。股权锁定期满后，证券公司股东质押所持证券公司的股权比例不得超过所持该证券公司股权比例的 50% 。

股东质押所持证券公司股权的，不得损害其他股东和证券公司的利益，不得约定由质权人或其他第三方行使表决权等股东权利，也不得变相转移证券公司股权的控制权。

上市证券公司以及在股份转让系统挂牌的证券公司持有 5%以下股权的股东不适用本条第一款规定。

第二十六条 证券公司应当加强对股东资质的审查，对股东及其控股股东、实际控制人、关联方、一致行动人、最终权益持有人信息进行核实并掌握其变动情况，就股东对证券公司经营管理的影响进行判断，依法及时、准确、完整地报告或披露相关信息，必要时履行报批或者备案程序。

第二十七条 证券公司应当将股东的权利义务、股权锁定期、股权管理事务责任人等关于股权管理的监管要求写入公司章程，并在公司章程中载明下列内容：

（一）主要股东、控股股东应当在必要时向证券公司补充资本；

（二）应经但未经监管部门核准或未向监管部门备案的股东，或者尚未完成整改的股东，不得行使股东（大）会召开请求权、表决权、提名权、提案权、处分权等权利；

（三）存在虚假陈述、滥用股东权利或其他损害证券公司利益行为的股东，不得行使股东（大）会召开请求权、表决权、提名权、提案权、处分权等权利；

（四）发生违反法律、行政法规和监管要求等与股权管理事务相关的不法或不当行为，对股东、证券公司、股权管理事务责任人及相关人员的处理措施。

第二十八条 证券公司应当加强关联交易管理，准确识别关联方，严格落实关联交易审批制度和信息披露制度，避免损害证券公司及其客户的合法权益，并及时向中国证监会及其派出机构报告关联交易情况。

证券公司应当按照穿透原则将股东及其控股股东、实际控制人、关联方、一致行动人、最终权益持有人作为自身的关联方进行管理。

本条第二款规定的股东不含上市证券公司以及在股份转让系统挂牌的证券公司持有 5%以下股权的股东。

第二十九条 证券公司股东及其控股股东、实际控制人不得有下列行为：

（一）对证券公司虚假出资、出资不实、抽逃出资或者变相抽逃出资；

（二）违反法律、行政法规和公司章程的规定干预证券公司的经营管理活动；

（三）滥用权利或影响力，占用证券公司或者客户的资产，进行利益输送，损害证券公司、其他股东或者客户的合法权益；

（四）违规要求证券公司为其或其关联方提供融资或者担保，或者强令、指使、协助、接受证券公司以其证券经纪客户或者证券资产管理客户的资产提供融资或者担保；

（五）与证券公司进行不当关联交易，利用对证券公司经营管理的影响力获取不正当利益；

（六）未经批准，委托他人或接受他人委托持有或管理证券公司股权，变相接受或让渡证券公司股权的控制权；

（七）中国证监会禁止的其他行为。

证券公司及其董事、监事、高级管理人员等相关主体不得配合证券公司的股东及其控股股东、实际控制人发生上述情形。

证券公司发现股东及其控股股东、实际控制人存在上述情形，应当及时采取措施防止违规情形加剧，并在 2 个工作日内向住所地中国证监会派出机构报告。

第四章　罚　则

第三十条 未履行法定核准程序，证券公司擅自变更股权相关事项的，中国证监会或其派出机构依照《证券法》第二百零四条的规定处理。

第三十一条 任何单位或者个人持有或者实际控制证券公司相关股权不符合本规定的，中国证监会或其派出机构依照《证券公司监督管理条例》第七十一条的规定处理。

任何单位或者个人未经批准，委托他人或者接受他人委托持有或者管理证券公司的股权，或者认购、受让或者实际控制证券公司的股权的，中国证监会或其派出机构依照《证券公司监督管理条例》第八十六条的规定处理。

第三十二条 证券公司的股东有虚假出资、出资不实、抽逃出资或者变相抽逃出资的，中国证监会或其派出机构依照《证券法》第一百四十一条的规定处理。

第三十三条 在行政许可过程中，相关主体隐瞒有关情况或者提供虚假材料的，中国证监会或其派出机构依照《行政许可法》第七十八条的规定处理。

相关主体以隐瞒、欺骗等不正当手段获得证券公司股权相关行政许可批复的，中国证监会或其派出机构依照《行政许可法》第六十九条、第七十九条的规定处理。

第三十四条 证券公司或其主要股东、实际控制人违反规定，未按规定报告有关事项，或者报送的信息有虚假记载、误导性陈述或者重大遗漏的，中国证监会或其派出机构依照《证券法》第二百一十一条的规定处理。

第三十五条 证券公司违规为其股东或者股东的关联人提供融资或者担保的，中国证监会或其派出机构依照《证券法》第二百零五条的规定处理。

证券公司的股东、实际控制人强令、指使、协助、接受证券公司以证券经纪客户或者证券资产管理客户的资产提供融资或者担保的，中国证监会或其派出机构依照《证券公司监督管理条例》第八十六条的规定处理。

第三十六条 证券公司及其股东、股东的实际控制人或其他相关主体违反本规定，致使证券公司治理结构不健全、内部控制不完善、经营管理混乱、违法违规的，中国证监会或其派出机构依照《证券公司监督管理条例》第七十条的规定处理；致使证券公司的治理结构、合规管理、风险控制指标不符合规定，严重危及证券公司稳健运行、损害客户合法权益的，依照《证券法》第一百四十条的规定处理；致使证券公司违法经营或者出现重大风险，严重危害证券市场秩序、损害投资者利益的，依照《证券法》第一百四十三条的规定处理。

证券公司的董事、监事、高级管理人员违反本规定，致使证券公司存在重大违法违规行为或重大风险的，中国证监会或其派出机构依照《证券法》第一百四十二条的规定处理。

第三十七条 证券公司及其股东、股东的实际控制人或其他相关主体违反本规定，《证券法》《证券公司监督管理条例》等法律、行政法规没有规定相应处理措施或罚则的，中国证监会或其派出机构可以采取责令改正、监管谈话、出具警示函、责令公开说明、责令定期报告等监管措施；对直接负责的董事、监事、高级管理人员和其他责任人员，可以采取责令改正、监管谈话、出具警示函、认定为不适当人选等监管措施；并可以视情节对相关主体处以警告、3 万元以下罚款；涉嫌犯罪的，依法移送司法机关。

第三十八条 中国证监会及其派出机构应当将证券公司及其董事、监事、高级管理人员，股东及其控股股东、实际控制人、相关中介机构等相关机构和人员的失信行为按照中国证监会诚信监督管理相关规定记入资本市场诚信档案数据库，通过全国信用信息共享平台与其他政府机构共享信息。

第三十九条 证券公司未遵守本规定进行股权管理的，中国证监会可以调整该证券公司分类监管评价类别。

第五章 附 则

第四十条 本规定所称“以上”“不低于”包括本数，“以下”“超过”不包括本数。

第四十一条 证券公司变更主要股东，指证券公司新增主要股东，或者证券公司第一大股东、控股股东发生变化。

证券公司变更 5%以上股权的实际控制人，指证券公司新增持有 5%以上股权的实际控制人，或者证券公司的实际控制人发生变化。

第四十二条 本规定所称证券公司第一大股东，指持有证券公司 5%以上股权的第一大股东。

第四十三条 国家对证券公司国有股权行政划转另有规定的，相关要求从其规定。

入股证券公司涉及金融业综合经营、国有资产或者其他金融监管部门职责的，应当符合国家关于金融业综合经营相关政策、国有资产管理和其他金融监管部门的相关规定。

外商投资证券公司的股东，还应当符合中国证监会关于外商投资证券公司管理的相关规定。

第四十四条 投资者通过证券交易所购买证券公司股份使其累计持有的证券公司股份达到 5%的，应当依法举牌并报中国证监会核准。获得核准前，投资者不得继续增持该公司股份。中国证监会不予核准的，投资者应当在自不予核准之日起50个交易日（不含停牌时间，持股不足6个月的，应当自持股满6个月后）内依法改正。

投资者通过股份转让系统购买证券公司股份使其累计持有的证券公司股份达到5%以上的，参照适用第一款规定。

投资者认购证券公司公开发行股份或者通过证券交易所、股份转让系统转让证券公司股份，且所涉认购或股权变更事项不需审批或备案的，豁免本规定第十七条、第十八条规定的要求。

第四十五条 本规定自公布之日起施行。本规定施行前，中国证监会有关证券公司股权管理的规定与本规定不一致的，按照本规定执行。

证券公司和证券投资基金管理公司境外设立、收购、参股经营机构管理办法

· 2018年9月25日中国证券监督管理委员会令第150号公布

· 根据2021年1月15日中国证券监督管理委员会《关于修改、废止部分证券期货规章的决定》修正

第一条 为了规范证券公司、证券投资基金管理公司（以下统称证券基金经营机构）在境外设立、收购子公司或者参股经营机构的行为，根据《中华人民共和国证券法》《中华人民共和国证券投资基金法》《证券公司监督管理条例》等法律、行政法规，制定本办法。

第二条 证券基金经营机构在境外设立、收购子公司或者参股经营机构，适用本办法。

境外子公司和参股经营机构在境外的注册登记、变更、终止以及开展业务活动等事项，应当遵守所在国家或者地区的法律法规和监管要求。

第三条 证券基金经营机构在境外设立、收购子公司或者参股经营机构，应当对境外市场状况、法律法规、监管环境等进行必要的调查研究，综合考虑自身财务状况、公司治理情况、内部控制和风险管理水平、对子公司的管理和控制能力、发展规划等因素，全面评估论证，合理审慎决策。

第四条 证券基金经营机构在境外设立、收购子公司或者参股经营机构，不得从事危害中华人民共和国主权、安全和社会公共利益的行为，不得违反反洗钱等相关法律法规的规定。

第五条 境外子公司、参股经营机构依照属地监管原则由境外监督管理机构监管。中国证券监督管理委员会（以下简称中国证监会）与境外监督管理机构建立跨境监督管理合作机制，加强监管信息交流和执法合作，督促证券基金经营机构依法履行对境外子公司、参股经营机构的管理职责。

第六条 证券基金经营机构应当按照国家外汇管理部门和中国证监会的相关规定，建立完备的外汇资产负债风险管理系统，依法办理外汇资金进出相关手续。

第七条 证券公司在境外设立、收购子公司或者参股经营机构，应当向中国证监会备案；证券投资基金管理公司在境外设立、收购子公司或者参股经营机构，应当经中国证监会批准。

第八条 证券基金经营机构在境外设立、收购子公司或者参股经营机构开展业务活动，应当与其治理结构、内部控制、合规管理、风险管理以及风险控制指标、从业人员构成等情况相适应，符合审慎监管和保护投资者合法权益的要求。存在下列情形之一的，不得在境外设立、收购子公司或者参股经营机构：

（一）最近3年因重大违法违规行为受到行政或刑事处罚，最近1年被采取重大监管措施或因风险控制指标不符合规定被采取监管措施，因涉嫌重大违法违规行为正在被立案调查或者正处于整改期间；

（二）拟设立、收购子公司和参股经营机构所在国家或者地区未建立完善的证券法律和监管制度，或者该国家或者地区相关金融监管机构未与中国证监会或者中国证监会认可的机构签定监管合作谅解备忘录，并保持有效的监管合作关系；

（三）中国证监会规定的其他情形。

证券投资基金管理公司在境外设立、收购子公司或者参股经营机构的，净资产应当不低于6亿元，持续经营应当原则上满2年。

第九条 证券基金经营机构设立境外子公司的，应当财务状况及资产质量良好，具备对子公司的出资能力且全资设立，中国证监会认可的除外。

第十条 证券投资基金管理公司在境外设

立、收购子公司或者参股经营机构，应当向中国证监会提交下列申请材料：

（一）法定代表人签署的申请报告；

（二）在境外设立、收购子公司或者参股经营机构的相关决议文件；

（三）拟设立、收购子公司或者参股经营机构的章程（草案）；

（四）符合在境外设立、收购子公司和参股经营机构条件的说明；

（五）与境外子公司、参股经营机构之间防范风险传递、利益冲突和利益输送的相关措施安排及说明；

（六）能够对境外子公司和参股经营机构有效管理的说明，内容应当包括对现有境内子公司的风险管理和内部控制安排及实施效果，拟对境外子公司的管控安排，拟对境外参股经营机构相关表决权的实施机制等；

（七）在境外设立、收购子公司或者参股经营机构的协议（如适用）；

（八）可行性研究报告，内容至少包括：在境外设立、收购子公司或者参股经营机构的必要性及可行性，外汇资金来源的说明，境外子公司或者参股经营机构的名称、组织形式、管理架构、股权结构图、业务范围、业务发展规划的说明，主要人员简历等；

（九）与境外监督管理机构沟通情况的说明；

（十）中国证监会要求的其他材料。

证券公司在境外设立、收购子公司或者参股经营机构应当自公司董事会决议或其他相关决议通过5个工作日内向中国证监会提交备案情况说明，关于公司资本充足情况、风险控制指标模拟测算情况说明及本条第一款规定的第二项至第九项文件。

中国证监会发现证券公司在境外设立、收购子公司或者参股经营机构不符合本办法相关规定的，应当责令改正。

第十一条 境外子公司或者参股经营机构应当从事证券、期货、资产管理或者中国证监会认可的其他金融业务，以及金融业务中间介绍、金融信息服务、金融信息技术系统服务、为特定金融业务及产品提供后台支持服务等中国证监会认可的金融相关业务，不得从事与金融无关的业务。

第十二条 境外子公司应当具有简明、清晰、可穿透的股权架构，法人层级应当与境外子公司资本规模、经营管理能力和风险管控水平相适应。

境外子公司可以设立专业孙公司开展金融业务和金融相关业务。除确有需要外，上述孙公司不得再设立机构。

境外子公司再设立、收购、参股经营机构，应当按照国家有关规定履行相关的审批或者备案手续。

第十三条 境外子公司不得直接或者间接在境内从事经营性活动，为境外子公司提供后台支持或者辅助等中国证监会认可的活动除外。

境外子公司在境内设立机构，从事后台支持或者辅助等中国证监会认可活动的，证券基金经营机构应当报中国证监会备案。

第十四条 证券基金经营机构应当充分履行股东职责，依法参与境外子公司的法人治理，健全对境外子公司的风险管控，形成权责明确、流程清晰、制衡有效的管理机制。

第十五条 证券基金经营机构应当指派分管境外机构的高级管理人员作为股东代表出席股东（大）会。股东代表因故不能出席时，应当书面授权证券基金经营机构相关部门负责人代为出席。

第十六条 证券基金经营机构在境外设立、收购子公司，应当确保对子公司董事会具有影响力。仅设执行董事的，执行董事应当由证券基金经营机构提名。证券基金经营机构应当履行内部程序确定提名人选，所提名的董事应当符合以下条件：

（一）熟悉中国证监会及境外机构所在地相关法律法规和业务规范，具备良好的职业操守，最近3年无相关违法违规记录；

（二）具备5年以上证券、基金等金融领域的工作经历；

（三）具备履行职责所必需的时间和精力；

（四）中国证监会规定的其他条件。

第十七条 证券基金经营机构应当通过股东提案等方式，在境外子公司章程中明确下列事项由境外子公司股东会审议：

（一）决定经营方针和投资计划，决定年度财务预算方案、决算方案；

（二）选举和更换董事；

（三）变更业务范围、股权或注册资本，修改章程；

（四）合并、分立、解散或者清算；

（五）购买、出售资产或者投资、借贷、关联交易、担保等的金额达到或超过净资产的10%；

（六）设立、收购、参股经营机构；

（七）其他应当由股东会审议的事项。

第十八条 证券基金经营机构应当通过股东提案等方式，在境外子公司章程中明确下列事项由境外子公司董事会审议：

（一）购买、出售资产或者投资、借贷、关联交易、担保等的金额超过净资产的5%但不足10%，且不低于500万元人民币；

（二）内部管理机构的设置；

（三）聘任或者解聘境外子公司经营管理负责人、合规管理负责人、风险管理负责人、财务负责人等经营管理层人员，决定上述人员的考核结果和薪酬；

（四）涉及合规管理、内部控制、风险防范的重大事项；

（五）其他应当由董事会审议的事项。

第十九条 股东代表和提名的董事应当在收到相关会议议案后，及时向证券基金经营机构报告，并提交议案事项涉及的相关材料。

涉及本办法第十七条、第十八条股东会和董事会审议事项的相关议案，证券基金经营机构应当按照公司章程，提交证券基金经营机构股东会、董事会或者经营决策机构集体讨论，合规负责人应当进行合规审查，出具书面合规审查意见。集体决策的意见应当反馈给其委派的股东代表和提名的董事贯彻落实。

第二十条 证券基金经营机构应当采取有效措施，建立决策事项落实跟踪制度及决策效果评估制度，督促其委派的股东代表和提名的董事根据证券基金经营机构的意见履行职责，事后及时评估决策效果，不断改进提升决策质量。

第二十一条 证券基金经营机构应当建立境外机构、股东代表及所提名董事等相关人员的重大事项报告机制，明确报告的事项范围、时间要求和报告路径，确保证券基金经营机构能够及时知悉并处理境外机构经营管理等重大事项，有效防范、评估和化解风险。

第二十二条 证券基金经营机构应当建立健全对境外子公司的内部稽核和外部审计制度，完善对境外子公司的财务稽核、业务稽核、风险控制监督等，检查和评估境外子公司内部控制的有效性、财务运营的稳健性等。外部审计每年不少于一次，内部稽核定期进行。

第二十三条 证券基金经营机构应当建立与境外子公司、参股经营机构之间有效的信息隔离和风险隔离制度，控制内幕信息和未公开信息等敏感信息的不当流动和使用，有效防范风险传递和利益输送。

第二十四条 证券基金经营机构应当加强与境外子公司之间交易的管理，发生此类交易的，证券基金经营机构应当履行必要的内部程序并在公司年度报告以及监察稽核报告中说明；依照法律法规应当对外信息披露的，应当严格履行信息披露义务。

证券基金经营机构应当通过股东提案等方式，明确境外子公司、参股经营机构的关联交易管理制度，对关联交易行为认定标准、交易定价方法、交易审批程序等进行规范，保证关联交易决策的独立性，严格防范非公平关联交易风险。

第二十五条 证券基金经营机构应当通过股东提案等方式，在境外子公司章程中明确境外子公司高级管理人员应当符合以下条件：

（一）熟悉相关法律法规和业务规范，最近3年无相关违法违规记录；

（二）具备5年以上证券、基金等金融领域的工作经历和履行职责所必需的经营管理能力；

（三）中国证监会规定的其他条件。

证券基金经营机构的董事、监事、高级管理人员等在境外子公司、参股经营机构兼职的，应当遵守境内外相关规定，不得兼任与现有职责相冲突的职务。证券基金经营机构应当参照境内证券基金行业人员离任审计或离任审查的相关管理规定，对境外子公司的董事、高级管理人员和重要岗位人员开展离任审计或离任审查。

第二十六条 证券基金经营机构应当建立健全境外子公司激励约束机制，督促境外子公司完善绩效年薪制度。激励机制应当合理、均衡、有效，达到鼓励合规、稳健经营、长期有效的目的，不得过度激励、短期激励。

证券基金经营机构应当建立健全履职评价和责任追究机制，对损害境外子公司、参股经营机构合法权益，导致境外子公司、参股经营机构出现经营风险或者违法违规问题的人员依法追究责任。

第二十七条 证券基金经营机构应当建立并持续完善覆盖境外机构的合规管理、风险管理和内部控制体系。

证券基金经营机构应当要求境外子公司的合规负责人和风险管理负责人每年度结束后30个工作日内,向证券基金经营机构报送年度合规专报和风险测评专报。证券基金经营机构的合规负责人、风险管理负责人应当对上述专报进行审查,并签署审查意见。

第二十八条 证券基金经营机构对境外子公司增资,或者依法为境外子公司提供融资、担保以及其他类似增信措施的,应当履行内部的决策程序,并在作出决议之日起5个工作日内向中国证监会备案;依法为境外子公司出具不具有实质性担保义务的安慰函以及其他类似文件的,应当于出具文件的次月前5个工作日内向中国证监会备案。

第二十九条 证券基金经营机构在境外参股经营机构的,应当依法参与经营管理,充分行使股东权利,积极履行股东义务。

第三十条 证券基金经营机构应当在每月前10个工作日内,通过中国证监会有关监管信息平台报送上一月度境外子公司的主要财务数据及业务情况。

证券基金经营机构应当在每年4月底之前通过中国证监会有关监管信息平台报送上一年度境外机构经审计的财务报告、审计报告以及年度工作报告,年度工作报告的内容包括但不限于:持牌情况、获得交易所等会员资格情况、业务开展情况、财务状况、法人治理情况、岗位设置和人员配备情况、下属机构情况、配合调查情况、被境外监管机构采取监管措施或者处罚情况等。

中国证监会派出机构应当每月对辖区内证券基金经营机构报送的境外机构有关文件进行分析,并在每季度结束后15个工作日内,向中国证监会报告辖区内证券基金经营机构境外机构的经营管理、内控合规和风险管理等情况。

第三十一条 证券基金经营机构境外子公司发生下列事项的,证券基金经营机构应当在5个工作日内向中国证监会及相关派出机构书面报告:

(一)注册登记、取得业务资格、经营非持牌业务;

(二)作出变更名称、股权或注册资本,修改章程重要条款,分立、合并或者解散等的决议;

(三)取得、变更或者注销交易所等会员资格;

(四)变更董事长、总经理、合规负责人和风险管理负责人;

(五)机构或其从业人员受到境外监管机构或交易所的现场检查、调查、纪律处分或处罚;

(六)预计发生重大亏损、遭受超过净资产10%的重大损失以及公司财务状况发生其他重大不利变化;

(七)与证券基金经营机构及其关联方发生重大关联交易;

(八)按规定应当向境外监管机构报告的重大事项。

第三十二条 证券基金经营机构在境外设立、收购子公司或者参股经营机构,以及对境外子公司和参股经营机构的管理,违反法律、行政法规和本办法规定的,中国证监会及相关派出机构可以对证券基金经营机构采取出具警示函、责令定期报告、责令改正、监管谈话等行政监管措施;对直接负责的董事、监事、高级管理人员和其他责任人员,可以采取出具警示函、责令改正、监管谈话、认定为不适当人选等行政监管措施。

第三十三条 证券基金经营机构因治理结构不健全、内部控制不完善,未按本办法履行对境外机构的管理和控制职责,导致境外机构违法违规经营或者出现重大风险的,对证券基金经营机构及其直接负责的董事、监事、高级管理人员和其他直接责任人员,依照《中华人民共和国证券投资基金法》第二十四条、《证券公司监督管理条例》第七十条采取行政监管措施。

第三十四条 证券基金经营机构违反本办法规定,依法应予处罚的,对证券基金经营机构及其直接负责的主管人员和其他直接责任人员,按照相关法律法规的规定进行处罚。相关法律法规没有规定的,处以警告、3万元以下罚款。涉嫌犯罪的,依法移送司法机关追究刑事责任。

第三十五条 本办法所称收购,指通过购买境外已设立机构股权等方式控制该机构。

第三十六条 境外子公司、参股经营机构所在地法律法规以及关于上市公司的相关监管政策和自律规则对其外资比例、章程内容、法人治理等方面的规定与本办法存在不一致的,从其规定。

第三十七条 本办法施行前,证券基金经营机构已经获准设立、收购子公司或者参股经营机构的，应当在本办法施行后36个月内，逐步规范，达到本办法的相关要求。逾期未达到要求的，中国证监会及相关派出机构依法采取行政监管措施。其中，对于已经存在的股权架构不符合要求的，证券基金经营机构应当降低组织架构复杂程度，简化法人层级，并报中国证监会备案认可。

证券基金经营机构不得在境外经营放债或类似业务。已经开展上述业务的，自本办法施行之日起，不得新增上述业务，存量业务到期终结。

第三十八条 本办法自公布之日起施行。中国证监会发布的《关于证券投资基金管理公司在香港设立机构的规定》（证监会公告〔2008〕12号）同时废止。

2. 从业人员

证券经纪人管理暂行规定

· 2009年3月13日中国证券监督管理委员会公告〔2009〕2号发布

· 根据2020年3月20日中国证券监督管理委员会《关于修改部分证券期货规范性文件的决定》修正

第一条 为了加强对证券经纪人的监管，规范证券经纪人的执业行为，保护客户的合法权益，根据《证券法》和《证券公司监督管理条例》（以下简称《条例》），制定本规定。

第二条 证券公司可以通过公司员工或者委托公司以外的人员从事客户招揽和客户服务等活动。委托公司以外的人员的，应当按照《条例》规定的证券经纪人形式进行，不得采取其他形式。

前款所称证券经纪人，是指接受证券公司的委托，代理其从事客户招揽和客户服务等活动的证券公司以外的自然人。

第三条 证券公司应当建立健全证券经纪人管理制度，采取有效措施，对证券经纪人及其执业行为实施集中统一管理，保障证券经纪人具备基本的职业道德和业务素质，防止证券经纪人在执业过程中从事违法违规或者超越代理权限、损害客户合法权益的行为。

第四条 证券经纪人为证券从业人员，应当符合规定的条件。

证券经纪人只能接受一家证券公司的委托，并应当专门代理证券公司从事客户招揽和客户服务等活动。

第五条 证券公司应当在与证券经纪人签订委托合同前，对其资格条件进行严格审查。对不具备规定条件的人员，证券公司不得与其签订委托合同。

第六条 证券公司与证券经纪人签订委托合同，应当遵循平等、自愿、诚实信用的原则，公平地确定双方的权利和义务。

委托合同应当载明下列事项：

（一）证券公司的名称和证券经纪人的姓名；

（二）证券经纪人的代理权限；

（三）证券经纪人的代理期间；

（四）证券经纪人服务的证券营业部；

（五）证券经纪人的执业地域范围；

（六）证券经纪人的基本行为规范；

（七）证券经纪人的报酬计算与支付方式；

（八）双方权利义务；

（九）违约责任。

证券经纪人的执业地域范围，应当与其服务的证券公司的管理能力及证券营业部的客户管理水平和客户服务的合理区域相适应。

第七条 证券公司应当对证券经纪人进行不少于60个小时的执业前培训，其中法律法规和职业道德的培训时间不少于20个小时。证券公司应当对证券经纪人执业前培训的效果进行测试。

第八条 证券公司应当在与证券经纪人签订委托合同、对其进行执业前培训并经测试合格后，为其向中国证券业协会（以下简称协会）进行登记。登记事项包括证券经纪人的姓名、身份证号码、代理权限、代理期间、服务的证券营业部、执业地域范围和公司查询与投诉电话等。

第九条 证券经纪人应当在执业过程中向客户明示其与证券公司的委托代理关系，并在委托合同约定的代理权限、代理期间、执业地域范围内从事客户招揽和客户服务等活动。

第十条 证券经纪人在执业过程中，可以根据证券公司的授权，从事下列部分或者全部活动：

（一）向客户介绍证券公司和证券市场的基本情况；

（二）向客户介绍证券投资的基本知识及开户、交易、资金存取等业务流程；

（三）向客户介绍与证券交易有关的法律、行政法规、证监会规定、自律规则和证券公司的有关规定；

（四）向客户传递由证券公司统一提供的研究报告及与证券投资有关的信息；

（五）向客户传递由证券公司统一提供的证券类金融产品宣传推介材料及有关信息；

（六）法律、行政法规和证监会规定证券经纪人可以从事的其他活动。

第十一条 证券经纪人从事客户招揽和客户服务等活动，应当遵守法律、行政法规、监管机构和行政管理部门的规定、自律规则以及职业道德，自觉接受所服务的证券公司的管理，履行委托合同约定的义务，向客户充分提示证券投资的风险。

第十二条 证券经纪人应当在本规定第十条规定和证券公司授权的范围内执业，不得有下列行为：

（一）替客户办理账户开立、注销、转移，证券认购、交易或者资金存取、划转、查询等事宜；

（二）提供、传播虚假或者误导客户的信息，或者诱使客户进行不必要的证券买卖；

（三）与客户约定分享投资收益，对客户证券买卖的收益或者赔偿证券买卖的损失作出承诺；

（四）采取贬低竞争对手、进入竞争对手营业场所劝导客户等不正当手段招揽客户；

（五）泄漏客户的商业秘密或者个人隐私；

（六）为客户之间的融资提供中介、担保或者其他便利；

（七）为客户提供非法的服务场所或者交易设施，或者通过互联网络、新闻媒体从事客户招揽和客户服务等活动；

（八）委托他人代理其从事客户招揽和客户服务等活动；

（九）损害客户合法权益或者扰乱市场秩序的其他行为。

第十三条 证券公司应当按照协会的规定，组织对证券经纪人的后续职业培训。

第十四条 证券公司应当建立健全证券经纪人执业支持系统，向证券经纪人提供其执业所需的有关资料和信息。

第十五条 证券公司应当建立健全信息查询制度，保证客户能够通过现场、电话或者互联网络的方式随时查询证券经纪人的姓名、代理权限、代理期间、服务的证券营业部、执业地域范围及登记编号等信息，能够通过现场或者互联网络的方式查看证券经纪人的照片。

证券公司应当按月或者按季将证券经纪人所招揽和服务客户账户的交易情况及资产余额等信息，以信函、电子邮件、手机短信或者其他适当方式提供给客户。证券公司与客户另有约定的，从其约定。

第十六条 证券公司应当建立健全客户回访制度，指定人员定期通过面谈、电话、信函或者其他方式对证券经纪人招揽和服务的客户进行回访，了解证券经纪人的执业情况，并作出完整记录。负责客户回访的人员不得从事客户招揽和客户服务活动。

第十七条 证券公司应当建立健全异常交易和操作监控制度，采取技术手段，对证券经纪人所招揽和服务客户的账户进行有效监控，发现异常情况的，立即查明原因并按照规定处理。

第十八条 证券公司应当建立健全客户投诉和纠纷处理机制，明确处理流程，妥善处理客户投诉和与客户之间的纠纷，持续做好客户投诉和纠纷处理工作。证券公司应当保证在营业时间内，有专门人员受理客户投诉、接待客户来访。证券公司的客户投诉渠道和纠纷处理流程，应当在公司网站和证券营业部的营业场所公示。

证券经纪人被投诉情况以及证券公司对客户投诉、纠纷和不稳定事件的防范和处理效果，作为衡量证券公司内部管理能力和客户服务水平的重要指标，纳入其分类评价范围。

第十九条 证券公司应当将证券经纪人的执业行为纳入公司合规管理范围，并建立科学合理的证券经纪人绩效考核制度，将证券经纪人执业行为的合规性纳入其绩效考核范围。

证券公司应当将证券营业部对证券经纪人管理的有效性纳入其绩效考核范围。

第二十条 证券经纪人在执业过程中发生违反证券公司内部管理制度、自律规则或者法律、行政法规、监管机构和行政管理部门规定行为的，证券公司应当按照有关规定和委托合同的约定，追究其责任，并及时向公司住所地和该证券经纪人服务的证券营业部所在地证监会派出机构报告。证券经纪人不再具备规定的执业条件的，证券公司应当解除委托合同。

证券经纪人的行为涉嫌违反法律、行政法规、监管机构和行政管理部门规定的，证券公司应当及时报告有关监管机构或者行政管理部门；涉嫌刑事犯罪的，证券公司应当及时向有关司法机关举报。

第二十一条 证券公司应当建立健全证券经纪人档案，实现证券经纪人执业过程留痕。证券经纪人档案应当记载证券经纪人的个人基本信息、代理权限、代理期间、服务的证券营业部、执业地域范围、执业前及后续职业培训情况、执业活动情况、客户投诉及处理情况、违法违规及超越代理权限行为的处理情况和绩效考核情况等信息。

第二十二条 证券公司应当在每年1月31日之前，向住所地证监会派出机构报送证券经纪人管理年度报告。年度报告应当至少包括下列内容：

（一）本年度与证券经纪人有关的管理制度、内控机制和技术系统的运行和改进情况；

（二）本年度证券经纪人数量的变动情况，报告期末证券经纪人的数量及在证券营业部的分布情况；

（三）本年度证券经纪人委托合同执行情况、证券经纪人报酬支付和合法权益保障情况；

（四）本年度证券经纪人执业前培训和后续职业培训的内容、方式、时间和接受培训的人数以及下一年度的培训计划；

（五）本年度与证券经纪人有关的客户投诉和纠纷及其处理情况，当前可能出现集中投诉的事项、形成原因及拟采取的化解措施。

第二十三条 协会负责制定有关自律规则，组织或者办理证券经纪人的登记管理相关事宜，并可以对证券公司委托、管理证券经纪人的情况和证券经纪人的执业行为进行监督检查，对违反自律规则的证券公司和证券经纪人予以纪律处分。

协会建立证券经纪人数据库，向社会公众提供证券经纪人登记信息的查询服务。

第二十四条 证监会及其派出机构依法对证券经纪人进行监督管理。对违法违规的证券经纪人，依法采取监管措施或者予以行政处罚。对违反规定或者因管理不善导致证券经纪人违法违规、客户大量投诉、出现重大纠纷、不稳定事件的证券公司，可以要求其提高经纪业务风险资本准备计算比例和有关证券营业部的分支机构风险资本准备计算金额，并依法采取限制其证券经纪人规模等监管措施或者予以行政处罚。

证券公司和证券经纪人的失信行为信息，记入证券期货市场诚信信息数据库系统。

第二十五条 证券公司应当将与证券经纪人有关的管理制度、证券经纪人制度启动实施方案报公司住所地证监会派出机构备案。经住所地证监会派出机构现场核查，确认其相关管理制度、内控机制和技术系统已经建立并能有效运行，证券经纪人制度启动实施方案合理可行，证券经纪业务已经满足合规要求后，证券公司方可委托证券经纪人从事客户招揽和客户服务等活动。

证券营业部在启动实施证券经纪人制度前，应当将证券公司与证券经纪人有关的管理制度和证券经纪人制度启动实施方案报所在地证监会派出机构备案，并接受所在地证监会派出机构的监管。

与证券经纪人有关的管理制度，应当至少包括证券经纪人的登记管理、委托合同管理、执业前和后续职业培训、行为规范、报酬计算与支付方式以及本规定第十四条至第二十一条规定的事项等内容；证券经纪人制度启动实施方案，应当至少包括实施该制度的证券营业部的选择标准和确定程序、实施该制度的基本步骤等内容。

第二十六条 证券公司的员工从事证券经纪业务营销活动，参照本规定执行。

证券公司的证券经纪业务营销人员数量应当与公司的管理能力相适应。

第二十七条 本规定自2009年4月13日起施行。

证券基金经营机构董事、监事、高级管理人员及从业人员监督管理办法

· 2022年2月18日中国证券监督管理委员会令第195号公布

· 自2022年4月1日起施行

第一章 总 则

第一条 为了规范证券公司和公开募集证券

投资基金管理公司(以下统称证券基金经营机构)董事、监事、高级管理人员及从业人员的任职管理和执业行为,促进证券基金经营机构合规、稳健运行,保护投资者的合法权益,依据《证券法》《证券投资基金法》《公司法》《证券公司监督管理条例》等法律法规,制定本办法。

第二条 在中华人民共和国境内,证券基金经营机构董事、监事、高级管理人员及从业人员的任职管理和执业行为,适用本办法。

本办法所称高级管理人员是指证券基金经营机构的总经理、副总经理、财务负责人、合规负责人、风控负责人、信息技术负责人、行使经营管理职责并向董事会负责的管理委员会或执行委员会成员,和实际履行上述职务的人员,以及法律法规、中国证券监督管理委员会(以下简称中国证监会)和公司章程规定的其他人员。

本办法所称从业人员是指在证券基金经营机构从事证券基金业务和相关管理工作的人员。

第三条 证券基金经营机构聘任董事、监事、高级管理人员和分支机构负责人,应当依法向中国证监会相关派出机构备案。

证券公司从业人员应当符合从事证券业务的条件,并按照规定在中国证券业协会(以下简称证券业协会)登记;公开募集证券投资基金管理公司(以下简称基金管理公司)从业人员应当符合从事基金业务的条件,并按照规定在中国证券投资基金业协会(以下简称基金业协会)注册,取得基金从业资格。

证券基金经营机构不得聘任不符合任职条件的人员担任董事、监事、高级管理人员和分支机构负责人,不得聘用不符合从业条件的人员从事证券基金业务和相关管理工作,不得违反规定授权不符合任职条件或者从业条件的人员实际履行相关职责。

第四条 证券基金经营机构董事、监事、高级管理人员及从业人员应当遵守法律法规和中国证监会的规定,遵守公司章程和行业规范,恪守诚信,勤勉尽责,廉洁从业,不得损害国家利益、社会公共利益和投资者合法权益。

第五条 中国证监会及其派出机构依法对证券基金经营机构董事、监事、高级管理人员及从业人员实施监督管理。

证券业协会、基金业协会(以下统称行业协会)等自律管理组织依法对证券基金经营机构董事、监事、高级管理人员及从业人员实施自律管理。

第二章 董事、监事和高级管理人员任职管理

第六条 拟任证券基金经营机构董事、监事和高级管理人员的人员,应当符合下列基本条件:

(一)正直诚实,品行良好;

(二)熟悉证券基金法律法规和中国证监会的规定;

(三)具备3年以上与其拟任职务相关的证券、基金、金融、法律、会计、信息技术等工作经历;

(四)具有与拟任职务相适应的管理经历和经营管理能力;

(五)拟任证券基金经营机构高级管理人员的,曾担任证券基金经营机构部门负责人以上职务不少于2年,或者曾担任金融机构部门负责人以上职务不少于4年,或者具有相当职位管理经历;

(六)法律法规、中国证监会规定的其他条件。

拟任证券基金经营机构董事长、高级管理人员以及其他从事业务管理工作的人员,还应当符合证券基金从业人员条件。

拟任证券基金经营机构合规负责人、风控负责人、信息技术负责人的,还应当符合中国证监会规定的其他条件。

第七条 有下列情形之一的,不得担任证券基金经营机构董事、监事和高级管理人员:

(一)存在《公司法》第一百四十六条、《证券法》第一百二十四条第二款、第一百二十五条第二款和第三款,以及《证券投资基金法》第十五条规定的情形;

(二)因犯有危害国家安全、恐怖主义、贪污、贿赂、侵占财产、挪用财产、黑社会性质犯罪或者破坏社会经济秩序罪被判处刑罚,或者因犯罪被剥夺政治权利;

(三)因重大违法违规行为受到金融监管部门的行政处罚或者被中国证监会采取证券市场禁入措施,执行期满未逾5年;

(四)最近5年被中国证监会撤销基金从业资格或者被基金业协会取消基金从业资格;

(五)担任被接管、撤销、宣告破产或吊销营业执照机构的法定代表人和经营管理的主要负责

人，自该公司被接管、撤销、宣告破产或吊销营业执照之日起未逾5年，但能够证明本人对该公司被接管、撤销、宣告破产或吊销营业执照不负有个人责任的除外；

（六）被中国证监会认定为不适当人选或者被行业协会采取不适合从事相关业务的纪律处分，期限尚未届满；

（七）因涉嫌违法犯罪被行政机关立案调查或者被司法机关立案侦查，尚未形成最终处理意见；

（八）中国证监会依法认定的其他情形。

第八条 拟任证券基金经营机构董事长、副董事长、监事会主席、高级管理人员的人员，可以参加行业协会组织的水平评价测试，作为证明其熟悉证券基金法律法规的参考；上述人员不参加行业协会组织的水平评价测试的，应当符合下列条件之一：

（一）具备10年以上与其拟任职务相关的证券、基金、金融、法律、会计、信息技术等境内工作经历，且从未被金融监管部门采取行政处罚或者行政监管措施，拟任高级管理人员的，还应当担任证券基金经营机构部门负责人以上职务不少于5年，或者具有相当职位管理经历；

（二）中国证监会和行业协会规定的其他条件。

第九条 拟任证券基金经营机构独立董事的，不得在拟任职的证券基金经营机构担任董事会外的职务，且不得存在以下情形：

（一）最近3年在拟任职的证券基金经营机构及其关联方任职；

（二）直系亲属和主要社会关系人员在拟任职的证券基金经营机构及其关联方任职；

（三）与拟任职的证券基金经营机构及其关联方的高级管理人员、其他董事、监事以及其他重要岗位人员存在利害关系；

（四）在与拟任职的证券基金经营机构存在业务往来或利益关系的机构任职；

（五）在其他证券基金经营机构担任除独立董事以外的职务；

（六）其他可能妨碍其作出独立、客观判断的情形。

任何人员最多可以在2家证券基金经营机构担任独立董事。法律法规和中国证监会另有规定的，从其规定。

第十条 证券基金经营机构聘任高级管理人员的，应当按照法律法规和公司章程的规定，由公司股东、董事会专门委员会或者总经理进行提名，提名人应当就拟任人符合任职条件作出书面承诺，并对其个人品行、职业操守、从业经历、业务水平、管理能力等发表明确意见，不得隐瞒重要情况或者提供虚假信息。

第十一条 证券基金经营机构聘任董事、监事和高级管理人员前，应当审慎考察并确认其符合相应的任职条件，自作出聘任决定之日起5个工作日内向中国证监会相关派出机构报送下列备案材料：

（一）任职情况备案登记表；

（二）聘任决定文件及相关会议决议；

（三）聘任单位对受聘人的考察意见、提名人的书面承诺和提名意见；

（四）身份、相关工作经历、诚信状况等证明其符合任职条件的文件；

（五）受聘人签署的诚信经营承诺书；

（六）最近3年曾任职单位出具的离任审计报告、离任审查报告、鉴定意见或者聘任单位委托第三方机构对受聘人出具的任职调查报告；

（七）中国证监会要求提交的其他材料。

证券基金经营机构应当在考察意见中对受聘人符合任职条件的情况作出说明。

曾在证券基金经营机构担任董事、监事和高级管理人员的，除补充和更新材料外，可不重复报送本条第一款第（四）项规定的备案材料。

第十二条 证券基金经营机构聘任独立董事的，应当要求拟任人提供关于独立性的声明，并作为备案材料向中国证监会相关派出机构报送。声明应当重点说明拟任人是否存在本办法第九条所列举的情形。

第十三条 中国证监会相关派出机构收到备案材料后，可以通过查询个人档案、征求相关监管机构意见、查询资本市场诚信档案数据库、谈话等方式对受聘人情况进行必要的核查。

第十四条 中国证监会相关派出机构发现受聘人不符合任职条件的，应当要求证券基金经营机构更换有关人员。证券基金经营机构应当立即停止受聘人职务，及时解除对受聘人的聘任决定，并自作出解聘决定之日起5个工作日内向中国证监会相关派出机构报告。

中国证监会相关派出机构发现受聘人的聘任程序不符合公司章程规定的，应当要求证券基金经营机构改正，在履行规定的聘任程序前，受聘人不得实际履行职责。

证券基金经营机构、受聘人的提名人及其他负有考察责任的人员，对未发现受聘人不符合任职条件负有责任的，中国证监会相关派出机构应当依法追究其责任。

第三章 从业人员执业管理

第十五条 证券基金经营机构从业人员应当持续符合下列条件：

（一）品行良好；

（二）具备从事证券基金业务所需的专业能力，掌握证券基金业务相关的专业知识；

（三）最近3年未因犯罪被判处刑罚；

（四）不存在《证券法》第一百二十五条第二款和第三款，以及《证券投资基金法》第十五条规定的情形；

（五）最近5年未被中国证监会撤销基金从业资格或者被基金业协会取消基金从业资格；

（六）未被中国证监会采取证券市场禁入措施，或者执行期已经届满；

（七）法律法规、中国证监会和行业协会规定的其他条件。

第十六条 证券基金经营机构可以要求拟从事证券基金业务的人员参加从业人员专业能力水平评价测试，作为证明其专业能力的参考；不参加从业人员专业能力水平评价测试的，应当符合行业协会规定的条件。

行业协会根据业务类别负责组织从业人员专业能力水平评价测试，并作出境内外相关资质的互认安排。测试方案、大纲、科目和互认安排等由行业协会拟定并报中国证监会备案后组织实施。

第十七条 证券公司应当自证券从业人员从事业务之日起5个工作日内，向证券业协会提交证明其符合条件的材料和登记信息并办理登记。证券业协会应当自登记信息完备之日起5个工作日内办结登记。登记信息不完备或者不符合规定的，证券公司及其从业人员应当按照要求及时补正。

基金管理公司应当向基金业协会提交基金从业人员符合条件的证明材料和注册信息，为其申请执业注册。基金业协会应当对注册信息进行审查，并自受理之日起5个工作日内准予注册或者不予注册。准予注册的，相关人员取得基金从业资格。不予注册的，应当书面说明理由。基金从业人员在取得基金从业资格前不得从事基金业务活动。

第十八条 从业人员的登记信息或者注册信息发生变化的，应当及时通知证券基金经营机构，证券基金经营机构应当在知悉有关情况之日起5个工作日内向行业协会申请变更登记信息或者注册信息。从业人员不符合从业条件或者离职的，原聘用机构应当自上述情形发生之日起5个工作日内向行业协会办理注销登记或者注销注册。

第十九条 行业协会应当将从业人员登记或者注册情况、证券基金业基本从业信息、诚信记录等进行公示。

第二十条 拟任证券基金经营机构分支机构负责人的人员，应当同时符合本办法第六条第一款第（一）项到第（四）项、第七条和第十五条规定的任职条件。

证券基金经营机构聘任分支机构负责人前，应当考察确认其是否符合相应的任职条件，并自作出聘任决定之日起5个工作日内参照本办法第十一条的规定向中国证监会相关派出机构报送备案材料。中国证监会相关派出机构进行核查时发现受聘人不符合任职条件的，应当要求证券基金经营机构更换有关人员。

第二十一条 担任保荐代表人、证券投资顾问、证券分析师、财务顾问主办人、基金经理、投资经理、基金投资顾问，证券经纪人等与证券公司存在委托合同关系的从业人员，以及法律法规和中国证监会规定的其他人员，还应当符合相应的从业条件，并按照规定在行业协会登记或者注册。

第四章 董事、监事、高级管理人员及从业人员执业规范和履职限制

第一节 执业规范

第二十二条 证券基金经营机构董事、监事、高级管理人员及从业人员应当遵守法律法规和中国证监会的有关规定，切实履行公司章程、公司制度和劳动合同等规定的职责，并遵守下列执业行为规范：

（一）具有良好的守法合规意识，自觉抵制违法违规行为，配合中国证监会及其派出机构依法履行监管职责；

（二）诚实守信，廉洁自律，公平竞争，遵守职业道德和行业规范，履行向中国证监会及其派出机构的书面承诺；

（三）恪尽职守、勤勉尽责，切实维护投资者合法权益，公平对待投资者，有效防范并妥善处理利益冲突；

（四）审慎稳健，牢固树立风险意识，独立客观，不受他人非法干预；

（五）中国证监会规定的其他执业行为规范。

第二十三条 证券基金经营机构董事应当按照法律法规、中国证监会和公司章程的规定出席董事会会议，对所议事项发表明确意见，并对董事会决议依法承担相应责任。

证券基金经营机构独立董事应当依法独立履行董事义务，不受公司股东、实际控制人以及其他与公司存在利害关系的单位或个人的影响，维护公司整体利益和投资者合法权益。

证券基金经营机构独立董事应当制作年度履职报告提交股东（大）会审议，并存档备查。

第二十四条 证券基金经营机构监事应当依法检查公司财务，对董事、高级管理人员履职的合法合规性进行监督，维护公司、股东和投资者的合法权益。

第二十五条 证券基金经营机构高级管理人员应当忠实、勤勉履行职责，有效执行董事会决议和公司制度规定，防范和化解经营风险，确保公司规范经营和独立运作。

第二十六条 证券基金经营机构董事、监事、高级管理人员及从业人员不得从事下列行为：

（一）利用职务之便为本人或者他人牟取不正当利益；

（二）与其履行职责存在利益冲突的活动；

（三）不正当交易或者利益输送；

（四）挪用或者侵占公司、客户资产或者基金财产；

（五）私下接受客户委托从事证券基金投资；

（六）向客户违规承诺收益或者承担损失；

（七）泄露因职务便利获取的未公开信息、利用该信息从事或者明示、暗示他人从事相关的交易活动；

（八）违规向客户提供资金、证券或者违规为客户融资提供中介、担保或者其他便利；

（九）滥用职权、玩忽职守，不按照规定履行职责；

（十）法律法规和中国证监会规定禁止的其他行为。

第二十七条 证券基金经营机构董事、监事、高级管理人员及从业人员应当拒绝执行任何机构、个人侵害本公司利益或者投资者合法权益的指令或者授意，发现有侵害投资者合法权益的违法违规行为的，应当及时向合规负责人或者中国证监会相关派出机构报告。

第二十八条 证券基金经营机构董事、监事、高级管理人员及从业人员不得违反法律法规和中国证监会的规定，从事证券、基金和未上市企业股权投资。

第二十九条 证券基金经营机构董事、监事、高级管理人员及从业人员离任的，应当保守原任职机构商业秘密等非公开信息，不得利用非公开信息为本人或者他人牟取利益。

证券基金经营机构不得聘用从其他证券基金经营机构离任未满 6 个月的基金经理和投资经理，从事投资、研究、交易等相关业务。

第三十条 证券基金经营机构董事、监事、高级管理人员及从业人员应当加强学习培训，提高职业操守、合规意识和专业能力。

第二节 履职限制

第三十一条 证券基金经营机构董事、监事、高级管理人员及从业人员应当保证有足够的时间和精力履行职责，不得自营或者为他人经营与所任公司同类或者存在利益冲突的业务。

证券基金经营机构的岗位设置和职责权限应当清晰、明确，有效防范各岗位之间可能存在的利益冲突。

第三十二条 证券基金经营机构的高级管理人员、部门负责人和分支机构负责人，不得在证券基金经营机构参股或者控股的公司以外的营利性机构兼职；在证券基金经营机构参股的公司仅可兼任董事、监事，且数量不得超过 2 家，在证券基金经营机构控股子公司兼职的，不受前述限制。法律法规和中国证监会另有规定的，从其规定。

董事、监事、高级管理人员、部门负责人、分支机构负责人兼职的，应当及时通知证券基金经营机构，证券基金经营机构应当在知悉有关情况之日起5个工作日内向中国证监会相关派出机构报告。

第三十三条 证券基金经营机构从业人员应当以所在机构的名义从事证券基金业务活动，不得同时在其他证券基金经营机构执业。中国证监会另有规定的，从其规定。

第三十四条 证券基金经营机构董事、监事、高级管理人员及从业人员不得授权不符合任职条件或者从业条件的人员代为履行职责。法律法规和中国证监会另有规定的，从其规定。

证券基金经营机构董事长、总经理、合规负责人和分支机构负责人因故不能履行职务的，证券基金经营机构应当按照《公司法》和公司章程的规定，在15个工作日内决定由符合任职条件的人员代为履行职务，相关人员代为履行职务应当谨慎勤勉尽责，且时间不得超过6个月。中国证监会另有规定的，从其规定。

证券基金经营机构应当自按照前款规定作出决定之日起5个工作日内，向中国证监会相关派出机构报告。决定的人员不符合任职条件的，中国证监会相关派出机构应当要求证券基金经营机构限期另行作出决定，并要求原代为履行职务的人员停止履行职务。

第五章 证券基金经营机构的管理责任

第三十五条 证券基金经营机构应当切实履行董事、监事、高级管理人员及从业人员任职考察、履职监督、内部考核问责的主体责任，建立健全人员任职和执业管理的内部控制机制，强化合规与风险管理，有效管控激励约束、投资行为和利益冲突防范等事项，持续提升人员的道德水准、专业能力、合规风险意识和廉洁从业水平，培育合规、诚信、专业、稳健的行业文化。

第三十六条 证券基金经营机构聘任董事、监事、高级管理人员及从业人员，或者决定代为履行相应职务的人员前，应当向中国证监会相关派出机构和行业协会的信息系统查询其任职管理和执业管理信息。

第三十七条 证券基金经营机构应当对其董事、监事、高级管理人员和分支机构负责人的人员名单在官方网站进行公示，并自发生变化之日起20个工作日内进行更新。

第三十八条 自证券基金经营机构作出聘任决定之日起20个工作日内，高级管理人员和分支机构负责人无正当理由未实际到任履行相应职责的，证券基金经营机构应当撤销对受聘人的聘任决定，并自作出撤销聘任决定之日起5个工作日内向中国证监会相关派出机构报告。

第三十九条 证券基金经营机构董事、监事、高级管理人员和分支机构负责人出现不符合法律法规和中国证监会规定的任职条件的，证券基金经营机构应当立即停止其职权或者免除其职务。

证券基金经营机构董事、监事、高级管理人员及从业人员出现本办法第七条第（七）项规定情形的，应当及时通知证券基金经营机构；相关人员涉嫌重大违法犯罪，或因履职行为被行政机关立案调查或被司法机关立案侦查的，证券基金经营机构应当暂停其职务。

第四十条 证券基金经营机构高级管理人员职责分工发生调整，或者分支机构负责人改任本公司其他分支机构负责人的，应当在5个工作日内向中国证监会相关派出机构报告。

证券基金经营机构变更有关人员涉及《经营证券期货业务许可证》内容变更的，应当自作出有关聘任决定之日起20个工作日内向中国证监会或其派出机构换领《经营证券期货业务许可证》。

第四十一条 证券基金经营机构免除董事、监事、高级管理人员和分支机构负责人职务的，应当自作出免职决定之日起5个工作日内，向中国证监会相关派出机构备案，并提交下列材料：

（一）记载免职原因的免职决定文件；

（二）相关会议的决议；

（三）中国证监会规定的其他材料。

中国证监会相关派出机构依法对免职备案材料进行审查。免职程序不符合规定的，中国证监会相关派出机构应当要求证券基金经营机构改正。

第四十二条 证券基金经营机构免除任期未届满的独立董事职务的，证券基金经营机构和独立董事本人应当在20个工作日内分别向中国证监会相关派出机构和股东（大）会提交书面说明。

除本人申请，或被中国证监会及其派出机构责令更换，或确有证据证明其不符合任职条件、无法正常履职、未能勤勉尽责等情形外，证券基金经营机构不得免除任期未届满的合规负责人、风控负责人的职务。

第四十三条 证券基金经营机构应当加强对高级管理人员和从业人员的执业培训，确保其掌握与岗位职责相关的法律法规、执业规范，持续具备与岗位相适应的专业素质，并定期对其诚信合规、勤勉尽责、廉洁从业、专业能力等情况进行考核。

第四十四条 证券基金经营机构应当建立长效合理的薪酬管理制度，充分反映合规管理和风险管理要求，避免短期、过度激励等不当激励行为。证券基金经营机构应当对董事长、高级管理人员、主要业务部门负责人、分支机构负责人和核心业务人员建立薪酬递延支付机制，在劳动合同、内部制度中合理确定薪酬递延支付标准、年限和比例等。

证券基金经营机构实施股权激励、员工持股计划等长效激励机制的，应当合理设定授予条件、授予期限和分期授予比例。

证券基金经营机构应当建立健全内部问责机制，明确高级管理人员和从业人员的履职规范和问责措施。证券基金经营机构应当在与其高级管理人员及从业人员的劳动合同、内部制度中明确，相关人员未能勤勉尽责，对证券基金经营机构发生违法违规行为或者经营风险负有责任的，证券基金经营机构可以要求其退还相关行为发生当年奖金，或者停止对其实施长效激励措施。在违法违规行为调查期间或者风险处置期间，涉嫌对证券基金经营机构发生违法违规行为或经营风险负有责任的人员应当配合调查和风险处置工作。

第四十五条 证券基金经营机构应当建立健全董事、监事、高级管理人员、从业人员及其配偶、利害关系人进行证券、基金（货币市场基金除外）和未上市企业股权投资的申报、登记、审查、监控、处置、惩戒等投资行为管理制度和廉洁从业规范，制定有效的事前防范体系、事中管控措施和事后追责机制，防止董事、监事、高级管理人员及从业人员违规从事投资，切实防范内幕交易、市场操纵、利益冲突和利益输送等不当行为，确保投资者合法权益不受侵害。

第四十六条 证券基金经营机构应当定期对高级管理人员和分支机构负责人的履职情况开展内部稽核或外部审计，并保证稽核审计工作的独立性和有效性。

第四十七条 证券基金经营机构董事长、高级管理人员、分支机构负责人离任的，证券基金经营机构应当对其进行审计，并自其离任之日起2个月内将离任审计报告向中国证监会相关派出机构报告。其中，法定代表人、经营管理的主要负责人离任的，证券基金经营机构应当聘请符合《证券法》规定的会计师事务所对其进行离任审计。

证券基金经营机构基金经理、投资经理离任的，证券基金经营机构应当对其进行离任审查，并自离任之日起2个月内形成离任审查报告，以存档备查。

第四十八条 证券基金经营机构应当按照要求及时向中国证监会相关派出机构报送董事、监事、高级管理人员和分支机构负责人的诚信记录、内部惩戒、激励约束机制执行情况、投资行为管理和廉洁从业制度执行情况等信息，及时向行业协会报送从业人员的前述信息。

证券基金经营机构及其董事、监事、高级管理人员和从业人员应当保证报送的各项材料和信息真实、准确和完整，不得有虚假记载、误导性陈述和重大遗漏。

证券基金经营机构应当妥善保存公司人员管理制度，以及年度考核、执业培训、稽核审计等情况，保存期限不得少于20年。

第六章 监督管理与法律责任

第四十九条 中国证监会和行业协会建立证券基金经营机构董事、监事、高级管理人员及从业人员任职管理和执业管理信息系统，中国证监会相关派出机构和行业协会应当督促证券基金经营机构按要求将相关人员的职务任免、从业人员登记或者注册情况、从业经历、日常监管、诚信记录、内部惩戒等信息纳入统一的电子化管理，有关信息应当与证券期货交易场所、证券登记结算机构等相关单位共享。

第五十条 行业协会负责制定有关从业人员管理的自律规则，报中国证监会备案后实施。

行业协会应当按照法律法规和中国证监会的规定或者授权，组织从业人员的业务培训，对从事不同业务类型的从业人员实施差异化自律管理。

第五十一条 证券基金经营机构及其董事、监事、高级管理人员及从业人员违反法律法规、本办法和中国证监会其他规定的，中国证监会及其派出机构可以根据情节轻重依法采取责令改正、监管谈话、出具警示函、责令定期报告、责令处分有关人员、责令更换有关人员或者限制其权利、限制向董事、监事、高级管理人员支付报酬或者提供福利、责令暂停履行职务、责令停止职权、责令解除职务、认定为不适当人选等措施。

证券基金经营机构收到中国证监会及其派出机构责令停止职权或者解除职务的决定后，应当立即停止有关人员职权或者解除其职务，不得将其调整到其他平级或者更高层级职务。

证券基金经营机构董事、监事、高级管理人员及从业人员被暂停履行职务期间，不得擅自离职。

第五十二条 证券基金经营机构及其董事、监事、高级管理人员及从业人员有证据证明存在下列情形之一的，可以从轻、减轻或者免除采取行政监管措施：

（一）对突发事件或者重大风险积极采取补救措施，有效控制损失和不良影响；

（二）对证券基金经营机构作出的涉嫌违法违规决议，在集体决策过程中曾明确发表反对意见，并有书面记录；

（三）主动向中国证监会及其派出机构、公司合规负责人报告公司的违法违规行为且调查属实；

（四）中国证监会认定的其他情形。

第五十三条 证券基金经营机构及其董事、监事、高级管理人员及从业人员违反本办法规定，且构成违反《证券法》《证券投资基金法》《证券公司监督管理条例》等法律法规规定情形的，应当依照有关规定处理。

第五十四条 证券基金经营机构及其董事、监事、高级管理人员及从业人员违反本办法规定且情节严重，或者拒不执行监管决定，《证券法》《证券投资基金法》《证券公司监督管理条例》等法律法规没有规定相应处理措施或者罚则的，给予警告或者通报批评，并处20万元以下罚款。

第七章 附　　则

第五十五条 本办法下列用语的含义：

（一）分支机构负责人，是指证券基金经营机构在境内设立的从事业务经营活动的分公司、证券营业部，以及中国证监会规定的下属其他非法人机构的负责人；

（二）部门负责人，是指证券基金经营机构内设的从事证券基金业务和相关管理工作的部门负责人以及实际履行上述职务的人员，被纳入高级管理人员管理的除外；

（三）中国证监会相关派出机构，包括证券公司住所地、分支机构所在地的中国证监会派出机构和基金管理公司经营所在地、分支机构所在地的中国证监会派出机构；

（四）投资经理，是指证券基金经营机构从事自营业务、私募资产管理业务中负责投资的专业人员；

（五）商业秘密，按照《反不正当竞争法》的规定确定。

第五十六条 下列机构的相关人员应当具备本办法第六条第一款第（一）项到第（四）项、第七条和第十五条规定的任职条件，并比照证券基金经营机构及其高级管理人员适用本办法的其他规定：

（一）证券基金经营机构以外的其他公募基金管理人及其董事、监事和高级管理人员，基金托管人及其设立的基金托管部门的总经理、副总经理，以及实际履行上述职务的其他人员；

（二）证券基金经营机构子公司及其高级管理人员，以及从事证券投资咨询、财务顾问等证券服务机构和从事公募基金销售、份额登记、估值、投资顾问、评价等基金服务机构及其相关高级管理人员，以及实际履行上述职务的其他人员；

（三）商业银行以及中国证监会认可的其他金融机构从事证券基金服务业务的，相关机构及其提供证券基金服务部门的相关负责人。

前款规定机构的证券基金从业人员，应当比照证券基金经营机构从业人员适用本办法。

第五十七条 本办法实施前已在证券基金经营机构或者本办法第五十六条规定的机构依法担任董事、监事、高级管理人员，以及担任证券基金经营机构分支机构负责人等职务，但未取得相应的任职资格或者未进行任职备案，且不符合本办法规定任职条件的，应当自本办法实施之日起1年内符合相应的任职条件，并按照规定进行备案。

本办法实施前已在证券基金经营机构或者本办法第五十六条规定的机构依法从业，但不符合本办法规定从业条件的，应当自本办法实施之日起1年内符合相应的从业条件，并按照规定在行业协会登记或者注册。

逾期不符合相关任职条件和从业条件的上述人员,不得继续担任相应职务或者从事相应业务。

第五十八条 本办法自2022年4月1日起施行。中国证监会发布的《证券业从业人员资格管理办法》(中国证监会令第14号)《证券投资基金行业高级管理人员任职管理办法》(中国证监会令第23号)《证券公司董事、监事和高级管理人员任职资格监管办法》(中国证监会令第88号)《关于实施〈证券投资基金行业高级管理人员任职管理办法〉有关问题的通知》(证监基金字〔2004〕150号)同时废止。

3. 客户业务管理

客户交易结算资金管理办法

- 2001年5月16日中国证券监督管理委员会令第3号发布
- 根据2021年6月11日中国证券监督管理委员会《关于修改部分证券期货规章的决定》修订

第一章 总 则

第一条 为规范证券交易结算资金的管理,保护投资者利益,根据《中华人民共和国证券法》(以下简称《证券法》),制定本办法。

第二条 客户交易结算资金必须全额存入指定的从事证券交易结算资金存管业务的商业银行,单独立户管理。严禁挪用客户交易结算资金。

第三条 从事证券交易结算资金存管业务的商业银行、证券登记结算公司(以下简称结算公司)依照本办法对客户交易结算资金、清算备付金的定向划转实行监督。

第四条 中国证券监督管理委员会(以下简称证监会)依照本办法对证券公司、结算公司和商业银行的证券交易结算资金存管业务活动进行监督管理。

第二章 账户管理

第五条 证券公司及其证券营业部必须将客户交易结算资金全额存放于客户交易结算资金专用存款账户和清算备付金账户。

结算公司必须将证券公司存入的清算备付金全额存入清算备付金专用存款账户。

第六条 证券公司根据业务需要可在多家存管银行存放客户交易结算资金,但必须确定一家存管银行为主办存管银行。

第七条 证券公司应当在存管银行开立客户交易结算资金专用存款账户,在主办存管银行开立自有资金专用存款账户。

证券公司下属证券营业部应当在证券公司所确定的存管银行设在当地的分支机构开立客户交易结算资金专用存款账户。

结算公司应当在结算银行开立清算备付金专用存款账户、自有资金专用存款账户、验资专户。

第八条 证券公司在同一家存管银行只能开立一个客户交易结算资金专用存款账户,在主办存管银行只能开立一个自有资金专用存款账户。

一个证券营业部只能在同一家存管银行设在当地的分支机构开立一个客户交易结算资金专用存款账户。

结算公司在同一家结算银行只能开立一个清算备付金专用存款账户和一个自有资金专用存款账户,一个验资专户。

第九条 证券公司及其证券营业部开立的客户交易结算资金专用存款账户,证券公司开立的自有资金专用存款账户,结算公司开立的清算备付金专用存款账户、自有资金专用存款账户、验资专户,应在开立后三个工作日内向证监会报备,在获得账户备案回执之前,不得使用。

第十条 证券公司获得证监会的账户备案回执后,应当通知其存管银行及结算公司。

结算公司在获得证监会账户备案回执后,应当通知结算银行及证券公司。

第十一条 证券公司不再使用的客户交易结算资金专用存款账户,应当在向证监会报备后注销,并同时通知有关存管银行、结算公司。

结算公司不再使用的清算备付金专用存款账户、验资专户,应当在向证监会报备后注销,并同时通知有关证券公司、存管银行。

证券公司、结算公司不再使用的自有资金专用存款账户,应当在向证监会报备后注销。其中证券公司注销自有资金专用存款账户的,应通知结算公司;结算公司注销自有资金专用存款账户的，应通知结算银行。

第十二条 证券公司、证券营业部出现迁址、终止营业等情形，应当及时注销不再使用的客户交易结算资金专用存款账户、自有资金专用存款账户。

第十三条 客户交易结算资金专用存款账户、清算备付金专用存款账户、自有资金专用存款账户发生变更的，视同注销旧户，开设新户。

第三章 资金划拨与监督

第十四条 综合类证券公司必须将客户交易结算资金和其证券自营资金分开办理，其业务人员、财务账户均应分开，不得混合操作。

第十五条 存管银行、结算公司在确认证券公司申请划款的账户已经在证监会备案，自有资金专用存款账户的使用符合本办法要求后，方可将资金划入该账户。

结算银行在确认结算公司申请划款的账户已经在证监会备案、自有资金专用存款账户的使用符合本法规定后，方可将资金划入该账户。

第十六条 客户交易结算资金只能在客户交易结算资金专用存款账户和清算备付金账户之间划转，但客户提款、证券公司将收取客户的费用转入自有资金专用存款账户等业务除外。

第十七条 综合类证券公司向客户收取佣金等费用、以自有资金补充清算备付金，应当集中通过清算备付金账户和自有资金专用存款账户划拨。

经纪类证券公司向客户收取佣金等费用，应当从一个固定的客户交易结算资金专用存款账户集中向证券公司自有资金账户划拨。

结算公司向证券公司收取手续费等费用，应当从清算备付金专用存款账户向结算公司自有资金专用存款账户划拨。

第十八条 通过证券交易所发行有价证券时，验资专户里的申购资金必须通过清算备付金账户进行划拨。

证券公司承销非上市证券从客户处所筹集的资金，应当通过证券公司在主办存管银行的客户交易结算资金专用存款账户划拨给发行人。

第十九条 证券公司自营证券账户应当向证监会和结算公司备案，结算公司应当根据证券公司备案的自营证券账户、经纪证券账户的净交收额及资金存取变动情况，定期计算每个交易日清算备付金账户中每家证券公司自营资金、经纪资金的余额，并保留有关记录。

结算公司如果发现证券公司有大量挪用客户交易结算资金情况，要及时向证监会报告。

第二十条 证券公司应当按月向证监会报告客户交易结算资金账面余额。同时，抄送结算公司。

结算公司应当按月向证监会报告各证券公司清算备付金中的经纪资金、自营资金及所收到证券公司清算备付金以及验资专户申购资金的账面余额。

存管银行应当按月向证监会报告所辖客户交易结算资金专用存款账户余额。

结算银行应当按月向证监会报告所辖清算备付金专用存款账户、验资专户余额。

证监会根据监管需要，可以调整上述报告周期。

第二十一条 证券公司、结算公司、存管银行、结算银行根据证监会要求或遇到客户交易结算资金专用存款账户、清算备付金专用存款账户、验资专户出现重大异常情况时，应当及时向证监会报告。

第二十二条 证券公司应当对客户交易结算资金集中统一管理。

证券公司下属证券营业部收到的客户交易结算资金，除留足日常备付的部分外，应当交由证券公司管理。

第二十三条 客户交易结算资金只能用于客户的证券交易结算和客户提款。

证券公司和结算公司不得以客户交易结算资金、清算备付金为他人提供担保。

第二十四条 存管银行、结算银行、结算公司及其工作人员应当对证券交易结算资金的情况保密。

存管银行、结算银行和结算公司有权拒绝任何单位或个人的查询，但法律、法规另有规定以及证监会、开户证券公司和结算公司根据预定的程序所作的查询除外。

第四章 从事客户交易结算资金存管业务的商业银行

第二十五条 从事客户交易结算资金存管业务的商业银行应当符合下列条件：

（一）经中国人民银行认定具有足够的抗风险能力和良好的经营业绩的商业银行；

（二）具有及时、安全、高效的资金汇划系统，能够保证本行系统内证券交易结算资金汇划在两小时内到账；

（三）有健全的证券交易结算资金存管业务操作办法和规程，有相应的业务部门和人员；

（四）能够按证监会规定的格式和时间报送证券交易结算资金账户的有关资料；

（五）符合证监会认定的其他条件。

第二十六条 从事客户交易结算资金存管业务的商业银行，按业务对象分为存管银行和结算银行。

第二十七条 证券公司与其确定的存管银行、主办存管银行，结算公司与其确定的结算银行应当签定有关资金存管及代理结算业务的合同，明确双方的权利和义务，并报证监会备案。

第二十八条 存管银行、结算银行应当为证券交易结算资金清算提供快捷、安全、准确的结算服务。

第五章 罚 则

第二十九条 证券公司、证券营业部有下列行为之一的，责令限期改正，给予通报批评，单处或者并处警告、三万元以下罚款：

（一）未按本办法制定客户交易结算资金操作办法和规程；

（二）违规开立客户交易结算资金专用存款账户、自有资金专用存款账户；

（三）未在规定时间内向证监会报备存管银行、客户交易结算资金专用存款账户、自有资金专用存款账户；

（四）未及时注销不再使用的客户交易结算资金专用存款账户、自有资金专用存款账户；

（五）未按期向证监会报告客户交易结算资金账面余额；

（六）其他违反本办法的行为。

对有前款规定行为的有关责任人员，给予通报批评，单处或者并处警告、三万元以下罚款。

第三十条 证券公司、证券营业部有下列行为之一的，责令限期改正，给予通报批评，单处或者并处警告、三万元以下罚款，情节严重的，按照《证券法》第二百零八条处罚：

（一）以伪造、变造证监会账户备案回执等欺骗手段，取得存管银行或者结算公司资金划拨许可；

（二）违反本办法，在客户交易结算资金专用存款账户、清算备付金账户之外存放客户交易结算资金；

（三）以客户交易结算资金为他人提供担保；

（四）其他违反本办法的行为。

对有前款规定行为的有关责任人员，给予通报批评，单处或者并处警告、三万元以下罚款，情节严重的，按照《证券法》第二百零八条处罚。

第三十一条 结算公司有下列行为之一的，责令限期改正，给予通报批评，单处或者并处警告、三万元以下罚款：

（一）违反本办法，未能对客户交易结算资金划拨进行有效监督；

（二）违规开立清算备付金专用存款账户或者自有资金专用存款账户；

（三）未在规定时间内向证监会报备结算银行、清算备付金专用存款账户、自有资金专用存款账户、验资专户；

（四）未及时注销不再使用的清算专户、自有资金专用存款账户；

（五）未按期向证监会报告有关清算备付金账户及验资专户的账面余额；

（六）其他违反本办法的行为。

对有前款规定行为的有关责任人员，给予通报批评，单处或者并处警告、三万元以下罚款。

第三十二条 结算公司有下列行为之一的，责令限期改正，给予通报批评，单处或者并处警告、三万元以下罚款，情节严重的，按照《证券法》第二百零八条处罚：

（一）违反本办法，在清算备付金专用存款账户外存放清算备付金；

（二）以清算备付金为他人提供担保；

（三）违反本办法第十八条第一款的规定；

（四）其他违反本办法的行为。

对有前款规定行为的有关责任人员，给予通报批评，单处或者并处警告、三万元以下罚款，情节严重的，按照《证券法》第二百零八条处罚。

第三十三条 存管银行或其分支机构、结算银行有下列行为之一的，责令限期改正，给予通报批评，单处或者并处警告、三万元以下罚款，情节严重的，按照《证券公司监督管理条例》第八十七条处理：

（一）违反本办法，未能对客户交易结算资金划拨进行有效监督；

（二）未按照本办法规定，向证监会报送客户交易结算资金专用存款账户、清算备付金专用存款账户和验资专户的有关资料；

（三）其他违反本办法的行为。

对有前款规定行为的有关责任人员，给予通报批评，单处或者并处警告、三万元以下罚款。

第三十四条 证券公司、结算公司、存管银行、结算银行违反本办法第二十一条规定，不向证监会及时报告的，予以通报批评，单处或者并处警告、三万元以下罚款。

第三十五条 存管银行、结算公司工作人员泄露证券交易结算资金秘密的，按有关法律、法规、规章进行处罚。

第六章 附 则

第三十六条 释义：

（一）证券交易结算资金，是客户交易结算资金、证券公司自营资金、其他用于证券交易资金的统称。

（二）客户交易结算资金，包括客户为保证足额交收而存入的资金，出售有价证券所得到的所有款项（减去经纪佣金和其他正当费用），持有证券所获得的股息、现金股利、债券利息，上述资金获得的利息，以及证监会认定的其他资金。

（三）指定的从事客户交易结算资金存管业务的商业银行，指符合本办法规定并由证监会和银保监会确定并公告的，办理证券交易结算资金存取、划转并履行监督职能的商业银行。

（四）存管银行，指证券公司在指定的从事证券交易结算资金存管业务的商业银行中确定的，存放其客户交易结算资金的商业银行。

（五）主办存管银行，指证券公司在存管银行范围内确定的，通过其办理证券交易法人结算业务的商业银行。

（六）结算银行，指结算公司在指定的从事证券交易结算资金存管业务的商业银行中确定的，办理证券交易结算资金结算业务的商业银行。

（七）客户交易结算资金专用存款账户，指证券公司及其证券营业部在存管银行开立的，用于存放客户交易结算资金及办理结算划款的专用账户。

（八）清算备付金专用存款账户，指结算公司在结算银行开立的，用于存放证券公司清算备付金的账户。

（九）证券公司的自有资金专用存款账户，指证券公司开立的，按照本办法规定划拨其自有资金或者接受从客户交易结算资金专用存款账户所收取款项的账户。

（十）结算公司的自有资金专用存款账户，指结算公司开立的，按照本办法规定划拨其自有资金或者接受从清算备付金专用存款账户所收取款项的账户。

（十一）验资专户，指结算公司设立的用于新股发行时申购资金验资的专用存款账户。

第三十七条 证券公司应当按照本办法制定客户交易结算资金操作办法和规程，报证监会备案。

第三十八条 证券公司开展资产管理业务接受客户存入的委托资金，在本办法中视同客户交易结算资金进行管理。

第三十九条 信托投资公司证券业务客户交易结算资金的管理参照本办法执行。

第四十条 境内上市外资股客户交易结算资金管理办法，另行制定。

第四十一条 本办法自 2002 年 1 月 1 日起施行。

证券公司融资融券业务管理办法

·2015 年 7 月 1 日中国证券监督管理委员会令第 117 号公布

·自公布之日起施行

第一章 总 则

第一条 为了规范证券公司融资融券业务活动，完善证券交易机制，防范证券公司的风险，保护证券投资者的合法权益和社会公共利益，促进证券市场平稳健康发展，制定本办法。

第二条 证券公司开展融资融券业务，应当遵守法律、行政法规和本办法的规定，加强内部控制，严格防范和控制风险，切实维护客户合法权益。

本办法所称融资融券业务，是指向客户出借资金供其买入证券或者出借证券供其卖出，并收取担保物的经营活动。

第三条 证券公司开展融资融券业务，必须经中国证券监督管理委员会（以下简称证监会）批准。未经证监会批准，任何证券公司不得向客户融资、融券，也不得为客户与客户、客户与他人之间的融资融券活动提供任何便利和服务。

第四条 证券公司经营融资融券业务不得有以下行为：

（一）诱导不适当的客户开展融资融券业务；

（二）未向客户充分揭示风险；

（三）违规挪用客户担保物；

（四）进行利益输送和商业贿赂；

（五）为客户进行内幕交易、操纵市场、规避信息披露义务及其他不正当交易活动提供便利；

（六）法律、行政法规和证监会规定禁止的其他行为。

第五条 证监会及其派出机构依照法律、行政法规和本办法的规定，对证券公司融资融券业务活动进行监督管理。

中国证券业协会、证券交易所、证券登记结算机构按照本机构的章程和规则，对证券公司融资融券业务活动进行自律管理。中国证券金融公司对证券公司融资融券业务和客户融资融券交易情况进行监测监控。

第六条 证监会建立健全融资融券业务的逆周期调节机制，对融资融券业务实施宏观审慎管理。

证券交易所建立融资融券业务风险控制指标浮动管理机制，对融资融券业务实施逆周期调节。

第二章 业务许可

第七条 证券公司申请融资融券业务资格，应当具备下列条件：

（一）具有证券经纪业务资格；

（二）公司治理健全，内部控制有效，能有效识别、控制和防范业务经营风险和内部管理风险；

（三）公司最近2年内不存在因涉嫌违法违规正被证监会立案调查或者正处于整改期间的情形；

（四）财务状况良好，最近2年各项风险控制指标持续符合规定，注册资本和净资本符合增加融资融券业务后的规定；

（五）客户资产安全、完整，客户交易结算资金第三方存管有效实施，客户资料完整真实；

（六）已建立完善的客户投诉处理机制，能够及时、妥善处理与客户之间的纠纷；

（七）已建立符合监管规定和自律要求的客户适当性制度，实现客户与产品的适当性匹配管理；

（八）信息系统安全稳定运行，最近1年未发生因公司管理问题导致的重大事件，融资融券业务技术系统已通过证券交易所、证券登记结算机构组织的测试；

（九）有拟负责融资融券业务的高级管理人员和适当数量的专业人员；

（十）证监会规定的其他条件。

第八条 证券公司申请融资融券业务资格，应当向证监会提交下列材料，同时抄报住所地证监会派出机构：

（一）融资融券业务资格申请书；

（二）股东会（股东大会）关于经营融资融券业务的决议；

（三）融资融券业务方案、内部管理制度文本和按照本办法第十二条制定的选择客户的标准；

（四）负责融资融券业务的高级管理人员与业务人员的名册及资格证明文件；

（五）证券交易所、证券登记结算机构出具的关于融资融券业务技术系统已通过测试的证明文件；

（六）证监会要求提交的其他文件。

证券公司的法定代表人和经营管理的主要负责人应当在融资融券业务资格申请书上签字，承诺申请材料的内容真实、准确、完整，并对申请材料中存在的虚假记载、误导性陈述和重大遗漏承担相应的法律责任。

第九条 获得批准的证券公司应当按照规定，向公司登记机关申请业务范围变更登记，向证监会申请换发《经营证券业务许可证》。

取得证监会换发的《经营证券业务许可证》后，证券公司方可开展融资融券业务。

第三章 业务规则

第十条 证券公司经营融资融券业务，应当以自己的名义，在证券登记结算机构分别开立融券专用证券账户、客户信用交易担保证券账户、信用交易证券交收账户和信用交易资金交收账户。

融券专用证券账户用于记录证券公司持有的拟向客户融出的证券和客户归还的证券，不得用于证券买卖；客户信用交易担保证券账户用于记录客户委托证券公司持有、担保证券公司因向客户融资融券所生债权的证券；信用交易证券交收账户用于客户融资融券交易的证券结算；信用交易资金交收账户用于客户融资融券交易的资金结算。

第十一条 证券公司经营融资融券业务，应当以自己的名义，在商业银行分别开立融资专用资金账户和客户信用交易担保资金账户。

融资专用资金账户用于存放证券公司拟向客户融出的资金及客户归还的资金；客户信用交易担保资金账户用于存放客户交存的、担保证券公司因向客户融资融券所生债权的资金。

第十二条 证券公司在向客户融资、融券前，应当办理客户征信，了解客户的身份、财产与收入状况、证券投资经验和风险偏好、诚信合规记录等情况，做好客户适当性管理工作，并以书面或者电子方式予以记载、保存。

对未按照要求提供有关情况、从事证券交易时间不足半年、缺乏风险承担能力、最近20个交易日日均证券类资产低于50万元或者有重大违约记录的客户，以及本公司的股东、关联人，证券公司不得为其开立信用账户。

专业机构投资者参与融资、融券，可不受前款从事证券交易时间、证券类资产的条件限制。

本条第二款所称股东，不包括仅持有上市证券公司5%以下流通股份的股东。

证券公司应当按照适当性制度要求，制定符合本条规定的选择客户的具体标准。

第十三条 证券公司在向客户融资、融券前，应当与其签订载有中国证券业协会规定的必备条款的融资融券合同，明确约定下列事项：

（一）融资、融券的额度、期限、利率（费率）、利息（费用）的计算方式；

（二）保证金比例、维持担保比例、可充抵保证金的证券的种类及折算率、担保债权范围；

（三）追加保证金的通知方式、追加保证金的期限；

（四）客户清偿债务的方式及证券公司对担保物的处分权利；

（五）融资买入证券和融券卖出证券的权益处理；

（六）违约责任；

（七）纠纷解决途径；

（八）其他有关事项。

第十四条 融资融券合同应当约定，证券公司客户信用交易担保证券账户内的证券和客户信用交易担保资金账户内的资金，为担保证券公司因融资融券所生对客户债权的信托财产。

证券公司与客户约定的融资、融券期限不得超过证券交易所规定的期限；融资利率、融券费率由证券公司与客户自主商定。

合约到期前，证券公司可以根据客户的申请为客户办理展期，每次展期期限不得超过证券交易所规定的期限。

证券公司在为客户办理合约展期前，应当对客户的信用状况、负债情况、维持担保比例水平等进行评估。

第十五条 证券公司与客户签订融资融券合同前，应当采用适当的方式向客户讲解业务规则和合同内容，明确告知客户权利、义务及风险，特别是关于违约处置的风险控制安排，并将融资融券交易风险揭示书交由客户书面确认。

第十六条 证券公司与客户签订融资融券合同后，应当根据客户的申请，按照证券登记结算机构的规定，为其开立实名信用证券账户。客户信用证券账户与其普通证券账户的开户人姓名或者名称应当一致。

客户信用证券账户是证券公司客户信用交易担保证券账户的二级账户，用于记载客户委托证券公司持有的担保证券的明细数据。

证券公司应当委托证券登记结算机构根据清算、交收结果等，对客户信用证券账户内的数据进行变更。

第十七条 证券公司应当参照客户交易结算资金第三方存管的方式，与其客户及商业银行签订客户信用资金存管协议。

证券公司在与客户签订融资融券合同后，应当通知商业银行根据客户的申请，为其开立实名信用资金账户。

客户信用资金账户是证券公司客户信用交易担保资金账户的二级账户，用于记载客户交存的担保资金的明细数据。

商业银行根据证券公司提供的清算、交收结果等，对客户信用资金账户内的数据进行变更。

第十八条 证券公司向客户融资，只能使用融资专用资金账户内的资金；向客户融券，只能使用融券专用证券账户内的证券。

客户融资买入、融券卖出的证券，不得超出证券交易所规定的范围。

客户在融券期间卖出其持有的、与所融入证券相同的证券的，应当符合证券交易所的规定，不得以违反规定卖出该证券的方式操纵市场。

第十九条 证券公司经营融资融券业务，按照客户委托发出证券交易、证券划转指令的，应当保证指令真实、准确。因证券公司的过错导致指令错误，造成客户损失的，客户可以依法要求证券公司赔偿，但不影响证券交易所、证券登记结算机构正在执行或者已经完成的业务操作。

第二十条 证券公司融资融券的金额不得超过其净资本的4倍。

证券公司向单一客户或者单一证券的融资、融券的金额占其净资本的比例等风险控制指标，应当符合证监会和证券交易所的规定。

第二十一条 客户融资买入证券的，应当以卖券还款或者直接还款的方式偿还向证券公司融入的资金。

客户融券卖出的，应当以买券还券或者直接还券的方式偿还向证券公司融入的证券。

客户融券卖出的证券暂停交易的，可以按照约定以现金等方式偿还向证券公司融入的证券。

第二十二条 客户融资买入或者融券卖出的证券暂停交易，且交易恢复日在融资融券债务到期日之后的，融资融券的期限顺延。融资融券合同另有约定的，从其约定。

第二十三条 客户融资买入或者融券卖出的证券预定终止交易，且最后交易日在融资融券债务到期日之前的，融资融券的期限缩短至最后交易日的前一交易日。融资融券合同另有约定的，从其约定。

第四章 债权担保

第二十四条 证券公司向客户融资、融券，应当向客户收取一定比例的保证金。保证金可以证券充抵。

第二十五条 证券公司应当将收取的保证金以及客户融资买入的全部证券和融券卖出所得全部价款，分别存放在客户信用交易担保证券账户和客户信用交易担保资金账户，作为对该客户融资融券所生债权的担保物。

第二十六条 证券公司应当在符合证券交易所规定的前提下，根据客户信用状况、担保物质量等情况，与客户约定最低维持担保比例、补足担保物的期限以及违约处置方式等。

证券公司应当逐日计算客户交存的担保物价值与其所欠债务的比例。当该比例低于约定的维持担保比例时，应当通知客户在约定的期限内补交担保物，客户经证券公司认可后，可以提交除可充抵保证金证券以外的其他证券、不动产、股权等资产。

客户未能按期交足担保物或者到期未偿还债务的，证券公司可以按照约定处分其担保物。

第二十七条 本办法第二十四条规定的保证金比例和可充抵保证金的证券的种类、折算率，第二十六条规定的最低维持担保比例和客户补交担保物的期限，由证券交易所规定。

证券交易所应当对可充抵保证金的各类证券制定不同的折算率要求。

证券公司在符合证券交易所规定的前提下，应当对可充抵保证金的证券折算率实行动态管理和差异化控制。

第二十八条 除下列情形外，任何人不得动用证券公司客户信用交易担保证券账户内的证券和客户信用交易担保资金账户内的资金：

（一）为客户进行融资融券交易的结算；

（二）收取客户应当归还的资金、证券；

（三）收取客户应当支付的利息、费用、税款；

（四）按照本办法的规定以及与客户的约定处分担保物；

（五）收取客户应当支付的违约金；

（六）客户提取还本付息、支付税费及违约金后的剩余证券和资金；

（七）法律、行政法规和本办法规定的其他情形。

第二十九条 客户交存的担保物价值与其债务的比例，超过证券交易所规定水平的，客户可以按照证券交易所的规定和融资融券合同的约定，提取担保物。

第三十条 司法机关依法对客户信用证券账户或者信用资金账户记载的权益采取财产保全或

者强制执行措施的，证券公司应当处分担保物，实现因向客户融资融券所生债权，并协助司法机关执行。

第五章 权益处理

第三十一条 证券登记结算机构依据证券公司客户信用交易担保证券账户内的记录，确认证券公司受托持有证券的事实，并以证券公司为名义持有人，登记于证券持有人名册。

第三十二条 对客户信用交易担保证券账户记录的证券，由证券公司以自己的名义，为客户的利益，行使对证券发行人的权利。证券公司行使对证券发行人的权利，应当事先征求客户的意见，并按照其意见办理。客户未表达意见的，证券公司不得行使对发行人的权利。

前款所称对证券发行人的权利，是指请求召开证券持有人会议、参加证券持有人会议、提案、表决、配售股份的认购、请求分配投资收益等因持有证券而产生的权利。

第三十三条 证券登记结算机构受证券发行人委托以证券形式分派投资收益的，应当将分派的证券记录在证券公司客户信用交易担保证券账户内，并相应变更客户信用证券账户的明细数据。

证券登记结算机构受证券发行人委托以现金形式分派投资收益的，应当将分派的资金划入证券公司信用交易资金交收账户。证券公司应当在资金到账后，通知商业银行对客户信用资金账户的明细数据进行变更。

第三十四条 客户融入证券后、归还证券前，证券发行人分配投资收益、向证券持有人配售或者无偿派发证券、发行证券持有人有优先认购权的证券的，客户应当按照融资融券合同的约定，在偿还债务时，向证券公司支付与所融入证券可得利益相等的证券或者资金。

第三十五条 证券公司通过客户信用交易担保证券账户持有的股票不计入其自有股票，证券公司无须因该账户内股票数量的变动而履行相应的信息报告、披露或者要约收购义务。

客户及其一致行动人通过普通证券账户和信用证券账户合计持有一家上市公司股票及其权益的数量或者其增减变动达到规定的比例时，应当依法履行相应的信息报告、披露或者要约收购义务。

第六章 监督管理

第三十六条 证券交易所应当根据市场发展情况，对融资融券业务保证金比例、标的证券范围、可充抵保证金的证券种类及折算率、最低维持担保比例等进行动态调整，实施逆周期调节。

证券交易所可以对单一证券的市场融资买入量、融券卖出量和担保物持有量占其市场流通量的比例、融券卖出的价格作出限制性规定。

证券公司应当在符合监管要求的前提下，根据市场情况、客户和自身风险承受能力，对融资融券业务保证金比例、标的证券范围、可充抵保证金的证券种类及折算率、最低维持担保比例和业务集中度等进行动态调整和差异化控制。

业务集中度包括：向全体客户融资、融券的金额占净资本的比例，单一证券的融资、融券的金额占净资本的比例，接受单只担保证券的市值占该证券总市值的比例，单一客户提交单只担保证券的市值占该客户担保物市值的比例等。

第三十七条 证券公司开展融资融券业务，应当建立完备的管理制度、操作流程和风险识别、评估与控制体系，确保风险可测、可控、可承受。

证券公司应当对融资融券业务实行集中统一管理。融资融券业务的决策和主要管理职责应当由证券公司总部承担。

证券公司应当建立健全融资融券业务压力测试机制，定期、不定期对融资融券业务的流动性风险、信用风险、市场风险、技术系统风险等进行压力测试，根据压力测试结果对本办法第三十六条第三款所规定的本公司相关指标进行优化和调整。

第三十八条 证券交易所应当按照业务规则，采取措施，对融资融券交易的指令进行前端检查，对买卖证券的种类、融券卖出的价格等违反规定的交易指令，予以拒绝。

单一证券的市场融资买入量、融券卖出量或者担保物持有量占其市场流通量的比例达到规定的最高限制比例的，证券交易所可以暂停接受该种证券的融资买入指令或者融券卖出指令。

第三十九条 融资融券交易活动出现异常，已经或者可能危及市场稳定，有必要暂停交易的，证券交易所应当按照业务规则的规定，暂停部分或者全部证券的融资融券交易并公告。

第四十条 证券登记结算机构应当按照业务

规则,对与融资融券交易有关的证券划转和证券公司信用交易资金交收账户内的资金划转情况进行监督。对违反规定的证券和资金划转指令,予以拒绝;发现异常情况的,应当要求证券公司作出说明,并向证监会及该公司住所地证监会派出机构报告。

第四十一条 中国证券金融公司应当按照业务规则,要求证券公司及时、准确、真实、完整报送融资融券业务有关数据信息;对证券公司融资融券数据进行统计分析,编制定期报告和专项报告,报送证监会;监测监控融资融券业务风险,对发现的重大业务风险情况,及时报告证监会。

第四十二条 证券公司融资融券业务涉及的客户信用交易资金应当纳入证券市场交易结算资金监控系统,证券公司、存管银行、登记结算机构等应当按要求向中国证券投资者保护基金公司报送相关数据信息。

第四十三条 负责客户信用资金存管的商业银行应当按照客户信用资金存管协议的约定,对证券公司违反规定的资金划拨指令予以拒绝;发现异常情况的,应当要求证券公司作出说明,并向证监会及该公司住所地证监会派出机构报告。

第四十四条 证券公司应当按照融资融券合同约定的方式,向客户送交对账单,并为其提供信用证券账户和信用资金账户内数据的查询服务。

证券登记结算机构应当为客户提供其信用证券账户内数据的查询服务。负责客户信用资金存管的商业银行应当按照客户信用资金存管协议的约定,为客户提供其信用资金账户内数据的查询服务。

第四十五条 证券公司应当通过有效的途径,及时告知客户融资、融券的收费标准及其变动情况。

第四十六条 证券公司应当按照证券交易所的规定,在每日收市后向其报告当日客户融资融券交易的有关信息。证券交易所应当对证券公司报送的信息进行汇总、统计,并在次一交易日开市前予以公告。

第四十七条 证监会及其派出机构、中国证券业协会、证券交易所、证券登记结算机构、中国证券金融公司依照规定履行证券公司融资融券业务监管、自律或者监测分析职责,可以要求证券公司提供与融资融券业务有关的信息、资料。

第四十八条 证监会派出机构按照辖区监管责任制的要求,依法对证券公司及其分支机构的融资融券业务活动中涉及的客户选择、合同签订、授信额度的确定、担保物的收取和管理、补交担保物的通知,以及处分担保物等事项进行非现场检查和现场检查。

第四十九条 对违反本办法规定的证券公司或者其分支机构,证监会或者其派出机构可采取责令改正、监管谈话、出具警示函、责令公开说明、责令参加培训、责令定期报告、暂不受理与行政许可有关的文件、暂停部分或者全部业务、撤销业务许可等相关监管措施;依法应予行政处罚的,依照《证券法》、《行政处罚法》等法律法规和证监会的有关规定进行处罚;涉嫌犯罪的,依法移送司法机关,追究其刑事责任。

第七章 附 则

第五十条 负责客户信用资金存管的商业银行,应当是按照规定可以存管证券公司客户交易结算资金的商业银行。

第五十一条 本办法所称专业机构投资者是指:经国家金融监管部门批准设立的金融机构,包括商业银行、证券公司、基金管理公司、期货公司、信托公司和保险公司等;上述金融机构管理的金融产品;经证监会或者其授权机构登记备案的私募基金管理机构及其管理的私募基金产品;证监会认可的其他投资者。

第五十二条 证券交易所、证券登记结算机构和中国证券业协会依照本办法的规定,制定融资融券的业务规则和自律规则,报证监会批准后实施。

第五十三条 本办法自公布之日起施行。2011年10月26日发布的《证券公司融资融券业务管理办法》(证监会公告〔2011〕31号)同时废止。

证券公司短期融资券管理办法

· 2021年7月20日中国人民银行〔2021〕第10号公告公布

· 自2021年9月1日起实施

第一条 为规范证券公司短期融资券发行和交易,保护投资者合法权益,促进货币市场平稳健康发展，根据《中华人民共和国中国人民银行法》及相关法律法规，制定本办法。

第二条 本办法所称证券公司短期融资券（以下简称短期融资券）是指证券公司在银行间市场发行的、期限为1年以内（含1年）的还本付息的债券。

第三条 短期融资券属于货币市场工具，由中国人民银行依法实施监督管理。

第四条 短期融资券的发行和交易应遵循公平、诚信、自律的原则。短期融资券的投资者应具备识别、判断和承担风险的能力，自行承担投资风险。

第五条 证券公司发行短期融资券应当具备以下条件：

（一）具有较强的流动性管理能力，流动性风险管理体系健全，能够有效识别、计量、监测和控制流动性风险，能以合理的成本及时满足流动性需求；

（二）资产负债结构合理，期限错配、交易对手集中度、债券质押比例等适度，近2年内风险控制指标持续符合监管要求；

（三）近6个月内流动性覆盖率持续高于行业平均水平；

（四）取得证监会关于发行短期融资券资格的认可；

（五）近2年内未因重大违法违规行为受到行政处罚；

（六）中国人民银行要求的其他条件。

第六条 短期融资券实行余额管理，短期融资券与证券公司其他短期融资工具待偿还余额之和不超过净资本的60%。其他短期融资工具是指期限在1年以内（含1年）的融资工具，包括同业拆借、短期公司债等。

第七条 短期融资券的期限最长不超过1年，证券公司自主确定每期短期融资券的期限。

第八条 中国人民银行对证券公司发行短期融资券实施宏观管理，可根据货币市场流动性和金融市场运行情况，调整证券公司发行的短期融资券余额与净资本比例上限和最长期限。

第九条 证券公司发行短期融资券，应当于每年首只发行前，向中国人民银行报告年度流动性管理方案和发行计划。证券公司年内发行计划发生重大变动的，应提前向中国人民银行报告。

第十条 证券公司应在每季度结束之日起10个工作日内，向中国人民银行报送短期融资券相关信息和数据。中国人民银行每半年根据证券公司净资本、其他短期融资工具余额变动，动态调整短期融资券余额上限，并向市场公布。

第十一条 中国人民银行认可的金融基础设施为短期融资券提供发行和信息披露服务。发行人不得认购或变相认购自己发行的短期融资券。

第十二条 中国人民银行认可的金融基础设施为短期融资券提供交易、登记、存管、结算和信息服务。

第十三条 全国银行间市场金融基础设施按月向中国人民银行报告短期融资券发行、交易、登记、存管、结算、兑付、信息披露等情况。

第十四条 证券公司发行短期融资券，应当遵循诚实信用原则向投资者披露信息，保证所披露的信息真实、准确、完整、及时，不得有虚假记载、误导性陈述或重大遗漏。

第十五条 发行人应当于每只短期融资券发行前和发行后披露该只短期融资券的发行要素和发行情况。

第十六条 发行短期融资券的证券公司应于每年4月30日前披露经审计的年度报告、8月31日前披露中期报告。已上市证券公司可豁免披露中期报告和年度报告。

第十七条 短期融资券存续期内，发行人公司治理、注册资本、股权结构、业务经营、财务状况、诉讼和仲裁、重要岗位、审计机构及其他可能影响债务偿还能力和投资者权益的事项发生重大变化的，应及时向投资者披露，并向中国人民银行报告。

第十八条 中国人民银行对已发行短期融资券的证券公司进行持续的事中事后监测管理，可要求证券公司补充报送特定信息及数据。

第十九条 证券公司不得将发行短期融资券募集的资金用于以下用途：

（一）固定资产投资和营业网点建设；

（二）股票市场投资；

（三）为客户证券交易提供融资；

（四）长期股权投资；

（五）中国人民银行禁止的其他用途。

第二十条 证券公司出现以下行为之一的，由中国人民银行按照《中华人民共和国中国人民银行法》有关规定予以处罚：

（一）不符合本办法规定的条件擅自发行短期融资券；

（二）未按规定披露信息或报送文件；

（三）以不正当手段操纵市场价格、误导投资者；

（四）募集资金用于禁止性用途；

（五）其他违反本办法的行为。

第二十一条 本办法由中国人民银行负责解释。

第二十二条 本办法自2021年9月1日起实施。中国人民银行2004年10月18日公布的《证券公司短期融资券管理办法》（中国人民银行公告〔2004〕第12号）及2018年4月12日发布的《中国人民银行金融市场司关于证券公司短期融资券管理有关事项的通知》（银市场〔2018〕14号）同时废止。

证券公司及基金管理公司子公司资产证券化业务管理规定

· 2014年11月19日中国证券监督管理委员会公告〔2014〕49号公布

· 自公布之日起施行

第一章 总 则

第一条 为了规范证券公司、基金管理公司子公司等相关主体开展资产证券化业务，保障投资者的合法权益，根据《证券法》、《证券投资基金法》、《私募投资基金监督管理暂行办法》和其他相关法律法规，制定本规定。

第二条 本规定所称资产证券化业务，是指以基础资产所产生的现金流为偿付支持，通过结构化等方式进行信用增级，在此基础上发行资产支持证券的业务活动。

开展资产证券化业务的证券公司须具备客户资产管理业务资格，基金管理公司子公司须由证券投资基金管理公司设立且具备特定客户资产管理业务资格。

第三条 本规定所称基础资产，是指符合法律法规规定，权属明确，可以产生独立、可预测的现金流且可特定化的财产权利或者财产。基础资产可以是单项财产权利或者财产，也可以是多项财产权利或者财产构成的资产组合。

前款规定的财产权利或者财产，其交易基础应当真实，交易对价应当公允，现金流应当持续、稳定。

基础资产可以是企业应收款、租赁债权、信贷资产、信托受益权等财产权利，基础设施、商业物业等不动产财产或不动产收益权，以及中国证监会认可的其他财产或财产权利。

第四条 证券公司、基金管理公司子公司通过设立特殊目的载体开展资产证券化业务适用本规定。

前款所称特殊目的载体，是指证券公司、基金管理公司子公司为开展资产证券化业务专门设立的资产支持专项计划（以下简称专项计划）或者中国证监会认可的其他特殊目的载体。

第五条 因专项计划资产的管理、运用、处分或者其他情形而取得的财产，归入专项计划资产。因处理专项计划事务所支出的费用、对第三人所负债务，以专项计划资产承担。

专项计划资产独立于原始权益人、管理人、托管人及其他业务参与人的固有财产。

原始权益人、管理人、托管人及其他业务参与人因依法解散、被依法撤销或者宣告破产等原因进行清算的，专项计划资产不属于其清算财产。

第六条 原始权益人是指按照本规定及约定向专项计划转移其合法拥有的基础资产以获得资金的主体。

管理人是指为资产支持证券持有人之利益，对专项计划进行管理及履行其他法定及约定职责的证券公司、基金管理公司子公司。

托管人是指为资产支持证券持有人之利益，按照规定或约定对专项计划相关资产进行保管，并监督专项计划运作的商业银行或其他机构。

第七条 管理人管理、运用和处分专项计划资产所产生的债权，不得与原始权益人、管理人、托管人、资产支持证券投资者及其他业务参与人的固有财产产生的债务相抵销。管理人管理、运用和处分不同专项计划资产所产生的债权债务，不得相互抵销。

第八条 专项计划资产应当由具有相关业务资格的商业银行、中国证券登记结算有限责任公司、具有托管业务资格的证券公司或者中国证监会认可的其他资产托管机构托管。

第二章　原始权益人、管理人及托管人职责

第九条　原始权益人不得侵占、损害专项计划资产,并应当履行下列职责:

(一)依照法律、行政法规、公司章程和相关协议的规定或者约定移交基础资产;

(二)配合并支持管理人、托管人以及其他为资产证券化业务提供服务的机构履行职责;

(三)专项计划法律文件约定的其他职责。

第十条　原始权益人向管理人等有关业务参与人所提交的文件应当真实、准确、完整,不存在虚假记载、误导性陈述或者重大遗漏;原始权益人应当确保基础资产真实、合法、有效,不存在虚假或欺诈性转移等任何影响专项计划设立的情形。

第十一条　业务经营可能对专项计划以及资产支持证券投资者的利益产生重大影响的原始权益人(以下简称特定原始权益人)还应当符合下列条件:

(一)生产经营符合法律、行政法规、特定原始权益人公司章程或者企业、事业单位内部规章文件的规定;

(二)内部控制制度健全;

(三)具有持续经营能力,无重大经营风险、财务风险和法律风险;

(四)最近三年未发生重大违约、虚假信息披露或者其他重大违法违规行为;

(五)法律、行政法规和中国证监会规定的其他条件。

上述特定原始权益人,在专项计划存续期间,应当维持正常的生产经营活动或者提供合理的支持,为基础资产产生预期现金流提供必要的保障。发生重大事项可能损害资产支持证券投资者利益的,应当及时书面告知管理人。

第十二条　管理人设立专项计划、发行资产支持证券,除应当具备本规定第二条第二款的相关资格外,还应当符合以下条件:

(一)具有完善的合规、风控制度以及风险处置应对措施,能有效控制业务风险;

(二)最近1年未因重大违法违规行为受到行政处罚。

第十三条　管理人应当履行下列职责:

(一)按照本规定及所附《证券公司及基金管理公司子公司资产证券化业务尽职调查工作指引》(以下简称《尽职调查指引》)对相关交易主体和基础资产进行全面的尽职调查,可聘请具有从事证券期货相关业务资格的会计师事务所、资产评估机构等相关中介机构出具专业意见;

(二)在专项计划存续期间,督促原始权益人以及为专项计划提供服务的有关机构,履行法律规定及合同约定的义务;

(三)办理资产支持证券发行事宜;

(四)按照约定及时将募集资金支付给原始权益人;

(五)为资产支持证券投资者的利益管理专项计划资产;

(六)建立相对封闭、独立的基础资产现金流归集机制,切实防范专项计划资产与其他资产混同以及被侵占、挪用等风险;

(七)监督、检查特定原始权益人持续经营情况和基础资产现金流状况,出现重大异常情况的,管理人应当采取必要措施,维护专项计划资产安全;

(八)按照约定向资产支持证券投资者分配收益;

(九)履行信息披露义务;

(十)负责专项计划的终止清算;

(十一)法律、行政法规和中国证监会规定以及计划说明书约定的其他职责。

第十四条　管理人不得有下列行为:

(一)募集资金不入账或者进行其他任何形式的账外经营;

(二)超过计划说明书约定的规模募集资金;

(三)侵占、挪用专项计划资产;

(四)以专项计划资产设定担保或者形成其他或有负债;

(五)违反计划说明书的约定管理、运用专项计划资产;

(六)法律、行政法规和中国证监会禁止的其他行为。

第十五条　管理人应当为专项计划单独记账、独立核算,不同的专项计划在账户设置、资金划拨、账簿记录等方面应当相互独立。

第十六条　管理人应当针对专项计划存续期内可能出现的重大风险,制订切实可行的风险控

制措施和风险处置预案。在风险发生时,管理人应当勤勉尽责地执行风险处置预案,最大程度地保护资产支持证券投资者利益。

第十七条 有下列情形之一的,管理人应当在计划说明书中充分披露有关事项,并对可能存在的风险以及采取的风险防范措施予以说明:

(一)管理人持有原始权益人5%以上的股份或出资份额;

(二)原始权益人持有管理人5%以上的股份或出资份额;

(三)管理人与原始权益人之间近三年存在承销保荐、财务顾问等业务关系;

(四)管理人与原始权益人之间存在其他重大利益关系。

第十八条 管理人与原始权益人存在第十七条所列情形,或者管理人以自有资金或者其管理的资产管理计划、其他客户资产、证券投资基金认购资产支持证券的,应当采取有效措施,防范可能产生的利益冲突。

管理人以自有资金或其管理的资产管理计划、其他客户资产、证券投资基金认购资产支持证券的比例上限,由其按照有关规定和合同约定确定。

第十九条 专项计划终止的,管理人应当按照计划说明书的约定成立清算组,负责专项计划资产的保管、清理、估价、变现和分配。

管理人应当自专项计划清算完毕之日起10个工作日内,向托管人、资产支持证券投资者出具清算报告,并将清算结果向中国证券投资基金业协会(以下简称中国基金业协会)报告,同时抄送对管理人有辖区监管权的中国证监会派出机构。

管理人应当聘请具有证券期货相关业务资格的会计师事务所对清算报告出具审计意见。

第二十条 专项计划变更管理人,应当充分说明理由,并向中国基金业协会报告,同时抄送变更前后对管理人有辖区监管权的中国证监会派出机构。

管理人出现被取消资产管理业务资格、解散、被撤销或宣告破产以及其他不能继续履行职责情形的,在依据计划说明书或者其他相关法律文件的约定选任符合本规定要求的新的管理人之前,由中国基金业协会指定临时管理人。计划说明书应当对此作出明确提示。

第二十一条 管理人职责终止的,应当及时办理档案和职责移交手续。管理人完成移交手续前,应当妥善保管专项计划文件和资料,维护资产支持证券投资者的合法权益。

管理人应当自完成移交手续之日起5个工作日内,向中国基金业协会报告,同时抄送对移交双方有辖区监管权的中国证监会派出机构。

第二十二条 托管人办理专项计划的托管业务,应当履行下列职责:

(一)安全保管专项计划相关资产;

(二)监督管理人专项计划的运作,发现管理人的管理指令违反计划说明书或者托管协议约定的,应当要求改正;未能改正的,应当拒绝执行并及时向中国基金业协会报告,同时抄送对管理人有辖区监管权的中国证监会派出机构;

(三)出具资产托管报告;

(四)计划说明书以及相关法律文件约定的其他事项。

第三章 专项计划的设立及备案

第二十三条 法律法规规定基础资产转让应当办理批准、登记手续的,应当依法办理。法律法规没有要求办理登记或者暂时不具备办理登记条件的,管理人应当采取有效措施,维护基础资产安全。

基础资产为债权的,应当按照有关法律规定将债权转让事项通知债务人。

第二十四条 基础资产不得附带抵押、质押等担保负担或者其他权利限制,但通过专项计划相关安排,在原始权益人向专项计划转移基础资产时能够解除相关担保负担和其他权利限制的除外。

第二十五条 以基础资产产生现金流循环购买新的同类基础资产方式组成专项计划资产的,专项计划的法律文件应当明确说明基础资产的购买条件、购买规模、流动性风险以及风险控制措施。

第二十六条 基础资产的规模、存续期限应当与资产支持证券的规模、存续期限相匹配。

第二十七条 专项计划的货币收支活动均应当通过专项计划账户进行。

第二十八条 资产支持证券是投资者享有专

项计划权益的证明，可以依法继承、交易、转让或出质。资产支持证券投资者不得主张分割专项计划资产，不得要求专项计划回购资产支持证券。

资产支持证券投资者享有下列权利：

（一）分享专项计划收益；

（二）按照认购协议及计划说明书的约定参与分配清算后的专项计划剩余资产；

（三）按规定或约定的时间和方式获得资产管理报告等专项计划信息披露文件，查阅或者复制专项计划相关信息资料；

（四）依法以交易、转让或质押等方式处置资产支持证券；

（五）根据证券交易场所相关规则，通过回购进行融资；

（六）认购协议或者计划说明书约定的其他权利。

第二十九条 资产支持证券应当面向合格投资者发行，发行对象不得超过二百人，单笔认购不少于100万元人民币发行面值或等值份额。合格投资者应当符合《私募投资基金监督管理暂行办法》规定的条件，依法设立并受国务院金融监督管理机构监管，并由相关金融机构实施主动管理的投资计划不再穿透核查最终投资者是否为合格投资者和合并计算投资者人数。

第三十条 发行资产支持证券，应当在计划说明书中约定资产支持证券持有人会议的召集程序及持有人会议规则，明确资产支持证券持有人通过持有人会议行使权利的范围、程序和其他重要事项。

第三十一条 专项计划可以通过内部或者外部信用增级方式提升资产支持证券信用等级。

同一专项计划发行的资产支持证券可以划分为不同种类。同一种类的资产支持证券，享有同等权益，承担同等风险。

第三十二条 对资产支持证券进行评级的，应当由取得中国证监会核准的证券市场资信评级业务资格的资信评级机构进行初始评级和跟踪评级。

第三十三条 专项计划的管理人以及资产支持证券的销售机构应当采取下列措施，保障投资者的投资决定是在充分知悉资产支持证券风险收益特点的情形下作出的审慎决定：

（一）了解投资者的财产与收入状况、风险承受能力和投资偏好等，推荐与其风险承受能力相匹配的资产支持证券；

（二）向投资者充分披露专项计划的基础资产情况、现金流预测情况以及对专项计划的影响、交易合同主要内容及资产支持证券的风险收益特点，告知投资资产支持证券的权利义务；

（三）制作风险揭示书充分揭示投资风险，在接受投资者认购资金前应当确保投资者已经知悉风险揭示书内容并在风险揭示书上签字。

第三十四条 专项计划应当指定资产支持证券募集资金专用账户，用于资产支持证券认购资金的接收与划转。

第三十五条 资产支持证券按照计划说明书约定的条件发行完毕，专项计划设立完成。

发行期结束时，资产支持证券发行规模未达到计划说明书约定的最低发行规模，或者专项计划未满足计划说明书约定的其他设立条件，专项计划设立失败。管理人应当自发行期结束之日起10个工作日内，向投资者退还认购资金，并加算银行同期活期存款利息。

第三十六条 管理人应当自专项计划成立日起5个工作日内将设立情况报中国基金业协会备案，同时抄送对管理人有辖区监管权的中国证监会派出机构。

中国基金业协会应当制定备案规则，对备案实施自律管理。

未按规定进行备案的，本规定第三十八条所列证券交易场所不得为其提供转让服务。

第三十七条 中国基金业协会根据基础资产风险状况对可证券化的基础资产范围实施负面清单管理，并可以根据市场变化情况和实践情况，适时调整负面清单。

第四章 资产支持证券的挂牌、转让

第三十八条 资产支持证券可以按照规定在证券交易所、全国中小企业股份转让系统、机构间私募产品报价与服务系统、证券公司柜台市场以及中国证监会认可的其他证券交易场所进行挂牌、转让。

资产支持证券仅限于在合格投资者范围内转让。转让后，持有资产支持证券的合格投资者合计不得超过二百人。

资产支持证券初始挂牌交易单位所对应的发行面值或等值份额应不少于100万元人民币。

第三十九条 资产支持证券申请在证券交易场所挂牌转让的，还应当符合证券交易所或其他证券交易场所规定的条件。

证券交易所、全国中小企业股份转让系统应当制定挂牌、转让规则，对资产支持证券的挂牌、转让进行自律管理。

中国证券业协会应当制定挂牌、转让规则，对资产支持证券在机构间私募产品报价与服务系统、证券公司柜台市场的挂牌、转让进行自律管理。

证券交易所、全国中小企业股份转让系统、中国证券业协会可以根据市场情况对投资者适当性管理制定更为严格的标准。

第四十条 证券公司等机构可以为资产支持证券转让提供双边报价服务。

第五章 资产支持证券信息披露

第四十一条 管理人及其他信息披露义务人应当按照本规定及所附《证券公司及基金管理公司子公司资产证券化业务信息披露指引》（以下简称《信息披露指引》）履行信息披露和报送义务。证券交易所、全国中小企业股份转让系统、中国证券业协会、中国基金业协会可以根据本规定及《信息披露指引》制定信息披露规则。

第四十二条 管理人及其他信息披露义务人应当及时、公平地履行披露义务，所披露或者报送的信息必须真实、准确、完整，不得有虚假记载、误导性陈述或者重大遗漏。

第四十三条 管理人、托管人应当在每年4月30日之前向资产支持证券合格投资者披露上年度资产管理报告、年度托管报告。每次收益分配前，管理人应当及时向资产支持证券合格投资者披露专项计划收益分配报告。

年度资产管理报告、年度托管报告应当由管理人向中国基金业协会报告，同时抄送对管理人有辖区监管权的中国证监会派出机构。

第四十四条 发生可能对资产支持证券投资价值或价格有实质性影响的重大事件，管理人应当及时将有关该重大事件的情况向资产支持证券合格投资者披露，说明事件的起因、目前的状态和可能产生的法律后果，并向证券交易场所、中国基金业协会报告，同时抄送对管理人有辖区监管权的中国证监会派出机构。

第四十五条 管理人及其他信息披露义务人应当按照相关规定在证券交易场所或中国基金业协会指定的网站向合格投资者披露信息。

第六章 监督管理

第四十六条 中国证监会及其派出机构依法对资产证券化业务实行监督管理，并根据监管需要对资产证券化业务开展情况进行检查。对于违反本规定的，中国证监会及其派出机构可采取责令改正、监管谈话、出具警示函、责令公开说明、责令参加培训、责令定期报告、认定为不适当人选等监管措施；依法应予行政处罚的，依照《证券法》、《证券投资基金法》等法律法规和中国证监会的有关规定进行处罚；涉嫌犯罪的，依法移送司法机关，追究其刑事责任。

第四十七条 中国证券业协会、中国基金业协会等证券自律组织应当根据本规定及所附指引对证券公司、基金管理公司子公司开展资产证券化业务过程中的尽职调查、风险控制等环节实施自律管理。

第七章 附 则

第四十八条 资产支持证券的登记结算业务应当由中国证券登记结算有限责任公司或中国证监会认可的其他机构办理。

第四十九条 证券公司、基金管理公司子公司通过其他特殊目的载体开展的资产证券化业务，参照本规定执行。中国证监会另有规定的，从其规定。

第五十条 经中国证监会认可，期货公司、证券金融公司、中国证监会负责监管的其他公司以及商业银行、保险公司、信托公司等金融机构，可参照适用本规定开展资产证券化业务。

第五十一条 本规定及所附《信息披露指引》、《尽职调查指引》自公布之日起施行。《证券公司资产证券化业务管理规定》（证监会公告2013〔16〕号）同时废止。

4. 财务管理

证券公司股票质押贷款管理办法

· 2004 年 11 月 2 日

· 银发〔2004〕256 号

第一章 总 则

第一条 为规范股票质押贷款业务，维护借贷双方的合法权益，防范金融风险，促进我国资本市场的稳健发展，根据《中华人民共和国中国人民银行法》、《中华人民共和国银行业监督管理法》、《中华人民共和国商业银行法》、《中华人民共和国证券法》、《中华人民共和国担保法》的有关规定，特制定本办法。

第二条 本办法所称股票质押贷款，是指证券公司以自营的股票、证券投资基金券和上市公司可转换债券作质押，从商业银行获得资金的一种贷款方式。

第三条 本办法所称质物，是指在证券交易所上市流通的、证券公司自营的人民币普通股票（A 股）、证券投资基金券和上市公司可转换债券（以下统称股票）。

第四条 本办法所称借款人为依法设立并经中国证券监督管理委员会批准可经营证券自营业务的证券公司（指法人总部，下同），贷款人为依法设立并经中国银行业监督管理委员会批准可经营股票质押贷款业务的商业银行（以下统称商业银行）。证券登记结算机构为本办法所指质物的法定登记结算机构。

第五条 商业银行授权其分支机构办理股票质押贷款业务须报中国银行业监督管理委员会备案。

第六条 借款人通过股票质押贷款所得资金的用途，必须符合《中华人民共和国证券法》的有关规定，用于弥补流动资金的不足。

第七条 中国人民银行、中国银行业监督管理委员会依法对股票质押贷款业务实施监督管理。

第二章 贷款人、借款人

第八条 申请开办股票质押贷款业务的贷款人，应具备以下条件：

（一）资本充足率等监管指标符合中国银行业监督管理委员会的有关规定；

（二）内控机制健全，制定和实施了统一授信制度；

（三）制定了与办理股票质押贷款业务相关的风险控制措施和业务操作流程；

（四）有专职部门和人员负责经营和管理股票质押贷款业务；

（五）有专门的业务管理信息系统，能同步了解股票市场行情以及上市公司有关重要信息，具备对分类股票分析、研究和确定质押率的能力；

（六）中国银行业监督管理委员会认为应具备的其他条件。

第九条 借款人应具备以下条件：

（一）资产具有充足的流动性，且具备还本付息能力；

（二）其自营业务符合中国证券监督管理委员会规定的有关风险控制比率；

（三）已按中国证券监督管理委员会规定提取足额的交易风险准备金；

（四）已按中国证券监督管理委员会规定定期披露资产负债表、净资本计算表、利润表及利润分配表等信息；

（五）最近一年经营中未出现中国证券监督管理委员会认定的重大违规违纪行为或特别风险事项，现任高级管理人员和主要业务人员无中国证券监督管理委员会认定的重大不良记录；

（六）客户交易结算资金经中国证券监督管理委员会认定已实现有效独立存管，未挪用客户交易结算资金；

（七）贷款人要求的其他条件。

第三章 贷款的期限、利率、质押率

第十条 股票质押贷款期限由借贷双方协商确定，但最长为一年。借款合同到期后，不得展期，新发生的质押贷款按本办法规定重新审查办理。借款人提前还款，须经贷款人同意。

第十一条 股票质押贷款利率水平及计结息方式按照中国人民银行利率管理规定执行。

二、证券

第十二条 用于质押贷款的股票应业绩优良、流通股本规模适度、流动性较好。贷款人不得接受以下几种股票作为质物：

（一）上一年度亏损的上市公司股票；

（二）前六个月内股票价格的波动幅度（最高价/最低价）超过200%的股票；

（三）可流通股股份过度集中的股票；

（四）证券交易所停牌或除牌的股票；

（五）证券交易所特别处理的股票；

（六）证券公司持有一家上市公司已发行股份的5%以上的，该证券公司不得以该种股票质押；但是，证券公司因包销购入售后剩余股票而持有5%以上股份的，不受此限。

第十三条 股票质押率由贷款人依据被质押的股票质量及借款人的财务和资信状况与借款人商定，但股票质押率最高不能超过60%。质押率上限的调整由中国人民银行和中国银行业监督管理委员会决定。

质押率的计算公式：

质押率=（贷款本金/质押股票市值）×100%

质押股票市值=质押股票数量×前七个交易日股票平均收盘价。

第四章 贷款程序

第十四条 借款人申请质押贷款时，必须向贷款人提供以下材料：

（一）企业法人营业执照、法人代码证、法定代表人证明文件；

（二）中国人民银行颁发的贷款卡（证）；

（三）上月的资产负债表、损益表和净资本计算表及经会计（审计）师事务所审计的上一年度的财务报表（含附注）；

（四）由证券登记结算机构出具的质物的权利证明文件；

（五）用作质物的股票上市公司的基本情况；

（六）贷款人要求的其他材料。

第十五条 贷款人收到借款人的借款申请后，对借款人的借款用途、资信状况、偿还能力、资料的真实性，以及用作质物的股票的基本情况进行调查核实，并及时对借款人给予答复。

第十六条 贷款人在贷款前，应审慎分析借款人信贷风险和财务承担能力，根据统一授信管理办法，核定借款人的贷款限额。

第十七条 贷款人对借款人的借款申请审查同意后，根据有关法律、法规与借款人签订借款合同。

第十八条 借款人和贷款人签订借款合同后，双方应共同在证券登记结算机构办理出质登记。证券登记结算机构应向贷款人出具股票质押登记的证明文件。

第十九条 贷款人在发放股票质押贷款前，应在证券交易所开设股票质押贷款业务特别席位，专门保管和处分作为质物的股票。贷款人应在贷款发放后，将股票质押贷款的有关信息及时录入信贷登记咨询系统。

第二十条 借款人应按借款合同的约定偿还贷款本息。在借款人清偿贷款后，借款合同自行终止。贷款人应在借款合同终止的同时办理质押登记注销手续，并将股票质押登记的证明文件退还给借款人。

第五章 贷款风险控制

第二十一条 贷款人发放的股票质押贷款余额，不得超过其资本净额的15%；贷款人对一家证券公司发放的股票质押贷款余额，不得超过贷款人资本净额的5%。

第二十二条 借款人出现下列情形之一时，应当及时通知贷款人：

（一）预计到期难以偿付贷款利息或本金；

（二）减资、合并、分立、解散及申请破产；

（三）股权变更；

（四）借款合同中约定的其他情形。

第二十三条 一家商业银行及其分支机构接受的用于质押的一家上市公司股票，不得高于该上市公司全部流通股票的10%。一家证券公司用于质押的一家上市公司股票，不得高于该上市公司全部流通股票的10%，并且不得高于该上市公司已发行股份的5%。被质押的一家上市公司股票不得高于该上市公司全部流通股票的20%。上述比率由证券登记结算机构负责监控，对超过规定比率的股票，证券登记结算机构不得进行出质登记。中国人民银行和中国银行业监督管理委员会可根据需要适时调整上述比率。

第二十四条 贷款人有权向证券登记结算机构核实质物的真实性、合法性，证券登记结算机构应根据贷款人的要求，及时真实地提供有关情况。

第二十五条 贷款人应随时分析每只股票的风险和价值,选择适合本行质押贷款的股票,并根据其价格、盈利性、流动性和上市公司的经营情况、财务指标以及股票市场的总体情况等,制定本行可接受质押的股票及其质押率的清单。

第二十六条 贷款人应随时对持有的质押股票市值进行跟踪,并在每个交易日至少评估一次每个借款人出质股票的总市值。

第二十七条 为控制因股票价格波动带来的风险,特设立警戒线和平仓线。警戒线比例(质押股票市值/贷款本金×100%)最低为135%,平仓线比例(质押股票市值/贷款本金×100%)最低为120%。在质押股票市值与贷款本金之比降至警戒线时,贷款人应要求借款人即时补足因证券价格下跌造成的质押价值缺口。在质押股票市值与贷款本金之比降至平仓线时,贷款人应及时出售质押股票,所得款项用于还本付息,余款清退给借款人,不足部分由借款人清偿。

第六章 质物的保管和处分

第二十八条 贷款人应在证券交易所开设股票质押特别席位(以下简称特别席位),用于质物的存放和处分;在证券登记结算机构开设特别资金结算账户(以下简称资金账户),用于相关的资金结算。借款合同存续期间,存放在特别席位下的股票,借款人不得转让,但本办法第三十三条规定以及借款人和贷款人协商同意的情形除外。

第二十九条 证券登记结算机构应根据出质人及贷款人的申请将出质股票足额、及时转移至贷款人特别席位下存放。

第三十条 借款人可向贷款人提出申请,经贷款人同意后,双方重新签订合同,进行部分(或全部)质物的置换,经贷款人同意后,由双方共同向证券登记结算机构办理质押变更登记。质押变更后,证券登记结算机构应向贷款人重新出具股票质物登记证明。

第三十一条 在质押合同期内,借款人可向贷款人申请,贷款人同意后,按借款人的指令,由贷款人进行部分(或全部)质物的卖出,卖出资金必须进入贷款人资金账户存放,该资金用于全部(或部分)提前归还贷款,多余款项退借款人。

第三十二条 出现以下情况之一,贷款人应通知借款人,并要求借款人立即追加质物、置换质物或增加在贷款人资金账户存放资金:

(一)质物的市值处于本办法第二十七条规定的警戒线以下;

(二)质物出现本办法第十二条中的情形之一。

第三十三条 用于质押股票的市值处于本办法第二十七条规定的平仓线以下(含平仓线)的,贷款人有权无条件处分该质押股票,所得的价款直接用于清偿所担保的贷款人债权。

第三十四条 借款合同期满,借款人履行还款义务的,贷款人应将质物归还借款人;借款合同期满,借款人没有履行还款义务的,贷款人有权依照合同约定通过特别席位卖出质押股票,所得的价款直接用于清偿所担保的贷款人债权。

第三十五条 质物在质押期间所产生的孳息(包括送股、分红、派息等)随质物一起质押。

质物在质押期间发生配股时,出质人应当购买并随质物一起质押。出质人不购买而出现质物价值缺口的,出质人应当及时补足。

第七章 罚 则

第三十六条 贷款人有下列行为之一的,由中国银行业监督管理委员会依法给予警告。情节严重的,暂停或取消其办理股票质押贷款业务资格,并追究有关人员的责任:

(一)未经中国银行业监督管理委员会批准从事股票质押贷款业务;

(二)对不具备本办法规定资格的证券公司发放股票质押贷款;

(三)发放股票质押贷款的期限超过一年;

(四)接受本办法禁止质押的股票为质物;

(五)质押率和其他贷款额度控制比率超过本办法规定的比率;

(六)未按统一授信制度和审慎原则等规定发放股票质押贷款;

(七)泄露与股票质押贷款相关的重要信息和借款人商业秘密。

第三十七条 借款人有下列行为之一的,由中国证券监督管理委员会视情节轻重,给予警告、通报,并追究有关人员的责任:

(一)用非自营股票办理股票质押贷款;

(二)未按合同约定的用途使用贷款;

（三）拒绝或阻挠贷款人监督检查贷款使用情况；

（四）未按本办法第九条第（四）项之规定履行信息披露义务。

第三十八条 证券登记结算机构有下列行为之一的，由其主管机关视情节轻重，给予警告、通报，并追究有关人员的责任：

（一）未按贷款人要求核实股票的真实性与合法性；

（二）未按贷款人要求及时办理质押股票的冻结和解冻；

（三）为超过本办法第二十三条规定比率的股票办理质押登记；

（四）为借款人虚增质物数量或出具虚假质押证明。

第三十九条 中国人民银行及其分支机构可以建议中国银行业监督管理委员会、中国证券监督管理委员会及上述两个机构的派出机构对违反本办法规定的行为进行监督检查。监管机关对上述行为的查处结果应及时抄送中国人民银行或其分支机构。

第八章 附 则

第四十条 证券登记结算机构应按照本办法制定有关实施细则。

第四十一条 商业银行从事股票质押贷款业务，应根据本办法制定实施细则，以及相应的业务操作流程和管理制度，并报中国人民银行和中国银行业监督管理委员会备案。

第四十二条 贷款人办理股票质押业务中所发生的相关费用由借贷双方协商解决。

第四十三条 本办法由中国人民银行会同中国银行业监督管理委员会和中国证券监督管理委员会解释。

第四十四条 本办法自发布之日起执行，2000年2月2日由中国人民银行和中国证券监督管理委员会颁布的《证券公司股票质押贷款管理办法》同时废止。

证券公司风险控制指标管理办法

· 2006年7月20日中国证券监督管理委员会令第34号公布

· 根据2008年6月24日《中国证券监督管理委员会关于修改〈证券公司风险控制指标管理办法〉的决定》第一次修订

· 根据2016年6月16日《中国证券监督管理委员会关于修改〈证券公司风险控制指标管理办法〉的决定》第二次修订

· 根据2020年3月20日中国证券监督管理委员会《关于修改部分证券期货规章的决定》第三次修订

第一章 总 则

第一条 为了建立以净资本和流动性为核心的风险控制指标体系，加强证券公司风险监管，督促证券公司加强内部控制、提升风险管理水平、防范风险，根据《证券法》等有关法律、行政法规，制定本办法。

第二条 证券公司应当按照中国证券监督管理委员会（以下简称中国证监会）的有关规定，遵循审慎、实质重于形式的原则，计算净资本、风险覆盖率、资本杠杆率、流动性覆盖率、净稳定资金率等各项风险控制指标，编制净资本计算表、风险资本准备计算表、表内外资产总额计算表、流动性覆盖率计算表、净稳定资金率计算表、风险控制指标计算表等监管报表（以下统称风险控制指标监管报表）。

第三条 中国证监会可以根据市场发展情况和审慎监管原则，对各项风险控制指标标准及计算要求进行动态调整；调整之前，应当公开征求行业意见，并为调整事项的实施作出过渡性安排。

对于未规定风险控制指标标准及计算要求的新产品、新业务，证券公司在投资该产品或者开展该业务前，应当按照规定事先向中国证监会、公司注册地的中国证监会派出机构（以下简称派出机构）报告或者报批。中国证监会根据证券公司新产品、新业务的特点和风险状况，在征求行业意见基础上确定相应的风险控制指标标准及计算要求。

第四条 中国证监会可以按照分类监管原

则，根据证券公司的治理结构、内控水平和风险控制情况，对不同类别公司的风险控制指标标准和计算要求，以及某项业务的风险资本准备计算比例进行动态调整。

第五条 中国证监会及其派出机构应当对证券公司净资本等各项风险控制指标数据的生成过程及计算结果的真实性、准确性、完整性进行定期或者不定期检查。

中国证监会及其派出机构可以根据监管需要，要求证券公司聘请符合《证券法》规定的会计师事务所对其风险控制指标监管报表进行审计。

第六条 证券公司应当根据中国证监会有关规定建立符合自身发展战略需要的全面风险管理体系。证券公司应当将所有子公司以及比照子公司管理的各类孙公司纳入全面风险管理体系，强化分支机构风险管理，实现风险管理全覆盖。全面风险管理体系应当包括可操作的管理制度、健全的组织架构、可靠的信息技术系统、量化的风险指标体系、专业的人才队伍、有效的风险应对机制。

证券公司应当任命一名具有风险管理相关专业背景、任职经历、履职能力的高级管理人员为首席风险官，由其负责全面风险管理工作。

第七条 证券公司应当根据自身资产负债状况和业务发展情况，建立动态的风险控制指标监控和资本补足机制，确保净资本等各项风险控制指标在任一时点都符合规定标准。

证券公司应当在发生重大业务事项及分配利润前对风险控制指标进行压力测试，合理确定有关业务及分配利润的最大规模。

证券公司应当建立健全压力测试机制，及时根据市场变化情况及监管部门要求，对公司风险控制指标进行压力测试。

压力测试结果显示风险超过证券公司自身承受能力范围的，证券公司应采取措施控制业务规模或降低风险。

第八条 证券公司应当聘请符合《证券法》规定的会计师事务所对其年度风险控制指标监管报表进行审计。

第九条 会计师事务所及其注册会计师应当勤勉尽责，对证券公司风险控制指标监管报表的真实性、准确性、完整性进行审计，并发表恰当的审计意见。

第二章 净资本及其计算

第十条 证券公司净资本由核心净资本和附属净资本构成。其中：

核心净资本=净资产-资产项目的风险调整-或有负债的风险调整-/+中国证监会认定或核准的其他调整项目。

附属净资本=长期次级债×规定比例-/+中国证监会认定或核准的其他调整项目。

第十一条 证券公司应当按照中国证监会规定的证券公司净资本计算标准计算净资本。

第十二条 证券公司计算核心净资本时，应当按照规定对有关项目充分计提资产减值准备。

中国证监会及其派出机构可以要求公司专项说明资产减值准备提取的充足性和合理性。有证据表明公司未充分计提资产减值准备的，中国证监会及其派出机构可以责令公司整改并追究相关人员责任。

第十三条 证券公司应当根据公司期末或有事项的性质（如未决诉讼、未决仲裁、对外提供担保等）、涉及金额、形成原因和进展情况、可能发生的损失和预计损失进行相应会计处理。对于很可能导致经济利益流出公司的或有事项，应当确认预计负债；对于未确认预计负债，但仍可能导致经济利益流出公司的或有事项，在计算核心净资本时，应当作为或有负债，按照一定比例在净资本中予以扣减，并在净资本计算表的附注中披露。

第十四条 证券公司对控股证券业务子公司出具承诺书提供担保承诺的，应当按照担保承诺金额的一定比例扣减核心净资本。从事证券承销与保荐、证券资产管理业务等中国证监会认可的子公司可以将母公司提供的担保承诺按照一定比例计入核心净资本。

第十五条 证券公司向股东或机构投资者借入或发行的次级债，可以按照一定比例计入附属净资本或扣减风险资本准备。具体规定由中国证监会另行制定。

第三章 风险控制指标标准

第十六条 证券公司经营证券经纪业务的，其净资本不得低于人民币2000万元。

证券公司经营证券承销与保荐、证券自营、证券资产管理、其他证券业务等业务之一的，其净资本不得低于人民币 5000 万元。

证券公司经营证券经纪业务，同时经营证券承销与保荐、证券自营、证券资产管理、其他证券业务等业务之一的，其净资本不得低于人民币 1 亿元。

证券公司经营证券承销与保荐、证券自营、证券资产管理、其他证券业务中两项及两项以上的，其净资本不得低于人民币 2 亿元。

第十七条 证券公司必须持续符合下列风险控制指标标准：

（一）风险覆盖率不得低于 100%；

（二）资本杠杆率不得低于 8%；

（三）流动性覆盖率不得低于 100%；

（四）净稳定资金率不得低于 100%；

其中：

风险覆盖率＝净资本/各项风险资本准备之和×100%；

资本杠杆率＝核心净资本/表内外资产总额×100%；

流动性覆盖率＝优质流动性资产/未来 30 天现金净流出量×100%；

净稳定资金率＝可用稳定资金/所需稳定资金×100%。

第十八条 证券公司应当按照中国证监会规定的证券公司风险资本准备计算标准计算市场风险、信用风险、操作风险资本准备。中国证监会可以根据特定产品或业务的风险特征，以及监督检查结果，要求证券公司计算特定风险资本准备。

市场风险资本准备按照各类金融工具市场风险特征的不同，用投资规模乘以风险系数计算；信用风险资本准备按照各表内外项目信用风险程度的不同，用资产规模乘以风险系数计算；操作风险资本准备按照各项业务收入的一定比例计算。

证券公司可以采取内部模型法等风险计量高级方法计算风险资本准备，具体规定由中国证监会另行制定。

第十九条 证券公司经营证券自营业务、为客户提供融资或融券服务的，应当符合中国证监会对该项业务的风险控制指标标准。

第二十条 证券公司可以结合自身实际情况，在不低于中国证监会规定标准的基础上，确定相应的风险控制指标标准。

第二十一条 中国证监会对各项风险控制指标设置预警标准，对于规定"不得低于"一定标准的风险控制指标，其预警标准是规定标准的 120%；对于规定"不得超过"一定标准的风险控制指标，其预警标准是规定标准的 80%。

第四章 编制和披露

第二十二条 设有子公司的证券公司应当以母公司数据为基础，编制风险控制指标监管报表。

中国证监会及其派出机构可以根据监管需要，要求证券公司以合并数据为基础编制风险控制指标监管报表。

第二十三条 证券公司的董事、高级管理人员应当对公司半年度、年度风险控制指标监管报表签署确认意见。

证券公司经营管理的主要负责人、首席风险官、财务负责人应当对公司月度风险控制指标监管报表签署确认意见。在证券公司风险控制指标监管报表上签字的人员，应当保证风险控制指标监管报表真实、准确、完整，不存在虚假记载、误导性陈述和重大遗漏；对风险控制指标监管报表内容持有异议的，应当在报表上注明自己的意见和理由。

第二十四条 证券公司应当至少每半年经主要负责人、首席风险官签署确认后，向公司全体董事报告一次公司净资本等风险控制指标的具体情况和达标情况；证券公司应当至少每半年经董事会签署确认，向公司全体股东报告一次公司净资本等风险控制指标的具体情况和达标情况，并至少获得主要股东的签收确认证明文件。

净资本指标与上月相比发生 20%以上不利变化或不符合规定标准时，证券公司应当在 5 个工作日内向公司全体董事报告，10 个工作日内向公司全体股东报告。

第二十五条 证券公司应当在每月结束之日起 7 个工作日内，向中国证监会及其派出机构报送月度风险控制指标监管报表。

派出机构可以根据监管需要，要求辖区内单个、部分或者全部证券公司在一定阶段内按周或者按日编制并报送各项风险控制指标监管报表。

第二十六条 证券公司的净资本等风险控制指标与上月相比发生不利变化超过 20%的，应当在该情形发生之日起 3 个工作日内，向中国证监会及其派出机构报告，说明基本情况和变化原因。

第二十七条 证券公司的净资本等风险控制

指标达到预警标准或者不符合规定标准的，应当分别在该情形发生之日起3个、1个工作日内，向中国证监会及其派出机构报告，说明基本情况、问题成因以及解决问题的具体措施和期限。

第五章 监督管理

第二十八条 证券公司的财务会计报告、风险控制指标监管报表被注册会计师出具了保留意见、带强调事项段或其他事项段无保留意见的，证券公司应当就涉及事项进行专项说明。

涉及事项不属于明显违反会计准则、证券公司净资本计算规则等有关规定的，中国证监会及其派出机构可以要求证券公司说明该事项对公司净资本等风险控制指标的影响。

涉及事项属于明显违反会计准则、证券公司净资本计算规则等有关规定的，中国证监会及其派出机构可以要求证券公司限期纠正、重新编制风险控制指标监管报表；证券公司未限期纠正的，中国证监会及其派出机构可以认定其净资本等风险控制指标低于规定标准。

第二十九条 证券公司的财务会计报告、风险控制指标监管报表被注册会计师出具了无法表示意见或者否定意见的，中国证监会及其派出机构可以认定其净资本等风险控制指标低于规定标准。

第三十条 证券公司未按照监管部门要求报送风险控制指标监管报表，或者风险控制指标监管报表存在重大错报、漏报以及虚假报送情况，中国证监会及其派出机构可以根据情况采取出具警示函、责令改正、监管谈话、责令处分有关人员等监管措施。

第三十一条 证券公司净资本或者其他风险控制指标不符合规定标准的，派出机构应当责令公司限期改正，在5个工作日制定并报送整改计划，整改期限最长不超过20个工作日；证券公司未按时报送整改计划的，派出机构应当立即限制其业务活动。

整改期内，中国证监会及其派出机构应当区别情形，对证券公司采取下列措施：

（一）停止批准新业务；

（二）停止批准增设、收购营业性分支机构；

（三）限制分配红利；

（四）限制转让财产或在财产上设定其他权利。

第三十二条 证券公司整改后，经派出机构验收符合有关风险控制指标的，中国证监会及其派出机构应当自验收完毕之日起3个工作日内解除对其采取的有关措施。

第三十三条 证券公司未按期完成整改的，自整改期限到期的次日起，派出机构应当区别情形，对其采取下列措施：

（一）限制业务活动；

（二）责令暂停部分业务；

（三）限制向董事、监事、高级管理人员支付报酬、提供福利；

（四）责令更换董事、监事、高级管理人员或者限制其权利；

（五）责令负有责任的股东转让股权，限制负有责任的股东行使股东权利；

（六）认定负有责任的董事、监事、高级管理人员为不适当人选；

（七）中国证监会及其派出机构认为有必要采取的其他措施。

第三十四条 证券公司未按期完成整改、风险控制指标情况继续恶化，严重危及该证券公司的稳健运行的，中国证监会可以撤销其有关业务许可。

第三十五条 证券公司风险控制指标无法达标，严重危害证券市场秩序、损害投资者利益的，中国证监会可以区别情形，对其采取下列措施：

（一）责令停业整顿；

（二）指定其他机构托管、接管；

（三）撤销经营证券业务许可；

（四）撤销。

第六章 附　则

第三十六条 本办法下列用语的含义：

（一）风险资本准备：指证券公司在开展各项业务等过程中，因市场风险、信用风险、操作风险等可能引起的非预期损失所需要的资本。证券公司应当按照一定标准计算风险资本准备并与净资本建立对应关系，确保风险资本准备有对应的净资本支撑。

（二）负债：指对外负债，不含代理买卖证券款、信用交易代理买卖证券款、代理承销证券款。

（三）资产：指自有资产，不含客户资产。

（四）或有负债：指过去的交易或者事项形成

的潜在义务，其存在须通过未来不确定事项的发生或者不发生予以证实；或过去的交易或者事项形成的现时义务，履行该义务不是很可能导致经济利益流出企业或该义务的金额不能可靠计量。

（五）表内外资产总额：表内资产余额与表外项目余额之和。

第三十七条 本办法自2006年11月1日起施行。

转融通业务监督管理试行办法

·2011年10月26日中国证券监督管理委员会令第75号公布

·根据2017年12月7日中国证券监督管理委员会《关于修改〈证券登记结算管理办法〉等七部规章的决定》第一次修正

·根据2020年10月30日中国证券监督管理委员会《关于修改、废止部分证券期货规章的决定》第二次修正

第一章 总 则

第一条 为了健全融资融券交易机制，拓宽证券公司融资融券业务资金和证券来源，规范转融通业务及相关活动，防范转融通业务风险，根据《证券法》、《证券公司监督管理条例》，制定本办法。

第二条 本办法所称转融通业务，是指证券金融公司将自有或者依法筹集的资金和证券出借给证券公司，以供其办理融资融券业务的经营活动。

第三条 从事转融通业务及相关活动，应当遵循平等、自愿、公平和诚实信用原则，不得损害社会公共利益。

第四条 证券金融公司应当遵守法律、行政法规和本办法的规定，严格防范和控制风险，稳健开展转融通业务。

第五条 中国证券监督管理委员会（以下简称证监会）依法对证券金融公司及其相关业务活动进行监督管理。

第二章 证券金融公司

第六条 证券金融公司根据国务院的决定设立。证监会根据国务院的决定，履行审批程序。

第七条 证券金融公司的组织形式为股份有限公司，注册资本不少于人民币60亿元。

证券金融公司的注册资本应当为实收资本，其股东应当用货币出资。

第八条 证券金融公司应当依照《公司法》和本办法的规定，制定公司章程，设立股东大会、董事会、监事会等组织机构，规范运作。

第九条 证券金融公司董事、监事和高级管理人员的选任，应当经证监会批准。

第十条 证券金融公司不以营利为目的，履行下列职责：

（一）为证券公司融资融券业务提供资金和证券的转融通服务；

（二）对证券公司融资融券业务运行情况进行监控；

（三）监测分析全市场融资融券交易情况，运用市场化手段防控风险；

（四）证监会确定的其他职责。

第十一条 证券金融公司变更名称、注册资本、股东、住所、职责范围，制定或者修改公司章程，设立或者撤销分支机构，应当报证监会备案。

第三章 业务规则

第十二条 证券金融公司开展转融通业务，应当以自己的名义，在证券登记结算机构分别开立转融通专用证券账户、转融通担保证券账户和转融通证券交收账户。

转融通专用证券账户用于记录证券金融公司持有的拟向证券公司融出的证券和证券公司归还的证券；转融通担保证券账户用于记录证券公司委托证券金融公司持有、担保证券金融公司因向证券公司转融通所生债权的证券；转融通证券交收账户用于办理证券金融公司与转融通业务有关的证券结算。

第十三条 证券金融公司开展转融通业务，应当以自己的名义，在商业银行开立转融通专用资金账户，在证券登记结算机构分别开立转融通担保资金账户和转融通资金交收账户。

转融通专用资金账户用于存放证券金融公司拟向证券公司融出的资金及证券公司归还的资金；转融通担保资金账户用于记录证券公司交存的、担保证券金融公司因向证券公司转融通所生债权的资金；转融通资金交收账户用于办理证券

金融公司与转融通业务有关的资金结算。

第十四条 证券金融公司开展转融通业务，应当了解证券公司的基本情况、业务范围、财务状况、违约记录、风险控制能力等，并以书面和电子的方式予以记录和保存。

第十五条 证券金融公司应当建立客户信用评估机制，对证券公司的信用状况进行评估，并根据评估结果确定和调整对证券公司的授信额度。

第十六条 证券金融公司开展转融通业务，应当与证券公司签订转融通业务合同，约定转融通的资金数额、标的证券的种类和数量、期限、费率、保证金的比例、证券权益处理办法、违约责任等事项。

证券金融公司应当制定转融通业务合同标准格式，报证监会备案。

第十七条 除本条第二款规定的情形外，证券金融公司向证券公司转融通的期限不得超过6个月。转融通的期限，自资金或者证券实际交付之日起算。

证券金融公司可以与证券公司对转融通标的证券暂停交易、终止交易和其他特殊情形下转融通期限的顺延或者缩短作出约定。

第十八条 证券金融公司应当按照国家宏观政策，根据市场状况和风险控制需要，确定和调整转融通费率和保证金的比例。

第十九条 证券金融公司与证券公司签订转融通业务合同后，应当根据证券公司的申请，以证券公司的名义，为其开立转融通担保证券明细账户和转融通担保资金明细账户。

转融通担保证券明细账户是转融通担保证券账户的二级账户，用于记载证券公司委托证券金融公司持有的担保证券的明细数据。转融通担保资金明细账户是转融通担保资金账户的二级账户，用于记载证券公司交存的担保资金的明细数据。证券金融公司可以委托证券登记结算机构根据清算、交收结果等，对证券公司转融通担保证券明细账户和转融通担保资金明细账户内的数据进行变更。

第二十条 证券金融公司开展转融通业务，应当向证券公司收取一定比例的保证金。保证金可以证券充抵，但货币资金占应收取保证金的比例不得低于15%。

证券金融公司应当确定并公布可充抵保证金证券的种类和折算率。

证券金融公司可以与证券登记结算机构签订合同，委托证券登记结算机构代为管理保证金。

第二十一条 证券公司向证券金融公司交存保证金，采取设立信托的方式。保证金中的证券应当记入转融通担保证券账户，保证金中的资金应当记入转融通担保资金账户。

证券金融公司与证券公司应当约定，转融通担保证券账户内的证券和转融通担保资金账户内的资金，均为担保证券金融公司因向证券公司转融通所生债权的信托财产，因本办法第二十二条第三款规定情形所形成的信托财产对证券金融公司的债权，也归入信托财产。

第二十二条 证券金融公司应当逐日计算证券公司交存的保证金价值与其所欠债务的比例。当该比例低于约定的维持保证金比例时，应当通知证券公司在一定的期限内补交差额，直至达到约定的初始保证金比例。但是，对因本条第三款规定情形导致的差额，证券公司无须补交。

证券公司违约的，证券金融公司可以按照约定处分保证金，以实现对证券公司的债权；处分保证金不足以完全实现对证券公司的债权的，证券金融公司应当依法向证券公司追偿。

经证券公司书面同意，证券金融公司可以有偿使用证券公司交存的保证金。证券金融公司使用保证金的用途、期限、对价等具体事项，由双方通过转融通业务合同约定。

第二十三条 证券金融公司可以根据化解证券公司违约风险的需要，建立转融通互保基金。转融通互保基金的管理办法，由证券金融公司制定，报证监会备案后实施。

第二十四条 市场交易活动出现异常，已经或者可能危及市场稳定，有必要暂停转融通业务的，证券金融公司可以按照业务规则和合同约定，暂停全部或者部分转融通业务并公告。

第二十五条 证券登记结算机构根据证券账户和资金账户持有人发出或者认可的指令，办理转融通业务涉及的证券和资金的划转。

第二十六条 司法机关依法对证券公司转融通担保证券明细账户或者转融通担保资金明细账户记载的权益采取财产保全或者强制执行措施的，证券金融公司应当处分保证金，在实现因向证券公司转融通所生债权后，协助司法机关执行。

第四章　资金和证券的来源

第二十七条　证券金融公司开展转融通业务，可以使用下列资金和证券：

（一）自有资金和证券；

（二）通过证券交易所的业务平台融入的资金和证券；

（三）通过证券金融公司的业务平台融入的资金；

（四）依法筹集的其他资金和证券。

第二十八条　证券金融公司可以依照《公司法》、《证券法》等有关规定，发行公司债券。

第二十九条　证券金融公司可以向股东或者其他特定投资者借入次级债。证券金融公司借入次级债，应当事先向证监会报告。

证券金融公司借入的次级债，参照证监会对证券公司借入次级债的有关规定，计入净资本。

第三十条　证券金融公司通过证券交易所的业务平台融入资金和证券，按照证券交易所的业务规则办理。证券登记结算机构按照证券交易所业务平台的成交结果，办理有关登记结算。

第三十一条　证券金融公司为履行本办法规定的职责，可以通过其在证券登记结算机构开立的普通证券账户买卖证券。

第五章　权益处理

第三十二条　证券登记结算机构根据转融通担保证券账户内的记录，确认证券金融公司受托持有证券的事实，并以证券金融公司为名义持有人，登记于证券持有人名册。

第三十三条　对转融通担保证券账户内记录的证券，由证券金融公司以自己的名义，行使对证券发行人的权利。证券金融公司行使对证券发行人的权利，应当事先征求委托其持有该证券的证券公司意见，并按照其意见办理。

前款所称对证券发行人的权利，是指请求召开证券持有人会议、参加证券持有人会议、提案、表决、配售股份的认购、请求分配投资收益等因持有证券而产生的权利。

第三十四条　证券登记结算机构受证券发行人委托以证券或者现金形式分派投资收益的，应当分别将分派的证券或者现金记录在转融通担保证券账户或者转融通担保资金账户内，并相应变更证券公司转融通担保证券明细账户或者转融通担保资金明细账户的数据。

第三十五条　证券金融公司根据本办法规定融入证券后、归还证券前，或者证券公司向证券金融公司融入证券后、归还证券前，证券发行人分配投资收益、向证券持有人配售或者无偿派发证券、发行证券持有人有优先认购权的证券的，证券金融公司或者证券公司应当按照约定向融出方支付与所融入证券可得利益相等的证券或者资金。

第三十六条　证券金融公司通过转融通担保证券账户持有的证券不计入其自有证券，证券金融公司无须因该账户内证券数量的变动而履行信息报告、披露或者要约收购义务。

证券公司通过其自营证券账户、融券专用证券账户和转融通担保证券明细账户合计持有一家上市公司股票及其权益的数量或者其增减变动达到规定的比例时，应当依法履行信息报告、披露或者要约收购义务。有一致行动人的，一致行动人与证券公司持有的股票及其权益的数量合并计算。

第六章　监督管理

第三十七条　证券金融公司应当依照本办法的规定制定转融通业务规则，明确账户管理、授信管理、标的证券管理、保证金管理、费率管理、信息披露等事项，报证监会备案后实施。

第三十八条　证券金融公司应当每个交易日公布以下转融通信息：

（一）转融资余额；

（二）转融券余额；

（三）转融通成交数据；

（四）转融通费率。

第三十九条　证券金融公司应当建立合规管理机制，保证公司的经营管理及工作人员的执业行为合法合规。

第四十条　证券金融公司应当建立风险控制机制，有效识别、评估、控制公司经营管理中的各类风险。

第四十一条　证券金融公司应当遵守以下风险控制指标规定：

（一）净资本与各项风险资本准备之和的比例不得低于100%；

（二）对单一证券公司转融通的余额，不得超过证券金融公司净资本的50%；

（三）融出的每种证券余额不得超过该证券上市可流通市值的10%；

（四）充抵保证金的每种证券余额不得超过该证券总市值的15%。

证券金融公司净资本、风险资本准备的计算，参照证监会对证券公司的有关规定执行。证监会另有规定的除外。

第四十二条 证券金融公司不得为他人的债务提供担保。

第四十三条 证券金融公司应当每年按照税后利润的10%提取风险准备金。证监会可以根据防范证券金融公司风险的需要，对提取比例进行调整。

第四十四条 证券金融公司的资金，除用于履行本办法规定职责和维持公司正常运转外，只能用于以下用途：

（一）银行存款；

（二）购买国债、证券投资基金份额等经证监会认可的高流动性金融产品；

（三）购置自用不动产；

（四）证监会认可的其他用途。

第四十五条 证券金融公司应当建立信息系统安全管理机制，保障公司信息系统安全、稳定运行。

第四十六条 证券金融公司应当自每一会计年度结束之日起4个月内，向证监会报送年度报告。年度报告应当包含按照规定编制并经符合《证券法》规定的会计师事务所审计的财务会计报告。

证券金融公司应当自每月结束之日起7个工作日内，向证监会报送月度报告。月度报告应当包含本办法第四十一条所列各项风险控制指标和转融通业务专项报表，以及证监会要求报送的其他信息。

第四十七条 发生影响或者可能影响公司经营管理的重大事件的，证券金融公司应当立即向证监会报送临时报告，说明事件的起因、目前的状态、可能产生的后果和应对措施。

第四十八条 证券金融公司为履行监控证券公司融资融券业务运行情况的职责，可以制定证券公司融资融券业务监控规则，报证监会备案后实施。

证券公司应当按照规定向证券金融公司报送融资融券的相关数据。证券公司报送的数据应当真实、准确、完整。

证券交易所、证券登记结算机构、证券金融公司应当建立融资融券信息共享机制。

第四十九条 证券金融公司及其工作人员应当对因履行职责而获悉的信息保密。法律、行政法规和本办法另有规定的除外。

第五十条 证券金融公司应当妥善保存履行本办法规定职责所形成的各类文件、资料，保存期限不少于20年。

第五十一条 证监会为履行监督管理职责，可以要求证券金融公司及其工作人员提供有关信息、资料，并对公司进行现场检查。

第五十二条 证券金融公司或者证券公司违反本办法规定的，由证监会视具体情形，采取责令改正、出具警示函、责令公开说明、责令定期报告等监管措施；应当给予行政处罚的，由证监会对公司及其有关责任人员单处或者并处警告、罚款。

第七章 附 则

第五十三条 证券交易所和证券登记结算机构根据本办法制定配套的交易、结算规则，按照规定报经证监会批准或者备案后实施。

第五十四条 本办法自公布之日起施行。

证券公司代销金融产品管理规定

- 2012年11月12日中国证券监督管理委员会公告〔2012〕34号发布
- 根据2020年3月20日中国证券监督管理委员会《关于修改部分证券期货规范性文件的决定》修正

第一条 为了规范证券公司代销金融产品行为，保护客户的合法权益，根据《证券法》、《证券公司监督管理条例》，制定本规定。

第二条 证券公司代销金融产品，应当遵守本规定。法律、行政法规和中国证券监督管理委员会（以下简称证监会）另有规定的，从其规定。

本规定所称代销金融产品，是指接受金融产品发行人的委托，为其销售金融产品或者介绍金融产品购买人的行为。

二、证券

第三条 证券公司代销金融产品，应当按照《证券公司监督管理条例》和证监会的规定，取得代销金融产品业务资格。

证券公司住所地证监会派出机构按照证券公司增加常规业务种类的条件和程序，对证券公司代销金融产品业务资格申请进行审批。

第四条 证券公司可以代销在境内发行，并经国家有关部门或者其授权机构批准或者备案的各类金融产品。法律、行政法规和国家有关部门禁止代销的除外。

第五条 证券公司代销金融产品，应当遵守法律、行政法规和证监会的规定，遵循平等、自愿、公平、诚实信用和适当性原则，避免利益冲突，不得损害客户合法权益。

第六条 证券公司代销金融产品，应当建立委托人资格审查、金融产品尽职调查与风险评估、销售适当性管理等制度。

证券公司应当对代销金融产品业务实行集中统一管理，明确内设部门和分支机构在代销金融产品业务中的职责。禁止证券公司分支机构擅自代销金融产品。

第七条 接受代销金融产品的委托前，证券公司应当对委托人进行资格审查。经审查，确认委托人依法设立并可以发行金融产品后，方可接受其委托。

第八条 证券公司应当审慎选择代销的金融产品，充分了解金融产品的发行依据、基本性质、投资安排、风险收益特征、管理费用等信息。证券公司确认金融产品依法发行、有明确的投资安排和风险管控措施、风险收益特征清晰且可以对其风险状况做出合理判断的，方可代销。

第九条 证券公司应当与委托人签订书面代销合同。代销合同应当约定双方权利义务，并明确约定以下事项：

（一）向客户进行信息披露、风险揭示以及后续服务的相关安排；

（二）受理客户咨询、查询、投诉的相关安排和后续处理机制；

（三）出现委托人对客户违约情况下的处置预案和应急安排；

（四）因金融产品设计、运营和委托人提供的信息不真实、不准确、不完整而产生的责任由委托人承担，证券公司不承担任何担保责任。

第十条 证券公司应当在代销合同签署后5个工作日内，向证券公司住所地证监会派出机构报备金融产品说明书、宣传推介材料和拟向客户提供的其他文件、资料。

第十一条 证券公司应当对所代销金融产品的风险状况进行评估，并划分风险等级，确定适合购买的客户类别和范围。

第十二条 证券公司向客户推介金融产品，应当了解客户的身份、财产和收入状况、金融知识和投资经验、投资目标、风险偏好等基本情况，评估其购买金融产品的适当性。

证券公司认为客户购买金融产品不适当或者无法判断适当性的，不得向其推介；客户主动要求购买的，证券公司应当将判断结论书面告知客户，提示其审慎决策，并由客户签字确认。

委托人明确约定购买人范围的，证券公司不得超出委托人确定的购买人范围销售金融产品。

第十三条 证券公司应当采取适当方式，向客户披露委托人提供的金融产品合同当事人情况介绍、金融产品说明书等材料，全面、公正、准确地介绍金融产品有关信息，充分说明金融产品的信用风险、市场风险、流动性风险等主要风险特征，并披露其与金融合同当事人之间是否存在关联关系。

代销的金融产品流动性较低、透明度较低、损失可能超过购买支出或者不易理解的，证券公司应当以简明、易懂的文字，向客户作出有针对性的书面说明，同时详细披露金融产品的风险特征与客户风险承受能力的匹配情况，并要求客户签字确认。

证券公司应当向客户说明，因金融产品设计、运营和委托人提供的信息不真实、不准确、不完整而产生的责任由委托人承担，证券公司不承担任何担保责任。

第十四条 证券公司代销金融产品，不得有下列行为：

（一）采取夸大宣传、虚假宣传等方式误导客户购买金融产品；

（二）采取抽奖、回扣、赠送实物等方式诱导客户购买金融产品；

（三）与客户分享投资收益、分担投资损失；

（四）使用除证券公司客户交易结算资金专用存款账户外的其他账户，代委托人接收客户购买金融产品的资金；

（五）其他可能损害客户合法权益的行为。

证券公司从事代销金融产品活动的人员不得接受委托人给予的财物或其他利益。

第十五条 金融产品存续期间，客户要求了解金融产品相关信息的，证券公司应当向客户告知委托人提供的金融产品相关信息，或者协助客户向委托人查询相关信息。

第十六条 证券公司应当如实记载向客户推介、销售金融产品的有关情况，依法妥善保管与代销金融产品活动有关的各种文件、资料。

第十七条 证券公司从事代销金融产品活动的人员，应当符合规定的条件，并遵守证券从业人员的管理规定。

证券公司应当对金融产品营销人员进行必要的培训，保证其充分了解所负责推介金融产品的信息及与代销活动有关的公司内部管理规定和监管要求。

第十八条 证券公司应当健全客户回访制度，明确代销金融产品的回访要求，及时发现并妥善处理不当销售金融产品及其他违法违规问题。

第十九条 证券公司应当妥善处理与代销金融产品活动有关的客户投诉和突发事件。涉及证券公司自身责任的，应当直接处理；涉及委托人责任的，应当协助客户联系委托人处理。

第二十条 证券公司及其从业人员违反本规定的，证监会及其派出机构依法采取监管措施或者给予行政处罚。

第二十一条 证券公司销售本公司金融产品的，参照适用本规定。

第二十二条 本规定自公布之日起施行。

5. 投资者保护基金

证券投资者保护基金管理办法

· 2016年4月19日中国证券管理委员会、财政部、中国人民银行令第124号公布
· 自2016年6月1日起施行

第一章 总 则

第一条 为建立防范和处置证券公司风险的长效机制，维护社会经济秩序和社会公共利益，保护证券投资者的合法权益，促进证券市场有序、健康发展，制定本办法。

第二条 证券投资者保护基金（以下简称基金）是指按照本办法筹集形成的、在防范和处置证券公司风险中用于保护证券投资者利益的资金。

设立国有独资的中国证券投资者保护基金有限责任公司（以下简称基金公司），负责基金的筹集、管理和使用。

第三条 基金主要用于按照国家有关政策规定对债权人予以偿付。

第四条 证券交易活动实行公开、公平、公正和投资者投资决策自主、投资风险自担的原则。

投资者在证券投资活动中因证券市场波动或投资产品价值本身发生变化所导致的损失，由投资者自行负担。

第五条 基金按照取之于市场、用之于市场的原则筹集。基金的筹集方式、标准，由中国证券监督管理委员会（以下简称证监会）商财政部、中国人民银行决定。

第六条 基金公司依据国家有关法律、法规及本办法独立运作，基金公司董事会对基金的合规使用及安全负责。

第二章 基金公司职责和组织机构

第七条 基金公司的职责为：

（一）筹集、管理和运作基金；

（二）监测证券公司风险，参与证券公司风险处置工作；

（三）证券公司被撤销、被关闭、破产或被证监会实施行政接管、托管经营等强制性监管措施时，按照国家有关政策规定对债权人予以偿付；

（四）组织、参与被撤销、关闭或破产证券公司的清算工作；

（五）管理和处分受偿资产，维护基金权益；

（六）发现证券公司经营管理中出现可能危及投资者利益和证券市场安全的重大风险时，向证监会提出监管、处置建议；对证券公司运营中存在的风险隐患会同有关部门建立纠正机制；

（七）国务院批准的其他职责。

第八条 基金公司应当与证监会建立证券公司信息共享机制，证监会定期向基金公司通报关于证券公司财务、业务等的经营管理信息。

证监会认定存在风险隐患的证券公司,应按照规定直接向基金公司报送财务、业务等经营管理信息和资料。

第九条 基金公司设立董事会。董事会由9名董事组成。其中4人为执行董事,其他为非执行董事。董事长人选由证监会商财政部、中国人民银行确定后,报国务院备案。

第十条 董事会为基金公司的决策机构,负责制定基本管理制度,决定内部管理机构设置,聘任或者解聘高级管理人员,对基金的筹集、管理和使用等重大事项做出决定,并行使基金公司章程规定的其他职权。

第十一条 基金公司董事会按季召开例会。董事长或1/3以上的董事联名提议时,可以召开临时董事会会议。

董事会会议由全体董事2/3以上出席方可举行。董事会会议决议,由全体董事1/2以上表决通过方为有效。

第十二条 基金公司设总经理1人,副总经理若干人。总经理负责主持公司的经营管理工作,执行董事会决议。总经理、副总经理由证监会提名,董事会聘任或者解聘。

第十三条 基金公司章程由证监会商财政部、中国人民银行依照法律、行政法规和本办法制定。

第三章 基金筹集

第十四条 基金的来源:

(一)上海、深圳证券交易所在风险基金分别达到规定的上限后,交易经手费的20%纳入基金;

(二)所有在中国境内注册的证券公司,按其营业收入的0.5%—5%缴纳基金;

经营管理或运作水平较差、风险较高的证券公司,应当按较高比例缴纳基金。各证券公司的具体缴纳比例由基金公司根据证券公司风险状况确定后,报证监会批准,并按年进行调整。证券公司缴纳的基金在其营业成本中列支;

(三)发行股票、可转债等证券时,申购冻结资金的利息收入;

(四)依法向有关责任方追偿所得和从证券公司破产清算中受偿收入;

(五)国内外机构、组织及个人的捐赠;

(六)其他合法收入。

第十五条 基金公司设立时,财政部专户储存的历年认购新股冻结资金利差余额,一次性划入,作为基金公司的注册资本;中国人民银行安排发放专项再贷款,垫付基金的初始资金。专项再贷款余额的上限以国务院批准额度为准。

第十六条 根据防范和处置证券公司风险的需要,基金公司可以多种形式进行融资。必要时,经国务院批准,基金公司可以通过发行债券等方式获得特别融资。

基金公司因履行职责需要流动性支持时,证监会会同中国人民银行报请国务院批准后,可以向中国人民银行申请再贷款。

第十七条 证券公司采用当年预缴、次年汇算清缴的方式缴纳基金。

证券公司应在年度审计结束后,根据其审计后的收入和事先核定的比例确定需要缴纳的基金金额,并及时向基金公司申报清缴。

第十八条 中国证券登记结算有限责任公司及各主承销商应于每季结息后5个工作日内,将证券发行申购冻结资金利息全额划入基金公司指定的账户;证券交易所应于每季后10个工作日内,将交易经手费中应纳入基金的部分划入基金公司指定的账户。

第四章 基金使用

第十九条 基金的用途为:

(一)证券公司被撤销、被关闭、破产或被证监会实施行政接管、托管经营等强制性监管措施时,按照国家有关政策规定对债权人予以偿付;

(二)国务院批准的其他用途。

第二十条 为处置证券公司风险需要动用基金的,证监会根据证券公司的风险状况制定风险处置方案,基金公司制定基金使用方案,报经国务院批准后,由基金公司办理发放基金的具体事宜。

第二十一条 基金公司使用基金偿付证券公司债权人后,取得相应的受偿权,依法参与证券公司的清算。

第五章 管理和监督

第二十二条 基金公司应依法合规运作,按照安全、稳健的原则履行对基金的管理职责,保证基金的安全。

基金的资金运用限于银行存款、购买政府债

券、中央银行票据、中央企业债券、信用等级较高的金融机构发行的金融债券以及国务院批准的其他资金运用形式。

第二十三条 基金公司日常运营费用按照国家有关规定列支,具体支取范围、标准及预决算等由基金公司董事会制定,报财政部审批。

第二十四条 证监会负责基金公司的业务监管,监督基金的筹集、管理与使用。

财政部负责基金公司的国有资产管理和财务监督。

中国人民银行负责对基金公司向其借用再贷款资金的合规使用情况进行检查监督。

第二十五条 基金公司应建立科学的业绩考评制度,并将考核结果定期报送证监会、财政部、中国人民银行。

第二十六条 基金公司应建立信息报告制度,编制基金筹集、管理、使用的月报信息,报送证监会、财政部、中国人民银行。

基金公司每年应向财政部专题报告财务收支及预算、决算执行情况,接受财政部的监督检查。

基金公司每年应向中国人民银行专题报告再贷款资金的使用情况,接受中国人民银行的监督检查。

第二十七条 证监会应按年度向国务院报告基金公司运作和证券公司风险处置情况,同时抄送财政部、中国人民银行。

第二十八条 证券公司、托管清算机构应按规定用途使用基金,不得将基金挪作他用。

基金公司对使用基金的情况进行检查,并可委托中介机构进行专项审计。接受检查的证券公司或托管清算机构及有关单位、个人应予以配合。

第二十九条 基金公司、证券公司及托管清算机构应妥善保管基金的收划款凭证、兑付清单及原始凭证,确保原始档案的完整性,并建立基金核算台账。

第三十条 证监会负责监督证券公司按期足额缴纳基金以及按期向基金公司如实报送财务、业务等经营管理信息、资料和基金公司监测风险所需的涉及客户资金安全的数据、材料。

证券公司违反前款规定的,证监会应按有关规定进行处理。

第三十一条 对挪用、侵占或骗取基金的违法行为,依法严厉打击;对有关人员的失职行为,依法追究其责任;涉嫌犯罪的,移送司法机关依法追究其刑事责任。

第六章 附 则

第三十二条 本办法所称托管清算机构,是指证券公司被行政接管、托管经营、撤销、关闭或破产时,对证券公司实施行政接管的接管组、实施托管经营的托管组或依法成立的行政清理组。

第三十三条 本办法自2016年6月1日起施行。

第三十四条 本办法由证监会会同财政部、中国人民银行负责解释。

证券投资者保护基金申请使用管理办法(试行)

·2006年3月7日

·证监发〔2006〕20号

第一章 总 则

第一条 为规范证券投资者保护基金(以下简称“保护基金”)的申请、发放和使用,根据《证券投资者保护基金管理办法》、《个人债权及客户证券交易结算资金收购意见》、《个人债权及客户证券交易结算资金收购实施办法》和《关于证券公司个人债权及客户证券交易结算资金收购有关问题的通知》等有关规定,制定本办法。

第二条 依法被中国证券监督管理委员会(以下简称“证监会”)采取责令停业整顿、指定其他机构托管、接管或者撤销等措施的证券公司(以下称“被处置证券公司”),按照国家有关政策规定申请使用保护基金收购个人债权和客户证券交易结算资金的,适用本办法。

第三条 依照有关规定行使被处置证券公司法人职责的机构(以下称“托管清算机构”)负责提出使用保护基金申请,并按规定承借和使用保护基金。

中国证券投资者保护基金有限责任公司(以下简称“保护基金公司”)履行保护基金的发放和管理职责。

证监会及其授权机构负责保护基金申请使用的审查和监督管理。

第四条 保护基金的申请、发放和使用应遵循“专款专用、专户管理、封闭运行”的原则,严禁将保护基金挪作他用。

第二章 保护基金的申请

第五条 保护基金公司根据经批准的证券公司风险处置方案和保护基金使用方案,与托管清算机构、证监会授权机构签订“证券投资者保护基金借款协议”,明确保护基金使用的额度、用途、程序和各方的职责。

第六条 托管清算机构或相关地方政府个人债权甄别确认小组按照国家有关政策规定的标准和程序对客户证券交易结算资金和个人债权进行甄别确认,并对甄别确认的真实性、准确性和合规性负责。

托管清算机构根据甄别确认的情况及实际需要,1 次或分次提出保护基金使用申请。

第七条 申请使用保护基金收购个人债权的,托管清算机构应向证监会授权机构提出申请。申请材料一式二份,内容包括:

(一)申请报告及申请表(附表 1);

(二)托管清算机构汇总的经甄别确认的被处置证券公司总部及其分支机构所需收购个人债权金额的明细表(附表 2);

(三)个人债权的专项审计报告;

(四)地方政府甄别确认小组的确认报告、附送的明细表及明细资料,或托管清算机构出具的甄别确认报告及相关明细资料(因挪用正常经纪类个人客户的证券所形成的个人债权部分);

(五)个人债权收购实施方案;

(六)证监会要求提交的其他材料。

第八条 托管清算机构申请保护基金收购个人债权时,需由地方政府支付的收购款应该到位。地方政府收购资金不能足额按时到位的,托管清算机构应及时向证监会授权机构报告,由证监会协调。托管清算机构可在中央承担的资金限额内先收购 10 万元以下小额个人债权,地方政府收购资金足额到位后,再收购 10 万元以下未收购部分和 10 万元以上大额个人债权。

第九条 申请使用保护基金收购客户证券交易结算资金的,托管清算机构应向证监会授权机构提出申请。申请材料一式二份,内容包括:

(一)申请报告及申请表(附表 3);

(二)经甄别确认的被处置证券公司总部及其分支机构客户证券交易结算资金的明细情况(含账户明细资料光盘);

(三)客户证券交易结算资金的专项审计报告;

(四)账户清理报告;

(五)弥补客户证券交易结算资金缺口实施方案;

(六)证监会要求提交的其他材料。

第十条 托管清算机构分次提出保护基金使用申请的,再次提出申请时,已提交且内容没有变化的材料可不再重复报送,但需对已申请的保护基金使用情况进行说明。

第十一条 证监会授权机构对申请使用保护基金收购个人债权和客户证券交易结算资金的申请材料进行审查,并出具明确的审查意见。证监会授权机构同意发放保护基金的审查材料应包括以下内容:

(一)审查意见;

(二)保护基金使用申请审查表(申请使用保护基金收购个人债权审查表(附表 4)或申请使用保护基金收购客户证券交易结算资金审查表(附表 5));

(三)经审查确认的个人债权明细表(附表 2)或客户证券交易结算资金缺口明细表(附表 6)。

第十二条 证监会授权机构对托管清算机构的保护基金使用申请审查同意后,出具同意向托管清算机构发放保护基金的批复文件,连同审查材料和托管清算机构报送的申请材料一并函告保护基金公司。

第十三条 因被处置证券公司资金紧张,无法保证其正常经纪业务客户柜台支付需要,可能引发挤兑风险的,托管清算机构可以在已批准使用的保护基金额度内向证监会授权机构提出紧急救助资金使用申请,同时应提交紧急救助资金使用方案,明确紧急救助资金划拨和客户取款的审查程序。

第十四条 证监会授权机构对紧急救助资金使用方案进行审查,填写申请使用紧急救助资金审查表(附表 7),并出具明确的审查意见。同意发放紧急救助资金的,应将审查意见、审查表连同托管清算机构报送的紧急救助资金使用方案一式二份一并报送证监会。

第十五条 证监会同意向托管清算机构发放紧急救助资金的,出具批复文件,连同其授权机构的审查意见、审查表和托管清算机构报送的紧急救助资金使用方案一并函告保护基金公司。

第十六条 保护基金公司收到证监会或其授权机构同意向托管清算机构发放保护基金的批复文件及转交的有关材料后,根据本办法及有关规定,办理保护基金发放手续。

第三章 保护基金的发放

第十七条 根据中国人民银行关于证券投资者保护基金再贷款操作规程的有关规定,保护基金公司在中国人民银行营业管理部开立"证券投资者保护基金存款"专用账户,用于核算中国人民银行发放的证券公司风险处置再贷款。

第十八条 保护基金公司向托管清算机构发放保护基金用于收购个人债权和客户证券交易结算资金的,应与托管清算机构、证监会授权机构签订借款合同,并指定商业银行(以下简称"受托银行")代理发放。

第十九条 保护基金公司在受托银行开立保护基金存款专用账户,用于核算向托管清算机构发放的保护基金,并与受托银行总行签订"证券投资者保护基金专用结算账户管理协议"。

第二十条 保护基金公司在办理承借的再贷款划转手续时,应向中国人民银行营业管理部提交加盖保护基金公司预留印鉴的划拨指令,并填写"划拨证券投资者保护基金备查书"。

第二十一条 托管清算机构使用保护基金收购个人债权和客户证券交易结算资金的,应凭证监会或其他主管部门批准成立托管清算机构的文件,在受托银行开立保护基金存款账户,专门用于核算承借的保护基金,并将账户开立情况报证监会授权机构、人民银行当地分支机构和保护基金公司备案。

第二十二条 保护基金公司根据借款合同,1次或分次将借款资金拨入托管清算机构在受托银行开立的保护基金存款账户。

保护基金公司在向托管清算机构发放保护基金用于收购个人债权和客户证券交易结算资金时,应向受托银行提交加盖保护基金公司预留印鉴的划拨指令,并将经证监会授权机构审查确认的个人债权明细表交受托银行。

第二十三条 收购个人债权应按照"确认一批、收购一批"的原则进行。托管清算机构应在各地办理个人债权收购手续的受托银行分支行开立保护基金存款账户,专门用于收购个人债权,并将账户开立情况报证监会授权机构、人民银行当地分支机构和保护基金公司备案。

第二十四条 托管清算机构在办理收购个人债权资金划拨手续时,应根据各地需收购的个人债权情况制作个人债权收购清单,并出具个人债权收购资金划拨通知书,一并提交受托银行分支行。

第二十五条 受托银行分支行经核对个人债权收购清单与保护基金公司提供的个人债权明细表一致后,按有关规定向债权人发放收购款。

第二十六条 债权人或其代理人按照有关规定凭有效身份证明和地方政府甄别确认小组出具的《××证券公司个人债权收购确认函》到指定受托银行网点领取收购款。

受托银行分支行支付收购款后,收回个人债权人持有的《××证券公司个人债权收购确认函》。

第二十七条 收购因挪用正常经纪类个人客户的证券所形成的个人债权,托管清算机构可以根据情况直接向中国证券登记结算公司支付收购资金。托管清算机构出具的个人债权收购资金划拨通知书应经证监会授权机构审查同意。

第二十八条 托管清算机构使用保护基金收购客户证券交易结算资金的,应在客户证券交易结算资金实施第三方存管的同时进行。

托管清算机构在办理弥补客户证券交易结算资金缺口资金划拨手续时,应出具弥补客户证券交易结算资金缺口资金划拨通知书,并经证监会授权机构审查同意后提交受托银行。

受托银行根据经证监会授权机构审查同意的"弥补客户证券交易结算资金缺口资金划拨通知书"向第三方存管账户划拨资金。

第二十九条 使用保护基金弥补被处置证券公司在中国证券登记结算公司正常经纪业务交易结算透支的,由托管清算机构出具"弥补客户证券交易结算资金缺口资金划拨通知书"并经证监会授权机构审查同意后报保护基金公司,由保护基金公司将资金直接划拨至托管清算机构指定的中国证券登记结算公司的银行账户。

第三十条 托管清算机构申请的紧急救助资金,只能用于支付正常经纪业务客户柜台取款和政策规定的其他用途。

托管清算机构在其保护基金存款账户划出紧急救助资金时,应出具紧急救助资金划拨通知书,并经证监会授权机构审查同意后交受托银行。受托银行根据经证监会授权机构审查同意的“紧急救助资金划拨通知书”划拨资金。

第三十一条 托管清算机构向保护基金公司承借保护基金,借款利率按人民银行一年期流动性再贷款利率优惠165个基本点执行。

托管清算机构承借保护基金,其开立的保护基金存款账户内的存款利息用于偿还应付保护基金公司的借款利息。

第三十二条 托管清算机构使用保护基金收购个人债权和客户证券交易结算资金完成后,应将利息连同剩余资金一并划回保护基金公司在受托银行开立的保护基金存款专用账户,并调整相应的借款金额。

托管清算机构应及时办理保护基金存款账户的销户手续,并将销户情况报证监会授权机构、人民银行当地分支机构和保护基金公司备案。

第四章 监督与管理

第三十三条 证监会及其授权机构负责对托管清算机构申请使用保护基金申报材料进行审查和批准,监督托管清算机构对保护基金的合规使用,负责对个人债权和客户证券交易结算资金的甄别确认及收购工作进行监督管理、协调指导。

第三十四条 保护基金公司应建立健全内部管理和监控机制,按照有关规定对保护基金的申请、发放和使用进行监督、管理和检查,并按照规定向有关部门报告保护基金发放和使用情况。

第三十五条 保护基金公司可委托有资质的中介机构对托管清算机构使用保护基金的情况进行专项审计,接受审计的有关单位和个人应予配合。

第三十六条 托管清算机构使用保护基金收购个人债权和客户证券交易结算资金后,应协助保护基金公司办理债权转让和登记手续。

保护基金公司依法取得相应的受偿权,依法参与被处置证券公司的清算或重组。

第三十七条 保护基金公司发现可能危及保护基金安全的下列情形之一时,应将有关情况报告证监会,由证监会或其授权机构责令托管清算机构限期予以纠正。托管清算机构不能及时纠正的,保护基金公司有权中止划款或要求受托银行暂停划款:

(一)个人债权或客户证券交易结算资金的甄别确认不符合国家有关政策规定的;

(二)保护基金申请材料存在虚假的;

(三)保护基金的使用不符合国家有关政策规定的;

(四)可能危及保护基金安全使用的其他情形。

第三十八条 托管清算机构应聘请保护基金公司认可的会计师事务所对个人债权和客户证券交易结算资金进行专项审计,并按照规定的标准和程序做好个人债权登记和收购、客户证券交易结算资金的甄别确认及收购等工作,保证保护基金的申请和使用符合国家有关政策规定。

第三十九条 托管清算机构使用紧急救助资金后,应及时向证监会授权机构报送相关资料,经证监会授权机构确认后报保护基金公司。报送的材料包括但不限于以下内容:

(一)使用紧急救助资金情况报告;

(二)紧急救助涉及的客户证券交易结算资金明细情况(含账户明细资料光盘)。

第四十条 托管清算机构申请使用保护基金的,应定期向保护基金公司报告被处置证券公司自处置日开始的资产负债情况、托管清算工作进展情况、个人债权和客户证券交易结算资金甄别确认情况及保护基金公司要求提供的其他材料。

第四十一条 托管清算机构收到保护基金后应按要求定期向证监会授权机构和保护基金公司报告保护基金发放和使用的进展情况,并按季向被处置证券公司法人所在地人民银行分支机构报送使用保护基金的情况及风险处置情况。

保护基金发放和使用中出现重大问题时,托管清算机构应及时向证监会授权机构和保护基金公司报告。

第四十二条 托管清算机构使用保护基金收购个人债权和客户证券交易结算资金完成后,应及时汇总保护基金使用情况和风险处置工作情况,并向证监会及其授权机构、保护基金公司报告。

第四十三条 托管清算机构、受托银行应建立保护基金核算台账,详细登记保护基金的划拨和使用情况,妥善保存保护基金收、划款凭证、兑付清单和有关原始凭证,确保原始档案的完整性。

第四十四条 受托银行在履行保护基金的划拨职责时,应严格遵守本办法及国家的有关收购政策,认真审核有关材料,确保发放保护基金过程中有关材料和依据核对无误。

受托银行应定期向保护基金公司报告保护基金发放和使用情况,并对受托事项承担法律责任。

第四十五条 有关各方应严格执行国家有关政策和规定,保证保护基金的合规使用和安全。对挪用、侵占或骗取保护基金的违法行为,依法严厉打击;对有关人员的失职行为,依法追究其责任;涉嫌犯罪的,移送司法机关处理。

第五章 附 则

第四十六条 保护基金经批准用于其他用途的,其申请使用办法另行制定。

第四十七条 由地方政府或其他部门牵头处置的证券公司,需要申请使用保护基金的,各方职责和工作程序参照本办法执行。

第四十八条 本办法所称证监会授权机构是指证监会授权对托管清算机构申请使用保护基金进行监督审查的部门或单位。

第四十九条 本办法由证监会负责解释。

第五十条 本办法自发布之日起执行。

证券公司缴纳证券投资者保护基金实施办法(试行)

· 2007 年 3 月 28 日

· 证监发〔2007〕50 号

第一章 总 则

第一条 为规范证券公司缴纳证券投资者保护基金(以下简称保护基金)行为,保证及时、足额筹集保护基金,根据《中华人民共和国证券法》、《证券投资者保护基金管理办法》等有关规定,制定本办法。

第二条 本办法所称保护基金是指根据《证券投资者保护基金管理办法》规定,按照"取之于市场,用之于市场"原则筹集的,由证券公司按其营业收入的一定比例缴纳的资金。

第三条 所有在中国境内注册的证券公司,必须依照《证券投资者保护基金管理办法》及本办法缴纳保护基金。

第四条 保护基金收取机构为依法设立的中国证券投资者保护基金有限责任公司(以下简称保护基金公司)。

第五条 保护基金公司开立专用账户,负责收缴和管理证券公司缴纳的保护基金。

第二章 缴纳比例

第六条 依照《证券投资者保护基金管理办法》的规定,证券公司应当按其营业收入的 0.5-5%向保护基金公司缴纳保护基金。

营业收入是指在利润表中列报的营业收入。

第七条 证券公司缴纳保护基金实行差别缴纳比例。保护基金公司根据中国证监会对证券公司的监管分类,确定各证券公司缴纳保护基金的具体比例,报中国证监会批准,并按年进行调整。

第三章 缴纳方式

第八条 证券公司采用当年预缴、次年汇算清缴的方式缴纳保护基金。

第九条 证券公司全年分两次预缴保护基金,每年 7 月 15 日之前将上半年应缴纳的保护基金划入保护基金公司指定账户,次年 1 月 15 日之前补充缴纳全年度应缴纳的保护基金。

第十条 证券公司在预缴保护基金时,应当按照当年半年或全年营业收入及核定的缴纳比例计算应缴纳的保护基金金额,并向保护基金公司报送《保护基金预缴申报表》(附件 1)及中期财务报告或年度财务报告。

第十一条 证券公司应按照年度审计报告或营业收入专项审计报告审定的营业收入及核定缴纳比例确认年度应缴纳的保护基金金额,并于次年 4 月 30 日(汇算清缴申报截止日)前向保护基金公司申报汇算清缴,保护基金公司应于 5 月 31 日(汇算清缴核实工作结束日)前完成汇算清缴核实工作。

第十二条 证券公司在申报汇算清缴时,应当报送以下资料:

(一)《保护基金汇算清缴申报表》(附件 2);

(二)年度审计报告或会计师事务所出具的营业收入专项审计报告;

(三)年度净资本计算表和风险监控指标监管报表审计报告;

(四)保护基金公司要求提供的其他有关资料。

第十三条 证券公司报送的《保护基金预缴

申报表》、《保护基金汇算清缴申报表》应当由法定代表人、主管会计工作负责人和经办人签字,并加盖公司公章。以上人员对所报送资料的真实性、完整性承担责任。

第十四条 证券公司申报汇算清缴时,对于少缴的部分应当同时补缴;对于多缴的部分,证券公司可申请退回或抵缴下一年度保护基金,未提出退回要求的视为同意抵缴。

对于申请退回的,保护基金公司应在收到《保护基金汇算清缴申报表》后,于汇算清缴核实工作结束日后10个工作日内将多缴资金退回证券公司。

第四章 监督管理

第十五条 证券公司应按时、足额缴纳保护基金。汇算清缴申报截止后,未足额缴纳保护基金的,保护基金公司对其欠缴金额从滞纳日(汇算清缴申报截止日后的第一个自然日)起按每日万分之三比例计收滞纳金。

第十六条 保护基金公司应当对证券公司保护基金预缴、汇算清缴和报送资料的情况进行核查。对报送资料不真实完整、不及时缴纳保护基金、预缴金额与汇算清缴金额差异较大的,保护基金公司应当及时通知证券公司予以纠正,并将有关情况报告中国证监会,同时通报证券公司注册地的中国证监会派出机构。

第十七条 保护基金公司对不及时缴纳保护基金、欠缴金额较大、报送资料不真实完整的证券公司,可报请中国证监会进行现场检查或接受中国证监会的委托进行审计检查,核实报表。

保护基金公司可在保护基金公司、中国证券业协会、证券交易所、结算公司网站公布拒不缴纳或长期欠缴保护基金的证券公司名单,并要求其按时、足额缴纳保护基金。

第十八条 证券公司注册地的中国证监会派出机构负责督促证券公司按时足额缴纳保护基金及向保护基金公司报送本办法第十二条规定的资料。中国证监会或证券公司注册地的中国证监会派出机构依据有关法律、法规和监管政策对违反本办法的证券公司采取监管措施。

第十九条 保护基金公司应当与中国证监会相关部门建立信息共享机制,中国证监会相关部门应当定期向保护基金公司通报证券公司的监管分类信息及相关资料。

中国证监会认定存在风险隐患的证券公司,应当按照规定直接向保护基金公司报送财务、业务等经营管理信息和资料。

保护基金公司可通过中国证监会证券机构监管信息系统获取证券公司向证券机构监管部门定期报送的有关信息。

保护基金公司可在其网站上披露证券公司法定应当披露的信息和证券公司缴纳保护基金的有关情况。

第二十条 保护基金公司应建立信息报告制度,编制保护基金筹集、管理、使用的月报、季报信息,报送中国证监会、财政部、中国人民银行。

第五章 附 则

第二十一条 本办法由中国证监会负责解释和修订。

第二十二条 本办法自发布之日起施行。

附件:

1. 保护基金预缴申报表(略)
2. 保护基金汇算清缴申报表(略)

(四)上市公司

1. 信息披露和财务会计

上市公司信息披露管理办法

· 2021年3月18日中国证券监督管理委员会令第182号公布
· 自2021年5月1日起施行

第一章 总 则

第一条 为了规范上市公司及其他信息披露义务人的信息披露行为,加强信息披露事务管理,保护投资者合法权益,根据《中华人民共和国公司法》(以下简称《公司法》)、《中华人民共和国证券法》(以下简称《证券法》)等法律、行政法规,制定本办法。

第二条 信息披露义务人履行信息披露义务应当遵守本办法的规定,中国证券监督管理委员会(以下简称中国证监会)对首次公开发行股票并上市、上市公司发行证券信息披露另有规定的,从其规定。

第三条 信息披露义务人应当及时依法履行信息披露义务,披露的信息应当真实、准确、完整,简明清晰、通俗易懂,不得有虚假记载、误导性陈述或者重大遗漏。

信息披露义务人披露的信息应当同时向所有投资者披露,不得提前向任何单位和个人泄露。但是,法律、行政法规另有规定的除外。

在内幕信息依法披露前,内幕信息的知情人和非法获取内幕信息的人不得公开或者泄露该信息,不得利用该信息进行内幕交易。任何单位和个人不得非法要求信息披露义务人提供依法需要披露但尚未披露的信息。

证券及其衍生品种同时在境内境外公开发行、交易的,其信息披露义务人在境外市场披露的信息,应当同时在境内市场披露。

第四条 上市公司的董事、监事、高级管理人员应当忠实、勤勉地履行职责,保证披露信息的真实、准确、完整,信息披露及时、公平。

第五条 除依法需要披露的信息之外,信息披露义务人可以自愿披露与投资者作出价值判断和投资决策有关的信息,但不得与依法披露的信息相冲突,不得误导投资者。

信息披露义务人自愿披露的信息应当真实、准确、完整。自愿性信息披露应当遵守公平原则,保持信息披露的持续性和一致性,不得进行选择性披露。

信息披露义务人不得利用自愿披露的信息不当影响公司证券及其衍生品种交易价格,不得利用自愿性信息披露从事市场操纵等违法违规行为。

第六条 上市公司及其控股股东、实际控制人、董事、监事、高级管理人员等作出公开承诺的,应当披露。

第七条 信息披露文件包括定期报告、临时报告、招股说明书、募集说明书、上市公告书、收购报告书等。

第八条 依法披露的信息,应当在证券交易所的网站和符合中国证监会规定条件的媒体发布,同时将其置备于上市公司住所、证券交易所,供社会公众查阅。

信息披露文件的全文应当在证券交易所的网站和符合中国证监会规定条件的报刊依法开办的网站披露,定期报告、收购报告书等信息披露文件的摘要应当在证券交易所的网站和符合中国证监会规定条件的报刊披露。

信息披露义务人不得以新闻发布或者答记者问等任何形式代替应当履行的报告、公告义务,不得以定期报告形式代替应当履行的临时报告义务。

第九条 信息披露义务人应当将信息披露公告文稿和相关备查文件报送上市公司注册地证监局。

第十条 信息披露文件应当采用中文文本。同时采用外文文本的,信息披露义务人应当保证两种文本的内容一致。两种文本发生歧义时,以中文文本为准。

第十一条 中国证监会依法对信息披露文件及公告的情况、信息披露事务管理活动进行监督检查,对信息披露义务人的信息披露行为进行监督管理。

证券交易所应当对上市公司及其他信息披露义务人的信息披露行为进行监督,督促其依法及时、准确地披露信息,对证券及其衍生品种交易实行实时监控。证券交易所制定的上市规则和其他信息披露规则应当报中国证监会批准。

第二章 定期报告

第十二条 上市公司应当披露的定期报告包括年度报告、中期报告。凡是对投资者作出价值判断和投资决策有重大影响的信息,均应当披露。

年度报告中的财务会计报告应当经符合《证券法》规定的会计师事务所审计。

第十三条 年度报告应当在每个会计年度结束之日起四个月内,中期报告应当在每个会计年度的上半年结束之日起两个月内编制完成并披露。

第十四条 年度报告应当记载以下内容:

(一)公司基本情况;

(二)主要会计数据和财务指标;

(三)公司股票、债券发行及变动情况,报告期末股票、债券总额、股东总数,公司前十大股东持股情况;

(四)持股百分之五以上股东、控股股东及实际控制人情况;

(五)董事、监事、高级管理人员的任职情况、持股变动情况、年度报酬情况;

（六）董事会报告；

（七）管理层讨论与分析；

（八）报告期内重大事件及对公司的影响；

（九）财务会计报告和审计报告全文；

（十）中国证监会规定的其他事项。

第十五条 中期报告应当记载以下内容：

（一）公司基本情况；

（二）主要会计数据和财务指标；

（三）公司股票、债券发行及变动情况、股东总数、公司前十大股东持股情况，控股股东及实际控制人发生变化的情况；

（四）管理层讨论与分析；

（五）报告期内重大诉讼、仲裁等重大事件及对公司的影响；

（六）财务会计报告；

（七）中国证监会规定的其他事项。

第十六条 定期报告内容应当经上市公司董事会审议通过。未经董事会审议通过的定期报告不得披露。

公司董事、高级管理人员应当对定期报告签署书面确认意见，说明董事会的编制和审议程序是否符合法律、行政法规和中国证监会的规定，报告的内容是否能够真实、准确、完整地反映上市公司的实际情况。

监事会应当对董事会编制的定期报告进行审核并提出书面审核意见。监事应当签署书面确认意见。监事会对定期报告出具的书面审核意见，应当说明董事会的编制和审议程序是否符合法律、行政法规和中国证监会的规定，报告的内容是否能够真实、准确、完整地反映上市公司的实际情况。

董事、监事无法保证定期报告内容的真实性、准确性、完整性或者有异议的，应当在董事会或者监事会审议、审核定期报告时投反对票或者弃权票。

董事、监事和高级管理人员无法保证定期报告内容的真实性、准确性、完整性或者有异议的，应当在书面确认意见中发表意见并陈述理由，上市公司应当披露。上市公司不予披露的，董事、监事和高级管理人员可以直接申请披露。

董事、监事和高级管理人员按照前款规定发表意见，应当遵循审慎原则，其保证定期报告内容的真实性、准确性、完整性的责任不仅因发表意见而当然免除。

第十七条 上市公司预计经营业绩发生亏损或者发生大幅变动的，应当及时进行业绩预告。

第十八条 定期报告披露前出现业绩泄露，或者出现业绩传闻且公司证券及其衍生品种交易出现异常波动的，上市公司应当及时披露本报告期相关财务数据。

第十九条 定期报告中财务会计报告被出具非标准审计意见的，上市公司董事会应当针对该审计意见涉及事项作出专项说明。

定期报告中财务会计报告被出具非标准审计意见，证券交易所认为涉嫌违法的，应当提请中国证监会立案调查。

第二十条 上市公司未在规定期限内披露年度报告和中期报告的，中国证监会应当立即立案调查，证券交易所应当按照股票上市规则予以处理。

第二十一条 年度报告、中期报告的格式及编制规则，由中国证监会和证券交易所制定。

第三章 临时报告

第二十二条 发生可能对上市公司证券及其衍生品种交易价格产生较大影响的重大事件，投资者尚未得知时，上市公司应当立即披露，说明事件的起因、目前的状态和可能产生的影响。

前款所称重大事件包括：

（一）《证券法》第八十条第二款规定的重大事件；

（二）公司发生大额赔偿责任；

（三）公司计提大额资产减值准备；

（四）公司出现股东权益为负值；

（五）公司主要债务人出现资不抵债或者进入破产程序，公司对相应债权未提取足额坏账准备；

（六）新公布的法律、行政法规、规章、行业政策可能对公司产生重大影响；

（七）公司开展股权激励、回购股份、重大资产重组、资产分拆上市或者挂牌；

（八）法院裁决禁止控股股东转让其所持股份；任一股东所持公司百分之五以上股份被质押、冻结、司法拍卖、托管、设定信托或者被依法限制表决权等，或者出现被强制过户风险；

（九）主要资产被查封、扣押或者冻结；主要银行账户被冻结；

（十）上市公司预计经营业绩发生亏损或者发生大幅变动；

（十一）主要或者全部业务陷入停顿；

（十二）获得对当期损益产生重大影响的额外收益，可能对公司的资产、负债、权益或者经营成果产生重要影响；

（十三）聘任或者解聘为公司审计的会计师事务所；

（十四）会计政策、会计估计重大自主变更；

（十五）因前期已披露的信息存在差错、未按规定披露或者虚假记载，被有关机关责令改正或者经董事会决定进行更正；

（十六）公司或者其控股股东、实际控制人、董事、监事、高级管理人员受到刑事处罚，涉嫌违法违规被中国证监会立案调查或者受到中国证监会行政处罚，或者受到其他有权机关重大行政处罚；

（十七）公司的控股股东、实际控制人、董事、监事、高级管理人员涉嫌严重违纪违法或者职务犯罪被纪检监察机关采取留置措施且影响其履行职责；

（十八）除董事长或者经理外的公司其他董事、监事、高级管理人员因身体、工作安排等原因无法正常履行职责达到或者预计达到三个月以上，或者因涉嫌违法违规被有权机关采取强制措施且影响其履行职责；

（十九）中国证监会规定的其他事项。

上市公司的控股股东或者实际控制人对重大事件的发生、进展产生较大影响的，应当及时将其知悉的有关情况书面告知上市公司，并配合上市公司履行信息披露义务。

第二十三条 上市公司变更公司名称、股票简称、公司章程、注册资本、注册地址、主要办公地址和联系电话等，应当立即披露。

第二十四条 上市公司应当在最先发生的以下任一时点，及时履行重大事件的信息披露义务：

（一）董事会或者监事会就该重大事件形成决议时；

（二）有关各方就该重大事件签署意向书或者协议时；

（三）董事、监事或者高级管理人员知悉该重大事件发生时。

在前款规定的时点之前出现下列情形之一的，上市公司应当及时披露相关事项的现状、可能影响事件进展的风险因素：

（一）该重大事件难以保密；

（二）该重大事件已经泄露或者市场出现传闻；

（三）公司证券及其衍生品种出现异常交易情况。

第二十五条 上市公司披露重大事件后，已披露的重大事件出现可能对上市公司证券及其衍生品种交易价格产生较大影响的进展或者变化的，上市公司应当及时披露进展或者变化情况、可能产生的影响。

第二十六条 上市公司控股子公司发生本办法第二十二条规定的重大事件，可能对上市公司证券及其衍生品种交易价格产生较大影响的，上市公司应当履行信息披露义务。

上市公司参股公司发生可能对上市公司证券及其衍生品种交易价格产生较大影响的事件的，上市公司应当履行信息披露义务。

第二十七条 涉及上市公司的收购、合并、分立、发行股份、回购股份等行为导致上市公司股本总额、股东、实际控制人等发生重大变化的，信息披露义务人应当依法履行报告、公告义务，披露权益变动情况。

第二十八条 上市公司应当关注本公司证券及其衍生品种的异常交易情况及媒体关于本公司的报道。

证券及其衍生品种发生异常交易或者在媒体中出现的消息可能对公司证券及其衍生品种的交易产生重大影响时，上市公司应当及时向相关各方了解真实情况，必要时应当以书面方式问询。

上市公司控股股东、实际控制人及其一致行动人应当及时、准确地告知上市公司是否存在拟发生的股权转让、资产重组或者其他重大事件，并配合上市公司做好信息披露工作。

第二十九条 公司证券及其衍生品种交易被中国证监会或者证券交易所认定为异常交易的，上市公司应当及时了解造成证券及其衍生品种交易异常波动的影响因素，并及时披露。

第四章 信息披露事务管理

第三十条 上市公司应当制定信息披露事务管理制度。信息披露事务管理制度应当包括：

（一）明确上市公司应当披露的信息，确定披露标准；

（二）未公开信息的传递、审核、披露流程；

（三）信息披露事务管理部门及其负责人在信息披露中的职责；

（四）董事和董事会、监事和监事会、高级管理人员等的报告、审议和披露的职责；

（五）董事、监事、高级管理人员履行职责的记录和保管制度；

（六）未公开信息的保密措施，内幕信息知情人登记管理制度，内幕信息知情人的范围和保密责任；

（七）财务管理和会计核算的内部控制及监督机制；

（八）对外发布信息的申请、审核、发布流程；与投资者、证券服务机构、媒体等的信息沟通制度；

（九）信息披露相关文件、资料的档案管理制度；

（十）涉及子公司的信息披露事务管理和报告制度；

（十一）未按规定披露信息的责任追究机制，对违反规定人员的处理措施。

上市公司信息披露事务管理制度应当经公司董事会审议通过，报注册地证监局和证券交易所备案。

第三十一条 上市公司董事、监事、高级管理人员应当勤勉尽责，关注信息披露文件的编制情况，保证定期报告、临时报告在规定期限内披露。

第三十二条 上市公司应当制定定期报告的编制、审议、披露程序。经理、财务负责人、董事会秘书等高级管理人员应当及时编制定期报告草案，提请董事会审议；董事会秘书负责送达董事审阅；董事长负责召集和主持董事会会议审议定期报告；监事会负责审核董事会编制的定期报告；董事会秘书负责组织定期报告的披露工作。

第三十三条 上市公司应当制定重大事件的报告、传递、审核、披露程序。董事、监事、高级管理人员知悉重大事件发生时，应当按照公司规定立即履行报告义务；董事长在接到报告后，应当立即向董事会报告，并敦促董事会秘书组织临时报告的披露工作。

上市公司应当制定董事、监事、高级管理人员对外发布信息的行为规范，明确非经董事会书面授权不得对外发布上市公司未披露信息的情形。

第三十四条 上市公司通过业绩说明会、分析师会议、路演、接受投资者调研等形式就公司的经营情况、财务状况及其他事件与任何单位和个人进行沟通的，不得提供内幕信息。

第三十五条 董事应当了解并持续关注公司生产经营情况、财务状况和公司已经发生的或者可能发生的重大事件及其影响，主动调查、获取决策所需要的资料。

第三十六条 监事应当对公司董事、高级管理人员履行信息披露职责的行为进行监督；关注公司信息披露情况，发现信息披露存在违法违规问题的，应当进行调查并提出处理建议。

第三十七条 高级管理人员应当及时向董事会报告有关公司经营或者财务方面出现的重大事件、已披露的事件的进展或者变化情况及其他相关信息。

第三十八条 董事会秘书负责组织和协调公司信息披露事务，汇集上市公司应予披露的信息并报告董事会，持续关注媒体对公司的报道并主动求证报道的真实情况。董事会秘书有权参加股东大会、董事会会议、监事会会议和高级管理人员相关会议，有权了解公司的财务和经营情况，查阅涉及信息披露事宜的所有文件。董事会秘书负责办理上市公司信息对外公布等相关事宜。

上市公司应当为董事会秘书履行职责提供便利条件，财务负责人应当配合董事会秘书在财务信息披露方面的相关工作。

第三十九条 上市公司的股东、实际控制人发生以下事件时，应当主动告知上市公司董事会，并配合上市公司履行信息披露义务：

（一）持有公司百分之五以上股份的股东或者实际控制人持有股份或者控制公司的情况发生较大变化，公司的实际控制人及其控制的其他企业从事与公司相同或者相似业务的情况发生较大变化；

（二）法院裁决禁止控股股东转让其所持股份，任一股东所持公司百分之五以上股份被质押、冻结、司法拍卖、托管、设定信托或者被依法限制表决权等，或者出现被强制过户风险；

（三）拟对上市公司进行重大资产或者业务重组；

（四）中国证监会规定的其他情形。

应当披露的信息依法披露前，相关信息已在媒体上传播或者公司证券及其衍生品种出现交易异常情况的，股东或者实际控制人应当及时、准确地向上市公司作出书面报告，并配合上市公司及时、准确地公告。

上市公司的股东、实际控制人不得滥用其股东权利、支配地位，不得要求上市公司向其提供内幕信息。

第四十条 上市公司向特定对象发行股票时，其控股股东、实际控制人和发行对象应当及时向上市公司提供相关信息，配合上市公司履行信息披露义务。

第四十一条 上市公司董事、监事、高级管理人员、持股百分之五以上的股东及其一致行动人、实际控制人应当及时向上市公司董事会报送上市公司关联人名单及关联关系的说明。上市公司应当履行关联交易的审议程序，并严格执行关联交易回避表决制度。交易各方不得通过隐瞒关联关系或者采取其他手段，规避上市公司的关联交易审议程序和信息披露义务。

第四十二条 通过接受委托或者信托等方式持有上市公司百分之五以上股份的股东或者实际控制人，应当及时将委托人情况告知上市公司，配合上市公司履行信息披露义务。

第四十三条 信息披露义务人应当向其聘用的证券公司、证券服务机构提供与执业相关的所有资料，并确保资料的真实、准确、完整，不得拒绝、隐匿、谎报。

证券公司、证券服务机构在为信息披露出具专项文件时，发现上市公司及其他信息披露义务人提供的材料有虚假记载、误导性陈述、重大遗漏或者其他重大违法行为的，应当要求其补充、纠正。信息披露义务人不予补充、纠正的，证券公司、证券服务机构应当及时向公司注册地证监局和证券交易所报告。

第四十四条 上市公司解聘会计师事务所的，应当在董事会决议后及时通知会计师事务所，公司股东大会就解聘会计师事务所进行表决时，应当允许会计师事务所陈述意见。股东大会作出解聘、更换会计师事务所决议的，上市公司应当在披露时说明解聘、更换的具体原因和会计师事务所的陈述意见。

第四十五条 为信息披露义务人履行信息披露义务出具专项文件的证券公司、证券服务机构及其人员，应当勤勉尽责、诚实守信，按照法律、行政法规、中国证监会规定、行业规范、业务规则等发表专业意见，保证所出具文件的真实性、准确性和完整性。

证券服务机构应当妥善保存客户委托文件、核查和验证资料、工作底稿以及与质量控制、内部管理、业务经营有关的信息和资料。证券服务机构应当配合中国证监会的监督管理，在规定的期限内提供、报送或者披露相关资料、信息，保证其提供、报送或者披露的资料、信息真实、准确、完整，不得有虚假记载、误导性陈述或者重大遗漏。

第四十六条 会计师事务所应当建立并保持有效的质量控制体系、独立性管理和投资者保护机制，秉承风险导向审计理念，遵守法律、行政法规、中国证监会的规定，严格执行注册会计师执业准则、职业道德守则及相关规定，完善鉴证程序，科学选用鉴证方法和技术，充分了解被鉴证单位及其环境，审慎关注重大错报风险，获取充分、适当的证据，合理发表鉴证结论。

第四十七条 资产评估机构应当建立并保持有效的质量控制体系、独立性管理和投资者保护机制，恪守职业道德，遵守法律、行政法规、中国证监会的规定，严格执行评估准则或者其他评估规范，恰当选择评估方法，评估中提出的假设条件应当符合实际情况，对评估对象所涉及交易、收入、支出、投资等业务的合法性、未来预测的可靠性取得充分证据，充分考虑未来各种可能性发生的概率及其影响，形成合理的评估结论。

第四十八条 任何单位和个人不得非法获取、提供、传播上市公司的内幕信息，不得利用所获取的内幕信息买卖或者建议他人买卖公司证券及其衍生品种，不得在投资价值分析报告、研究报告等文件中使用内幕信息。

第四十九条 媒体应当客观、真实地报道涉及上市公司的情况，发挥舆论监督作用。

任何单位和个人不得提供、传播虚假或者误导投资者的上市公司信息。

第五章 监督管理与法律责任

第五十条 中国证监会可以要求信息披露义务人或者其董事、监事、高级管理人员对有关信息披露问题作出解释、说明或者提供相关资料，并要求上市公司提供证券公司或者证券服务机构的专业意见。

中国证监会对证券公司和证券服务机构出具的文件的真实性、准确性、完整性有疑义的，可以要求相关机构作出解释、补充，并调阅其工作底稿。

信息披露义务人及其董事、监事、高级管理人员，证券公司和证券服务机构应当及时作出回复，并配合中国证监会的检查、调查。

第五十一条 上市公司董事、监事、高级管理人员应当对公司信息披露的真实性、准确性、完整性、及时性、公平性负责，但有充分证据表明其已经履行勤勉尽责义务的除外。

上市公司董事长、经理、董事会秘书，应当对公司临时报告信息披露的真实性、准确性、完整性、及时性、公平性承担主要责任。

上市公司董事长、经理、财务负责人应当对公司财务会计报告的真实性、准确性、完整性、及时性、公平性承担主要责任。

第五十二条 信息披露义务人及其董事、监事、高级管理人员违反本办法的，中国证监会为防范市场风险，维护市场秩序，可以采取以下监管措施：

（一）责令改正；

（二）监管谈话；

（三）出具警示函；

（四）责令公开说明；

（五）责令定期报告；

（六）责令暂停或者终止并购重组活动；

（七）依法可以采取的其他监管措施。

第五十三条 上市公司未按本办法规定制定上市公司信息披露事务管理制度的，由中国证监会责令改正；拒不改正的，给予警告并处国务院规定限额以下罚款。

第五十四条 信息披露义务人未按照《证券法》规定在规定期限内报送有关报告、履行信息披露义务，或者报送的报告、披露的信息有虚假记载、误导性陈述或者重大遗漏的，由中国证监会按照《证券法》第一百九十七条处罚。

上市公司通过隐瞒关联关系或者采取其他手段，规避信息披露、报告义务的，由中国证监会按照《证券法》第一百九十七条处罚。

第五十五条 为信息披露义务人履行信息披露义务出具专项文件的证券公司、证券服务机构及其人员，违反法律、行政法规和中国证监会规定的，中国证监会为防范市场风险，维护市场秩序，可以采取责令改正、监管谈话、出具警示函、责令公开说明、责令定期报告等监管措施；依法应当给予行政处罚的，由中国证监会依照有关规定进行处罚。

第五十六条 任何单位和个人泄露上市公司内幕信息，或者利用内幕信息买卖证券的，由中国证监会按照《证券法》第一百九十一条处罚。

第五十七条 任何单位和个人编造、传播虚假信息或者误导性信息，扰乱证券市场的；证券交易场所、证券公司、证券登记结算机构、证券服务机构及其从业人员，证券业协会、中国证监会及其工作人员，在证券交易活动中作出虚假陈述或者信息误导的；传播媒介传播上市公司信息不真实、不客观的，由中国证监会按照《证券法》第一百九十三条处罚。

第五十八条 上市公司董事、监事在董事会或者监事会审议、审核定期报告时投赞成票，又在定期报告披露时表示无法保证定期报告内容的真实性、准确性、完整性或者有异议的，中国证监会可以对相关人员给予警告并处国务院规定限额以下罚款；情节严重的，可以对有关责任人员采取证券市场禁入的措施。

第五十九条 利用新闻报道以及其他传播方式对上市公司进行敲诈勒索的，由中国证监会责令改正，并向有关部门发出监管建议函，由有关部门依法追究法律责任。

第六十条 信息披露义务人违反本办法的规定，情节严重的，中国证监会可以对有关责任人员采取证券市场禁入的措施。

第六十一条 违反本办法，涉嫌犯罪的，依法移送司法机关追究刑事责任。

第六章 附 则

第六十二条 本办法下列用语的含义：

（一）为信息披露义务人履行信息披露义务出具专项文件的证券公司、证券服务机构，是指为证券发行、上市、交易等证券业务活动制作、出具保荐书、审计报告、资产评估报告、估值报告、法律意见书、财务顾问报告、资信评级报告等文件的证券公司、会计师事务所、资产评估机构、律师事务所、财务顾问机构、资信评级机构等。

（二）信息披露义务人，是指上市公司及其董事、监事、高级管理人员、股东、实际控制人，收购人，重大资产重组、再融资、重大交易有关各方等自然人、单位及其相关人员，破产管理人及其成员，以及法律、行政法规和中国证监会规定的其他承担信息披露义务的主体。

（三）及时，是指自起算日起或者触及披露时点的两个交易日内。

（四）上市公司的关联交易，是指上市公司或者其控股子公司与上市公司关联人之间发生的转移资源或者义务的事项。

关联人包括关联法人（或者其他组织）和关联自然人。

具有以下情形之一的法人（或者其他组织），为上市公司的关联法人（或者其他组织）：

1. 直接或者间接地控制上市公司的法人（或者其他组织）；

2. 由前项所述法人（或者其他组织）直接或者间接控制的除上市公司及其控股子公司以外的法人（或者其他组织）；

3. 关联自然人直接或者间接控制的、或者担任董事、高级管理人员的，除上市公司及其控股子公司以外的法人（或者其他组织）；

4. 持有上市公司百分之五以上股份的法人（或者其他组织）及其一致行动人；

5. 在过去十二个月内或者根据相关协议安排在未来十二月内，存在上述情形之一的；

6. 中国证监会、证券交易所或者上市公司根据实质重于形式的原则认定的其他与上市公司有特殊关系，可能或者已经造成上市公司对其利益倾斜的法人（或者其他组织）。

具有以下情形之一的自然人，为上市公司的关联自然人：

1. 直接或者间接持有上市公司百分之五以上股份的自然人；

2. 上市公司董事、监事及高级管理人员；

3. 直接或者间接地控制上市公司的法人的董事、监事及高级管理人员；

4. 上述第1、2项所述人士的关系密切的家庭成员，包括配偶、父母、年满十八周岁的子女及其配偶、兄弟姐妹及其配偶，配偶的父母、兄弟姐妹，子女配偶的父母；

5. 在过去十二个月内或者根据相关协议安排在未来十二个月内，存在上述情形之一的；

6. 中国证监会、证券交易所或者上市公司根据实质重于形式的原则认定的其他与上市公司有特殊关系，可能或者已经造成上市公司对其利益倾斜的自然人。

第六十三条 中国证监会可以对金融、房地产等特定行业上市公司的信息披露作出特别规定。

第六十四条 境外企业在境内发行股票或者存托凭证并上市的，依照本办法履行信息披露义务。法律、行政法规或者中国证监会另有规定的，从其规定。

第六十五条 本办法自2021年5月1日起施行。2007年1月30日发布的《上市公司信息披露管理办法》（证监会令第40号）、2016年12月9日发布的《公开发行证券的公司信息披露编报规则第13号——季度报告的内容与格式》（证监会公告〔2016〕33号）同时废止。

上市公司监管指引第5号——上市公司内幕信息知情人登记管理制度

· 2022年1月5日中国证券监督管理委员会公告〔2022〕17号公布

· 自公布之日起施行

第一条 为完善上市公司内幕信息管理制度，做好内幕信息保密工作，有效防范和打击内幕交易等证券违法违规行为，根据《中华人民共和国证券法》（以下简称《证券法》）、《上市公司信息披露管理办法》等法律法规和规章，制定本指引。

第二条 本指引所称内幕信息知情人，是指《证券法》第五十一条规定的有关人员。

第三条 本指引所称内幕信息，是指根据《证券法》第五十二条规定，涉及上市公司的经营、财务或者对上市公司证券市场价格有重大影响的尚未公开的信息。

《证券法》第八十条第二款、第八十一条第二款所列重大事件属于内幕信息。

第四条 内幕信息知情人在内幕信息公开前负有保密义务。

第五条 上市公司应当根据本指引，建立并完善内幕信息知情人登记管理制度，对内幕信息的保密管理及在内幕信息依法公开披露前内幕信息知情人的登记管理作出规定。

第六条 在内幕信息依法公开披露前，上市公司应当按照规定填写上市公司内幕信息知情人档案,及时记录商议筹划、论证咨询、合同订立等阶段及报告、传递、编制、决议、披露等环节的内幕信息知情人名单,及其知悉内幕信息的时间、地点、依据、方式、内容等信息。内幕信息知情人应当进行确认。

证券交易所根据内幕交易防控需要,对内幕信息知情人档案填报所涉重大事项范围、填报的具体内容、填报人员范围等作出具体规定。

第七条 上市公司董事会应当按照本指引以及证券交易所相关规则要求及时登记和报送内幕信息知情人档案,并保证内幕信息知情人档案真实、准确和完整,董事长为主要责任人。董事会秘书负责办理上市公司内幕信息知情人的登记入档和报送事宜。董事长与董事会秘书应当对内幕信息知情人档案的真实、准确和完整签署书面确认意见。

上市公司监事会应当对内幕信息知情人登记管理制度实施情况进行监督。

第八条 上市公司的股东、实际控制人及其关联方研究、发起涉及上市公司的重大事项,以及发生对上市公司证券交易价格有重大影响的其他事项时,应当填写本单位内幕信息知情人档案。

证券公司、证券服务机构接受委托开展相关业务,该受托事项对上市公司证券交易价格有重大影响的,应当填写本机构内幕信息知情人档案。

收购人、重大资产重组交易对方以及涉及上市公司并对上市公司证券交易价格有重大影响事项的其他发起方,应当填写本单位内幕信息知情人档案。

上述主体应当保证内幕信息知情人档案的真实、准确和完整,根据事项进程将内幕信息知情人档案分阶段送达相关上市公司,完整的内幕信息知情人档案的送达时间不得晚于内幕信息公开披露的时间。内幕信息知情人档案应当按照规定要求进行填写,并由内幕信息知情人进行确认。

上市公司应当做好其所知悉的内幕信息流转环节的内幕信息知情人的登记,并做好第一款至第三款涉及各方内幕信息知情人档案的汇总。

第九条 行政管理部门人员接触到上市公司内幕信息的,应当按照相关行政部门的要求做好登记工作。

上市公司在披露前按照相关法律法规和政策要求需经常性向相关行政管理部门报送信息的,在报送部门、内容等未发生重大变化的情况下,可将其视为同一内幕信息事项,在同一张表格中登记行政管理部门的名称,并持续登记报送信息的时间。除上述情况外,内幕信息流转涉及到行政管理部门时,上市公司应当按照一事一记的方式在知情人档案中登记行政管理部门的名称、接触内幕信息的原因以及知悉内幕信息的时间。

第十条 上市公司进行收购、重大资产重组、发行证券、合并、分立、分拆上市、回购股份等重大事项,或者披露其他可能对上市公司证券交易价格有重大影响的事项时,除按照规定填写上市公司内幕信息知情人档案外,还应当制作重大事项进程备忘录,内容包括但不限于筹划决策过程中各个关键时点的时间、参与筹划决策人员名单、筹划决策方式等。上市公司应当督促重大事项进程备忘录涉及的相关人员在重大事项进程备忘录上签名确认。上市公司股东、实际控制人及其关联方等相关主体应当配合制作重大事项进程备忘录。

证券交易所根据重大事项的性质、影响程度,对需要制作重大事项进程备忘录的事项、填报内容等作出具体规定。

第十一条 上市公司内幕信息知情人登记管理制度中应当包括对公司下属各部门、分公司、控股子公司及上市公司能够对其实施重大影响的参股公司的内幕信息管理的内容,明确上述主体的内部报告义务、报告程序和有关人员的信息披露职责。

上市公司内幕信息知情人登记管理制度中应当明确内幕信息知情人的保密义务、违反保密规定责任、保密制度落实要求等内容。

第十二条 上市公司根据中国证券监督管理委员会(以下简称中国证监会)及证券交易所的规定,对内幕信息知情人买卖本公司证券的情况进行自查。发现内幕信息知情人进行内幕交易、泄露内幕信息或者建议他人进行交易的,上市公司应当进行核实并依据其内幕信息知情人登记管理制度对相关人员进行责任追究,并在二个工作日内将有关情况及处理结果报送公司注册地中国证监会派出机构和证券交易所。

第十三条 上市公司应当及时补充完善内幕信息知情人档案及重大事项进程备忘录信息。内幕信息知情人档案及重大事项进程备忘录自记录(含补充完善)之日起至少保存十年。中国证监会及其派出机构、证券交易所可调取查阅内幕信息知情人档案及重大事项进程备忘录。

上市公司应当在内幕信息依法公开披露后五个交易日内将内幕信息知情人档案及重大事项进程备忘录报送证券交易所。证券交易所可视情况要求上市公司披露重大事项进程备忘录中的相关内容。

上市公司披露重大事项后，相关事项发生重大变化的，公司应当及时补充报送内幕信息知情人档案及重大事项进程备忘录。

第十四条 证券公司、证券服务机构应当协助配合上市公司及时报送内幕信息知情人档案及重大事项进程备忘录，并依照执业规则的要求，对相关信息进行核实。

第十五条 证券交易所应当将上市公司报送的内幕信息知情人档案及重大事项进程备忘录等信息及时与中国证监会及其派出机构共享。

中国证监会及其派出机构可以根据《上市公司现场检查规则》《上市公司信息披露管理办法》的规定，对上市公司内幕信息知情人登记管理制度的建立、执行和上市公司内幕信息知情人档案及重大事项进程备忘录保管情况进行现场检查。证券交易所应当对上市公司内幕信息知情人档案和重大事项进程备忘录的填报实施自律监管。

第十六条 有下列情形之一的，中国证监会及其派出机构可以依据《上市公司信息披露管理办法》等规定对上市公司及相关主体采取责令改正、监管谈话、出具警示函等监督管理措施；情节严重的，对其采取市场禁入措施：

（一）未按照本指引的要求建立并执行内幕信息知情人登记管理制度；

（二）未按照本指引的要求报送内幕信息知情人档案、重大事项进程备忘录；

（三）内幕信息知情人档案、重大事项进程备忘录存在虚假、重大遗漏和重大错误；

（四）拒不配合进行内幕信息知情人登记、重大事项备忘录制作。

中国证监会依照前款规定采取监督管理措施，涉及国有控股上市公司或其控股股东的，通报有关国有资产监督管理机构。

发现内幕信息知情人泄露内幕信息、进行内幕交易或者建议他人进行交易等情形的，中国证监会及其派出机构对有关单位和个人进行查处，涉嫌犯罪的，依法移送司法机关追究刑事责任。

第十七条 本指引自公布之日起施行。2021年2月3日施行的《关于上市公司内幕信息知情人登记管理制度的规定》（证监会公告〔2021〕5号）同时废止。

上市公司现场检查规则

·2022年1月5日中国证券监督管理委员会公告〔2022〕21号公布

·自公布之日起施行

第一章 总 则

第一条 为了规范上市公司现场检查行为，加强对上市公司及相关各方的监督管理，进一步提高上市公司质量，保护投资者合法权益，维护证券市场秩序，根据《中华人民共和国证券法》《中华人民共和国公司法》等法律、行政法规，制定本规则。

第二条 本规则所称现场检查，是指中国证券监督管理委员会及其派出机构（以下统称中国证监会），对上市公司及其他信息披露义务人的信息披露行为、以及上市公司的公司治理合规性等情况进行实地验证核实的监管执法行为。

证券交易所依法开展上市公司现场检查，可参照适用本规则。

第三条 中国证监会依法履行职责，进行现场检查，检查对象及其工作人员应当配合，保证提供的有关文件和资料真实、准确、完整、及时，不得拒绝、阻碍和隐瞒。

第四条 中国证监会实施现场检查的人员（以下简称检查人员）必须忠于职守，依法办事，廉洁自律，确保现场检查独立、客观、公正、高效，不得干预检查对象正常的生产经营活动，不得利用职务便利牟取不正当利益，不得泄露所知悉的检查对象的商业秘密。

前款规定适用于中国证监会根据需要聘请的证券服务机构及相关人员。

第二章 现场检查内容及方式

第五条 现场检查应当重点关注下列内容：

（一）信息披露的真实性、准确性、完整性、及时性和公平性；

（二）公司治理的合规性；

（三）控股股东、实际控制人行使股东权利或控制权的规范性；

（四）会计核算和财务管理的合规性；

（五）中介机构的尽责履职情况；

（六）中国证监会认定的其他事项。

第六条 根据现场检查内容，检查人员可以采取全面检查和专项检查的方式对检查对象实施检查。

第七条 全面检查是对公司信息披露、公司治理等情况实行的全面性、例行性的常规检查。专项检查是针对公司存在的问题或者易发风险的重大事项进行的专门检查。

第三章 现场检查程序

第八条 中国证监会依法组织实施现场检查工作，现场检查时，检查人员不得少于二人。必要时，可以聘请证券服务机构予以协助。

第九条 检查对象认为检查人员与其存在利害关系的，有权申请检查人员回避。

检查人员认为自己与检查对象有利害关系的，应当回避。

对检查对象提出的回避申请，中国证监会应当在三个工作日内以口头或者书面形式作出决定。

第十条 中国证监会原则应提前以书面形式告知检查对象，要求检查对象准备有关文件和资料，要求相关人员在场配合检查。

在出现重大紧急情况或者有显著证据证明提前告知检查对象可能影响检查效果的情况下，经中国证券监督管理委员会或其派出机构的负责人批准，可以不提前告知，实施突击检查。

第十一条 检查人员进行现场检查时，应当出示合法证件和现场检查通知书。

第十二条 实施现场检查时，检查对象应当按照要求及时向检查人员提供检查所需的文件和资料，并对所提供的文件和资料的真实性、准确性、完整性作出书面承诺。

第十三条 现场检查中发现的问题涉及上市公司控股股东或实际控制人、并购重组当事人、中介机构等有关单位和个人的，中国证监会可在检查事项范围内一并实施检查，并要求其提供情况说明、工作底稿及其他相关文件和资料。

前款规定的有关单位和个人应当配合检查，保证提供的有关文件和资料真实、准确、完整、及时，不得拒绝、阻碍和隐瞒。

第十四条 中国证监会实施现场检查，发现相关中介机构存在执业违规线索的，可以将该中介机构纳入检查范围进行检查。

第十五条 检查人员可以采取询问的方式，要求检查对象及相关人员对与检查工作有关的事项作出说明，制作询问笔录并由被询问人签名确认。

第十六条 实施现场检查时，检查人员可以对有关文件、资料和情况进行查阅、复制、记录、录音、录像、照相，相关单位和个人应当确认并保证提供文件和资料的真实、准确、完整。

第十七条 实施现场检查时，检查人员可以对检查对象的生产、经营、管理场所进行查看，并检查有关采购、生产、销售、仓储、物流等文件和资料。检查人员需走访客户、供应商等相关方的，上市公司应予以协助。

第十八条 检查人员应当按照要求制作检查工作报告。在形成检查报告前，检查人员应当就现场检查中发现的主要问题及情况听取检查对象及中介机构的解释说明，检查对象及中介机构可以就相关问题提供书面说明材料及相关证据。

第四章 监督管理

第十九条 检查结果公布之前，检查人员、检查对象及其相关人员负有保密义务，不得泄露与检查结果有关的任何信息。

第二十条 现场检查中发现检查对象存在应披露而未披露的重大事项或者披露事项与事实不符的，检查对象应当按照中国证监会的要求及时进行披露。

第二十一条 发现检查对象在规范运作等方面存在问题的，中国证监会可以对检查对象采取责令改正措施。

第二十二条 中国证监会采取前条规定的责令改正措施的，应当向检查对象发出责令改正决定书并抄送证券交易所。检查对象应当在收到责令改正决定书后二个工作日内披露并通报控股股东、实际控制人。

第二十三条 检查对象应当自收到责令改正决定书之日起三十日内向中国证监会提交整改报告。

整改报告应当包括对照责令改正决定书逐项

落实整改的措施、预计完成时间、整改责任人等内容。

第二十四条 整改报告经报中国证监会无异议后，报送证券交易所予以披露，并同时披露董事会关于整改工作的决议和监事会的意见。

第二十五条 检查对象应当按照要求对存在的问题在限定期限内进行整改，并在定期报告中披露截至上一报告期末尚未完成整改工作的进展情况。

检查对象未按照要求进行整改的，中国证监会依法采取监管谈话、出具警示函、责令公开说明、责令定期报告、以及可以采取的其他监管措施。

第二十六条 中国证监会应当跟踪监督检查对象的整改情况，可以采取回访检查方式检查整改措施的落实情况。

第二十七条 检查对象以及现场检查中涉及的上市公司控股股东或实际控制人、并购重组当事人、中介机构等有关单位和个人（以下统称当事人）存在不配合检查、不如实反映情况或者拒绝检查等违反本规则规定的情形的，中国证监会可以区别情形和视情节轻重，依法采取下列监督管理措施：

（一）责令改正；

（二）监管谈话；

（三）出具警示函；

（四）责令公开说明；

（五）责令定期报告；

（六）依法可以采取的其他监督管理措施。

第二十八条 当事人对监督管理措施不服的，可以依法提出行政复议申请或者提起诉讼。复议和诉讼期间，监督管理措施不停止执行。

第二十九条 中国证监会根据现场检查情况对相关中介机构的执业情况进行评价，评价结果作为对其执业情况的考核内容。

第三十条 中国证监会在现场检查中发现或者掌握涉嫌违反法律、行政法规及有关规定的证据时，根据法律、行政法规及有关规定在职权范围内进行立案查处。发现其他违法违规线索的，依法移交有关部门处理。

第三十一条 检查人员实施现场检查，有下列情形之一的，由中国证监会责令改正，依法给予行政处分；构成犯罪的，依法移送司法机关追究刑事责任：

（一）玩忽职守造成严重后果；

（二）利用职权打击报复；

（三）利用职务便利谋取不正当利益；

（四）泄露当事人商业秘密或者个人隐私；

（五）依规定应当回避不回避，影响公正执法，造成不良后果；

（六）应当追究法律责任的其他行为。

第五章 附 则

第三十二条 中国证监会对上市公司的检查结果并不代表对其投资价值的实质性判断，投资者应自行判断投资风险。

第三十三条 本规则自公布之日起施行。2010 年 5 月 20 日施行的《上市公司现场检查办法》（证监会公告〔2010〕12 号）同时废止。

二、证券

2. 投资并购重组

上市公司重大资产重组管理办法

· 2008 年 4 月 16 日中国证券监督管理委员会令第 53 号公布

· 根据 2011 年 8 月 1 日中国证券监督管理委员会《关于修改上市公司重大资产重组与配套融资相关规定的决定》第一次修正

· 2014 年 10 月 23 日中国证券监督管理委员会令第 109 号第一次修订

· 根据 2016 年 9 月 8 日中国证券监督管理委员会《关于修改〈上市公司重大资产重组管理办法〉的决定》第二次修正

· 根据 2019 年 10 月 18 日中国证券监督管理委员会《关于修改〈上市公司重大资产重组管理办法〉的决定》第三次修正

· 2020 年 3 月 20 日中国证券监督管理委员会《关于修改部分证券期货规章的决定》第四次修正

· 2023 年 2 月 17 日中国证券监督管理委员会令第 214 号第二次修订公布

· 自公布之日起施行

第一章 总 则

第一条 为了规范上市公司重大资产重组行

为,保护上市公司和投资者的合法权益,促进上市公司质量不断提高,维护证券市场秩序和社会公共利益,根据《中华人民共和国公司法》《中华人民共和国证券法》(以下简称《证券法》)等法律、行政法规的规定,制定本办法。

第二条 本办法适用于上市公司及其控股或者控制的公司在日常经营活动之外购买、出售资产或者通过其他方式进行资产交易达到规定的标准,导致上市公司的主营业务、资产、收入发生重大变化的资产交易行为(以下简称重大资产重组)。

上市公司发行股份购买资产应当符合本办法的规定。

上市公司按照经中国证券监督管理委员会(以下简称中国证监会)注册的证券发行申请所披露的募集资金用途,使用募集资金购买资产、对外投资的行为,不适用本办法。

第三条 任何单位和个人不得利用重大资产重组损害上市公司及其股东的合法权益。

第四条 上市公司实施重大资产重组,有关各方必须及时、公平地披露或者提供信息,保证所披露或者提供信息的真实、准确、完整,不得有虚假记载、误导性陈述或者重大遗漏。

第五条 上市公司的董事、监事和高级管理人员在重大资产重组活动中,应当诚实守信、勤勉尽责,维护公司资产的安全,保护公司和全体股东的合法权益。

第六条 为重大资产重组提供服务的证券服务机构和人员,应当遵守法律、行政法规和中国证监会的有关规定,以及证券交易所的相关规则,遵循本行业公认的业务标准和道德规范,诚实守信,勤勉尽责,严格履行职责,对其所制作、出具文件的真实性、准确性和完整性承担责任。

前款规定的证券服务机构和人员,不得教唆、协助或者伙同委托人编制或者披露存在虚假记载、误导性陈述或者重大遗漏的报告、公告文件,不得从事不正当竞争,不得利用上市公司重大资产重组谋取不正当利益。

第七条 任何单位和个人对所知悉的重大资产重组信息在依法披露前负有保密义务。

禁止任何单位和个人利用重大资产重组信息从事内幕交易、操纵证券市场等违法活动。

第八条 中国证监会依法对上市公司重大资产重组行为进行监督管理。

证券交易所依法制定上市公司重大资产重组业务规则,并对上市公司重大资产重组行为、证券服务机构和人员履职行为等进行自律管理。

中国证监会基于证券交易所的审核意见,依法对上市公司发行股份购买资产涉及的证券发行申请履行注册程序,并对证券交易所的审核工作进行监督。

第九条 对上市公司发行股份购买资产涉及的证券发行申请予以注册,不表明中国证监会和证券交易所对该证券的投资价值或者投资者的收益作出实质性判断或者保证,也不表明中国证监会和证券交易所对申请文件的真实性、准确性、完整性作出保证。

第十条 鼓励依法设立的并购基金、股权投资基金、创业投资基金、产业投资基金等投资机构参与上市公司并购重组。

第二章 重大资产重组的原则和标准

第十一条 上市公司实施重大资产重组,应当就本次交易符合下列要求作出充分说明,并予以披露:

(一)符合国家产业政策和有关环境保护、土地管理、反垄断、外商投资、对外投资等法律和行政法规的规定;

(二)不会导致上市公司不符合股票上市条件;

(三)重大资产重组所涉及的资产定价公允,不存在损害上市公司和股东合法权益的情形;

(四)重大资产重组所涉及的资产权属清晰,资产过户或者转移不存在法律障碍,相关债权债务处理合法;

(五)有利于上市公司增强持续经营能力,不存在可能导致上市公司重组后主要资产为现金或者无具体经营业务的情形;

(六)有利于上市公司在业务、资产、财务、人员、机构等方面与实际控制人及其关联人保持独立,符合中国证监会关于上市公司独立性的相关规定;

(七)有利于上市公司形成或者保持健全有效的法人治理结构。

第十二条 上市公司及其控股或者控制的公司购买、出售资产,达到下列标准之一的,构成重大资产重组：

（一）购买、出售的资产总额占上市公司最近一个会计年度经审计的合并财务会计报告期末资产总额的比例达到百分之五十以上；

（二）购买、出售的资产在最近一个会计年度所产生的营业收入占上市公司同期经审计的合并财务会计报告营业收入的比例达到百分之五十以上，且超过五千万元人民币；

（三）购买、出售的资产净额占上市公司最近一个会计年度经审计的合并财务会计报告期末净资产额的比例达到百分之五十以上，且超过五千万元人民币。

购买、出售资产未达到前款规定标准，但中国证监会发现涉嫌违反国家产业政策、违反法律和行政法规、违反中国证监会的规定、可能损害上市公司或者投资者合法权益等重大问题的，可以根据审慎监管原则，责令上市公司暂停交易、按照本办法的规定补充披露相关信息、聘请符合《证券法》规定的独立财务顾问或者其他证券服务机构补充核查并披露专业意见。

第十三条 上市公司自控制权发生变更之日起三十六个月内，向收购人及其关联人购买资产，导致上市公司发生以下根本变化情形之一的，构成重大资产重组，应当按照本办法的规定履行相关义务和程序：

（一）购买的资产总额占上市公司控制权发生变更的前一个会计年度经审计的合并财务会计报告期末资产总额的比例达到百分之一百以上；

（二）购买的资产在最近一个会计年度所产生的营业收入占上市公司控制权发生变更的前一个会计年度经审计的合并财务会计报告营业收入的比例达到百分之一百以上；

（三）购买的资产净额占上市公司控制权发生变更的前一个会计年度经审计的合并财务会计报告期末净资产额的比例达到百分之一百以上；

（四）为购买资产发行的股份占上市公司首次向收购人及其关联人购买资产的董事会决议前一个交易日的股份的比例达到百分之一百以上；

（五）上市公司向收购人及其关联人购买资产虽未达到第（一）至第（四）项标准，但可能导致上市公司主营业务发生根本变化；

（六）中国证监会认定的可能导致上市公司发生根本变化的其他情形。

上市公司实施前款规定的重大资产重组，应当符合下列规定：

（一）符合本办法第十一条、第四十三条规定的要求；

（二）上市公司购买的资产对应的经营实体应当是股份有限公司或者有限责任公司，且符合《首次公开发行股票注册管理办法》规定的其他发行条件、相关板块定位，以及证券交易所规定的具体条件；

（三）上市公司及其最近三年内的控股股东、实际控制人不存在因涉嫌犯罪正被司法机关立案侦查或涉嫌违法违规正被中国证监会立案调查的情形。但是，涉嫌犯罪或违法违规的行为已经终止满三年，交易方案能够消除该行为可能造成的不良后果，且不影响对相关行为人追究责任的除外；

（四）上市公司及其控股股东、实际控制人最近十二个月内未受到证券交易所公开谴责，不存在其他重大失信行为；

（五）本次重大资产重组不存在中国证监会认定的可能损害投资者合法权益，或者违背公开、公平、公正原则的其他情形。

上市公司实施第一款规定的重大资产重组，涉及发行股份的，适用《证券法》和中国证监会的相关规定，应当报经中国证监会注册。

第一款所称控制权，按照《上市公司收购管理办法》第八十四条的规定进行认定。上市公司股权分散，董事、高级管理人员可以支配公司重大的财务和经营决策的，视为具有上市公司控制权。

上市公司自控制权发生变更之日起，向收购人及其关联人购买的资产属于金融、创业投资等特定行业的，由中国证监会另行规定。

第十四条 计算本办法第十二条、第十三条规定的标准时，应当遵守下列规定：

（一）购买的资产为股权的，其资产总额以被投资企业的资产总额与该项投资所占股权比例的乘积和成交金额二者中的较高者为准，营业收入以被投资企业的营业收入与该项投资所占股权比例的乘积为准，资产净额以被投资企业的净资产额与该项投资所占股权比例的乘积和成交金额二者中的较高者为准；出售的资产为股权的，其资产总额、营业收入以及资产净额分别以被投资企业的资产总额、营业收入以及净资产额与该项投资所占股权比例的乘积为准。

购买股权导致上市公司取得被投资企业控股权的,其资产总额以被投资企业的资产总额和成交金额二者中的较高者为准,营业收入以被投资企业的营业收入为准,资产净额以被投资企业的净资产额和成交金额二者中的较高者为准;出售股权导致上市公司丧失被投资企业控股权的,其资产总额、营业收入以及资产净额分别以被投资企业的资产总额、营业收入以及净资产额为准;

(二)购买的资产为非股权资产的,其资产总额以该资产的账面值和成交金额二者中的较高者为准,资产净额以相关资产与负债的账面值差额和成交金额二者中的较高者为准;出售的资产为非股权资产的,其资产总额、资产净额分别以该资产的账面值、相关资产与负债账面值的差额为准;该非股权资产不涉及负债的,不适用本办法第十二条第一款第(三)项规定的资产净额标准;

(三)上市公司同时购买、出售资产的,应当分别计算购买、出售资产的相关比例,并以二者中比例较高者为准;

(四)上市公司在十二个月内连续对同一或者相关资产进行购买、出售的,以其累计数分别计算相应数额。已按照本办法的规定编制并披露重大资产重组报告书的资产交易行为,无须纳入累计计算的范围。中国证监会对本办法第十三条第一款规定的重大资产重组的累计期限和范围另有规定的,从其规定。

交易标的资产属于同一交易方所有或者控制,或者属于相同或者相近的业务范围,或者中国证监会认定的其他情形下,可以认定为同一或者相关资产。

第十五条 本办法第二条所称通过其他方式进行资产交易,包括:

(一)与他人新设企业、对已设立的企业增资或者减资;

(二)受托经营、租赁其他企业资产或者将经营性资产委托他人经营、租赁;

(三)接受附义务的资产赠与或者对外捐赠资产;

(四)中国证监会根据审慎监管原则认定的其他情形。

上述资产交易实质上构成购买、出售资产,且达到本办法第十二条、第十三条规定的标准的,应当按照本办法的规定履行相关义务和程序。

第三章 重大资产重组的程序

第十六条 上市公司与交易对方就重大资产重组事宜进行初步磋商时,应当立即采取必要且充分的保密措施,制定严格有效的保密制度,限定相关敏感信息的知悉范围。上市公司及交易对方聘请证券服务机构的,应当立即与所聘请的证券服务机构签署保密协议。

上市公司关于重大资产重组的董事会决议公告前,相关信息已在媒体上传播或者公司股票交易出现异常波动的,上市公司应当立即将有关计划、方案或者相关事项的现状以及相关进展情况和风险因素等予以公告,并按照有关信息披露规则办理其他相关事宜。

第十七条 上市公司应当聘请符合《证券法》规定的独立财务顾问、律师事务所以及会计师事务所等证券服务机构就重大资产重组出具意见。

独立财务顾问和律师事务所应当审慎核查重大资产重组是否构成关联交易,并依据核查确认的相关事实发表明确意见。重大资产重组涉及关联交易的,独立财务顾问应当就本次重组对上市公司非关联股东的影响发表明确意见。

资产交易定价以资产评估结果为依据的,上市公司应当聘请符合《证券法》规定的资产评估机构出具资产评估报告。

证券服务机构在其出具的意见中采用其他证券服务机构或者人员的专业意见的,仍然应当进行尽职调查,审慎核查其采用的专业意见的内容,并对利用其他证券服务机构或者人员的专业意见所形成的结论负责。在保持职业怀疑并进行审慎核查、开展必要调查和复核的基础上,排除职业怀疑的,可以合理信赖。

第十八条 上市公司及交易对方与证券服务机构签订聘用合同后,非因正当事由不得更换证券服务机构。确有正当事由需要更换证券服务机构的,应当披露更换的具体原因以及证券服务机构的陈述意见。

第十九条 上市公司应当在重大资产重组报告书的管理层讨论与分析部分,就本次交易对上市公司的持续经营能力、未来发展前景、当年每股收益等财务指标和非财务指标的影响进行详细分析;涉及购买资产的,还应当就上市公司对交易标的资产的整合管控安排进行详细分析。

第二十条 重大资产重组中相关资产以资产评估结果作为定价依据的，资产评估机构应当按照资产评估相关准则和规范开展执业活动；上市公司董事会应当对评估机构的独立性、评估假设前提的合理性、评估方法与评估目的的相关性以及评估定价的公允性发表明确意见。

相关资产不以资产评估结果作为定价依据的，上市公司应当在重大资产重组报告书中详细分析说明相关资产的估值方法、参数及其他影响估值结果的指标和因素。上市公司董事会应当对估值机构的独立性、估值假设前提的合理性、估值方法与估值目的的相关性发表明确意见，并结合相关资产的市场可比交易价格、同行业上市公司的市盈率或者市净率等通行指标，在重大资产重组报告书中详细分析本次交易定价的公允性。

前两款情形中，评估机构、估值机构原则上应当采取两种以上的方法进行评估或者估值；上市公司独立董事应当出席董事会会议，对评估机构或者估值机构的独立性、评估或者估值假设前提的合理性和交易定价的公允性发表独立意见，并单独予以披露。

第二十一条 上市公司进行重大资产重组，应当由董事会依法作出决议，并提交股东大会批准。

上市公司董事会应当就重大资产重组是否构成关联交易作出明确判断，并作为董事会决议事项予以披露。

上市公司独立董事应当在充分了解相关信息的基础上，就重大资产重组发表独立意见。重大资产重组构成关联交易的，独立董事可以另行聘请独立财务顾问就本次交易对上市公司非关联股东的影响发表意见。上市公司应当积极配合独立董事调阅相关材料，并通过安排实地调查、组织证券服务机构汇报等方式，为独立董事履行职责提供必要的支持和便利。

第二十二条 上市公司应当在董事会作出重大资产重组决议后的次一工作日至少披露下列文件：

（一）董事会决议及独立董事的意见；

（二）上市公司重大资产重组预案。

本次重组的重大资产重组报告书、独立财务顾问报告、法律意见书以及重组涉及的审计报告、资产评估报告或者估值报告至迟应当与召开股东大会的通知同时公告。上市公司自愿披露盈利预测报告的，该报告应当经符合《证券法》规定的会计师事务所审核，与重大资产重组报告书同时公告。

第一款第（二）项及第二款规定的信息披露文件的内容与格式另行规定。

上市公司应当在证券交易所的网站和一家符合中国证监会规定条件的媒体公告董事会决议、独立董事的意见、重大资产重组报告书及其摘要、相关证券服务机构的报告或者意见等信息披露文件。

第二十三条 上市公司股东大会就重大资产重组作出的决议，至少应当包括下列事项：

（一）本次重大资产重组的方式、交易标的和交易对方；

（二）交易价格或者价格区间；

（三）定价方式或者定价依据；

（四）相关资产自定价基准日至交割日期间损益的归属；

（五）相关资产办理权属转移的合同义务和违约责任；

（六）决议的有效期；

（七）对董事会办理本次重大资产重组事宜的具体授权；

（八）其他需要明确的事项。

第二十四条 上市公司股东大会就重大资产重组事项作出决议，必须经出席会议的股东所持表决权的三分之二以上通过。

上市公司重大资产重组事宜与本公司股东或者其关联人存在关联关系的，股东大会就重大资产重组事项进行表决时，关联股东应当回避表决。

交易对方已经与上市公司控股股东就受让上市公司股权或者向上市公司推荐董事达成协议或者合意，可能导致上市公司的实际控制权发生变化的，上市公司控股股东及其关联人应当回避表决。

上市公司就重大资产重组事宜召开股东大会，应当以现场会议形式召开，并应当提供网络投票和其他合法方式为股东参加股东大会提供便利。除上市公司的董事、监事、高级管理人员、单独或者合计持有上市公司百分之五以上股份的股东以外，其他股东的投票情况应当单独统计并予以披露。

第二十五条 上市公司应当在股东大会作出

重大资产重组决议后的次一工作日公告该决议，以及律师事务所对本次会议的召集程序、召集人和出席人员的资格、表决程序以及表决结果等事项出具的法律意见书。

涉及发行股份购买资产的，上市公司应当根据中国证监会的规定委托独立财务顾问，在作出决议后三个工作日内向证券交易所提出申请。

第二十六条 上市公司全体董事、监事、高级管理人员应当公开承诺，保证重大资产重组的信息披露和申请文件不存在虚假记载、误导性陈述或者重大遗漏。

重大资产重组的交易对方应当公开承诺，将及时向上市公司提供本次重组相关信息，并保证所提供的信息真实、准确、完整，如因提供的信息存在虚假记载、误导性陈述或者重大遗漏，给上市公司或者投资者造成损失的，将依法承担赔偿责任。

前两款规定的单位和个人还应当公开承诺，如本次交易因涉嫌所提供或者披露的信息存在虚假记载、误导性陈述或者重大遗漏，被司法机关立案侦查或者被中国证监会立案调查的，在案件调查结论明确之前，将暂停转让其在该上市公司拥有权益的股份。

第二十七条 证券交易所设立并购重组委员会（以下简称并购重组委）依法审议上市公司发行股份购买资产申请，提出审议意见。

证券交易所应当在规定的时限内基于并购重组委的审议意见，形成本次交易是否符合重组条件和信息披露要求的审核意见。

证券交易所认为符合相关条件和要求的，将审核意见、上市公司注册申请文件及相关审核资料报中国证监会注册；认为不符合相关条件和要求的，作出终止审核决定。

第二十八条 中国证监会收到证券交易所报送的审核意见等相关文件后，依照法定条件和程序，在十五个工作日内对上市公司的注册申请作出予以注册或者不予注册的决定，按规定应当扣除的时间不计算在本款规定的时限内。

中国证监会基于证券交易所的审核意见依法履行注册程序，发现存在影响重组条件的新增事项，可以要求证券交易所问询并就新增事项形成审核意见。

中国证监会认为证券交易所对前款规定的新增事项审核意见依据明显不充分的，可以退回补充审核。证券交易所补充审核后，认为符合重组条件和信息披露要求的，重新向中国证监会报送审核意见等相关文件，注册期限按照第一款规定重新计算。

第二十九条 股东大会作出重大资产重组的决议后，上市公司拟对交易对象、交易标的、交易价格等作出变更，构成对原交易方案重大调整的，应当在董事会表决通过后重新提交股东大会审议，并及时公告相关文件。

证券交易所审核或者中国证监会注册期间，上市公司按照前款规定对原交易方案作出重大调整的，应当按照本办法的规定向证券交易所重新提出申请，同时公告相关文件。

证券交易所审核或者中国证监会注册期间，上市公司董事会决议撤回申请的，应当说明原因，向证券交易所提出申请，予以公告；上市公司董事会决议终止本次交易的，应当按照公司章程的规定提交股东大会审议，股东大会就重大资产重组事项作出决议时已具体授权董事会可以决议终止本次交易的除外。

第三十条 上市公司收到中国证监会就其申请作出的予以注册或者不予注册的决定后，应当在次一工作日予以公告。

中国证监会予以注册的，上市公司应当在公告注册决定的同时，按照相关信息披露准则的规定补充披露相关文件。

第三十一条 上市公司重大资产重组不涉及发行股份的，应当根据中国证监会的规定聘请独立财务顾问和其他证券服务机构，按照本办法和证券交易所的要求履行相关程序、披露相关信息。

证券交易所通过问询、现场检查、现场督导、要求独立财务顾问和其他证券服务机构补充核查并披露专业意见等方式进行自律管理，发现重组活动明显违反本办法规定的重组条件和信息披露要求，可能因定价显失公允、不正当利益输送等问题严重损害上市公司、投资者合法权益的，可以报请中国证监会根据本办法的规定采取相关措施。

第三十二条 上市公司重大资产重组完成相关批准程序后，应当及时实施重组方案，并于实施完毕之日起三个工作日内编制实施情况报告书，向证券交易所提交书面报告，并予以公告。

上市公司聘请的独立财务顾问和律师事务所

应当对重大资产重组的实施过程、资产过户事宜和相关后续事项的合规性及风险进行核查,发表明确的结论性意见。独立财务顾问和律师事务所出具的意见应当与实施情况报告书同时报告、公告。

第三十三条 自完成相关批准程序之日起六十日内,本次重大资产重组未实施完毕的,上市公司应当于期满后次一工作日将实施进展情况报告,并予以公告;此后每三十日应当公告一次,直至实施完毕。属于本办法第四十四条规定的交易情形的,自收到中国证监会注册文件之日起超过十二个月未实施完毕的,注册文件失效。

第三十四条 上市公司在实施重大资产重组的过程中,发生法律、法规要求披露的重大事项的,应当及时作出公告;该事项导致本次交易发生实质性变动的,须重新提交股东大会审议,涉及发行股份购买资产的,还须按照本办法的规定向证券交易所重新提出申请。

第三十五条 采取收益现值法、假设开发法等基于未来收益预期的方法对拟购买资产进行评估或者估值并作为定价参考依据的,上市公司应当在重大资产重组实施完毕后三年内的年度报告中单独披露相关资产的实际盈利数与利润预测数的差异情况,并由会计师事务所对此出具专项审核意见;交易对方应当与上市公司就相关资产实际盈利数不足利润预测数的情况签订明确可行的补偿协议。

预计本次重大资产重组将摊薄上市公司当年每股收益的,上市公司应当提出填补每股收益的具体措施,并将相关议案提交董事会和股东大会进行表决。负责落实该等具体措施的相关责任主体应当公开承诺,保证切实履行其义务和责任。

上市公司向控股股东、实际控制人或者其控制的关联人之外的特定对象购买资产且未导致控制权发生变更的,不适用前两款规定,上市公司与交易对方可以根据市场化原则,自主协商是否采取业绩补偿和每股收益填补措施及相关具体安排。

第三十六条 上市公司重大资产重组发生下列情形的,独立财务顾问应当及时出具核查意见,并予以公告:

(一)上市公司完成相关批准程序前,对交易对象、交易标的、交易价格等作出变更,构成对原重组方案重大调整,或者因发生重大事项导致原重组方案发生实质性变动的;

(二)上市公司完成相关批准程序后,在实施重组过程中发生重大事项,导致原重组方案发生实质性变动的。

第三十七条 独立财务顾问应当按照中国证监会的相关规定,以及证券交易所的相关规则,对实施重大资产重组的上市公司履行持续督导职责。持续督导的期限自本次重大资产重组实施完毕之日起,应当不少于一个会计年度。实施本办法第十三条规定的重大资产重组,持续督导的期限自本次重大资产重组实施完毕之日起,应当不少于三个会计年度。持续督导期限届满后,仍存在尚未完结的督导事项的,独立财务顾问应当就相关事项继续履行持续督导职责。

第三十八条 独立财务顾问应当结合上市公司重大资产重组当年和实施完毕后的第一个会计年度的年报,自年报披露之日起十五日内,对重大资产重组实施的下列事项出具持续督导意见,并予以公告:

(一)交易资产的交付或者过户情况;

(二)交易各方当事人承诺的履行情况;

(三)已公告的盈利预测或者利润预测的实现情况;

(四)管理层讨论与分析部分提及的各项业务的发展现状,以及上市公司对所购买资产整合管控安排的执行情况;

(五)公司治理结构与运行情况;

(六)与已公布的重组方案存在差异的其他事项。

独立财务顾问还应当结合本办法第十三条规定的重大资产重组实施完毕后的第二、第三个会计年度的年报,自年报披露之日起十五日内,对前款第(二)至(六)项事项出具持续督导意见,并予以公告。

第四章 重大资产重组的信息管理

第三十九条 上市公司筹划、实施重大资产重组,相关信息披露义务人应当公平地向所有投资者披露可能对上市公司股票交易价格产生较大影响的相关信息(以下简称股价敏感信息),不得提前泄露。

第四十条 上市公司的股东、实际控制人以及参与重大资产重组筹划、论证、决策等环节的其他相关机构和人员,应当做好保密工作。对于依法应当披露的信息,应当及时通知上市公司,并配合上市公司及时、准确、完整地进行披露。相关信息发生泄露的,应当立即通知上市公司,并督促上市公司依法披露。

第四十一条 上市公司及其董事、监事、高级管理人员,重大资产重组的交易对方及其关联方,交易对方及其关联方的董事、监事、高级管理人员或者主要负责人,交易各方聘请的证券服务机构及其从业人员,参与重大资产重组筹划、论证、决策、审批等环节的相关机构和人员,以及因直系亲属关系、提供服务和业务往来等知悉或者可能知悉股价敏感信息的其他相关机构和人员,在重大资产重组的股价敏感信息依法披露前负有保密义务,禁止利用该信息进行内幕交易。

第四十二条 上市公司筹划重大资产重组事项,应当详细记载筹划过程中每一具体环节的进展情况,包括商议相关方案、形成相关意向、签署相关协议或者意向书的具体时间、地点、参与机构和人员、商议和决议内容等,制作书面的交易进程备忘录并予以妥当保存。参与每一具体环节的所有人员应当即时在备忘录上签名确认。

上市公司筹划发行股份购买资产,可以按照证券交易所的有关规定申请停牌。上市公司不申请停牌的,应当就本次交易做好保密工作,在发行股份购买资产预案、发行股份购买资产报告书披露前,不得披露所筹划交易的相关信息。信息已经泄露的,上市公司应当立即披露发行股份购买资产预案、发行股份购买资产报告书,或者申请停牌。

上市公司筹划不涉及发行股份的重大资产重组,应当分阶段披露相关情况,不得申请停牌。

上市公司股票交易价格因重大资产重组的市场传闻发生异常波动时,上市公司应当及时核实有无影响上市公司股票交易价格的重组事项并予以澄清,不得以相关事项存在不确定性为由不履行信息披露义务。

第五章 发行股份购买资产

第四十三条 上市公司发行股份购买资产,应当符合下列规定:

(一)充分说明并披露本次交易有利于提高上市公司资产质量、改善财务状况和增强持续经营能力,有利于上市公司减少关联交易、避免同业竞争、增强独立性;

(二)上市公司最近一年及一期财务会计报告被会计师事务所出具无保留意见审计报告;被出具保留意见、否定意见或者无法表示意见的审计报告的,须经会计师事务所专项核查确认,该保留意见、否定意见或者无法表示意见所涉及事项的重大影响已经消除或者将通过本次交易予以消除;

(三)上市公司及其现任董事、高级管理人员不存在因涉嫌犯罪正被司法机关立案侦查或涉嫌违法违规正被中国证监会立案调查的情形。但是,涉嫌犯罪或违法违规的行为已经终止满三年,交易方案有助于消除该行为可能造成的不良后果,且不影响对相关行为人追究责任的除外;

(四)充分说明并披露上市公司发行股份所购买的资产为权属清晰的经营性资产,并能在约定期限内办理完毕权属转移手续;

(五)中国证监会规定的其他条件。

上市公司为促进行业的整合、转型升级,在其控制权不发生变更的情况下,可以向控股股东、实际控制人或者其控制的关联人之外的特定对象发行股份购买资产。所购买资产与现有主营业务没有显著协同效应的,应当充分说明并披露本次交易后的经营发展战略和业务管理模式,以及业务转型升级可能面临的风险和应对措施。

特定对象以现金或者资产认购上市公司发行的股份后,上市公司用同一次发行所募集的资金向该特定对象购买资产的,视同上市公司发行股份购买资产。

第四十四条 上市公司发行股份购买资产的,可以同时募集部分配套资金,其定价方式按照相关规定办理。

上市公司发行股份购买资产应当遵守本办法关于重大资产重组的规定,编制发行股份购买资产预案、发行股份购买资产报告书,并向证券交易所提出申请。

第四十五条 上市公司发行股份的价格不得低于市场参考价的百分之八十。市场参考价为本次发行股份购买资产的董事会决议公告日前二十个交易日、六十个交易日或者一百二十个交易日的公司股票交易均价之一。本次发行股份购买资产的董事会决议应当说明市场参考价的选择依据。

前款所称交易均价的计算公式为：董事会决议公告日前若干个交易日公司股票交易均价=决议公告日前若干个交易日公司股票交易总额/决议公告日前若干个交易日公司股票交易总量。

本次发行股份购买资产的董事会决议可以明确，在中国证监会注册前，上市公司的股票价格相比最初确定的发行价格发生重大变化的，董事会可以按照已经设定的调整方案对发行价格进行一次调整。

前款规定的发行价格调整方案应当明确、具体、可操作，详细说明是否相应调整拟购买资产的定价、发行股份数量及其理由，在首次董事会决议公告时充分披露，并按照规定提交股东大会审议。股东大会作出决议后，董事会按照已经设定的方案调整发行价格的，上市公司无需按照本办法第二十九条的规定向证券交易所重新提出申请。

第四十六条 特定对象以资产认购而取得的上市公司股份，自股份发行结束之日起十二个月内不得转让；属于下列情形之一的，三十六个月内不得转让：

（一）特定对象为上市公司控股股东、实际控制人或者其控制的关联人；

（二）特定对象通过认购本次发行的股份取得上市公司的实际控制权；

（三）特定对象取得本次发行的股份时，对其用于认购股份的资产持续拥有权益的时间不足十二个月。

属于本办法第十三条第一款规定的交易情形的，上市公司原控股股东、原实际控制人及其控制的关联人，以及在交易过程中从该等主体直接或间接受让该上市公司股份的特定对象应当公开承诺，在本次交易完成后三十六个月内不转让其在该上市公司中拥有权益的股份；除收购人及其关联人以外的特定对象应当公开承诺，其以资产认购而取得的上市公司股份自股份发行结束之日起二十四个月内不得转让。

第四十七条 上市公司发行股份购买资产导致特定对象持有或者控制的股份达到法定比例的，应当按照《上市公司收购管理办法》的规定履行相关义务。

上市公司向控股股东、实际控制人或者其控制的关联人发行股份购买资产，或者发行股份购买资产将导致上市公司实际控制权发生变更的，认购股份的特定对象应当在发行股份购买资产报告书中公开承诺：本次交易完成后六个月内如上市公司股票连续二十个交易日的收盘价低于发行价，或者交易完成后六个月期末收盘价低于发行价的，其持有公司股票的锁定期自动延长至少六个月。

前款规定的特定对象还应当在发行股份购买资产报告书中公开承诺：如本次交易因涉嫌所提供或披露的信息存在虚假记载、误导性陈述或者重大遗漏，被司法机关立案侦查或者被中国证监会立案调查的，在案件调查结论明确以前，不转让其在该上市公司拥有权益的股份。

第四十八条 中国证监会对上市公司发行股份购买资产的申请作出予以注册的决定后，上市公司应当及时实施。向特定对象购买的相关资产过户至上市公司后，上市公司聘请的独立财务顾问和律师事务所应当对资产过户事宜和相关后续事项的合规性及风险进行核查，并发表明确意见。上市公司应当在相关资产过户完成后三个工作日内就过户情况作出公告，公告中应当包括独立财务顾问和律师事务所的结论性意见。

上市公司完成前款规定的公告、报告后，可以到证券交易所、证券登记结算机构为认购股份的特定对象申请办理证券登记手续。

第四十九条 换股吸收合并涉及上市公司的，上市公司的股份定价及发行按照本办法有关规定执行。

上市公司发行优先股用于购买资产或者与其他公司合并，中国证监会另有规定的，从其规定。

上市公司可以向特定对象发行可转换为股票的公司债券、定向权证、存托凭证等用于购买资产或者与其他公司合并。

第六章 监督管理和法律责任

第五十条 未依照本办法的规定履行相关义务或者程序，擅自实施重大资产重组的，由中国证监会责令改正，并可以采取监管谈话、出具警示函等监管措施；情节严重的，可以责令暂停或者终止重组活动，处以警告、罚款，并可以对有关责任人员采取证券市场禁入的措施。

擅自实施本办法第十三条第一款规定的重大

资产重组，交易尚未完成的，中国证监会责令上市公司暂停重组活动、补充披露相关信息，涉及发行股份的，按照本办法规定报送注册申请文件；交易已经完成的，可以处以警告、罚款，并对有关责任人员采取证券市场禁入的措施；涉嫌犯罪的，依法移送司法机关追究刑事责任。

上市公司重大资产重组因定价显失公允、不正当利益输送等问题损害上市公司、投资者合法权益的，由中国证监会责令改正，并可以采取监管谈话、出具警示函等监管措施；情节严重的，可以责令暂停或者终止重组活动，处以警告、罚款，并可以对有关责任人员采取证券市场禁入的措施。

第五十一条 上市公司或者其他信息披露义务人未按照本办法规定报送重大资产重组有关报告或者履行信息披露义务的，由中国证监会责令改正，依照《证券法》第一百九十七条予以处罚；情节严重的，可以责令暂停或者终止重组活动，并可以对有关责任人员采取证券市场禁入的措施；涉嫌犯罪的，依法移送司法机关追究刑事责任。

上市公司控股股东、实际控制人组织、指使从事前款违法违规行为，或者隐瞒相关事项导致发生前款情形的，依照《证券法》第一百九十七条予以处罚；情节严重的，可以责令暂停或者终止重组活动，并可以对有关责任人员采取证券市场禁入的措施；涉嫌犯罪的，依法移送司法机关追究刑事责任。

重大资产重组的交易对方未及时向上市公司或者其他信息披露义务人提供信息的，按照第一款规定执行。

第五十二条 上市公司或者其他信息披露义务人报送的报告或者披露的信息存在虚假记载、误导性陈述或者重大遗漏的，由中国证监会责令改正，依照《证券法》第一百九十七条予以处罚；情节严重的，可以责令暂停或者终止重组活动，并可以对有关责任人员采取证券市场禁入的措施；涉嫌犯罪的，依法移送司法机关追究刑事责任。

上市公司的控股股东、实际控制人组织、指使从事前款违法违规行为，或者隐瞒相关事项导致发生前款情形的，依照《证券法》第一百九十七条予以处罚；情节严重的，可以责令暂停或者终止重组活动，并可以对有关责任人员采取证券市场禁入的措施；涉嫌犯罪的，依法移送司法机关追究刑事责任。

重大资产重组的交易对方提供的信息有虚假记载、误导性陈述或者重大遗漏的，按照第一款规定执行。

第五十三条 上市公司发行股份购买资产，在其公告的有关文件中隐瞒重要事实或者编造重大虚假内容的，中国证监会依照《证券法》第一百八十一条予以处罚。

上市公司的控股股东、实际控制人组织、指使从事前款违法行为的，中国证监会依照《证券法》第一百八十一条予以处罚。

第五十四条 重大资产重组涉嫌本办法第五十条、第五十一条、第五十二条、第五十三条规定情形的，中国证监会可以责令上市公司作出公开说明、聘请独立财务顾问或者其他证券服务机构补充核查并披露专业意见，在公开说明、披露专业意见之前，上市公司应当暂停重组活动；上市公司涉嫌前述情形被司法机关立案侦查或者被中国证监会立案调查的，在案件调查结论明确之前应当暂停重组活动。

涉嫌本办法第五十一条、第五十二条、第五十三条规定情形，被司法机关立案侦查或者被中国证监会立案调查的，有关单位和个人应当严格遵守其所作的公开承诺，在案件调查结论明确之前，不得转让其在该上市公司拥有权益的股份。

第五十五条 上市公司董事、监事和高级管理人员未履行诚实守信、勤勉尽责义务，或者上市公司的股东、实际控制人及其有关负责人员未按照本办法的规定履行相关义务，导致重组方案损害上市公司利益的，由中国证监会责令改正，并可以采取监管谈话、出具警示函等监管措施；情节严重的，处以警告、罚款，并可以对有关责任人员采取证券市场禁入的措施；涉嫌犯罪的，依法移送司法机关追究刑事责任。

第五十六条 为重大资产重组出具独立财务顾问报告、审计报告、法律意见书、资产评估报告、估值报告及其他专业文件的证券服务机构及其从业人员未履行诚实守信、勤勉尽责义务，违反中国证监会的有关规定、行业规范、业务规则，或者未依法履行报告和公告义务、持续督导义务的，由中国证监会责令改正，并可以采取监管谈话、出具警示函、责令公开说明、责令定期报告等监管措施；情节严重的，依法追究法律责任，并可以对有关责任人员采取证券市场禁入的措施。

前款规定的证券服务机构及其从业人员所制作、出具的文件存在虚假记载、误导性陈述或者重大遗漏的，由中国证监会责令改正，依照《证券法》第二百一十三条予以处罚；情节严重的，可以采取证券市场禁入的措施；涉嫌犯罪的，依法移送司法机关追究刑事责任。

第五十七条 重大资产重组实施完毕后，凡因不属于上市公司管理层事前无法获知且事后无法控制的原因，上市公司所购买资产实现的利润未达到资产评估报告或者估值报告预测金额的百分之八十，或者实际运营情况与重大资产重组报告书中管理层讨论与分析部分存在较大差距，以及上市公司实现的利润未达到盈利预测报告预测金额的百分之八十的，上市公司的董事长、总经理以及对此承担相应责任的会计师事务所、独立财务顾问、资产评估机构、估值机构及其从业人员应当在上市公司披露年度报告的同时，在同一媒体上作出解释，并向投资者公开道歉；实现利润未达到预测金额百分之五十的，中国证监会可以对上市公司、相关机构及其责任人员采取监管谈话、出具警示函、责令定期报告等监管措施。

交易对方超期未履行或者违反业绩补偿协议、承诺的，由中国证监会责令改正，并可以采取监管谈话、出具警示函、责令公开说明等监管措施，将相关情况记入诚信档案；情节严重的，可以对有关责任人员采取证券市场禁入的措施。

第五十八条 任何知悉重大资产重组信息的人员在相关信息依法公开前，泄露该信息、买卖或者建议他人买卖相关上市公司证券、利用重大资产重组散布虚假信息、操纵证券市场或者进行欺诈活动的，中国证监会依照《证券法》第一百九十一条、第一百九十二条、第一百九十三条予以处罚；涉嫌犯罪的，依法移送司法机关追究刑事责任。

第七章 附 则

第五十九条 中国证监会对证券交易所相关板块上市公司重大资产重组另有规定的，从其规定，关于注册时限的规定适用本办法。

第六十条 实施重大资产重组的上市公司为创新试点红筹企业，或者上市公司拟购买资产涉及创新试点红筹企业的，在计算本办法规定的重大资产重组认定标准等监管指标时，应当采用根据中国企业会计准则编制或者调整的财务数据。

上市公司中的创新试点红筹企业实施重大资产重组，可以按照境外注册地法律法规和公司章程履行内部决策程序，并及时披露重大资产重组报告书、独立财务顾问报告、法律意见书以及重组涉及的审计报告、资产评估报告或者估值报告。

第六十一条 本办法自公布之日起施行。

上市公司收购管理办法

- 2006 年 7 月 31 日中国证券监督管理委员会令第 35 号公布
- 根据 2008 年 8 月 27 日《中国证券监督管理委员会关于修改〈上市公司收购管理办法〉第六十三条的决定》第一次修订
- 根据 2012 年 2 月 14 日《中国证券监督管理委员会关于修改〈上市公司收购管理办法〉第六十二条及第六十三条的决定》第二次修订
- 根据 2014 年 10 月 23 日《中国证券监督管理委员会关于修改〈上市公司收购管理办法〉的决定》第三次修订
- 根据 2020 年 3 月 20 日《中国证券监督管理委员会关于修改部分证券期货规章的决定》第四次修订

第一章 总 则

第一条 为了规范上市公司的收购及相关股份权益变动活动，保护上市公司和投资者的合法权益，维护证券市场秩序和社会公共利益，促进证券市场资源的优化配置，根据《证券法》、《公司法》及其他相关法律、行政法规，制定本办法。

第二条 上市公司的收购及相关股份权益变动活动，必须遵守法律、行政法规及中国证券监督管理委员会（以下简称中国证监会）的规定。当事人应当诚实守信，遵守社会公德、商业道德，自觉维护证券市场秩序，接受政府、社会公众的监督。

第三条 上市公司的收购及相关股份权益变动活动，必须遵循公开、公平、公正的原则。

上市公司的收购及相关股份权益变动活动中的信息披露义务人，应当充分披露其在上市公司中的权益及变动情况，依法严格履行报告、公告和其他法定义务。在相关信息披露前，负有保密义务。

信息披露义务人报告、公告的信息必须真实、准确、完整,不得有虚假记载、误导性陈述或者重大遗漏。

第四条 上市公司的收购及相关股份权益变动活动不得危害国家安全和社会公共利益。

上市公司的收购及相关股份权益变动活动涉及国家产业政策、行业准入、国有股份转让等事项,需要取得国家相关部门批准的,应当在取得批准后进行。

外国投资者进行上市公司的收购及相关股份权益变动活动的,应当取得国家相关部门的批准,适用中国法律,服从中国的司法、仲裁管辖。

第五条 收购人可以通过取得股份的方式成为一个上市公司的控股股东,可以通过投资关系、协议、其他安排的途径成为一个上市公司的实际控制人,也可以同时采取上述方式和途径取得上市公司控制权。

收购人包括投资者及与其一致行动的他人。

第六条 任何人不得利用上市公司的收购损害被收购公司及其股东的合法权益。

有下列情形之一的,不得收购上市公司:

(一)收购人负有数额较大债务,到期未清偿,且处于持续状态;

(二)收购人最近3年有重大违法行为或者涉嫌有重大违法行为;

(三)收购人最近3年有严重的证券市场失信行为;

(四)收购人为自然人的,存在《公司法》第一百四十六条规定情形;

(五)法律、行政法规规定以及中国证监会认定的不得收购上市公司的其他情形。

第七条 被收购公司的控股股东或者实际控制人不得滥用股东权利损害被收购公司或者其他股东的合法权益。

被收购公司的控股股东、实际控制人及其关联方有损害被收购公司及其他股东合法权益的,上述控股股东、实际控制人在转让被收购公司控制权之前,应当主动消除损害;未能消除损害的,应当就其出让相关股份所得收入用于消除全部损害做出安排,对不足以消除损害的部分应当提供充分有效的履约担保或安排,并依照公司章程取得被收购公司股东大会的批准。

第八条 被收购公司的董事、监事、高级管理人员对公司负有忠实义务和勤勉义务,应当公平对待收购本公司的所有收购人。

被收购公司董事会针对收购所做出的决策及采取的措施,应当有利于维护公司及其股东的利益,不得滥用职权对收购设置不适当的障碍,不得利用公司资源向收购人提供任何形式的财务资助,不得损害公司及其股东的合法权益。

第九条 收购人进行上市公司的收购,应当聘请符合《证券法》规定的专业机构担任财务顾问。收购人未按照本办法规定聘请财务顾问的,不得收购上市公司。

财务顾问应当勤勉尽责,遵守行业规范和职业道德,保持独立性,保证其所制作、出具文件的真实性、准确性和完整性。

财务顾问认为收购人利用上市公司的收购损害被收购公司及其股东合法权益的,应当拒绝为收购人提供财务顾问服务。

财务顾问不得教唆、协助或者伙同委托人编制或披露存在虚假记载、误导性陈述或者重大遗漏的报告、公告文件,不得从事不正当竞争,不得利用上市公司的收购谋取不正当利益。

为上市公司收购出具资产评估报告、审计报告、法律意见书的证券服务机构及其从业人员,应当遵守法律、行政法规、中国证监会的有关规定,以及证券交易所的相关规则,遵循本行业公认的业务标准和道德规范,诚实守信,勤勉尽责,对其所制作、出具文件的真实性、准确性和完整性承担责任。

第十条 中国证监会依法对上市公司的收购及相关股份权益变动活动进行监督管理。

中国证监会设立由专业人员和有关专家组成的专门委员会。专门委员会可以根据中国证监会职能部门的请求,就是否构成上市公司的收购、是否有不得收购上市公司的情形以及其他相关事宜提供咨询意见。中国证监会依法做出决定。

第十一条 证券交易所依法制定业务规则,为上市公司的收购及相关股份权益变动活动组织交易和提供服务,对相关证券交易活动进行实时监控,监督上市公司的收购及相关股份权益变动活动的信息披露义务人切实履行信息披露义务。

证券登记结算机构依法制定业务规则,为上市公司的收购及相关股份权益变动活动所涉及的证券登记、存管、结算等事宜提供服务。

第二章 权益披露

第十二条 投资者在一个上市公司中拥有的权益,包括登记在其名下的股份和虽未登记在其名下但该投资者可以实际支配表决权的股份。投资者及其一致行动人在一个上市公司中拥有的权益应当合并计算。

第十三条 通过证券交易所的证券交易,投资者及其一致行动人拥有权益的股份达到一个上市公司已发行股份的5%时,应当在该事实发生之日起3日内编制权益变动报告书,向中国证监会、证券交易所提交书面报告,通知该上市公司,并予公告;在上述期限内,不得再行买卖该上市公司的股票,但中国证监会规定的情形除外。

前述投资者及其一致行动人拥有权益的股份达到一个上市公司已发行股份的5%后,通过证券交易所的证券交易,其拥有权益的股份占该上市公司已发行股份的比例每增加或者减少5%,应当依照前款规定进行报告和公告。在该事实发生之日起至公告后3日内,不得再行买卖该上市公司的股票,但中国证监会规定的情形除外。

前述投资者及其一致行动人拥有权益的股份达到一个上市公司已发行股份的5%后,其拥有权益的股份占该上市公司已发行股份的比例每增加或者减少1%,应当在该事实发生的次日通知该上市公司,并予公告。

违反本条第一款、第二款的规定买入在上市公司中拥有权益的股份的,在买入后的36个月内,对该超过规定比例部分的股份不得行使表决权。

第十四条 通过协议转让方式,投资者及其一致行动人在一个上市公司中拥有权益的股份拟达到或者超过一个上市公司已发行股份的5%时,应当在该事实发生之日起3日内编制权益变动报告书,向中国证监会、证券交易所提交书面报告,通知该上市公司,并予公告。

前述投资者及其一致行动人拥有权益的股份达到一个上市公司已发行股份的5%后,其拥有权益的股份占该上市公司已发行股份的比例每增加或者减少达到或者超过5%的,应当依照前款规定履行报告、公告义务。

前两款规定的投资者及其一致行动人在作出报告、公告前,不得再行买卖该上市公司的股票。相关股份转让及过户登记手续按照本办法第四章及证券交易所、证券登记结算机构的规定办理。

第十五条 投资者及其一致行动人通过行政划转或者变更、执行法院裁定、继承、赠与等方式拥有权益的股份变动达到前条规定比例的,应当按照前条规定履行报告、公告义务,并参照前条规定办理股份过户登记手续。

第十六条 投资者及其一致行动人不是上市公司的第一大股东或者实际控制人,其拥有权益的股份达到或者超过该公司已发行股份的5%,但未达到20%的,应当编制包括下列内容的简式权益变动报告书:

(一)投资者及其一致行动人的姓名、住所;投资者及其一致行动人为法人的,其名称、注册地及法定代表人;

(二)持股目的,是否有意在未来12个月内继续增加其在上市公司中拥有的权益;

(三)上市公司的名称、股票的种类、数量、比例;

(四)在上市公司中拥有权益的股份达到或者超过上市公司已发行股份的5%或者拥有权益的股份增减变化达到5%的时间及方式、增持股份的资金来源;

(五)在上市公司中拥有权益的股份变动的时间及方式;

(六)权益变动事实发生之日前6个月内通过证券交易所的证券交易买卖该公司股票的简要情况;

(七)中国证监会、证券交易所要求披露的其他内容。

前述投资者及其一致行动人为上市公司第一大股东或者实际控制人,其拥有权益的股份达到或者超过一个上市公司已发行股份的5%,但未达到20%的,还应当披露本办法第十七条第一款规定的内容。

第十七条 投资者及其一致行动人拥有权益的股份达到或者超过一个上市公司已发行股份的20%但未超过30%的,应当编制详式权益变动报告书,除须披露前条规定的信息外,还应当披露以下内容:

(一)投资者及其一致行动人的控股股东、实际控制人及其股权控制关系结构图;

(二)取得相关股份的价格、所需资金额,或者其他支付安排；

（三）投资者、一致行动人及其控股股东、实际控制人所从事的业务与上市公司的业务是否存在同业竞争或者潜在的同业竞争，是否存在持续关联交易；存在同业竞争或者持续关联交易的，是否已做出相应的安排，确保投资者、一致行动人及其关联方与上市公司之间避免同业竞争以及保持上市公司的独立性；

（四）未来12个月内对上市公司资产、业务、人员、组织结构、公司章程等进行调整的后续计划；

（五）前24个月内投资者及其一致行动人与上市公司之间的重大交易；

（六）不存在本办法第六条规定的情形；

（七）能够按照本办法第五十条的规定提供相关文件。

前述投资者及其一致行动人为上市公司第一大股东或者实际控制人的，还应当聘请财务顾问对上述权益变动报告书所披露的内容出具核查意见，但国有股行政划转或者变更、股份转让在同一实际控制人控制的不同主体之间进行、因继承取得股份的除外。投资者及其一致行动人承诺至少3年放弃行使相关股份表决权的，可免于聘请财务顾问和提供前款第（七）项规定的文件。

第十八条 已披露权益变动报告书的投资者及其一致行动人在披露之日起6个月内，因拥有权益的股份变动需要再次报告、公告权益变动报告书的，可以仅就与前次报告书不同的部分作出报告、公告；自前次披露之日起超过6个月的，投资者及其一致行动人应当按照本章的规定编制权益变动报告书，履行报告、公告义务。

第十九条 因上市公司减少股本导致投资者及其一致行动人拥有权益的股份变动出现本办法第十四条规定情形的，投资者及其一致行动人免于履行报告和公告义务。上市公司应当自完成减少股本的变更登记之日起2个工作日内，就因此导致的公司股东拥有权益的股份变动情况作出公告；因公司减少股本可能导致投资者及其一致行动人成为公司第一大股东或者实际控制人的，该投资者及其一致行动人应当自公司董事会公告有关减少公司股本决议之日起3个工作日内，按照本办法第十七条第一款的规定履行报告、公告义务。

第二十条 上市公司的收购及相关股份权益变动活动中的信息披露义务人依法披露前，相关信息已在媒体上传播或者公司股票交易出现异常的，上市公司应当立即向当事人进行查询，当事人应当及时予以书面答复，上市公司应当及时作出公告。

第二十一条 上市公司的收购及相关股份权益变动活动中的信息披露义务人应当在证券交易所的网站和符合中国证监会规定条件的媒体上依法披露信息；在其他媒体上进行披露的，披露内容应当一致，披露时间不得早于前述披露的时间。

第二十二条 上市公司的收购及相关股份权益变动活动中的信息披露义务人采取一致行动的，可以以书面形式约定由其中一人作为指定代表负责统一编制信息披露文件，并同意授权指定代表在信息披露文件上签字、盖章。

各信息披露义务人应当对信息披露文件中涉及其自身的信息承担责任；对信息披露文件中涉及的与多个信息披露义务人相关的信息，各信息披露义务人对相关部分承担连带责任。

第三章 要约收购

第二十三条 投资者自愿选择以要约方式收购上市公司股份的，可以向被收购公司所有股东发出收购其所持有的全部股份的要约（以下简称全面要约），也可以向被收购公司所有股东发出收购其所持有的部分股份的要约（以下简称部分要约）。

第二十四条 通过证券交易所的证券交易，收购人持有一个上市公司的股份达到该公司已发行股份的30%时，继续增持股份的，应当采取要约方式进行，发出全面要约或者部分要约。

第二十五条 收购人依照本办法第二十三条、第二十四条、第四十七条、第五十六条的规定，以要约方式收购一个上市公司股份的，其预定收购的股份比例均不得低于该上市公司已发行股份的5%。

第二十六条 以要约方式进行上市公司收购的，收购人应当公平对待被收购公司的所有股东。持有同一种类股份的股东应当得到同等对待。

第二十七条 收购人为终止上市公司的上市地位而发出全面要约的，或者因不符合本办法第六章的规定而发出全面要约的，应当以现金支付收购价款；以依法可以转让的证券（以下简称证券）支付收购价款的，应当同时提供现金方式供被收购公司股东选择。

第二十八条 以要约方式收购上市公司股份的，收购人应当编制要约收购报告书，聘请财务顾问，通知被收购公司，同时对要约收购报告书摘要作出提示性公告。

本次收购依法应当取得相关部门批准的，收购人应当在要约收购报告书摘要中作出特别提示，并在取得批准后公告要约收购报告书。

第二十九条 前条规定的要约收购报告书，应当载明下列事项：

（一）收购人的姓名、住所；收购人为法人的，其名称、注册地及法定代表人，与其控股股东、实际控制人之间的股权控制关系结构图；

（二）收购人关于收购的决定及收购目的，是否拟在未来12个月内继续增持；

（三）上市公司的名称、收购股份的种类；

（四）预定收购股份的数量和比例；

（五）收购价格；

（六）收购所需资金额、资金来源及资金保证，或者其他支付安排；

（七）收购要约约定的条件；

（八）收购期限；

（九）公告收购报告书时持有被收购公司的股份数量、比例；

（十）本次收购对上市公司的影响分析，包括收购人及其关联方所从事的业务与上市公司的业务是否存在同业竞争或者潜在的同业竞争，是否存在持续关联交易；存在同业竞争或者持续关联交易的，收购人是否已作出相应的安排，确保收购人及其关联方与上市公司之间避免同业竞争以及保持上市公司的独立性；

（十一）未来12个月内对上市公司资产、业务、人员、组织结构、公司章程等进行调整的后续计划；

（十二）前24个月内收购人及其关联方与上市公司之间的重大交易；

（十三）前6个月内通过证券交易所的证券交易买卖被收购公司股票的情况；

（十四）中国证监会要求披露的其他内容。

收购人发出全面要约的，应当在要约收购报告书中充分披露终止上市的风险、终止上市后收购行为完成的时间及仍持有上市公司股份的剩余股东出售其股票的其他后续安排；收购人发出以终止公司上市地位为目的的全面要约，无须披露前款第（十）项规定的内容。

第三十条 收购人按照本办法第四十七条拟收购上市公司股份超过30%，须改以要约方式进行收购的，收购人应当在达成收购协议或者做出类似安排后的3日内对要约收购报告书摘要作出提示性公告，并按照本办法第二十八条、第二十九条的规定履行公告义务，同时免于编制、公告上市公司收购报告书；依法应当取得批准的，应当在公告中特别提示本次要约须取得相关批准方可进行。

未取得批准的，收购人应当在收到通知之日起2个工作日内，公告取消收购计划，并通知被收购公司。

第三十一条 收购人自作出要约收购提示性公告起60日内，未公告要约收购报告书的，收购人应当在期满后次一个工作日通知被收购公司，并予公告；此后每30日应当公告一次，直至公告要约收购报告书。

收购人作出要约收购提示性公告后，在公告要约收购报告书之前，拟自行取消收购计划的，应当公告原因；自公告之日起12个月内，该收购人不得再次对同一上市公司进行收购。

第三十二条 被收购公司董事会应当对收购人的主体资格、资信情况及收购意图进行调查，对要约条件进行分析，对股东是否接受要约提出建议，并聘请独立财务顾问提出专业意见。在收购人公告要约收购报告书后20日内，被收购公司董事会应当公告被收购公司董事会报告书与独立财务顾问的专业意见。

收购人对收购要约条件做出重大变更的，被收购公司董事会应当在3个工作日内公告董事会及独立财务顾问就要约条件的变更情况所出具的补充意见。

第三十三条 收购人作出提示性公告后至要约收购完成前，被收购公司除继续从事正常的经营活动或者执行股东大会已经作出的决议外，未经股东大会批准，被收购公司董事会不得通过处置公司资产、对外投资、调整公司主要业务、担保、贷款等方式，对公司的资产、负债、权益或者经营成果造成重大影响。

第三十四条 在要约收购期间，被收购公司董事不得辞职。

第三十五条 收购人按照本办法规定进行要约收购的，对同一种类股票的要约价格，不得低于要约收购提示性公告日前6个月内收购人取得该种股票所支付的最高价格。

要约价格低于提示性公告日前30个交易日该种股票的每日加权平均价格的算术平均值的，收购人聘请的财务顾问应当就该种股票前6个月的交易情况进行分析，说明是否存在股价被操纵、收购人是否有未披露的一致行动人、收购人前6个月取得公司股份是否存在其他支付安排、要约价格的合理性等。

第三十六条 收购人可以采用现金、证券、现金与证券相结合等合法方式支付收购上市公司的价款。收购人以证券支付收购价款的，应当提供该证券的发行人最近3年经审计的财务会计报告、证券估值报告，并配合被收购公司聘请的独立财务顾问的尽职调查工作。收购人以在证券交易所上市的债券支付收购价款的，该债券的可上市交易时间应当不少于一个月。收购人以未在证券交易所上市交易的证券支付收购价款的，必须同时提供现金方式供被收购公司的股东选择，并详细披露相关证券的保管、送达被收购公司股东的方式和程序安排。

收购人聘请的财务顾问应当对收购人支付收购价款的能力和资金来源进行充分的尽职调查，详细披露核查的过程和依据，说明收购人是否具备要约收购的能力。收购人应当在作出要约收购提示性公告的同时，提供以下至少一项安排保证其具备履约能力：

（一）以现金支付收购价款的，将不少于收购价款总额的20%作为履约保证金存入证券登记结算机构指定的银行；收购人以在证券交易所上市交易的证券支付收购价款的，将用于支付的全部证券交由证券登记结算机构保管，但上市公司发行新股的除外；

（二）银行对要约收购所需价款出具保函；

（三）财务顾问出具承担连带保证责任的书面承诺，明确如要约期满收购人不支付收购价款，财务顾问进行支付。

第三十七条 收购要约约定的收购期限不得少于30日，并不得超过60日；但是出现竞争要约的除外。

在收购要约约定的承诺期限内，收购人不得撤销其收购要约。

第三十八条 采取要约收购方式的，收购人作出公告后至收购期限届满前，不得卖出被收购公司的股票，也不得采取要约规定以外的形式和超出要约的条件买入被收购公司的股票。

第三十九条 收购要约提出的各项收购条件，适用于被收购公司的所有股东。

上市公司发行不同种类股份的，收购人可以针对持有不同种类股份的股东提出不同的收购条件。

收购人需要变更收购要约的，必须及时公告，载明具体变更事项，并通知被收购公司。变更收购要约不得存在下列情形：

（一）降低收购价格；

（二）减少预定收购股份数额；

（三）缩短收购期限；

（四）中国证监会规定的其他情形。

第四十条 收购要约期限届满前15日内，收购人不得变更收购要约；但是出现竞争要约的除外。

出现竞争要约时，发出初始要约的收购人变更收购要约距初始要约收购期限届满不足15日的，应当延长收购期限，延长后的要约期应当不少于15日，不得超过最后一个竞争要约的期满日，并按规定追加履约保证。

发出竞争要约的收购人最迟不得晚于初始要约收购期限届满前15日发出要约收购的提示性公告，并应当根据本办法第二十八条和第二十九条的规定履行公告义务。

第四十一条 要约收购报告书所披露的基本事实发生重大变化的，收购人应当在该重大变化发生之日起2个工作日内作出公告，并通知被收购公司。

第四十二条 同意接受收购要约的股东（以下简称预受股东），应当委托证券公司办理预受要约的相关手续。收购人应当委托证券公司向证券登记结算机构申请办理预受要约股票的临时保管。证券登记结算机构临时保管的预受要约的股票，在要约收购期间不得转让。

前款所称预受，是指被收购公司股东同意接受要约的初步意思表示，在要约收购期限内不可撤回之前不构成承诺。在要约收购期限届满3个交易日前,预受股东可以委托证券公司办理撤回预受要约的手续,证券登记结算机构根据预受要约股东的撤回申请解除对预受要约股票的临时保管。在要约收购期限届满前3个交易日内,预受股东不得撤回其对要约的接受。在要约收购期限内,收购人应当每日在证券交易所网站上公告已预受收购要约的股份数量。

出现竞争要约时,接受初始要约的预受股东撤回全部或者部分预受的股份,并将撤回的股份售予竞争要约人的,应当委托证券公司办理撤回预受初始要约的手续和预受竞争要约的相关手续。

第四十三条 收购期限届满,发出部分要约的收购人应当按照收购要约约定的条件购买被收购公司股东预受的股份,预受要约股份的数量超过预定收购数量时,收购人应当按照同等比例收购预受要约的股份;以终止被收购公司上市地位为目的的,收购人应当按照收购要约约定的条件购买被收购公司股东预受的全部股份;因不符合本办法第六章的规定而发出全面要约的收购人应当购买被收购公司股东预受的全部股份。

收购期限届满后3个交易日内,接受委托的证券公司应当向证券登记结算机构申请办理股份转让结算、过户登记手续,解除对超过预定收购比例的股票的临时保管;收购人应当公告本次要约收购的结果。

第四十四条 收购期限届满,被收购公司股权分布不符合证券交易所规定的上市交易要求,该上市公司的股票由证券交易所依法终止上市交易。在收购行为完成前,其余仍持有被收购公司股票的股东,有权在收购报告书规定的合理期限内向收购人以收购要约的同等条件出售其股票,收购人应当收购。

第四十五条 收购期限届满后15日内,收购人应当向证券交易所提交关于收购情况的书面报告,并予以公告。

第四十六条 除要约方式外,投资者不得在证券交易所外公开求购上市公司的股份。

第四章 协议收购

第四十七条 收购人通过协议方式在一个上市公司中拥有权益的股份达到或者超过该公司已发行股份的5%,但未超过30%的,按照本办法第二章的规定办理。

收购人拥有权益的股份达到该公司已发行股份的30%时,继续进行收购的,应当依法向该上市公司的股东发出全面要约或者部分要约。符合本办法第六章规定情形的,收购人可以免于发出要约。

收购人拟通过协议方式收购一个上市公司的股份超过30%的,超过30%的部分,应当改以要约方式进行;但符合本办法第六章规定情形的,收购人可以免于发出要约。符合前述规定情形的,收购人可以履行其收购协议;不符合前述规定情形的,在履行其收购协议前,应当发出全面要约。

第四十八条 以协议方式收购上市公司股份超过30%,收购人拟依据本办法第六十二条、第六十三条第一款第(一)项、第(二)项、第(十)项的规定免于发出要约的,应当在与上市公司股东达成收购协议之日起3日内编制上市公司收购报告书,通知被收购公司,并公告上市公司收购报告书摘要。

收购人应当在收购报告书摘要公告后5日内,公告其收购报告书、财务顾问专业意见和律师出具的法律意见书;不符合本办法第六章规定的情形的,应当予以公告,并按照本办法第六十一条第二款的规定办理。

第四十九条 依据前条规定所作的上市公司收购报告书,须披露本办法第二十九条第(一)项至第(六)项和第(九)项至第(十四)项规定的内容及收购协议的生效条件和付款安排。

已披露收购报告书的收购人在披露之日起6个月内,因权益变动需要再次报告、公告的,可以仅就与前次报告书不同的部分作出报告、公告;超过6个月的,应当按照本办法第二章的规定履行报告、公告义务。

第五十条 收购人公告上市公司收购报告书时,应当提交以下备查文件:

(一)中国公民的身份证明,或者在中国境内登记注册的法人、其他组织的证明文件;

(二)基于收购人的实力和从业经验对上市公司后续发展计划可行性的说明,收购人拟修改公司章程、改选公司董事会、改变或者调整公司主营业务的,还应当补充其具备规范运作上市公司的管理能力的说明;

(三)收购人及其关联方与被收购公司存在同

业竞争、关联交易的，应提供避免同业竞争等利益冲突、保持被收购公司经营独立性的说明；

（四）收购人为法人或者其他组织的，其控股股东、实际控制人最近2年未变更的说明；

（五）收购人及其控股股东或实际控制人的核心企业和核心业务、关联企业及主营业务的说明；收购人或其实际控制人为两个或两个以上的上市公司控股股东或实际控制人的，还应当提供其持股5%以上的上市公司以及银行、信托公司、证券公司、保险公司等其他金融机构的情况说明；

（六）财务顾问关于收购人最近3年的诚信记录、收购资金来源合法性、收购人具备履行相关承诺的能力以及相关信息披露内容真实性、准确性、完整性的核查意见；收购人成立未满3年的，财务顾问还应当提供其控股股东或者实际控制人最近3年诚信记录的核查意见。

境外法人或者境外其他组织进行上市公司收购的，除应当提交第一款第（二）项至第（六）项规定的文件外，还应当提交以下文件：

（一）财务顾问出具的收购人符合对上市公司进行战略投资的条件、具有收购上市公司的能力的核查意见；

（二）收购人接受中国司法、仲裁管辖的声明。

第五十一条 上市公司董事、监事、高级管理人员、员工或者其所控制或者委托的法人或者其他组织，拟对本公司进行收购或者通过本办法第五章规定的方式取得本公司控制权（以下简称管理层收购）的，该上市公司应当具备健全且运行良好的组织机构以及有效的内部控制制度，公司董事会成员中独立董事的比例应当达到或者超过1/2。公司应当聘请符合《证券法》规定的资产评估机构提供公司资产评估报告，本次收购应当经董事会非关联董事作出决议，且取得2/3以上的独立董事同意后，提交公司股东大会审议，经出席股东大会的非关联股东所持表决权过半数通过。独立董事发表意见前，应当聘请独立财务顾问就本次收购出具专业意见，独立董事及独立财务顾问的意见应当一并予以公告。

上市公司董事、监事、高级管理人员存在《公司法》第一百四十八条规定情形，或者最近3年有证券市场不良诚信记录的，不得收购本公司。

第五十二条 以协议方式进行上市公司收购的，自签订收购协议起至相关股份完成过户的期间为上市公司收购过渡期（以下简称过渡期）。在过渡期内，收购人不得通过控股股东提议改选上市公司董事会，确有充分理由改选董事会的，来自收购人的董事不得超过董事会成员的1/3；被收购公司不得为收购人及其关联方提供担保；被收购公司不得公开发行股份募集资金，不得进行重大购买、出售资产及重大投资行为或者与收购人及其关联方进行其他关联交易，但收购人为挽救陷入危机或者面临严重财务困难的上市公司的情形除外。

第五十三条 上市公司控股股东向收购人协议转让其所持有的上市公司股份的，应当对收购人的主体资格、诚信情况及收购意图进行调查，并在其权益变动报告书中披露有关调查情况。

控股股东及其关联方未清偿其对公司的负债，未解除公司为其负债提供的担保，或者存在损害公司利益的其他情形的，被收购公司董事会应当对前述情形及时予以披露，并采取有效措施维护公司利益。

第五十四条 协议收购的相关当事人应当向证券登记结算机构申请办理拟转让股份的临时保管手续，并可以将用于支付的现金存放于证券登记结算机构指定的银行。

第五十五条 收购报告书公告后，相关当事人应当按照证券交易所和证券登记结算机构的业务规则，在证券交易所就本次股份转让予以确认后，凭全部转让款项存放于双方认可的银行账户的证明，向证券登记结算机构申请解除拟协议转让股票的临时保管，并办理过户登记手续。

收购人未按规定履行报告、公告义务，或者未按规定提出申请的，证券交易所和证券登记结算机构不予办理股份转让和过户登记手续。

收购人在收购报告书公告后30日内仍未完成相关股份过户手续的，应当立即作出公告，说明理由；在未完成相关股份过户期间，应当每隔30日公告相关股份过户办理进展情况。

第五章 间接收购

第五十六条 收购人虽不是上市公司的股东，但通过投资关系、协议、其他安排导致其拥有权益的股份达到或者超过一个上市公司已发行股份的5%未超过30%的，应当按照本办法第二章的规定办理。

收购人拥有权益的股份超过该公司已发行股份的30%的，应当向该公司所有股东发出全面要约；收购人预计无法在事实发生之日起30日内发出全面要约的，应当在前述30日内促使其控制的股东将所持有的上市公司股份减持至30%或者30%以下，并自减持之日起2个工作日内予以公告；其后收购人或者其控制的股东拟继续增持的，应当采取要约方式；拟依据本办法第六章的规定免于发出要约的，应当按照本办法第四十八条的规定办理。

第五十七条 投资者虽不是上市公司的股东，但通过投资关系取得对上市公司股东的控制权，而受其支配的上市公司股东所持股份达到前条规定比例、且对该股东的资产和利润构成重大影响的，应当按照前条规定履行报告、公告义务。

第五十八条 上市公司实际控制人及受其支配的股东，负有配合上市公司真实、准确、完整披露有关实际控制人发生变化的信息的义务；实际控制人及受其支配的股东拒不履行上述配合义务，导致上市公司无法履行法定信息披露义务而承担民事、行政责任的，上市公司有权对其提起诉讼。实际控制人、控股股东指使上市公司及其有关人员不依法履行信息披露义务的，中国证监会依法进行查处。

第五十九条 上市公司实际控制人及受其支配的股东未履行报告、公告义务的，上市公司应当自知悉之日起立即作出报告和公告。上市公司就实际控制人发生变化的情况予以公告后，实际控制人仍未披露的，上市公司董事会应当向实际控制人和受其支配的股东查询，必要时可以聘请财务顾问进行查询，并将查询情况向中国证监会、上市公司所在地的中国证监会派出机构（以下简称派出机构）和证券交易所报告；中国证监会依法对拒不履行报告、公告义务的实际控制人进行查处。

上市公司知悉实际控制人发生较大变化而未能将有关实际控制人的变化情况及时予以报告和公告的，中国证监会责令改正，情节严重的，认定上市公司负有责任的董事为不适当人选。

第六十条 上市公司实际控制人及受其支配的股东未履行报告、公告义务，拒不履行第五十八条规定的配合义务，或者实际控制人存在不得收购上市公司情形的，上市公司董事会应当拒绝接受受实际控制人支配的股东向董事会提交的提案或者临时议案，并向中国证监会、派出机构和证券交易所报告。中国证监会责令实际控制人改正，可以认定实际控制人通过受其支配的股东所提名的董事为不适当人选；改正前，受实际控制人支配的股东不得行使其持有股份的表决权。上市公司董事会未拒绝接受实际控制人及受其支配的股东所提出的提案的，中国证监会可以认定负有责任的董事为不适当人选。

第六章 免除发出要约

第六十一条 符合本办法第六十二条、第六十三条规定情形的，投资者及其一致行动人可以：

（一）免于以要约收购方式增持股份；

（二）存在主体资格、股份种类限制或者法律、行政法规、中国证监会规定的特殊情形的，免于向被收购公司的所有股东发出收购要约。

不符合本章规定情形的，投资者及其一致行动人应当在30日内将其或者其控制的股东所持有的被收购公司股份减持到30%或者30%以下；拟以要约以外的方式继续增持股份的，应当发出全面要约。

第六十二条 有下列情形之一的，收购人可以免于以要约方式增持股份：

（一）收购人与出让人能够证明本次股份转让是在同一实际控制人控制的不同主体之间进行，未导致上市公司的实际控制人发生变化；

（二）上市公司面临严重财务困难，收购人提出的挽救公司的重组方案取得该公司股东大会批准，且收购人承诺3年内不转让其在该公司中所拥有的权益；

（三）中国证监会为适应证券市场发展变化和保护投资者合法权益的需要而认定的其他情形。

第六十三条 有下列情形之一的，投资者可以免于发出要约：

（一）经政府或者国有资产管理部门批准进行国有资产无偿划转、变更、合并，导致投资者在一个上市公司中拥有权益的股份占该公司已发行股份的比例超过30%；

（二）因上市公司按照股东大会批准的确定价格向特定股东回购股份而减少股本，导致投资者在该公司中拥有权益的股份超过该公司已发行股份的30%；

（三）经上市公司股东大会非关联股东批准，

投资者取得上市公司向其发行的新股，导致其在该公司拥有权益的股份超过该公司已发行股份的30%，投资者承诺3年内不转让本次向其发行的新股，且公司股东大会同意投资者免于发出要约；

（四）在一个上市公司中拥有权益的股份达到或者超过该公司已发行股份的30%的，自上述事实发生之日起一年后，每12个月内增持不超过该公司已发行的2%的股份；

（五）在一个上市公司中拥有权益的股份达到或者超过该公司已发行股份的50%的，继续增加其在该公司拥有的权益不影响该公司的上市地位；

（六）证券公司、银行等金融机构在其经营范围内依法从事承销、贷款等业务导致其持有一个上市公司已发行股份超过30%，没有实际控制该公司的行为或者意图，并且提出在合理期限内向非关联方转让相关股份的解决方案；

（七）因继承导致在一个上市公司中拥有权益的股份超过该公司已发行股份的30%；

（八）因履行约定购回式证券交易协议购回上市公司股份导致投资者在一个上市公司中拥有权益的股份超过该公司已发行股份的30%，并且能够证明标的股份的表决权在协议期间未发生转移；

（九）因所持优先股表决权依法恢复导致投资者在一个上市公司中拥有权益的股份超过该公司已发行股份的30%；

（十）中国证监会为适应证券市场发展变化和保护投资者合法权益的需要而认定的其他情形。

相关投资者应在前款规定的权益变动行为完成后3日内就股份增持情况做出公告，律师应就相关投资者权益变动行为发表符合规定的专项核查意见并由上市公司予以披露。相关投资者按照前款第（五）项规定采用集中竞价方式增持股份的，每累计增持股份比例达到上市公司已发行股份的2%的，在事实发生当日和上市公司发布相关股东增持公司股份进展公告的当日不得再行增持股份。前款第（四）项规定的增持不超过2%的股份锁定期为增持行为完成之日起6个月。

第六十四条 收购人按照本章规定的情形免于发出要约的，应当聘请符合《证券法》规定的律师事务所等专业机构出具专业意见。

第七章 财务顾问

第六十五条 收购人聘请的财务顾问应当履行以下职责：

（一）对收购人的相关情况进行尽职调查；

（二）应收购人的要求向收购人提供专业化服务，全面评估被收购公司的财务和经营状况，帮助收购人分析收购所涉及的法律、财务、经营风险，就收购方案所涉及的收购价格、收购方式、支付安排等事项提出对策建议，并指导收购人按照规定的内容与格式制作公告文件；

（三）对收购人进行证券市场规范化运作的辅导，使收购人的董事、监事和高级管理人员熟悉有关法律、行政法规和中国证监会的规定，充分了解其应当承担的义务和责任，督促其依法履行报告、公告和其他法定义务；

（四）对收购人是否符合本办法的规定及公告文件内容的真实性、准确性、完整性进行充分核查和验证，对收购事项客观、公正地发表专业意见；

（五）与收购人签订协议，在收购完成后12个月内，持续督导收购人遵守法律、行政法规、中国证监会的规定、证券交易所规则、上市公司章程，依法行使股东权利，切实履行承诺或者相关约定。

第六十六条 收购人聘请的财务顾问就本次收购出具的财务顾问报告，应当对以下事项进行说明和分析，并逐项发表明确意见：

（一）收购人编制的上市公司收购报告书或者要约收购报告书所披露的内容是否真实、准确、完整；

（二）本次收购的目的；

（三）收购人是否提供所有必备证明文件，根据对收购人及其控股股东、实际控制人的实力、从事的主要业务、持续经营状况、财务状况和诚信情况的核查，说明收购人是否具备主体资格，是否具备收购的经济实力，是否具备规范运作上市公司的管理能力，是否需要承担其他附加义务及是否具备履行相关义务的能力，是否存在不良诚信记录；

（四）对收购人进行证券市场规范化运作辅导的情况，其董事、监事和高级管理人员是否已经熟悉有关法律、行政法规和中国证监会的规定，充分了解应承担的义务和责任，督促其依法履行报告、公告和其他法定义务的情况；

（五）收购人的股权控制结构及其控股股东、实际控制人支配收购人的方式；

（六）收购人的收购资金来源及其合法性，是否存在利用本次收购的股份向银行等金融机构质押取得融资的情形；

（七）涉及收购人以证券支付收购价款的，应当说明有关该证券发行人的信息披露是否真实、准确、完整以及该证券交易的便捷性等情况；

（八）收购人是否已经履行了必要的授权和批准程序；

（九）是否已对收购过渡期间保持上市公司稳定经营作出安排，该安排是否符合有关规定；

（十）对收购人提出的后续计划进行分析，收购人所从事的业务与上市公司从事的业务存在同业竞争、关联交易的，对收购人解决与上市公司同业竞争等利益冲突及保持上市公司经营独立性的方案进行分析，说明本次收购对上市公司经营独立性和持续发展可能产生的影响；

（十一）在收购标的上是否设定其他权利，是否在收购价款之外还作出其他补偿安排；

（十二）收购人及其关联方与被收购公司之间是否存在业务往来，收购人与被收购公司的董事、监事、高级管理人员是否就其未来任职安排达成某种协议或者默契；

（十三）上市公司原控股股东、实际控制人及其关联方是否存在未清偿对公司的负债、未解除公司为其负债提供的担保或者损害公司利益的其他情形；存在该等情形的，是否已提出切实可行的解决方案；

（十四）涉及收购人拟免于发出要约的，应当说明本次收购是否属于本办法第六章规定的情形，收购人是否作出承诺及是否具备履行相关承诺的实力。

第六十七条 上市公司董事会或者独立董事聘请的独立财务顾问，不得同时担任收购人的财务顾问或者与收购人的财务顾问存在关联关系。独立财务顾问应当根据委托进行尽职调查，对本次收购的公正性和合法性发表专业意见。独立财务顾问报告应当对以下问题进行说明和分析，发表明确意见：

（一）收购人是否具备主体资格；

（二）收购人的实力及本次收购对被收购公司经营独立性和持续发展可能产生的影响分析；

（三）收购人是否存在利用被收购公司的资产或者由被收购公司为本次收购提供财务资助的情形；

（四）涉及要约收购的，分析被收购公司的财务状况，说明收购价格是否充分反映被收购公司价值，收购要约是否公平、合理，对被收购公司社会公众股股东接受要约提出的建议；

（五）涉及收购人以证券支付收购价款的，还应当根据该证券发行人的资产、业务和盈利预测，对相关证券进行估值分析，就收购条件对被收购公司的社会公众股股东是否公平合理、是否接受收购人提出的收购条件提出专业意见；

（六）涉及管理层收购的，应当对上市公司进行估值分析，就本次收购的定价依据、支付方式、收购资金来源、融资安排、还款计划及其可行性、上市公司内部控制制度的执行情况及其有效性、上述人员及其直系亲属在最近24个月内与上市公司业务往来情况以及收购报告书披露的其他内容等进行全面核查，发表明确意见。

第六十八条 财务顾问应当在财务顾问报告中作出以下承诺：

（一）已按照规定履行尽职调查义务，有充分理由确信所发表的专业意见与收购人公告文件的内容不存在实质性差异；

（二）已对收购人公告文件进行核查，确信公告文件的内容与格式符合规定；

（三）有充分理由确信本次收购符合法律、行政法规和中国证监会的规定，有充分理由确信收购人披露的信息真实、准确、完整，不存在虚假记载、误导性陈述和重大遗漏；

（四）就本次收购所出具的专业意见已提交其内核机构审查，并获得通过；

（五）在担任财务顾问期间，已采取严格的保密措施，严格执行内部防火墙制度；

（六）与收购人已订立持续督导协议。

第六十九条 财务顾问在收购过程中和持续督导期间，应当关注被收购公司是否存在为收购人及其关联方提供担保或者借款等损害上市公司利益的情形，发现有违法或者不当行为的，应当及时向中国证监会、派出机构和证券交易所报告。

第七十条 财务顾问为履行职责，可以聘请其他专业机构协助其对收购人进行核查，但应当对收购人提供的资料和披露的信息进行独立判断。

第七十一条 自收购人公告上市公司收购报告书至收购完成后12个月内,财务顾问应当通过日常沟通、定期回访等方式,关注上市公司的经营情况,结合被收购公司定期报告和临时公告的披露事宜,对收购人及被收购公司履行持续督导职责:

(一)督促收购人及时办理股权过户手续,并依法履行报告和公告义务;

(二)督促和检查收购人及被收购公司依法规范运作;

(三)督促和检查收购人履行公开承诺的情况;

(四)结合被收购公司定期报告,核查收购人落实后续计划的情况,是否达到预期目标,实施效果是否与此前的披露内容存在较大差异,是否实现相关盈利预测或者管理层预计达到的目标;

(五)涉及管理层收购的,核查被收购公司定期报告中披露的相关还款计划的落实情况与事实是否一致;

(六)督促和检查履行收购中约定的其他义务的情况。

在持续督导期间,财务顾问应当结合上市公司披露的季度报告、半年度报告和年度报告出具持续督导意见,并在前述定期报告披露后的15日内向派出机构报告。

在此期间,财务顾问发现收购人在上市公司收购报告书中披露的信息与事实不符的,应当督促收购人如实披露相关信息,并及时向中国证监会、派出机构、证券交易所报告。财务顾问解除委托合同的,应当及时向中国证监会、派出机构作出书面报告,说明无法继续履行持续督导职责的理由,并予公告。

第八章 持续监管

第七十二条 在上市公司收购行为完成后12个月内,收购人聘请的财务顾问应当在每季度前3日内就上一季度对上市公司影响较大的投资、购买或者出售资产、关联交易、主营业务调整以及董事、监事、高级管理人员的更换、职工安置、收购人履行承诺等情况向派出机构报告。

收购人注册地与上市公司注册地不同的,还应当将前述情况的报告同时抄报收购人所在地的派出机构。

第七十三条 派出机构根据审慎监管原则,通过与承办上市公司审计业务的会计师事务所谈话、检查财务顾问持续督导责任的落实、定期或者不定期的现场检查等方式,在收购完成后对收购人和上市公司进行监督检查。

派出机构发现实际情况与收购人披露的内容存在重大差异的,对收购人及上市公司予以重点关注,可以责令收购人延长财务顾问的持续督导期,并依法进行查处。

在持续督导期间,财务顾问与收购人解除合同的,收购人应当另行聘请其他财务顾问机构履行持续督导职责。

第七十四条 在上市公司收购中,收购人持有的被收购公司的股份,在收购完成后18个月内不得转让。

收购人在被收购公司中拥有权益的股份在同一实际控制人控制的不同主体之间进行转让不受前述18个月的限制,但应当遵守本办法第六章的规定。

第九章 监管措施与法律责任

第七十五条 上市公司的收购及相关股份权益变动活动中的信息披露义务人,未按照本办法的规定履行报告、公告以及其他相关义务的,中国证监会责令改正,采取监管谈话、出具警示函、责令暂停或者停止收购等监管措施。在改正前,相关信息披露义务人不得对其持有或者实际支配的股份行使表决权。

第七十六条 上市公司的收购及相关股份权益变动活动中的信息披露义务人在报告、公告等文件中有虚假记载、误导性陈述或者重大遗漏的,中国证监会责令改正,采取监管谈话、出具警示函、责令暂停或者停止收购等监管措施。在改正前,收购人对其持有或者实际支配的股份不得行使表决权。

第七十七条 投资者及其一致行动人取得上市公司控制权而未按照本办法的规定聘请财务顾问,规避法定程序和义务,变相进行上市公司的收购,或者外国投资者规避管辖的,中国证监会责令改正,采取出具警示函、责令暂停或者停止收购等监管措施。在改正前,收购人不得对其持有或者实际支配的股份行使表决权。

第七十八条 收购人未依照本办法的规定履行相关义务、相应程序擅自实施要约收购的,或者不符合本办法规定的免除发出要约情形，拒不履行相关义务、相应程序的，中国证监会责令改正，采取监管谈话、出具警示函、责令暂停或者停止收购等监管措施。在改正前，收购人不得对其持有或者支配的股份行使表决权。

发出收购要约的收购人在收购要约期限届满，不按照约定支付收购价款或者购买预受股份的，自该事实发生之日起 3 年内不得收购上市公司，中国证监会不受理收购人及其关联方提交的申报文件。

存在前二款规定情形，收购人涉嫌虚假披露、操纵证券市场的，中国证监会对收购人进行立案稽查，依法追究其法律责任；收购人聘请的财务顾问没有充分证据表明其勤勉尽责的，自收购人违规事实发生之日起 1 年内，中国证监会不受理该财务顾问提交的上市公司并购重组申报文件，情节严重的，依法追究法律责任。

第七十九条 上市公司控股股东和实际控制人在转让其对公司的控制权时，未清偿其对公司的负债，未解除公司为其提供的担保，或者未对其损害公司利益的其他情形作出纠正的，中国证监会责令改正、责令暂停或者停止收购活动。

被收购公司董事会未能依法采取有效措施促使公司控股股东、实际控制人予以纠正，或者在收购完成后未能促使收购人履行承诺、安排或者保证的，中国证监会可以认定相关董事为不适当人选。

第八十条 上市公司董事未履行忠实义务和勤勉义务，利用收购谋取不当利益的，中国证监会采取监管谈话、出具警示函等监管措施，可以认定为不适当人选。

上市公司章程中涉及公司控制权的条款违反法律、行政法规和本办法规定的，中国证监会责令改正。

第八十一条 为上市公司收购出具资产评估报告、审计报告、法律意见书和财务顾问报告的证券服务机构或者证券公司及其专业人员，未依法履行职责的，或者违反中国证监会的有关规定或者行业规范、业务规则的，中国证监会责令改正，采取监管谈话、出具警示函、责令公开说明、责令定期报告等监管措施。

前款规定的证券服务机构及其从业人员被责令改正的，在改正前，不得接受新的上市公司并购重组业务。

第八十二条 中国证监会将上市公司的收购及相关股份权益变动活动中的当事人的违法行为和整改情况记入诚信档案。

违反本办法的规定构成证券违法行为的，依法追究法律责任。

第十章 附 则

第八十三条 本办法所称一致行动，是指投资者通过协议、其他安排，与其他投资者共同扩大其所能够支配的一个上市公司股份表决权数量的行为或者事实。

在上市公司的收购及相关股份权益变动活动中有一致行动情形的投资者，互为一致行动人。如无相反证据，投资者有下列情形之一的，为一致行动人：

（一）投资者之间有股权控制关系；

（二）投资者受同一主体控制；

（三）投资者的董事、监事或者高级管理人员中的主要成员，同时在另一个投资者担任董事、监事或者高级管理人员；

（四）投资者参股另一投资者，可以对参股公司的重大决策产生重大影响；

（五）银行以外的其他法人、其他组织和自然人为投资者取得相关股份提供融资安排；

（六）投资者之间存在合伙、合作、联营等其他经济利益关系；

（七）持有投资者 30%以上股份的自然人，与投资者持有同一上市公司股份；

（八）在投资者任职的董事、监事及高级管理人员，与投资者持有同一上市公司股份；

（九）持有投资者 30%以上股份的自然人和在投资者任职的董事、监事及高级管理人员，其父母、配偶、子女及其配偶、配偶的父母、兄弟姐妹及其配偶、配偶的兄弟姐妹及其配偶等亲属，与投资者持有同一上市公司股份；

（十）在上市公司任职的董事、监事、高级管理人员及其前项所述亲属同时持有本公司股份的，或者与其自己或者其前项所述亲属直接或者间接控制的企业同时持有本公司股份；

（十一）上市公司董事、监事、高级管理人员和员工与其所控制或者委托的法人或者其他组织持有本公司股份；

（十二）投资者之间具有其他关联关系。

一致行动人应当合并计算其所持有的股份。投资者计算其所持有的股份，应当包括登记在其名下的股份，也包括登记在其一致行动人名下的股份。

投资者认为其与他人不应被视为一致行动人的，可以向中国证监会提供相反证据。

第八十四条 有下列情形之一的，为拥有上市公司控制权：

（一）投资者为上市公司持股50%以上的控股股东；

（二）投资者可以实际支配上市公司股份表决权超过30%；

（三）投资者通过实际支配上市公司股份表决权能够决定公司董事会半数以上成员选任；

（四）投资者依其可实际支配的上市公司股份表决权足以对公司股东大会的决议产生重大影响；

（五）中国证监会认定的其他情形。

第八十五条 信息披露义务人涉及计算其拥有权益比例的，应当将其所持有的上市公司已发行的可转换为公司股票的证券中有权转换部分与其所持有的同一上市公司的股份合并计算，并将其持股比例与合并计算非股权类证券转为股份后的比例相比，以二者中的较高者为准；行权期限届满未行权的，或者行权条件不再具备的，无需合并计算。

前款所述二者中的较高者，应当按下列公式计算：

（一）投资者持有的股份数量/上市公司已发行股份总数

（二）（投资者持有的股份数量+投资者持有的可转换为公司股票的非股权类证券所对应的股份数量）/（上市公司已发行股份总数+上市公司发行的可转换为公司股票的非股权类证券所对应的股份总数）

前款所称"投资者持有的股份数量"包括投资者拥有的普通股数量和优先股恢复的表决权数量，"上市公司已发行股份总数"包括上市公司已发行的普通股总数和优先股恢复的表决权总数。

第八十六条 投资者因行政划转、执行法院裁决、继承、赠与等方式取得上市公司控制权的，应当按照本办法第四章的规定履行报告、公告义务。

第八十七条 权益变动报告书、收购报告书、要约收购报告书、被收购公司董事会报告书等文件的内容与格式，由中国证监会另行制定。

第八十八条 被收购公司在境内、境外同时上市的，收购人除应当遵守本办法及中国证监会的相关规定外，还应当遵守境外上市地的相关规定。

第八十九条 外国投资者收购上市公司及在上市公司中拥有的权益发生变动的，除应当遵守本办法的规定外，还应当遵守外国投资者投资上市公司的相关规定。

第九十条 本办法自2006年9月1日起施行。中国证监会发布的《上市公司收购管理办法》（证监会令第10号）、《上市公司股东持股变动信息披露管理办法》（证监会令第11号）、《关于要约收购涉及的被收购公司股票上市交易条件有关问题的通知》（证监公司字〔2003〕16号）和《关于规范上市公司实际控制权转移行为有关问题的通知》（证监公司字〔2004〕1号）同时废止。

上市公司股份回购规则

· 2022年1月5日中国证券监督管理委员会公告〔2022〕4号公布

· 自公布之日起施行

第一章 总 则

第一条 为规范上市公司股份回购行为，依据《中华人民共和国公司法》（以下简称《公司法》）、《中华人民共和国证券法》（以下简称《证券法》）等法律、行政法规，制定本规则。

第二条 本规则所称上市公司回购股份，是指上市公司因下列情形之一收购本公司股份的行为：

（一）减少公司注册资本；

（二）将股份用于员工持股计划或者股权激励；

（三）将股份用于转换上市公司发行的可转换为股票的公司债券；

（四）为维护公司价值及股东权益所必需。

前款第（四）项所指情形，应当符合以下条件之一：

（一）公司股票收盘价格低于最近一期每股净资产；

（二）连续二十个交易日内公司股票收盘价格

跌幅累计达到百分之三十；

（三）中国证监会规定的其他条件。

第三条 上市公司回购股份，应当有利于公司的可持续发展，不得损害股东和债权人的合法权益。

上市公司的董事、监事和高级管理人员在回购股份中应当忠诚守信，勤勉尽责。

第四条 上市公司回购股份，应当依据本规则和证券交易所的规定履行决策程序和信息披露义务。

上市公司及其董事、监事、高级管理人员应当保证所披露的信息真实、准确、完整，无虚假记载、误导性陈述或重大遗漏。

第五条 上市公司回购股份，可以结合实际，自主决定聘请财务顾问、律师事务所、会计师事务所等证券服务机构出具专业意见，并与回购股份方案一并披露。

前款规定的证券服务机构及人员应当诚实守信，勤勉尽责，对回购股份相关事宜进行尽职调查，并保证其出具的文件真实、准确、完整。

第六条 任何人不得利用上市公司回购股份从事内幕交易、操纵市场和证券欺诈等违法违规活动。

第二章 一般规定

第七条 上市公司回购股份应当同时符合以下条件：

（一）公司股票上市已满一年；

（二）公司最近一年无重大违法行为；

（三）回购股份后，上市公司具备持续经营能力和债务履行能力；

（四）回购股份后，上市公司的股权分布原则上应当符合上市条件；公司拟通过回购股份终止其股票上市交易的，应当符合证券交易所的相关规定；

（五）中国证监会、证券交易所规定的其他条件。

上市公司因本规则第二条第一款第（四）项回购股份并减少注册资本的，不适用前款第（一）项。

第八条 上市公司回购股份可以采取以下方式之一进行：

（一）集中竞价交易方式；

（二）要约方式；

（三）中国证监会认可的其他方式。

上市公司因本规则第二条第一款第（二）项、第（三）项、第（四）项规定的情形回购股份的，应当通过本条第一款第（一）项、第（二）项规定的方式进行。

上市公司采用要约方式回购股份的，参照《上市公司收购管理办法》关于要约收购的规定执行。

第九条 上市公司因本规则第二条第一款第（一）项、第（二）项、第（三）项规定的情形回购股份的，回购期限自董事会或者股东大会审议通过最终回购股份方案之日起不超过十二个月。

上市公司因本规则第二条第一款第（四）项规定的情形回购股份的，回购期限自董事会或者股东大会审议通过最终回购股份方案之日起不超过三个月。

第十条 上市公司用于回购的资金来源必须合法合规。

第十一条 上市公司实施回购方案前，应当在证券登记结算机构开立由证券交易所监控的回购专用账户；该账户仅可用于存放已回购的股份。

上市公司回购的股份自过户至上市公司回购专用账户之日起即失去其权利，不享有股东大会表决权、利润分配、公积金转增股本、认购新股和可转换公司债券等权利，不得质押和出借。

上市公司在计算相关指标时，应当从总股本中扣减已回购的股份数量。

第十二条 上市公司在回购期间不得实施股份发行行为，但依照有关规定实施优先股发行行为的除外。

第十三条 上市公司相关股东、董事、监事、高级管理人员在上市公司回购股份期间减持股份的，应当符合中国证监会、证券交易所关于股份减持的相关规定。

第十四条 因上市公司回购股份，导致投资者持有或者通过协议、其他安排与他人共同持有该公司已发行的有表决权股份超过百分之三十的，投资者可以免于发出要约。

第十五条 上市公司因本规则第二条第一款第（一）项规定情形回购股份的，应当在自回购之日起十日内注销；因第（二）项、第（三）项、第（四）项规定情形回购股份的，公司合计持有的本公司股份数不得超过本公司已发行股份总额的百分之十，并应当在三年内按照依法披露的用途进行转让,未按照披露用途转让的,应当在三年期限届满前注销。

上市公司因本规则第二条第一款第(四)项规定情形回购股份的,可以按照证券交易所规定的条件和程序,在履行预披露义务后,通过集中竞价交易方式出售。

第十六条 上市公司以现金为对价,采用要约方式、集中竞价方式回购股份的,视同上市公司现金分红,纳入现金分红的相关比例计算。

第十七条 股东大会授权董事会实施股份回购的,可以依法一并授权董事会实施再融资。上市公司实施股份回购的,可以同时申请发行可转换公司债券,募集时间由上市公司按照有关规定予以确定。

第三章 回购程序和信息披露

第十八条 上市公司因本规则第二条第一款第(一)项规定情形回购股份的,应当由董事会依法作出决议,并提交股东大会审议,经出席会议的股东所持表决权的三分之二以上通过;因第(二)项、第(三)项、第(四)项规定情形回购股份的,可以依照公司章程的规定或者股东大会的授权,经三分之二以上董事出席的董事会会议决议。

上市公司股东大会对董事会作出授权的,应当在决议中明确授权实施股份回购的具体情形和授权期限等内容。

第十九条 根据法律法规及公司章程等享有董事会、股东大会提案权的回购提议人向上市公司董事会提议回购股份的,应当遵守证券交易所的规定。

第二十条 上市公司应当在董事会作出回购股份决议后两个交易日内,按照交易所的规定至少披露下列文件:

(一)董事会决议及独立董事的意见;

(二)回购股份方案。

回购股份方案须经股东大会决议的,上市公司应当及时发布召开股东大会的通知。

第二十一条 上市公司独立董事应当在充分了解相关信息的基础上,按照证券交易所的规定就回购股份事宜发表独立意见。

第二十二条 回购股份方案至少应当包括以下内容:

(一)回购股份的目的、方式、价格区间;

(二)拟回购股份的种类、用途、数量及占公司总股本的比例;

(三)拟用于回购的资金总额及资金来源;

(四)回购股份的实施期限;

(五)预计回购后公司股权结构的变动情况;

(六)管理层对本次回购股份对公司经营、财务及未来发展影响的分析;

(七)上市公司董事、监事、高级管理人员在董事会作出回购股份决议前六个月是否存在买卖上市公司股票的行为,是否存在单独或者与他人联合进行内幕交易及市场操纵的说明;

(八)证券交易所规定的其他事项。

以要约方式回购股份的,还应当披露股东预受要约的方式和程序、股东撤回预受要约的方式和程序,以及股东委托办理要约回购中相关股份预受、撤回、结算、过户登记等事宜的证券公司名称及其通讯方式。

第二十三条 上市公司应当在披露回购股份方案后五个交易日内,披露董事会公告回购股份决议的前一个交易日登记在册的前十大股东和前十大无限售条件股东的名称及持股数量、比例。

回购方案需经股东大会决议的,上市公司应当在股东大会召开前三日,披露股东大会的股权登记日登记在册的前十大股东和前十大无限售条件股东的名称及持股数量、比例。

第二十四条 上市公司股东大会审议回购股份方案的,应当对回购股份方案披露的事项逐项进行表决。

第二十五条 上市公司应当在董事会或者股东大会审议通过最终回购股份方案后及时披露回购报告书。

回购报告书至少应当包括本规则第二十二条回购股份方案所列事项及其他应说明的事项。

第二十六条 上市公司回购股份后拟予以注销的,应当在股东大会作出回购股份的决议后,依照《公司法》有关规定通知债权人。

第二十七条 未经法定或章程规定的程序授权或审议,上市公司、大股东不得对外发布回购股份的有关信息。

第二十八条 上市公司回购股份方案披露后,非因充分正当事由不得变更或者终止。确需变更或终止的,应当符合中国证监会、证券交易所的相关规定,并履行相应的决策程序。

上市公司回购股份用于注销的，不得变更为其他用途。

第四章　以集中竞价交易方式回购股份的特殊规定

第二十九条　上市公司以集中竞价交易方式回购股份的，应当符合证券交易所的规定，交易申报应当符合下列要求：

（一）申报价格不得为公司股票当日交易涨幅限制的价格；

（二）不得在交易所开盘集合竞价、收盘前半小时内及股票价格无涨跌幅限制的交易日内进行股份回购的委托。

第三十条　上市公司以集中竞价交易方式回购股份的，在下列期间不得实施：

（一）上市公司年度报告、半年度报告、季度报告、业绩预告或业绩快报公告前十个交易日内；

（二）自可能对本公司股票交易价格产生重大影响的重大事项发生之日或者在决策过程中至依法披露之日内；

（三）中国证监会规定的其他情形。

上市公司因本规则第二条第一款第（四）项规定的情形回购股份并减少注册资本的，不适用前款规定。

第三十一条　上市公司以集中竞价交易方式回购股份的，应当按照以下规定履行公告义务：

（一）上市公司应当在首次回购股份事实发生的次日予以公告；

（二）上市公司回购股份占上市公司总股本的比例每增加百分之一的，应当自该事实发生之日起三日内予以公告；

（三）在回购股份期间，上市公司应当在每个月的前三个交易日内，公告截止上月末的回购进展情况，包括已回购股份总额、购买的最高价和最低价、支付的总金额；

（四）上市公司在回购期间应当在定期报告中公告回购进展情况，包括已回购股份的数量和比例、购买的最高价和最低价、支付的总金额；

（五）上市公司在回购股份方案规定的回购实施期限过半时，仍未实施回购的，董事会应当公告未能实施回购的原因和后续回购安排；

（六）回购期届满或者回购方案已实施完毕的，上市公司应当停止回购行为，并在二个交易日内公告回购股份情况以及公司股份变动报告，包括已回购股份总额、购买的最高价和最低价以及支付的总金额等内容。

第五章　以要约方式回购股份的特殊规定

第三十二条　上市公司以要约方式回购股份的，要约价格不得低于回购股份方案公告日前三十个交易日该种股票每日加权平均价的算术平均值。

第三十三条　上市公司以要约方式回购股份的，应当在公告回购报告书的同时，将回购所需资金全额存放于证券登记结算机构指定的银行账户。

第三十四条　上市公司以要约方式回购股份，股东预受要约的股份数量超出预定回购的股份数量的，上市公司应当按照相同比例回购股东预受的股份；股东预受要约的股份数量不足预定回购的股份数量的，上市公司应当全部回购股东预受的股份。

第三十五条　上市公司以要约方式回购境内上市外资股的，还应当符合证券交易所和证券登记结算机构业务规则的有关规定。

第六章　监管措施和法律责任

第三十六条　上市公司及相关方违反本规则，或者未按照回购股份报告书约定实施回购的，中国证监会可以采取责令改正、出具警示函等监管措施。

第三十七条　在股份回购信息公开前，该信息的知情人和非法获取该信息的人，买卖该公司的证券，或者泄露该信息，或者建议他人买卖该证券的，中国证监会依照《证券法》第一百九十一条进行处罚。

第三十八条　利用上市公司股份回购，有《证券法》第五十五条禁止行为的，中国证监会依照《证券法》第一百九十二条进行处罚。

第三十九条　上市公司未按照本规则以及证券交易所规定披露回购信息的，中国证监会、证券交易所可以要求其补充披露、暂停或者终止回购股份活动。

第四十条　上市公司未按照本规则以及证券交易所规定披露回购股份的相关信息，或者所披露的信息存在虚假记载、误导性陈述或者重大遗漏的，中国证监会依照《证券法》第一百九十七条予以处罚。

第四十一条 为上市公司回购股份出具专业文件的证券服务机构及其从业人员未履行诚实守信、勤勉尽责义务，违反行业规范、业务规则的，由中国证监会责令改正，并可以采取监管谈话、出具警示函等监管措施。

前款规定的证券服务机构及其从业人员所制作、出具的文件存在虚假记载、误导性陈述或者重大遗漏的，依照《证券法》第二百一十三条予以处罚；情节严重的，可以采取市场禁入的措施。

第七章 附 则

第四十二条 本规则自公布之日起施行。2005年6月16日施行的《上市公司回购社会公众股份管理办法（试行）》（证监发〔2005〕51号）、2008年10月9日施行的《关于上市公司以集中竞价交易方式回购股份的补充规定》（证监会公告〔2008〕39号）、2018年11月20日施行的《关于认真学习贯彻〈全国人民代表大会常务委员会关于修改《中华人民共和国公司法》的决定〉的通知》（证监会公告〔2018〕37号）同时废止。

上市公司监管指引第7号——上市公司重大资产重组相关股票异常交易监管

· 2023年2月17日中国证券监督管理委员会公告〔2023〕39号公布
· 自公布之日起施行

第一条 为加强与上市公司重大资产重组相关股票异常交易监管，防控和打击内幕交易，维护证券市场秩序，保护投资者合法权益，根据《中华人民共和国证券法》《中华人民共和国行政许可法》《国务院办公厅转发证监会等部门关于依法打击和防控资本市场内幕交易意见的通知》《上市公司信息披露管理办法》《上市公司重大资产重组管理办法》，制定本指引。

第二条 上市公司和交易对方，以及其控股股东、实际控制人，为本次重大资产重组提供服务的证券公司、证券服务机构等重大资产重组相关主体，应当严格按照法律、行政法规、规章的规定，做好重大资产重组信息的管理和内幕信息知情人登记工作，增强保密意识。

第三条 上市公司及其控股股东、实际控制人等相关方研究、筹划、决策涉及上市公司重大资产重组事项的，原则上应当在非交易时间进行，并应当简化决策流程、提高决策效率、缩短决策时限，尽可能缩小内幕信息知情人范围。

如需要向有关部门进行政策咨询、方案论证的，应当做好相关保密工作。

第四条 上市公司因发行股份购买资产事项首次披露后，证券交易所立即启动二级市场股票交易核查程序，并在后续各阶段对二级市场股票交易情况进行持续监管。

第五条 上市公司向证券交易所提出发行股份购买资产申请，如该重大资产重组事项涉嫌内幕交易被中国证券监督管理委员会（以下简称中国证监会）立案调查或者被司法机关立案侦查，尚未受理的，证券交易所不予受理；已经受理的，证券交易所暂停审核、中国证监会暂停注册。

第六条 按照本指引第五条不予受理或暂停审核、注册的发行股份购买资产申请，如符合以下条件，未受理的，恢复受理程序；暂停审核、注册的，恢复审核、注册：

（一）中国证监会或者司法机关经调查核实未发现上市公司、占本次重组总交易金额比例在百分之二十以上的交易对方（如涉及多个交易对方违规的，交易金额合并计算），及上述主体的控股股东、实际控制人及其控制的机构存在内幕交易的；

（二）中国证监会或者司法机关经调查核实未发现上市公司董事、监事、高级管理人员，上市公司控股股东、实际控制人的董事、监事、高级管理人员，交易对方的董事、监事、高级管理人员，占本次重组总交易金额比例在百分之二十以下的交易对方及其控股股东、实际控制人及上述主体控制的机构，为本次重大资产重组提供服务的证券公司、证券服务机构及其经办人员，参与本次重大资产重组的其他主体等存在内幕交易的；或者上述主体虽涉嫌内幕交易，但已被撤换或者退出本次重大资产重组交易的；

（三）被立案调查或者立案侦查的事项未涉及第（一）项、第（二）项所列主体的。

依据前款第（二）项规定撤换独立财务顾问的，上市公司应当撤回原发行股份购买资产申请，重新向证券交易所提出申请。

上市公司对交易对象、交易标的等作出变更导致重大资产重组方案重大调整的，还应当重新履行相应的决策程序。

第七条 证券交易所、中国证监会根据掌握的情况，确认不予受理或暂停审核、注册的上市公司发行股份购买资产申请符合本指引第六条规定条件的，及时恢复受理、审核或者恢复注册。

上市公司有证据证明其发行股份购买资产申请符合本指引第六条规定条件的，经聘请的独立财务顾问和律师事务所对本次重大资产重组有关的主体进行尽职调查，并出具确认意见，可以向证券交易所、中国证监会提出恢复受理、审核或者恢复注册的申请。证券交易所、中国证监会根据掌握的情况，决定是否恢复受理、审核或者恢复注册。

第八条 因本次重大资产重组事项存在重大市场质疑或者有明确线索的举报，上市公司及涉及的相关机构和人员应当就市场质疑及时作出说明或澄清；中国证监会、证券交易所应当对该项举报进行核查。如果该涉嫌内幕交易的重大市场质疑或者举报涉及事项已被中国证监会立案调查或者被司法机关立案侦查，按照本指引第五条至第七条的规定执行。

第九条 证券交易所受理发行股份购买资产申请后，本指引第六条第一款第（一）项所列主体因本次重大资产重组相关的内幕交易被中国证监会行政处罚或者被司法机关依法追究刑事责任的，证券交易所终止审核、中国证监会终止注册。

第十条 发行股份购买资产申请被证券交易所不予受理、恢复受理程序、暂停审核、恢复审核或者终止审核，被中国证监会暂停注册、恢复注册或者终止注册的，上市公司应当及时公告并作出风险提示。

第十一条 上市公司披露重大资产重组预案或者草案后主动终止重大资产重组进程的，上市公司应当同时承诺自公告之日起至少一个月内不再筹划重大资产重组，并予以披露。

发行股份购买资产申请因上市公司控股股东及其实际控制人存在内幕交易被证券交易所、中国证监会依照本指引第九条的规定终止审核或者终止注册的，上市公司应当同时承诺自公告之日起至少十二个月内不再筹划重大资产重组，并予以披露。

第十二条 本指引第六条所列主体因涉嫌本次重大资产重组相关的内幕交易被立案调查或者立案侦查的，自立案之日起至责任认定前不得参与任何上市公司的重大资产重组。中国证监会作出行政处罚或者司法机关依法追究刑事责任的，上述主体自中国证监会作出行政处罚决定或者司法机关作出相关裁判生效之日起至少三十六个月内不得参与任何上市公司的重大资产重组。

第十三条 上市公司及其控股股东、实际控制人和交易相关方、证券公司及证券服务机构、其他信息披露义务人，应当配合中国证监会的监管执法工作。拒不配合的，中国证监会将依法采取监管措施，并将实施监管措施的情况对外公布。

第十四条 关于上市公司吸收合并、分立的审核、注册事项，参照本指引执行。

第十五条 证券交易所可以根据本指引相关规定，就不涉及发行股份的上市公司重大资产重组制定股票异常交易监管业务规则。

第十六条 本指引自公布之日起施行。2022年1月5日施行的《上市公司监管指引第7号——上市公司重大资产重组相关股票异常交易监管》（证监会公告〔2022〕23号）同时废止。

3. 国有股转让

上市公司国有股权监督管理办法

· 2018年5月16日国务院国有资产监督管理委员会、财政部、中国证券监督管理委员会令第36号公布

· 自2018年7月1日起施行

第一章 总 则

第一条 为规范上市公司国有股权变动行为，推动国有资源优化配置，平等保护各类投资者合法权益，防止国有资产流失，根据《中华人民共和国公司法》、《中华人民共和国证券法》、《中华人民共和国企业国有资产法》、《企业国有资产监督管理暂行条例》等法律法规，制定本办法。

第二条 本办法所称上市公司国有股权变动行为，是指上市公司国有股权持股主体、数量或比

例等发生变化的行为，具体包括：国有股东所持上市公司股份通过证券交易系统转让、公开征集转让、非公开协议转让、无偿划转、间接转让、国有股东发行可交换公司债券；国有股东通过证券交易系统增持、协议受让、间接受让、要约收购上市公司股份和认购上市公司发行股票；国有股东所控股上市公司吸收合并、发行证券；国有股东与上市公司进行资产重组等行为。

第三条 本办法所称国有股东是指符合以下情形之一的企业和单位，其证券账户标注“SS”：

（一）政府部门、机构、事业单位、境内国有独资或全资企业；

（二）第一款中所述单位或企业独家持股比例超过50%，或合计持股比例超过50%，且其中之一为第一大股东的境内企业；

（三）第二款中所述企业直接或间接持股的各级境内独资或全资企业。

第四条 上市公司国有股权变动行为应坚持公开、公平、公正原则，遵守国家有关法律、行政法规和规章制度规定，符合国家产业政策和国有经济布局结构调整方向，有利于国有资本保值增值，提高企业核心竞争力。

第五条 上市公司国有股权变动涉及的股份应当权属清晰，不存在受法律法规规定限制的情形。

第六条 上市公司国有股权变动的监督管理由省级以上国有资产监督管理机构负责。省级国有资产监督管理机构报经省级人民政府同意，可以将地市级以下有关上市公司国有股权变动的监督管理交由地市级国有资产监督管理机构负责。省级国有资产监督管理机构需建立相应的监督检查工作机制。

上市公司国有股权变动涉及政府社会公共管理事项的，应当依法报政府有关部门审核。受让方为境外投资者的，应当符合外商投资产业指导目录或负面清单管理的要求，以及外商投资安全审查的规定，涉及该类情形的，各审核主体在接到相关申请后，应就转让行为是否符合吸收外商投资政策向同级商务部门征求意见，具体申报程序由省级以上国有资产监督管理机构商同级商务部门按《关于上市公司国有股向外国投资者及外商投资企业转让申报程序有关问题的通知》（商资字〔2004〕1号）确定的原则制定。

按照法律、行政法规和本级人民政府有关规定，须经本级人民政府批准的上市公司国有股权变动事项，国有资产监督管理机构应当履行报批程序。

第七条 国家出资企业负责管理以下事项：

（一）国有股东通过证券交易系统转让所持上市公司股份，未达到本办法第十二条规定的比例或数量的事项；

（二）国有股东所持上市公司股份在本企业集团内部进行的无偿划转、非公开协议转让事项；

（三）国有控股股东所持上市公司股份公开征集转让、发行可交换公司债券及所控股上市公司发行证券，未导致其持股比例低于合理持股比例的事项；国有参股股东所持上市公司股份公开征集转让、发行可交换公司债券事项；

（四）国有股东通过证券交易系统增持、协议受让、认购上市公司发行股票等未导致上市公司控股权转移的事项；

（五）国有股东与所控股上市公司进行资产重组，不属于中国证监会规定的重大资产重组范围的事项。

第八条 国有控股股东的合理持股比例（与国有控股股东属于同一控制人的，其所持股份的比例应合并计算）由国家出资企业研究确定，并报国有资产监督管理机构备案。

确定合理持股比例的具体办法由省级以上国有资产监督管理机构另行制定。

第九条 国有股东所持上市公司股份变动应在作充分可行性研究的基础上制定方案，严格履行决策、审批程序，规范操作，按照证券监管的相关规定履行信息披露等义务。在上市公司国有股权变动信息披露前，各关联方要严格遵守保密规定。违反保密规定的，应依法依规追究相关人员责任。

第十条 上市公司国有股权变动应当根据证券市场公开交易价格、可比公司股票交易价格、每股净资产值等因素合理定价。

第十一条 国有资产监督管理机构通过上市公司国有股权管理信息系统（以下简称管理信息系统）对上市公司国有股权变动实施统一监管。

国家出资企业应通过管理信息系统，及时、完整、准确将所持上市公司股份变动情况报送国有资产监督管理机构。

其中,按照本办法规定由国家出资企业审核批准的变动事项须通过管理信息系统作备案管理,并取得统一编号的备案表。

第二章　国有股东所持上市公司股份通过证券交易系统转让

第十二条　国有股东通过证券交易系统转让上市公司股份,按照国家出资企业内部决策程序决定,有以下情形之一的,应报国有资产监督管理机构审核批准:

(一)国有控股股东转让上市公司股份可能导致持股比例低于合理持股比例的;

(二)总股本不超过10亿股的上市公司,国有控股股东拟于一个会计年度内累计净转让(累计转让股份扣除累计增持股份后的余额,下同)达到总股本5%及以上的;总股本超过10亿股的上市公司,国有控股股东拟于一个会计年度内累计净转让数量达到5000万股及以上的;

(三)国有参股股东拟于一个会计年度内累计净转让达到上市公司总股本5%及以上的。

第十三条　国家出资企业、国有资产监督管理机构决定或批准国有股东通过证券交易系统转让上市公司股份时,应当审核以下文件:

(一)国有股东转让上市公司股份的内部决策文件;

(二)国有股东转让上市公司股份方案,内容包括但不限于:转让的必要性,国有股东及上市公司基本情况、主要财务数据,拟转让股份权属情况,转让底价及确定依据,转让数量、转让时限等;

(三)上市公司股份转让的可行性研究报告;

(四)国家出资企业、国有资产监督管理机构认为必要的其他文件。

第三章　国有股东所持上市公司股份公开征集转让

第十四条　公开征集转让是指国有股东依法公开披露信息,征集受让方转让上市公司股份的行为。

第十五条　国有股东拟公开征集转让上市公司股份的,在履行内部决策程序后,应书面告知上市公司,由上市公司依法披露,进行提示性公告。国有控股股东公开征集转让上市公司股份可能导致上市公司控股权转移的,应当一并通知上市公司申请停牌。

第十六条　上市公司发布提示性公告后,国有股东应及时将转让方案、可行性研究报告、内部决策文件、拟发布的公开征集信息等内容通过管理信息系统报送国有资产监督管理机构。

第十七条　公开征集信息内容包括但不限于:拟转让股份权属情况、数量,受让方应当具备的资格条件,受让方的选择规则,公开征集期限等。

公开征集信息对受让方的资格条件不得设定指向性或违反公平竞争要求的条款,公开征集期限不得少于10个交易日。

第十八条　国有资产监督管理机构通过管理信息系统对公开征集转让事项出具意见。国有股东在获得国有资产监督管理机构同意意见后书面通知上市公司发布公开征集信息。

第十九条　国有股东收到拟受让方提交的受让申请及受让方案后,应当成立由内部职能部门人员以及法律、财务等独立外部专家组成的工作小组,严格按照已公告的规则选择确定受让方。

第二十条　公开征集转让可能导致上市公司控股权转移的,国有股东应当聘请具有上市公司并购重组财务顾问业务资格的证券公司、证券投资咨询机构或者其他符合条件的财务顾问机构担任财务顾问(以下简称财务顾问)。财务顾问应当具有良好的信誉,近三年内无重大违法违规记录,且与受让方不存在利益关联。

第二十一条　财务顾问应当勤勉尽责,遵守行业规范和职业道德,对上市公司股份的转让方式、转让价格、股份转让对国有股东和上市公司的影响等方面出具专业意见;并对拟受让方进行尽职调查,出具尽职调查报告。尽职调查应当包括但不限于以下内容:

(一)拟受让方受让股份的目的;

(二)拟受让方的经营情况、财务状况、资金实力及是否有重大违法违规记录和不良诚信记录;

(三)拟受让方是否具有及时足额支付转让价款的能力、受让资金的来源及合法性;

(四)拟受让方是否具有促进上市公司持续发展和改善上市公司法人治理结构的能力。

第二十二条　国有股东确定受让方后,应当及时与受让方签订股份转让协议。股份转让协议应当包括但不限于以下内容:

（一）转让方、上市公司、拟受让方的名称、法定代表人及住所；

（二）转让方持股数量、拟转让股份数量及价格；

（三）转让方、受让方的权利和义务；

（四）股份转让价款支付方式及期限；

（五）股份登记过户的条件；

（六）协议生效、变更和解除条件、争议解决方式、违约责任等。

第二十三条 国有股东公开征集转让上市公司股份的价格不得低于下列两者之中的较高者：

（一）提示性公告日前30个交易日的每日加权平均价格的算术平均值；

（二）最近一个会计年度上市公司经审计的每股净资产值。

第二十四条 国有股东与受让方签订协议后，属于本办法第七条规定情形的，由国家出资企业审核批准，其他情形由国有资产监督管理机构审核批准。

第二十五条 国家出资企业、国有资产监督管理机构批准国有股东所持上市公司股份公开征集转让时，应当审核以下文件：

（一）受让方的征集及选择情况；

（二）国有股东基本情况、受让方基本情况及上一年度经审计的财务会计报告；

（三）股份转让协议及股份转让价格的定价说明；

（四）受让方与国有股东、上市公司之间在最近12个月内股权转让、资产置换、投资等重大情况及债权债务情况；

（五）律师事务所出具的法律意见书；

（六）财务顾问出具的尽职调查报告（适用于上市公司控股权转移的）；

（七）国家出资企业、国有资产监督管理机构认为必要的其他文件。

第二十六条 国有股东应在股份转让协议签订后5个工作日内收取不低于转让价款30%的保证金，其余价款应在股份过户前全部结清。在全部转让价款支付完毕或交由转让双方共同认可的第三方妥善保管前，不得办理股份过户登记手续。

第二十七条 国有资产监督管理机构关于国有股东公开征集转让上市公司股份的批准文件或国有资产监督管理机构、管理信息系统出具的统一编号的备案表和全部转让价款支付凭证是证券交易所、中国证券登记结算有限责任公司办理上市公司股份过户登记手续的必备文件。

上市公司股份过户前，原则上受让方人员不能提前进入上市公司董事会和经理层，不得干预上市公司正常生产经营。

第四章 国有股东所持上市公司股份非公开协议转让

第二十八条 非公开协议转让是指不公开征集受让方，通过直接签订协议转让上市公司股份的行为。

第二十九条 符合以下情形之一的，国有股东可以非公开协议转让上市公司股份：

（一）上市公司连续两年亏损并存在退市风险或严重财务危机，受让方提出重大资产重组计划及具体时间表的；

（二）企业主业处于关系国家安全、国民经济命脉的重要行业和关键领域，主要承担重大专项任务，对受让方有特殊要求的；

（三）为实施国有资源整合或资产重组，在国有股东、潜在国有股东（经本次国有资源整合或资产重组后成为上市公司国有股东的，以下统称国有股东）之间转让的；

（四）上市公司回购股份涉及国有股东所持股份的；

（五）国有股东因接受要约收购方式转让其所持上市公司股份的；

（六）国有股东因解散、破产、减资、被依法责令关闭等原因转让其所持上市公司股份的；

（七）国有股东以所持上市公司股份出资的。

第三十条 国有股东在履行内部决策程序后，应当及时与受让方签订股份转让协议。涉及上市公司控股权转移的，在转让协议签订前，应按本办法第二十条、第二十一条规定聘请财务顾问，对拟受让方进行尽职调查，出具尽职调查报告。

第三十一条 国有股东与受让方签订协议后，属于本办法第七条规定情形的，由国家出资企业审核批准，其他情形由国有资产监督管理机构审核批准。

第三十二条 国有股东非公开协议转让上市公司股份的价格不得低于下列两者之中的较高者：

（一）提示性公告日前30个交易日的每日加

权平均价格的算术平均值；

（二）最近一个会计年度上市公司经审计的每股净资产值。

第三十三条 国有股东非公开协议转让上市公司股份存在下列特殊情形的，可按以下原则确定股份转让价格：

（一）国有股东为实施资源整合或重组上市公司，并在其所持上市公司股份转让完成后全部回购上市公司主业资产的，股份转让价格由国有股东根据中介机构出具的该上市公司股票价格的合理估值结果确定；

（二）为实施国有资源整合或资产重组，在国有股东之间转让且上市公司中的国有权益并不因此减少的，股份转让价格应当根据上市公司股票的每股净资产值、净资产收益率、合理的市盈率等因素合理确定。

第三十四条 国家出资企业、国有资产监督管理机构批准国有股东非公开协议转让上市公司股份时，应当审核以下文件：

（一）国有股东转让上市公司股份的决策文件；

（二）国有股东转让上市公司股份的方案，内容包括但不限于：不公开征集受让方的原因，转让价格及确定依据，转让的数量，转让收入的使用计划等；

（三）国有股东基本情况、受让方基本情况及上一年度经审计的财务会计报告；

（四）可行性研究报告；

（五）股份转让协议；

（六）以非货币资产支付的说明；

（七）拟受让方与国有股东、上市公司之间在最近12个月内股权转让、资产置换、投资等重大情况及债权债务情况；

（八）律师事务所出具的法律意见书；

（九）财务顾问出具的尽职调查报告（适用于上市公司控股权转移的）；

（十）国家出资企业、国有资产监督管理机构认为必要的其他文件。

第三十五条 以现金支付股份转让价款的，转让价款收取按照本办法第二十六条规定办理；以非货币资产支付股份转让价款的，应当符合国家相关规定。

第三十六条 国有资产监督管理机构关于国有股东非公开协议转让上市公司股份的批准文件或国有资产监督管理机构、管理信息系统出具的统一编号的备案表和全部转让价款支付凭证（包括非货币资产的交割凭证）是证券交易所、中国证券登记结算有限责任公司办理上市公司股份过户登记手续的必备文件。

第五章 国有股东所持上市公司股份无偿划转

第三十七条 政府部门、机构、事业单位、国有独资或全资企业之间可以依法无偿划转所持上市公司股份。

第三十八条 国有股东所持上市公司股份无偿划转属于本办法第七条规定情形的，由国家出资企业审核批准，其他情形由国有资产监督管理机构审核批准。

第三十九条 国家出资企业、国有资产监督管理机构批准国有股东所持上市公司股份无偿划转时，应当审核以下文件：

（一）国有股东无偿划转上市公司股份的内部决策文件；

（二）国有股东无偿划转上市公司股份的方案和可行性研究报告；

（三）上市公司股份无偿划转协议；

（四）划转双方基本情况、上一年度经审计的财务会计报告；

（五）划出方债务处置方案及或有负债的解决方案，及主要债权人对无偿划转的无异议函；

（六）划入方未来12个月内对上市公司的重组计划或未来三年发展规划（适用于上市公司控股权转移的）；

（七）律师事务所出具的法律意见书；

（八）国家出资企业、国有资产监督管理机构认为必要的其他文件。

第四十条 国有资产监督管理机构关于国有股东无偿划转上市公司股份的批准文件或国有资产监督管理机构、管理信息系统出具的统一编号的备案表是证券交易所、中国证券登记结算有限责任公司办理股份过户登记手续的必备文件。

第六章 国有股东所持上市公司股份间接转让

第四十一条 本办法所称国有股东所持上市

公司股份间接转让是指因国有产权转让或增资扩股等原因导致国有股东不再符合本办法第三条规定情形的行为。

第四十二条 国有股东拟间接转让上市公司股份的，履行内部决策程序后，应书面通知上市公司进行信息披露，涉及国有控股股东的，应当一并通知上市公司申请停牌。

第四十三条 国有股东所持上市公司股份间接转让应当按照本办法第二十三条规定确定其所持上市公司股份价值，上市公司股份价值确定的基准日应与国有股东资产评估的基准日一致，且与国有股东产权直接持有单位对该产权变动决策的日期相差不得超过一个月。

国有产权转让或增资扩股到产权交易机构挂牌时，因上市公司股价发生大幅变化等原因，导致资产评估报告的结论已不能反映交易标的真实价值的，原决策机构应对间接转让行为重新审议。

第四十四条 国有控股股东所持上市公司股份间接转让，应当按本办法第二十条、第二十一条规定聘请财务顾问，对国有产权拟受让方或投资人进行尽职调查，并出具尽职调查报告。

第四十五条 国有股东所持上市公司股份间接转让的，国有股东应在产权转让或增资扩股协议签订后，产权交易机构出具交易凭证前报国有资产监督管理机构审核批准。

第四十六条 国有资产监督管理机构批准国有股东所持上市公司股份间接转让时，应当审核以下文件：

（一）产权转让或增资扩股决策文件、资产评估结果核准、备案文件及可行性研究报告；

（二）经批准的产权转让或增资扩股方案；

（三）受让方或投资人征集、选择情况；

（四）国有产权转让协议或增资扩股协议；

（五）国有股东资产作价金额，包括国有股东所持上市公司股份的作价说明；

（六）受让方或投资人基本情况及上一年度经审计的财务会计报告；

（七）财务顾问出具的尽职调查报告（适用于国有控股股东国有产权变动的）；

（八）律师事务所出具的法律意见书；

（九）国有资产监督管理机构认为必要的其他文件。

第四十七条 国有股东产权转让或增资扩股未构成间接转让的，其资产评估涉及上市公司股份作价按照本办法第四十三条规定确定。

第七章 国有股东发行可交换公司债券

第四十八条 本办法所称国有股东发行可交换公司债券，是指上市公司国有股东依法发行、在一定期限内依据约定条件可以交换成该股东所持特定上市公司股份的公司债券的行为。

第四十九条 国有股东发行的可交换公司债券交换为上市公司每股股份的价格，应不低于债券募集说明书公告日前1个交易日、前20个交易日、前30个交易日该上市公司股票均价中的最高者。

第五十条 国有股东发行的可交换公司债券，其利率应当在参照同期银行贷款利率、银行票据利率、同行业其他企业发行的债券利率，以及标的公司股票每股交换价格、上市公司未来发展前景等因素的前提下，通过市场询价合理确定。

第五十一条 国有股东发行可交换公司债券属于本办法第七条规定情形的，由国家出资企业审核批准，其他情形由国有资产监督管理机构审核批准。

第五十二条 国家出资企业、国有资产监督管理机构批准国有股东发行可交换公司债券时，应当审核以下文件：

（一）国有股东发行可交换公司债券的内部决策文件；

（二）国有股东发行可交换公司债券的方案，内容包括但不限于：国有股东、上市公司基本情况及主要财务数据，预备用于交换的股份数量及保证方式，风险评估论证情况、偿本付息及应对债务风险的具体方案，对国有股东控股地位影响的分析等；

（三）可行性研究报告；

（四）律师事务所出具的法律意见书；

（五）国家出资企业、国有资产监督管理机构认为必要的其他文件。

第八章 国有股东受让上市公司股份

第五十三条 本办法所称国有股东受让上市公司股份行为主要包括国有股东通过证券交易系统增持、协议受让、间接受让、要约收购上市公司股份和认购上市公司发行股票等。

第五十四条 国有股东受让上市公司股份属

于本办法第七条规定情形的，由国家出资企业审核批准，其他情形由国有资产监督管理机构审核批准。

第五十五条 国家出资企业、国有资产监督管理机构批准国有股东受让上市公司股份时，应当审核以下文件：

（一）国有股东受让上市公司股份的内部决策文件；

（二）国有股东受让上市公司股份方案，内容包括但不限于：国有股东及上市公司的基本情况、主要财务数据、价格上限及确定依据、数量及受让时限等；

（三）可行性研究报告；

（四）股份转让协议（适用于协议受让的）、产权转让或增资扩股协议（适用于间接受让的）；

（五）财务顾问出具的尽职调查报告和上市公司估值报告（适用于取得控股权的）；

（六）律师事务所出具的法律意见书；

（七）国家出资企业、国有资产监督管理机构认为必要的其他文件。

第五十六条 国有股东将其持有的可转换公司债券或可交换公司债券转换、交换成上市公司股票的，通过司法机关强制执行手续取得上市公司股份的，按照相关法律、行政法规及规章制度的规定办理，并在上述行为完成后10个工作日内将相关情况通过管理信息系统按程序报告国有资产监督管理机构。

第九章 国有股东所控股上市公司吸收合并

第五十七条 本办法所称国有股东所控股上市公司吸收合并，是指国有控股上市公司之间或国有控股上市公司与非国有控股上市公司之间的吸收合并。

第五十八条 国有股东所控股上市公司应当聘请财务顾问，对吸收合并的双方进行尽职调查和内部核查，并出具专业意见。

第五十九条 国有股东应指导上市公司根据股票交易价格，并参考可比交易案例，合理确定上市公司换股价格。

第六十条 国有股东应当在上市公司董事会审议吸收合并方案前，将该方案报国有资产监督管理机构审核批准。

第六十一条 国有资产监督管理机构批准国有股东所控股上市公司吸收合并时，应当审核以下文件：

（一）国家出资企业、国有股东的内部决策文件；

（二）国有股东所控股上市公司吸收合并的方案，内容包括但不限于：国有控股股东及上市公司基本情况、换股价格的确定依据、现金选择权安排、吸收合并后的股权结构、债务处置、职工安置、市场应对预案等；

（三）可行性研究报告；

（四）律师事务所出具的法律意见书；

（五）国有资产监督管理机构认为必要的其他文件。

第十章 国有股东所控股上市公司发行证券

第六十二条 本办法所称国有股东所控股上市公司发行证券包括上市公司采用公开方式向原股东配售股份、向不特定对象公开募集股份、采用非公开方式向特定对象发行股份以及发行可转换公司债券等行为。

第六十三条 国有股东所控股上市公司发行证券，应当在股东大会召开前取得批准。属于本办法第七条规定情形的，由国家出资企业审核批准，其他情形报国有资产监督管理机构审核批准。

第六十四条 国家出资企业、国有资产监督管理机构批准国有股东所控股上市公司发行证券时，应当审核以下文件：

（一）上市公司董事会决议；

（二）国有股东所控股上市公司发行证券的方案，内容包括但不限于：相关国有股东、上市公司基本情况，发行方式、数量、价格，募集资金用途，对国有股东控股地位影响的分析，发行可转换公司债券的风险评估论证情况、偿本付息及应对债务风险的具体方案等；

（三）可行性研究报告；

（四）律师事务所出具的法律意见书；

（五）国家出资企业、国有资产监督管理机构认为必要的其他文件。

第十一章 国有股东与上市公司进行资产重组

第六十五条 本办法所称国有股东与上市公司进行资产重组是指国有股东向上市公司注入、

购买或置换资产并涉及国有股东所持上市公司股份发生变化的情形。

第六十六条 国有股东就资产重组事项进行内部决策后,应书面通知上市公司,由上市公司依法披露,并申请股票停牌。在上市公司董事会审议资产重组方案前,应当将可行性研究报告报国家出资企业、国有资产监督管理机构预审核,并由国有资产监督管理机构通过管理信息系统出具意见。

第六十七条 国有股东与上市公司进行资产重组方案经上市公司董事会审议通过后,应当在上市公司股东大会召开前获得相应批准。属于本办法第七条规定情形的,由国家出资企业审核批准,其他情形由国有资产监督管理机构审核批准。

第六十八条 国家出资企业、国有资产监督管理机构批准国有股东与上市公司进行资产重组时,应当审核以下文件:

(一)国有股东决策文件和上市公司董事会决议;

(二)资产重组的方案,内容包括但不限于:资产重组的原因及目的,涉及标的资产范围、业务情况及近三年损益情况、未来盈利预测及其依据,相关资产作价的说明,资产重组对国有股东及上市公司权益、盈利水平和未来发展的影响等;

(三)资产重组涉及相关资产的评估备案表或核准文件;

(四)律师事务所出具的法律意见书;

(五)国家出资企业、国有资产监督管理机构认为必要的其他文件。

第六十九条 国有股东参股的非上市企业参与非国有控股上市公司的资产重组事项由国家出资企业按照内部决策程序自主决定。

第十二章 法律责任

第七十条 在上市公司国有股权变动中,相关方有下列行为之一的,国有资产监督管理机构或国家出资企业应要求终止上市公司股权变动行为,必要时应向人民法院提起诉讼:

(一)不履行相应的内部决策程序、批准程序或者超越权限,擅自变动上市公司国有股权的;

(二)向中介机构提供虚假资料,导致审计、评估结果失真,造成国有资产损失的;

(三)相关方恶意串通,签订显失公平的协议,造成国有资产损失的;

(四)相关方采取欺诈、隐瞒等手段变动上市公司国有股权,造成国有资产损失的;

(五)相关方未在约定期限内履行承诺义务的;

(六)违反上市公司信息披露规定,涉嫌内幕交易的。

第七十一条 违反有关法律、法规或本办法的规定变动上市公司国有股权并造成国有资产损失的,国有资产监督管理机构可以责令国有股东采取措施限期纠正;国有股东、上市公司负有直接责任的主管人员和其他直接责任人员,由国有资产监督管理机构或者相关企业按照权限给予纪律处分,造成国有资产损失的,应负赔偿责任;涉嫌犯罪的,依法移送司法机关处理。

第七十二条 社会中介机构在上市公司国有股权变动的审计、评估、咨询和法律等服务中违规执业的,由国有资产监督管理机构将有关情况通报其行业主管部门,建议给予相应处罚;情节严重的,国有股东三年内不得再委托其开展相关业务。

第七十三条 上市公司国有股权变动批准机构及其有关人员违反有关法律、法规或本办法的规定,擅自批准或者在批准中以权谋私,造成国有资产损失的,由有关部门按照权限给予纪律处分;涉嫌犯罪的,依法移送司法机关处理。

国有资产监督管理机构违反有关法律、法规或本办法的规定审核批准上市公司国有股权变动并造成国有资产损失的,对直接负责的主管人员和其他责任人员给予纪律处分;涉嫌犯罪的,依法移送司法机关处理。

第十三章 附 则

第七十四条 不符合本办法规定的国有股东标准,但政府部门、机构、事业单位和国有独资或全资企业通过投资关系、协议或者其他安排,能够实际支配其行为的境内外企业,证券账户标注为“CS”,所持上市公司股权变动行为参照本办法管理。

第七十五条 政府部门、机构、事业单位及其所属企业持有的上市公司国有股权变动行为,按照现行监管体制,比照本办法管理。

第七十六条 金融、文化类上市公司国有股权的监督管理,国家另有规定的,依照其规定。

第七十七条 国有或国有控股的专门从事证券业务的证券公司及基金管理公司转让、受让上市公司股份的监督管理按照相关规定办理。

第七十八条 国有出资的有限合伙企业不作国有股东认定，其所持上市公司股份的监督管理另行规定。

第七十九条 本办法自2018年7月1日起施行。

4. 公司治理

上市公司治理准则

· 2018年9月30日中国证券监督管理委员会公告〔2018〕29号公布

· 自公布之日起施行

第一章 总 则

第一条 为规范上市公司运作，提升上市公司治理水平，保护投资者合法权益，促进我国资本市场稳定健康发展，根据《中华人民共和国公司法》（以下简称《公司法》）、《中华人民共和国证券法》及相关法律、行政法规等确定的基本原则，借鉴境内外公司治理实践经验，制定本准则。

第二条 本准则适用于依照《公司法》设立且股票在中国境内证券交易所上市交易的股份有限公司。

上市公司应当贯彻本准则所阐述的精神，改善公司治理。上市公司章程及与治理相关的文件，应当符合本准则的要求。鼓励上市公司根据自身特点，探索和丰富公司治理实践，提升公司治理水平。

第三条 上市公司应当贯彻落实创新、协调、绿色、开放、共享的发展理念，弘扬优秀企业家精神，积极履行社会责任，形成良好公司治理实践。

上市公司治理应当健全、有效、透明，强化内部和外部的监督制衡，保障股东的合法权利并确保其得到公平对待，尊重利益相关者的基本权益，切实提升企业整体价值。

第四条 上市公司股东、实际控制人、董事、监事、高级管理人员，应当依照法律、行政法规、部门规章、规范性文件（以下统称法律法规）和自律规则行使权利、履行义务，维护上市公司利益。董事、监事、高级管理人员应当持续学习，不断提高履职能力，忠实、勤勉、谨慎履职。

第五条 在上市公司中，根据《公司法》的规定，设立中国共产党的组织，开展党的活动。上市公司应当为党组织的活动提供必要条件。

国有控股上市公司根据《公司法》和有关规定，结合企业股权结构、经营管理等实际，把党建工作有关要求写入公司章程。

第六条 中国证监会及其派出机构依法对上市公司治理活动及相关主体的行为进行监督管理，对公司治理存在重大问题的，督促其采取有效措施予以改善。

证券交易所、中国上市公司协会以及其他证券基金期货行业自律组织，依照本准则规定，制定相关自律规则，对上市公司加强自律管理。

中国证监会及其派出机构和有关自律组织，可以对上市公司治理状况进行评估，促进其不断改善公司治理。

第二章 股东与股东大会

第一节 股东权利

第七条 股东依照法律法规和公司章程享有权利并承担义务。

上市公司章程、股东大会决议或者董事会决议等应当依法合规，不得剥夺或者限制股东的法定权利。

第八条 在上市公司治理中，应当依法保障股东权利，注重保护中小股东合法权益。

第九条 上市公司应当建立与股东畅通有效的沟通渠道，保障股东对公司重大事项的知情、参与决策和监督等权利。

第十条 上市公司应当积极回报股东，在公司章程中明确利润分配办法尤其是现金分红政策。上市公司应当披露现金分红政策制定及执行情况，具备条件而不进行现金分红的，应当充分披露原因。

第十一条 股东有权依照法律、行政法规的规定，通过民事诉讼或者其他法律手段维护其合法权利。

第二节 股东大会的规范

第十二条 上市公司应当在公司章程中规定

股东大会的召集、召开和表决等程序。

上市公司应当制定股东大会议事规则，并列入公司章程或者作为章程附件。

第十三条 股东大会提案的内容应当符合法律法规和公司章程的有关规定，属于股东大会职权范围，有明确议题和具体决议事项。

第十四条 上市公司应当在公司章程中规定股东大会对董事会的授权原则，授权内容应当明确具体。股东大会不得将法定由股东大会行使的职权授予董事会行使。

第十五条 股东大会会议应当设置会场，以现场会议与网络投票相结合的方式召开。现场会议时间、地点的选择应当便于股东参加。上市公司应当保证股东大会会议合法、有效，为股东参加会议提供便利。股东大会应当给予每个提案合理的讨论时间。

股东可以本人投票或者依法委托他人投票，两者具有同等法律效力。

第十六条 上市公司董事会、独立董事和符合有关条件的股东可以向公司股东征集其在股东大会上的投票权。上市公司及股东大会召集人不得对股东征集投票权设定最低持股比例限制。

投票权征集应当采取无偿的方式进行，并向被征集人充分披露具体投票意向等信息。不得以有偿或者变相有偿的方式征集股东投票权。

第十七条 董事、监事的选举，应当充分反映中小股东意见。股东大会在董事、监事选举中应当积极推行累积投票制。单一股东及其一致行动人拥有权益的股份比例在30%及以上的上市公司，应当采用累积投票制。采用累积投票制的上市公司应当在公司章程中规定实施细则。

第三章 董事与董事会

第一节 董事的选任

第十八条 上市公司应当在公司章程中规定规范、透明的董事提名、选任程序，保障董事选任公开、公平、公正。

第十九条 上市公司应当在股东大会召开前披露董事候选人的详细资料，便于股东对候选人有足够的了解。

董事候选人应当在股东大会通知公告前作出书面承诺，同意接受提名，承诺公开披露的候选人资料真实、准确、完整，并保证当选后切实履行董事职责。

第二十条 上市公司应当和董事签订合同，明确公司和董事之间的权利义务、董事的任期、董事违反法律法规和公司章程的责任以及公司因故提前解除合同的补偿等内容。

第二节 董事的义务

第二十一条 董事应当遵守法律法规及公司章程有关规定，忠实、勤勉、谨慎履职，并履行其作出的承诺。

第二十二条 董事应当保证有足够的时间和精力履行其应尽的职责。

董事应当出席董事会会议，对所议事项发表明确意见。董事本人确实不能出席的，可以书面委托其他董事按其意愿代为投票，委托人应当独立承担法律责任。独立董事不得委托非独立董事代为投票。

第二十三条 董事应当对董事会的决议承担责任。董事会的决议违反法律法规或者公司章程、股东大会决议，致使上市公司遭受严重损失的，参与决议的董事对公司负赔偿责任。但经证明在表决时曾表明异议并记载于会议记录的，该董事可以免除责任。

第二十四条 经股东大会批准，上市公司可以为董事购买责任保险。责任保险范围由合同约定，但董事因违反法律法规和公司章程规定而导致的责任除外。

第三节 董事会的构成和职责

第二十五条 董事会的人数及人员构成应当符合法律法规的要求，专业结构合理。董事会成员应当具备履行职责所必需的知识、技能和素质。鼓励董事会成员的多元化。

第二十六条 董事会对股东大会负责，执行股东大会的决议。

董事会应当依法履行职责，确保上市公司遵守法律法规和公司章程的规定，公平对待所有股东，并关注其他利益相关者的合法权益。

第二十七条 上市公司应当保障董事会依照法律法规和公司章程的规定行使职权，为董事正常履行职责提供必要的条件。

第二十八条 上市公司设董事会秘书，负责公司股东大会和董事会会议的筹备及文件保管、公司股东资料的管理、办理信息披露事务、投资者关系工作等事宜。

董事会秘书作为上市公司高级管理人员，为履行职责有权参加相关会议，查阅有关文件，了解公司的财务和经营等情况。董事会及其他高级管理人员应当支持董事会秘书的工作。任何机构及个人不得干预董事会秘书的正常履职行为。

第四节　董事会议事规则

第二十九条　上市公司应当制定董事会议事规则，报股东大会批准，并列入公司章程或者作为章程附件。

第三十条　董事会应当定期召开会议，并根据需要及时召开临时会议。董事会会议议题应当事先拟定。

第三十一条　董事会会议应当严格依照规定的程序进行。董事会应当按规定的时间事先通知所有董事，并提供足够的资料。两名及以上独立董事认为资料不完整或者论证不充分的，可以联名书面向董事会提出延期召开会议或者延期审议该事项，董事会应当予以采纳，上市公司应当及时披露相关情况。

第三十二条　董事会会议记录应当真实、准确、完整。出席会议的董事、董事会秘书和记录人应当在会议记录上签名。董事会会议记录应当妥善保存。

第三十三条　董事会授权董事长在董事会闭会期间行使董事会部分职权的，上市公司应当在公司章程中明确规定授权的原则和具体内容。上市公司重大事项应当由董事会集体决策，不得将法定由董事会行使的职权授予董事长、总经理等行使。

第五节　独立董事

第三十四条　上市公司应当依照有关规定建立独立董事制度。独立董事不得在上市公司兼任除董事会专门委员会委员外的其他职务。

第三十五条　独立董事的任职条件、选举更换程序等，应当符合有关规定。独立董事不得与其所受聘上市公司及其主要股东存在可能妨碍其进行独立客观判断的关系。

第三十六条　独立董事享有董事的一般职权，同时依照法律法规和公司章程针对相关事项享有特别职权。

独立董事应当独立履行职责，不受上市公司主要股东、实际控制人以及其他与上市公司存在利害关系的组织或者个人影响。上市公司应当保障独立董事依法履职。

第三十七条　独立董事应当依法履行董事义务，充分了解公司经营运作情况和董事会议题内容，维护上市公司和全体股东的利益，尤其关注中小股东的合法权益保护。独立董事应当按年度向股东大会报告工作。

上市公司股东间或者董事间发生冲突、对公司经营管理造成重大影响的，独立董事应当主动履行职责，维护上市公司整体利益。

第六节　董事会专门委员会

第三十八条　上市公司董事会应当设立审计委员会，并可以根据需要设立战略、提名、薪酬与考核等相关专门委员会。专门委员会对董事会负责，依照公司章程和董事会授权履行职责，专门委员会的提案应当提交董事会审议决定。

专门委员会成员全部由董事组成，其中审计委员会、提名委员会、薪酬与考核委员会中独立董事应当占多数并担任召集人，审计委员会的召集人应当为会计专业人士。

第三十九条　审计委员会的主要职责包括：

（一）监督及评估外部审计工作，提议聘请或者更换外部审计机构；

（二）监督及评估内部审计工作，负责内部审计与外部审计的协调；

（三）审核公司的财务信息及其披露；

（四）监督及评估公司的内部控制；

（五）负责法律法规、公司章程和董事会授权的其他事项。

第四十条　战略委员会的主要职责是对公司长期发展战略和重大投资决策进行研究并提出建议。

第四十一条　提名委员会的主要职责包括：

（一）研究董事、高级管理人员的选择标准和程序并提出建议；

（二）遴选合格的董事人选和高级管理人员人选；

（三）对董事人选和高级管理人员人选进行审核并提出建议。

第四十二条　薪酬与考核委员会的主要职责

包括：

（一）研究董事与高级管理人员考核的标准，进行考核并提出建议；

（二）研究和审查董事、高级管理人员的薪酬政策与方案。

第四十三条 专门委员会可以聘请中介机构提供专业意见。专门委员会履行职责的有关费用由上市公司承担。

第四章 监事与监事会

第四十四条 监事选任程序、监事会议事规则制定、监事会会议参照本准则对董事、董事会的有关规定执行。职工监事依照法律法规选举产生。

第四十五条 监事会的人员和结构应当确保监事会能够独立有效地履行职责。监事应当具有相应的专业知识或者工作经验，具备有效履职能力。上市公司董事、高级管理人员不得兼任监事。

上市公司可以依照公司章程的规定设立外部监事。

第四十六条 监事有权了解公司经营情况。上市公司应当采取措施保障监事的知情权，为监事正常履行职责提供必要的协助，任何人不得干预、阻挠。监事履行职责所需的有关费用由公司承担。

第四十七条 监事会依法检查公司财务，监督董事、高级管理人员履职的合法合规性，行使公司章程规定的其他职权，维护上市公司及股东的合法权益。监事会可以独立聘请中介机构提供专业意见。

第四十八条 监事会可以要求董事、高级管理人员、内部及外部审计人员等列席监事会会议，回答所关注的问题。

第四十九条 监事会的监督记录以及进行财务检查的结果应当作为对董事、高级管理人员绩效评价的重要依据。

第五十条 监事会发现董事、高级管理人员违反法律法规或者公司章程的，应当履行监督职责，并向董事会通报或者向股东大会报告，也可以直接向中国证监会及其派出机构、证券交易所或者其他部门报告。

第五章 高级管理人员与公司激励约束机制

第一节 高级管理人员

第五十一条 高级管理人员的聘任，应当严格依照有关法律法规和公司章程的规定进行。上市公司控股股东、实际控制人及其关联方不得干预高级管理人员的正常选聘程序，不得越过股东大会、董事会直接任免高级管理人员。

鼓励上市公司采取公开、透明的方式，选聘高级管理人员。

第五十二条 上市公司应当和高级管理人员签订聘任合同，明确双方的权利义务关系。

高级管理人员的聘任和解聘应当履行法定程序，并及时披露。

第五十三条 上市公司应当在公司章程或者公司其他制度中明确高级管理人员的职责。高级管理人员应当遵守法律法规和公司章程，忠实、勤勉、谨慎地履行职责。

第五十四条 高级管理人员违反法律法规和公司章程规定，致使上市公司遭受损失的，公司董事会应当采取措施追究其法律责任。

第二节 绩效与履职评价

第五十五条 上市公司应当建立公正透明的董事、监事和高级管理人员绩效与履职评价标准和程序。

第五十六条 董事和高级管理人员的绩效评价由董事会或者其下设的薪酬与考核委员会负责组织，上市公司可以委托第三方开展绩效评价。

独立董事、监事的履职评价采取自我评价、相互评价等方式进行。

第五十七条 董事会、监事会应当向股东大会报告董事、监事履行职责的情况、绩效评价结果及其薪酬情况，并由上市公司予以披露。

第三节 薪酬与激励

第五十八条 上市公司应当建立薪酬与公司绩效、个人业绩相联系的机制，以吸引人才，保持高级管理人员和核心员工的稳定。

第五十九条 上市公司对高级管理人员的绩效评价应当作为确定高级管理人员薪酬以及其他激励的重要依据。

第六十条 董事、监事报酬事项由股东大会决定。在董事会或者薪酬与考核委员会对董事个人进行评价或者讨论其报酬时，该董事应当回避。

高级管理人员的薪酬分配方案应当经董事会批准，向股东大会说明，并予以充分披露。

第六十一条 上市公司章程或者相关合同中涉及提前解除董事、监事和高级管理人员任职的补偿内容应当符合公平原则，不得损害上市公司合法权益，不得进行利益输送。

第六十二条 上市公司可以依照相关法律法规和公司章程，实施股权激励和员工持股等激励机制。

上市公司的激励机制，应当有利于增强公司创新发展能力，促进上市公司可持续发展，不得损害上市公司及股东的合法权益。

第六章 控股股东及其关联方与上市公司

第一节 控股股东及其关联方行为规范

第六十三条 控股股东、实际控制人对上市公司及其他股东负有诚信义务。控股股东对其所控股的上市公司应当依法行使股东权利，履行股东义务。控股股东、实际控制人不得利用其控制权损害上市公司及其他股东的合法权益，不得利用对上市公司的控制地位谋取非法利益。

第六十四条 控股股东提名上市公司董事、监事候选人的，应当遵循法律法规和公司章程规定的条件和程序。控股股东不得对股东大会人事选举结果和董事会人事聘任决议设置批准程序。

第六十五条 上市公司的重大决策应当由股东大会和董事会依法作出。控股股东、实际控制人及其关联方不得违反法律法规和公司章程干预上市公司的正常决策程序，损害上市公司及其他股东的合法权益。

第六十六条 控股股东、实际控制人及上市公司有关各方作出的承诺应当明确、具体、可执行，不得承诺根据当时情况判断明显不可能实现的事项。承诺方应当在承诺中作出履行承诺声明、明确违反承诺的责任，并切实履行承诺。

第六十七条 上市公司控制权发生变更的，有关各方应当采取有效措施保持上市公司在过渡期间内稳定经营。出现重大问题的，上市公司应当向中国证监会及其派出机构、证券交易所报告。

第二节 上市公司的独立性

第六十八条 控股股东、实际控制人与上市公司应当实行人员、资产、财务分开，机构、业务独立，各自独立核算、独立承担责任和风险。

第六十九条 上市公司人员应当独立于控股股东。上市公司的高级管理人员在控股股东不得担任除董事、监事以外的其他行政职务。控股股东高级管理人员兼任上市公司董事、监事的，应当保证有足够的时间和精力承担上市公司的工作。

第七十条 控股股东投入上市公司的资产应当独立完整、权属清晰。

控股股东、实际控制人及其关联方不得占用、支配上市公司资产。

第七十一条 上市公司应当依照法律法规和公司章程建立健全财务、会计管理制度，坚持独立核算。

控股股东、实际控制人及其关联方应当尊重上市公司财务的独立性，不得干预上市公司的财务、会计活动。

第七十二条 上市公司的董事会、监事会及其他内部机构应当独立运作。控股股东、实际控制人及其内部机构与上市公司及其内部机构之间没有上下级关系。

控股股东、实际控制人及其关联方不得违反法律法规、公司章程和规定程序干涉上市公司的具体运作，不得影响其经营管理的独立性。

第七十三条 上市公司业务应当独立于控股股东、实际控制人。

控股股东、实际控制人及其控制的其他单位不应从事与上市公司相同或者相近的业务。控股股东、实际控制人应当采取有效措施避免同业竞争。

第三节 关联交易

第七十四条 上市公司关联交易应当依照有关规定严格履行决策程序和信息披露义务。

第七十五条 上市公司应当与关联方就关联交易签订书面协议。协议的签订应当遵循平等、自愿、等价、有偿的原则，协议内容应当明确、具体、可执行。

第七十六条 上市公司应当采取有效措施防止关联方以垄断采购或者销售渠道等方式干预公司的经营，损害公司利益。关联交易应当具有商业实质，价格应当公允，原则上不偏离市场独立第三方的价格或者收费标准等交易条件。

第七十七条 上市公司及其关联方不得利用关联交易输送利益或者调节利润，不得以任何方式隐瞒关联关系。

第七章 机构投资者及其他相关机构

第七十八条 鼓励社会保障基金、企业年金、保险资金、公募基金的管理机构和国家金融监督管理机构依法监管的其他投资主体等机构投资者，通过依法行使表决权、质询权、建议权等相关股东权利，合理参与公司治理。

第七十九条 机构投资者依照法律法规和公司章程，通过参与重大事项决策，推荐董事、监事人选，监督董事、监事履职情况等途径，在上市公司治理中发挥积极作用。

第八十条 鼓励机构投资者公开其参与上市公司治理的目标与原则、表决权行使的策略、股东权利行使的情况及效果。

第八十一条 证券公司、律师事务所、会计师事务所等中介机构在为上市公司提供保荐承销、财务顾问、法律、审计等专业服务时，应当积极关注上市公司治理状况，促进形成良好公司治理实践。

上市公司应当审慎选择为其提供服务的中介机构，注重了解中介机构诚实守信、勤勉尽责状况。

第八十二条 中小投资者保护机构应当在上市公司治理中发挥积极作用，通过持股行权等方式多渠道保护中小投资者合法权益。

第八章 利益相关者、环境保护与社会责任

第八十三条 上市公司应当尊重银行及其他债权人、员工、客户、供应商、社区等利益相关者的合法权利，与利益相关者进行有效的交流与合作，共同推动公司持续健康发展。

第八十四条 上市公司应当为维护利益相关者的权益提供必要的条件，当其合法权益受到侵害时，利益相关者应当有机会和途径依法获得救济。

第八十五条 上市公司应当加强员工权益保护，支持职工代表大会、工会组织依法行使职权。董事会、监事会和管理层应当建立与员工多元化的沟通交流渠道，听取员工对公司经营、财务状况以及涉及员工利益的重大事项的意见。

第八十六条 上市公司应当积极践行绿色发展理念，将生态环保要求融入发展战略和公司治理过程，主动参与生态文明建设，在污染防治、资源节约、生态保护等方面发挥示范引领作用。

第八十七条 上市公司在保持公司持续发展、提升经营业绩、保障股东利益的同时，应当在社区福利、救灾助困、公益事业等方面，积极履行社会责任。

鼓励上市公司结对帮扶贫困县或者贫困村，主动对接、积极支持贫困地区发展产业、培养人才、促进就业。

第九章 信息披露与透明度

第八十八条 上市公司应当建立并执行信息披露事务管理制度。上市公司及其他信息披露义务人应当严格依照法律法规、自律规则和公司章程的规定，真实、准确、完整、及时、公平地披露信息，不得有虚假记载、误导性陈述、重大遗漏或者其他不正当披露。信息披露事项涉及国家秘密、商业机密的，依照相关规定办理。

第八十九条 董事、监事、高级管理人员应当保证上市公司披露信息的真实、准确、完整、及时、公平。

上市公司应当制定规范董事、监事、高级管理人员对外发布信息的行为规范，明确未经董事会许可不得对外发布的情形。

第九十条 持股达到规定比例的股东、实际控制人以及收购人、交易对方等信息披露义务人应当依照相关规定进行信息披露，并配合上市公司的信息披露工作，及时告知上市公司控制权变更、权益变动、与其他单位和个人的关联关系及其变化等重大事项，答复上市公司的问询，保证所提供的信息真实、准确、完整。

第九十一条 鼓励上市公司除依照强制性规定披露信息外，自愿披露可能对股东和其他利益相关者决策产生影响的信息。

自愿性信息披露应当遵守公平原则，保持信息披露的持续性和一致性，不得进行选择性披露，不得利用自愿性信息披露从事市场操纵、内幕交易或者其他违法违规行为，不得违反公序良俗、损害社会公共利益。自愿披露具有一定预测性质信息的，应当明确预测的依据，并提示可能出现的不确定性和风险。

第九十二条 信息披露义务人披露的信息，应当简明清晰、便于理解。上市公司应当保证使用者能够通过经济、便捷的方式获得信息。

第九十三条 董事长对上市公司信息披露事务管理承担首要责任。

董事会秘书负责组织和协调公司信息披露事

务,办理上市公司信息对外公布等相关事宜。

第九十四条 上市公司应当建立内部控制及风险管理制度,并设立专职部门或者指定内设部门负责对公司的重要营运行为、下属公司管控、财务信息披露和法律法规遵守执行情况进行检查和监督。

上市公司依照有关规定定期披露内部控制制度建设及实施情况,以及会计师事务所对上市公司内部控制有效性的审计意见。

第九十五条 上市公司应当依照法律法规和有关部门的要求,披露环境信息以及履行扶贫等社会责任相关情况。

第九十六条 上市公司应当依照有关规定披露公司治理相关信息,定期分析公司治理状况,制定改进公司治理的计划和措施并认真落实。

第十章 附 则

第九十七条 中国证监会及其他部门依法对相关上市公司治理安排有特别规定的,应当遵守其规定。试点红筹企业在境内发行股票或者存托凭证并上市的,除适用境外注册地法律法规的事项外,公司治理参照本准则执行。

第九十八条 本准则自公布之日起施行。2002 年 1 月 7 日发布的《上市公司治理准则》(证监发〔2002〕1 号)同时废止。

上市公司独立董事管理办法

· 2023 年 8 月 1 日中国证券监督管理委员会令第 220 号公布

· 自 2023 年 9 月 4 日起施行

第一章 总 则

第一条 为规范独立董事行为,充分发挥独立董事在上市公司治理中的作用,促进提高上市公司质量,依据《中华人民共和国公司法》《中华人民共和国证券法》《国务院办公厅关于上市公司独立董事制度改革的意见》等规定,制定本办法。

第二条 独立董事是指不在上市公司担任除董事外的其他职务,并与其所受聘的上市公司及其主要股东、实际控制人不存在直接或者间接利害关系,或者其他可能影响其进行独立客观判断关系的董事。

独立董事应当独立履行职责,不受上市公司及其主要股东、实际控制人等单位或者个人的影响。

第三条 独立董事对上市公司及全体股东负有忠实与勤勉义务,应当按照法律、行政法规、中国证券监督管理委员会(以下简称中国证监会)规定、证券交易所业务规则和公司章程的规定,认真履行职责,在董事会中发挥参与决策、监督制衡、专业咨询作用,维护上市公司整体利益,保护中小股东合法权益。

第四条 上市公司应当建立独立董事制度。独立董事制度应当符合法律、行政法规、中国证监会规定和证券交易所业务规则的规定,有利于上市公司的持续规范发展,不得损害上市公司利益。上市公司应当为独立董事依法履职提供必要保障。

第五条 上市公司独立董事占董事会成员的比例不得低于三分之一,且至少包括一名会计专业人士。

上市公司应当在董事会中设置审计委员会。审计委员会成员应当为不在上市公司担任高级管理人员的董事,其中独立董事应当过半数,并由独立董事中会计专业人士担任召集人。

上市公司可以根据需要在董事会中设置提名、薪酬与考核、战略等专门委员会。提名委员会、薪酬与考核委员会中独立董事应当过半数并担任召集人。

第二章 任职资格与任免

第六条 独立董事必须保持独立性。下列人员不得担任独立董事:

(一)在上市公司或者其附属企业任职的人员及其配偶、父母、子女、主要社会关系;

(二)直接或者间接持有上市公司已发行股份百分之一以上或者是上市公司前十名股东中的自然人股东及其配偶、父母、子女;

(三)在直接或者间接持有上市公司已发行股份百分之五以上的股东或者在上市公司前五名股东任职的人员及其配偶、父母、子女;

(四)在上市公司控股股东、实际控制人的附属企业任职的人员及其配偶、父母、子女;

(五)与上市公司及其控股股东、实际控制人或者其各自的附属企业有重大业务往来的人员，或者在有重大业务往来的单位及其控股股东、实际控制人任职的人员；

（六）为上市公司及其控股股东、实际控制人或者其各自附属企业提供财务、法律、咨询、保荐等服务的人员，包括但不限于提供服务的中介机构的项目组全体人员、各级复核人员、在报告上签字的人员、合伙人、董事、高级管理人员及主要负责人；

（七）最近十二个月内曾经具有第一项至第六项所列举情形的人员；

（八）法律、行政法规、中国证监会规定、证券交易所业务规则和公司章程规定的不具备独立性的其他人员。

前款第四项至第六项中的上市公司控股股东、实际控制人的附属企业，不包括与上市公司受同一国有资产管理机构控制且按照相关规定未与上市公司构成关联关系的企业。

独立董事应当每年对独立性情况进行自查，并将自查情况提交董事会。董事会应当每年对在任独立董事独立性情况进行评估并出具专项意见，与年度报告同时披露。

第七条 担任独立董事应当符合下列条件：

（一）根据法律、行政法规和其他有关规定，具备担任上市公司董事的资格；

（二）符合本办法第六条规定的独立性要求；

（三）具备上市公司运作的基本知识，熟悉相关法律法规和规则；

（四）具有五年以上履行独立董事职责所必需的法律、会计或者经济等工作经验；

（五）具有良好的个人品德，不存在重大失信等不良记录；

（六）法律、行政法规、中国证监会规定、证券交易所业务规则和公司章程规定的其他条件。

第八条 独立董事原则上最多在三家境内上市公司担任独立董事，并应当确保有足够的时间和精力有效地履行独立董事的职责。

第九条 上市公司董事会、监事会、单独或者合计持有上市公司已发行股份百分之一以上的股东可以提出独立董事候选人，并经股东大会选举决定。

依法设立的投资者保护机构可以公开请求股东委托其代为行使提名独立董事的权利。

第一款规定的提名人不得提名与其存在利害关系的人员或者有其他可能影响独立履职情形的关系密切人员作为独立董事候选人。

第十条 独立董事的提名人在提名前应当征得被提名人的同意。提名人应当充分了解被提名人职业、学历、职称、详细的工作经历、全部兼职、有无重大失信等不良记录等情况，并对其符合独立性和担任独立董事的其他条件发表意见。被提名人应当就其符合独立性和担任独立董事的其他条件作出公开声明。

第十一条 上市公司在董事会中设置提名委员会的，提名委员会应当对被提名人任职资格进行审查，并形成明确的审查意见。

上市公司应当在选举独立董事的股东大会召开前，按照本办法第十条以及前款的规定披露相关内容，并将所有独立董事候选人的有关材料报送证券交易所，相关报送材料应当真实、准确、完整。

证券交易所依照规定对独立董事候选人的有关材料进行审查，审慎判断独立董事候选人是否符合任职资格并有权提出异议。证券交易所提出异议的，上市公司不得提交股东大会选举。

第十二条 上市公司股东大会选举两名以上独立董事的，应当实行累积投票制。鼓励上市公司实行差额选举，具体实施细则由公司章程规定。

中小股东表决情况应当单独计票并披露。

第十三条 独立董事每届任期与上市公司其他董事任期相同，任期届满，可以连选连任，但是连续任职不得超过六年。

第十四条 独立董事任期届满前，上市公司可以依照法定程序解除其职务。提前解除独立董事职务的，上市公司应当及时披露具体理由和依据。独立董事有异议的，上市公司应当及时予以披露。

独立董事不符合本办法第七条第一项或者第二项规定的，应当立即停止履职并辞去职务。未提出辞职的，董事会知悉或者应当知悉该事实发生后应当立即按规定解除其职务。

独立董事因触及前款规定情形提出辞职或者被解除职务导致董事会或者其专门委员会中独立董事所占的比例不符合本办法或者公司章程的规定，或者独立董事中欠缺会计专业人士的，上市公司应当自前述事实发生之日起六十日内完成补选。

第十五条 独立董事在任期届满前可以提出辞职。独立董事辞职应当向董事会提交书面辞职报告，对任何与其辞职有关或者其认为有必要引起上市公司股东和债权人注意的情况进行说明。上市公司应当对独立董事辞职的原因及关注事项予以披露。

独立董事辞职将导致董事会或者其专门委员会中独立董事所占的比例不符合本办法或者公司章程的规定，或者独立董事中欠缺会计专业人士的，拟辞职的独立董事应当继续履行职责至新任独立董事产生之日。上市公司应当自独立董事提出辞职之日起六十日内完成补选。

第十六条 中国上市公司协会负责上市公司独立董事信息库建设和管理工作。上市公司可以从独立董事信息库选聘独立董事。

第三章 职责与履职方式

第十七条 独立董事履行下列职责：

（一）参与董事会决策并对所议事项发表明确意见；

（二）对本办法第二十三条、第二十六条、第二十七条和第二十八条所列上市公司与其控股股东、实际控制人、董事、高级管理人员之间的潜在重大利益冲突事项进行监督，促使董事会决策符合上市公司整体利益，保护中小股东合法权益；

（三）对上市公司经营发展提供专业、客观的建议，促进提升董事会决策水平；

（四）法律、行政法规、中国证监会规定和公司章程规定的其他职责。

第十八条 独立董事行使下列特别职权：

（一）独立聘请中介机构，对上市公司具体事项进行审计、咨询或者核查；

（二）向董事会提议召开临时股东大会；

（三）提议召开董事会会议；

（四）依法公开向股东征集股东权利；

（五）对可能损害上市公司或者中小股东权益的事项发表独立意见；

（六）法律、行政法规、中国证监会规定和公司章程规定的其他职权。

独立董事行使前款第一项至第三项所列职权的，应当经全体独立董事过半数同意。

独立董事行使第一款所列职权的，上市公司应当及时披露。上述职权不能正常行使的，上市公司应当披露具体情况和理由。

第十九条 董事会会议召开前，独立董事可以与董事会秘书进行沟通，就拟审议事项进行询问、要求补充材料、提出意见建议等。董事会及相关人员应当对独立董事提出的问题、要求和意见认真研究，及时向独立董事反馈议案修改等落实情况。

第二十条 独立董事应当亲自出席董事会会议。因故不能亲自出席会议的，独立董事应当事先审阅会议材料，形成明确的意见，并书面委托其他独立董事代为出席。

独立董事连续两次未能亲自出席董事会会议，也不委托其他独立董事代为出席的，董事会应当在该事实发生之日起三十日内提议召开股东大会解除该独立董事职务。

第二十一条 独立董事对董事会议案投反对票或者弃权票的，应当说明具体理由及依据、议案所涉事项的合法合规性、可能存在的风险以及对上市公司和中小股东权益的影响等。上市公司在披露董事会决议时，应当同时披露独立董事的异议意见，并在董事会决议和会议记录中载明。

第二十二条 独立董事应当持续关注本办法第二十三条、第二十六条、第二十七条和第二十八条所列事项相关的董事会决议执行情况，发现存在违反法律、行政法规、中国证监会规定、证券交易所业务规则和公司章程规定，或者违反股东大会和董事会决议等情形的，应当及时向董事会报告，并可以要求上市公司作出书面说明。涉及披露事项的，上市公司应当及时披露。

上市公司未按前款规定作出说明或者及时披露的，独立董事可以向中国证监会和证券交易所报告。

第二十三条 下列事项应当经上市公司全体独立董事过半数同意后，提交董事会审议：

（一）应当披露的关联交易；

（二）上市公司及相关方变更或者豁免承诺的方案；

（三）被收购上市公司董事会针对收购所作出的决策及采取的措施；

（四）法律、行政法规、中国证监会规定和公司章程规定的其他事项。

第二十四条 上市公司应当定期或者不定期

召开全部由独立董事参加的会议(以下简称独立董事专门会议)。本办法第十八条第一款第一项至第三项、第二十三条所列事项,应当经独立董事专门会议审议。

独立董事专门会议可以根据需要研究讨论上市公司其他事项。

独立董事专门会议应当由过半数独立董事共同推举一名独立董事召集和主持;召集人不履职或者不能履职时,两名及以上独立董事可以自行召集并推举一名代表主持。

上市公司应当为独立董事专门会议的召开提供便利和支持。

第二十五条 独立董事在上市公司董事会专门委员会中应当依照法律、行政法规、中国证监会规定、证券交易所业务规则和公司章程履行职责。独立董事应当亲自出席专门委员会会议,因故不能亲自出席会议的,应当事先审阅会议材料,形成明确的意见,并书面委托其他独立董事代为出席。独立董事履职中关注到专门委员会职责范围内的上市公司重大事项,可以依照程序及时提请专门委员会进行讨论和审议。

上市公司应当按照本办法规定在公司章程中对专门委员会的组成、职责等作出规定,并制定专门委员会工作规程,明确专门委员会的人员构成、任期、职责范围、议事规则、档案保存等相关事项。国务院有关主管部门对专门委员会的召集人另有规定的,从其规定。

第二十六条 上市公司董事会审计委员会负责审核公司财务信息及其披露、监督及评估内外部审计工作和内部控制,下列事项应当经审计委员会全体成员过半数同意后,提交董事会审议:

(一)披露财务会计报告及定期报告中的财务信息、内部控制评价报告;

(二)聘用或者解聘承办上市公司审计业务的会计师事务所;

(三)聘任或者解聘上市公司财务负责人;

(四)因会计准则变更以外的原因作出会计政策、会计估计变更或者重大会计差错更正;

(五)法律、行政法规、中国证监会规定和公司章程规定的其他事项。

审计委员会每季度至少召开一次会议,两名及以上成员提议,或者召集人认为有必要时,可以召开临时会议。审计委员会会议须有三分之二以上成员出席方可举行。

第二十七条 上市公司董事会提名委员会负责拟定董事、高级管理人员的选择标准和程序,对董事、高级管理人员人选及其任职资格进行遴选、审核,并就下列事项向董事会提出建议:

(一)提名或者任免董事;

(二)聘任或者解聘高级管理人员;

(三)法律、行政法规、中国证监会规定和公司章程规定的其他事项。

董事会对提名委员会的建议未采纳或者未完全采纳的,应当在董事会决议中记载提名委员会的意见及未采纳的具体理由,并进行披露。

第二十八条 上市公司董事会薪酬与考核委员会负责制定董事、高级管理人员的考核标准并进行考核,制定、审查董事、高级管理人员的薪酬政策与方案,并就下列事项向董事会提出建议:

(一)董事、高级管理人员的薪酬;

(二)制定或者变更股权激励计划、员工持股计划,激励对象获授权益、行使权益条件成就;

(三)董事、高级管理人员在拟分拆所属子公司安排持股计划;

(四)法律、行政法规、中国证监会规定和公司章程规定的其他事项。

董事会对薪酬与考核委员会的建议未采纳或者未完全采纳的,应当在董事会决议中记载薪酬与考核委员会的意见及未采纳的具体理由,并进行披露。

第二十九条 上市公司未在董事会中设置提名委员会、薪酬与考核委员会的,由独立董事专门会议按照本办法第十一条对被提名人任职资格进行审查,就本办法第二十七条第一款、第二十八条第一款所列事项向董事会提出建议。

第三十条 独立董事每年在上市公司的现场工作时间应当不少于十五日。

除按规定出席股东大会、董事会及其专门委员会、独立董事专门会议外,独立董事可以通过定期获取上市公司运营情况等资料、听取管理层汇报、与内部审计机构负责人和承办上市公司审计业务的会计师事务所等中介机构沟通、实地考察、与中小股东沟通等多种方式履行职责。

第三十一条 上市公司董事会及其专门委员会、独立董事专门会议应当按规定制作会议记录,独立董事的意见应当在会议记录中载明。独立董事应当对会议记录签字确认。

独立董事应当制作工作记录,详细记录履行职责的情况。独立董事履行职责过程中获取的资料、相关会议记录、与上市公司及中介机构工作人员的通讯记录等,构成工作记录的组成部分。对于工作记录中的重要内容,独立董事可以要求董事会秘书等相关人员签字确认,上市公司及相关人员应当予以配合。

独立董事工作记录及上市公司向独立董事提供的资料,应当至少保存十年。

第三十二条 上市公司应当健全独立董事与中小股东的沟通机制,独立董事可以就投资者提出的问题及时向上市公司核实。

第三十三条 独立董事应当向上市公司年度股东大会提交年度述职报告,对其履行职责的情况进行说明。年度述职报告应当包括下列内容:

(一)出席董事会次数、方式及投票情况,出席股东大会次数;

(二)参与董事会专门委员会、独立董事专门会议工作情况;

(三)对本办法第二十三条、第二十六条、第二十七条、第二十八条所列事项进行审议和行使本办法第十八条第一款所列独立董事特别职权的情况;

(四)与内部审计机构及承办上市公司审计业务的会计师事务所就公司财务、业务状况进行沟通的重大事项、方式及结果等情况;

(五)与中小股东的沟通交流情况;

(六)在上市公司现场工作的时间、内容等情况;

(七)履行职责的其他情况。

独立董事年度述职报告最迟应当在上市公司发出年度股东大会通知时披露。

第三十四条 独立董事应当持续加强证券法律法规及规则的学习,不断提高履职能力。中国证监会、证券交易所、中国上市公司协会可以提供相关培训服务。

第四章 履职保障

第三十五条 上市公司应当为独立董事履行职责提供必要的工作条件和人员支持,指定董事会办公室、董事会秘书等专门部门和专门人员协助独立董事履行职责。

董事会秘书应当确保独立董事与其他董事、高级管理人员及其他相关人员之间的信息畅通,确保独立董事履行职责时能够获得足够的资源和必要的专业意见。

第三十六条 上市公司应当保障独立董事享有与其他董事同等的知情权。为保证独立董事有效行使职权,上市公司应当向独立董事定期通报公司运营情况,提供资料,组织或者配合独立董事开展实地考察等工作。

上市公司可以在董事会审议重大复杂事项前,组织独立董事参与研究论证等环节,充分听取独立董事意见,并及时向独立董事反馈意见采纳情况。

第三十七条 上市公司应当及时向独立董事发出董事会会议通知,不迟于法律、行政法规、中国证监会规定或者公司章程规定的董事会会议通知期限提供相关会议资料,并为独立董事提供有效沟通渠道;董事会专门委员会召开会议的,上市公司原则上应当不迟于专门委员会会议召开前三日提供相关资料和信息。上市公司应当保存上述会议资料至少十年。

两名及以上独立董事认为会议材料不完整、论证不充分或者提供不及时的,可以书面向董事会提出延期召开会议或者延期审议该事项,董事会应当予以采纳。

董事会及专门委员会会议以现场召开为原则。在保证全体参会董事能够充分沟通并表达意见的前提下,必要时可以依照程序采用视频、电话或者其他方式召开。

第三十八条 独立董事行使职权的,上市公司董事、高级管理人员等相关人员应当予以配合,不得拒绝、阻碍或者隐瞒相关信息,不得干预其独立行使职权。

独立董事依法行使职权遭遇阻碍的,可以向董事会说明情况,要求董事、高级管理人员等相关人员予以配合,并将受到阻碍的具体情形和解决状况记入工作记录;仍不能消除阻碍的,可以向中国证监会和证券交易所报告。

独立董事履职事项涉及应披露信息的,上市公司应当及时办理披露事宜;上市公司不予披露的,独立董事可以直接申请披露,或者向中国证监会和证券交易所报告。

中国证监会和证券交易所应当畅通独立董事

沟通渠道。

第三十九条 上市公司应当承担独立董事聘请专业机构及行使其他职权时所需的费用。

第四十条 上市公司可以建立独立董事责任保险制度,降低独立董事正常履行职责可能引致的风险。

第四十一条 上市公司应当给予独立董事与其承担的职责相适应的津贴。津贴的标准应当由董事会制订方案,股东大会审议通过,并在上市公司年度报告中进行披露。

除上述津贴外,独立董事不得从上市公司及其主要股东、实际控制人或者有利害关系的单位和人员取得其他利益。

第五章 监督管理与法律责任

第四十二条 中国证监会依法对上市公司独立董事及相关主体在证券市场的活动进行监督管理。

证券交易所、中国上市公司协会依照法律、行政法规和本办法制定相关自律规则,对上市公司独立董事进行自律管理。

有关自律组织可以对上市公司独立董事履职情况进行评估,促进其不断提高履职效果。

第四十三条 中国证监会、证券交易所可以要求上市公司、独立董事及其他相关主体对独立董事有关事项作出解释、说明或者提供相关资料。上市公司、独立董事及相关主体应当及时回复,并配合中国证监会的检查、调查。

第四十四条 上市公司、独立董事及相关主体违反本办法规定的,中国证监会可以采取责令改正、监管谈话、出具警示函、责令公开说明、责令定期报告等监管措施。依法应当给予行政处罚的,中国证监会依照有关规定进行处罚。

第四十五条 对独立董事在上市公司中的履职尽责情况及其行政责任,可以结合独立董事履行职责与相关违法违规行为之间的关联程度,兼顾其董事地位和外部身份特点,综合下列方面进行认定:

(一)在信息形成和相关决策过程中所起的作用;

(二)相关事项信息来源和内容、了解信息的途径;

(三)知情程度及知情后的态度;

(四)对相关异常情况的注意程度,为核验信息采取的措施;

(五)参加相关董事会及其专门委员会、独立董事专门会议的情况;

(六)专业背景或者行业背景;

(七)其他与相关违法违规行为关联的方面。

第四十六条 独立董事能够证明其已履行基本职责,且存在下列情形之一的,可以认定其没有主观过错,依照《中华人民共和国行政处罚法》不予行政处罚:

(一)在审议或者签署信息披露文件前,对不属于自身专业领域的相关具体问题,借助会计、法律等专门职业的帮助仍然未能发现问题的;

(二)对违法违规事项提出具体异议,明确记载于董事会、董事会专门委员会或者独立董事专门会议的会议记录中,并在董事会会议中投反对票或者弃权票的;

(三)上市公司或者相关方有意隐瞒,且没有迹象表明独立董事知悉或者能够发现违法违规线索的;

(四)因上市公司拒绝、阻碍独立董事履行职责,导致其无法对相关信息披露文件是否真实、准确、完整作出判断,并及时向中国证监会和证券交易所书面报告的;

(五)能够证明勤勉尽责的其他情形。

在违法违规行为揭露日或者更正日之前,独立董事发现违法违规行为后及时向上市公司提出异议并监督整改,且向中国证监会和证券交易所书面报告的,可以不予行政处罚。

独立董事提供证据证明其在履职期间能够按照法律、行政法规、部门规章、规范性文件以及公司章程的规定履行职责的,或者在违法违规行为被揭露后及时督促上市公司整改且效果较为明显的,中国证监会可以结合违法违规行为事实和性质、独立董事日常履职情况等综合判断其行政责任。

第六章 附 则

第四十七条 本办法下列用语的含义:

(一)主要股东,是指持有上市公司百分之五以上股份,或者持有股份不足百分之五但对上市公司有重大影响的股东;

(二)中小股东,是指单独或者合计持有上市公司股份未达到百分之五，且不担任上市公司董事、监事和高级管理人员的股东；

（三）附属企业，是指受相关主体直接或者间接控制的企业；

（四）主要社会关系，是指兄弟姐妹、兄弟姐妹的配偶、配偶的父母、配偶的兄弟姐妹、子女的配偶、子女配偶的父母等；

（五）违法违规行为揭露日，是指违法违规行为在具有全国性影响的报刊、电台、电视台或者监管部门网站、交易场所网站、主要门户网站、行业知名的自媒体等媒体上，首次被公开揭露并为证券市场知悉之日；

（六）违法违规行为更正日，是指信息披露义务人在证券交易场所网站或者符合中国证监会规定条件的媒体上自行更正之日。

第四十八条 本办法自2023年9月4日起施行。2022年1月5日发布的《上市公司独立董事规则》（证监会公告〔2022〕14号）同时废止。

自本办法施行之日起的一年为过渡期。过渡期内，上市公司董事会及专门委员会的设置、独立董事专门会议机制、独立董事的独立性、任职条件、任职期限及兼职家数等事项与本办法不一致的，应当逐步调整至符合本办法规定。

《上市公司股权激励管理办法》《上市公司收购管理办法》《上市公司重大资产重组管理办法》等本办法施行前中国证监会发布的规章与本办法的规定不一致的，适用本办法。

上市公司股权激励管理办法

- 2016年5月4日中国证券监督管理委员会令第126号公布
- 根据2018年8月15日《中国证券监督管理委员会关于修改〈上市公司股权激励管理办法〉的决定》修正

第一章 总 则

第一条 为进一步促进上市公司建立健全激励与约束机制，依据《中华人民共和国公司法》（以下简称《公司法》）、《中华人民共和国证券法》（以下简称《证券法》）及其他法律、行政法规的规定，制定本办法。

第二条 本办法所称股权激励是指上市公司以本公司股票为标的，对其董事、高级管理人员及其他员工进行的长期性激励。

上市公司以限制性股票、股票期权实行股权激励的，适用本办法；以法律、行政法规允许的其他方式实行股权激励的，参照本办法有关规定执行。

第三条 上市公司实行股权激励，应当符合法律、行政法规、本办法和公司章程的规定，有利于上市公司的持续发展，不得损害上市公司利益。

上市公司的董事、监事和高级管理人员在实行股权激励中应当诚实守信，勤勉尽责，维护公司和全体股东的利益。

第四条 上市公司实行股权激励，应当严格按照本办法和其他相关规定的要求履行信息披露义务。

第五条 为上市公司股权激励计划出具意见的证券中介机构和人员，应当诚实守信、勤勉尽责，保证所出具的文件真实、准确、完整。

第六条 任何人不得利用股权激励进行内幕交易、操纵证券市场等违法活动。

第二章 一般规定

第七条 上市公司具有下列情形之一的，不得实行股权激励：

（一）最近一个会计年度财务会计报告被注册会计师出具否定意见或者无法表示意见的审计报告；

（二）最近一个会计年度财务报告内部控制被注册会计师出具否定意见或无法表示意见的审计报告；

（三）上市后最近36个月内出现过未按法律法规、公司章程、公开承诺进行利润分配的情形；

（四）法律法规规定不得实行股权激励的；

（五）中国证监会认定的其他情形。

第八条 激励对象可以包括上市公司的董事、高级管理人员、核心技术人员或者核心业务人员，以及公司认为应当激励的对公司经营业绩和未来发展有直接影响的其他员工，但不应当包括独立董事和监事。外籍员工任职上市公司董事、高级管理人员、核心技术人员或者核心业务人员的，可以成为激励对象。

单独或合计持有上市公司5%以上股份的股东或实际控制人及其配偶、父母、子女，不得成为激励对象。下列人员也不得成为激励对象：

（一）最近12个月内被证券交易所认定为不适当人选；

（二）最近12个月内被中国证监会及其派出机构认定为不适当人选；

（三）最近12个月内因重大违法违规行为被中国证监会及其派出机构行政处罚或者采取市场禁入措施；

（四）具有《公司法》规定的不得担任公司董事、高级管理人员情形的；

（五）法律法规规定不得参与上市公司股权激励的；

（六）中国证监会认定的其他情形。

第九条 上市公司依照本办法制定股权激励计划的，应当在股权激励计划中载明下列事项：

（一）股权激励的目的；

（二）激励对象的确定依据和范围；

（三）拟授出的权益数量，拟授出权益涉及的标的股票种类、来源、数量及占上市公司股本总额的百分比；分次授出的，每次拟授出的权益数量、涉及的标的股票数量及占股权激励计划涉及的标的股票总额的百分比、占上市公司股本总额的百分比；设置预留权益的，拟预留权益的数量、涉及标的股票数量及占股权激励计划的标的股票总额的百分比；

（四）激励对象为董事、高级管理人员的，其各自可获授的权益数量、占股权激励计划拟授出权益总量的百分比；其他激励对象（各自或者按适当分类）的姓名、职务、可获授的权益数量及占股权激励计划拟授出权益总量的百分比；

（五）股权激励计划的有效期，限制性股票的授予日、限售期和解除限售安排，股票期权的授权日、可行权日、行权有效期和行权安排；

（六）限制性股票的授予价格或者授予价格的确定方法，股票期权的行权价格或者行权价格的确定方法；

（七）激励对象获授权益、行使权益的条件；

（八）上市公司授出权益、激励对象行使权益的程序；

（九）调整权益数量、标的股票数量、授予价格或者行权价格的方法和程序；

（十）股权激励会计处理方法、限制性股票或股票期权公允价值的确定方法、涉及估值模型重要参数取值合理性、实施股权激励应当计提费用及对上市公司经营业绩的影响；

（十一）股权激励计划的变更、终止；

（十二）上市公司发生控制权变更、合并、分立以及激励对象发生职务变更、离职、死亡等事项时股权激励计划的执行；

（十三）上市公司与激励对象之间相关纠纷或争端解决机制；

（十四）上市公司与激励对象的其他权利义务。

第十条 上市公司应当设立激励对象获授权益、行使权益的条件。拟分次授出权益的，应当就每次激励对象获授权益分别设立条件；分期行权的，应当就每次激励对象行使权益分别设立条件。

激励对象为董事、高级管理人员的，上市公司应当设立绩效考核指标作为激励对象行使权益的条件。

第十一条 绩效考核指标应当包括公司业绩指标和激励对象个人绩效指标。相关指标应当客观公开、清晰透明，符合公司的实际情况，有利于促进公司竞争力的提升。

上市公司可以公司历史业绩或同行业可比公司相关指标作为公司业绩指标对照依据，公司选取的业绩指标可以包括净资产收益率、每股收益、每股分红等能够反映股东回报和公司价值创造的综合性指标，以及净利润增长率、主营业务收入增长率等能够反映公司盈利能力和市场价值的成长性指标。以同行业可比公司相关指标作为对照依据的，选取的对照公司不少于3家。

激励对象个人绩效指标由上市公司自行确定。

上市公司应当在公告股权激励计划草案的同时披露所设定指标的科学性和合理性。

第十二条 拟实行股权激励的上市公司，可以下列方式作为标的股票来源：

（一）向激励对象发行股份；

（二）回购本公司股份；

（三）法律、行政法规允许的其他方式。

第十三条 股权激励计划的有效期从首次授予权益日起不得超过10年。

第十四条 上市公司可以同时实行多期股权激励计划。同时实行多期股权激励计划的，各期激励计划设立的公司业绩指标应当保持可比性，后期激励计划的公司业绩指标低于前期激励计划的，上市公司应当充分说明其原因与合理性。

上市公司全部在有效期内的股权激励计划所涉及的标的股票总数累计不得超过公司股本总额的10%。非经股东大会特别决议批准，任何一名激励对象通过全部在有效期内的股权激励计划获授的本公司股票，累计不得超过公司股本总额的1%。

本条第二款所称股本总额是指股东大会批准最近一次股权激励计划时公司已发行的股本总额。

第十五条 上市公司在推出股权激励计划时，可以设置预留权益，预留比例不得超过本次股权激励计划拟授予权益数量的20%。

上市公司应当在股权激励计划经股东大会审议通过后12个月内明确预留权益的授予对象；超过12个月未明确激励对象的，预留权益失效。

第十六条 相关法律、行政法规、部门规章对上市公司董事、高级管理人员买卖本公司股票的期间有限制的，上市公司不得在相关限制期间内向激励对象授出限制性股票，激励对象也不得行使权益。

第十七条 上市公司启动及实施增发新股、并购重组、资产注入、发行可转债、发行公司债券等重大事项期间，可以实行股权激励计划。

第十八条 上市公司发生本办法第七条规定的情形之一的，应当终止实施股权激励计划，不得向激励对象继续授予新的权益，激励对象根据股权激励计划已获授但尚未行使的权益应当终止行使。

在股权激励计划实施过程中，出现本办法第八条规定的不得成为激励对象情形的，上市公司不得继续授予其权益，其已获授但尚未行使的权益应当终止行使。

第十九条 激励对象在获授限制性股票或者对获授的股票期权行使权益前后买卖股票的行为，应当遵守《证券法》《公司法》等相关规定。

上市公司应当在本办法第二十条规定的协议中，就前述义务向激励对象作出特别提示。

第二十条 上市公司应当与激励对象签订协议，确认股权激励计划的内容，并依照本办法约定双方的其他权利义务。

上市公司应当承诺，股权激励计划相关信息披露文件不存在虚假记载、误导性陈述或者重大遗漏。

所有激励对象应当承诺，上市公司因信息披露文件中有虚假记载、误导性陈述或者重大遗漏，导致不符合授予权益或行使权益安排的，激励对象应当自相关信息披露文件被确认存在虚假记载、误导性陈述或者重大遗漏后，将由股权激励计划所获得的全部利益返还公司。

第二十一条 激励对象参与股权激励计划的资金来源应当合法合规，不得违反法律、行政法规及中国证监会的相关规定。

上市公司不得为激励对象依股权激励计划获取有关权益提供贷款以及其他任何形式的财务资助，包括为其贷款提供担保。

第三章 限制性股票

第二十二条 本办法所称限制性股票是指激励对象按照股权激励计划规定的条件，获得的转让等部分权利受到限制的本公司股票。

限制性股票在解除限售前不得转让、用于担保或偿还债务。

第二十三条 上市公司在授予激励对象限制性股票时，应当确定授予价格或授予价格的确定方法。授予价格不得低于股票票面金额，且原则上不得低于下列价格较高者：

（一）股权激励计划草案公布前1个交易日的公司股票交易均价的50%；

（二）股权激励计划草案公布前20个交易日、60个交易日或者120个交易日的公司股票交易均价之一的50%。

上市公司采用其他方法确定限制性股票授予价格的，应当在股权激励计划中对定价依据及定价方式作出说明。

第二十四条 限制性股票授予日与首次解除限售日之间的间隔不得少于12个月。

第二十五条 在限制性股票有效期内，上市公司应当规定分期解除限售，每期时限不得少于12个月，各期解除限售的比例不得超过激励对象获授限制性股票总额的50%。

当期解除限售的条件未成就的，限制性股票不得解除限售或递延至下期解除限售，应当按照本办法第二十六条规定处理。

第二十六条 出现本办法第十八条、第二十五条规定情形，或者其他终止实施股权激励计划的情形或激励对象未达到解除限售条件的，上市公司应当回购尚未解除限售的限制性股票，并按照《公司法》的规定进行处理。

对出现本办法第十八条第一款情形负有个人责任的，或出现本办法第十八条第二款情形的，回购价格不得高于授予价格；出现其他情形的，回购价格不得高于授予价格加上银行同期存款利息之和。

第二十七条 上市公司应当在本办法第二十六条规定的情形出现后及时召开董事会审议回购股份方案，并依法将回购股份方案提交股东大会批准。回购股份方案包括但不限于以下内容：

（一）回购股份的原因；

（二）回购股份的价格及定价依据；

（三）拟回购股份的种类、数量及占股权激励计划所涉及的标的股票的比例、占总股本的比例；

（四）拟用于回购的资金总额及资金来源；

（五）回购后公司股本结构的变动情况及对公司业绩的影响。

律师事务所应当就回购股份方案是否符合法律、行政法规、本办法的规定和股权激励计划的安排出具专业意见。

第四章 股票期权

第二十八条 本办法所称股票期权是指上市公司授予激励对象在未来一定期限内以预先确定的条件购买本公司一定数量股份的权利。

激励对象获授的股票期权不得转让、用于担保或偿还债务。

第二十九条 上市公司在授予激励对象股票期权时，应当确定行权价格或者行权价格的确定方法。行权价格不得低于股票票面金额，且原则上不得低于下列价格较高者：

（一）股权激励计划草案公布前 1 个交易日的公司股票交易均价；

（二）股权激励计划草案公布前 20 个交易日、60 个交易日或者 120 个交易日的公司股票交易均价之一。

上市公司采用其他方法确定行权价格的，应当在股权激励计划中对定价依据及定价方式作出说明。

第三十条 股票期权授权日与获授股票期权首次可行权日之间的间隔不得少于 12 个月。

第三十一条 在股票期权有效期内，上市公司应当规定激励对象分期行权，每期时限不得少于 12 个月，后一行权期的起算日不得早于前一行权期的届满日。每期可行权的股票期权比例不得超过激励对象获授股票期权总额的 50%。

当期行权条件未成就的，股票期权不得行权或递延至下期行权，并应当按照本办法第三十二条第二款规定处理。

第三十二条 股票期权各行权期结束后，激励对象未行权的当期股票期权应当终止行权，上市公司应当及时注销。

出现本办法第十八条、第三十一条规定情形，或者其他终止实施股权激励计划的情形或激励对象不符合行权条件的，上市公司应当注销对应的股票期权。

第五章 实施程序

第三十三条 上市公司董事会下设的薪酬与考核委员会负责拟订股权激励计划草案。

第三十四条 上市公司实行股权激励，董事会应当依法对股权激励计划草案作出决议，拟作为激励对象的董事或与其存在关联关系的董事应当回避表决。

董事会审议本办法第四十六条、第四十七条、第四十八条、第四十九条、第五十条、第五十一条规定中有关股权激励计划实施的事项时，拟作为激励对象的董事或与其存在关联关系的董事应当回避表决。

董事会应当在依照本办法第三十七条、第五十四条的规定履行公示、公告程序后，将股权激励计划提交股东大会审议。

第三十五条 独立董事及监事会应当就股权激励计划草案是否有利于上市公司的持续发展，是否存在明显损害上市公司及全体股东利益的情形发表意见。

独立董事或监事会认为有必要的，可以建议上市公司聘请独立财务顾问，对股权激励计划的可行性、是否有利于上市公司的持续发展、是否损害上市公司利益以及对股东利益的影响发表专业意见。上市公司未按照建议聘请独立财务顾问的，应当就此事项作特别说明。

第三十六条 上市公司未按照本办法第二十

三条、第二十九条定价原则，而采用其他方法确定限制性股票授予价格或股票期权行权价格的，应当聘请独立财务顾问，对股权激励计划的可行性、是否有利于上市公司的持续发展、相关定价依据和定价方法的合理性、是否损害上市公司利益以及对股东利益的影响发表专业意见。

第三十七条 上市公司应当在召开股东大会前，通过公司网站或者其他途径，在公司内部公示激励对象的姓名和职务，公示期不少于10天。

监事会应当对股权激励名单进行审核，充分听取公示意见。上市公司应当在股东大会审议股权激励计划前5日披露监事会对激励名单审核及公示情况的说明。

第三十八条 上市公司应当对内幕信息知情人在股权激励计划草案公告前6个月内买卖本公司股票及其衍生品种的情况进行自查，说明是否存在内幕交易行为。

知悉内幕信息而买卖本公司股票的，不得成为激励对象，法律、行政法规及相关司法解释规定不属于内幕交易的情形除外。

泄露内幕信息而导致内幕交易发生的，不得成为激励对象。

第三十九条 上市公司应当聘请律师事务所对股权激励计划出具法律意见书，至少对以下事项发表专业意见：

（一）上市公司是否符合本办法规定的实行股权激励的条件；

（二）股权激励计划的内容是否符合本办法的规定；

（三）股权激励计划的拟订、审议、公示等程序是否符合本办法的规定；

（四）股权激励对象的确定是否符合本办法及相关法律法规的规定；

（五）上市公司是否已按照中国证监会的相关要求履行信息披露义务；

（六）上市公司是否为激励对象提供财务资助；

（七）股权激励计划是否存在明显损害上市公司及全体股东利益和违反有关法律、行政法规的情形；

（八）拟作为激励对象的董事或与其存在关联关系的董事是否根据本办法的规定进行了回避；

（九）其他应当说明的事项。

第四十条 上市公司召开股东大会审议股权激励计划时，独立董事应当就股权激励计划向所有的股东征集委托投票权。

第四十一条 股东大会应当对本办法第九条规定的股权激励计划内容进行表决，并经出席会议的股东所持表决权的2/3以上通过。除上市公司董事、监事、高级管理人员、单独或合计持有上市公司5%以上股份的股东以外，其他股东的投票情况应当单独统计并予以披露。

上市公司股东大会审议股权激励计划时，拟为激励对象的股东或者与激励对象存在关联关系的股东，应当回避表决。

第四十二条 上市公司董事会应当根据股东大会决议，负责实施限制性股票的授予、解除限售和回购以及股票期权的授权、行权和注销。

上市公司监事会应当对限制性股票授予日及期权授予日激励对象名单进行核实并发表意见。

第四十三条 上市公司授予权益与回购限制性股票、激励对象行使权益前，上市公司应当向证券交易所提出申请，经证券交易所确认后，由证券登记结算机构办理登记结算事宜。

第四十四条 股权激励计划经股东大会审议通过后，上市公司应当在60日内授予权益并完成公告、登记；有获授权益条件的，应当在条件成就后60日内授出权益并完成公告、登记。上市公司未能在60日内完成上述工作的，应当及时披露未完成的原因，并宣告终止实施股权激励，自公告之日起3个月内不得再次审议股权激励计划。根据本办法规定上市公司不得授出权益的期间不计算在60日内。

第四十五条 上市公司应当按照证券登记结算机构的业务规则，在证券登记结算机构开设证券账户，用于股权激励的实施。

激励对象为外籍员工的，可以向证券登记结算机构申请开立证券账户。

尚未行权的股票期权，以及不得转让的标的股票，应当予以锁定。

第四十六条 上市公司在向激励对象授出权益前，董事会应当就股权激励计划设定的激励对象获授权益的条件是否成就进行审议，独立董事及监事会应当同时发表明确意见。律师事务所应当对激励对象获授权益的条件是否成就出具法律意见。

上市公司向激励对象授出权益与股权激励计划的安排存在差异时，独立董事、监事会（当激励对象发生变化时）、律师事务所、独立财务顾问（如有）应当同时发表明确意见。

第四十七条 激励对象在行使权益前，董事会应当就股权激励计划设定的激励对象行使权益的条件是否成就进行审议，独立董事及监事会应当同时发表明确意见。律师事务所应当对激励对象行使权益的条件是否成就出具法律意见。

第四十八条 因标的股票除权、除息或者其他原因需要调整权益价格或者数量的，上市公司董事会应当按照股权激励计划规定的原则、方式和程序进行调整。

律师事务所应当就上述调整是否符合本办法、公司章程的规定和股权激励计划的安排出具专业意见。

第四十九条 分次授出权益的，在每次授出权益前，上市公司应当召开董事会，按照股权激励计划的内容及首次授出权益时确定的原则，决定授出的权益价格、行使权益安排等内容。

当次授予权益的条件未成就时，上市公司不得向激励对象授予权益，未授予的权益也不得递延下期授予。

第五十条 上市公司在股东大会审议通过股权激励方案之前可对其进行变更。变更需经董事会审议通过。

上市公司对已通过股东大会审议的股权激励方案进行变更的，应当及时公告并提交股东大会审议，且不得包括下列情形：

（一）导致加速行权或提前解除限售的情形；

（二）降低行权价格或授予价格的情形。

独立董事、监事会应当就变更后的方案是否有利于上市公司的持续发展，是否存在明显损害上市公司及全体股东利益的情形发表独立意见。律师事务所应当就变更后的方案是否符合本办法及相关法律法规的规定、是否存在明显损害上市公司及全体股东利益的情形发表专业意见。

第五十一条 上市公司在股东大会审议股权激励计划之前拟终止实施股权激励的，需经董事会审议通过。

上市公司在股东大会审议通过股权激励计划之后终止实施股权激励的，应当由股东大会审议决定。

律师事务所应当就上市公司终止实施激励是否符合本办法及相关法律法规的规定、是否存在明显损害上市公司及全体股东利益的情形发表专业意见。

第五十二条 上市公司股东大会或董事会审议通过终止实施股权激励计划决议，或者股东大会审议未通过股权激励计划的，自决议公告之日起3个月内，上市公司不得再次审议股权激励计划。

第六章 信息披露

第五十三条 上市公司实行股权激励，应当真实、准确、完整、及时、公平地披露或者提供信息，不得有虚假记载、误导性陈述或者重大遗漏。

第五十四条 上市公司应当在董事会审议通过股权激励计划草案后，及时公告董事会决议、股权激励计划草案、独立董事意见及监事会意见。

上市公司实行股权激励计划依照规定需要取得有关部门批准的，应当在取得有关批复文件后的2个交易日内进行公告。

第五十五条 股东大会审议股权激励计划前，上市公司拟对股权激励方案进行变更的，变更议案经董事会审议通过后，上市公司应当及时披露董事会决议公告，同时披露变更原因、变更内容及独立董事、监事会、律师事务所意见。

第五十六条 上市公司在发出召开股东大会审议股权激励计划的通知时，应当同时公告法律意见书；聘请独立财务顾问的，还应当同时公告独立财务顾问报告。

第五十七条 股东大会审议通过股权激励计划及相关议案后，上市公司应当及时披露股东大会决议公告、经股东大会审议通过的股权激励计划、以及内幕信息知情人买卖本公司股票情况的自查报告。股东大会决议公告中应当包括中小投资者单独计票结果。

第五十八条 上市公司分次授出权益的，分次授出权益的议案经董事会审议通过后，上市公司应当及时披露董事会决议公告，对拟授出的权益价格、行使权益安排、是否符合股权激励计划的安排等内容进行说明。

第五十九条 因标的股票除权、除息或者其他原因调整权益价格或者数量的，调整议案经董事会审议通过后，上市公司应当及时披露董事会决议公告,同时公告律师事务所意见。

第六十条 上市公司董事会应当在授予权益及股票期权行权登记完成后、限制性股票解除限售前,及时披露相关实施情况的公告。

第六十一条 上市公司向激励对象授出权益时,应当按照本办法第四十四条规定履行信息披露义务,并再次披露股权激励会计处理方法、公允价值确定方法、涉及估值模型重要参数取值的合理性、实施股权激励应当计提的费用及对上市公司业绩的影响。

第六十二条 上市公司董事会按照本办法第四十六条、第四十七条规定对激励对象获授权益、行使权益的条件是否成就进行审议的,上市公司应当及时披露董事会决议公告,同时公告独立董事、监事会、律师事务所意见以及独立财务顾问意见(如有)。

第六十三条 上市公司董事会按照本办法第二十七条规定审议限制性股票回购方案的,应当及时公告回购股份方案及律师事务所意见。回购股份方案经股东大会批准后,上市公司应当及时公告股东大会决议。

第六十四条 上市公司终止实施股权激励的,终止实施议案经股东大会或董事会审议通过后,上市公司应当及时披露股东大会决议公告或董事会决议公告,并对终止实施股权激励的原因、股权激励已筹划及实施进展、终止实施股权激励对上市公司的可能影响等作出说明,并披露律师事务所意见。

第六十五条 上市公司应当在定期报告中披露报告期内股权激励的实施情况,包括:

(一)报告期内激励对象的范围;

(二)报告期内授出、行使和失效的权益总额;

(三)至报告期末累计已授出但尚未行使的权益总额;

(四)报告期内权益价格、权益数量历次调整的情况以及经调整后的最新权益价格与权益数量;

(五)董事、高级管理人员各自的姓名、职务以及在报告期内历次获授、行使权益的情况和失效的权益数量;

(六)因激励对象行使权益所引起的股本变动情况;

(七)股权激励的会计处理方法及股权激励费用对公司业绩的影响;

(八)报告期内激励对象获授权益、行使权益的条件是否成就的说明;

(九)报告期内终止实施股权激励的情况及原因。

第七章 监督管理

第六十六条 上市公司股权激励不符合法律、行政法规和本办法规定,或者上市公司未按照本办法、股权激励计划的规定实施股权激励的,上市公司应当终止实施股权激励,中国证监会及其派出机构责令改正,并书面通报证券交易所和证券登记结算机构。

第六十七条 上市公司未按照本办法及其他相关规定披露股权激励相关信息或者所披露的信息有虚假记载、误导性陈述或者重大遗漏的,中国证监会及其派出机构对公司及相关责任人员采取责令改正、监管谈话、出具警示函等监管措施;情节严重的,依照《证券法》予以处罚;涉嫌犯罪的,依法移交司法机关追究刑事责任。

第六十八条 上市公司因信息披露文件有虚假记载、误导性陈述或者重大遗漏,导致不符合授予权益或行使权益安排的,未行使权益应当统一回购注销,已经行使权益的,所有激励对象应当返还已获授权益。对上述事宜不负有责任的激励对象因返还已获授权益而遭受损失的,可按照股权激励计划相关安排,向上市公司或负有责任的对象进行追偿。

董事会应当按照前款规定和股权激励计划相关安排收回激励对象所得收益。

第六十九条 上市公司实施股权激励过程中,上市公司独立董事及监事未按照本办法及相关规定履行勤勉尽责义务的,中国证监会及其派出机构采取责令改正、监管谈话、出具警示函、认定为不适当人选等措施;情节严重的,依照《证券法》予以处罚;涉嫌犯罪的,依法移交司法机关追究刑事责任。

第七十条 利用股权激励进行内幕交易或者操纵证券市场的,中国证监会及其派出机构依照《证券法》予以处罚;情节严重的,对相关责任人员实施市场禁入等措施;涉嫌犯罪的,依法移交司法机关追究刑事责任。

第七十一条 为上市公司股权激励计划出具

专业意见的证券服务机构和人员未履行勤勉尽责义务，所发表的专业意见存在虚假记载、误导性陈述或者重大遗漏的，中国证监会及其派出机构对相关机构及签字人员采取责令改正、监管谈话、出具警示函等措施；情节严重的，依照《证券法》予以处罚；涉嫌犯罪的，依法移交司法机关追究刑事责任。

第八章　附　则

第七十二条　本办法下列用语具有如下含义：

标的股票：指根据股权激励计划，激励对象有权获授或者购买的上市公司股票。

权益：指激励对象根据股权激励计划获得的上市公司股票、股票期权。

授出权益（授予权益、授权）：指上市公司根据股权激励计划的安排，授予激励对象限制性股票、股票期权的行为。

行使权益（行权）：指激励对象根据股权激励计划的规定，解除限制性股票的限售、行使股票期权购买上市公司股份的行为。

分次授出权益（分次授权）：指上市公司根据股权激励计划的安排，向已确定的激励对象分次授予限制性股票、股票期权的行为。

分期行使权益（分期行权）：指根据股权激励计划的安排，激励对象已获授的限制性股票分期解除限售、已获授的股票期权分期行权的行为。

预留权益：指股权激励计划推出时未明确激励对象、股权激励计划实施过程中确定激励对象的权益。

授予日或者授权日：指上市公司向激励对象授予限制性股票、股票期权的日期。授予日、授权日必须为交易日。

限售期：指股权激励计划设定的激励对象行使权益的条件尚未成就，限制性股票不得转让、用于担保或偿还债务的期间，自激励对象获授限制性股票完成登记之日起算。

可行权日：指激励对象可以开始行权的日期。可行权日必须为交易日。

授予价格：上市公司向激励对象授予限制性股票时所确定的、激励对象获得上市公司股份的价格。

行权价格：上市公司向激励对象授予股票期权时所确定的、激励对象购买上市公司股份的价格。

标的股票交易均价：标的股票交易总额/标的股票交易总量。

本办法所称的“以上”“以下”含本数，“超过”“低于”“少于”不含本数。

第七十三条　国有控股上市公司实施股权激励，国家有关部门对其有特别规定的，应当同时遵守其规定。

第七十四条　本办法适用于股票在上海、深圳证券交易所上市的公司。

第七十五条　本办法自2016年8月13日起施行。原《上市公司股权激励管理办法（试行）》（证监公司字〔2005〕151号）及相关配套制度同时废止。

上市公司股东大会规则

· 2022年1月5日中国证券监督管理委员会公告〔2022〕13号公布

· 自公布之日起施行

第一章　总　则

第一条　为规范上市公司行为，保证股东大会依法行使职权，根据《中华人民共和国公司法》（以下简称《公司法》）、《中华人民共和国证券法》（以下简称《证券法》）的规定，制定本规则。

第二条　上市公司应当严格按照法律、行政法规、本规则及公司章程的相关规定召开股东大会，保证股东能够依法行使权利。

公司董事会应当切实履行职责，认真、按时组织股东大会。公司全体董事应当勤勉尽责，确保股东大会正常召开和依法行使职权。

第三条　股东大会应当在《公司法》和公司章程规定的范围内行使职权。

第四条　股东大会分为年度股东大会和临时股东大会。年度股东大会每年召开一次，应当于上一会计年度结束后的六个月内举行。临时股东大会不定期召开，出现《公司法》第一百条规定的应当召开临时股东大会的情形时，临时股东大会应当在二个月内召开。

公司在上述期限内不能召开股东大会的，应

当报告公司所在地中国证券监督管理委员会(以下简称中国证监会)派出机构和公司股票挂牌交易的证券交易所(以下简称证券交易所),说明原因并公告。

第五条 公司召开股东大会,应当聘请律师对以下问题出具法律意见并公告:

(一)会议的召集、召开程序是否符合法律、行政法规、本规则和公司章程的规定;

(二)出席会议人员的资格、召集人资格是否合法有效;

(三)会议的表决程序、表决结果是否合法有效;

(四)应公司要求对其他有关问题出具的法律意见。

第二章 股东大会的召集

第六条 董事会应当在本规则第四条规定的期限内按时召集股东大会。

第七条 独立董事有权向董事会提议召开临时股东大会。对独立董事要求召开临时股东大会的提议,董事会应当根据法律、行政法规和公司章程的规定,在收到提议后十日内提出同意或不同意召开临时股东大会的书面反馈意见。

董事会同意召开临时股东大会的,应当在作出董事会决议后的五日内发出召开股东大会的通知;董事会不同意召开临时股东大会的,应当说明理由并公告。

第八条 监事会有权向董事会提议召开临时股东大会,并应当以书面形式向董事会提出。董事会应当根据法律、行政法规和公司章程的规定,在收到提议后十日内提出同意或不同意召开临时股东大会的书面反馈意见。

董事会同意召开临时股东大会的,应当在作出董事会决议后的五日内发出召开股东大会的通知,通知中对原提议的变更,应当征得监事会的同意。

董事会不同意召开临时股东大会,或者在收到提议后十日内未作出书面反馈的,视为董事会不能履行或者不履行召集股东大会会议职责,监事会可以自行召集和主持。

第九条 单独或者合计持有公司百分之十以上股份的普通股股东(含表决权恢复的优先股股东)有权向董事会请求召开临时股东大会,并应当以书面形式向董事会提出。董事会应当根据法律、行政法规和公司章程的规定,在收到请求后十日内提出同意或不同意召开临时股东大会的书面反馈意见。

董事会同意召开临时股东大会的,应当在作出董事会决议后的五日内发出召开股东大会的通知,通知中对原请求的变更,应当征得相关股东的同意。

董事会不同意召开临时股东大会,或者在收到请求后十日内未作出反馈的,单独或者合计持有公司百分之十以上股份的普通股股东(含表决权恢复的优先股股东)有权向监事会提议召开临时股东大会,并应当以书面形式向监事会提出请求。

监事会同意召开临时股东大会的,应在收到请求五日内发出召开股东大会的通知,通知中对原请求的变更,应当征得相关股东的同意。

监事会未在规定期限内发出股东大会通知的,视为监事会不召集和主持股东大会,连续九十日以上单独或者合计持有公司百分之十以上股份的普通股股东(含表决权恢复的优先股股东)可以自行召集和主持。

第十条 监事会或股东决定自行召集股东大会的,应当书面通知董事会,同时向证券交易所备案。

在股东大会决议公告前,召集普通股股东(含表决权恢复的优先股股东)持股比例不得低于百分之十。

监事会和召集股东应在发出股东大会通知及发布股东大会决议公告时,向证券交易所提交有关证明材料。

第十一条 对于监事会或股东自行召集的股东大会,董事会和董事会秘书应予配合。董事会应当提供股权登记日的股东名册。董事会未提供股东名册的,召集人可以持召集股东大会通知的相关公告,向证券登记结算机构申请获取。召集人所获取的股东名册不得用于除召开股东大会以外的其他用途。

第十二条 监事会或股东自行召集的股东大会,会议所必需的费用由公司承担。

第三章 股东大会的提案与通知

第十三条 提案的内容应当属于股东大会职权范围,有明确议题和具体决议事项,并且符合法律、行政法规和公司章程的有关规定。

第十四条 单独或者合计持有公司百分之三以上股份的普通股股东(含表决权恢复的优先股股东),可以在股东大会召开十日前提出临时提案并书面提交召集人。召集人应当在收到提案后二日内发出股东大会补充通知,公告临时提案的内容。

除前款规定外,召集人在发出股东大会通知后,不得修改股东大会通知中已列明的提案或增加新的提案。

股东大会通知中未列明或不符合本规则第十三条规定的提案,股东大会不得进行表决并作出决议。

第十五条 召集人应当在年度股东大会召开二十日前以公告方式通知各普通股股东(含表决权恢复的优先股股东),临时股东大会应当于会议召开十五日前以公告方式通知各普通股股东(含表决权恢复的优先股股东)。

第十六条 股东大会通知和补充通知中应当充分、完整披露所有提案的具体内容,以及为使股东对拟讨论的事项作出合理判断所需的全部资料或解释。拟讨论的事项需要独立董事发表意见的,发出股东大会通知或补充通知时应当同时披露独立董事的意见及理由。

第十七条 股东大会拟讨论董事、监事选举事项的,股东大会通知中应当充分披露董事、监事候选人的详细资料,至少包括以下内容:

(一)教育背景、工作经历、兼职等个人情况;

(二)与公司或其控股股东及实际控制人是否存在关联关系;

(三)披露持有上市公司股份数量;

(四)是否受过中国证监会及其他有关部门的处罚和证券交易所惩戒。

除采取累积投票制选举董事、监事外,每位董事、监事候选人应当以单项提案提出。

第十八条 股东大会通知中应当列明会议时间、地点,并确定股权登记日。股权登记日与会议日期之间的间隔应当不多于七个工作日。股权登记日一旦确认,不得变更。

第十九条 发出股东大会通知后,无正当理由,股东大会不得延期或取消,股东大会通知中列明的提案不得取消。一旦出现延期或取消的情形,召集人应当在原定召开日前至少二个工作日公告并说明原因。

第四章 股东大会的召开

第二十条 公司应当在公司住所地或公司章程规定的地点召开股东大会。

股东大会应当设置会场,以现场会议形式召开,并应当按照法律、行政法规、中国证监会或公司章程的规定,采用安全、经济、便捷的网络和其他方式为股东参加股东大会提供便利。股东通过上述方式参加股东大会的,视为出席。

股东可以亲自出席股东大会并行使表决权,也可以委托他人代为出席和在授权范围内行使表决权。

第二十一条 公司应当在股东大会通知中明确载明网络或其他方式的表决时间以及表决程序。

股东大会网络或其他方式投票的开始时间,不得早于现场股东大会召开前一日下午3:00,并不得迟于现场股东大会召开当日上午9:30,其结束时间不得早于现场股东大会结束当日下午3:00。

第二十二条 董事会和其他召集人应当采取必要措施,保证股东大会的正常秩序。对于干扰股东大会、寻衅滋事和侵犯股东合法权益的行为,应当采取措施加以制止并及时报告有关部门查处。

第二十三条 股权登记日登记在册的所有普通股股东(含表决权恢复的优先股股东)或其代理人,均有权出席股东大会,公司和召集人不得以任何理由拒绝。

优先股股东不出席股东大会会议,所持股份没有表决权,但出现以下情况之一的,公司召开股东大会会议应当通知优先股股东,并遵循《公司法》及公司章程通知普通股股东的规定程序。优先股股东出席股东大会会议时,有权与普通股股东分类表决,其所持每一优先股有一表决权,但公司持有的本公司优先股没有表决权:

(一)修改公司章程中与优先股相关的内容;

(二)一次或累计减少公司注册资本超过百分之十;

(三)公司合并、分立、解散或变更公司形式;

(四)发行优先股;

(五)公司章程规定的其他情形。

上述事项的决议,除须经出席会议的普通股股东(含表决权恢复的优先股股东)所持表决权的三分之二以上通过之外，还须经出席会议的优先股股东（不含表决权恢复的优先股股东）所持表决权的三分之二以上通过。

第二十四条 股东应当持股票账户卡、身份证或其他能够表明其身份的有效证件或证明出席股东大会。代理人还应当提交股东授权委托书和个人有效身份证件。

第二十五条 召集人和律师应当依据证券登记结算机构提供的股东名册共同对股东资格的合法性进行验证，并登记股东姓名或名称及其所持有表决权的股份数。在会议主持人宣布现场出席会议的股东和代理人人数及所持有表决权的股份总数之前，会议登记应当终止。

第二十六条 公司召开股东大会，全体董事、监事和董事会秘书应当出席会议，经理和其他高级管理人员应当列席会议。

第二十七条 股东大会由董事长主持。董事长不能履行职务或不履行职务时，由副董事长主持；副董事长不能履行职务或者不履行职务时，由半数以上董事共同推举的一名董事主持。

监事会自行召集的股东大会，由监事会主席主持。监事会主席不能履行职务或不履行职务时，由监事会副主席主持；监事会副主席不能履行职务或者不履行职务时，由半数以上监事共同推举的一名监事主持。

股东自行召集的股东大会，由召集人推举代表主持。

公司应当制定股东大会议事规则。召开股东大会时，会议主持人违反议事规则使股东大会无法继续进行的，经现场出席股东大会有表决权过半数的股东同意，股东大会可推举一人担任会议主持人，继续开会。

第二十八条 在年度股东大会上，董事会、监事会应当就其过去一年的工作向股东大会作出报告，每名独立董事也应作出述职报告。

第二十九条 董事、监事、高级管理人员在股东大会上应就股东的质询作出解释和说明。

第三十条 会议主持人应当在表决前宣布现场出席会议的股东和代理人人数及所持有表决权的股份总数，现场出席会议的股东和代理人人数及所持有表决权的股份总数以会议登记为准。

第三十一条 股东与股东大会拟审议事项有关联关系时，应当回避表决，其所持有表决权的股份不计入出席股东大会有表决权的股份总数。

股东大会审议影响中小投资者利益的重大事项时，对中小投资者的表决应当单独计票。单独计票结果应当及时公开披露。

公司持有自己的股份没有表决权，且该部分股份不计入出席股东大会有表决权的股份总数。

股东买入公司有表决权的股份违反《证券法》第六十三条第一款、第二款规定的，该超过规定比例部分的股份在买入后的三十六个月内不得行使表决权，且不计入出席股东大会有表决权的股份总数。

公司董事会、独立董事、持有百分之一以上有表决权股份的股东或者依照法律、行政法规或者中国证监会的规定设立的投资者保护机构可以公开征集股东投票权。征集股东投票权应当向被征集人充分披露具体投票意向等信息。禁止以有偿或者变相有偿的方式征集股东投票权。除法定条件外，公司不得对征集投票权提出最低持股比例限制。

第三十二条 股东大会就选举董事、监事进行表决时，根据公司章程的规定或者股东大会的决议，可以实行累积投票制。单一股东及其一致行动人拥有权益的股份比例在百分之三十及以上的上市公司，应当采用累积投票制。

前款所称累积投票制是指股东大会选举董事或者监事时，每一普通股（含表决权恢复的优先股）股份拥有与应选董事或者监事人数相同的表决权，股东拥有的表决权可以集中使用。

第三十三条 除累积投票制外，股东大会对所有提案应当逐项表决。对同一事项有不同提案的，应当按提案提出的时间顺序进行表决。除因不可抗力等特殊原因导致股东大会中止或不能作出决议外，股东大会不得对提案进行搁置或不予表决。

股东大会就发行优先股进行审议，应当就下列事项逐项进行表决：

（一）本次发行优先股的种类和数量；

（二）发行方式、发行对象及向原股东配售的安排；

（三）票面金额、发行价格或定价区间及其确定原则；

（四）优先股股东参与分配利润的方式，包括：股息率及其确定原则、股息发放的条件、股息支付方式、股息是否累积、是否可以参与剩余利润分配等；

（五）回购条款，包括回购的条件、期间、价格及其确定原则、回购选择权的行使主体等（如有）；

（六）募集资金用途；

（七）公司与相应发行对象签订的附条件生效的股份认购合同；

（八）决议的有效期；

（九）公司章程关于优先股股东和普通股股东利润分配政策相关条款的修订方案；

（十）对董事会办理本次发行具体事宜的授权；

（十一）其他事项。

第三十四条 股东大会审议提案时，不得对提案进行修改，否则，有关变更应当被视为一个新的提案，不得在本次股东大会上进行表决。

第三十五条 同一表决权只能选择现场、网络或其他表决方式中的一种。同一表决权出现重复表决的以第一次投票结果为准。

第三十六条 出席股东大会的股东，应当对提交表决的提案发表以下意见之一：同意、反对或弃权。证券登记结算机构作为内地与香港股票市场交易互联互通机制股票的名义持有人，按照实际持有人意思表示进行申报的除外。

未填、错填、字迹无法辨认的表决票或未投的表决票均视为投票人放弃表决权利，其所持股份数的表决结果应计为“弃权”。

第三十七条 股东大会对提案进行表决前，应当推举二名股东代表参加计票和监票。审议事项与股东有关联关系的，相关股东及代理人不得参加计票、监票。

股东大会对提案进行表决时，应当由律师、股东代表与监事代表共同负责计票、监票。

通过网络或其他方式投票的公司股东或其代理人，有权通过相应的投票系统查验自己的投票结果。

第三十八条 股东大会会议现场结束时间不得早于网络或其他方式，会议主持人应当在会议现场宣布每一提案的表决情况和结果，并根据表决结果宣布提案是否通过。

在正式公布表决结果前，股东大会现场、网络及其他表决方式中所涉及的公司、计票人、监票人、主要股东、网络服务方等相关各方对表决情况均负有保密义务。

第三十九条 股东大会决议应当及时公告，公告中应列明出席会议的股东和代理人人数、所持有表决权的股份总数及占公司有表决权股份总数的比例、表决方式、每项提案的表决结果和通过的各项决议的详细内容。

发行优先股的公司就本规则第二十三条第二款所列情形进行表决的，应当对普通股股东（含表决权恢复的优先股股东）和优先股股东（不含表决权恢复的优先股股东）出席会议及表决的情况分别统计并公告。

发行境内上市外资股的公司，应当对内资股股东和外资股股东出席会议及表决情况分别统计并公告。

第四十条 提案未获通过，或者本次股东大会变更前次股东大会决议的，应当在股东大会决议公告中作特别提示。

第四十一条 股东大会会议记录由董事会秘书负责，会议记录应记载以下内容：

（一）会议时间、地点、议程和召集人姓名或名称；

（二）会议主持人以及出席或列席会议的董事、监事、董事会秘书、经理和其他高级管理人员姓名；

（三）出席会议的股东和代理人人数、所持有表决权的股份总数及占公司股份总数的比例；

（四）对每一提案的审议经过、发言要点和表决结果；

（五）股东的质询意见或建议以及相应的答复或说明；

（六）律师及计票人、监票人姓名；

（七）公司章程规定应当载入会议记录的其他内容。

出席会议的董事、监事、董事会秘书、召集人或其代表、会议主持人应当在会议记录上签名，并保证会议记录内容真实、准确和完整。会议记录应当与现场出席股东的签名册及代理出席的委托书、网络及其他方式表决情况的有效资料一并保存，保存期限不少于十年。

第四十二条 召集人应当保证股东大会连续举行，直至形成最终决议。因不可抗力等特殊原因导致股东大会中止或不能作出决议的，应采取必要措施尽快恢复召开股东大会或直接终止本次股东大会，并及时公告。同时，召集人应向公司所在地中国证监会派出机构及证券交易所报告。

第四十三条 股东大会通过有关董事、监事选举提案的，新任董事、监事按公司章程的规定就任。

第四十四条 股东大会通过有关派现、送股或资本公积转增股本提案的，公司应当在股东大会结束后二个月内实施具体方案。

第四十五条 公司以减少注册资本为目的回购普通股公开发行优先股，以及以非公开发行优先股为支付手段向公司特定股东回购普通股的，股东大会就回购普通股作出决议，应当经出席会议的普通股股东（含表决权恢复的优先股股东）所持表决权的三分之二以上通过。

公司应当在股东大会作出回购普通股决议后的次日公告该决议。

第四十六条 公司股东大会决议内容违反法律、行政法规的无效。

公司控股股东、实际控制人不得限制或者阻挠中小投资者依法行使投票权，不得损害公司和中小投资者的合法权益。

股东大会的会议召集程序、表决方式违反法律、行政法规或者公司章程，或者决议内容违反公司章程的，股东可以自决议作出之日起六十日内，请求人民法院撤销。

第五章 监管措施

第四十七条 在本规则规定期限内，上市公司无正当理由不召开股东大会的，证券交易所有权对该公司挂牌交易的股票及衍生品种予以停牌，并要求董事会作出解释并公告。

第四十八条 股东大会的召集、召开和相关信息披露不符合法律、行政法规、本规则和公司章程要求的，中国证监会及其派出机构有权责令公司或相关责任人限期改正，并由证券交易所采取相关监管措施或予以纪律处分。

第四十九条 董事、监事或董事会秘书违反法律、行政法规、本规则和公司章程的规定，不切实履行职责的，中国证监会及其派出机构有权责令其改正，并由证券交易所采取相关监管措施或予以纪律处分；对于情节严重或不予改正的，中国证监会可对相关人员实施证券市场禁入。

第六章 附 则

第五十条 上市公司制定或修改章程应依照本规则列明股东大会有关条款。

第五十一条 对发行外资股的公司的股东大会，相关法律、行政法规或文件另有规定的，从其规定。

第五十二条 本规则所称公告、通知或股东大会补充通知，是指在符合中国证监会规定条件的媒体和证券交易所网站上公布有关信息披露内容。

第五十三条 本规则所称“以上”、“内”，含本数；“过”、“低于”、“多于”，不含本数。

第五十四条 本规则自公布之日起施行。2016年9月30日施行的《上市公司股东大会规则（2016年修订）》（证监会公告〔2016〕22号）同时废止。

上市公司董事、监事和高级管理人员所持本公司股份及其变动管理规则

·2022年1月5日中国证券监督管理委员会公告〔2022〕19号公布

·自公布之日起施行

第一条 为加强对上市公司董事、监事和高级管理人员所持本公司股份及其变动的管理，维护证券市场秩序，根据《中华人民共和国公司法》《中华人民共和国证券法》等法律、行政法规和规章的规定，制定本规则。

第二条 上市公司及其董事、监事和高级管理人员，应当遵守本规则。

第三条 上市公司董事、监事和高级管理人员所持本公司股份，是指登记在其名下的所有本公司股份。

上市公司董事、监事和高级管理人员从事融资融券交易的，还包括记载在其信用账户内的本公司股份。

第四条 上市公司董事、监事和高级管理人员所持本公司股份在下列情形下不得转让：

（一）本公司股票上市交易之日起一年内；

（二）董事、监事和高级管理人员离职后半年内；

（三）董事、监事和高级管理人员承诺一定期限内不转让并在该期限内的；

（四）法律、法规、中国证监会和证券交易所规

定的其他情形。

第五条 上市公司董事、监事和高级管理人员在任职期间,每年通过集中竞价、大宗交易、协议转让等方式转让的股份不得超过其所持本公司股份总数的百分之二十五,因司法强制执行、继承、遗赠、依法分割财产等导致股份变动的除外。

上市公司董事、监事和高级管理人员所持股份不超过一千股的,可一次全部转让,不受前款转让比例的限制。

第六条 上市公司董事、监事和高级管理人员以上年末其所持有本公司发行的股份为基数,计算其中可转让股份的数量。

上市公司董事、监事和高级管理人员在上述可转让股份数量范围内转让其所持有本公司股份的,还应遵守本规则第四条的规定。

第七条 因上市公司公开或非公开发行股份、实施股权激励计划,或因董事、监事和高级管理人员在二级市场购买、可转债转股、行权、协议受让等各种年内新增股份,新增无限售条件股份当年可转让百分之二十五,新增有限售条件的股份计入次年可转让股份的计算基数。

因上市公司进行权益分派导致董事、监事和高级管理人员所持本公司股份增加的,可同比例增加当年可转让数量。

第八条 上市公司董事、监事和高级管理人员当年可转让但未转让的本公司股份,应当计入当年末其所持有本公司股份的总数,该总数作为次年可转让股份的计算基数。

第九条 上市公司章程可以对董事、监事和高级管理人员转让其所持本公司股份规定比本规则更长的禁止转让期间、更低的可转让股份比例或者附加其他限制转让条件。

第十条 上市公司董事、监事和高级管理人员应在下列时点或期间内委托上市公司通过证券交易所网站申报其个人信息(包括但不限于姓名、职务、身份证号、证券账户、离任职时间等):

(一)新上市公司的董事、监事和高级管理人员在公司申请股票初始登记时;

(二)新任董事、监事在股东大会(或职工代表大会)通过其任职事项、新任高级管理人员在董事会通过其任职事项后二个交易日内;

(三)现任董事、监事和高级管理人员在其已申报的个人信息发生变化后的二个交易日内;

(四)现任董事、监事和高级管理人员在离任后二个交易日内;

(五)证券交易所要求的其他时间。

第十一条 上市公司董事、监事和高级管理人员所持本公司股份发生变动的,应当自该事实发生之日起二个交易日内,向上市公司报告并由上市公司在证券交易所网站进行公告。公告内容包括:

(一)上年末所持本公司股份数量;

(二)上年末至本次变动前每次股份变动的日期、数量、价格;

(三)本次变动前持股数量;

(四)本次股份变动的日期、数量、价格;

(五)变动后的持股数量;

(六)证券交易所要求披露的其他事项。

第十二条 上市公司董事、监事和高级管理人员在下列期间不得买卖本公司股票:

(一)上市公司年度报告、半年度报告公告前三十日内;

(二)上市公司季度报告、业绩预告、业绩快报公告前十日内;

(三)自可能对本公司证券及其衍生品种交易价格产生较大影响的重大事件发生之日或在决策过程中,至依法披露之日内;

(四)证券交易所规定的其他期间。

第十三条 上市公司应当制定专项制度,加强对董事、监事和高级管理人员持有本公司股份及买卖本公司股票行为的申报、披露与监督。

上市公司董事会秘书负责管理公司董事、监事和高级管理人员的身份及所持本公司股份的数据和信息,统一为董事、监事和高级管理人员办理个人信息的网上申报,并定期检查董事、监事和高级管理人员买卖本公司股票的披露情况。

第十四条 上市公司董事、监事和高级管理人员应当保证本人申报数据的及时、真实、准确、完整。

第十五条 上市公司董事、监事和高级管理人员买卖本公司股票违反本规则,中国证监会依照《中华人民共和国证券法》的有关规定予以处罚。

第十六条 本规则自公布之日起施行。2007年4月5日施行的《上市公司董事、监事和高级管理人员所持本公司股份及其变动管理规则》(证监公司字〔2007〕56号)同时废止。

5. 关联交易、资金和担保

上市公司监管指引第8号——上市公司资金往来、对外担保的监管要求

·2022年1月28日中国证券监督管理委员会公告〔2022〕26号公布

·自公布之日起施行

第一章 总 则

第一条 为进一步规范上市公司与控股股东、实际控制人及其他关联方的资金往来，有效控制上市公司对外担保风险，保护投资者合法权益，根据《中华人民共和国民法典》（以下简称《民法典》）、《中华人民共和国公司法》（以下简称《公司法》）、《中华人民共和国证券法》（以下简称《证券法》）、《中华人民共和国银行业监督管理法》《企业国有资产监督管理暂行条例》等法律、行政法规，制定本指引。

第二条 上市公司应建立有效的内部控制制度，防范控股股东、实际控制人及其他关联方的资金占用，严格控制对外担保产生的债务风险，依法履行关联交易和对外担保的审议程序和信息披露义务。

第三条 控股股东、实际控制人及其他关联方不得以任何方式侵占上市公司利益。

第二章 资金往来

第四条 控股股东、实际控制人及其他关联方与上市公司发生的经营性资金往来中，不得占用上市公司资金。

第五条 上市公司不得以下列方式将资金直接或者间接地提供给控股股东、实际控制人及其他关联方使用：

（一）为控股股东、实际控制人及其他关联方垫支工资、福利、保险、广告等费用、承担成本和其他支出；

（二）有偿或者无偿地拆借公司的资金（含委托贷款）给控股股东、实际控制人及其他关联方使用，但上市公司参股公司的其他股东同比例提供资金的除外。前述所称“参股公司”，不包括由控股股东、实际控制人控制的公司；

（三）委托控股股东、实际控制人及其他关联方进行投资活动；

（四）为控股股东、实际控制人及其他关联方开具没有真实交易背景的商业承兑汇票，以及在没有商品和劳务对价情况下或者明显有悖商业逻辑情况下以采购款、资产转让款、预付款等方式提供资金；

（五）代控股股东、实际控制人及其他关联方偿还债务；

（六）中国证券监督管理委员会（以下简称中国证监会）认定的其他方式。

第六条 注册会计师在为上市公司年度财务会计报告进行审计工作中，应当根据本章规定，对上市公司存在控股股东、实际控制人及其他关联方占用资金的情况出具专项说明，公司应当就专项说明作出公告。

第三章 对外担保

第七条 上市公司对外担保必须经董事会或者股东大会审议。

第八条 上市公司的《公司章程》应当明确股东大会、董事会审批对外担保的权限及违反审批权限、审议程序的责任追究制度。

第九条 应由股东大会审批的对外担保，必须经董事会审议通过后，方可提交股东大会审批。须经股东大会审批的对外担保，包括但不限于下列情形：

（一）上市公司及其控股子公司的对外担保总额，超过最近一期经审计净资产百分之五十以后提供的任何担保；

（二）为资产负债率超过百分之七十的担保对象提供的担保；

（三）单笔担保额超过最近一期经审计净资产百分之十的担保；

（四）对股东、实际控制人及其关联方提供的担保。

股东大会在审议为股东、实际控制人及其关联方提供的担保议案时，该股东或者受该实际控制人支配的股东，不得参与该项表决，该项表决由出席股东大会的其他股东所持表决权的半数以上

通过。

第十条 应由董事会审批的对外担保，必须经出席董事会的三分之二以上董事审议同意并做出决议。

第十一条 上市公司为控股股东、实际控制人及其关联方提供担保的，控股股东、实际控制人及其关联方应当提供反担保。

第十二条 上市公司董事会或者股东大会审议批准的对外担保，必须在证券交易所的网站和符合中国证监会规定条件的媒体及时披露，披露的内容包括董事会或者股东大会决议、截止信息披露日上市公司及其控股子公司对外担保总额、上市公司对控股子公司提供担保的总额。

第十三条 上市公司在办理贷款担保业务时，应向银行业金融机构提交《公司章程》、有关该担保事项董事会决议或者股东大会决议原件、该担保事项的披露信息等材料。

第十四条 上市公司独立董事应在年度报告中，对上市公司报告期末尚未履行完毕和当期发生的对外担保情况、执行本章规定情况进行专项说明，并发表独立意见。

第十五条 上市公司控股子公司对于向上市公司合并报表范围之外的主体提供担保的，应视同上市公司提供担保，上市公司应按照本章规定执行。

第四章 上市公司提供担保的贷款审批

第十六条 各银行业金融机构应当严格依据《民法典》《公司法》《最高人民法院关于适用〈中华人民共和国民法典〉有关担保制度的解释》等法律法规、司法解释，加强对由上市公司提供担保的贷款申请的审查，切实防范相关信贷风险，并及时将贷款、担保信息登录征信管理系统。

第十七条 各银行业金融机构必须依据本指引、上市公司《公司章程》及其他有关规定，认真审核以下事项：

（一）由上市公司提供担保的贷款申请的材料齐备性及合法合规性；

（二）上市公司对外担保履行董事会或者股东大会审批程序的情况；

（三）上市公司对外担保履行信息披露义务的情况；

（四）上市公司的担保能力；

（五）贷款人的资信、偿还能力等其他事项。

第十八条 各银行业金融机构应根据相关法律法规和监管规定完善内部控制制度，控制贷款风险。

第十九条 对由上市公司控股子公司提供担保的贷款申请，比照本章规定执行。

第五章 资金占用和违规担保的整改

第二十条 上市公司应对其与控股股东、实际控制人及其他关联方已经发生的资金往来、对外担保情况进行自查。对于存在资金占用、违规担保问题的公司，应及时完成整改，维护上市公司和中小股东的利益。

第二十一条 上市公司被控股股东、实际控制人及其他关联方占用的资金，原则上应当以现金清偿。严格控制控股股东、实际控制人及其他关联方以非现金资产清偿占用的上市公司资金。控股股东、实际控制人及其他关联方拟用非现金资产清偿占用的上市公司资金，应当遵守以下规定：

（一）用于抵偿的资产必须属于上市公司同一业务体系，并有利于增强上市公司独立性和核心竞争力，减少关联交易，不得是尚未投入使用的资产或者没有客观明确账面净值的资产。

（二）上市公司应当聘请符合《证券法》规定的中介机构对符合以资抵债条件的资产进行评估，以资产评估值或者经审计的账面净值作为以资抵债的定价基础，但最终定价不得损害上市公司利益，并充分考虑所占用资金的现值予以折扣。审计报告和评估报告应当向社会公告。

（三）独立董事应当就上市公司关联方以资抵债方案发表独立意见，或者聘请符合《证券法》规定的中介机构出具独立财务顾问报告。

（四）上市公司关联方以资抵债方案须经股东大会审议批准，关联方股东应当回避投票。

第六章 资金占用和违规担保的处置

第二十二条 中国证监会与公安部、国资委、中国银保监会等部门加强监管合作，实施信息共享，共同建立监管协作机制，严厉查处资金占用、违规担保等违法违规行为，涉嫌犯罪的依法追究刑事责任。

第二十三条 上市公司及其董事、监事、高级管理人员，控股股东、实际控制人及其他关联方违反本指引的，中国证监会根据违规行为性质、情节轻重依法给予行政处罚或者采取行政监管措施。涉嫌犯罪的移交公安机关查处，依法追究刑事责任。

第二十四条 国有资产监督管理机构应当指导督促国有控股股东严格落实本指引要求。对违反本指引的，按照管理权限给予相应处理；造成国有资产损失或者其他严重不良后果的，依法依规追究相关人员责任。

第二十五条 银行保险机构违反本指引的，中国银保监会依法对相关机构及当事人予以处罚；涉嫌犯罪的，移送司法机关追究法律责任。

第二十六条 公安机关对中国证监会移交的上市公司资金占用和违规担保涉嫌犯罪案件或者工作中发现的相关线索，要及时按照有关规定进行审查，符合立案条件的，应尽快立案侦查。

第七章 附 则

第二十七条 本指引下列用语的含义：

（一）本指引所称“对外担保”，是指上市公司为他人提供的担保，包括上市公司对控股子公司的担保。

（二）本指引所称“上市公司及其控股子公司的对外担保总额”，是指包括上市公司对控股子公司担保在内的上市公司对外担保总额与上市公司控股子公司对外担保总额之和。

第二十八条 金融类上市公司不适用本指引第三章、第四章的规定。金融监管部门对金融类上市公司资金往来另有规定的，从其规定。

第二十九条 本指引自公布之日起施行。2017年12月7日施行的《关于规范上市公司与关联方资金往来及上市公司对外担保若干问题的通知》（证监会公告〔2017〕16号）、2005年11月14日施行的《关于规范上市公司对外担保行为的通知》（证监发〔2005〕120号）、2005年6月6日施行的《关于集中解决上市公司资金被占用和违规担保问题的通知》（证监公司字〔2005〕37号）同步废止。

上市公司监管指引第2号——上市公司募集资金管理和使用的监管要求

·2022年1月5日中国证券监督管理委员会公告〔2022〕15号公布

·自公布之日起施行

第一条 为了加强对上市公司募集资金的监管，提高募集资金使用效益，根据《中华人民共和国证券法》以及《上市公司证券发行管理办法》《首次公开发行股票并上市管理办法》《科创板首次公开发行股票注册管理办法（试行）》《创业板首次公开发行股票注册管理办法（试行）》《科创板上市公司证券发行注册管理办法（试行）》《创业板上市公司证券发行注册管理办法（试行）》等规定，制定本指引。

第二条 上市公司董事会应当对募集资金投资项目的可行性进行充分论证，确信投资项目具有较好的市场前景和盈利能力，有效防范投资风险，提高募集资金使用效益。

第三条 上市公司的董事、监事和高级管理人员应当勤勉尽责，督促上市公司规范使用募集资金，自觉维护上市公司募集资金安全，不得参与、协助或纵容上市公司擅自或变相改变募集资金用途。

第四条 上市公司应当建立并完善募集资金存储、使用、变更、监督和责任追究的内部控制制度，明确募集资金使用的分级审批权限、决策程序、风险控制措施及信息披露要求。

第五条 上市公司应当将募集资金存放于经董事会批准设立的专项账户集中管理和使用，并在募集资金到位后一个月内与保荐机构、存放募集资金的商业银行签订三方监管协议。募集资金专项账户不得存放非募集资金或用作其他用途。

第六条 上市公司募集资金应当按照招股说明书或者其他公开发行募集文件所列用途使用。上市公司改变招股说明书或者其他公开发行募集文件所列资金用途的，必须经股东大会作出决议。

第七条 上市公司募集资金原则上应当用于

主营业务。除金融类企业外,募集资金投资项目不得为持有交易性金融资产和可供出售的金融资产、借予他人、委托理财等财务性投资,不得直接或间接投资于以买卖有价证券为主要业务的公司。

科创板上市公司募集资金使用应符合国家产业政策和相关法律法规,并应当投资于科技创新领域。

第八条 暂时闲置的募集资金可进行现金管理,其投资的产品须符合以下条件:

(一)结构性存款、大额存单等安全性高的保本型产品;

(二)流动性好,不得影响募集资金投资计划正常进行。投资产品不得质押,产品专用结算账户(如适用)不得存放非募集资金或用作其他用途,开立或注销产品专用结算账户的,上市公司应当及时报证券交易所备案并公告。

使用闲置募集资金投资产品的,应当经上市公司董事会审议通过,独立董事、监事会、保荐机构发表明确同意意见。上市公司应当在董事会会议后二个交易日内公告下列内容:

(一)本次募集资金的基本情况,包括募集时间、募集资金金额、募集资金净额及投资计划等;

(二)募集资金使用情况;

(三)闲置募集资金投资产品的额度及期限,是否存在变相改变募集资金用途的行为和保证不影响募集资金项目正常进行的措施;

(四)投资产品的收益分配方式、投资范围及安全性;

(五)独立董事、监事会、保荐机构出具的意见。

第九条 暂时闲置的募集资金可暂时用于补充流动资金。暂时补充流动资金,仅限于与主营业务相关的生产经营使用,不得通过直接或间接安排用于新股配售、申购,或用于股票及其衍生品种、可转换公司债券等的交易。闲置募集资金暂时用于补充流动资金的,应当经上市公司董事会审议通过,独立董事、监事会、保荐机构发表明确同意意见并披露。单次补充流动资金最长不得超过十二个月。

第十条 上市公司实际募集资金净额超过计划募集资金金额的部分(下称超募资金)可用于永久补充流动资金和归还银行借款,每十二个月内累计金额不得超过超募资金总额的百分之三十。

超募资金用于永久补充流动资金和归还银行借款的,应当经上市公司股东大会审议批准,并提供网络投票表决方式,独立董事、保荐机构应当发表明确同意意见并披露。上市公司应当承诺在补充流动资金后的十二个月内不进行高风险投资以及为他人提供财务资助并披露。

第十一条 上市公司以自筹资金预先投入募集资金投资项目的,可以在募集资金到账后六个月内,以募集资金置换自筹资金。置换事项应当经董事会审议通过,会计师事务所出具鉴证报告,并由独立董事、监事会、保荐机构发表明确同意意见并披露。

第十二条 上市公司应当真实、准确、完整地披露募集资金的实际使用情况。董事会应当每半年度全面核查募集资金投资项目的进展情况,出具《公司募集资金存放与实际使用情况的专项报告》并披露。

年度审计时,上市公司应聘请会计师事务所对募集资金存放与使用情况出具鉴证报告。募集资金投资项目实际投资进度与投资计划存在差异的,上市公司应当解释具体原因。当期存在使用闲置募集资金投资产品情况的,上市公司应当披露本报告期的收益情况以及期末的投资份额、签约方、产品名称、期限等信息。

第十三条 独立董事应当关注募集资金实际使用情况与上市公司信息披露情况是否存在差异。经二分之一以上独立董事同意,独立董事可以聘请会计师事务所对募集资金存放与使用情况出具鉴证报告,上市公司应当积极配合,并承担必要的费用。

第十四条 保荐机构应当按照《证券发行上市保荐业务管理办法》的规定,对上市公司募集资金的管理和使用履行保荐职责,做好持续督导工作。保荐机构应当至少每半年度对上市公司募集资金的存放与使用情况进行一次现场核查。每个会计年度结束后,保荐机构应当对上市公司年度募集资金存放与使用情况出具专项核查报告并披露。

第十五条 本指引自公布之日起施行。2012年12月19日施行的《上市公司监管指引第2号——上市公司募集资金管理和使用的监管要求》(证监会公告〔2012〕44号)同时废止。

关于印发《关于推动国有股东与所控股上市公司解决同业竞争　规范关联交易的指导意见》的通知

·2013年8月20日
·国资发产权〔2013〕202号

为进一步规范国有股东与所控股上市公司关系，推动解决同业竞争、规范关联交易，促进国有经济和证券市场健康发展，根据国家有关法律、行政法规，我们制定了《关于推动国有股东与所控股上市公司解决同业竞争 规范关联交易的指导意见》，现印发给你们，请结合各自实际，认真遵照执行，并及时反映工作中的有关问题和情况。

关于推动国有股东与所控股上市公司解决同业竞争规范关联交易的指导意见

为进一步规范上市公司国有控股股东和实际控制人（以下简称国有股东）行为，促进国有控股上市公司持续发展，保护各类投资者合法权益，根据国有资产监管、证券监管等法律法规，提出以下指导意见。

一、国有股东与所控股上市公司要结合发展规划，明确战略定位。在此基础上，对各自业务进行梳理，合理划分业务范围与边界，解决同业竞争，规范关联交易。

二、国有股东与所控股上市公司要按照"一企一策、成熟一家、推进一家"的原则，结合企业实际以及所处行业特点与发展状况等，研究提出解决同业竞争的总体思路。要综合运用资产重组、股权置换、业务调整等多种方式，逐步将存在同业竞争的业务纳入同一平台，促进提高产业集中度和专业化水平。

三、国有股东与所控股上市公司应严格按照相关法律法规，建立健全内控体系，规范关联交易。对于正常经营范围内且无法避免的关联交易，双方要本着公开、公平、公正的原则确定交易价格，依法订立相关协议或合同，保证关联交易的公允性。上市公司应当严格按照规定履行关联交易审议程序和信息披露义务，审议时与该交易有关联关系的董事或股东应当回避表决，并不得代理他人行使表决权。

四、国有股东与所控股上市公司在依法合规、充分协商的基础上，可针对解决同业竞争、规范关联交易的解决措施和期限，向市场作出公开承诺。国有股东与所控股上市公司要切实履行承诺，并定期对市场公布承诺事项的进展情况。对于因政策调整、市场变化等客观原因确实不能履行或需要作出调整的，应当提前向市场公开做好解释说明，充分披露承诺需调整或未履行的原因，并提出相应处置措施。

五、国有股东在推动解决同业竞争、规范关联交易等事项中，要依法与上市公司平等协商。有条件的国有股东在与所控股上市公司充分协商的基础上，可利用自身品牌、资源、财务等优势，按照市场原则，代为培育符合上市公司业务发展需要、但暂不适合上市公司实施的业务或资产。上市公司与国有股东约定业务培育事宜，应经上市公司股东大会授权。国有股东在转让培育成熟的业务时，上市公司在同等条件下有优先购买的权利。上市公司对上述事项作出授权决定或者放弃优先购买权的，应经股东大会无关联关系的股东审议通过。

六、国有股东要依法行使股东权利，履行股东义务，配合所控股上市公司严格按照法律、法规和证券监管的规定，及时、公平地披露相关信息。相关信息公开披露前，应当按照规定做好内幕信息知情人的登记管理工作，严格防控内幕交易。

七、国有资产监管机构和证券监管机构，应以服务实体经济为根本出发点，充分尊重企业发展规律和证券市场规律，不断改进工作方式，完善监管手段，形成政策合力，推动国有经济和证券市场健康发展。

上市公司监管指引第4号——上市公司及其相关方承诺

· 2022年1月5日中国证券监督管理委员会公告〔2022〕16号公布
· 自公布之日起施行

第一条 【目的】为了规范上市公司及其相关方的承诺行为，保护上市公司和投资者的合法权益，根据《中华人民共和国公司法》《中华人民共和国证券法》（以下简称《证券法》）等法律、行政法规的规定，制定本指引。

第二条 【适用范围】本指引适用于上市公司及其实际控制人、股东、关联方、董事、监事、高级管理人员、收购人、资产交易对方、破产重整投资人等（以下统称承诺人）在首次公开发行股票、再融资、并购重组、破产重整以及日常经营过程中作出解决同业竞争、资产注入、股权激励、解决产权瑕疵等各项承诺的行为（以下简称承诺）。

第三条 【总体要求】任何单位和个人不得利用承诺损害上市公司及其股东的合法权益。

第四条 【监管职责】中国证券监督管理委员会（以下简称中国证监会）依法对承诺人的承诺行为进行监督管理。

第五条 【原则】承诺人作出的承诺应当明确、具体、可执行，不得承诺根据当时情况判断明显不能实现的事项。

承诺事项需要主管部门审批的，承诺人应当明确披露需要取得的审批，并明确如无法取得审批的补救措施。

第六条 【要件】承诺人的承诺事项应当包括以下内容：

（一）承诺的具体事项；

（二）履约方式、履约时限、履约能力分析、履约风险及防范对策；

（三）履约担保安排，包括担保方、担保方资质、担保方式、担保协议（函）主要条款、担保责任等（如有）；

（四）履行承诺声明和违反承诺的责任；

（五）中国证监会要求的其他内容。

承诺事项应当有明确的履约时限，不得使用“尽快”“时机成熟时”等模糊性词语。承诺履行涉及行业限制的，应当在政策允许的基础上明确履约时限。

第七条 【承诺作出时的信息披露要求】承诺人作出承诺，有关各方必须及时、公平地披露或者提供相关信息，保证所披露或者提供信息的真实、准确、完整，不得有虚假记载、误导性陈述或者重大遗漏。

第八条 【承诺人的信息披露配合义务】承诺人应当关注自身经营、财务状况及承诺履行能力，在其经营财务状况恶化、担保人或者担保物发生变化导致或者可能导致其无法履行承诺时，应当及时告知上市公司，说明有关影响承诺履行的具体情况，同时提供新的履行担保，并由上市公司予以披露。

第九条 【持续信息披露要求】承诺履行条件已经达到时，承诺人应当及时通知公司，并履行承诺和信息披露义务。

第十条 【定期报告披露要求】上市公司应当在定期报告中披露报告期内发生或者正在履行中的所有承诺事项及具体履行情况。

第十一条 【董事会督促义务】上市公司董事会应当积极督促承诺人遵守承诺。承诺人违反承诺的，上市公司董事、监事、高级管理人员应当勤勉尽责，主动、及时要求承诺人承担相应责任。

第十二条 【不得变更、豁免的承诺】承诺人应当严格履行其作出的各项承诺，采取有效措施确保承诺的履行，不得擅自变更或者豁免。

下列承诺不得变更或豁免：

（一）依照法律法规、中国证监会规定作出的承诺；

（二）除中国证监会明确的情形外，上市公司重大资产重组中按照业绩补偿协议作出的承诺；

（三）承诺人已明确不可变更或撤销的承诺。

第十三条 【可以变更、豁免的情形】出现以下情形的，承诺人可以变更或者豁免履行承诺：

（一）因相关法律法规、政策变化、自然灾害等自身无法控制的客观原因导致承诺无法履行的；

（二）其他确已无法履行或者履行承诺不利于维护上市公司权益的。

上市公司及承诺人应充分披露变更或者豁免履行承诺的原因，并及时提出替代承诺或者提出豁免履行承诺义务。

第十四条 【变更、豁免的程序】除因相关法律法规、政策变化、自然灾害等自身无法控制的客观原因外，变更、豁免承诺的方案应提交股东大会审议，上市公司应向股东提供网络投票方式，承诺人及其关联方应回避表决。独立董事、监事会应就承诺人提出的变更方案是否合法合规、是否有利于保护上市公司或其他投资者的利益发表意见。

第十五条 【违反承诺的情形】违反承诺是指未按承诺的履约事项、履约方式、履约时限、履约条件等履行承诺的行为。

变更、豁免承诺的方案未经股东大会审议通过且承诺到期的，视同超期未履行承诺。

第十六条 【承诺的承继】收购人成为上市公司新的实际控制人时，如原实际控制人承诺的相关事项未履行完毕，相关承诺义务应予以履行或由收购人予以承接，相关事项应在收购报告书或权益变动报告书中明确披露。

承诺人作出股份限售等承诺的，其所持有股份因司法强制执行、继承、遗赠等原因发生非交易过户的，受让方应当遵守原股东作出的相关承诺。

第十七条 【监管措施】承诺人违反承诺的，由中国证监会采取责令改正、监管谈话、出具警示函、责令公开说明等监管措施，将相关情况记入诚信档案。

第十八条 【限制权利】在承诺履行完毕或替代方案经股东大会批准前，中国证监会将依据《证券期货市场诚信监督管理办法》及相关法规的规定，对承诺人提交的行政许可申请，以及其作为上市公司交易对手方的行政许可申请（例如上市公司向其购买资产、募集资金等）审慎审核或作出不予许可的决定。

有证据表明承诺人在作出承诺时已知承诺不可履行的，中国证监会将对承诺人依据《证券法》等有关规定予以处理。相关问题查实后，在对责任人作出处理前及按本办法进行整改前，依据《证券法》《上市公司收购管理办法》的有关规定，限制承诺人对其持有或者实际支配的股份行使表决权。

第十九条 【衔接】本指引自公布之日起施行。2013年12月27日施行的《上市公司监管指引第4号——上市公司实际控制人、股东、关联方、收购人以及上市公司承诺及履行》（证监会公告〔2013〕55号）同时废止。

三、基金

中华人民共和国证券投资基金法

· 2003年10月28日第十届全国人民代表大会常务委员会第五次会议通过
· 2012年12月28日第十一届全国人民代表大会常务委员会第三十次会议修订
· 根据2015年4月24日第十二届全国人民代表大会常务委员会第十四次会议《关于修改〈中华人民共和国港口法〉等七部法律的决定》修正

第一章 总 则

第一条 为了规范证券投资基金活动,保护投资人及相关当事人的合法权益,促进证券投资基金和资本市场的健康发展,制定本法。

第二条 在中华人民共和国境内,公开或者非公开募集资金设立证券投资基金(以下简称基金),由基金管理人管理,基金托管人托管,为基金份额持有人的利益,进行证券投资活动,适用本法;本法未规定的,适用《中华人民共和国信托法》、《中华人民共和国证券法》和其他有关法律、行政法规的规定。

第三条 基金管理人、基金托管人和基金份额持有人的权利、义务,依照本法在基金合同中约定。

基金管理人、基金托管人依照本法和基金合同的约定,履行受托职责。

通过公开募集方式设立的基金(以下简称公开募集基金)的基金份额持有人按其所持基金份额享受收益和承担风险,通过非公开募集方式设立的基金(以下简称非公开募集基金)的收益分配和风险承担由基金合同约定。

第四条 从事证券投资基金活动,应当遵循自愿、公平、诚实信用的原则,不得损害国家利益和社会公共利益。

第五条 基金财产的债务由基金财产本身承担,基金份额持有人以其出资为限对基金财产的债务承担责任。但基金合同依照本法另有约定的,从其约定。

基金财产独立于基金管理人、基金托管人的固有财产。基金管理人、基金托管人不得将基金财产归入其固有财产。

基金管理人、基金托管人因基金财产的管理、运用或者其他情形而取得的财产和收益,归入基金财产。

基金管理人、基金托管人因依法解散、被依法撤销或者被依法宣告破产等原因进行清算的,基金财产不属于其清算财产。

第六条 基金财产的债权,不得与基金管理人、基金托管人固有财产的债务相抵销;不同基金财产的债权债务,不得相互抵销。

第七条 非因基金财产本身承担的债务,不得对基金财产强制执行。

第八条 基金财产投资的相关税收,由基金份额持有人承担,基金管理人或者其他扣缴义务人按照国家有关税收征收的规定代扣代缴。

第九条 基金管理人、基金托管人管理、运用基金财产,基金服务机构从事基金服务活动,应当恪尽职守,履行诚实信用、谨慎勤勉的义务。

基金管理人运用基金财产进行证券投资,应当遵守审慎经营规则,制定科学合理的投资策略和风险管理制度,有效防范和控制风险。

基金从业人员应当具备基金从业资格,遵守法律、行政法规,恪守职业道德和行为规范。

第十条 基金管理人、基金托管人和基金服务机构,应当依照本法成立证券投资基金行业协会(以下简称基金行业协会),进行行业自律,协调行业关系,提供行业服务,促进行业发展。

第十一条 国务院证券监督管理机构依法对证券投资基金活动实施监督管理;其派出机构依照授权履行职责。

第二章 基金管理人

第十二条 基金管理人由依法设立的公司或者合伙企业担任。

公开募集基金的基金管理人，由基金管理公司或者经国务院证券监督管理机构按照规定核准的其他机构担任。

第十三条 设立管理公开募集基金的基金管理公司，应当具备下列条件，并经国务院证券监督管理机构批准：

（一）有符合本法和《中华人民共和国公司法》规定的章程；

（二）注册资本不低于一亿元人民币，且必须为实缴货币资本；

（三）主要股东应当具有经营金融业务或者管理金融机构的良好业绩、良好的财务状况和社会信誉，资产规模达到国务院规定的标准，最近三年没有违法记录；

（四）取得基金从业资格的人员达到法定人数；

（五）董事、监事、高级管理人员具备相应的任职条件；

（六）有符合要求的营业场所、安全防范设施和与基金管理业务有关的其他设施；

（七）有良好的内部治理结构、完善的内部稽核监控制度、风险控制制度；

（八）法律、行政法规规定的和经国务院批准的国务院证券监督管理机构规定的其他条件。

第十四条 国务院证券监督管理机构应当自受理基金管理公司设立申请之日起六个月内依照本法第十三条规定的条件和审慎监管原则进行审查，作出批准或者不予批准的决定，并通知申请人；不予批准的，应当说明理由。

基金管理公司变更持有百分之五以上股权的股东，变更公司的实际控制人，或者变更其他重大事项，应当报经国务院证券监督管理机构批准。国务院证券监督管理机构应当自受理申请之日起六十日内作出批准或者不予批准的决定，并通知申请人；不予批准的，应当说明理由。

第十五条 有下列情形之一的，不得担任公开募集基金的基金管理人的董事、监事、高级管理人员和其他从业人员：

（一）因犯有贪污贿赂、渎职、侵犯财产罪或者破坏社会主义市场经济秩序罪，被判处刑罚的；

（二）对所任职的公司、企业因经营不善破产清算或者因违法被吊销营业执照负有个人责任的董事、监事、厂长、高级管理人员，自该公司、企业破产清算终结或者被吊销营业执照之日起未逾五年的；

（三）个人所负债务数额较大，到期未清偿的；

（四）因违法行为被开除的基金管理人、基金托管人、证券交易所、证券公司、证券登记结算机构、期货交易所、期货公司及其他机构的从业人员和国家机关工作人员；

（五）因违法行为被吊销执业证书或者被取消资格的律师、注册会计师和资产评估机构、验证机构的从业人员、投资咨询从业人员；

（六）法律、行政法规规定不得从事基金业务的其他人员。

第十六条 公开募集基金的基金管理人的董事、监事和高级管理人员，应当熟悉证券投资方面的法律、行政法规，具有三年以上与其所任职务相关的工作经历；高级管理人员还应当具备基金从业资格。

第十七条 公开募集基金的基金管理人的董事、监事、高级管理人员和其他从业人员，其本人、配偶、利害关系人进行证券投资，应当事先向基金管理人申报，并不得与基金份额持有人发生利益冲突。

公开募集基金的基金管理人应当建立前款规定人员进行证券投资的申报、登记、审查、处置等管理制度，并报国务院证券监督管理机构备案。

第十八条 公开募集基金的基金管理人的董事、监事、高级管理人员和其他从业人员，不得担任基金托管人或者其他基金管理人的任何职务，不得从事损害基金财产和基金份额持有人利益的证券交易及其他活动。

第十九条 公开募集基金的基金管理人应当履行下列职责：

（一）依法募集资金，办理基金份额的发售和登记事宜；

（二）办理基金备案手续；

（三）对所管理的不同基金财产分别管理、分别记账，进行证券投资；

（四）按照基金合同的约定确定基金收益分配方案，及时向基金份额持有人分配收益；

（五）进行基金会计核算并编制基金财务会计报告；

（六）编制中期和年度基金报告；

（七）计算并公告基金资产净值，确定基金份额申购、赎回价格；

（八）办理与基金财产管理业务活动有关的信息披露事项；

（九）按照规定召集基金份额持有人大会；

（十）保存基金财产管理业务活动的记录、账册、报表和其他相关资料；

（十一）以基金管理人名义，代表基金份额持有人利益行使诉讼权利或者实施其他法律行为；

（十二）国务院证券监督管理机构规定的其他职责。

第二十条 公开募集基金的基金管理人及其董事、监事、高级管理人员和其他从业人员不得有下列行为：

（一）将其固有财产或者他人财产混同于基金财产从事证券投资；

（二）不公平地对待其管理的不同基金财产；

（三）利用基金财产或者职务之便为基金份额持有人以外的人牟取利益；

（四）向基金份额持有人违规承诺收益或者承担损失；

（五）侵占、挪用基金财产；

（六）泄露因职务便利获取的未公开信息、利用该信息从事或者明示、暗示他人从事相关的交易活动；

（七）玩忽职守，不按照规定履行职责；

（八）法律、行政法规和国务院证券监督管理机构规定禁止的其他行为。

第二十一条 公开募集基金的基金管理人应当建立良好的内部治理结构，明确股东会、董事会、监事会和高级管理人员的职责权限，确保基金管理人独立运作。

公开募集基金的基金管理人可以实行专业人士持股计划，建立长效激励约束机制。

公开募集基金的基金管理人的股东、董事、监事和高级管理人员在行使权利或者履行职责时，应当遵循基金份额持有人利益优先的原则。

第二十二条 公开募集基金的基金管理人应当从管理基金的报酬中计提风险准备金。

公开募集基金的基金管理人因违法违规、违反基金合同等原因给基金财产或者基金份额持有人合法权益造成损失，应当承担赔偿责任的，可以优先使用风险准备金予以赔偿。

第二十三条 公开募集基金的基金管理人的股东、实际控制人应当按照国务院证券监督管理机构的规定及时履行重大事项报告义务，并不得有下列行为：

（一）虚假出资或者抽逃出资；

（二）未依法经股东会或者董事会决议擅自干预基金管理人的基金经营活动；

（三）要求基金管理人利用基金财产为自己或者他人牟取利益，损害基金份额持有人利益；

（四）国务院证券监督管理机构规定禁止的其他行为。

公开募集基金的基金管理人的股东、实际控制人有前款行为或者股东不再符合法定条件的，国务院证券监督管理机构应当责令其限期改正，并可视情节责令其转让所持有或者控制的基金管理人的股权。

在前款规定的股东、实际控制人按照要求改正违法行为、转让所持有或者控制的基金管理人的股权前，国务院证券监督管理机构可以限制有关股东行使股东权利。

第二十四条 公开募集基金的基金管理人违法违规，或者其内部治理结构、稽核监控和风险控制管理不符合规定的，国务院证券监督管理机构应当责令其限期改正；逾期未改正，或者其行为严重危及该基金管理人的稳健运行、损害基金份额持有人合法权益的，国务院证券监督管理机构可以区别情形，对其采取下列措施：

（一）限制业务活动，责令暂停部分或者全部业务；

（二）限制分配红利，限制向董事、监事、高级管理人员支付报酬、提供福利；

（三）限制转让固有财产或者在固有财产上设定其他权利；

（四）责令更换董事、监事、高级管理人员或者限制其权利；

（五）责令有关股东转让股权或者限制有关股东行使股东权利。

公开募集基金的基金管理人整改后，应当向国务院证券监督管理机构提交报告。国务院证券监督管理机构经验收，符合有关要求的，应当自验收完毕之日起三日内解除对其采取的有关措施。

第二十五条 公开募集基金的基金管理人的董事、监事、高级管理人员未能勤勉尽责，致使基金管理人存在重大违法违规行为或者重大风险的，国务院证券监督管理机构可以责令更换。

第二十六条 公开募集基金的基金管理人违法经营或者出现重大风险，严重危害证券市场秩序、损害基金份额持有人利益的，国务院证券监督管理机构可以对该基金管理人采取责令停业整顿、指定其他机构托管、接管、取消基金管理资格或者撤销等监管措施。

第二十七条 在公开募集基金的基金管理人被责令停业整顿、被依法指定托管、接管或者清算期间，或者出现重大风险时，经国务院证券监督管理机构批准，可以对该基金管理人直接负责的董事、监事、高级管理人员和其他直接责任人员采取下列措施：

（一）通知出境管理机关依法阻止其出境；

（二）申请司法机关禁止其转移、转让或者以其他方式处分财产，或者在财产上设定其他权利。

第二十八条 有下列情形之一的，公开募集基金的基金管理人职责终止：

（一）被依法取消基金管理资格；

（二）被基金份额持有人大会解任；

（三）依法解散、被依法撤销或者被依法宣告破产；

（四）基金合同约定的其他情形。

第二十九条 公开募集基金的基金管理人职责终止的，基金份额持有人大会应当在六个月内选任新基金管理人；新基金管理人产生前，由国务院证券监督管理机构指定临时基金管理人。

公开募集基金的基金管理人职责终止的，应当妥善保管基金管理业务资料，及时办理基金管理业务的移交手续，新基金管理人或者临时基金管理人应当及时接收。

第三十条 公开募集基金的基金管理人职责终止的，应当按照规定聘请会计师事务所对基金财产进行审计，并将审计结果予以公告，同时报国务院证券监督管理机构备案。

第三十一条 对非公开募集基金的基金管理人进行规范的具体办法，由国务院金融监督管理机构依照本章的原则制定。

第三章 基金托管人

第三十二条 基金托管人由依法设立的商业银行或者其他金融机构担任。

商业银行担任基金托管人的，由国务院证券监督管理机构会同国务院银行业监督管理机构核准；其他金融机构担任基金托管人的，由国务院证券监督管理机构核准。

第三十三条 担任基金托管人，应当具备下列条件：

（一）净资产和风险控制指标符合有关规定；

（二）设有专门的基金托管部门；

（三）取得基金从业资格的专职人员达到法定人数；

（四）有安全保管基金财产的条件；

（五）有安全高效的清算、交割系统；

（六）有符合要求的营业场所、安全防范设施和与基金托管业务有关的其他设施；

（七）有完善的内部稽核监控制度和风险控制制度；

（八）法律、行政法规规定的和经国务院批准的国务院证券监督管理机构、国务院银行业监督管理机构规定的其他条件。

第三十四条 本法第十五条、第十七条、第十八条的规定，适用于基金托管人的专门基金托管部门的高级管理人员和其他从业人员。

本法第十六条的规定，适用于基金托管人的专门基金托管部门的高级管理人员。

第三十五条 基金托管人与基金管理人不得为同一机构，不得相互出资或者持有股份。

第三十六条 基金托管人应当履行下列职责：

（一）安全保管基金财产；

（二）按照规定开设基金财产的资金账户和证券账户；

（三）对所托管的不同基金财产分别设置账户，确保基金财产的完整与独立；

（四）保存基金托管业务活动的记录、账册、报表和其他相关资料；

（五）按照基金合同的约定，根据基金管理人的投资指令，及时办理清算、交割事宜；

（六）办理与基金托管业务活动有关的信息披露事项；

（七）对基金财务会计报告、中期和年度基金报告出具意见；

（八）复核、审查基金管理人计算的基金资产净值和基金份额申购、赎回价格；

（九）按照规定召集基金份额持有人大会；

（十）按照规定监督基金管理人的投资运作；

（十一）国务院证券监督管理机构规定的其他职责。

第三十七条 基金托管人发现基金管理人的投资指令违反法律、行政法规和其他有关规定，或者违反基金合同约定的，应当拒绝执行，立即通知基金管理人，并及时向国务院证券监督管理机构报告。

基金托管人发现基金管理人依据交易程序已经生效的投资指令违反法律、行政法规和其他有关规定，或者违反基金合同约定的，应当立即通知基金管理人，并及时向国务院证券监督管理机构报告。

第三十八条 本法第二十条、第二十二条的规定，适用于基金托管人。

第三十九条 基金托管人不再具备本法规定的条件，或者未能勤勉尽责，在履行本法规定的职责时存在重大失误的，国务院证券监督管理机构、国务院银行业监督管理机构应当责令其改正；逾期未改正，或者其行为严重影响所托管基金的稳健运行、损害基金份额持有人利益的，国务院证券监督管理机构、国务院银行业监督管理机构可以区别情形，对其采取下列措施：

（一）限制业务活动，责令暂停办理新的基金托管业务；

（二）责令更换负有责任的专门基金托管部门的高级管理人员。

基金托管人整改后，应当向国务院证券监督管理机构、国务院银行业监督管理机构提交报告；经验收，符合有关要求的，应当自验收完毕之日起三日内解除对其采取的有关措施。

第四十条 国务院证券监督管理机构、国务院银行业监督管理机构对有下列情形之一的基金托管人，可以取消其基金托管资格：

（一）连续三年没有开展基金托管业务的；

（二）违反本法规定，情节严重的；

（三）法律、行政法规规定的其他情形。

第四十一条 有下列情形之一的，基金托管人职责终止：

（一）被依法取消基金托管资格；

（二）被基金份额持有人大会解任；

（三）依法解散、被依法撤销或者被依法宣告破产；

（四）基金合同约定的其他情形。

第四十二条 基金托管人职责终止的，基金份额持有人大会应当在六个月内选任新基金托管人；新基金托管人产生前，由国务院证券监督管理机构指定临时基金托管人。

基金托管人职责终止的，应当妥善保管基金财产和基金托管业务资料，及时办理基金财产和基金托管业务的移交手续，新基金托管人或者临时基金托管人应当及时接收。

第四十三条 基金托管人职责终止的，应当按照规定聘请会计师事务所对基金财产进行审计，并将审计结果予以公告，同时报国务院证券监督管理机构备案。

第四章 基金的运作方式和组织

第四十四条 基金合同应当约定基金的运作方式。

第四十五条 基金的运作方式可以采用封闭式、开放式或者其他方式。

采用封闭式运作方式的基金（以下简称封闭式基金），是指基金份额总额在基金合同期限内固定不变，基金份额持有人不得申请赎回的基金；采用开放式运作方式的基金（以下简称开放式基金），是指基金份额总额不固定，基金份额可以在基金合同约定的时间和场所申购或者赎回的基金。

采用其他运作方式的基金的基金份额发售、交易、申购、赎回的办法，由国务院证券监督管理机构另行规定。

第四十六条 基金份额持有人享有下列权利：

（一）分享基金财产收益；

（二）参与分配清算后的剩余基金财产；

（三）依法转让或者申请赎回其持有的基金份额；

（四）按照规定要求召开基金份额持有人大会或者召集基金份额持有人大会；

（五）对基金份额持有人大会审议事项行使表决权；

（六）对基金管理人、基金托管人、基金服务机构损害其合法权益的行为依法提起诉讼；

（七）基金合同约定的其他权利。

公开募集基金的基金份额持有人有权查阅或

者复制公开披露的基金信息资料；非公开募集基金的基金份额持有人对涉及自身利益的情况，有权查阅基金的财务会计账簿等财务资料。

第四十七条 基金份额持有人大会由全体基金份额持有人组成，行使下列职权：

（一）决定基金扩募或者延长基金合同期限；

（二）决定修改基金合同的重要内容或者提前终止基金合同；

（三）决定更换基金管理人、基金托管人；

（四）决定调整基金管理人、基金托管人的报酬标准；

（五）基金合同约定的其他职权。

第四十八条 按照基金合同约定，基金份额持有人大会可以设立日常机构，行使下列职权：

（一）召集基金份额持有人大会；

（二）提请更换基金管理人、基金托管人；

（三）监督基金管理人的投资运作、基金托管人的托管活动；

（四）提请调整基金管理人、基金托管人的报酬标准；

（五）基金合同约定的其他职权。

前款规定的日常机构，由基金份额持有人大会选举产生的人员组成；其议事规则，由基金合同约定。

第四十九条 基金份额持有人大会及其日常机构不得直接参与或者干涉基金的投资管理活动。

第五章 基金的公开募集

第五十条 公开募集基金，应当经国务院证券监督管理机构注册。未经注册，不得公开或者变相公开募集基金。

前款所称公开募集基金，包括向不特定对象募集资金、向特定对象募集资金累计超过二百人，以及法律、行政法规规定的其他情形。

公开募集基金应当由基金管理人管理，基金托管人托管。

第五十一条 注册公开募集基金，由拟任基金管理人向国务院证券监督管理机构提交下列文件：

（一）申请报告；

（二）基金合同草案；

（三）基金托管协议草案；

（四）招募说明书草案；

（五）律师事务所出具的法律意见书；

（六）国务院证券监督管理机构规定提交的其他文件。

第五十二条 公开募集基金的基金合同应当包括下列内容：

（一）募集基金的目的和基金名称；

（二）基金管理人、基金托管人的名称和住所；

（三）基金的运作方式；

（四）封闭式基金的基金份额总额和基金合同期限，或者开放式基金的最低募集份额总额；

（五）确定基金份额发售日期、价格和费用的原则；

（六）基金份额持有人、基金管理人和基金托管人的权利、义务；

（七）基金份额持有人大会召集、议事及表决的程序和规则；

（八）基金份额发售、交易、申购、赎回的程序、时间、地点、费用计算方式，以及给付赎回款项的时间和方式；

（九）基金收益分配原则、执行方式；

（十）基金管理人、基金托管人报酬的提取、支付方式与比例；

（十一）与基金财产管理、运用有关的其他费用的提取、支付方式；

（十二）基金财产的投资方向和投资限制；

（十三）基金资产净值的计算方法和公告方式；

（十四）基金募集未达到法定要求的处理方式；

（十五）基金合同解除和终止的事由、程序以及基金财产清算方式；

（十六）争议解决方式；

（十七）当事人约定的其他事项。

第五十三条 公开募集基金的基金招募说明书应当包括下列内容：

（一）基金募集申请的准予注册文件名称和注册日期；

（二）基金管理人、基金托管人的基本情况；

（三）基金合同和基金托管协议的内容摘要；

（四）基金份额的发售日期、价格、费用和期限；

（五）基金份额的发售方式、发售机构及登记机构名称；

（六）出具法律意见书的律师事务所和审计基金财产的会计师事务所的名称和住所；

（七）基金管理人、基金托管人报酬及其他有关费用的提取、支付方式与比例；

（八）风险警示内容；

（九）国务院证券监督管理机构规定的其他内容。

第五十四条 国务院证券监督管理机构应当自受理公开募集基金的募集注册申请之日起六个月内依照法律、行政法规及国务院证券监督管理机构的规定进行审查，作出注册或者不予注册的决定，并通知申请人；不予注册的，应当说明理由。

第五十五条 基金募集申请经注册后，方可发售基金份额。

基金份额的发售，由基金管理人或者其委托的基金销售机构办理。

第五十六条 基金管理人应当在基金份额发售的三日前公布招募说明书、基金合同及其他有关文件。

前款规定的文件应当真实、准确、完整。

对基金募集所进行的宣传推介活动，应当符合有关法律、行政法规的规定，不得有本法第七十七条所列行为。

第五十七条 基金管理人应当自收到准予注册文件之日起六个月内进行基金募集。超过六个月开始募集，原注册的事项未发生实质性变化的，应当报国务院证券监督管理机构备案；发生实质性变化的，应当向国务院证券监督管理机构重新提交注册申请。

基金募集不得超过国务院证券监督管理机构准予注册的基金募集期限。基金募集期限自基金份额发售之日起计算。

第五十八条 基金募集期限届满，封闭式基金募集的基金份额总额达到准予注册规模的百分之八十以上，开放式基金募集的基金份额总额超过准予注册的最低募集份额总额，并且基金份额持有人人数符合国务院证券监督管理机构规定的，基金管理人应当自募集期限届满之日起十日内聘请法定验资机构验资，自收到验资报告之日起十日内，向国务院证券监督管理机构提交验资报告，办理基金备案手续，并予以公告。

第五十九条 基金募集期间募集的资金应当存入专门账户，在基金募集行为结束前，任何人不得动用。

第六十条 投资人交纳认购的基金份额的款项时，基金合同成立；基金管理人依照本法第五十八条的规定向国务院证券监督管理机构办理基金备案手续，基金合同生效。

基金募集期限届满，不能满足本法第五十八条规定的条件的，基金管理人应当承担下列责任：

（一）以其固有财产承担因募集行为而产生的债务和费用；

（二）在基金募集期限届满后三十日内返还投资人已交纳的款项，并加计银行同期存款利息。

第六章 公开募集基金的基金份额的交易、申购与赎回

第六十一条 申请基金份额上市交易，基金管理人应当向证券交易所提出申请，证券交易所依法审核同意的，双方应当签订上市协议。

第六十二条 基金份额上市交易，应当符合下列条件：

（一）基金的募集符合本法规定；

（二）基金合同期限为五年以上；

（三）基金募集金额不低于二亿元人民币；

（四）基金份额持有人不少于一千人；

（五）基金份额上市交易规则规定的其他条件。

第六十三条 基金份额上市交易规则由证券交易所制定，报国务院证券监督管理机构批准。

第六十四条 基金份额上市交易后，有下列情形之一的，由证券交易所终止其上市交易，并报国务院证券监督管理机构备案：

（一）不再具备本法第六十二条规定的上市交易条件；

（二）基金合同期限届满；

（三）基金份额持有人大会决定提前终止上市交易；

（四）基金合同约定的或者基金份额上市交易规则规定的终止上市交易的其他情形。

第六十五条 开放式基金的基金份额的申购、赎回、登记，由基金管理人或者其委托的基金服务机构办理。

第六十六条 基金管理人应当在每个工作日办理基金份额的申购、赎回业务；基金合同另有约

定的,从其约定。

投资人交付申购款项,申购成立;基金份额登记机构确认基金份额时,申购生效。

基金份额持有人递交赎回申请,赎回成立;基金份额登记机构确认赎回时,赎回生效。

第六十七条 基金管理人应当按时支付赎回款项,但是下列情形除外:

(一)因不可抗力导致基金管理人不能支付赎回款项;

(二)证券交易场所依法决定临时停市,导致基金管理人无法计算当日基金资产净值;

(三)基金合同约定的其他特殊情形。

发生上述情形之一的,基金管理人应当在当日报国务院证券监督管理机构备案。

本条第一款规定的情形消失后,基金管理人应当及时支付赎回款项。

第六十八条 开放式基金应当保持足够的现金或者政府债券,以备支付基金份额持有人的赎回款项。基金财产中应当保持的现金或者政府债券的具体比例,由国务院证券监督管理机构规定。

第六十九条 基金份额的申购、赎回价格,依据申购、赎回日基金份额净值加、减有关费用计算。

第七十条 基金份额净值计价出现错误时,基金管理人应当立即纠正,并采取合理的措施防止损失进一步扩大。计价错误达到基金份额净值百分之零点五时,基金管理人应当公告,并报国务院证券监督管理机构备案。

因基金份额净值计价错误造成基金份额持有人损失的,基金份额持有人有权要求基金管理人、基金托管人予以赔偿。

第七章 公开募集基金的投资与信息披露

第七十一条 基金管理人运用基金财产进行证券投资,除国务院证券监督管理机构另有规定外,应当采用资产组合的方式。

资产组合的具体方式和投资比例,依照本法和国务院证券监督管理机构的规定在基金合同中约定。

第七十二条 基金财产应当用于下列投资:

(一)上市交易的股票、债券;

(二)国务院证券监督管理机构规定的其他证券及其衍生品种。

第七十三条 基金财产不得用于下列投资或者活动:

(一)承销证券;

(二)违反规定向他人贷款或者提供担保;

(三)从事承担无限责任的投资;

(四)买卖其他基金份额,但是国务院证券监督管理机构另有规定的除外;

(五)向基金管理人、基金托管人出资;

(六)从事内幕交易、操纵证券交易价格及其他不正当的证券交易活动;

(七)法律、行政法规和国务院证券监督管理机构规定禁止的其他活动。

运用基金财产买卖基金管理人、基金托管人及其控股股东、实际控制人或者与其有其他重大利害关系的公司发行的证券或承销期内承销的证券,或者从事其他重大关联交易的,应当遵循基金份额持有人利益优先的原则,防范利益冲突,符合国务院证券监督管理机构的规定,并履行信息披露义务。

第七十四条 基金管理人、基金托管人和其他基金信息披露义务人应当依法披露基金信息,并保证所披露信息的真实性、准确性和完整性。

第七十五条 基金信息披露义务人应当确保应予披露的基金信息在国务院证券监督管理机构规定时间内披露,并保证投资人能够按照基金合同约定的时间和方式查阅或者复制公开披露的信息资料。

第七十六条 公开披露的基金信息包括:

(一)基金招募说明书、基金合同、基金托管协议;

(二)基金募集情况;

(三)基金份额上市交易公告书;

(四)基金资产净值、基金份额净值;

(五)基金份额申购、赎回价格;

(六)基金财产的资产组合季度报告、财务会计报告及中期和年度基金报告;

(七)临时报告;

(八)基金份额持有人大会决议;

(九)基金管理人、基金托管人的专门基金托管部门的重大人事变动;

(十)涉及基金财产、基金管理业务、基金托管业务的诉讼或者仲裁;

(十一)国务院证券监督管理机构规定应予披

露的其他信息。

第七十七条 公开披露基金信息，不得有下列行为：

（一）虚假记载、误导性陈述或者重大遗漏；

（二）对证券投资业绩进行预测；

（三）违规承诺收益或者承担损失；

（四）诋毁其他基金管理人、基金托管人或者基金销售机构；

（五）法律、行政法规和国务院证券监督管理机构规定禁止的其他行为。

第八章 公开募集基金的基金合同的变更、终止与基金财产清算

第七十八条 按照基金合同的约定或者基金份额持有人大会的决议，基金可以转换运作方式或者与其他基金合并。

第七十九条 封闭式基金扩募或者延长基金合同期限，应当符合下列条件，并报国务院证券监督管理机构备案：

（一）基金运营业绩良好；

（二）基金管理人最近二年内没有因违法违规行为受到行政处罚或者刑事处罚；

（三）基金份额持有人大会决议通过；

（四）本法规定的其他条件。

第八十条 有下列情形之一的，基金合同终止：

（一）基金合同期限届满而未延期；

（二）基金份额持有人大会决定终止；

（三）基金管理人、基金托管人职责终止，在六个月内没有新基金管理人、新基金托管人承接；

（四）基金合同约定的其他情形。

第八十一条 基金合同终止时，基金管理人应当组织清算组对基金财产进行清算。

清算组由基金管理人、基金托管人以及相关的中介服务机构组成。

清算组作出的清算报告经会计师事务所审计，律师事务所出具法律意见书后，报国务院证券监督管理机构备案并公告。

第八十二条 清算后的剩余基金财产，应当按照基金份额持有人所持份额比例进行分配。

第九章 公开募集基金的基金份额持有人权利行使

第八十三条 基金份额持有人大会由基金管理人召集。基金份额持有人大会设立日常机构的，由该日常机构召集；该日常机构未召集的，由基金管理人召集。基金管理人未按规定召集或者不能召集的，由基金托管人召集。

代表基金份额百分之十以上的基金份额持有人就同一事项要求召开基金份额持有人大会，而基金份额持有人大会的日常机构、基金管理人、基金托管人都不召集的，代表基金份额百分之十以上的基金份额持有人有权自行召集，并报国务院证券监督管理机构备案。

第八十四条 召开基金份额持有人大会，召集人应当至少提前三十日公告基金份额持有人大会的召开时间、会议形式、审议事项、议事程序和表决方式等事项。

基金份额持有人大会不得就未经公告的事项进行表决。

第八十五条 基金份额持有人大会可以采取现场方式召开，也可以采取通讯等方式召开。

每一基金份额具有一票表决权，基金份额持有人可以委托代理人出席基金份额持有人大会并行使表决权。

第八十六条 基金份额持有人大会应当有代表二分之一以上基金份额的持有人参加，方可召开。

参加基金份额持有人大会的持有人的基金份额低于前款规定比例的，召集人可以在原公告的基金份额持有人大会召开时间的三个月以后、六个月以内，就原定审议事项重新召集基金份额持有人大会。重新召集的基金份额持有人大会应当有代表三分之一以上基金份额的持有人参加，方可召开。

基金份额持有人大会就审议事项作出决定，应当经参加大会的基金份额持有人所持表决权的二分之一以上通过；但是，转换基金的运作方式、更换基金管理人或者基金托管人、提前终止基金合同、与其他基金合并，应当经参加大会的基金份额持有人所持表决权的三分之二以上通过。

基金份额持有人大会决定的事项，应当依法报国务院证券监督管理机构备案，并予以公告。

第十章 非公开募集基金

第八十七条 非公开募集基金应当向合格投资者募集，合格投资者累计不得超过二百人。

前款所称合格投资者，是指达到规定资产规模或者收入水平，并且具备相应的风险识别能力和风险承担能力、其基金份额认购金额不低于规定限额的单位和个人。

合格投资者的具体标准由国务院证券监督管理机构规定。

第八十八条 除基金合同另有约定外，非公开募集基金应当由基金托管人托管。

第八十九条 担任非公开募集基金的基金管理人，应当按照规定向基金行业协会履行登记手续，报送基本情况。

第九十条 未经登记，任何单位或者个人不得使用“基金”或者“基金管理”字样或者近似名称进行证券投资活动；但是，法律、行政法规另有规定的除外。

第九十一条 非公开募集基金，不得向合格投资者之外的单位和个人募集资金，不得通过报刊、电台、电视台、互联网等公众传播媒体或者讲座、报告会、分析会等方式向不特定对象宣传推介。

第九十二条 非公开募集基金，应当制定并签订基金合同。基金合同应当包括下列内容：

（一）基金份额持有人、基金管理人、基金托管人的权利、义务；

（二）基金的运作方式；

（三）基金的出资方式、数额和认缴期限；

（四）基金的投资范围、投资策略和投资限制；

（五）基金收益分配原则、执行方式；

（六）基金承担的有关费用；

（七）基金信息提供的内容、方式；

（八）基金份额的认购、赎回或者转让的程序和方式；

（九）基金合同变更、解除和终止的事由、程序；

（十）基金财产清算方式；

（十一）当事人约定的其他事项。

基金份额持有人转让基金份额的，应当符合本法第八十七条、第九十一条的规定。

第九十三条 按照基金合同约定，非公开募集基金可以由部分基金份额持有人作为基金管理人负责基金的投资管理活动，并在基金财产不足以清偿其债务时对基金财产的债务承担无限连带责任。

前款规定的非公开募集基金，其基金合同还应载明：

（一）承担无限连带责任的基金份额持有人和其他基金份额持有人的姓名或者名称、住所；

（二）承担无限连带责任的基金份额持有人的除名条件和更换程序；

（三）基金份额持有人增加、退出的条件、程序以及相关责任；

（四）承担无限连带责任的基金份额持有人和其他基金份额持有人的转换程序。

第九十四条 非公开募集基金募集完毕，基金管理人应当向基金行业协会备案。对募集的资金总额或者基金份额持有人的人数达到规定标准的基金，基金行业协会应当向国务院证券监督管理机构报告。

非公开募集基金财产的证券投资，包括买卖公开发行的股份有限公司股票、债券、基金份额，以及国务院证券监督管理机构规定的其他证券及其衍生品种。

第九十五条 基金管理人、基金托管人应当按照基金合同的约定，向基金份额持有人提供基金信息。

第九十六条 专门从事非公开募集基金管理业务的基金管理人，其股东、高级管理人员、经营期限、管理的基金资产规模等符合规定条件的，经国务院证券监督管理机构核准，可以从事公开募集基金管理业务。

第十一章 基金服务机构

第九十七条 从事公开募集基金的销售、销售支付、份额登记、估值、投资顾问、评价、信息技术系统服务等基金服务业务的机构，应当按照国务院证券监督管理机构的规定进行注册或者备案。

第九十八条 基金销售机构应当向投资人充分揭示投资风险，并根据投资人的风险承担能力销售不同风险等级的基金产品。

第九十九条 基金销售支付机构应当按照规定办理基金销售结算资金的划付，确保基金销售结算资金安全、及时划付。

第一百条 基金销售结算资金、基金份额独立于基金销售机构、基金销售支付机构或者基金份额登记机构的自有财产。基金销售机构、基金销售支付机构或者基金份额登记机构破产或者清算时,基金销售结算资金、基金份额不属于其破产财产或者清算财产。非因投资人本身的债务或者法律规定的其他情形,不得查封、冻结、扣划或者强制执行基金销售结算资金、基金份额。

基金销售机构、基金销售支付机构、基金份额登记机构应当确保基金销售结算资金、基金份额的安全、独立,禁止任何单位或者个人以任何形式挪用基金销售结算资金、基金份额。

第一百零一条 基金管理人可以委托基金服务机构代为办理基金的份额登记、核算、估值、投资顾问等事项,基金托管人可以委托基金服务机构代为办理基金的核算、估值、复核等事项,但基金管理人、基金托管人依法应当承担的责任不因委托而免除。

第一百零二条 基金份额登记机构以电子介质登记的数据,是基金份额持有人权利归属的根据。基金份额持有人以基金份额出质的,质权自基金份额登记机构办理出质登记时设立。

基金份额登记机构应当妥善保存登记数据,并将基金份额持有人名称、身份信息及基金份额明细等数据备份至国务院证券监督管理机构认定的机构。其保存期限自基金账户销户之日起不得少于二十年。

基金份额登记机构应当保证登记数据的真实、准确、完整,不得隐匿、伪造、篡改或者毁损。

第一百零三条 基金投资顾问机构及其从业人员提供基金投资顾问服务,应当具有合理的依据,对其服务能力和经营业绩进行如实陈述,不得以任何方式承诺或者保证投资收益,不得损害服务对象的合法权益。

第一百零四条 基金评价机构及其从业人员应当客观公正,按照依法制定的业务规则开展基金评价业务,禁止误导投资人,防范可能发生的利益冲突。

第一百零五条 基金管理人、基金托管人、基金服务机构的信息技术系统,应当符合规定的要求。国务院证券监督管理机构可以要求信息技术系统服务机构提供该信息技术系统的相关资料。

第一百零六条 律师事务所、会计师事务所接受基金管理人、基金托管人的委托,为有关基金业务活动出具法律意见书、审计报告、内部控制评价报告等文件,应当勤勉尽责,对所依据的文件资料内容的真实性、准确性、完整性进行核查和验证。其制作、出具的文件有虚假记载、误导性陈述或者重大遗漏,给他人财产造成损失的,应当与委托人承担连带赔偿责任。

第一百零七条 基金服务机构应当勤勉尽责、恪尽职守,建立应急等风险管理制度和灾难备份系统,不得泄露与基金份额持有人、基金投资运作相关的非公开信息。

第十二章 基金行业协会

第一百零八条 基金行业协会是证券投资基金行业的自律性组织,是社会团体法人。

基金管理人、基金托管人应当加入基金行业协会,基金服务机构可以加入基金行业协会。

第一百零九条 基金行业协会的权力机构为全体会员组成的会员大会。

基金行业协会设理事会。理事会成员依章程的规定由选举产生。

第一百一十条 基金行业协会章程由会员大会制定,并报国务院证券监督管理机构备案。

第一百一十一条 基金行业协会履行下列职责:

(一)教育和组织会员遵守有关证券投资的法律、行政法规,维护投资人合法权益;

(二)依法维护会员的合法权益,反映会员的建议和要求;

(三)制定和实施行业自律规则,监督、检查会员及其从业人员的执业行为,对违反自律规则和协会章程的,按照规定给予纪律处分;

(四)制定行业执业标准和业务规范,组织基金从业人员的从业考试、资质管理和业务培训;

(五)提供会员服务,组织行业交流,推动行业创新,开展行业宣传和投资人教育活动;

(六)对会员之间、会员与客户之间发生的基金业务纠纷进行调解;

(七)依法办理非公开募集基金的登记、备案;

(八)协会章程规定的其他职责。

第十三章 监督管理

第一百一十二条 国务院证券监督管理机构依法履行下列职责:

(一)制定有关证券投资基金活动监督管理的规章、规则,并行使审批、核准或者注册权;

（二）办理基金备案；

（三）对基金管理人、基金托管人及其他机构从事证券投资基金活动进行监督管理，对违法行为进行查处，并予以公告；

（四）制定基金从业人员的资格标准和行为准则，并监督实施；

（五）监督检查基金信息的披露情况；

（六）指导和监督基金行业协会的活动；

（七）法律、行政法规规定的其他职责。

第一百一十三条 国务院证券监督管理机构依法履行职责，有权采取下列措施：

（一）对基金管理人、基金托管人、基金服务机构进行现场检查，并要求其报送有关的业务资料；

（二）进入涉嫌违法行为发生场所调查取证；

（三）询问当事人和与被调查事件有关的单位和个人，要求其对与被调查事件有关的事项作出说明；

（四）查阅、复制与被调查事件有关的财产权登记、通讯记录等资料；

（五）查阅、复制当事人和与被调查事件有关的单位和个人的证券交易记录、登记过户记录、财务会计资料及其他相关文件和资料；对可能被转移、隐匿或者毁损的文件和资料，可以予以封存；

（六）查询当事人和与被调查事件有关的单位和个人的资金账户、证券账户和银行账户；对有证据证明已经或者可能转移或者隐匿违法资金、证券等涉案财产或者隐匿、伪造、毁损重要证据的，经国务院证券监督管理机构主要负责人批准，可以冻结或者查封；

（七）在调查操纵证券市场、内幕交易等重大证券违法行为时，经国务院证券监督管理机构主要负责人批准，可以限制被调查事件当事人的证券买卖，但限制的期限不得超过十五个交易日；案情复杂的，可以延长十五个交易日。

第一百一十四条 国务院证券监督管理机构工作人员依法履行职责，进行调查或者检查时，不得少于二人，并应当出示合法证件；对调查或者检查中知悉的商业秘密负有保密的义务。

第一百一十五条 国务院证券监督管理机构工作人员应当忠于职守，依法办事，公正廉洁，接受监督，不得利用职务牟取私利。

第一百一十六条 国务院证券监督管理机构依法履行职责时，被调查、检查的单位和个人应当配合，如实提供有关文件和资料，不得拒绝、阻碍和隐瞒。

第一百一十七条 国务院证券监督管理机构依法履行职责，发现违法行为涉嫌犯罪的，应当将案件移送司法机关处理。

第一百一十八条 国务院证券监督管理机构工作人员在任职期间，或者离职后在《中华人民共和国公务员法》规定的期限内，不得在被监管的机构中担任职务。

第十四章　法律责任

第一百一十九条 违反本法规定，未经批准擅自设立基金管理公司或者未经核准从事公开募集基金管理业务的，由证券监督管理机构予以取缔或者责令改正，没收违法所得，并处违法所得一倍以上五倍以下罚款；没有违法所得或者违法所得不足一百万元的，并处十万元以上一百万元以下罚款。对直接负责的主管人员和其他直接责任人员给予警告，并处三万元以上三十万元以下罚款。

基金管理公司违反本法规定，擅自变更持有百分之五以上股权的股东、实际控制人或者其他重大事项的，责令改正，没收违法所得，并处违法所得一倍以上五倍以下罚款；没有违法所得或者违法所得不足五十万元的，并处五万元以上五十万元以下罚款。对直接负责的主管人员给予警告，并处三万元以上十万元以下罚款。

第一百二十条 基金管理人的董事、监事、高级管理人员和其他从业人员，基金托管人的专门基金托管部门的高级管理人员和其他从业人员，未按照本法第十七条第一款规定申报的，责令改正，处三万元以上十万元以下罚款。

基金管理人、基金托管人违反本法第十七条第二款规定的，责令改正，处十万元以上一百万元以下罚款；对直接负责的主管人员和其他直接责任人员给予警告，暂停或者撤销基金从业资格，并处三万元以上三十万元以下罚款。

第一百二十一条 基金管理人的董事、监事、高级管理人员和其他从业人员，基金托管人的专门基金托管部门的高级管理人员和其他从业人员违反本法第十八条规定的，责令改正，没收违法所得，并处违法所得一倍以上五倍以下罚款；没有违法所得或者违法所得不足一百万元的，并处十万元以上一百万元以下罚款；情节严重的，撤销基金从业资格。

第一百二十二条 基金管理人、基金托管人违反本法规定，未对基金财产实行分别管理或者分账保管，责令改正，处五万元以上五十万元以下罚款；对直接负责的主管人员和其他直接责任人员给予警告，暂停或者撤销基金从业资格，并处三万元以上三十万元以下罚款。

第一百二十三条 基金管理人、基金托管人及其董事、监事、高级管理人员和其他从业人员有本法第二十条所列行为之一的，责令改正，没收违法所得，并处违法所得一倍以上五倍以下罚款；没有违法所得或者违法所得不足一百万元的，并处十万元以上一百万元以下罚款；基金管理人、基金托管人有上述行为的，还应当对其直接负责的主管人员和其他直接责任人员给予警告，暂停或者撤销基金从业资格，并处三万元以上三十万元以下罚款。

基金管理人、基金托管人及其董事、监事、高级管理人员和其他从业人员侵占、挪用基金财产而取得的财产和收益，归入基金财产。但是，法律、行政法规另有规定的，依照其规定。

第一百二十四条 基金管理人的股东、实际控制人违反本法第二十三条规定的，责令改正，没收违法所得，并处违法所得一倍以上五倍以下罚款；没有违法所得或者违法所得不足一百万元的，并处十万元以上一百万元以下罚款；对直接负责的主管人员和其他直接责任人员给予警告，暂停或者撤销基金或证券从业资格，并处三万元以上三十万元以下罚款。

第一百二十五条 未经核准，擅自从事基金托管业务的，责令停止，没收违法所得，并处违法所得一倍以上五倍以下罚款；没有违法所得或者违法所得不足一百万元的，并处十万元以上一百万元以下罚款；对直接负责的主管人员和其他直接责任人员给予警告，并处三万元以上三十万元以下罚款。

第一百二十六条 基金管理人、基金托管人违反本法规定，相互出资或者持有股份的，责令改正，可以处十万元以下罚款。

第一百二十七条 违反本法规定，擅自公开或者变相公开募集基金的，责令停止，返还所募资金和加计的银行同期存款利息，没收违法所得，并处所募资金金额百分之一以上百分之五以下罚款。对直接负责的主管人员和其他直接责任人员给予警告，并处五万元以上五十万元以下罚款。

第一百二十八条 违反本法第五十九条规定，动用募集的资金的，责令返还，没收违法所得，并处违法所得一倍以上五倍以下罚款；没有违法所得或者违法所得不足五十万元的，并处五万元以上五十万元以下罚款；对直接负责的主管人员和其他直接责任人员给予警告，并处三万元以上三十万元以下罚款。

第一百二十九条 基金管理人、基金托管人有本法第七十三条第一款第一项至第五项和第七项所列行为之一，或者违反本法第七十三条第二款规定的，责令改正，处十万元以上一百万元以下罚款；对直接负责的主管人员和其他直接责任人员给予警告，暂停或者撤销基金从业资格，并处三万元以上三十万元以下罚款。

基金管理人、基金托管人有前款行为，运用基金财产而取得的财产和收益，归入基金财产。但是，法律、行政法规另有规定的，依照其规定。

第一百三十条 基金管理人、基金托管人有本法第七十三条第一款第六项规定行为的，除依照《中华人民共和国证券法》的有关规定处罚外，对直接负责的主管人员和其他直接责任人员暂停或者撤销基金从业资格。

第一百三十一条 基金信息披露义务人不依法披露基金信息或者披露的信息有虚假记载、误导性陈述或者重大遗漏的，责令改正，没收违法所得，并处十万元以上一百万元以下罚款；对直接负责的主管人员和其他直接责任人员给予警告，暂停或者撤销基金从业资格，并处三万元以上三十万元以下罚款。

第一百三十二条 基金管理人或者基金托管人不按照规定召集基金份额持有人大会的，责令改正，可以处五万元以下罚款；对直接负责的主管人员和其他直接责任人员给予警告，暂停或者撤销基金从业资格。

第一百三十三条 违反本法规定，未经登记，使用“基金”或者“基金管理”字样或者近似名称进行证券投资活动的，没收违法所得，并处违法所得一倍以上五倍以下罚款；没有违法所得或者违法所得不足一百万元的，并处十万元以上一百万元以下罚款。对直接负责的主管人员和其他直接责任人员给予警告，并处三万元以上三十万元以下罚款。

第一百三十四条 违反本法规定，非公开募集基金募集完毕，基金管理人未备案的，处十万元以上三十万元以下罚款。对直接负责的主管人员和其他直接责任人员给予警告，并处三万元以上十万元以下罚款。

第一百三十五条 违反本法规定，向合格投资者之外的单位或者个人非公开募集资金或者转让基金份额的，没收违法所得，并处违法所得一倍以上五倍以下罚款；没有违法所得或者违法所得不足一百万元的，并处十万元以上一百万元以下罚款。对直接负责的主管人员和其他直接责任人员给予警告，并处三万元以上三十万元以下罚款。

第一百三十六条 违反本法规定，擅自从事公开募集基金的基金服务业务的，责令改正，没收违法所得，并处违法所得一倍以上五倍以下罚款；没有违法所得或者违法所得不足三十万元的，并处十万元以上三十万元以下罚款。对直接负责的主管人员和其他直接责任人员给予警告，并处三万元以上十万元以下罚款。

第一百三十七条 基金销售机构未向投资人充分揭示投资风险并误导其购买与其风险承担能力不相当的基金产品的，处十万元以上三十万元以下罚款；情节严重的，责令其停止基金服务业务。对直接负责的主管人员和其他直接责任人员给予警告，撤销基金从业资格，并处三万元以上十万元以下罚款。

第一百三十八条 基金销售支付机构未按照规定划付基金销售结算资金的，处十万元以上三十万元以下罚款；情节严重的，责令其停止基金服务业务。对直接负责的主管人员和其他直接责任人员给予警告，撤销基金从业资格，并处三万元以上十万元以下罚款。

第一百三十九条 挪用基金销售结算资金或者基金份额的，责令改正，没收违法所得，并处违法所得一倍以上五倍以下罚款；没有违法所得或者违法所得不足一百万元的，并处十万元以上一百万元以下罚款。对直接负责的主管人员和其他直接责任人员给予警告，并处三万元以上三十万元以下罚款。

第一百四十条 基金份额登记机构未妥善保存或者备份基金份额登记数据的，责令改正，给予警告，并处十万元以上三十万元以下罚款；情节严重的，责令其停止基金服务业务。对直接负责的主管人员和其他直接责任人员给予警告，撤销基金从业资格，并处三万元以上十万元以下罚款。

基金份额登记机构隐匿、伪造、篡改、毁损基金份额登记数据的，责令改正，处十万元以上一百万元以下罚款，并责令其停止基金服务业务。对直接负责的主管人员和其他直接责任人员给予警告，撤销基金从业资格，并处三万元以上三十万元以下罚款。

第一百四十一条 基金投资顾问机构、基金评价机构及其从业人员违反本法规定开展投资顾问、基金评价服务的，处十万元以上三十万元以下罚款；情节严重的，责令其停止基金服务业务。对直接负责的主管人员和其他直接责任人员给予警告，撤销基金从业资格，并处三万元以上十万元以下罚款。

第一百四十二条 信息技术系统服务机构未按照规定向国务院证券监督管理机构提供相关信息技术系统资料，或者提供的信息技术系统资料虚假、有重大遗漏的，责令改正，处三万元以上十万元以下罚款。对直接负责的主管人员和其他直接责任人员给予警告，并处一万元以上三万元以下罚款。

第一百四十三条 会计师事务所、律师事务所未勤勉尽责，所出具的文件有虚假记载、误导性陈述或者重大遗漏的，责令改正，没收业务收入，暂停或者撤销相关业务许可，并处业务收入一倍以上五倍以下罚款。对直接负责的主管人员和其他直接责任人员给予警告，并处三万元以上十万元以下罚款。

第一百四十四条 基金服务机构未建立应急等风险管理制度和灾难备份系统，或者泄露与基金份额持有人、基金投资运作相关的非公开信息的，处十万元以上三十万元以下罚款；情节严重的，责令其停止基金服务业务。对直接负责的主管人员和其他直接责任人员给予警告，撤销基金从业资格，并处三万元以上十万元以下罚款。

第一百四十五条 违反本法规定，给基金财产、基金份额持有人或者投资人造成损害的，依法承担赔偿责任。

基金管理人、基金托管人在履行各自职责的过程中，违反本法规定或者基金合同约定，给基金财产或者基金份额持有人造成损害的，应当分别对各自的行为依法承担赔偿责任；因共同行为给基金财产或者基金份额持有人造成损害的，应当承担连带赔偿责任。

第一百四十六条 证券监督管理机构工作人员玩忽职守、滥用职权、徇私舞弊或者利用职务上的便利索取或者收受他人财物的，依法给予行政处分。

第一百四十七条 拒绝、阻碍证券监督管理机构及其工作人员依法行使监督检查、调查职权未使用暴力、威胁方法的，依法给予治安管理处罚。

第一百四十八条 违反法律、行政法规或者国务院证券监督管理机构的有关规定，情节严重的，国务院证券监督管理机构可以对有关责任人员采取证券市场禁入的措施。

第一百四十九条 违反本法规定，构成犯罪的，依法追究刑事责任。

第一百五十条 违反本法规定，应当承担民事赔偿责任和缴纳罚款、罚金，其财产不足以同时支付时，先承担民事赔偿责任。

第一百五十一条 依照本法规定，基金管理人、基金托管人、基金服务机构应当承担的民事赔偿责任和缴纳的罚款、罚金，由基金管理人、基金托管人、基金服务机构以其固有财产承担。

依法收缴的罚款、罚金和没收的违法所得，应当全部上缴国库。

第十五章　附　则

第一百五十二条 在中华人民共和国境内募集投资境外证券的基金，以及合格境外投资者在境内进行证券投资，应当经国务院证券监督管理机构批准，具体办法由国务院证券监督管理机构会同国务院有关部门规定，报国务院批准。

第一百五十三条 公开或者非公开募集资金，以进行证券投资活动为目的设立的公司或者合伙企业，资产由基金管理人或者普通合伙人管理的，其证券投资活动适用本法。

第一百五十四条 本法自 2013 年 6 月 1 日起施行。

医疗保障基金使用监督管理条例

· 2021 年 1 月 15 日中华人民共和国国务院令第 735 号公布
· 自 2021 年 5 月 1 日起施行

第一章　总　则

第一条 为了加强医疗保障基金使用监督管理，保障基金安全，促进基金有效使用，维护公民医疗保障合法权益，根据《中华人民共和国社会保险法》和其他有关法律规定，制定本条例。

第二条 本条例适用于中华人民共和国境内基本医疗保险（含生育保险）基金、医疗救助基金等医疗保障基金使用及其监督管理。

第三条 医疗保障基金使用坚持以人民健康为中心，保障水平与经济社会发展水平相适应，遵循合法、安全、公开、便民的原则。

第四条 医疗保障基金使用监督管理实行政府监管、社会监督、行业自律和个人守信相结合。

第五条 县级以上人民政府应当加强对医疗保障基金使用监督管理工作的领导，建立健全医疗保障基金使用监督管理机制和基金监督管理执法体制，加强医疗保障基金使用监督管理能力建设，为医疗保障基金使用监督管理工作提供保障。

第六条 国务院医疗保障行政部门主管全国的医疗保障基金使用监督管理工作。国务院其他有关部门在各自职责范围内负责有关的医疗保障基金使用监督管理工作。

县级以上地方人民政府医疗保障行政部门负责本行政区域的医疗保障基金使用监督管理工作。县级以上地方人民政府其他有关部门在各自职责范围内负责有关的医疗保障基金使用监督管理工作。

第七条 国家鼓励和支持新闻媒体开展医疗保障法律、法规和医疗保障知识的公益宣传，并对医疗保障基金使用行为进行舆论监督。有关医疗保障的宣传报道应当真实、公正。

县级以上人民政府及其医疗保障等行政部门应当通过书面征求意见、召开座谈会等方式，听取人大代表、政协委员、参保人员代表等对医疗保障基金使用的意见，畅通社会监督渠道，鼓励和支持社会各方面参与对医疗保障基金使用的监督。

医疗机构、药品经营单位（以下统称医药机构）等单位和医药卫生行业协会应当加强行业自律，规范医药服务行为，促进行业规范和自我约束，引导依法、合理使用医疗保障基金。

第二章　基金使用

第八条　医疗保障基金使用应当符合国家规定的支付范围。

医疗保障基金支付范围由国务院医疗保障行政部门依法组织制定。省、自治区、直辖市人民政府按照国家规定的权限和程序，补充制定本行政区域内医疗保障基金支付的具体项目和标准，并报国务院医疗保障行政部门备案。

第九条　国家建立健全全国统一的医疗保障经办管理体系，提供标准化、规范化的医疗保障经办服务，实现省、市、县、乡镇（街道）、村（社区）全覆盖。

第十条　医疗保障经办机构应当建立健全业务、财务、安全和风险管理制度，做好服务协议管理、费用监控、基金拨付、待遇审核及支付等工作，并定期向社会公开医疗保障基金的收入、支出、结余等情况，接受社会监督。

第十一条　医疗保障经办机构应当与定点医药机构建立集体谈判协商机制，合理确定定点医药机构的医疗保障基金预算金额和拨付时限，并根据保障公众健康需求和管理服务的需要，与定点医药机构协商签订服务协议，规范医药服务行为，明确违反服务协议的行为及其责任。

医疗保障经办机构应当及时向社会公布签订服务协议的定点医药机构名单。

医疗保障行政部门应当加强对服务协议订立、履行等情况的监督。

第十二条　医疗保障经办机构应当按照服务协议的约定，及时结算和拨付医疗保障基金。

定点医药机构应当按照规定提供医药服务，提高服务质量，合理使用医疗保障基金，维护公民健康权益。

第十三条　定点医药机构违反服务协议的，医疗保障经办机构可以督促其履行服务协议，按照服务协议约定暂停或者不予拨付费用、追回违规费用、中止相关责任人员或者所在部门涉及医疗保障基金使用的医药服务，直至解除服务协议；定点医药机构及其相关责任人员有权进行陈述、申辩。

医疗保障经办机构违反服务协议的，定点医药机构有权要求纠正或者提请医疗保障行政部门协调处理、督促整改，也可以依法申请行政复议或者提起行政诉讼。

第十四条　定点医药机构应当建立医疗保障基金使用内部管理制度，由专门机构或者人员负责医疗保障基金使用管理工作，建立健全考核评价体系。

定点医药机构应当组织开展医疗保障基金相关制度、政策的培训，定期检查本单位医疗保障基金使用情况，及时纠正医疗保障基金使用不规范的行为。

第十五条　定点医药机构及其工作人员应当执行实名就医和购药管理规定，核验参保人员医疗保障凭证，按照诊疗规范提供合理、必要的医药服务，向参保人员如实出具费用单据和相关资料，不得分解住院、挂床住院，不得违反诊疗规范过度诊疗、过度检查、分解处方、超量开药、重复开药，不得重复收费、超标准收费、分解项目收费，不得串换药品、医用耗材、诊疗项目和服务设施，不得诱导、协助他人冒名或者虚假就医、购药。

定点医药机构应当确保医疗保障基金支付的费用符合规定的支付范围；除急诊、抢救等特殊情形外，提供医疗保障基金支付范围以外的医药服务的，应当经参保人员或者其近亲属、监护人同意。

第十六条　定点医药机构应当按照规定保管财务账目、会计凭证、处方、病历、治疗检查记录、费用明细、药品和医用耗材出入库记录等资料，及时通过医疗保障信息系统全面准确传送医疗保障基金使用有关数据，向医疗保障行政部门报告医疗保障基金使用监督管理所需信息，向社会公开医药费用、费用结构等信息，接受社会监督。

第十七条　参保人员应当持本人医疗保障凭证就医、购药，并主动出示接受查验。参保人员有权要求定点医药机构如实出具费用单据和相关资料。

参保人员应当妥善保管本人医疗保障凭证，防止他人冒名使用。因特殊原因需要委托他人代为购药的，应当提供委托人和受托人的身份证明。

参保人员应当按照规定享受医疗保障待遇，

不得重复享受。

参保人员有权要求医疗保障经办机构提供医疗保障咨询服务，对医疗保障基金的使用提出改进建议。

第十八条 在医疗保障基金使用过程中，医疗保障等行政部门、医疗保障经办机构、定点医药机构及其工作人员不得收受贿赂或者取得其他非法收入。

第十九条 参保人员不得利用其享受医疗保障待遇的机会转卖药品，接受返还现金、实物或者获得其他非法利益。

定点医药机构不得为参保人员利用其享受医疗保障待遇的机会转卖药品，接受返还现金、实物或者获得其他非法利益提供便利。

第二十条 医疗保障经办机构、定点医药机构等单位及其工作人员和参保人员等人员不得通过伪造、变造、隐匿、涂改、销毁医学文书、医学证明、会计凭证、电子信息等有关资料，或者虚构医药服务项目等方式，骗取医疗保障基金。

第二十一条 医疗保障基金专款专用，任何组织和个人不得侵占或者挪用。

第三章 监督管理

第二十二条 医疗保障、卫生健康、中医药、市场监督管理、财政、审计、公安等部门应当分工协作、相互配合，建立沟通协调、案件移送等机制，共同做好医疗保障基金使用监督管理工作。

医疗保障行政部门应当加强对纳入医疗保障基金支付范围的医疗服务行为和医疗费用的监督，规范医疗保障经办业务，依法查处违法使用医疗保障基金的行为。

第二十三条 国务院医疗保障行政部门负责制定服务协议管理办法，规范、简化、优化医药机构定点申请、专业评估、协商谈判程序，制作并定期修订服务协议范本。

国务院医疗保障行政部门制定服务协议管理办法，应当听取有关部门、医药机构、行业协会、社会公众、专家等方面意见。

第二十四条 医疗保障行政部门应当加强与有关部门的信息交换和共享，创新监督管理方式，推广使用信息技术，建立全国统一、高效、兼容、便捷、安全的医疗保障信息系统，实施大数据实时动态智能监控，并加强共享数据使用全过程管理，确保共享数据安全。

第二十五条 医疗保障行政部门应当根据医疗保障基金风险评估、举报投诉线索、医疗保障数据监控等因素，确定检查重点，组织开展专项检查。

第二十六条 医疗保障行政部门可以会同卫生健康、中医药、市场监督管理、财政、公安等部门开展联合检查。

对跨区域的医疗保障基金使用行为，由共同的上一级医疗保障行政部门指定的医疗保障行政部门检查。

第二十七条 医疗保障行政部门实施监督检查，可以采取下列措施：

（一）进入现场检查；

（二）询问有关人员；

（三）要求被检查对象提供与检查事项相关的文件资料，并作出解释和说明；

（四）采取记录、录音、录像、照相或者复制等方式收集有关情况和资料；

（五）对可能被转移、隐匿或者灭失的资料等予以封存；

（六）聘请符合条件的会计师事务所等第三方机构和专业人员协助开展检查；

（七）法律、法规规定的其他措施。

第二十八条 医疗保障行政部门可以依法委托符合法定条件的组织开展医疗保障行政执法工作。

第二十九条 开展医疗保障基金使用监督检查，监督检查人员不得少于2人，并且应当出示执法证件。

医疗保障行政部门进行监督检查时，被检查对象应当予以配合，如实提供相关资料和信息，不得拒绝、阻碍检查或者谎报、瞒报。

第三十条 定点医药机构涉嫌骗取医疗保障基金支出的，在调查期间，医疗保障行政部门可以采取增加监督检查频次、加强费用监控等措施，防止损失扩大。定点医药机构拒不配合调查的，经医疗保障行政部门主要负责人批准，医疗保障行政部门可以要求医疗保障经办机构暂停医疗保障基金结算。经调查，属于骗取医疗保障基金支出的，依照本条例第四十条的规定处理；不属于骗取医疗保障基金支出的，按照规定结算。

参保人员涉嫌骗取医疗保障基金支出且拒不

配合调查的，医疗保障行政部门可以要求医疗保障经办机构暂停医疗费用联网结算。暂停联网结算期间发生的医疗费用，由参保人员全额垫付。经调查，属于骗取医疗保障基金支出的，依照本条例第四十一条的规定处理；不属于骗取医疗保障基金支出的，按照规定结算。

第三十一条 医疗保障行政部门对违反本条例的行为作出行政处罚或者行政处理决定前，应当听取当事人的陈述、申辩；作出行政处罚或者行政处理决定，应当告知当事人依法享有申请行政复议或者提起行政诉讼的权利。

第三十二条 医疗保障等行政部门、医疗保障经办机构、会计师事务所等机构及其工作人员，不得将工作中获取、知悉的被调查对象资料或者相关信息用于医疗保障基金使用监督管理以外的其他目的，不得泄露、篡改、毁损、非法向他人提供当事人的个人信息和商业秘密。

第三十三条 国务院医疗保障行政部门应当建立定点医药机构、人员等信用管理制度，根据信用评价等级分级分类监督管理，将日常监督检查结果、行政处罚结果等情况纳入全国信用信息共享平台和其他相关信息公示系统，按照国家有关规定实施惩戒。

第三十四条 医疗保障行政部门应当定期向社会公布医疗保障基金使用监督检查结果，加大对医疗保障基金使用违法案件的曝光力度，接受社会监督。

第三十五条 任何组织和个人有权对侵害医疗保障基金的违法违规行为进行举报、投诉。

医疗保障行政部门应当畅通举报投诉渠道，依法及时处理有关举报投诉，并对举报人的信息保密。对查证属实的举报，按照国家有关规定给予举报人奖励。

第四章 法律责任

第三十六条 医疗保障经办机构有下列情形之一的，由医疗保障行政部门责令改正，对直接负责的主管人员和其他直接责任人员依法给予处分：

（一）未建立健全业务、财务、安全和风险管理制度；

（二）未履行服务协议管理、费用监控、基金拨付、待遇审核及支付等职责；

（三）未定期向社会公开医疗保障基金的收入、支出、结余等情况。

第三十七条 医疗保障经办机构通过伪造、变造、隐匿、涂改、销毁医学文书、医学证明、会计凭证、电子信息等有关资料或者虚构医药服务项目等方式，骗取医疗保障基金支出的，由医疗保障行政部门责令退回，处骗取金额2倍以上5倍以下的罚款，对直接负责的主管人员和其他直接责任人员依法给予处分。

第三十八条 定点医药机构有下列情形之一的，由医疗保障行政部门责令改正，并可以约谈有关负责人；造成医疗保障基金损失的，责令退回，处造成损失金额1倍以上2倍以下的罚款；拒不改正或者造成严重后果的，责令定点医药机构暂停相关责任部门6个月以上1年以下涉及医疗保障基金使用的医药服务；违反其他法律、行政法规的，由有关主管部门依法处理：

（一）分解住院、挂床住院；

（二）违反诊疗规范过度诊疗、过度检查、分解处方、超量开药、重复开药或者提供其他不必要的医药服务；

（三）重复收费、超标准收费、分解项目收费；

（四）串换药品、医用耗材、诊疗项目和服务设施；

（五）为参保人员利用其享受医疗保障待遇的机会转卖药品，接受返还现金、实物或者获得其他非法利益提供便利；

（六）将不属于医疗保障基金支付范围的医药费用纳入医疗保障基金结算；

（七）造成医疗保障基金损失的其他违法行为。

第三十九条 定点医药机构有下列情形之一的，由医疗保障行政部门责令改正，并可以约谈有关负责人；拒不改正的，处1万元以上5万元以下的罚款；违反其他法律、行政法规的，由有关主管部门依法处理：

（一）未建立医疗保障基金使用内部管理制度，或者没有专门机构或者人员负责医疗保障基金使用管理工作；

（二）未按照规定保管财务账目、会计凭证、处方、病历、治疗检查记录、费用明细、药品和医用耗材出入库记录等资料；

（三）未按照规定通过医疗保障信息系统传送

医疗保障基金使用有关数据；

（四）未按照规定向医疗保障行政部门报告医疗保障基金使用监督管理所需信息；

（五）未按照规定向社会公开医药费用、费用结构等信息；

（六）除急诊、抢救等特殊情形外，未经参保人员或者其近亲属、监护人同意提供医疗保障基金支付范围以外的医药服务；

（七）拒绝医疗保障等行政部门监督检查或者提供虚假情况。

第四十条 定点医药机构通过下列方式骗取医疗保障基金支出的，由医疗保障行政部门责令退回，处骗取金额2倍以上5倍以下的罚款；责令定点医药机构暂停相关责任部门6个月以上1年以下涉及医疗保障基金使用的医药服务，直至由医疗保障经办机构解除服务协议；有执业资格的，由有关主管部门依法吊销执业资格：

（一）诱导、协助他人冒名或者虚假就医、购药，提供虚假证明材料，或者串通他人虚开费用单据；

（二）伪造、变造、隐匿、涂改、销毁医学文书、医学证明、会计凭证、电子信息等有关资料；

（三）虚构医药服务项目；

（四）其他骗取医疗保障基金支出的行为。

定点医药机构以骗取医疗保障基金为目的，实施了本条例第三十八条规定行为之一，造成医疗保障基金损失的，按照本条规定处理。

第四十一条 个人有下列情形之一的，由医疗保障行政部门责令改正；造成医疗保障基金损失的，责令退回；属于参保人员的，暂停其医疗费用联网结算3个月至12个月：

（一）将本人的医疗保障凭证交由他人冒名使用；

（二）重复享受医疗保障待遇；

（三）利用享受医疗保障待遇的机会转卖药品，接受返还现金、实物或者获得其他非法利益。

个人以骗取医疗保障基金为目的，实施了前款规定行为之一，造成医疗保障基金损失的；或者使用他人医疗保障凭证冒名就医、购药的；或者通过伪造、变造、隐匿、涂改、销毁医学文书、医学证明、会计凭证、电子信息等有关资料或者虚构医药服务项目等方式，骗取医疗保障基金支出的，除依照前款规定处理外，还应当由医疗保障行政部门处骗取金额2倍以上5倍以下的罚款。

第四十二条 医疗保障等行政部门、医疗保障经办机构、定点医药机构及其工作人员收受贿赂或者取得其他非法收入的，没收违法所得，对有关责任人员依法给予处分；违反其他法律、行政法规的，由有关主管部门依法处理。

第四十三条 定点医药机构违反本条例规定，造成医疗保障基金重大损失或者其他严重不良社会影响的，其法定代表人或者主要负责人5年内禁止从事定点医药机构管理活动，由有关部门依法给予处分。

第四十四条 违反本条例规定，侵占、挪用医疗保障基金的，由医疗保障等行政部门责令追回；有违法所得的，没收违法所得；对直接负责的主管人员和其他直接责任人员依法给予处分。

第四十五条 退回的基金退回原医疗保障基金财政专户；罚款、没收的违法所得依法上缴国库。

第四十六条 医疗保障等行政部门、医疗保障经办机构、会计师事务所等机构及其工作人员，泄露、篡改、毁损、非法向他人提供个人信息、商业秘密的，对直接负责的主管人员和其他直接责任人员依法给予处分；违反其他法律、行政法规的，由有关主管部门依法处理。

第四十七条 医疗保障等行政部门工作人员在医疗保障基金使用监督管理工作中滥用职权、玩忽职守、徇私舞弊的，依法给予处分。

第四十八条 违反本条例规定，构成违反治安管理行为的，依法给予治安管理处罚；构成犯罪的，依法追究刑事责任。

违反本条例规定，给有关单位或者个人造成损失的，依法承担赔偿责任。

第五章 附 则

第四十九条 职工大额医疗费用补助、公务员医疗补助等医疗保障资金使用的监督管理，参照本条例执行。

居民大病保险资金的使用按照国家有关规定执行，医疗保障行政部门应当加强监督。

第五十条 本条例自2021年5月1日起施行。

国务院关于证券投资基金管理公司有关问题的批复

·2004年8月12日
·国函〔2004〕66号

中国证券监督管理委员会：

你会《关于贯彻实施〈证券投资基金法〉有关问题的请示》（证监发〔2004〕64号）收悉。现批复如下：

一、根据《中华人民共和国证券投资基金法》第十三条规定，国务院同意你会对法人作为证券投资基金管理公司非主要股东的条件作如下规定：

（一）注册资本、净资产不低于1亿元人民币，资产质量良好；

（二）持续经营3个以上完整的会计年度，公司治理结构健全，内部监控制度完善；

（三）最近3年没有因违法违规行为受到行政处罚或者刑事处罚；

（四）没有挪用客户资产等损害客户利益的行为；

（五）没有因违法违规行为正在被监管机构调查，或者正处于整改期间；

（六）具有良好的社会信誉，最近3年在税务、工商等行政机关以及金融监管、自律管理、商业银行等机构无不良记录。

二、根据《中华人民共和国证券投资基金法》第十三条规定，国务院同意你会对中外合资证券投资基金管理公司的境内外股东的条件作如下规定：

（一）出资比例最高的境内股东应当具备证券投资基金管理公司主要股东的条件；其他境内股东应当具备证券投资基金管理公司非主要股东的条件。

（二）境外股东应当具备下列条件：

1. 依所在国家或者地区法律设立、合法存续并具有金融资产管理经验的金融机构，财务稳健，资信良好，最近3年没有受到监管机构或者司法机关的处罚；

2. 所在国家或者地区具有完善的证券法律和监管制度，其证券监管机构已与中国证监会或者中国证监会认可的其他机构签订证券监管合作谅解备忘录，并保持着有效的监管合作关系；

3. 实缴资本不低于3亿元人民币的等值可自由兑换货币；

4. 经国务院批准的中国证监会规定的其他条件。

香港特别行政区、澳门特别行政区和台湾地区的金融机构在内地投资证券投资基金管理公司，比照适用前款规定。

三、1997年11月5日国务院批准、1997年11月14日国务院证券委员会发布的《证券投资基金管理暂行办法》即行废止。

国务院关于管理公开募集基金的基金管理公司有关问题的批复

·2013年12月10日
·国函〔2013〕132号

中国证券监督管理委员会：

你会关于贯彻实施修订后的《中华人民共和国证券投资基金法》有关问题的请示收悉。现批复如下：

一、根据《中华人民共和国证券投资基金法》第十三条规定，国务院同意你会对管理公开募集基金的基金管理公司（以下简称基金管理公司）主要股东的条件作如下规定：

（一）主要股东为法人或者其他组织的，净资产不低于2亿元人民币；

（二）主要股东为自然人的，个人金融资产不低于3000万元人民币，在境内外资产管理行业从业10年以上。

二、根据《中华人民共和国证券投资基金法》第十三条规定，国务院同意你会对基金管理公司持有5%以上股权的非主要股东的条件作如下规定：

（一）非主要股东为法人或者其他组织的，净资产不低于5000万元人民币，资产质量良好，内部监控制度完善；

（二）非主要股东为自然人的，个人金融资产不低于1000万元人民币，在境内外资产管理行业从业5年以上；

（三）最近3年没有因违法违规行为受到行政处罚或者刑事处罚；

（四）没有挪用客户资产等损害客户利益的行为；

（五）没有因违法违规行为正在被监管机构调查，或者正处于整改期间；

（六）具有良好的社会信誉，最近3年在税务、工商等行政机关以及金融监管、自律管理、商业银行等机构无不良记录。

三、根据《中华人民共和国证券投资基金法》第十三条规定，国务院同意你会对中外合资基金管理公司境内外股东的条件作如下规定：

（一）出资比例最高的境内股东应当具备基金管理公司主要股东的条件；其他境内股东应当具备基金管理公司非主要股东的条件。

（二）境外股东应当具备下列条件：

1. 依所在国家或者地区法律设立、合法存续并具有金融资产管理经验的金融机构，财务稳健，资信良好，最近3年没有受到监管机构或者司法机关的处罚；

2. 所在国家或者地区具有完善的证券法律和监管制度，其证券监管机构已与中国证券监督管理委员会或者中国证券监督管理委员会认可的其他机构签订证券监管合作谅解备忘录，并保持着有效的监管合作关系；

3. 净资产不低于2亿元人民币的等值可自由兑换货币；

4. 经国务院批准的中国证券监督管理委员会规定的其他条件。

香港特别行政区、澳门特别行政区和台湾地区的金融机构在内地投资基金管理公司，比照适用前款规定。

四、根据《中华人民共和国证券投资基金法》第十三条规定，国务院同意你会对不得成为基金管理公司实际控制人的情形作如下规定：

（一）因故意犯罪被判处刑罚，刑罚执行完毕未逾3年；

（二）净资产低于实收资本的50%，或者或有负债达到净资产的50%；

（三）不能清偿到期债务。

（一）基金公司

公开募集证券投资基金管理人监督管理办法

·2022年5月20日中国证券监督管理委员会令第198号公布

·自2022年6月20日起施行

第一章　总　则

第一条　为规范公开募集证券投资基金（以下简称公募基金）管理业务，加强对公募基金管理人的监督管理，保护基金份额持有人及相关当事人合法权益，促进公募基金行业健康发展，根据《证券投资基金法》《证券法》《公司法》和其他有关法律、行政法规，制定本办法。

第二条　公募基金管理人由基金管理公司或者经中国证券监督管理委员会（以下简称中国证监会）核准取得公募基金管理业务资格的其他资产管理机构（以下简称其他公募基金管理人）担任。

本办法所称基金管理公司，是指经中国证监会批准，在中华人民共和国境内设立，从事公募基金管理业务和中国证监会批准或者认可的其他业务的营利法人。

本办法所称其他资产管理机构，包括在境内设立的从事资产管理业务的证券公司资产管理子公司、保险资产管理公司、商业银行理财子公司、在中国证券投资基金业协会（以下简称基金业协会）登记的专门从事非公开募集证券投资基金管理业务的机构以及中国证监会规定的其他机构。

未取得公募基金管理业务资格的机构，不得从事公募基金管理业务。

第三条　公募基金管理人应当遵守法律、行政法规、中国证监会的规定和自律规则，恪尽职守，履行诚实信用、谨慎勤勉的义务，为基金份额持有人的利益运用基金财产，保护基金份额持有人合法权益，不得损害国家利益、社会公共利益和他人合法权益。

第四条　中国证监会及其派出机构依据法

律、行政法规和中国证监会的规定，根据审慎监管原则，对基金管理公司及其业务活动、其他公募基金管理人的公募基金管理业务活动实施监督管理，并对基金管理公司股权实施穿透式监管和分类监管。

第五条 基金业协会依据法律、行政法规、中国证监会的规定和自律规则，对基金管理公司及其业务活动、其他公募基金管理人的公募基金管理业务活动实施自律管理。

第二章 公募基金管理人的准入

第六条 设立基金管理公司，应当具备下列条件：

（一）股东、实际控制人符合《证券投资基金法》和本办法的规定；

（二）有符合《证券投资基金法》《公司法》以及中国证监会规定的章程；

（三）注册资本不低于1亿元人民币，且股东必须以来源合法的自有货币资金实缴，境外股东应当以可自由兑换货币出资；

（四）有符合法律、行政法规和中国证监会规定的董事、监事、高级管理人员以及研究、投资、运营、销售、合规等岗位职责人员，取得基金从业资格的人员原则上不少于30人；

（五）有符合要求的公司名称、营业场所、安全防范设施和与业务有关的其他设施；

（六）设置了分工合理、职责清晰的组织机构和工作岗位；

（七）有符合中国证监会规定的内部管理制度；

（八）经国务院批准的中国证监会规定的其他条件。

第七条 根据持股比例和对基金管理公司经营管理的影响，基金管理公司股东包括以下三类：

（一）主要股东，指持有基金管理公司25%以上股权的股东，如任一股东持股均未达25%的，则主要股东为持有5%以上股权的第一大股东，中国证监会另有规定的除外；

（二）持有基金管理公司5%以上股权的非主要股东；

（三）持有基金管理公司5%以下股权的非主要股东。

第八条 持有基金管理公司5%以下股权的非主要股东，不得存在下列情形：

（一）最近3年存在重大违法违规记录或者重大不良诚信记录；因故意犯罪被判处刑罚、刑罚执行完毕未逾3年；因涉嫌重大违法违规正在被调查或者处于整改期间；

（二）存在长期未实际开展业务、停业、破产清算、治理结构缺失、内部控制失效等影响行使股东权利或者履行股东义务的情形；存在可能严重影响持续经营的担保、诉讼、仲裁或者其他重大事项；

（三）股权结构不清晰，不能逐层穿透至最终权益持有人；股权结构中存在资产管理产品，中国证监会认可的情形除外；

（四）因不诚信或者不合规行为引发社会重大质疑或者产生严重社会负面影响且影响尚未消除；对所投资企业经营失败负有重大责任未逾3年；挪用客户资产等损害客户利益的行为；

（五）中国证监会规定的其他情形。

第九条 持有基金管理公司5%以上股权的非主要股东，应当符合下列条件，中国证监会另有规定的除外：

（一）本办法第八条的规定；

（二）股东为法人或者非法人组织的，自身及所控制的机构具有良好的诚信合规记录；最近1年净资产不低于1亿元人民币或者等值可自由兑换货币，资产质量和财务状况良好；公司治理规范，内部控制机制健全，风险管控良好，能够为提升基金管理公司的综合竞争力提供支持；

（三）股东为自然人的，正直诚实，品行良好，最近1年个人金融资产不低于1000万元人民币，具备5年以上境内外证券资产管理行业从业经历，从业经历中具备3年以上专业的证券投资经验且业绩良好或者3年以上公募基金业务管理经验。

第十条 基金管理公司的主要股东，应当符合下列条件：

（一）本办法第九条的规定；

（二）主要股东为法人或者非法人组织的，应当为依法经营金融业务的机构或者管理金融机构的机构，具有良好的管理业绩和社会信誉，最近1年净资产不低于2亿元人民币或者等值可自由兑换货币，最近3年连续盈利；入股基金管理公司与其长期战略协调一致，有利于服务其主营业务发展；

（三）主要股东为自然人的，最近 3 年个人金融资产不低于 3000 万元人民币，具备 10 年以上境内外证券资产管理行业从业经历，从业经历中具备 8 年以上专业的证券投资经验且业绩良好或者 8 年以上公募基金行业高级管理人员从业经验；

（四）对完善基金管理公司治理、推动基金管理公司长期发展，有切实可行的计划安排；具备与基金管理公司经营业务相匹配的持续资本补充能力；

（五）对保持基金管理公司经营管理的独立性、防范风险传递及不当利益输送等，有明确的自我约束机制；

（六）对基金管理公司可能发生风险导致无法正常经营的情况，制定合理有效的风险处置预案。

管理金融机构的机构担任基金管理公司主要股东的，其管理的金融机构至少一家应当符合本条第（二）项以及中国证监会的相关规定。

第十一条 基金管理公司的实际控制人应当符合本办法第八条、第十条第（四）至（六）项的规定，同时不得存在净资产低于实收资本的 50%、或有负债达到净资产的 50%、不能清偿到期债务等情形。

第十二条 基金管理公司由自然人作为主要股东发起设立的，其他股东应当为符合条件的自然人、金融机构或者管理金融机构的机构，中国证监会另有规定的除外。基金管理公司单一自然人股东直接持股和与其存在一致行动关系或者关联关系的股东合计持有基金管理公司股权的比例不得超过 2/3。

公募基金管理人可以依法实施专业人士持股计划。

第十三条 外商投资基金管理公司的境外股东还应当符合下列条件：

（一）依所在国家或者地区法律设立、合法存续的具有金融资产管理经验的金融机构或者管理金融机构的机构，具有完善的内部控制机制，最近 3 年主要监管指标符合所在国家或者地区法律的规定和监管机构的要求；

（二）所在国家或者地区具有完善的证券法律和监管制度，其证券监管机构已与中国证监会或者中国证监会认可的其他机构签订证券监管合作谅解备忘录，并保持有效的监管合作关系；

（三）具备良好的国际声誉和经营业绩，最近 3 年金融资产管理业务规模、收入、利润、市场占有率等指标居于国际前列，最近 3 年长期信用均保持在高水平；

（四）累计持股比例或者拥有权益的比例（包括直接持有和间接持有）符合国家关于证券业对外开放的安排；

（五）法律、行政法规及经国务院批准的中国证监会规定的其他条件。

香港特别行政区、澳门特别行政区和台湾地区的机构比照适用前款规定。

基金管理公司股东的实际控制人为境外机构或者自然人的，适用本条规定。

第十四条 其他资产管理机构申请公募基金管理业务资格，应当符合下列条件：

（一）公司治理规范，内部控制机制健全，风险管控良好；管理能力、资产质量和财务状况良好，最近 3 年经营状况良好，具备持续盈利能力；资产负债和杠杆水平适度，具备与公募基金管理业务相匹配的资本实力；

（二）具备良好的诚信合规记录，最近 3 年不存在重大违法违规记录或者重大不良诚信记录；不存在因故意犯罪被判处刑罚、刑罚执行完毕未逾 3 年；不存在因涉嫌重大违法违规正在被调查或者处于整改期间；最近 12 个月主要监管指标符合监管要求；

（三）具备 3 年以上证券资产管理经验，管理的证券类产品运作规范稳健，业绩良好，未出现重大违规行为或者风险事件；

（四）有符合要求的内部管理制度、营业场所、安全防范设施、系统设备和与业务有关的其他设施；

（五）有符合法律、行政法规和中国证监会规定的董事、监事、高级管理人员和与公募基金管理业务有关的研究、投资、运营、销售、合规等岗位职责人员，取得基金从业资格的人员原则上不少于 30 人；组织机构和岗位分工设置合理、职责清晰；

（六）对保持公募基金管理业务的独立性、防范风险传递和不当利益输送等，有明确有效的约束机制；

（七）中国证监会规定的其他条件。

在基金业协会登记的专门从事非公开募集证券投资基金管理业务的机构申请公募基金管理业务资格的，该机构及其股东、实际控制人还应当分别符合本办法有关基金管理公司设立、股东、实际控制人的条件。

符合基金管理公司设立条件的其他公募基金管理人，经中国证监会认可，可以变更为基金管理公司。

第十五条 同一主体或者受同一主体控制的不同主体参股基金管理公司的数量不得超过2家，其中控制基金管理公司的数量不得超过1家。下列情形不计入参股、控制基金管理公司的数量：

（一）直接持有和间接控制基金管理公司股权的比例低于5%；

（二）为实施基金管理公司并购重组所做的过渡期安排；

（三）基金管理公司设立从事公募基金管理业务的子公司；

（四）中国证监会认可的其他情形。

第三章 公募基金管理人的内部控制和业务规范

第十六条 公募基金管理人应当按照法律、行政法规和中国证监会的规定，建立组织机构健全、职责划分清晰、制衡监督有效、激励约束合理的治理结构，确保独立、规范运作。公募基金管理人应当坚持稳健经营理念，业务开展应当与自身的公司治理情况、人员储备、投研和客户服务能力、信息技术系统承受能力、风险管理和内部控制水平、业务保障能力等相匹配，切实保护基金份额持有人的长远利益。

公募基金管理人应当遵循基金份额持有人利益优先原则。公募基金管理人及其股东、员工的利益和基金份额持有人利益发生冲突时，应当优先保障基金份额持有人的利益。

公募基金管理人及其董事、监事、高级管理人员和其他从业人员应当坚持长期投资、理性投资、专业投资，廉洁从业、诚实守信，加强文化道德建设，履行社会责任，遵从社会公德，不得为本人或者他人牟取不正当利益。

第十七条 公募基金管理人应当按照中国证监会的规定，建立覆盖全面、科学合理、控制严密、运行高效的内部控制机制和风险管理制度，对公募基金管理等业务实行集中统一管理，建立人员、业务、场地等方面的防火墙机制，保持经营运作合法、合规，保持内部控制健全、有效。

第十八条 公募基金管理人应当按照中国证监会的规定实施合规管理，建立健全合规负责人制度。

合规负责人作为高级管理人员，直接向董事会负责，对基金管理公司或者其他公募基金管理人的公募基金管理部门、业务及其人员的经营管理和执业行为等的合规性进行审查、监督和检查，发现重大风险或者违法违规行为的，应当告知总经理和其他有关高级管理人员，提出处理意见并督促整改，依法及时向董事会、中国证监会派出机构报告。

第十九条 公募基金管理人应当建立健全由授权、研究、决策、执行、评估、考核、监察、惩戒等环节构成的投资管理制度和流程，以及重大关联交易管理等利益冲突防范机制，采取有效措施保证研究和投资决策的科学专业、独立客观，防止投资管理人员越权从事投资活动或者从事内幕交易、市场操纵等违法违规行为，确保公平对待公司管理的不同基金财产和客户资产，充分保障基金份额持有人利益。

公募基金管理人应当从代表和保护基金份额持有人利益角度出发，依法行使诉讼权利、参与上市公司治理和实施其他法律行为，并建立健全相关制度和流程。

公募基金管理人及其股东、实际控制人等关联方应当遵守法律、行政法规和中国证监会的相关规定，不得与基金财产进行不当关联交易，不得利用基金财产为自身或者他人牟取利益，损害基金份额持有人利益。

第二十条 公募基金管理人应当建立公募基金财务核算与基金资产估值制度和流程，严格遵守国家有关规定，真实、及时、准确、完整地反映基金财产的状况。

第二十一条 公募基金管理人应当按照中国证监会的规定加强基金销售管理，建立和完善投资者适当性管理制度，履行投资者适当性义务，保障销售资金安全，规范宣传推介活动，不得从事不正当销售或者不正当竞争行为。

第二十二条 公募基金管理人应当保持良好的财务状况，满足公司运营、业务发展和风险防范的需要。

公募基金管理人应当建立健全财务管理制度，严格执行国家财经法律、行政法规，相关资金或者资产必须列入符合规定的本单位会计账簿。

公募基金管理人应当按照规定提取、使用风险准备金，并按照要求对特定业务实施特别风险准备金制度。

第二十三条 公募基金管理人应当建立健全人力资源管理制度，规范组织机构、部门设置和岗位职责，强化员工任职培训和职业道德教育，加强关键岗位人员离职管理，构建完善长效激励约束机制，为公司经营管理和持续发展提供人力资源支持。

公募基金管理人应当建立科学的薪酬管理制度和考核机制，合理确定薪酬结构，规范薪酬支付行为，绩效考核应当与合规和风险管理等相挂钩，严格禁止短期考核和过度激励，建立基金从业人员和基金份额持有人利益绑定机制。

第二十四条 公募基金管理人应当遵守法律、行政法规、行业监管要求和技术标准，遵循可用、安全、合规原则，建立与公司发展和业务操作相匹配的信息技术系统，加强信息技术管理，保障充足的信息技术投入，对基金管理业务等活动依法安全运作提供支持。

第二十五条 公募基金管理人应当建立资料档案管理制度，妥善保存基金管理业务活动的记录、账册、报表和其他相关文件资料，保存期不少于20年。

第二十六条 公募基金管理人应当建立突发事件处理预案制度，对发生损害基金份额持有人利益、可能引起风险外溢或者系统性风险、影响社会稳定等的突发事件，按照预案妥善处理。

第二十七条 公募基金管理人可以按照中国证监会的规定和基金托管人签订协议，约定当公募基金出现巨额赎回等情形时，由基金托管人为其托管的公募基金提供短期融资支持。

第二十八条 公募基金管理人可以委托资质良好的基金服务机构，代为办理公募基金的份额登记、核算、估值、投资顾问、资产评估、不动产项目运营管理等业务，但公募基金管理人依法应当承担的责任不因委托而免除。公募基金管理人委托基金服务机构代为办理部分业务的，应当充分评估、审慎决策，确保参与相关业务的基金服务机构具备相应资质、已按照中国证监会的规定进行注册或者备案，并采取有效措施确保相关业务开展符合中国证监会的规定。

基金服务机构应当具备与服务范围相适应的展业能力和业务经验，公司治理和经营运作规范，资产质量和财务状况良好，内控制度和风险管控健全，有符合规定的组织机构、人员、场所、设施、系统和制度等，按照中国证监会的规定履行注册或者备案程序并开展业务。开展公募基金份额登记、估值等业务的基金服务机构，应当向中国证监会申请注册。

基金服务机构及其从业人员开展相关受托业务应当恪尽职守、诚实守信、谨慎勤勉，确保受托业务运作安全有效，并保守商业秘密，不得泄露或者利用通过受托业务知悉的非公开信息。基金服务机构不得再将受托业务委托其他机构办理，中国证监会另有规定的除外。

符合《证券法》规定的会计师事务所、律师事务所等机构接受公募基金管理人的委托出具审计报告、内部控制评价报告、法律意见书等文件的，应当勤勉尽责，对所依据的文件资料内容的真实性、准确性、完整性进行核查和验证，并符合中国证监会的有关规定。

第四章　基金管理公司的治理和经营

第二十九条 基金管理公司应当按照法律、行政法规和中国证监会的规定，建立包括股东(大)会、董事会、监事(会)、经理层等的公司治理结构，明确各方职责边界、履职要求，完善风险管控、制衡监督和激励约束机制，不断提升公司治理水平。

基金管理公司应当按照中国共产党章程的规定，设立党的组织机构，开展党的活动，并为党组织的活动提供必要条件。国有基金管理公司应当按照相关规定，将党的领导融入公司治理各个环节，并将党建工作要求写入公司章程，落实党组织在公司治理结构中的法定地位。

第三十条 基金管理公司股东、实际控制人应当遵守法律、行政法规和中国证监会的规定，秉承长期投资理念，依法行使权利、履行义务，推动完善公司治理、风险管理与内部控制，保障基金管理公司合规经营，保护基金份额持有人利益。基金管理公司股东、实际控制人不得存在下列情形：

(一)未采取有效措施防范基金管理公司与其或者受其控制的其他企业之间发生不当业务竞争；损害基金份额持有人、基金管理公司或者其他股东的合法权益；

（二）越过股东（大）会、董事会任免基金管理公司的董事、监事、高级管理人员，或者擅自干预基金管理公司的经营管理、基金财产的投资运作等活动；

（三）在证券承销、证券投资等业务中要求基金管理公司为其提供配合，损害基金份额持有人或者相关当事人的合法权益；

（四）为其他机构、个人代持基金管理公司的股权，或者委托其他机构、个人代持股权；占有或者转移基金管理公司资产；

（五）中国证监会认定的其他情形。

第三十一条 基金管理公司的股东应当保持公司股权结构稳定，股权相关方应当书面承诺在一定期限内不转让持有的基金管理公司股权，中国证监会另有规定的除外。

基金管理公司的股东处分其股权，应当诚实守信，遵守在认购、受让股权时所做的承诺及中国证监会的有关规定，不得损害基金份额持有人的合法权益。

第三十二条 基金管理公司应当加强股权事务管理，及时核查股东资质，履行向股东、拟入股股东等相关主体的合规告知义务。董事长是基金管理公司股权事务管理的第一责任人。

基金管理公司的董事、监事、高级管理人员、股东和相关各方，在基金管理公司主要股东不能正常经营或者基金管理公司股权转让期间，应当依法履行职责，恪尽职守，做好风险防范安排，保证公司正常经营和基金份额持有人利益不受损害。

第三十三条 基金管理公司的公司章程应当明确股东（大）会的职权范围和议事规则。

基金管理公司应当建立与股东之间的业务和客户关键信息隔离制度。基金管理公司的股东、实际控制人应当通过股东（大）会依法行使权利。

第三十四条 基金管理公司的公司章程应当明确董事会的职权范围和议事规则。董事会应当按照法律、行政法规和公司章程的规定，制定公司基本制度，决策重大事项。董事会和董事长不得越权干预经理层的具体经营活动。

董事会对经理层的考核，应当关注基金长期投资业绩、公司合规和风险管理等保护基金份额持有人利益的情况，不得以短期的基金管理规模、盈利增长等作为主要考核标准。

基金管理公司的公司章程应当明确规定董事会的人员构成，强化专业、独立、制衡、合作原则。基金管理公司的总经理应当为董事会成员。

第三十五条 基金管理公司应当建立健全独立董事制度，提供必要条件保障独立董事有效、独立履行职责。独立董事和独立董事人员配备应当符合中国证监会的规定。

独立董事应当独立于基金管理公司及其股东，坚持基金份额持有人利益优先原则，勤勉尽责，依法对基金财产和公司运作的重大事项作出独立客观、公正专业的判断。独立董事应当制作年度履职报告，经股东（大）会审议并留存备查。

第三十六条 基金管理公司的董事会审议下列事项，应当经 2/3 以上的独立董事通过：

（一）公司和公募基金投资运作中的重大关联交易；

（二）公司和公募基金审计事务，聘请或者更换会计师事务所；

（三）公司管理的公募基金的中期报告和年度报告；

（四）法律、行政法规和公司章程规定的其他事项。

第三十七条 基金管理公司的公司章程应当明确监事会或者执行监事的职权范围和议事规则。基金管理公司应当建立健全相关机制，加强监事会或者执行监事对公司财务、董事会履职等的监督。监事会或者执行监事的设置应当符合中国证监会的规定。

监事会和监事会主席、执行监事不得越权干预经理层的具体经营活动。

第三十八条 基金管理公司应当在公司章程中明确经理层职责、高级管理人员范围。基金管理公司的总经理负责公司的经营管理。基金管理公司的高级管理人员和其他从业人员应当忠实、勤勉履职，不得为股东、本人或者他人牟取不正当利益。

第三十九条 自然人股东兼任基金管理公司经营管理职务的，应当通过股东（大）会和董事会授权，在公司章程中明确职责和监督约束机制，并向中国证监会派出机构报告。

第四十条 基金管理公司应当主要从事公募基金管理业务。经中国证监会批准或者认可，基金管理公司可以从事私募资产管理业务和其他相关业务。

基金管理公司从事各项业务应当坚持审慎经营原则。基金管理公司申请增加业务的，现有业务经营管理状况应当保持良好，拟增加业务范围应当与公司治理结构、内部控制、合规管理、风险管理、人员构成、财务状况等相适应，符合审慎监管和保护基金份额持有人利益的要求。

第四十一条 基金管理公司可以设立子公司或者分公司等中国证监会规定形式的分支机构，按照中国证监会的规定从事相关业务。基金管理公司应当合理审慎构建和完善经营管理组织机构，充分评估并履行必要的决策程序。

经中国证监会批准或者认可，子公司可以从事资产管理相关业务，中国证监会另有规定的除外。

分公司或者中国证监会规定的其他形式的分支机构，可以从事基金管理公司授权的业务。

第四十二条 基金管理公司设立、关闭分支机构和变更分支机构负责人，应当在5个工作日内向分支机构所在地中国证监会派出机构备案，同时抄报基金管理公司主要办公地中国证监会派出机构。基金管理公司设立分支机构的，应当与公司治理水平、内控制度建立和执行情况、持续经营能力和稳定性等相匹配，且不得存在下列情形：

（一）最近3年存在重大违法违规记录或者重大不良诚信记录；

（二）因故意犯罪被判处刑罚、刑罚执行完毕未逾3年；

（三）因涉嫌重大违法违规正在被调查或者处于整改期间；

（四）中国证监会规定的其他情形。

基金管理公司的分支机构应当有符合规定的名称、场所、业务人员、业务范围、管理制度、安全防范设施和与业务有关的其他设施。

第四十三条 基金管理公司设立境内子公司的，应当符合本办法第四十二条第一款的规定，且符合下列条件：

（一）基金管理公司应当以自有资金出资设立子公司；原则上应当全资持有，中国证监会另有规定的除外；

（二）不得存在任何形式股权代持；

（三）基金管理公司具备与拟设子公司相适应的专业管理、合规及风险管理能力和经验；拥有足够的财务盈余，能够满足子公司业务发展需要；已建成能够覆盖子公司的管控机制和系统；具备较强的抗风险能力；

（四）基金管理公司对完善子公司治理结构、推动子公司长期发展，有切实可行的计划安排；对子公司可能无法正常经营等情况，有合理有效的风险处置预案；

（五）中国证监会规定的其他条件。

子公司注册资本应当与拟从事业务相匹配，且必须以货币资金实缴；子公司应当具备符合规定的名称、场所、业务人员、业务范围、管理制度、安全防范设施和与业务有关的其他设施。

第四十四条 基金管理公司应当强化对子公司和分支机构等的管控，建立健全覆盖整体的合规管理、风险管理和稽核审计体系。

基金管理公司应当将子公司和分支机构等的业务活动、合规管理、风险管理、信息技术系统、财务管理、人员考核等纳入统一管理体系，相关分工或者授权应当明确、合理，不得以承包、租赁、托管、合作等方式经营，不得让渡职责，保障母子公司稳健运营。

第四十五条 基金管理公司与其子公司、各子公司之间应当严格划分业务边界，建立有效的隔离制度，不得存在利益输送、损害投资人合法权益或者显失公平等情形，防止可能出现的风险传递和利益冲突。

第四十六条 基金管理公司应当按照中国证监会的规定，在保持公司正常运营的前提下，管理和运用固有资金。

基金管理公司财务指标和相关子公司风险控制指标应当符合中国证监会的规定。

第五章 公募基金管理人的退出

第四十七条 公募基金管理人依法履行解散、破产清算等程序的，应当在中国证监会注销其公募基金管理业务资格后进行。

第四十八条 公募基金管理人违法经营或者出现重大风险，严重损害基金份额持有人利益或者危害金融市场秩序的，中国证监会或者其派出机构可以对其启动风险处置程序。相关情形包括：

（一）违反《证券投资基金法》第二十条的规定；

（二）公司治理、合规内控、风险管理不符合规定，或者财务状况持续恶化，可能出现《企业破产法》第二条规定的情形，或者出现重大风险隐患等影响公募基金管理人相关业务持续正常经营的情形；

（三）本办法第七十一条（一）至（四）项规定的情形，且情节特别严重；

（四）中国证监会根据审慎监管原则认定的其他情形。

中国证监会或者其派出机构决定对公募基金管理人启动风险处置程序的，可以区分情形，对其采取风险监控、责令停业整顿、指定其他机构托管、接管、取消公募基金管理业务资格或者撤销等措施。

第四十九条 中国证监会或者其派出机构决定对公募基金管理人采取风险监控措施的，可以派出风险监控现场工作组对公募基金管理人进行检查，对公司的业务、人员、资产、资金、资料、系统等实施监控。

第五十条 中国证监会或者其派出机构决定责令公募基金管理人停业整顿的，公募基金管理人应当自责令停业整顿决定生效之日起1个月内提交整顿计划，并取得中国证监会或者其派出机构认可。停业整顿期间，公募基金管理人应当继续履行基金管理职责。

中国证监会或者其派出机构对公募基金管理人的停业整顿情况进行持续评估，整顿计划不符合要求或者整顿效果不及预期的，可以采取其他风险处置措施。

第五十一条 中国证监会或者其派出机构决定指定其他机构托管公募基金管理人的，指定机构应当组织专业人员成立托管组，保障被托管的公募基金管理人的公募基金管理等业务正常运营。

中国证监会或者其派出机构决定对公募基金管理人实施接管的，应当组织专业人员成立接管组，行使被接管基金管理公司或者其他公募基金管理人的公募基金管理业务相关部门的经营管理权。被接管公募基金管理人的原有组织机构以及董事、监事和高级管理人员应当按照接管组要求履行职责。

第五十二条 中国证监会或者其派出机构对公募基金管理人采取责令停业整顿、指定其他机构托管、接管等风险处置措施的，可以同时采取下列一种或者多种措施：

（一）《证券投资基金法》第二十四条第一款规定的措施；

（二）责令特定基金产品按照指定方式运作；

（三）责令将公募基金管理等业务转由中国证监会或者其派出机构指定的临时基金管理人代为履行管理职责；

（四）中国证监会或者其派出机构认为必要的其他措施。

第五十三条 公募基金管理人经风险监控、责令停业整顿、指定其他机构托管或者接管等风险处置措施，在规定期限内达到正常经营条件的，经中国证监会或者其派出机构检查验收，可以恢复正常经营；未达到正常经营条件的，中国证监会或者其派出机构应当撤销基金管理公司或者取消其他公募基金管理人的公募基金管理业务资格。

公募基金管理人违法经营情节严重或者出现重大风险，继续存续或者经营将严重损害基金份额持有人利益或者危害金融市场秩序的，中国证监会或者其派出机构可以直接做出取消公募基金管理业务资格或者撤销的决定。

公募基金管理人被取消公募基金管理业务资格或者被撤销的，基金份额持有人大会应当在6个月内选任新基金管理人；新基金管理人产生前，由中国证监会或者其派出机构指定临时基金管理人代为履行基金管理职责，并进行公示。临时基金管理人自动作为新基金管理人候选人。

第五十四条 公募基金管理人被取消公募基金管理业务资格或者被撤销的，应当自被取消公募基金管理业务资格或者被撤销决定生效之日起限期了结相关业务活动。

中国证监会或者其派出机构可以选择符合《证券法》规定的律师事务所、会计师事务所等专业机构成立行政清理组，对被撤销基金管理公司进行行政清理。被撤销基金管理公司按照《公司法》规定自行清算的，在存续业务全部妥善处置完毕并获中国证监会或者其派出机构认可前，不得分配清算财产。

第五十五条 公募基金管理人被采取风险处置措施、依法解散或者被依法宣告破产的，基金托管人应当承担共同受托责任，确保托管基金产品平稳有序运作，维护基金份额持有人利益，并在中国证监会或者其派出机构监督指导下履行下列职责：

（一）考察、提名临时基金管理人，并向中国证监会及其派出机构报告；

（二）在原基金管理人被采取取消公募基金管理业务资格或者被撤销决定生效之日起6个月内召开基金份额持有人大会并妥善处理相关事宜，由基金份额持有人大会选任新基金管理人；

（三）公募基金管理人无法正常履行职责的，由基金托管人履行相应职责，必要时组织基金财产清算小组进行基金清算；

（四）中国证监会或者其派出机构认定的其他职责。

第五十六条 基金管理公司解散、破产、被取消公募基金管理业务资格或者被撤销（以下简称退出）致使无法继续经营私募资产管理业务的，其私募资产管理业务的风险处置参照本办法执行。中国证监会另有规定的，从其规定。

基金管理公司退出致使无法继续经营除私募资产管理以外其他业务的，相关后续事项按照合同约定处理，合同无约定的，由各方当事人自主协商解决。法律、行政法规或者中国证监会另有规定的，从其规定。

第五十七条 公募基金管理人被采取风险处置措施的，公募基金管理人的主要股东应当召集其他股东和相关当事人，按照有利于基金份额持有人利益的原则妥善处理相关事宜；公募基金管理人及其股东、董事、监事、高级管理人员和关键岗位人员应当履行相关职责，不得擅自离岗、离职、离境。

第五十八条 基金管理公司退出致使无法继续经营子公司的，所持子公司股权应当依法处置并纳入清算财产。

基金管理公司子公司违法经营或者出现重大风险，将危害金融市场秩序、严重损害投资人合法权益的，中国证监会或者其派出机构可以对其采取风险监控、责令停业整顿、指定其他机构托管、接管、责令基金管理公司撤销子公司等措施。

基金管理公司撤销子公司的，基金管理公司和各相关方应当参照本办法执行，妥善处理子公司退出事宜，维护金融市场秩序，保障投资人合法权益。中国证监会另有规定的，从其规定。

第六章 监督管理

第五十九条 基金管理公司变更下列重大事项，应当报中国证监会批准，并依法公告：

（一）变更实际控制人、主要股东、持有5%以上股权的非主要股东；

（二）变更持股不足5%但对公司治理有重大影响的股东；

（三）设立从事资产管理及相关业务的境内子公司；

（四）公司合并、分立；

（五）中国证监会规定的其他重大事项。

基金管理公司增加注册资本，股东必须以来源合法的自有货币资金实缴。

基金管理公司股东不得通过变更股东实际控制人等方式变相规避重大事项报批要求。

第六十条 基金管理公司发生下列情形之一的，应当在5个工作日内向中国证监会派出机构备案：

（一）变更注册资本或者股权，且不属于本办法第五十九条规定的需批准的重大变更事项，中国证监会另有规定的除外；

（二）修改公司章程条款；

（三）关闭子公司或者子公司变更重大事项。

基金管理公司发生下列情形之一的，应当在5个工作日内向中国证监会派出机构报告：

（一）变更名称、住所、办公地；

（二）公司及其董事、监事、高级管理人员、其他从业人员被监管机构、司法机关立案调查，或者因重大违法违规行为受到

刑事、行政处罚；

（三）财务状况发生重大不利变化或者其他重大风险；

（四）遭受重大投诉，或考面临重大诉讼、仲裁；

（五）可能对公司经营产生重大影响的其他情形。

发生前款规定需备案或者报告事项的，基金管理公司应当书面通知全体股东。

其他公募基金管理人发生本办法第五十九条、本条规定事项、公募基金管理业务相关部门设置重大变更等可能对公募基金管理业务产生重大影响的事项的，应当在5个工作日内向中国证监

会派出机构报告。

第六十一条 基金管理公司股东、股东的实际控制人发生下列情形之一的，应当在10个工作日内向中国证监会派出机构报告，并书面通知基金管理公司：

（一）变更名称、住所；

（二）变更控股股东或者实际控制人；

（三）连续3年亏损或者出现较大数额的到期未清偿债务；

（四）所持基金管理公司股权成为诉讼、仲裁的标的，或者被司法机关采取诉讼财产保全、强制执行等措施；

（五）决定处分其股权，或者质押、解押其股权；

（六）发生合并、分立或者进行重大资产、债务重组；

（七）被监管机构或者司法机关立案调查，或者因重大违法违规行为受到刑事、行政处罚；

（八）被采取责令停业整顿、指定托管、接管或者撤销等措施或者进入破产清算程序；

（九）出现无法行使股东权利或者履行股东义务的情形；

（十）股东为员工持股平台的，员工持股平台成员或者其出资额发生变化；

（十一）可能对公司运作产生重大影响的其他情形。

其他公募基金管理人的控股股东、实际控制人发生前款规定情形的，其他公募基金管理人应当自收到控股股东、实际控制人通知起5个工作日内向中国证监会派出机构报告。

第六十二条 公募基金管理人应当建立健全信息报送机制，按照法律、行政法规和中国证监会的规定，向中国证监会及其派出机构报送经营管理信息和资料。中国证监会及其派出机构有权要求公募基金管理人及其股东、股东的实际控制人等相关主体在指定期限内提供有关信息和资料。

公募基金管理人及其股东、股东的实际控制人等相关主体向中国证监会及其派出机构报送或者提供的信息和资料，必须真实、准确、完整、及时。

第六十三条 公募基金管理人应当按照规定向中国证监会派出机构报送下列材料：

（一）经符合《证券法》规定的会计师事务所审计的年度报告；

（二）由符合《证券法》规定的会计师事务所出具的针对业务开展情况的内部控制年度评价报告、基金管理公司子公司内部控制年度评价报告；

（三）中国证监会及其派出机构根据审慎监管原则要求报送的其他材料。

第六十四条 中国证监会及其派出机构依照法律、行政法规、中国证监会的规定和审慎监管原则对公募基金管理人的公司治理、内部控制、经营运作、风险状况和相关业务活动进行非现场检查和现场检查。

中国证监会及其派出机构可以对公募基金管理人的股东、股东的实际控制人、基金服务机构等进行延伸检查。

第六十五条 中国证监会及其派出机构根据日常监管情况，可以进入公募基金管理人、基金管理公司子公司、分支机构或者基金服务机构等进行现场检查，确定检查的内容和频率，必要时可以聘请注册会计师、律师等外部专业人员提供专业支持，并可以采取下列措施：

（一）要求提供文件、会议记录、报表、凭证和其他资料；

（二）询问相关工作人员，要求作出说明；

（三）查阅、复制有关文件、资料，对可能被转移、隐匿或者毁损的文件、资料予以封存；

（四）检查信息技术系统，调阅相关数据；

（五）法律、行政法规或者中国证监会规定的其他措施。

被检查的机构和人员应当主动配合，在要求时限内如实提供有关文件和资料，不得拒绝、阻碍或者隐瞒。

第六十六条 中国证监会可以和其他国家或者地区的证券监督管理机构建立监督管理合作机制，实施跨境监督管理。

境外证券监督管理机构不得在中华人民共和国境内直接进行调查取证等活动。未经中国证监会和国务院有关主管部门同意，任何单位和个人不得擅自向境外提供与证券业务活动有关的文件和资料。

外商投资基金管理公司境外股东的主管当局对境外投资有备案要求的，该境外股东在依法取得中国证监会的批准文件后，如向其主管当局提交有关备案材料，应当同时将副本报送中国证监会。

第六十七条 中国证监会及其派出机构可以根据监管需要，建立公募基金管理人、基金管理公司子公司的风控指标监控体系和监管综合评价体系，实施分类监管；对不符合要求的公募基金管理人或者基金管理公司子公司，可以责令其限期改正，并可以采取要求公司增加注册资本、提高风险准备金提取比例、暂停部分或者全部业务等措施。

第七章 法律责任

第六十八条 公募基金管理人、基金管理公司子公司和前述机构的股东、股东的实际控制人等相关主体，基金托管人，基金服务机构违反法律、行政法规、本办法和中国证监会其他规定的，中国证监会及其派出机构可以对其采取监管谈话、出具警示函、责令公开说明、责令定期报告、责令改正、暂停部分或者全部业务、暂不受理与行政许可有关的文件等措施；对负有责任的董事、监事、高级管理人员、主管人员和直接责任人员，可以采取监管谈话、出具警示函、认定为不适当人选等措施。

公募基金管理人、基金管理公司子公司、基金托管人、基金服务机构的董事、监事、高级管理人员和其他从业人员违反法律、行政法规、本办法和中国证监会其他规定的，中国证监会及其派出机构可以对其采取监管谈话、出具警示函、认定为不适当人选等措施。

第六十九条 公募基金管理人财务状况恶化，净资产等指标不符合规定的，中国证监会及其派出机构可以采取暂停受理及审核其基金产品募集注册申请或者其他业务申请等措施，并要求其限期改善财务状况。财务状况持续恶化的，中国证监会可以责令其进行停业整顿。

第七十条 公募基金管理人、基金管理公司子公司和前述机构的股东、股东的实际控制人等相关主体，基金托管人，基金服务机构等行政许可申请人隐瞒相关情况或者提供虚假材料申请行政许可的，中国证监会不予受理，或者不予行政许可，已行政许可的，予以撤销；对负有责任的高级管理人员、主管人员和直接责任人员给予警告、撤销基金从业资格、证券市场禁入等措施，并处十万元以下的罚款，涉及金融安全且有危害后果的，并处二十万元以下的罚款。违反其他法律、行政法规、中国证监会的规定的，依照相关规定采取措施或者予以处罚。

第七十一条 公募基金管理人存在下列情形之一且逾期未改正，或者行为严重危及公募基金管理人的稳健运行、损害基金份额持有人合法权益的，依照《证券投资基金法》第二十四条采取措施；情节严重的，除法律、行政法规、中国证监会另有规定外，对公募基金管理人给予警告，并处十万元以下的罚款，涉及金融安全且有危害后果的，并处二十万元以下的罚款；对负有责任的高级管理人员、主管人员和直接责任人员，给予警告、证券市场禁入等措施，并处十万元以下的罚款，涉及金融安全且有危害后果的，并处二十万元以下的罚款：

（一）公司治理不健全，影响公司或者公募基金管理业务的独立性、完整性和统一性；

（二）未按照本办法规定建立或者有效执行相关制度，内部控制机制不完善，存在重大风险隐患或者发生较大风险事件；

（三）未谨慎勤勉管理子公司、分支机构，或者选聘的基金服务机构不具备资质条件，存在重大风险隐患或者发生较大风险事件；

（四）违规从事非公募基金管理业务，影响公募基金管理业务正常开展，或者导致基金份额持有人利益受损；

（五）长期未按照中国证监会的规定报送信息和数据资料，或者报送的信息和数据资料等存在虚假记载、误导性陈述或者重大遗漏；

（六）其他违法违规行为。

第七十二条 公募基金管理人的股东、实际控制人存在下列情形之一的，依照《证券投资基金法》第二十三条采取措施，并依照《证券投资基金法》第一百二十四条进行行政处罚：

（一）以非自有资金或者非法取得的资金向公募基金管理人出资或者增资；抽逃资本；违规持有或者实际控制公募基金管理人股权；违规处分股权，变相规避行政许可；

（二）未依法经股东（大）会或者董事会决议，任免公募基金管理人的董事、监事、高级管理人员，擅自干预公募基金管理人的经营管理或者基金财产投资运作等活动；

（三）要求公募基金管理人利用基金财产为自身或者他人牟取利益，损害基金份额持有人或者其他当事人的合法权益；占有或者转移公募基金管理人资产；违规要求公募基金管理人为其或者其关联方提供融资或者担保；

（四）中国证监会规定禁止的其他行为。

股东的实际控制人存在前款规定情形之一且情节严重的，除法律、行政法规、中国证监会另有规定外，给予警告，并处十万元以下的罚款，涉及金融安全且有危害后果的，并处二十万元以下的罚款；对直接负责的主管人员和其他直接责任人员，给予警告、证券市场禁入等措施，并处十万元以下的罚款，涉及金融安全且有危害后果的，并处二十万元以下的罚款。

第七十三条 基金服务机构及有关人员违反法律、行政法规、本办法和中国证监会的其他规定，损害基金份额持有人合法权益的，除法律、行政法规、中国证监会另有规定外，对基金服务机构，给予警告、责令改正、责令停止基金服务业务等措施，并处十万元以下的罚款，涉及金融安全且有危害后果的，并处二十万元以下的罚款；对负有责任的高级管理人员、主管人员和直接责任人员，给予警告、证券市场禁入等措施，并处十万元以下的罚款，涉及金融安全且有危害后果的，并处二十万元以下的罚款。

第七十四条 被采取风险处置措施的公募基金管理人及其股东、股东的实际控制人、基金管理公司子公司、基金托管人存在下列情形之一且情节严重的，除法律、行政法规、中国证监会另有规定外，给予警告，并处十万元以下的罚款，涉及金融安全且有危害后果的，并处二十万元以下的罚款；对负有责任的高级管理人员、主管人员和直接责任人员，给予警告、证券市场禁入等措施，并处十万元以下的罚款，涉及金融安全且有危害后果的，并处二十万元以下的罚款：

（一）拒绝配合现场工作组、托管组、接管组、行政清理组、临时基金管理人、新基金管理人依法履行职责；

（二）未按照规定移交财产、印章或者账簿、文书等资料；

（三）隐匿、销毁、伪造相关资料，或者故意提供虚假情况；

（四）隐匿财产，擅自转移、转让财产；

（五）妨碍基金业务运行；

（六）基金托管人未按照规定承担共同受托责任；

（七）妨碍风险处置工作的其他情形。

第七十五条 公募基金管理人及其股东、股东的实际控制人、基金管理公司子公司、基金托管人、基金服务机构及负有责任的董事、监事、高级管理人员、主管人员和直接责任人员违反本办法和其他相关规定，依法应予行政处罚的，依照有关规定进行行政处罚；涉嫌犯罪的，依法移送司法机关，追究其刑事责任。

第八章 附 则

第七十六条 其他公募基金管理人及其股东与公募基金管理业务有关的公司治理安排应当符合本办法第二十九条、第三十条、第三十三条至第三十九条的规定。

其他公募基金管理人开展公募基金管理业务，本办法未予规定的，适用《证券投资基金法》和其他相关法律、行政法规、中国证监会的其他规定。

第七十七条 符合中国证监会规定条件的持有基金管理公司5%以下股权的股东，不适用本办法第八条、第十三条、第三十一条、第三十二条、第六十一条的规定和第十二条关于“其他股东应当为符合条件的自然人、金融机构或者管理金融机构的机构”的规定。

第七十八条 本办法自2022年6月20日起施行。《证券投资基金管理公司管理办法》（证监会令第166号）《资产管理机构开展公募证券投资基金管理业务暂行规定》（证监会公告〔2013〕10号）同时废止。

关于实施《公开募集证券投资基金管理人监督管理办法》有关问题的规定

· 2022年5月20日中国证券监督管理委员会公告〔2022〕33号公布

· 自2022年6月20日起施行

为了做好《公开募集证券投资基金管理人监督管理办法》（证监会令第198号，以下简称《办法》）的实施工作，现就有关问题规定如下：

一、行政许可流程

（一）材料报送要求

1. 申请人申请设立基金管理公司、公募基金管理业务资格或者基金管理公司变更重大事项的,应当按照中国证监会的规定报送申请材料;申请设立基金管理公司的主要股东发生变动的,应当重新报送申请材料。审核期间申请材料涉及事项发生重大变化的,申请人应当自变化发生之日起5个工作日内向中国证监会提交更新材料。

2. 申请设立基金管理公司的主要股东、实际控制人应当组织、协调设立基金管理公司的相关事宜并负主要责任。

（二）行政许可审查流程和方式

1. 中国证监会依照《行政许可法》《证券投资基金法》等规定,受理行政许可事项申请,组织审查,作出决定。其中,审查工作可以采取下列方式:书面审查;现场核查;委托中介机构核查;征求相关机构和部门的意见;对基金管理公司高级管理人员或者相关股东(含拟任高级管理人员和股东)进行谈话、问询;中国证监会认为需要采取的其他审查方式。

2. 基金管理公司设立申请获批后,发起人应当在6个月内依法完成筹建工作。筹建完成后,基金管理公司应当向中国证监会申请检查验收,自中国证监会及其派出机构验收通过之日起15个工作日内,向中国证监会申请领取《经营证券期货业务许可证》,领取《经营证券期货业务许可证》后,方可开展公募基金管理业务及中国证监会批准或者认可的其他业务,并予以公告。其他公募基金管理人和基金管理公司子公司参照执行。

3.《办法》所称“货币资金实缴”,是指从以股东名义开立的银行账户划出,经符合《证券法》规定的会计师事务所验资并出具货币资金出资书面证明材料;外商投资基金管理公司应当按照有关规定开设外汇资本金账户。其中,法人或者其他组织的出资额不得超过其净资产,自然人出资应当提供真实、有效的证明材料。

（三）重大事项变更流程及要求

1. 基金管理公司变更重大事项涉及工商登记变更的,应当自收到批准文件之日起30日内向公司登记机关办理变更登记手续。

2. 基金管理公司变更重大事项涉及《经营证券期货业务许可证》内容变更的,应当向中国证监会换领《经营证券期货业务许可证》。基金管理公司应当按照法律、行政法规和中国证监会的规定公告重大变更事项。

其他公募基金管理人和基金管理公司子公司参照执行。

二、《办法》相关条款实施要求

（一）根据《办法》第六条、第七条、第八条、第十一条等相关规定:

1. 拟任基金管理公司股东的入股行为涉及国有资产管理部门等其他主管部门职责的,应当同时符合相关部门的规定。

2. 非金融企业入股基金管理公司的,应当同时符合关于加强非金融企业投资金融机构监管的有关指导意见。

3. 基金管理公司的股东应当按时足额缴纳出资,不得以委托资金、债务资金等非自有资金入股,中国证监会认可的情形除外。不得虚假注资、循环注资和抽逃资本。

4. 穿透识别的实际控制人和最终受益人,不得以委托他人、违规关联等方式持有基金管理公司股权。

5. 基金管理公司的股东应当资质优良,能够为提升基金管理公司综合竞争力提供支持,持股5%以下的自然人股东应当具备一定年限的受境内外金融监管机构监管行业的从业经历,中国证监会另有规定的除外。

《办法》第六条所称“有符合要求的公司名称”,是指基金管理公司的名称应当符合相关法律法规和中国证监会的规定,不得含有误导投资者的内容或者文字。

（二）存在一致行动关系或者关联关系的股东合计持有基金管理公司的股权比例、对基金管理公司经营管理的共同影响力达到《办法》第七条所列标准的,持股比例最高的股东及居于主导地位的股东应当符合相应股东条件。中国证监会按照实质重于形式的原则进行判断。

基金管理公司存在关联关系的非主要股东的持股比例合计不得超过主要股东的持股比例;持有基金管理公司5%以下股权的股东,持股比例合计不得超过主要股东的持股比例。中国证监会认可的情形除外。

（三）持有基金管理公司股权比例相同且均为最高的多名股东,需同时符合《办法》关于主要股东的条件。

（四）《办法》规定的“资产质量和财务状况良好”包括但不限于:

1. 不存在净资产低于实收资本 50%、或有负债达到净资产 50%或者不能清偿到期债务的情形；

2. 资产负债和杠杆水平适度，净资产原则上应当不低于总资产的 30%，金融机构除外；

3. 不得存在未弥补亏损。

（五）《办法》第九条、第十条所称“境内外证券资产管理行业从业经历”包括：

1. 在基金管理公司、证券公司及证券资产管理子公司、期货公司、商业银行及商业银行理财子公司、信托公司、保险公司及保险资产管理公司、在基金业协会登记的专门从事非公开募集证券投资基金管理业务的机构（以下简称私募基金管理人）、与中国证监会或者中国证监会认可的其他机构签订证券监管合作谅解备忘录的国家或者地区的境外金融机构等的证券资产管理从业经历；

2. 中国证监会认可的其他情形。

《办法》第九条、第十条所称“专业的证券投资经验且业绩良好”，分别是指具有 20 亿元、50 亿元规模以上的证券投资管理经验，并取得长期稳定、相对优异的历史业绩表现，未发生重大违规或者风险事件。

《办法》第九条所称“公募基金业务管理经验”，是指在公募基金管理人担任业务部门负责人及以上职务的经验。

《办法》第九条第（二）项、第十条第（二）项所称“最近 1 年”是指最近 1 年年初和年末；《办法》第九条第（三）项所称“最近 1 年”是指最近 1 年年初和年末、以及最近 1 个月末；《办法》第十条第（三）项所称“最近 3 年”是指最近 3 年每年年初和年末、以及最近 1 个月末。

（六）《办法》第十条所称“依法经营金融业务的机构”、“金融机构”，包括证券公司、期货公司、商业银行、信托公司、保险公司、保险资产管理公司以及中国证监会认可的其他金融机构，且应当保持主营业务经营管理状况良好，规模、收入、利润、市场占有率等指标至少一项居于行业中等水平以上。

金融机构拟任基金管理公司持股 5%以上股东的，最近 12 个月主要监管指标应当持续符合规定标准。证券公司和期货公司最近 1 年中国证监会分类评价级别应当在 B 类以上，商业银行、信托公司、保险公司及保险资产管理公司最近 1 年中国银保监会监管评级应当在 2 级或者 B 级以上，同时还应当符合金融监管机构规定的其他条件。

（七）《办法》第十条、第十二条、第十三条所称“管理金融机构”包括下列情形：

1. 直接持有金融机构 50%以上股权；

2. 直接持有金融机构的股权比例虽然不足 50%，但其所享有的表决权足以对金融机构股东（大）会的决议产生重大影响，或者能够决定金融机构董事会半数以上成员选任；

3. 直接持有金融机构的股权比例虽然不足 50%，但通过投资关系、协议或者其他安排，其实际支配的表决权足以对金融机构股东（大）会的决议产生重大影响，或者能够决定金融机构董事会半数以上成员选任；

4. 中国证监会规定的其他情形。

《办法》第十条、第十二条、第十三条所称“管理金融机构的机构”应当符合下列条件：

1. 持续管理金融机构至少满一个会计年度；

2. 管理金融机构的机构为金融控股公司的，还应当符合相关金融监管机构规定的其他条件；

3. 中国证监会规定的其他条件。

（八）《办法》所称“风险处置预案”包括但不限于对公司的流动性支持方案、退出的妥善处理预案等。

（九）基金管理公司应当在公司章程中对持股 5%以上的自然人股东无法正常履行股东职责等情形作出安排，保证基金管理公司治理完善、专业合规、稳健运行。

基金管理公司主要股东为自然人的，该自然人的股权转让对象仅限于该公司其他股东、符合条件的自然人、员工持股平台；基金管理公司第一大股东为自然人的，不得变更为非自然人；因风险处置等中国证监会认可的情形除外。

（十）《办法》第十二条所称“专业人士持股计划”，是指由员工直接持有基金管理公司股权或者通过设立员工持股平台入股基金管理公司。基金管理公司自然人股东应当在基金管理公司任职，中国证监会认可的情形除外。员工持股平台应当符合下列条件，并依法履行相应报批程序：

1. 以持有基金管理公司股权为唯一目的，不从事任何经营性活动；

2. 出资人为基金管理公司员工，员工持股平台持有基金管理公司股权的比例合计不超过第一大股东，中国证监会认可的情形除外；

3. 持有基金管理公司5%以上股权的，其实际履行管理职责的普通合伙人应当具备《办法》规定的相应股东条件；

4. 同一出资人作为两个以上员工持股平台普通合伙人的，其控制基金管理公司的股权应当合并计算，并具备《办法》规定的相应股东条件；

5. 出资人应当按照出资额占基金管理公司注册资本的比例，具备《办法》规定的相应类别股东条件。

员工持股平台可以豁免《办法》第九条规定以及第十二条关于“其他股东应当为符合条件的自然人、金融机构或者管理金融机构的机构”的要求。

除员工持股平台等中国证监会规定情形外，有限合伙企业不得成为基金管理公司股东。

（十一）《办法》所称“外商投资基金管理公司”，是指境外股东独资设立的基金管理公司、境外股东与境内股东共同出资设立的基金管理公司以及境外股东受让或者认购境内基金管理公司股权的基金管理公司。

《办法》第十三条所称“指标居于国际前列”，是指金融机构（或者其集团母公司）符合下列情形之一：

1. 管理的证券投资基金或者公开募集证券投资基金的相关指标居于国际前列；

2. 管理的股票、债券、ETF、REITs、养老金、保险资金等单一类别资产或者主动管理、ESG等资产管理相关指标居于国际前列；

3. 中国证监会认可的其他情形。

（十二）《办法》第十四条所称“与公募基金管理业务相匹配的资本实力”，是指其他资产管理机构净资产不低于10亿元；所称“证券资产管理经验”，是指其他资产管理机构最近3年季均证券资产管理规模不低于100亿元，其中权益类证券资产管理规模不低于50亿元。

根据《办法》第十四条规定，其他资产管理机构应当设置覆盖合规、监察稽核、风险管理等职能的部门或者岗位，履行合规和全面风险管理职责。

（十三）根据《办法》第十四条规定，其他资产管理机构自取得公募基金管理业务资格后，应当严格按照《证券投资基金法》等公募基金相关法律法规和中国证监会的规定设立、运作公募基金产品；存量公募资管产品应当对标公募基金进行管理并逐步规范，规范期限原则上不得超过3年。

根据《办法》第十四条规定，私募基金管理人自取得公募基金管理业务资格后，新增业务应当符合证券期货经营机构私募资产管理业务的相关规定。不符合规定的存量私募业务，应当逐步规范，规范期限原则上不得超过3年；完成规范前，应当做好规模管控和风险防控，产品委托规模原则上不得增加且应当逐步压缩；规范期内，产品合同到期的，自然终止，不得续作。

（十四）公募基金管理人应当按照中国证监会有关规定，编制监察稽核季度报告和年度合规报告。

基金管理公司应当建立健全督察长制度，督察长即为基金管理公司的合规负责人，履行法定职责和义务，负责对基金管理公司、子公司、分支机构等经营运作的合法合规性进行监督。

（十五）基金管理公司开展各项业务应当坚持审慎经营原则，遵守《办法》第三章有关规定及中国证监会的其他规定。

（十六）根据《办法》第十九条规定，公募基金管理人应当建立健全研究、投资、交易、风控、合规、监察等岗位的有效制衡机制，强化研究环节独立性与专业性，严格证券出入库管理制度，合理设定投资经理权限，建立投资经理交易指令事前管控、事中监测及事后分析与审查机制。公募基金管理人应当建立代表公募基金对外行使投票表决权等权利的相关制度和流程，进行专业、独立判断。

公募基金管理人不得运用公募基金财产直接或者间接向公募基金管理人及其控股股东、实际控制人或者与其有重大利害关系的公司（以下简称股东关联方）提供融资，包括但不限于：参与公募基金管理人及其股东关联方发行证券的申购及二级市场交易，开展以股东关联方为对手方的逆回购交易，以及其他提供融资或者担保的交易行为，完全按照有关指数构成比例进行证券投资的基金品种及中国证监会认可的情形除外。公募基金参与公募基金管理人及其股东关联方承销期内承销的债券不得超过该次债券发行规模的10%。

（十七）根据《办法》第二十二条规定，对第一大股东为自然人的基金管理公司，其风险准备金计提比例不得低于基金管理费收入的20%。风险准备金余额达到上季末管理基金资产净值的2%时可以不再提取。风险准备金余额高于上季末管理基金资产净值2%的，基金管理人可以申请转出部分资金，但转出后的风险准备金余额不得低于上季末管理基金资产净值的2%。

（十八）根据《办法》第二十三条规定，公募基金管理人应当建立员工离职静默期制度，对知悉基金投资交易等非公开信息的岗位人员设置一定期限的离职静默期，基金经理等主要投研人员在离职后1年内不得从事非公募基金投资管理等工作。

公募基金管理人应当建立实施薪酬递延支付和追索扣回等制度。“薪酬递延支付”包括但不限于：递延支付年限不少于3年，向高级管理人员、基金经理等关键岗位人员递延支付的金额原则上不少于40%。公募基金管理人应当在劳动合同中明确，相关人员未能勤勉尽责，对公募基金管理人发生违法违规行为或者经营风险负有责任的，按照追索扣回制度的相关规定，公募基金管理人可以停止支付有关责任人员薪酬未支付部分，并要求其退还相关行为发生当年相关奖金，或者停止对其实施长效激励。前述追索扣回的规定同样适用于离职人员。

“基金从业人员和基金份额持有人利益绑定机制”包括但不限于：公募基金管理人的高级管理人员、主要业务部门负责人和基金经理应当将一定比例的绩效奖金购买本公司或者本人管理的公募基金，并遵守基金从业人员投资基金的期限限制。

公募基金管理人对投研、销售等关键岗位人员的考核，应当结合基金长期投资业绩、合规和风险管理、职业道德水平等情况，不得将规模排名、管理费收入和短期业绩等作为薪酬考核的主要依据。“长期投资业绩”，是指基金最近3年或者以上的投资收益情况，相关考核应当避免使用单一指标，且应当弱化相对排名。

根据《办法》第三十四条规定，董事会对公司经理层应当实行3年以上的长周期考核。

（十九）根据《办法》第二十八条规定，公募基金管理人与基金服务机构签署委托协议后5个工作日内，应当向中国证监会派出机构报告委托办理业务的范围、内容、受托基金服务机构的基本情况和业务准备情况、主要风险及相应的风险防范措施等。公募基金管理人应当在基金招募说明书、基金合同、基金年度报告与中期报告以及公募基金管理人年度报告中披露委托办理业务的有关情况。

申请开展公募基金份额登记、核算、估值等业务的基金服务机构应当为基金管理公司、商业银行、证券公司等中国证监会规定的金融机构，并符合下列条件：

1. 不存在《办法》第八条所列负面情形；

2. 从事公募基金管理或者托管业务3年以上；

3. 财务状况良好，最近3个会计年度连续盈利；

4. 展业主体岗位分工设置合理，职责清晰，具有良好的内部控制和风险管理制度，以及满足业务发展的场地和设施；

5. 展业主体相关业务负责人从事基金估值核算或者份额登记等相关工作5年以上，业务人员不少于8人；

6. 中国证监会规定的其他要求。

基金管理公司应当设立子公司专门从事相关业务，并与母公司业务进行隔离。

（二十）《办法》第三十一条所称“书面承诺在一定期限内不转让持有的基金管理公司股权”包括：

1. 主要股东和持股5%以上非主要股东书面承诺持有基金管理公司股权的时间应当分别不短于48个月和36个月。基金管理公司从有限责任公司变更为股份有限公司的，主要股东和持股5%以上非主要股东应当书面承诺自改制完成之日起12个月内不转让所持有的基金管理公司股权，且继续履行股权持有期承诺。其中，主要股东和持股5%以上非主要股东持有的基金管理公司股权包括其一致行动人、关联关系人以及受其或者其实际控制人控制的股东持有的基金管理公司股权。

2.“不转让持有的基金管理公司股权”的时限，不因相关股东类别变化而缩短；基金管理公司股东设有经营期限的，其入股时剩余的经营期限应当大于规定的股权承诺持有期，并应当在经营期限届满前转让所持股权。

3. 基金管理公司股东的主要资产为基金管理公司股权的，该股东的控股股东、实际控制人对所控制的基金管理公司股权应当遵守与基金管理公司股东相同的股权承诺持有期要求，中国证监会认可的情形除外。

《办法》第三十一条所称“中国证监会另有规定的除外”情形包括但不限于：

1. 同一实际控制人控制的不同主体之间转让基金管理公司股权；

2. 基金管理公司发生合并、分立等中国证监会认可的特殊情形导致基金管理公司股权发生转让；

3. 基金管理公司股东发生合并、分立等，导致所持基金管理公司股权被继承或者转让；

4. 基金管理公司股东为落实金融监管机构要求处置股权。

（二十一）根据《办法》第三十一条规定，基金管理公司股东处分其股权的，相关主体应当遵守下列规定：

1. 拟转让股权的股东应当事先了解拟受让方的资质情况，告知拟受让方及其实际控制人有关资格条件，以及需履行的法定程序；

2. 拟转让股权的股东及拟受让方应当明确约定转让期间有关事宜，确保不损害基金管理公司和基金份额持有人的合法权益，股东不得通过股权代持、股权托管、信托合同、秘密协议、股权收益权或者表决权转让等形式处分其股权；

3. 变更股权事项在完成法定程序前，拟转让股权的股东应当继续独立履行股东义务，承担股东责任，拟受让方不得以任何形式行使股东权利，包括但不限于：受让或者变相受让表决权、推荐相关人员担任基金管理公司董事、监事、高级管理人员等影响拟转让股权的股东独立履行职责的情形；

4. 股东在股权承诺持有期内不得质押所持基金管理公司股权；股权承诺持有期届满后，股东不得向非金融机构质押所持基金管理公司股权，不得约定由质权人或者其他第三方行使表决权；主要股东、持有基金管理公司5%以上股权的非主要股东质押基金管理公司股权比例累计不得超过所持股权比例的50%；主要股东质押股权后，其持有基金管理公司股权情况不得影响其作为基金管理公司主要股东的性质；

5. 法律、行政法规、中国证监会和公司章程的其他规定。

根据《办法》第三十一条规定，基金管理公司股东不得签订在未来基金管理公司不符合特定条件时，由基金管理公司或者其他指定主体向特定股东赎回、受让股权等具有“对赌”性质的协议或者形成相关安排。

（二十二）《办法》第三十二条所称“核查股东资质”，是指基金管理公司应当加强对股东资质的审查，对股东及其控股股东、实际控制人、关联关系人、一致行动人、最终权益持有人等主体进行信息核实并掌握其变动情况，判断股东对基金管理公司经营管理的影响，依法及时、准确、完整地报告相关信息，并履行报批程序。

《办法》第三十二条所称“合规告知义务”，是指向股东告知公司治理、经营管理中涉及股东的合规性要求，事先向股权意向参与方告知基金管理公司的股东条件、筛选标准、需履行的相关程序等，以及向拟入股股东真实、准确、完整地说明公司财务状况、盈利能力、经营管理状况和潜在风险等信息。

（二十三）根据《办法》第三十五条规定，基金管理公司独立董事人数不得少于3人，且不得少于董事会人数的1/3；基金管理公司第一大股东为自然人的，独立董事人数不得少于董事会人数的1/2；董事会下设的专门委员会应当有1名以上独立董事。

《办法》第三十五条所称“重大事项”，除《办法》第三十六条所列需独立董事审议通过事项外，还包括下列需独立董事重点关注的事项：

1. 各类受托资产的管理及运作是否存在损害或者可能损害基金份额持有人利益的情况；

2. 高级管理人员的聘任和解聘；

3. 公司合规履职保障情况；

4. 股权激励计划；

5. 公司股权结构及实际控制人变动；

6. 公司章程的重大修改；

7. 董事会专门委员会的设置、成员的任命及其议事规则的制定；

8. 可能造成公司重大损失或者重大经营风险的事项；

9. 可能损害公司中小股东权益的事项；

10. 可能损害基金份额持有人利益的其他事项。

独立董事可以就关注的重大事项，要求公司高级管理人员或者其他员工接受质询、做出说明或者提供必要的材料。独立董事发现重大事项可能损害基金份额持有人利益、造成公司重大损失或者重大经营风险的，应当依法及时向董事会、中国证监会派出机构报告。

（二十四）根据《办法》第三十七条规定，监事会应当包括股东代表和公司职工代表，其中职工代表人数不得少于监事会人数的1/2。不设监事会的，执行监事中应当至少有1名职工代表。

（二十五）根据《办法》第四十一条规定，子公司可以从事的与资产管理相关的业务包括：公募基金管理、私募股权投资基金管理、投资顾问、养老金融服务、金融产品销售、份额登记、估值、核算以及中国证监会认可的其他业务。其中，公募基金管理包括专门从事指数基金、基金中基金（FOF）、养老投资产品、REITs等相关业务。基金管理公司设立的从事公募基金管理业务的子公司，应当同时符合《办法》有关基金管理公司的设立条件。基金管理公司设立专门从事物业管理等服务、且不对外开展商业经营活动子公司的，应当向中国证监会派出机构报告。

分公司或者中国证监会规定的其他形式的分支机构可以从事的基金管理公司授权的业务包括：基金品种开发、基金销售以及中国证监会认可的其他业务。

（二十六）《办法》第四十三条所称专业管理能力和“足够的财务盈余”，是指基金管理公司设立境内子公司的，其净资产应当不低于6亿元，最近2年主动偏股型公募基金（基金合同明确约定股票投资比例60%以上的基金，不含指数基金）季均管理规模应当不低于200亿元；中国证监会另有规定的，从其规定。基金管理公司或者其专户子公司不符合《办法》第四十三条及前述规定的，专户子公司不得新增投资非标准化资产的资产管理产品，存量投资非标准化资产的资产管理产品规模原则上不得增加，到期不得续作。

（二十七）基金管理公司可以与基础设施项目的原始权益人合资设立一家子公司专门从事公募REITs业务，基金管理公司及其子公司除原则上符合《办法》第四十三条、前述第（二十五）项、第（二十六）项规定外，还应当符合下列条件：

1. 基金管理公司应当保持对子公司的控制权，且持有子公司的股权比例持续不得低于51%，基金管理公司应当具有丰富的公募REITs管理经验；

2. 相关原始权益人不得为其他基金管理公司的主要股东或者实际控制人，且原始权益人应当具有丰富的符合条件的基础设施项目储备；

3. 中国证监会规定的其他条件。

持股25%以上的原始权益人不认定为主要股东。

（二十八）根据《办法》第四十五条规定，在有效防范利益冲突和敏感信息不当流动的前提下，基金管理公司可以依照有关规定或者合同约定，为子公司提供业务支持和服务。

（二十九）《办法》第四十六条所称“公司财务指标”，是指基金管理公司总负债不得超过净资产的100%，中国证监会另有规定的，从其规定。

（三十）根据《办法》第五十一条规定，托管组应当自托管公募基金管理人之日起履行下列职责：

1. 保障被托管公募基金管理人存续产品的正常合规运行；

2. 采取有效措施维护托管期间客户资产的安全；

3. 制定存续产品的处置方案，配合资产转让方案规划及实施，做好产品平稳有序交接；

4. 保证被托管公募基金管理人业务系统安全、稳定运行；

5. 做好被托管公募基金管理人相关舆情监控和危机处理工作；

6. 中国证监会要求履行的其他职责。

被托管公募基金管理人应当承担托管费用和托管期间的营运费用。托管组不承担被托管公募基金管理人的亏损。中国证监会对托管费用和托管期间的营运费用进行审核。

接管组自接管公募基金管理人之日起履行下列职责：

1. 接管公募基金管理人的财产、印章和账簿、文书等资料；

2. 决定被接管公募基金管理人的日常事务，完善内控制度；

3. 核查被接管公募基金管理人存在的风险，控制经营风险，提出风险处置方案；

4. 维持被接管公募基金管理人业务合规稳健运行；

5. 清查被接管公募基金管理人的财产，依法保全、追收资产；

6. 核查被接管公募基金管理人有关人员与公司经营相关的违法违规行为；

7. 中国证监会要求履行的其他职责。

（三十一）根据《办法》第五章规定，公募基金管理人退出的，公募基金管理人及其董事、监事、高级管理人员和其他有关人员应当在中国证监会的监督指导下，继续履行下列职责：

1. 妥善保管基金管理业务资料，及时与新基金管理人或者临时基金管理人办理基金管理业务的移交手续；

2. 聘请符合《证券法》规定的会计师事务所对基金财产进行审计，并将审计结果予以公告，同时报中国证监会备案；

3. 中国证监会要求履行的其他职责。

前款所称“基金管理业务资料”，是指基金产品不可分割的组成部分，应当进行无偿移交。其他资料确属基金正常投资运作所必须的，公募基金管理人应当一并移交但可以索取合理的对价。

（三十二）根据《办法》第五十二条、第五十三条、第五十五条规定，临时基金管理人有权派驻人员进入原基金管理人办公场地、系统等进行基金管理运作。

（三十三）公募基金管理人被取消公募基金管理业务资格、被撤销、注销公募基金管理业务资格的，应当限期缴回《经营证券期货业务许可证》，并依法向公司登记机关办理变更登记手续。

（三十四）根据《办法》第五十五条规定，存在下列情形之一的，基金托管人应当组织基金财产清算小组进行基金清算：

1. 公募基金管理人退出构成基金终止事由；

2. 基金份额持有人大会决议基金合同终止；

3. 公募基金管理人被采取取消公募基金管理业务资格或者撤销措施后，6 个月内没有新基金管理人承接；

4. 中国证监会规定的其他情形。

（三十五）根据《办法》第五十八条规定，基金管理公司撤销子公司的，应当向中国证监会派出机构报送清算方案。清算期间，子公司不得新增客户或者业务活动，对存量业务有序、平稳了结，妥善处置存量客户，制定应急预案防范突发事件。中国证监会派出机构对清算情况核查验收后，中国证监会依法办理子公司的注销手续。子公司应当限期缴回《经营证券期货业务许可证》，并依法向公司登记机关办理注销登记并公告。

（三十六）《办法》第六十八条所称“暂停部分或者全部业务”，包括但不限于暂停受理单一或者多项业务类别的产品注册或者备案，其中，相关业务类别包括固定收益、股票、ETF、指数、REITs 等。

（三十七）《办法》第六十九条所称“净资产等指标不符合规定”，是指公募基金管理人净资产低于 5000 万元，或者现金、银行存款、国债等可运用的流动资产低于 2000 万元且低于上一会计年度营业支出。

（三十八）《办法》表述“以上”含本数，“以下”“低于”“少于”“超过”不含本数。

三、定期报告或临时报告

（一）公募基金管理人应当按照《办法》第六十三条规定，自年度结束之日起 3 个月内报送年度报告、年度评价报告、年度合规报告、基金管理公司子公司年度评价报告，中国证监会认可的情形除外。

（二）基金管理公司股东应当自年度结束之日起 3 个月内向基金管理公司报送下列信息：

1. 行使股东权利和履行股东义务情况；

2. 履行承诺、落实法律法规和监管规定情况；

3. 股东的资质条件及其变化情况；

4. 股东实际控制人的资质条件及其变化情况；

5. 所持基金管理公司股权被采取诉讼财产保全措施或者被强制执行情况；

6. 所持基金管理公司股权被质押或者解押情况；

7. 其他可能影响股东及其实际控制人资质条件变化或者导致所持基金管理公司股权发生变化的情况。

基金管理公司应当自收齐前款规定信息之日起 5 个工作日内向中国证监会派出机构报告。

（三）基金管理公司向中国证监会派出机构报告股权质押或者解除质押时，应当提交下列材料：

1. 书面报告，包括出质人、债务人、债权人及质押或者解除质押的基本情况，偿债风险及应对措施，截至报告日股权质押的全部情况等；

2. 相关合同；

3. 有关部门出具的登记文件（如适用）；

4. 出质人、债务人、债权人关系的说明；

5. 股东关于股权质押符合规定的声明；

6. 基金管理公司督察长出具的合规意见；

7. 中国证监会规定的其他材料。

（四）基金管理公司股东对基金管理公司经营

管理的影响力与其持股比例存在重大差异的,基金管理公司应当按照实质重于形式的原则进行判断,并据此报送或者披露相关信息。

(五)基金管理公司发现规避股东资格审批或者监管的行为,应当及时履行报告义务。

四、实施日期及规则衔接

(一)本规定自2022年6月20日起施行。中国证监会《关于实施〈证券投资基金管理公司管理办法〉有关问题的规定》(证监会公告〔2012〕26号)同时废止。

(二)《办法》及本规定施行前,按照"先筹后批"程序申请的已受理但未批复的基金管理公司设立事项,中国证监会按照《国务院关于管理公开募集基金的基金管理公司有关问题的批复》(国函〔2013〕132号)《证券投资基金管理公司管理办法》(证监会令第166号)等相关法律法规规定的条件和程序进行审核;其余在审的基金管理公司设立事项,应当按照《办法》及本规定的要求补充材料,中国证监会按照《办法》及本规定进行审核。

(三)《办法》及本规定施行后,不符合《办法》及本规定关于基金管理公司股东条件等要求的股东不得增持或者受让基金管理公司股权。已向中国证监会报送相关申请材料的,应当按照《办法》及本规定的要求补充材料,中国证监会按照《办法》及本规定进行审核。

(四)公募基金管理人应当按照《办法》及本规定有关股权质押、公司章程、独立董事、薪酬递延支付和追索扣回等要求,在《办法》及本规定施行后6个月内进行调整和完善。

证券投资基金管理公司治理准则(试行)

·2006年6月15日

·证监基金字〔2006〕122号

第一章　总　则

第一条　为了进一步完善证券投资基金管理公司(以下简称公司)治理,保护基金份额持有人、公司股东以及其他相关当事人的合法权益,根据证券投资基金有关法律法规,制定本准则。

第二条　公司治理应当遵循基金份额持有人利益优先的基本原则。公司章程、规章制度、工作流程、议事规则等的制订,公司各级组织机构的职权行使和公司员工的从业行为,都应当以保护基金份额持有人利益为根本出发点。公司、股东以及公司员工的利益与基金份额持有人的利益发生冲突时,应当优先保障基金份额持有人的利益。

第三条　公司治理应当体现公司独立运作的原则。公司在法律、行政法规、中国证监会规定及自律监管组织规则允许的范围内,依法独立开展业务。

第四条　公司治理应当强化制衡机制,明确股东会、董事会、监事会或者执行监事、经理层、督察长的职责权限,完善决策程序,形成协调高效、相互制衡的制度安排。上述组织机构和人员应当在法律、行政法规、中国证监会和公司章程规定的范围内行使职权。

第五条　公司治理应当维护公司的统一性和完整性,公司组织机构和人员的责任体系、报告路径应当清晰、完整,决策机制应当独立、高效。

第六条　公司股东对公司和其他股东负有诚信义务,应当承担社会责任。

股东之间应当信守承诺,建立相互尊重、沟通协商、共谋发展的和谐关系。

第七条　公司董事会、经理层应当公平对待所有股东,公司开展业务过程中,应当公平对待其管理的不同基金财产和客户资产。

第八条　公司应当建立与股东之间的业务与信息隔离制度,防范不正当关联交易,禁止任何形式的利益输送。

第九条　公司经营和运作应当保持公开、透明,股东、董事享有法律、行政法规、中国证监会和公司章程规定的知情权。

公司应当依法认真履行信息披露义务。

第十条　公司应当结合基金行业特点建立长效激励约束机制,营造规范、诚信、创新、和谐的企业文化。

第十一条　公司董事、监事、高级管理人员应当专业、诚信、勤勉、尽职,遵守职业操守,以较高的职业道德标准和商业道德标准规范言行,维护基金份额持有人利益和公司资产安全,促进公司高效运作。

第二章 股东和股东会

第一节 股 东

第十二条 公司股东应当符合法律、行政法规和中国证监会规定的资格条件，按照法律、行政法规、中国证监会和公司章程的规定，行使股东权利，履行股东义务。

第十三条 股东应当了解基金行业的现状和特点，熟悉公司的制度安排及监管要求，尊重经理层人员及其他专业人员的人力资本价值，树立长期投资的理念，支持公司长远、持续、稳定发展。

第十四条 股东应当依法严格履行出资义务，不得以任何方式虚假出资、抽逃或者变相抽逃出资，不得以任何形式占有、转移公司资产。

第十五条 股东不得要求公司为其提供融资、担保及进行不正当关联交易，公司不得直接或者间接为股东提供融资或者担保。

第十六条 股东应当直接持有公司股权，不得为其他机构和个人代为持有股权，不得委托其他机构和个人代为持有公司股权。

第十七条 股东应当尊重公司的独立性，公司及其业务部门与股东、实际控制人及其下属部门之间没有隶属关系。股东及其实际控制人不得越过股东会和董事会直接任免公司的高级管理人员；不得违反公司章程干预公司的投资、研究、交易等具体事务以及公司员工选聘等事宜。

公司除董事、监事之外的所有员工不得在股东单位兼职。

第十八条 公司应当将与股东签署的有关技术支持、服务、合作等协议报送中国证监会及相关派出机构，公司不得签署任何影响公司经营运作独立性的协议。

第十九条 公司应当以保护基金份额持有人利益为原则，在法律、行政法规和中国证监会规定允许的范围内，制定有关信息传递和信息保密的制度。

股东不得直接或者间接要求公司董事、经理层人员及公司员工提供基金投资、研究等方面的非公开信息和资料。

股东不得利用提供技术支持或者通过行使知情权的方式将所获得的非公开信息为任何人谋利，不得将此非公开信息泄漏给任何第三方。

第二十条 股东应当关注公司的经营运作情况及财务状况，公司章程应当依法对股东行使知情权的方式作出具体规定。

股东检查公司财务状况应当向公司提出书面请求，说明目的。公司有合理根据认为股东上述行为有不正当目的、可能损害基金份额持有人和公司合法权益的，可以拒绝。

第二十一条 股东应当审慎审议、签署股东协议、公司章程等法律文件，按照约定认真履行义务。

股东协议、公司章程等法律文件的内容及制定程序应当符合法律、行政法规和中国证监会的有关规定。

第二十二条 股东应当履行对公司和其他股东的诚信义务，出现下列情形时，立即书面通知公司及其他股东：

（一）名称、住所变更；

（二）所持公司股权被人民法院采取财产保全、执行措施；

（三）决定转让公司股权；

（四）发生合并、分立或者进行重大资产债务重组；

（五）被采取责令停业整顿、指定托管、接管或撤销等监管措施或者进入破产清算程序；

（六）被监管机构或者司法机关立案调查；

（七）其他可能导致所持公司股权发生转移或者严重影响公司运作的事项。

第二十三条 股东在法律、行政法规、中国证监会规定允许的范围内可以对其部分权利的行使作出特殊安排，并可以通过公司章程约定下列内容：

（一）股东持有公司股权的期限；

（二）未经其他股东同意，股东不得将所持有的股权进行出质；

（三）股东以所持股权进行出质、股东所持股权被人民法院采取财产保全或者执行措施的，该股东不得行使对公司其他股东股权的优先购买权。

第二十四条 股东应当将其签署的涉及股权及公司经营管理的协议报送中国证监会及相关派出机构，股东不得对其在公司的权利、义务作出私下处置。

第二十五条 股东转让股权，受让方应当是实际出资人,股东和受让方均不得通过信托、托管、质押、秘密协议、代为持有等形式转让或者变相转让股权。

公司、股东及受让方应当向中国证监会及相关派出机构报告其实际控制人及关联方信息。

第二十六条 股东转让股权,应当了解受让方资质情况,确认受让方及其实际控制人符合法律、行政法规和中国证监会规定的资格条件。

第二十七条 股权转让期间,董事会和经理层应当依法履行职责,恪尽职守,对股权转让期间的风险防范作出安排,保证公司正常经营以及基金份额持有人的利益不受损害。

股东应当支持并配合董事会和经理层做好上述工作。

第二十八条 股东和公司应当按照法律、行政法规和中国证监会的规定,真实、准确、完整、合规地提供有关材料,履行信息披露义务。

第二节 股东会

第二十九条 公司章程应当明确股东会的职权范围。股东会应当按照法律、行政法规及中国证监会和公司章程的规定行使职权。

股东会授权董事会行使股东会部分职权的,应当在公司章程中作出明确规定,或者经股东会决议批准。股东会的授权内容应当明确具体。

第三十条 公司应当制定股东会议事规则,包括股东会会议的通知程序、议事方式、表决形式和程序等内容。

第三十一条 公司章程应当对股东会定期会议、临时会议的召开作出规定。

第三十二条 股东会会议不得就未事先通知的提案进行表决,但全体股东出席股东会会议并一致同意进行审议和表决的提案除外。

第三十三条 股东会的原始会议记录及会议纪要应当真实、准确、完整,自制作之日起至少保存15年。

第三章 董事和董事会

第一节 董 事

第三十四条 董事(包括独立董事,下同)应当符合法律、行政法规和中国证监会规定的资格条件,具有履行职责所必需的素质、能力和时间。

第三十五条 公司章程应当明确规定董事的提名、任免程序、权利义务、任期等内容。

董事在任期届满前,无正当理由的,股东会不得解除其职务。股东会在董事任期届满前解除其职务的,应当书面说明理由。被解除职务的董事有权向股东会、中国证监会及相关派出机构陈述意见。

第三十六条 董事应当认真学习基金法律法规,熟悉公司章程及基本管理制度,了解基金行业基本情况。

第三十七条 董事向公司和监管机构提交的材料应当真实、准确、完整,不得提供虚假信息,隐瞒自己的工作经历、诚信记录、兼职情况等。

第三十八条 董事应当关注公司经营状况,对监督公司合规运作负有勤勉尽责义务。董事应当及时阅读公司的财务报告、监察稽核报告等,发现公司治理和内部风险控制方面的缺陷、公司存在可能损害基金份额持有人及其他资产委托人利益的行为或者其他违规嫌疑时,应当提醒经理层予以关注。

董事应当对自己履行职责的情况进行记录,形成工作报告,以备查阅。

第三十九条 公司应当保障董事的知情权,定期向所有董事提供公司财务报告、监察稽核报告等。

第四十条 公司章程应当对董事长不能履行职责或者缺位时董事长职责的履行作出明确规定。

第四十一条 董事长应当加强与股东及其他董事的沟通,注重公司的发展目标、长远规划,不得越权干预经营管理活动。

第四十二条 董事长应当维护公司资产的完整和独立,对股东虚假出资、抽逃或者变相抽逃出资、以任何形式占有或者转移公司资产等行为以及为股东提供融资或者担保等不当要求应当予以抵制,并立即向中国证监会及相关派出机构报告。

第二节 独立董事

第四十三条 公司应当建立独立董事制度,独立董事的人数和比例应当符合中国证监会的有关规定。

第四十四条 独立董事应当保证独立性,以基金份额持有人利益最大化为出发点,对基金财产运作等事项独立作出客观、公正的专业判断，不得服从于某一股东、董事和他人的意志。

第四十五条 公司设立时首届独立董事可以由股东提名。继任独立董事可以由独立董事提名，具体提名方式由公司章程规定。

股东应当对拟任独立董事的独立性、专业水平、工作能力、履行职责的条件等进行认真评估后，由股东会决定独立董事人选。

第四十六条 公司应当公开披露所聘任独立董事的工作经历、诚信记录、兼职情况等基本情况。

第四十七条 公司章程可以规定独立董事连任不得超过两届。

第四十八条 公司章程应当对独立董事履行职责的方式、时间作出规定。对于违反上述规定的独立董事，公司应当改选。

第四十九条 独立董事应当每年向董事会提交工作报告，对参加会议、提出建议、出具意见、现场工作等履行职责的相关情况进行说明。独立董事的工作报告应当存档备查。

第五十条 公司应当制定保障独立董事独立、有效履行职责的具体规定，为独立董事履行职责提供充分的信息和必要的工作条件。

第三节 董事会

第五十一条 公司章程应当明确规定董事会的职权范围。董事会应当按照法律、行政法规及中国证监会和公司章程的规定行使职权。

董事会授权董事长在董事会闭会期间行使董事会部分职权的，应当在公司章程中作出明确具体的规定。

第五十二条 董事会应当加强对公司的战略指导，加强对公司经理层人员履行职责情况和公司经营运作情况的有效监督，公平对待所有股东。

第五十三条 董事会制定公司的组织架构、基本管理制度，应当体现公司的统一性和完整性，从制度设计上保证公司责任体系、决策体系和报告路径的清晰、独立。上述制度及安排不得要求经理层或其他员工违反公司章程的规定直接向股东或者其他机构和人员报告有关基金财产运用的具体事项，不得要求经理层将经营决策权让渡给股东或者其他机构和人员。

第五十四条 公司应当制定董事会议事规则，包括董事会会议的通知程序、议事方式、表决形式和程序等内容。

公司章程可以对董事参与表决时的弃权次数予以限制。

第五十五条 董事会每年应当至少召开2次定期会议，并可以根据需要召开临时会议。定期会议应当以现场方式召开。

董事会会议未按时召开的，公司应当向中国证监会及相关派出机构报告。

第五十六条 董事会会议应当由董事本人亲自出席，本人不能亲自出席的，可以书面委托其他董事代为出席。独立董事只能委托独立董事代为出席董事会。授权委托书应当写明授权范围并经本人签字或者盖章，涉及表决事项的，应当载明委托人的具体意见。

董事包括独立董事每年不出席董事会累计超过2次的，董事会应当提请股东会免去其董事职务。

第五十七条 董事会会议依据法律、行政法规、中国证监会和公司章程的规定审议有关事项。

中国证监会对公司的监管要求、整改通知及处罚措施等应当列入董事会的通报事项。经理层制定的整改方案以及公司合规运作情况的汇报应当列入董事会的审议范围。

第五十八条 董事会的原始会议记录及会议纪要应当真实、准确、完整，自制作之日起至少保存15年。

第五十九条 董事会可以设立从事风险控制、审计、提名和考核等事务的专门委员会。设立专门委员会的，公司章程应当明确规定各专门委员会的组成及职权，董事会应当制定各专门委员会的工作程序等相应制度。

各专门委员会应当定期向董事会报告工作，形成工作报告，以备查阅。

第六十条 公司或者公司高级管理人员有下列情形之一的，董事会应当立即通知全体股东：

（一）涉嫌重大违法违规行为；

（二）因违法违规行为被中国证监会采取行政监管措施；

（三）公司财务状况持续恶化；

（四）发生突发事件，对公司和基金份额持有人利益产生重大不利影响；

（五）其他可能影响公司持续经营的情形。

第四章 监事会和执行监事

第六十一条 公司可以根据公司实际情况设立监事会或者执行监事。监事会或者执行监事应当按照法律、行政法规及中国证监会和公司章程的规定行使职权。

第六十二条 公司章程应当对监事会或者执行监事的职权、人员组成、议事方式、表决程序等作出明确规定。

第五章 经理层人员

第六十三条 公司设总经理 1 人,可以设副总经理若干人。

公司章程应当明确规定总经理和副总经理等人员的提名、任免程序、权利义务、任期等内容。

经理层人员在任期届满前,无正当理由的,董事会不得解除其职务。董事会在上述人员任期届满前解除其职务的,应当书面说明理由。被解除职务的人员有权向股东会、中国证监会及相关派出机构陈述意见。

第六十四条 经理层人员应当符合法律、行政法规和中国证监会规定的条件,取得中国证监会核准的任职资格。

第六十五条 经理层人员应当熟悉相关法律、行政法规及中国证监会的监管要求,依法合规、勤勉、审慎地行使职权,促进基金财产的高效运作,为基金份额持有人谋求最大利益。

第六十六条 经理层人员应当维护公司的统一性和完整性,在其职权范围内对公司经营活动进行独立、自主决策,不受他人干预,不得将其经营管理权让渡给股东或者其他机构和人员。

经理层人员应当构建公司自身的企业文化,保持公司内部机构和人员责任体系、报告路径的清晰、完整,不得违反规定的报告路径,防止在内部责任体系、报告路径和内部员工之间出现隔裂情况。

第六十七条 经理层人员应当按照公司章程、制度和业务流程的规定开展工作,不得越权干预投资、研究、交易等具体业务活动,不得利用职务之便向股东、本人及他人进行利益输送。

第六十八条 经理层人员应当公平对待所有股东,不得接受任何股东及其实际控制人超越股东会、董事会的指示,不得偏向于任何一方股东。

第六十九条 经理层人员应当公平对待公司管理的不同基金财产和客户资产,不得在不同基金财产之间、基金财产与委托资产之间进行利益输送。

第七十条 经理层人员对于股东虚假出资、抽逃或者变相抽逃出资、以任何形式占有或者转移公司资产等行为以及为股东提供融资或者担保等不当要求,应当予以抵制,并立即向中国证监会及相关派出机构报告。

第七十一条 总经理负责公司日常经营管理工作。

总经理应当认真执行董事会决议,定期向董事会报告公司的经营情况、财务状况、风险状况、业务创新等情况。

第七十二条 总经理应当支持督察长和监察稽核部门的工作,不得阻挠、妨碍上述人员和部门的检查、监督等活动。

第七十三条 公司应当按照保护基金份额持有人利益的原则,建立紧急应变制度,处理公司遭遇突发事件等非常时期的业务,并对总经理不能履行职责或者缺位时总经理职责的履行作出规定。

公司章程应当对紧急应变制度作出原则规定。

第七十四条 经理层可下设投资决策委员会、风险控制委员会等专门委员会。设立专门委员会的,公司应当对专门委员会的职责、人员组成、议事规则、决策程序等作出明确规定。

第六章 督察长

第七十五条 公司应当设立督察长,负责监督检查基金和公司运作的合法合规情况及公司内部风险控制情况,行使法律、行政法规及中国证监会和公司章程规定的职权。

第七十六条 公司章程应当明确规定督察长的提名、任免程序、权利义务、任期等内容。

督察长在任期届满前,无正当理由的,公司不得解除其职务。公司在督察长任期届满前解除其职务的,应当按照规定报告中国证监会及相关派出机构。被解除职务的督察长有权向股东会、中国证监会及相关派出机构陈述意见。

第七十七条 督察长应当具备法律、行政法规和中国证监会规定的任职条件,具有丰富的专业知识、良好的品行和职业操守记录,遵守有关行为规范。

第七十八条 督察长履行职责,应当坚持原则、独立客观,以保护基金份额持有人利益为根本出发点,公平对待全体投资人。

第七十九条 公司应当制定保障督察长独立、有效履行职责的具体规定。

第七章 关联交易

第八十条 公司应当按照法律、行政法规和中国证监会的规定规范关联交易,禁止从事不正当关联交易,确保基金份额持有人和公司利益不受侵害。

第八十一条 公司董事会在审议重大关联交易事项时,可以聘请中介机构就重大关联交易的公允性和合法性出具意见。

第八十二条 公司董事会就关联交易事项进行表决时,有利害关系的董事应当回避。

第八十三条 公司应当定期和不定期对关联交易事项、关联人士、禁止从事的关联交易等进行检查。

第八十四条 公司的股东、实际控制人、董事、监事、经理层人员不得利用其关联关系损害基金份额持有人和公司的利益。

第八章 激励约束机制

第八十五条 公司应当建立公正、透明的经理层人员、督察长和其他员工绩效评价的标准和程序,并可以根据基金行业的特点建立股权激励等长效激励约束机制。

公司对员工的绩效评价结果应当成为确定其薪酬以及其他激励方式的依据。

第八十六条 公司应当与经理层人员签订聘任合同,明确双方权利义务关系。聘任合同应当至少包括任期、任期目标、双方的权利义务、绩效评价、薪酬待遇、奖惩事项及方式、解聘条件、违约责任等内容。

第八十七条 经理层人员和督察长的绩效评价、离任审计或者审查由董事会负责,并应当充分听取监事会或者执行监事的意见。

第九章 附 则

第八十八条 本准则适用于根据《证券投资基金法》设立的公司。公司应当根据本准则及公司实际情况完善治理结构。

第八十九条 本准则是评判公司是否具有良好公司治理的主要标准。公司治理不符合本准则要求的,应当向中国证监会作出书面说明;无正当理由的,中国证监会可以认定公司治理不健全,根据有关法律、行政法规和中国证监会的规定采取相应行政监管措施。

第九十条 本准则所称经理层人员,是指公司的总经理、副总经理、其他实际履行总经理和副总经理职责以及公司章程规定的其他人员。

第九十一条 本准则所称关联交易,包括基金财产投资中的关联交易和公司投资中的关联交易。

第九十二条 本准则自发布之日起施行。

基金管理公司子公司管理规定

· 2016 年 11 月 29 日中国证券监督管理委员会公告〔2016〕29 号公布

· 自 2016 年 12 月 15 日起施行

第一章 总 则

第一条 为了适应公开募集证券投资基金管理公司(以下简称基金管理公司)专业化经营管理的需要,规范基金管理公司子公司(以下简称子公司)的行为,保护投资人的合法权益,根据《证券投资基金法》《公司法》和《证券投资基金管理公司管理办法》以及其他有关法律法规,制定本规定。

第二条 本规定所称子公司是指经中国证监会批准,基金管理公司在境内全资设立或者与其他股东共同出资设立的公司法人。

第三条 基金管理公司设立子公司应当充分考虑自身的财务实力和管理能力,全面评估论证,合理审慎决策,不得因设立子公司损害公募基金份额持有人的利益。

第四条 基金管理公司应当根据自身发展战略,按照专业化、差异化的经营原则,合理确定并定期评估子公司的发展方向和经营范围。基金管理公司与其子公司、受同一基金管理公司控制的子公司之间不得存在同业竞争。

第五条 基金管理公司与其子公司、受同一基金管理公司控制的子公司之间不得进行损害投资人利益或者非公平的关联交易,经营行为不得存在利益冲突。

第六条 子公司的设立、变更、终止以及业务活动、监督管理等事项，应当遵守有关法律法规的规定。

第七条 中国证监会及其派出机构依照《证券投资基金法》《公司法》等法律、行政法规、中国证监会的规定和审慎监管原则，对子公司及其业务活动实施监督管理。

第八条 中国证券投资基金业协会（以下简称证券投资基金业协会）依据法律、行政法规、中国证监会的规定和自律规则，对子公司及其业务活动进行自律管理。

第二章 子公司的设立

第九条 基金管理公司应当全资设立子公司。法律、行政法规或中国证监会另有规定的，基金管理公司可以与符合条件的其他投资人共同出资设立子公司，但持有子公司的股权比例应当持续不低于51%。

第十条 符合法律法规规定条件的基金管理公司可以设立子公司，经营以下单项业务：

（一）特定客户资产管理业务；

（二）基金销售业务；

（三）私募股权投资基金管理业务；

（四）中国证监会许可或认可经营的其他业务。

设立子公司拟经营前款规定的许可业务，应当依照相关法律法规履行业务资格申请程序。

第十一条 设立子公司，应当向中国证监会提交下列申请材料：

（一）各股东对符合法定条件及所提交申请材料真实、准确、完整、合规的承诺函；

（二）申请报告，内容至少包括设立子公司的目的，子公司的名称、经营范围、设立方案、股东资格条件等，应由股东签字并盖章；

（三）可行性研究报告，内容至少包括设立子公司的必要性和可行性，股东的基本情况及具备的优势条件，子公司的组织管理架构，子公司的业务发展规划等；

（四）各股东设立子公司的决议、决定及发起协议；

（五）在基金行业任职的自然人股东，其任职机构对该自然人参股子公司出具的无异议函；

（六）各股东之间的关联关系说明及子公司的股权结构图；

（七）基金管理公司防范与其子公司之间出现风险传递和利益冲突的制度安排；

（八）子公司拟任高级管理人员的简历（参照证券投资基金行业高级管理人员任职情况登记表填写）、身份证明复印件及基金从业资格证明文件复印件；

（九）子公司的章程草案和主要管理制度；

（十）设立子公司准备情况的说明材料，内容至少包括主要业务人员的资格条件和到位情况，办公场所购置、租赁及相关设备购置方案，工商名称预核准情况等；

（十一）基金管理公司出具的不与子公司进行损害投资人利益或者非公平的关联交易，经营行为不与子公司存在利益冲突的承诺函，以及其他股东对子公司的持续规范发展提供支持的安排；

（十二）基金管理公司出具的子公司发展方向、经营范围符合公司整体发展战略，以及不存在同业竞争的说明文件；

（十三）合法可行的风险处置、清算计划；

（十四）中国证监会根据审慎监管原则规定的其他文件。

第十二条 子公司的股东不得为其他机构或者个人代持子公司的股权，任何机构或者个人不得委托其他机构或者个人代持子公司的股权。

第十三条 中国证监会依照法律、行政法规、中国证监会的规定和审慎监管原则对申请人的申请进行审查，并自受理申请之日起60日内作出批准或者不予批准的决定。

未经中国证监会批准，基金管理公司不得设立或者变相设立子公司。

第三章 基金管理公司的管理与控制

第十四条 在维护子公司独立法人经营自主权的前提下，基金管理公司应当充分履行控股股东职责，加强对子公司的管理和控制。

基金管理公司应当建立覆盖整体的风险管理和内部稽核体系，确保子公司依法合规稳健经营，包括但不限于以下内容：

（一）建立内部稽核和责任追究机制，每年度至少两次检查和评估子公司内部控制的有效性、财务运营的稳健性、业务活动的合规性；

（二）建立重大事项报告机制，明确子公司应当向基金管理公司报告的事项范围、时间要求和

报告路径,确保基金管理公司及时知悉、处理子公司重大事项;

(三)实行风控合规垂直管理,对子公司的风控合规管理制度进行审查,向子公司选派具备足够专业胜任能力的风控及合规管理人员,并由基金管理公司督察长统一任免、考核和管理,确保子公司风控合规管理工作符合基金管理公司的统一标准;

(四)中国证监会规定的其他要求。

第十五条 基金管理公司与其子公司、受同一基金管理公司控制的子公司之间应当建立有效的风险隔离墙制度,防止可能出现的风险传递和利益冲突。

第十六条 基金管理公司应当根据整体发展战略和子公司经营需求,按照合规、精简、高效的原则,指导子公司建立健全治理结构。

第十七条 在有效防范利益冲突和敏感信息不当流动的前提下,基金管理公司可以依照有关规定或者合同的约定,为子公司的研究、风险控制、监察稽核、人力资源管理、信息技术和运营服务等方面提供支持和服务。

第十八条 基金管理公司应当建立关联交易管理制度,规范与子公司间的关联交易行为。发生关联交易的,基金管理公司应当履行必要的内部程序并在公司年度报告以及监察稽核报告中予以说明;依照法律法规应当对外进行信息披露的,应当严格履行信息披露义务。

基金管理公司管理的投资组合与子公司管理的投资组合之间,不得违反有关规定进行交易。

第十九条 基金管理公司应当在公司年度报告、监察稽核报告中对公司人员在子公司领薪、兼职和参股的情况进行详细说明,并采取有效措施确保符合下列要求:

(一)基金管理公司从业人员不得在子公司兼任职务,但向子公司派驻董事、监事和相关委员会成员的除外;

(二)基金管理公司从业人员不得在子公司领取工资薪酬,但向子公司派驻的董事、监事和相关委员会成员领取固定津贴的除外;

(三)基金管理公司从业人员不得在子公司参股,子公司实行专业人士持股计划应仅限于本公司人员。

第二十条 基金管理公司出现下列情形之一的,应当向中国证监会提交处置子公司的具体方案,依法妥善处理子公司存续业务:

(一)基金管理公司被采取指定其他机构托管、接管、取消基金管理资格或者撤销等监管措施;

(二)基金管理公司依法解散或被宣告破产;

(三)因客观原因导致基金管理公司无法履行对子公司管控职责的其他情形。

第四章 子公司的治理与内控

第二十一条 子公司应当按照《公司法》等法律、行政法规和中国证监会的规定,建立科学完善的公司治理结构,实施有效的风险管理和内部控制,保持公司规范有序运作。

第二十二条 子公司应当建立全面的风险管理体系,采取有效风险管理措施,确保业务发展规模与其风险承受能力、风险控制水平及经营实力相匹配。

第二十三条 子公司应当建立关联交易管理制度,对关联方及关联交易行为认定标准、交易定价方法、交易审批程序等进行规范,保证关联交易决策的独立性,严格防范非公平关联交易风险。

子公司不得运用受托管理资产与其固有财产进行交易或者在不同受托管理资产之间进行交易,但取得全体投资人事先同意并有充分证据证明未损害投资人利益的除外。子公司运用受托管理资产从事其他关联交易的,应当履行必要的内部程序并向投资人及时、全面、客观地披露关联交易信息。

第二十四条 子公司应当参照公开募集基金行业人员离任审计或离任审查的相关管理规定,对高级管理人员和投资经理开展离任审计或离任审查。

第二十五条 子公司的董事、监事、高级管理人员以及其他从业人员应当遵守法律法规,恪守职业道德和行为规范,履行诚实守信、谨慎勤勉的义务,不得从事损害投资人以及公司利益的活动。

在有效防范利益冲突和利益输送的前提下,基金管理公司、子公司及其相关从业人员可以投资子公司管理的投资组合,与其他投资人共担风险、共享收益,并应自投资之日起5个工作日内向证券投资基金业协会申报所投资产品的名称、时间、价格、数额等信息。

第二十六条 子公司不得直接或者间接持有

基金管理公司、受同一基金管理公司控股的其他子公司的股权，或者以其他方式向基金管理公司、受同一基金管理公司控股的其他子公司投资。

第二十七条 子公司应当参照基金管理公司固有资金管理的相关规定，建立固有资金运用的内部控制制度，保证固有资金运用在授权决策、合规管理、防火墙隔离、信息披露等方面符合监管要求。

子公司运用固有资金进行投资不得存在下列情形：

（一）投资于现金、银行存款、国债、开放式公募基金等高流动性资产的比例低于固有资金总额的50%；

（二）投资于本公司管理的单个投资组合的份额，和基金管理公司、子公司及其从业人员投资的份额，合计超过总份额的50%；

（三）投资于上市交易的股票、股指期货及其他衍生品；

（四）开展第二十八条规定范围以外的股权投资；

（五）开展规避基金管理公司固有资金运用规定的其他活动。

第二十八条 除下列情形外，子公司不得再下设或投资参股其他机构：

（一）经营私募股权投资基金管理业务的子公司（以下简称私募股权基金管理子公司）设立符合第二十九条规定的特殊目的机构；

（二）私募股权基金管理子公司作为管理人，设立合伙企业或公司形式的私募股权投资基金；

（三）中国证监会认可的其他情形。

第二十九条 私募股权基金管理子公司可以为特定的私募股权投资基金，设立专门履行管理人职责的特殊目的机构，但应当符合以下规定：

（一）特殊目的机构的设立目的和业务范围应当清晰明确，不得交叉重复；

（二）私募股权基金管理子公司对特殊目的机构的出资比例不得低于35%，且为该机构的第一大出资人并拥有基金的实际控制权；

（三）特殊目的机构仅能管理与本机构设立目的一致的私募股权投资基金，除必要的基金管理事务外，不得对外独立开展经营活动；

（四）特殊目的机构不得再下设其他机构。

私募股权基金管理子公司设立特殊目的机构，应当在办理工商登记之日起5个工作日内向基金管理公司所在地中国证监会派出机构备案，详细说明设立目的、拟管理基金、出资人构成等基本信息。

第五章 监督检查

第三十条 中国证监会建立常态化的定期风险监测会商机制和现场检查机制，以问题和风险为导向，对子公司的公司治理、内部控制、经营运作、风险状况以及相关业务活动，实施非现场监管和现场检查。

证券投资基金业协会应当定期向中国证监会报告子公司及其下设特殊目的机构的产品备案情况及风险监测情况，发现存在重大风险或违规事项的，应当及时报告中国证监会。

第三十一条 中国证监会根据监管需要，建立子公司风险准备金制度和风险控制指标体系，要求子公司按照业务收入的一定比例计提风险准备金，并持续满足风险控制指标要求，具体规则另行制定。

根据子公司的内部治理、风险控制和合规管理等情况，中国证监会可以对不同的子公司在风险控制指标、风险准备金计提比例等方面实施差别监管。

第三十二条 子公司设立申请材料存在虚假记载或者重大遗漏的，中国证监会不予受理；已经受理的，不予批准。

第三十三条 子公司发生下列重大事项，应当在发生之日起5个工作日内，在中国证监会基金监管信息系统中更新报送子公司基本信息表：

（一）变更名称、住所、经营范围、法定代表人；

（二）变更注册资本、股东或者股东出资比例；

（三）对公司章程进行重大修改；

（四）变更高级管理人员、投资经理；

（五）基金管理公司转让所持有的子公司股权；

（六）公司合并、分立或者解散；

（七）公司涉及重大诉讼或者受到重大处罚；

（八）公司财务状况发生重大不利变化；

（九）对公司经营产生重大影响的其他事项。

发生前款所列第（五）项至第（九）项规定情形的，子公司还应当及时向中国证监会及基金管理公司所在地中国证监会派出机构书面报告。

第三十四条 基金管理公司向中国证监会和基金管理公司所在地中国证监会派出机构报送的

公司年度报告、内部控制评价报告、监察稽核报告、财务报表等资料，应当包含子公司的有关情况。中国证监会和基金管理公司所在地中国证监会派出机构可以要求基金管理公司单独报送反映子公司治理结构、内部控制、业务运营、财务状况等情况的资料。

第三十五条 因子公司经营而发生影响或者可能影响基金管理公司经营管理、财务状况、风险控制或者投资人资产安全的重大事件的，基金管理公司应当立即向中国证监会和基金管理公司所在地中国证监会派出机构报送临时报告。

第三十六条 违反本规定，有下列情形之一的，中国证监会及基金管理公司所在地中国证监会派出机构可以对子公司采取责令改正、暂停相关业务等行政监管措施，并可以对直接负责的主管人员和其他直接责任人员采取监管谈话、出具警示函、认定为不适当人选等行政监管措施：

（一）公司治理不健全，或内部控制不完善，存在重大风险隐患或者发生较大风险事件；

（二）在避免同业竞争、防范利益冲突、风险隔离、关联交易管理等内部控制方面，不符合第四条、第五条、第十五条、第二十三条的规定；

（三）违反第二十六条的规定进行交叉持股；

（四）固有资金运用管理不符合第二十七条的规定，或在第二十八条规定的情形外下设或参股其他机构；

（五）私募股权基金管理子公司设立特殊目的机构不符合第二十九条的规定；

（六）未按照第三十三条的规定及时准确报告有关事项；

（七）从事损害投资人及基金管理公司利益的活动；

（八）违反忠实勤勉义务或者规避监管的其他行为。

第三十七条 子公司及其从业人员违反法律、行政法规、中国证监会的规定，依法应予以行政处罚的，依照有关规定进行行政处罚；涉嫌犯罪的，依法移送司法机关，追究刑事责任。

第三十八条 子公司违法经营或者出现重大风险，严重危及市场秩序、损害投资人利益的，中国证监会可以采取责令停业整顿、责令基金管理公司撤销子公司、指定其他机构托管、接管等监管措施。

第三十九条 基金管理公司有下列情形之一，中国证监会及基金管理公司所在地中国证监会派出机构可以采取责令改正、暂停受理及审核该公司基金产品募集申请或者其他业务申请等行政监管措施，可以对负有责任的董事、监事、高级管理人员以及直接责任人员采取监管谈话、出具警示函、认定为不适当人选等行政监管措施：

（一）未经批准擅自设立或变相设立子公司；

（二）设立申请材料存在虚假信息或者重大遗漏；

（三）违反第十四条的规定，未严格履行对子公司的管控职责；

（四）委托他人或者接受他人委托持有子公司的股权；

（五）在避免同业竞争、防范利益冲突、风险隔离、关联交易管理等内部控制方面，不符合第四条、第五条、第十五条、第十八条的规定；

（六）基金管理公司相关人员违反第十九条的规定在子公司兼职、领薪或参股；

（七）未按照第三十四条、第三十五条的规定报送有关材料，或者报送的材料存在虚假记载、重大遗漏；

（八）怠于对子公司进行管理，导致子公司治理和运营不合规或者出现较大风险的其他情形。

第六章 附 则

第四十条 基金管理公司通过受让、认购股权等方式控股子公司的，适用本规定。

基金管理公司在境外设立子公司的，按照相关规定执行。

子公司下设特殊目的机构，参照适用子公司的相关规定。

第四十一条 本规定自2016年12月15日起施行。《证券投资基金管理公司子公司管理暂行规定》（证监会公告〔2012〕32号）同时废止。相关过渡安排如下：

（一）不符合本规定第四条、第十九条第（三）项、第二十七条规定的，应当在本规定施行之日起12个月内予以整改；

（二）不符合本规定第九条，基金管理公司在本规定施行前与其他投资人共同出资设立子公司的，应当在本规定施行之日起12个月内调整持股比例至不低于51%；

（三）不符合本规定第二十八条，子公司在本规定施行前存续的从事私募投资基金管理业务的下设机构，已有存量产品的，可以存续至项目到期，存量产品到期前不得开放申购或追加资金，合同到期后予以清盘，不得续期。子公司在本规定施行前存续的其他下设机构及投资参股机构，应当在本规定施行之日起12个月内予以清理。

商业银行设立基金管理公司试点管理办法

· 2005年2月20日中国人民银行、中国银行业监督管理委员会、中国证券监督管理委员会公告〔2005〕第4号公布

· 自公布之日起施行

第一章　总　则

第一条　为落实《国务院关于推进资本市场改革开放和稳定发展的若干意见》（国发〔2004〕3号），保证商业银行设立基金管理公司试点工作顺利进行，根据《中华人民共和国公司法》、《中华人民共和国证券投资基金法》、《中华人民共和国中国人民银行法》、《中华人民共和国银行业监督管理法》以及《中华人民共和国商业银行法》等法律法规，制定本办法。

第二条　本办法所称商业银行，是指在中华人民共和国境内经中国银行业监督管理委员会（以下简称中国银监会）批准设立的国有商业银行和股份制商业银行。

第三条　本办法所称基金管理公司，是指在中华人民共和国境内由商业银行直接出资作为主要股东、经中国证券监督管理委员会（以下简称中国证监会）批准设立、从事基金管理业务的企业法人。

第四条　商业银行设立的基金管理公司，按照《中华人民共和国证券投资基金法》规定的业务范围募集和管理基金。试点初期，既可以募集和管理货币市场基金和债券型基金，投资固定收益类证券，也可以募集和管理其他类型的基金。

第五条　中国人民银行会同中国银监会和中国证监会，负责商业银行设立基金管理公司的综合协调工作。

第二章　申请审批程序

第六条　申请投资基金管理公司的商业银行，应按照中国银监会的有关规定报送材料，在试点期间应同时抄报中国人民银行。中国银监会从商业银行总体风险监管的角度，审查商业银行投资基金管理公司的资格，并依法出具商业银行可以对外投资的监管意见。

第七条　经中国银监会出具同意投资基金管理公司监管意见的商业银行，应按照《证券投资基金管理公司管理办法》等有关法律法规，向中国证监会报送申请设立基金管理公司的有关材料，中国证监会依法进行审批。

商业银行申请设立基金管理公司的有关材料在试点期间应同时抄报中国人民银行。

第八条　鼓励商业银行采取股权多元化方式设立基金管理公司。

第九条　除本办法规定的条款外，商业银行设立的基金管理公司的条件及股东资格，按照《证券投资基金管理公司管理办法》的有关规定执行。

第三章　风险控制

第十条　商业银行设立的基金管理公司，应建立良好的公司治理结构。商业银行应当严格按照“法人分业”的原则，与其出资设立的基金管理公司之间建立有效的风险隔离制度，报中国银监会备案。

第十一条　商业银行仅以出资额对所设立的基金管理公司承担有限责任，并通过基金管理公司的股东会依法行使股东权利，不得越过股东会、董事会干预公司的经营管理。

第十二条　商业银行与其设立的基金管理公司不得违反国家规定相互提供客户信息资料，业务往来不得损害客户的正当合法权益。

第十三条　商业银行设立的基金管理公司的工作人员必须与商业银行脱离工资和劳动合同关系，不得相互兼职。基金管理公司的高级管理人员应当符合《证券投资基金行业高级管理人员任职管理办法》的有关规定。

第十四条　商业银行设立的基金管理公司所管理的基金资产不得用于购买其股东发行和承销期内承销的有价证券。

第十五条　商业银行为基金管理公司管理的

基金提供融资支持，应按照国家有关规定执行。

第十六条 商业银行不得担任其设立的基金管理公司所管理的基金的托管人。

第十七条 商业银行可以代理销售其设立的基金管理公司发行的基金，但在代销基金时，不得在销售期安排、服务费率标准、参与基金产品开发等方面，提供优于非关联第三方同类交易的条件，不得歧视其他代销基金，不得有不正当销售行为和不正当竞争行为。

第十八条 商业银行与其设立的基金管理公司在银行间债券市场上不得以优于非关联第三方同类交易的条件进行交易。

第十九条 商业银行与其设立的基金管理公司之间的关联交易实施细则，由中国银监会和中国证监会共同制定。

商业银行设立的基金管理公司和设立基金管理公司的商业银行应分别按照中国证监会和中国银监会的有关规定进行信息披露。

第四章 监督管理

第二十条 商业银行设立的基金管理公司所募集的基金种类，由中国证监会核准。

第二十一条 中国银监会对设立基金管理公司的商业银行制定相关风险监管指标计算标准，并实施并表监管。

第二十二条 中国证监会依法对商业银行设立的基金管理公司及其募集和管理的基金实施监督管理，保证基金财产的合法运用和基金份额持有人的合法权益不受侵犯。

第二十三条 中国人民银行对商业银行设立的基金管理公司进入全国银行间债券市场依法进行备案和监管。

第二十四条 商业银行设立的基金管理公司和设立基金管理公司的商业银行应分别按照中国证监会和中国银监会的有关规定报送材料，在试点期间同时抄报中国人民银行。

第二十五条 中国人民银行、中国银监会和中国证监会对商业银行设立的基金管理公司在依法实施监管过程中，要及时相互通报有关信息，建立监管信息共享制度。

第五章 附 则

第二十六条 商业银行收购基金管理公司参照本办法执行。

第二十七条 中国人民银行、中国银监会和中国证监会共同选定试点银行，并根据试点情况和市场发展需要，共同商定试点工作安排。

第二十八条 本办法由中国人民银行、中国银监会和中国证监会共同解释。

第二十九条 本办法自2005年2月20日起施行。

保险机构投资设立基金管理公司试点办法

· 2013年6月7日中国证券监督管理委员会公告〔2013〕27号公布

· 自2013年6月18日起施行

第一章 总 则

第一条 为保证保险机构投资设立基金管理公司试点工作顺利进行，根据《中华人民共和国公司法》、《中华人民共和国证券投资基金法》以及《中华人民共和国保险法》等法律法规，制定本办法。

第二条 本办法所称保险机构，是指在中华人民共和国境内，经中国保险监督管理委员会（以下简称中国保监会）批准设立的保险公司、保险集团（控股）公司、保险资产管理公司和其他保险机构。

第三条 本办法所称基金管理公司，是指在中华人民共和国境内，经中国证券监督管理委员会（以下简称中国证监会）批准设立，由保险机构作为主要股东，从事基金管理业务的企业法人。

第四条 中国保监会、中国证监会按照各自监管职责，对保险机构投资设立基金管理公司及其有关业务活动进行监督管理。

第二章 申请程序

第五条 申请投资设立基金管理公司的保险机构，应当符合中国保监会有关股权投资的规定，向中国保监会报送申请材料。中国保监会从保险资金投资风险防范的角度，审查保险机构投资基金管理公司的资格，并依法出具保险机构投资基金管理公司的监管意见。

第六条 获准投资设立基金管理公司的保险机构，应当按照中国证监会有关规定，向中国证监会报送申请材料。中国证监会依法进行审核并作出批准或者不予批准的决定。

第七条 保险机构投资设立基金管理公司，可以采用发起设立或收购股权等方式。

第八条 保险机构投资设立基金管理公司，应当全面分析发展战略、投资成本、管理能力、经济效益等因素，审慎决策，稳健运作。保险机构收购基金管理公司股权，应当综合考虑收购目标的公司治理、管理团队、资产规模、经营业绩、市场地位和发展能力等条件。

第九条 保险机构转让其持有的基金管理公司股权，应当符合有关法律法规、本办法和公司章程的规定，充分考虑基金管理公司的稳定经营、长远发展及基金份额持有人的利益。

第三章 风险控制

第十条 保险机构及其投资设立的基金管理公司，应当建立良好的公司治理，严格按照“法人分业”原则，建立保险机构与其投资设立的基金管理公司之间的风险隔离制度。风险隔离制度至少应当包括以下内容：

(一)保险机构根据保险资金性质或来源，单独建账，独立核算；

(二)有效隔离保险机构与其投资设立基金管理公司的经营业务和经营场地，经营管理人员不得相互兼职；

(三)严格隔离保险机构与其投资设立基金管理公司的财务管理，保证账簿分设，会计核算独立；

(四)严格隔离保险机构与其投资设立基金管理公司的投资运作和信息传递，保险机构不得要求基金管理公司提供有关投资、研究等非公开信息和资料，防范不正当关联交易，禁止任何形式的利益输送。

第十一条 保险机构投资其投资设立的基金管理公司发行的基金产品，应当遵守中国保监会有关投资品种和投资比例等方面的规定，并应当公平对待其他基金管理公司的基金产品。

第十二条 保险机构为其投资设立的基金管理公司提供融资支持，应当符合相关法律法规及监管部门的规定。

第十三条 保险机构不得与其投资设立的基金管理公司，在全国银行间市场、交易所市场和其他市场，以优于非关联第三方同类交易的条件进行交易。

第十四条 保险机构与其投资设立的基金管理公司之间的关联交易规则，由中国保监会和中国证监会另行制定。

第十五条 保险机构与其投资设立的基金管理公司，不得违反国家规定相互提供客户信息资料，业务往来不得损害客户正当合法权益。保险机构与其投资设立的基金管理公司，应当分别按照中国保监会和中国证监会的有关规定，披露有关信息。

第四章 监督管理

第十六条 中国保监会制定保险机构投资设立基金管理公司的监管规定，并实施并表监管。

第十七条 中国证监会依法对保险机构投资设立的基金管理公司实施监督管理，督促基金管理公司合法运用基金财产，维护基金份额持有人的合法权益。

第十八条 中国保监会和中国证监会建立监管信息共享制度和互通处置机制，加强对保险机构设立基金管理公司的协同监管。

第五章 附 则

第十九条 中国保监会和中国证监会共同选定试点保险机构，并根据试点情况和市场发展需要，共同商定试点工作安排。

第二十条 本办法由中国证监会和中国保监会共同解释。

第二十一条 本办法自2013年6月18日起施行。

基金管理公司固有资金运用管理暂行规定

· 2013年8月2日中国证券监督管理委员会公告〔2013〕33号公布

· 自公布之日起施行

第一条 为了规范公开募集基金的基金管理公司（以下简称基金管理公司）固有资金运用行为，防范固有资金投资风险，维护基金份额持有人的合法权益，促进基金业持续健康发展，根据《证券投资基金法》、《证券投资基金管理公司管理办法》等法律法规，制定本规定。

第二条 在中国境内依法设立的基金管理公司运用固有资金的活动适用本规定。

第三条 本规定所称固有资金运用，是指基金管理公司运用以本外币计价的资本金、公积金、未分配利润及其他自有资金进行投资以及用于本公司资产管理业务开展所需的资金支出行为。

第四条 固有资金运用应当遵循谨慎稳健、分散风险的原则，确保固有资金的安全性、流动性，不得影响基金管理公司的正常运营。

第五条 固有资金运用应当遵循合法、公平的原则，避免与基金管理公司及其子公司管理的投资组合之间发生利益冲突，禁止任何形式的利益输送行为，不得损害基金份额持有人和其他客户的合法权益。

第六条 鼓励基金管理公司运用固有资金按照规定购买本公司管理的公开募集的证券投资基金（以下简称基金）、特定客户资产管理计划或者其子公司管理的投资组合，建立与基金份额持有人、其他客户的利益绑定机制，与基金份额持有人、其他客户共担风险、共享收益。

第七条 中国证券监督管理委员会（以下简称中国证监会）及其派出机构依法对基金管理公司固有资金运用活动进行监督管理。

中国证券投资基金业协会对基金管理公司固有资金运用活动实行自律管理。

第八条 基金管理公司固有资金可以进行金融资产投资以及进行与经营资产管理业务相关的股权投资，其中持有现金、银行存款、国债、基金等高流动性资产的比例不得低于50%。

固有资金进行金融资产投资的，不得投资于上市交易的股票、期货及其他衍生品。

固有资金从事境外投资的，应当符合中国证监会以及其他相关部门的规定。

第九条 基金管理公司运用固有资金投资本公司管理的基金的，应当遵守基金合同、招募说明书等的约定，并遵守下列规定：

（一）持有基金份额的期限不少于6个月，但持有货币市场基金等现金管理工具基金或者公司出现风险事件确需赎回基金份额弥补资金缺口的不受此限，持有发起式基金份额的期限另有规定的从其规定；

（二）按照基金合同、招募说明书的约定费率进行认购、申购和赎回，不享有比其他投资人更优惠的费率，并不得进行盘后交易；

（三）认购基金份额的，在基金合同生效公告中载明所认购的基金份额、认购日期、适用费率等情况；

（四）申购、赎回或者买卖基金份额的，在基金季度报告中载明申购、赎回或者买卖基金的日期、金额、适用费率等情况。

第十条 基金管理公司运用固有资金投资本公司管理的基金的，依法可以作为基金份额持有人向基金份额持有人大会提出议案，但对涉及本公司利益的表决事项应当回避。

第十一条 基金管理公司固有资金投资本公司及子公司管理的单个特定客户资产管理计划的份额与本公司及子公司员工投资的份额合计不得超过该计划总份额的50%。

第十二条 基金管理公司运用固有资金投资设立子公司，应当符合中国证监会的相关规定。

运用固有资金进行股权投资，基金管理公司应当事前向中国证监会及公司所在地中国证监会派出机构报告。投资入股按照规定需要履行审批程序的，还应当报经有关主管部门批准。

第十三条 基金管理公司可以用固有资金为本公司管理的特定投资组合提供保本承诺或者资金垫付以及为子公司管理的特定投资组合提供担保，但保本承诺总额、资金垫付总额或者担保总额合计不得超过上一会计年度本公司经审计的净资产规模。

第十四条 基金管理公司应当建立健全公司治理，加强对固有资金运用的授权管理，在公司章程和相关制度中明确规定股东（大）会、董事会和经营管理层在固有资金运用方面的职责和授权范围。

第十五条 基金管理公司应当制定固有资金运用的内部控制制度，对固有资金运用的评估论证、决策、执行、风险控制、稽核、信息披露等事项作出规定。

第十六条 基金管理公司运用固有资金投资，应当建立防火墙制度，指定专门的部门负责，确保固有资金投资与本公司及子公司的资产管理业务在人员、信息、账户、资金、会计核算上严格分离，投资决策及操作应当独立于本公司及子公司管理的投资组合的投资决策及操作，不得利用本公司及子公司管理的投资组合的未公开信息获取利益。

第十七条 基金管理公司运用固有资金投资，应当加强对关联交易的管理，不得违反规定将本公司及子公司管理的投资组合作为交易对手，不得自行或者通过第三方与本公司及子公司的投资组合进行显失公平的交易。

第十八条 基金管理公司运用固有资金，应当在公司监察稽核季度报告、年度报告中列明投资时间、投资标的、金额、费率及提供保本承诺、资金垫付、担保等信息，并对是否合规、是否存在利益冲突、是否存在显失公平的关联交易等进行说明，还应当在公司年度报告中对固有资金运用情况进行总结，评估本年度固有资金运用效果及存在的风险。

第十九条 基金管理公司的净资产低于4000万元人民币，或者现金、银行存款、国债、基金等可运用的高流动性资产低于2000万元人民币且低于公司上一会计年度营业支出的，基金管理公司应当暂停继续运用固有资金进行投资，其固有资金应当主要用于日常经营管理活动。

第二十条 基金管理公司违反本规定的，中国证监会责令改正，并可以对基金管理公司及其直接负责的主管人员和其他直接责任人员，采取监管谈话、出具警示函、暂停履行职务、认定为不适当人选等行政监管措施。依法应予行政处罚的，依照有关规定进行行政处罚；涉嫌犯罪的，依法移送司法机关，追究刑事责任。

第二十一条 基金管理公司风险准备金的运用管理由中国证监会另行规定。

第二十二条 本规定自公布之日起施行。《关于基金管理公司运用固有资金进行基金投资有关事项的通知》（证监基金字〔2005〕96号）同时废止。

公开募集证券投资基金风险准备金监督管理暂行办法

· 2013年9月24日中国证券监督管理委员会令第94号公布

· 自2014年1月1日起施行

第一章 总 则

第一条 为保护公开募集证券投资基金（以下简称“基金”）份额持有人的合法权益，增强基金行业风险防范能力，促进基金管理人及托管人规范经营和持续发展，根据《证券投资基金法》及其他有关法律法规，制定本办法。

第二条 在中国境内依法设立的基金管理人与托管人，应当从基金管理费或者托管费收入中计提风险准备金。

第三条 风险准备金主要用于弥补因基金管理人或托管人违法违规、违反基金合同、技术故障、操作错误等原因给基金财产或基金份额持有人造成的损失，以及中国证券监督管理委员会（以下简称“中国证监会”）规定的其他用途。风险准备金不足以赔偿上述损失的，基金管理人与托管人应当使用其他自有财产进行赔偿。

第四条 中国证监会依法对基金管理人与托管人风险准备金提取、投资运作、使用等活动进行监督管理。

中国证券投资基金业协会（以下简称“基金业协会”）对基金管理人与托管人风险准备金提取、投资运作、使用等活动实行自律管理。

第五条 基金业协会设立基金行业风险准备金管理中心（以下简称“风险准备金中心”），对基金管理人与托管人风险准备金的提取、投资运作、使用等活动进行集中统一管理。

第二章 风险准备金的提取、管理与使用

第六条 基金管理人应当每月从基金管理费收入中计提风险准备金，计提比例不得低于基金管理费收入的10%。风险准备金余额达到上季末管理基金资产净值的1%时可以不再提取。风险准备金使用后，余额低于上季末管理基金资产净值1%的，基金管理人应当继续提取，直至达到上季末管理基金资产净值的1%。

第七条 基金托管人应当每月从基金托管费收入中计提风险准备金，计提比例不得低于基金托管费收入的2.5%。风险准备金余额达到上季末托管基金资产净值的0.25%时可以不再提取。风险准备金使用后，余额低于上季末托管基金资产净值0.25%的，基金托管人应当继续提取，直至达到上季末托管基金资产净值的0.25%。

第八条 中国证监会可根据对基金管理人的综合评价结果，要求综合评价较低、风险较为突出的基金管理人提高风险准备金的计提比例或一次

三、基金

性补足一定金额的风险准备金。

第九条 基金管理人与托管人应当在风险准备金中心指定的风险准备金存管银行开立专门的风险准备金账户(以下简称"风险准备金专户"),用于风险准备金的归集、存放与支付,该账户不得与其他类型账户混用,不得存放其他性质资金。

第十条 基金管理人应当将风险准备金专户及风险准备金的提取、划转等程序告知相关基金托管人。相关基金托管人应当于每月划付基金管理人管理费用的同时,将计提的风险准备金划入相应的风险准备金专户。

基金托管人应当于每月划付的基金托管费收入的同时,将计提的风险准备金划入相应的风险准备金专户。

第十一条 基金管理人发生需要支付风险准备金的情形时,应当经相关基金托管人复核后,交由风险准备金中心办理。管理人应在使用风险准备金后2个工作日内将相关情况书面报告中国证监会,并在基金管理人监察稽核季度报告中予以说明。

基金托管人发生需要支付风险准备金的情形时,应当经基金托管部门负责人按有关制度程序审核签批后,交由风险准备金中心办理。托管人应在使用风险准备金后2个工作日内将相关情况书面报告中国证监会,并在基金托管人托管业务运营情况季度报告中予以说明。

第十二条 风险准备金被人民法院依法查封、扣押、冻结或强制执行的,风险准备金中心以及相应基金管理人与托管人应当立即报告中国证监会。由此影响风险准备金的使用或者风险准备金减少的,基金管理人与托管人应在5个工作日内予以补足。

第十三条 风险准备金属特定用途资金,基金管理人与托管人未经许可不得以任何形式擅自占用、挪用或借用。

第三章 风险准备金的投资运作

第十四条 在保证安全性与流动性的前提下,基金管理人与托管人可以对已提取的风险准备金进行自主投资管理或开展一定形式的委托投资。风险准备金投资应遵循分散化组合投资原则,事先约定各投资品种的投资比例等限制。

第十五条 基金管理人风险准备金可投资于各类货币市场工具以及各类基金产品,但不得投资于流通受限的金融工具。权益类资产投资部分不得超过风险准备金总额的20%,并应保持不低于风险准备金总额10%的现金或到期日在一年以内的政府债券。

基金托管人风险准备金的投资管理活动在符合所在行业监管机构有关规定的基础上参照上述要求执行。

第十六条 风险准备金投资管理产生的各类投资损益,应纳入风险准备金管理。

第十七条 风险准备金投资于本管理人管理的基金,或者用于弥补基金财产相关损失等法定用途的,应当依法在相关基金的定期报告中披露。

第十八条 风险准备金投资于本管理人管理的基金的,不能作为基金份额持有人向基金份额持有人大会提出议案,对涉及本管理人利益的表决事项应当回避。

第四章 监督管理

第十九条 基金管理人与托管人应当建立完备的风险准备金管理制度,对风险准备金的提取、划转、投资管理、使用、支付等方面的程序进行规定,并留存备查。

第二十条 基金管理人与托管人应当将风险准备金管理制度及时报送风险准备金中心,风险准备金中心应当制定完备规范的风险准备金账户监控管理规则,对基金管理人与托管人风险准备金的提取、投资运作和使用等情况进行监督,确保资金存放安全,提取、投资运作和使用符合相关规定。

第二十一条 风险准备金中心应当于每年结束后,向中国证监会提交上年度基金行业风险准备金的提取、投资管理、支付使用、年末结余等情况的专项报告。

基金管理人与托管人应相应在管理人监察稽核年度报告及托管人托管业务运营情况年度报告中对披露上述信息。

第二十二条 对没有按照规定提取、管理或使用风险准备金的基金管理人、托管人,中国证监会可以依法对相关机构及直接负责的主管人员采取相应行政监管措施,依法应予行政处罚的,依照有关规定进行行政处罚;涉嫌犯罪的,依法移送司法机关,追究刑事责任。

第五章　附　则

第二十三条　本办法自2013年6月1日起正式施行。《关于基金管理公司提取风险准备金有关问题的通知》(证监基金字〔2006〕154号)、《关于修改〈关于基金管理公司提取风险准备金有关问题的通知〉的决定》(中国证监会公告〔2008〕46号)同时废止。

(二)基金从业人员

关于基金从业人员投资证券投资基金有关事项的规定

· 2012年6月12日中国证券监督管理委员会公告〔2012〕15号公布

· 自公布之日起施行

为了规范基金管理公司、基金托管银行基金托管部门(以下简称银行托管部门)的基金从业人员投资证券投资基金(以下简称基金)的行为,维护基金份额持有人的合法权益,根据《证券投资基金法》及有关规定,现就基金从业人员投资基金有关事项规定如下:

一、基金从业人员投资基金应当遵守有关法律法规及任职单位管理制度的规定,遵循公平、公开、公正的原则,防范利益冲突和利益输送,禁止利用内幕信息及其他未公开信息违规买卖基金,不得利用职务便利牟取个人利益。

二、基金从业人员投资基金应当树立长期投资的理念,强化与基金份额持有人共享利益、共担风险的意识,公平对待任职单位管理或者托管的基金,不得为牟取短期利益从事损害其他基金份额持有人利益的行为。

三、鼓励基金管理公司针对高级管理人员、基金投资和研究部门负责人、基金经理等购买本公司管理的或者本人管理的基金份额事宜作出相应的制度安排,实现基金从业人员与基金份额持有人的利益一致。

基金从业人员购买基金的,鼓励通过定期定额或者其他方式进行长期投资。基金从业人员持有基金份额的期限不得少于6个月,高级管理人员、基金投资和研究部门负责人持有本公司管理的基金份额及基金经理持有本人管理的基金份额的期限不得少于1年,投资货币市场基金以及其他现金管理工具基金不受上述期限限制。

四、基金管理公司、银行托管部门应当加强对本单位基金从业人员投资基金行为的管理,建立本单位基金从业人员投资本单位管理或者托管基金的相关管理制度,对行为操守、投资方式、投资限制、报告与备案管理、违规处理方式等作出明确规定。

基金管理公司、银行托管部门应当将有关管理制度报中国证监会及相关派出机构备案。

五、基金从业人员应当自投资基金之日起5个工作日内真实、准确、完整地向本单位申报所投资基金的名称、时间、价格、份额数量、费率等信息。

基金管理公司、银行托管部门应当指定专门部门负责基金从业人员投资基金行为的管理工作,妥善保存本单位基金从业人员投资基金的记录,加强监督检查,并做好相关信息披露工作。

六、基金管理公司应当在基金合同生效公告、上市交易公告书及相关基金半年度报告和年度报告中披露下列信息:

(一)本公司基金从业人员持有基金份额的总量及占该只基金总份额的比例;

(二)本公司高级管理人员、基金投资和研究部门负责人持有该只基金份额总量的数量区间;

(三)该只基金的基金经理持有该只基金份额总量的数量区间。

第(二)、(三)项所指基金份额总量的数量区间为0、0至10万份(含)、10万份至50万份(含)、50万份至100万份(含)、100万份以上。

七、基金从业人员离开原任职单位到其他基金管理公司或者银行托管部门任职的,应当自任职之日起15个工作日内向新任职单位报告基金投资情况。

八、中国证监会及相关派出机构将定期或者不定期检查基金从业人员投资基金有关管理制度的制定、完善及执行情况。

基金管理公司、银行托管部门及基金从业人员违反本规定的,中国证监会及其派出机构可以责令整改,暂停办理相关业务;对直接负责的主管人员和其他直接责任人员，可以采取监管谈话、出具警示函、暂停履行职务、认定为不适宜担任相关职务者等行政监管措施。

基金管理公司、银行托管部门及基金从业人员进行内幕交易或者利用其他未公开信息违规买卖基金，依法应予行政处罚的，中国证监会依照有关规定进行行政处罚；涉嫌犯罪的，依法移送司法机关追究刑事责任。

九、在基金管理公司或者银行托管部门工作，并与基金管理公司或者基金托管银行签订正式聘用合同的其他工作人员依照基金从业人员的有关规定执行。

十、本规定自公布之日起施行。《关于基金从业人员投资证券投资基金有关事宜的通知》（证监基金字〔2007〕171 号）同时废止。

（三）基金运作及信息披露

公开募集证券投资基金运作管理办法

· 2014 年 7 月 7 日中国证券监督管理委员会令第 104 号公布
· 自 2014 年 8 月 8 日起施行

第一章　总　则

第一条　为了规范公开募集证券投资基金（以下简称基金）运作活动，保护投资者的合法权益，促进证券投资基金市场健康发展，根据《证券投资基金法》及其他有关法律、行政法规，制定本办法。

第二条　本办法适用于基金的募集，基金份额的申购、赎回和交易，基金财产的投资，基金收益的分配，基金份额持有人大会的召开，以及其他基金运作活动。

第三条　从事基金运作活动，应当遵守法律、行政法规和中国证券监督管理委员会（以下简称中国证监会）的规定，遵循自愿、公平、诚实信用原则，不得损害国家利益和社会公共利益。

基金管理人运用基金财产进行证券投资，应当遵守审慎经营规则，制定科学合理的投资策略和风险管理制度，有效防范和控制风险。

第四条　中国证监会及其派出机构依照法律、行政法规、本办法的规定和审慎监管原则，对基金运作活动实施监督管理。

中国证监会对基金募集的注册审查以要件齐备和内容合规为基础，以充分的信息披露和投资者适当性为核心，以加强投资者利益保护和防范系统性风险为目标。中国证监会不对基金的投资价值及市场前景等作出实质性判断或者保证。投资者应当认真阅读基金招募说明书、基金合同等信息披露文件，自主判断基金的投资价值，自主做出投资决策，自行承担投资风险。

第五条　证券投资基金行业协会（以下简称基金行业协会）依据法律、行政法规、中国证监会的规定和自律规则，对基金运作活动进行自律管理。

第二章　基金的募集

第六条　申请募集基金，拟任基金管理人、基金托管人应当具备下列条件：

（一）拟任基金管理人为依法设立的基金管理公司或者经中国证监会核准的其他机构，拟任基金托管人为具有基金托管资格的商业银行或者经中国证监会核准的其他金融机构；

（二）有符合中国证监会规定的、与管理和托管拟募集基金相适应的基金经理等业务人员；

（三）最近一年内没有因重大违法违规行为、重大失信行为受到行政处罚或者刑事处罚；

（四）没有因违法违规行为、失信行为正在被监管机构立案调查、司法机关立案侦察，或者正处于整改期间；

（五）最近一年内向中国证监会提交的注册基金申请材料不存在虚假记载、误导性陈述或者重大遗漏；

（六）不存在对基金运作已经造成或者可能造成不良影响的重大变更事项，或者诉讼、仲裁等其他重大事项；

（七）不存在治理结构不健全、经营管理混乱、内部控制和风险管理制度无法得到有效执行、财务状况恶化等重大经营风险；

（八）中国证监会根据审慎监管原则规定的其他条件。

第七条　申请募集基金，拟募集的基金应当具备下列条件：

（一）有明确、合法的投资方向；

（二）有明确的基金运作方式；

（三）符合中国证监会关于基金品种的规定；

（四）基金合同、招募说明书等法律文件草案符合法律、行政法规和中国证监会的规定；

（五）基金名称表明基金的类别和投资特征，不存在损害国家利益、社会公共利益，欺诈、误导投资者，或者其他侵犯他人合法权益的内容；

（六）招募说明书真实、准确、完整地披露了投资者做出投资决策所需的重要信息，不存在虚假记载、误导性陈述或者重大遗漏，语言简明、易懂、实用，符合投资者的理解能力；

（七）有符合基金特征的投资者适当性管理制度，有明确的投资者定位、识别和评估等落实投资者适当性安排的方法，有清晰的风险警示内容；

（八）基金的投资管理、销售、登记和估值等业务环节制度健全，行为规范，技术系统准备充分，不存在影响基金正常运作、损害或者可能损害基金份额持有人合法权益、可能引发系统性风险的情形；

（九）中国证监会规定的其他条件。

第八条 基金管理人申请募集基金，应当按照《证券投资基金法》和中国证监会的规定提交申请材料。申请材料自被行政受理时点起，基金管理人、基金托管人及相关中介机构即需要对申请材料的真实性、准确性、完整性承担相应的法律责任。

为基金申请材料出具法律意见书等文件的中介机构，应当勤勉尽责，对所依据的文件资料的真实性、准确性、完整性进行核查和验证。

申请材料受理后，相关内容不得随意更改。申请期间申请材料涉及的事项发生重大变化的，基金管理人应当自变化发生之日起五个工作日内向中国证监会提交更新材料。

第九条 中国证监会依照《行政许可法》和《证券投资基金法》第五十五条的规定，受理基金募集注册申请，并进行审查，作出注册或者不予注册的决定，并通知申请人；不予注册的，应当说明理由。

第十条 中国证监会在注册审查中可视情况征求基金行业协会、证券交易所、证券登记结算机构等的意见，供注册审查参考。

第十一条 基金募集期限自基金份额发售之日起不得超过三个月。

第十二条 基金募集期限届满，募集的基金份额总额符合《证券投资基金法》第五十九条的规定，并具备下列条件的，基金管理人应当按照规定办理验资和基金备案手续：基金募集份额总额不少于两亿份，基金募集金额不少于两亿元人民币；基金份额持有人的人数不少于二百人。

发起式基金不受上述限制。发起式基金是指，基金管理人在募集基金时，使用公司股东资金、公司固有资金、公司高级管理人员或者基金经理等人员资金认购基金的金额不少于一千万元人民币，且持有期限不少于三年。发起式基金的基金合同生效三年后，若基金资产净值低于两亿元的，基金合同自动终止。

第十三条 中国证监会自收到基金管理人验资报告和基金备案材料之日起三个工作日内予以书面确认；自中国证监会书面确认之日起，基金备案手续办理完毕，基金合同生效。

基金管理人应当在收到中国证监会确认文件的次日予以公告。

第十四条 基金募集期间的信息披露费、会计师费、律师费以及其他费用，不得从基金财产中列支；基金收取认购费的，可以从认购费中列支。

第三章 基金份额的申购、赎回和交易

第十五条 开放式基金的基金合同应当约定，并在招募说明书中载明基金管理人办理基金份额申购、赎回业务的日期（以下简称开放日）和时间。基金管理人在办理基金份额申购、赎回业务时，应当遵循基金份额持有人利益优先原则，发生申购、赎回损害持有人利益的情形时，应当及时暂停申购、赎回业务。

第十六条 开放式基金的基金合同可以约定基金管理人自基金合同生效之日起一定期限内不办理赎回；但约定的期限不得超过三个月，并应当在招募说明书中载明。但中国证监会规定的特殊基金品种除外。

第十七条 开放式基金份额的申购、赎回价格，依据申购、赎回日基金份额净值加、减有关费用计算。开放式基金份额的申购、赎回价格具体计算方法应当在基金合同和招募说明书中载明。

开放式基金份额净值，应当按照每个开放日

闭市后,基金资产净值除以当日基金份额的余额数量计算。具体计算方法应当在基金合同和招募说明书中载明。

第十八条 基金管理人不得在基金合同约定之外的日期或者时间办理基金份额的申购、赎回或者转换。

投资者在基金合同约定之外的日期和时间提出申购、赎回或者转换申请的,其基金份额申购、赎回价格为下次办理基金份额申购、赎回时间所在开放日的价格。

第十九条 投资者申购基金份额时,必须全额交付申购款项;投资者交付申购款项,申购成立;基金份额登记机构确认基金份额时,申购生效。基金份额持有人递交赎回申请,赎回成立;基金份额登记机构确认赎回时,赎回生效。但中国证监会规定的特殊基金品种除外。

投资特定指数所对应的组合证券或者基金合同约定的其他投资标的的开放式基金,其基金份额可以用组合证券、现金或者基金合同约定的其他对价进行申购、赎回。基金份额的申购、赎回对价根据基金的资产组合和申购、赎回日基金份额净值确定,具体计算方法应当在基金合同和招募说明书中载明。基金份额的上市交易、申购赎回和资金结算应当符合证券交易所和证券登记结算机构等的有关规定。

第二十条 基金管理人应当自收到投资者申购、赎回申请之日起三个工作日内,对该申购、赎回的有效性进行确认,但中国证监会规定的特殊基金品种除外。

基金管理人应当自接受投资者有效赎回申请之日起七个工作日内支付赎回款项,但中国证监会规定的特殊基金品种除外。

第二十一条 开放式基金的基金合同可以约定基金达到一定的规模后,基金管理人不再接受认购、申购申请,但应当在招募说明书中载明。

基金管理人在基金募集期间不得调整基金合同约定的基金规模。基金合同生效后,基金管理人可以按照基金合同的约定,根据实际情况调整基金规模,但应当提前三日公告,并更新招募说明书。

第二十二条 开放式基金的基金合同可以对单个基金份额持有人持有基金份额的比例或者数量设置限制,但应当在招募说明书中载明。

第二十三条 开放式基金单个开放日净赎回申请超过基金总份额的百分之十的,为巨额赎回,但中国证监会规定的特殊基金品种除外。

开放式基金发生巨额赎回的,基金管理人当日办理的赎回份额不得低于基金总份额的百分之十,对其余赎回申请可以延期办理。

第二十四条 开放式基金发生巨额赎回的,基金管理人对单个基金份额持有人的赎回申请,应当按照其申请赎回份额占当日申请赎回总份额的比例,确定该单个基金份额持有人当日办理的赎回份额。

基金份额持有人可以在申请赎回时选择将当日未获办理部分予以撤销。基金份额持有人未选择撤销的,基金管理人对未办理的赎回份额,可延迟至下一个开放日办理,赎回价格为下一个开放日的价格。

第二十五条 开放式基金发生巨额赎回并延期办理的,基金管理人应当通过邮寄、传真或者招募说明书规定的其他方式,在三个交易日内通知基金份额持有人,说明有关处理方法,同时在指定媒介上予以公告。

第二十六条 开放式基金连续发生巨额赎回,基金管理人可按基金合同的约定和招募说明书的规定,暂停接受赎回申请;已经接受的赎回申请可以延缓支付赎回款项,但延缓期限不得超过二十个工作日,并应当在指定媒介上予以公告。

第二十七条 开放式基金的基金合同可以约定,单个基金份额持有人在单个开放日申请赎回基金份额超过基金总份额一定比例的,基金管理人可以按照本办法第二十六条的规定暂停接受赎回申请或者延缓支付。

第二十八条 开放式基金应当保持不低于基金资产净值百分之五的现金或者到期日在一年以内的政府债券,以备支付基金份额持有人的赎回款项,但中国证监会规定的特殊基金品种除外。

第二十九条 基金份额可以依法在证券交易所上市交易,或者按照法律法规规定和基金合同约定在中国证监会认可的交易场所或者通过其他方式进行转让。

第四章 基金的投资和收益分配

第三十条 基金合同和基金招募说明书应当按照下列规定载明基金的类别:

（一）百分之八十以上的基金资产投资于股票的，为股票基金；

（二）百分之八十以上的基金资产投资于债券的，为债券基金；

（三）仅投资于货币市场工具的，为货币市场基金；

（四）百分之八十以上的基金资产投资于其他基金份额的，为基金中基金；

（五）投资于股票、债券、货币市场工具或其他基金份额，并且股票投资、债券投资、基金投资的比例不符合第（一）项、第（二）项、第（四）项规定的，为混合基金；

（六）中国证监会规定的其他基金类别。

第三十一条 基金名称显示投资方向的，应当有百分之八十以上的非现金基金资产属于投资方向确定的内容。

第三十二条 基金管理人运用基金财产进行证券投资，不得有下列情形：

（一）一只基金持有一家公司发行的证券，其市值超过基金资产净值的百分之十；

（二）同一基金管理人管理的全部基金持有一家公司发行的证券，超过该证券的百分之十；

（三）基金财产参与股票发行申购，单只基金所申报的金额超过该基金的总资产，单只基金所申报的股票数量超过拟发行股票公司本次发行股票的总量；

（四）一只基金持有其他基金（不含货币市场基金），其市值超过基金资产净值的百分之十，但基金中基金除外；

（五）基金中基金持有其他单只基金，其市值超过基金资产净值的百分之二十，或者投资于其他基金中基金；

（六）基金总资产超过基金净资产的百分之一百四十；

（七）违反基金合同关于投资范围、投资策略和投资比例等约定；

（八）中国证监会规定禁止的其他情形。

完全按照有关指数的构成比例进行证券投资的基金品种可以不受前款第（一）项、第（二）项规定的比例限制。

基金管理人运用基金财产投资证券衍生品种的，应当根据风险管理的原则，并制定严格的授权管理制度和投资决策流程。基金管理人运用基金财产投资证券衍生品种的具体比例，应当符合中国证监会的有关规定。

中国证监会另行规定的其他特殊基金品种可不受上述比例的限制。

第三十三条 基金管理人运用基金财产买卖基金管理人、基金托管人及其控股股东、实际控制人或者与其有重大利害关系的公司发行的证券或者承销期内承销的证券，或者从事其他重大关联交易的，应当符合基金的投资目标和投资策略，遵循持有人利益优先原则，防范利益冲突，建立健全内部审批机制和评估机制，按照市场公平合理价格执行。相关交易必须事先得到基金托管人的同意，并按法律法规予以披露。重大关联交易应提交基金管理人董事会审议，并经过三分之二以上的独立董事通过。基金管理人董事会应至少每半年对关联交易事项进行审查。

第三十四条 基金管理人应当自基金合同生效之日起六个月内使基金的投资组合比例符合基金合同的有关约定。期间，基金的投资范围、投资策略应当符合基金合同的约定。

第三十五条 因证券市场波动、上市公司合并、基金规模变动等基金管理人之外的因素致使基金投资不符合本办法第三十二条规定的比例或者基金合同约定的投资比例的，基金管理人应当在十个交易日内进行调整，但中国证监会规定的特殊情形除外。

第三十六条 下列与基金有关的费用可以从基金财产中列支：

（一）基金管理人的管理费；

（二）基金托管人的托管费；

（三）基金合同生效后的会计师费和律师费；

（四）基金份额持有人大会费用；

（五）基金的证券交易费用；

（六）按照国家有关规定和基金合同约定，可以在基金财产中列支的其他费用。

基金管理人可以根据与基金份额持有人利益一致的原则，结合产品特点和投资者的需求设置基金管理费率的结构和水平。

第三十七条 封闭式基金的收益分配，每年不得少于一次，封闭式基金年度收益分配比例不得低于基金年度可供分配利润的百分之九十。

开放式基金的收益分配，由基金合同约定。

第三十八条 基金收益分配应当采用现金方

式，但中国证监会规定的特殊基金品种除外。

开放式基金的基金份额持有人可以事先选择将所获分配的现金收益，按照基金合同有关基金份额申购的约定转为基金份额；基金份额持有人事先未做出选择的，基金管理人应当支付现金。

第五章 基金转换运作方式、合并及变更注册

第三十九条 基金转换运作方式或者与其他基金合并，应当按照法律法规及基金合同约定的程序进行。实施方案若未在基金合同中明确约定的，应当经基金份额持有人大会审议通过。基金管理人应当提前发布提示性通知，明确有关实施安排，说明对现有基金份额持有人的影响以及基金份额持有人享有的选择权（如赎回、转出或者卖出），并在实施前预留至少二十个开放日或者交易日供基金份额持有人做出选择。

第四十条 基金注册后，如需对原注册事项进行实质性调整，应当依照法律法规和基金合同履行相关手续；继续公开募集资金的，应当在公开募集前按照《行政许可法》的规定向中国证监会提出变更注册事项的申请。未经注册，不得公开或者变相公开募集基金。

第四十一条 按照本办法第十二条第一款成立的开放式基金，基金合同生效后，连续二十个工作日出现基金份额持有人数量不满二百人或者基金资产净值低于五千万元情形的，基金管理人应当在定期报告中予以披露；连续六十个工作日出现前述情形的，基金管理人应当向中国证监会报告并提出解决方案，如转换运作方式、与其他基金合并或者终止基金合同等，并召开基金份额持有人大会进行表决。

按照本办法第十二条第二款成立的发起式基金，在基金合同生效三年后继续存续的，依照前款规定执行。

第六章 基金份额持有人大会

第四十二条 除《证券投资基金法》第四十八条第（一）项至第（四）项规定的事项外，基金合同还应当按照中国证监会的规定，约定对基金合同当事人权利、义务产生重大影响，须召开基金份额持有人大会的其他事项。

第四十三条 基金份额持有人大会未设立日常机构的，基金托管人认为有必要召开基金份额持有人大会的，应当向基金管理人提出书面提议。基金管理人应当自收到书面提议之日起十日内决定是否召集，并书面告知基金托管人。

基金管理人决定召集的，应当自出具书面决定之日起六十日内召开；基金管理人决定不召集，基金托管人仍认为有必要召开的，应当自行召集，并自出具书面决定之日起六十日内召开并告知基金管理人，基金管理人应当配合。

第四十四条 基金份额持有人大会未设立日常机构的，代表基金份额百分之十以上的基金份额持有人认为有必要召开基金份额持有人大会的，应当向基金管理人提出书面提议。基金管理人应当自收到书面提议之日起十日内决定是否召集，并书面告知提出提议的基金份额持有人代表和基金托管人。

基金管理人决定召集的，应当自出具书面决定之日起六十日内召开；基金管理人决定不召集，代表基金份额百分之十以上的基金份额持有人仍认为有必要召开的，应当向基金托管人提出书面提议。

基金托管人应当自收到书面提议之日起十日内决定是否召集，并书面告知提出提议的基金份额持有人代表和基金管理人；基金托管人决定召集的，应当自出具书面决定之日起六十日内召开。

第四十五条 基金份额持有人大会设立日常机构的，基金管理人、基金托管人或者代表基金份额百分之十以上的基金份额持有人认为有必要召开基金份额持有人大会的，应当向该日常机构提出书面提议。

该日常机构应当自收到书面提议之日起十日内决定是否召集，并书面告知基金管理人、基金托管人和提出提议的基金份额持有人代表。该日常机构决定召集的，应当自出具书面决定之日起六十日内召开；该日常机构决定不召集，基金管理人、基金托管人或者代表基金份额百分之十以上的基金份额持有人仍认为有必要召开的，按照未设立日常机构的相关规定执行。

第四十六条 基金份额持有人大会日常机构、基金管理人和基金托管人都不召集基金份额持有人大会的，基金份额持有人可以按照《证券投资基金法》第八十四条第二款的规定自行召集基金份额持有人大会。

基金份额持有人自行召集基金份额持有人大会的，应当至少提前三十日向中国证监会备案。

第四十七条 基金份额持有人依法自行召集基金份额持有人大会的，基金份额持有人大会日常机构、基金管理人、基金托管人应当配合，不得阻碍、干扰。

第四十八条 基金份额持有人大会可通过现场开会或者通讯开会等基金合同约定的方式召开。基金管理人、基金托管人须为基金份额持有人行使投票权提供便利。

基金份额持有人大会决定的事项自表决通过之日起生效。基金份额持有人大会按照《证券投资基金法》第八十七条的规定表决通过的事项，召集人应当自通过之日起五日内报中国证监会备案。

第四十九条 基金份额持有人大会日常机构、基金管理人、基金托管人和基金份额持有人应当执行生效的基金份额持有人大会的决定。

第七章 监督管理和法律责任

第五十条 中国证监会及其派出机构对基金管理人、基金托管人从事基金运作活动的情况进行定期或者不定期检查，基金管理人、基金托管人应当予以配合。

第五十一条 基金管理人、基金托管人及其直接负责的主管人员和其他直接责任人员违反本办法规定从事基金运作活动，依法应予以行政处罚的，依照法律、行政法规的规定进行行政处罚；法律、行政法规未做规定的，依照本办法的规定进行行政处罚；涉嫌犯罪的，依法移送司法机关，追究其刑事责任。

第五十二条 基金管理人、基金托管人违反本办法规定的，中国证监会及其派出机构可以采取监管谈话、出具警示函、责令限期整改，整改期间暂停受理及审查基金产品募集申请或者其他业务申请等行政监管措施，记入诚信档案；对直接负责的主管人员和其他直接责任人员，可以采取监管谈话、出具警示函、暂停履行职务、认定为不适宜担任相关职务者等行政监管措施，记入诚信档案。

第五十三条 基金管理人注册基金，向中国证监会提交的申请材料存在信息自相矛盾或者就同一事实前后存在不同表述且有实质性差异的，中国证监会将中止审查，并在六个月内不再受理基金管理人提交的基金注册申请。

基金管理人注册基金，向中国证监会提交的申请材料存在虚假记载、误导性陈述、重大遗漏的，中国证监会不予受理；已经受理的，不予注册；已经注册，尚未募集的，撤销注册决定；并在一年内不再受理该基金管理人提交的基金注册申请，对该基金管理人及其直接负责的主管人员和其他直接责任人员，采取相关行政监管措施并记入诚信档案；情节严重的，采取单处或者并处警告、三万元以下罚款。已经注册并募集的，依照《证券投资基金法》第一百三十二条的规定处罚。

基金管理人违反本办法第四十条的规定，在公开募集前未变更注册的，依照《证券投资基金法》第一百二十八条的规定处罚。

第五十四条 基金管理人违反本办法第三十二条的规定运用基金财产进行证券投资、情节严重的，或者违反本办法第三十三条的规定从事关联交易的，依照《证券投资基金法》第一百三十条的规定处罚。

第五十五条 基金管理人、基金托管人不按照本办法第四十二条、第四十三条的规定召集基金份额持有人大会的，依照《证券投资基金法》第一百三十三条的规定处罚。

第五十六条 基金管理人从事基金运作活动，有下列情形之一的，中国证监会可以对基金管理人及其直接负责的主管人员和其他直接责任人员，采取相关行政监管措施并记入诚信档案；情节严重的，可单处或者并处警告、三万元以下罚款：

（一）未按照本办法第十一条规定发售基金份额；

（二）未按照本办法第十二条规定及时办理验资和基金备案手续；

（三）未按照本办法第十五条规定办理申购、赎回业务，涉及损害基金财产和基金份额持有人利益的；

（四）未按照本办法第十七条的规定计算基金份额申购、赎回价格；

（五）基金管理人违反本办法第十八条的规定，在基金合同约定之外的日期或者时间办理基金份额的申购、赎回或者转换的；

（六）未按照本办法第二十条的规定确认申购、赎回的有效性，并支付赎回款项；

（七）未按照本办法第二十三条第二款、第二十四条第一款的规定办理赎回申请；

（八）未按照本办法第二十八条的规定保持现金或者政府债券；

（九）未按照本办法第三十四条、第三十五条的规定调整投资比例；

（十）未按照本办法第三十七条、第三十八条的规定进行收益分配；

（十一）未按照本办法第三十九条的规定办理基金转换运作方式或者合并；

（十二）未按照本办法第四十一条的规定报告、说明有关情况，报送解决方案，或者召开基金份额持有人大会；

（十三）技术系统出现故障，影响基金正常运作，损害持有人利益的。

第五十七条 基金管理人、基金托管人有下列情形之一的，中国证监会可以对基金管理人、基金托管人及其直接负责的主管人员和其他直接责任人员，采取相关行政监管措施并记入诚信档案；情节严重的，可单处或者并处警告、三万元以下罚款：

（一）未按照本办法第十四条、第三十六条规定列支相关费用；

（二）未按照本办法第四十七条规定配合基金份额持有人召集基金份额持有人大会；

（三）未按照本办法第四十八条的规定申请备案基金份额持有人大会决定的事项；

（四）未按照本办法第四十九条的规定执行基金份额持有人大会的生效决定；

（五）未按照本办法第五十条的规定配合中国证监会及其派出机构进行检查。

第八章 附 则

第五十八条 证券公司管理的投资者超过二百人的集合资产管理计划须遵守《证券投资基金法》关于管理人及从业人员禁止从事利益输送、非公平交易、内幕交易等规定，并参照本办法关于防范利益冲突、保护投资者的相关规定执行。

第五十九条 本办法自2014年8月8日起施行。《证券投资基金运作管理办法》（证监会令第79号）同时废止。

公开募集证券投资基金信息披露管理办法

· 2019年7月26日中国证券监督管理委员会令第158号公布

· 根据2020年3月20日中国证券监督管理委员会《关于修改部分证券期货规章的决定》修订

第一章 总 则

第一条 为规范公开募集证券投资基金（以下简称基金）信息披露活动，保护投资者及相关当事人的合法权益，根据《证券投资基金法》（以下简称《基金法》），制定本办法。

第二条 基金信息披露义务人应当以保护基金份额持有人利益为根本出发点，按照法律、行政法规和中国证券监督管理委员会（以下简称中国证监会）的规定披露基金信息，并保证所披露信息的真实性、准确性、完整性、及时性、简明性和易得性。

基金信息披露义务人包括基金管理人、基金托管人、召集基金份额持有人大会的基金份额持有人及其日常机构等法律、行政法规和中国证监会规定的自然人、法人和非法人组织。

第三条 基金信息披露义务人应当在中国证监会规定时间内，将应予披露的基金信息通过符合中国证监会规定条件的全国性报刊（以下简称规定报刊）及本办法规定的互联网网站（以下简称规定网站）等媒介披露，并保证投资者能够按照基金合同约定的时间和方式查阅或者复制公开披露的信息资料。

规定网站包括基金管理人网站、基金托管人网站、中国证监会基金电子披露网站。规定网站应当无偿向投资者提供基金信息披露服务。

第四条 基金份额在证券交易所上市交易的，基金信息披露义务人还应当根据证券交易所的自律管理规则披露基金信息。

第五条 中国证监会及其派出机构依法对基金信息披露活动进行监督管理。

中国证监会根据基金信息披露活动情况，及时制定相关的内容与格式准则、编报规则等；根据基金信息披露活动中存在的技术问题，直接做出或授权指定机构做出规范解答。

证券交易所、中国证券投资基金业协会依法对基金信息披露活动进行自律管理。

第二章　基金信息披露一般规定

第六条　公开披露的基金信息包括：

（一）基金招募说明书；

（二）基金合同；

（三）基金托管协议；

（四）基金产品资料概要；

（五）基金份额发售公告；

（六）基金募集情况；

（七）基金份额上市交易公告书；

（八）基金资产净值、基金份额净值；

（九）基金份额申购、赎回价格；

（十）基金定期报告，包括年度报告、中期报告和季度报告（含资产组合季度报告）；

（十一）临时报告；

（十二）基金份额持有人大会决议；

（十三）基金管理人、基金托管人的专门基金托管部门的重大人事变动；

（十四）涉及基金财产、基金管理业务、基金托管业务的诉讼或者仲裁；

（十五）澄清公告；

（十六）清算报告；

（十七）中国证监会规定的其他信息。

第七条　公开披露基金信息，不得有下列行为：

（一）虚假记载、误导性陈述或者重大遗漏；

（二）对证券投资业绩进行预测；

（三）违规承诺收益或者承担损失；

（四）诋毁其他基金管理人、基金托管人或者基金销售机构；

（五）登载任何自然人、法人和非法人组织的祝贺性、恭维性或推荐性文字；

（六）中国证监会禁止的其他行为。

第八条　公开披露的基金信息应当采用中文文本。同时采用外文文本的，基金信息披露义务人应当保证不同文本的内容一致。不同文本之间发生歧义的，以中文文本为准。

第九条　公开披露的基金信息应当采用阿拉伯数字；除特别说明外，货币单位应当为人民币元。

第三章　基金募集信息披露

第十条　基金募集申请经中国证监会注册后，基金管理人应当在基金份额发售的三日前，将基金份额发售公告、基金招募说明书提示性公告和基金合同提示性公告登载在规定报刊上，将基金份额发售公告、基金招募说明书、基金产品资料概要、基金合同和基金托管协议登载在规定网站上；基金托管人应当同时将基金合同、基金托管协议登载在规定网站上。

第十一条　基金管理人应当在基金合同生效的次日在规定报刊和规定网站上登载基金合同生效公告。

第十二条　基金合同生效后，基金招募说明书、基金产品资料概要的信息发生重大变更的，基金管理人应当在三个工作日内，更新基金招募说明书和基金产品资料概要，并登载在规定网站上。

第四章　基金运作信息披露

第十三条　基金份额获准在证券交易所上市交易的，基金管理人应当在基金份额上市交易的三个工作日前，将基金份额上市交易公告书登载在规定网站上，并将上市交易公告书提示性公告登载在规定报刊上。

第十四条　基金管理人应当按照下列要求披露基金净值信息：

（一）至少每周在规定网站披露一次封闭式基金资产净值和基金份额净值；

（二）开放式基金的基金合同生效后，在开始办理基金份额申购或者赎回前，至少每周在规定网站披露一次基金份额净值和基金份额累计净值；

（三）开放式基金在不晚于每个开放日的次日，通过规定网站、基金销售机构网站或者营业网点披露开放日的基金份额净值和基金份额累计净值；

（四）在不晚于半年度和年度最后一日的次日，在规定网站披露半年度和年度最后一日的基金份额净值和基金份额累计净值。

中国证监会对特殊基金品种的净值信息披露另有规定的，从其规定。

第十五条　基金管理人应当在开放式基金的基金合同、招募说明书等信息披露文件上载明基金份额申购、赎回价格的计算方式及有关申购、赎回费率,并保证投资者能够在基金销售机构网站或营业网点查阅或者复制前述信息资料。

第十六条 基金管理人应当在每年结束之日起三个月内,编制完成基金年度报告,将年度报告登载在规定网站上,并将年度报告提示性公告登载在规定报刊上。

基金年度报告中的财务会计报告应当经过符合《证券法》规定的会计师事务所审计。

第十七条 基金管理人应当在上半年结束之日起两个月内,编制完成基金中期报告,将中期报告登载在规定网站上,并将中期报告提示性公告登载在规定报刊上。

第十八条 基金管理人应当在季度结束之日起十五个工作日内,编制完成基金季度报告,将季度报告登载在规定网站上,并将季度报告提示性公告登载在规定报刊上。

第十九条 基金合同生效不足两个月的,基金管理人可以不编制当期季度报告、中期报告或者年度报告。

第二十条 基金合同终止的,基金管理人应当依法组织清算组对基金财产进行清算并作出清算报告。清算报告应当经过符合《证券法》规定的会计师事务所审计,并由律师事务所出具法律意见书。清算组应当将清算报告登载在规定网站上,并将清算报告提示性公告登载在规定报刊上。

第五章 基金临时信息披露

第二十一条 基金发生重大事件,有关信息披露义务人应当在两日内编制临时报告书,并登载在规定报刊和规定网站上。

前款所称重大事件,是指可能对基金份额持有人权益或者基金份额的价格产生重大影响的下列事件:

(一)基金份额持有人大会的召开及决定的事项;

(二)基金终止上市交易、基金合同终止、基金清算;

(三)基金扩募、延长基金合同期限;

(四)转换基金运作方式、基金合并;

(五)更换基金管理人、基金托管人、基金份额登记机构,基金改聘会计师事务所;

(六)基金管理人委托基金服务机构代为办理基金的份额登记、核算、估值等事项,基金托管人委托基金服务机构代为办理基金的核算、估值、复核等事项;

(七)基金管理人、基金托管人的法定名称、住所发生变更;

(八)基金管理公司变更持有百分之五以上股权的股东、变更公司的实际控制人;

(九)基金募集期延长或提前结束募集;

(十)基金管理人高级管理人员、基金经理和基金托管人专门基金托管部门负责人发生变动;

(十一)基金管理人的董事在最近 12 个月内变更超过百分之五十,基金管理人、基金托管人专门基金托管部门的主要业务人员在最近 12 个月内变动超过百分之三十;

(十二)涉及基金财产、基金管理业务、基金托管业务的诉讼或仲裁;

(十三)基金管理人或其高级管理人员、基金经理因基金管理业务相关行为受到重大行政处罚、刑事处罚,基金托管人或其专门基金托管部门负责人因基金托管业务相关行为受到重大行政处罚、刑事处罚;

(十四)基金管理人运用基金财产买卖基金管理人、基金托管人及其控股股东、实际控制人或者与其有重大利害关系的公司发行的证券或者承销期内承销的证券,或者从事其他重大关联交易事项,中国证监会另有规定的情形除外;

(十五)基金收益分配事项,货币市场基金等中国证监会另有规定的特殊基金品种除外;

(十六)管理费、托管费、销售服务费、申购费、赎回费等费用计提标准、计提方式和费率发生变更;

(十七)基金份额净值计价错误达基金份额净值百分之零点五;

(十八)开放式基金开始办理申购、赎回;

(十九)开放式基金发生巨额赎回并延期办理;

(二十)开放式基金连续发生巨额赎回并暂停接受赎回申请或延缓支付赎回款项;

(二十一)开放式基金暂停接受申购、赎回申请或重新接受申购、赎回申请;

(二十二)基金信息披露义务人认为可能对基金份额持有人权益或者基金份额的价格产生重大影响的其他事项或中国证监会规定的其他事项。

第二十二条 召开基金份额持有人大会的，召集人应当至少提前三十日在规定报刊和规定网站上公告基金份额持有人大会的召开时间、会议形式、审议事项、议事程序和表决方式等事项。

基金份额持有人或基金份额持有人大会的日常机构依法召集持有人大会，基金管理人、基金托管人对基金份额持有人大会决定的事项不依法履行信息披露义务的，召集人应当履行相关信息披露义务。

第二十三条 在基金合同期限内，任何公共媒体中出现的或者在市场上流传的消息可能对基金份额价格产生误导性影响或者引起较大波动，以及可能损害基金份额持有人权益的，相关信息披露义务人知悉后应当立即对该消息进行公开澄清，并将有关情况立即报告中国证监会、基金上市交易的证券交易所。

第六章 信息披露事务管理

第二十四条 基金管理人、基金托管人应当建立健全信息披露管理制度，指定专门部门及高级管理人员负责管理信息披露事务。

基金管理人、基金托管人应加强对未公开披露基金信息的管控，并建立基金敏感信息知情人登记制度。基金管理人、基金托管人及相关从业人员不得泄露未公开披露的基金信息。

第二十五条 基金信息披露义务人公开披露基金信息，应当符合中国证监会相关基金信息披露内容与格式准则等法规的规定；特定基金信息披露事项和特殊基金品种的信息披露，应当符合中国证监会相关编报规则等法规的规定。

第二十六条 基金托管人应当按照相关法律、行政法规、中国证监会的规定和基金合同的约定，对基金管理人编制的基金资产净值、基金份额净值、基金份额申购赎回价格、基金定期报告、更新的招募说明书、基金产品资料概要、基金清算报告等公开披露的相关基金信息进行复核、审查，并向基金管理人进行书面或电子确认。

第二十七条 基金管理人、基金托管人应当在规定报刊中选择披露信息的报刊，单只基金只需选择一家报刊。

基金管理人、基金托管人应当向中国证监会基金电子披露网站报送拟披露的基金信息，并保证相关报送信息的真实、准确、完整、及时。

第二十八条 基金管理人应当在基金合同、基金招募说明书、基金份额上市交易公告书等基金信息披露文件中加强风险揭示，对设计复杂、风险较高的基金应以显著、清晰的方式揭示基金投资运作及交易等环节的相关风险。

基金管理人应当规范基金名称，基金名称应显示产品类型、主要投资方向或投资策略等核心特征。采用定期开放式或封闭式、设置投资者最短持有期限的基金，应当在名称中明示产品封闭期限或投资者最短持有期限。

第二十九条 为强化投资者保护，提升信息披露服务质量，基金管理人应当按照中国证监会规定向投资者及时提供对其投资决策有重大影响的信息，基金销售机构、为投资者交易上市基金份额提供经纪服务的证券公司应当按照中国证监会规定做好相关信息传递工作。

第三十条 基金管理人、基金托管人除按法律法规要求披露信息外，也可着眼于为投资者决策提供有用信息的角度，在保证公平对待投资者、不误导投资者、不影响基金正常投资操作的前提下，自主提升信息披露服务的质量。具体应遵循以下要求：

（一）可以通过短信、电子邮件、移动客户端、社交平台等方式向投资者提供信息披露服务；

（二）可以通过月度报告等方式提高定期报告的披露频率；基金管理人应保持信息披露的持续性和公开性，不得为短期营销行为临时性、选择性披露信息；

（三）可以在其他公共媒介披露信息，但不得早于规定媒介和基金上市交易的证券交易所网站，且在不同媒介上披露同一信息的内容应当一致；

（四）前述自主披露如产生信息披露费用，该费用不得从基金财产中列支。

第三十一条 为基金信息披露义务人公开披露的基金信息出具审计报告、法律意见书的专业机构，应当制作工作底稿，并将相关档案至少保存到基金合同终止后十年。

第三十二条 依法必须披露的信息发布后，基金管理人、基金托管人应当按照相关法律法规规定将信息置备于公司住所、基金上市交易的证券交易所，供社会公众查阅、复制。

第七章　监督管理和法律责任

第三十三条　中国证监会及其派出机构对信息披露义务人、基金销售机构、证券公司从事信息披露及相关服务的情况，进行定期或者不定期的现场和非现场检查，相关单位及个人应当予以配合。

第三十四条　中国证监会可以定期评估基金管理人的信息披露质量，并纳入基金管理人分类监管评价指标体系中。基金管理人存在下列情形的，中国证监会可以中止审查，并根据情节轻重，在3-12个月内对该基金管理人提交的基金注册申请不适用简易程序，或者3-12个月内不再受理基金管理人提交的基金注册申请，违反法律法规的，依照相关规定采取措施或予以处罚：

（一）基金注册申请材料中基金招募说明书、基金合同、基金产品资料概要等信息披露文件存在明显差错；

（二）基金注册申请材料与合同填报指引存在明显差异，且未如实向中国证监会报告；

（三）中国证监会认定的其他情形。

第三十五条　基金信息披露义务人、基金销售机构、证券公司及相关人员违反本办法规定的，中国证监会及其派出机构可以采取责令改正、监管谈话、出具警示函、责令定期报告、暂不受理与行政许可有关的文件等行政监管措施；对直接负责的主管人员和其他直接责任人员，可以采取监管谈话、出具警示函、责令参加培训、认定为不适当人选等行政监管措施，记入诚信档案。

基金管理人违反本办法规定构成公司治理结构不健全、内部控制不完善等情形的，依照《基金法》第二十四条采取行政监管措施。

第三十六条　基金信息披露义务人的信息披露活动存在违反本办法的下列情形之一且情节严重的，除法律、行政法规另有规定外，对基金信息披露义务人处以警告、并处三万元以下罚款，对直接负责的主管人员和其他直接责任人员，处以警告、并处三万元以下罚款：

（一）违反本办法第二十五条的规定，信息披露文件不符合中国证监会有关规定；

（二）违反本办法第二十六条的规定，基金托管人未按规定对公开披露的基金信息进行复核、审查或者确认；

（三）违反本办法第二十七条的规定，基金管理人、基金托管人未按规定选择规定报刊，未按规定向中国证监会基金电子披露网站报送信息；

（四）违反本办法第二十八条的规定，基金管理人未在基金信息披露文件中揭示相关风险，未在基金名称中显示核心特征或期限；

（五）违反本办法第二十九条的规定，基金管理人未按规定向投资者及时提供对其投资决策有重大影响的信息，基金销售机构、证券公司未按规定做好相关信息传递工作；

（六）违反本办法第三十条关于自主信息披露服务的要求；

（七）违反本办法第三十二条的规定，未履行置备义务；

（八）中国证监会认定的其他情形。

第三十七条　基金管理人、基金托管人违反本办法第二十四条规定且情节严重的，处以警告、并处三万元以下罚款；对直接负责的主管人员和其他直接责任人员，处以警告、并处三万元以下罚款；构成《基金法》第二十条第（六）项所述情形的，依照《基金法》第一百二十三条进行处罚。

第三十八条　基金发生第二十一条第二款第（十四）项所述重大关联交易事项，且基金信息披露义务人未依法履行信息披露义务的，依照《基金法》第一百二十九条进行处罚。

第三十九条　基金信息披露义务人的信息披露活动存在下列情形之一的，依照《基金法》第一百三十一条进行处罚：

（一）违反本办法第三条的规定，未能保证投资者按照基金合同约定的时间和方式查阅或者复制公开披露的信息资料；

（二）违反本办法第七条规定；

（三）未公开披露本办法第六条、第二十一条第二款规定的基金信息；

（四）未按照本办法第十条、第十一条、第十二条、第十三条、第十四条、第十六条、第十七条、第十八条、第二十条、第二十一条规定的时间或规定媒介披露基金信息；

（五）违反本办法第十六条、第二十条的规定，年度报告中的财务会计报告未经审计即予披露，清算报告未经审计、未经出具法律意见书即予披露。

第四十条　为基金信息披露义务人公开披露

的基金信息出具审计报告、法律意见书等文件的专业机构未勤勉尽责，所出具的文件有虚假记载、误导性陈述或者有重大遗漏的，依照《基金法》第一百四十三条进行处罚。

第八章 附 则

第四十一条 经中国证监会注册的境外互认基金，涉及境内信息披露业务的，依照本办法执行，法律法规及中国证监会另有规定的除外。

境外互认基金管理人、代理人在从事互认基金信息披露等相关业务活动中，存在违反本办法规定的，中国证监会可以依法对其采取行政监管措施或者行政处罚。

第四十二条 本办法自2019年9月1日起施行。中国证监会发布的《证券投资基金信息披露管理办法》（证监会令第19号）同时废止。

货币市场基金监督管理办法

· 2015年12月17日中国证券监督管理委员会、中国人民银行令第120号公布

· 自2016年2月1日起施行

第一章 总 则

第一条 为了促进公开募集证券投资基金（以下简称基金）的发展，规范货币市场基金的募集、运作及相关活动，保护投资人及相关当事人的合法权益，根据《证券投资基金法》及其他有关法律、行政法规，制定本办法。

第二条 本办法所称货币市场基金是指仅投资于货币市场工具，每个交易日可办理基金份额申购、赎回的基金。

在基金名称中使用“货币”、“现金”、“流动”等类似字样的基金视为货币市场基金，适用本办法。

基金管理人可以按照本办法的规定，根据市场与投资者需求，开发设计不同风险收益特征的货币市场基金产品，拓展货币市场基金作为现金管理工具的各项基础功能。

第三条 中国证监会、中国人民银行依照法律、行政法规、本办法的规定和审慎监管原则，对货币市场基金运作活动实施监督管理。

第二章 投资范围与投资限制

第四条 货币市场基金应当投资于以下金融工具：

（一）现金；

（二）期限在1年以内（含1年）的银行存款、债券回购、中央银行票据、同业存单；

（三）剩余期限在397天以内（含397天）的债券、非金融企业债务融资工具、资产支持证券；

（四）中国证监会、中国人民银行认可的其他具有良好流动性的货币市场工具。

第五条 货币市场基金不得投资于以下金融工具：

（一）股票；

（二）可转换债券、可交换债券；

（三）以定期存款利率为基准利率的浮动利率债券，已进入最后一个利率调整期的除外；

（四）信用等级在AA+以下的债券与非金融企业债务融资工具；

（五）中国证监会、中国人民银行禁止投资的其他金融工具。

第六条 货币市场基金投资于相关金融工具的比例应当符合下列规定：

（一）同一机构发行的债券、非金融企业债务融资工具及其作为原始权益人的资产支持证券占基金资产净值的比例合计不得超过10%，国债、中央银行票据、政策性金融债券除外；

（二）货币市场基金投资于有固定期限银行存款的比例，不得超过基金资产净值的30%，但投资于有存款期限，根据协议可提前支取的银行存款不受上述比例限制；货币市场基金投资于具有基金托管人资格的同一商业银行的银行存款、同业存单占基金资产净值的比例合计不得超过20%，投资于不具有基金托管人资格的同一商业银行的银行存款、同业存单占基金资产净值的比例合计不得超过5%。

第七条 货币市场基金应当保持足够比例的流动性资产以应对潜在的赎回要求，其投资组合应当符合下列规定：

（一）现金、国债、中央银行票据、政策性金融债券占基金资产净值的比例合计不得低于5%；

（二）现金、国债、中央银行票据、政策性金融债券以及五个交易日内到期的其他金融工具占基

金资产净值的比例合计不得低于 10%；

（三）到期日在 10 个交易日以上的逆回购、银行定期存款等流动性受限资产投资占基金资产净值的比例合计不得超过 30%；

（四）除发生巨额赎回、连续 3 个交易日累计赎回 20%以上或者连续 5 个交易日累计赎回 30%以上的情形外，债券正回购的资金余额占基金资产净值的比例不得超过 20%。

第八条 因市场波动、基金规模变动等基金管理人之外的因素致使货币市场基金投资不符合本办法第六条及第七条第（二）、（三）、（四）项规定的比例或者基金合同约定的投资比例的，基金管理人应当在 10 个交易日内进行调整，但中国证监会规定的特殊情形除外。

第九条 货币市场基金投资组合的平均剩余期限不得超过 120 天，平均剩余存续期不得超过 240 天。

第三章 基金份额净值计价与申购赎回

第十条 对于每日按照面值进行报价的货币市场基金，可以在基金合同中将收益分配的方式约定为红利再投资，并应当每日进行收益分配。

第十一条 货币市场基金应当采取稳健、适当的会计核算和估值方法。在确保基金资产净值能够公允地反映基金投资组合价值的前提下，可采用摊余成本法对持有的投资组合进行会计核算，但应当在基金合同、基金招募说明书中披露该核算方法及其可能对基金净值波动带来的影响。

前款规定的基金估值核算方法在特殊情形下不能公允反映基金价值的，货币市场基金可以采用其他估值方法。该特殊情形及该估值方法应当在基金合同中约定。

第十二条 对于采用摊余成本法进行核算的货币市场基金，应当采用影子定价的风险控制手段，对摊余成本法计算的基金资产净值的公允性进行评估。

当影子定价确定的基金资产净值与摊余成本法计算的基金资产净值的负偏离度绝对值达到 0.25%时，基金管理人应当在 5 个交易日内将负偏离度绝对值调整到 0.25%以内。当正偏离度绝对值达到 0.5%时，基金管理人应当暂停接受申购并在 5 个交易日内将正偏离度绝对值调整到 0.5%以内。当负偏离度绝对值达到 0.5%时，基金管理人应当使用风险准备金或者固有资金弥补潜在资产损失，将负偏离度绝对值控制在 0.5%以内。当负偏离度绝对值连续两个交易日超过 0.5%时，基金管理人应当采用公允价值估值方法对持有投资组合的账面价值进行调整，或者采取暂停接受所有赎回申请并终止基金合同进行财产清算等措施。

前述情形及处理方法应当事先在基金合同中约定并履行信息披露义务。

第十三条 对于不收取申购、赎回费的货币市场基金，可以按照不高于 0.25%的比例从基金资产计提一定的费用，专门用于本基金的销售与基金持有人服务。基金年度报告应当对该项费用的列支情况作专项说明。

第十四条 为了保护基金份额持有人的合法权益，基金管理人可以依照相关法律法规以及基金合同的约定，在特定市场条件下暂停或者拒绝接受一定金额以上的资金申购。

第十五条 当日申购的基金份额应当自下一个交易日起享有基金的分配权益；当日赎回的基金份额自下一个交易日起不享有基金的分配权益，但中国证监会认定的特殊货币市场基金品种除外。

第十六条 货币市场基金的基金份额可以在依法设立的交易场所进行交易，或者按照法律法规和合同约定进行协议转让。

第十七条 基金管理人应当建立健全内部流动性风险控制制度，细化流动性风险管理措施。在满足相关流动性风险管理要求的前提下，当货币市场基金持有的现金、国债、中央银行票据、政策性金融债券以及 5 个交易日内到期的其他金融工具占基金资产净值的比例合计低于 5%且偏离度为负时，为确保基金平稳运作，避免诱发系统性风险，基金管理人应当对当日单个基金份额持有人申请赎回基金份额超过基金总份额 1%以上的赎回申请征收 1%的强制赎回费用，并将上述赎回费用全额计入基金财产。基金管理人与基金托管人协商确认上述做法无益于基金利益最大化的情形除外。前述情形及处理方法应当事先在基金合同中约定。

为公平对待不同类别基金份额持有人的合法权益，货币市场基金应当在基金合同中约定，单个基金份额持有人在单个开放日申请赎回基金份额超过基金总份额10%的，基金管理人可以采取延期办理部分赎回申请或者延缓支付赎回款项的措施。

第四章 宣传推介与信息披露

第十八条 基金管理人应当在货币市场基金的招募说明书及宣传推介材料的显著位置列明，投资者购买货币市场基金并不等于将资金作为存款存放在银行或者存款类金融机构，基金管理人不保证基金一定盈利，也不保证最低收益。

第十九条 基金管理人、基金销售机构在从事货币市场基金销售活动过程中，应当按照有关法律法规规定制作宣传推介材料，严格规范宣传推介行为，充分揭示投资风险，不得承诺收益，不得使用与货币市场基金风险收益特征不相匹配的表述，不得夸大或者片面宣传货币市场基金的投资收益或者过往业绩。

除基金管理人、基金销售机构外，其他机构或者个人不得擅自制作或者发放与货币市场基金相关的宣传推介材料；登载货币市场基金宣传推介材料的，不得片面引用或者修改其内容。

第二十条 基金销售支付结算机构等相关机构开展与货币市场基金相关的业务推广活动，应当事先征得合作基金管理人或者基金销售机构的同意，严格遵守相关法律法规的规定，不得混同、比较货币市场基金与银行存款及其他产品的投资收益，不得以宣传理财账户或者服务平台等名义变相从事货币市场基金的宣传推介活动。

第二十一条 基金管理人、基金销售机构独立或者与互联网机构等其他机构合作开展货币市场基金互联网销售业务时，应当采取显著方式向投资人揭示提供基金销售服务的主体、投资风险以及销售的货币市场基金名称，不得以理财账户或者服务平台的名义代替基金名称，并对合作业务范围、法律关系界定、信息安全保障、客户信息保密、合规经营义务、应急处置机制、防范非法证券活动、合作终止时的业务处理方案、违约责任承担和投资人权益保护等进行明确约定。

第二十二条 基金管理人、基金销售机构与互联网机构等其他机构合作开展货币市场基金销售业务，不得有以下情形：

（一）未经中国证监会注册取得基金销售业务资格，擅自从事基金宣传推介、份额发售与申购赎回等相关业务；

（二）侵占或者挪用基金销售结算资金；

（三）欺诈误导投资人；

（四）未向投资人充分揭示投资风险；

（五）泄露投资人客户资料、交易信息等非公开信息；

（六）从事违法违规经营活动；

（七）法律法规及中国证监会规定的其他情形。

第二十三条 基金管理人、基金销售机构、基金销售支付结算机构以及互联网机构在从事或者参与货币市场基金销售过程中，向投资人提供快速赎回等增值服务的，应当充分揭示增值服务的业务规则，并采取有效方式披露增值服务的内容、范围、权利义务、费用及限制条件等信息，不得片面强调增值服务便利性，不得使用夸大或者虚假用语宣传增值服务。

从事基金销售支付结算业务的非银行支付机构应当严格按照《支付机构客户备付金存管办法》有关要求存放、使用、划转客户备付金，不得将客户备付金用于基金赎回垫支。

第二十四条 基金管理人应当严格按照有关基金信息披露法律法规要求履行货币市场基金的信息披露义务，鼓励基金管理人结合自身条件，自愿增加货币市场基金信息披露的频率和内容，提高货币市场基金的透明度。

第五章 风险控制

第二十五条 基金管理人从事货币市场基金投资管理活动，应当坚持组合管理、分散投资的基本原则，严格按照本办法规定和基金合同约定的投资范围与比例限制进行资产配置，构建与货币市场基金风险收益特征相匹配的投资组合。

第二十六条 基金管理人应当建立健全货币市场基金相关投资管理制度、风险控制系统与信息技术系统，加强对流动性风险、利率风险、信用风险、交易对手风险、道德风险等各类风险的管理与控制。

第二十七条 基金管理人应当注重货币市场基金操作风险的防控，针对货币市场基金申购赎回、交易清算、估值核算、信息披露等环节制定相关业务操作指引并建立风险识别与管理制度，提高从业人员的风险防范意识与业务操作能力。

第二十八条 基金管理人应当加强货币市场基金从事逆回购交易的流动性风险和交易对手风险的管理，合理分散逆回购交易到期日和交易对手的集中度，加强逆回购交易质押品资质和质押品期限的控制，质押品按公允价值计算应当足额。

第二十九条 基金管理人应当加强对货币市场基金投资银行存款风险的评估与研究，严格测算与控制投资银行存款的风险敞口，针对不同类型存款银行建立相关投资限制制度，投资各类银行存款所形成的潜在利息损失应当与基金管理人的风险准备金规模相匹配。如果出现因提前支取而导致利息损失的情形，基金管理人应当使用风险准备金予以弥补，风险准备金不足的，应当使用固有资金予以弥补。

第三十条 基金管理人应当建立和完善货币市场基金债券投资的内部信用评级制度，综合运用外部信用评级与内部信用评级结果，按照审慎原则具体限定不同信用等级金融工具的投资限制。基金管理人应当对货币市场基金已投资的信用类金融工具建立内部评级跟踪制度与估值风险防范机制，并保留相关资料备查。

第三十一条 基金管理人应当将压力测试作为货币市场基金风险管理的重要手段，建立科学审慎、全面有效的压力测试制度，结合自身风险管理水平与市场情况定期或者不定期开展压力测试，并针对压力测试结果及时采取防范措施，同时将最近一个年度的压力测试工作底稿留存备查。

第三十二条 货币市场基金遇到下列极端风险情形之一的，基金管理人及其股东在履行内部程序后，可以使用固有资金从货币市场基金购买金融工具：

（一）货币市场基金持有的金融工具出现兑付风险；

（二）货币市场基金发生巨额赎回，且持有资产的流动性难以满足赎回要求；

（三）货币市场基金负偏离度绝对值超过0.25%时，需要从货币市场基金购买风险资产。

基金管理人及其股东购买相关金融工具的价格不得低于该金融工具的账面价值。

前述事项发生后，基金管理人应当在两个交易日内向中国证监会报告，并依法履行信息披露义务，其中涉及到银行间市场的，应当遵守中国人民银行有关规定，向相关部门备案。

第三十三条 基金管理人应当坚持稳健经营理念，其货币市场基金管理规模应当与自身的人员储备、投研和客服能力、风险管理和内部控制水平相匹配，杜绝片面追求收益率和基金规模，不得以收益率作为基金经理考核评价的唯一标准，不得通过交易上的安排规避本办法对投资范围、投资比例、平均剩余期限及存续期的相关规定，不得违规从事或者参与债券代持交易。

第三十四条 基金托管人应当切实履行共同受托职责，严格按照本办法规定对所托管的货币市场基金的日常投资运作活动实施监督，与基金管理人共同做好货币市场基金的风险管理工作，可以根据市场情况及业务发展的需要，对货币市场基金提供流动性支持服务。

第六章 监督管理与法律责任

第三十五条 货币市场基金的份额净值计价、募集、申购、赎回、投资、信息披露、宣传推介等活动，应当遵守有关法律法规和本办法的规定。

第三十六条 货币市场基金在全国银行间市场的交易、结算等市场行为，应当遵守中国人民银行关于全国银行间市场的管理规定，并接受中国人民银行的监管和动态检查。

第三十七条 基金管理人、基金托管人在管理与托管货币市场基金过程中，因违反法律法规或者基金合同约定导致基金财产或者基金份额持有人损失的，应当分别对各自的行为依法承担赔偿责任；因共同行为导致基金财产或者基金份额持有人损失的，应当承担连带赔偿责任。

第三十八条 基金管理人违反本办法规定的，中国证监会可以采取责令改正、监管谈话、出具警示函，整改期间暂停受理及审查基金产品募集申请或者其他业务申请等行政监管措施，记入诚信档案；对直接负责的主管人员和其他直接责任人员，可以依法采取监管谈话、出具警示函、认定为不适当人选等行政监管措施，记入诚信档案；情节严重的，可以对基金管理人及其直接负责的主管人员和其他直接责任人员单处或者并处警告、3万元以下罚款；涉嫌犯罪的，依法移送司法机关，追究刑事责任。

第三十九条 基金管理人在管理货币市场基金过程中，由于风险管理不善而发生重大风险事件或者存在重大违法违规行为的，中国证监会可以责令基金管理人提高风险准备金的计提比例或者一次性补足一定金额的风险准备金；情节严重的，可以根据《证券投资基金法》有关规定，对基金管理人采取责令停业整顿、指定其他机构托管、接管、取消基金管理资格或者撤销等监管措施。

第四十条 基金托管人未按照本办法规定履行货币市场基金托管职责的，中国证监会可以依据《证券投资基金托管业务管理办法》有关规定采取行政监管措施。

第四十一条 基金销售机构、基金销售支付机构及互联网机构等相关机构或者个人在从事或者参与货币市场基金的销售、宣传推介等活动过程中，违反本办法规定的，中国证监会可以依据《证券投资基金销售管理办法》等有关规定采取行政监管措施。

第七章 附 则

第四十二条 本办法由中国证监会、中国人民银行负责解释。

第四十三条 本办法自2016年2月1日起施行。《货币市场基金暂行规定》（证监发〔2004〕78号）、《关于货币市场基金投资等相关问题的通知》（证监基金字〔2005〕41号）、《关于货币市场基金投资短期融资券有关问题的通知》（证监基金字〔2005〕163号）、《关于货币市场基金投资银行存款有关问题的通知》（证监发〔2005〕190号）、《关于加强货币市场基金风险控制有关问题的通知》（基金部通知〔2011〕41号）等文件同时废止。

（四）基金销售及托管

公开募集证券投资基金销售机构监督管理办法

· 2020年8月28日中国证券监督管理委员会令第175号公布
· 自2020年10月1日起施行

第一章 总 则

第一条 为了规范公开募集证券投资基金（以下简称公募基金或基金）销售机构的销售活动，保护投资人的合法权益，促进基金市场健康发展，根据《证券投资基金法》《证券法》及其他有关法律法规，制定本办法。

第二条 本办法所称基金销售，是指为投资人开立基金交易账户，宣传推介基金，办理基金份额发售、申购、赎回及提供基金交易账户信息查询等活动。

基金销售机构是指经中国证券监督管理委员会（以下简称中国证监会）或者其派出机构注册，取得基金销售业务资格的机构。未经注册，任何单位或者个人不得从事基金销售业务。

基金服务机构从事与基金销售相关的支付、份额登记、信息技术系统等服务，适用本办法。

第三条 基金销售机构及其从业人员从事基金销售业务，基金服务机构及其从业人员从事与基金销售相关的服务业务，应当遵守法律法规、中国证监会规定以及基金合同、基金销售协议等约定，遵循自愿、公平的原则，诚实守信，谨慎勤勉，廉洁从业，恪守职业道德和行为规范，不得损害国家利益、社会公共利益和投资人的合法权益。

第四条 基金销售结算资金属于投资人，基金销售相关机构不得将基金销售结算资金归入其自有财产。禁止任何单位或者个人以任何形式挪用基金销售结算资金。基金销售相关机构破产或者清算时，基金销售结算资金不属于其破产财产或者清算财产。非因投资人本身的债务或者法律法规规定的其他情形，基金销售结算资金不得被查封、冻结、扣划或者强制执行。

第五条 中国证监会及其派出机构依据法律、行政法规和本办法的规定，对基金销售业务及相关服务业务实施监督管理。

中国证券投资基金业协会依据法律法规和自律规则，对基金销售业务及相关服务业务实施自律管理。

第二章 基金销售机构注册

第六条 商业银行、证券公司、期货公司、保险公司、保险经纪公司、保险代理公司、证券投资咨询机构、独立基金销售机构从事基金销售业务的，应当向住所地中国证监会派出机构申请注册基金销售业务资格，并申领《经营证券期货业务许可证》（以下简称业务许可证）。

第七条 申请注册基金销售业务资格，应当具备下列条件：

（一）财务状况良好，运作规范；

（二）有与基金销售业务相适应的营业场所、安全防范等设施，办理基金销售业务的信息管理平台符合中国证监会的规定；

（三）具备健全高效的业务管理和风险管理制度，反洗钱、反恐怖融资及非居民金融账户涉税信息尽职调查等制度符合法律法规要求，基金销售结算资金管理、投资者适当性管理、内部控制等制度符合中国证监会的规定；

（四）取得基金从业资格的人员不少于 20 人；

（五）最近 3 年没有受到刑事处罚或者重大行政处罚；最近 1 年没有因相近业务被采取重大行政监管措施；没有因重大违法违规行为处于整改期间，或者因涉嫌重大违法违规行为正在被监管机构调查；不存在已经影响或者可能影响公司正常运作的重大变更事项，或者重大诉讼、仲裁等事项；

（六）中国证监会规定的其他条件。

第八条 商业银行、证券公司、期货公司、保险公司、保险经纪公司、保险代理公司、证券投资咨询机构申请注册基金销售业务资格，应当具备下列条件：

（一）本办法第七条规定的条件；

（二）有负责基金销售业务的部门；

（三）财务风险监控等监管指标符合国家金融监督管理部门的规定；

（四）负责基金销售业务的部门取得基金从业资格的人员不低于该部门员工人数的 1/2，部门负责人取得基金从业资格，并具备从事基金业务 2 年以上或者在金融机构 5 年以上的工作经历；分支机构基金销售业务负责人取得基金从业资格；

（五）中国证监会规定的其他条件。

第九条 独立基金销售机构是专业从事公募基金及私募证券投资基金销售业务的机构。独立基金销售机构不得从事其他业务，中国证监会另有规定的除外。

申请注册为独立基金销售机构的，应当具备下列条件：

（一）本办法第七条规定的条件；

（二）为依法设立的有限责任公司、股份有限公司或者采取符合中国证监会规定的其他组织形式；

（三）有符合规定的名称、组织架构和经营范围；

（四）股东以自有资金出资，不得以债务资金、委托资金等非自有资金出资，境外股东以可自由兑换货币出资；

（五）净资产不低于 5000 万元人民币；

（六）高级管理人员取得基金从业资格，熟悉基金销售业务，符合中国证监会规定的基金行业高级管理人员任职条件；

（七）中国证监会规定的其他条件。

第十条 持有独立基金销售机构 5% 以上股权的股东，应当具备下列条件：

（一）股东为法人或者非法人组织的，资产质量良好，除中国证监会另有规定外净资产不低于 5000 万元人民币；股权结构清晰，可逐层穿透至最终权益持有人；最近 3 年没有受到刑事处罚或者重大行政处罚；最近 1 年没有被采取重大行政监管措施；没有因重大违法违规行为处于整改期间，或者因涉嫌重大违法违规行为正在被监管机构调查；

（二）股东为自然人的，具备担任证券基金业务部门管理人员 5 年以上的工作经历或者担任证券基金行业高级管理人员 3 年以上的工作经历；从业期间没有被金融监管部门采取重大行政监管措施、没有因重大违法违规行为受到行政处罚或者刑事处罚；

（三）中国证监会规定的其他条件。

独立基金销售机构的境外股东，还应当具备下列条件：

（一）依其所在国家或者地区法律设立，合法存续的具有资产管理或者投资顾问经验的金融机构；

（二）其所在国家或者地区的证券监管机构已与中国证监会或者中国证监会认可的其他机构签订监管合作备忘录，并保持有效的监管合作关系。

第十一条 独立基金销售机构的控股股东，应当具备下列条件：

（一）股东为法人或者非法人组织的，应当核心主业突出，内部控制完善，运作规范稳定，最近 3 个会计年度连续盈利，净资产不低于 2 亿元人民币，具有良好的财务状况和资本补充能力；资产负债与杠杆水平适度，净资产不低于实收资本的 50%，或有负债未达到净资产的 50%，没有数额较大的到期未清偿债务；

（二）股东为自然人的，个人金融资产不低于3000万元人民币；具备担任证券基金业务部门管理人员10年以上的工作经历或者担任证券基金行业高级管理人员5年以上的工作经历；

（三）制定合理明晰的投资独立基金销售机构的商业计划，对完善独立基金销售机构治理结构、保持独立基金销售机构经营管理的独立性、推动独立基金销售机构长期发展有切实可行的计划安排；对独立基金销售机构可能发生风险导致无法正常经营的情况，制定合理有效的风险处置预案；

（四）中国证监会规定的其他条件。

第十二条 独立基金销售机构股东以及股东的控股股东、实际控制人参股独立基金销售机构的数量不得超过2家，其中控制独立基金销售机构的数量不得超过1家。中国证监会另有规定的情形除外。

第十三条 独立基金销售机构应当保持股权结构稳定。股权相关方应当书面承诺，独立基金销售机构取得基金销售业务资格3年内不发生控股股东、实际控制关系的变更。

股东质押所持独立基金销售机构股权的，不得约定由质权人或者其他第三方行使表决权等股东权利，也不得变相转移对独立基金销售机构股权的控制。持有独立基金销售机构5%以上股权的股东，质押股权比例不得超过所持该独立基金销售机构股权比例的50%。

第十四条 基金销售机构申请注册基金销售业务资格，应当按照中国证监会的规定提交申请材料。申请材料应当真实、准确、完整，不存在虚假记载、误导性陈述或者重大遗漏。申请材料所涉事项发生重大变化的，申请人应当在5个工作日内提交更新材料。

中国证监会派出机构依照《行政许可法》规定受理基金销售业务资格注册申请，并进行审查，作出注册或者不予注册的决定。

第三章 基金销售业务规范

第十五条 基金销售机构办理基金销售业务，应当与基金管理人签订书面销售协议，明确双方权利义务。未经签订书面销售协议，基金销售机构不得办理基金的销售。

第十六条 基金销售机构开展基金宣传推介活动，应当坚持长期投资理念和客观、真实、准确的原则。

基金销售机构应当集中统一制作和使用基金宣传推介材料，并对内容的合规性进行内部审查，相关审查材料应当存档备查。基金宣传推介材料的管理规范，由中国证监会另行制定。

第十七条 基金销售机构应当按照中国证监会的规定了解投资人信息，坚持投资人利益优先和风险匹配原则，根据投资人的风险承担能力销售不同风险等级的产品，把合适的基金产品销售给合适的投资人。

基金销售机构应当加强投资者教育，引导投资人充分认识基金产品的风险收益特征。投资人购入基金前，基金销售机构应当提示投资人阅读基金合同、招募说明书、基金产品资料概要，提供有效途径供投资人查询，并以显著、清晰的方式向投资人揭示投资风险。

基金销售机构应当推动定期定额投资、养老储备投资等业务发展，促进投资人稳健投资，杜绝诱导投资人短期申赎、频繁申赎行为。

第十八条 基金销售机构应当根据反洗钱、反恐怖融资及非居民金融账户涉税信息尽职调查等法律法规要求履行相关职责，有效识别投资人身份，核对投资人的有效身份证件，登记投资人身份基本信息，确保基金账户持有人名称与有效身份证件中记载的名称一致，留存有效身份证件的复印件或者影印件，了解投资人资金来源的合法性，向基金管理人提供客户法定基本身份信息等反洗钱必要信息，并为基金管理人履行反洗钱、反恐怖融资及非居民金融账户涉税信息尽职调查等相关职责提供协助。

第十九条 基金销售机构应当按照法律法规、中国证监会的规定和基金合同、份额发售公告、招募说明书等文件的约定，办理基金份额的认购、申购和赎回，不得擅自拒绝接受投资人的申请。

投资人认购、申购基金份额，应当全额交付款项，中国证监会规定的特殊基金品种除外。

投资人在基金合同约定之外的日期和时间提出申购、赎回申请的，作为下一个交易日的交易处理，其基金份额申购、赎回价格为下次办理基金份额申购、赎回时间所在开放日的价格。

第二十条 基金销售机构、基金销售支付机构应当按照法律法规、基金合同和基金销售协议等的规定，归集、划转基金销售结算资金，确保基金销售结算资金安全、及时划付，并将赎回、分红及未成功认购、申购的款项划入投资人认购、申购时使用的结算账户。中国证监会就特殊基金品种、特殊业务类型另有规定的，从其规定。

第二十一条 基金销售机构应当按照法律法规和中国证监会规定以及基金合同、招募说明书和基金销售协议等的约定收取销售费用，并如实核算、记账；未经招募说明书载明，不得对不同投资人适用不同费率。

基金销售机构按照中国证监会的规定，为投资人提供除基金合同、招募说明书约定服务以外的增值服务的，可以向投资人收取增值服务费。

第二十二条 基金销售机构应当按照下列要求持续为投资人提供信息服务：

（一）及时告知投资人其认购、申购、赎回的基金名称以及基金份额的确认日期、确认份额和金额等信息；

（二）提供有效途径供投资人实时查询其所持基金的基本信息；

（三）定期向投资人主动提供基金保有情况信息；

（四）按照中国证监会的规定，做好有关信息传递工作，向投资人及时提供对其投资决策有重大影响的信息；

（五）中国证监会规定的其他要求。

基金销售机构应当与投资人约定提供前款规定信息的方式。

第二十三条 基金销售机构可以委托其他基金销售机构办理基金销售中后台处理等活动，具体规定由中国证监会另行制定。

第二十四条 基金销售机构及其从业人员从事基金销售业务，不得有下列情形：

（一）虚假记载、误导性陈述或者重大遗漏；

（二）违规承诺收益、本金不受损失或者限定损失金额、比例；

（三）预测基金投资业绩，或者宣传预期收益率；

（四）误导投资人购买与其风险承担能力不相匹配的基金产品；

（五）未向投资人有效揭示实际承担基金销售业务的主体、所销售的基金产品等重要信息，或者以过度包装服务平台、服务品牌等方式模糊上述重要信息；

（六）采取抽奖、回扣或者送实物、保险、基金份额等方式销售基金；

（七）在基金募集申请完成注册前，办理基金销售业务，向公众分发、公布基金宣传推介材料或者发售基金份额；

（八）未按照法律法规、中国证监会规定、招募说明书和基金份额发售公告规定的时间销售基金，或者未按照规定公告即擅自变更基金份额的发售日期；

（九）挪用基金销售结算资金或者基金份额；违规利用基金份额转让等形式规避基金销售结算资金闭环运作要求、损害投资人资金安全；

（十）利用或者承诺利用基金资产和基金销售业务进行利益输送或者利益交换；

（十一）违规泄露投资人相关信息或者基金投资运作相关非公开信息；

（十二）以低于成本的费用销售基金；

（十三）实施歧视性、排他性、绑定性销售安排；

（十四）中国证监会规定禁止的其他情形。

第四章 内部控制与风险管理

第一节 一般规定

第二十五条 基金销售机构应当按照审慎经营的原则，建立健全并有效执行基金销售业务的内部控制与风险管理制度，完善内部责任追究机制，确保基金销售业务符合法律法规和中国证监会的规定。

第二十六条 基金销售机构应当指定专门合规风控人员对基金销售业务的经营运作情况进行审查、监督和检查，并保障合规风控人员履职的独立性和有效性。合规风控人员应当具备与履职相适应的专业知识和技能，不得兼任与合规风控职责相冲突的职务。

合规风控人员应当对基金销售业务内部制度、基金宣传推介材料和新销售产品、新业务方案等进行合规审查，出具合规审查意见，并存档备查。

基金销售机构应当于每一年度结束之日起3个月内完成年度监察稽核报告，并存档备查。

第二十七条 基金销售机构应当对基金管理

人、基金产品进行审慎调查和风险评估，充分了解产品的投资范围、投资策略、风险收益特征等，并设立产品准入委员会或者专门小组，对销售产品准入实行集中统一管理。

基金管理人应当制定基金销售机构准入的标准和程序，审慎选择基金销售机构，并定期开展再评估。

第二十八条 基金销售机构应当建立健全投资人基金交易账户和资金账户管理制度，保障投资人信息安全和资金安全。

第二十九条 基金销售机构应当确保基金销售信息管理平台安全、高效运行，建立符合规定的灾难备份系统和应急预案。

第三十条 基金销售机构应当建立健全基金销售业务内部考核机制，坚持以投资人利益为核心和长期投资的理念，将基金销售保有规模、投资人长期投资收益等纳入分支机构和基金销售人员考核评价指标体系，并加大对存量基金产品持续销售、定期定额投资等业务的激励安排，不得将基金销售收入作为主要考核指标，不得实施短期激励，不得针对认购期基金实施特别的考核激励。

基金销售机构应当强化人员资质管理，确保基金销售人员具有基金从业资格。未经基金销售机构聘任，任何人员不得从事基金销售活动，中国证监会另有规定的除外。

基金销售机构应当建立健全基金销售人员持续培训机制，加强对基金销售人员行为的监督和检查，并建立相关人员的离任审计或者离任审查制度。基金销售人员不得从事与基金销售业务有利益冲突的业务活动。

第三十一条 基金销售机构应当建立健全业务范围管控制度，审慎评估基金销售业务与其依法开展或者拟开展的其他业务之间可能存在的利益冲突，完善利益冲突防范机制。

基金销售机构应当采取有效隔离措施，避免因其他业务风险影响基金销售业务稳健运行。

基金销售机构应当保持对基金销售业务的持续投入，确保实质展业及业务连续性。

第三十二条 基金销售机构应当对分支机构基金销售活动、基金销售信息技术系统实行集中统一管理，不得与他人合资、合作经营管理分支机构，不得将分支机构承包或者委托给他人经营管理。

第三十三条 基金销售机构应当建立健全档案管理制度，妥善保管投资人的开户资料和与基金销售业务有关的其他资料。投资人身份资料自业务关系结束当年计起至少保存 20 年，与基金销售业务有关的其他资料自业务发生当年计起至少保存 20 年。

第二节 独立基金销售机构特别规定

第三十四条 独立基金销售机构应当建立健全合规风控管理组织架构，在章程中明确合规风控负责人为高级管理人员，并对其职责、任免条件和程序作出规定。

合规风控负责人应当具有胜任合规风控管理工作需要的专业知识和技能，并具备以下工作经历：从事证券基金工作 5 年以上，或者从事证券基金工作 3 年以上并且通过国家法律职业资格考试，或者从事证券基金监管相关工作 3 年以上。

独立基金销售机构解聘合规风控负责人，应当具有正当理由，并自解聘之日起 3 个工作日内将解聘事实和理由书面报告住所地中国证监会派出机构。

第三十五条 独立基金销售机构应当设立专门的合规风控管理部门。合规风控管理部门对合规风控负责人负责，按照公司规定和合规风控负责人的安排履行合规风控管理职责。合规风控管理部门不得承担与合规风控管理相冲突的其他职责。

独立基金销售机构应当为合规风控管理部门配备足够的、具备与履行合规风控管理职责相适应的专业知识和技能的合规风控人员。

第三十六条 独立基金销售机构应当确保业务、从业人员、经营场所的独立性，不得与股东、实际控制人、关联方混同，不得允许其他任何机构以其名义对外开展业务。独立基金销售机构从业人员不得在其他机构担任经营性职务，法律法规和中国证监会另有规定的除外。

第三十七条 独立基金销售机构设立分支机构，应当具备下列条件：

（一）连续开展基金销售业务 3 个完整会计年度以上，最近一个会计年度基金销售日均保有量不低于 100 亿元；

（二）具有较强的持续经营能力，内部控制完善，能够有效控制分支机构风险；

（三）制定合理明晰的分支机构设立规划；

（四）最近3年没有受到刑事处罚或者重大行政处罚；最近1年没有被采取重大行政监管措施；没有因重大违法违规行为处于整改期间，或者因涉嫌重大违法违规行为正在被监管机构调查；

（五）拟设立的分支机构具备完善的管理制度，有符合规定的办公场所、安全防范等设施，取得基金从业资格的人员不少于5人；

（六）中国证监会规定的其他条件。

独立基金销售机构设立的分支机构，限于住所地所在省、自治区、直辖市范围，中国证监会另有规定的除外。

独立基金销售机构应当完善分支机构管控机制，确保分支机构实质展业及业务连续性。

第三十八条 独立基金销售机构应当制定自有资金运用制度，保持良好的财务状况，满足日常运营和风险防范的需要。

独立基金销售机构可以运用自有资金进行金融资产投资，其中投资于现金、银行存款、国债、基金等高流动性资产的净值不得低于2000万元。独立基金销售机构不得向关联方提供借款、资金垫付或者担保等；不得进行股权投资，法律法规、中国证监会另有规定的除外。

第五章 相关基金服务机构

第三十九条 基金销售支付机构受基金销售机构委托，为基金销售机构提供基金销售结算资金划转服务。

基金销售机构应当选择具备下列条件的商业银行或者支付机构办理基金销售支付业务：

（一）制定了有效的风险控制制度，有安全、高效的办理支付业务的信息系统；

（二）商业银行取得基金销售业务资格，支付机构取得《支付业务许可证》；

（三）最近3年没有受到刑事处罚或者重大行政处罚；最近1年没有被采取重大行政监管措施；没有因重大违法违规行为处于整改期间，或者因涉嫌重大违法违规行为正在被监管机构调查；

（四）中国证监会规定的其他条件。

支付机构从事基金销售支付业务，应当向中国证监会备案。

第四十条 基金销售结算资金监督机构受基金销售机构、基金销售支付机构等委托，对其开立、使用基金销售结算专用账户的行为和基金销售结算资金划转流程进行监督。

中国证券登记结算有限责任公司（以下简称中国结算）或者取得基金销售业务资格的商业银行可以担任基金销售结算资金监督机构。基金销售机构、基金销售支付机构等应当在基金销售结算资金监督机构开立基金销售结算专用账户，并与基金销售结算资金监督机构签订监督协议，对账户性质、账户功能、资金划转流程、监督方式、账户异常处理等事项做出约定。中国证监会另有规定的，从其规定。

第四十一条 基金管理人可以依照中国证监会的规定委托基金份额登记机构办理基金份额登记业务。基金份额登记机构应当确保基金份额的登记、存管和结算业务处理安全、准确、及时、高效，其主要职责包括：

（一）建立并管理投资人基金份额账户；

（二）负责基金份额的登记；

（三）基金交易确认；

（四）代理发放红利；

（五）建立并保管基金份额持有人名册；

（六）服务协议约定的其他职责；

（七）中国证监会规定的其他职责。

基金管理人变更基金份额登记机构的，应当在变更完成10个工作日内向中国证监会报告。

第四十二条 基金销售机构、基金份额登记机构应当通过中国结算建设和运营的基金行业注册登记数据中央交换平台（以下简称中央数据交换平台）对基金的账户和交易信息进行数据交换，数据交换应当符合中央数据交换平台相关规范要求。参与数据交换的相关机构应当按照规定保障信息传输和存储的完整性、准确性、及时性、安全性。

基金份额登记机构应当按照中央数据交换平台相关规范要求报送基金份额登记数据，配合完成基金份额登记数据的集中备份。

中国结算依据中国证监会授权，对相关数据交换及报送实施自律管理。中国结算应当妥善保存相关数据，不得篡改、毁损或者泄露；确有必要向第三方提供的，应当遵守法律法规和中国证监会的规定。中国结算还应当建立健全相关信息统计分析制度，定期向中国证监会报告，并按照中国证监会的要求向投资人提供统一查询等服务。

第四十三条 信息技术系统服务机构受基金销售机构委托，为基金销售机构提供网络空间经营场所租用或者信息技术系统开发等服务。信息技术系统服务机构不得实质介入基金销售业务环节，不得收集、传输、留存投资人基金交易信息。

第六章 销售私募基金的特别规定

第四十四条 基金销售机构除开展公募基金销售业务外，依法从事私募基金销售业务的，参照适用本办法第三章、第四章的规定，法律法规及中国证监会另有规定的除外。

第四十五条 基金销售机构应当以非公开方式向合格投资者销售私募基金，不得通过公众传播媒体、互联网、公开营业场所等平台或者手机短信、微信等渠道公开或者变相公开宣传推介私募基金。

第四十六条 基金销售机构销售私募基金，应当充分了解投资人信息，收集、核验投资人资产证明、收入证明或者纳税凭证等材料，对投资人风险识别能力和风险承担能力进行评估，并要求投资人承诺投资资金为自有资金，不存在非法汇集他人资金等情况。

基金销售机构应当就合格投资者确认、投资者适当性匹配、风险揭示、自有资金投资等事项履行投资人签字确认等程序。

第四十七条 基金销售机构应当销售符合法律法规和中国证监会规定的私募基金，对拟销售私募基金进行审慎调查和风险评估，充分了解产品的投资范围、投资策略、投资集中度、杠杆水平、风险收益特征等。销售文件应当按照规定全面说明产品特征并充分揭示风险。基金销售机构不得销售未在产品合同等法律文件中明确限定投资范围、投资集中度、杠杆水平的私募基金。

基金销售机构合规风控人员应当对私募基金销售准入出具专项合规和风险评估报告，签字确认并存档备查。

第四十八条 基金销售机构应当针对私募基金销售业务建立专门的利益冲突识别、评估和防范机制。

基金销售机构应当对存在关联关系的私募基金管理人及私募基金履行严格的利益冲突评估机制，经评估无法有效防范利益冲突的，不得销售相关产品；经评估确定可以销售的，应当以书面形式向投资人充分披露，并在销售行为发生时由投资人签字确认。

第四十九条 基金销售机构应当参照本办法第四十条的规定开立私募基金销售结算专用账户，并参照中国证监会规定的基金销售结算资金划转流程进行资金交收。

第七章 监督管理与法律责任

第五十条 中国证监会及其派出机构按照审慎监管原则，可以要求基金销售相关机构及其股东、实际控制人报送相关信息、材料，定期或者不定期对基金销售相关机构从事基金销售业务及相关服务业务的情况进行非现场或者现场检查。

基金销售相关机构及其股东、实际控制人、从业人员等应当配合检查、调查，提供的信息、资料应当及时、真实、准确、完整。

第五十一条 独立基金销售机构发生下列事项的，应当在 5 个工作日内向住所地中国证监会派出机构备案：

（一）变更公司章程、名称、住所、组织形式、经营范围、注册资本、高级管理人员；

（二）新增持有 5%以上股权的股东，变更控股股东、实际控制人；

（三）持有 5%以上股权的股东变更姓名、名称，或者质押所持独立基金销售机构的股权；

（四）设立、撤销分支机构，变更分支机构名称、营业场所；

（五）对外进行股权投资或者提供担保；

（六）中国证监会规定的其他事项。

住所地中国证监会派出机构收到备案材料后应当进行核查，发现备案事项不符合法律、行政法规及中国证监会规定的，应当责令整改。

第五十二条 基金销售机构的业务许可证自颁发之日起，有效期 3 年。基金销售机构不存在下列情形的，其业务许可证有效期予以延续，每次延续的有效期为 3 年：

（一）无法持续符合本办法第七条第（一）项至第（四）项规定的基础性展业条件，且未得到有效整改；

（二）合规内控严重缺失，被中国证监会或者其派出机构采取责令暂停办理相关业务的行政监管措施，且未在要求期限内有效整改；

（三）未实质开展公募基金销售业务，最近一

个会计年度基金(货币市场基金除外)销售日均保有量低于5亿元;

(四)中国证监会规定的其他情形。

基金销售机构存在本条第一款所列情形的,中国证监会派出机构可作出不予延续其业务许可证有效期的决定。业务许可证有效期届满的基金销售机构,不得继续从事基金销售业务。

第五十三条 基金销售相关机构违反法律、行政法规、本办法及中国证监会其他规定,法律法规有规定的,依照其规定处理;法律法规没有规定的,中国证监会及其派出机构可以采取监管谈话、出具警示函、责令改正、责令处分有关人员、责令暂停办理相关业务等行政监管措施,对相关主管人员、直接责任人员,可以采取监管谈话、出具警示函、公开谴责、认定为不适当人选等行政监管措施,发现违法行为涉嫌犯罪的,移送司法机关处理。

第五十四条 中国证监会及其派出机构依法责令基金销售机构暂停办理相关业务的,可以责令其暂停下列一项或者多项业务:

(一)接受新投资人开立交易账户申请;

(二)签订新的销售协议,增加销售新产品;

(三)办理公募基金份额认购、申购或者私募基金份额参与。

基金销售机构被责令暂停办理相关业务的,可以办理销户、赎回、转托管转出等业务。

第五十五条 基金销售机构申请注册基金销售业务资格,隐瞒有关情况或者提供虚假材料的,中国证监会派出机构不予注册,并给予警告;已经注册的,撤销注册,对相关主管人员和其他直接责任人员给予警告,并处3万元以下罚款。国家金融监督管理部门监管的机构存在上述情况的,移交相关金融监督管理部门处理。

第五十六条 基金销售机构有下列情形的,依照《证券投资基金法》第一百三十七条、第一百三十九条、第一百四十四条规定处理:

(一)未向投资人充分揭示投资风险并误导其购买与其风险承担能力不相当的公募基金、私募证券投资基金等产品的;

(二)挪用公募基金、私募证券投资基金等产品销售结算资金或者份额的;

(三)未按照本办法第四章要求建立风险管理制度和灾难备份系统,存在重大风险隐患、引发重大风险事件或者丧失经营能力的;

(四)泄露与公募基金、私募证券投资基金等产品份额持有人、投资运作相关的非公开信息的。

第五十七条 基金销售机构有下列情形之一,且情节严重的,除法律法规另有规定外,给予警告,并处3万元以下罚款;对相关主管人员和其他直接责任人员,给予警告,并处3万元以下罚款:

(一)违反本办法第十五条至第二十二条、第二十四条规定从事基金销售业务的;

(二)未按照本办法第四章规定建立健全并有效执行基金销售业务内部控制及风险管理制度的;

(三)未按照本办法第四十条规定与基金销售结算资金监督机构签订监督协议、开立基金销售结算专用账户的;

(四)未按照本办法第四十二条规定进行数据交换和报送的;

(五)违反本办法第六章规定销售私募基金的;

(六)未按照本办法第五十条、五十一条规定,配合监督检查、履行备案报告义务的。

第五十八条 基金销售机构有下列情形之一的,中国证监会依法注销其业务许可证,并予以公告:

(一)业务许可证有效期不予延续且有效期届满的;

(二)基金销售业务资格被依法撤销或者终止的;

(三)基金销售机构依法终止的;

(四)法律法规规定的其他情形。

第五十九条 基金销售机构有下列情形之一的,基金管理人等应当妥善办理有关投资人的赎回、转托管转出等业务,基金销售相关机构应当配合:

(一)业务许可证被注销的;

(二)丧失经营能力,无法为投资人办理基金销售业务的;

(三)中国证监会规定的其他情形。

第六十条 基金销售支付机构从事公募基金、私募证券投资基金销售支付业务有下列情形的,依照《证券投资基金法》第一百三十八条、第一百三十九条、第一百四十四条规定处理:

（一）未按照规定划付公募基金、私募证券投资基金等产品销售结算资金的；

（二）挪用公募基金、私募证券投资基金等产品销售结算资金或者份额的；

（三）未建立风险管理制度和灾难备份系统的；

（四）泄露与公募基金、私募证券投资基金等产品份额持有人、投资运作相关的非公开信息的。

基金销售支付机构被停止基金销售支付业务的，基金销售机构和基金销售结算资金监督机构应当妥善处理有关投资人基金份额的赎回、转托管转出等业务。

第八章 附 则

第六十一条 本办法相关用语的含义如下：

（一）基金销售相关机构，包括基金销售机构，以及从事与基金销售相关的支付、份额登记、信息技术系统等服务业务的基金服务机构。

（二）基金销售结算资金，是指由基金销售机构、基金销售支付机构、基金份额登记机构等基金销售相关机构归集的，在投资人结算账户与基金财产托管账户之间划转的基金认购、申购、赎回、分红等资金。

（三）独立基金销售机构高级管理人员，是指总经理、副总经理或者实际履行上述职务的其他人员，以及章程规定的其他人员。

（四）关联方及控制关系，依照《企业会计准则》确定。

（五）基金宣传推介材料，是指为推介基金向公众分发或者公布，使公众可以普遍获得的纸质、电子或者其他介质的信息。

（六）基金销售结算专用账户，是指基金销售机构、基金销售支付机构或者基金份额登记机构用于归集、暂存、划转基金销售结算资金的专用账户。

（七）支付机构，是指依据中国人民银行《非金融机构支付服务管理办法》取得《支付业务许可证》的非金融机构。

（八）私募基金，包括证券期货经营机构非公开募集资金或者接受财产委托设立的私募资产管理计划，以及经基金业协会登记的私募基金管理人设立的非公开募集基金。私募证券投资基金，是指依据《证券投资基金法》设立的、仅投资于标准化证券资产的私募基金。除明确表述为“私募基金”“私募证券投资基金”外，本办法中的基金均为公开募集证券投资基金的简称。

第六十二条 基金管理人、证券期货经营机构销售其管理的基金、私募资产管理计划的业务规范、内部控制和风险管理，适用本办法和中国证监会其他相关规定。

第六十三条 本办法自2020年10月1日起施行。《证券投资基金销售管理办法》（证监会令第91号）同时废止。

关于实施《公开募集证券投资基金销售机构监督管理办法》的规定

·2020年8月28日中国证券监督管理委员会公告〔2020〕58号公布

·自2020年10月1日起施行

《公开募集证券投资基金销售机构监督管理办法》（证监会令第175号，以下简称《销售办法》）已经公布，并于2020年10月1日起施行。现就实施《销售办法》的有关问题规定如下：

一、符合《销售办法》规定条件、拟申请注册基金销售业务资格的商业银行、证券公司、期货公司、保险公司、保险经纪公司、保险代理公司、证券投资咨询机构、独立基金销售机构，应当填写《公开募集证券投资基金销售业务资格申请表》，并向住所地中国证券监督管理委员会（以下简称中国证监会）派出机构申请注册。中国证监会派出机构应当依法审查，并在审查过程中征求中国证监会相关部门意见。

二、本规定实施前基金销售业务资格申请已经受理、尚未完成注册的，申请注册机构应当按照《销售办法》和本规定要求补正材料，中国证监会派出机构依照《销售办法》和本规定进行审查，并作出注册或者不予注册的决定。

三、基金管理公司设立、收购的子公司从事基金销售业务，应当符合《销售办法》第八条规定的条件。

四、独立基金销售机构实施员工持股计划的，相关持股平台豁免符合《销售办法》第十条第一款第（一）项中“净资产不低于5000万元人民币”的条件。因参与员工持股计划直接或者间接持股比例累计达5%的自然人，应当符合《销售办法》第十条第一款第（二）项的条件。

五、基金销售机构通过注册后，应当在6个月内，按照《销售办法》等规定要求完成基金销售业务的筹备工作，通过中国证监会派出机构的现场检查验收后，向中国证监会申领《经营证券期货业务许可证》（以下简称业务许可证）。

依法应当办理工商登记变更的机构，应当在申领业务许可证前按照有关规定办理登记变更手续，其中，独立基金销售机构应当申请名称变更，名称中应有“基金销售”字样，法律法规及中国证监会另有规定的除外。

业务许可证记载事项发生变更的，基金销售机构应当自变更发生之日起5个工作日内向中国证监会申请换领。

未取得业务许可证的机构，不得开展基金销售业务。

六、基金销售机构应当将业务许可证置备于基金销售网点的显著位置并在其网站予以公示。

七、基金销售机构完成注册的次日，应当登录中国证监会网站填报《基金销售机构基本信息表》；相关基本信息发生变更后，应于10个工作日内更新。

八、基金销售机构合并分立，基金销售业务资格按下述原则管理：

（一）基金销售机构新设合并的，新公司应当根据《销售办法》的规定申请注册，在新公司取得业务许可证前，合并方基金销售业务资格部分终止，新公司6个月内仍未取得业务许可证的，合并方基金销售业务资格终止；

（二）基金销售机构吸收合并且存续方不具备基金销售业务资格的，存续方应当根据《销售办法》的规定申请注册，在存续方取得业务许可证前，被合并方基金销售业务资格部分终止，存续方6个月内仍未取得业务许可证的，被合并方基金销售业务资格终止；

（三）基金销售机构吸收合并且被合并方不具备基金销售业务资格的，基金销售机构应当在被合并方分支机构（网点）符合基金销售规范要求后，按本规定第七条的要求更新信息，并将基金销售业务信息管理平台整合情况向中国证监会派出机构报告；被合并方分支机构（网点）不符合基金销售规范要求的，不得开展基金销售业务；

（四）基金销售机构吸收合并，合并方和被合并方均具备基金销售业务资格的，合并方应当将基金销售业务信息管理平台整合情况向中国证监会派出机构报告；

（五）基金销售机构分立的，新公司应当根据《销售办法》的规定申请注册，并领取业务许可证。

基金销售业务资格部分终止的，基金销售机构可以办理销户、赎回、转托管转出等业务，不得办理开户、认购、申购等业务。

独立基金销售机构合并分立事项涉及分支机构的，还应当符合《销售办法》第三十七条的规定。

九、基金销售机构与基金管理人签订的书面销售协议，应当至少包括以下内容：

（一）投资人联系方式等投资人资料的保存及交互方式；

（二）信息服务及对投资人持续服务的责任划分；

（三）反洗钱、反恐怖融资及非居民金融账户涉税信息尽职调查等职责的履行及责任划分；

（四）基金销售信息交换及资金交收权利义务；

（五）销售费用分配的比例和方式；

（六）基金销售机构业务终止时的投资人服务安排。

十、《销售办法》规定的宣传推介材料，包括：

（一）公开出版资料；

（二）宣传单、手册、信函、传真等面向公众的宣传资料；

（三）海报、户外广告；

（四）电视、电影、广播、自媒体、互联网资料、公共网站链接广告、短信、微信及其他音像或者通讯资料；

（五）中国证监会规定的其他材料。

十一、基金销售机构向投资人推介基金产品时，所依据的基金产品风险等级评价结果不得低于基金管理人作出的风险等级评价结果。

十二、基金管理人与基金销售机构可以在基金销售协议中约定，依据基金销售机构销售基金的保有量提取一定比例的客户维护费，用于向基金销售机构支付基金销售及客户服务活动中产生的相关费用。其中，对于向个人投资者销售所形成的保有量，客户维护费占基金管理费的约定比率不得超过50%；对于向非个人投资者销售所形成的保有量，客户维护费占基金管理费的约定比率不得超过30%。

投资人直接向基金管理人认购、申购基金份额的，基金管理人不得通过支付客户维护费等方式返还或者变相返还管理费。

投资人购入基金前，基金销售机构应当以书面形式揭示所购基金客户维护费水平。相关格式文本由中国证券投资基金业协会负责发布和更新。

十三、按照《销售办法》第二十二条第一款第（二）项规定，基金管理人、基金销售机构供投资人实时查询的基金产品基本信息，应当包括基金名称、管理人名称、基金代码、风险等级、持有份额、单位净值、收益情况等。

基金管理人、基金销售机构应当按照与投资人约定的方式，至少每年度向投资人主动提供其基金保有情况信息，包括基金名称、基金代码、持有份额等。

十四、独立基金销售机构合规风控负责人、其他基金销售机构合规风控人员发现公司销售业务存在重大风险或者有违法违规行为，应当及时告知基金销售业务负责人，提出处理意见，并督促整改。独立基金销售机构合规风控负责人、其他基金销售机构合规风控人员应当同时督促公司及时向住所地中国证监会派出机构报告；公司未及时报告的，应当直接向住所地中国证监会派出机构报告。

独立基金销售机构及其控股股东、实际控制人受到重大行政处罚、发生已经影响或者可能影响公司正常运作的重大诉讼、仲裁等事项，或者存在涉嫌刑事犯罪的其他情形的，合规风控负责人应当督促公司及时向住所地中国证监会派出机构报告；公司未及时报告的，应当直接向住所地中国证监会派出机构报告。

十五、基金销售机构应当按照《销售办法》第二十七条规定，成立产品准入委员会或者专门小组。产品准入委员会（专门小组）负责研究制定销售产品准入标准，审议确定销售产品范围等。委员会（小组）成员应当包括产品研究人员及合规风控人员。

十六、基金销售机构通过互联网或者电话开展基金营销活动的，应当通过专门的技术系统加强统一管理，实施留痕和监控，并根据投资人意愿设置禁扰名单与禁扰期限，明确内部追责措施，防止因电话营销等业务活动对投资人形成骚扰。

十七、基金销售机构应当强化人员资质管理，从事基金宣传推介、销售信息管理平台运营维护等基金销售业务的人员以及基金销售相关部门管理人员、合规风控人员应当取得基金从业资格。

经营期间，基金销售机构或者分支机构取得基金从业资格的人员人数少于《销售办法》规定的，应当于5个工作日内向住所地中国证监会派出机构报告，并于30个工作日内将人员调整至规定要求。

十八、基金销售机构应当建立人员离任审计或者离任审查制度。独立基金销售机构董事长、总经理离任的，应当根据中国证监会的规定进行离任审计。独立基金销售机构其他高级管理人员、其他基金销售机构基金销售业务负责人离任的，应当根据中国证监会的规定进行离任审查。

十九、支付机构从事基金销售支付业务，应当在首次签订服务协议之日起10个工作日内向中国证监会备案，报送下列材料：

（一）基金销售支付机构备案表；

（二）支付业务资格证明材料；

（三）控股股东、实际控制人情况；

（四）因执业行为涉嫌违法违规被立案调查，或者被司法机关立案侦查，以及近三年因执业行为受到刑事处罚、行政处罚、行政监管措施、自律监管措施的情况；

（五）基金销售支付商业计划书、业务方案；与基金销售支付业务相关的内部管理制度及执行情况说明；

（六）中国证监会规定的其他材料。

支付机构报送的备案材料不完备或者不符合规定的，中国证监会在接收备案材料10个工作日内告知支付机构补正备案材料。支付机构应当在10个工作日内补正。

支付机构提供的备案材料完备的，中国证监会自收齐备案材料之日起20个工作日内，以通过网站公示支付机构基本情况的方式，为支付机构办结备案手续。支付机构提交补正材料的时间不计算在内。

支付机构后续变更公司名称、注册资本、组织形式、营业场所，发生合并或者分立，调整业务类型或者业务覆盖范围，因执业行为被立案调查、立案侦查或者受到刑事处罚、行政处罚、行政监管措施、自律监管措施，以及发生其他重大事项的，应当于10个工作日内向中国证监会备案。

支付机构应当于每年4月30日前向中国证监会提交年度备案材料，备案内容包括支付机构基本情况和经营情况、内部管理制度的执行情况和变动情况，以及中国证监会规定的其他事项。

支付机构应当保证所报送的备案文件和信息真实、准确、完整。

二十、基金管理人、基金销售机构选择支付机构提供基金销售支付服务的，应当自签订服务协议之日起10个工作日内，向主要业务经营地或者住所地中国证监会派出机构报告。

二十一、从事基金销售支付业务的支付机构《支付业务许可证》有效期届满后未获延续，或者被中国人民银行责令停止业务或注销《支付业务许可证》的，应当自相关情形发生之日起停止办理基金销售支付业务，配合基金销售机构妥善处理投资人的赎回等业务，并立即向中国证监会及其派出机构报告。

二十二、基金销售机构、基金销售支付机构等按照《销售办法》第四十条规定开立基金销售结算专用账户的，应当将有关监督协议和账户信息在5个工作日内报住所地中国证监会派出机构备案；账户后续变更基本信息或撤销的，应当在5个工作日内报住所地中国证监会派出机构备案。

二十三、中国证监会指定的行业性基础设施服务平台，可以为基金管理人、基金销售机构与投资人提供基金交易指令传输等基础设施服务。

二十四、基金管理人、基金销售机构租用第三方网络平台的网络空间经营场所，部署相关网络页面及功能模块，向投资人提供基金销售业务服务的，应当向投资人明确揭示基金销售服务主体。

第三方机构仅限于为基金管理人、基金销售机构提供网络空间经营场所等信息技术服务，不得介入基金销售业务的任何环节。第三方机构不得收集、传输、留存投资人任何基金交易信息。

基金管理人、基金销售机构是向投资人提供基金销售服务的责任主体。基金管理人、基金销售机构应当遵循业务独立、技术安全、数据保密的原则，严格按照相关规定及业务规则从事业务活动，并持续跟踪评估第三方网络平台的合规性及安全性。

第三方机构作为从事信息技术系统服务的基金服务机构，应当依照《证券投资基金法》以及《证券基金经营机构信息技术管理办法》（证监会令第152号）向中国证监会备案。

基金管理人、基金销售机构与第三方机构开展相关合作的，应当自签订服务协议之日起10个工作日内，向主要业务经营地或住所地中国证监会派出机构报告。

本规定所称第三方网络平台，是指投资人、基金管理人或基金销售机构之外的第三方机构运营管理的门户网站、应用程序等网络服务平台。

二十五、基金销售相关机构应当建立健全覆盖信息技术系统运行、基金销售结算资金划转、投资人信息安全及权益保障等的风险监测机制，发生相关风险或者违规事项的，应当在3个工作日内向中国证监会及住所地中国证监会派出机构报告。

二十六、基金销售业务资格申请注册及相关事项备案表格可在中国证监会网站下载。相关机构应当通过中国证监会网站报送业务资格注册申请；基金管理人、基金销售机构、基金销售支付机构等应当通过中国证监会网站开展《销售办法》及本规定相关备案或者报告事项的报送工作。

二十七、中国证监会派出机构负责对《销售办法》实施后注册的基金销售机构是否存在《销售办法》第五十二条所列情形进行审查，并在基金销售机构业务许可证有效期届满前至少提前90天通知基金销售机构。为履行相关审查职责，中国证监会派出机构可以要求基金销售机构提供专项说明材料。

中国证监会派出机构作出准予延续业务许可证有效期决定的，基金销售机构应当向中国证监会交回原业务许可证，领取新业务许可证。

二十八、《销售办法》和本规定发布实施后，基金销售相关机构新开展的基金销售及相关服务业务，应当符合相关要求。

《销售办法》实施前已经入股独立基金销售机构的股东，不符合《销售办法》第十二条、第十三条第二款规定的，应当自《销售办法》实施之日起2年内完成整改。

独立基金销售机构从事公募基金、私募证券投资基金以外产品销售业务的，应当自《销售办法》实施之日起2年内完成整改，整改期内，相关产品销售保有规模应当有序压降；整改期届满后，仅可为存量相关产品投资人已持有份额提供服务。

基金销售机构不符合《销售办法》第七条关于人员配备、第二十六条及第三十四条关于合规风控人员配备、第三十八条关于自有资金运用相关规定的，应当自《销售办法》实施之日起1年内完成整改。基金销售机构客户持续信息服务、与其他机构开展网络空间经营场所等信息技术系统服务合作不符合《销售办法》及本规定要求的，以及落实本规定第十二条关于向投资人揭示客户维护费水平要求涉及信息技术系统改造或销售文件调整的，应当自《销售办法》实施之日起1年内完成整改或者调整。

二十九、本规定自2020年10月1日起施行。《关于实施〈证券投资基金销售管理办法〉的规定》（证监会公告〔2013〕19号）同时废止。

证券投资基金托管业务管理办法

- 2020年7月10日中国证券监督管理委员会、中国银行保险监督管理委员会令第172号公布
- 自公布之日起施行

第一章 总 则

第一条 为了规范证券投资基金托管业务，维护证券投资基金托管业务竞争秩序，保护基金份额持有人及相关当事人合法权益，促进证券投资基金健康发展，根据《证券法》《证券投资基金法》《银行业监督管理法》及其他相关法律、行政法规，制定本办法。

第二条 本办法所称证券投资基金（以下简称基金）托管，是指由依法设立并取得基金托管资格的商业银行或者其他金融机构担任托管人，按照法律法规的规定及基金合同的约定，对基金履行安全保管基金财产、办理清算交割、复核审查净值信息、开展投资监督、召集基金份额持有人大会等职责的行为。

第三条 商业银行及其他金融机构从事基金托管业务，应当经中国证券监督管理委员会（以下简称中国证监会）核准，依法取得基金托管资格。

未取得基金托管资格的机构，不得从事基金托管业务。

第四条 基金托管人应当遵守法律法规的规定以及基金合同和基金托管协议的约定，恪守职业道德和行为规范，诚实信用、谨慎勤勉，为基金份额持有人利益履行基金托管职责。

第五条 基金托管人的基金托管部门高级管理人员和其他从业人员应当忠实、勤勉地履行职责，不得从事损害基金财产和基金份额持有人利益的证券交易及其他活动。

第六条 中国证监会、中国银行保险监督管理委员会（以下简称中国银保监会）依照法律法规和审慎监管原则，对基金托管人及其基金托管业务活动实施监督管理。

第七条 中国证券投资基金业协会依据法律法规和自律规则，对基金托管人及其基金托管业务活动进行自律管理。

第二章 基金托管机构

第八条 申请基金托管资格的商业银行及其他金融机构（以下简称申请人），应当具备下列条件：

（一）净资产不低于200亿元人民币，风险控制指标符合监管部门的有关规定；

（二）设有专门的基金托管部门，部门设置能够保证托管业务运营的完整与独立；

（三）基金托管部门拟任高级管理人员符合法定条件，取得基金从业资格的人员不低于该部门员工人数的1/2；拟从事基金清算、核算、投资监督、信息披露、内部稽核监控等业务的执业人员不少于8人，并具有基金从业资格，其中，核算、监督等核心业务岗位人员应当具备2年以上托管业务从业经验；

（四）有安全保管基金财产、确保基金财产完整与独立的条件；

（五）有安全高效的清算、交割系统；

（六）基金托管部门有满足营业需要的固定场所、配备独立的安全监控系统；

（七）基金托管部门配备独立的托管业务技术系统，包括网络系统、应用系统、安全防护系统、数据备份系统；

（八）有完善的内部稽核监控制度和风险控制制度；

（九）最近3年无重大违法违规记录；

（十）法律、行政法规规定的和经国务院批准的中国证监会规定的其他条件。

外国银行分行申请基金托管资格，净资产等财务指标可按境外总行计算；其境外总行应当具有完善的内部控制机制，具备良好的国际声誉和经营业绩，近3年基金托管业务规模、收入、利润、市场占有率等指标居于国际前列，近3年长期信用均保持在高水平；所在国家或者地区具有完善的证券法律和监管制度，相关金融监管机构已与中国证监会或者中国证监会认可的机构签定证券监管合作谅解备忘录，并保持着有效的监管合作关系。

第九条 申请人应当具有健全的清算、交割业务制度，清算、交割系统应当符合下列规定：

（一）系统内证券交易结算资金及时汇划到账；

（二）从交易所、证券登记结算机构等相关机构安全接收交易结算数据；

（三）与基金管理人、基金注册登记机构、证券登记结算机构等相关业务机构的系统安全对接；

（四）依法执行基金管理人的投资指令，及时办理清算、交割事宜。

第十条 申请人的基金托管营业场所、安全防范设施、与基金托管业务有关的其他设施和相关制度，应当符合下列规定：

（一）基金托管部门的营业场所相对独立，配备门禁系统；

（二）能够接触基金交易数据的业务岗位有单独的办公场所，无关人员不得随意进入；

（三）有完善的基金交易数据保密制度；

（四）有安全的基金托管业务数据备份系统；

（五）有基金托管业务的应急处理方案，具备应急处理能力。

第十一条 申请人应当向中国证监会报送下列申请材料：

（一）申请书；

（二）符合《证券法》规定的会计师事务所出具的审计报告，风险控制指标最近1年持续符合监管部门有关规定的说明；

（三）设立专门基金托管部门的证明文件，确保部门业务运营完整与独立的说明和承诺；

（四）内部机构设置和岗位职责规定；

（五）基金托管部门拟任高级管理人员任职材料；

（六）关于安全保管基金财产有关条件的报告；

（七）相关业务规章制度，包括业务管理、操作规程、基金会计核算、基金清算、信息披露、内部稽核监控、内控与风险管理、信息系统管理、从业人员管理、保密与档案管理、重大可疑情况报告、应急处理及其他履行基金托管人职责所需的规章制度；

（八）开办基金托管业务的商业计划书；

（九）中国证监会规定的其他材料。

申请人为外国银行分行的，还应当报送其总行的下列材料：

（一）具有良好的国际声誉和经营业绩，近3年基金托管业务规模、收入、利润、市场占有率等指标居于国际前列以及近3年长期信用情况的证明文件；

（二）对该分行开展基金托管业务建立相应流动性支持机制的说明；

（三）与该分行之间系统隔离、访问控制、信息隔离等安全保障制度及措施，以及规范数据跨境流动管理的说明文件。

第十二条 中国证监会应当自收到申请材料之日起5个工作日内作出是否受理的决定。申请材料齐全、符合法定形式的，向申请人出具受理凭证；申请材料不齐全或者不符合法定形式的，应当一次告知申请人需要补正的全部内容。

第十三条 中国证监会应当自受理申请材料之日起20个工作日内作出行政许可决定。作出不予核准决定的，应当说明理由并告知申请人，行政许可程序终止。

第十四条 取得基金托管资格的商业银行及其他金融机构为基金托管人。基金托管人应当及时办理基金托管部门高级管理人员的任职手续。

基金托管人应当按照《证券投资基金法》及本办法等规定要求，完成基金托管业务的筹备工作，通过中国证监会及其派出机构的现场检查验收，并在完成工商变更登记后，向中国证监会申领《经营证券期货业务许可证》。在取得《经营证券期货业务许可证》前，不得对外开展基金托管业务。

基金托管人开展基金托管业务的，应当持续

符合本办法第八条第一款第(一)至第(八)项、第九条、第十条规定的条件。在申请募集基金时,拟任基金托管人应不存在因与托管业务相关的重大违法违规行为、严重失信行为正在被监管机构立案调查、司法机关立案侦查,或者处于整改期间的情形。

第三章 托管职责的履行

第十五条 基金托管人在与基金管理人订立基金合同、基金招募说明书、基金托管协议等法律文件前,应当从保护基金份额持有人角度,对涉及投资范围与投资限制、基金费用、收益分配、会计估值、信息披露等方面的条款进行评估,确保相关约定合规清晰、风险揭示充分、会计估值科学公允。在基金托管协议中,还应当对基金托管人与基金管理人之间的业务监督与协作等职责进行详细约定。

第十六条 外国银行分行的民事责任由总行承担。外国银行分行作为基金托管人的,应当在基金合同、基金招募说明书、基金托管协议等法律文件中约定其总行履行的各项义务,包括外国银行分行开展基金托管业务发生重大风险或损害基金持有人利益时应当按照中国法律承担相应的民事责任等。

外国银行总行应当根据分行托管规模,建立相应的流动性支持机制。

第十七条 基金托管人应当安全保管基金财产,按照相关规定和基金托管协议约定履行下列职责:

(一)为所托管的不同基金财产分别设置资金账户、证券账户等投资交易必需的相关账户,确保基金财产的独立与完整;

(二)建立与基金管理人的对账机制,定期核对资金头寸、证券账目、净值信息等数据,及时核查认购与申购资金的到账、赎回资金的支付以及投资资金的支付与到账情况,并对基金的会计凭证、交易记录、合同协议等重要文件档案保存20年以上;

(三)对基金财产投资信息和相关资料负保密义务,除法律、行政法规和其他有关规定、监管机构及审计要求外,不得向任何机构或者个人泄露相关信息和资料。

非银行金融机构开展基金托管业务,应当为其托管的基金选定具有基金托管资格的商业银行作为资金存管银行,并开立托管资金专门账户,用于托管基金现金资产的归集、存放与支付,该账户不得存放其他性质资金。

第十八条 基金托管人承担市场结算参与人职责的,应当建立健全结算风险防控制度和监测系统,动态评估不同产品和业务的结算风险,持续督促基金管理人采取措施防范风险。

基金托管人与基金管理人应当签订结算协议或者在基金托管协议中约定结算条款,明确双方在基金清算交收及相关风险控制方面的职责。基金清算交收过程中,出现基金财产中资金或证券不足以交收的,基金托管人应当及时通知基金管理人,督促基金管理人积极采取措施、最大程度控制违约交收风险与相关损失,并报告中国证监会。

第十九条 基金托管人与基金管理人应当按照《企业会计准则》及中国证监会的有关规定进行估值核算,对各类金融工具的估值方法予以定期评估。基金托管人发现基金份额净值计价出现错误的,应当提示基金管理人立即纠正,并采取合理措施防止损失进一步扩大。基金托管人发现基金份额净值计价出现重大错误或者估值出现重大偏离的,应当提示基金管理人依法履行披露和报告义务。

第二十条 基金托管人应当按照法律法规的规定以及基金合同的约定办理与基金托管业务有关的信息披露事项,包括但不限于:披露基金托管协议,对基金定期报告等信息披露文件中有关基金财务报告等信息及时进行复核审查并出具意见,在基金年度报告和中期报告中出具托管人报告,就基金托管部门负责人变动等重大事项发布临时公告。

第二十一条 基金托管人应当根据基金合同及托管协议约定,制定基金投资监督标准与监督流程,对基金合同生效之后所托管基金的投资范围、投资比例、投资风格、投资限制、关联方交易等进行严格监督,及时提示基金管理人违规风险。

当发现基金管理人发出但未执行的投资指令或者已经生效的投资指令违反法律、行政法规和其他有关规定,或者基金合同约定,应当依法履行通知基金管理人等程序,并及时报告中国证监会,持续跟进基金管理人的后续处理,督促基金管理人依法履行披露义务。基金管理人的上述违规失信行为给基金财产或者基金份额持有人造成损害的，基金托管人应当督促基金管理人及时予以赔偿。

第二十二条 基金托管人应当对所托管基金履行法律法规、基金合同有关收益分配约定情况进行定期复核，发现基金收益分配有违规失信行为的，应当及时通知基金管理人，并报告中国证监会。

第二十三条 对于转换基金运作方式、更换基金管理人等需召开基金份额持有人大会审议的事项，基金托管人应当积极配合基金管理人召集基金份额持有人大会；基金管理人未按规定召集或者不能召集的，基金托管人应当按照规定召集基金份额持有人大会，并依法履行对外披露与报告义务。

第二十四条 基金托管人在取得基金托管资格后，不得长期不开展基金托管业务；在从事基金托管业务过程中，不得进行不正当竞争，不得利用非法手段垄断市场，不得违反基金托管协议约定将部分或者全部托管的基金财产委托他人托管。

第二十五条 基金托管人应当按照市场化原则，综合考虑基金托管规模、产品类别、服务内容、业务处理难易程度等因素，与基金管理人协商确定基金托管费用的计算方式和方法。

基金托管费用的计提方式和计算方法应当在基金合同、托管协议、基金招募说明书中明确列示。

第四章 托管业务内部控制

第二十六条 基金托管人应当按照相关法律法规，针对基金托管业务建立科学合理、控制严密、运行高效的内部控制体系，保持托管业务内部控制制度健全、执行有效。

基金托管人应当加强对基金托管相关准入管理、业务活动、信息系统和人员考核等方面的集中统一管理，不得以承包、转委托等方式开展基金托管业务。

基金托管人应当每年聘请符合《证券法》规定的会计师事务所，或者由托管人内部审计部门组织，针对基金托管法定业务和增值业务的内部控制制度建设与实施情况，开展相关审查与评估，出具评估报告。

第二十七条 基金托管人应当将所托管的基金财产与其固有财产及其受托管理的各类财产严格分开保管，不得将所托管的基金财产归入其固有财产或其受托管理的各类财产，切实保障基金财产的完整和独立。

基金托管人应当建立严格的隔离墙制度，确保托管业务与本机构其他业务保持独立，隔离业务风险，切实防范利益冲突和利益输送。

第二十八条 基金托管人应当完善安全保障措施，保护基金业务数据及投资者信息安全，防范信息泄露与损毁。除法律法规和中国证监会另有规定外，基金托管人不得以任何方式向其他机构、个人提供基金业务数据及投资者信息。

第二十九条 基金托管人应当建立突发事件处理预案制度，对发生严重影响基金份额持有人利益、可能引发系统性风险或者严重影响社会稳定的突发事件，按照预案妥善处理。

第三十条 基金托管人应当健全从业人员管理制度，完善信息管理及保密制度，加强对基金托管部门从业人员执业行为及投资基金等相关活动的管理。

基金托管部门的从业人员不得利用未公开信息为自己或者他人谋取利益。

第三十一条 基金托管人应当根据托管业务发展及其风险控制的需要，不断完善托管业务信息技术系统，配置足够的托管业务人员，规范岗位职责，加强职业培训，保证托管服务质量。

第三十二条 基金托管人根据业务发展的需要，按照法律法规规定和基金托管协议约定委托符合条件的境外资产托管人开展境外资产托管业务的，应当对境外资产托管人进行尽职调查，制定遴选标准与程序，健全相关的业务风险管理和应急处理制度，加强对境外资产托管人的监督与约束。

第三十三条 基金托管人在法定托管职责之外依法开展基金服务外包等增值业务的，应当设立专门的团队与业务系统，与原有基金托管业务团队之间建立必要的业务隔离，有效防范潜在的利益冲突。

第五章 监督管理与法律责任

第三十四条 商业银行作为托管人的，中国证监会和中国银保监会依法通过非现场监管和现场检查等方式,对商业银行开展基金托管业务实施日常监管。商业银行开展基金托管业务违反法律法规和相关规定的,中国证监会和中国银保监会可依照相关法律法规采取监管措施。中国证监会和中国银保监会对商业银行开展基金托管业务加强信息共享和监管协作。

第三十五条 申请人在申请基金托管资格时,隐瞒有关情况或者提供虚假申请材料的,中国证监会不予受理或者不予核准,并给予警告;申请人在3年内不得再次申请基金托管资格。

申请人以欺骗、贿赂等不正当手段取得基金托管资格的,中国证监会可商中国银保监会取消基金托管资格,给予警告、罚款;中国银保监会可以区别不同情形,责令申请人对直接负责的主管人员和其他直接责任人员给予纪律处分,或者对其给予警告、罚款,或者禁止其一定期限直至终身从事银行业工作;申请人在3年内不得再次申请基金托管资格;涉嫌犯罪的依法移送司法机关,追究刑事责任。

第三十六条 未取得基金托管资格擅自从事基金托管业务的,责令停止,没收违法所得,并处违法所得1倍以上5倍以下罚款;没有违法所得或者违法所得不足100万元的,并处10万元以上100万元以下罚款;对直接负责的主管人员和其他直接责任人员给予警告,并处3万元以上30万元以下罚款。

第三十七条 基金托管人应当根据中国证监会的要求,履行下列信息报送义务:

(一)基金投资运作监督报告;

(二)基金托管业务运营情况报告;

(三)基金托管业务内部控制年度评估报告;

(四)中国证监会根据审慎监管原则要求报送的其他材料。

第三十八条 当基金托管人发生下列情形之一的,应当自发生之日起5日内向中国证监会报告:

(一)基金托管部门的设置发生重大变更;

(二)托管人或者其基金托管部门的名称、住所发生变更;

(三)基金托管部门的高级管理人员发生变更;

(四)托管人及基金托管部门的高级管理人员受到刑事、行政处罚,或者被监管机构、司法机关调查;

(五)涉及托管业务的重大诉讼或者仲裁;

(六)与基金托管业务相关的其他重大事项。

第三十九条 中国证监会可以根据日常监管情况,对基金托管人的基金托管部门进行现场检查,并采取下列措施:

(一)要求提供与检查事项有关的文件、会议记录、报表、凭证和其他资料,查阅、复制与检查事项有关的文件;

(二)询问相关工作人员,要求其对有关检查事项做出说明;

(三)检查基金托管业务系统;

(四)中国证监会规定的其他措施。

中国证监会进行现场检查后,应当向被检查的基金托管人出具检查结论。基金托管人及有关人员应当配合中国证监会进行检查,不得以任何理由拒绝、拖延提供有关材料,或者提供不真实、不准确、不完整的资料。

第四十条 基金托管人及相关人员违反本办法规定,中国证监会及其派出机构可以采取责令改正、监管谈话、出具警示函、责令定期报告、暂不受理与行政许可有关的文件等行政监管措施;对直接负责的主管人员和其他直接责任人员,可以采取监管谈话、出具警示函、责令参加培训、认定为不适当人选等行政监管措施。基金托管人违反本办法规定构成不满足《证券投资基金法》规定的准入条件,或者未能勤勉尽责、履行法定职责时存在重大失误等情形的,依照《证券投资基金法》第三十九条采取行政监管措施。

第四十一条 对有下列情形之一的基金托管人,中国证监会可商中国银保监会依法取消其基金托管资格,依法给予罚款;对直接负责的主管人员和其他直接责任人员,中国证监会依法给予罚款,可以并处暂停或者撤销基金从业资格,中国银保监会可以并处禁止一定期限直至终身从事银行业工作:

(一)未能在规定时间内通过整改验收的;

(二)违反法律法规,情节严重的;

(三)法律法规规定的其他情形。

第六章 附 则

第四十二条 本办法适用于境内商业银行及依法设立的其他金融机构。

香港特别行政区、澳门特别行政区和台湾地区的银行在内地设立的分行，参照适用本办法。

第四十三条 本办法自公布之日起施行。2013 年公布的《证券投资基金托管业务管理办法》（证监会令第 92 号）、《非银行金融机构开展证券投资基金托管业务暂行规定》（证监会公告〔2013〕15 号）同时废止。

开放式证券投资基金销售费用管理规定

· 2009 年 12 月 14 日中国证券监督管理委员会公告〔2009〕32 号公布

· 根据 2013 年 6 月 6 日中国证券监督管理委员会《关于修改〈开放式证券投资基金销售费用管理规定〉的决定》修订

第一章 总 则

第一条 为维护开放式证券投资基金销售的市场秩序，保护开放式证券投资基金投资人的合法权益，促进证券投资基金业的健康发展，根据《证券投资基金法》、《证券投资基金销售管理办法》（证监会令第 91 号），制定本规定。

第二条 本规定所称基金是指依据《证券投资基金法》并经中国证监会注册的公开募集开放式证券投资基金。

本规定所称基金销售机构是指办理基金销售业务的基金管理人以及经中国证监会注册取得基金销售业务资格的其他机构。

本规定所称基金销售费用，是指基金销售机构在中华人民共和国境内，发售基金份额以及办理基金份额的申购、赎回等销售活动中收取的费用。

创新型封闭式基金以及中国证监会规定的其他基金品种，参照本规定执行。

第三条 基金管理人应当依据有关法律法规及本规定，设定科学合理、简单清晰的基金销售费用结构和费率水平，不断完善基金销售信息披露，防止不正当竞争。

第四条 基金销售机构应当依据有关法律法规及本规定，建立健全对基金销售费用的监督和控制机制，持续提高对基金投资人的服务质量，保证公平、有序、规范地开展基金销售业务。

第二章 基金销售费用结构和费率水平

第五条 基金销售费用包括基金的申购（认购）费、赎回费和销售服务费。

第六条 基金管理人发售基金份额、募集基金，可以收取认购费。

基金管理人办理基金份额的申购，可以收取申购费。

认购费和申购费可以采用在基金份额发售或者申购时收取的前端收费方式，也可以采用在赎回时从赎回金额中扣除的后端收费方式。

基金管理人可以对选择前端收费方式的投资人根据其申购（认购）金额的数量适用不同的前端申购（认购）费率标准。

基金管理人可以对选择后端收费方式的投资人根据其持有期限适用不同的后端申购（认购）费率标准。对于持有期低于 3 年的投资人，基金管理人不得免收其后端申购（认购）费用。

第七条 基金管理人办理开放式基金份额的赎回应当收取赎回费。

对于除本条第三款规定之外的股票基金和混合基金，基金管理人应当在基金合同、招募说明书中约定按照以下费用标准收取赎回费：

（一）收取销售服务费的，对持续持有期少于 30 日的投资人收取不低于 0.5%的赎回费，并将上述赎回费全额计入基金财产；

（二）不收取销售服务费的，对持续持有期少于 7 日的投资人收取不低于 1.5%的赎回费，对持续持有期少于 30 日的投资人收取不低于 0.75%的赎回费，并将上述赎回费全额计入基金财产；对持续持有期少于 3 个月的投资人收取不低于 0.5%的赎回费，并将不低于赎回费总额的 75%计入基金财产；对持续持有期长于 3 个月但少于 6 个月的投资人收取不低于 0.5%的赎回费，并将不低于赎回费总额的 50%计入基金财产；对持续持有期长于 6 个月的投资人，应当将不低于赎回费总额的 25%计入基金财产。

对于交易型开放式指数基金（ETF）、上市开放式基金（LOF）、分级基金、指数基金、短期理财产品基金等股票基金、混合基金以及其他类别基金，基金管理人可以参照上述标准在基金合同、招募说明书中约定赎回费的收取标准和计入基金财产的比例。

第八条 基金管理人可以从基金财产中计提一定的销售服务费,专门用于基金的销售与基金持有人的服务。

第九条 基金销售机构可以对基金销售费用实行一定的优惠。

第三章 基金销售费用规范

第十条 基金销售机构应当依据相关法律法规的要求,完善内部控制制度和业务执行系统,健全内部监督和反馈系统,加强后台管理系统对费率的合规控制,强化对分支机构基金销售费用的统一管理和监督。

第十一条 基金销售机构应当按照基金合同和招募说明书的约定向投资人收取销售费用;未经招募说明书载明并公告,不得对不同投资人适用不同费率。

第十二条 基金管理人与基金销售机构应在基金销售协议及其补充协议中约定,双方在申购(认购)费、赎回费、销售服务费等销售费用的分成比例,并据此就各自实际取得的销售费用确认基金销售收入,如实核算、记账,依法纳税。

第十三条 基金销售机构销售基金管理人的基金产品前,应与基金管理人签订销售协议,约定支付报酬的比例和方式。基金管理人与基金销售机构可以在基金销售协议中约定依据销售机构销售基金的保有量提取一定比例的客户维护费,用以向基金销售机构支付客户服务及销售活动中产生的相关费用,客户维护费从基金管理费中列支。

基金管理人和基金销售机构应当在基金销售协议中明确约定销售费用的结算方式和支付方式,除客户维护费外,不得就销售费用签订其他补充协议。

基金管理人不得向销售机构支付非以销售基金的保有量为基础的客户维护费,不得在基金销售协议之外支付或变相支付销售佣金或报酬奖励。

第十四条 基金销售机构在基金销售活动中,不得有下列行为:

(一)在签订销售协议或销售基金的活动中进行商业贿赂;

(二)以排挤竞争对手为目的,压低基金的收费水平;

(三)未经公告擅自变更向基金投资人的收费项目或收费标准,或通过先收后返、财务处理等方式变相降低收费标准;

(四)采取抽奖、回扣或者送实物、保险、基金份额等方式销售基金;

(五)其他违反法律、行政法规的规定,扰乱行业竞争秩序的行为。

第十五条 基金管理人应当在招募说明书及基金份额发售公告中载明以下有关基金销售费用的信息内容:

(一)基金销售费用收取的条件、方式、用途和费用标准;

(二)以简单明了的格式和举例方式向投资人说明基金销售费用水平;

(三)中国证监会规定的其他有关基金销售费用的信息事项。

第十六条 基金管理人应当在基金半年度报告和基金年度报告中披露从基金财产中计提的管理费、托管费、基金销售服务费的金额,并说明管理费中支付给基金销售机构的客户维护费总额。

第十七条 基金管理人应当在每季度的监察稽核报告中列明基金销售费用的具体支付项目和使用情况以及从管理费中支付的客户维护费总额。

第四章 附 则

第十八条 中国证监会依法对基金销售机构执行本规定的情况进行监督检查,并依据相关法律法规采取行政监管措施或作出行政处罚。

第十九条 本规定自 2013 年 8 月 1 日起施行。

证券投资基金销售结算资金管理暂行规定

· 2011 年 9 月 23 日中国证券监督管理委员会公告〔2011〕26 号公布

· 自 2011 年 10 月 1 日起施行

第一章 总 则

第一条 为了保护证券投资基金(以下简称基金)投资人的合法权益,保障基金销售结算资金的安全,根据《证券投资基金法》、《证券法》、《证券投资基金销售管理办法》、《人民币银行结算账户管理办法》等有关法律、部门规章,制定本规定。

第二条 基金销售机构、基金销售支付结算机构、基金注册登记机构、基金销售结算资金监督机构(以下简称监督机构)和基金托管银行应当依照有关法律法规和本规定的要求,存放、管理、监督基金销售结算资金,不得损害基金投资人的合法权益。

第三条 中国证监会及其派出机构依法对基金销售机构、基金销售支付结算机构、基金注册登记机构、监督机构和基金托管银行与基金销售结算资金相关的经营活动实施监督管理。

第二章 账户开立人与销售账户

第四条 基金销售机构、基金销售支付结算机构、基金注册登记机构(以下统称账户开立人)可以在具备基金销售业务资格的商业银行或者从事客户交易结算资金存管的指定商业银行,或者作为监督机构的中国证券登记结算有限责任公司(以下简称中国结算)开立基金销售结算专用账户(以下简称销售账户)。

第五条 账户开立人应当按照人民币银行结算账户监管部门和中国证监会的有关规定,开立、变更或者撤销销售账户。

销售账户应当由账户开立人总部统一开立、变更和撤销。

第六条 基金销售机构开立的销售账户可分为总部基金销售结算资金归集账户(以下简称销售归集总账户)和分支机构基金销售结算资金归集账户(以下简称销售归集分账户)。

销售归集总账户是指基金销售机构以总部名义使用的,用于归集基金销售结算资金,并可与基金注册登记机构进行资金交收的销售账户。

销售归集分账户是指基金销售机构以分支机构名义使用的,用于向销售归集总账户划转基金销售结算资金的销售账户。

基金销售机构可以开立多个销售归集总账户和销售归集分账户。

商业银行开立的用于归集、划转基金销售结算资金的内部账户可以视为销售归集总账户和销售归集分账户。

第七条 基金销售支付结算机构开立的销售账户可分为支付归集总账户和支付归集分账户。

支付归集总账户是指基金销售支付结算机构在监督机构开立的,与基金销售机构进行资金交收的销售账户。

支付归集分账户是指基金销售支付结算机构开立的用于归集、划转基金销售结算资金的销售账户。

基金销售支付结算机构只能开立一个支付归集总账户。基金销售支付结算机构可以在多家商业银行开立支付归集分账户,但是在每家商业银行只能开立一个支付归集分账户。

第八条 基金注册登记机构开立的销售账户可分为注册登记账户和募集验资账户。

注册登记账户是指基金注册登记机构用于交收基金销售结算资金的销售账户。

募集验资账户是指基金注册登记机构用于暂存认购资金的销售账户。

基金注册登记机构可以开立多个注册登记账户。对同处于募集期的不同基金的认购资金,基金注册登记机构应当使用不同的募集验资账户。

基金注册登记机构开立募集验资账户的,应当与监督机构约定在募集验资完成后该账户的处理方式。

第九条 账户开立人应当自销售账户开立之日起 5 个工作日内将有关监督协议和账户信息报中国证监会及账户开立人所在地派出机构备案。中国证监会或者账户开立人所在地派出机构 15 个工作日内出具无异议回复的,账户开立人可以启用销售账户。

第十条 账户开立人应当自销售账户基本信息发生变更之日起 5 个工作日内,将账户变更情况报中国证监会及账户开立人所在地派出机构备案。

第十一条 账户开立人撤销销售账户时,应当向监督机构申请,并将销售账户内资金转移至其他销售账户或者返还基金投资人。

账户开立人应当自销售账户撤销之日起 5 个工作日内将撤销情况报中国证监会及账户开立人所在地派出机构备案。

第十二条 基金销售支付结算机构可以在支付归集总账户内为基金投资人或者基金销售机构设立备付金账户。基金销售支付结算机构应当为备付金账户记录资金明细。

备付金账户可以视为基金投资人的结算账户。一个备付金账户只能与基金投资人或者基金销售机构的一个银行结算账户关联。

基金投资人提交申购(认购)申请,且基金销售支付结算机构扣划备付金账户中留存资金成功的，基金投资人的申购（认购）申请即为有效。

第三章 监督机构及监督协议

第十三条 监督机构为中国结算和具备以下条件的商业银行：

（一）具有基金销售业务资格；

（二）建立与账户开立人销售业务相关信息管理平台联网的监督信息平台。监督信息平台应当具备监督基金投资人身份认证、账户关联、资金划转控制、资金流向监控、大额预警处理、基金销售数据导入、与中国证监会基金综合监管系统联网等功能；

（三）指定特定部门履行监督职责；

（四）与账户开立人签订监督协议。

第十四条 账户开立人与监督机构签订的监督协议应当采用书面形式。监督机构应当建立健全相应的管理制度，确保监督职责落实到位。

商业银行应当指定专门负责基金销售业务部门以外的其他部门履行监督职责。

第十五条 账户开立人与监督机构签订的监督协议，应当载明协议当事人的声明与保证，并应当至少包含以下内容：

（一）账户开立人具有合法的开立销售账户的主体资格，不存在法律、行政法规、规章及规范性文件禁止或者限制开立销售账户的情形；

（二）明确约定协议到期后妥善处理相应业务的方案；

（三）明确约定违约责任。违约责任约定不明的，监督机构对基金投资人承担连带赔偿责任；

（四）明确约定争议解决方式；

（五）当事人负有了解对方遵守本规定及履行协议情况的义务，如发现对方违规或者违约，应当要求对方限期纠正，并及时向中国证监会报告；

（六）本规定第四章及《基金销售结算资金划转流程》（见附件）的要求。

商业银行指定内部部门履行监督职责的，应当建立内部管理制度，确保上述相应监督职责的落实。

第四章 销售账户运作规范

第十六条 监督机构应当监督基金销售结算资金的划转流程，确保基金销售结算资金封闭运行。销售账户不得提取现金，基金销售结算资金也不得用于与基金销售无关的消费或者转账等。

第十七条 监督机构接到账户开立人发起的基金销售结算资金划转指令时，应当确保收款账户是在监督机构备案的账户。基金销售结算资金划转时间应当遵循《基金销售结算资金划转流程》的规定。

基金销售机构不得使用销售归集分账户与基金注册登记机构进行基金销售结算资金交收。

除基金投资人备付金账户与基金销售机构备付金账户之间可以转账外，备付金账户之间不得互相转账。

第十八条 基金投资人申购（认购）失败、赎回基金或者基金分红的资金，应当退回基金投资人的结算账户。

基金投资人结算账户发生变更的，基金投资人应当向基金销售机构或者基金销售支付结算机构提出申请。基金销售机构、基金销售支付结算机构应当在变更基金投资人的结算账户后向监督机构备案。

基金投资人结算账户发生变更，且未向基金销售机构或者基金销售支付结算机构提出申请，致使资金无法返还基金投资人的，基金销售机构、基金销售支付结算机构应当将资金分别存放于销售归集总账户、支付归集总账户，并记录明细。

第十九条 账户开立人用自有资金参与基金申购、赎回等业务的，应当选择其他基金销售机构进行。

第二十条 账户开立人不得以销售账户内的基金销售结算资金向他人提供融资或者担保。

第二十一条 账户开立人为基金投资人设立备付金账户的，应当按季度向基金投资人支付备付金账户利息，其利率应当不低于活期存款利率。

第二十二条 监督机构接到账户开立人发起的基金销售结算资金划转指令后，应当对指令进行明细或者总分核对。

监督机构发现基金销售结算资金划转指令与本规定要求或者监督协议的约定不符的，应当不予执行，并向中国证监会及账户开立人所在地派出机构报告。

监督机构应当对销售账户可能存在的余额、备付金账户的余额和资金使用情况、销售相关费用收取情况进行监督。

第二十三条 账户开立人直接从销售账户扣划销售相关费用的，应当向监督机构提供有关费用收取的证明文件和划往账户的基本信息等。

第二十四条 监督机构应当严格遵守保密规定。除法律法规规定的情形外，履行监督职责的部门不得将账户开立人或者基金投资人的信息泄露给其他部门、机构或者个人。

第五章 监督管理

第二十五条 监督机构应当按照中国证监会要求的格式和程序向中国证监会或者其授权的机构报送基金销售结算资金等数据信息。

第二十六条 中国证监会及其派出机构有权对基金销售结算资金的安全管理及销售账户的开立、使用、撤销等进行定期或者不定期检查，账户开立人、监督机构应当予以配合。

第二十七条 中国证监会及其派出机构依法对违反本规定的机构采取行政监管措施或者实施行政处罚。

第六章 附 则

第二十八条 证券公司从事基金销售业务的，其相关基金销售结算资金的存放和管理可以依照客户交易结算资金的管理办法执行。

第二十九条 中国结算依据其制定并报中国证监会备案的业务规则，办理基金注册登记、资金结算及监督业务。

第三十条 本规定自 2011 年 10 月 1 日起施行。

附件：

基金销售结算资金划转流程

一、本流程中的 D 日是指基金合同规定的开放日或者现金红利发放日。D-1 日、D+1 日、D+2 日、D+3 日、D+4 日为工作日。

二、基金注册登记机构应当于 D+1 日 12：00 前处理 D-1 日 15：00 至 D 日 15：00 所接受的申购、赎回等申请或者 D-1 日 17：00 至 D 日 17：00 的认购申请（基金认购或者开放申购首日的起始时间为 D 日 9：30），并向基金销售相关机构发送交易确认及交收数据。

三、基金投资人认购基金的，基金销售机构、基金注册登记机构应当按照下列规定划转认购资金：

（一）基金销售机构在基金募集期内可以接受认购申请。基金投资人提交认购申请时，应当全额交付认购资金。

（二）D+1 日 10：00 前，使用销售归集分账户归集认购资金的基金销售机构，应当将认购资金从销售归集分账户划往销售归集总账户。

（三）D+2 日 15：00 前，基金销售机构应当将确认成功的认购资金从销售归集总账户划往募集验资账户。基金注册登记机构可以使用注册登记账户进行认购资金的中转。D+3 日 10：00 前，基金销售机构应当将确认失败的认购资金划往基金投资人的结算账户。

（四）验资完成当日 15：00 前，基金注册登记机构应当将认购资金在扣除相关手续费后划往基金财产托管账户。验资完成当日下一个工作日 10：00 前，基金注册登记机构应当将第二次确认失败的认购资金从募集验资账户划往对应基金销售机构的销售归集总账户。

（五）对于划至基金销售机构的应当支付给基金投资人的第二次确认失败认购资金，基金销售机构应当于下一个工作日 10：00 前将资金划往基金投资人的结算账户。

四、基金投资人申购基金的，基金销售机构、基金注册登记机构应当按照下列规定划转申购资金：

（一）基金销售机构可以在基金成立后接受申购申请。基金投资人提交申购申请时，应当全额交付申购资金。

（二）D+1 日 10：00 前，使用销售归集分账户归集申购资金的基金销售机构，应当将申购资金从销售归集分账户划往销售归集总账户。

（三）D+2 日 12：00 前，基金销售机构应当将确认成功的申购资金在扣除相关手续费后从销售归集总账户划往该基金的注册登记账户。D+3 日 10：00 前，基金销售机构应当将确认失败的申购资金划往基金投资人的结算账户。

（四）D+2 日 15：00 前，基金注册登记机构应当将申购资金从注册登记账户划往基金财产托管账户。

五、基金投资人赎回基金的，基金托管银行、基金注册登记机构、基金销售机构应当按照下列规定划转赎回资金：

（一）基金销售机构可以在基金成立后接受基金投资人的赎回申请。

（二）D+3 日 12∶00 前，基金托管银行应当将确认成功的赎回资金从基金财产托管账户划往注册登记账户。

（三）D+3 日 15∶00 前，基金注册登记机构应当将赎回资金在扣除相关手续费后从注册登记账户划往对应基金销售机构的销售归集总账户。

（四）D+4 日 10∶00 前，基金销售机构应当将赎回资金从销售归集总账户划往基金投资人的结算账户，或者划往销售归集分账户。

（五）D+4 日 17∶00 前，使用销售归集分账户的基金销售机构应当将赎回资金划往基金投资人的结算账户。

六、基金发起现金分红的，基金托管银行、基金注册登记机构、基金销售机构应当按照下列规定划转现金分红资金：

（一）D 日 12∶00 前，基金托管银行应当将现金分红资金从基金财产托管账户划往注册登记账户。

（二）D 日 15∶00 前，基金注册登记机构应当将现金分红资金从注册登记账户划往对应基金销售机构的销售归集总账户。

（三）D+1 日 10∶00 前，基金销售机构应当将现金分红资金从销售归集总账户划往基金投资人的结算账户，或者划往销售归集分账户。

（四）D+1 日 17∶00 前，使用销售归集分账户的基金销售机构，应当将现金分红资金划往基金投资人的结算账户。

七、基金投资人发起基金转换的，基金托管银行、基金注册登记机构应当按照下列规定划转转换资金：

（一）基金销售机构可以在基金成立后接受基金投资人的基金转换申请。

（二）D+3 日 12∶00 前，基金托管银行应当将确认成功的转换资金从转出基金的基金财产托管账户划往注册登记账户。

（三）D+3 日 15∶00 前，基金注册登记机构应当将转换资金在扣除相关手续费后从注册登记账户划往转入基金的基金财产托管账户。

八、基金投资人通过基金销售支付结算机构完成资金支付的，基金销售支付结算机构、基金销售机构应当按照下列规定划转资金：

（一）基金销售支付结算机构同时使用支付归集总账户和支付归集分账户的，对于基金投资人的申购（认购）申请，基金销售支付结算机构应当于 D+1 日 10∶00 前将资金从支付归集分账户划往支付归集总账户，并于 12∶00 前将资金从支付归集总账户划往基金销售机构的销售归集总账户；对于划至基金销售支付结算机构的应当支付给基金投资人的赎回、分红、申购（认购）确认失败的资金，基金销售支付结算机构应当于下一个工作日 10∶00 前将资金划往基金投资人结算账户。

（二）基金销售支付结算机构仅使用支付归集总账户的，对于基金投资人的申购（认购）申请，基金销售支付结算机构应当于 D+1 日 12∶00 前将资金从支付归集总账户划往基金销售机构的销售归集总账户；对于划至基金销售支付结算机构的应当支付给基金投资人的赎回、分红、申购（认购）确认失败的资金，基金销售支付结算机构应当于下一个工作日 10∶00 前将资金划往基金投资人结算账户。

（三）基金销售支付结算机构不使用任何销售账户的，对于基金投资人的申购（认购）申请，基金销售支付结算机构应当于 D+1 日 12∶00 前将资金划往基金销售机构的销售归集总账户；对于发至基金销售支付结算机构的基金投资人的赎回、分红、申购（认购）确认失败的清算信息，基金销售支付结算机构应当于下一个工作日 10∶00 前将资金划往基金投资人结算账户。

九、基金管理人可以根据实际情况对中国证监会规定的特殊情况或者特殊基金品种的资金划转流程作相应的调整。

保险机构销售证券投资基金管理暂行规定

· 2013 年 6 月 3 日中国证券监督管理委员会公告〔2013〕25 号公布

· 自公布之日起施行

第一章　总　则

第一条　为了规范保险机构参与公开募集证券投资基金（以下简称基金）销售业务，根据《保险法》、《证券投资基金法》、《证券投资基金销售管理办法》(证监会令第91号)等法律法规,制定本规定。

第二条 本规定所称保险机构,是指在中华人民共和国境内经中国保险监督管理委员会(以下简称中国保监会)批准设立的保险公司、保险经纪公司和保险代理公司。

第三条 中国证券监督管理委员会(以下简称中国证监会)和中国保监会及各自派出机构负责保险机构销售基金的综合协调和监督管理工作。

第四条 保险机构办理基金销售业务的相关要求,本规定未明确的,适用《证券投资基金销售管理办法》和其他有关法律法规的规定。

第二章 销售业务资格申请

第五条 保险公司申请基金销售业务资格应当具备下列条件:

(一)符合《证券投资基金销售管理办法》第九条规定的条件;

(二)有专门负责基金销售业务的部门;

(三)注册资本不低于5亿元人民币;

(四)偿付能力充足率符合中国保监会的有关规定;

(五)没有因违法违规行为正在被监管机构调查或者正处于整改期间,最近3年内没有受到重大行政处罚或者刑事处罚;

(六)没有发生已经影响或者可能影响公司正常运作的重大变更或者诉讼、仲裁等重大事项;

(七)公司负责基金销售业务的部门取得基金从业资格的人员不低于该部门员工人数的1/2,负责基金销售业务的部门管理人员取得基金从业资格,熟悉基金销售业务,并具备从事基金业务2年以上或者在其他金融相关机构5年以上的工作经历;公司主要分支机构基金销售业务负责人均已取得基金从业资格;

(八)取得基金从业资格的人员不少于30人。

第六条 保险经纪公司和保险代理公司申请基金销售业务资格应当具备下列条件:

(一)符合《证券投资基金销售管理办法》第九条规定的条件;

(二)有专门负责基金销售业务的部门;

(三)注册资本不低于5000万元人民币,且必须为实缴货币资本;

(四)公司负责基金销售业务的高级管理人员已取得基金从业资格,熟悉基金销售业务,并具备从事基金业务2年以上或者在其他金融相关机构5年以上的工作经历;

(五)没有因违法违规行为正在被监管机构调查或者正处于整改期间,最近3年内没有受到重大行政处罚或者刑事处罚;

(六)没有发生已经影响或者可能影响公司正常运作的重大变更或者诉讼、仲裁等重大事项;

(七)公司负责基金销售业务的部门取得基金从业资格的人员不低于该部门员工人数的1/2,负责基金销售业务的部门管理人员取得基金从业资格,熟悉基金销售业务,并具备从事基金业务2年以上或者在其他金融相关机构5年以上的工作经历;公司主要分支机构基金销售业务负责人均已取得基金从业资格;

(八)取得基金从业资格的人员不少于10人。

第七条 申请基金销售业务资格的保险机构,应当按照中国证监会的规定提交申请材料。中国证监会依照《行政许可法》的规定,受理基金销售业务资格的申请并进行审查,做出决定。

中国证监会在审核保险机构基金销售业务资格申请时,应当征求中国保监会的意见。

第三章 销售业务规范

第八条 保险机构未取得基金销售业务资格,不得办理基金的销售或者相关业务。取得基金销售业务资格的保险机构不得委托其他机构代为办理基金销售业务。基金管理公司不得委托没有取得基金销售业务资格的保险机构办理基金的销售或者相关业务。

取得基金销售业务资格的保险机构,应当将机构的基本信息报中国证监会、中国保监会备案,将参与基金销售业务的分支机构(网点)基本信息报分支机构(网点)所在地中国证监会、中国保监会派出机构备案,并予以定期更新。

第九条 保险机构办理基金销售业务,应当与基金管理公司签订书面销售协议,明确双方的权利和义务。未经签订书面销售协议,保险机构不得办理基金销售业务。

保险机构选择合作基金管理公司时,应当充分考虑其投资管理能力、内部控制情况、经营管理能力和诚信状况等。

基金管理公司选择合作保险机构时,应当充

分考虑其内部控制情况、经营管理能力、销售能力和诚信状况等。

第十条 保险机构使用的基金销售业务信息管理平台应当符合中国证监会对基金销售业务信息管理平台的有关要求。

第十一条 保险机构在销售基金和相关产品的过程中,应当坚持基金投资人利益优先原则,注重根据基金投资人的风险承受能力销售不同风险等级的产品,把合适的产品销售给合适的投资人。

第十二条 保险机构销售基金应当符合中国证监会对基金销售结算资金管理的有关要求,其归集的基金销售结算资金应当与保险机构自有资产进行有效隔离。

保险机构销售基金时应当采用非现金交易方式,禁止保险机构或者销售人员接受基金投资人用于基金投资的现金。

第十三条 保险机构及基金销售人员在办理基金销售业务时应当向基金投资人明示基金产品与保险产品的不同风险特征,不得采取抽奖、回扣或者送实物、保险、基金份额等方式销售基金,避免误导基金投资人。

第十四条 保险机构应当按照基金合同、招募说明书和基金销售服务协议的约定向基金投资人收取销售费用,不得向基金投资人收取额外费用;未经招募说明书载明并公告,不得对不同投资人适用不同费率。

第十五条 保险机构应当按照法律法规和基金招募说明书规定的时间办理基金销售业务,对于基金投资人交易时间外的申请均作为下一交易日交易处理。保险机构应当在交易被拒绝或者确认失败时主动通知基金投资人。

第十六条 保险机构应当按照中国证监会对基金宣传推介材料管理的有关要求,加强对宣传推介材料的管理。

第四章 销售人员管理

第十七条 符合以下条件的保险机构销售人员,可以在保险机构授权范围内,从事基金销售业务:

(一)符合中国保监会关于保险销售从业人员资质条件的相关规定;

(二)具有本规定第十八条规定的基金销售业务资格;

(三)最近1年未受过行政处罚或者刑事处罚;

(四)具有在保险机构2年以上工作经历。

第十八条 保险机构的基金销售人员应当通过以下方式获取基金销售从业资质:

(一)通过证券业从业人员资格考试中的"证券市场基础知识"和"证券投资基金"两科考试;

(二)通过基金销售人员从业考试即"证券投资基金销售基础知识"一科,获得基金销售人员从业考试成绩合格证。

符合上述两项情形之一的人员,经所在保险机构向中国证券投资基金业协会注册后,可以获得基金销售业务资格。任何销售人员未经所在保险机构向中国证券投资基金业协会注册,不得办理基金销售和相关业务。

第十九条 保险机构的基金销售人员只能在一个保险机构从事基金销售业务,不得在其他机构兼职从事基金销售业务。

保险机构的基金销售人员在开展基金宣传推介、基金理财业务咨询等活动时,应当通过适当的方式向基金投资人出示基金销售业务资格及其他证明文件。

第二十条 保险机构应当按照中国证券投资基金业协会的有关规定开展基金销售人员从业资格管理工作。基金销售人员离职时,保险机构应当向中国证券投资基金业协会办理注销手续。

保险机构和基金管理公司应当加强对基金销售人员的培训,确保基金销售人员熟悉所销售产品的特性,全面客观地介绍产品的风险收益特征。

第二十一条 保险机构的基金销售人员在保险机构授权范围内办理基金销售业务的,由保险机构承担责任;保险机构的基金销售人员没有代理权、超越代理权或者代理权终止后以保险机构名义销售基金,基金投资人有理由相信其有代理权的,由保险机构承担责任。

第二十二条 保险机构的基金销售人员从事基金销售活动,不得有以下情形:

(一)在销售活动中为自己或者他人牟取不正当利益;

(二)同意或者默许他人以其本人或者所在机构的名义从事基金销售业务;

（三）违规接受投资者全权委托，直接代理客户进行基金认购、申购、赎回等交易；

（四）违规对投资者做出盈亏承诺，与投资者以口头或者书面形式约定利益分成、亏损分担；

（五）挪用投资者的交易资金或者基金份额；

（六）散布虚假信息，扰乱市场秩序；

（七）诋毁其他基金、基金销售机构或者基金销售人员；

（八）以账外暗中给予他人财物、利益，或者接受他人给予的财物、利益等形式进行商业贿赂。

第五章 监督管理

第二十三条 保险机构基金销售业务可能存在违反本规定的情形时，中国证监会、中国保监会及其派出机构可以进行现场检查，并依法对违法违规行为采取监管措施，追究相应责任，并给予相应处罚。

中国证监会、中国保监会及其派出机构对保险机构销售基金业务可以进行联合现场检查。

第二十四条 保险机构、基金管理公司及其分支机构或者其从业人员违反本规定，由中国证监会、中国保监会及其派出机构依照法律、行政法规、规章进行处罚；涉嫌犯罪的，依法移送司法机关追究刑事责任。

保险机构在办理基金销售业务过程中，出现应当吊销其基金销售业务资格情形的，由中国证监会依照法律、行政法规、规章的规定执行。

保险机构基金销售人员在办理基金销售业务过程中，出现应当吊销其基金销售业务资格情形的，由中国证券投资基金业协会注销其注册。

第二十五条 中国证监会、中国保监会及其派出机构应当加强对保险机构基金销售业务监管的沟通交流，定期沟通和交流保险机构基金销售业务监管信息，及时向对方通报保险机构基金销售业务现场检查及处罚情况。

第六章 附 则

第二十六条 本规定由中国证监会和中国保监会共同解释。

第二十七条 本规定自公布之日起施行。

证券基金经营机构信息技术管理办法

·2018 年 12 月 19 日中国证券监督管理委员会令第 152 号公布

·根据 2021 年 1 月 15 日证监会令第 179 号《关于修改、废止部分证券期货规章的决定》修订

第一章 总 则

第一条 为加强证券基金经营机构信息技术管理，保障证券基金行业信息系统安全、合规运行，保护投资者合法权益，根据《证券法》、《证券投资基金法》、《证券公司监督管理条例》等法律法规，制定本办法。

第二条 证券基金经营机构借助信息技术手段从事证券基金业务活动，信息技术服务机构为证券基金业务活动提供信息技术服务，适用本办法。

第三条 本办法所称证券基金经营机构，是指经中国证监会批准在境内设立的证券公司和管理公开募集基金的基金管理公司（以下简称基金管理公司）。

本办法所称信息技术服务机构，是指为证券基金业务活动提供信息技术服务的机构。信息技术服务的范围如下：

（一）重要信息系统的开发、测试、集成及测评；

（二）重要信息系统的运维及日常安全管理；

（三）中国证监会规定的其他情形。

以上机构统称证券基金经营与服务机构。

第四条 证券基金经营机构是从事证券基金业务活动的责任主体，应当保障充足的信息技术投入，在依法合规、有效防范风险的前提下，充分利用现代信息技术手段完善客户服务体系、改进业务运营模式、提升内部管理水平、增强合规风控能力，持续强化现代信息技术对证券基金业务活动的支撑作用。

第五条 中国证监会及其派出机构依法对证券基金经营与服务机构借助信息技术手段从事证券基金业务活动或提供相关服务实施监督管理。

中国证券业协会及中国证券投资基金业协会依照本办法制定和完善相关自律规则，对证券基

金经营机构借助信息技术手段从事证券基金业务活动或提供相关服务实施自律管理。

中证信息技术服务有限责任公司(以下简称中证信息)在中国证监会指导下制定相关配套业务规则,协助开展信息技术相关备案、监测、检测和检查等工作。

第二章 信息技术治理

第六条 证券基金经营机构应当完善信息技术运用过程中的权责分配机制,建立健全信息技术管理制度和操作流程,保障与业务活动规模及复杂程度相适应的信息技术投入水平,持续满足信息技术资源的可用性、安全性与合规性要求。

第七条 证券基金经营机构董事会负责审议本公司的信息技术管理目标,对信息技术管理的有效性承担责任,履行下列职责:

(一)审议信息技术战略,确保与本公司的发展战略、风险管理策略、资本实力相一致;

(二)建立信息技术人力和资金保障方案;

(三)评估年度信息技术管理工作的总体效果和效率;

(四)公司章程规定的其他信息技术管理职责。

第八条 证券基金经营机构经营管理层负责落实信息技术管理目标,对信息技术管理工作承担责任,履行下列职责:

(一)组织实施董事会相关决议;

(二)建立责任明确、程序清晰的信息技术管理组织架构,明确管理职责、工作程序和协调机制;

(三)完善绩效考核和责任追究机制;

(四)公司章程规定或董事会授权的其他信息技术管理职责。

第九条 证券基金经营机构应当在公司管理层下设立信息技术治理委员会或指定专门委员会(以下统称信息技术治理委员会)负责制定信息技术战略并审议下列事项:

(一)信息技术规划,包括但不限于信息技术建设规划、信息安全规划、数据治理规划等;

(二)信息技术投入预算及分配方案;

(三)重要信息系统建设或重大改造立项、重大变更方案;

(四)信息技术应急预案;

(五)使用信息技术手段开展相关业务活动的审查报告以及年度评估报告;

(六)信息技术治理委员会委员提请审议的事项;

(七)其他对信息技术管理产生重大影响的事项。

信息技术治理委员会应当由高级管理人员以及合规管理部门、风险管理部门、稽核审计部门、主要业务部门、信息技术管理部门等部门负责人组成,可聘请外部专业人员担任信息技术治理委员会委员或顾问。

第十条 证券基金经营机构应当指定一名熟悉证券、基金业务,具有信息技术相关专业背景、任职经历、履职能力的高级管理人员为首席信息官,由其负责信息技术管理工作,并具备下列任职条件:

(一)从事信息技术相关工作十年以上,或者在证券监管机构、证券基金业自律组织任职八年以上;

(二)最近三年未被金融监管机构实施行政处罚或采取重大行政监管措施;

(三)中国证监会规定的其他条件。

第十一条 证券基金经营机构应当设立信息技术管理部门或指定专门机构(以下统称信息技术管理部门)负责实施信息技术规划、信息系统建设、信息技术质量控制、信息安全保障、运维管理等工作。

第三章 信息技术合规与风险管理

第十二条 证券基金经营机构应当将信息技术运用情况纳入合规与风险管理体系,为合规管理部门和风险管理部门配备与业务活动规模、复杂程度相适应的信息技术资源,并建立相应的审查、监测和检查机制,确保合规与风险管理覆盖信息技术运用的各个环节。

第十三条 证券基金经营机构借助信息技术手段从事证券基金业务活动的,应当在业务系统上线时,同步上线与业务活动复杂程度和风险状况相适应的风险管理系统或相关功能(以下统称风险管理系统),对风险进行识别、监控、预警和干预。

第十四条 证券基金经营机构借助信息技术手段从事证券基金业务活动前,应当开展内部审

查,验证下列事项并建立存档记录:

(一)业务系统的流程设计、功能设置、参数配置和技术实现应当遵循业务合规的原则,不得违反法律法规及中国证监会的规定;

(二)风险管理系统功能完备、权限清晰,能够与业务系统同步上线运行;

(三)具备完善的信息安全防护措施,能够保障经营数据和客户信息的安全、完整;

(四)具备符合要求的信息系统备份及运维管理能力,能够保障相关系统安全、平稳运行。

第十五条 证券基金经营机构应当识别借助信息技术手段从事证券基金业务活动的各类风险,建立持续有效的风险监测机制。证券基金经营机构应当及时、稳妥处置发现的风险问题,并至少每年开展一次风险监测机制及执行情况的有效性评估。

第十六条 证券基金经营机构应当定期开展信息技术管理工作专项审计,频率不低于每年一次,确保三年内完成信息技术管理全部事项的审计工作,包括但不限于信息技术治理、信息技术合规与风险管理、信息技术安全管理、应急管理。

证券基金经营机构应当委托外部专业机构开展信息技术管理工作的全面审计,频率不低于每三年一次;未能有效实施信息技术管理被采取行政处罚措施、监管措施或者自律管理措施的,应当在三个月内完成对有关事项的专项审计。

证券基金经营机构应当跟踪审计发现问题的整改情况,相关问题未能及时整改的,应当说明理由,并将审计报告提交信息技术治理委员会审议。证券基金经营机构应当妥善保存审计报告,保存期限不得少于二十年。

第十七条 除法律法规及中国证监会另有规定外,证券基金经营机构应当通过自身运营管理的信息系统直接接收客户交易指令,并记录客户交易指令接收时间。

第十八条 证券基金经营机构应当按照中国证监会有关规定采集、记录、存储、报送客户交易终端信息,并采取有效的技术措施,保障相关信息真实、准确、完整。

证券基金经营机构借助专业化交易信息系统向特定客户提供交易服务的,应当要求客户登记交易终端信息;信息发生变更的,应当要求客户履行变更程序,确保客户真实使用的客户交易终端信息与登记内容一致。

第十九条 证券基金经营机构使用电子合同从事证券基金业务活动的,应当将电子合同存储在指定的信息系统,并提供可供投资者及合同其他相关方查询、下载的公开渠道。

第二十条 证券基金经营机构从事证券交易相关业务,应当按照监管规定及自律管理规则的要求,确保风险管理系统具备审查账户资金及证券是否充足、监控交易及资金划转是否异常等功能。

第四章 信息技术安全

第一节 信息系统安全

第二十一条 证券基金经营机构应当建立独立于生产环境的专用开发测试环境,避免风险传导;开发测试环境使用未脱敏数据的,应当采取与生产环境同等的安全控制措施。

证券基金经营机构在生产环境开展重要信息系统技术或业务测试的,应对测试流程及结果进行审查。

第二十二条 证券基金经营机构重要信息系统上线或发生重大变更的,应当制定专项实施方案,并对信息系统上线或变更操作行为进行审查、确认和跟踪。

证券基金经营机构重要信息系统计划停止使用的,应当开展技术和业务影响评估,制定完整的系统停用和数据迁移保管方案,并组织必要的评审及停用后的安全检查。

第二十三条 证券基金经营机构应当结合公司发展战略、市场交易规模等因素定期对重要信息系统开展压力测试和评估分析,确保其容量满足业务开展需要。

第二十四条 证券基金经营机构应当建立健全信息系统安全监测机制,设定监测指标并持续监测重要信息系统的运行状况。

证券基金经营机构应当指定专人跟踪监测发现的异常情形,及时处置并定期开展评估分析。

第二十五条 证券基金经营机构应当妥善保存信息系统开发、测试、上线、变更及运维过程中产生的文档,并根据业务开展情况以及信息系统的重要程度建立与监测工作相适应的日志留痕机制,确保满足应急处置和审计需要。

第二十六条 证券基金经营机构重要信息系统部署以及所承载数据的管理，应当遵循法律法规等规定。

第二十七条 证券基金经营机构可以在安全、合规的前提下为子公司提供机房、通信网络及其他信息技术基础设施，并协助开展相关运维工作。

证券基金经营机构为其子公司提供信息技术服务的，应当充分评估信息技术基础设施的支撑能力与冗余程度，并与子公司签订服务协议，明确合作双方的权利义务，以及建立日常协作、业务隔离和应急管理机制，防范基础设施共用产生的新增风险。

证券基金经营机构可以设立信息技术专业子公司，为母公司提供信息技术服务。信息技术专业子公司经中国证监会备案后可为其他金融机构提供信息技术服务。

第二十八条 证券基金经营机构应当确保重要信息系统具备可审计功能，并可以根据监管部门的要求转换、提供数据。

第二节 数据治理

第二十九条 证券基金经营机构应当结合公司发展战略，建立全面、科学、有效的数据治理组织架构以及数据全生命周期管理机制，确保数据统一管理、持续可控和安全存储，切实履行数据安全及数据质量管理职责，不断提升数据使用价值。

第三十条 证券基金经营机构应当将经营及客户数据按照重要性和敏感性进行分类分级，并根据不同类别和级别作出差异化数据管理制度安排。

第三十一条 证券基金经营机构应当完善网络隔离、用户认证、访问控制、数据加密、数据备份、数据销毁、日志记录、病毒防范和非法入侵检测等安全保障措施，保护经营数据和客户信息安全，防范信息泄露与损毁。

第三十二条 证券基金经营机构应当遵循最少功能以及最小权限等原则分配信息系统管理、操作和访问权限，并履行审批流程。合规管理和风险管理部门应当对权限管理制度和操作流程进行合规审查及风险控制。

证券基金经营机构应当建立对信息系统权限的定期检查与核对机制，确保用户权限与其工作职责相匹配，防止出现授权不当的情形。

证券基金经营机构应当对重要信息系统的开发、测试、运维实施必要分离，保证信息技术管理部门内部岗位的相互制衡。

第三十三条 证券基金经营机构应当记录经营数据和客户信息的使用情况，并持续监督信息技术服务机构等相关方落实保密协议的情况。

证券基金经营机构发现其他机构、个人违规存储或使用自身经营数据和客户信息的，应当排查数据泄露途径、评估影响范围，采取合理可行的整改措施，及时处置风险隐患，并按照中国证监会规定履行报告和调查处理职责。

证券基金经营机构发现信息技术服务机构等相关方违规存储或者使用自身经营数据和客户信息的，应当责令其立即改正并销毁已获取的经营数据和客户信息；信息技术服务机构等相关方拒绝配合整改的，证券基金经营机构应当立即停止与其合作，并采取措施维护自身及客户的合法权益。

第三十四条 证券基金经营机构应当建立健全数据安全管理制度，不得收集与服务无关的客户信息，不得购买或使用非法获取或来源不明的数据。在收集使用客户信息之前，证券基金经营机构应当公开收集、使用的规则和目的，并征得客户同意。

除法律法规和中国证监会另有规定外，证券基金经营机构不得允许或者配合其他机构、个人截取、留存客户信息，不得以任何方式向其他机构、个人提供客户信息。

第三十五条 证券基金经营机构应当充分挖掘、梳理和分析数据内容，提高管理精细化程度，在业务经营、风险管理与内部控制中加强数据应用，实现同一客户、同类业务统一管理，充分发挥数据价值。

第三节 应急管理

第三十六条 证券基金经营机构借助信息技术手段从事证券基金业务活动的，应当建立信息技术应急管理的组织架构，确定重要业务及其恢复目标，制定应急预案，配置充足资源，稳妥处置信息技术突发事件，并积极开展应急演练和信息技术应急管理的评估与改进。

第三十七条 证券基金经营机构应当落实下

列应急管理职责：

（一）信息技术管理部门为信息技术应急管理的牵头组织部门，组织开展信息技术应急预案的制定、演练、评估与改进工作，并负责信息系统的应急响应与恢复；

（二）各业务部门负责评估本业务条线信息技术突发事件相关风险，开展业务影响分析，确定并实施重要业务恢复目标和恢复策略；

（三）风险管理部门负责评估信息系统与相关业务恢复目标和恢复策略制定的合理性，确保与公司整体风险管理策略保持一致。

第三十八条 证券基金经营机构应当制定并持续完善应急预案，包括应急管理建设目标、备份信息系统建设和恢复机制、备份数据恢复机制、业务恢复或替代措施、应急联系方式、与客户沟通方式、向监管部门及有关单位的报告路径、应急预案披露与更新机制等内容。

证券基金经营机构应急预案应当充分考虑重要信息系统故障、相关信息技术服务机构无法继续提供服务、证券基金经营机构信息技术高管或重要技术团队发生重大变动以及自然灾害等可能影响重要信息系统平稳运行的事件。

第三十九条 证券基金经营机构应当根据系统变更、业务变化等情况，持续更新应急预案。

证券基金经营机构应当根据应急预案定期组织关键岗位人员开展应急演练，演练频率不低于每年一次，并确保应急演练在两年内覆盖全部重要信息系统。应急演练应当形成报告，保存期限不得少于五年。

第四十条 证券基金经营机构应当在公司网站、客户交易终端等渠道公示信息技术突发事件发生时客户可采取的替代交易方式等信息，提示客户防范和应对可能出现的风险。

第四十一条 证券基金经营机构应当确保备份系统与生产系统具备同等的处理能力，保持备份数据与原始数据的一致性。重要信息系统应当符合下列信息系统备份能力等级要求：

（一）实时信息系统、非实时信息系统的数据备份能力应当达到第一级；

（二）非实时信息系统的故障应对能力应当达到第二级；

（三）证券公司实时信息系统的故障应对能力应当达到第四级，基金管理公司实时信息系统的故障应对能力应当达到第三级；

（四）实时信息系统、非实时信息系统应当具备灾难及重大灾难应对能力，相关技术指标应当分别达到灾难应对能力第五级、重大灾难应对能力第六级；

（五）灾难应对能力可以通过重大灾难应对能力体现，但重大灾难应对能力相关技术指标应当达到灾难应对能力第五级。

第四十二条 证券基金经营机构应当按照中国证监会有关规定，建立信息安全事件的分级响应机制，明确内部处置工作流程，确保相关信息系统及时恢复运行。

第五章 信息技术服务机构

第四十三条 证券基金经营机构借助信息技术手段从事证券基金业务活动的，可以委托信息技术服务机构提供产品或服务，但证券基金经营机构依法应当承担的责任不因委托而免除或减轻。

证券基金经营机构应当清晰、准确、完整的掌握重要信息系统的技术架构、业务逻辑和操作流程等内容，确保重要信息系统运行始终处于自身控制范围。除法律法规及中国证监会另有规定外，不得将重要信息系统的运维、日常安全管理交由信息技术服务机构独立实施。

第四十四条 证券基金经营机构委托信息技术服务机构提供服务，应当按照本办法第十四条的规定对信息技术服务机构及相关信息系统进行内部审查，并向中国证监会及其派出机构报送审查意见及相关资料。

证券基金经营机构应当在选择信息技术服务机构之前，制定更换服务提供方的流程及预案，确保在特定情况下可更换服务提供方。

第四十五条 证券基金经营机构应当与信息技术服务机构签订服务协议和保密协议，明确各方权利、义务和责任，约定质量考核标准、持续监控机制、异常处理机制、服务变更或者终止的处置流程以及现场服务人员保密要求等内容，并持续监督信息技术服务机构及相关人员落实服务协议和保密协议的情况。

证券基金经营机构应当参照本办法第三条在服务协议中列明委托信息技术服务机构提供的服务范围、服务方式、涉及信息系统及相关证券基金业务活动类型。

第四十六条 信息技术服务机构出现异常情形的，证券基金经营机构应当按照应急预案开展内部评估与审查；信息技术服务机构保障能力不足，导致相关产品或服务的可用性、完整性或机密性丧失的，应当及时更换信息技术服务机构。

第四十七条 信息技术服务机构应当向中国证监会备案，具体规定由中国证监会另行制定。

第四十八条 基金信息技术服务机构备案材料应当包括本机构基本情况、信息技术服务情况、服务对象情况、内部控制情况等相关资料。备案内容发生变更的，基金信息技术服务机构应当及时更新备案材料。

基金信息技术服务机构备案材料不完整或者不符合规定的，应当根据中国证监会要求及时补正。

第四十九条 为证券公司、证券投资咨询机构提供信息技术服务的机构（以下简称证券信息技术服务机构）可以自愿接受中证信息业务指导，并遵守相关业务规则。

第五十条 信息技术服务机构应当健全内部质量控制机制，定期监测相关产品或服务，在提供服务过程中出现明显质量问题的，应当立即核实有关情况，采取必要的处理措施，明确修复完成时限，及时完成修复工作。

第五十一条 信息技术服务机构为证券基金业务活动提供信息技术服务，不得有下列行为：

（一）参与证券基金经营机构向客户提供业务服务的任何环节或向投资者、社会公众等发布可能引发其从事证券基金业务误解的信息；

（二）截取、存储、转发和使用证券基金业务活动相关经营数据和客户信息；

（三）在服务对象不知情的情况下，转委托第三方提供信息技术服务；

（四）提供的产品或服务相关功能、操作流程、系统权限及参数配置违反现行法律法规；

（五）无正当理由关闭系统接口或设置技术壁垒；

（六）向社会公开发布信息安全漏洞、信息系统压力测试结果等网络安全信息或泄露未公开信息；

（七）法律法规及中国证监会禁止的其他行为。

第六章 监督管理

第五十二条 证券基金经营机构新建或更换重要信息系统所在机房、证券基金交易相关信息系统，应当在开展相关业务活动的五个工作日内向中国证监会报送有关资料，包括内部审查意见、机房基本信息、技术架构设计、操作流程、信息安全管理资料、业务制度、合规管理及风险管理制度等。

第五十三条 证券基金经营机构应当在报送年度报告的同时报送年度信息技术管理专项报告，说明报告期内信息技术治理、信息技术合规与风险管理、信息技术安全管理、信息技术审计等执行本办法规定的情况。

信息技术服务机构提供信息技术服务时，应当按照中国证监会要求定期报送相关资料。

证券基金经营与服务机构提交报告的内容应当真实、准确、完整。

第五十四条 证券基金经营机构应当按照中国证监会有关规定履行信息安全事件报告和调查处理职责。

第五十五条 信息技术服务机构出现下列情形的，应当立即报告住所地中国证监会派出机构：

（一）人员、财务、技术管理等方面发生重大变化，可能无法持续为证券基金经营机构提供信息技术服务；

（二）提供的信息技术服务存在明显缺陷，可能导致所服务的三家及以上证券基金经营机构发生信息系统运营异常、数据泄露、遭受网络攻击等情形；

（三）其他可能对投资者合法权益、证券期货市场造成严重影响的事件。

第五十六条 中国证监会及其派出机构在对证券基金经营与服务机构信息技术管理及服务活动的监管过程中，可以采用渗透测试、漏洞扫描及信息技术风险评估等方式开展现场检查及非现场检查。证券基金经营与服务机构应当予以配合，如实提供有关文件、资料，不得拒绝、阻碍或隐瞒。

第五十七条 证券基金经营机构违反本办法规定的，中国证监会及其派出机构可以依法对其采取责令改正、暂停业务、出具警示函、责令定期报告、责令增加合规检查次数、公开谴责等行政监管措施;对直接负责的主管人员和其他责任人员采取责令改正、监管谈话、出具警示函、公开谴责等行政监管措施。

第五十八条 证券基金经营机构违反本办法规定,反映公司治理混乱、内控失效的,中国证监会及其派出机构可以按照《证券投资基金法》第二十四条、《证券公司监督管理条例》第七十条的规定,采取责令暂停部分或全部业务、责令更换董事、监事、高级管理人员或者限制其权利等行政监管措施。

第五十九条 信息技术服务机构违反本办法规定的,中国证监会及其派出机构可以要求其提交说明材料,并采取责令改正、监管谈话、出具警示函等行政监管措施,情节严重的,中国证监会及其派出机构可以对信息技术服务机构及其直接负责的主管人员和其他直接责任人员单处或者并处警告、三万元以下罚款。

第七章 附 则

第六十条 证券基金专项业务服务机构借助信息技术手段从事证券基金业务活动的,参照本办法执行。

从事证券公司客户交易结算资金存管活动的商业银行、从事公开募集基金的基金托管机构、证券基金经营机构在境内依法设立的子公司及其下设机构借助信息技术手段从事相关证券基金业务活动的,参照本办法执行。

第六十一条 证券基金专项业务服务机构违反本办法规定的,中国证监会及其派出机构可以对证券基金专项业务服务机构及其直接负责的主管人员和其他直接责任人员单处或者并处警告、责令停止基金服务业务或三万元以下罚款等行政监管措施。

第六十二条 证券基金经营机构、证券基金专项业务服务机构应当按照本办法第五十二条规定,在本办法实施之日起半年内将已投产的重要信息系统所在机房、证券基金交易相关信息系统等相关情况报送中国证监会。

本办法实施前,已提供相关服务的基金信息技术服务机构应当按照本办法规定,在本办法实施之日起半年内向中国证监会备案。

本办法实施前,已从事相关业务活动且不符合本办法第十七条规定的,证券基金经营机构应当妥善处理相关问题,并在本办法实施之日起半年内完成整改;整改未完成前,不得借助违规接收客户交易指令的信息系统增加新客户或提供新服务。

第六十三条 本办法中下列用语的含义:

(一)证券基金专项业务服务机构,是指从事公开募集基金的销售、销售支付、份额登记、估值、投资顾问、评价等基金服务业务的机构和证券投资咨询机构。

(二)重要信息系统,是指支持证券基金经营机构和证券基金专项业务服务机构关键业务功能、如出现异常将对证券期货市场和投资者产生重大影响的信息系统。包括集中交易系统、投资交易系统、金融产品销售系统、估值核算系统、投资监督系统、份额登记系统、第三方存管系统、融资融券业务系统、网上交易系统、电话委托系统、移动终端交易系统、法人清算系统、具备开户交易或者客户资料修改功能的门户网站、承载投资咨询业务的系统、存放承销保荐业务工作底稿相关数据的系统、专业即时通信软件以及与上述信息系统具备类似功能的信息系统。

(三)重大变更,是指经证券基金经营机构、证券基金专项业务服务机构自行评估,可能影响业务合规和信息系统安全稳定运行的系统变更,包括但不限于信息技术服务机构更换、技术架构重大调整、主要功能变化等。

(四)专业化交易信息系统,是指除网上交易系统、移动终端交易系统等标准化交易系统外,证券基金经营机构向具有个性化需求并且符合规定条件的特定客户提供服务的交易系统。

(五)证券基金经营机构信息系统备份能力、数据备份能力、故障应对能力、重大灾难应对能力、实时信息系统、非实时信息系统以及备份能力等级相关定义参见中国证监会关于信息系统备份能力相关行业标准。

第六十四条 本办法自2019年6月1日起实施。《证券投资基金销售机构通过第三方电子商务平台开展业务管理暂行规定》(证监会公告〔2013〕18号)同时废止。

（五）企业年金基金

企业年金基金管理办法

· 2011年2月12日人力资源和社会保障部、中国银行业监督管理委员会、中国证券监督管理委员会、中国保险监督管理委员会令第11号公布
· 根据2015年4月30日《人力资源和社会保障部关于修改部分规章的决定》修订

第一章　总　则

第一条　为维护企业年金各方当事人的合法权益，规范企业年金基金管理，根据劳动法、信托法、合同法、证券投资基金法等法律和国务院有关规定，制定本办法。

第二条　企业年金基金的受托管理、账户管理、托管、投资管理以及监督管理适用本办法。

本办法所称企业年金基金，是指根据依法制定的企业年金计划筹集的资金及其投资运营收益形成的企业补充养老保险基金。

第三条　建立企业年金计划的企业及其职工作为委托人，与企业年金理事会或者法人受托机构（以下简称受托人）签订受托管理合同。

受托人与企业年金基金账户管理机构（以下简称账户管理人）、企业年金基金托管机构（以下简称托管人）和企业年金基金投资管理机构（以下简称投资管理人）分别签订委托管理合同。

第四条　受托人应当将受托管理合同和委托管理合同报人力资源社会保障行政部门备案。

第五条　一个企业年金计划应当仅有一个受托人、一个账户管理人和一个托管人，可以根据资产规模大小选择适量的投资管理人。

第六条　同一企业年金计划中，受托人与托管人、托管人与投资管理人不得为同一人；建立企业年金计划的企业成立企业年金理事会作为受托人的，该企业与托管人不得为同一人；受托人与托管人、托管人与投资管理人、投资管理人与其他投资管理人的总经理和企业年金从业人员，不得相互兼任。

同一企业年金计划中，法人受托机构具备账户管理或者投资管理业务资格的，可以兼任账户管理人或者投资管理人。

第七条　法人受托机构兼任投资管理人时，应当建立风险控制制度，确保各项业务管理之间的独立性；设立独立的受托业务和投资业务部门，办公区域、运营管理流程和业务制度应当严格分离；直接负责的高级管理人员、受托业务和投资业务部门的工作人员不得相互兼任。

同一企业年金计划中，法人受托机构对待各投资管理人应当执行统一的标准和流程，体现公开、公平、公正原则。

第八条　企业年金基金缴费必须归集到受托财产托管账户，并在45日内划入投资资产托管账户。企业年金基金财产独立于委托人、受托人、账户管理人、托管人、投资管理人和其他为企业年金基金管理提供服务的自然人、法人或者其他组织的固有财产及其管理的其他财产。

企业年金基金财产的管理、运用或者其他情形取得的财产和收益，应当归入基金财产。

第九条　委托人、受托人、账户管理人、托管人、投资管理人和其他为企业年金基金管理提供服务的自然人、法人或者其他组织，因依法解散、被依法撤销或者被依法宣告破产等原因进行终止清算的，企业年金基金财产不属于其清算财产。

第十条　企业年金基金财产的债权，不得与委托人、受托人、账户管理人、托管人、投资管理人和其他为企业年金基金管理提供服务的自然人、法人或者其他组织固有财产的债务相互抵销。不同企业年金计划的企业年金基金的债权债务，不得相互抵销。

第十一条　非因企业年金基金财产本身承担的债务，不得对基金财产强制执行。

第十二条　受托人、账户管理人、托管人、投资管理人和其他为企业年金基金管理提供服务的自然人、法人或者其他组织必须恪尽职守，履行诚实、信用、谨慎、勤勉的义务。

第十三条　人力资源社会保障部负责制定企业年金基金管理的有关政策。人力资源社会保障行政部门对企业年金基金管理进行监管。

第二章　受托人

第十四条　本办法所称受托人，是指受托管理企业年金基金的符合国家规定的养老金管理公

司等法人受托机构(以下简称法人受托机构)或者企业年金理事会。

第十五条 建立企业年金计划的企业,应当通过职工大会或者职工代表大会讨论确定,选择法人受托机构作为受托人,或者成立企业年金理事会作为受托人。

第十六条 企业年金理事会由企业代表和职工代表等人员组成,也可以聘请企业以外的专业人员参加,其中职工代表不少于三分之一。理事会应当配备一定数量的专职工作人员。

第十七条 企业年金理事会中的职工代表和企业以外的专业人员由职工大会、职工代表大会或者其他形式民主选举产生。企业代表由企业方聘任。

理事任期由企业年金理事会章程规定,但每届任期不得超过三年。理事任期届满,连选可以连任。

第十八条 企业年金理事会理事应当具备下列条件:

(一)具有完全民事行为能力;

(二)诚实守信,无犯罪记录;

(三)具有从事法律、金融、会计、社会保障或者其他履行企业年金理事会理事职责所必需的专业知识;

(四)具有决策能力;

(五)无个人所负数额较大的债务到期未清偿情形。

第十九条 企业年金理事会依法独立管理本企业的企业年金基金事务,不受企业方的干预,不得从事任何形式的营业性活动,不得从企业年金基金财产中提取管理费用。

第二十条 企业年金理事会会议,应当由理事本人出席;理事因故不能出席,可以书面委托其他理事代为出席,委托书中应当载明授权范围。

理事会作出决议,应当经全体理事三分之二以上通过。理事会应当对会议所议事项的决定形成会议记录,出席会议的理事应当在会议记录上签名。

第二十一条 理事应当对企业年金理事会的决议承担责任。理事会的决议违反法律、行政法规、本办法规定或者理事会章程,致使企业年金基金财产遭受损失的,理事应当承担赔偿责任。但经证明在表决时曾表明异议并记载于会议记录的,该理事可以免除责任。

企业年金理事会对外签订合同,应当由全体理事签字。

第二十二条 法人受托机构应当具备下列条件:

(一)经国家金融监管部门批准,在中国境内注册的独立法人;

(二)具有完善的法人治理结构;

(三)取得企业年金基金从业资格的专职人员达到规定人数;

(四)具有符合要求的营业场所、安全防范设施和与企业年金基金受托管理业务有关的其他设施;

(五)具有完善的内部稽核监控制度和风险控制制度;

(六)近3年没有重大违法违规行为;

(七)国家规定的其他条件。

第二十三条 受托人应当履行下列职责:

(一)选择、监督、更换账户管理人、托管人、投资管理人;

(二)制定企业年金基金战略资产配置策略;

(三)根据合同对企业年金基金管理进行监督;

(四)根据合同收取企业和职工缴费,向受益人支付企业年金待遇,并在合同中约定具体的履行方式;

(五)接受委托人查询,定期向委托人提交企业年金基金管理和财务会计报告。发生重大事件时,及时向委托人和有关监管部门报告;定期向有关监管部门提交开展企业年金基金受托管理业务情况的报告;

(六)按照国家规定保存与企业年金基金管理有关的记录自合同终止之日起至少15年;

(七)国家规定和合同约定的其他职责。

第二十四条 本办法所称受益人,是指参加企业年金计划并享有受益权的企业职工。

第二十五条 有下列情形之一的,法人受托机构职责终止:

(一)违反与委托人合同约定的;

(二)利用企业年金基金财产为其谋取利益,或者为他人谋取不正当利益的;

(三)依法解散、被依法撤销、被依法宣告破产或者被依法接管的;

（四）被依法取消企业年金基金受托管理业务资格的；

（五）委托人有证据认为更换受托人符合受益人利益的；

（六）有关监管部门有充分理由和依据认为更换受托人符合受益人利益的；

（七）国家规定和合同约定的其他情形。

企业年金理事会有前款第（二）项规定情形的，企业年金理事会职责终止，由委托人选择法人受托机构担任受托人。企业年金理事会有第（一）、（三）至（七）项规定情形之一的，应当按照国家规定重新组成，或者由委托人选择法人受托机构担任受托人。

第二十六条 受托人职责终止的，委托人应当在45日内委任新的受托人。

受托人职责终止的，应当妥善保管企业年金基金受托管理资料，在45日内办理完毕受托管理业务移交手续，新受托人应当接收并行使相应职责。

第三章 账户管理人

第二十七条 本办法所称账户管理人，是指接受受托人委托管理企业年金基金账户的专业机构。

第二十八条 账户管理人应当具备下列条件：

（一）经国家有关部门批准，在中国境内注册的独立法人；

（二）具有完善的法人治理结构；

（三）取得企业年金基金从业资格的专职人员达到规定人数；

（四）具有相应的企业年金基金账户信息管理系统；

（五）具有符合要求的营业场所、安全防范设施和与企业年金基金账户管理业务有关的其他设施；

（六）具有完善的内部稽核监控制度和风险控制制度；

（七）近3年没有重大违法违规行为；

（八）国家规定的其他条件。

第二十九条 账户管理人应当履行下列职责：

（一）建立企业年金基金企业账户和个人账户；

（二）记录企业、职工缴费以及企业年金基金投资收益；

（三）定期与托管人核对缴费数据以及企业年金基金账户财产变化状况，及时将核对结果提交受托人；

（四）计算企业年金待遇；

（五）向企业和受益人提供企业年金基金企业账户和个人账户信息查询服务；向受益人提供年度权益报告；

（六）定期向受托人提交账户管理数据等信息以及企业年金基金账户管理报告；定期向有关监管部门提交开展企业年金基金账户管理业务情况的报告；

（七）按照国家规定保存企业年金基金账户管理档案自合同终止之日起至少15年；

（八）国家规定和合同约定的其他职责。

第三十条 有下列情形之一的，账户管理人职责终止：

（一）违反与受托人合同约定的；

（二）利用企业年金基金财产为其谋取利益，或者为他人谋取不正当利益的；

（三）依法解散、被依法撤销、被依法宣告破产或者被依法接管的；

（四）被依法取消企业年金基金账户管理业务资格的；

（五）受托人有证据认为更换账户管理人符合受益人利益的；

（六）有关监管部门有充分理由和依据认为更换账户管理人符合受益人利益的；

（七）国家规定和合同约定的其他情形。

第三十一条 账户管理人职责终止的，受托人应当在45日内确定新的账户管理人。

账户管理人职责终止的，应当妥善保管企业年金基金账户管理资料，在45日内办理完毕账户管理业务移交手续，新账户管理人应当接收并行使相应职责。

第四章 托管人

第三十二条 本办法所称托管人，是指接受受托人委托保管企业年金基金财产的商业银行。

第三十三条 托管人应当具备下列条件：

（一）经国家金融监管部门批准，在中国境内注册的独立法人；

（二）具有完善的法人治理结构；

（三）设有专门的资产托管部门；

（四）取得企业年金基金从业资格的专职人员达到规定人数；

（五）具有保管企业年金基金财产的条件；

（六）具有安全高效的清算、交割系统；

（七）具有符合要求的营业场所、安全防范设施和与企业年金基金托管业务有关的其他设施；

（八）具有完善的内部稽核监控制度和风险控制制度；

（九）近3年没有重大违法违规行为；

（十）国家规定的其他条件。

第三十四条 托管人应当履行下列职责：

（一）安全保管企业年金基金财产；

（二）以企业年金基金名义开设基金财产的资金账户和证券账户等；

（三）对所托管的不同企业年金基金财产分别设置账户，确保基金财产的完整和独立；

（四）根据受托人指令，向投资管理人分配企业年金基金财产；

（五）及时办理清算、交割事宜；

（六）负责企业年金基金会计核算和估值，复核、审查和确认投资管理人计算的基金财产净值；

（七）根据受托人指令，向受益人发放企业年金待遇；

（八）定期与账户管理人、投资管理人核对有关数据；

（九）按照规定监督投资管理人的投资运作，并定期向受托人报告投资监督情况；

（十）定期向受托人提交企业年金基金托管和财务会计报告；定期向有关监管部门提交开展企业年金基金托管业务情况的报告；

（十一）按照国家规定保存企业年金基金托管业务活动记录、账册、报表和其他相关资料自合同终止之日起至少15年；

（十二）国家规定和合同约定的其他职责。

第三十五条 托管人发现投资管理人依据交易程序尚未成立的投资指令违反法律、行政法规、其他有关规定或者合同约定的，应当拒绝执行，立即通知投资管理人，并及时向受托人和有关监管部门报告。

托管人发现投资管理人依据交易程序已经成立的投资指令违反法律、行政法规、其他有关规定或者合同约定的，应当立即通知投资管理人，并及时向受托人和有关监管部门报告。

第三十六条 有下列情形之一的，托管人职责终止：

（一）违反与受托人合同约定的；

（二）利用企业年金基金财产为其谋取利益，或者为他人谋取不正当利益的；

（三）依法解散、被依法撤销、被依法宣告破产或者被依法接管的；

（四）被依法取消企业年金基金托管业务资格的；

（五）受托人有证据认为更换托管人符合受益人利益的；

（六）有关监管部门有充分理由和依据认为更换托管人符合受益人利益的；

（七）国家规定和合同约定的其他情形。

第三十七条 托管人职责终止的，受托人应当在45日内确定新的托管人。

托管人职责终止的，应当妥善保管企业年金基金托管资料，在45日内办理完毕托管业务移交手续，新托管人应当接收并行使相应职责。

第三十八条 禁止托管人有下列行为：

（一）托管的企业年金基金财产与其固有财产混合管理；

（二）托管的企业年金基金财产与托管的其他财产混合管理；

（三）托管的不同企业年金计划、不同企业年金投资组合的企业年金基金财产混合管理；

（四）侵占、挪用托管的企业年金基金财产；

（五）国家规定和合同约定禁止的其他行为。

第五章 投资管理人

第三十九条 本办法所称投资管理人，是指接受受托人委托投资管理企业年金基金财产的专业机构。

第四十条 投资管理人应当具备下列条件：

（一）经国家金融监管部门批准，在中国境内注册，具有受托投资管理、基金管理或者资产管理资格的独立法人；

（二）具有完善的法人治理结构；

（三）取得企业年金基金从业资格的专职人员达到规定人数；

（四）具有符合要求的营业场所、安全防范设施和与企业年金基金投资管理业务有关的其他设施；

（五）具有完善的内部稽核监控制度和风险控制制度；

（六）近3年没有重大违法违规行为；

（七）国家规定的其他条件。

第四十一条 投资管理人应当履行下列职责：

（一）对企业年金基金财产进行投资；

（二）及时与托管人核对企业年金基金会计核算和估值结果；

（三）建立企业年金基金投资管理风险准备金；

（四）定期向受托人提交企业年金基金投资管理报告；定期向有关监管部门提交开展企业年金基金投资管理业务情况的报告；

（五）根据国家规定保存企业年金基金财产会计凭证、会计账簿、年度财务会计报告和投资记录自合同终止之日起至少15年；

（六）国家规定和合同约定的其他职责。

第四十二条 有下列情形之一的，投资管理人应当及时向受托人报告：

（一）企业年金基金单位净值大幅度波动的；

（二）可能使企业年金基金财产受到重大影响的有关事项；

（三）国家规定和合同约定的其他情形。

第四十三条 有下列情形之一的，投资管理人职责终止：

（一）违反与受托人合同约定的；

（二）利用企业年金基金财产为其谋取利益，或者为他人谋取不正当利益的；

（三）依法解散、被依法撤销、被依法宣告破产或者被依法接管的；

（四）被依法取消企业年金基金投资管理业务资格的；

（五）受托人有证据认为更换投资管理人符合受益人利益的；

（六）有关监管部门有充分理由和依据认为更换投资管理人符合受益人利益的；

（七）国家规定和合同约定的其他情形。

第四十四条 投资管理人职责终止的，受托人应当在45日内确定新的投资管理人。

投资管理人职责终止的，应当妥善保管企业年金基金投资管理资料，在45日内办理完毕投资管理业务移交手续，新投资管理人应当接收并行使相应职责。

第四十五条 禁止投资管理人有下列行为：

（一）将其固有财产或者他人财产混同于企业年金基金财产；

（二）不公平对待企业年金基金财产与其管理的其他财产；

（三）不公平对待其管理的不同企业年金基金财产；

（四）侵占、挪用企业年金基金财产；

（五）承诺、变相承诺保本或者保证收益；

（六）利用所管理的其他资产为企业年金计划委托人、受益人或者相关管理人谋取不正当利益；

（七）国家规定和合同约定禁止的其他行为。

第六章　基金投资

第四十六条 企业年金基金投资管理应当遵循谨慎、分散风险的原则，充分考虑企业年金基金财产的安全性、收益性和流动性，实行专业化管理。

第四十七条 企业年金基金财产限于境内投资，投资范围包括银行存款、国债、中央银行票据、债券回购、万能保险产品、投资连结保险产品、证券投资基金、股票，以及信用等级在投资级以上的金融债、企业（公司）债、可转换债（含分离交易可转换债）、短期融资券和中期票据等金融产品。

第四十八条 每个投资组合的企业年金基金财产应当由一个投资管理人管理，企业年金基金财产以投资组合为单位按照公允价值计算应当符合下列规定：

（一）投资银行活期存款、中央银行票据、债券回购等流动性产品以及货币市场基金的比例，不得低于投资组合企业年金基金财产净值的5%；清算备付金、证券清算款以及一级市场证券申购资金视为流动性资产；投资债券正回购的比例不得高于投资组合企业年金基金财产净值的40%。

（二）投资银行定期存款、协议存款、国债、金融债、企业（公司）债、短期融资券、中期票据、万能保险产品等固定收益类产品以及可转换债（含分离交易可转换债）、债券基金、投资连结保险产品（股票投资比例不高于30%）的比例，不得高于投资组合企业年金基金财产净值的95%。

（三）投资股票等权益类产品以及股票基金、混合基金、投资连结保险产品（股票投资比例高于或者等于30%）的比例，不得高于投资组合企业年金基金财产净值的30%。其中，企业年金基金不得直接投资于权证，但因投资股票、分离交易可转换债等投资品种而衍生获得的权证，应当在权证上市交易之日起10个交易日内卖出。

第四十九条 根据金融市场变化和投资运作情况，人力资源社会保障部会同中国银监会、中国证监会和中国保监会，适时对投资范围和比例进行调整。

第五十条 单个投资组合的企业年金基金财产，投资于一家企业所发行的股票，单期发行的同一品种短期融资券、中期票据、金融债、企业（公司）债、可转换债（含分离交易可转换债），单只证券投资基金，单个万能保险产品或者投资连结保险产品，分别不得超过该企业上述证券发行量、该基金份额或者该保险产品资产管理规模的5%；按照公允价值计算，也不得超过该投资组合企业年金基金财产净值的10%。

单个投资组合的企业年金基金财产，投资于经备案的符合第四十八条投资比例规定的单只养老金产品，不得超过该投资组合企业年金基金财产净值的30%，不受上述10%规定的限制。

第五十一条 投资管理人管理的企业年金基金财产投资于自己管理的金融产品须经受托人同意。

第五十二条 因证券市场波动、上市公司合并、基金规模变动等投资管理人之外的因素致使企业年金基金投资不符合本办法第四十八条、第五十条规定的比例或者合同约定的投资比例的，投资管理人应当在可上市交易之日起10个交易日内调整完毕。

第五十三条 企业年金基金证券交易以现货和国务院规定的其他方式进行，不得用于向他人贷款和提供担保。

投资管理人不得从事使企业年金基金财产承担无限责任的投资。

第七章 收益分配及费用

第五十四条 账户管理人应当采用份额计量方式进行账户管理，根据企业年金基金单位净值，按周或者按日足额记入企业年金基金企业账户和个人账户。

第五十五条 受托人年度提取的管理费不高于受托管理企业年金基金财产净值的0.2%。

第五十六条 账户管理人的管理费按照每户每月不超过5元人民币的限额，由建立企业年金计划的企业另行缴纳。

保留账户和退休人员账户的账户管理费可以按照合同约定由受益人自行承担，从受益人个人账户中扣除。

第五十七条 托管人年度提取的管理费不高于托管企业年金基金财产净值的0.2%。

第五十八条 投资管理人年度提取的管理费不高于投资管理企业年金基金财产净值的1.2%。

第五十九条 根据企业年金基金管理情况，人力资源社会保障部会同中国银监会、中国证监会和中国保监会，适时对有关管理费进行调整。

第六十条 投资管理人从当期收取的管理费中，提取20%作为企业年金基金投资管理风险准备金，专项用于弥补合同终止时所管理投资组合的企业年金基金当期委托投资资产的投资亏损。

第六十一条 当合同终止时，如所管理投资组合的企业年金基金财产净值低于当期委托投资资产的，投资管理人应当用风险准备金弥补该时点的当期委托投资资产亏损，直至该投资组合风险准备金弥补完毕；如所管理投资组合的企业年金基金当期委托投资资产没有发生投资亏损或者风险准备金弥补后有剩余的，风险准备金划归投资管理人所有。

第六十二条 企业年金基金投资管理风险准备金应当存放于投资管理人在托管人处开立的专用存款账户，余额达到投资管理人所管理投资组合基金财产净值的10%时可以不再提取。托管人不得对投资管理风险准备金账户收取费用。

第六十三条 风险准备金由投资管理人进行管理，可以投资于银行存款、国债等高流动性、低风险金融产品。风险准备金产生的投资收益，应当纳入风险准备金管理。

第八章 计划管理和信息披露

第六十四条 企业年金单一计划指受托人将单个委托人交付的企业年金基金，单独进行受托管理的企业年金计划。

企业年金集合计划指同一受托人将多个委托人交付的企业年金基金，集中进行受托管理的企业年金计划。

第六十五条 法人受托机构设立集合计划，应当制定集合计划受托管理合同，为每个集合计划确定账户管理人、托管人各一名，投资管理人至少三名；并分别与其签订委托管理合同。

集合计划受托人应当将制定的集合计划受托管理合同、签订的委托管理合同以及该集合计划的投资组合说明书报人力资源社会保障部备案。

第六十六条 一个企业年金方案的委托人只能建立一个企业年金单一计划或者参加一个企业年金集合计划。委托人加入集合计划满3年后，方可根据受托管理合同规定选择退出集合计划。

第六十七条 发生下列情形之一的，企业年金单一计划变更：

（一）企业年金计划受托人、账户管理人、托管人或者投资管理人变更；

（二）企业年金基金管理合同主要内容变更；

（三）企业年金计划名称变更；

（四）国家规定的其他情形。

发生前款规定情形时，受托人应当将相关企业年金基金管理合同重新报人力资源社会保障行政部门备案。

第六十八条 企业年金单一计划终止时，受托人应当组织清算组对企业年金基金财产进行清算。清算费用从企业年金基金财产中扣除。

清算组由企业代表、职工代表、受托人、账户管理人、托管人、投资管理人以及由受托人聘请的会计师事务所、律师事务所等组成。

清算组应当自清算工作完成后3个月内，向人力资源社会保障行政部门和受益人提交经会计师事务所审计以及律师事务所出具法律意见书的清算报告。

人力资源社会保障行政部门应当注销该企业年金计划。

第六十九条 受益人工作单位发生变化，新工作单位已经建立企业年金计划的，其企业年金个人账户权益应当转入新工作单位的企业年金计划管理。新工作单位没有建立企业年金计划的，其企业年金个人账户权益可以在原法人受托机构发起的集合计划设置的保留账户统一管理；原受托人是企业年金理事会的，由企业与职工协商选择法人受托机构管理。

第七十条 企业年金单一计划终止时，受益人企业年金个人账户权益应当转入原法人受托机构发起的集合计划设置的保留账户统一管理；原受托人是企业年金理事会的，由企业与职工协商选择法人受托机构管理。

第七十一条 发生以下情形之一的，受托人应当聘请会计师事务所对企业年金计划进行审计。审计费用从企业年金基金财产中扣除。

（一）企业年金计划连续运作满三个会计年度时；

（二）企业年金计划管理人职责终止时；

（三）国家规定的其他情形。

账户管理人、托管人、投资管理人应当自上述情况发生之日起配合会计师事务所对企业年金计划进行审计。受托人应当自上述情况发生之日起的50日内向委托人以及人力资源社会保障行政部门提交审计报告。

第七十二条 受托人应当在每季度结束后30日内向委托人提交企业年金基金管理季度报告；并应当在年度结束后60日内向委托人提交企业年金基金管理和财务会计年度报告。

第七十三条 账户管理人应当在每季度结束后15日内向受托人提交企业年金基金账户管理季度报告；并应当在年度结束后45日内向受托人提交企业年金基金账户管理年度报告。

第七十四条 托管人应当在每季度结束后15日内向受托人提交企业年金基金托管和财务会计季度报告；并应当在年度结束后45日内向受托人提交企业年金基金托管和财务会计年度报告。

第七十五条 投资管理人应当在每季度结束后15日内向受托人提交经托管人确认财务管理数据的企业年金基金投资组合季度报告；并应当在年度结束后45日内向受托人提交经托管人确认财务管理数据的企业年金基金投资管理年度报告。

第七十六条 法人受托机构、账户管理人、托管人和投资管理人发生下列情形之一的，应当及时向人力资源社会保障部报告；账户管理人、托管人和投资管理人应当同时抄报受托人。

（一）减资、合并、分立、依法解散、被依法撤销、决定申请破产或者被申请破产的；

（二）涉及重大诉讼或者仲裁的；

（三）董事长、总经理、直接负责企业年金业务的高级管理人员发生变动的；

（四）国家规定的其他情形。

第七十七条 受托人、账户管理人、托管人和投资管理人应当按照规定报告企业年金基金管理情况，并对所报告内容的真实性、完整性负责。

第九章 监督检查

第七十八条 法人受托机构、账户管理人、托管人、投资管理人开展企业年金基金管理相关业务，应当向人力资源社会保障部提出申请。法人受托机构、账户管理人、投资管理人向人力资源社会保障部提出申请前应当先经其业务监管部门同意，托管人向人力资源社会保障部提出申请前应当先向其业务监管部门备案。

第七十九条 人力资源社会保障部收到法人受托机构、账户管理人、托管人、投资管理人的申请后，应当组织专家评审委员会，按照规定进行审慎评审。经评审符合条件的，由人力资源社会保障部会同有关部门确认公告；经评审不符合条件的，应当书面通知申请人。

专家评审委员会由有关部门代表和社会专业人士组成。每次参加评审的专家应当从专家评审委员会中随机抽取产生。

第八十条 受托人、账户管理人、托管人、投资管理人开展企业年金基金管理相关业务，应当接受人力资源社会保障行政部门的监管。

法人受托机构、账户管理人、托管人和投资管理人的业务监管部门按照各自职责对其经营活动进行监督。

第八十一条 人力资源社会保障部依法履行监督管理职责，可以采取以下措施：

（一）查询、记录、复制与被调查事项有关的企业年金基金管理合同、财务会计报告等资料；

（二）询问与调查事项有关的单位和个人，要求其对有关问题做出说明、提供有关证明材料；

（三）国家规定的其他措施。

委托人、受托人、账户管理人、托管人、投资管理人和其他为企业年金基金管理提供服务的自然人、法人或者其他组织，应当积极配合检查，如实提供有关资料，不得拒绝、阻挠或者逃避检查，不得谎报、隐匿或者销毁相关证据材料。

第八十二条 人力资源社会保障部依法进行调查或者检查时，应当至少由两人共同进行，并出示证件，承担下列义务：

（一）依法履行职责，秉公执法，不得利用职务之便谋取私利；

（二）保守在调查或者检查时知悉的商业秘密；

（三）为举报人员保密。

第八十三条 法人受托机构、中央企业集团公司成立的企业年金理事会、账户管理人、托管人、投资管理人违反本办法规定或者企业年金基金管理费、信息披露相关规定的，由人力资源社会保障部责令改正。其他企业（包括中央企业子公司）成立的企业年金理事会，违反本办法规定或者企业年金基金管理费、信息披露相关规定的，由管理合同备案所在地的省、自治区、直辖市或者计划单列市人力资源社会保障行政部门责令改正。

第八十四条 受托人、账户管理人、托管人、投资管理人发生违法违规行为可能影响企业年金基金财产安全的，或者经责令改正而不改正的，由人力资源社会保障部暂停其接收新的企业年金基金管理业务。给企业年金基金财产或者受益人利益造成损害的，依法承担赔偿责任；构成犯罪的，依法追究刑事责任。

第八十五条 人力资源社会保障部将法人受托机构、账户管理人、托管人、投资管理人违法行为、处理结果以及改正情况予以记录，同时抄送业务监管部门。在企业年金基金管理资格有效期内，有三次以上违法记录或者一次以上经责令改正而不改正的，在其资格到期之后5年内，不再受理其开展企业年金基金管理业务的申请。

第八十六条 会计师事务所和律师事务所提供企业年金中介服务应当严格遵守相关职业准则和行业规范。

第十章 附 则

第八十七条 企业年金基金管理，国务院另有规定的，从其规定。

第八十八条 本办法自2011年5月1日起施行。劳动和社会保障部、中国银行业监督管理委员会、中国证券监督管理委员会、中国保险监督管理委员会于2004年2月23日发布的《企业年金基金管理试行办法》（劳动保障部令第23号）同时废止。

关于企业年金养老金产品有关问题的通知

·2013年3月19日

·人社部发〔2013〕24号

各省、自治区、直辖市人力资源社会保障厅(局)、银监局、证监局、保监局,新疆生产建设兵团人力资源社会保障局,各计划单列市人力资源社会保障局、银监局、证监局、保监局,上海、深圳证券交易所,中国证券登记结算有限责任公司:

为促进企业年金市场健康发展,提高企业年金基金投资运营效率,根据《企业年金基金管理办法》(人力资源社会保障部第11号令,以下简称第11号令),现就企业年金养老金产品有关问题通知如下:

一、养老金产品定义和投资范围

(一)养老金产品是由企业年金基金投资管理人发行的、面向企业年金基金定向销售的企业年金基金标准投资组合。

(二)养老金产品限于境内投资,投资范围包括银行存款、国债、中央银行票据、债券回购、万能保险产品、投资连结保险产品、证券投资基金、股票、商业银行理财产品、信托产品、基础设施债权投资计划、特定资产管理计划、股指期货,以及信用等级在投资级以上的金融债、企业(公司)债、可转换债(含分离交易可转换债)、短期融资券和中期票据等金融产品。

养老金产品资产不得直接投资于权证,但因投资股票、分离交易可转换债等投资品种而衍生获得的权证,应当在权证上市交易之日起10个交易日内卖出。

二、养老金产品类型和投资比例

(一)养老金产品类型

1. 股票型:投资股票、股票基金、混合基金、投资连结保险产品(股票投资比例高于30%)的比例,合计高于产品资产净值的30%。债券正回购的资金余额在每个交易日均不得高于产品资产净值的40%。

2. 混合型:投资股票、股票基金、混合基金、投资连结保险产品(股票投资比例高于30%)的比例,合计不得高于产品资产净值的30%。债券正回购的资金余额在每个交易日均不得高于产品资产净值的40%。

3. 固定收益型:投资银行定期存款、协议存款、国债、金融债、企业(公司)债、可转换债(含分离交易可转换债)、短期融资券、中期票据、万能保险产品、商业银行理财产品、信托产品、基础设施债权投资计划、特定资产管理计划、债券基金、投资连结保险产品(股票投资比例不高于30%)的比例,合计高于产品资产净值的80%。债券正回购的资金余额在每个交易日均不得高于产品资产净值的40%。可转换债(含分离交易可转换债)转股后应当于10个交易日内卖出。固定收益型养老金产品不得投资股票基金、混合基金、投资连结保险产品(股票投资比例高于30%);可以投资股票一级市场,且应当在上市流通后10个交易日内卖出,但不得投资股票二级市场。

4. 货币型:投资银行活期存款、一年以内(含一年)的银行定期存款、剩余期限在三百九十七天以内(含三百九十七天)的债券、债券回购、期限在一年以内(含一年)的中央银行票据、货币市场基金、短期理财债券基金。债券正回购的资金余额在每个交易日均不得高于产品资产净值的40%。

5. 产品名称显示投资方向的固定收益型养老金产品,应当有80%以上的非现金资产投资于投资方向确定的内容。可以包括存款型、债券型、债券基金型、商业银行理财产品型、信托产品型、基础设施债权投资计划型、特定资产管理计划型、保险产品型等类型。

6. 商业银行理财产品型、信托产品型、基础设施债权投资计划型养老金产品,可以投资于建立企业年金计划的大型企业或者其控股子公司发行的商业银行理财产品、信托产品、基础设施债权投资计划。

7. 人力资源社会保障部将根据市场需求和运行合规情况,适当增加养老金产品的类型。

(二)养老金产品投资比例

1. 单个企业年金计划基金资产或者单个投资组合委托投资资产,投资股票型养老金产品的比例,不得高于企业年金计划基金资产净值或者投资组合委托投资资产净值的30%。

2. 单个企业年金计划基金资产,投资商业银行理财产品型、信托产品型、基础设施债权投资计划型、特定资产管理计划型养老金产品的比例，合计不得高于企业年金计划基金资产净值的30%。其中，投资信托产品型养老金产品的比例，不得高于企业年金计划基金资产净值的10%。

3. 单个投资组合委托投资资产，投资商业银行理财产品型、信托产品型、基础设施债权投资计划型、特定资产管理计划型养老金产品的比例，合计不得高于投资组合委托投资资产净值的30%。其中，投资信托产品型养老金产品的比例，不得高于投资组合委托投资资产净值的10%。投资商业银行理财产品型、信托产品型、基础设施债权投资计划型或者特定资产管理计划型养老金产品的专门投资组合，可以不受此30%和10%规定的限制。

4. 单只养老金产品资产，投资于一家企业所发行的股票，单期发行的同一品种短期融资券、中期票据、金融债、企业（公司）债、可转换债（含分离交易可转换债），单只证券投资基金，单个万能保险产品或者投资连结保险产品，分别不得超过该企业上述证券发行量、该基金份额或者该保险产品资产管理规模的5%；按照公允价值计算，也不得超过该养老金产品资产净值的10%。

5. 单只养老金产品资产，投资商业银行理财产品、信托产品、基础设施债权投资计划、特定资产管理计划的比例，合计不得超过养老金产品资产净值的30%。其中，投资信托产品的比例，不得超过养老金产品资产净值的10%。商业银行理财产品型、信托产品型、基础设施债权投资计划型或者特定资产管理计划型养老金产品，可以不受此30%和10%规定的限制。

6. 单只养老金产品资产，投资于单期商业银行理财产品、信托产品、基础设施债权投资计划或者特定资产管理计划，分别不得超过该期商业银行理财产品、信托产品、基础设施债权投资计划或者特定资产管理计划资产管理规模的20%。其中，商业银行理财产品型、信托产品型、基础设施债权投资计划型或者特定资产管理计划型养老金产品，可以不受此规定的限制。

7. 单个投资组合委托投资资产，投资单只养老金产品的比例，可以不受第11号令第五十条有关30%规定的限制。

三、养老金产品发行

（一）投资管理人申请发行养老金产品，应当报送人力资源社会保障部备案，备案时提供下列材料，一式4份。

1.《关于养老金产品备案的函》；

2.《养老金产品投资管理合同》；

3.《养老金产品投资说明书》；

4. 投资管理人和养老金产品托管人协商一致签订的《养老金产品托管合同》；

5. 投资管理人担任注册登记人的，应当提交注册登记业务规则；投资管理人委托中国证券登记结算有限责任公司等符合条件的机构担任注册登记人的，应当提交委托代理协议书；

6. 投资管理人、托管人的"企业年金基金管理机构资格"证书复印件；

7. 其他需要提供的材料。

（二）人力资源社会保障部在收到符合规定的养老金产品备案材料之日起60日内，根据第11号令和本通知等有关规定，做出通过或者不予通过的决定。不予通过的，说明理由并通知申请人；通过的，向申请人出具养老金产品备案确认函，给予养老金产品登记号。养老金产品登记号编制方法为:99+PF+4位数年份+4位数序列号。其中，序列号采用连续编排方法。

（三）养老金产品托管人应当以产品的名义在其营业机构开立资金托管账户，资金托管账户是用于清算交收所托管养老金产品资产而设立的专用存款账户。资金托管账户名称为"××银行××公司××养老金产品资产"托管账户，"××银行"为养老金产品托管人的简称，"××公司"为养老金产品投资管理人的简称，"××银行××公司××养老金产品"名称应当与养老金产品备案确认函中的名称一致。

资金托管账户预留银行签章为"××银行××公司××养老金产品资产"专用章和托管人的授权人名章。专用章名称应当与资金托管账户名称一致，预留银行签章由托管人负责保管和代为使用。

托管人开立资金托管账户，应当向开户银行提供下列材料：

1. 投资管理人委托托管人开立养老金产品资金托管账户的委托书；

2.《关于××公司××养老金产品确认函》复印件；

3. 托管人营业执照复印件；

4. 托管人基本存款账户开户许可证复印件；

5. 托管人“企业年金基金管理机构资格”证书复印件；

6. 其他要求提供的材料。

资金托管账户开立之后，投资管理人可以面向企业年金计划或者企业年金计划投资组合（养老金产品投资人）定向销售养老金产品。投资人依据《养老金产品投资管理合同》取得产品份额后，即成为养老金产品份额持有人。

（四）养老金产品发行后，投资管理人不得变更养老金产品类型。

（五）发生下列情形之一的，养老金产品变更：

1. 养老金产品名称变更；

2. 养老金产品管理费率调高；

3. 养老金产品投资政策变更；

4. 备案材料的其他主要内容变更。

投资管理人与托管人协商一致后拟变更养老金产品的，应当充分保障份额持有人的知情权，事先以公告等方式通知份额持有人，并向人力资源社会保障部重新履行备案手续；备案通过后，变更生效。投资管理人应当自变更生效之日起 15 日内，以书面送达或者公告等方式通知份额持有人。养老金产品变更，原产品登记号不变。

（六）投资管理人可以在《养老金产品投资管理合同》中约定，在不损害份额持有人利益且与托管人协商一致的前提下，对养老金产品下列内容进行变更：

1. 调低养老金产品管理费率；

2. 因法律法规修订而应当收取增加的费用；

3. 因法律法规修订而应当修改《养老金产品投资管理合同》。

投资管理人应当自变更生效之日起 15 日内以书面送达或者公告等方式通知份额持有人，并同时向人力资源社会保障部报告。

（七）发生下列情形之一的，养老金产品终止：

1. 投资管理人与托管人协商一致决定终止的；

2. 人力资源社会保障部按照规定决定终止的。

养老金产品自人力资源社会保障部出具的同意或者决定终止函生效之日起终止。

（八）养老金产品终止的，投资管理人应当以公告等方式通知份额持有人，并组织清算组对养老金产品资产进行清算，清算费用从养老金产品资产中扣除。

清算组由投资管理人、托管人、份额持有人代表以及投资管理人聘请的会计师事务所、律师事务所等组成。

清算组应当自清算工作完成后 3 个月内，向人力资源社会保障部提交经会计师事务所审计以及律师事务所出具法律意见书的清算报告，该报告同时向份额持有人公告。

四、养老金产品管理运行

（一）投资管理人、托管人各自以养老金产品为主体，采用份额法计量方法，独立建账、独立核算，根据《企业会计准则第 10 号—企业年金基金》、《企业会计准则第 22 号—金融工具确认和计量》及相关会计准则，参照《证券投资基金会计核算业务指引》等规定，分别在每个交易日进行会计核算和估值，托管人应当复核、审查和确认投资管理人计算的估值结果。

（二）注册登记人负责办理养老金产品的注册登记业务。注册登记业务指登记、存管、清算和结算业务，具体内容包括份额持有人账户建立和管理、份额注册登记、销售业务确认、清算及交易确认、建立并保管份额持有人名册等。注册登记人应当在份额持有人办理申购赎回业务时向其提供交易确认电子数据。投资管理人委托其他机构办理注册登记业务所支付的费用，不得从养老金产品资产中列支。

注册登记人负责定期向份额持有人报告账户的份额、净值、申购赎回明细等信息，报告方式可以是纸质对账单或者电子对账单。注册登记人应当确保报告信息的及时、准确、完整。

注册登记人应当提供网站专区供份额持有人自助查询或者下载对账单。同时，应当为份额持有人提供纸质对账单或者电子对账单订阅方式，并按照订阅要求向份额持有人发送月度、季度或者年度纸质对账单、电子对账单。

（三）根据投资管理人的投资安排，托管人应当以养老金产品名义开立交易所证券账户、银行间债券账户、上海清算所持有人账户等账户。

托管人开立养老金产品交易所证券账户、银行间债券账户、上海清算所持有人账户时，应当提供下列材料：

1. 投资管理人委托托管人开立养老金产品各类账户的委托书；

2.《关于××公司××养老金产品确认函》复印件；

3. 托管人“企业年金基金管理机构资格”证书复印件；

4.《养老金产品托管合同》复印件；

5. 其他要求提供的材料。

（四）托管人应当按照本通知及《养老金产品托管合同》规定，对养老金产品资产的投资范围、投资比例、会计核算与估值、费用计提与支付等事项进行监督。托管人发现投资管理人违反本通知或者《养老金产品托管合同》规定的，应当及时通知投资管理人予以调整；投资管理人逾期未调整的，托管人应当上报人力资源社会保障部。

（五）养老金产品投资管理费按照固定费率收取，不收取业绩报酬，不提取风险准备金。

（六）养老金产品的投资管理费、托管费和其他相关费用，包括证券交易费用、资金划拨费用以及证券账户、资金账户等的开户及变更费用等，从养老金产品资产中扣除。

养老金产品投资管理人、托管人应当综合考虑养老金性质、份额持有人利益和市场发展等因素，合理确定管理费收取标准。

五、投资养老金产品

（一）企业年金计划投资组合资产投资养老金产品

1. 企业年金计划投资组合（以下简称“投资组合”）的投资管理人，可以将投资组合的委托投资资产投资于一个或者多个养老金产品。

2. 投资管理人将投资组合的部分或者全部委托投资资产投资于养老金产品时，该部分或者全部委托投资资产不再计提投资管理费，也不提取风险准备金。

3. 规模较小投资组合的受托人或者投资管理人，应当优先考虑将该组合的委托投资资产全部投资于养老金产品。

4. 注册登记人负责以投资组合的名义开立养老金产品份额持有人账户，开户名称应当与投资组合名称一致，开户证件使用企业年金计划备案确认函，证件号码为企业年金计划登记号，组织机构代码证、税务登记证号码等使用投资组合投资管理人的信息。

5. 投资管理人将投资组合的委托投资资产投资于养老金产品时，应当经受托人同意。

（二）企业年金计划资产投资养老金产品

1. 法人受托机构可以将受托管理的企业年金基金资产，分配给一个或者多个养老金产品。法人受托机构应当在《企业年金计划受托管理合同》或者补充协议中说明将企业年金缴费分配给养老金产品的原则和方法。

法人受托机构应当与养老金产品投资管理人签订《企业年金计划投资管理合同》，《养老金产品投资管理合同》、《养老金产品投资说明书》作为《企业年金计划投资管理合同》的附件。

2. 规模较小企业年金计划的委托人或者法人受托机构，应当优先考虑将企业年金计划基金资产全部投资于养老金产品。

3. 注册登记人负责以企业年金计划的名义开立养老金产品份额持有人账户，开户名称应当与企业年金计划名称一致，开户证件使用企业年金计划备案确认函，证件号码为企业年金计划登记号，组织机构代码证、税务登记证号码等使用法人受托机构的信息。

4. 企业年金计划法人受托机构和企业年金计划托管人应当分别完成企业年金计划的建账、估值核算、制作会计报表、信息报告等工作，法人受托机构对托管人出具的估值核算结果、会计报表及信息报告进行复核。

六、养老金产品信息披露和监管

（一）投资管理人应当在收到养老金产品备案确认函的下一个工作日，在指定网站及其公司官网上披露养老金产品信息。

养老金产品的投资经理发生变更，投资管理人应当自变更之日起3个工作日内，在指定网站及其公司官网上披露。

（二）养老金产品存续期间，投资管理人应当每个交易日在指定网站及其公司官网上披露经养老金产品托管人复核、审查和确认的单位净值。

（三）投资管理人应当按照有关规定，向份额持有人提供养老金产品季度报告和年度报告；如发生特殊情况，还应当提供临时报告或者进行重大信息披露。

（四）投资管理人、托管人应当按照有关规定，向人力资源社会保障部报告养老金产品的管理情况，同时抄报有关业务监管部门，并对所报告内容的真实性、准确性、完整性负责。

（五）养老金产品宣传推介材料应当含有明

确、醒目的风险提示和警示性文字，提醒投资人注意投资风险。投资人应当仔细阅读《养老金产品投资管理合同》、《养老金产品投资说明书》、《养老金产品托管合同》，充分认知养老金产品的投资风险，审慎做出投资决策，自行承担投资损益。

（六）企业年金计划受托人，负责企业年金计划的投资比例控制；企业年金计划托管人负责监督。

企业年金计划投资组合投资管理人，负责投资组合的投资比例控制；企业年金计划托管人负责监督。

养老金产品投资管理人，负责养老金产品的投资比例控制；养老金产品托管人负责监督。

养老金产品投资管理人应当接受份额持有人和托管人的监督。

（七）养老金产品经人力资源社会保障部备案确认，并不表明其对养老金产品的价值和收益做出实质性的判断或者保证，也不表明养老金产品没有投资风险。

（八）投资管理人、托管人违反行政法规和本办法规定的，人力资源社会保障部根据第11号令规定进行处罚；对直接负责的主管人员和其他直接责任人员，可以采取监管谈话、出具警示函、记入诚信档案等监管措施。

（九）人力资源社会保障部、有关业务监管部门依法履行监督管理职责，对养老金产品的投资运作和管理情况进行定期或者不定期检查，投资管理人、托管人和注册登记人应当予以配合。

人力资源社会保障部关于调整年金基金投资范围的通知

·2020年12月28日
·人社部发〔2020〕95号

各省、自治区、直辖市及新疆生产建设兵团人力资源社会保障厅（局），各计划单列市人力资源社会保障局，各企业年金基金管理机构、企业年金理事会：

为促进年金市场健康发展，实现年金基金资产保值增值，根据《企业年金基金管理办法》（人力资源社会保障部令第11号）、《人力资源社会保障部 财政部关于印发职业年金基金管理暂行办法的通知》（人社部发〔2016〕92号）等法律法规规定，经商财政部、银保监会、证监会，现就调整年金基金投资范围的有关事项通知如下：

一、本通知所称年金基金，是指根据依法建立的年金计划筹集的资金及其投资运营收益形成的补充养老保险基金，包括企业年金基金和职业年金基金。年金基金投资管理应当遵循谨慎、分散风险的原则，充分考虑年金基金财产的安全性、收益性和流动性，实行专业化管理。

二、年金基金财产限于境内投资和香港市场投资。

境内投资范围包括银行存款，标准化债权类资产，债券回购，信托产品，债权投资计划，公开募集证券投资基金，股票，股指期货，国债期货，养老金产品。

香港市场投资指年金基金通过股票型养老金产品或公开募集证券投资基金，投资内地与香港股票市场交易互联互通机制下允许买卖的香港联合交易所上市股票（简称“港股通标的股票”）。

三、年金基金可投资的标准化债权类资产指依法发行的固定收益证券，包括国债，中央银行票据，同业存单，政策性、开发性银行债券，以及信用等级在投资级以上的金融债、企业债、公司债、可转换债、可交换债、（超）短期融资券、中期票据、非公开定向债务融资工具、信贷资产支持证券、资产支持票据、证券交易所挂牌交易的资产支持证券。上述资产发行方式包括公开发行和非公开发行。

四、年金基金财产以投资组合为单位，按照公允价值计算应当符合下列规定：

（一）投资一年期以内（含一年）的银行存款、中央银行票据，同业存单，剩余期限在一年期以内（含一年）的国债，剩余期限在一年期以内（含一年）的政策性、开发性银行债券，债券回购，货币市场基金，货币型养老金产品等流动性资产的比例，合计不得低于投资组合委托投资资产净值的5%。清算备付金、证券清算款以及一级市场证券申购资金视为流动性资产。

（二）投资一年期以上的银行存款，标准化债权类资产，信托产品，债权投资计划，债券基金，固定收益型养老金产品，混合型养老金产品等固定收益类资产的比例，合计不得高于投资组合委托投资资产净值的135%。债券正回购的资金余额在每个交易日均不得高于投资组合委托投资资产净值的40%。已计入流动性资产的不再重复计入固定收益类资产。

（三）投资股票、股票基金、混合基金、股票型养老金产品（含股票专项型养老金产品）等权益类资产的比例，合计不得高于投资组合委托投资资产净值的40%。其中，投资港股通标的产品的比例，不得高于投资组合委托投资资产净值的20%；投资单只股票专项型养老金产品的比例，不得高于投资组合委托投资资产净值的10%。

年金基金不得直接投资于权证，但因投资股票、分离交易可转换债等投资品种而衍生获得的权证，应当在权证上市交易之日起10个交易日内卖出。

（四）投资信托产品、债权投资计划，以及信托产品型、债权投资计划型养老金产品的比例，合计不得高于投资组合委托投资资产净值的30%。其中，投资信托产品以及信托产品型养老金产品的比例，合计不得高于投资组合委托投资资产净值的10%。

（五）专门投资组合是指将80%以上非现金资产投资于银行存款、信托产品、债权投资计划或者存款型、信托产品型、债权投资计划型养老金产品中的一类产品而专门设立的投资组合。专门投资组合可以不受第（一）款5%流动性限制。投资信托产品、债权投资计划或信托产品型、债权投资计划型养老金产品的专门投资组合，可以不受第（四）款30%和10%规定的限制。

五、单个投资组合的年金基金财产，按照公允价值计算应当符合下列规定：

（一）投资一家企业所发行的股票，单期发行的同一品种标准化债权类资产，单只证券投资基金，分别不得超过上述证券发行量、该基金份额（基金产品份额数以最近一次公告或者发行人正式说明为准）的5%，也分别不得超过该投资组合委托投资资产净值的10%。其中，投资资产支持证券或资产支持票据的比例不得超过该只证券发行量的10%。

（二）投资单期信托产品、债权投资计划，分别不得超过该期信托产品、债权投资计划资产管理规模的20%。投资信托产品、债权投资计划的专门投资组合，可以不受此规定的限制。

六、单个计划的年金基金财产按照公允价值计算，应当符合投资流动性资产、固定收益类资产、权益类资产、信托产品、债权投资计划，以及信托产品型、债权投资计划型养老金产品的比例限制，参照本通知第四条管理。

法人受托机构可以设立受托直投组合，将部分或全部受托管理的年金计划基金资产，直接分配给一个或多个养老金产品。单个受托直投组合配置本公司发行的养老金产品的比例，合计不得高于受托直投组合资产净值的40%。

七、年金基金投资港股通标的的股票的股票型养老金产品应当符合下列规定：

（一）投资港股通标的的股票的股票型养老金产品名称中应含有“港股”字样，且应有80%以上的权益类资产投资于港股通标的的股票。

（二）发行含有“港股”字样养老金产品的投资管理人应当配备不少于2名具有5年以上投资管理经验且具有2年以上香港股票市场投资管理相关经验的人员，其中至少应包括1名投资经理。

八、年金基金可投资的优先股应当符合下列规定：

（一）证券投资组合及混合型、股票型（含股票专项型）养老金产品可投资优先股。

（二）优先股发行主体信用等级不低于国内信用评级机构评定的AAA级，且优先股信用等级不低于国内信用评级机构评定的AA+级。

（三）优先股发行主体公司章程或优先股募集说明书中应当包含明确的分红条款。

九、年金基金可投资的同业存单的发行主体信用等级应不低于国内信用评级机构评定的AAA级。

十、年金基金可投资的永续债应当符合下列规定：

（一）永续债及发行主体的信用等级不低于国内信用评级机构评定的AA+级；其中，非公开募集的永续债可无债项评级，但其发行主体的信用等级需具有国内信用评级机构评定的AAA级。

（二）有明确约定的利率和付息频率，有利率跳升条款；其中，商业银行发行的永续债可无利率跳升条款，但发行主体的信用等级需具有国内信用评级机构评定的AAA级。

十一、年金基金可投资的资产支持证券、资产支持票据应当符合下列规定：

（一）在银行间债券市场或者证券交易所市场

挂牌交易。

（二）限于产品评级为国内信用评级机构评定的AAA级资产支持证券、资产支持票据的优先级份额。

十二、年金基金可投资的信托产品应当符合下列规定：

（一）限于集合资金信托计划和为年金基金设计、发行的单一资金信托。

（二）基础资产限于非标准化债权类资产。

（三）投资相关合同应当包含固定频率的信托利益分配表述及明确的"受益权转让"条款。

（四）信用等级不低于国内信用评级机构评定的AA+级或者相当于AA+级的信用级别。但符合下列条件之一的，可以豁免外部信用评级：

1. 偿债主体上个会计年度末经审计的净资产不低于150亿元人民币，或最近三年连续盈利且年营业收入不低于200亿元人民币；

2. 提供无条件不可撤销连带责任保证担保的担保人，担保人上个会计年度末经审计的净资产不低于150亿元人民币，或最近三年连续盈利且年营业收入不低于200亿元人民币。

（五）安排投资项目担保机制，但符合上述第四款1条规定且在风险可控的前提下可以豁免信用增级安排。

（六）发行信托产品的信托公司应当具有完善的公司治理、良好的市场信誉和稳定的投资业绩，上个会计年度末经审计的净资产不低于100亿元人民币；近一年公司及高级管理人员未发生重大违法违规行为。

十三、年金基金可投资的债权投资计划应当符合下列规定：

（一）履行完毕相关监管机构规定的所有合法程序。

（二）投资合同应当包含明确的"受益权转让"条款。

（三）信用等级不低于国内信用评级机构评定的A级或者相当于A级的信用级别。

（四）投资品种限于银保监会认可的信用增级为保证担保方式和免于信用增级的情况。

（五）发行债权投资计划的公司应当具有完善的公司治理、良好的市场信誉和稳定的投资业绩，上个会计年度末经审计的净资产不低于2亿元人民币。

十四、投资组合、养老金产品参与股指期货、国债期货交易应当符合下列规定：

（一）根据风险管理的原则，只能以套期保值为目的，并按照中国金融期货交易所套期保值管理的有关规定执行。

（二）任一投资组合或者养老金产品在任何交易日日终，所持有的卖出股指期货或者国债期货合约价值，不得超过其对冲标的的账面价值。

（三）投资组合、养老金产品不得买入股指期货或者国债期货套期保值。

十五、因证券市场波动、上市公司合并、投资组合或产品规模变动等投资管理人之外的因素致使年金基金投资不符合投资比例要求的，投资管理人应当在可上市交易之日起10个交易日内调整完毕。因信用等级下降等因素致使年金基金所投金融产品不再符合投资条件的，投资管理人应当在评级报告等信息发布之日起30个交易日内调整完毕。法律法规或监管部门另有规定的，从其规定。

十六、金融产品的估值按照相关法律法规或者监管部门的规定执行。

十七、年金基金投资应当按照穿透式管理要求，明确约定投资的底层资产符合年金基金投资范围，不得多层嵌套。其中，货币市场基金、债券基金、混合基金、股票基金可不受本限制。

十八、投资管理人投资的非标准化债权类资产，募集资金投资方向应当符合国家宏观政策、产业政策和监管政策；产品结构简单，基础资产清晰，信用增级安排确凿，具有稳定可预期的现金流；建立信息披露机制和风险隔离机制，并实行资产托（保）管。投资管理人应当优先投资在公开平台登记发行和交易转让的金融产品。

十九、企业年金计划委托人、职业年金计划代理人不得直接或间接指定管理人配置金融产品。年金基金管理机构应当利用年金基金资金长期、稳定的优势，发挥自身专业能力，着眼长期，实现年金基金保值增值。

法人受托机构、企业年金理事会应当做好计划层面风险防控，确保资产配置比例符合相关规定，提高大类资产配置能力；托管人应当认真履行投资监督职责，督促合规运作，维护资产安全；投资管理人应当加强风险防范，持续跟踪金融产品管理运作，投资有关金融产品时，不得与当事人发生涉及利益输送、利益转移等不当交易行为,不得通过关联交易或者其他方式侵害年金委托人的利益。

二十、本通知自2021年1月1日起实施,《关于扩大企业年金基金投资范围的通知》(人社部发〔2013〕23号)同时废止。《企业年金基金管理办法》(人力资源社会保障部令第11号)第六章、《人力资源社会保障部财政部关于印发职业年金基金管理暂行办法的通知》(人社部发〔2016〕92号)第三章、《关于企业年金养老金产品有关问题的通知》(人社部发〔2013〕24号)以及《关于企业年金基金股权和优先股投资试点的通知》(人社部发〔2014〕64号)中与本通知不符的内容依照本通知相应调整。

(六)合格境内外机构投资者

合格境内机构投资者境外证券投资管理试行办法

·2007年6月18日中国证券监督管理委员会令第46号公布
·自2007年7月5日起施行

第一章 总 则

第一条 为了规范合格境内机构投资者境外证券投资行为,保护投资人合法权益,根据《证券投资基金法》、《证券法》和其他有关法律、行政法规,制定本办法。

第二条 本办法所称合格境内机构投资者(以下简称境内机构投资者),是指符合本办法规定的条件,经中国证券监督管理委员会(以下简称中国证监会)批准在中华人民共和国境内募集资金,运用所募集的部分或者全部资金以资产组合方式进行境外证券投资管理的境内基金管理公司和证券公司等证券经营机构。

第三条 境内机构投资者开展境外证券投资业务,应当由境内商业银行负责资产托管业务,可以委托境外证券服务机构代理买卖证券。

第四条 中国证监会和国家外汇管理局(以下简称国家外汇局)依法按照各自职能对境内机构投资者境外证券投资实施监督管理。

第二章 境内机构投资者资格条件和审批程序

第五条 申请境内机构投资者资格,应当具备下列条件:

(一)申请人的财务稳健,资信良好,资产管理规模、经营年限等符合中国证监会的规定;

(二)拥有符合规定的具有境外投资管理相关经验的人员;

(三)具有健全的治理结构和完善的内控制度,经营行为规范;

(四)最近3年没有受到监管机构的重大处罚,没有重大事项正在接受司法部门、监管机构的立案调查;

(五)中国证监会根据审慎监管原则规定的其他条件。

第六条 第五条第(一)项所指的条件是:

(一)基金管理公司:净资产不少于2亿元人民币;经营证券投资基金(以下简称基金)管理业务达2年以上;在最近一个季度末资产管理规模不少于200亿元人民币或等值外汇资产;

(二)证券公司:各项风险控制指标符合规定标准;净资本不低于8亿元人民币;净资本与净资产比例不低于70%;经营集合资产管理计划(以下简称集合计划)业务达1年以上;在最近一个季度末资产管理规模不少于20亿元人民币或等值外汇资产。

第七条 第五条第(二)项所指的条件是:具有5年以上境外证券市场投资管理经验和相关专业资质的中级以上管理人员不少于1名,具有3年以上境外证券市场投资管理相关经验的人员不少于3名。

第八条 申请境内机构投资者资格的,应当向中国证监会报送下列文件(一份正本、一份副本):

(一)申请表;

(二)符合本办法第五条规定的证明文件;

(三)中国证监会要求的其他文件。

第九条 中国证监会收到完整的资格申请文件后对申请材料进行审核,做出批准或者不批准的决定。决定批准的,颁发境外证券投资业务许可文件;决定不批准的,书面通知申请人。

第十条 申请人可在取得境内机构投资者资格后,向中国证监会报送产品募集申请文件。

第十一条 中国证监会自收到完整的产品募集申请文件后对申请材料进行审核，做出批准或者不批准的决定，并书面通知申请人。

第十二条 境内机构投资者应当依照有关规定向国家外汇局申请经营外汇业务资格。

第三章 境外投资顾问

第十三条 本办法所称境外投资顾问（以下简称投资顾问）是指符合本办法规定的条件，根据合同为境内机构投资者境外证券投资提供证券买卖建议或投资组合管理等服务并取得收入的境外金融机构。

第十四条 境内机构投资者可以委托符合下列条件的投资顾问进行境外证券投资：

（一）在境外设立，经所在国家或地区监管机构批准从事投资管理业务；

（二）所在国家或地区证券监管机构已与中国证监会签订双边监管合作谅解备忘录，并保持着有效的监管合作关系；

（三）经营投资管理业务达 5 年以上，最近一个会计年度管理的证券资产不少于 100 亿美元或等值货币；

（四）有健全的治理结构和完善的内控制度，经营行为规范，最近 5 年没有受到所在国家或地区监管机构的重大处罚，没有重大事项正在接受司法部门、监管机构的立案调查。

境内证券公司在境外设立的分支机构担任投资顾问的，可以不受前款第（三）项规定的限制。

第十五条 境内机构投资者应当承担受信责任，在挑选、委托投资顾问过程中，履行尽职调查义务。

第十六条 投资顾问应当严格遵守境内有关法律法规、基金合同和集合资产管理合同的规定，始终将基金、集合计划持有人的利益置于首位，以合理的依据提出投资建议，寻求基金、集合计划的最佳交易执行，公平客观对待所有客户，始终按照基金、集合计划的投资目标、策略、政策、指引和限制实施投资决定，充分披露一切涉及利益冲突的重要事实，尊重客户信息的机密性。

第十七条 境内机构投资者授权投资顾问负责投资决策的，应当在协议中明确投资顾问由于本身差错、疏忽、未履行职责等原因而导致财产受损时应当承担相应责任。

第四章 资产托管

第十八条 境内机构投资者开展境外证券投资业务时，应当由具有证券投资基金托管资格的银行（以下简称托管人）负责资产托管业务。

第十九条 托管人可以委托符合下列条件的境外资产托管人负责境外资产托管业务：

（一）在中国大陆以外的国家或地区设立，受当地政府、金融或证券监管机构的监管；

（二）最近一个会计年度实收资本不少于 10 亿美元或等值货币或托管资产规模不少于 1000 亿美元或等值货币；

（三）有足够的熟悉境外托管业务的专职人员；

（四）具备安全保管资产的条件；

（五）具备安全、高效的清算、交割能力；

（六）最近 3 年没有受到监管机构的重大处罚，没有重大事项正在接受司法部门、监管机构的立案调查。

第二十条 托管人应当按照有关法律法规履行下列受托人职责：

（一）保护持有人利益，按照规定对基金、集合计划日常投资行为和资金汇出入情况实施监督，如发现投资指令或资金汇出入违法、违规，应当及时向中国证监会、国家外汇局报告；

（二）安全保护基金、集合计划财产，准时将公司行为信息通知境内机构投资者，确保基金、集合计划及时收取所有应得收入；

（三）确保基金、集合计划按照有关法律法规、基金合同和集合资产管理合同约定的投资目标和限制进行管理；

（四）按照有关法律法规、基金合同和集合资产管理合同的约定执行境内机构投资者、投资顾问的指令，及时办理清算、交割事宜；

（五）确保基金、集合计划的份额净值按照有关法律法规、基金合同和集合资产管理合同规定的方法进行计算；

（六）确保基金、集合计划按照有关法律法规、基金合同和集合资产管理合同的规定进行申购、认购、赎回等日常交易；

（七）确保基金、集合计划根据有关法律法规、基金合同和集合资产管理合同确定并实施收益分配方案；

（八）按照有关法律法规、基金合同和集合资产管理合同的规定以受托人名义或其指定的代理人名义登记资产；

（九）每月结束后7个工作日内，向中国证监会和国家外汇局报告境内机构投资者境外投资情况，并按相关规定进行国际收支申报；

（十）中国证监会和国家外汇局根据审慎监管原则规定的其他职责。

第二十一条 对基金、集合计划的境外财产，托管人可授权境外托管人代为履行其承担的受托人职责。境外托管人在履行职责过程中，因本身过错、疏忽等原因而导致基金、集合计划财产受损的，托管人应当承担相应责任。

第二十二条 托管人应当按照有关法律法规履行下列托管职责：

（一）安全保管基金、集合计划资产，开设资金账户和证券账户；

（二）办理境内机构投资者的有关结汇、售汇、收汇、付汇和人民币资金结算业务；

（三）保存境内机构投资者的资金汇出、汇入、兑换、收汇、付汇、资金往来、委托及成交记录等相关资料，其保存的时间应当不少于20年；

（四）中国证监会和国家外汇局根据审慎监管原则规定的其他职责。

第二十三条 托管人、境外托管人应当将其自有资产和境内机构投资者管理的财产严格分开。

第五章 资金募集、投资运作、信息披露

第二十四条 取得境内机构投资者资格的基金管理公司可以根据有关法律法规通过公开发售基金份额募集基金，运用基金财产投资于境外证券市场。基金管理公司申请募集基金，应当根据有关法律法规规定提交申请材料。

第二十五条 取得境内机构投资者资格的证券公司可以通过设立集合计划等方式募集资金，运用所募集的资金投资于境外证券市场。设立集合计划的，应当按照有关规定提交申请材料，进行资金募集和投资运作。

第二十六条 申请募集的基金应当根据有关规定选择投资业绩比较基准。

第二十七条 基金、集合计划应当投资于中国证监会规定的金融产品或工具。

第二十八条 基金、集合计划应当遵守有关投资比例限制的规定。

第二十九条 境内机构投资者、投资顾问挑选、委托境外证券服务机构代理买卖证券的，应当严格履行受信责任，并按照有关规定对投资交易的流程、信息披露、记录保存进行管理。

第三十条 境内机构投资者、投资顾问与境外证券服务机构之间的证券交易和研究服务安排，应当按照以下原则进行：

（一）交易佣金属于基金、集合计划持有人的财产；

（二）境内机构投资者、投资顾问有责任代表持有人确保交易质量，包括但不限于：

1. 寻求最佳交易执行；

2. 力求交易成本最小化；

3. 使用持有人的交易佣金使持有人受益。

第三十一条 境内机构投资者的境外证券投资，应当遵守当地监管机构、交易所的有关法律法规规定。

第三十二条 境内机构投资者、托管人等信息披露义务人应当严格按照有关法律法规规定的要求进行信息披露。

第六章 额度和资金管理

第三十三条 境内机构投资者应当根据市场情况、产品特性等在募集方案中设定合理的额度规模上限，向国家外汇局备案，并按照有关规定到国家外汇局办理相关手续。基金、集合计划存续期内的额度规模管理应当按照有关规定进行。

第三十四条 境内机构投资者应当在托管人处开立托管账户，托管基金、集合计划的全部资产。

第三十五条 托管人应当为基金、集合计划开立结算账户和证券托管账户，用于与证券登记结算等机构之间的资金结算业务和证券托管业务。

第三十六条 托管账户、结算账户和证券托管账户的收入、支出范围应当符合有关规定，账户内的资金不得向他人贷款或提供担保。

第三十七条 境内机构投资者应当定期向国家外汇局报告其额度使用及资金汇出入情况。

第七章 监督管理

第三十八条 中国证监会和国家外汇局可以要求境内机构投资者、托管人提供境内机构投资者境外投资活动有关资料；必要时，可以进行现场

检查。

第三十九条 境内机构投资者有下列情形之一的，应当在其发生后5个工作日内报中国证监会备案并公告：

（一）变更托管人或境外托管人；

（二）变更投资顾问；

（三）境外涉及诉讼及其他重大事件；

（四）中国证监会规定的其他情形。

托管人或境外托管人发生变更的，境内机构投资者应当同时报国家外汇局备案。

第四十条 境内机构投资者有下列情形之一的，应当在其发生后60个工作日内重新申请境外证券投资业务资格，并向国家外汇局重新办理经营外汇业务资格申请、投资额度备案手续：

（一）变更机构名称；

（二）被其他机构吸收合并；

（三）中国证监会、国家外汇局规定的其他情形。

第四十一条 境内机构投资者运用基金、集合计划财产进行证券投资，发生重大违法、违规行为的，中国证监会可以依法采取限制交易行为等措施，国家外汇局可以依法采取限制其资金汇出入等措施。

第四十二条 托管人违法、违规严重的，中国证监会可以依法做出限制其托管业务的决定。

第四十三条 境内机构投资者、托管人等违反本办法的，由中国证监会、国家外汇局依法进行相应的行政处罚。

第八章 附 则

第四十四条 境内机构投资者投资于香港特别行政区、澳门特别行政区的金融产品或工具，参照本办法执行。

第四十五条 取得境内机构投资者资格的基金管理公司向特定对象募集资金或者接受特定对象财产委托投资于境外证券市场的，参照本办法执行。

第四十六条 取得境内机构投资者资格的证券公司办理定向资产管理、专项资产管理业务，运用所管理的资金投资于境外证券市场的，参照本办法执行。

第四十七条 本办法自2007年7月5日起施行。

合格境外机构投资者和人民币合格境外机构投资者境内证券期货投资管理办法

· 2020年9月25日中国证券监督管理委员会、中国人民银行、国家外汇管理局令第176号公布

· 自2020年11月1日起施行

第一条 为规范合格境外机构投资者和人民币合格境外机构投资者在境内证券期货市场的投资行为，促进证券期货市场稳定健康发展，根据有关法律、行政法规，制定本办法。

第二条 本办法所称合格境外机构投资者和人民币合格境外机构投资者（以下统称合格境外投资者），是指经中国证券监督管理委员会（以下简称中国证监会）批准，使用来自境外的资金进行境内证券期货投资的境外机构投资者，包括境外基金管理公司、商业银行、保险公司、证券公司、期货公司、信托公司、政府投资机构、主权基金、养老基金、慈善基金、捐赠基金、国际组织等中国证监会认可的机构。

鼓励使用来自境外的人民币资金进行境内证券期货投资。

第三条 合格境外投资者应当委托符合要求的境内机构作为托管人托管资产，依法委托境内证券公司、期货公司办理在境内的证券期货交易活动。

第四条 合格境外投资者应当建立并实施有效的内部控制和合规管理制度，确保投资运作、资金管理等行为符合境内法律法规和其他有关规定。

第五条 中国证监会、中国人民银行（以下简称人民银行）依法对合格境外投资者的境内证券期货投资实施监督管理，人民银行、国家外汇管理局（以下简称外汇局）依法对合格境外投资者境内银行账户、资金汇兑等实施监督管理。

合格境外投资者可参与的金融衍生品等交易品种和交易方式，由中国证监会商人民银行、外汇局同意后公布。

第六条 申请合格境外投资者资格，应当具备下列条件：

（一）财务稳健，资信良好，具备证券期货投资经验；

（二）境内投资业务主要负责人员符合申请人所在境外国家或者地区有关从业资格的要求（如有）；

（三）治理结构、内部控制和合规管理制度健全有效，按照规定指定督察员负责对申请人境内投资行为的合法合规性进行监督；

（四）经营行为规范，近3年或者自成立以来未受到监管机构的重大处罚；

（五）不存在对境内资本市场运行产生重大影响的情形。

第七条 申请人应当通过托管人向中国证监会报送合格境外投资者资格申请文件。

中国证监会自受理申请文件之日起10个工作日内，对申请材料进行审核，并作出批准或者不予批准的决定。决定批准的，作出书面批复，并颁发经营证券期货业务许可证（以下简称许可证）；决定不予批准的，书面通知申请人。

第八条 托管人首次开展合格境外投资者资产托管业务的，应当自签订托管协议之日起5个工作日内，报中国证监会备案。

第九条 托管人应当履行下列职责：

（一）安全保管合格境外投资者托管的全部资产；

（二）办理合格境外投资者的有关交易清算、交收、结汇、售汇、收汇、付汇和人民币资金结算业务；

（三）监督合格境外投资者的投资运作，发现其投资指令违法、违规的，及时向中国证监会、人民银行和外汇局报告；

（四）根据中国证监会、人民银行和外汇局的要求，报送合格境外投资者的开销户信息、资金跨境收付信息、境内证券期货投资资产配置情况信息等相关业务报告和报表，并进行国际收支统计申报；

（五）保存合格境外投资者的资金汇入、汇出、兑换、收汇、付汇和资金往来记录等相关资料，保存期限不少于20年；

（六）中国证监会、人民银行和外汇局根据审慎监管原则规定的其他职责。

第十条 托管人应当持续符合下列要求：

（一）有专门的资产托管部门和符合托管业务需要的人员、系统、制度；

（二）具有经营外汇业务和人民币业务的资格；

（三）未发生影响托管业务的重大违法违规行为；

（四）中国证监会、人民银行和外汇局根据审慎监管原则规定的其他要求。

第十一条 托管人应当将其自有资产和受托资产严格分开，对受托资产实行分账托管。

第十二条 合格境外投资者委托2个以上托管人的，应当指定1个主报告人，负责代其统一办理资格申请、重大事项报告、主体信息登记等事项。合格境外投资者应当在指定主报告人之日起5个工作日内，通过主报告人将所有托管人信息报中国证监会、外汇局备案。

合格境外投资者可以更换托管人。中国证监会、外汇局根据审慎监管原则可以要求合格境外投资者更换托管人。

第十三条 合格境外投资者应当依法申请开立证券期货账户。

合格境外投资者进行证券期货交易，应当委托具有相应结算资格的机构结算。

第十四条 合格境外投资者的投资本金及在境内的投资收益可以投资于符合规定的金融工具。

合格境外投资者投资银行间债券市场，参与境内外汇市场业务，应当根据人民银行、外汇局相关规定办理。

第十五条 合格境外投资者开展境内证券投资，应当遵守中国证监会规定的证券投资比例限制和国家其他有关规定。

第十六条 合格境外投资者履行信息披露义务时，应当依法合并计算其拥有的同一公司境内上市或者挂牌股票和境外上市外资股的权益，并遵守信息披露有关规则。

合格境外投资者应当按照信息披露规则合并披露一致行动人的相关证券投资信息。

第十七条 证券公司、期货公司等机构保存合格境外投资者的委托记录、交易记录等资料的期限应当不少于20年。

第十八条 合格境外投资者的境内证券期货投资活动，应当遵守证券期货交易场所、证券登记结算机构、证券期货市场监测监控机构的有关规定。

第十九条 合格境外投资者应当在托管人处

开立外汇账户和(或)人民币专用存款账户,收支范围应当符合人民银行、外汇局的有关规定。

第二十条 合格境外投资者应当按照人民银行、外汇局相关规定汇入本金,以外汇形式汇入的本金应当是在中国外汇市场可挂牌交易的货币。

合格境外投资者可以按照人民银行、外汇局相关规定汇出资金。

第二十一条 中国证监会、人民银行和外汇局依法可以要求合格境外投资者、托管人、证券公司、期货公司等机构提供合格境外投资者的有关资料,并进行必要的询问、检查。

第二十二条 合格境外投资者有下列情形之一的,应当在相关情形发生之日起5个工作日内报中国证监会、人民银行和外汇局备案:

(一)变更托管人;

(二)控股股东、实际控制人变更;

(三)涉及重大诉讼及其他重大事件;

(四)在境外受到重大处罚;

(五)中国证监会、人民银行和外汇局规定的其他情形。

第二十三条 合格境外投资者有下列情形之一的,应当申请变更或者换领许可证:

(一)许可证信息发生变更;

(二)被其他机构吸收合并;

(三)中国证监会、人民银行和外汇局规定的其他情形。

变更或者换领许可证期间,合格境外投资者可以继续进行证券期货交易,但中国证监会根据审慎监管原则认为需要暂停的除外。

第二十四条 合格境外投资者有下列情形之一的,应当将许可证交还中国证监会,由中国证监会注销其业务许可:

(一)机构解散、进入破产程序或者由接管人接管;

(二)申请注销业务许可;

(三)中国证监会、人民银行和外汇局认定的其他情形。

第二十五条 合格境外投资者有下列情形之一的,中国证监会、人民银行和外汇局可以对其采取责令改正、监管谈话、出具警示函等监管措施;对直接负责的主管人员和其他直接责任人员,可以采取监管谈话、出具警示函、责令定期报告等监管措施:

(一)未按规定开立账户;

(二)未按规定开展境内证券期货投资;

(三)未按规定履行信息披露义务;

(四)未按规定有效实施内部控制和合规管理制度;

(五)未按规定变更、换领或者交还许可证;

(六)未按规定办理资金汇入、汇出、结汇或者收汇、付汇;

(七)未按规定报送有关报告、材料或者相关内容存在虚假记载、误导性陈述或者重大遗漏;

(八)不配合有关检查,拒绝、拖延提供有关资料;

(九)违反本办法规定的其他行为。

合格境外投资者违反《中华人民共和国证券法》、《期货交易管理条例》、《中华人民共和国外汇管理条例》等法律、行政法规的,按照有关规定实施行政处罚。涉嫌犯罪的,依法将案件移送司法机关追究刑事责任。

第二十六条 合格境外投资者在开展境内证券期货投资过程中发生重大违法违规行为的,中国证监会可以依法采取限制相关证券期货账户交易等措施。

第二十七条 托管人未按照规定进行备案,未履行本办法第九条规定的职责,或者违反本办法第十条等规定的,中国证监会可以对其采取责令改正、监管谈话、出具警示函等监管措施;对直接负责的主管人员和其他直接责任人员,可以采取监管谈话、出具警示函、责令定期报告等监管措施。违反有关法律、行政法规的,按照有关规定实施行政处罚。涉嫌犯罪的,依法将案件移送司法机关追究刑事责任。

第二十八条 在香港特别行政区、澳门特别行政区设立的机构投资者到内地从事证券期货投资,在台湾地区设立的机构投资者到大陆从事证券期货投资,适用本办法。

第二十九条 本办法自2020年11月1日起施行。2006年8月24日中国证监会、人民银行、外汇局公布的《合格境外机构投资者境内证券投资管理办法》和2013年3月1日中国证监会公布的《人民币合格境外机构投资者境内证券投资试点办法》同时废止。

四、期货

中华人民共和国期货和衍生品法

· 2022年4月20日中华人民共和国主席令第111号公布
· 自2022年8月1日起施行

第一章 总 则

第一条 为了规范期货交易和衍生品交易行为，保障各方合法权益，维护市场秩序和社会公共利益，促进期货市场和衍生品市场服务国民经济，防范化解金融风险，维护国家经济安全，制定本法。

第二条 在中华人民共和国境内，期货交易和衍生品交易及相关活动，适用本法。

在中华人民共和国境外的期货交易和衍生品交易及相关活动，扰乱中华人民共和国境内市场秩序，损害境内交易者合法权益的，依照本法有关规定处理并追究法律责任。

第三条 本法所称期货交易，是指以期货合约或者标准化期权合约为交易标的的交易活动。

本法所称衍生品交易，是指期货交易以外的，以互换合约、远期合约和非标准化期权合约及其组合为交易标的的交易活动。

本法所称期货合约，是指期货交易场所统一制定的、约定在将来某一特定的时间和地点交割一定数量标的物的标准化合约。

本法所称期权合约，是指约定买方有权在将来某一时间以特定价格买入或者卖出约定标的物（包括期货合约）的标准化或非标准化合约。

本法所称互换合约，是指约定在将来某一特定时间内相互交换特定标的物的金融合约。

本法所称远期合约，是指期货合约以外的，约定在将来某一特定的时间和地点交割一定数量标的物的金融合约。

第四条 国家支持期货市场健康发展，发挥发现价格、管理风险、配置资源的功能。

国家鼓励利用期货市场和衍生品市场从事套期保值等风险管理活动。

国家采取措施推动农产品期货市场和衍生品市场发展，引导国内农产品生产经营。

本法所称套期保值，是指交易者为管理因其资产、负债等价值变化产生的风险而达成与上述资产、负债等基本吻合的期货交易和衍生品交易的活动。

第五条 期货市场和衍生品市场应当建立和完善风险的监测监控与化解处置制度机制，依法限制过度投机行为，防范市场系统性风险。

第六条 期货交易和衍生品交易活动，应当遵守法律、行政法规和国家有关规定，遵循公开、公平、公正的原则，禁止欺诈、操纵市场和内幕交易的行为。

第七条 参与期货交易和衍生品交易活动的各方具有平等的法律地位，应当遵守自愿、有偿、诚实信用的原则。

第八条 国务院期货监督管理机构依法对全国期货市场实行集中统一监督管理。国务院对利率、汇率期货的监督管理另有规定的，适用其规定。

衍生品市场由国务院期货监督管理机构或者国务院授权的部门按照职责分工实行监督管理。

第九条 期货和衍生品行业协会依法实行自律管理。

第十条 国家审计机关依法对期货经营机构、期货交易场所、期货结算机构、国务院期货监督管理机构进行审计监督。

第二章 期货交易和衍生品交易

第一节 一般规定

第十一条 期货交易应当在依法设立的期货交易所或者国务院期货监督管理机构依法批准组织开展期货交易的其他期货交易场所（以下统称期货交易场所），采用公开的集中交易方式或者国务院期货监督管理机构批准的其他方式进行。

禁止在期货交易场所之外进行期货交易。

衍生品交易，可以采用协议交易或者国务院规定的其他交易方式进行。

第十二条 任何单位和个人不得操纵期货市场或者衍生品市场。

禁止以下列手段操纵期货市场，影响或者意图影响期货交易价格或者期货交易量：

（一）单独或者合谋，集中资金优势、持仓优势或者利用信息优势联合或者连续买卖合约；

（二）与他人串通，以事先约定的时间、价格和方式相互进行期货交易；

（三）在自己实际控制的账户之间进行期货交易；

（四）利用虚假或者不确定的重大信息，诱导交易者进行期货交易；

（五）不以成交为目的，频繁或者大量申报并撤销申报；

（六）对相关期货交易或者合约标的物的交易作出公开评价、预测或者投资建议，并进行反向操作或者相关操作；

（七）为影响期货市场行情囤积现货；

（八）在交割月或者临近交割月，利用不正当手段规避持仓限额，形成持仓优势；

（九）利用在相关市场的活动操纵期货市场；

（十）操纵期货市场的其他手段。

第十三条 期货交易和衍生品交易的内幕信息的知情人和非法获取内幕信息的人，在内幕信息公开前不得从事相关期货交易或者衍生品交易，明示、暗示他人从事与内幕信息有关的期货交易或者衍生品交易，或者泄露内幕信息。

第十四条 本法所称内幕信息，是指可能对期货交易或者衍生品交易的交易价格产生重大影响的尚未公开的信息。

期货交易的内幕信息包括：

（一）国务院期货监督管理机构以及其他相关部门正在制定或者尚未发布的对期货交易价格可能产生重大影响的政策、信息或者数据；

（二）期货交易场所、期货结算机构作出的可能对期货交易价格产生重大影响的决定；

（三）期货交易场所会员、交易者的资金和交易动向；

（四）相关市场中的重大异常交易信息；

（五）国务院期货监督管理机构规定的对期货交易价格有重大影响的其他信息。

第十五条 本法所称内幕信息的知情人，是指由于经营地位、管理地位、监督地位或者职务便利等，能够接触或者获得内幕信息的单位和个人。

期货交易的内幕信息的知情人包括：

（一）期货经营机构、期货交易场所、期货结算机构、期货服务机构的有关人员；

（二）国务院期货监督管理机构和其他有关部门的工作人员；

（三）国务院期货监督管理机构规定的可以获取内幕信息的其他单位和个人。

第十六条 禁止任何单位和个人编造、传播虚假信息或者误导性信息，扰乱期货市场和衍生品市场。

禁止期货经营机构、期货交易场所、期货结算机构、期货服务机构及其从业人员，组织、开展衍生品交易的场所、机构及其从业人员，期货和衍生品行业协会、国务院期货监督管理机构、国务院授权的部门及其工作人员，在期货交易和衍生品交易及相关活动中作出虚假陈述或者信息误导。

各种传播媒介传播期货市场和衍生品市场信息应当真实、客观，禁止误导。传播媒介及其从事期货市场和衍生品市场信息报道的工作人员不得从事与其工作职责发生利益冲突的期货交易和衍生品交易及相关活动。

第二节 期货交易

第十七条 期货合约品种和标准化期权合约品种的上市应当符合国务院期货监督管理机构的规定，由期货交易场所依法报经国务院期货监督管理机构注册。

期货合约品种和标准化期权合约品种的中止上市、恢复上市、终止上市应当符合国务院期货监督管理机构的规定，由期货交易场所决定并向国务院期货监督管理机构备案。

期货合约品种和标准化期权合约品种应当具有经济价值，合约不易被操纵，符合社会公共利益。

第十八条 期货交易实行账户实名制。交易者进行期货交易的，应当持有证明身份的合法证件，以本人名义申请开立账户。

任何单位和个人不得违反规定，出借自己的期货账户或者借用他人的期货账户从事期货交易。

第十九条 在期货交易场所进行期货交易的,应当是期货交易场所会员或者符合国务院期货监督管理机构规定的其他参与者。

第二十条 交易者委托期货经营机构进行交易的,可以通过书面、电话、自助终端、网络等方式下达交易指令。交易指令应当明确、具体、全面。

第二十一条 通过计算机程序自动生成或者下达交易指令进行程序化交易的,应当符合国务院期货监督管理机构的规定,并向期货交易场所报告,不得影响期货交易场所系统安全或者正常交易秩序。

第二十二条 期货交易实行保证金制度,期货结算机构向结算参与人收取保证金,结算参与人向交易者收取保证金。保证金用于结算和履约保障。

保证金的形式包括现金,国债、股票、基金份额、标准仓单等流动性强的有价证券,以及国务院期货监督管理机构规定的其他财产。以有价证券等作为保证金的,可以依法通过质押等具有履约保障功能的方式进行。

期货结算机构、结算参与人收取的保证金的形式、比例等应当符合国务院期货监督管理机构的规定。

交易者进行标准化期权合约交易的,卖方应当缴纳保证金,买方应当支付权利金。

前款所称权利金是指买方支付的用于购买标准化期权合约的资金。

第二十三条 期货交易实行持仓限额制度,防范合约持仓过度集中的风险。

从事套期保值等风险管理活动的,可以申请持仓限额豁免。

持仓限额、套期保值的管理办法由国务院期货监督管理机构制定。

第二十四条 期货交易实行交易者实际控制关系报备管理制度。交易者应当按照国务院期货监督管理机构的规定向期货经营机构或者期货交易场所报备实际控制关系。

第二十五条 期货交易的收费应当合理,收费项目、收费标准和管理办法应当公开。

第二十六条 依照期货交易场所依法制定的业务规则进行的交易,不得改变其交易结果,本法第八十九条第二款规定的除外。

第二十七条 期货交易场所会员和交易者应当按照国务院期货监督管理机构的规定,报告有关交易、持仓、保证金等重大事项。

第二十八条 任何单位和个人不得违规使用信贷资金、财政资金进行期货交易。

第二十九条 期货经营机构、期货交易场所、期货结算机构、期货服务机构等机构及其从业人员对发现的禁止的交易行为,应当及时向国务院期货监督管理机构报告。

第三节 衍生品交易

第三十条 依法设立的场所,经国务院授权的部门或者国务院期货监督管理机构审批,可以组织开展衍生品交易。

组织开展衍生品交易的场所制定的交易规则,应当公平保护交易参与各方合法权益和防范市场风险,并报国务院授权的部门或者国务院期货监督管理机构批准。

第三十一条 金融机构开展衍生品交易业务,应当依法经过批准或者核准,履行交易者适当性管理义务,并应当遵守国家有关监督管理规定。

第三十二条 衍生品交易采用主协议方式的,主协议、主协议项下的全部补充协议以及交易双方就各项具体交易作出的约定等,共同构成交易双方之间一个完整的单一协议,具有法律约束力。

第三十三条 本法第三十二条规定的主协议等合同范本,应当按照国务院授权的部门或者国务院期货监督管理机构的规定报送备案。

第三十四条 进行衍生品交易,可以依法通过质押等方式提供履约保障。

第三十五条 依法采用主协议方式从事衍生品交易的,发生约定的情形时,可以依照协议约定终止交易,并按净额对协议项下的全部交易盈亏进行结算。

依照前款规定进行的净额结算,不因交易任何一方依法进入破产程序而中止、无效或者撤销。

第三十六条 国务院授权的部门、国务院期货监督管理机构应当建立衍生品交易报告库,对衍生品交易标的、规模、对手方等信息进行集中收集、保存、分析和管理,并按照规定及时向市场披露有关信息。具体办法由国务院授权的部门、国务院期货监督管理机构规定。

第三十七条 衍生品交易，由国务院授权的部门或者国务院期货监督管理机构批准的结算机构作为中央对手方进行集中结算的，可以依法进行终止净额结算；结算财产应当优先用于结算和交割，不得被查封、冻结、扣押或者强制执行；在结算和交割完成前，任何人不得动用。

依法进行的集中结算，不因参与结算的任何一方依法进入破产程序而中止、无效或者撤销。

第三十八条 对衍生品交易及相关活动进行规范和监督管理的具体办法，由国务院依照本法的原则规定。

第三章 期货结算与交割

第三十九条 期货交易实行当日无负债结算制度。在期货交易场所规定的时间，期货结算机构应当在当日按照结算价对结算参与人进行结算；结算参与人应当根据期货结算机构的结算结果对交易者进行结算。结算结果应当在当日及时通知结算参与人和交易者。

第四十条 期货结算机构、结算参与人收取的保证金、权利金等，应当与其自有资金分开，按照国务院期货监督管理机构的规定，在期货保证金存管机构专户存放，分别管理，禁止违规挪用。

第四十一条 结算参与人的保证金不符合期货结算机构业务规则规定标准的，期货结算机构应当按照业务规则的规定通知结算参与人在规定时间内追加保证金或者自行平仓；结算参与人未在规定时间内追加保证金或者自行平仓的，通知期货交易场所强行平仓。

交易者的保证金不符合结算参与人与交易者约定标准的，结算参与人应当按照约定通知交易者在约定时间内追加保证金或者自行平仓；交易者未在约定时间内追加保证金或者自行平仓的，按照约定强行平仓。

以有价证券等作为保证金，期货结算机构、结算参与人按照前两款规定强行平仓的，可以对有价证券等进行处置。

第四十二条 结算参与人在结算过程中违约的，期货结算机构按照业务规则动用结算参与人的保证金、结算担保金以及结算机构的风险准备金、自有资金等完成结算；期货结算机构以其风险准备金、自有资金等完成结算的，可以依法对该结算参与人进行追偿。

交易者在结算过程中违约的，其委托的结算参与人按照合同约定动用该交易者的保证金以及结算参与人的风险准备金和自有资金完成结算；结算参与人以其风险准备金和自有资金完成结算的，可以依法对该交易者进行追偿。

本法所称结算担保金，是指结算参与人以自有资金向期货结算机构缴纳的，用于担保履约的资金。

第四十三条 期货结算机构依照其业务规则收取和提取的保证金、权利金、结算担保金、风险准备金等资产，应当优先用于结算和交割，不得被查封、冻结、扣押或者强制执行。

在结算和交割完成之前，任何人不得动用用于担保履约和交割的保证金、进入交割环节的交割财产。

依法进行的结算和交割，不因参与结算的任何一方依法进入破产程序而中止、无效或者撤销。

第四十四条 期货合约到期时，交易者应当通过实物交割或者现金交割，了结到期未平仓合约。

在标准化期权合约规定的时间，合约的买方有权以约定的价格买入或者卖出标的物，或者按照约定进行现金差价结算，合约的卖方应当按照约定履行相应的义务。标准化期权合约的行权，由期货结算机构组织进行。

第四十五条 期货合约采取实物交割的，由期货结算机构负责组织货款与标准仓单等合约标的物权利凭证的交付。

期货合约采取现金交割的，由期货结算机构以交割结算价为基础，划付持仓双方的盈亏款项。

本法所称标准仓单，是指交割库开具并经期货交易场所登记的标准化提货凭证。

第四十六条 期货交易的实物交割在期货交易场所指定的交割库、交割港口或者其他符合期货交易场所要求的地点进行。实物交割不得限制交割总量。采用标准仓单以外的单据凭证或者其他方式进行实物交割的，期货交易场所应当明确规定交割各方的权利和义务。

第四十七条 结算参与人在交割过程中违约的，期货结算机构有权对结算参与人的标准仓单等合约标的物权利凭证进行处置。

交易者在交割过程中违约的，结算参与人有权对交易者的标准仓单等合约标的物权利凭证进行处置。

第四十八条 不符合结算参与人条件的期货经营机构可以委托结算参与人代为其客户进行结算。不符合结算参与人条件的期货经营机构与结算参与人、交易者之间的权利义务关系，参照本章关于结算参与人与交易者之间权利义务的规定执行。

第四章 期货交易者

第四十九条 期货交易者是指依照本法从事期货交易，承担交易结果的自然人、法人和非法人组织。

期货交易者从事期货交易，除国务院期货监督管理机构另有规定外，应当委托期货经营机构进行。

第五十条 期货经营机构向交易者提供服务时，应当按照规定充分了解交易者的基本情况、财产状况、金融资产状况、交易知识和经验、专业能力等相关信息；如实说明服务的重要内容，充分揭示交易风险；提供与交易者上述状况相匹配的服务。

交易者在参与期货交易和接受服务时，应当按照期货经营机构明示的要求提供前款所列真实信息。拒绝提供或者未按照要求提供信息的，期货经营机构应当告知其后果，并按照规定拒绝提供服务。

期货经营机构违反第一款规定导致交易者损失的，应当承担相应的赔偿责任。

第五十一条 根据财产状况、金融资产状况、交易知识和经验、专业能力等因素，交易者可以分为普通交易者和专业交易者。专业交易者的标准由国务院期货监督管理机构规定。

普通交易者与期货经营机构发生纠纷的，期货经营机构应当证明其行为符合法律、行政法规以及国务院期货监督管理机构的规定，不存在误导、欺诈等情形。期货经营机构不能证明的，应当承担相应的赔偿责任。

第五十二条 参与期货交易的法人和非法人组织，应当建立与其交易合约类型、规模、目的等相适应的内部控制制度和风险控制制度。

第五十三条 期货经营机构、期货交易场所、期货结算机构的从业人员，国务院期货监督管理机构、期货业协会的工作人员，以及法律、行政法规和国务院期货监督管理机构规定禁止参与期货交易的其他人员，不得进行期货交易。

第五十四条 交易者有权查询其委托记录、交易记录、保证金余额、与其接受服务有关的其他重要信息。

第五十五条 期货经营机构、期货交易场所、期货结算机构、期货服务机构及其工作人员应当依法为交易者的信息保密，不得非法买卖、提供或者公开交易者的信息。

期货经营机构、期货交易场所、期货结算机构、期货服务机构及其工作人员不得泄露所知悉的商业秘密。

第五十六条 交易者与期货经营机构等发生纠纷的，双方可以向行业协会等申请调解。普通交易者与期货经营机构发生期货业务纠纷并提出调解请求的，期货经营机构不得拒绝。

第五十七条 交易者提起操纵市场、内幕交易等期货民事赔偿诉讼时，诉讼标的是同一种类，且当事人一方人数众多的，可以依法推选代表人进行诉讼。

第五十八条 国家设立期货交易者保障基金。期货交易者保障基金的筹集、管理和使用的具体办法，由国务院期货监督管理机构会同国务院财政部门制定。

第五章 期货经营机构

第五十九条 期货经营机构是指依照《中华人民共和国公司法》和本法设立的期货公司以及国务院期货监督管理机构核准从事期货业务的其他机构。

第六十条 设立期货公司，应当具备下列条件，并经国务院期货监督管理机构核准：

（一）有符合法律、行政法规规定的公司章程；

（二）主要股东及实际控制人具有良好的财务状况和诚信记录，净资产不低于国务院期货监督管理机构规定的标准，最近三年无重大违法违规记录；

（三）注册资本不低于人民币一亿元，且应当为实缴货币资本；

（四）从事期货业务的人员符合本法规定的条件，董事、监事和高级管理人员具备相应的任职条件；

（五）有良好的公司治理结构、健全的风险管理制度和完善的内部控制制度；

（六）有合格的经营场所、业务设施和信息技术系统；

（七）法律、行政法规和国务院期货监督管理机构规定的其他条件。

国务院期货监督管理机构根据审慎监管原则和各项业务的风险程度，可以提高注册资本最低限额。

国务院期货监督管理机构应当自受理期货公司设立申请之日起六个月内依照法定条件、法定程序和审慎监管原则进行审查，作出核准或者不予核准的决定，并通知申请人；不予核准的，应当说明理由。

第六十一条 期货公司应当在其名称中标明“期货”字样，国务院期货监督管理机构另有规定的除外。

第六十二条 期货公司办理下列事项，应当经国务院期货监督管理机构核准：

（一）合并、分立、停业、解散或者申请破产；

（二）变更主要股东或者公司的实际控制人；

（三）变更注册资本且调整股权结构；

（四）变更业务范围；

（五）国务院期货监督管理机构规定的其他重大事项。

前款第三项、第五项所列事项，国务院期货监督管理机构应当自受理申请之日起二十日内作出核准或者不予核准的决定；前款所列其他事项，国务院期货监督管理机构应当自受理申请之日起六十日内作出核准或者不予核准的决定。

第六十三条 期货公司经国务院期货监督管理机构核准可以从事下列期货业务：

（一）期货经纪；

（二）期货交易咨询；

（三）期货做市交易；

（四）其他期货业务。

期货公司从事资产管理业务的，应当符合《中华人民共和国证券投资基金法》等法律、行政法规的规定。

未经国务院期货监督管理机构核准，任何单位和个人不得设立或者变相设立期货公司，经营或者变相经营期货经纪业务、期货交易咨询业务，也不得以经营为目的使用“期货”、“期权”或者其他可能产生混淆或者误导的名称。

第六十四条 期货公司的董事、监事、高级管理人员，应当正直诚实、品行良好，熟悉期货法律、行政法规，具有履行职责所需的经营管理能力。期货公司任免董事、监事、高级管理人员，应当报国务院期货监督管理机构备案。

有下列情形之一的，不得担任期货公司的董事、监事、高级管理人员：

（一）存在《中华人民共和国公司法》规定的不得担任公司董事、监事和高级管理人员的情形；

（二）因违法行为或者违纪行为被解除职务的期货经营机构的董事、监事、高级管理人员，或者期货交易场所、期货结算机构的负责人，自被解除职务之日起未逾五年；

（三）因违法行为或者违纪行为被吊销执业证书或者被取消资格的注册会计师、律师或者其他期货服务机构的专业人员，自被吊销执业证书或者被取消资格之日起未逾五年。

第六十五条 期货经营机构应当依法经营，勤勉尽责，诚实守信。期货经营机构应当建立健全内部控制制度，采取有效隔离措施，防范经营机构与客户之间、不同客户之间的利益冲突。

期货经营机构应当将其期货经纪业务、期货做市交易业务、资产管理业务和其他相关业务分开办理，不得混合操作。

期货经营机构应当依法建立并执行反洗钱制度。

第六十六条 期货经营机构接受交易者委托为其进行期货交易，应当签订书面委托合同，以自己的名义为交易者进行期货交易，交易结果由交易者承担。

期货经营机构从事经纪业务，不得接受交易者的全权委托。

第六十七条 期货经营机构从事资产管理业务，接受客户委托，运用客户资产进行投资的，应当公平对待所管理的不同客户资产，不得违背受托义务。

第六十八条 期货经营机构不得违反规定为其股东、实际控制人或者股东、实际控制人的关联人提供融资或者担保，不得违反规定对外担保。

第六十九条 期货经营机构从事期货业务的人员应当正直诚实、品行良好，具备从事期货业务所需的专业能力。

期货经营机构从事期货业务的人员不得私下

接受客户委托从事期货交易。

期货经营机构从事期货业务的人员在从事期货业务活动中，执行所属的期货经营机构的指令或者利用职务违反期货交易规则的，由所属的期货经营机构承担全部责任。

第七十条 国务院期货监督管理机构应当制定期货经营机构持续性经营规则，对期货经营机构及其分支机构的经营条件、风险管理、内部控制、保证金存管、合规管理、风险监管指标、关联交易等方面作出规定。期货经营机构应当符合持续性经营规则。

第七十一条 期货经营机构应当按照规定向国务院期货监督管理机构报送业务、财务等经营管理信息和资料。国务院期货监督管理机构有权要求期货经营机构及其主要股东、实际控制人、其他关联人在指定的期限内提供有关信息、资料。

期货经营机构及其主要股东、实际控制人或者其他关联人向国务院期货监督管理机构报送或者提供的信息、资料，应当真实、准确、完整。

第七十二条 期货经营机构涉及重大诉讼、仲裁，股权被冻结或者用于担保，以及发生其他重大事件时，应当自该事件发生之日起五日内向国务院期货监督管理机构提交书面报告。

期货经营机构的控股股东或者实际控制人应当配合期货经营机构履行前款规定的义务。

第七十三条 期货经营机构不符合持续性经营规则或者出现经营风险的，国务院期货监督管理机构应当责令其限期改正；期货经营机构逾期未改正的，或者其行为严重危及该期货经营机构的稳健运行、损害交易者合法权益的，或者涉嫌严重违法违规正在被国务院期货监督管理机构调查的，国务院期货监督管理机构可以区别情形，对其采取下列措施：

（一）限制或者暂停部分业务；

（二）停止核准新增业务；

（三）限制分配红利，限制向董事、监事、高级管理人员支付报酬、提供福利；

（四）限制转让财产或者在财产上设定其他权利；

（五）责令更换董事、监事、高级管理人员或者有关业务部门、分支机构的负责人员，或者限制其权利；

（六）限制期货经营机构自有资金或者风险准备金的调拨和使用；

（七）认定负有责任的董事、监事、高级管理人员为不适当人选；

（八）责令负有责任的股东转让股权，限制负有责任的股东行使股东权利。

对经过整改符合有关法律、行政法规规定以及持续性经营规则要求的期货经营机构，国务院期货监督管理机构应当自验收完毕之日起三日内解除对其采取的有关措施。

对经过整改仍未达到持续性经营规则要求，严重影响正常经营的期货经营机构，国务院期货监督管理机构有权撤销其部分或者全部期货业务许可、关闭其部分或者全部分支机构。

第七十四条 期货经营机构违法经营或者出现重大风险，严重危害期货市场秩序、损害交易者利益的，国务院期货监督管理机构可以对该期货经营机构采取责令停业整顿、指定其他机构托管或者接管等监督管理措施。

期货经营机构有前款所列情形，经国务院期货监督管理机构批准，可以对该期货经营机构直接负责的董事、监事、高级管理人员和其他直接责任人员采取以下措施：

（一）决定并通知出境入境管理机关依法阻止其出境；

（二）申请司法机关禁止其转移、转让或者以其他方式处分财产，或者在财产上设定其他权利。

第七十五条 期货经营机构的股东有虚假出资、抽逃出资行为的，国务院期货监督管理机构应当责令其限期改正，并可责令其转让所持期货经营机构的股权。

在股东依照前款规定的要求改正违法行为、转让所持期货经营机构的股权前，国务院期货监督管理机构可以限制其股东权利。

第七十六条 期货经营机构有下列情形之一的，国务院期货监督管理机构应当依法办理相关业务许可证注销手续：

（一）营业执照被依法吊销；

（二）成立后无正当理由超过三个月未开始营业，或者开业后无正当理由停业连续三个月以上；

（三）主动提出注销申请；

（四）《中华人民共和国行政许可法》和国务院期货监督管理机构规定应当注销行政许可的其他情形。

期货经营机构在注销相关业务许可证前，应当结清相关期货业务，并依法返还交易者的保证金和其他资产。

第七十七条 国务院期货监督管理机构认为必要时，可以委托期货服务机构对期货经营机构的财务状况、内部控制状况、资产价值进行审计或者评估。具体办法由国务院期货监督管理机构会同有关主管部门制定。

第七十八条 禁止期货经营机构从事下列损害交易者利益的行为：

（一）向交易者作出保证其资产本金不受损失或者取得最低收益承诺；

（二）与交易者约定分享利益、共担风险；

（三）违背交易者委托进行期货交易；

（四）隐瞒重要事项或者使用其他不正当手段，诱骗交易者交易；

（五）以虚假或者不确定的重大信息为依据向交易者提供交易建议；

（六）向交易者提供虚假成交回报；

（七）未将交易者交易指令下达到期货交易场所；

（八）挪用交易者保证金；

（九）未依照规定在期货保证金存管机构开立保证金账户，或者违规划转交易者保证金；

（十）利用为交易者提供服务的便利，获取不正当利益或者转嫁风险；

（十一）其他损害交易者权益的行为。

第六章 期货交易场所

第七十九条 期货交易场所应当遵循社会公共利益优先原则，为期货交易提供场所和设施，组织和监督期货交易，维护市场的公平、有序和透明，实行自律管理。

第八十条 设立、变更和解散期货交易所，应当由国务院期货监督管理机构批准。

设立期货交易所应当制定章程。期货交易所章程的制定和修改，应当经国务院期货监督管理机构批准。

第八十一条 期货交易所应当在其名称中标明“商品交易所”或者“期货交易所”等字样。其他任何单位或者个人不得使用期货交易所或者其他可能产生混淆或者误导的名称。

第八十二条 期货交易所可以采取会员制或者公司制的组织形式。

会员制期货交易所的组织机构由其章程规定。

第八十三条 期货交易所依照法律、行政法规和国务院期货监督管理机构的规定，制定有关业务规则；其中交易规则的制定和修改应当报国务院期货监督管理机构批准。

期货交易所业务规则应当体现公平保护会员、交易者等市场相关各方合法权益的原则。

在期货交易所从事期货交易及相关活动，应当遵守期货交易所依法制定的业务规则。违反业务规则的，由期货交易所给予纪律处分或者采取其他自律管理措施。

第八十四条 期货交易所的负责人由国务院期货监督管理机构提名或者任免。

有《中华人民共和国公司法》规定的不适合担任公司董事、监事、高级管理人员的情形或者下列情形之一的，不得担任期货交易所的负责人：

（一）因违法行为或者违纪行为被解除职务的期货经营机构的董事、监事、高级管理人员，或者期货交易场所、期货结算机构的负责人，自被解除职务之日起未逾五年；

（二）因违法行为或者违纪行为被吊销执业证书或者被取消资格的注册会计师、律师或者其他期货服务机构的专业人员，自被吊销执业证书或者被取消资格之日起未逾五年。

第八十五条 期货交易场所应当依照本法和国务院期货监督管理机构的规定，加强对交易活动的风险控制和对会员以及交易场所工作人员的监督管理，依法履行下列职责：

（一）提供交易的场所、设施和服务；

（二）设计期货合约、标准化期权合约品种，安排期货合约、标准化期权合约品种上市；

（三）对期货交易进行实时监控和风险监测；

（四）依照章程和业务规则对会员、交易者、期货服务机构等进行自律管理；

（五）开展交易者教育和市场培育工作；

（六）国务院期货监督管理机构规定的其他职责。

期货交易场所不得直接或者间接参与期货交易。未经国务院批准，期货交易场所不得从事信托投资、股票投资、非自用不动产投资等与其职责无关的业务。

第八十六条 期货交易所的所得收益按照国家有关规定管理和使用，应当首先用于保证期货交易的场所、设施的运行和改善。

第八十七条 期货交易场所应当加强对期货交易的风险监测，出现异常情况的，期货交易场所可以依照业务规则，单独或者会同期货结算机构采取下列紧急措施，并立即报告国务院期货监督管理机构：

（一）调整保证金；

（二）调整涨跌停板幅度；

（三）调整会员、交易者的交易限额或持仓限额标准；

（四）限制开仓；

（五）强行平仓；

（六）暂时停止交易；

（七）其他紧急措施。

异常情况消失后，期货交易场所应当及时取消紧急措施。

第八十八条 期货交易场所应当实时公布期货交易即时行情，并按交易日制作期货市场行情表，予以公布。

期货交易行情的权益由期货交易场所享有。未经期货交易场所许可，任何单位和个人不得发布期货交易行情。

期货交易场所不得发布价格预测信息。

期货交易场所应当依照国务院期货监督管理机构的规定，履行信息报告义务。

第八十九条 因突发性事件影响期货交易正常进行时，为维护期货交易正常秩序和市场公平，期货交易场所可以按照本法和业务规则规定采取必要的处置措施，并应当及时向国务院期货监督管理机构报告。

因前款规定的突发性事件导致期货交易结果出现重大异常，按交易结果进行结算、交割将对期货交易正常秩序和市场公平造成重大影响的，期货交易场所可以按照业务规则采取取消交易等措施，并应当及时向国务院期货监督管理机构报告并公告。

第九十条 期货交易场所对其依照本法第八十七条、第八十九条规定采取措施造成的损失，不承担民事赔偿责任，但存在重大过错的除外。

第七章 期货结算机构

第九十一条 期货结算机构是指依法设立，为期货交易提供结算、交割服务，实行自律管理的法人。

期货结算机构包括内部设有结算部门的期货交易场所、独立的期货结算机构和经国务院期货监督管理机构批准从事与证券业务相关的期货交易结算、交割业务的证券结算机构。

第九十二条 独立的期货结算机构的设立、变更和解散，应当经国务院期货监督管理机构批准。

设立独立的期货结算机构，应当具备下列条件：

（一）具备良好的财务状况，注册资本最低限额符合国务院期货监督管理机构的规定；

（二）有具备任职专业知识和业务工作经验的高级管理人员；

（三）具备完善的治理结构、内部控制制度和风险控制制度；

（四）具备符合要求的营业场所、信息技术系统以及与期货交易的结算有关的其他设施；

（五）国务院期货监督管理机构规定的其他条件。

承担期货结算机构职责的期货交易场所，应当具备本条第二款规定的条件。

国务院期货监督管理机构应当根据审慎监管原则进行审查，在六个月内作出批准或者不予批准的决定。

第九十三条 期货结算机构作为中央对手方，是结算参与人共同对手方，进行净额结算，为期货交易提供集中履约保障。

第九十四条 期货结算机构履行下列职责：

（一）组织期货交易的结算、交割；

（二）按照章程和业务规则对交易者、期货经营机构、期货服务机构、非期货经营机构结算参与人等进行自律管理；

（三）办理与期货交易的结算、交割有关的信息查询业务；

（四）国务院期货监督管理机构规定的其他职责。

第九十五条 期货结算机构应当按照国务院期货监督管理机构的规定，在其业务规则中规定结算参与人制度、风险控制制度、信息安全管理制度、违规违约处理制度、应急处理及临时处置措施等事项。期货结算机构制定和修改章程、业务规则,应当经国务院期货监督管理机构批准。参与期货结算,应当遵守期货结算机构制定的业务规则。

期货结算机构制定和执行业务规则,应当与期货交易场所的相关制度衔接、协调。

第九十六条 期货结算机构应当建立流动性管理制度,保障结算活动的稳健运行。

第九十七条 本法第八十四条,第八十五条第二款,第八十六条,第八十八条第三款、第四款的规定,适用于独立的期货结算机构和经批准从事期货交易结算、交割业务的证券结算机构。

第八章 期货服务机构

第九十八条 会计师事务所、律师事务所、资产评估机构、期货保证金存管机构、交割库、信息技术服务机构等期货服务机构,应当勤勉尽责、恪尽职守,按照相关业务规则为期货交易及相关活动提供服务,并按照国务院期货监督管理机构的要求提供相关资料。

第九十九条 会计师事务所、律师事务所、资产评估机构等期货服务机构接受期货经营机构、期货交易场所、期货结算机构的委托出具审计报告、法律意见书等文件,应当对所依据的文件资料内容的真实性、准确性、完整性进行核查和验证。

第一百条 交割库包括交割仓库和交割厂库等。交割库为期货交易的交割提供相关服务,应当符合期货交易场所规定的条件。期货交易场所应当与交割库签订协议,明确双方的权利和义务。

交割库不得有下列行为:

(一)出具虚假仓单;

(二)违反期货交易场所的业务规则,限制交割商品的出库、入库;

(三)泄露与期货交易有关的商业秘密;

(四)违反国家有关规定参与期货交易;

(五)违反国务院期货监督管理机构规定的其他行为。

第一百零一条 为期货交易及相关活动提供信息技术系统服务的机构,应当符合国家及期货行业信息安全相关的技术管理规定和标准,并向国务院期货监督管理机构备案。

国务院期货监督管理机构可以依法要求信息技术服务机构提供前款规定的信息技术系统的相关材料。

第九章 期货业协会

第一百零二条 期货业协会是期货行业的自律性组织,是社会团体法人。

期货经营机构应当加入期货业协会。期货服务机构可以加入期货业协会。

第一百零三条 期货业协会的权力机构为会员大会。

期货业协会的章程由会员大会制定,并报国务院期货监督管理机构备案。

期货业协会设理事会。理事会成员依照章程的规定选举产生。

第一百零四条 期货业协会履行下列职责:

(一)制定和实施行业自律规则,监督、检查会员的业务活动及从业人员的执业行为,对违反法律、行政法规、国家有关规定、协会章程和自律规则的,按照规定给予纪律处分或者实施其他自律管理措施;

(二)对会员之间、会员与交易者之间发生的纠纷进行调解;

(三)依法维护会员的合法权益,向国务院期货监督管理机构反映会员的建议和要求;

(四)组织期货从业人员的业务培训,开展会员间的业务交流;

(五)教育会员和期货从业人员遵守期货法律法规和政策,组织开展行业诚信建设,建立行业诚信激励约束机制;

(六)开展交易者教育和保护工作,督促会员落实交易者适当性管理制度,开展期货市场宣传;

(七)对会员的信息安全工作实行自律管理,督促会员执行国家和行业信息安全相关规定和技术标准;

(八)组织会员就期货行业的发展、运作及有关内容进行研究,收集整理、发布期货相关信息,提供会员服务,组织行业交流,引导行业创新发展;

(九)期货业协会章程规定的其他职责。

第十章 监督管理

第一百零五条 国务院期货监督管理机构依法对期货市场实行监督管理,维护期货市场公开、公平、公正,防范系统性风险,维护交易者合法权益,促进期货市场健康发展。

国务院期货监督管理机构在对期货市场实施监督管理中,依法履行下列职责:

(一)制定有关期货市场监督管理的规章、规则,并依法进行审批、核准、注册,办理备案;

(二)对品种的上市、交易、结算、交割等期货交易及相关活动,进行监督管理;

(三)对期货经营机构、期货交易场所、期货结算机构、期货服务机构和非期货经营机构结算参与人等市场相关参与者的期货业务活动,进行监督管理;

(四)制定期货从业人员的行为准则,并监督实施;

(五)监督检查期货交易的信息公开情况;

(六)维护交易者合法权益、开展交易者教育;

(七)对期货违法行为进行查处;

(八)监测监控并防范、处置期货市场风险;

(九)对期货行业金融科技和信息安全进行监管;

(十)对期货业协会的自律管理活动进行指导和监督;

(十一)法律、行政法规规定的其他职责。

国务院期货监督管理机构根据需要可以设立派出机构,依照授权履行监督管理职责。

第一百零六条 国务院期货监督管理机构依法履行职责,有权采取下列措施:

(一)对期货经营机构、期货交易场所、期货结算机构进行现场检查,并要求其报送有关的财务会计、业务活动、内部控制等资料;

(二)进入涉嫌违法行为发生场所调查取证;

(三)询问当事人和与被调查事件有关的单位和个人,要求其对与被调查事件有关的事项作出说明,或者要求其按照指定的方式报送与被调查事件有关的文件和资料;

(四)查阅、复制与被调查事件有关的财产权登记、通讯记录等文件和资料;

(五)查阅、复制当事人和与被调查事件有关的单位和个人的期货交易记录、财务会计资料及其他相关文件和资料;对可能被转移、隐匿或者毁损的文件资料,可以予以封存、扣押;

(六)查询当事人和与被调查事件有关的单位和个人的保证金账户和银行账户以及其他具有支付、托管、结算等功能的账户信息,可以对有关文件和资料进行复制;对有证据证明已经或者可能转移或者隐匿违法资金等涉案财产或者隐匿、伪造、毁损重要证据的,经国务院期货监督管理机构主要负责人或者其授权的其他负责人批准,可以冻结、查封,期限为六个月;因特殊原因需要延长的,每次延长期限不得超过三个月,最长期限不得超过二年;

(七)在调查操纵期货市场、内幕交易等重大违法行为时,经国务院期货监督管理机构主要负责人或者其授权的其他负责人批准,可以限制被调查事件当事人的交易,但限制的时间不得超过三个月;案情复杂的,可以延长三个月;

(八)决定并通知出境入境管理机关依法阻止涉嫌违法人员、涉嫌违法单位的主管人员和其他直接责任人员出境。

为防范期货市场风险,维护市场秩序,国务院期货监督管理机构可以采取责令改正、监管谈话、出具警示函等措施。

第一百零七条 国务院期货监督管理机构依法履行职责,进行监督检查或者调查,其监督检查、调查的人员不得少于二人,并应当出示执法证件和检查、调查、查询等相关执法文书。监督检查、调查的人员少于二人或者未出示执法证件和有关执法文书的,被检查、调查的单位或者个人有权拒绝。

第一百零八条 国务院期货监督管理机构的工作人员,应当依法办事,忠于职守,公正廉洁,保守国家秘密和有关当事人的商业秘密,不得利用职务便利牟取不正当利益。

第一百零九条 国务院期货监督管理机构依法履行职责,被检查、调查的单位和个人应当配合,如实作出说明或者提供有关文件和资料,不得拒绝、阻碍和隐瞒。

国务院期货监督管理机构与其他相关部门,应当建立信息共享等监督管理协调配合机制。国务院期货监督管理机构依法履行职责,进行监督检查或者调查时,有关部门应当予以配合。

第一百一十条 对涉嫌期货违法、违规行为,任何单位和个人有权向国务院期货监督管理机构举报。

对涉嫌重大违法、违规行为的实名举报线索经查证属实的,国务院期货监督管理机构按照规定给予举报人奖励。

国务院期货监督管理机构应当对举报人的身

份信息保密。

第一百一十一条 国务院期货监督管理机构制定的规章、规则和监督管理工作制度应当依法公开。

国务院期货监督管理机构依据调查结果，对期货违法行为作出的处罚决定，应当依法公开。

第一百一十二条 国务院期货监督管理机构对涉嫌期货违法的单位或者个人进行调查期间，被调查的当事人书面申请，承诺在国务院期货监督管理机构认可的期限内纠正涉嫌违法行为，赔偿有关交易者损失，消除损害或者不良影响的，国务院期货监督管理机构可以决定中止调查。被调查的当事人履行承诺的，国务院期货监督管理机构可以决定终止调查；被调查的当事人未履行承诺或者有国务院规定的其他情形的，应当恢复调查。具体办法由国务院规定。

国务院期货监督管理机构中止或者终止调查的，应当按照规定公开相关信息。

第一百一十三条 国务院期货监督管理机构依法将有关期货市场主体遵守本法的情况纳入期货市场诚信档案。

第一百一十四条 国务院期货监督管理机构依法履行职责，发现期货违法行为涉嫌犯罪的，应当依法将案件移送司法机关处理；发现公职人员涉嫌职务违法或者职务犯罪的，应当依法移送监察机关处理。

第一百一十五条 国务院期货监督管理机构应当建立健全期货市场监测监控制度，通过专门机构加强保证金安全存管监控。

第一百一十六条 为防范交易及结算的风险，期货经营机构、期货交易场所、期货结算机构和非期货经营机构结算参与人应当从业务收入中按照国务院期货监督管理机构、国务院财政部门的规定提取、管理和使用风险准备金。

第一百一十七条 期货经营机构、期货交易场所、期货结算机构、期货服务机构和非期货经营机构结算参与人等应当按照规定妥善保存与业务经营相关的资料和信息，任何人不得泄露、隐匿、伪造、篡改或者毁损。期货经营机构、期货交易场所、期货结算机构和非期货经营机构结算参与人的信息和资料的保存期限不得少于二十年；期货服务机构的信息和资料的保存期限不得少于十年。

第十一章 跨境交易与监管协作

第一百一十八条 境外期货交易场所向境内单位或者个人提供直接接入该交易场所交易系统进行交易服务的，应当向国务院期货监督管理机构申请注册，接受国务院期货监督管理机构的监督管理，国务院期货监督管理机构另有规定的除外。

第一百一十九条 境外期货交易场所上市的期货合约、期权合约和衍生品合约，以境内期货交易场所上市的合约价格进行挂钩结算的，应当符合国务院期货监督管理机构的规定。

第一百二十条 境内单位或者个人从事境外期货交易，应当委托具有境外期货经纪业务资格的境内期货经营机构进行，国务院另有规定的除外。

境内期货经营机构转委托境外期货经营机构从事境外期货交易的，该境外期货经营机构应当向国务院期货监督管理机构申请注册，接受国务院期货监督管理机构的监督管理，国务院期货监督管理机构另有规定的除外。

第一百二十一条 境外期货交易场所在境内设立代表机构的，应当向国务院期货监督管理机构备案。

境外期货交易场所代表机构及其工作人员，不得从事或者变相从事任何经营活动。

第一百二十二条 境外机构在境内从事期货市场营销、推介及招揽活动，应当经国务院期货监督管理机构批准，适用本法的相关规定。

境内机构为境外机构在境内从事期货市场营销、推介及招揽活动，应当经国务院期货监督管理机构批准。

任何单位或者个人不得从事违反前两款规定的期货市场营销、推介及招揽活动。

第一百二十三条 国务院期货监督管理机构可以和境外期货监督管理机构建立监督管理合作机制，或者加入国际组织，实施跨境监督管理。

国务院期货监督管理机构应境外期货监督管理机构请求提供协助的，应当遵循国家法律、法规的规定和对等互惠的原则，不得泄露国家秘密，不得损害国家利益和社会公共利益。

第一百二十四条 国务院期货监督管理机构可以按照与境外期货监督管理机构达成的监管合

作安排,接受境外期货监督管理机构的请求,依照本法规定的职责和程序为其进行调查取证。境外期货监督管理机构应当提供有关案件材料,并说明其正在就被调查当事人涉嫌违反请求方当地期货法律法规的行为进行调查。境外期货监督管理机构不得在中华人民共和国境内直接进行调查取证等活动。

未经国务院期货监督管理机构和国务院有关主管部门同意,任何单位和个人不得擅自向境外监督管理机构提供与期货业务活动有关的文件和资料。

国务院期货监督管理机构可以依照与境外期货监督管理机构达成的监管合作安排,请求境外期货监督管理机构进行调查取证。

第十二章　法律责任

第一百二十五条　违反本法第十二条的规定,操纵期货市场或者衍生品市场的,责令改正,没收违法所得,并处以违法所得一倍以上十倍以下的罚款;没有违法所得或者违法所得不足一百万元的,处以一百万元以上一千万元以下的罚款。单位操纵市场的,还应当对直接负责的主管人员和其他直接责任人员给予警告,并处以五十万元以上五百万元以下的罚款。

操纵市场行为给交易者造成损失的,应当依法承担赔偿责任。

第一百二十六条　违反本法第十三条的规定从事内幕交易的,责令改正,没收违法所得,并处以违法所得一倍以上十倍以下的罚款;没有违法所得或者违法所得不足五十万元的,处以五十万元以上五百万元以下的罚款。单位从事内幕交易的,还应当对直接负责的主管人员和其他直接责任人员给予警告,并处以二十万元以上二百万元以下的罚款。

国务院期货监督管理机构、国务院授权的部门、期货交易场所、期货结算机构的工作人员从事内幕交易的,从重处罚。

内幕交易行为给交易者造成损失的,应当依法承担赔偿责任。

第一百二十七条　违反本法第十六条第一款、第三款的规定,编造、传播虚假信息或者误导性信息,扰乱期货市场、衍生品市场的,没收违法所得,并处以违法所得一倍以上十倍以下的罚款;没有违法所得或者违法所得不足二十万元的,处以二十万元以上二百万元以下的罚款。对直接负责的主管人员和其他直接责任人员给予警告,并处以十万元以上一百万元以下的罚款。

违反本法第十六条第二款的规定,在期货交易、衍生品交易活动中作出虚假陈述或者信息误导的,责令改正,处以二十万元以上二百万元以下的罚款;属于国家工作人员的,还应当依法给予处分。

传播媒介及其从事期货市场、衍生品市场信息报道的工作人员违反本法第十六条第三款的规定,从事与其工作职责发生利益冲突的期货交易、衍生品交易的,没收违法所得,并处以违法所得一倍以下的罚款,没有违法所得或者违法所得不足十万元的,处以十万元以下的罚款。

编造、传播有关期货交易、衍生品交易的虚假信息,或者在期货交易、衍生品交易中作出信息误导,给交易者造成损失的,应当依法承担赔偿责任。

第一百二十八条　违反本法第十八条第二款的规定,出借自己的期货账户或者借用他人的期货账户从事期货交易的,责令改正,给予警告,可以处五十万元以下的罚款。

第一百二十九条　违反本法第二十一条的规定,采取程序化交易影响期货交易场所系统安全或者正常交易秩序的,责令改正,并处以五十万元以上五百万元以下的罚款。对直接负责的主管人员和其他直接责任人员给予警告,并处以十万元以上一百万元以下的罚款。

第一百三十条　违反本法第二十七条规定,未报告有关重大事项的,责令改正,给予警告,可以处一百万元以下的罚款。

第一百三十一条　法律、行政法规和国务院期货监督管理机构规定禁止参与期货交易的人员,违反本法第五十三条的规定,直接或者以化名、借他人名义参与期货交易的,责令改正,给予警告,没收违法所得,并处以五万元以上五十万元以下的罚款;属于国家工作人员的,还应当依法给予处分。

第一百三十二条　非法设立期货公司,或者未经核准从事相关期货业务的,予以取缔,没收违法所得,并处以违法所得一倍以上十倍以下的罚款;没有违法所得或者违法所得不足一百万元的,处以一百万元以上一千万元以下的罚款。对直接负责的主管人员和其他直接责任人员给予警告，并处以二十万元以上二百万元以下的罚款。

第一百三十三条 提交虚假申请文件或者采取其他欺诈手段骗取期货公司设立许可、重大事项变更核准或者期货经营机构期货业务许可的，撤销相关许可，没收违法所得，并处以违法所得一倍以上十倍以下的罚款；没有违法所得或者违法所得不足二十万元的，处以二十万元以上二百万元以下的罚款。对直接负责的主管人员和其他直接责任人员给予警告，并处以二十万元以上二百万元以下的罚款。

第一百三十四条 期货经营机构违反本法第四十条、第六十二条、第六十五条、第六十八条、第七十一条、第七十二条的，责令改正，给予警告，没收违法所得，并处以违法所得一倍以上十倍以下的罚款；没有违法所得或者违法所得不足二十万元的，处以二十万元以上二百万元以下的罚款；情节严重的，责令停业整顿或者吊销期货业务许可证。对直接负责的主管人员和其他直接责任人员给予警告，并处以五万元以上五十万元以下的罚款。

期货经营机构有前款所列违法情形，给交易者造成损失的，应当依法承担赔偿责任。

期货经营机构的主要股东、实际控制人或者其他关联人违反本法第七十一条规定的，依照本条第一款的规定处罚。

第一百三十五条 期货经营机构违反本法第五十条交易者适当性管理规定，或者违反本法第六十六条规定从事经纪业务接受交易者全权委托，或者有第七十八条损害交易者利益行为的，责令改正，给予警告，没收违法所得，并处以违法所得一倍以上十倍以下的罚款；没有违法所得或者违法所得不足五十万元的，处以五十万元以上五百万元以下的罚款；情节严重的，吊销相关业务许可。对直接负责的主管人员和其他直接责任人员给予警告，并处以二十万元以上二百万元以下的罚款。

期货经营机构有本法第七十八条规定的行为，给交易者造成损失的，应当依法承担赔偿责任。

第一百三十六条 违反本法第十一条、第八十条、第九十二条规定，非法设立期货交易场所、期货结算机构，或者以其他形式组织期货交易的，没收违法所得，并处以违法所得一倍以上十倍以下的罚款；没有违法所得或者违法所得不足一百万元的，处以一百万元以上一千万元以下的罚款。对直接负责的主管人员和其他直接责任人员给予警告，并处以二十万元以上二百万元以下的罚款。非法设立期货交易场所的，由县级以上人民政府予以取缔。

违反本法第三十条规定，未经批准组织开展衍生品交易的，或者金融机构违反本法第三十一条规定，未经批准、核准开展衍生品交易的，依照前款规定处罚。

第一百三十七条 期货交易场所、期货结算机构违反本法第十七条、第四十条、第八十五条第二款规定的，责令改正，给予警告，没收违法所得，并处以违法所得一倍以上十倍以下的罚款；没有违法所得或者违法所得不足二十万元的，处以二十万元以上二百万元以下的罚款；情节严重的，责令停业整顿。对直接负责的主管人员和其他直接责任人员处以五万元以上五十万元以下的罚款。

第一百三十八条 期货交易场所、期货结算机构违反本法第八十八条第三款规定发布价格预测信息的，责令改正，给予警告，并处以二十万元以上二百万元以下的罚款。对直接负责的主管人员和其他直接责任人员处以五万元以上五十万元以下的罚款。

第一百三十九条 期货服务机构违反本法第九十八条的规定，从事期货服务业务未按照要求提供相关资料的，责令改正，可以处二十万元以下的罚款。

第一百四十条 会计师事务所、律师事务所、资产评估机构等期货服务机构违反本法第九十九条的规定，未勤勉尽责，所制作、出具的文件有虚假记载、误导性陈述或者重大遗漏的，责令改正，没收业务收入，并处以业务收入一倍以上十倍以下的罚款；没有业务收入或者业务收入不足五十万元的，处以五十万元以上五百万元以下的罚款。对直接负责的主管人员和其他直接责任人员给予警告，并处以二十万元以上二百万元以下的罚款。

期货服务机构有前款所列违法行为，给他人造成损失的，依法承担赔偿责任。

第一百四十一条 交割库有本法第一百条所列行为之一的，责令改正，给予警告，没收违法所得，并处以违法所得一倍以上十倍以下的罚款；没有违法所得或者违法所得不足十万元的，处以十万元以上一百万元以下的罚款；情节严重的，责令期货交易场所暂停或者取消其交割库资格。对直接负责的主管人员和其他直接责任人员给予警告，并处以五万元以上五十万元以下的罚款。

第一百四十二条 信息技术服务机构违反本法第一百零一条规定未报备案的，责令改正，可以处二十万元以下的罚款。

信息技术服务机构违反本法第一百零一条规定，提供的服务不符合国家及期货行业信息安全相关的技术管理规定和标准的，责令改正，没收业务收入，并处以业务收入一倍以上十倍以下的罚款；没有业务收入或者业务收入不足五十万元的，处以五十万元以上五百万元以下的罚款。对直接负责的主管人员和其他直接责任人员给予警告，并处以二十万元以上二百万元以下的罚款。

第一百四十三条 违反本法第一百一十六条的规定，期货经营机构、期货交易场所、期货结算机构和非期货经营机构结算参与人未按照规定提取、管理和使用风险准备金的，责令改正，给予警告。对直接负责的主管人员和其他直接责任人员给予警告，并处以十万元以上一百万元以下的罚款。

第一百四十四条 违反本法第一百一十七条的规定，期货经营机构、期货交易场所、期货结算机构、期货服务机构和非期货经营机构结算参与人等未按照规定妥善保存与业务经营相关的资料和信息的，责令改正，给予警告，并处以十万元以上一百万元以下的罚款；泄露、隐匿、伪造、篡改或者毁损有关文件资料的，责令改正，给予警告，并处以二十万元以上二百万元以下的罚款；情节严重的，处以五十万元以上五百万元以下的罚款，并暂停、吊销相关业务许可或者禁止从事相关业务。对直接负责的主管人员和其他直接责任人员给予警告，并处以十万元以上一百万元以下的罚款。

第一百四十五条 境外期货交易场所和期货经营机构违反本法第一百一十八条和第一百二十条的规定，未向国务院期货监督管理机构申请注册的，责令改正，没收违法所得，并处以违法所得一倍以上十倍以下的罚款；没有违法所得或者违法所得不足五十万元的，处以五十万元以上五百万元以下的罚款。对直接负责的主管人员和其他直接责任人员给予警告，并处以十万元以上一百万元以下的罚款。

第一百四十六条 境内单位或者个人违反本法第一百二十条第一款规定的，责令改正，给予警告，没收违法所得，并处以十万元以上一百万元以下的罚款；情节严重的，暂停其境外期货交易。对直接负责的主管人员和其他直接责任人员给予警告，并处以五万元以上五十万元以下的罚款。

第一百四十七条 境外期货交易场所在境内设立的代表机构及其工作人员违反本法第一百二十一条的规定，从事或者变相从事任何经营活动的，责令改正，给予警告，没收违法所得，并处以违法所得一倍以上十倍以下的罚款；没有违法所得或者违法所得不足五十万元的，处以五十万元以上五百万元以下的罚款。对直接负责的主管人员和其他直接责任人员给予警告，并处以十万元以上一百万元以下的罚款。

第一百四十八条 违反本法第一百二十二条的规定在境内从事市场营销、推介及招揽活动的，责令改正，给予警告，没收违法所得，并处以违法所得一倍以上十倍以下的罚款；没有违法所得或者违法所得不足五十万元的，处以五十万元以上五百万元以下的罚款。对直接负责的主管人员和其他直接责任人员给予警告，并处以十万元以上一百万元以下的罚款。

第一百四十九条 拒绝、阻碍国务院期货监督管理机构或者国务院授权的部门及其工作人员依法行使监督检查、调查职权的，责令改正，处以十万元以上一百万元以下的罚款，并由公安机关依法给予治安管理处罚。

第一百五十条 违反法律、行政法规或者国务院期货监督管理机构的有关规定，情节严重的，国务院期货监督管理机构可以对有关责任人员采取期货市场禁入的措施。

前款所称期货市场禁入，是指在一定期限内直至终身不得进行期货交易、从事期货业务，不得担任期货经营机构、期货交易场所、期货结算机构的董事、监事、高级管理人员或者负责人的制度。

第一百五十一条 本法规定的行政处罚，由国务院期货监督管理机构、国务院授权的部门按照国务院规定的职责分工作出决定；法律、行政法规另有规定的，适用其规定。

第一百五十二条 国务院期货监督管理机构

或者国务院授权的部门的工作人员，不履行本法规定的职责，滥用职权、玩忽职守，利用职务便利牟取不正当利益，或者泄露所知悉的有关单位和个人的商业秘密的，依法追究法律责任。

第一百五十三条 违反本法规定，构成犯罪的，依法追究刑事责任。

第一百五十四条 违反本法规定，应当承担民事赔偿责任和缴纳罚款、罚金、违法所得，违法行为人的财产不足以支付的，优先用于承担民事赔偿责任。

第十三章 附 则

第一百五十五条 本法自2022年8月1日起施行。

期货交易管理条例

- 2007年3月6日中华人民共和国国务院令第489号公布
- 根据2012年10月24日《国务院关于修改〈期货交易管理条例〉的决定》第一次修订
- 根据2013年7月18日《国务院关于废止和修改部分行政法规的决定》第二次修订
- 根据2016年2月6日《国务院关于修改部分行政法规的决定》第三次修订
- 根据2017年3月1日《国务院关于修改和废止部分行政法规的决定》第四次修订

第一章 总 则

第一条 为了规范期货交易行为，加强对期货交易的监督管理，维护期货市场秩序，防范风险，保护期货交易各方的合法权益和社会公共利益，促进期货市场积极稳妥发展，制定本条例。

第二条 任何单位和个人从事期货交易及其相关活动，应当遵守本条例。

本条例所称期货交易，是指采用公开的集中交易方式或者国务院期货监督管理机构批准的其他方式进行的以期货合约或者期权合约为交易标的的交易活动。

本条例所称期货合约，是指期货交易场所统一制定的、规定在将来某一特定的时间和地点交割一定数量标的物的标准化合约。期货合约包括商品期货合约和金融期货合约及其他期货合约。

本条例所称期权合约，是指期货交易场所统一制定的、规定买方有权在将来某一时间以特定价格买入或者卖出约定标的物（包括期货合约）的标准化合约。

第三条 从事期货交易活动，应当遵循公开、公平、公正和诚实信用的原则。禁止欺诈、内幕交易和操纵期货交易价格等违法行为。

第四条 期货交易应当在依照本条例第六条第一款规定设立的期货交易所、国务院批准的或者国务院期货监督管理机构批准的其他期货交易场所进行。

禁止在前款规定的期货交易场所之外进行期货交易。

第五条 国务院期货监督管理机构对期货市场实行集中统一的监督管理。

国务院期货监督管理机构派出机构依照本条例的有关规定和国务院期货监督管理机构的授权，履行监督管理职责。

第二章 期货交易所

第六条 设立期货交易所，由国务院期货监督管理机构审批。

未经国务院批准或者国务院期货监督管理机构批准，任何单位或者个人不得设立期货交易场所或者以任何形式组织期货交易及其相关活动。

第七条 期货交易所不以营利为目的，按照其章程的规定实行自律管理。期货交易所以其全部财产承担民事责任。期货交易所的负责人由国务院期货监督管理机构任免。

期货交易所的管理办法由国务院期货监督管理机构制定。

第八条 期货交易所会员应当是在中华人民共和国境内登记注册的企业法人或者其他经济组织。

期货交易所可以实行会员分级结算制度。实行会员分级结算制度的期货交易所会员由结算会员和非结算会员组成。

第九条 有《中华人民共和国公司法》第一百四十六条规定的情形或者下列情形之一的，不得担任期货交易所的负责人、财务会计人员：

（一）因违法行为或者违纪行为被解除职务的期货交易所、证券交易所、证券登记结算机构的负责人,或者期货公司、证券公司的董事、监事、高级管理人员,以及国务院期货监督管理机构规定的其他人员,自被解除职务之日起未逾5年;

(二)因违法行为或者违纪行为被撤销资格的律师、注册会计师或者投资咨询机构、财务顾问机构、资信评级机构、资产评估机构、验证机构的专业人员,自被撤销资格之日起未逾5年。

第十条 期货交易所应当依照本条例和国务院期货监督管理机构的规定,建立、健全各项规章制度,加强对交易活动的风险控制和对会员以及交易所工作人员的监督管理。期货交易所履行下列职责:

(一)提供交易的场所、设施和服务;

(二)设计合约,安排合约上市;

(三)组织并监督交易、结算和交割;

(四)为期货交易提供集中履约担保;

(五)按照章程和交易规则对会员进行监督管理;

(六)国务院期货监督管理机构规定的其他职责。

期货交易所不得直接或者间接参与期货交易。未经国务院期货监督管理机构审核并报国务院批准,期货交易所不得从事信托投资、股票投资、非自用不动产投资等与其职责无关的业务。

第十一条 期货交易所应当按照国家有关规定建立、健全下列风险管理制度:

(一)保证金制度;

(二)当日无负债结算制度;

(三)涨跌停板制度;

(四)持仓限额和大户持仓报告制度;

(五)风险准备金制度;

(六)国务院期货监督管理机构规定的其他风险管理制度。

实行会员分级结算制度的期货交易所,还应当建立、健全结算担保金制度。

第十二条 当期货市场出现异常情况时,期货交易所可以按照其章程规定的权限和程序,决定采取下列紧急措施,并应当立即报告国务院期货监督管理机构:

(一)提高保证金;

(二)调整涨跌停板幅度;

(三)限制会员或者客户的最大持仓量;

(四)暂时停止交易;

(五)采取其他紧急措施。

前款所称异常情况,是指在交易中发生操纵期货交易价格的行为或者发生不可抗拒的突发事件以及国务院期货监督管理机构规定的其他情形。

异常情况消失后,期货交易所应当及时取消紧急措施。

第十三条 期货交易所办理下列事项,应当经国务院期货监督管理机构批准:

(一)制定或者修改章程、交易规则;

(二)上市、中止、取消或者恢复交易品种;

(三)国务院期货监督管理机构规定的其他事项。

国务院期货监督管理机构批准期货交易所上市新的交易品种,应当征求国务院有关部门的意见。

第十四条 期货交易所的所得收益按照国家有关规定管理和使用,但应当首先用于保证期货交易场所、设施的运行和改善。

第三章 期货公司

第十五条 期货公司是依照《中华人民共和国公司法》和本条例规定设立的经营期货业务的金融机构。设立期货公司,应当在公司登记机关登记注册,并经国务院期货监督管理机构批准。

未经国务院期货监督管理机构批准,任何单位或者个人不得设立或者变相设立期货公司,经营期货业务。

第十六条 申请设立期货公司,应当符合《中华人民共和国公司法》的规定,并具备下列条件:

(一)注册资本最低限额为人民币3000万元;

(二)董事、监事、高级管理人员具备任职条件,从业人员具有期货从业资格;

(三)有符合法律、行政法规规定的公司章程;

(四)主要股东以及实际控制人具有持续盈利能力,信誉良好,最近3年无重大违法违规记录;

(五)有合格的经营场所和业务设施;

(六)有健全的风险管理和内部控制制度;

(七)国务院期货监督管理机构规定的其他条件。

国务院期货监督管理机构根据审慎监管原则和各项业务的风险程度,可以提高注册资本最低限额。注册资本应当是实缴资本。股东应当以货币或者期货公司经营必需的非货币财产出资,货币出资比例不得低于85%。

国务院期货监督管理机构应当在受理期货公司设立申请之日起6个月内，根据审慎监管原则进行审查，作出批准或者不批准的决定。

未经国务院期货监督管理机构批准，任何单位和个人不得委托或者接受他人委托持有或者管理期货公司的股权。

第十七条 期货公司业务实行许可制度，由国务院期货监督管理机构按照其商品期货、金融期货业务种类颁发许可证。期货公司除申请经营境内期货经纪业务外，还可以申请经营境外期货经纪、期货投资咨询以及国务院期货监督管理机构规定的其他期货业务。

期货公司不得从事与期货业务无关的活动，法律、行政法规或者国务院期货监督管理机构另有规定的除外。

期货公司不得从事或者变相从事期货自营业务。

期货公司不得为其股东、实际控制人或者其他关联人提供融资，不得对外担保。

第十八条 期货公司从事经纪业务，接受客户委托，以自己的名义为客户进行期货交易，交易结果由客户承担。

第十九条 期货公司办理下列事项，应当经国务院期货监督管理机构批准：

（一）合并、分立、停业、解散或者破产；

（二）变更业务范围；

（三）变更注册资本且调整股权结构；

（四）新增持有5%以上股权的股东或者控股股东发生变化；

（五）国务院期货监督管理机构规定的其他事项。

前款第三项、第五项所列事项，国务院期货监督管理机构应当自受理申请之日起20日内作出批准或者不批准的决定；前款所列其他事项，国务院期货监督管理机构应当自受理申请之日起2个月内作出批准或者不批准的决定。

第二十条 期货公司或者其分支机构有《中华人民共和国行政许可法》第七十条规定的情形或者下列情形之一的，国务院期货监督管理机构应当依法办理期货业务许可证注销手续：

（一）营业执照被公司登记机关依法注销；

（二）成立后无正当理由超过3个月未开始营业，或者开业后无正当理由停业连续3个月以上；

（三）主动提出注销申请；

（四）国务院期货监督管理机构规定的其他情形。

期货公司在注销期货业务许可证前，应当结清相关期货业务，并依法返还客户的保证金和其他资产。期货公司分支机构在注销经营许可证前，应当终止经营活动，妥善处理客户资产。

第二十一条 期货公司应当建立、健全并严格执行业务管理规则、风险管理制度，遵守信息披露制度，保障客户保证金的存管安全，按照期货交易所的规定，向期货交易所报告大户名单、交易情况。

第二十二条 其他期货经营机构从事期货投资咨询业务，应当遵守国务院期货监督管理机构的规定。

第四章 期货交易基本规则

第二十三条 在期货交易所进行期货交易的，应当是期货交易所会员。

符合规定条件的境外机构，可以在期货交易所从事特定品种的期货交易。具体办法由国务院期货监督管理机构制定。

第二十四条 期货公司接受客户委托为其进行期货交易，应当事先向客户出示风险说明书，经客户签字确认后，与客户签订书面合同。期货公司不得未经客户委托或者不按照客户委托内容，擅自进行期货交易。

期货公司不得向客户作获利保证；不得在经纪业务中与客户约定分享利益或者共担风险。

第二十五条 下列单位和个人不得从事期货交易，期货公司不得接受其委托为其进行期货交易：

（一）国家机关和事业单位；

（二）国务院期货监督管理机构、期货交易所、期货保证金安全存管监控机构和期货业协会的工作人员；

（三）证券、期货市场禁止进入者；

（四）未能提供开户证明材料的单位和个人；

（五）国务院期货监督管理机构规定不得从事期货交易的其他单位和个人。

第二十六条 客户可以通过书面、电话、互联网或者国务院期货监督管理机构规定的其他方式，向期货公司下达交易指令。客户的交易指令应当明确、全面。

期货公司不得隐瞒重要事项或者使用其他不正当手段诱骗客户发出交易指令。

第二十七条 期货交易所应当及时公布上市品种合约的成交量、成交价、持仓量、最高价与最低价、开盘价与收盘价和其他应当公布的即时行情，并保证即时行情的真实、准确。期货交易所不得发布价格预测信息。

未经期货交易所许可，任何单位和个人不得发布期货交易即时行情。

第二十八条 期货交易应当严格执行保证金制度。期货交易所向会员、期货公司向客户收取的保证金，不得低于国务院期货监督管理机构、期货交易所规定的标准，并应当与自有资金分开，专户存放。

期货交易所向会员收取的保证金，属于会员所有，除用于会员的交易结算外，严禁挪作他用。

期货公司向客户收取的保证金，属于客户所有，除下列可划转的情形外，严禁挪作他用：

（一）依据客户的要求支付可用资金；

（二）为客户交存保证金，支付手续费、税款；

（三）国务院期货监督管理机构规定的其他情形。

第二十九条 期货公司应当为每一个客户单独开立专门账户、设置交易编码，不得混码交易。

第三十条 期货公司经营期货经纪业务又同时经营其他期货业务的，应当严格执行业务分离和资金分离制度，不得混合操作。

第三十一条 期货交易所、期货公司、非期货公司结算会员应当按照国务院期货监督管理机构、财政部门的规定提取、管理和使用风险准备金，不得挪用。

第三十二条 期货交易的收费项目、收费标准和管理办法由国务院有关主管部门统一制定并公布。

第三十三条 期货交易的结算，由期货交易所统一组织进行。

期货交易所实行当日无负债结算制度。期货交易所应当在当日及时将结算结果通知会员。

期货公司根据期货交易所的结算结果对客户进行结算，并应当将结算结果按照与客户约定的方式及时通知客户。客户应当及时查询并妥善处理自己的交易持仓。

第三十四条 期货交易所会员的保证金不足时，应当及时追加保证金或者自行平仓。会员未在期货交易所规定的时间内追加保证金或者自行平仓的，期货交易所应当将该会员的合约强行平仓，强行平仓的有关费用和发生的损失由该会员承担。

客户保证金不足时，应当及时追加保证金或者自行平仓。客户未在期货公司规定的时间内及时追加保证金或者自行平仓的，期货公司应当将该客户的合约强行平仓，强行平仓的有关费用和发生的损失由该客户承担。

第三十五条 期货交易的交割，由期货交易所统一组织进行。

交割仓库由期货交易所指定。期货交易所不得限制实物交割总量，并应当与交割仓库签订协议，明确双方的权利和义务。交割仓库不得有下列行为：

（一）出具虚假仓单；

（二）违反期货交易所业务规则，限制交割商品的入库、出库；

（三）泄露与期货交易有关的商业秘密；

（四）违反国家有关规定参与期货交易；

（五）国务院期货监督管理机构规定的其他行为。

第三十六条 会员在期货交易中违约的，期货交易所先以该会员的保证金承担违约责任；保证金不足的，期货交易所应当以风险准备金和自有资金代为承担违约责任，并由此取得对该会员的相应追偿权。

客户在期货交易中违约的，期货公司先以该客户的保证金承担违约责任；保证金不足的，期货公司应当以风险准备金和自有资金代为承担违约责任，并由此取得对该客户的相应追偿权。

第三十七条 实行会员分级结算制度的期货交易所，应当向结算会员收取结算担保金。期货交易所只对结算会员结算，收取和追收保证金，以结算担保金、风险准备金、自有资金代为承担违约责任，以及采取其他相关措施；对非结算会员的结算、收取和追收保证金、代为承担违约责任，以及采取其他相关措施，由结算会员执行。

第三十八条 期货交易所、期货公司和非期货公司结算会员应当保证期货交易、结算、交割资料的完整和安全。

第三十九条 任何单位或者个人不得编造、传播有关期货交易的虚假信息,不得恶意串通、联手买卖或者以其他方式操纵期货交易价格。

第四十条 任何单位或者个人不得违规使用信贷资金、财政资金进行期货交易。

银行业金融机构从事期货交易融资或者担保业务的资格,由国务院银行业监督管理机构批准。

第四十一条 国有以及国有控股企业进行境内外期货交易,应当遵循套期保值的原则,严格遵守国务院国有资产监督管理机构以及其他有关部门关于企业以国有资产进入期货市场的有关规定。

第四十二条 境外期货项下购汇、结汇以及外汇收支,应当符合国家外汇管理有关规定。

境内单位或者个人从事境外期货交易的办法,由国务院期货监督管理机构会同国务院商务主管部门、国有资产监督管理机构、银行业监督管理机构、外汇管理部门等有关部门制订,报国务院批准后施行。

第五章 期货业协会

第四十三条 期货业协会是期货业的自律性组织,是社会团体法人。

期货公司以及其他专门从事期货经营的机构应当加入期货业协会,并缴纳会员费。

第四十四条 期货业协会的权力机构为全体会员组成的会员大会。

期货业协会的章程由会员大会制定,并报国务院期货监督管理机构备案。

期货业协会设理事会。理事会成员按照章程的规定选举产生。

第四十五条 期货业协会履行下列职责:

(一)教育和组织会员遵守期货法律法规和政策;

(二)制定会员应当遵守的行业自律性规则,监督、检查会员行为,对违反协会章程和自律性规则的,按照规定给予纪律处分;

(三)负责期货从业人员资格的认定、管理以及撤销工作;

(四)受理客户与期货业务有关的投诉,对会员之间、会员与客户之间发生的纠纷进行调解;

(五)依法维护会员的合法权益,向国务院期货监督管理机构反映会员的建议和要求;

(六)组织期货从业人员的业务培训,开展会员间的业务交流;

(七)组织会员就期货业的发展、运作以及有关内容进行研究;

(八)期货业协会章程规定的其他职责。

期货业协会的业务活动应当接受国务院期货监督管理机构的指导和监督。

第六章 监督管理

第四十六条 国务院期货监督管理机构对期货市场实施监督管理,依法履行下列职责:

(一)制定有关期货市场监督管理的规章、规则,并依法行使审批权;

(二)对品种的上市、交易、结算、交割等期货交易及其相关活动,进行监督管理;

(三)对期货交易所、期货公司及其他期货经营机构、非期货公司结算会员、期货保证金安全存管监控机构、期货保证金存管银行、交割仓库等市场相关参与者的期货业务活动,进行监督管理;

(四)制定期货从业人员的资格标准和管理办法,并监督实施;

(五)监督检查期货交易的信息公开情况;

(六)对期货业协会的活动进行指导和监督;

(七)对违反期货市场监督管理法律、行政法规的行为进行查处;

(八)开展与期货市场监督管理有关的国际交流、合作活动;

(九)法律、行政法规规定的其他职责。

第四十七条 国务院期货监督管理机构依法履行职责,可以采取下列措施:

(一)对期货交易所、期货公司及其他期货经营机构、非期货公司结算会员、期货保证金安全存管监控机构和交割仓库进行现场检查;

(二)进入涉嫌违法行为发生场所调查取证;

(三)询问当事人和与被调查事件有关的单位和个人,要求其对与被调查事件有关的事项作出说明;

(四)查阅、复制与被调查事件有关的财产权登记等资料;

(五)查阅、复制当事人和与被调查事件有关的单位和个人的期货交易记录、财务会计资料以及其他相关文件和资料;对可能被转移、隐匿或者毁损的文件和资料，可以予以封存；

（六）查询与被调查事件有关的单位的保证金账户和银行账户；

（七）在调查操纵期货交易价格、内幕交易等重大期货违法行为时，经国务院期货监督管理机构主要负责人批准，可以限制被调查事件当事人的期货交易，但限制的时间不得超过15个交易日；案情复杂的，可以延长至30个交易日；

（八）法律、行政法规规定的其他措施。

第四十八条 期货交易所、期货公司及其他期货经营机构、期货保证金安全存管监控机构，应当向国务院期货监督管理机构报送财务会计报告、业务资料和其他有关资料。

对期货公司及其他期货经营机构报送的年度报告，国务院期货监督管理机构应当指定专人进行审核，并制作审核报告。审核人员应当在审核报告上签字。审核中发现问题的，国务院期货监督管理机构应当及时采取相应措施。

必要时，国务院期货监督管理机构可以要求非期货公司结算会员、交割仓库，以及期货公司股东、实际控制人或者其他关联人报送相关资料。

第四十九条 国务院期货监督管理机构依法履行职责，进行监督检查或者调查时，被检查、调查的单位和个人应当配合，如实提供有关文件和资料，不得拒绝、阻碍和隐瞒；其他有关部门和单位应当给予支持和配合。

第五十条 国家根据期货市场发展的需要，设立期货投资者保障基金。

期货投资者保障基金的筹集、管理和使用的具体办法，由国务院期货监督管理机构会同国务院财政部门制定。

第五十一条 国务院期货监督管理机构应当建立、健全保证金安全存管监控制度，设立期货保证金安全存管监控机构。

客户和期货交易所、期货公司及其他期货经营机构、非期货公司结算会员以及期货保证金存管银行，应当遵守国务院期货监督管理机构有关保证金安全存管监控的规定。

第五十二条 期货保证金安全存管监控机构依照有关规定对保证金安全实施监控，进行每日稽核，发现问题应当立即报告国务院期货监督管理机构。国务院期货监督管理机构应当根据不同情况，依照本条例有关规定及时处理。

第五十三条 国务院期货监督管理机构对期货交易所和期货保证金安全存管监控机构的董事、监事、高级管理人员，实行资格管理制度。

第五十四条 国务院期货监督管理机构应当制定期货公司持续性经营规则，对期货公司的净资本与净资产的比例，净资本与境内期货经纪、境外期货经纪等业务规模的比例，流动资产与流动负债的比例等风险监管指标作出规定；对期货公司及其分支机构的经营条件、风险管理、内部控制、保证金存管、关联交易等方面提出要求。

第五十五条 期货公司及其分支机构不符合持续性经营规则或者出现经营风险的，国务院期货监督管理机构可以对期货公司及其董事、监事和高级管理人员采取谈话、提示、记入信用记录等监管措施或者责令期货公司限期整改，并对其整改情况进行检查验收。

期货公司逾期未改正，其行为严重危及期货公司的稳健运行、损害客户合法权益，或者涉嫌严重违法违规正在被国务院期货监督管理机构调查的，国务院期货监督管理机构可以区别情形，对其采取下列措施：

（一）限制或者暂停部分期货业务；

（二）停止批准新增业务；

（三）限制分配红利，限制向董事、监事、高级管理人员支付报酬、提供福利；

（四）限制转让财产或者在财产上设定其他权利；

（五）责令更换董事、监事、高级管理人员或者有关业务部门、分支机构的负责人员，或者限制其权利；

（六）限制期货公司自有资金或者风险准备金的调拨和使用；

（七）责令控股股东转让股权或者限制有关股东行使股东权利。

对经过整改符合有关法律、行政法规规定以及持续性经营规则要求的期货公司，国务院期货监督管理机构应当自验收完毕之日起3日内解除对其采取的有关措施。

对经过整改仍未达到持续性经营规则要求，严重影响正常经营的期货公司，国务院期货监督管理机构有权撤销其部分或者全部期货业务许可、关闭其分支机构。

第五十六条 期货公司违法经营或者出现重

大风险，严重危害期货市场秩序、损害客户利益的，国务院期货监督管理机构可以对该期货公司采取责令停业整顿、指定其他机构托管或者接管等监管措施。经国务院期货监督管理机构批准，可以对该期货公司直接负责的董事、监事、高级管理人员和其他直接责任人员采取以下措施：

（一）通知出境管理机关依法阻止其出境；

（二）申请司法机关禁止其转移、转让或者以其他方式处分财产，或者在财产上设定其他权利。

第五十七条 期货公司的股东有虚假出资或者抽逃出资行为的，国务院期货监督管理机构应当责令其限期改正，并可责令其转让所持期货公司的股权。

在股东按照前款要求改正违法行为、转让所持期货公司的股权前，国务院期货监督管理机构可以限制其股东权利。

第五十八条 当期货市场出现异常情况时，国务院期货监督管理机构可以采取必要的风险处置措施。

第五十九条 期货公司的交易软件、结算软件，应当满足期货公司审慎经营和风险管理以及国务院期货监督管理机构有关保证金安全存管监控规定的要求。期货公司的交易软件、结算软件不符合要求的，国务院期货监督管理机构有权要求期货公司予以改进或者更换。

国务院期货监督管理机构可以要求期货公司的交易软件、结算软件的供应商提供该软件的相关资料，供应商应当予以配合。国务院期货监督管理机构对供应商提供的相关资料负有保密义务。

第六十条 期货公司涉及重大诉讼、仲裁，或者股权被冻结或者用于担保，以及发生其他重大事件时，期货公司及其相关股东、实际控制人应当自该事件发生之日起 5 日内向国务院期货监督管理机构提交书面报告。

第六十一条 会计师事务所、律师事务所、资产评估机构等中介服务机构向期货交易所和期货公司等市场相关参与者提供相关服务时，应当遵守期货法律、行政法规以及国家有关规定，并按照国务院期货监督管理机构的要求提供相关资料。

第六十二条 国务院期货监督管理机构应当与有关部门建立监督管理的信息共享和协调配合机制。

国务院期货监督管理机构可以和其他国家或者地区的期货监督管理机构建立监督管理合作机制，实施跨境监督管理。

第六十三条 国务院期货监督管理机构、期货交易所、期货保证金安全存管监控机构和期货保证金存管银行等相关单位的工作人员，应当忠于职守，依法办事，公正廉洁，保守国家秘密和有关当事人的商业秘密，不得利用职务便利牟取不正当的利益。

第七章　法律责任

第六十四条 期货交易所、非期货公司结算会员有下列行为之一的，责令改正，给予警告，没收违法所得：

（一）违反规定接纳会员的；

（二）违反规定收取手续费的；

（三）违反规定使用、分配收益的；

（四）不按照规定公布即时行情的，或者发布价格预测信息的；

（五）不按照规定向国务院期货监督管理机构履行报告义务的；

（六）不按照规定向国务院期货监督管理机构报送有关文件、资料的；

（七）不按照规定建立、健全结算担保金制度的；

（八）不按照规定提取、管理和使用风险准备金的；

（九）违反国务院期货监督管理机构有关保证金安全存管监控规定的；

（十）限制会员实物交割总量的；

（十一）任用不具备资格的期货从业人员的；

（十二）违反国务院期货监督管理机构规定的其他行为。

有前款所列行为之一的，对直接负责的主管人员和其他直接责任人员给予纪律处分，处 1 万元以上 10 万元以下的罚款。

有本条第一款第二项所列行为的，应当责令退还多收取的手续费。

期货保证金安全存管监控机构有本条第一款第五项、第六项、第九项、第十一项、第十二项所列行为的，依照本条第一款、第二款的规定处罚、处分。期货保证金存管银行有本条第一款第九项、第十二项所列行为的，依照本条第一款、第二款的规定处罚、处分。

第六十五条 期货交易所有下列行为之一的，责令改正，给予警告，没收违法所得，并处违法所得1倍以上5倍以下的罚款；没有违法所得或者违法所得不满10万元的，并处10万元以上50万元以下的罚款；情节严重的，责令停业整顿：

（一）未经批准，擅自办理本条例第十三条所列事项的；

（二）允许会员在保证金不足的情况下进行期货交易的；

（三）直接或者间接参与期货交易，或者违反规定从事与其职责无关的业务的；

（四）违反规定收取保证金，或者挪用保证金的；

（五）伪造、涂改或者不按照规定保存期货交易、结算、交割资料的；

（六）未建立或者未执行当日无负债结算、涨跌停板、持仓限额和大户持仓报告制度的；

（七）拒绝或者妨碍国务院期货监督管理机构监督检查的；

（八）违反国务院期货监督管理机构规定的其他行为。

有前款所列行为之一的，对直接负责的主管人员和其他直接责任人员给予纪律处分，处1万元以上10万元以下的罚款。

非期货公司结算会员有本条第一款第二项、第四项至第八项所列行为之一的，依照本条第一款、第二款的规定处罚、处分。

期货保证金安全存管监控机构有本条第一款第三项、第七项、第八项所列行为的，依照本条第一款、第二款的规定处罚、处分。

第六十六条 期货公司有下列行为之一的，责令改正，给予警告，没收违法所得，并处违法所得1倍以上3倍以下的罚款；没有违法所得或者违法所得不满10万元的，并处10万元以上30万元以下的罚款；情节严重的，责令停业整顿或者吊销期货业务许可证：

（一）接受不符合规定条件的单位或者个人委托的；

（二）允许客户在保证金不足的情况下进行期货交易的；

（三）未经批准，擅自办理本条例第十九条所列事项的；

（四）违反规定从事与期货业务无关的活动的；

（五）从事或者变相从事期货自营业务的；

（六）为其股东、实际控制人或者其他关联人提供融资，或者对外担保的；

（七）违反国务院期货监督管理机构有关保证金安全存管监控规定的；

（八）不按照规定向国务院期货监督管理机构履行报告义务或者报送有关文件、资料的；

（九）交易软件、结算软件不符合期货公司审慎经营和风险管理以及国务院期货监督管理机构有关保证金安全存管监控规定的要求的；

（十）不按照规定提取、管理和使用风险准备金的；

（十一）伪造、涂改或者不按照规定保存期货交易、结算、交割资料的；

（十二）任用不具备资格的期货从业人员的；

（十三）伪造、变造、出租、出借、买卖期货业务许可证或者经营许可证的；

（十四）进行混码交易的；

（十五）拒绝或者妨碍国务院期货监督管理机构监督检查的；

（十六）违反国务院期货监督管理机构规定的其他行为。

期货公司有前款所列行为之一的，对直接负责的主管人员和其他直接责任人员给予警告，并处1万元以上5万元以下的罚款；情节严重的，暂停或者撤销期货从业人员资格。

期货公司之外的其他期货经营机构有本条第一款第八项、第十二项、第十三项、第十五项、第十六项所列行为的，依照本条第一款、第二款的规定处罚。

期货公司的股东、实际控制人或者其他关联人未经批准擅自委托他人或者接受他人委托持有或者管理期货公司股权的，拒不配合国务院期货监督管理机构的检查，拒不按照规定履行报告义务、提供有关信息和资料，或者报送、提供的信息和资料有虚假记载、误导性陈述或者重大遗漏的，依照本条第一款、第二款的规定处罚。

第六十七条 期货公司有下列欺诈客户行为之一的，责令改正，给予警告，没收违法所得，并处违法所得1倍以上5倍以下的罚款；没有违法所得或者违法所得不满10万元的，并处10万元以上

50万元以下的罚款;情节严重的,责令停业整顿或者吊销期货业务许可证:

(一)向客户作获利保证或者不按照规定向客户出示风险说明书的;

(二)在经纪业务中与客户约定分享利益、共担风险的;

(三)不按照规定接受客户委托或者不按照客户委托内容擅自进行期货交易的;

(四)隐瞒重要事项或者使用其他不正当手段,诱骗客户发出交易指令的;

(五)向客户提供虚假成交回报的;

(六)未将客户交易指令下达到期货交易所的;

(七)挪用客户保证金的;

(八)不按照规定在期货保证金存管银行开立保证金账户,或者违规划转客户保证金的;

(九)国务院期货监督管理机构规定的其他欺诈客户的行为。

期货公司有前款所列行为之一的,对直接负责的主管人员和其他直接责任人员给予警告,并处1万元以上10万元以下的罚款;情节严重的,暂停或者撤销期货从业人员资格。

任何单位或者个人编造并且传播有关期货交易的虚假信息,扰乱期货交易市场的,依照本条第一款、第二款的规定处罚。

第六十八条 期货公司及其他期货经营机构、非期货公司结算会员、期货保证金存管银行提供虚假申请文件或者采取其他欺诈手段隐瞒重要事实骗取期货业务许可的,撤销其期货业务许可,没收违法所得。

第六十九条 期货交易内幕信息的知情人或者非法获取期货交易内幕信息的人,在对期货交易价格有重大影响的信息尚未公开前,利用内幕信息从事期货交易,或者向他人泄露内幕信息,使他人利用内幕信息进行期货交易的,没收违法所得,并处违法所得1倍以上5倍以下的罚款;没有违法所得或者违法所得不满10万元的,处10万元以上50万元以下的罚款。单位从事内幕交易的,还应当对直接负责的主管人员和其他直接责任人员给予警告,并处3万元以上30万元以下的罚款。

国务院期货监督管理机构、期货交易所和期货保证金安全存管监控机构的工作人员进行内幕交易的,从重处罚。

第七十条 任何单位或者个人有下列行为之一,操纵期货交易价格的,责令改正,没收违法所得,并处违法所得1倍以上5倍以下的罚款;没有违法所得或者违法所得不满20万元的,处20万元以上100万元以下的罚款:

(一)单独或者合谋,集中资金优势、持仓优势或者利用信息优势联合或者连续买卖合约,操纵期货交易价格的;

(二)蓄意串通,按事先约定的时间、价格和方式相互进行期货交易,影响期货交易价格或者期货交易量的;

(三)以自己为交易对象,自买自卖,影响期货交易价格或者期货交易量的;

(四)为影响期货市场行情囤积现货的;

(五)国务院期货监督管理机构规定的其他操纵期货交易价格的行为。

单位有前款所列行为之一的,对直接负责的主管人员和其他直接责任人员给予警告,并处1万元以上10万元以下的罚款。

第七十一条 交割仓库有本条例第三十五条第二款所列行为之一的,责令改正,给予警告,没收违法所得,并处违法所得1倍以上5倍以下的罚款;没有违法所得或者违法所得不满10万元的,并处10万元以上50万元以下的罚款;情节严重的,责令期货交易所暂停或者取消其交割仓库资格。对直接负责的主管人员和其他直接责任人员给予警告,并处1万元以上10万元以下的罚款。

第七十二条 国有以及国有控股企业违反本条例和国务院国有资产监督管理机构以及其他有关部门关于企业以国有资产进入期货市场的有关规定进行期货交易,或者单位、个人违规使用信贷资金、财政资金进行期货交易的,给予警告,没收违法所得,并处违法所得1倍以上5倍以下的罚款;没有违法所得或者违法所得不满10万元的,并处10万元以上50万元以下的罚款。对直接负责的主管人员和其他直接责任人员给予降级直至开除的纪律处分。

第七十三条 境内单位或者个人违反规定从事境外期货交易的,责令改正,给予警告,没收违法所得,并处违法所得1倍以上5倍以下的罚款;没有违法所得或者违法所得不满20万元的,并处20万元以上100万元以下的罚款;情节严重的,暂停其境外期货交易。对单位直接负责的主管人员和其他直接责任人员给予警告，并处 1 万元以上 10 万元以下的罚款。

第七十四条 非法设立期货交易场所或者以其他形式组织期货交易活动的，由所在地县级以上地方人民政府予以取缔，没收违法所得，并处违法所得 1 倍以上 5 倍以下的罚款；没有违法所得或者违法所得不满 20 万元的，处 20 万元以上 100 万元以下的罚款。对单位直接负责的主管人员和其他直接责任人员给予警告，并处 1 万元以上 10 万元以下的罚款。

非法设立期货公司及其他期货经营机构，或者擅自从事期货业务的，予以取缔，没收违法所得，并处违法所得 1 倍以上 5 倍以下的罚款；没有违法所得或者违法所得不满 20 万元的，处 20 万元以上 100 万元以下的罚款。对单位直接负责的主管人员和其他直接责任人员给予警告，并处 1 万元以上 10 万元以下的罚款。

第七十五条 期货公司的交易软件、结算软件供应商拒不配合国务院期货监督管理机构调查，或者未按照规定向国务院期货监督管理机构提供相关软件资料，或者提供的软件资料有虚假、重大遗漏的，责令改正，处 3 万元以上 10 万元以下的罚款。对直接负责的主管人员和其他直接责任人员给予警告，并处 1 万元以上 5 万元以下的罚款。

第七十六条 会计师事务所、律师事务所、资产评估机构等中介服务机构未勤勉尽责，所出具的文件有虚假记载、误导性陈述或者重大遗漏的，责令改正，没收业务收入，暂停或者撤销相关业务许可，并处业务收入 1 倍以上 5 倍以下的罚款。对直接负责的主管人员和其他直接责任人员给予警告，并处 3 万元以上 10 万元以下的罚款。

第七十七条 任何单位或者个人违反本条例规定，情节严重的，由国务院期货监督管理机构宣布该个人、该单位或者该单位的直接责任人员为期货市场禁止进入者。

第七十八条 国务院期货监督管理机构、期货交易所、期货保证金安全存管监控机构和期货保证金存管银行等相关单位的工作人员，泄露知悉的国家秘密或者会员、客户商业秘密，或者徇私舞弊、玩忽职守、滥用职权、收受贿赂的，依法给予行政处分或者纪律处分。

第七十九条 违反本条例规定，构成犯罪的，依法追究刑事责任。

第八十条 对本条例规定的违法行为的行政处罚，除本条例已有规定的外，由国务院期货监督管理机构决定；涉及其他有关部门法定职权的，国务院期货监督管理机构应当会同其他有关部门处理；属于其他有关部门法定职权的，国务院期货监督管理机构应当移交其他有关部门处理。

第八章 附 则

第八十一条 本条例下列用语的含义：

（一）商品期货合约，是指以农产品、工业品、能源和其他商品及其相关指数产品为标的物的期货合约。

（二）金融期货合约，是指以有价证券、利率、汇率等金融产品及其相关指数产品为标的物的期货合约。

（三）保证金，是指期货交易者按照规定交纳的资金或者提交的价值稳定、流动性强的标准仓单、国债等有价证券，用于结算和保证履约。

（四）结算，是指根据期货交易所公布的结算价格对交易双方的交易结果进行的资金清算和划转。

（五）交割，是指合约到期时，按照期货交易所的规则和程序，交易双方通过该合约所载标的物所有权的转移，或者按照规定结算价格进行现金差价结算，了结到期未平仓合约的过程。

（六）平仓，是指期货交易者买入或者卖出与其所持合约的品种、数量和交割月份相同但交易方向相反的合约，了结期货交易的行为。

（七）持仓量，是指期货交易者所持有的未平仓合约的数量。

（八）持仓限额，是指期货交易所对期货交易者的持仓量规定的最高数额。

（九）标准仓单，是指交割仓库开具并经期货交易所认定的标准化提货凭证。

（十）涨跌停板，是指合约在 1 个交易日中的交易价格不得高于或者低于规定的涨跌幅度，超出该涨跌幅度的报价将被视为无效，不能成交。

（十一）内幕信息，是指可能对期货交易价格产生重大影响的尚未公开的信息，包括：国务院期货监督管理机构以及其他相关部门制定的对期货交易价格可能发生重大影响的政策，期货交易所作出的可能对期货交易价格发生重大影响的决定，期货交易所会员、客户的资金和交易动向以及国务院期货监督管理机构认定的对期货交易价格有显著影响的其他重要信息。

（十二）内幕信息的知情人员，是指由于其管理地位、监督地位或者职业地位，或者作为雇员、专业顾问履行职务，能够接触或者获得内幕信息的人员，包括：期货交易所的管理人员以及其他由于任职可获取内幕信息的从业人员，国务院期货监督管理机构和其他有关部门的工作人员以及国务院期货监督管理机构规定的其他人员。

第八十二条 国务院期货监督管理机构可以批准设立期货专门结算机构，专门履行期货交易所的结算以及相关职责，并承担相应法律责任。

第八十三条 境外机构在境内设立、收购或者参股期货经营机构，以及境外期货经营机构在境内设立分支机构（含代表处）的管理办法，由国务院期货监督管理机构会同国务院商务主管部门、外汇管理部门等有关部门制订，报国务院批准后施行。

第八十四条 在期货交易所之外的国务院期货监督管理机构批准的交易场所进行的期货交易，依照本条例的有关规定执行。

第八十五条 不属于期货交易的商品或者金融产品的其他交易活动，由国家有关部门监督管理，不适用本条例。

第八十六条 本条例自 2007 年 4 月 15 日起施行。1999 年 6 月 2 日国务院发布的《期货交易管理暂行条例》同时废止。

期货交易所管理办法

· 2023 年 3 月 29 日中国证券监督管理委员会令第 219 号公布

· 自 2023 年 5 月 1 日起施行

第一章 总 则

第一条 为了加强对期货交易所的监督管理，明确期货交易所职责，维护期货市场秩序，促进期货市场积极稳妥发展，根据《中华人民共和国民法典》、《中华人民共和国期货和衍生品法》（以下简称《期货和衍生品法》）、《中华人民共和国公司法》、《期货交易管理条例》，制定本办法。

第二条 本办法适用于在中华人民共和国境内设立的期货交易所。

第三条 本办法所称期货交易所是指依照《期货和衍生品法》、《期货交易管理条例》和本办法规定设立，履行《期货和衍生品法》、《期货交易管理条例》和本办法规定的职责，按照章程和业务规则，实行自律管理的法人。

本办法所称的期货交易所内部设有结算部门，依法履行期货结算机构职责，符合期货结算机构应当具备的条件。

第四条 期货交易所根据《中国共产党章程》设立党组织，发挥领导作用，把方向、管大局、保落实，依照规定讨论和决定交易所重大事项，保证监督党和国家的方针、政策在交易所得到全面贯彻落实。

第五条 期货交易所组织期货交易及其相关活动，应当遵循社会公共利益优先原则，维护市场的公平、有序、透明。

第六条 中国证券监督管理委员会（以下简称中国证监会）依法对期货交易所实行集中统一的监督管理。

第二章 设立、变更与终止

第七条 设立期货交易所，由中国证监会批准。未经中国证监会批准，任何单位或者个人不得设立期货交易场所或者以任何形式组织期货交易及其相关活动。

第八条 期货交易所可以采取会员制或者公司制的组织形式。

会员制期货交易所的注册资本或者开办资金划分为均等份额，由会员出资认缴。

公司制期货交易所采用股份有限公司的组织形式。

第九条 期货交易所应当在其名称中标明“商品交易所”或者“期货交易所”等字样。其他任何单位或者个人不得使用“期货交易所”或者其他可能产生混淆或者误导的名称。

第十条 期货交易所应当履行下列职责：

（一）提供交易的场所、设施和服务；

（二）组织期货交易的结算、交割；

（三）制定并实施期货交易所的业务规则；

（四）设计期货合约、标准化期权合约品种，安排期货合约、标准化期权合约品种上市；

（五）对期货交易进行实时监控和风险监测；

（六）发布市场信息；

（七）办理与期货交易的结算、交割有关的信息查询业务；

（八）依照章程和业务规则对会员、交易者、期货服务机构等进行自律管理；

（九）开展交易者教育和市场培育工作；

（十）保障信息技术系统的安全、稳定；

（十一）查处违规行为；

（十二）中国证监会规定的其他职责。

第十一条 申请设立期货交易所，应当向中国证监会提交下列文件和材料：

（一）申请书；

（二）章程和交易规则、结算规则草案；

（三）期货交易所的经营计划；

（四）拟加入会员或者股东名单；

（五）理事会成员候选人或者董事会成员名单及简历；

（六）拟任用高级管理人员的名单及简历；

（七）场地、设备、资金证明文件及情况说明；

（八）中国证监会规定的其他文件、材料。

第十二条 期货交易所章程应当载明下列事项：

（一）设立目的和职责；

（二）名称、住所和营业场所；

（三）注册资本或者开办资金及其构成；

（四）营业期限；

（五）组织机构的组成、职责、任期和议事规则；

（六）管理人员的产生、任免及其职责；

（七）基本业务制度；

（八）风险准备金管理制度；

（九）财务会计、内部控制制度；

（十）变更、终止的条件、程序及清算办法；

（十一）章程修改程序；

（十二）需要在章程中规定的其他事项。

第十三条 除本办法第十二条规定的事项外，会员制期货交易所章程还应当载明下列事项：

（一）会员资格及其管理办法；

（二）会员的权利和义务；

（三）对会员的纪律处分。

第十四条 期货交易所交易规则、结算规则应当载明下列事项：

（一）期货交易、结算和交割制度；

（二）风险管理制度和交易异常情况的处理程序；

（三）保证金的管理和使用制度；

（四）期货交易信息的发布办法；

（五）违规、违约行为及其处理办法；

（六）交易纠纷的处理方式；

（七）需要在交易规则、结算规则中载明的其他事项。

公司制期货交易所还应当在交易规则、结算规则中载明本办法第十三条规定的事项。

第十五条 期货交易所变更名称、注册资本或者开办资金、组织形式、股权结构的，应当由中国证监会批准。

第十六条 期货交易所合并、分立的，应当事前向中国证监会报告。

期货交易所合并可以采取吸收合并和新设合并两种方式，合并前各方的债权、债务由合并后存续或者新设的期货交易所承继。

期货交易所分立的，其债权、债务由分立后的期货交易所承继。期货交易所与债权人、债务人另有约定的除外。

第十七条 期货交易所联网交易的，应当于决定之日起十日内报告中国证监会。

第十八条 未经中国证监会批准，期货交易所不得设立分所或者其他任何期货交易场所。

第十九条 期货交易所因下列情形之一解散：

（一）章程规定的营业期限届满；

（二）会员大会或者股东大会决定解散；

（三）中国证监会决定关闭。

期货交易所解散的，应当由中国证监会批准。

第二十条 期货交易所因合并、分立或者解散而终止的，由中国证监会予以公告。

期货交易所终止的，应当成立清算组进行清算。清算组制定的清算方案，应当事前向中国证监会报告。

第三章 组织机构

第一节 会员制期货交易所

第二十一条 会员制期货交易所设会员大会。会员大会是期货交易所的权力机构，由全体会员组成。

第二十二条 会员大会行使下列职权：

（一）审定期货交易所章程、交易规则、结算规则及其修改草案；

（二）选举、更换会员理事；

（三）审议批准理事会和总经理的工作报告；

（四）审议批准期货交易所的财务预算方案、决算报告；

（五）审议期货交易所风险准备金使用情况；

（六）决定增加或者减少期货交易所注册资本或者开办资金；

（七）决定期货交易所的合并、分立、变更组织形式、解散和清算事项；

（八）决定期货交易所理事会提交的其他重大事项；

（九）期货交易所章程规定的其他职权。

第二十三条 会员大会由理事会召集，理事长主持，每年召开一次。有下列情形之一的，应当召开临时会员大会：

（一）会员理事不足期货交易所章程规定人数的三分之二；

（二）三分之一以上会员联名提议；

（三）理事会认为必要；

（四）期货交易所章程规定的其他情形。

会员大会可以采取现场会议、视频会议或其他通讯方式召开。

第二十四条 召开会员大会，应当将会议审议的事项、会议召开的方式、时间和地点于会议召开十日前通知会员。临时会员大会不得对通知中未列明的事项作出决议。

第二十五条 会员大会有三分之二以上会员参加方为有效。会员大会应当对表决事项制作会议纪要，由出席会议的理事签名。

会员大会结束之日起十日内，期货交易所应当将大会全部文件报告中国证监会。

第二十六条 期货交易所设理事会，每届任期三年。理事会是会员大会的常设机构，对会员大会负责。

第二十七条 理事会行使下列职权：

（一）召集会员大会，并向会员大会报告工作；

（二）拟订期货交易所章程、交易规则、结算规则及其修改草案，提交会员大会审定；

（三）审议总经理提出的财务预算方案、决算报告，提交会员大会通过；

（四）审议期货交易所合并、分立、变更组织形式、解散和清算的方案，提交会员大会通过；

（五）决定专门委员会的设置；

（六）决定会员的接纳和退出；

（七）决定对违规行为的纪律处分；

（八）决定期货交易所变更名称、住所或者营业场所；

（九）审议批准根据章程和交易规则、结算规则制定的细则和办法；

（十）审议结算担保金的使用情况；

（十一）审议批准风险准备金的使用方案；

（十二）审议批准总经理提出的期货交易所发展规划和年度工作计划；

（十三）审议批准期货交易所收费项目、收费管理办法；

（十四）审议批准期货交易所对外投资计划；

（十五）监督总经理组织实施会员大会和理事会决议的情况；

（十六）监督期货交易所高级管理人员和其他工作人员遵守国家有关法律、行政法规、规章、政策和期货交易所章程、业务规则的情况；

（十七）组织期货交易所年度财务会计报告的审计工作，决定会计师事务所的聘用和变更事项；

（十八）期货交易所章程规定和会员大会授予的其他职权。

第二十八条 理事会由会员理事和非会员理事组成；其中会员理事由会员大会选举产生，非会员理事由中国证监会委派。

第二十九条 理事会设理事长一人、可以设副理事长一至二人。理事长、副理事长的任免，由中国证监会提名，理事会通过。理事长不得兼任总经理。

第三十条 理事长行使下列职权：

（一）主持会员大会、理事会会议和理事会日常工作；

（二）组织协调专门委员会的工作；

（三）检查理事会决议的实施情况并向理事会报告；

（四）期货交易所章程规定或理事会授予的其他职权。

副理事长协助理事长工作。理事长因故临时不能履行职权的，由理事长指定的副理事长或者理事代其履行职权。

第三十一条 理事会会议至少每半年召开一次。每次会议应当于会议召开十日前将会议召开的方式、时间、地点通知全体理事。

有下列情形之一的，应当召开理事会临时会议：

（一）三分之一以上理事联名提议；

（二）期货交易所章程规定的情形；

（三）中国证监会提议。

理事会召开临时会议，可以另定召集理事会临时会议的通知方式和通知时限。

理事会可以采取现场会议、视频会议或其他通讯方式召开会议。

第三十二条 理事会会议须有三分之二以上理事出席方为有效，其决议须经全体理事二分之一以上表决通过。

理事会会议结束之日起十日内，理事会应当将会议决议及其他会议文件报告中国证监会。

第三十三条 理事会会议应当由理事本人出席。理事因故不能出席的，应当以书面形式委托其他理事代为出席；委托书中应当载明授权范围。每位理事只能接受一位理事的委托。

理事会应当对会议表决事项作成会议记录，由出席会议的理事和记录员在会议记录上签名。

第三十四条 理事会应当设立风险管理委员会、品种上市审核委员会，可以根据需要设立监查、交易、结算、交割、会员资格审查、纪律处分、调解、财务和技术等专门委员会。

各专门委员会对理事会负责，其职责、任期和人员组成等事项由理事会规定。

第三十五条 期货交易所设总经理一人、副总经理若干人。总经理由中国证监会任免。副总经理按照中国证监会相关规定任免或者聘任。总经理每届任期三年。总经理是当然理事。

第三十六条 总经理行使下列职权：

（一）组织实施会员大会、理事会通过的制度和决议；

（二）主持期货交易所的日常工作；

（三）根据章程和交易规则、结算规则拟订有关细则和办法；

（四）决定结算担保金的使用；

（五）拟订风险准备金的使用方案；

（六）拟订并实施经批准的期货交易所发展规划、年度工作计划；

（七）拟订并实施经批准的期货交易所对外投资计划；

（八）拟订期货交易所财务预算方案、决算报告；

（九）拟订期货交易所合并、分立、变更组织形式、解散和清算的方案；

（十）拟订期货交易所变更名称、住所或者营业场所的方案；

（十一）拟订期货交易所机构设置方案；

（十二）拟订期货交易所员工聘任方案，提出解聘建议；

（十三）拟订期货交易所员工的工资和奖惩方案；

（十四）决定重大交易者教育和保护工作事项；

（十五）决定调整收费标准；

（十六）期货交易所章程规定的或者理事会授予的其他职权。

总经理因故临时不能履行职权的，由总经理指定的副总经理代其履行职权。

第二节 公司制期货交易所

第三十七条 公司制期货交易所设股东大会。股东大会是期货交易所的权力机构，由全体股东组成。

第三十八条 股东大会行使下列职权：

（一）本办法第二十二条第（一）项、第（四）项至第（七）项规定的职权；

（二）选举和更换非由职工代表担任的董事；

（三）审议批准董事会和总经理的工作报告；

（四）决定期货交易所董事会提交的其他重大事项；

（五）决定股权结构变更方案；

（六）期货交易所章程规定的其他职权。

第三十九条 股东大会会议的召开及议事规则应当符合期货交易所章程的规定。

会议结束之日起十日内，期货交易所应当将会议全部文件报告中国证监会。

第四十条 期货交易所设董事会，每届任期三年。

第四十一条 董事会对股东大会负责，行使下列职权：

（一）召集股东大会会议，并向股东大会报告工作；

（二）拟订期货交易所章程、交易规则、结算规则及其修改草案，提交股东大会审定；

（三）审议总经理提出的财务预算方案、决算报告，提交股东大会通过；

（四）审议期货交易所合并、分立、变更组织形式、变更股权结构、解散和清算的方案，提交股东大会通过；

（五）监督总经理组织实施股东大会和董事会决议的情况；

（六）本办法第二十七条第（五）项至第（十四）项、第（十六）项、第（十七）项规定的职权；

（七）期货交易所章程规定和股东大会授予的其他职权。

第四十二条 期货交易所设董事长一人，可以设副董事长一至二人。董事长、副董事长的任免，由中国证监会提名，董事会通过。董事长不得兼任总经理。

第四十三条 董事长行使下列职权：

（一）主持股东大会、董事会会议和董事会日常工作；

（二）组织协调专门委员会的工作；

（三）检查董事会决议的实施情况并向董事会报告；

（四）期货交易所章程规定或董事会授予的其他职权。

副董事长协助董事长工作。董事长因故临时不能履行职权的，由董事长指定的副董事长或者董事代其履行职权。

第四十四条 董事会会议的召开和议事规则应当符合期货交易所章程的规定。

董事会会议结束之日起十日内，董事会应当将会议决议及其他会议文件报告中国证监会。

第四十五条 董事会应当设立风险管理委员会、品种上市审核委员会，可以根据需要设立本办法第三十四条规定的专门委员会。各专门委员会对董事会负责，其职责、任期和人员组成等事项由董事会规定。

第四十六条 期货交易所可以设独立董事。独立董事由中国证监会提名，股东大会通过。

第四十七条 期货交易所可以设董事会秘书。董事会秘书由中国证监会提名，董事会通过。

董事会秘书负责期货交易所股东大会和董事会会议的筹备、文件保管以及期货交易所股东资料的管理等事宜。

第四十八条 期货交易所设总经理一人、副总经理若干人。总经理由中国证监会任免。副总经理按照中国证监会相关规定任免或者聘任。总经理每届任期三年。总经理应当由董事担任。

第四十九条 总经理行使下列职权：

（一）组织实施股东大会、董事会通过的制度和决议；

（二）本办法第三十六条第（二）项至第（十五）项规定的职权；

（三）期货交易所章程规定或者董事会授予的其他职权。

总经理因故临时不能履行职权的，由总经理指定的副总经理代其履行职权。

第四章 会员管理

第五十条 期货交易所会员应当是在中华人民共和国境内登记注册的法人或者非法人组织。

符合条件的会员可以成为结算参与人。

第五十一条 取得期货交易所会员资格，应当经期货交易所批准。

期货交易所批准、取消会员的会员资格，应当向中国证监会报告。

第五十二条 期货交易所应当制定会员管理办法，规定会员资格的取得与终止的条件和程序、对会员的监督管理等内容。

第五十三条 会员制期货交易所会员享有下列权利：

（一）参加会员大会，行使选举权、被选举权和表决权；

（二）在期货交易所从事规定的交易、结算和交割等业务；

（三）使用期货交易所提供的交易设施，获得有关期货交易的信息和服务；

（四）按规定转让会员资格；

（五）联名提议召开临时会员大会；

（六）按照期货交易所章程和交易规则、结算规则行使申诉权；

（七）期货交易所章程规定的其他权利。

第五十四条 会员制期货交易所会员应当履行下列义务：

（一）遵守国家有关法律、行政法规、规章和政策；

（二）遵守期货交易所的章程、业务规则及有关决定；

（三）按规定缴纳各种费用；

（四）执行会员大会、理事会的决议；

（五）接受期货交易所监督管理。

第五十五条 公司制期货交易所会员享有下列权利：

（一）本办法第五十三条第（二）项和第（三）项规定的权利；

（二）按照交易规则、结算规则行使申诉权；

（三）期货交易所交易规则、结算规则规定的其他权利。

第五十六条 公司制期货交易所会员应当履行本办法第五十四条第（一）项至第（三）项、第（五）项规定的义务。

第五十七条 期货交易所应当每年对会员遵守期货交易所业务规则的情况进行抽样或者全面检查，并将检查结果报送中国证监会。

期货交易所行使监管职权时，可以按照期货交易所章程和业务规则规定的权限和程序进行调查取证，会员、交易者、境外经纪机构、期货服务机构等应当予以配合。

第五十八条 期货交易所实行全员结算制度或者会员分级结算制度，应当事前向中国证监会报告。

第五十九条 实行全员结算制度的期货交易所会员均具有与期货交易所进行结算的资格。

第六十条 实行全员结算制度的期货交易所会员由期货公司会员和非期货公司会员组成。期货公司会员按照中国证监会批准的业务范围开展相关业务。

第六十一条 实行全员结算制度的期货交易所对会员结算，会员对其受托的客户结算。

第六十二条 实行会员分级结算制度的期货交易所会员由结算会员和非结算会员组成。结算会员具有与期货交易所进行结算的资格，非结算会员不具有与期货交易所进行结算的资格。

期货交易所对结算会员结算，结算会员对非结算会员结算，非结算会员对其受托的客户结算。

第六十三条 结算会员由交易结算会员、全面结算会员和特别结算会员组成。

全面结算会员、特别结算会员可以为与其签订结算协议的非结算会员办理结算业务。交易结算会员不得为非结算会员办理结算业务。

第六十四条 实行会员分级结算制度的期货交易所可以根据结算会员资信和业务开展情况，限制结算会员的结算业务范围，但应当于三日内报告中国证监会。

第五章 基本业务规则

第六十五条 期货交易所向结算会员收取的保证金，用于结算和履约保障，不得被查封、冻结、扣押或者强制执行。期货交易所应当在期货保证金存管机构开立专用结算账户，专户存储保证金，禁止违规挪用。

保证金分为结算准备金和交易保证金。结算准备金是指未被合约占用的保证金；交易保证金是指已被合约占用的保证金。

实行会员分级结算制度的期货交易所只向结算会员收取保证金。

第六十六条 期货交易所应当建立保证金制度，保证金制度应当包括下列内容：

（一）向会员收取保证金的标准和形式；

（二）专用结算账户中会员结算准备金最低余额；

（三）当会员结算准备金余额低于期货交易所规定最低余额时的处置方法。

会员结算准备金最低余额由会员以自有资金向期货交易所缴纳。

第六十七条 期货交易所可以接受以下有价证券作为保证金：

（一）经期货交易所登记的标准仓单；

（二）可流通的国债；

（三）股票、基金份额；

（四）中国证监会认定的其他有价证券。

以前款规定的有价证券作为保证金的，其期限不得超过该有价证券的有效期限。

第六十八条 期货交易所应当制定有价证券作为保证金的规则，明确可以作为保证金的有价证券的种类、基准计算价值、折扣率等内容。

期货交易所可以根据市场情况对作为保证金的有价证券的基准计算价值进行调整。

第六十九条 有价证券作为保证金的金额不得高于会员在期货交易所专用结算账户中的实有货币资金的四倍。

第七十条 期货交易的相关亏损、费用、货款和税金等款项，应当以货币资金支付。

第七十一条 客户以有价证券作为保证金的，结算会员应当将收到的有价证券提交期货交易所。

非结算会员的客户以有价证券作为保证金

的，非结算会员应将收到的有价证券提交结算会员，由结算会员提交期货交易所。

客户以有价证券作为保证金的，期货交易所应当将有价证券的种类和数量如实反映在该客户的交易编码下。

中国证监会另有规定的，从其规定。

第七十二条 实行会员分级结算制度的期货交易所应当建立结算担保金制度。结算担保金包括基础结算担保金和变动结算担保金。

结算担保金由结算会员以自有资金向期货交易所缴纳。结算担保金属于结算会员所有，用于应对结算会员违约风险。期货交易所应当按照有关规定管理和使用，不得挪作他用。

期货交易所调整基础结算担保金标准的，应当在调整前报告中国证监会。

第七十三条 期货交易所应当按照手续费收入的百分之二十的比例提取风险准备金，风险准备金应当单独核算，专户存储。

中国证监会可以根据期货交易所业务规模、发展计划以及潜在的风险决定风险准备金的规模。

第七十四条 期货交易所应当以风险准备金、一般风险准备等形式储备充足的风险准备资源，用于垫付或者弥补交易所因不可抗力、意外事件、重大技术故障、重大人为差错及其他风险事件造成的或可能造成的损失。

第七十五条 期货交易所应当建立健全财务管理制度，收取的各种资金和费用应当严格按照规定用途使用，不得挪作他用。

期货交易所的各项收益安排应当以保证交易场所和设施安全运行为前提，合理设置利润留成项目，做好长期资金安排。

第七十六条 期货交易实行账户实名制，期货交易所应当建立交易编码制度，不得混码交易。

第七十七条 期货交易所应当建立健全交易者适当性管理制度，督促会员建立并执行交易者适当性管理制度，要求会员向交易者推荐产品或者服务时充分揭示风险，并不得向交易者推荐与其风险承受能力不适应的产品或者服务。

第七十八条 期货交易所应当建立健全制度机制，积极培育推动产业交易者参与期货市场。

期货交易所在做好风险隔离与风险控制的前提下，可以组织开展与期货交易相关的仓单交易等延伸服务，提升产业交易者运用期货市场管理风险、配置资源的便利性。

第七十九条 期货交易可以实行做市商制度。

期货交易所实行做市商制度的，应当建立健全做市商管理制度，对做市商的交易行为、权利义务等作出规定。

第八十条 期货交易实行持仓限额制度和套期保值管理制度。

第八十一条 期货交易实行大户持仓报告制度。会员或者交易者、境外经纪机构持仓达到期货交易所规定的持仓报告标准的，会员或者交易者、境外经纪机构应当向期货交易所报告。交易者、境外经纪机构未报告的，会员应当向期货交易所报告。

期货交易所可以根据市场风险状况制定并调整持仓报告标准。

第八十二条 期货交易实行当日无负债结算制度。期货交易所在规定的交易时间结束后，对应收应付的款项实行净额结算。

期货交易所作为中央对手方，是结算会员共同对手方，进行净额结算，为期货交易提供集中履约保障。

第八十三条 实行全员结算制度的期货交易所对会员进行风险管理，会员对其受托的客户进行风险管理。

实行会员分级结算制度的期货交易所对结算会员进行风险管理，结算会员对与其签订结算协议的非结算会员进行风险管理，会员对其受托的客户进行风险管理。

第八十四条 会员在期货交易中违约的，应当承担违约责任。

结算会员在结算过程中违约的，期货交易所按照业务规则动用结算会员的保证金、结算担保金以及期货交易所的风险准备金、自有资金等完成结算；期货交易所以其风险准备金、自有资金等完成结算的，可以依法对该结算会员进行追偿。

交易者在结算过程中违约的，其委托的结算会员按照合同约定动用该交易者的保证金以及结算会员的风险准备金和自有资金完成结算；结算会员以其风险准备金和自有资金完成结算的，可以依法对该交易者进行追偿。

第八十五条 期货交易实行实际控制关系报备管理制度。实际控制关系，是指单位或者个人对其他期货账户具有管理、使用、收益或者处分等权限,从而对其他期货账户的交易决策拥有决定权或者重大影响的行为或者事实。

第八十六条 期货交易所在执行持仓限额、交易限额、异常交易行为管理、大户持仓报告等制度时,对实际控制关系账户的委托、交易和持仓等合并计算。

第八十七条 期货交易所应当履行自律管理职责,监督程序化交易相关活动,保障交易所系统安全,维护市场正常交易秩序。

期货交易所应当建立健全程序化交易报告制度,明确报告内容、方式、时限等,并根据程序化交易发展情况及时予以完善。

通过计算机程序自动生成或者下达交易指令进行程序化交易的,应当按照期货交易所规定履行报告义务。

第八十八条 期货交易所可以根据业务规则对达到一定标准的程序化交易在报告要求、技术系统、交易费用等方面采取差异化管理措施。

第八十九条 期货交易所的业务规则、有关决定对期货交易业务活动的各参与主体具有约束力。

第九十条 会员、交易者、境外经纪机构等违反期货交易所业务规则的,期货交易所可以按照规定采取包括但不限于暂停受理或者办理相关业务、限制交易权限、取消会员资格等纪律处分或者其他自律管理措施。

期货交易所应当在规定中明确纪律处分的具体类型、适用情形、适用程序和救济措施。

会员、交易者、境外经纪机构等对期货交易所作出的相关纪律处分不服的,可以按照期货交易所的规定申请复核。

第九十一条 有根据认为会员或者交易者、境外经纪机构违反期货交易所业务规则并且对市场正在产生或者即将产生重大影响,为防止违规行为后果进一步扩大,期货交易所可以对会员或者交易者、境外经纪机构采取下列临时处置措施:

(一)限制入金;

(二)限制出金;

(三)限制开仓;

(四)提高保证金标准;

(五)限期平仓;

(六)强行平仓。

期货交易所按照业务规则规定的程序采取前款第(四)项、第(五)项或者第(六)项措施的,应当在采取措施后及时报告中国证监会。

期货交易所对会员或者交易者、境外经纪机构采取临时处置措施,应当按照业务规则规定的方式通知会员或者交易者、境外经纪机构,并列明采取临时处置措施的根据。

期货交易所发现交易行为涉嫌违反法律、行政法规、部门规章的,应当及时向中国证监会报告。

中国证监会依法查处期货市场的违法违规行为时,期货交易所应当予以配合。

第九十二条 期货交易所应当建立和完善风险的监测监控与化解处置制度机制,监测、监控、预警、防范、处置市场风险,维护期货市场安全稳定运行。

期货交易出现市场风险异常累积、市场风险急剧放大等异常情况的,期货交易所可以依照业务规则采取下列紧急措施,并立即报告中国证监会:

(一)调整保证金;

(二)调整涨跌停板幅度;

(三)调整会员、交易者的交易限额或持仓限额标准;

(四)限制开仓;

(五)强行平仓;

(六)暂时停止交易;

(七)其他紧急措施。

期货价格出现同方向连续涨跌停板的,期货交易所可以采用调整涨跌停板幅度、提高交易保证金标准及按一定原则减仓等措施化解风险。

本条第二款、第三款规定的异常情况消失后,期货交易所应当及时取消紧急措施。

第九十三条 期货交易所实行风险警示制度。期货交易所认为必要的,可以分别或同时采取要求会员和交易者、境外经纪机构报告情况、谈话提醒、发布风险提示函等措施,以警示和化解风险。

第九十四条 在期货交易过程中出现以下突发性事件影响期货交易正常秩序或市场公平的,期货交易所可以采取紧急措施化解风险,并应当及时向中国证监会报告:

(一)因不可抗力、意外事件、重大技术故障、重大人为差错导致交易、结算、交割、行权与履约无法正常进行;

(二)会员出现结算、交割危机,对市场正在产生或者即将产生重大影响;

（三）出现本办法第九十二条第三款规定的情形经采取相应措施后仍未化解风险；

（四）期货交易所业务规则规定的其他情形。

第九十五条 期货交易所应当以适当方式发布下列信息：

（一）即时行情；

（二）日行情表；

（三）持仓量、成交量排名情况；

（四）期货交易所业务规则规定的其他信息。

期货交易涉及商品实物交割的，期货交易所还应当发布标准仓单数量和可用库容情况。

期货交易行情信息包括合约名称、合约交割月份、开盘价、最新价、涨跌、收盘价、结算价、最高价、最低价、成交量、持仓量、成交金额等。

期货交易行情的权益由期货交易所依法享有。期货交易所对市场交易形成的基础信息和加工产生的信息产品享有专属权利。未经期货交易所同意，任何单位和个人不得发布期货交易所行情，不得以商业目的使用。经许可使用交易信息的机构和个人，未经期货交易所同意，不得将该信息提供给其他机构和个人使用。

期货交易所应当保障交易者有平等机会获取期货市场的交易行情、公开披露的信息及交易机会。

第九十六条 期货交易所应当编制交易情况日报表、周报表、月报表和年报表，并及时公布。

第九十七条 期货交易所对期货交易、结算、交割资料的保存期限应当不少于二十年。

第六章 管理监督

第九十八条 期货交易所制定或者修改章程、交易规则、结算规则，应当经中国证监会批准。

第九十九条 期货交易所上市期货合约品种和标准化期权合约品种，应当符合中国证监会的规定，由期货交易所依法报经中国证监会注册。

期货合约品种和标准化期权合约品种的中止上市、恢复上市、终止上市，应当向中国证监会备案。

第一百条 交易品种应当具有经济价值，合约不易被操纵，符合社会公共利益。

实物交割的交易品种应当具备充足的可供交割量，现金交割的交易品种应当具备公开、权威、公允的基准价格。

第一百零一条 期货交易所组织开展衍生品交易，应当经中国证监会批准，并遵守法律、行政法规和中国证监会的相关规定。

第一百零二条 期货交易所授权境外期货交易场所上市挂钩境内合约价格结算的期货合约、期权合约和衍生品合约，应当进行市场影响评估，并与境外期货交易场所建立信息交流安排。

期货交易所应当选择所在国（地区）期货监管机构已与中国证监会签署监管合作谅解备忘录的境外期货交易场所开展授权合作。

第一百零三条 期货交易所授权境外期货交易场所上市挂钩境内合约价格结算的期货合约、期权合约和衍生品合约，应当事前向中国证监会报告。

第一百零四条 期货交易所应当对违反期货交易所业务规则的行为制定查处办法，并事前向中国证监会报告。

期货交易所对会员、交易者、期货服务机构及期货市场其他参与者与期货业务有关的违规行为，应当在前款所称办法规定的职责范围内及时予以查处；超出前款所称办法规定的职责范围的，应当向中国证监会报告。

第一百零五条 期货交易所制定或者修改交易规则、结算规则的实施细则，上市、修改或者终止合约，应当事前向中国证监会报告。

第一百零六条 期货交易所的交易结算系统和交易结算业务应当满足期货保证金安全存管监控的要求，真实、准确和完整地反映会员保证金的变动情况。

第一百零七条 期货交易所应当按照中国证监会有关期货保证金安全存管监控的规定，向期货保证金安全存管监控机构报送相关信息。

第一百零八条 公司制期货交易所收购本期货交易所股份、股东转让所持股份或者对其股份进行其他处置，应当事前向中国证监会报告。

第一百零九条 期货交易所的高级管理人员应当具备中国证监会要求的条件。未经中国证监会批准，期货交易所的理事长、副理事长、董事长、副董事长、总经理、副总经理、董事会秘书不得在任何营利性组织中兼职。

未经批准，期货交易所的其他工作人员和非会员理事不得以任何形式在期货交易所会员单位及其他与期货交易有关的营利性组织兼职。

第一百一十条 期货交易所工作人员应当自觉遵守有关法律、行政法规、规章和政策，恪尽职守，勤勉尽责，诚实信用，具有良好的职业操守。

期货交易所工作人员不得从事期货交易，不得泄漏内幕信息或者利用内幕信息获得非法利益，不得从期货交易所会员和交易者、境外经纪机构、期货服务机构处谋取利益。

期货交易所工作人员履行职务，遇有与本人或者其亲属有利害关系的情形时，应当向期货交易所报告并回避。

第一百一十一条 期货交易所的所得收益按照国家有关规定管理和使用，应当首先用于保证期货交易的场所、设施的运行和改善。

第一百一十二条 期货交易所应当向中国证监会履行下列报告义务：

（一）每一年度结束后四个月内提交符合规定的会计师事务所审计的年度财务报告；

（二）每一季度结束后十五日内、每一年度结束后三十日内提交有关经营情况和有关法律、行政法规、规章、政策执行情况的季度和年度工作报告；

（三）中国证监会规定的其他事项。

第一百一十三条 发生下列重大事项，期货交易所应当及时向中国证监会报告：

（一）发现期货交易所工作人员存在或者可能存在严重违反国家有关法律、行政法规、规章、政策的行为；

（二）期货交易所涉及占其净资产百分之十以上或者对其经营风险有较大影响的诉讼；

（三）期货交易所的重大财务支出、投资事项以及可能带来较大财务或者经营风险的重大财务决策；

（四）中国证监会规定的其他事项。

第一百一十四条 中国证监会可以根据市场情况调整期货交易所收取的保证金标准，暂停、恢复或者取消某一期货交易品种的交易。

第一百一十五条 中国证监会认为期货市场出现异常情况的，可以决定采取延迟开市、暂时停止交易、提前闭市等必要的风险处置措施。

第一百一十六条 中国证监会认为有必要的，可以对期货交易所高级管理人员实施提示。

第一百一十七条 中国证监会派出机构对期货交易所会员进行风险处置，采取监管措施的，经中国证监会批准，期货交易所应当在限制会员资金划转、限制会员开仓、移仓和强行平仓等方面予以配合。

第一百一十八条 期货交易所应当按照国家有关规定及时缴纳期货业务监管费。

第七章　法律责任

第一百一十九条 期货交易所未按照本办法第十六条、第十七条、第五十一条、第五十八条、第六十四条、第七十二条、第九十一条、第九十二条、第九十四条、第一百零三条、第一百零四条、第一百零五条、第一百零八条、第一百一十二条和第一百一十三条的规定履行报告义务，或者未按照本办法第二十五条、第三十二条、第三十九条、第四十四条和第一百零七条的规定报送有关文件、资料的，根据《期货交易管理条例》第六十四条处罚。

第一百二十条 期货交易所违反本办法第九十七条的，根据《期货和衍生品法》第一百四十四条进行处罚。

第一百二十一条 期货交易所工作人员违反本办法第一百一十条规定从事期货交易的，根据《期货和衍生品法》第一百三十一条处罚；从事内幕交易的，根据《期货和衍生品法》第一百二十六条处罚。

第八章　附　则

第一百二十二条 在中国证监会批准的其他交易场所进行期货交易的，依照本办法的有关规定执行，中国证监会另有规定的除外。

第一百二十三条 本办法自 2023 年 5 月 1 日起施行。2007 年 4 月 9 日发布的《期货交易所管理办法》（中国证券监督管理委员会令第 42 号）同时废止。

期货公司监督管理办法

· 2019 年 6 月 4 日中国证券监督管理委员会令第 155 号公布

· 自公布之日起施行

第一章　总　则

第一条 为了规范期货公司经营活动，加强对期货公司监督管理，保护客户合法权益，推进期货市场建设，根据《公司法》和《期货交易管理条例》等法律、行政法规，制定本办法。

第二条 在中华人民共和国境内设立的期货公司，适用本办法。

第三条 期货公司应当遵守法律、行政法规和中国证券监督管理委员会（以下简称中国证监会）的规定，审慎经营，防范利益冲突，履行对客户的诚信义务。

第四条 期货公司的股东、实际控制人和其他关联人不得滥用权利，不得占用期货公司资产或者挪用客户资产，不得侵害期货公司、客户的合法权益。

第五条 中国证监会及其派出机构依法对期货公司及其分支机构实行监督管理。

中国期货业协会、期货交易所按照自律规则对期货公司实行自律管理。

期货保证金安全存管监控机构依法对客户保证金安全实施监控。

第二章 设立、变更与业务终止

第六条 申请设立期货公司，除应当符合《期货交易管理条例》第十六条规定的条件外，还应当具备下列条件：

（一）注册资本不低于人民币1亿元；

（二）具有期货从业人员资格的人员不少于15人；

（三）具备任职条件的高级管理人员不少于3人。

第七条 期货公司主要股东为法人或者非法人组织的，应当具备下列条件：

（一）实收资本和净资产均不低于人民币1亿元；

（二）净资产不低于实收资本的50%，或有负债低于净资产的50%，不存在对财务状况产生重大不确定影响的其他风险；

（三）具备持续盈利能力，持续经营3个以上完整的会计年度，最近3个会计年度连续盈利；

（四）出资额不得超过其净资产，且资金来源真实合法，不得以委托资金、负债资金等入股期货公司；

（五）信誉良好、公司治理规范、组织架构清晰、股权结构透明，主营业务性质与期货公司具有相关性；

（六）没有较大数额的到期未清偿债务；

（七）近3年未因重大违法违规行为受到行政处罚或者刑事处罚；

（八）未因涉嫌重大违法违规正在被有权机关立案调查或者采取强制措施；

（九）近3年作为公司（含金融机构）的股东或者实际控制人，未有滥用股东权利、逃避股东义务等不诚信行为；

（十）不存在中国证监会根据审慎监管原则认定的其他不适合持有期货公司股权的情形。

第八条 期货公司主要股东为自然人的，除应当符合本办法第七条第（四）项、第（六）项至第（十）项规定的条件外，还应当具备下列条件：

（一）个人金融资产不低于人民币3000万元；

（二）信誉良好，不存在对所投资企业经营失败或重大违法违规行为负有直接责任未逾3年的情形。

间接持有期货公司5%以上股权的自然人应当符合前款规定。

第九条 期货公司控股股东、第一大股东除应当符合本办法第七条、第八条规定的条件外，还应当具备下列条件：

（一）净资本不低于人民币5亿元；股东不适用净资本或者类似指标的，净资产不低于人民币10亿元；

（二）在技术能力、管理服务、人员培训或营销渠道等方面具有较强优势；

（三）具备对期货公司持续的资本补充能力，对期货公司可能发生风险导致无法正常经营的情况具有妥善处置的能力；

（四）中国证监会根据审慎监管原则规定的其他条件。

第十条 非金融企业入股期货公司成为主要股东或者控股股东、第一大股东的，除应当符合本办法第七条、第九条规定的相关条件外，还应当具备下列条件：

（一）符合国家关于加强非金融企业投资金融机构监管的有关规定和相关指导意见；

（二）中国证监会根据审慎监管原则规定的其他条件。

第十一条 期货公司主要股东、控股股东、第一大股东为境外股东的，除应当符合本办法第七条、第九条规定的条件外，还应当具备下列条件：

（一）依其所在国家或者地区法律设立、合法存续的金融机构；

（二）近3年各项财务指标及监管指标符合所在国家或者地区法律的规定和监管机构的要求；

（三）所在国家或者地区具有完善的期货法律和监督管理制度，其期货监管机构已与中国证监会签订监管合作备忘录，并保持有效的监管合作关系；

（四）期货公司外资持股比例或者拥有的权益比例，累计（包括直接持有和间接持有）不得超过我国期货业对外或者对我国香港特别行政区、澳门特别行政区和台湾地区开放所作的承诺。

境外股东应当以可自由兑换货币或者合法取得的人民币出资。

（五）中国证监会根据审慎监管原则规定的其他条件。

第十二条 期货公司有关联关系的股东持股比例合计达到5%的，持股比例最高的股东应当符合本办法第七条、第八条和第十一条规定的条件。

期货公司有关联关系的股东、一致行动人持股比例合计达到成为期货公司控股股东、第一大股东的，持股比例最高的股东应当符合本办法第九条、第十一条规定的条件。涉及的非金融企业股东应当符合本办法第十条、第十一条规定的条件。

第十三条 申请设立期货公司，应当向中国证监会提交下列申请材料：

（一）申请书；

（二）发起协议；

（三）非自然人股东按照其自身决策程序同意出资设立期货公司的决定文件；

（四）公司章程草案；

（五）经营计划；

（六）发起人名单及其最近3年经会计师事务所审计的财务报告或者个人金融资产证明以及不存在对所投资企业经营失败或重大违法违规行为负有直接责任未逾3年的说明；

（七）拟任用高级管理人员和从业人员名单、简历、相关任职条件证明和相关资格证书；

（八）拟订的期货业务制度、内部控制制度和风险管理制度文本；

（九）场地、设备、资金来源证明文件；

（十）股权结构及股东间关联关系、一致行动人关系的说明；

（十一）资本补充方案及风险处置预案；

（十二）律师事务所出具的法律意见书；

（十三）中国证监会规定的其他申请材料。

期货公司单个境外股东的持股比例或者有关联关系的境外股东合计持股比例达到5%以上的，还应当提交下列申请材料：

（一）境外股东的章程、营业执照或者注册证书和相关业务资格证书复印件；

（二）境外股东所在国家或者地区的相关监管机构或者中国证监会认可的境外机构出具的关于其符合本办法第七条第（七）项、第（八）项与第十一条第（二）项规定条件的说明函。

存在非金融企业为期货公司主要股东、控股股东、第一大股东情形的，除上述材料外，还需提交国家关于加强非金融企业投资金融机构监管的有关规定和相关指导意见要求的其他材料。

第十四条 外资持有股权的期货公司，应当按照法律、行政法规的规定，向国务院商务主管部门和外汇管理部门申请办理相关手续。

第十五条 按照本办法设立的期货公司，可以依法从事商品期货经纪业务；从事金融期货经纪、境外期货经纪、期货投资咨询的，应当取得相应业务资格。从事资产管理业务的，应当依法登记备案。

期货公司经批准或者备案可以从事中国证监会规定的其他业务。

第十六条 期货公司申请金融期货经纪业务资格，应当具备下列条件：

（一）申请日前2个月风险监管指标持续符合规定标准；

（二）具有健全的公司治理、风险管理制度和内部控制制度，并有效执行；

（三）符合中国证监会期货保证金安全存管监控的规定；

（四）业务设施和技术系统符合相关技术规范且运行状况良好；

（五）高级管理人员近2年内未受到刑事处罚，未因违法违规经营受到行政处罚，无不良信用记录，且不存在因涉嫌违法违规经营正在被有权机关调查的情形；

（六）不存在被中国证监会及其派出机构采取《期货交易管理条例》第五十五条第二款、第五十六条规定的监管措施的情形；

（七）不存在因涉嫌违法违规正在被有权机关立案调查的情形；

（八）近2年内未因违法违规行为受过刑事处罚或者行政处罚。但期货公司控股股东或者实际控制人变更，高级管理人员变更比例超过50%，对出现上述情形负有责任的高级管理人员和业务负责人已不在公司任职，且已整改完成并经期货公司住所地中国证监会派出机构验收合格的，可不受此限制；

（九）中国证监会根据审慎监管原则规定的其他条件。

第十七条 期货公司申请金融期货经纪业务资格，应当向中国证监会提交下列申请材料：

（一）申请书；

（二）加盖公司公章的营业执照和业务许可证复印件；

（三）股东会或者董事会决议文件；

（四）申请日前2个月风险监管报表；

（五）公司治理、风险管理制度和内部控制制度执行情况报告；

（六）业务设施和技术系统运行情况报告，以及信息系统内部审计报告等网络安全相关材料；

（七）律师事务所出具的法律意见书；

（八）若存在本办法第十六条第（八）项规定情形的，还应提供期货公司住所地中国证监会派出机构出具的整改验收合格意见书；

（九）中国证监会规定的其他申请材料。

第十八条 期货公司申请境外期货经纪、期货投资咨询以及经批准或者备案的其他业务的条件，由中国证监会另行规定。

第十九条 期货公司变更股权有下列情形之一的，应当经中国证监会批准：

（一）变更控股股东、第一大股东；

（二）单个股东的持股比例或者有关联关系的股东合计持股比例增加到5%以上，且涉及境外股东的。

除前款规定情形外，期货公司单个股东的持股比例或者有关联关系的股东合计持股比例增加到5%以上，应当经期货公司住所地中国证监会派出机构批准。

第二十条 期货公司变更股权有本办法第十九条所列情形的，应当具备下列条件：

（一）拟变更的股权不存在被冻结等情形；

（二）期货公司与股东之间不存在交叉持股的情形，期货公司不存在为股权受让方提供任何形式财务支持的情形；

（三）涉及的股东符合本办法第七条至第十二条规定的条件。

第二十一条 期货公司变更股权，有本办法第十九条所列情形的，应当提交下列相关申请材料：

（一）申请书；

（二）关于变更股权的决议文件；

（三）股权转让或者变更出资合同，以及有限责任公司其他股东放弃优先购买权的承诺书；

（四）所涉及股东的基本情况报告、变更后期货公司股东股权背景情况图以及期货公司关于变更后股东是否存在关联关系、期货公司是否为股权受让方提供任何形式财务支持的情况说明；

（五）所涉及股东的股东会、董事会或者其他决策机构做出的相关决议；

（六）所涉及股东的最近3年经会计师事务所审计的财务报告或者个人金融资产证明以及不存在对所投资企业经营失败或重大违法违规行为负有直接责任未逾3年的说明；

（七）律师事务所出具的法律意见书；

（八）中国证监会规定的其他材料。

期货公司单个境外股东的持股比例或者有关联关系的境外股东合计持股比例增加到5%以上的，还应当提交本办法第十三条第二款所规定的申请材料。

存在非金融企业为期货公司主要股东、控股股东、第一大股东情形的，除上述材料外，还需提交国家关于加强非金融企业投资金融机构监管的有关规定和相关指导意见要求的其他材料。

期货公司发生本办法第十九条规定情形以外的股权变更，且股权登记管理未在证券登记结算机构实施的，应当自完成工商变更登记手续之日起5个工作日内向公司住所地中国证监会派出机构报备下列书面材料：

（一）变更持有5%以下股权股东情况报告；

（二）股权受让方相关背景材料；

（三）股权背景情况图；

（四）股权变更相关文件；

（五）公司章程、准予变更登记文件、营业执照复印件；

（六）中国证监会规定的其他材料。

第二十二条 期货公司股东应当秉承长期投

资理念,依法行使股东权利,履行股东义务,督促期货公司完善治理结构、风险管理与内部控制制度,实现持续、健康发展。

第二十三条 期货公司拟入股股东应当充分了解期货公司股东条件、权利和义务,入股期货公司的程序应当完备合法,不得存在损害期货公司其他股东或者客户的合法权益以及通过隐瞒等方式规避期货公司股东资格审批或者监管的情况。

第二十四条 期货公司股权出让方在股权转让期间,应当支持并配合期货公司董事会、监事会和高级管理人员依法履行职责,不得在股权转让完成前推荐股权受让方相关人员担任期货公司董事、监事、高级管理人员。

期货公司股东出让股权依法应经中国证监会批准的,在批准前,股权出让方应当继续独立行使表决权及其他股东权利,不得以任何形式变相让渡表决权予股权受让方。

第二十五条 期货公司变更法定代表人,拟任法定代表人应当具备任职条件。期货公司应当自完成相关工商变更登记之日起5个工作日内向住所地中国证监会派出机构提交下列备案材料:

(一)备案报告;

(二)变更后的营业执照副本复印件;

(三)公司决议文件;

(四)法定代表人期货从业资格证书、任职条件证明;

(五)期货公司原《经营证券期货业务许可证》正、副本原件;

(六)中国证监会要求提交的其他文件。

第二十六条 期货公司变更住所或营业场所,应当妥善处理客户资产,拟迁入的住所和拟使用的设施应当符合业务需要,并自完成相关工商变更登记之日起5个工作日内向住所地中国证监会派出机构报备。期货公司在中国证监会不同派出机构辖区变更住所的,还应当符合下列条件:

(一)符合持续性经营规则;

(二)近2年未因重大违法违规行为受到行政处罚或者刑事处罚;

(三)中国证监会根据审慎监管原则规定的其他条件。

第二十七条 期货公司变更住所或营业场所,应当向拟迁入地中国证监会派出机构提交下列备案材料:

(一)备案报告;

(二)变更后的营业执照副本复印件;

(三)公司决议文件;

(四)关于客户资产处理情况,变更后住所和使用的设施符合期货业务需要的说明;

(五)变更后住所所有权或者使用权证明;

(六)首席风险官出具的公司符合相关条件的意见;

(七)期货公司原《经营证券期货业务许可证》正、副本原件;

(八)中国证监会要求提交的其他文件。

期货公司在提交备案材料时,应当将备案材料同时抄报拟迁出地中国证监会派出机构。

第二十八条 期货公司设立营业部、分公司等境内分支机构,应当自完成相关工商设立登记之日起5个工作日内向公司住所地中国证监会派出机构报备。

期货公司设立境内分支机构,应当具备下列条件:

(一)公司治理健全,内部控制制度符合有关规定并有效执行;

(二)申请日前3个月符合风险监管指标标准;

(三)符合有关客户资产保护和期货保证金安全存管监控的规定;

(四)未因涉嫌违法违规经营正在被有权机关调查,近1年内未因违法违规经营受到行政处罚或者刑事处罚;

(五)具有符合业务发展需要的分支机构设立方案和稳定的经营计划;

(六)中国证监会根据审慎监管原则规定的其他条件。

第二十九条 期货公司设立境内分支机构,应当向公司住所地中国证监会派出机构提交下列备案材料:

(一)备案报告;

(二)分支机构营业执照副本复印件;

(三)公司决议文件;

(四)分支机构负责人任职条件证明;

(五)分支机构从业人员名册及期货从业资格证书;

(六)营业场所所有权或者使用权证明;

(七)首席风险官出具的公司符合相关条件的意见;

（八）中国证监会要求提交的其他文件。

期货公司在提交备案材料时，应当将备案材料同时抄报拟设立分支机构所在地的中国证监会派出机构。

第三十条 期货公司变更分支机构营业场所的，应当妥善处理客户资产，拟迁入的营业场所和拟使用的设施应当满足业务需要。

本办法所称期货公司变更分支机构营业场所仅限于在中国证监会同一派出机构辖区内变更营业场所。

第三十一条 期货公司终止境内分支机构的，应当先行妥善处理该分支机构客户资产，结清分支机构业务并终止经营活动，并自完成上述工作之日起5个工作日内向分支机构所在地中国证监会派出机构提交下列备案材料：

（一）备案报告；

（二）公司决议文件；

（三）关于处理分支机构客户资产、结清期货业务并终止经营活动情况的说明；

（四）在中国证监会指定报刊上的公告证明；

（五）首席风险官出具的公司符合相关条件的意见；

（六）期货公司分支机构《经营证券期货业务许可证》正、副本原件；

（七）中国证监会要求提交的其他文件。

期货公司在提交备案材料时，应当将备案材料同时抄报公司住所地的中国证监会派出机构。

第三十二条 期货公司设立、收购、参股境外经营机构，应当具备下列条件，并应当自公司决议生效之日起5个工作日内向中国证监会报备：

（一）申请日前6个月符合风险监管指标标准；

（二）最近一次期货公司分类监管评级不低于B类BB级；

（三）近3年内未因重大违法违规行为受到行政处罚或者刑事处罚，近1年未因治理结构不健全、内部控制不完善等原因被采取监管措施，不存在因涉嫌重大违法违规行为正在被立案调查或者正处于整改期间的情形；

（四）具有完备的境外机构管理制度，能够有效隔离风险；

（五）拟设立、收购或者参股机构所在国家或者地区的期货监管机构已与中国证监会签署监管合作备忘录；

（六）中国证监会根据审慎监管原则规定的其他条件。

第三十三条 期货公司设立、收购、参股境外经营机构，应当自获得境外有关监管机构核准文件之日起5个工作日内向中国证监会提交下列备案材料：

（一）备案报告；

（二）境外经营机构的章程；

（三）境外有关监管机构核准文件；

（四）中国证监会要求的其他资料。

期货公司变更境外经营机构注册资本或股权以及终止境外经营机构的，应当自获得境外有关监管机构核准文件之日起5个工作日内向中国证监会提交下列备案材料：

（一）备案报告；

（二）最近一年经具有证券、期货相关业务资格的会计师事务所审计的境外经营机构的财务报告；

（三）中国证监会要求的其他资料。

第三十四条 期货公司申请设立、收购或者参股境外经营机构，应当按照外汇管理部门相关规定办理有关手续。

第三十五条 期货公司因遭遇不可抗力等正当事由申请停业的，应当妥善处理客户资产，清退或者转移客户。

期货公司恢复营业的，应当符合期货公司持续性经营规则。停业期限届满后，期货公司未能恢复营业或者不符合持续性经营规则的，中国证监会可以根据《期货交易管理条例》第二十条第一款规定注销其期货业务许可证。

第三十六条 期货公司停业的，应当向中国证监会提交下列申请材料：

（一）申请书；

（二）停业决议文件；

（三）关于处理客户资产、处置或者清退客户情况的报告；

（四）中国证监会规定的其他材料。

第三十七条 期货公司被撤销所有期货业务许可的，应当妥善处理客户资产，结清期货业务；公司继续存续的，应当依法办理名称、营业范围和公司章程等工商变更登记，存续公司不得继续以期货公司名义从事业务，其名称中不得有“期货”或者近似字样。

期货公司解散、破产的,应当先行妥善处理客户资产,结清业务。

第三十八条 期货公司设立、变更、停业、解散、破产、被撤销期货业务许可或者其分支机构设立、变更、终止的,期货公司应当在中国证监会指定的媒体上公告。

第三十九条 期货公司及其分支机构的许可证由中国证监会统一印制。许可证正本或者副本遗失或者灭失的,期货公司应当在30个工作日内在中国证监会指定的媒体上声明作废,并持登载声明向中国证监会或期货公司分支机构所在地派出机构重新申领。

第三章 公司治理

第四十条 期货公司应当按照明晰职责、强化制衡、加强风险管理的原则,建立并完善公司治理。

第四十一条 期货公司与其股东、实际控制人及其他关联人在业务、人员、资产、财务等方面应当严格分开,独立经营,独立核算。

未依法经期货公司股东会或者董事会决议,期货公司股东、实际控制人不得任免期货公司的董事、监事、高级管理人员,或者非法干预期货公司经营管理活动。

期货公司向股东、实际控制人及其关联人提供服务的,不得降低风险管理要求。

第四十二条 期货公司应当加强关联交易管理,准确识别关联方,严格落实关联交易审批和信息披露制度,及时向公司住所地中国证监会派出机构报告关联交易情况。

期货公司股东、实际控制人和其他关联人应当遵守法律、行政法规和中国证监会关于关联交易的相关规定,不得与期货公司进行不当的关联交易,不得利用其对期货公司经营管理的影响力获取不当利益。

第四十三条 期货公司控股股东、第一大股东应当每年对自身遵守法律法规及监管规定情况、经营状况、履行对期货公司承诺事项和期货公司章程的情况进行自查自评,每年度结束之日起4个月内将评估报告通过期货公司报送期货公司住所地中国证监会派出机构。

第四十四条 期货公司主要股东或者实际控制人出现下列情形之一的,应当主动、准确、完整地在3个工作日内通知期货公司:

(一)所持有的期货公司股权被冻结或者被强制执行;

(二)质押或解除质押所持有的期货公司股权;

(三)决定转让所持有的期货公司股权;

(四)不能正常行使股东权利或者承担股东义务,可能造成期货公司治理的重大缺陷;

(五)股权变更或者业务范围、经营管理发生重大变化;

(六)董事长、总经理或者代为履行相应职务的董事、高级管理人员等发生变动;

(七)因国家法律法规、重大政策调整或者不可抗力等因素,可能对公司经营管理产生重大不利影响;

(八)涉嫌重大违法违规被有权机关调查或者采取强制措施;

(九)因重大违法违规行为受到行政处罚或者刑事处罚;

(十)变更名称;

(十一)合并、分立或者进行重大资产、债务重组;

(十二)被采取停业整顿、撤销、接管、托管等监管措施,或者进入解散、破产、关闭程序;

(十三)其他可能影响期货公司股权变更或者持续经营的情形。

期货公司主要股东发生前款规定情形的,期货公司应当自收到通知之日起3个工作日内向期货公司住所地中国证监会派出机构报告。

期货公司实际控制人发生第一款第(八)项至第(十二)项所列情形的,期货公司应当自收到通知之日起3个工作日内向中国证监会及住所地派出机构报告。

第四十五条 期货公司有下列情形之一的,应当立即书面通知全体股东或进行公告,并向住所地中国证监会派出机构报告:

(一)公司或者其董事、监事、高级管理人员因涉嫌违法违规被有权机关立案调查或者采取强制措施;

(二)公司或者其董事、监事、高级管理人员因违法违规行为受到行政处罚或者刑事处罚;

(三)风险监管指标不符合规定标准;

(四)客户发生重大透支、穿仓,可能影响期货公司持续经营;

（五）发生突发事件，对期货公司或者客户利益产生或者可能产生重大不利影响；

（六）其他可能影响期货公司持续经营的情形。

中国证监会及其派出机构对期货公司及其分支机构采取《期货交易管理条例》第五十五条第二款、第四款或者第五十六条规定的监管措施或者作出行政处罚，期货公司应当书面通知全体股东或进行公告。

第四十六条 期货公司股东会或股东大会应当按照《公司法》和公司章程，对职权范围内的事项进行审议和表决。股东会或股东大会每年应当至少召开一次会议。期货公司股东应当按照出资比例或者所持股份比例行使表决权。

第四十七条 期货公司应当设立董事会，并按照《公司法》的规定设立监事会或监事，切实保障监事会和监事对公司经营情况的知情权。

期货公司可以设立独立董事，期货公司的独立董事不得在期货公司担任董事会以外的职务，不得与本期货公司存在可能妨碍其作出独立、客观判断的关系。

第四十八条 期货公司应当设首席风险官，对期货公司经营管理行为的合法合规性、风险管理进行监督、检查。

首席风险官发现涉嫌占用、挪用客户保证金等违法违规行为或者可能发生风险的，应当立即向住所地中国证监会派出机构和公司董事会报告。

期货公司拟解聘首席风险官的，应当有正当理由，并向住所地中国证监会派出机构报告。

第四十九条 期货公司的董事长、总经理、首席风险官之间不得存在近亲属关系。

第五十条 期货公司应当合理设置业务部门及其职能，建立岗位责任制度，不相容岗位应当分离。交易、结算、财务业务应当由不同部门和人员分开办理。

期货公司应当设立风险管理部门或者岗位，管理和控制期货公司的经营风险。

期货公司应当设立合规审查部门或者岗位，审查和稽核期货公司经营管理的合法合规性。

第五十一条 期货公司应当建立健全并持续完善覆盖境内外分支机构、子公司及其业务的合规管理、风险管理和内部控制体系，贯穿决策、执行、监督、反馈等各个环节，实现风险管理全覆盖。

第五十二条 期货公司应当对分支机构实行集中统一管理，不得与他人合资、合作经营管理分支机构，不得将分支机构承包、租赁或者委托给他人经营管理。

分支机构经营的业务不得超出期货公司的业务范围，并应当符合中国证监会对相关业务的规定。

期货公司应当按照规定对分支机构实行统一结算、统一风险管理、统一资金调拨、统一财务管理和会计核算。

第五十三条 期货公司设立、收购、参股的境外经营机构发生下列事项的，期货公司应当在5个工作日内向公司住所地中国证监会派出机构书面报告：

（一）注册登记、取得业务资格、设立子公司；

（二）变更名称、变更业务范围以及修改章程重要条款等；

（三）取得、变更或者注销交易所、协会等会员资格；

（四）变更董事长、总经理、合规负责人和风险管理负责人；

（五）机构或其从业人员受到境外监管机构或交易所的调查、纪律处分或处罚；

（六）预计发生重大亏损或者遭受超过净资产10%的重大损失；

（七）与期货公司及其关联方发生重大关联交易；

（八）按规定应当向境外监管机构报告的重大事项；

（九）中国证监会规定的其他重大事项。

第五十四条 期货公司应当在每月结束之日起7个工作日内报送设立、收购的境外经营机构的上一月度主要财务数据及业务情况。

期货公司应当在每会计年度结束之日起4个月内报送上一年度境外经营机构经审计的财务报告、审计报告以及年度工作报告，年度工作报告的内容包括但不限于：持牌情况、业务开展情况、财务状况、下属机构以及被境外监管机构采取监管措施或处罚等情况。

第五十五条 期货公司可以按照规定，运用自有资金投资于股票、投资基金、债券等金融类资产，与业务相关的股权以及中国证监会规定的其他业务，但不得从事《期货交易管理条例》禁止的业务。

第四章　业务规则

第一节　一般规定

第五十六条　期货公司应当建立并有效执行风险管理、内部控制、期货保证金存管等业务制度和流程，有效隔离不同业务之间的风险，确保客户资产安全和交易安全。

第五十七条　期货公司应当按照规定实行投资者适当性管理制度，建立执业规范和内部问责机制，了解客户的经济实力、专业知识、投资经历和风险偏好等情况，审慎评估客户的风险承受能力，提供与评估结果相适应的产品或者服务。

期货公司应当向客户全面客观介绍相关法律法规、业务规则、产品或者服务的特征，充分揭示风险，并按照合同的约定，如实向客户提供相关的资料、信息，不得欺诈或者误导客户。

期货公司应充分了解和评估客户风险承受能力，加强对客户的管理。

期货公司应当承担各项产品和服务的投资者教育义务，保障必要费用和人员配备，将投资者教育纳入各业务环节。

第五十八条　期货公司应当在本公司网站、营业场所等公示业务流程。

期货公司应当提供从业人员资格证书等资料供客户查阅，并在本公司网站和营业场所提示客户可以通过中国期货业协会网站查询。

第五十九条　期货公司应当承担投资者投诉处理的首要责任，建立、健全客户投诉处理制度，公开投诉处理流程，妥善处理客户投诉及与客户的纠纷。

第六十条　期货公司应当建立数据备份制度，对交易、结算、财务等数据进行备份管理。

期货公司应当妥善保存客户开户资料、委托记录、交易记录和与内部管理、业务经营有关的各项资料，任何人不得隐匿、伪造、篡改或者毁损，除依法接受调查和检查外，应当为客户保密，不得非法提供给他人。客户资料保存期限自账户销户之日起不得少于20年。

第二节　期货经纪业务

第六十一条　期货公司不得接受下列单位和个人的委托，为其进行期货交易：

（一）国家机关和事业单位；

（二）中国证监会及其派出机构、期货交易所、期货保证金安全存管监控机构、中国期货业协会工作人员及其配偶；

（三）期货公司工作人员及其配偶；

（四）证券、期货市场禁止进入者；

（五）未能提供开户证明材料的单位和个人；

（六）中国证监会规定的不得从事期货交易的其他单位和个人。

第六十二条　客户应当以自己的名义向期货公司提出开户申请，出具合法有效的单位、个人身份证明或者其他证明材料，如实提供相关信息和材料，承诺资金来源合法，对拟开立的账户与其他账户存在实际控制关系的，应当在开户时向期货公司披露。期货公司应当及时向期货交易所、期货保证金安全存管监控机构报告。

期货公司应当充分告知客户有关实际控制关系账户管理的规定，对客户实际控制关系账户的申报和变更进行管理。

第六十三条　期货公司应当对客户开户信息和资料进行审核。开户信息和资料不真实、不准确和不完整的，期货公司不得为其办理开户手续。

第六十四条　期货公司在为客户开立期货经纪账户前，应当向客户出示《期货交易风险说明书》，由客户签字确认，并签订期货经纪合同。

《〈期货经纪合同〉指引》和《期货交易风险说明书》由中国期货业协会制定。

第六十五条　客户可以通过书面、电话、计算机、互联网等委托方式下达交易指令。

期货公司应当建立交易指令委托管理制度，并与客户就委托方式和程序进行约定。期货公司应当按照客户委托下达交易指令，不得未经客户委托或者未按客户委托内容，擅自进行期货交易。期货公司从业人员不得私下接受客户委托进行期货交易。

以书面方式下达交易指令的，客户应当填写书面交易指令单；以电话方式下达交易指令的，期货公司应当同步录音；以计算机、互联网等委托方式下达交易指令的，期货公司应当以适当方式保存。以互联网方式下达交易指令的，期货公司应当对互联网交易风险进行特别提示。

第六十六条　期货公司应当进行客户交易指令审核。期货公司应当在传递交易指令前对客户账户资金和持仓进行验证。

期货公司应当按照时间优先的原则传递客户交易指令。

第六十七条 期货公司应当建立健全客户交易行为管理制度，发现客户交易指令涉嫌违法违规或者出现交易异常的，应当及时向期货交易所、期货保证金安全存管监控机构及住所地中国证监会派出机构报告。

第六十八条 期货公司应当在每日结算后为客户提供交易结算报告，并提示客户可以通过期货保证金安全存管监控机构进行查询。客户应当按照期货经纪合同约定方式对交易结算报告内容进行确认。

客户对交易结算报告有异议的，应当在期货经纪合同约定的时间内以书面方式提出，期货公司应当在约定时间内进行核实。客户未在约定时间内提出异议的，视为对交易结算报告内容的确认。

第六十九条 期货公司应当制定并执行错单处理业务规则。

第七十条 期货公司应当按照规定为客户申请、注销交易编码。客户与期货公司的委托关系终止的，应当办理销户手续。期货公司不得将客户未注销的资金账号、交易编码借给他人使用。

第七十一条 期货公司为境外交易者和境外经纪机构提供境内特定品种期货交易、结算服务的，应当遵守法律、行政法规及中国证监会的有关规定。

第七十二条 期货公司可以按照规定委托其他机构或者接受其他机构委托从事中间介绍业务。

第三节 期货投资咨询业务

第七十三条 期货公司可以依法从事期货投资咨询业务，接受客户委托，向客户提供风险管理顾问、研究分析、交易咨询等服务。

第七十四条 期货公司从事期货投资咨询业务，应当与客户签订服务合同，明确约定服务内容、收费标准及纠纷处理方式等事项。

第七十五条 期货公司及其从业人员从事期货投资咨询业务，不得有下列行为：

（一）向客户做出保证其资产本金不受损失或者取得最低收益的承诺；

（二）以虚假信息、市场传言或者内幕信息为依据向客户提供期货投资咨询服务；

（三）对价格涨跌或者市场走势做出确定性的判断；

（四）利用向客户提供投资建议谋取不正当利益；

（五）利用期货投资咨询活动传播虚假、误导性信息；

（六）以个人名义收取服务报酬；

（七）法律、行政法规和中国证监会规定禁止的其他行为。

第四节 资产管理业务

第七十六条 期货公司可以依法从事资产管理业务，接受客户委托，运用客户资产进行投资。投资收益由客户享有，损失由客户承担。

第七十七条 期货公司从事资产管理业务，应当与客户签订资产管理合同，通过专门账户提供服务。

第七十八条 期货公司可以依法从事下列资产管理业务：

（一）为单一客户办理资产管理业务；

（二）为特定多个客户办理资产管理业务。

第七十九条 期货公司及其从业人员从事资产管理业务，不得有下列行为：

（一）以欺诈手段或者其他不当方式误导、诱导客户；

（二）向客户做出保证其资产本金不受损失或者取得最低收益的承诺；

（三）接受客户委托的初始资产低于中国证监会规定的最低限额；

（四）占用、挪用客户委托资产；

（五）以转移资产管理账户收益或者亏损为目的，在不同账户之间进行买卖，损害客户利益；

（六）以获取佣金或者其他利益为目的，使用客户资产进行不必要的交易；

（七）利用管理的客户资产为第三方谋取不正当利益，进行利益输送；

（八）利用或协助客户利用资管账户规避期货交易所限仓管理规定；

（九）违反投资者适当性要求，通过拆分资产管理产品等方式，向风险承受能力低于产品风险等级的投资者销售资产管理产品；

（十）法律、行政法规以及中国证监会规定禁止的其他行为。

第八十条 期货公司从事资产管理业务，除应当符合本办法规定外，还应当符合中国证监会关于期货公司从事资产管理业务的其他规定。

第五章 客户资产保护

第八十一条 客户的保证金和委托资产属于客户资产，归客户所有。客户资产应当与期货公司的自有资产相互独立、分别管理。非因客户本身的债务或者法律、行政法规规定的其他情形，不得查封、冻结、扣划或者强制执行客户资产。期货公司破产或者清算时，客户资产不属于破产财产或者清算财产。

第八十二条 期货公司应当在期货保证金存管银行开立期货保证金账户。

期货公司开立、变更或者撤销期货保证金账户的，应于当日向期货保证金安全存管监控机构备案，并通过规定方式向客户披露账户开立、变更或者撤销情况。

第八十三条 客户应当向期货公司登记以本人名义开立的用于存取期货保证金的结算账户。

期货公司和客户应当通过备案的期货保证金账户和登记的期货结算账户转账存取保证金。

第八十四条 期货公司存管的客户保证金应当全额存放在期货保证金账户和期货交易所专用结算账户内，严禁在期货保证金账户和期货交易所专用结算账户之外存放。

第八十五条 期货公司应当按照规定及时向期货保证金安全存管监控机构报送信息。

第八十六条 期货保证金存管银行未按规定向期货保证金安全存管监控机构报送信息，被期货交易所采取自律监管措施或者被中国证监会采取监管措施、处以行政处罚的，期货公司应当暂停在该存管银行开立期货保证金账户，并将期货保证金转存至其他符合规定的期货保证金存管银行。

第八十七条 期货公司应当按照期货交易所规则，缴存结算担保金，并维持最低数额的结算准备金等专用资金，确保客户正常交易。

第八十八条 除依据《期货交易管理条例》第二十八条划转外，任何单位或者个人不得以任何形式占用、挪用客户保证金。

客户在期货交易中违约造成保证金不足的，期货公司应当以风险准备金和自有资金垫付，不得占用其他客户保证金。

期货公司应当按照规定提取、管理和使用风险准备金，不得挪作他用。

第六章 信息系统管理

第八十九条 期货公司应当具有符合行业标准和自身业务发展需要的信息系统，制定信息技术管理制度，按照规定设置信息技术部门或岗位，保障信息系统安全运行。

第九十条 期货公司应当将合规与风险管理贯穿信息技术管理的各个环节，建立相应的审查、测试、监测和应急处置机制。

第九十一条 期货公司运用信息系统从事期货业务活动前，应当进行内部审查，验证下列事项并建立存档记录：

（一）信息系统的功能设计与技术实现应当遵循业务合规的原则，各项功能符合法律、行政法规以及中国证监会的规定；

（二）风险管理系统功能完备、权限清晰，能够正常运行；

（三）信息系统的安全防护措施能够保障经营数据和客户信息的安全、完整；

（四）期货公司运行管理能力和信息系统备份能力能够保障信息系统的安全运行；

（五）可能影响信息系统运行连续性、合规性、安全性的其他事项。

第九十二条 期货公司应当建立独立于生产环境的专用信息系统开发测试环境，运用信息系统从事期货业务活动前应当进行测试。

第九十三条 期货公司应当通过自身具有管理权限的信息系统直接接受客户交易指令，不得允许或者配合其他机构、个人截取、留存客户信息，不得以任何方式向其他机构、个人违规提供客户信息，法律、行政法规以及中国证监会另有规定的除外。

期货公司发现其他机构、个人违规传输、转发、存储或者使用本公司经营数据和客户信息的，应当及时向公司住所地中国证监会派出机构报告，并评估影响范围、排查泄露途径。如涉及业务合作机构的，期货公司应当立即终止与其合作。

第九十四条 期货公司应当建立健全信息系统安全监测机制，设立监测指标并持续监测重要信息系统的运行状况。

期货公司应当跟踪监测发现的异常情形，及

时处理并定期开展评估分析。

第九十五条 期货公司应当建立信息系统安全应急处置和报告机制，及时处置重大异常情况和突发信息安全事件，尽快恢复信息系统的正常运行，并向中国证监会及其派出机构和期货交易所报告。

第九十六条 期货公司重要信息系统部署以及所承载数据的管理，应当符合法律法规等规定。

第九十七条 期货公司应当建立健全外部接入信息系统管理制度。期货公司信息系统接入外部信息系统的，应当对接入的外部信息系统开展合规评估、风险评估和技术系统测试，保证接入的外部信息系统的合规性和安全性，并按照期货交易所、中国期货业协会的要求报告接入方及接入信息系统情况，不得违规为客户提供信息系统外部接入服务。

第九十八条 期货公司委托信息技术服务机构提供信息技术服务，应当建立内部审查、评估和管理机制。期货公司依法应当承担的相应责任不因委托而免除或减轻。

期货信息技术服务机构应当遵守法律、行政法规及中国证监会的相关规定。

第七章 监督管理

第九十九条 期货公司应当按照规定报送年度报告、月度报告等资料。

期货公司法定代表人、经营管理主要负责人、首席风险官、财务负责人应当对年度报告和月度报告签署确认意见；监事会或监事应对年度报告进行审核并提出书面审核意见；期货公司董事应当对年度报告签署确认意见。

期货公司年度报告、月度报告签字人员应当保证报告内容真实、准确、完整；对报告内容有异议的，应当注明意见和理由。

第一百条 中国证监会及其派出机构可以要求下列机构或者个人，在指定期限内报送与期货公司经营相关的资料：

（一）期货公司及其董事、监事、高级管理人员及其他工作人员；

（二）期货公司股东、实际控制人或者其他关联人；

（三）期货公司控股、参股或者实际控制的企业；

（四）为期货公司提供相关服务的会计师事务所、律师事务所、资产评估机构等中介服务机构。

报送、提供或者披露的资料、信息应当真实、准确、完整，不得有虚假记载、误导性陈述或者重大遗漏。

第一百零一条 期货公司主要股东、实际控制人或者其他关联人在期货公司从事期货交易的，期货公司应当自开户之日起5个工作日内向住所地中国证监会派出机构报告开户情况，并定期报告交易情况。

第一百零二条 发生下列事项之一的，期货公司应当在5个工作日内向住所地中国证监会派出机构书面报告：

（一）变更公司名称、形式、章程；

（二）同比例增减资；

（三）变更股权或注册资本，且不涉及新增持有5%以上股权的股东；

（四）变更分支机构负责人或者营业场所；

（五）作出终止业务等重大决议；

（六）被有权机关立案调查或者采取强制措施；

（七）发生影响或者可能影响期货公司经营管理、财务状况或者客户资产安全等重大事件；

（八）中国证监会规定的其他事项。

上述事项涉及期货公司分支机构的，期货公司应当同时向分支机构住所地中国证监会派出机构书面报告。

第一百零三条 期货公司聘请或者解聘会计师事务所的，应当自作出决定之日起5个工作日内向住所地中国证监会派出机构报告；解聘会计师事务所的，应当说明理由。

第一百零四条 期货公司应当按照规定，公示基本情况、历史情况、分支机构基本情况、董事及监事信息、高级管理人员及从业人员信息、公司股东信息、公司诚信记录以及中国证监会要求的其他信息。

期货公司公示信息及其他重大事项发生变更的，应当自变更之日起5个工作日内在中国证监会有关监管信息系统中进行更新。

第一百零五条 中国证监会可以按照规定对期货公司进行分类监管。

第一百零六条 中国证监会及其派出机构可以对期货公司及其分支机构进行定期或者不定期现场检查。

中国证监会及其派出机构依法进行现场检查时，检查人员不得少于2人，并应当出示合法证件和检查通知书，必要时可以聘请外部专业人士协助检查。

中国证监会及其派出机构可以对期货公司子公司以及期货公司的股东、实际控制人进行延伸检查。

第一百零七条 中国证监会及其派出机构对期货公司及其分支机构进行检查，有权采取下列措施：

（一）询问期货公司及其分支机构的工作人员，要求其对被检查事项作出解释、说明；

（二）查阅、复制与被检查事项有关的文件、资料；

（三）查询期货公司及其分支机构的客户资产账户；

（四）检查期货公司及其分支机构的信息系统，调阅交易、结算及财务数据。

第一百零八条 中国证监会及其派出机构认为期货公司可能存在下列情形之一的，可以要求其聘请中介服务机构进行专项审计、评估或者出具法律意见：

（一）期货公司年度报告、月度报告或者临时报告等存在虚假记载、误导性陈述或者重大遗漏；

（二）违反客户资产保护、期货保证金安全存管监控规定或者风险监管指标管理规定；

（三）中国证监会根据审慎监管原则认定的其他情形。

期货公司应当配合中介服务机构工作。

第一百零九条 期货公司及其分支机构、期货公司负有责任的董事、监事、高级管理人员以及其他直接责任人员违反本办法有关规定的，中国证监会及其派出机构可以对其采取监管谈话、责令改正、出具警示函等监管措施。

第一百一十条 期货公司或其分支机构有下列情形之一的，中国证监会及其派出机构可以依据《期货交易管理条例》第五十五条规定采取监管措施：

（一）公司治理不健全，部门或者岗位设置存在较大缺陷，关键业务岗位人员缺位或者未履行职责，可能影响期货公司持续经营；

（二）业务规则不健全或者未有效执行，风险管理或者内部控制等存在较大缺陷，经营管理混乱，可能影响期货公司持续经营或者可能损害客户合法权益；

（三）不符合有关客户资产保护或者期货保证金安全存管监控规定，可能影响客户资产安全；

（四）未按规定执行分支机构统一管理制度，经营管理存在较大风险或者风险隐患；

（五）未按规定实行投资者适当性管理制度，存在较大风险或者风险隐患；

（六）未按规定委托或者接受委托从事中间介绍业务；

（七）交易、结算或者财务信息系统存在重大缺陷，可能造成有关数据失真或者损害客户合法权益；

（八）信息系统不符合规定或者未按照规定要求实施信息系统管理，存在较大风险或者风险隐患；

（九）违规开展关联交易，可能影响持续经营；

（十）未按规定实施外部接入信息系统管理，存在较大风险或者风险隐患；

（十一）未按规定调拨和使用自有资金，存在较大风险或者风险隐患；

（十二）未按规定从事资产管理业务，存在较大风险或者风险隐患；

（十三）设立、收购、参股境外经营机构不符合本办法有关规定，存在较大风险或者风险隐患；

（十四）未按规定履行对境外经营机构的管理责任，导致境外经营机构运营不合规或者出现较大风险的；

（十五）股东、实际控制人或者其他关联人停业、发生重大风险或者涉嫌严重违法违规，可能影响期货公司治理或者持续经营；

（十六）存在重大纠纷、仲裁、诉讼，可能影响持续经营；

（十七）未按规定进行信息报送、披露或者报送、披露的信息存在虚假记载、误导性陈述或者重大遗漏；

（十八）其他不符合持续性经营规则规定或者出现其他经营风险的情形。

对经过整改仍未达到经营条件的分支机构，中国证监会派出机构有权依法关闭。

第一百一十一条 期货公司股东、实际控制人、其他关联人，为期货公司提供相关服务的会计师事务所、律师事务所、资产评估机构等中介服务机构违反本办法规定的，中国证监会及其派出机构可以对其采取监管谈话、责令改正、出具警示函等监管措施。

第一百一十二条 期货公司的股东、实际控制人或者其他关联人有下列情形之一的,中国证监会及其派出机构可以责令其限期整改:

(一)虚假出资、出资不实、抽逃出资的;

(二)违规使用委托资金、负债资金等投资入股的;

(三)股权转让过程中,在股权转让完成前推荐股权受让方相关人员担任期货公司董事、监事、高级管理人员或者出让股权依法应经中国证监会批准的,在批准前,让渡或者变相让渡表决权予股权受让方;

(四)占用期货公司资产;

(五)直接任免期货公司董事、监事、高级管理人员,或者非法干预期货公司经营管理活动;

(六)股东未按照出资比例或者所持股份比例行使表决权;

(七)报送、提供或者出具的材料、信息或者报告等存在虚假记载、误导性陈述或者重大遗漏;

(八)违规开展关联交易;

(九)拒绝或阻碍中国证监会或其派出机构进行调查核实;

(十)不配合中国证监会或其派出机构开展风险处置;

(十一)其他损害期货公司及其客户合法利益,扰乱期货市场秩序的行为。

因前款情形致使期货公司不符合持续性经营规则或者出现经营风险的,中国证监会及其派出机构可以依据《期货交易管理条例》第五十五条的规定责令控股股东转让股权或者限制有关股东行使股东权利。

第一百一十三条 未经中国证监会或其派出机构批准,任何个人或者单位及其关联人擅自持有期货公司5%以上股权,或者通过提供虚假申请材料等方式成为期货公司股东的,中国证监会或其派出机构可以责令其限期转让股权。该股权在转让之前,不具有表决权、分红权。

第八章 法律责任

第一百一十四条 期货公司及其分支机构接受未办理开户手续的单位或者个人委托进行期货交易,或者将客户的资金账号、交易编码借给其他单位或者个人使用的,给予警告,单处或者并处3万元以下罚款。

第一百一十五条 期货公司及其分支机构有下列行为之一的,根据《期货交易管理条例》第六十六条处罚:

(一)未按规定实行投资者适当性管理制度,损害客户合法权益;

(二)未按规定将客户资产与期货公司自有资产相互独立、分别管理;

(三)在期货保证金账户和期货交易所专用结算账户之外存放客户保证金;

(四)占用客户保证金;

(五)向期货保证金安全存管监控机构报送的信息存在虚假记载、误导性陈述或者重大遗漏;

(六)违反期货保证金安全存管监控管理相关规定,损害客户合法权益;

(七)未按规定缴存结算担保金,或者未能维持最低数额的结算准备金等专用资金;

(八)在传递交易指令前未对客户账户资金和持仓进行验证;

(九)违反中国证监会有关结算业务管理规定,损害其他期货公司及其客户合法权益;

(十)信息系统不符合规定或者未按照规定要求实施信息系统管理,损害客户合法权益或者扰乱期货市场秩序;

(十一)未按规定实施外部接入信息系统管理,损害客户合法权益或者扰乱期货市场秩序;

(十二)违反中国证监会风险监管指标规定;

(十三)违反规定从事期货投资咨询或者资产管理业务,情节严重的;

(十四)设立、收购、参股境外经营机构不符合本办法有关规定,情节严重或者出现严重后果的;

(十五)未按规定履行对境外经营机构的管理责任,导致境外经营机构违法经营或者出现重大风险的;

(十六)违反规定委托或者接受其他机构委托从事中间介绍业务,损害客户合法权益;

(十七)违规开展关联交易,情节严重的;

(十八)对股东、实际控制人及其关联人降低风险管理要求,侵害其他客户合法权益;

(十九)以合资、合作、联营方式设立分支机构,或者将分支机构承包、出租给他人,或者违反分支机构集中统一管理规定;

（二十）拒不配合、阻碍或者破坏中国证监会及其派出机构的监督管理；

（二十一）违反期货投资者保障基金管理规定。

第一百一十六条 期货公司及其分支机构有下列情形之一的，根据《期货交易管理条例》第六十七条处罚：

（一）发布虚假广告或者进行虚假宣传，诱骗客户参与期货交易；

（二）不按照规定变更或者撤销期货保证金账户，或者不按照规定方式向客户披露期货保证金账户信息。

第一百一十七条 期货公司因治理结构不健全、内部控制不完善，未按有关规定履行对子公司的管理职责，导致子公司违法经营或者出现重大风险的，对期货公司及其直接负责的董事、监事、高级管理人员和其他直接责任人员，依照《期货交易管理条例》第六十六条处罚。

第一百一十八条 会计师事务所、律师事务所、资产评估机构等中介服务机构不按照规定履行报告义务，提供或者出具的材料、报告、意见不完整，责令改正，没收业务收入，单处或者并处3万元以下罚款。对直接负责的主管人员和其他责任人员给予警告，并处3万元以下罚款。

第一百一十九条 未经中国证监会或其派出机构批准，任何个人或者单位及其关联人擅自持有期货公司5%以上股权，或者通过提供虚假申请材料等方式成为期货公司股东，情节严重的，给予警告，单处或者并处3万元以下罚款。

第一百二十条 期货公司股东、实际控制人或者其他关联人等有下列情形之一，除法律、行政法规另有规定外，给予警告，单独或者并处三万元以下罚款。对直接负责的主管人员和其他直接责任人员，给予警告，单独或者并处三万元以下罚款：

（一）违规使用委托资金、负债资金等投资入股，情节严重的；

（二）股权转让过程中，在股权转让完成前推荐股权受让方相关人员担任期货公司董事、监事、高级管理人员或者出让股权依法应经中国证监会批准的，在批准前，让渡或者变相让渡表决权予股权受让方，情节严重的；

（三）占用期货公司资产；

（四）直接任免期货公司董事、监事、高级管理人员，或者非法干预期货公司经营管理活动，情节严重的；

（五）股东未按照出资比例或者所持股份比例行使表决权，情节严重的；

（六）违规开展关联交易，情节严重的；

（七）其他损害期货公司及其客户合法利益，严重扰乱期货市场秩序的行为。

第九章 附 则

第一百二十一条 经中国证监会批准，其他期货经营机构可以从事特定期货业务。具体办法由中国证监会另行制定。

第一百二十二条 期货公司参与其他交易场所交易的，应当遵守法律、行政法规、中国证监会的规定及其他交易场所业务规则的规定。

第一百二十三条 本办法下列用语的含义：

（一）期货公司主要股东，是指持有期货公司5%以上股权的法人、非法人组织或者自然人。

（二）外部接入信息系统，是指通过期货公司交易信息系统接口或其他信息技术手段接入期货公司交易信息系统，且期货公司不具有管理权限的客户交易系统。

第一百二十四条 本办法中所称金融资产包括银行存款、股票、债券、基金份额、资产管理计划、银行理财产品、信托计划、保险产品、期货权益等。

第一百二十五条 本办法自公布之日起施行。2014年10月29日发布的《期货公司监督管理办法》（证监会令第110号）同时废止。

境外交易者和境外经纪机构从事境内特定品种期货交易管理暂行办法

· 2015年6月26日中国证券监督管理委员会令第116号公布

· 自2015年8月1日起施行

第一条 为了促进期货市场创新发展和对外开放，加强对境外交易者和境外经纪机构从事境内特定品种期货交易的管理，维护期货市场秩序，保护交易者合法权益，根据《期货交易管理条例》及有关法律法规，制定本办法。

第二条 境外交易者、境外经纪机构从事我国境内特定品种期货交易及其相关业务活动，应当遵守本办法。

本办法所称境外交易者，是指从事期货交易并承担交易结果，在中华人民共和国境外依法成立的法人、其他经济组织，或者依法拥有境外公民身份的自然人。

本办法所称境外经纪机构，是指在中华人民共和国境外依法设立、具有所在国（地区）期货监管机构认可的可以接受交易者资金和交易指令并以自己名义为交易者进行期货交易资质的金融机构。

本办法所称境内特定品种由中国证券监督管理委员会（以下简称中国证监会）确定并公布。

第三条 中国证监会及其派出机构依法对境外交易者和境外经纪机构从事境内特定品种期货交易实行监督管理。

期货交易所依据自律规则对境内特定品种期货交易及相关业务活动实行自律管理。

中国期货业协会依据自律规则对境内特定品种期货交易及相关业务活动实行行业自律管理。

中国期货市场监控中心有限责任公司依法对境内特定品种期货交易及相关业务活动实施监测监控。

第四条 境外交易者和境外经纪机构应当遵守中华人民共和国法律法规和本办法，并履行反洗钱、反恐融资、反逃税等义务。

第五条 境外交易者可以委托境内期货公司（以下简称期货公司）或者境外经纪机构参与境内特定品种期货交易。

经期货交易所批准，符合条件的境外交易者可以直接在期货交易所从事境内特定品种期货交易。

前款所述直接入场交易的境外交易者应当具备下列条件：

（一）所在国（地区）具有完善的法律和监管制度；

（二）财务稳健，资信良好，具备充足的流动资本；

（三）具有健全的治理结构和完善的内部控制制度，经营行为规范；

（四）期货交易所规定的其他条件。

第六条 境外经纪机构在接受境外交易者委托后，可以委托期货公司进行境内特定品种期货交易。期货公司接受委托后，以自己的名义为该境外经纪机构进行交易。

经期货交易所批准，符合条件的境外经纪机构可以接受境外交易者委托，直接在期货交易所以自己的名义为境外交易者进行境内特定品种期货交易。

前款所述直接入场交易的境外经纪机构应当符合本办法第五条第三款的规定，且其所在国（地区）期货监管机构已与中国证监会签署监管合作谅解备忘录。

第七条 境外经纪机构不得接受境内交易者和《期货交易管理条例》第二十六条规定的单位和个人的委托，为其进行境内期货交易。

第八条 对直接入场交易的境外交易者和境外经纪机构，期货交易所应当规定其资格取得与终止的条件和程序，明确其权利和义务。

第九条 境外交易者从事境内特定品种期货交易，应当遵守期货交易所的自律规则，遵守“买卖自愿、风险自担、盈亏自负”的原则，承担期货交易的履约责任和交易结果。

第十条 境外交易者应当以真实合法身份办理开户，如实提供境外公民身份证明、境外法人资格或者其他经济组织资格的合法有效证明文件。境外交易者的身份证明文件及要求由中国期货市场监控中心有限责任公司另行规定。

第十一条 境外经纪机构接受境外交易者委托进行境内特定品种期货交易的，应当按照《期货市场客户开户管理规定》和中国期货市场监控中心有限责任公司的业务规则，为境外交易者办理账户开立等手续，并为每个境外交易者单独申请交易编码，不得进行混码交易。

接受境外经纪机构委托的期货公司，应当按照中国期货市场监控中心有限责任公司的业务规则，为境外经纪机构办理前款所述手续提供必要的协助。

直接入场交易的境外交易者应当向期货交易所办理账户开立等手续并申请交易编码，期货交易所应当在其开始交易之前将有关材料报中国期货市场监控中心有限责任公司备案。

第十二条 境内特定品种期货交易实行交易者适当性制度。

期货交易所、期货公司和境外经纪机构应当执行交易者适当性制度。境外交易者应当遵守交易者适当性制度。

第十三条 境外经纪机构接受境外交易者委托的,应当事先向境外交易者出示风险说明书,与境外交易者签订书面合同,不得未经境外交易者委托或者不按照境外交易者委托内容,擅自进行期货交易,不得隐瞒重要事项或者使用其他不正当手段诱骗境外交易者发出交易指令。

第十四条 直接入场交易的境外经纪机构应当建立健全并严格执行业务管理规则、风险管理制度,遵守信息披露制度,保障境外交易者保证金的存管安全。

第十五条 承担结算职能的期货交易所作为中央对手方,统一组织境内特定品种期货交易的结算。境外交易者、境外经纪机构应当根据期货交易所的规定委托具有结算资格的期货公司或者其他机构进行结算,并适用《期货交易管理条例》第二十九条、第三十四条、第三十五条、第三十七条对客户和期货公司的规定。

前款所称中央对手方,是指期货交易达成后介入期货交易双方,成为所有买方的卖方和所有卖方的买方,以净额方式结算,为期货交易提供集中履约保障的法人。

第十六条 直接入场交易的境外交易者和境外经纪机构,以及委托期货公司进行境内特定品种期货交易的境外交易者和境外经纪机构,应当在境内开立符合条件的银行账户,并将其设定为期货结算账户。

第十七条 境外交易者和境外经纪机构应当遵守中国证监会关于保证金安全存管的规定。

期货公司应当将向委托其结算的境外交易者和境外经纪机构收取的保证金存放在期货公司的保证金专用账户。期货公司应当将来源于境内和境外的保证金按币种分账户管理。

期货交易所、期货公司、本办法第十六条所指的境外交易者和境外经纪机构之间的境内账户资金划转,应当通过专用结算账户、保证金专用账户和期货结算账户进行。

第十八条 境外交易者和境外经纪机构持仓达到期货交易所规定的持仓报告标准的,境外交易者和境外经纪机构应当向期货交易所报告。境外交易者未报告的,受托交易的期货公司、境外经纪机构应当向期货交易所报告。

第十九条 保证金只能用于担保期货合约或者期权合约的履行,除法定情形外,严禁挪作他用。

境外交易者和境外经纪机构被接管、破产或者清算的,其保证金均应当优先用于履行在期货交易所未了结的期货合约或期权合约。

第二十条 期货市场出现《期货交易所管理办法》第八十五条、第八十七条规定情形的,期货交易所可以按照对客户和会员的规定,对境外交易者和境外经纪机构采取措施。

第二十一条 期货公司与境外交易者或者境外经纪机构发生期货业务纠纷的,可以提请中国期货业协会、期货交易所以及其他调解组织调解处理。

第二十二条 期货公司应当在月度、年度报告中报送接受境外交易者和境外经纪机构委托进行境内特定品种期货交易的情况。

期货公司首席风险官应当负责对本公司境内特定品种期货交易相关业务活动进行监督和检查,并履行督促整改和报告等义务。

第二十三条 中国证监会及其派出机构可以根据监管职责要求期货公司、境外交易者和境外经纪机构提供下列信息或者书面资料,并进行必要的询问和检查:

(一)境外交易者和境外经纪机构的账户、所有子账户的最终受益人姓名(名称)、国籍、有效身份证件(号码)、联系方式及相关信息、资金来源等;

(二)境外交易者和境外经纪机构的账户、所有子账户的指令下达人姓名、国籍、有效身份证件(号码)、联系方式及相关信息等;

(三)境外交易者和境外经纪机构的账户、所有子账户资金划拨、使用的明细资料;

(四)境外交易者和境外经纪机构的账户、所有子账户交易的明细资料;

(五)中国证监会根据审慎监管原则要求的其他材料。

第二十四条 发生下列重大情形之一的,期货公司应当在知情后5个工作日内或者按照规定向其住所地的中国证监会派出机构报告:

(一)境外交易者或者境外经纪机构发生违规、被接管、破产或者其他风险事件;

(二)发生涉及境外交易者或者境外经纪机构

的期货纠纷、仲裁或者诉讼；

（三）其他影响境外交易者或者境外经纪机构从事境内特定品种期货交易的情形。

期货公司的报告应当包括事件的起因、目前的状态、可能发生的后果以及应对方案或者措施等内容。

第二十五条 期货公司及其从业人员违反本办法的，依照《期货交易管理条例》的有关规定，采取责令限期整改、监管谈话、责令更换有关责任人员等监管措施，并记入诚信档案。

第二十六条 直接入场交易的境外交易者和境外经纪机构的交易结算软件，应当满足期货交易所风险管理以及中国证监会有关保证金安全存管监控规定的要求。不符合要求的，中国证监会有权要求直接入场交易的境外交易者和境外经纪机构予以改进或者更换。

中国证监会可以要求直接入场交易的境外交易者和境外经纪机构的交易软件、结算软件的供应商提供该软件的相关资料，供应商应当予以配合。中国证监会对供应商提供的相关资料负有保密义务。

第二十七条 中国证监会及其派出机构可以根据监管职责对境外交易者或者境外经纪机构进行境内特定品种期货交易及相关业务活动进行定期或者不定期现场检查。

第二十八条 期货交易所违反规定接纳直接入场交易的境外交易者或者境外经纪机构的，依照《期货交易管理条例》第六十五条的规定处罚、处分。

期货交易所允许直接入场交易的境外交易者或者境外经纪机构在保证金不足的情况下进行期货交易的，依照《期货交易管理条例》第六十六条的规定处罚、处分。

第二十九条 境外经纪机构有《期货交易管理条例》第六十七条第一款第一项、第七项至第九项、第十一项、第十四项至第十六项所列行为之一的，依照《期货交易管理条例》第六十七条第一款规定处罚。

境外经纪机构有《期货交易管理条例》第六十八条第一款所列欺诈行为的，依照《期货交易管理条例》第六十八条第一款的规定处罚。

第三十条 直接入场交易的境外交易者或者境外经纪机构的交易软件、结算软件供应商拒不配合中国证监会及其派出机构调查，或者未按照规定向中国证监会及其派出机构提供相关软件资料，或者提供的软件资料有虚假、重大遗漏的，依照《期货交易管理条例》第七十六条的规定处罚。

第三十一条 期货交易所、期货公司、境外交易者或者境外经纪机构违法经营或者出现重大经营风险，严重危害中国期货市场秩序、损害交易者合法权益，依法应予以行政处罚的，依照《期货交易管理条例》进行处罚；涉嫌犯罪的，依法移送司法机关，追究刑事责任。

第三十二条 境外交易者或者境外经纪机构违反《期货交易管理条例》和中国证监会有关规定的，中国证监会依法进行查处。需要境外交易者或者境外经纪机构所在地监管机构协助的，中国证监会可以根据与其签署的双边或者多边监管合作谅解备忘录等跨境监管合作机制进行跨境监管合作。

第三十三条 在中国证监会批准的其他期货交易场所从事境内特定品种期货交易及相关业务活动的，适用本办法。

第三十四条 香港、澳门特别行政区和台湾地区设立的法人、其他经济组织，或者拥有香港、澳门特别行政区和台湾地区居民身份的自然人从事境内特定品种期货交易的，适用本办法。

第三十五条 本办法自 2015 年 8 月 1 日起施行。

期货从业人员管理办法

· 2007 年 7 月 4 日中国证券监督管理委员会令第 48 号公布

· 自公布之日施行

第一章　总　则

第一条 为了加强期货从业人员的资格管理，规范期货从业人员的执业行为，根据《期货交易管理条例》，制定本办法。

第二条 申请期货从业人员资格（以下简称从业资格），从事期货经营业务的机构（以下简称机构）任用期货从业人员，以及期货从业人员从事期货业务的，应当遵守本办法。

第三条 本办法所称机构是指：

（一）期货公司；

（二）期货交易所的非期货公司结算会员；

（三）期货投资咨询机构；

（四）为期货公司提供中间介绍业务的机构；

（五）中国证券监督管理委员会（以下简称中国证监会）规定的其他机构。

第四条 本办法所称期货从业人员是指：

（一）期货公司的管理人员和专业人员；

（二）期货交易所的非期货公司结算会员中从事期货结算业务的管理人员和专业人员；

（三）期货投资咨询机构中从事期货投资咨询业务的管理人员和专业人员；

（四）为期货公司提供中间介绍业务的机构中从事期货经营业务的管理人员和专业人员；

（五）中国证监会规定的其他人员。

第五条 中国证监会及其派出机构依法对期货从业人员进行监督管理。

中国期货业协会（以下简称协会）依法对期货从业人员实行自律管理，负责从业资格的认定、管理及撤销。

第二章 从业资格的取得和注销

第六条 协会负责组织从业资格考试。

第七条 参加从业资格考试的，应当符合下列条件：

（一）年满18周岁；

（二）具有完全民事行为能力；

（三）具有高中以上文化程度；

（四）中国证监会规定的其他条件。

第八条 通过从业资格考试的，取得协会颁发的从业资格考试合格证明。

第九条 取得从业资格考试合格证明的人员从事期货业务的，应当事先通过其所在机构向协会申请从业资格。

未取得从业资格的人员，不得在机构中开展期货业务活动。

第十条 机构任用具有从业资格考试合格证明且符合下列条件的人员从事期货业务的，应当为其办理从业资格申请：

（一）品行端正，具有良好的职业道德；

（二）已被本机构聘用；

（三）最近3年内未受过刑事处罚或者中国证监会等金融监管机构的行政处罚；

（四）未被中国证监会等金融监管机构采取市场禁入措施，或者禁入期已经届满；

（五）最近3年内未因违法违规行为被撤销证券、期货从业资格；

（六）中国证监会规定的其他条件。

机构不得任用无从业资格的人员从事期货业务，不得在办理从业资格申请过程中弄虚作假。

第十一条 期货从业人员辞职、被解聘或者死亡的，机构应当自上述情形发生之日起10个工作日内向协会报告，由协会注销其从业资格。

机构的相关期货业务许可被注销的，由协会注销该机构中从事相应期货业务的期货从业人员的从业资格。

第十二条 取得从业资格考试合格证明或者被注销从业资格的人员连续2年未在机构中执业的，在申请从业资格前应当参加协会组织的后续职业培训。

第三章 执业规则

第十三条 期货从业人员必须遵守有关法律、行政法规和中国证监会的规定，遵守协会和期货交易所的自律规则，不得从事或者协同他人从事欺诈、内幕交易、操纵期货交易价格、编造并传播有关期货交易的虚假信息等违法违规行为。

第十四条 期货从业人员应当遵守下列执业行为规范：

（一）诚实守信，恪尽职守，促进机构规范运作，维护期货行业声誉；

（二）以专业的技能，谨慎、勤勉尽责地为客户提供服务，保守客户的商业秘密，维护客户的合法权益；

（三）向客户提供专业服务时，充分揭示期货交易风险，不得作出不当承诺或者保证；

（四）当自身利益或者相关方利益与客户的利益发生冲突或者存在潜在利益冲突时，及时向客户进行披露，并且坚持客户合法利益优先的原则；

（五）具有良好的职业道德与守法意识，抵制商业贿赂，不得从事不正当竞争行为和不正当交易行为；

（六）不得为迎合客户的不合理要求而损害社会公共利益、所在机构或者他人的合法权益；

（七）不得以本人或者他人名义从事期货交易；

（八）协会规定的其他执业行为规范。

第十五条 期货公司的期货从业人员不得有下列行为：

（一）进行虚假宣传，诱骗客户参与期货交易；

（二）挪用客户的期货保证金或者其他资产；

（三）中国证监会禁止的其他行为。

第十六条 期货交易所的非期货公司结算会员的期货从业人员不得有下列行为：

（一）利用结算业务关系及由此获得的结算信息损害非结算会员及其客户的合法权益；

（二）代理客户从事期货交易；

（三）中国证监会禁止的其他行为。

第十七条 期货投资咨询机构的期货从业人员不得有下列行为：

（一）利用传播媒介或者通过其他方式提供、传播虚假或者误导客户的信息；

（二）代理客户从事期货交易；

（三）中国证监会禁止的其他行为。

第十八条 为期货公司提供中间介绍业务的机构的期货从业人员不得有下列行为：

（一）收付、存取或者划转期货保证金；

（二）代理客户从事期货交易；

（三）中国证监会禁止的其他行为。

第十九条 机构或者其管理人员对期货从业人员发出违法违规指令的，期货从业人员应当予以抵制，并及时按照所在机构内部程序向高级管理人员或者董事会报告。机构应当及时采取措施妥善处理。

机构未妥善处理的，期货从业人员应当及时向中国证监会或者协会报告。中国证监会和协会应当对期货从业人员的报告行为保密。

机构的管理人员及其他相关人员不得对期货从业人员的上述报告行为打击报复。

第四章 监督管理

第二十条 中国证监会指导和监督协会对期货从业人员的自律管理活动。

第二十一条 协会应当建立期货从业人员信息数据库，公示并且及时更新从业资格注册、诚信记录等信息。

中国证监会及其派出机构履行监管职责，需要协会提供期货从业人员信息和资料的，协会应当按照要求及时提供。

第二十二条 协会应当组织期货从业人员后续职业培训，提高期货从业人员的职业道德和专业素质。

期货从业人员应当按照有关规定参加后续职业培训，其所在机构应予以支持并提供必要保障。

第二十三条 协会应当对期货从业人员的执业行为进行定期或者不定期检查，期货从业人员及其所在机构应当予以配合。

第二十四条 期货从业人员违反本办法以及协会自律规则的，协会应当进行调查、给予纪律惩戒。

期货从业人员涉嫌违法违规需要中国证监会给予行政处罚的，协会应当及时移送中国证监会处理。

第二十五条 协会应当设立专门的纪律惩戒及申诉机构，制订相关制度和工作规程，按照规定程序对期货从业人员进行纪律惩戒，并保障当事人享有申诉等权利。

第二十六条 协会应当自对期货从业人员作出纪律惩戒决定之日起10个工作日内，向中国证监会及其有关派出机构报告，并及时在协会网站公示。

第二十七条 期货从业人员受到机构处分，或者从事的期货业务行为涉嫌违法违规被调查处理的，机构应当在作出处分决定、知悉或者应当知悉该期货从业人员违法违规被调查处理事项之日起10个工作日内向协会报告。

第二十八条 协会应当定期向中国证监会报告期货从业人员管理的有关情况。

第二十九条 期货从业人员违反本办法规定的，中国证监会及其派出机构可以采取责令改正、监管谈话、出具警示函等监管措施。

第三十条 期货从业人员自律管理的具体办法，包括从业资格考试、从业资格注册和公示、执业行为准则、后续职业培训、执业检查、纪律惩戒和申诉等，由协会制订，报中国证监会核准。

第五章 罚 则

第三十一条 未取得从业资格，擅自从事期货业务的，中国证监会责令改正，给予警告，单处或者并处3万元以下罚款。

第三十二条 有下列行为之一的，中国证监会根据《期货交易管理条例》第七十条处罚：

（一）任用无从业资格的人员从事期货业务；

（二）在办理从业资格申请过程中弄虚作假；

（三）不履行本办法第二十三条规定的配合义务；

（四）不按照本办法第二十七条的规定履行报告义务或者报告材料存在虚假内容。

第三十三条 违反本办法第十九条的规定，对期货从业人员进行打击报复的，中国证监会根据《期货交易管理条例》第七十条、第八十一条处罚。

第三十四条 期货从业人员违法违规的，中国证监会依法给予行政处罚。但因被迫执行违法违规指令而按照本办法第十九条第二款的规定履行了报告义务的，可以从轻、减轻或者免予行政处罚。

第三十五条 协会工作人员不按本办法规定履行职责，徇私舞弊、玩忽职守或者故意刁难有关当事人的，协会应当给予纪律处分。

第六章 附 则

第三十六条 本办法自公布之日起施行。2002年1月23日发布的《期货从业人员资格管理办法（修订）》（证监发〔2002〕6号）同时废止。

期货公司董事、监事和高级管理人员任职管理办法

·2007年7月4日中国证券监督管理委员会令第47号公布

·根据2021年1月15日中国证券监督管理委员会《关于修改、废止部分证券期货规章的决定》第一次修正

·根据2022年8月12日中国证券监督管理委员会《关于修改、废止部分证券期货规章的决定》第二次修正

第一章 总 则

第一条 为了加强对期货公司董事、监事和高级管理人员的任职管理，规范期货公司运作，防范经营风险，根据《中华人民共和国公司法》（以下简称《公司法》）、《中华人民共和国期货和衍生品法》和《期货交易管理条例》，制定本办法。

第二条 期货公司董事、监事和高级管理人员的任职管理，适用本办法。

本办法所称高级管理人员，是指期货公司的总经理、副总经理、首席风险官（以下简称经理层人员），财务负责人以及实际履行上述职务的人员。

期货公司分支机构负责人的管理参照本办法有关高级管理人员的相关规定执行。

第三条 期货公司董事、监事和高级管理人员应当符合中国证券监督管理委员会（以下简称中国证监会）规定的任职条件。

期货公司不得任用不符合任职条件的人员担任董事、监事和高级管理人员。

期货公司不得授权董事、监事和高级管理人员之外的人员实际履行相关职责，本办法另有规定的除外。

第四条 期货公司董事、监事和高级管理人员应当遵守法律、行政法规和中国证监会的规定，遵守自律规则、行业规范和公司章程，恪守诚信，勤勉尽责。

第五条 中国证监会依法对期货公司董事、监事和高级管理人员进行监督管理。

中国证监会派出机构依照本办法和中国证监会的授权对期货公司董事、监事和高级管理人员进行监督管理。

中国期货业协会、期货交易所依法对期货公司董事、监事和高级管理人员进行自律管理。

第二章 任职条件

第六条 期货公司董事、监事、高级管理人员，应当正直诚实、品行良好，熟悉期货法律、行政法规，具有履行职责所需的经营管理能力。

第七条 担任除董事长、监事会主席、独立董事以外的期货公司董事、监事的，应当具备下列条件：

（一）具有从事期货、证券等金融业务或者法律、会计业务3年以上经验，或者经济管理工作5年以上经验；

（二）具有大学专科以上学历。

第八条 担任期货公司独立董事的，应当具备下列条件：

（一）具有从事期货、证券等金融业务或者法律、会计业务5年以上经验，或者具有相关学科教学、研究的高级职称；

（二）具有大学本科以上学历，并且取得学士以上学位；

（三）熟悉期货法律、行政法规和中国证监会的规定，具备期货专业能力；

（四）有履行职责所必需的时间和精力。

第九条 独立董事不得与所任职期货公司存在可能妨碍其作出独立、客观判断的关系。

下列人员不得担任期货公司独立董事：

（一）在期货公司或者其关联方任职的人员及其近亲属和主要社会关系人员；

（二）在下列机构任职的人员及其近亲属和主要社会关系人员：持有或者控制期货公司5%以上股权的单位、期货公司前5名股东单位、与期货公司存在业务联系或者利益关系的机构；

（三）直接或间接持有上市期货公司已发行股份1%以上或者是上市期货公司前十名股东中的自然人股东及其近亲属；

（四）为期货公司及其关联方提供财务、法律、咨询等服务的人员及其近亲属；

（五）最近1年内曾经具有前四项所列举情形之一的人员；

（六）在其他期货公司担任除独立董事以外职务的人员；

（七）中国证监会规定的其他人员。

第十条 担任期货公司董事长和监事会主席的，应当具备下列条件：

（一）具有从事期货业务3年以上经验，或者其他金融业务4年以上经验，或者法律、会计业务5年以上经验，或者经济管理工作10年以上经验；

（二）具有大学本科以上学历或者取得学士以上学位；

（三）熟悉期货法律、行政法规和中国证监会的规定，具备期货专业能力。

第十一条 担任期货公司经理层人员的，应当具备下列条件：

（一）符合期货从业人员条件；

（二）具有大学本科以上学历或者取得学士以上学位；

（三）熟悉期货法律、行政法规和中国证监会的规定，具备期货专业能力。

第十二条 担任期货公司总经理、副总经理的，除具备第十一条规定条件外，还应当具备下列条件：

（一）具有从事期货业务3年以上经验，或者其他金融业务4年以上经验，或者法律、会计业务5年以上经验，或者经济管理工作10年以上经验；

（二）担任期货公司、证券公司等金融机构部门负责人以上职务不少于2年，或者具有相当职位管理工作经历。

第十三条 担任期货公司首席风险官的，除具备第十一条规定条件外，还应当具有从事期货业务3年以上经验，并担任期货公司交易、结算、风险管理或者合规负责人职务不少于2年；或者具有从事期货业务1年以上经验，并具有在证券公司等金融机构从事风险管理、合规业务3年以上经验。

首席风险官的任职、履职以及考核应当保持独立性。

第十四条 担任期货公司财务负责人的，应当具备下列条件：

（一）符合期货从业人员条件；

（二）具有大学本科以上学历或者取得学士以上学位；

（三）具有会计师以上职称或者注册会计师资格。

担任期货公司分支机构负责人的，除具备上述第（一）项、第（二）项条件外，还应当具有从事期货业务3年以上经验，或者其他金融业务4年以上经验，或者经济管理工作5年以上经验。

第十五条 期货公司法定代表人应当符合期货从业人员条件并具备从事期货业务所需的专业能力。

第十六条 具有从事期货业务10年以上经验或者曾担任金融机构部门负责人以上职务8年以上的人员，担任期货公司董事长、监事会主席、高级管理人员的，学历可以放宽至大学专科。

第十七条 具有期货等金融或者法律、会计专业硕士研究生以上学历的人员，担任期货公司董事、监事和高级管理人员的，从事除期货以外的其他金融业务，或者法律、会计业务的年限可以放宽1年。

第十八条 在期货监管机构、自律机构以及其他承担期货监管职能的专业监管岗位任职8年以上的人员，担任期货公司高级管理人员的，视为符合期货从业人员条件。

第十九条 有下列情形之一的，不得担任期货公司董事、监事和高级管理人员：

（一）《公司法》第一百四十六条规定的情形；

（二）因违法行为或者违纪行为被解除职务的期货交易所、证券交易所、证券登记结算机构的负责人，或者期货公司、证券公司、基金管理公司的董事、监事、高级管理人员，自被解除职务之日起未逾5年；

（三）因违法行为或者违纪行为被吊销执业证书或者被取消资格的律师、注册会计师或者投资咨询机构、财务顾问机构、资信评级机构、资产评估机构、验证机构的专业人员，自被吊销执业证书或者被取消资格之日起未逾5年；

（四）因违法行为或者违纪行为被开除的期货交易所、证券交易所、证券登记结算机构、证券服务机构、期货公司、证券公司、基金管理公司的从业人员和被开除的国家机关工作人员，自被开除之日起未逾5年；

（五）国家机关工作人员和法律、行政法规规定的禁止在公司中兼职的其他人员；

（六）因重大违法违规行为受到金融监管部门的行政处罚，执行期满未逾3年；

（七）自被中国证监会或者其派出机构认定为不适当人选之日起未逾2年；

（八）因违法违规行为或者出现重大风险被监管部门责令停业整顿、托管、接管或者撤销的金融机构及分支机构，其负有责任的主管人员和其他直接责任人员，自该金融机构及分支机构被停业整顿、托管、接管或者撤销之日起未逾3年；

（九）中国证监会规定的其他情形。

第三章 任职备案

第二十条 期货公司董事、监事和高级管理人员的任职，由期货公司住所地的中国证监会派出机构依法备案。

分支机构负责人的任职由期货公司分支机构所在地的中国证监会派出机构依法备案，并抄报期货公司住所地的中国证监会派出机构。

第二十一条 期货公司董事长、监事会主席、独立董事的任职，应当由任职期货公司自作出决定之日起5个工作日内，向中国证监会派出机构备案，并根据任职条件提交下列备案材料：

（一）备案报告书；

（二）任职条件表；

（三）身份、学历、学位证明；

（四）中国证监会规定的其他材料。

独立董事的任职，还应当提供任职人员关于独立性的声明，声明应当重点说明其本人是否存在本办法第九条所列举的情形。

第二十二条 期货公司经理层人员的任职，应当由任职期货公司自作出决定之日起5个工作日内，向中国证监会派出机构备案，并提交下列备案材料：

（一）备案报告书；

（二）任职条件表；

（三）身份、学历、学位证明；

（四）符合期货从业人员条件的证明；

（五）高级管理人员职责范围的说明；

（六）中国证监会规定的其他材料。

第二十三条 除董事长、监事会主席、独立董事以外的董事、监事的任职，应当由任职期货公司自作出决定之日起5个工作日内，向中国证监会派出机构备案，并根据任职条件提交下列备案材料：

（一）备案报告书；

（二）任职条件表；

（三）身份、学历、学位证明；

（四）中国证监会规定的其他材料。

第二十四条 财务负责人的任职，应当由任职期货公司自作出决定之日起5个工作日内，向中国证监会派出机构备案，并提交下列备案材料：

（一）备案报告书；

（二）任职条件表；

（三）身份、学历、学位证明；

（四）符合期货从业人员条件的证明；

（五）高级管理人员职责范围的说明；

（六）会计师以上职称或者注册会计师资格的证明；

（七）中国证监会规定的其他材料。

分支机构负责人的任职，应当由任职期货公司自作出决定之日起5个工作日内，向中国证监会派出机构备案，并提交第一款中第（一）项至第（四）项、第（七）项备案材料。

第二十五条 备案人提交境外大学或者高等教育机构学位证书或者高等教育文凭，或者非学历教育文凭的，应当同时提交国务院教育行政部门对任职人员所获教育文凭的学历学位认证文件。

第二十六条 中国证监会派出机构通过审核材料、考察谈话、调查从业经历等方式，对任职人员是否符合任职条件进行核查。

第二十七条 期货公司免除董事、监事、高级管理人员和分支机构负责人的职务，应当自作出决定之日起5个工作日内，向任职备案时备案及抄报的中国证监会派出机构报告，并提交下列材料：

（一）免职决定文件；

（二）相关会议的决议；

（三）中国证监会规定的其他材料。

期货公司拟免除首席风险官的职务，应当在作出决定前10个工作日将免职理由及其履行职责情况向公司住所地的中国证监会派出机构报告。

第二十八条 期货公司董事、监事和高级管理人员不得在党政机关兼职。

期货公司高级管理人员最多可以在期货公司参股的2家公司兼任董事、监事，但不得在上述公司兼任董事、监事之外的职务，不得在其他营利性机构兼职或者从事其他经营性活动。

期货公司高级管理人员在期货公司全资或控股子公司兼职的，不受上述限制，但应当遵守中国证监会的有关规定。

期货公司营业部负责人不得兼任其他营业部负责人。

符合任职条件的人员最多可以在2家期货公司兼任独立董事。

期货公司董事、监事和高级管理人员兼职的，应当自有关情况发生之日起5个工作日内向中国证监会相关派出机构报告。

第二十九条 期货公司董事、监事和高级管理人员改任的，应当按规定备案。

有以下情形的，期货公司应当自作出改任决定之日起5个工作日内，向中国证监会派出机构报告，不需备案：

（一）期货公司除董事长、监事会主席、独立董事以外的董事、监事，在同一期货公司内由董事改任监事或者由监事改任董事；

（二）在同一期货公司内，董事长改任监事会主席，或者监事会主席改任董事长，或者董事长、监事会主席改任除独立董事之外的其他董事、监事；

（三）在同一期货公司内，经理层人员改任董事（不包括独立董事）、监事；

（四）在同一期货公司内，分支机构负责人改任同一中国证监会派出机构监管辖区内的其他分支机构负责人。

第三十条 期货公司董事长、监事会主席、独立董事离任后12个月内到其他期货公司担任董事长、监事会主席、独立董事，且未出现本办法第十九条规定情形的，新任职期货公司应当提交下列备案材料：

（一）备案报告书；

（二）任职条件表；

（三）任职人员在原任职期货公司任职情况的陈述；

（四）中国证监会规定的其他材料。

第四章 行为规则

第三十一条 期货公司董事应当按照公司章程的规定出席董事会会议，参加公司的活动，切实履行职责。

第三十二条 期货公司独立董事应当重点关注和保护客户、中小股东的合法利益，发表客观、公正的独立意见。

第三十三条 期货公司高级管理人员应当遵循诚信原则，谨慎地在职权范围内行使职权，维护客户和公司的合法利益，不得从事或者配合他人从事损害客户和公司利益的活动，不得利用职务之便为自己或者他人谋取属于本公司的商业机会。

第三十四条 期货公司董事、监事和高级管理人员的近亲属在期货公司从事期货交易的，有关董事、监事和高级管理人员应当在知悉或者应当知悉之日起5个工作日内向公司报告，并遵循回避原则。公司应当在接到报告之日起5个工作日内向中国证监会相关派出机构备案，并每季度报告相关交易情况。

第三十五条 期货公司总经理应当认真执行董事会决议，有效执行公司制度，防范和化解经营风险，确保经营业务的稳健运行和客户保证金安全完整。副总经理应当协助总经理工作，忠实履行职责。

第三十六条 期货公司董事、监事和高级管理人员不得收受或进行商业贿赂，不得利用职务之便牟取其他非法利益。

第五章 监督管理

第三十七条 期货公司董事长、监事会主席、独立董事和经理层人员依法参加中国期货业协会组织的非准入型专业能力水平评价测试，保障和提高自身专业能力水平。

第三十八条 期货公司董事长、总经理、首席风险官、分支机构负责人在失踪、死亡、丧失行为能力等特殊情形下不能履行职责的，期货公司可以按照公司章程等规定临时决定由符合相应任职条件的人员代为履行职责，并自作出决定之日起3个工作日内向中国证监会派出机构报告。

公司决定的人员不符合条件的，中国证监会派出机构可以责令公司更换代为履行职责的人员。

代为履行职责的时间不得超过6个月。公司应当在6个月内任用符合任职条件的人员担任董事长、总经理、首席风险官、分支机构负责人。

第三十九条 期货公司调整高级管理人员职责分工的，应当在5个工作日内向中国证监会相关派出机构报告。

第四十条 期货公司董事、监事和高级管理人员因涉嫌违法违规行为被有权机关立案调查或者采取强制措施的，期货公司应当立即向中国证监会相关派出机构报告。

第四十一条 期货公司对董事、监事和高级管理人员给予处分的，应当自作出决定之日起5个工作日内向中国证监会相关派出机构报告。

第四十二条 期货公司董事、监事和高级管理人员受到非法或者不当干预，不能正常依法履行职责，导致或者可能导致期货公司发生违规行为或者出现风险的，该人员应当及时向中国证监会相关派出机构报告。

第四十三条 期货公司有下列情形之一的，中国证监会及其派出机构可以责令改正，并对负有责任的主管人员和其他直接责任人员采取监管谈话、出具警示函等监管措施：

（一）任用的董事、监事和高级管理人员不符合任职条件；

（二）未按规定备案或报告董事、监事和高级管理人员任免情况；

（三）法人治理结构、内部控制存在重大隐患；

（四）未按规定报告高级管理人员职责分工调整的情况；

（五）未按规定报告相关人员代为履行职责的情况；

（六）未按规定备案或报告董事、监事和高级管理人员的近亲属在本公司从事期货交易的情况；

（七）未按规定对离任人员进行离任审计；

（八）违反规定授权董事、监事和高级管理人员之外的人员实际行使相关职权；

（九）中国证监会规定的其他情形。

第四十四条 期货公司董事、监事和高级管理人员有下列情形之一的，中国证监会及其派出机构可以责令改正，并对其采取监管谈话、出具警示函等监管措施：

（一）未按规定履行职责；

（二）违规兼职或者未按规定报告兼职情况；

（三）未按规定报告近亲属在本公司从事期货交易的情况；

（四）中国证监会规定的其他情形。

第四十五条 期货公司董事、监事和高级管理人员在任职期间出现下列情形之一的，中国证监会及其派出机构可以将其认定为不适当人选：

（一）向中国证监会及其派出机构提供虚假信息或者隐瞒重大事项，造成严重后果；

（二）拒绝配合中国证监会及其派出机构依法履行监管职责，造成严重后果；

（三）擅离职守，造成严重后果；

（四）1年内累计3次被中国证监会及其派出机构进行监管谈话；

（五）累计3次被行业自律组织纪律处分；

（六）对期货公司出现违法违规行为或者重大风险负有责任；

（七）中国证监会规定的其他情形。

第四十六条 期货公司董事、监事和高级管理人员被中国证监会及其派出机构认定为不适当人选的，期货公司应当将该人员免职。

第四十七条 期货公司董事、监事和高级管理人员的诚信信息，记入证券期货市场诚信档案数据库（以下简称诚信档案）。

第四十八条 期货公司董事长、总经理辞职，或者被认定为不适当人选而被解除职务的，期货公司应当委托符合规定的会计师事务所对其进行离任审计，并自其离任之日起3个月内将审计报告报中国证监会派出机构备案。

期货公司无故拖延或者拒不审计的，中国证监会及其派出机构可以指定符合规定的会计师事务所进行审计。有关审计费用由期货公司承担。

第六章　法律责任

第四十九条　期货公司或者任职人员隐瞒有关情况或者提供虚假材料的，责令改正，记入诚信档案；拒不改正的，依法予以警告，并处3万元以下罚款。

第五十条　期货公司或者任职人员以欺骗、贿赂等不正当手段完成任职备案的，责令改正，记入诚信档案，对负有责任的公司和人员予以警告，并处3万元以下罚款。

第五十一条　期货公司有下列情形之一的，根据《期货交易管理条例》第六十六条处罚：

（一）任用不符合任职条件的人员担任董事、监事和高级管理人员且拒不改正；

（二）任用中国证监会及其派出机构认定的不适当人选担任董事、监事和高级管理人员；

（三）未按规定备案或报告董事、监事和高级管理人员的任免情况造成严重后果，或者报送的材料存在虚假记载、误导性陈述或者重大遗漏；

（四）未按规定报告董事、监事和高级管理人员的处分情况；

（五）董事、监事和高级管理人员被有权机关立案调查或者采取强制措施的，未按规定履行报告义务；

（六）未按照中国证监会的要求更换或者调整董事、监事和高级管理人员。

第五十二条　期货公司董事、监事和高级管理人员收受或进行商业贿赂，或者利用职务之便牟取其他非法利益的，依法追究行政责任。

第五十三条　违反本办法，涉嫌犯罪的，依法移送司法机关，追究刑事责任。

第七章　附　则

第五十四条　本办法自公布之日起施行。中国证监会发布的《期货经纪公司高级管理人员任职资格管理办法（修订）》（证监发〔2002〕6号）、《关于期货经纪公司高级管理人员任职资格审核有关问题的通知》（证监期货字〔2004〕67号）、《期货经纪公司高级管理人员任职资格年检工作细则》（证监期货字〔2003〕110号）、《关于落实对涉嫌违法违规期货公司高管人员及相关人员责任追究的通知》（证监期货字〔2005〕159号）同时废止。

期货公司风险监管指标管理办法

·2017年4月18日中国证券监督管理委员会令第131号公布

·根据2022年8月12日中国证券监督管理委员会《关于修改、废止部分证券期货规章的决定》修订

第一章　总　则

第一条　为了加强期货公司监督管理，促进期货公司加强内部控制、防范风险、稳健发展，根据《中华人民共和国期货和衍生品法》（以下简称《期货和衍生品法》）、《期货交易管理条例》，制定本办法。

第二条　期货公司应当按照中国证券监督管理委员会（以下简称中国证监会）的有关规定计算风险监管指标。

第三条　中国证监会可以根据审慎监管原则，结合期货市场与期货行业发展状况，在征求行业意见基础上对期货公司风险监管指标标准及计算要求进行动态调整，并为调整事项的实施作出过渡性安排。

第四条　期货公司应当建立与风险监管指标相适应的内部控制制度及风险管理制度，建立动态的风险监控和资本补充机制，确保净资本等风险监管指标持续符合标准。

第五条　期货公司应当及时根据监管要求、市场变化及业务发展情况对公司风险监管指标进行压力测试。

压力测试结果显示潜在风险超过期货公司承受能力的，期货公司应当采取有效措施，及时补充资本或控制业务规模，将风险控制在可承受范围内。

第六条　期货公司应当聘请符合规定的会计师事务所对期货公司年度风险监管报表进行审计。

会计师事务所及其注册会计师应当勤勉尽责，对出具报告所依据的文件资料内容的真实性、准确性和完整性进行核查和验证，并对出具审计报告的合法性和真实性负责。

第七条　中国证监会及其派出机构按照法律、行政法规及本办法的规定，对期货公司风险监

管指标是否符合标准,期货公司编制、报送风险监管报表相关活动实施监督管理。

第二章 风险监管指标标准及计算要求

第八条 期货公司应当持续符合以下风险监管指标标准:

(一)净资本不得低于人民币3000万元;

(二)净资本与公司风险资本准备的比例不得低于100%;

(三)净资本与净资产的比例不得低于20%;

(四)流动资产与流动负债的比例不得低于100%;

(五)负债与净资产的比例不得高于150%;

(六)规定的最低限额结算准备金要求。

第九条 中国证监会对风险监管指标设置预警标准。规定"不得低于"一定标准的风险监管指标,其预警标准是规定标准的120%,规定"不得高于"一定标准的风险监管指标,其预警标准是规定标准的80%。

最低限额结算准备金不设预警标准。

第十条 期货公司净资本是在净资产基础上,按照变现能力对资产负债项目及其他项目进行风险调整后得出的综合性风险监管指标。

净资本的计算公式为:净资本=净资产-资产调整值+负债调整值-/+其他调整项。

第十一条 期货公司风险资本准备是指期货公司在开展各项业务过程中,为应对可能发生的风险损失所需要的资本。

第十二条 最低限额结算准备金是指期货公司按照交易所及登记结算机构的有关要求以自有资金缴存用于履约担保的最低金额。

第十三条 期货公司计算净资本时,应当按照企业会计准则的规定充分计提资产减值准备、确认预计负债。

中国证监会派出机构可以要求期货公司对资产减值准备计提的充足性和合理性、预计负债确认的完整性进行专项说明,并要求期货公司聘请符合规定的会计师事务所出具鉴证意见;有证据表明期货公司未能充分计提资产减值准备或未能准确确认预计负债的,中国证监会派出机构应当要求期货公司相应核减净资本金额。

第十四条 期货公司应当根据期末未决诉讼、未决仲裁等或有事项的性质、涉及金额、形成原因、进展情况、可能发生的损失和预计损失进行会计处理,在计算净资本时按照一定比例扣减,并在风险监管报表附注中予以说明。

第十五条 期货公司借入次级债务、向股东或者其关联企业借入具有次级债务性质的长期借款以及其他清偿顺序在普通债之后的债务,可以按照规定计入净资本。

期货公司应当在相关事项完成后5个工作日内向住所地中国证监会派出机构报告。

期货公司不得互相持有次级债务。

第十六条 中国证监会及其派出机构认为期货公司开展某项业务存在未预期风险特征的,可以根据潜在风险状况确定所需资本规模,并要求期货公司补充计提风险资本准备。

第三章 编制和披露

第十七条 期货公司应当按照中国证监会规定的方式编制并报送风险监管报表。中国证监会可以根据监管需要及行业发展情况调整风险监管报表的编制及报送要求。

中国证监会派出机构可以根据审慎监管原则,要求期货公司不定期编制并报送风险监管报表,或要求期货公司在一段时期内提高风险监管报表的报送频率。

第十八条 期货公司法定代表人、经营管理主要负责人、首席风险官、财务负责人应当在风险监管报表上签字确认,并应当保证其真实、准确、完整。上述人员对风险监管报表内容持有异议的,应当书面说明意见和理由,向期货公司住所地中国证监会派出机构报告。

第十九条 期货公司应当保留书面月度及年度风险监管报表,法定代表人、经营管理主要负责人、首席风险官、财务负责人等责任人员应当在书面报表上签字,并加盖公司印章。风险监管报表的保存期限应当不少于5年。

第二十条 期货公司应当每半年向公司董事会提交书面报告,说明各项风险监管指标的具体情况,该报告应当经期货公司法定代表人签字确认。该报告经董事会审议通过后,应当向期货公司全体股东提交或进行信息披露。

第二十一条 净资本与风险资本准备的比例与上月相比向不利方向变动超过20%的,期货公司应当向公司住所地中国证监会派出机构提交书面报告，说明原因，并在5个工作日内向全体董事提交书面报告。

第二十二条 期货公司风险监管指标达到预警标准的，期货公司应当于当日向全体董事提交书面报告，详细说明原因、对期货公司的影响、解决问题的具体措施和期限，书面报告应当同时抄送期货公司住所地中国证监会派出机构。

期货公司风险监管指标不符合规定标准的，期货公司除履行上述程序外，还应当及时向全体股东报告或进行信息披露。

第四章 监督管理

第二十三条 中国证监会派出机构应当对期货公司风险监管指标的计算过程及计算结果的真实性、准确性、完整性进行定期或者不定期检查。

中国证监会派出机构可以根据监管需要，要求期货公司聘请符合规定的会计师事务所对其风险监管报表进行专项审计。

第二十四条 期货公司的风险监管报表被相关会计师事务所出具了保留意见、带强调事项段或其他事项段无保留意见的，期货公司应当自审计意见出具的5个工作日内就涉及事项对风险监管指标的影响进行专项说明，并向住所地中国证监会派出机构进行书面报告。中国证监会派出机构可以视情况要求期货公司限期改正并重新编制风险监管报表；期货公司未限期改正的，中国证监会派出机构可以认定其风险监管指标不符合规定标准。

期货公司的风险监管报表被相关会计师事务所出具了无法表示意见或者否定意见的，中国证监会派出机构可以认定其风险监管指标不符合规定标准。

第二十五条 期货公司未按期报送风险监管报表或者报送的风险监管报表存在虚假记载、误导性陈述、重大遗漏的，中国证监会派出机构应当要求期货公司限期报送或者补充更正。

期货公司未在限期内报送或者补充更正的，公司住所地中国证监会派出机构应当进行现场检查；发现期货公司违反企业会计准则和本办法有关规定的，可以认定其风险监管指标不符合规定标准。

第二十六条 期货公司报送的风险监管报表存在漏报、错报，影响中国证监会及其派出机构对期货公司风险状况判断的，中国证监会派出机构应当要求期货公司立即报送更正的风险监管报表，并可以视情况采取出具警示函、监管谈话等监管措施。

第二十七条 期货公司风险监管指标达到预警标准的，进入风险预警期。风险预警期内，中国证监会派出机构可视情况采取以下措施：

（一）要求期货公司制定风险监管指标改善方案并定期对监管指标的改善情况进行书面报告；

（二）要求期货公司进行重大业务决策时，应当至少提前5个工作日向住所地中国证监会派出机构报送临时报告，说明有关业务对风险监管指标的影响；

（三）要求期货公司增加内部合规检查的频率，并提交合规检查报告。

期货公司未能有效履行相关要求的，中国证监会派出机构可以视情况采取出具警示函、监管谈话等监管措施。

第二十八条 期货公司风险监管指标优于预警标准并连续保持3个月的，风险预警期结束。

第二十九条 期货公司风险监管指标不符合规定标准的，中国证监会派出机构应当在知晓相关情况后2个工作日内对期货公司不符合规定标准的情况和原因进行核实，视情况对期货公司及其董事、监事和高级管理人员采取谈话、提示、记入信用记录等监管措施，并责令期货公司限期整改，整改期限不得超过20个工作日。

第三十条 经过整改，期货公司风险监管指标符合规定标准的，应当向住所地中国证监会派出机构报告，中国证监会派出机构应当进行验收。

期货公司风险监管指标符合规定标准的，中国证监会派出机构应当自验收合格之日起3个工作日内解除对期货公司采取的有关措施。

第三十一条 期货公司逾期未改正或者经过整改风险监管指标仍不符合规定标准的，中国证监会及其派出机构可以依据《期货和衍生品法》第七十三条采取监管措施。

第三十二条 期货公司违反本办法规定的，中国证监会及其派出机构可以依据《期货和衍生品法》第一百三十四条、《期货交易管理条例》第六十六条的规定处罚。

第五章 附 则

第三十三条 本办法相关用语含义如下：

（一）风险监管报表是期货公司编制的反映各

项风险监管指标计算过程及计算结果的报表。

（二）资产、流动资产是指期货公司的自身资产，不含客户保证金。

（三）负债、流动负债是指期货公司的对外负债，不含客户权益。

（四）重大业务，是指可能导致期货公司风险监管指标发生10%以上变化的业务。

第三十四条 本办法自2017年10月1日起施行。《期货公司风险监管指标管理试行办法》（证监发〔2007〕55号公布、证监会公告〔2013〕12号修订）、《关于期货公司风险资本准备计算标准的规定》（证监会公告〔2013〕13号）同时废止。

期货市场客户开户管理规定

· 2009年8月27日中国证券监督管理委员会公告〔2009〕24号公布

· 根据2012年2月2日中国证券监督管理委员会《关于修改〈期货市场客户开户管理规定〉的决定》修订

· 根据2021年1月15日中国证券监督管理委员会《关于修改、废止部分证券期货制度文件的决定》第一次修正

· 根据2022年8月12日中国证券监督管理委员会《关于修改、废止部分证券期货规范性文件的决定》第二次修正

第一章 总 则

第一条 为加强期货市场监管，保护客户合法权益，维护期货市场秩序，防范风险，提高市场运行效率，根据《中华人民共和国期货和衍生品法》（以下简称《期货和衍生品法》）、《期货交易管理条例》《期货交易所管理办法》《期货公司监督管理办法》等法律、行政法规和规章，制定本规定。

第二条 期货公司接受客户委托，为其申请境内期货交易所交易编码、修订客户资料、注销交易编码，以及期货公司管理客户资料、对账户进行规范和休眠管理等行为，应当遵守本规定。

第三条 期货公司为客户开立账户，应当对客户开户资料进行审核，确保开户资料的合规、真实、准确和完整。

第四条 中国期货市场监控中心有限责任公司（以下简称监控中心）应当根据本规定制定期货市场统一开户业务相关具体实施细则，承担期货市场统一开户业务的具体实施工作。期货公司为客户申请、注销各期货交易所交易编码，以及修订与交易编码相关的客户资料，应当统一通过监控中心办理。

第五条 监控中心应当建立和维护期货市场客户统一开户系统（以下简称统一开户系统），对期货公司提交的客户资料进行复核，并将通过复核的客户资料转发给相关期货交易所。

第六条 期货交易所收到监控中心转发的客户交易编码申请资料后，根据期货交易所业务规则对客户交易编码进行分配、发放和管理，并将各类申请的处理结果通过监控中心反馈期货公司。

第七条 监控中心应当为每一个客户设立统一开户编码，并建立统一开户编码与客户在各期货交易所交易编码的对应关系。

第八条 中国证券监督管理委员会（以下简称中国证监会）及其派出机构依法对期货市场客户开户实行监督管理。

中国期货业协会、期货交易所依法对期货市场客户开户实行自律管理。

第二章 客户开户及交易编码申请

第九条 客户开户应当符合法律、行政法规及中国证监会有关规定，并遵守以下实名制要求：

（一）客户开户时应当提供有效身份证明文件；

（二）个人客户应当本人亲自办理开户手续，签署开户资料，不得委托他人代为办理；

（三）单位客户应当出具单位客户的授权委托书、开户代理人的有效身份证明文件和其他开户证件；

（四）期货经纪合同、期货结算账户中客户姓名或者名称与其有效身份证明文件中的姓名或者名称一致；

（五）在期货经纪合同及其他开户资料中真实、完整、准确地填写客户资料信息。

个人客户、单位客户以及开户代理人的有效身份证明文件由监控中心在实施细则中另行规定。

第十条 期货公司应当对客户进行以下实名制审核：

（一）对照有效身份证明文件，核实个人客户

是否本人亲自开户，核实单位客户是否由经授权的开户代理人开户；

（二）确保客户交易编码申请表、期货结算账户登记表、期货经纪合同等开户资料所记载的客户姓名或者名称与其有效身份证明文件中的姓名或者名称一致。

第十一条 客户开户时，期货公司应当实时采集并按照监控中心要求及时提交客户以下影像资料：

（一）个人客户头部正面照和有效身份证明文件扫描件；

（二）单位客户开户代理人头部正面照、开户代理人有效身份证明文件扫描件、单位客户有效身份证明文件扫描件；

（三）监控中心在实施细则中规定的其他影像资料。

第十二条 证券公司等依法接受期货公司委托协助办理开户手续的，应当按照本规定的要求对照核实客户真实身份，核对客户期货结算账户户名与其有效身份证明文件中姓名或者名称一致，采集并留存客户影像资料，并随同其他开户资料一并提交期货公司审核开户和存档。

第十三条 期货公司应当按照监控中心的规定以电子文档方式在公司总部集中统一保存客户影像资料，并随其他开户资料一并存档备查。各营业部、分公司等分支机构应当确保可以查询所办理的客户影像资料等开户资料。

第十四条 期货公司不得与不符合实名制要求的客户签署期货经纪合同，也不得为未签订期货经纪合同的客户申请交易编码。

第十五条 期货公司为客户申请交易编码，应当向监控中心提交客户交易编码申请。客户交易编码申请填写内容应当完整并与期货经纪合同所记载的内容一致。

第十六条 期货公司为单位客户申请交易编码时，应当按照规定要求向监控中心提交该单位客户的有效身份证明文件扫描件。

第十七条 期货公司应当按照规定要求定期向监控中心提交客户的以下资料：

（一）个人客户的头部正面照和有效身份证明文件扫描件；

（二）单位客户的开户代理人头部正面照和有效身份证明文件扫描件。

第十八条 监控中心应当按以下标准对期货公司提交的客户交易编码申请表及其他相关资料进行复核：

（一）客户交易编码申请表内容完整性、格式正确性；

（二）客户姓名或者名称、有效身份证明文件号码等与有权机构检查反馈结果的一致性；

（三）客户姓名或者名称与其期货结算账户户名的一致性；

（四）其他应当复核的内容。

第十九条 监控中心在复核中发现以下情况之一的，监控中心应当退回客户交易编码申请，并告知期货公司：

（一）客户资料不符合实名制要求；

（二）客户交易编码申请表及相关资料内容不完整、格式不正确；

（三）中国证监会规定的其他情形。

第二十条 监控中心应当将当日通过复核的客户交易编码申请资料转发给相关期货交易所。

第二十一条 期货交易所应当将客户交易编码申请的处理结果当日发送监控中心，由监控中心当日反馈给期货公司。

第二十二条 当日分配的客户交易编码，期货交易所应当于下一交易日允许客户使用。

第三章 客户资料修订

第二十三条 期货公司修订与申请交易编码相关的客户资料，应当向监控中心提交修订申请。

期货公司应当对提交修订的客户资料进行审核，确保申请修订的内容与期货经纪合同中客户资料保持一致，并符合实名制等要求。

第二十四条 期货公司申请对客户姓名或者名称、客户有效身份证明文件号码、客户期货结算账户户名（以下简称关键信息）进行修订的，监控中心重新按本规定第十八条进行复核。通过复核的，监控中心将修订后的资料转发相关期货交易所。期货交易所根据其业务规则检查后，将处理结果发送监控中心，由监控中心及时反馈给期货公司。

第二十五条 期货公司申请对关键信息之外的客户资料进行修订的，应当指明修订申请拟提交的期货交易所，监控中心对修订后客户资料内容的完整性、格式正确性进行复核，并将通过复核的申请转发相关期货交易所。期货交易所根据其业务规则检查后，向监控中心反馈修订申请的处理结果，由监控中心反馈给期货公司。

第二十六条 监控中心和期货交易所在管理中发现客户资料错误的，应当统一由监控中心通知期货公司，由期货公司登录统一开户系统进行修订。

第四章 客户交易编码的注销

第二十七条 期货公司应当登录监控中心统一开户系统办理客户交易编码的注销。

第二十八条 监控中心接到期货公司的客户交易编码注销申请后，应当于当日转发给相关期货交易所。

第二十九条 期货交易所应当将期货公司客户交易编码注销申请处理结果及时反馈监控中心，监控中心据此反馈期货公司。

第三十条 期货交易所注销客户交易编码的，应当于注销当日通知监控中心，监控中心据此通知期货公司。

第五章 客户资料管理

第三十一条 期货公司在交易结算系统中维护的客户资料应当与报送统一开户系统的客户资料保持一致。

监控中心应当对期货公司报送保证金监控系统与统一开户系统的客户姓名或者名称、内部资金账户、期货结算账户和交易编码进行一致性复核。

第三十二条 监控中心应当根据统一开户系统，建立期货市场客户基本资料库。

关键信息之外的客户信息，监控中心应当根据不同的期货交易所、期货公司分别维护。

第三十三条 期货交易所应当定期向监控中心核对客户资料。

第六章 账户休眠管理

第三十四条 监控中心应当定期组织期货公司开展休眠账户认定和处理工作，明确休眠账户认定日和休眠账户处理期限。

第三十五条 休眠账户是指截至休眠认定日，同时符合开户时间一年以上、最近一年以上无持仓、最近一年以上无交易（含一年）、休眠认定日结算后客户权益在1000元人民币以下（含1000元）四个条件的账户，或者2009年9月1日前直接通过期货交易所开立交易编码，但是客户资料不完整或者关键信息不准确的账户。

第三十六条 监控中心收到期货公司提交的账户休眠申请后，应当及时转发给相关期货交易所。期货交易所应当对休眠账户进行标记并将处理结果经监控中心反馈期货公司。

期货公司和期货交易所应当在账户休眠后的下一个交易日，限制其开仓权限。

第三十七条 期货公司激活休眠账户时，应当向监控中心提交账户激活申请，期货公司和期货交易所应当在休眠账户激活成功后的下一个交易日解除其开仓限制。

第七章 监督管理

第三十八条 中国证监会依法对期货市场客户开户进行监督检查。中国证监会派出机构对期货公司客户开户进行监督检查。

第三十九条 监控中心依据本规定制定的相关实施细则应当报告中国证监会。

监控中心应当建立健全相应的应急处理机制，防范和化解统一开户系统的运行风险。

第四十条 期货公司、证券公司等违反本规定的，中国证监会及其派出机构可以采取责令限期整改、监管谈话、出具警示函等监管措施；逾期未改正，其行为可能危及期货公司稳健运行、损害客户合法权益的，中国证监会及其派出机构可以责令期货公司、证券公司等暂停开户或办理相关业务。

第四十一条 期货交易所、监控中心的工作人员应当忠于职守，依法办事，公正廉洁，保守期货公司和客户的商业秘密，不得利用职务便利牟取不正当的利益。

第四十二条 期货公司、证券公司等违反本规定的，依照《期货和衍生品法》第一百四十四条，《期货交易管理条例》第六十六条的规定进行处罚。

第四十三条 期货交易所、监控中心违反本规定的，依照《期货和衍生品法》第一百三十七条、第一百四十四条，《期货交易管理条例》第六十四条、第六十五条的规定进行处罚、处分。

第四十四条 期货交易所、监控中心的工作人员违反本规定的，依照《期货交易管理条例》第七十八条的规定进行处分。

第八章 附 则

第四十五条 期货公司会员号变更、会员分级结算关系变更、会员资格转让或者交易编码申请权限受到期货交易所限制时，期货交易所应当将有关情况及时通知监控中心。

第四十六条 对于实行会员分级结算制度期货交易所的非结算会员，监控中心应当将其申请和注销客户交易编码的结果及时通知其结算会员。

第四十七条 证券公司、基金管理公司、信托公司和其他金融机构，以及社会保障类公司、合格境外机构投资者等法律、行政法规和规章规定的需要资产分户管理的特殊单位客户的实名制要求及核对应当遵循实质重于形式的原则，确保特殊单位客户、分户管理资产和期货结算账户对应关系准确。

第四十八条 期货公司为客户在中国证监会批准的其他期货交易场所申请开立交易编码的，依照本规定的有关规定执行。

第四十九条 期货交易所为其自营会员等直接开立交易编码的，应当及时向监控中心报备相关开户信息。

第五十条 期货公司办理开户业务，应当遵守反洗钱及交易者适当性相关法律法规的规定。

第五十一条 本规定自2009年9月1日起施行。2007年11月5日中国证监会发布的《关于进一步加强期货公司开户环节实名制工作的通知》（证监期货字〔2007〕257号）同时废止。

外商投资期货公司管理办法

· 2018年8月24日中国证券监督管理委员会令第149号公布
· 自2018年8月24日起施行

第一条 为适应期货市场对外开放需要，加强和完善对外商投资期货公司的监督管理，根据《中华人民共和国公司法》、《期货交易管理条例》有关规定，制定本办法。

第二条 本办法所称外商投资期货公司是指单一或有关联关系的多个境外股东直接持有或间接控制公司5%以上股权的期货公司。

第三条 中国证券监督管理委员会（以下简称中国证监会）及其派出机构依法对外商投资期货公司实施监督管理。

第四条 外商投资期货公司的名称、组织形式、注册资本、组织机构的设立及职责等，应当符合《中华人民共和国公司法》、《期货交易管理条例》、《期货公司监督管理办法》等法律、行政法规和中国证监会的有关规定。

第五条 直接持有期货公司5%以上股权的境外股东，除应当符合《期货公司监督管理办法》第七条和第九条规定的条件外，还应当具备下列条件：

（一）持续经营5年以上，近3年未受到所在国家或者地区监管机构或者行政、司法机关的重大处罚；

（二）管理层具有良好的专业素质和管理能力；

（三）具有健全的内部控制制度和风险管理体系；

（四）具有良好的国际声誉和经营业绩，近3年业务规模、收入、利润居于国际前列，近3年长期信用均保持在高水平；

（五）中国证监会规定的其他审慎性条件。

有关联关系的多个境外股东合计持有期货公司5%以上股权的，每个境外股东均应具备上款所列条件。

第六条 除通过中国境内证券公司间接持有期货公司股权及中国证监会规定的其他情形外，境外投资者通过投资关系、协议或其他安排，实际控制期货公司5%以上股权的，应当转为直接持股。

单独或与关联方、一致行动人共同实际控制期货公司5%以上股权的境外投资者，应当具备本办法第五条规定的条件。

第七条 境外股东应当以自由兑换货币出资。境外股东累计持有的（包括直接持有和间接控制）外商投资期货公司股权比例，应当符合国家关于期货业对外开放的安排。

第八条 外商投资期货公司的董事、监事和高级管理人员应当具备中国证监会规定的任职条件。

外商投资期货公司的高级管理人员须在中国境内实地履职。

第九条 境外机构设立外商投资期货公司，应当在公司登记机关登记注册，并向中国证监会提出申请。除应当向中国证监会提交《期货公司监督管理办法》规定的申请文件外，还应当提交下列文件：

（一）申请前3年该境外机构经审计的财务报表；

（二）该境外机构所在国家或者地区相关监管机构或者中国证监会认可的机构出具的关于该境外机构是否具备本办法第五条第一款第一项及《期货公司监督管理办法》第七条第五项、第九条第一款第二项规定条件的说明函；

（三）该境外机构是否具备本办法第五条第一款第二项、第三项规定条件的说明材料；

（四）该境外机构是否具备本办法第五条第一款第四项规定条件的证明文件；

（五）由中国境内律师事务所出具的法律意见书；

（六）中国证监会规定的其他申请文件。

境外股东变更股权属《期货公司监督管理办法》第十七条规定情形的，应当向中国证监会提出申请，申请文件适用前款规定。

第十条 获得中国证监会批准设立的外商投资期货公司，应当按国家外汇管理部门的规定办理相关业务登记手续，足额缴付出资或者提供约定的合作条件。

第十一条 外商投资期货公司申请颁发或换发《经营证券期货业务许可证》，应当向中国证监会提交下列文件：

（一）营业执照副本复印件；

（二）公司章程；

（三）由中国境内具有期货相关业务资格的会计师事务所出具的验资报告；

（四）董事、监事、高级管理人员和主要业务人员的名单，符合任职条件证明文件及期货从业资格证明文件；

（五）高级管理人员在中国境内实地履职的说明文件；

（六）内部控制制度和风险管理制度文本；

（七）营业场所和业务设施情况说明书；

（八）中国证监会要求的其他文件。

申请换发《经营证券期货业务许可证》的，还应当提交公司原有《经营证券期货业务许可证》。

未取得中国证监会颁发的《经营证券期货业务许可证》，外商投资期货公司不得经营期货业务。

第十二条 外商投资期货公司合并或者分立后设立的外商投资期货公司，其股权变动应当符合本办法的规定。

第十三条 境外投资者依法通过证券交易所的证券交易持有或者通过协议、其他安排与他人共同持有上市期货公司股份达到5%以上的，应当具备本办法第五条规定的条件，并遵守法律、行政法规和中国证监会关于上市公司收购、期货公司变更审批的有关规定。

第十四条 外商投资期货公司及其境外股东向中国证监会提交的申请文件，以及向中国证监会及其派出机构报送的文件、资料，必须使用中文。境外股东及其所在国家或者地区相关监管机构或者中国证监会认可的机构出具的文件、资料，以及外商投资期货公司股东会、董事会、监事会、总经理办公会相关文件、资料使用外文的，应当附有与原文内容一致的中文译本。

申请人提交的文件及报送的材料，不能充分说明申请人状况的，中国证监会可以要求申请人作出补充说明。

第十五条 外商投资期货公司交易、结算、风险控制等信息系统的核心服务器以及记录、存储客户信息的数据设备，应当设置在中国境内。

在符合法律、行政法规和中国证监会有关规定的前提下，外商投资期货公司可以利用境外股东的资源和技术，提升信息系统的效率和安全水平。

第十六条 外商投资期货公司及其股东、董事、监事、高级管理人员违反本办法规定的，中国证监会及其派出机构可以依照《期货交易管理条例》、《期货公司监督管理办法》、《期货公司董事、监事和高级管理人员任职资格管理办法》等相关规定采取行政监管措施或予以处罚。

第十七条 香港特别行政区、澳门特别行政区和台湾地区的投资者投资期货公司的，参照适用本办法。国家另有规定的，从其规定。

第十八条 外商投资期货公司的设立、变更、终止、业务活动及监督管理事项，本办法未作规定的，适用中国证监会的其他有关规定。

第十九条 本办法自公布之日起施行。

五、法律责任

中华人民共和国刑法(节录)

· 1979 年 7 月 1 日第五届全国人民代表大会第二次会议通过
· 1997 年 3 月 14 日第八届全国人民代表大会第五次会议修订
· 根据 1998 年 12 月 29 日第九届全国人民代表大会常务委员会第六次会议通过的《全国人民代表大会常务委员会关于惩治骗购外汇、逃汇和非法买卖外汇犯罪的决定》、1999 年 12 月 25 日第九届全国人民代表大会常务委员会第十三次会议通过的《中华人民共和国刑法修正案》、2001 年 8 月 31 日第九届全国人民代表大会常务委员会第二十三次会议通过的《中华人民共和国刑法修正案(二)》、2001 年 12 月 29 日第九届全国人民代表大会常务委员会第二十五次会议通过的《中华人民共和国刑法修正案(三)》、2002 年 12 月 28 日第九届全国人民代表大会常务委员会第三十一次会议通过的《中华人民共和国刑法修正案(四)》、2005 年 2 月 28 日第十届全国人民代表大会常务委员会第十四次会议通过的《中华人民共和国刑法修正案(五)》、2006 年 6 月 29 日第十届全国人民代表大会常务委员会第二十二次会议通过的《中华人民共和国刑法修正案(六)》、2009 年 2 月 28 日第十一届全国人民代表大会常务委员会第七次会议通过的《中华人民共和国刑法修正案(七)》、2009 年 8 月 27 日第十一届全国人民代表大会常务委员会第十次会议通过的《全国人民代表大会常务委员会关于修改部分法律的决定》、2011 年 2 月 25 日第十一届全国人民代表大会常务委员会第十九次会议通过的《中华人民共和国刑法修正案(八)》、2015 年 8 月 29 日第十二届全国人民代表大会常务委员会第十六次会议通过的《中华人民共和国刑法修正案(九)》、2017 年 11 月 4 日第十二届全国人民代表大会常务委员会第三十次会议通过的《中华人民共和国刑法修正案(十)》和 2020 年 12 月 26 日第十三届全国人民代表大会常务委员会第二十四次会议通过的《中华人民共和国刑法修正案(十一)》修正①

……

第一百六十条 【欺诈发行证券罪】在招股说明书、认股书、公司、企业债券募集办法等发行文件中隐瞒重要事实或者编造重大虚假内容,发行股票或者公司、企业债券、存托凭证或者国务院依法认定的其他证券,数额巨大、后果严重或者有其他严重情节的,处五年以下有期徒刑或者拘役,并处或者单处罚金;数额特别巨大、后果特别严重或者有其他特别严重情节的,处五年以上有期徒刑,并处罚金。

控股股东、实际控制人组织、指使实施前款行为的,处五年以下有期徒刑或者拘役,并处或者单处非法募集资金金额百分之二十以上一倍以下罚金;数额特别巨大、后果特别严重或者有其他特别严重情节的,处五年以上有期徒刑,并处非法募集资金金额百分之二十以上一倍以下罚金。

单位犯前两款罪的,对单位判处非法募集资金金额百分之二十以上一倍以下罚金,并对其直接负责的主管人员和其他直接责任人员,依照第一款的规定处罚。②

① 刑法、历次刑法修正案、涉及修改刑法的决定的施行日期,分别依据各法律所规定的施行日期确定。
另,总则部分条文主旨为编者所加,分则部分条文主旨是根据司法解释确定罪名所加。

② 根据 2020 年 12 月 26 日《中华人民共和国刑法修正案(十一)》修改。原条文为:"在招股说明书、认股书、公司、企业债券募集办法中隐瞒重要事实或者编造重大虚假内容,发行股票或者公司、企业债券,数额巨大、后果严重或者有其他严重情节的,处五年以下有期徒刑或者拘役,并处或者单处非法募集资金金额百分之一以上百分之五以下罚金。
"单位犯前款罪的,对单位判处罚金,并对其直接负责的主管人员和其他直接责任人员,处五年以下有期徒刑或者拘役。"

第一百六十一条 【违规披露、不披露重要信息罪】依法负有信息披露义务的公司、企业向股东和社会公众提供虚假的或者隐瞒重要事实的财务会计报告，或者对依法应当披露的其他重要信息不按照规定披露，严重损害股东或者其他人利益，或者有其他严重情节的，对其直接负责的主管人员和其他直接责任人员，处五年以下有期徒刑或者拘役，并处或者单处罚金；情节特别严重的，处五年以上十年以下有期徒刑，并处罚金。

前款规定的公司、企业的控股股东、实际控制人实施或者组织、指使实施前款行为的，或者隐瞒相关事项导致前款规定的情形发生的，依照前款的规定处罚。

犯前款罪的控股股东、实际控制人是单位的，对单位判处罚金，并对其直接负责的主管人员和其他直接责任人员，依照第一款的规定处罚。①

……

第一百六十九条 【徇私舞弊低价折股、出售国有资产罪】国有公司、企业或者其上级主管部门直接负责的主管人员，徇私舞弊，将国有资产低价折股或者低价出售，致使国家利益遭受重大损失的，处三年以下有期徒刑或者拘役；致使国家利益遭受特别重大损失的，处三年以上七年以下有期徒刑。

第一百六十九条之一 【背信损害上市公司利益罪】上市公司的董事、监事、高级管理人员违背对公司的忠实义务，利用职务便利，操纵上市公司从事下列行为之一，致使上市公司利益遭受重大损失的，处三年以下有期徒刑或者拘役，并处或者单处罚金；致使上市公司利益遭受特别重大损失的，处三年以上七年以下有期徒刑，并处罚金：

（一）无偿向其他单位或者个人提供资金、商品、服务或者其他资产的；

（二）以明显不公平的条件，提供或者接受资金、商品、服务或者其他资产的；

（三）向明显不具有清偿能力的单位或者个人提供资金、商品、服务或者其他资产的；

（四）为明显不具有清偿能力的单位或者个人提供担保，或者无正当理由为其他单位或者个人提供担保的；

（五）无正当理由放弃债权、承担债务的；

（六）采用其他方式损害上市公司利益的。

上市公司的控股股东或者实际控制人，指使上市公司董事、监事、高级管理人员实施前款行为的，依照前款的规定处罚。

犯前款罪的上市公司的控股股东或者实际控制人是单位的，对单位判处罚金，并对其直接负责的主管人员和其他直接责任人员，依照第一款的规定处罚。②

……

第一百七十八条 【伪造、变造国家有价证券罪】伪造、变造国库券或者国家发行的其他有价证券，数额较大的，处三年以下有期徒刑或者拘役，并处或者单处二万元以上二十万元以下罚金；数额巨大的，处三年以上十年以下有期徒刑，并处五万元以上五十万元以下罚金；数额特别巨大的，处十年以上有期徒刑或者无期徒刑，并处五万元以上五十万元以下罚金或者没收财产。

【伪造、变造股票、公司、企业债券罪】伪造、变造股票或者公司、企业债券，数额较大的，处三年以下有期徒刑或者拘役，并处或者单处一万元以上十万元以下罚金；数额巨大的，处三年以上十年以下有期徒刑，并处二万元以上二十万元以下罚金。

单位犯前两款罪的，对单位判处罚金，并对其直接负责的主管人员和其他直接责任人员，依照前两款的规定处罚。

第一百七十九条 【擅自发行股票、公司、企业债券罪】未经国家有关主管部门批准，擅自发行股票或者公司、企业债券，数额巨大、后果严重或者有其他严重情节的，处五年以下有期徒刑或者

① 根据2006年6月29日《中华人民共和国刑法修正案（六）》第一次修改。原条文为：“公司向股东和社会公众提供虚假的或者隐瞒重要事实的财务会计报告，严重损害股东或者其他人利益的，对其直接负责的主管人员和其他直接责任人员，处三年以下有期徒刑或者拘役，并处或者单处二万元以上二十万元以下罚金。”

根据2020年12月26日《中华人民共和国刑法修正案（十一）》第二次修改。原条文为：“依法负有信息披露义务的公司、企业向股东和社会公众提供虚假的或者隐瞒重要事实的财务会计报告，或者对依法应当披露的其他重要信息不按照规定披露，严重损害股东或者其他人利益，或者有其他严重情节的，对其直接负责的主管人员和其他直接责任人员，处三年以下有期徒刑或者拘役，并处或者单处二万元以上二十万元以下罚金。”

② 根据2006年6月29日《中华人民共和国刑法修正案（六）》增加。

拘役,并处或者单处非法募集资金金额百分之一以上百分之五以下罚金。

单位犯前款罪的,对单位判处罚金,并对其直接负责的主管人员和其他直接责任人员,处五年以下有期徒刑或者拘役。

第一百八十条 【内幕交易、泄露内幕信息罪】证券、期货交易内幕信息的知情人员或者非法获取证券、期货交易内幕信息的人员,在涉及证券的发行,证券、期货交易或者其他对证券、期货交易价格有重大影响的信息尚未公开前,买入或者卖出该证券,或者从事与该内幕信息有关的期货交易,或者泄露该信息,或者明示、暗示他人从事上述交易活动,情节严重的,处五年以下有期徒刑或者拘役,并处或者单处违法所得一倍以上五倍以下罚金;情节特别严重的,处五年以上十年以下有期徒刑,并处违法所得一倍以上五倍以下罚金。

单位犯前款罪的,对单位判处罚金,并对其直接负责的主管人员和其他直接责任人员,处五年以下有期徒刑或者拘役。

内幕信息、知情人员的范围,依照法律、行政法规的规定确定。

【利用未公开信息交易罪】证券交易所、期货交易所、证券公司、期货经纪公司、基金管理公司、商业银行、保险公司等金融机构的从业人员以及有关监管部门或者行业协会的工作人员,利用因职务便利获取的内幕信息以外的其他未公开的信息,违反规定,从事与该信息相关的证券、期货交易活动,或者明示、暗示他人从事相关交易活动,情节严重的,依照第一款的规定处罚。①

第一百八十一条 【编造并传播证券、期货交易虚假信息罪】编造并且传播影响证券、期货交易的虚假信息,扰乱证券、期货交易市场,造成严重后果的,处五年以下有期徒刑或者拘役,并处或者单处一万元以上十万元以下罚金。

【诱骗投资者买卖证券、期货合约罪】证券交易所、期货交易所、证券公司、期货经纪公司的从业人员,证券业协会、期货业协会或者证券期货监督管理部门的工作人员,故意提供虚假信息或者伪造、变造、销毁交易记录,诱骗投资者买卖证券、期货合约,造成严重后果的,处五年以下有期徒刑或者拘役,并处或者单处一万元以上十万元以下罚金;情节特别恶劣的,处五年以上十年以下有期徒刑,并处二万元以上二十万元以下罚金。

单位犯前两款罪的,对单位判处罚金,并对其直接负责的主管人员和其他直接责任人员,处五年以下有期徒刑或者拘役。②

第一百八十二条 【操纵证券、期货市场罪】有下列情形之一,操纵证券、期货市场,影响证券、期货交易价格或者证券、期货交易量,情节严重的,处五年以下有期徒刑或者拘役,并处或者单处罚金;情节特别严重的,处五年以上十年以下有期徒刑,并处罚金:

(一)单独或者合谋,集中资金优势、持股或者持仓优势或者利用信息优势联合或者连续买卖的;

---

① 根据1999年12月25日《中华人民共和国刑法修正案》第一次修改。原条文为:“证券交易内幕信息的知情人员或者非法获取证券交易内幕信息的人员,在涉及证券的发行、交易或者其他对证券的价格有重大影响的信息尚未公开前,买入或者卖出该证券,或者泄露该信息,情节严重的,处五年以下有期徒刑或者拘役,并处或者单处违法所得一倍以上五倍以下罚金;情节特别严重的,处五年以上十年以下有期徒刑,并处违法所得一倍以上五倍以下罚金。

“单位犯前款罪的,对单位判处罚金,并对其直接负责的主管人员和其他直接责任人员,处五年以下有期徒刑或者拘役。

“内幕信息的范围,依照法律、行政法规的规定确定。

“知情人员的范围,依照法律、行政法规的规定确定。”

根据2009年2月28日《中华人民共和国刑法修正案(七)》第二次修改。原第一款条文为:“证券、期货交易内幕信息的知情人员或者非法获取证券、期货交易内幕信息的人员,在涉及证券的发行,证券、期货交易或者其他对证券、期货交易价格有重大影响的信息尚未公开前,买入或者卖出该证券,或者从事与该内幕信息有关的期货交易,或者泄露该信息,情节严重的,处五年以下有期徒刑或者拘役,并处或者单处违法所得一倍以上五倍以下罚金;情节特别严重的,处五年以上十年以下有期徒刑,并处违法所得一倍以上五倍以下罚金。”

根据2009年2月28日《中华人民共和国刑法修正案(七)》增加一款,作为第四款。

② 根据1999年12月25日《中华人民共和国刑法修正案》修改。原条文为:“编造并且传播影响证券交易的虚假信息,扰乱证券交易市场,造成严重后果的,处五年以下有期徒刑或者拘役,并处或者单处一万元以上十万元以下罚金。

“证券交易所、证券公司的从业人员,证券业协会或者证券管理部门的工作人员,故意提供虚假信息或者伪造、变造、销毁交易记录,诱骗投资者买卖证券,造成严重后果的,处五年以下有期徒刑或者拘役,并处或者单处一万元以上十万元以下罚金;情节特别恶劣的,处五年以上十年以下有期徒刑,并处二万元以上二十万元以下罚金。

“单位犯前两款罪的,对单位判处罚金,并对其直接负责的主管人员和其他直接责任人员,处五年以下有期徒刑或者拘役。”

（二）与他人串通，以事先约定的时间、价格和方式相互进行证券、期货交易的；

（三）在自己实际控制的帐户之间进行证券交易，或者以自己为交易对象，自买自卖期货合约的；

（四）不以成交为目的，频繁或者大量申报买入、卖出证券、期货合约并撤销申报的；

（五）利用虚假或者不确定的重大信息，诱导投资者进行证券、期货交易的；

（六）对证券、证券发行人、期货交易标的公开作出评价、预测或者投资建议，同时进行反向证券交易或者相关期货交易的；

（七）以其他方法操纵证券、期货市场的。

单位犯前款罪的，对单位判处罚金，并对其直接负责的主管人员和其他直接责任人员，依照前款的规定处罚。①

……

第一百八十五条　【挪用资金罪】商业银行、证券交易所、期货交易所、证券公司、期货经纪公司、保险公司或者其他金融机构的工作人员利用职务上的便利，挪用本单位或者客户资金的，依照本法第二百七十二条的规定定罪处罚。

【挪用公款罪】国有商业银行、证券交易所、期货交易所、证券公司、期货经纪公司、保险公司或者其他国有金融机构的工作人员和国有商业银行、证券交易所、期货交易所、证券公司、期货经纪公司、保险公司或者其他国有金融机构委派到前款规定中的非国有机构从事公务的人员有前款行为的，依照本法第三百八十四条的规定定罪处罚。②

第一百八十五条之一　【背信运用受托财产罪】商业银行、证券交易所、期货交易所、证券公司、期货经纪公司、保险公司或者其他金融机构，违背受托义务，擅自运用客户资金或者其他委托、

① 根据1999年12月25日《中华人民共和国刑法修正案》第一次修改。原条文为："有下列情形之一，操纵证券交易价格，获取不正当利益或者转嫁风险，情节严重的，处五年以下有期徒刑或者拘役，并处或者单处违法所得一倍以上五倍以下罚金：

"（一）单独或者合谋，集中资金优势、持股优势或者利用信息优势联合或者连续买卖，操纵证券交易价格的；

"（二）与他人串通，以事先约定的时间、价格和方式相互进行证券交易或者相互买卖并不持有的证券，影响证券交易价格或者证券交易量的；

"（三）以自己为交易对象，进行不转移证券所有权的自买自卖，影响证券交易价格或者证券交易量的；

"（四）以其他方法操纵证券交易价格的。

"单位犯前款罪的，对单位判处罚金，并对其直接负责的主管人员和其他直接责任人员，处五年以下有期徒刑或者拘役。"

根据2006年6月29日《中华人民共和国刑法修正案（六）》第二次修改。原条文为："有下列情形之一，操纵证券、期货交易价格，获取不正当利益或者转嫁风险，情节严重的，处五年以下有期徒刑或者拘役，并处或者单处违法所得一倍以上五倍以下罚金：

"（一）单独或者合谋，集中资金优势、持股或者持仓优势或者利用信息优势联合或者连续买卖，操纵证券、期货交易价格的；

"（二）与他人串通，以事先约定的时间、价格和方式相互进行证券、期货交易，或者相互买卖并不持有的证券，影响证券、期货交易价格或者证券、期货交易量的；

"（三）以自己为交易对象，进行不转移证券所有权的自买自卖，或者以自己为交易对象，自买自卖期货合约，影响证券、期货交易价格或者证券、期货交易量的；

"（四）以其他方法操纵证券、期货交易价格的。

"单位犯前款罪的，对单位判处罚金，并对其直接负责的主管人员和其他直接责任人员，处五年以下有期徒刑或者拘役。"

根据2020年12月26日《中华人民共和国刑法修正案（十一）》第三次修改。原第一款条文为："有下列情形之一，操纵证券、期货市场，情节严重的，处五年以下有期徒刑或者拘役，并处或者单处罚金；情节特别严重的，处五年以上十年以下有期徒刑，并处罚金：

"（一）单独或者合谋，集中资金优势、持股或者持仓优势或者利用信息优势联合或者连续买卖，操纵证券、期货交易价格或者证券、期货交易量的；

"（二）与他人串通，以事先约定的时间、价格和方式相互进行证券、期货交易，影响证券、期货交易价格或者证券、期货交易量的；

"（三）在自己实际控制的帐户之间进行证券交易，或者以自己为交易对象，自买自卖期货合约，影响证券、期货交易价格或者证券、期货交易量的；

"（四）以其他方法操纵证券、期货市场的。"

② 根据1999年12月25日《中华人民共和国刑法修正案》修改。原条文为："银行或者其他金融机构的工作人员利用职务上的便利，挪用本单位或者客户资金的，依照本法第二百七十二条的规定定罪处罚。

"国有金融机构工作人员和国有金融机构委派到非国有金融机构从事公务的人员有前款行为的，依照本法第三百八十四条的规定定罪处罚。"

信托的财产，情节严重的，对单位判处罚金，并对其直接负责的主管人员和其他直接责任人员，处三年以下有期徒刑或者拘役，并处三万元以上三十万元以下罚金；情节特别严重的，处三年以上十年以下有期徒刑，并处五万元以上五十万元以下罚金。

【违法运用资金罪】社会保障基金管理机构、住房公积金管理机构等公众资金管理机构，以及保险公司、保险资产管理公司、证券投资基金管理公司，违反国家规定运用资金的，对其直接负责的主管人员和其他直接责任人员，依照前款的规定处罚。①

……

证券期货行政执法当事人承诺制度实施办法

· 2021年10月26日中华人民共和国国务院令第749号公布

· 自2022年1月1日起施行

第一条 为了规范证券期货领域行政执法当事人承诺制度的实施，保护投资者合法权益，维护市场秩序，提高行政执法效能，根据《中华人民共和国证券法》（以下简称《证券法》）等法律，制定本办法。

第二条 本办法所称行政执法当事人承诺，是指国务院证券监督管理机构对涉嫌证券期货违法的单位或者个人进行调查期间，被调查的当事人承诺纠正涉嫌违法行为、赔偿有关投资者损失、消除损害或者不良影响并经国务院证券监督管理机构认可，当事人履行承诺后国务院证券监督管理机构终止案件调查的行政执法方式。

第三条 行政执法当事人承诺制度的实施应当遵循公平、自愿、诚信原则，不得损害国家利益、社会公共利益和他人合法权益。

第四条 国务院证券监督管理机构应当确定专门的内设部门负责行政执法当事人承诺工作，并将该内设部门与负责案件调查的内设部门分别设置。

国务院证券监督管理机构应当建立健全内部监督和社会监督制度，加强对负责行政执法当事人承诺工作的内设部门以及相关人员执行法律、行政法规和遵守纪律情况的监督。

第五条 当事人自收到国务院证券监督管理机构案件调查法律文书之日至国务院证券监督管理机构作出行政处罚决定前，可以依照《证券法》等法律和本办法的规定，申请适用行政执法当事人承诺。国务院证券监督管理机构应当在送达当事人的案件调查法律文书中告知其有权依法申请适用行政执法当事人承诺。

第六条 当事人申请适用行政执法当事人承诺，应当提交申请书以及相关申请材料。申请书应当载明下列事项：

（一）当事人的基本情况；

（二）提出申请的主要事实和理由；

（三）当事人已采取或者承诺采取的纠正涉嫌违法行为、赔偿有关投资者损失、消除损害或者不良影响的措施；

（四）国务院证券监督管理机构规定的其他事项。

当事人应当对其所提交材料的真实性、准确性、完整性负责。

第七条 有下列情形之一的，国务院证券监督管理机构对适用行政执法当事人承诺的申请不予受理：

（一）当事人因证券期货犯罪被判处刑罚，自刑罚执行完毕之日起未逾3年，或者因证券期货违法行为受到行政处罚，自行政处罚执行完毕之日起未逾1年；

（二）当事人涉嫌证券期货犯罪，依法应当移送司法机关处理；

（三）当事人涉嫌证券期货违法行为情节严重、社会影响恶劣；

（四）当事人已提出适用行政执法当事人承诺的申请但未被受理，或者其申请已被受理但其作出的承诺未获得国务院证券监督管理机构认可，没有新事实、新理由，就同一案件再次提出申请；

（五）当事人因自身原因未履行或者未完全履行经国务院证券监督管理机构认可的承诺，就同一案件再次提出申请；

---

① 根据2006年6月29日《中华人民共和国刑法修正案（六）》增加。

（六）国务院证券监督管理机构基于审慎监管原则认为不适用行政执法当事人承诺的其他情形。

第八条 国务院证券监督管理机构应当自收到当事人完整的申请材料之日起20个工作日内，作出受理或者不予受理的决定。决定受理的，发给受理通知书；决定不予受理的，应当书面通知当事人并说明理由。

第九条 国务院证券监督管理机构受理申请后，在与当事人签署承诺认可协议前，不停止对案件事实的调查。

第十条 国务院证券监督管理机构自受理申请之日起，可以根据当事人涉嫌违法行为造成的损失、损害或者不良影响等情况，就适用行政执法当事人承诺相关事项与当事人进行沟通协商。

当事人提交的材料以及在沟通协商时所作的陈述，只能用于实施行政执法当事人承诺。

第十一条 国务院证券监督管理机构与当事人进行沟通协商的期限为6个月。经国务院证券监督管理机构主要负责人或者其授权的其他负责人批准，可以延长沟通协商的期限，但延长的期限最长不超过6个月。

国务院证券监督管理机构与当事人沟通协商应当当面进行，并制作笔录。国务院证券监督管理机构与当事人进行沟通协商的工作人员不得少于2人，并应当向当事人出示执法证件。

国务院证券监督管理机构与当事人进行沟通协商的工作人员不得违反规定会见当事人及其委托的人。

第十二条 国务院证券监督管理机构相关工作人员与案件有直接利害关系或者有其他关系，可能影响公正执法的，应当回避。

当事人认为国务院证券监督管理机构相关工作人员有前款规定情形的，有权申请其回避。当事人提出回避申请，应当说明理由。国务院证券监督管理机构应当自当事人提出回避申请之日起3日内作出决定，并书面告知当事人。决定作出之前，被申请回避的人员不停止相关工作。

第十三条 国务院证券监督管理机构经与当事人沟通协商，认可当事人作出的承诺的，应当与当事人签署承诺认可协议。承诺认可协议应当载明下列事项：

（一）申请适用行政执法当事人承诺的事由；

（二）当事人涉嫌违法行为的主要事实；

（三）当事人承诺采取的纠正涉嫌违法行为、赔偿有关投资者损失、消除损害或者不良影响的具体措施；

（四）承诺金数额及交纳方式；

（五）当事人履行承诺的期限；

（六）保障当事人商业秘密、个人隐私等权利的措施；

（七）需要载明的其他事项。

本办法所称承诺金，是指当事人为适用行政执法当事人承诺而交纳的资金。

第十四条 国务院证券监督管理机构确定承诺金数额应当综合考虑下列因素：

（一）当事人因涉嫌违法行为可能获得的收益或者避免的损失；

（二）当事人涉嫌违法行为依法可能被处以罚款、没收违法所得的金额；

（三）投资者因当事人涉嫌违法行为所遭受的损失；

（四）签署承诺认可协议时案件所处的执法阶段；

（五）需要考虑的其他因素。

国务院证券监督管理机构可以就适用行政执法当事人承诺涉及的专业问题征求证券期货交易场所、证券登记结算机构、投资者保护机构等相关机构或者专家学者的意见。

第十五条 国务院证券监督管理机构与当事人签署承诺认可协议后，应当中止案件调查，向当事人出具中止调查决定书，并予以公告。

当事人完全履行承诺认可协议后，国务院证券监督管理机构应当终止案件调查，向当事人出具终止调查决定书，并予以公告。国务院证券监督管理机构出具终止调查决定书后，对当事人涉嫌实施的同一个违法行为不再重新调查。

申请适用行政执法当事人承诺的当事人为《证券法》等法律、行政法规和国务院证券监督管理机构规定的信息披露义务人的，应当依法履行信息披露义务。

第十六条 有下列情形之一的，国务院证券监督管理机构应当终止适用行政执法当事人承诺：

（一）当事人在签署承诺认可协议前撤回适用行政执法当事人承诺的申请；

（二）未能在本办法第十一条规定的期限内签署承诺认可协议；

（三）承诺认可协议签署后，当事人因自身原因未履行或者未完全履行承诺；

（四）承诺认可协议履行完毕前，发现当事人提交的材料存在虚假记载或者重大遗漏；

（五）承诺认可协议履行完毕前，当事人因涉嫌证券期货犯罪被依法立案。

发生前款规定情形的，国务院证券监督管理机构应当向当事人出具终止适用行政执法当事人承诺通知书；发生前款第一项至第四项情形的，还应当及时恢复案件调查。国务院证券监督管理机构在决定终止适用行政执法当事人承诺前，应当听取当事人的意见。

第十七条 国务院证券监督管理机构应当建立集体决策制度，讨论决定行政执法当事人承诺实施过程中的申请受理、签署承诺认可协议、中止或者终止案件调查等重大事项，并经国务院证券监督管理机构主要负责人或者其授权的其他负责人批准后执行。

第十八条 投资者因当事人涉嫌违法行为遭受损失的，可以向承诺金管理机构申请合理赔偿，也可以通过依法对当事人提起民事赔偿诉讼等其他途径获得赔偿。承诺金管理机构向投资者支付的赔偿总额不得超过涉及案件当事人实际交纳并用于赔偿的承诺金总额。投资者已通过其他途径获得赔偿的，不得就已获得赔偿的部分向承诺金管理机构申请赔偿。

承诺金管理和使用的具体办法由国务院证券监督管理机构会同国务院财政部门另行制定。

第十九条 当事人有下列情形之一的，由国务院证券监督管理机构记入证券期货市场诚信档案数据库，纳入全国信用信息共享平台，按照国家规定实施联合惩戒：

（一）因自身原因未履行或者未完全履行承诺；

（二）提交的材料存在虚假记载或者重大遗漏；

（三）违背诚信原则的其他情形。

第二十条 国务院证券监督管理机构工作人员违反规定适用行政执法当事人承诺，或者泄露履行职责中知悉的商业秘密、个人隐私的，依法给予处分；构成犯罪的，依法追究刑事责任。

第二十一条 本办法自2022年1月1日起施行。

证券期货行政执法当事人承诺制度实施规定

·2022年1月1日中国证券监督管理委员会令第194号公布

·自公布之日起施行

第一条 为了规范开展证券期货领域行政执法当事人承诺工作，充分发挥行政执法当事人承诺制度在保护投资者合法权益，提高执法效率，维护市场秩序等方面的积极作用，根据《证券法》《证券期货行政执法当事人承诺制度实施办法》（以下简称《办法》）等法律法规，制定本规定。

第二条 中国证监会设立行政执法当事人承诺审核委员会（以下简称委员会），负责组织开展行政执法当事人承诺工作，并就受理行政执法当事人承诺申请、签署承诺认可协议、中止或者终止案件调查等重大事项进行集体决策。

委员会下设行政执法当事人承诺审核办公室（以下简称办公室），负责办理行政执法当事人承诺具体工作。

办公室与中国证监会案件调查部门（以下简称调查部门）、中国证监会案件审理部门（以下简称审理部门）相互独立。

第三条 当事人申请适用行政执法当事人承诺，存在《办法》第七条规定的不得适用情形的，不予受理。

对于未经过必要的调查的案件，当事人提交行政执法当事人承诺申请材料的，不予接收。

第四条 当事人申请适用行政执法当事人承诺的，应当以纸质和电子两种形式向中国证监会提交以下申请材料：

（一）申请书；

（二）营业执照复印件或者身份证明文件复印件；

（三）调查通知书复印件；

（四）立案告知书复印件（如有）；

（五）行政处罚事先告知书复印件（如有）；

（六）提出申请的内部决议（如当事人为单位）；

（七）委托书及受托人身份证明文件复印件

（如有）；

（八）当事人或者受托人的联系方式、通讯地址；

（九）中国证监会要求提供的其他材料。

第五条 申请书应当载明以下事项：

（一）当事人的基本信息；

（二）当事人接受调查的情况；

（三）当事人涉嫌违法的主要事实；

（四）案件不存在不得适用行政执法当事人承诺情形的详细说明；

（五）当事人已采取或者承诺采取的纠正涉嫌违法行为、赔偿有关投资者损失、消除损害或者不良影响的措施；

（六）中国证监会要求载明的其他事项。

第六条 办公室在收到当事人提交的行政执法当事人承诺申请材料后，应当抄送调查部门；如果案件已进入审理阶段，还应当抄送审理部门。

办公室经审核认为申请材料完整的，应当向当事人出具申请材料接收凭证；认为申请材料不完整的，应当告知当事人补正的内容。

办公室可以就申请材料的完整性与当事人进行沟通。

第七条 办公室在向当事人出具申请材料接收凭证后，应当就案件适用行政执法当事人承诺相关事项征求调查部门的意见；如果案件已进入审理阶段，还应当征求审理部门的意见。

调查部门、审理部门应当自收到办公室征求意见书面材料之日起5个工作日内反馈意见。反馈意见应当包括以下内容：

（一）调查过程或者审理过程；

（二）现阶段掌握的案件事实、证据以及相关报告；

（三）当事人可能涉嫌的违法行为以及可能给予的处理；

（四）是否发现当事人存在不得适用行政执法当事人承诺的情形；

（五）办公室请求提供的其他材料。

第八条 决定受理行政执法当事人承诺申请的，应当经委员会集体决策同意并报中国证监会主要负责人或者其授权的其他负责人批准。

决定不予受理行政执法当事人承诺申请的，应当经中国证监会主要负责人或者其授权的其他负责人批准。

办公室应当自向当事人出具申请材料接收凭证之日起20个工作日内向当事人出具受理通知书或者不予受理通知书。不予受理的，应当说明理由。

第九条 向当事人出具受理通知书的，办公室应当抄送调查部门、审理部门、中国证监会投资者保护部门（以下简称投资者保护部门）、承诺金管理机构；向当事人出具不予受理通知书的，办公室应当抄送调查部门、审理部门。

第十条 调查部门在收到办公室抄送的受理通知书后不中止调查。调查部门经调查发现新事实、新证据，认为案件不应继续适用行政执法当事人承诺或者对当事人承诺内容的沟通有重大影响的，应当及时告知办公室。

审理部门在收到办公室抄送的受理通知书后，应当中止审理。

承诺金管理机构在收到办公室抄送的受理通知书后，应当及时按照规定开展投资者损失测算工作，并将有关结果函告办公室、投资者保护部门。调查部门、审理部门、证券期货交易场所、证券登记结算机构、投资者保护机构等部门单位应当为投资者损失测算工作提供必要的支持。

第十一条 办公室自向当事人出具受理通知书之日起，可以就案件适用行政执法当事人承诺相关事项与当事人进行沟通协商。

当事人申请延长沟通协商期限的，应当在期限届满15日前向中国证监会提交书面申请。

第十二条 承诺金数额的确定应当符合《办法》第十四条规定；当事人自行赔偿投资者的，承诺金数额可以不包括已向投资者赔偿损失的金额，但是应当向中国证监会提交以下赔偿证明材料：

（一）受偿投资者的姓名、身份证明文件号码（或名称、统一社会信用代码）及联系方式、通讯地址；

（二）赔偿金额明细及凭证；

（三）受偿投资者本人签署的谅解书；

（四）中国证监会要求提交的其他材料。

第十三条 办公室经与当事人沟通协商，认可当事人作出的承诺的，应当按照规定与当事人签署承诺认可协议。

当事人为单位的，应当提交同意签署承诺认可协议的内部决议。

决定签署承诺认可协议的，应当经委员会集

体决策同意并报中国证监会主要负责人或者其授权的其他负责人批准。

第十四条 在签署承诺认可协议后，中国证监会向当事人出具中止调查决定书，在中国证监会网站予以公告。

办公室应当将中止调查决定书抄送调查部门、审理部门、投资者保护部门、承诺金管理机构和相应的中国证监会派出机构。调查部门在收到抄送的中止调查决定书后，应当中止调查。

第十五条 办公室负责组织监督当事人履行承诺认可协议约定的义务。

承诺金管理机构应当做好承诺金的收取工作，并及时将承诺金的收取情况函告办公室。承诺金管理机构在收到承诺金后，应当及时制定承诺金管理使用方案，并报中国证监会备案，投资者保护部门负责具体备案工作。

当事人所在地的中国证监会派出机构应当对当事人履行承诺认可协议的情况进行核查验收，并及时将核查验收结果函告办公室。办公室可以根据情况派员参与核查验收工作。

第十六条 当事人完全履行承诺认可协议后，中国证监会向当事人出具终止调查决定书，在中国证监会网站予以公告。

办公室应当将终止调查决定书抄送调查部门、审理部门、投资者保护部门、承诺金管理机构和相应的中国证监会派出机构。调查部门、审理部门在收到抄送的终止调查决定书后，应当终止调查、审理，并且对当事人涉嫌实施的同一违法行为不再重新调查、审理。

第十七条 在向当事人出具终止调查决定书前，发现案件存在《办法》第十六条规定的应当终止适用行政执法当事人承诺情形的，经中国证监会主要负责人或者其授权的其他负责人批准，办公室应当向当事人出具终止适用行政执法当事人承诺通知书。在决定终止适用行政执法当事人承诺前，办公室应当听取当事人的意见。

第十八条 办公室应当将终止适用行政执法当事人承诺通知书抄送调查部门、审理部门、投资者保护部门、承诺金管理机构和相应的中国证监会派出机构。已中止调查、审理的案件，调查部门、审理部门应当及时按照规定恢复调查、审理。

第十九条 当事人因自身原因未完全履行承诺或者提交的材料存在虚假记载或者重大遗漏，导致行政执法当事人承诺终止的，已交纳的承诺金不予返还，但在中国证监会恢复对该案件的调查、审理并作出行政处罚时可以抵扣行政罚没款。

第二十条 当事人为《证券法》等法律、行政法规和中国证监会规定的信息披露义务人的，应当及时按照中国证监会、证券交易场所等的规定履行信息披露义务。

第二十一条 中国证监会工作人员在办理行政执法当事人承诺工作中存在下列情形之一的，根据情节轻重，依法给予处分；构成犯罪的，依法追究刑事责任：

（一）违反规定适用行政执法当事人承诺；

（二）违反规定泄露国家秘密、工作秘密或者履行职责中知悉的商业秘密、个人隐私；

（三）违反规定会见当事人及其委托的人；

（四）滥用职权、玩忽职守或者利用职务便利牟取不正当利益。

第二十二条 中国证监会派出机构查处的案件适用行政执法当事人承诺的，由办公室统一办理。

中国证监会可以开展派出机构自行办理行政执法当事人承诺工作的试点，具体办法另行规定。

第二十三条 本规定自公布之日起施行。在本规定施行前启动调查且尚未作出行政处罚的案件，当事人可以依照本规定申请适用行政执法当事人承诺。2015 年 2 月 17 日中国证监会公布的《行政和解试点实施办法》（证监会令第 114 号）同时废止。

信息披露违法行为行政责任认定规则

· 2011 年 4 月 29 日中国证券监督管理委员会公告〔2011〕11 号公布
· 自公布之日起施行

第一章 总 则

第一条 为规范信息披露违法行政责任认定工作，引导、督促发行人、上市公司及其控股股东、实际控制人、收购人等信息披露义务人（以下统称信息披露义务人）及其有关责任人员依法履行信息披露义务，保护投资者合法权益，根据《中华人民共和国证券法》（以下简称《证券法》）、《中华人民共和国行政处罚法》(以下简称《行政处罚法》)和其他相关法律、行政法规等,结合证券监管实践,制定本规则。

第二条 《证券法》规定的信息披露违法行为行政责任认定适用本规则。

第三条 信息披露义务人应当按照有关信息披露法律、行政法规、规章和规范性文件,以及证券交易所业务规则等规定,真实、准确、完整、及时、公平披露信息。

发行人、上市公司的董事、监事、高级管理人员应当为公司和全体股东的利益服务,诚实守信,忠实、勤勉地履行职责,独立作出适当判断,保护投资者的合法权益,保证信息披露真实、准确、完整、及时、公平。

第四条 认定信息披露违法行为行政责任,应当根据有关信息披露法律、行政法规、规章和规范性文件,以及证券交易所业务规则等规定,遵循专业标准和职业道德,运用逻辑判断和监管工作经验,审查运用证据,全面、客观、公正地认定事实,依法处理。

第五条 信息披露违法行为情节严重,涉嫌犯罪的,证监会依法移送司法机关追究刑事责任。

依法给予行政处罚或者采取市场禁入措施的,按照规定记入证券期货诚信档案。

依法不予处罚或者市场禁入的,可以根据情节采取相应的行政监管措施并记入证券期货诚信档案。

第六条 在信息披露中保荐人、证券服务机构及其人员未勤勉尽责,或者制作、出具的文件有虚假记载、误导性陈述或者重大遗漏的,证监会依法认定其责任和予以行政处罚。

第二章 信息披露违法行为认定

第七条 信息披露义务人未按照法律、行政法规、规章和规范性文件,以及证券交易所业务规则规定的信息披露(包括报告,下同)期限、方式等要求及时、公平披露信息,应当认定构成未按照规定披露信息的信息披露违法行为。

第八条 信息披露义务人在信息披露文件中对所披露内容进行不真实记载,包括发生业务不入账、虚构业务入账、不按照相关规定进行会计核算和编制财务会计报告,以及其他在信息披露中记载的事实与真实情况不符的,应当认定构成所披露的信息有虚假记载的信息披露违法行为。

第九条 信息披露义务人在信息披露文件中或者通过其他信息发布渠道、载体,作出不完整、不准确陈述,致使或者可能致使投资者对其投资行为发生错误判断的,应当认定构成所披露的信息有误导性陈述的信息披露违法行为。

第十条 信息披露义务人在信息披露文件中未按照法律、行政法规、规章和规范性文件以及证券交易所业务规则关于重大事件或者重要事项信息披露要求披露信息,遗漏重大事项的,应当认定构成所披露的信息有重大遗漏的信息披露违法行为。

第三章 信息披露义务人信息披露违法的责任认定

第十一条 信息披露义务人行为构成信息披露违法的,应当根据其违法行为的客观方面和主观方面等综合审查认定其责任。

第十二条 认定信息披露违法行为的客观方面通常要考虑以下情形:

(一)违法披露信息包括重大差错更正信息中虚增或者虚减资产、营业收入及净利润的数额及其占当期所披露数的比重,是否因此资不抵债,是否因此发生盈亏变化,是否因此满足证券发行、股权激励计划实施、利润承诺条件,是否因此避免被特别处理,是否因此满足取消特别处理要求,是否因此满足恢复上市交易条件等;

(二)未按照规定披露的重大担保、诉讼、仲裁、关联交易以及其他重大事项所涉及的数额及其占公司最近一期经审计总资产、净资产、营业收入的比重,未按照规定及时披露信息时间长短等;

(三)信息披露违法所涉及事项对投资者投资判断的影响大小;

(四)信息披露违法后果,包括是否导致欺诈发行、欺诈上市、骗取重大资产重组许可、收购要约豁免、暂停上市、终止上市,给上市公司、股东、债权人或者其他人造成直接损失数额大小,以及未按照规定披露信息造成该公司证券交易的异动程度等;

(五)信息披露违法的次数,是否多次提供虚假或者隐瞒重要事实的财务会计报告,或者多次对依法应当披露的其他重要信息不按照规定披露;

(六)社会影响的恶劣程度;

（七）其他需要考虑的情形。

第十三条 认定信息披露义务人信息披露违法主观方面通常要考虑以下情形：

（一）信息披露义务人为单位的，在单位内部是否存在违法共谋，信息披露违法所涉及的具体事项是否是经董事会、公司办公会等会议研究决定或者由负责人员决定实施的，是否只是单位内部个人行为造成的；

（二）信息披露义务人的主观状态，信息披露违法是否是故意的欺诈行为，是否是不够谨慎、疏忽大意的过失行为；

（三）信息披露违法行为发生后的态度，公司董事、监事、高级管理人员知道信息披露违法后是否继续掩饰，是否采取适当措施进行补救；

（四）与证券监管机构的配合程度，当发现信息披露违法后，公司董事、监事、高级管理人员是否向证监会报告，是否在调查中积极配合，是否对调查机关欺诈、隐瞒，是否有干扰、阻碍调查情况；

（五）其他需要考虑的情形。

第十四条 其他违法行为引起信息披露义务人信息披露违法的，通常综合考虑以下情形认定责任：

（一）信息披露义务人是否存在过错，有无实施信息披露违法行为的故意，是否存在信息披露违法的过失；

（二）信息披露义务人是否因违法行为直接获益或者以其他方式获取利益，是否因违法行为止损或者避损，公司投资者是否因该项违法行为遭受重大损失；

（三）信息披露违法责任是否能被其他违法行为责任所吸收，认定其他违法行为行政责任、刑事责任是否能更好体现对违法行为的惩处；

（四）其他需要考虑的情形。

前款所称其他违法行为，包括上市公司的董事、监事、高级管理人员违背对公司的忠实义务，利用职务便利，操纵上市公司从事损害公司利益行为；上市公司的控股股东或者实际控制人，指使上市公司董事、监事、高级管理人员从事损害公司利益行为；上市公司董事、监事、高级管理人员和持股5%以上股东违法买卖公司股票行为；公司工作人员挪用资金、职务侵占等行为；配合证券市场内幕交易、操纵市场以及其他可能致使信息披露义务人信息披露违法的行为。

第四章 信息披露违法行为责任人员及其责任认定

第十五条 发生信息披露违法行为的，依照法律、行政法规、规章规定，对负有保证信息披露真实、准确、完整、及时和公平义务的董事、监事、高级管理人员，应当视情形认定其为直接负责的主管人员或者其他直接责任人员承担行政责任，但其能够证明已尽忠实、勤勉义务，没有过错的除外。

第十六条 信息披露违法行为的责任人员可以提交公司章程，载明职责分工和职责履行情况的材料，相关会议纪要或者会议记录以及其他证据来证明自身没有过错。

第十七条 董事、监事、高级管理人员之外的其他人员，确有证据证明其行为与信息披露违法行为具有直接因果关系，包括实际承担或者履行董事、监事或者高级管理人员的职责，组织、参与、实施了公司信息披露违法行为或者直接导致信息披露违法的，应当视情形认定其为直接负责的主管人员或者其他直接责任人员。

第十八条 有证据证明因信息披露义务人受控股股东、实际控制人指使，未按照规定披露信息，或者所披露的信息有虚假记载、误导性陈述或者重大遗漏的，在认定信息披露义务人责任的同时，应当认定信息披露义务人控股股东、实际控制人的信息披露违法责任。信息披露义务人的控股股东、实际控制人是法人的，其负责人应当认定为直接负责的主管人员。

控股股东、实际控制人直接授意、指挥从事信息披露违法行为，或者隐瞒应当披露信息、不告知应当披露信息的，应当认定控股股东、实际控制人指使从事信息披露违法行为。

第十九条 信息披露违法责任人员的责任大小，可以从以下方面考虑责任人员与案件中认定的信息披露违法的事实、性质、情节、社会危害后果的关系，综合分析认定：

（一）在信息披露违法行为发生过程中所起的作用。对于认定的信息披露违法事项是起主要作用还是次要作用，是否组织、策划、参与、实施信息披露违法行为，是积极参加还是被动参加。

（二）知情程度和态度。对于信息披露违法所涉事项及其内容是否知情，是否反映、报告，是否采取措施有效避免或者减少损害后果，是否放任违法行为发生。

（三）职务、具体职责及履行职责情况。认定的信息披露违法事项是否与责任人员的职务、具体职责存在直接关系，责任人员是否忠实、勤勉履行职责，有无懈怠、放弃履行职责，是否履行职责预防、发现和阻止信息披露违法行为发生。

（四）专业背景。是否存在责任人员有专业背景，对于信息披露中与其专业背景有关违法事项应当发现而未予指出的情况，如专业会计人士对于会计问题、专业技术人员对于技术问题等未予指出。

（五）其他影响责任认定的情况。

第二十条 认定从轻或者减轻处罚的考虑情形：

（一）未直接参与信息披露违法行为；

（二）在信息披露违法行为被发现前，及时主动要求公司采取纠正措施或者向证券监管机构报告；

（三）在获悉公司信息披露违法后，向公司有关主管人员或者公司上级主管提出质疑并采取了适当措施；

（四）配合证券监管机构调查且有立功表现；

（五）受他人胁迫参与信息披露违法行为；

（六）其他需要考虑的情形。

第二十一条 认定为不予行政处罚的考虑情形：

（一）当事人对认定的信息披露违法事项提出具体异议记载于董事会、监事会、公司办公会会议记录等，并在上述会议中投反对票的；

（二）当事人在信息披露违法事实所涉及期间，由于不可抗力、失去人身自由等无法正常履行职责的；

（三）对公司信息披露违法行为不负有主要责任的人员在公司信息披露违法行为发生后及时向公司和证券交易所、证券监管机构报告的；

（四）其他需要考虑的情形。

第二十二条 任何下列情形，不得单独作为不予处罚情形认定：

（一）不直接从事经营管理；

（二）能力不足、无相关职业背景；

（三）任职时间短、不了解情况；

（四）相信专业机构或者专业人员出具的意见和报告；

（五）受到股东、实际控制人控制或者其他外部干预。

第二十三条 下列情形认定为应当从重处罚情形：

（一）不配合证券监管机构监管，或者拒绝、阻碍证券监管机构及其工作人员执法，甚至以暴力、威胁及其他手段干扰执法；

（二）在信息披露违法案件中变造、隐瞒、毁灭证据，或者提供伪证，妨碍调查；

（三）两次以上违反信息披露规定并受到行政处罚或者证券交易所纪律处分；

（四）在信息披露上有不良诚信记录并记入证券期货诚信档案；

（五）证监会认定的其他情形。

第五章 附 则

第二十四条 本规则自公布之日起施行。本规则施行前尚未做出处理决定的案件适用本规则。

证券期货违法行为行政处罚办法

· 2021 年 7 月 14 日中国证券监督管理委员会令第 186 号公布

· 自公布之日起施行

第一条 为了规范中国证券监督管理委员会（以下简称中国证监会）及其派出机构行政处罚的实施，维护证券期货市场秩序，保护公民、法人和其他组织的合法权益，根据《中华人民共和国行政处罚法》《中华人民共和国证券法》《中华人民共和国证券投资基金法》《期货交易管理条例》等法律、法规，制定本办法。

第二条 中国证监会依法对全国证券期货市场实行集中统一监督管理。中国证监会派出机构按照授权，依法履行行政处罚职责。

第三条 自然人、法人或者其他组织违反证券期货法律、法规和规章规定，应当给予行政处罚的，中国证监会及其派出机构依照有关法律、法规、规章和本办法规定的程序实施。

第四条 中国证监会及其派出机构实施行政

处罚，遵循公开、公平、公正、效率和审慎监管原则，依法、全面、客观地调查、收集有关证据。

第五条 中国证监会及其派出机构作出的行政处罚决定，应当事实清楚、证据确凿、依据正确、程序合法、处罚适当。

第六条 中国证监会及其派出机构发现自然人、法人或者其他组织涉嫌违反证券期货法律、法规和规章，符合下列条件，且不存在依法不予行政处罚等情形的，应当立案：

（一）有明确的违法行为主体；

（二）有证明违法事实的证据；

（三）法律、法规、规章规定有明确的行政处罚法律责任；

（四）尚未超过二年行政处罚时效。涉及金融安全且有危害后果的，尚未超过五年行政处罚时效。

第七条 中国证监会及其派出机构通过文字记录等形式对行政处罚进行全过程记录，归档保存。根据需要，可以对容易引发争议的行政处罚过程进行音像记录，被调查的单位和个人不配合的，执法人员对相关情况进行文字说明。

第八条 中国证监会及其派出机构执法人员必须忠于职守，依法办事，公正廉洁，不得滥用权力，或者利用职务便利牟取不正当利益；严格遵守保密规定，不得泄露案件查办信息，不得泄露所知悉的国家秘密、商业秘密和个人隐私；对于依法取得的个人信息，应当确保信息安全。

第九条 中国证监会及其派出机构进行调查时，执法人员不得少于二人，并应当出示执法证和调查通知书等执法文书。执法人员少于二人或者未出示执法证和调查通知书等执法文书的，被调查的单位和个人有权拒绝。

执法人员应当在询问笔录或现场笔录等材料中对出示情况进行记录。

第十条 被调查的单位和个人应当配合调查，如实回答询问，按要求提供有关文件和资料，不得拒绝、阻碍和隐瞒。

第十一条 中国证监会及其派出机构调查、收集的证据包括：

（一）书证；

（二）物证；

（三）视听资料；

（四）电子数据；

（五）证人证言；

（六）当事人的陈述；

（七）鉴定意见；

（八）勘验笔录、现场笔录。

证据必须经查证属实，方可作为认定案件事实的根据。

以非法手段取得的证据，不得作为认定案件事实的根据。

第十二条 书证原则上应当收集原件。收集原件确有困难的，可以收集与原件核对无误的复印件、照片、节录本。复印件、照片、节录本由证据提供人核对无误后注明与原件一致，同时由证据提供人逐页签名或者盖章。提供复印内容较多且连续编码的，可以在首尾页及骑缝处签名、盖章。

第十三条 物证原则上应当收集原物。收集原物确有困难的，可以收集与原物核对无误的复制品或者证明该物证的照片、录像等其他证据。原物为数量较多的种类物的，可以收集其中一部分。收集复制品或者影像资料的，应当在现场笔录中说明取证情况。

第十四条 视听资料原则上应当收集有关资料的原始载体。收集原始载体确有困难的，可以收集与原始载体核对无误的复制件，并以现场笔录或其他方式注明制作方法、制作时间、制作人和证明对象等。声音资料应当附有该录音内容的文字记录。

第十五条 电子数据原则上应当收集有关数据的原始载体。收集电子数据原始载体确有困难的，可以制作复制件，并以现场笔录或其他方式记录参与人员、技术方法、收集对象、步骤和过程等。具备条件的，可以采取拍照或录像等方式记录取证过程。对于电子数据的关键内容，可以直接打印或者截屏打印，并由证据提供人签字确认。

第十六条 当事人的陈述、证人证言可以通过询问笔录、书面说明等方式调取。询问应当分别单独进行。询问笔录应当由被询问人员及至少二名参与询问的执法人员逐页签名并注明日期；如有修改，应当由被询问人签字确认。

通过书面说明方式调取的，书面说明应当由提供人逐页签名或者盖章并注明日期。

第十七条 对于涉众型违法行为，在能够充分证明基本违法事实的前提下，执法人员可以按一定比例收集和调取书证、证人证言等证据。

第十八条 下列证据材料，经审查符合真实性、合法性及关联性要求的，可以作为行政处罚的证据：

（一）中国证监会及其派出机构在立案前调查或者监督检查过程中依法取得的证据材料；

（二）司法机关、纪检监察机关、其他行政机关等保存、公布、移交的证据材料；

（三）中国证监会及其派出机构通过依法建立的跨境监督管理合作机制获取的证据材料；

（四）其他符合真实性、合法性及关联性要求的证据材料。

第十九条 中国证监会及其派出机构根据案情需要，可以委托下列单位和人员提供协助：

（一）委托具有法定鉴定资质的鉴定机构对涉案相关事项进行鉴定，鉴定意见应有鉴定人签名和鉴定机构盖章；

（二）委托会计师事务所、资产评估事务所、律师事务所等中介机构以及专家顾问提供专业支持；

（三）委托证券期货交易场所、登记结算机构等检验、测算相关数据或提供与其职能有关的其他协助。

第二十条 中国证监会及其派出机构可以依法要求当事人或与被调查事件有关的单位和个人，在指定的合理期限内，通过纸质、电子邮件、光盘等指定方式报送与被调查事件有关的文件和资料。

第二十一条 中国证监会及其派出机构依法需要采取冻结、查封、扣押、限制证券买卖等措施的，按照《中华人民共和国行政强制法》等法律、法规以及中国证监会的有关规定办理。

第二十二条 中国证监会及其派出机构依法需要采取封存、先行登记保存措施的，应当经单位负责人批准。

遇有紧急情况，需要立即采取上述措施的，执法人员应当在二十四小时内向单位负责人报告，并补办批准手续。单位负责人认为不应当采取的，应当立即解除。

第二十三条 采取封存、先行登记保存措施的，应当当场清点，出具决定书或通知书，开列清单并制作现场笔录。

对于封存、先行登记保存的证据，中国证监会及其派出机构可以自行或采取委托第三方等其他适当方式保管，当事人和有关人员不得隐藏、转移、变卖或者毁损。

第二十四条 对于先行登记保存的证据，应当在七日内采取下列措施：

（一）根据情况及时采取记录、复制、拍照、录像、提取电子数据等证据保全措施；

（二）需要检查、检验、鉴定、评估的，送交检查、检验、鉴定、评估；

（三）依据有关法律、法规可以采取查封、扣押、封存等措施的，作出查封、扣押、封存等决定；

（四）违法事实不成立，或者违法事实成立但依法不应予以查封、扣押、封存的，决定解除先行登记保存措施。

第二十五条 执法人员制作现场笔录的，应当载明时间、地点和事件等内容，并由执法人员和当事人等在场有关人员签名或者盖章。

当事人或者有关人员拒绝或不能在现场笔录、询问笔录、证据材料上签名、盖章的，执法人员应当在现场笔录、询问笔录、证据材料上说明或以录音录像等形式加以证明。必要时，执法人员可以请无利害关系第三方作为见证人签名。

第二十六条 实施行政处罚过程中，有下列情形之一的，中国证监会可以通知出境入境管理机关依法阻止涉嫌违法人员、涉嫌违法单位的主管人员和其他直接责任人员出境：

（一）相关人员涉嫌违法行为情节严重、影响恶劣，或存在本办法第三十八条规定的行为，出境后可能对行政处罚的实施产生不利影响的；

（二）相关人员涉嫌构成犯罪，可能承担刑事责任的；

（三）存在有必要阻止出境的其他情形的。

阻止出境的期限按照出境入境管理机关的规定办理，需要延长期限的，应当通知出境入境管理机关。到期不通知的，由出境入境管理机关按规定解除阻止出境措施。

经调查、审理，被阻止出境人员不属于涉嫌违法人员或责任人员，或者中国证监会认为没有必要继续阻止出境的，应当通知出境入境管理机关依法解除对相关人员的阻止出境措施。

第二十七条 案件调查终结，中国证监会及其派出机构根据案件不同情况，依法报单位负责人批准后，分别作出如下决定：

（一）确有应受行政处罚的违法行为的，根据情节轻重及具体情况，作出行政处罚决定；

（二）违法行为轻微，依法可以不予行政处罚的，不予行政处罚；

（三）违法事实不能成立的，不予行政处罚；

（四）违法行为涉嫌犯罪的，依法移送司法机关。

对情节复杂或者重大违法行为给予行政处罚，中国证监会及其派出机构负责人应当集体讨论决定。

第二十八条 中国证监会设立行政处罚委员会，对按照规定向其移交的案件提出审理意见、依法进行法制审核，报单位负责人批准后作出处理决定。

中国证监会派出机构负责人作出行政处罚的决定之前，依法由从事行政处罚决定法制审核的人员进行法制审核。

第二十九条 中国证监会及其派出机构在行政处罚过程中发现违法行为涉嫌犯罪的，应当依法、及时将案件移送司法机关处理。

司法机关依法不追究刑事责任或者免予刑事处罚，但应当给予行政处罚的，中国证监会及其派出机构依法作出行政处罚决定。

第三十条 行政处罚决定作出前，中国证监会及其派出机构应当向当事人送达行政处罚事先告知书，载明下列内容：

（一）拟作出行政处罚的事实、理由和依据；

（二）拟作出的行政处罚决定；

（三）当事人依法享有陈述和申辩的权利；

（四）符合《中国证券监督管理委员会行政处罚听证规则》所规定条件的，当事人享有要求听证的权利。

第三十一条 当事人要求听证的，按照听证相关规定办理。

当事人要求陈述、申辩但未要求听证的，应当在行政处罚事先告知书送达后五日内提出，并在行政处罚事先告知书送达后十五日内提出陈述、申辩意见。当事人书面申请延长陈述、申辩期限的，经同意后可以延期。

当事人存在下列情形的，视为明确放弃陈述、申辩、听证权利：

（一）当事人未按前两款规定提出听证要求或陈述、申辩要求的；

（二）要求听证的当事人未按听证通知书载明的时间、地点参加听证，截至听证当日也未提出陈述、申辩意见的；

（三）要求陈述、申辩但未要求听证的当事人，未在规定时间内提出陈述、申辩意见的。

第三十二条 中国证监会及其派出机构对已经送达的行政处罚事先告知书认定的主要事实、理由、依据或者拟处罚决定作出调整的，应当重新向当事人送达行政处罚事先告知书，但作出对当事人有利变更的除外。

第三十三条 当事人收到行政处罚事先告知书后，可以申请查阅涉及本人行政处罚事项的证据，但涉及国家秘密、他人的商业秘密和个人隐私的内容除外。

第三十四条 证券期货违法行为的违法所得，是指通过违法行为所获利益或者避免的损失，应根据违法行为的不同性质予以认定，具体规则由中国证监会另行制定。

第三十五条 中国证监会及其派出机构应当自立案之日起一年内作出行政处罚决定。有特殊情况需要延长的，应当报经单位负责人批准，每次延长期限不得超过六个月。

中国证监会及其派出机构作出行政处罚决定的，应当依照《中华人民共和国行政处罚法》的规定，在七日内将行政处罚决定书送达当事人，并按照政府信息公开等规定予以公开。

第三十六条 行政执法文书可以采取《中华人民共和国民事诉讼法》规定的方式送达当事人。当事人同意的，可以采用传真、电子邮件等方式送达。

第三十七条 申请适用行政执法当事人承诺制度的，按照有关规定办理。

第三十八条 有下列拒绝、阻碍执法情形之一的，按照《证券法》第二百一十八条的规定追究责任：

（一）殴打、围攻、推搡、抓挠、威胁、侮辱、谩骂执法人员的；

（二）限制执法人员人身自由的；

（三）抢夺、毁损执法装备及执法人员个人物品的；

（四）抢夺、毁损、伪造、隐藏证据材料的；

（五）不按要求报送文件资料，且无正当理由的；

（六）转移、变卖、毁损、隐藏被依法冻结、查封、扣押、封存的资金或涉案财产的；

（七）躲避推脱、拒不接受、无故离开等不配合执法人员询问，或在询问时故意提供虚假陈述、谎报案情的；

（八）其他不履行配合义务的情形。

第三十九条 本办法所称派出机构，是指中国证监会派驻各省、自治区、直辖市和计划单列市监管局。

中国证监会稽查总队、证券监管专员办事处根据职责或授权对证券期货违法行为进行立案、调查的，依照本办法执行。

第四十条 行政处罚相关信息记入证券期货市场诚信档案数据库。

第四十一条 本办法自公布之日起施行。

中国证券监督管理委员会行政处罚听证规则

·2015年11月2日中国证券监督管理委员会令第119号公布

·自2015年12月4日起施行

第一条 为了规范证券期货违法案件的行政处罚听证程序，保障和监督中国证券监督管理委员会（以下简称中国证监会）及其派出机构依法实施行政处罚，维护公民、法人和其他组织的合法权益，根据《中华人民共和国行政处罚法》、《中华人民共和国证券法》、《中华人民共和国证券投资基金法》和《期货交易管理条例》等法律、行政法规有关规定，制定本规则。

第二条 中国证监会及其派出机构作出行政处罚决定前组织的听证，适用本规则。

第三条 中国证监会及其派出机构组织听证，应当遵循公正、公开的原则，保障当事人的各项权利。

第四条 听证依法实行回避制度。

听证主持人、听证员认为自己与本案有利害关系或者有其他关系可能影响案件公正处理的，应当自行回避。当事人认为听证主持人、听证员与本案有利害关系或者有其他关系可能影响案件公正处理的，有权以口头或者书面形式申请听证主持人、听证员回避。

当事人提出回避申请，应当说明理由，在听证开始前提出；回避事由在听证开始后知道的，也可以在听证辩论终结前提出。被申请回避的人员在决定作出前，应当暂停参与案件听证工作，但案件需要采取紧急措施的除外。

听证主持人、听证员的回避，由中国证监会负责组织听证部门的负责人或者派出机构的负责人决定；其他人员的回避，由听证主持人决定。

本条规定适用于书记员、翻译人员、鉴定人。

第五条 中国证监会或其派出机构拟对当事人作出以下一项或者一项以上行政处罚的，应当在向当事人送达的《行政处罚事先告知书》中载明当事人享有要求听证的权利：

（一）责令停止发行证券；

（二）责令停业整顿；

（三）暂停、撤销或者吊销证券、期货、基金相关业务许可；

（四）暂停或者撤销任职资格、从业资格；

（五）对个人没收业务收入、没收违法所得、罚款，单独或者合计5万元以上；

（六）对单位没收业务收入、没收违法所得、罚款，单独或者合计30万元以上；

（七）法律、行政法规和规章规定或者中国证监会及其派出机构认为可以听证的其他情形。

第六条 除下列情况外，听证公开举行：

（一）案件涉及国家秘密、商业秘密或者个人隐私；

（二）案件涉及可能对证券、期货交易价格产生重大影响的尚未公开的信息；

（三）法律规定的其他情况。

第七条 当事人要求听证的，应当在《行政处罚事先告知书》送达后3日内提出听证要求。当事人逾期未提出听证要求的，视为放弃听证权利。

行政处罚涉及多个当事人，部分当事人放弃听证权利的，不影响其他当事人要求听证。

第八条 同一案件中，符合本规则第五条规定情形的当事人要求听证的，其他当事人可以在《行政处罚事先告知书》送达后3日内提出一并参加听证的申请，是否准许，由中国证监会或其派出机构决定。

第九条 中国证监会或其派出机构应当及时组织听证，并在举行听证7日前向当事人送达《听证通知书》。

《听证通知书》应当载明以下事项：

（一）举行听证的时间、地点；

（二）听证主持人、听证员和书记员名单；

（三）当事人在听证中的权利和义务；

（四）举行听证的程序；

（五）中国证监会或其派出机构指定的听证联系人和联系方式；

（六）其他应当载明的事项。

第十条 当事人具有正当理由的，应当在收到《听证通知书》后3日内以书面形式提出延期举行听证的申请，是否准许，由中国证监会或其派出机构决定。

第十一条 当事人在听证程序中享有以下权利：

（一）亲自参加听证，或者委托1至2名代理人参加听证；

（二）在听证召开前书面撤回听证申请；

（三）在听证召开前向中国证监会或其派出机构申请查阅拟对其作出行政处罚决定所依据的证据；

（四）根据本规则第四条的规定申请相关人员回避；

（五）根据本规则第十条的规定申请延期举行听证；

（六）带相关人员作为证人到听证现场为其作证；

（七）对案件事实认定、法律适用、处罚幅度等进行陈述和申辩；

（八）对案件调查人员提出的证据进行质证，并提出新的证据；

（九）与案件调查人员进行辩论和作最后陈述；

（十）法律、行政法规和规章规定的其他权利。

第十二条 中国证监会或其派出机构同意当事人查阅证据申请的，当事人及其代理人可以按照规定查阅涉及本人行政处罚事项的证据，但涉及国家秘密、商业秘密和个人隐私的内容除外。

第十三条 当事人在听证程序中应当履行以下义务：

（一）按时出席或者委托代理人出席听证；

（二）如实陈述案件事实和回答提问，举证客观、真实；

（三）遵守听证纪律，服从听证主持人的要求；

（四）听证结束后，在确认无误的听证笔录上签名或者盖章；

（五）对获知的国家秘密、商业秘密和个人隐私应予保密；

（六）法律、行政法规和规章规定的其他义务。

第十四条 听证前，当事人及其代理人可以向中国证监会或其派出机构提交陈述申辩意见和证据。

第十五条 中国证监会及其派出机构应当保障当事人充分行使在听证中的各项权利，履行下列职责：

（一）组织召开听证；

（二）向当事人送达《听证通知书》；

（三）对当事人查阅证据申请作出决定；

（四）决定回避、延期举行听证、中止听证、终止听证等程序事项；

（五）接收并复核当事人及其代理人提交的陈述申辩意见和证据；

（六）法律、行政法规和规章规定应当履行的其他职责。

第十六条 听证按照以下程序进行：

（一）听证开始前，由书记员查明当事人及其代理人、案件调查人员等听证参加人是否到场，并宣布听证纪律；

（二）听证主持人核对听证参加人，宣布出席听证的听证员、书记员名单，告知听证参加人在听证中的权利义务，询问当事人及其代理人是否申请回避；

（三）听证主持人宣布听证开始，宣布案由；

（四）案件调查人员提出当事人违法的具体事实、证据和行政处罚建议；

（五）当事人及其代理人进行陈述和申辩，并可以提出相关事实、理由和证据；

（六）当事人及其代理人和案件调查人员双方对有关证据进行质证。经听证主持人允许，双方可以向证人、鉴定人发问；

（七）当事人及其代理人和案件调查人员双方进行辩论，经听证主持人允许，双方可以相互发问；

（八）当事人及其代理人作最后陈述；

（九）听证主持人宣布听证结束。

听证过程中，听证主持人、听证员可以向案件调查人员、当事人及其代理人、证人、鉴定人等提问，有关人员应当如实回答。

第十七条 有下列情形之一的，延期举行听证：

（一）因不可抗力致使听证无法按期举行的；

（二）当事人及其代理人听证开始时申请回避理由成立，且因无法即时更换被申请回避人员致使听证无法按期举行的；

（三）当事人及其代理人申请延期举行听证，并有正当理由的；

（四）中国证监会或其派出机构认为需要延期举行听证的其他情形。

除当事人及其代理人申请延期举行听证并经同意的以外，中国证监会或其派出机构应当将延期举行听证的理由及时告知当事人。

延期举行听证的情形消除后，中国证监会或其派出机构应当及时组织听证。

第十八条 有下列情形之一的，中止听证：

（一）当事人及其代理人在听证过程中提出的回避申请理由成立，且因无法即时更换被申请回避人员致使听证无法继续举行的；

（二）当事人及其代理人因不可抗拒的事由，无法继续参加听证的；

（三）因不可抗拒的事由，致使听证无法继续举行的；

（四）其他应当中止听证的情形。

中止听证的情形消除后，中国证监会或其派出机构应当及时组织听证。

第十九条 当事人及其代理人有下列情形之一的，中国证监会或其派出机构可以终止听证，并将相关情形记录在案：

（一）书面撤回听证申请的；

（二）无正当理由不出席听证的；

（三）未经听证主持人允许中途退场的；

（四）严重违反听证纪律，被听证主持人责令退场的；

（五）其他符合终止听证的情形。

部分当事人及其代理人因上述情形被终止听证的，不影响其他当事人及其代理人继续行使听证权利。

第二十条 在听证过程中，听证参加人、旁听人员等应当遵守听证纪律，保证听证有序举行。

听证主持人对违反听证纪律、妨碍听证秩序的人员，有权予以制止、口头警告，情节严重的，可以责令其退场。

第二十一条 听证应当制作笔录。听证笔录应当当场交由当事人及其代理人、证人及其他有关人员确认无误后签名或者盖章。相关人员认为对自己陈述的记录有遗漏或者差错的，有权要求补正。相关人员拒绝签名或者盖章的，中国证监会或其派出机构应当在听证笔录中予以注明。

第二十二条 听证结束，当事人及其代理人应当将陈述申辩意见和有关证据提交中国证监会或其派出机构。

第二十三条 听证结束后，中国证监会或其派出机构应当对当事人提出的事实、理由和证据进行复核，当事人提出的事实和理由成立的，应当采纳。

中国证监会或其派出机构应当根据听证复核情况，依据《中华人民共和国行政处罚法》第三十八条的规定，对当事人作出相应的处理决定。

中国证监会或其派出机构不得因当事人申辩和听证而加重处罚。

第二十四条 中国证监会及其派出机构举行听证，不向当事人收取费用。

当事人委托代理人、证人出席听证等所产生的费用以及其他己方支出，由当事人自行承担。

第二十五条 中国证监会及其派出机构拟对当事人采取市场禁入措施的，当事人可以要求举行听证，听证程序参照本规则的规定执行。

中国证监会及其派出机构在对当事人采取注销业务许可、关闭分支机构等重大监管措施之前，认为需要组织听证或者根据当事人申请决定听证的，听证程序参照本规则的规定执行。

第二十六条 本规则规定的期间以日计算。期间开始当日，不计算在期间内。

期间届满的最后一日是节假日的，以节假日后的第一日为期间届满的日期。

第二十七条 本规则自 2015 年 12 月 4 日起施行。《中国证券监督管理委员会行政处罚听证规则》（证监法律字〔2007〕8 号）同时废止。

中国证券监督管理委员会行政复议办法

·2010年5月4日中国证券监督管理委员会令第67号公布
·自2010年7月1日起施行

第一章 总 则

第一条 为了保护公民、法人或者其他组织的合法权益,保障和监督中国证券监督管理委员会(以下简称中国证监会)依法行使监管职权,进一步发挥行政复议制度在解决证券期货行政争议中的作用,不断提高证券期货监督管理机构的依法行政水平,根据《中华人民共和国行政复议法》(以下简称《行政复议法》)、《中华人民共和国证券法》、《中华人民共和国行政复议法实施条例》(以下简称《行政复议法实施条例》)等法律、行政法规,制定本办法。

第二条 公民、法人或者其他组织认为中国证监会或其派出机构、授权组织的具体行政行为侵犯其合法权益的,依照《行政复议法》、《行政复议法实施条例》和本办法的规定向中国证监会申请行政复议。

中国证监会作为行政复议机关,受理行政复议申请,对被申请行政复议的具体行政行为进行审查并作出决定。

对中国证监会具体行政行为不服申请原级行政复议的,原承办具体行政行为有关事项的部门或者机构(以下简称原承办部门)负责向行政复议机构作出答复。

对中国证监会派出机构或者授权组织的具体行政行为不服申请行政复议的,由派出机构或者授权组织负责向行政复议机构作出答复。

第三条 中国证监会负责法制工作的机构作为行政复议机构具体办理行政复议事项,除应当依照《行政复议法》第三条、《行政复议法实施条例》第三条的规定履行职责外,还应当履行下列职责:

(一)组织行政复议听证;

(二)根据需要提请召开行政复议委员会工作会议;

(三)提出审查意见;

(四)办理行政复议和解、组织行政复议调解等事项;

(五)指导派出机构的行政应诉工作;

(六)法律、行政法规规定的其他职责。

第四条 专职行政复议人员应当具备以下条件:

(一)正直诚实,品行良好;

(二)受过法律专业教育;

(三)从事证券期货业工作2年以上或者取得法律、会计等专业资格;

(四)法律、行政法规规定的其他条件。

第五条 中国证监会设立行政复议委员会,审查重大复杂行政复议案件。

重大行政应诉案件,可以提交行政复议委员会进行讨论。

第六条 中国证监会通过适当的形式,公布中国证监会管辖的行政复议案件受理范围、受理条件、行政复议申请书样式、行政复议案件审理程序,以及接受行政复议申请书的地址、传真号码等事项。

第二章 行政复议范围

第七条 公民、法人或者其他组织对中国证监会或其派出机构、授权组织作出的具体行政行为不服,有下列情形之一的,可以向中国证监会申请行政复议:

(一)对中国证监会或其派出机构作出的警告、罚款、没收违法所得、责令关闭、撤销任职资格或者证券从业资格、暂停或者撤销业务许可、吊销业务许可证等行政处罚决定不服的;

(二)对中国证监会或其派出机构作出的证券、期货市场禁入决定不服的;

(三)对中国证监会或其派出机构作出的冻结、查封、限制交易等行政强制措施不服的;

(四)对中国证监会或其派出机构作出的限制业务活动、限期撤销境内分支机构、限制分配红利、限制转让财产、责令限制股东行使股东权利以及责令更换董事、监事、高级管理人员或者限制其权利等行政监管措施不服的;

(五)认为中国证监会或其派出机构、授权组织侵犯其合法的经营自主权的;

(六)认为符合法定条件,申请办理证券、期货行政许可事项，中国证监会或其派出机构没有依法办理的；

（七）认为中国证监会或其派出机构在政府信息公开工作中的具体行政行为侵犯其合法权益的；

（八）认为中国证监会或其派出机构、授权组织的其他具体行政行为侵犯其合法权益的。

第八条 中国证监会或其派出机构、授权组织的下列行为不属于行政复议申请的范围：

（一）中国证监会或其派出机构、授权组织对其工作人员作出的行政处分以及其他人事处理决定；

（二）中国证监会或其派出机构、授权组织对证券、期货民事争议所作的调解行为；

（三）由中国证监会或其派出机构作出的行政调解和行政和解行为；

（四）不具有强制力的证券、期货行政指导行为；

（五）中国证监会或其派出机构对公民、法人或者其他组织提起申诉的重复处理行为；

（六）证券、期货交易所或证券、期货业协会依据自律规则，对公民、法人或者其他组织作出的决定；

（七）对公民、法人或者其他组织的权利义务不产生实际影响的行为。

第三章 行政复议申请

第九条 依照《行政复议法》、《行政复议法实施条例》以及本办法提起行政复议申请的公民、法人或者其他组织是行政复议的申请人。

第十条 依据《行政复议法实施条例》第七条的规定申请行政复议的，申请人应当同时向行政复议机构提交股份制企业的股东大会、股东代表大会、董事会作出的申请行政复议的决议和授权委托书。

第十一条 向行政复议机构申请作为第三人参加行政复议的，应当证明其与被审查的具体行政行为有利害关系。

经行政复议机构审查同意或者认为第三人有必要参加行政复议的，行政复议机构可以书面通知第三人。

第三人不参加行政复议，不影响行政复议案件的审理。

第十二条 申请人、第三人委托代理人向行政复议机构提交的授权委托书应当载明下列事项：

（一）委托人姓名或者名称，委托人为法人或者其他组织的，还应当载明法定代表人或者主要负责人的姓名、职务；

（二）代理人姓名、身份证号码、工作单位、通讯地址、邮政编码及电话等联系方式；

（三）委托事项和代理期间；

（四）代理人代为提起、变更、撤回行政复议申请、参加行政复议调解、达成行政复议和解、参加行政复议听证、递交证据材料、收受行政复议法律文书等代理权限；

（五）委托日期及委托人签字或者盖章。

提交授权委托书，应当提供委托人和代理人身份证明，以律师身份代理参加行政复议的，还应当提供律师执业证明文件。

第十三条 申请人对中国证监会或其派出机构、授权组织的具体行政行为不服申请行政复议的，作出该具体行政行为的中国证监会或其派出机构、授权组织是被申请人。

中国证监会或其派出机构委托其他组织作出具体行政行为的，中国证监会或其派出机构是被申请人。

第十四条 申请人对两个以上派出机构或授权组织共同作出的具体行政行为不服申请行政复议的，共同作出具体行政行为的机构或组织是共同被申请人。

第十五条 派出机构或者其他组织依照法律、行政法规、规章规定，报经中国证监会批准作出具体行政行为的，中国证监会是被申请人。

第四章 行政复议受理

第十六条 对符合《行政复议法实施条例》第十八条、第二十八条的规定，属于行政复议机关受理的行政复议申请，自行政复议机构收到之日起即为受理。

行政复议机构收到行政复议申请的日期，属于申请人当面递交的，由行政复议机构经办人在申请书上注明收到日期，并且由递交人签字确认；属于直接从邮递渠道收取或者其他单位、部门转来的，由行政复议机构签收确认；属于申请人以传真方式提交的，以行政复议机构接收传真之日为准。

第十七条 依照《行政复议法实施条例》第二

十九条的规定，行政复议机构可以自收到该行政复议申请之日起5日内书面通知申请人补正，有下列情形之一的，属于行政复议申请材料不齐全或者表述不清楚：

（一）未依照《行政复议法实施条例》第十九条第（一）项的规定提供申请人基本情况；

（二）无申请人身份证明文件；

（三）无明确的被申请人；

（四）行政复议请求不具体、不明确；

（五）委托代理申请复议的手续不全或者权限不明确；

（六）未依照《行政复议法实施条例》第二十一条的规定提供证明材料；

（七）其他行政复议申请材料不齐全或者表述不清楚的情形。

申请人收到补正通知后，无正当理由逾期不补正的，视为放弃行政复议申请。

第十八条 申请人采取传真方式提出行政复议申请的，行政复议机构可以要求申请人依照《行政复议法实施条例》第二十九条、本办法第十七条的规定补充提交申请材料的原件。

第十九条 行政复议申请材料不齐全或者表述不清楚，或者采取传真方式提出行政复议申请，行政复议机构书面通知申请人补正或者提交原件的，受理的审查期限应当自收到补正后的行政复议申请材料或者原件之日起算。

第二十条 下列情形不视为申请行政复议，行政复议机构可以告知申请人处理结果或者转由其他机构处理并告知申请人：

（一）对中国证监会工作人员的个人违法违纪行为进行举报、控告的；

（二）不涉及中国证监会具体行政行为，只对中国证监会规章或者规范性文件有异议的；

（三）对行政处罚认定的事实、适用的依据、处罚种类、处罚幅度及处罚程序等没有异议，仅因经济困难，请求减、免、缓缴罚款的；

（四）请求解答法律、行政法规、规章的；

（五）其他以行政复议申请名义，进行信访投诉的情形。

第五章 行政复议审理

第一节 行政复议答复

第二十一条 行政复议机构应当自受理行政复议申请之日起7日内，将行政复议答复通知书、行政复议申请书副本或者行政复议申请笔录复印件以及申请人提交的证据、有关材料的副本发送被申请人或者原承办部门。

第二十二条 被申请人或者原承办部门应当自收到申请书副本或者申请笔录复印件之日起10日内，向行政复议机构提交行政复议答复意见书，并同时提交当初作出具体行政行为的全部证据、依据和其他有关材料。

行政复议答复意见书应当载明下列内容：

（一）被申请人当初作出具体行政行为时所认定的事实、证据及适用的法律、行政法规、规章及规范性文件，对有关事实的陈述应当注明相应的证据及证据的来源；

（二）对申请人行政复议申请中陈述的事实和理由逐条进行答辩并进行相应的举证；

（三）对有关具体行政行为建议维持、变更、撤销或者确认违法，建议驳回行政复议申请，进行行政复议调解等结论；

（四）作出书面答复的时间。

被申请人或者原承办部门应当按照行政执法案卷的要求提交单独装订的行政复议答复证据案卷，并明确申请人、第三人可以查阅的案卷材料范围。

第二节 行政复议审理

第二十三条 一般行政复议案件，由行政复议机构负责审查并提出复议意见；重大复杂的行政复议案件，由行政复议机构提请行政复议委员会进行审查，由行政复议委员会提出复议意见。

行政复议机构审查复议案件，必须有2名以上行政复议人员共同进行。行政复议委员会通过委员会工作会议审查行政复议案件。行政复议委员会的组成和工作规则另行规定。

第二十四条 案件审理人员或者出席会议的复议委员与本案有利害关系或者有其他关系可能影响公正审理行政复议案件的，应当进行回避。

第二十五条 对于案件事实复杂、申请人与被申请人就同一认定事实提交的证据不一致或者行政复议机构认为必要的，行政复议机构可以依照《行政复议法实施条例》第三十四条的规定向有关组织和人员调查取证。

行政复议机构采用询问方式进行调查取证

的,应当制作询问笔录,由被调查单位和人员签字或者盖章确认。

第二十六条 行政复议机关提供必要的条件,方便申请人、第三人查阅有关材料。

申请人、第三人查阅有关材料应当遵守下列规定:

(一)申请人、第三人向行政复议机构提出书面阅卷请求,阅卷不得违反相关保密的规定;

(二)申请人、第三人应当按照指定的时间、地点和阅卷范围进行查阅;

(三)查阅时,申请人、第三人应当出示身份证件;

(四)申请人、第三人可以摘抄查阅材料的内容;

(五)申请人、第三人不得有涂改、替换、毁损、隐匿查阅的材料等行为。

申请人、第三人违反前款第(五)项的,行政复议机构应当立即终止其查阅。情节严重的,依法移送公安机关处理。

第三节 行政复议听证

第二十七条 申请人、被申请人或者原承办部门对案件事实争议较大或者案件重大复杂的,行政复议机构可以采取听证的方式审理。

被申请人在作出原具体行政行为时,已经采取听证方式的或者采取书面审查可以查明事实、证据的,行政复议机构不再采取听证方式审理。

第二十八条 行政复议机构决定举行听证的,按照下列程序和要求进行:

(一)行政复议机构应当将听证的时间、地点、具体要求等事项提前3日通知有关当事人;

(二)行政复议听证人员为不得少于3人的单数,由行政复议机构负责人确定,并且指定其中1人为听证主持人;

(三)举行听证时,被申请人或者原承办部门的工作人员应当提供行政复议答复意见书以及相应的证据、依据,申请人、第三人可以提出证据,并进行申辩和质证;

(四)听证应当制作笔录,听证笔录应当交听证参加人确认无误后签字或者盖章。

第六章 行政复议决定

第二十九条 行政复议机关对行政复议机构或者行政复议委员会提出的复议意见进行审查,经行政复议机关的负责人同意或者集体讨论通过后,依法作出行政复议决定。

第三十条 依照《行政复议法》第三十一条的规定,有下列情况之一的,可以视为案件情况复杂,经行政复议机关的负责人批准,行政复议期限可以适当延长,但是延长期限最多不超过30日:

(一)需要举行行政复议听证的;

(二)申请人、第三人提出新的事实、理由或者证据需进一步调查核实的;

(三)申请人与被申请人进行和解或者行政复议机构进行调解的;

(四)情况复杂,不能在规定期限内作出行政复议决定的其他情况。

延长复议期限,应当制作决定延期通知书,告知有关当事人。

第三十一条 行政复议机关作出行政复议决定,应当制作行政复议决定书,送达申请人和第三人,抄送被申请人。

行政复议决定书应当载明下列内容:

(一)申请人、第三人基本情况:自然人姓名、性别、工作单位及职务(原工作单位及职务)、住址;法人或者其他组织的名称、地址、法定代表人或者主要负责人的姓名、职务;

(二)被申请人名称、地址;

(三)申请人申请复议的请求、事实和理由;

(四)被申请人答复的事实、理由、证据和依据;

(五)行政复议认定的事实和相应的证据;

(六)作出行政复议决定的具体理由和法律依据;

(七)行政复议决定的结论;

(八)行政复议决定的救济途径;

(九)作出行政复议决定的日期。

行政复议决定书应当加盖行政复议机关的印章。

第三十二条 行政复议决定书一经送达,即发生法律效力。行政复议机关可以通过中国证监会门户网站、中国证监会公告等方式公布生效的行政复议决定书。

第七章 行政复议和解和调解

第三十三条 经被申请人同意,原承办部门、派出机构或者授权组织和申请人可以依照《行政复议法实施条例》第四十条的规定在作出行政复议决定之前自愿达成和解，并向行政复议机构提交书面和解协议。

和解协议应当载明行政复议请求、事实、理由、和解的条件和达成和解的结果。

和解协议应当由申请人和被申请人或者原承办部门签字或者盖章。

第三十四条 行政复议机构应当对申请人和作出具体行政行为的机构提交的和解协议进行备案。和解确属双方真实意思表示，和解内容不损害社会公共利益和他人合法权益的，行政复议机构应当准许和解，终止行政复议案件的审理。

在行政复议期间内未达成和解协议的，行政复议机关应当及时作出行政复议决定。

第三十五条 经行政复议机构准许和解的，申请人和被申请人应当履行和解协议。

第三十六条 有下列情形之一的，行政复议机关可以进行调解：

（一）公民、法人或者其他组织对中国证监会行使自由裁量权作出的具体行政行为不服申请行政复议的；

（二）行政赔偿或者行政补偿纠纷。

第三十七条 调解应当符合以下要求：

（一）查明案件事实，充分尊重申请人和被申请人的意愿；

（二）调解应当按照自愿、合法的原则，调解结果不得损害国家利益、社会公共利益或者他人合法权益。

第三十八条 申请人和被申请人经调解达成协议的，行政复议机关应当制作行政复议调解书。行政复议调解书应当载明下列内容：

（一）申请人基本情况：自然人姓名、性别、工作单位及职务（原工作单位及职务）、住址；法人或者其他组织的名称、地址、法定代表人或者主要负责人的姓名、职务；

（二）被申请人名称、地址；

（三）申请人申请行政复议的请求、事实和理由；

（四）被申请人答复的事实、理由、证据和依据；

（五）进行调解的基本情况；

（六）调解协议的主要内容和调解结果；

（七）申请人、被申请人履行调解书的义务；

（八）日期。

行政复议调解书应当加盖行政复议专用章。行政复议调解书经申请人、被申请人签字或者盖章，即具有法律效力。申请人和被申请人应当履行生效的行政复议调解书。

第八章 行政复议指导和监督

第三十九条 行政复议机关在行政复议期间发现相关行政行为违法或者需要做好善后工作等情况的，可以向被申请人或者原承办部门制作行政复议意见书，并抄报中国证监会监察部门。

行政复议意见书由行政复议机构具体承办，应当包括具体行政行为存在的问题、认定事实、理由和依据、整改意见等。

被申请人或者原承办部门应当自收到行政复议意见书之日起60日内将纠正相关行政违法行为、改进执法工作或者做好善后工作的情况报告行政复议机构。

对突出问题不予整改导致重复违法的，行政复议机关要予以通报。

第四十条 行政复议机构在行政复议期间发现法律、行政法规、规章的实施中带有普遍性的问题，可以向有关立法机关或其他有关行政机关提出完善立法的建议。

行政复议建议书应包括法律、行政法规、规章等存在的问题，相关事实、理由和依据、工作建议等。

第四十一条 中国证监会应当建立行政复议统计报告制度，定期对行政复议、行政应诉案件情况进行分析、研究，总结工作中的经验及不足，提出改进意见。

第四十二条 行政复议人员应当每年参加至少2次行政复议机构或者中国证监会业务部门组织的监管业务培训，提高行政复议人员的专业素质。

业务培训包括以下内容：

（一）行政复议及行政应诉业务培训；

（二）证券期货案件调查、审理等业务培训；

（三）证券期货日常监管及创新业务培训；

（四）涉及证券期货市场监管的政治、经济理论培训等。

第四十三条 行政复议机构对于在办理行政

复议、行政应诉案件过程中成绩显著的单位和个人,可以提请中国证监会依照有关规定给予表彰和奖励。

第九章　附　则

第四十四条　行政复议机关在受理、审查、决定行政复议申请过程中,可使用行政复议专用章。在中国证监会行政复议活动中,行政复议专用章和行政复议机关的印章具有同等法律效力。

第四十五条　外国人、无国籍人、外国组织在中华人民共和国境内向中国证监会申请行政复议,适用本办法。

第四十六条　本办法自2010年7月1日起施行。2002年11月25日发布的《中国证券监督管理委员会行政复议办法》(证监会令第13号)同时废止。

最高人民法院关于审理证券市场虚假陈述侵权民事赔偿案件的若干规定

· 2021年12月30日最高人民法院审判委员会第1860次会议通过
· 2022年1月21日最高人民法院公告公布
· 自2022年1月22日起施行
· 法释〔2022〕2号

为正确审理证券市场虚假陈述侵权民事赔偿案件,规范证券发行和交易行为,保护投资者合法权益,维护公开、公平、公正的证券市场秩序,根据《中华人民共和国民法典》《中华人民共和国证券法》《中华人民共和国公司法》《中华人民共和国民事诉讼法》等法律规定,结合审判实践,制定本规定。

一、一般规定

第一条　信息披露义务人在证券交易场所发行、交易证券过程中实施虚假陈述引发的侵权民事赔偿案件,适用本规定。

按照国务院规定设立的区域性股权市场中发生的虚假陈述侵权民事赔偿案件,可以参照适用本规定。

第二条　原告提起证券虚假陈述侵权民事赔偿诉讼,符合民事诉讼法第一百二十二条规定,并提交以下证据或者证明材料的,人民法院应当受理:

(一)证明原告身份的相关文件;

(二)信息披露义务人实施虚假陈述的相关证据;

(三)原告因虚假陈述进行交易的凭证及投资损失等相关证据。

人民法院不得仅以虚假陈述未经监管部门行政处罚或者人民法院生效刑事判决的认定为由裁定不予受理。

第三条　证券虚假陈述侵权民事赔偿案件,由发行人住所地的省、自治区、直辖市人民政府所在的市、计划单列市和经济特区中级人民法院或者专门人民法院管辖。《最高人民法院关于证券纠纷代表人诉讼若干问题的规定》等对管辖另有规定的,从其规定。

省、自治区、直辖市高级人民法院可以根据本辖区的实际情况,确定管辖第一审证券虚假陈述侵权民事赔偿案件的其他中级人民法院,报最高人民法院备案。

二、虚假陈述的认定

第四条　信息披露义务人违反法律、行政法规、监管部门制定的规章和规范性文件关于信息披露的规定,在披露的信息中存在虚假记载、误导性陈述或者重大遗漏的,人民法院应当认定为虚假陈述。

虚假记载,是指信息披露义务人披露的信息中对相关财务数据进行重大不实记载,或者对其他重要信息作出与真实情况不符的描述。

误导性陈述,是指信息披露义务人披露的信息隐瞒了与之相关的部分重要事实,或者未及时披露相关更正、确认信息,致使已经披露的信息因不完整、不准确而具有误导性。

重大遗漏,是指信息披露义务人违反关于信息披露的规定,对重大事件或者重要事项等应当披露的信息未予披露。

第五条　证券法第八十五条规定的“未按照规定披露信息”,是指信息披露义务人未按照规定的期限、方式等要求及时、公平披露信息。

信息披露义务人“未按照规定披露信息”构成虚假陈述的,依照本规定承担民事责任;构成内幕交易的,依照证券法第五十三条的规定承担民事责任;构成公司法第一百五十二条规定的损害股东利益行为的,依照该法承担民事责任。

第六条 原告以信息披露文件中的盈利预测、发展规划等预测性信息与实际经营情况存在重大差异为由主张发行人实施虚假陈述的,人民法院不予支持,但有下列情形之一的除外:

(一)信息披露文件未对影响该预测实现的重要因素进行充分风险提示的;

(二)预测性信息所依据的基本假设、选用的会计政策等编制基础明显不合理的;

(三)预测性信息所依据的前提发生重大变化时,未及时履行更正义务的。

前款所称的重大差异,可以参照监管部门和证券交易场所的有关规定认定。

第七条 虚假陈述实施日,是指信息披露义务人作出虚假陈述或者发生虚假陈述之日。

信息披露义务人在证券交易场所的网站或者符合监管部门规定条件的媒体上公告发布具有虚假陈述内容的信息披露文件,以披露日为实施日;通过召开业绩说明会、接受新闻媒体采访等方式实施虚假陈述的,以该虚假陈述的内容在具有全国性影响的媒体上首次公布之日为实施日。信息披露文件或者相关报导内容在交易日收市后发布的,以其后的第一个交易日为实施日。

因未及时披露相关更正、确认信息构成误导性陈述,或者未及时披露重大事件或者重要事项等构成重大遗漏的,以应当披露相关信息期限届满后的第一个交易日为实施日。

第八条 虚假陈述揭露日,是指虚假陈述在具有全国性影响的报刊、电台、电视台或监管部门网站、交易场所网站、主要门户网站、行业知名的自媒体等媒体上,首次被公开揭露并为证券市场知悉之日。

人民法院应当根据公开交易市场对相关信息的反应等证据,判断投资者是否知悉了虚假陈述。

除当事人有相反证据足以反驳外,下列日期应当认定为揭露日:

(一)监管部门以涉嫌信息披露违法为由对信息披露义务人立案调查的信息公开之日;

(二)证券交易场所等自律管理组织因虚假陈述对信息披露义务人等责任主体采取自律管理措施的信息公布之日。

信息披露义务人实施的虚假陈述呈连续状态的,以首次被公开揭露并为证券市场知悉之日为揭露日。信息披露义务人实施多个相互独立的虚假陈述的,人民法院应当分别认定其揭露日。

第九条 虚假陈述更正日,是指信息披露义务人在证券交易场所网站或者符合监管部门规定条件的媒体上,自行更正虚假陈述之日。

三、重大性及交易因果关系

第十条 有下列情形之一的,人民法院应当认定虚假陈述的内容具有重大性:

(一)虚假陈述的内容属于证券法第八十条第二款、第八十一条第二款规定的重大事件;

(二)虚假陈述的内容属于监管部门制定的规章和规范性文件中要求披露的重大事件或者重要事项;

(三)虚假陈述的实施、揭露或者更正导致相关证券的交易价格或者交易量产生明显的变化。

前款第一项、第二项所列情形,被告提交证据足以证明虚假陈述并未导致相关证券交易价格或者交易量明显变化的,人民法院应当认定虚假陈述的内容不具有重大性。

被告能够证明虚假陈述不具有重大性,并以此抗辩不应当承担民事责任的,人民法院应当予以支持。

第十一条 原告能够证明下列情形的,人民法院应当认定原告的投资决定与虚假陈述之间的交易因果关系成立:

(一)信息披露义务人实施了虚假陈述;

(二)原告交易的是与虚假陈述直接关联的证券;

(三)原告在虚假陈述实施日之后、揭露日或更正日之前实施了相应的交易行为,即在诱多型虚假陈述中买入了相关证券,或者在诱空型虚假陈述中卖出了相关证券。

第十二条 被告能够证明下列情形之一的,人民法院应当认定交易因果关系不成立:

(一)原告的交易行为发生在虚假陈述实施前,或者是在揭露或更正之后;

(二)原告在交易时知道或者应当知道存在虚假陈述,或者虚假陈述已经被证券市场广泛知悉;

(三)原告的交易行为是受到虚假陈述实施后发生的上市公司的收购、重大资产重组等其他重大事件的影响；

（四）原告的交易行为构成内幕交易、操纵证券市场等证券违法行为的；

（五）原告的交易行为与虚假陈述不具有交易因果关系的其他情形。

四、过错认定

第十三条 证券法第八十五条、第一百六十三条所称的过错，包括以下两种情形：

（一）行为人故意制作、出具存在虚假陈述的信息披露文件，或者明知信息披露文件存在虚假陈述而不予指明、予以发布；

（二）行为人严重违反注意义务，对信息披露文件中虚假陈述的形成或者发布存在过失。

第十四条 发行人的董事、监事、高级管理人员和其他直接责任人员主张对虚假陈述没有过错的，人民法院应当根据其工作岗位和职责、在信息披露资料的形成和发布等活动中所起的作用、取得和了解相关信息的渠道、为核验相关信息所采取的措施等实际情况进行审查认定。

前款所列人员不能提供勤勉尽责的相应证据，仅以其不从事日常经营管理、无相关职业背景和专业知识、相信发行人或者管理层提供的资料、相信证券服务机构出具的专业意见等理由主张其没有过错的，人民法院不予支持。

第十五条 发行人的董事、监事、高级管理人员依照证券法第八十二条第四款的规定，以书面方式发表附具体理由的意见并依法披露的，人民法院可以认定其主观上没有过错，但在审议、审核信息披露文件时投赞成票的除外。

第十六条 独立董事能够证明下列情形之一的，人民法院应当认定其没有过错：

（一）在签署相关信息披露文件之前，对不属于自身专业领域的相关具体问题，借助会计、法律等专门职业的帮助仍然未能发现问题的；

（二）在揭露日或更正日之前，发现虚假陈述后及时向发行人提出异议并监督整改或者向证券交易场所、监管部门书面报告的；

（三）在独立意见中对虚假陈述事项发表保留意见、反对意见或者无法表示意见并说明具体理由的，但在审议、审核相关文件时投赞成票的除外；

（四）因发行人拒绝、阻碍其履行职责，导致无法对相关信息披露文件是否存在虚假陈述作出判断，并及时向证券交易场所、监管部门书面报告的；

（五）能够证明勤勉尽责的其他情形。

独立董事提交证据证明其在履职期间能够按照法律、监管部门制定的规章和规范性文件以及公司章程的要求履行职责的，或者在虚假陈述被揭露后及时督促发行人整改且效果较为明显的，人民法院可以结合案件事实综合判断其过错情况。

外部监事和职工监事，参照适用前两款规定。

第十七条 保荐机构、承销机构等机构及其直接责任人员提交的尽职调查工作底稿、尽职调查报告、内部审核意见等证据能够证明下列情形的，人民法院应当认定其没有过错：

（一）已经按照法律、行政法规、监管部门制定的规章和规范性文件、相关行业执业规范的要求，对信息披露文件中的相关内容进行了审慎尽职调查；

（二）对信息披露文件中没有证券服务机构专业意见支持的重要内容，经过审慎尽职调查和独立判断，有合理理由相信该部分内容与真实情况相符；

（三）对信息披露文件中证券服务机构出具专业意见的重要内容，经过审慎核查和必要的调查、复核，有合理理由排除了职业怀疑并形成合理信赖。

在全国中小企业股份转让系统从事挂牌和定向发行推荐业务的证券公司，适用前款规定。

第十八条 会计师事务所、律师事务所、资信评级机构、资产评估机构、财务顾问等证券服务机构制作、出具的文件存在虚假陈述的，人民法院应当按照法律、行政法规、监管部门制定的规章和规范性文件，参考行业执业规范规定的工作范围和程序要求等内容，结合其核查、验证工作底稿等相关证据，认定其是否存在过错。

证券服务机构的责任限于其工作范围和专业领域。证券服务机构依赖保荐机构或者其他证券服务机构的基础工作或者专业意见致使其出具的专业意见存在虚假陈述，能够证明其对所依赖的基础工作或者专业意见经过审慎核查和必要的调查、复核，排除了职业怀疑并形成合理信赖的，人民法院应当认定其没有过错。

第十九条 会计师事务所能够证明下列情形之一的，人民法院应当认定其没有过错：

（一）按照执业准则、规则确定的工作程序和核查手段并保持必要的职业谨慎，仍未发现被审计的会计资料存在错误的；

（二）审计业务必须依赖的金融机构、发行人的供应商、客户等相关单位提供不实证明文件，会计师事务所保持了必要的职业谨慎仍未发现的；

（三）已对发行人的舞弊迹象提出警告并在审计业务报告中发表了审慎审计意见的；

（四）能够证明没有过错的其他情形。

五、责任主体

第二十条 发行人的控股股东、实际控制人组织、指使发行人实施虚假陈述，致使原告在证券交易中遭受损失的，原告起诉请求直接判令该控股股东、实际控制人依照本规定赔偿损失的，人民法院应当予以支持。

控股股东、实际控制人组织、指使发行人实施虚假陈述，发行人在承担赔偿责任后要求该控股股东、实际控制人赔偿实际支付的赔偿款、合理的律师费、诉讼费用等损失的，人民法院应当予以支持。

第二十一条 公司重大资产重组的交易对方所提供的信息不符合真实、准确、完整的要求，导致公司披露的相关信息存在虚假陈述，原告起诉请求判令该交易对方与发行人等责任主体赔偿由此导致的损失的，人民法院应当予以支持。

第二十二条 有证据证明发行人的供应商、客户，以及为发行人提供服务的金融机构等明知发行人实施财务造假活动，仍然为其提供相关交易合同、发票、存款证明等予以配合，或者故意隐瞒重要事实致使发行人的信息披露文件存在虚假陈述，原告起诉请求判令其与发行人等责任主体赔偿由此导致的损失的，人民法院应当予以支持。

第二十三条 承担连带责任的当事人之间的责任分担与追偿，按照民法典第一百七十八条的规定处理，但本规定第二十条第二款规定的情形除外。

保荐机构、承销机构等责任主体以存在约定为由，请求发行人或者其控股股东、实际控制人补偿其因虚假陈述所承担的赔偿责任的，人民法院不予支持。

六、损失认定

第二十四条 发行人在证券发行市场虚假陈述，导致原告损失的，原告有权请求按照本规定第二十五条的规定赔偿损失。

第二十五条 信息披露义务人在证券交易市场承担民事赔偿责任的范围，以原告因虚假陈述而实际发生的损失为限。原告实际损失包括投资差额损失、投资差额损失部分的佣金和印花税。

第二十六条 投资差额损失计算的基准日，是指在虚假陈述揭露或更正后，为将原告应获赔偿限定在虚假陈述所造成的损失范围内，确定损失计算的合理期间而规定的截止日期。

在采用集中竞价的交易市场中，自揭露日或更正日起，被虚假陈述影响的证券集中交易累计成交量达到可流通部分100%之日为基准日。

自揭露日或更正日起，集中交易累计换手率在10个交易日内达到可流通部分100%的，以第10个交易日为基准日；在30个交易日内未达到可流通部分100%的，以第30个交易日为基准日。

虚假陈述揭露日或更正日起至基准日期间每个交易日收盘价的平均价格，为损失计算的基准价格。

无法依前款规定确定基准价格的，人民法院可以根据有专门知识的人的专业意见，参考对相关行业进行投资时的通常估值方法，确定基准价格。

第二十七条 在采用集中竞价的交易市场中，原告因虚假陈述买入相关股票所造成的投资差额损失，按照下列方法计算：

（一）原告在实施日之后、揭露日或更正日之前买入，在揭露日或更正日之后、基准日之前卖出的股票，按买入股票的平均价格与卖出股票的平均价格之间的差额，乘以已卖出的股票数量；

（二）原告在实施日之后、揭露日或更正日之前买入，基准日之前未卖出的股票，按买入股票的平均价格与基准价格之间的差额，乘以未卖出的股票数量。

第二十八条 在采用集中竞价的交易市场中，原告因虚假陈述卖出相关股票所造成的投资差额损失，按照下列方法计算：

（一）原告在实施日之后、揭露日或更正日之前卖出，在揭露日或更正日之后、基准日之前买回

的股票,按买回股票的平均价格与卖出股票的平均价格之间的差额,乘以买回的股票数量;

（二）原告在实施日之后、揭露日或更正日之前卖出,基准日之前未买回的股票,按基准价格与卖出股票的平均价格之间的差额,乘以未买回的股票数量。

第二十九条　计算投资差额损失时,已经除权的证券,证券价格和证券数量应当复权计算。

第三十条　证券公司、基金管理公司、保险公司、信托公司、商业银行等市场参与主体依法设立的证券投资产品,在确定因虚假陈述导致的损失时,每个产品应当单独计算。

投资者及依法设立的证券投资产品开立多个证券账户进行投资的,应当将各证券账户合并,所有交易按照成交时间排序,以确定其实际交易及损失情况。

第三十一条　人民法院应当查明虚假陈述与原告损失之间的因果关系,以及导致原告损失的其他原因等案件基本事实,确定赔偿责任范围。

被告能够举证证明原告的损失部分或者全部是由他人操纵市场、证券市场的风险、证券市场对特定事件的过度反应、上市公司内外部经营环境等其他因素所导致的,对其关于相应减轻或者免除责任的抗辩,人民法院应当予以支持。

七、诉讼时效

第三十二条　当事人主张以揭露日或更正日起算诉讼时效的,人民法院应当予以支持。揭露日与更正日不一致的,以在先的为准。

对于虚假陈述责任人中的一人发生诉讼时效中断效力的事由,应当认定对其他连带责任人也发生诉讼时效中断的效力。

第三十三条　在诉讼时效期间内,部分投资者向人民法院提起人数不确定的普通代表人诉讼的,人民法院应当认定该起诉行为对所有具有同类诉讼请求的权利人发生时效中断的效果。

在普通代表人诉讼中,未向人民法院登记权利的投资者,其诉讼时效自权利登记期间届满后重新开始计算。向人民法院登记权利后申请撤回权利登记的投资者,其诉讼时效自撤回权利登记之次日重新开始计算。

投资者保护机构依照证券法第九十五条第三款的规定作为代表人参加诉讼后,投资者声明退出诉讼的,其诉讼时效自声明退出之次日起重新开始计算。

八、附　则

第三十四条　本规定所称证券交易场所,是指证券交易所、国务院批准的其他全国性证券交易场所。

本规定所称监管部门,是指国务院证券监督管理机构、国务院授权的部门及有关主管部门。

本规定所称发行人,包括证券的发行人、上市公司或者挂牌公司。

本规定所称实施日之后、揭露日或更正日之后、基准日之前,包括该日;所称揭露日或更正日之前,不包括该日。

第三十五条　本规定自2022年1月22日起施行。《最高人民法院关于受理证券市场因虚假陈述引发的民事侵权纠纷案件有关问题的通知》《最高人民法院关于审理证券市场因虚假陈述引发的民事赔偿案件的若干规定》同时废止。《最高人民法院关于审理涉及会计师事务所在审计业务活动中民事侵权赔偿案件的若干规定》与本规定不一致的,以本规定为准。

本规定施行后尚未终审的案件,适用本规定。本规定施行前已经终审,当事人申请再审或者按照审判监督程序决定再审的案件,不适用本规定。

最高人民法院、中国证券监督管理委员会关于适用《最高人民法院关于审理证券市场虚假陈述侵权民事赔偿案件的若干规定》有关问题的通知

· 2022年1月21日
· 法〔2022〕23号

各省、自治区、直辖市高级人民法院,新疆维吾尔自治区高级人民法院生产建设兵团分院;中国证券监督管理委员会各派出机构、各交易所、各下属单位、各协会:

《最高人民法院关于审理证券市场虚假陈述侵权民事赔偿案件的若干规定》(以下简称《若干规定》)已于2021年12月30日由最高人民法院审判委员会第1860次会议通过。为更好地发挥人

民法院和监管部门的协同作用，依法保护投资者合法权益，维护公开、公平、公正的资本市场秩序，促进资本市场健康发展，现就《若干规定》实施中的有关问题通知如下：

一、人民法院受理证券市场虚假陈述侵权民事赔偿案件后，应当在十个工作日内将案件基本情况向发行人、上市或者挂牌公司所在辖区的中国证券监督管理委员会（以下简称中国证监会）派出机构通报，相关派出机构接到通报后应当及时向中国证监会报告。

二、当事人对自己的主张，应当提供证据加以证明。为了查明事实，人民法院可以依法向中国证监会有关部门或者派出机构调查收集有关证据。

人民法院和中国证监会有关部门或者派出机构在调查收集证据时要加强协调配合，以有利于监管部门履行监管职责与人民法院查明民事案件事实为原则。在充分沟通的基础上，人民法院依照《中华人民共和国民事诉讼法》及相关司法解释等规定调查收集证据，中国证监会有关部门或者派出机构依法依规予以协助配合。

人民法院调查收集的证据，应当按照法定程序当庭出示并由各方当事人质证。但是涉及国家秘密、工作秘密、商业秘密和个人隐私或者法律规定其他应当保密的证据，不得公开质证。

三、人民法院经审查，认为中国证监会有关部门或者派出机构对涉诉虚假陈述的立案调查不影响民事案件审理的，应当继续审理。

四、案件审理过程中，人民法院可以就诉争虚假陈述行为违反信息披露义务规定情况、对证券交易价格的影响、损失计算等专业问题征求中国证监会或者相关派出机构、证券交易场所、证券业自律管理组织、投资者保护机构等单位的意见。征求意见的时间，不计入案件审理期限。

五、取消前置程序后，人民法院要根据辖区内的实际情况，在法律规定的范围内积极开展专家咨询和专业人士担任人民陪审员的探索，中国证监会派出机构和有关部门要做好相关专家、专业人士担任人民陪审员的推荐等配合工作，完善证券案件审理体制机制，不断提升案件审理的专业化水平。

六、在协调沟通过程中，相关人员要严格遵守保密纪律和工作纪律，不得泄露国家秘密、工作秘密、商业秘密和个人隐私，不得对民事诉讼案件的审理和行政案件的调查施加不正当影响。

七、地方各级人民法院、中国证监会各派出机构和相关单位要积极组织学习培训，拓宽培训形式，尽快准确掌握《若干规定》的内容与精神，切实提高案件审理和监管执法水平。对于适用中存在的问题，请按隶属关系及时层报最高人民法院和中国证监会。

最高人民法院关于证券纠纷代表人诉讼若干问题的规定

· 2020 年 7 月 23 日最高人民法院审判委员会第 1808 次会议通过
· 2020 年 7 月 30 日最高人民法院公告公布
· 自 2020 年 7 月 31 日起施行
· 法释〔2020〕5 号

为进一步完善证券集体诉讼制度，便利投资者提起和参加诉讼，降低投资者维权成本，保护投资者合法权益，有效惩治资本市场违法违规行为，维护资本市场健康稳定发展，根据《中华人民共和国民事诉讼法》《中华人民共和国证券法》等法律的规定，结合证券市场实际和审判实践，制定本规定。

一、一般规定

第一条 本规定所指证券纠纷代表人诉讼包括因证券市场虚假陈述、内幕交易、操纵市场等行为引发的普通代表人诉讼和特别代表人诉讼。

普通代表人诉讼是依据民事诉讼法第五十三条、第五十四条、证券法第九十五条第一款、第二款规定提起的诉讼；特别代表人诉讼是依据证券法第九十五条第三款规定提起的诉讼。

第二条 证券纠纷代表人诉讼案件，由省、自治区、直辖市人民政府所在的市、计划单列市和经济特区中级人民法院或者专门人民法院管辖。

对多个被告提起的诉讼，由发行人住所地有管辖权的中级人民法院或者专门人民法院管辖；对发行人以外的主体提起的诉讼，由被告住所地有管辖权的中级人民法院或者专门人民法院管辖。

特别代表人诉讼案件，由涉诉证券集中交易的证券交易所、国务院批准的其他全国性证券交易场所所在地的中级人民法院或者专门人民法院管辖。

第三条 人民法院应当充分发挥多元解纷机制的功能，按照自愿、合法原则，引导和鼓励当事人通过行政调解、行业调解、专业调解等非诉讼方式解决证券纠纷。

当事人选择通过诉讼方式解决纠纷的，人民法院应当及时立案。案件审理过程中应当着重调解。

第四条 人民法院审理证券纠纷代表人诉讼案件，应当依托信息化技术手段开展立案登记、诉讼文书送达、公告和通知、权利登记、执行款项发放等工作，便利当事人行使诉讼权利、履行诉讼义务，提高审判执行的公正性、高效性和透明度。

二、普通代表人诉讼

第五条 符合以下条件的，人民法院应当适用普通代表人诉讼程序进行审理：

（一）原告一方人数十人以上，起诉符合民事诉讼法第一百一十九条规定和共同诉讼条件；

（二）起诉书中确定二至五名拟任代表人且符合本规定第十二条规定的代表人条件；

（三）原告提交有关行政处罚决定、刑事裁判文书、被告自认材料、证券交易所和国务院批准的其他全国性证券交易场所等给予的纪律处分或者采取的自律管理措施等证明证券侵权事实的初步证据。

不符合前款规定的，人民法院应当适用非代表人诉讼程序进行审理。

第六条 对起诉时当事人人数尚未确定的代表人诉讼，在发出权利登记公告前，人民法院可以通过阅卷、调查、询问和听证等方式对被诉证券侵权行为的性质、侵权事实等进行审查，并在受理后三十日内以裁定的方式确定具有相同诉讼请求的权利人范围。

当事人对权利人范围有异议的，可以自裁定送达之日起十日内向上一级人民法院申请复议，上一级人民法院应当在十五日内作出复议裁定。

第七条 人民法院应当在权利人范围确定后五日内发出权利登记公告，通知相关权利人在指定期间登记。权利登记公告应当包括以下内容：

（一）案件情况和诉讼请求；

（二）被告的基本情况；

（三）权利人范围及登记期间；

（四）起诉书中确定的拟任代表人人选姓名或者名称、联系方式等基本信息；

（五）自愿担任代表人的权利人，向人民法院提交书面申请和相关材料的期限；

（六）人民法院认为必要的其他事项。

公告应当以醒目的方式提示，代表人的诉讼权限包括代表原告参加开庭审理，变更、放弃诉讼请求或者承认对方当事人的诉讼请求，与被告达成调解协议，提起或者放弃上诉，申请执行，委托诉讼代理人等，参加登记视为对代表人进行特别授权。

公告期间为三十日。

第八条 权利人应在公告确定的登记期间向人民法院登记。未按期登记的，可在一审开庭前向人民法院申请补充登记，补充登记前已经完成的诉讼程序对其发生效力。

权利登记可以依托电子信息平台进行。权利人进行登记时，应当按照权利登记公告要求填写诉讼请求金额、收款方式、电子送达地址等事项，并提供身份证明文件、交易记录及投资损失等证据材料。

第九条 人民法院在登记期间届满后十日内对登记的权利人进行审核。不符合权利人范围的投资者，人民法院不确认其原告资格。

第十条 权利登记公告前已就同一证券违法事实提起诉讼且符合权利人范围的投资者，申请撤诉并加入代表人诉讼的，人民法院应当予以准许。

投资者申请撤诉并加入代表人诉讼的，列为代表人诉讼的原告，已经收取的诉讼费予以退还；不申请撤诉的，人民法院不准许其加入代表人诉讼，原诉讼继续进行。

第十一条 人民法院应当将审核通过的权利人列入代表人诉讼原告名单，并通知全体原告。

第十二条 代表人应当符合以下条件：

（一）自愿担任代表人；

（二）拥有相当比例的利益诉求份额；

（三）本人或者其委托诉讼代理人具备一定的诉讼能力和专业经验；

（四）能忠实、勤勉地履行维护全体原告利益的职责。

依照法律、行政法规或者国务院证券监督管理机构的规定设立的投资者保护机构作为原告参与诉讼，或者接受投资者的委托指派工作人员或委派诉讼代理人参与案件审理活动的，人民法院可以指定该机构为代表人，或者在被代理的当事人中指定代表人。

申请担任代表人的原告存在与被告有关联关系等可能影响其履行职责情形的，人民法院对其申请不予准许。

第十三条 在起诉时当事人人数确定的代表人诉讼，应当在起诉前确定获得特别授权的代表人，并在起诉书中就代表人的推选情况作出专项说明。

在起诉时当事人人数尚未确定的代表人诉讼，应当在起诉书中就拟任代表人人选及条件作出说明。在登记期间向人民法院登记的权利人对拟任代表人人选均没有提出异议，并且登记的权利人无人申请担任代表人的，人民法院可以认定由该二至五名人选作为代表人。

第十四条 在登记期间向人民法院登记的权利人对拟任代表人的人选提出异议，或者申请担任代表人的，人民法院应当自原告范围审核完毕后十日内在自愿担任代表人的原告中组织推选。

代表人的推选实行一人一票，每位代表人的得票数应当不少于参与投票人数的50%。代表人人数为二至五名，按得票数排名确定，通过投票产生二名以上代表人的，为推选成功。首次推选不出的，人民法院应当即时组织原告在得票数前五名的候选人中进行二次推选。

第十五条 依据前条规定推选不出代表人的，由人民法院指定。

人民法院指定代表人的，应当将投票情况、诉讼能力、利益诉求份额等作为考量因素，并征得被指定代表人的同意。

第十六条 代表人确定后，人民法院应当进行公告。

原告可以自公告之日起十日内向人民法院申请撤回权利登记，并可以另行起诉。

第十七条 代表人因丧失诉讼行为能力或者其他事由影响案件审理或者可能损害原告利益的，人民法院依原告申请，可以决定撤销代表人资格。代表人不足二人时，人民法院应当补充指定代表人。

第十八条 代表人与被告达成调解协议草案的，应当向人民法院提交制作调解书的申请书及调解协议草案。申请书应当包括以下内容：

（一）原告的诉讼请求、案件事实以及审理进展等基本情况；

（二）代表人和委托诉讼代理人参加诉讼活动的情况；

（三）调解协议草案对原告的有利因素和不利影响；

（四）对诉讼费以及合理的公告费、通知费、律师费等费用的分摊及理由；

（五）需要特别说明的其他事项。

第十九条 人民法院经初步审查，认为调解协议草案不存在违反法律、行政法规的强制性规定、违背公序良俗以及损害他人合法权益等情形的，应当自收到申请书后十日内向全体原告发出通知。通知应当包括以下内容：

（一）调解协议草案；

（二）代表人请求人民法院制作调解书的申请书；

（三）对调解协议草案发表意见的权利以及方式、程序和期限；

（四）原告有异议时，召开听证会的时间、地点及报名方式；

（五）人民法院认为需要通知的其他事项。

第二十条 对调解协议草案有异议的原告，有权出席听证会或者以书面方式向人民法院提交异议的具体内容及理由。异议人未出席听证会的，人民法院应当在听证会上公开其异议的内容及理由，代表人及其委托诉讼代理人、被告应当进行解释。

代表人和被告可以根据听证会的情况，对调解协议草案进行修改。人民法院应当将修改后的调解协议草案通知所有原告，并对修改的内容作出重点提示。人民法院可以根据案件的具体情况，决定是否再次召开听证会。

第二十一条 人民法院应当综合考虑当事人赞成和反对意见、本案所涉法律和事实情况、调解协议草案的合法性、适当性和可行性等因素，决定是否制作调解书。

人民法院准备制作调解书的，应当通知提出异议的原告，告知其可以在收到通知后十日内向人民法院提交退出调解的申请。未在上述期间内提交退出申请的原告，视为接受。

申请退出的期间届满后，人民法院应当在十

日内制作调解书。调解书经代表人和被告签收后，对被代表的原告发生效力。人民法院对申请退出原告的诉讼继续审理，并依法作出相应判决。

第二十二条 代表人变更或者放弃诉讼请求、承认对方当事人诉讼请求、决定撤诉的，应当向人民法院提交书面申请，并通知全体原告。人民法院收到申请后，应当根据原告所提异议情况，依法裁定是否准许。

对于代表人依据前款规定提交的书面申请，原告自收到通知之日起十日内未提出异议的，人民法院可以裁定准许。

第二十三条 除代表人诉讼案件外，人民法院还受理其他基于同一证券违法事实发生的非代表人诉讼案件的，原则上代表人诉讼案件先行审理，非代表人诉讼案件中止审理。但非代表人诉讼案件具有典型性且先行审理有利于及时解决纠纷的除外。

第二十四条 人民法院可以依当事人的申请，委托双方认可或者随机抽取的专业机构对投资损失数额、证券侵权行为以外其他风险因素导致的损失扣除比例等进行核定。当事人虽未申请但案件审理确有需要的，人民法院可以通过随机抽取的方式委托专业机构对有关事项进行核定。

对专业机构的核定意见，人民法院应当组织双方当事人质证。

第二十五条 代表人请求败诉的被告赔偿合理的公告费、通知费、律师费等费用的，人民法院应当予以支持。

第二十六条 判决被告承担民事赔偿责任的，可以在判决主文中确定赔偿总额和损害赔偿计算方法，并将每个原告的姓名、应获赔偿金额等以列表方式作为民事判决书的附件。

当事人对计算方法、赔偿金额等有异议的，可以向人民法院申请复核。确有错误的，人民法院裁定补正。

第二十七条 一审判决送达后，代表人决定放弃上诉的，应当在上诉期间届满前通知全体原告。

原告自收到通知之日起十五日内未上诉，被告在上诉期间内亦未上诉的，一审判决在全体原告与被告之间生效。

原告自收到通知之日起十五日内上诉的，应当同时提交上诉状，人民法院收到上诉状后，对上诉的原告按上诉处理。被告在上诉期间内未上诉的，一审判决在未上诉的原告与被告之间生效，二审裁判的效力不及于未上诉的原告。

第二十八条 一审判决送达后，代表人决定上诉的，应当在上诉期间届满前通知全体原告。

原告自收到通知之日起十五日内决定放弃上诉的，应当通知一审法院。被告在上诉期间内未上诉的，一审判决在放弃上诉的原告与被告之间生效，二审裁判的效力不及于放弃上诉的原告。

第二十九条 符合权利人范围但未参加登记的投资者提起诉讼，且主张的事实和理由与代表人诉讼生效判决、裁定所认定的案件基本事实和法律适用相同的，人民法院审查具体诉讼请求后，裁定适用已经生效的判决、裁定。适用已经生效裁判的裁定中应当明确被告赔偿的金额，裁定一经作出立即生效。

代表人诉讼调解结案的，人民法院对后续涉及同一证券违法事实的案件可以引导当事人先行调解。

第三十条 履行或者执行生效法律文书所得财产，人民法院在进行分配时，可以通知证券登记结算机构等协助执行义务人依法协助执行。

人民法院应当编制分配方案并通知全体原告，分配方案应当包括原告范围、债权总额、扣除项目及金额、分配的基准及方法、分配金额的受领期间等内容。

第三十一条 原告对分配方案有异议的，可以依据民事诉讼法第二百二十五条的规定提出执行异议。

三、特别代表人诉讼

第三十二条 人民法院已经根据民事诉讼法第五十四条第一款、证券法第九十五条第二款的规定发布权利登记公告的，投资者保护机构在公告期间受五十名以上权利人的特别授权，可以作为代表人参加诉讼。先受理的人民法院不具有特别代表人诉讼管辖权的，应当将案件及时移送有管辖权的人民法院。

不同意加入特别代表人诉讼的权利人可以提交退出声明，原诉讼继续进行。

第三十三条 权利人范围确定后，人民法院应当发出权利登记公告。权利登记公告除本规定第七条的内容外，还应当包括投资者保护机构基本情况、对投资者保护机构的特别授权、投资者声明退出的权利及期间、未声明退出的法律后果等。

第三十四条 投资者明确表示不愿意参加诉讼的,应当在公告期间届满后十五日内向人民法院声明退出。未声明退出的,视为同意参加该代表人诉讼。

对于声明退出的投资者,人民法院不再将其登记为特别代表人诉讼的原告,该投资者可以另行起诉。

第三十五条 投资者保护机构依据公告确定的权利人范围向证券登记结算机构调取的权利人名单,人民法院应当予以登记,列入代表人诉讼原告名单,并通知全体原告。

第三十六条 诉讼过程中由于声明退出等原因导致明示授权投资者的数量不足五十名的,不影响投资者保护机构的代表人资格。

第三十七条 针对同一代表人诉讼,原则上应当由一个投资者保护机构作为代表人参加诉讼。两个以上的投资者保护机构分别受五十名以上投资者委托,且均决定作为代表人参加诉讼的,应当协商处理;协商不成的,由人民法院指定其中一个作为代表人参加诉讼。

第三十八条 投资者保护机构应当采取必要措施,保障被代表的投资者持续了解案件审理的进展情况,回应投资者的诉求。对投资者提出的意见和建议不予采纳的,应当对投资者做好解释工作。

第三十九条 特别代表人诉讼案件不预交案件受理费。败诉或者部分败诉的原告申请减交或者免交诉讼费的,人民法院应当依照《诉讼费用交纳办法》的规定,视原告的经济状况和案件的审理情况决定是否准许。

第四十条 投资者保护机构作为代表人在诉讼中申请财产保全的,人民法院可以不要求提供担保。

第四十一条 人民法院审理特别代表人诉讼案件,本部分没有规定的,适用普通代表人诉讼中关于起诉时当事人人数尚未确定的代表人诉讼的相关规定。

四、附　则

第四十二条 本规定自2020年7月31日起施行。

最高人民法院关于审理期货纠纷案件若干问题的规定

· 2003年5月16日最高人民法院审判委员会第1270次会议通过
· 根据2020年12月23日最高人民法院审判委员会第1823次会议通过的《最高人民法院关于修改〈最高人民法院关于破产企业国有划拨土地使用权应否列入破产财产等问题的批复〉等二十九件商事类司法解释的决定》修正
· 2020年12月29日最高人民法院公告公布
· 自2021年1月1日起施行
· 法释〔2020〕18号

为了正确审理期货纠纷案件,根据《中华人民共和国民法典》《中华人民共和国民事诉讼法》等有关法律、行政法规的规定,结合审判实践经验,对审理期货纠纷案件的若干问题制定本规定。

一、一般规定

第一条 人民法院审理期货纠纷案件,应当依法保护当事人的合法权益,正确确定其应承担的风险责任,并维护期货市场秩序。

第二条 人民法院审理期货合同纠纷案件,应当严格按照当事人在合同中的约定确定违约方承担的责任,当事人的约定违反法律、行政法规强制性规定的除外。

第三条 人民法院审理期货侵权纠纷和无效的期货交易合同纠纷案件,应当根据各方当事人是否有过错,以及过错的性质、大小,过错和损失之间的因果关系,确定过错方承担的民事责任。

二、管辖

第四条 人民法院应当依据民事诉讼法第二十三条、第二十八条和第三十四条的规定确定期货纠纷案件的管辖。

第五条 在期货公司的分公司、营业部等分支机构进行期货交易的,该分支机构住所地为合同履行地。

因实物交割发生纠纷的,期货交易所住所地为合同履行地。

第六条 侵权与违约竞合的期货纠纷案件，依当事人选择的诉由确定管辖。当事人既以违约又以侵权起诉的，以当事人起诉状中在先的诉讼请求确定管辖。

第七条 期货纠纷案件由中级人民法院管辖。

高级人民法院根据需要可以确定部分基层人民法院受理期货纠纷案件。

三、承担责任的主体

第八条 期货公司的从业人员在本公司经营范围内从事期货交易行为产生的民事责任，由其所在的期货公司承担。

第九条 期货公司授权非本公司人员以本公司的名义从事期货交易行为的，期货公司应当承担由此产生的民事责任；非期货公司人员以期货公司名义从事期货交易行为，具备民法典第一百七十二条所规定的表见代理条件的，期货公司应当承担由此产生的民事责任。

第十条 公民、法人受期货公司或者客户的委托，作为居间人为其提供订约的机会或者订立期货经纪合同的中介服务的，期货公司或者客户应当按照约定向居间人支付报酬。居间人应当独立承担基于居间经纪关系所产生的民事责任。

第十一条 不以真实身份从事期货交易的单位或者个人，交易行为符合期货交易所交易规则的，交易结果由其自行承担。

第十二条 期货公司设立的取得营业执照和经营许可证的分公司、营业部等分支机构超出经营范围开展经营活动所产生的民事责任，该分支机构不能承担的，由期货公司承担。

客户有过错的，应当承担相应的民事责任。

四、无效合同责任

第十三条 有下列情形之一的，应当认定期货经纪合同无效：

（一）没有从事期货经纪业务的主体资格而从事期货经纪业务的；

（二）不具备从事期货交易主体资格的客户从事期货交易的；

（三）违反法律、行政法规的强制性规定的。

第十四条 因期货经纪合同无效给客户造成经济损失的，应当根据无效行为与损失之间的因果关系确定责任的承担。一方的损失系对方行为所致，应当由对方赔偿损失；双方有过错的，根据过错大小各自承担相应的民事责任。

第十五条 不具有主体资格的经营机构因从事期货经纪业务而导致期货经纪合同无效，该机构按客户的交易指令入市交易的，收取的佣金应当返还给客户，交易结果由客户承担。

该机构未按客户的交易指令入市交易，客户没有过错的，该机构应当返还客户的保证金并赔偿客户的损失。赔偿损失的范围包括交易手续费、税金及利息。

五、交易行为责任

第十六条 期货公司在与客户订立期货经纪合同时，未提示客户注意《期货交易风险说明书》内容，并由客户签字或者盖章，对于客户在交易中的损失，应当依据民法典第五百条第三项的规定承担相应的赔偿责任。但是，根据以往交易结果记载，证明客户已有交易经历的，应当免除期货公司的责任。

第十七条 期货公司接受客户全权委托进行期货交易的，对交易产生的损失，承担主要赔偿责任，赔偿额不超过损失的百分之八十，法律、行政法规另有规定的除外。

第十八条 期货公司与客户签订的期货经纪合同对下达交易指令的方式未作约定或者约定不明确的，期货公司不能证明其所进行的交易是依据客户交易指令进行的，对该交易造成客户的损失，期货公司应当承担赔偿责任，客户予以追认的除外。

第十九条 期货公司执行非受托人的交易指令造成客户损失，应当由期货公司承担赔偿责任，非受托人承担连带责任，客户予以追认的除外。

第二十条 客户下达的交易指令没有品种、数量、买卖方向的，期货公司未予拒绝而进行交易造成客户的损失，由期货公司承担赔偿责任，客户予以追认的除外。

第二十一条 客户下达的交易指令数量和买卖方向明确，没有有效期限的，应当视为当日有效；没有成交价格的，应当视为按市价交易；没有开平仓方向的，应当视为开仓交易。

第二十二条 期货公司错误执行客户交易指令，除客户认可的以外，交易的后果由期货公司承担，并按下列方式分别处理：

（一）交易数量发生错误的，多于指令数量的

部分由期货公司承担,少于指令数量的部分,由期货公司补足或者赔偿直接损失;

(二)交易价格超出客户指令价位范围的,交易差价损失或者交易结果由期货公司承担。

第二十三条 期货公司不当延误执行客户交易指令给客户造成损失的,应当承担赔偿责任,但由于市场原因致客户交易指令未能全部或者部分成交的,期货公司不承担责任。

第二十四条 期货公司超出客户指令价位的范围,将高于客户指令价格卖出或者低于客户指令价格买入后的差价利益占为己有的,客户要求期货公司返还的,人民法院应予支持,期货公司与客户另有约定的除外。

第二十五条 期货交易所未按交易规则规定的期限、方式,将交易或者持仓头寸的结算结果通知期货公司,造成期货公司损失的,由期货交易所承担赔偿责任。

期货公司未按期货经纪合同约定的期限、方式,将交易或者持仓头寸的结算结果通知客户,造成客户损失的,由期货公司承担赔偿责任。

第二十六条 期货公司与客户对交易结算结果的通知方式未作约定或者约定不明确,期货公司未能提供证据证明已经发出上述通知的,对客户因继续持仓而造成扩大的损失,应当承担主要赔偿责任,赔偿额不超过损失的百分之八十。

第二十七条 客户对当日交易结算结果的确认,应当视为对该日之前所有持仓和交易结算结果的确认,所产生的交易后果由客户自行承担。

第二十八条 期货公司对交易结算结果提出异议,期货交易所未及时采取措施导致损失扩大的,对造成期货公司扩大的损失应当承担赔偿责任。

客户对交易结算结果提出异议,期货公司未及时采取措施导致损失扩大的,期货公司对造成客户扩大的损失应当承担赔偿责任。

第二十九条 期货公司对期货交易所或者客户对期货公司的交易结算结果有异议,而未在期货交易所交易规则规定或者期货经纪合同约定的时间内提出的,视为期货公司或者客户对交易结算结果已予以确认。

第三十条 期货公司进行混码交易的,客户不承担责任,但期货公司能够举证证明其已按照客户交易指令入市交易的,客户应当承担相应的交易结果。

六、透支交易责任

第三十一条 期货交易所在期货公司没有保证金或者保证金不足的情况下,允许期货公司开仓交易或者继续持仓,应当认定为透支交易。

期货公司在客户没有保证金或者保证金不足的情况下,允许客户开仓交易或者继续持仓,应当认定为透支交易。

审查期货公司或者客户是否透支交易,应当以期货交易所规定的保证金比例为标准。

第三十二条 期货公司的交易保证金不足,期货交易所未按规定通知期货公司追加保证金的,由于行情向持仓不利的方向变化导致期货公司透支发生的扩大损失,期货交易所应当承担主要赔偿责任,赔偿额不超过损失的百分之六十。

客户的交易保证金不足,期货公司未按约定通知客户追加保证金的,由于行情向持仓不利的方向变化导致客户透支发生的扩大损失,期货公司应当承担主要赔偿责任,赔偿额不超过损失的百分之八十。

第三十三条 期货公司的交易保证金不足,期货交易所履行了通知义务,而期货公司未及时追加保证金,期货公司要求保留持仓并经书面协商一致的,对保留持仓期间造成的损失,由期货公司承担;穿仓造成的损失,由期货交易所承担。

客户的交易保证金不足,期货公司履行了通知义务而客户未及时追加保证金,客户要求保留持仓并经书面协商一致的,对保留持仓期间造成的损失,由客户承担;穿仓造成的损失,由期货公司承担。

第三十四条 期货交易所允许期货公司开仓透支交易的,对透支交易造成的损失,由期货交易所承担主要赔偿责任,赔偿额不超过损失的百分之六十。

期货公司允许客户开仓透支交易的,对透支交易造成的损失,由期货公司承担主要赔偿责任,赔偿额不超过损失的百分之八十。

第三十五条 期货交易所允许期货公司透支交易,并与其约定分享利益,共担风险的,对透支交易造成的损失,期货交易所承担相应的赔偿责任。

期货公司允许客户透支交易,并与其约定分享利益,共担风险的,对透支交易造成的损失,期货公司承担相应的赔偿责任。

七、强行平仓责任

第三十六条 期货公司的交易保证金不足，又未能按期货交易所规定的时间追加保证金的，按交易规则的规定处理；规定不明确的，期货交易所有权就其未平仓的期货合约强行平仓，强行平仓所造成的损失，由期货公司承担。

客户的交易保证金不足，又未能按期货经纪合同约定的时间追加保证金的，按期货经纪合同的约定处理；约定不明确的，期货公司有权就其未平仓的期货合约强行平仓，强行平仓造成的损失，由客户承担。

第三十七条 期货交易所因期货公司违规超仓或者其他违规行为而必须强行平仓的，强行平仓所造成的损失，由期货公司承担。

期货公司因客户违规超仓或者其他违规行为而必须强行平仓的，强行平仓所造成的损失，由客户承担。

第三十八条 期货公司或者客户交易保证金不足，符合强行平仓条件后，应当自行平仓而未平仓造成的扩大损失，由期货公司或者客户自行承担。法律、行政法规另有规定或者当事人另有约定的除外。

第三十九条 期货交易所或者期货公司强行平仓数额应当与期货公司或者客户需追加的保证金数额基本相当。因超量平仓引起的损失，由强行平仓者承担。

第四十条 期货交易所对期货公司、期货公司对客户未按期货交易所交易规则规定或者期货经纪合同约定的强行平仓条件、时间、方式进行强行平仓，造成期货公司或者客户损失的，期货交易所或者期货公司应当承担赔偿责任。

第四十一条 期货交易所依法或依交易规则强行平仓发生的费用，由被平仓的期货公司承担；期货公司承担责任后有权向有过错的客户追偿。

期货公司依法或依约定强行平仓所发生的费用，由客户承担。

八、实物交割责任

第四十二条 交割仓库未履行货物验收职责或者因保管不善给仓单持有人造成损失的，应当承担赔偿责任。

第四十三条 期货公司没有代客户履行申请交割义务的，应当承担违约责任；造成客户损失的，应当承担赔偿责任。

第四十四条 在交割日，卖方期货公司未向期货交易所交付标准仓单，或者买方期货公司未向期货交易所账户交付足额货款，构成交割违约。

构成交割违约的，违约方应当承担违约责任；具有民法典第五百六十三条第一款第四项规定情形的，对方有权要求终止交割或者要求违约方继续交割。

征购或者竞卖失败的，应当由违约方按照交易所有关赔偿办法的规定承担赔偿责任。

第四十五条 在期货合约交割期内，买方或者卖方客户违约的，期货交易所应当代期货公司、期货公司应当代客户向对方承担违约责任。

第四十六条 买方客户未在期货交易所交易规则规定的期限内对货物的质量、数量提出异议的，应视为其对货物的数量、质量无异议。

第四十七条 交割仓库不能在期货交易所交易规则规定的期限内，向标准仓单持有人交付符合期货合约要求的货物，造成标准仓单持有人损失的，交割仓库应当承担责任，期货交易所承担连带责任。

期货交易所承担责任后，有权向交割仓库追偿。

九、保证合约履行责任

第四十八条 期货公司未按照每日无负债结算制度的要求，履行相应的金钱给付义务，期货交易所亦未代期货公司履行，造成交易对方损失的，期货交易所应当承担赔偿责任。

期货交易所代期货公司履行义务或者承担赔偿责任后，有权向不履行义务的一方追偿。

第四十九条 期货交易所未代期货公司履行期货合约，期货公司应当根据客户请求向期货交易所主张权利。

期货公司拒绝代客户向期货交易所主张权利的，客户可直接起诉期货交易所，期货公司可作为第三人参加诉讼。

第五十条 因期货交易所的过错导致信息发布、交易指令处理错误，造成期货公司或者客户直接经济损失的，期货交易所应当承担赔偿责任，但其能够证明系不可抗力的除外。

第五十一条 期货交易所依据有关规定对期货市场出现的异常情况采取合理的紧急措施造成客户损失的，期货交易所不承担赔偿责任。

期货公司执行期货交易所的合理的紧急措施造成客户损失的,期货公司不承担赔偿责任。

十、侵权行为责任

第五十二条 期货交易所、期货公司故意提供虚假信息误导客户下单的,由此造成客户的经济损失由期货交易所、期货公司承担。

第五十三条 期货公司私下对冲、与客户对赌等不将客户指令入市交易的行为,应当认定为无效,期货公司应当赔偿由此给客户造成的经济损失;期货公司与客户均有过错的,应当根据过错大小,分别承担相应的赔偿责任。

第五十四条 期货公司擅自以客户的名义进行交易,客户对交易结果不予追认的,所造成的损失由期货公司承担。

第五十五条 期货公司挪用客户保证金,或者违反有关规定划转客户保证金造成客户损失的,应当承担赔偿责任。

十一、举证责任

第五十六条 期货公司应当对客户的交易指令是否入市交易承担举证责任。

确认期货公司是否将客户下达的交易指令入市交易,应当以期货交易所的交易记录、期货公司通知的交易结算结果与客户交易指令记录中的品种、买卖方向是否一致,价格、交易时间是否相符为标准,指令交易数量可以作为参考。但客户有相反证据证明其交易指令未入市交易的除外。

第五十七条 期货交易所通知期货公司追加保证金,期货公司否认收到上述通知的,由期货交易所承担举证责任。

期货公司向客户发出追加保证金的通知,客户否认收到上述通知的,由期货公司承担举证责任。

十二、保全和执行

第五十八条 人民法院保全与会员资格相应的会员资格费或者交易席位,应当依法裁定不得转让该会员资格,但不得停止该会员交易席位的使用。人民法院在执行过程中,有权依法采取强制措施转让该交易席位。

第五十九条 期货交易所、期货公司为债务人的,人民法院不得冻结、划拨期货公司在期货交易所或者客户在期货公司保证金账户中的资金。

有证据证明该保证金账户中有超出期货公司、客户权益资金的部分,期货交易所、期货公司在人民法院指定的合理期限内不能提出相反证据的,人民法院可以依法冻结、划拨该账户中属于期货交易所、期货公司的自有资金。

第六十条 期货公司为债务人的,人民法院不得冻结、划拨专用结算账户中未被期货合约占用的用于担保期货合约履行的最低限额的结算准备金;期货公司已经结清所有持仓并清偿客户资金的,人民法院可以对结算准备金依法予以冻结、划拨。

期货公司有其他财产的,人民法院应当依法先行冻结、查封、执行期货公司的其他财产。

第六十一条 客户、自营会员为债务人的,人民法院可以对其保证金、持仓依法采取保全和执行措施。

十三、其它

第六十二条 本规定所称期货公司是指经依法批准代理投资者从事期货交易业务的经营机构及其分公司、营业部等分支机构。客户是指委托期货公司从事期货交易的投资者。

第六十三条 本规定自2003年7月1日起施行。

2003年7月1日前发生的期货交易行为或者侵权行为,适用当时的有关规定;当时规定不明确的,参照本规定处理。

最高人民法院关于审理期货纠纷案件若干问题的规定(二)

· 2010年12月27日最高人民法院审判委员会第1507次会议通过
· 根据2020年12月23日最高人民法院审判委员会第1823次会议通过的《最高人民法院关于修改〈最高人民法院关于破产企业国有划拨土地使用权应否列入破产财产等问题的批复〉等二十九件商事类司法解释的决定》修正
· 2020年12月29日最高人民法院公告公布
· 自2021年1月1日起施行
· 法释〔2020〕18号

为解决相关期货纠纷案件的管辖、保全与执

行等法律适用问题，根据《中华人民共和国民事诉讼法》等有关法律、行政法规的规定以及审判实践的需要，制定本规定。

第一条 以期货交易所为被告或者第三人的因期货交易所履行职责引起的商事案件，由期货交易所所在地的中级人民法院管辖。

第二条 期货交易所履行职责引起的商事案件是指：

（一）期货交易所会员及其相关人员、保证金存管银行及其相关人员、客户、其他期货市场参与者，以期货交易所违反法律法规以及国务院期货监督管理机构的规定，履行监督管理职责不当，造成其损害为由提起的商事诉讼案件；

（二）期货交易所会员及其相关人员、保证金存管银行及其相关人员、客户、其他期货市场参与者，以期货交易所违反其章程、交易规则、实施细则的规定以及业务协议的约定，履行监督管理职责不当，造成其损害为由提起的商事诉讼案件；

（三）期货交易所因履行职责引起的其他商事诉讼案件。

第三条 期货交易所为债务人，债权人请求冻结、划拨以下账户中资金或者有价证券的，人民法院不予支持：

（一）期货交易所会员在期货交易所保证金账户中的资金；

（二）期货交易所会员向期货交易所提交的用于充抵保证金的有价证券。

第四条 期货公司为债务人，债权人请求冻结、划拨以下账户中资金或者有价证券的，人民法院不予支持：

（一）客户在期货公司保证金账户中的资金；

（二）客户向期货公司提交的用于充抵保证金的有价证券。

第五条 实行会员分级结算制度的期货交易所的结算会员为债务人，债权人请求冻结、划拨结算会员以下资金或者有价证券的，人民法院不予支持：

（一）非结算会员在结算会员保证金账户中的资金；

（二）非结算会员向结算会员提交的用于充抵保证金的有价证券。

第六条 有证据证明保证金账户中有超过上述第三条、第四条、第五条规定的资金或者有价证券部分权益的，期货交易所、期货公司或者期货交易所结算会员在人民法院指定的合理期限内不能提出相反证据的，人民法院可以依法冻结、划拨超出部分的资金或者有价证券。

有证据证明期货交易所、期货公司、期货交易所结算会员自有资金与保证金发生混同，期货交易所、期货公司或者期货交易所结算会员在人民法院指定的合理期限内不能提出相反证据的，人民法院可以依法冻结、划拨相关账户内的资金或者有价证券。

第七条 实行会员分级结算制度的期货交易所或者其结算会员为债务人，债权人请求冻结、划拨期货交易所向其结算会员依法收取的结算担保金的，人民法院不予支持。

有证据证明结算会员在结算担保金专用账户中有超过交易所要求的结算担保金数额部分的，结算会员在人民法院指定的合理期限内不能提出相反证据的，人民法院可以依法冻结、划拨超出部分的资金。

第八条 人民法院在办理案件过程中，依法需要通过期货交易所、期货公司查询、冻结、划拨资金或者有价证券的，期货交易所、期货公司应当予以协助。应当协助而拒不协助的，按照《中华人民共和国民事诉讼法》第一百一十四条之规定办理。

第九条 本规定施行前已经受理的上述案件不再移送。

第十条 本规定施行前本院作出的有关司法解释与本规定不一致的，以本规定为准。

最高人民法院、最高人民检察院、公安部、中国证监会关于办理证券期货违法犯罪案件工作若干问题的意见

· 2011 年 4 月 27 日
· 证监发〔2011〕30 号

为加强办理证券期货违法犯罪案件工作，完善行政执法与刑事司法的衔接机制，进一步依法有效惩治证券期货违法犯罪，提出如下意见：

一、证券监管机构依据行政机关移送涉嫌犯罪案件的有关规定，在办理可能移送公安机关查

处的证券期货违法案件过程中，经履行批准程序，可商请公安机关协助查询、复制被调查对象的户籍、出入境信息等资料，对有关涉案人员按照相关规定采取边控、报备措施。证券监管机构向公安机关提出请求时，应当明确协助办理的具体事项，提供案件情况及相关材料。

二、证券监管机构办理证券期货违法案件，案情重大、复杂、疑难的，可商请公安机关就案件性质、证据等问题提出参考意见；对有证据表明可能涉嫌犯罪的行为人可能逃匿或者销毁证据的，证券监管机构应当及时通知公安机关；涉嫌犯罪的，公安机关应当及时立案侦查。

三、证券监管机构与公安机关建立和完善协调会商机制。证券监管机构依据行政机关移送涉嫌犯罪案件的有关规定，在向公安机关移送重大、复杂、疑难的涉嫌证券期货犯罪案件前，应当启动协调会商机制，就行为性质认定、案件罪名适用、案件管辖等问题进行会商。

四、公安机关、人民检察院和人民法院在办理涉嫌证券期货犯罪案件过程中，可商请证券监管机构指派专业人员配合开展工作，协助查阅、复制有关专业资料。证券监管机构可以根据司法机关办案需要，依法就案件涉及的证券期货专业问题向司法机关出具认定意见。

五、司法机关对证券监管机构随案移送的物证、书证、鉴定结论、视听资料、现场笔录等证据要及时审查，作出是否立案的决定；随案移送的证据，经法定程序查证属实的，可作为定案的根据。

六、证券监管机构依据行政机关移送涉嫌犯罪案件的有关规定向公安机关移交证据，应当制作证据移交清单，双方经办人员应当签字确认，加盖公章，相关证据随证据移交清单一并移交。

七、对涉众型证券期货犯罪案件，在已收集的证据能够充分证明基本犯罪事实的前提下，公安机关可在被调查对象范围内按一定比例收集和调取书证、被害人陈述、证人证言等相关证据。

八、以证券交易所、期货交易所、证券登记结算机构、期货保证金监控机构以及证券公司、期货公司留存的证券期货委托记录和交易记录、登记存管结算资料等电子数据作为证据的，数据提供单位应以电子光盘或者其他载体记录相关原始数据，并说明制作方法、制作时间及制作人等信息，并由复制件制作人和原始电子数据持有人签名或盖章。

九、发行人、上市公司或者其他信息披露义务人在证券监管机构指定的信息披露媒体、信息披露义务人或证券交易所网站发布的信息披露公告，其打印件或据此制作的电子光盘，经核对无误后，说明其来源、制作人、制作时间、制作地点等的，可作为刑事证据使用，但有其他证据证明打印件或光盘内容与公告信息不一致的除外。

十、涉嫌证券期货犯罪的第一审案件，由中级人民法院管辖，同级人民检察院负责提起公诉，地（市）级以上公安机关负责立案侦查。

最高人民法院、最高人民检察院关于办理内幕交易、泄露内幕信息刑事案件具体应用法律若干问题的解释

- 2011年10月31日最高人民法院审判委员会第1529次会议、2012年2月27日最高人民检察院第十一届检察委员会第72次会议通过
- 2012年3月29日最高人民法院、最高人民检察院公告公布
- 自2012年6月1日起施行
- 法释〔2012〕6号

为维护证券、期货市场管理秩序，依法惩治证券、期货犯罪，根据刑法有关规定，现就办理内幕交易、泄露内幕信息刑事案件具体应用法律的若干问题解释如下：

第一条 下列人员应当认定为刑法第一百八十条第一款规定的“证券、期货交易内幕信息的知情人员”：

（一）证券法第七十四条规定的人员；

（二）期货交易管理条例第八十五条第十二项规定的人员。

第二条 具有下列行为的人员应当认定为刑法第一百八十条第一款规定的“非法获取证券、期货交易内幕信息的人员”：

（一）利用窃取、骗取、套取、窃听、利诱、刺探或者私下交易等手段获取内幕信息的；

（二）内幕信息知情人员的近亲属或者其他与内幕信息知情人员关系密切的人员，在内幕信息

敏感期内，从事或者明示、暗示他人从事，或者泄露内幕信息导致他人从事与该内幕信息有关的证券、期货交易，相关交易行为明显异常，且无正当理由或者正当信息来源的；

（三）在内幕信息敏感期内，与内幕信息知情人员联络、接触，从事或者明示、暗示他人从事，或者泄露内幕信息导致他人从事与该内幕信息有关的证券、期货交易，相关交易行为明显异常，且无正当理由或者正当信息来源的。

第三条 本解释第二条第二项、第三项规定的“相关交易行为明显异常”，要综合以下情形，从时间吻合程度、交易背离程度和利益关联程度等方面予以认定：

（一）开户、销户、激活资金账户或者指定交易（托管）、撤销指定交易（转托管）的时间与该内幕信息形成、变化、公开时间基本一致的；

（二）资金变化与该内幕信息形成、变化、公开时间基本一致的；

（三）买入或者卖出与内幕信息有关的证券、期货合约时间与内幕信息的形成、变化和公开时间基本一致的；

（四）买入或者卖出与内幕信息有关的证券、期货合约时间与获悉内幕信息的时间基本一致的；

（五）买入或者卖出证券、期货合约行为明显与平时交易习惯不同的；

（六）买入或者卖出证券、期货合约行为，或者集中持有证券、期货合约行为与该证券、期货公开信息反映的基本面明显背离的；

（七）账户交易资金进出与该内幕信息知情人员或者非法获取人员有关联或者利害关系的；

（八）其他交易行为明显异常情形。

第四条 具有下列情形之一的，不属于刑法第一百八十条第一款规定的从事与内幕信息有关的证券、期货交易：

（一）持有或者通过协议、其他安排与他人共同持有上市公司百分之五以上股份的自然人、法人或者其他组织收购该上市公司股份的；

（二）按照事先订立的书面合同、指令、计划从事相关证券、期货交易的；

（三）依据已被他人披露的信息而交易的；

（四）交易具有其他正当理由或者正当信息来源的。

第五条 本解释所称“内幕信息敏感期”是指内幕信息自形成至公开的期间。

证券法第六十七条第二款所列“重大事件”的发生时间，第七十五条规定的“计划”、“方案”以及期货交易管理条例第八十五条第十一项规定的“政策”、“决定”等的形成时间，应当认定为内幕信息的形成之时。

影响内幕信息形成的动议、筹划、决策或者执行人员，其动议、筹划、决策或者执行初始时间，应当认定为内幕信息的形成之时。

内幕信息的公开，是指内幕信息在国务院证券、期货监督管理机构指定的报刊、网站等媒体披露。

第六条 在内幕信息敏感期内从事或者明示、暗示他人从事或者泄露内幕信息导致他人从事与该内幕信息有关的证券、期货交易，具有下列情形之一的，应当认定为刑法第一百八十条第一款规定的“情节严重”：

（一）证券交易成交额在五十万元以上的；

（二）期货交易占用保证金数额在三十万元以上的；

（三）获利或者避免损失数额在十五万元以上的；

（四）三次以上的；

（五）具有其他严重情节的。

第七条 在内幕信息敏感期内从事或者明示、暗示他人从事或者泄露内幕信息导致他人从事与该内幕信息有关的证券、期货交易，具有下列情形之一的，应当认定为刑法第一百八十条第一款规定的“情节特别严重”：

（一）证券交易成交额在二百五十万元以上的；

（二）期货交易占用保证金数额在一百五十万元以上的；

（三）获利或者避免损失数额在七十五万元以上的；

（四）具有其他特别严重情节的。

第八条 二次以上实施内幕交易或者泄露内幕信息行为，未经行政处理或者刑事处理的，应当对相关交易数额依法累计计算。

第九条 同一案件中，成交额、占用保证金额、获利或者避免损失额分别构成情节严重、情节特别严重的，按照处罚较重的数额定罪处罚。

构成共同犯罪的，按照共同犯罪行为人的成

交总额、占用保证金总额、获利或者避免损失总额定罪处罚，但判处各被告人罚金的总额应掌握在获利或者避免损失总额的一倍以上五倍以下。

第十条 刑法第一百八十条第一款规定的"违法所得"，是指通过内幕交易行为所获利益或者避免的损失。

内幕信息的泄露人员或者内幕交易的明示、暗示人员未实际从事内幕交易的，其罚金数额按照因泄露而获悉内幕信息人员或者被明示、暗示人员从事内幕交易的违法所得计算。

第十一条 单位实施刑法第一百八十条第一款规定的行为，具有本解释第六条规定情形之一的，按照刑法第一百八十条第二款的规定定罪处罚。

最高人民法院、最高人民检察院关于办理操纵证券、期货市场刑事案件适用法律若干问题的解释

· 2018 年 9 月 3 日最高人民法院审判委员会第 1747 次会议、2018 年 12 月 12 日最高人民检察院第十三届检察委员会第十一次会议通过
· 2019 年 6 月 27 日最高人民法院、最高人民检察院公告公布
· 自 2019 年 7 月 1 日起施行
· 法释〔2019〕9 号

为依法惩治证券、期货犯罪，维护证券、期货市场管理秩序，促进证券、期货市场稳定健康发展，保护投资者合法权益，根据《中华人民共和国刑法》《中华人民共和国刑事诉讼法》的规定，现就办理操纵证券、期货市场刑事案件适用法律的若干问题解释如下：

第一条 行为人具有下列情形之一的，可以认定为刑法第一百八十二条第一款第四项规定的"以其他方法操纵证券、期货市场"：

（一）利用虚假或者不确定的重大信息，诱导投资者作出投资决策，影响证券、期货交易价格或者证券、期货交易量，并进行相关交易或者谋取相关利益的；

（二）通过对证券及其发行人、上市公司、期货交易标的公开作出评价、预测或者投资建议，误导投资者作出投资决策，影响证券、期货交易价格或者证券、期货交易量，并进行与其评价、预测、投资建议方向相反的证券交易或者相关期货交易的；

（三）通过策划、实施资产收购或者重组、投资新业务、股权转让、上市公司收购等虚假重大事项，误导投资者作出投资决策，影响证券交易价格或者证券交易量，并进行相关交易或者谋取相关利益的；

（四）通过控制发行人、上市公司信息的生成或者控制信息披露的内容、时点、节奏，误导投资者作出投资决策，影响证券交易价格或者证券交易量，并进行相关交易或者谋取相关利益的；

（五）不以成交为目的，频繁申报、撤单或者大额申报、撤单，误导投资者作出投资决策，影响证券、期货交易价格或者证券、期货交易量，并进行与申报相反的交易或者谋取相关利益的；

（六）通过囤积现货，影响特定期货品种市场行情，并进行相关期货交易的；

（七）以其他方法操纵证券、期货市场的。

第二条 操纵证券、期货市场，具有下列情形之一的，应当认定为刑法第一百八十二条第一款规定的"情节严重"：

（一）持有或者实际控制证券的流通股份数量达到该证券的实际流通股份总量百分之十以上，实施刑法第一百八十二条第一款第一项操纵证券市场行为，连续十个交易日的累计成交量达到同期该证券总成交量百分之二十以上的；

（二）实施刑法第一百八十二条第一款第二项、第三项操纵证券市场行为，连续十个交易日的累计成交量达到同期该证券总成交量百分之二十以上的；

（三）实施本解释第一条第一项至第四项操纵证券市场行为，证券交易成交额在一千万元以上的；

（四）实施刑法第一百八十二条第一款第一项及本解释第一条第六项操纵期货市场行为，实际控制的账户合并持仓连续十个交易日的最高值超过期货交易所限仓标准的二倍，累计成交量达到同期该期货合约总成交量百分之二十以上，且期货交易占用保证金数额在五百万元以上的；

（五）实施刑法第一百八十二条第一款第二项、第三项及本解释第一条第一项、第二项操纵期货市场行为，实际控制的账户连续十个交易日的累计成交量达到同期该期货合约总成交量百分之

二十以上,且期货交易占用保证金数额在五百万元以上的;

(六)实施本解释第一条第五项操纵证券、期货市场行为,当日累计撤回申报量达到同期该证券、期货合约总申报量百分之五十以上,且证券撤回申报额在一千万元以上、撤回申报的期货合约占用保证金数额在五百万元以上的;

(七)实施操纵证券、期货市场行为,违法所得数额在一百万元以上的。

第三条 操纵证券、期货市场,违法所得数额在五十万元以上,具有下列情形之一的,应当认定为刑法第一百八十二条第一款规定的"情节严重":

(一)发行人、上市公司及其董事、监事、高级管理人员、控股股东或者实际控制人实施操纵证券、期货市场行为的;

(二)收购人、重大资产重组的交易对方及其董事、监事、高级管理人员、控股股东或者实际控制人实施操纵证券、期货市场行为的;

(三)行为人明知操纵证券、期货市场行为被有关部门调查,仍继续实施的;

(四)因操纵证券、期货市场行为受过刑事追究的;

(五)二年内因操纵证券、期货市场行为受过行政处罚的;

(六)在市场出现重大异常波动等特定时段操纵证券、期货市场的;

(七)造成恶劣社会影响或者其他严重后果的。

第四条 具有下列情形之一的,应当认定为刑法第一百八十二条第一款规定的"情节特别严重":

(一)持有或者实际控制证券的流通股份数量达到该证券的实际流通股份总量百分之十以上,实施刑法第一百八十二条第一款第一项操纵证券市场行为,连续十个交易日的累计成交量达到同期该证券总成交量百分之五十以上的;

(二)实施刑法第一百八十二条第一款第二项、第三项操纵证券市场行为,连续十个交易日的累计成交量达到同期该证券总成交量百分之五十以上的;

(三)实施本解释第一条第一项至第四项操纵证券市场行为,证券交易成交额在五千万元以上的;

(四)实施刑法第一百八十二条第一款第一项及本解释第一条第六项操纵期货市场行为,实际控制的账户合并持仓连续十个交易日的最高值超过期货交易所限仓标准的五倍,累计成交量达到同期该期货合约总成交量百分之五十以上,且期货交易占用保证金数额在二千五百万元以上的;

(五)实施刑法第一百八十二条第一款第二项、第三项及本解释第一条第一项、第二项操纵期货市场行为,实际控制的账户连续十个交易日的累计成交量达到同期该期货合约总成交量百分之五十以上,且期货交易占用保证金数额在二千五百万元以上的;

(六)实施操纵证券、期货市场行为,违法所得数额在一千万元以上的。

实施操纵证券、期货市场行为,违法所得数额在五百万元以上,并具有本解释第三条规定的七种情形之一的,应当认定为"情节特别严重"。

第五条 下列账户应当认定为刑法第一百八十二条中规定的"自己实际控制的账户":

(一)行为人以自己名义开户并使用的实名账户;

(二)行为人向账户转入或者从账户转出资金,并承担实际损益的他人账户;

(三)行为人通过第一项、第二项以外的方式管理、支配或者使用的他人账户;

(四)行为人通过投资关系、协议等方式对账户内资产行使交易决策权的他人账户;

(五)其他有证据证明行为人具有交易决策权的账户。

有证据证明行为人对前款第一项至第三项账户内资产没有交易决策权的除外。

第六条 二次以上实施操纵证券、期货市场行为,依法应予行政处理或者刑事处理而未经处理的,相关交易数额或者违法所得数额累计计算。

第七条 符合本解释第二条、第三条规定的标准,行为人如实供述犯罪事实,认罪悔罪,并积极配合调查,退缴违法所得的,可以从轻处罚;其中犯罪情节轻微的,可以依法不起诉或者免予刑事处罚。

符合刑事诉讼法规定的认罪认罚从宽适用范围和条件的,依照刑事诉讼法的规定处理。

第八条 单位实施刑法第一百八十二条第一款行为的,依照本解释规定的定罪量刑标准,对其直接负责的主管人员和其他直接责任人员定罪处罚，并对单位判处罚金。

第九条 本解释所称"违法所得"，是指通过操纵证券、期货市场所获利益或者避免的损失。

本解释所称"连续十个交易日"，是指证券、期货市场开市交易的连续十个交易日，并非指行为人连续交易的十个交易日。

第十条 对于在全国中小企业股份转让系统中实施操纵证券市场行为，社会危害性大，严重破坏公平公正的市场秩序的，比照本解释的规定执行，但本解释第二条第一项、第二项和第四条第一项、第二项除外。

第十一条 本解释自2019年7月1日起施行。

最高人民法院关于对与证券交易所监管职能相关的诉讼案件管辖与受理问题的规定

· 2004年11月18日最高人民法院审判委员会第1333次会议通过
· 根据2020年12月23日最高人民法院审判委员会第1823次会议通过的《最高人民法院关于修改〈最高人民法院关于人民法院民事调解工作若干问题的规定〉等十九件民事诉讼类司法解释的决定》修正
· 2020年12月29日最高人民法院公告公布
· 自2021年1月1日起施行
· 法释〔2020〕20号

为正确及时地管辖、受理与证券交易所监管职能相关的诉讼案件，特作出以下规定：

一、根据《中华人民共和国民事诉讼法》第三十七条和《中华人民共和国行政诉讼法》第二十三条的有关规定，指定上海证券交易所和深圳证券交易所所在地的中级人民法院分别管辖以上海证券交易所和深圳证券交易所为被告或第三人的与证券交易所监管职能相关的第一审民事和行政案件。

二、与证券交易所监管职能相关的诉讼案件包括：

（一）证券交易所根据《中华人民共和国公司法》《中华人民共和国证券法》《中华人民共和国证券投资基金法》《证券交易所管理办法》等法律、法规、规章的规定，对证券发行人及其相关人员、证券交易所会员及其相关人员、证券上市和交易活动做出处理决定引发的诉讼；

（二）证券交易所根据国务院证券监督管理机构的依法授权，对证券发行人及其相关人员、证券交易所会员及其相关人员、证券上市和交易活动做出处理决定引发的诉讼；

（三）证券交易所根据其章程、业务规则、业务合同的规定，对证券发行人及其相关人员、证券交易所会员及其相关人员、证券上市和交易活动做出处理决定引发的诉讼；

（四）证券交易所在履行监管职能过程中引发的其他诉讼。

三、投资者对证券交易所履行监管职责过程中对证券发行人及其相关人员、证券交易所会员及其相关人员、证券上市和交易活动做出的不直接涉及投资者利益的行为提起的诉讼，人民法院不予受理。

四、本规定自发布之日起施行。

图书在版编目（CIP）数据

中华人民共和国证券注释法典 / 中国法制出版社编
. —北京：中国法制出版社，2023.9
（注释法典）
ISBN 978-7-5216-3427-3

Ⅰ. ①中… Ⅱ. ①中… Ⅲ. ①证券法-法律解释-中国 Ⅳ. ①D922.287.5

中国国家版本馆 CIP 数据核字（2023）第 067886 号

责任编辑：刘晓霞　　封面设计：周黎明

中华人民共和国证券注释法典

ZHONGHUA RENMIN GONGHEGUO ZHENGQUAN ZHUSHI FADIAN

编者/中国法制出版社
经销/新华书店
印刷/三河市紫恒印装有限公司
开本/710 毫米×1000 毫米　16 开　　印张/ 44.25　字数/ 1143 千
版次/2023 年 9 月第 1 版　　2023 年 9 月第 1 次印刷

中国法制出版社出版
书号 ISBN 978-7-5216-3427-3　　定价：95.00 元

北京市西城区西便门西里甲 16 号西便门办公区
邮政编码：100053　　传真：010-63141600
网址：http：//www.zgfzs.com　　**编辑部电话：010-63141675**
市场营销部电话：010-63141612　　**印务部电话：010-63141606**

（如有印装质量问题，请与本社印务部联系。）